古文書古記録語辞典

阿部 猛◉編著

東京堂出版

序

社会一般の日本歴史についての関心は高く、関連する出版物も多い。関心のレベルも高く、単に歴史的事象を見聞くだけではなく、自ら探求を志すむきも多くなった。

身近かで、また比較的豊富な史料を有する江戸時代以降の歴史については、いわゆる地方文書《じかたもんじょ》を読み解き本格的な研究に入る人びとも多い。地方文書を読むための手引《てびき》となる古文書読解辞典また用語辞典の類も多く出版されていて便宜を提供している。江戸時代の研究を志す学生にとっても、参照すべき書物や辞典類にこと欠くことはない。

しかし、戦国時代以前、室町・鎌倉・平安時代の分野に入ると、かなり様相は異なり、扱う史料の読解はいち段と面倒だというのが実感であろう。最近の研究では、歴史を復元する史料は多様であるが、文字史料が中心であることは疑いなく、古記録・古文書が枢要である。

歴史は史実に基づいて再構成されなければならず、史実の確定は史料に基づかなければならない。したがって、歴史研究のためには、まず古記録・古文書を読み解く力《ちから》が求められる。古記録・古文書には特殊な用語があり、特殊な読みがある。語の意味も時代によって変化するなど複雑である。

以上の点に配慮して、古記録・古文書特有の用語も努めて拾い解説を加えた。一冊で間に合う簡便な辞典を構想し、解説は簡潔をむねとしたが、用語によっては更に深い理解が得られるように参考文献名を付記した。

本辞典は、編著者が個人的に蓄積したカードを基本にして作成したものであるから、立項に偏りがあったり、解説にも不十分な点のあることは否定できない。その点は批判を受けて今後是正の機会を得たいと思う。

本書が、学生、研究者、そして日本史に関心を持つ多くの人びとによって活用されるならば、編著者のよろこびこれに過ぐるものはない。

なお、本書の成るについては、東京堂出版編集部の松林孝至氏から多くの有益な助言を得た。記して謝意を表する。

二〇〇五年八月

編著者

凡例

一　本辞典は、古文書・古記録にあらわれる用語のうち、主として古代・中世に用いられた用語について解説したものである。

一　用語の立項には古文書・古記録での出現頻度の高いものを優先した。

一　用語は研究上の慣用読みにしたがって五十音順に排列したが、特殊な読みの語については見よ項目を設けて音《おん》読みから引けるようにし、また一部の語については別に索引を用意した。

一　辞典の性質上、見出し項目については、字体は正字を用いるのを原則とした。

一　用語の解説は簡潔をむねとし、必要に応じて参考文献を掲げた。

一　巻末に、古記録・古文書について概説し、また主要な古記録・古文書集について簡潔に解題を加えた。

目次

古文書古記録語辞典

あ

吾　あ　我も同じ。自称で、私。平安時代までは吾《あ》が多用されるが、中世からは「わ」が多くなる。

嗚呼　ああ　①感動したときに発する言葉。②相手に呼びかけるときの言葉。

藍　あい　植物性醱酵《はっこう》染料。紅花《べにばな》・茜《あかね》とならぶ古代以来の主要染料のひとつ。中世史料に、紺掻《こうかき》・紺屋《こうや》・寝藍座《ねあいざ》・藍役《あいやく》などが散見する。⇒紺掻・寝藍座・藍役

鞋　あい　わらを編《あ》んで作った履物《はきもの》、わらじ。

噯　あい　⇒あつかい

相合　あいあう　相逢とも書く。①人が出合う、対面《たいめん》する。②釣《つ》り合う。③一致協力する。

相当　あいあたる　①相当《そうとう》する。②当面する。③敵と戦う。

相綺　あいいろう　干渉する、関与する、介入《かいにゅう》する、手出しするの意。「地頭不レ可レ相ニ綺領家御倉一」などと用いる。所領支配に対する実力による侵害、介入、押《おう》領《りょう》などをさすことが多い。⇒押領

相懸　あいがかり　相蒐《あいがけ》とも。敵味方双方が同時に寄せあい、攻めかかること。

相懸越訴　あいかけおっそ　鎌倉幕府の訴訟制度において、再審中に行われる越訴《おっそ》。⇒越訴
〈文献〉石井良助『中世武家不動産訴訟法の研究』弘文堂書房。

相語　あいかたらう　語らうには、話し合う、親しく交わるの意もあるが、例えば「不善《ふぜん》の類《たぐい》を語らい雇《やと》い、昼夜を論ぜず殺害の計《はか》いを企《くわだ》つ」とか、「国使をあい語らい寺領に乱入せしめ、住人を凌礫《りょうれき》す」などと用いる場合は、誘《さそ》い込む、仲間に引き入れるの意で、悪事をたくらむというイメージがある。中世の用例としては後者の方が多い。

相壁　あいかべ　合壁とも書く。壁一重で隣りあうこと。「只一宇焼失、湯屋無為也、小家共合壁無為、不思儀（議）也」とある。

相構　あいかまえて　用心して、きっと、必ず、是非とも、なんとか都合しての意。「我れ返らむ時に、相構て供養《くよう》し奉《たてまつ》らむ」「相かまへて念仏おこたり給ふな」などと用いる。

藍韋　あいかわ　なめし革を藍色に染めたもの。甲冑《かっちゅう》の威毛《おどしげ》や弓小手などに用いる。『日葡辞書《にっぽじしょ》』には「鹿の革、または藍色に染めた他の革」とある。

相給　あいきゅう　合給とも書く。①中世、同一所領を複数の給人《きゅうにん》に与えること。紛争の原因となる。室町幕府法では、先に下文《くだしぶみ》を貰った者が知行を認められたが、給人の所領をのちに寺社に寄進した場合は均分とした。②江戸時代、一村が複数の旗本や給人によって知行されること。相知行《あいちぎょう》ともいう。⇒給人・下文

哀矜　あいきょう　悲しみ哀れに思うこと。哀憐《あいれん》も同義。

愛楽　あいぎょう　①真実の教えを信じ願い求めること。楽は願い求めるの意。②親しみ愛すること。

相具　あいぐす　①いっしょに引きつれる、伴《ともな》う。②夫婦になる、つれ添う。「この中納言は宰相殿《さいしょうどの》と申す女房にあひぐし」と用いる。

合言葉　あいことば　①敵味方を区別するために、あらかじめ定めておく合図《あいず》の言葉。とくに夜間の戦争の場合。②特定の社会集団間でのみ通用する言葉。隠語《いんご》。

相支　あいささう　①妨《さまた》げる、邪魔《じゃま》をする。

②協力して防ぎ止める。「七百余騎相支《あいささえ》て戦ひける」と用いる。

挨拶 あいさつ　①手紙での応答の言葉。②人が会ったとき、また別れるときに交わす儀礼。③仲介、紹介、世話。④交際、つき合い。

応答 あいしらう　⇒あえしらう

合標 あいじるし　相識、合印とも書く。①合戦の際に、敵と味方《みかた》を区別するために、笠・袖《そで》その他武装の一部につける目《め》印《じるし》。②区別するため物につける印。

相城 あいじろ　戦国時代、城攻めのとき、攻撃軍が敵の城に向かいあってつくる砦《とりで》。『日葡辞書《にっぽじしょ》』に「合戦のため、ある要塞を包囲している敵軍が作る小高い所、または要塞《ようさい》」とある。「相城を取りつける」とか「相城をつける」という。

相図 あいず　合図とも書く。①あらかじめの取り決め、約束。「将軍御進発の事、已《すで》に諸国へ日を定めて触遣《ふれつかわ》しぬ。相図相違《そうい》せば事の煩《わづらい》多かるべし」などと用いる。②前もって約束してある、何事かを知らせる方法や信号。

愛洲薬 あいすぐすり　中世末期、産後、金《きん》瘡《そう》（刀きず）、うちみなどに効《き》く薬として、酒で飲んだもの。赤小豆・人参《にんじん》を粉末にした黒色の薬であったと『言継卿記《ときつぐきょうき》』に所見。（戦国時代の公卿山科《やましな》言継の日記）

間銭 あいせん　合銭とも書く。①間銀《あいぎん》のこと、手数料・口銭《こうせん》。②乱れ銭、緡《さし》にささぬ、ばら銭のこと。⇒緡

合銭 あいせん　室町時代、土倉《どそう》など金融業者が諸人から借り入れた銭。土倉などが利子を支払って諸人から銭を借り、これを高利で他に貸しつけ、差額を利得とした。利子つきであったので、合銭は徳政令の対象となった。

〈文献〉百瀬今朝雄「文明十二年徳政禁制に関する一考察」（『史学雑誌』六六—四）。

愛染明王法 あいぜんみょうおうほう　愛染明王を本尊として修する法。敬愛・息災・増益・降伏などを祈る。院政期に多く所見。

相備 あいぞなえ　軍隊が陣を張るとき、隣り合わせた陣を互いに呼ぶ。「吾躬《わがみ》は三千余兵を率《い》て上杉憲顕《のりあき》の相備となり」と用いる。

際 あいだ　……それ故に、……によっての意。「自㆓鎌倉殿㆒度々被㆓仰下㆒候之際、廿五日一定之由」と用いる。

相対 あいたい　①当事者が直接向かいあうこと。②合意すること。③対等で事をなすこと。④共謀する。⑤売り手と買い手が合意して直接取引を行うこと。

合竹 あいたけ　「がっちく」ともいう。また合管《ごうかん》ともいう。笙《しょう》の奏法で、六本又は五本の管を同時に奏すること。

あいたちなし ①味もそっけもない。②ぶしつけであること。

朝所 あいたんどころ　太政官の北東隅の舎屋。建物は東西一六丈（約四八・五メートル）、南北一一丈の規模という。列《れ》見《けん》・定考《こうじょう》の儀に、宴座《えんざ》に移る前に公卿らが酒食をしたためる場所。内裏焼亡や方《かた》違《たがえ》の時に、一時仮の御所《ごしょ》となることがあった。延久の記録所はここに置かれた。⇒列見・定考・方違

相知行 あいちぎょう　⇒相給《あいきゅう》

相作 あいづくり　共作も同じ。例えば、手伝って一緒に酒を造る人をいう。

藍作手奉行 あいつくりてぶぎょう　鎌倉幕府の職名。藍作りを監督支配する奉行。暦《りゃく》仁《にん》元年（一二三八）坂上明胤《さかのうえあきたね》がこれに任ぜられた。

相槌 あいづち　鍛冶《かじ》で、師の打つ間に弟子が槌を入れること。また互いに槌を打ち合わすこと。

相坪 あいつぼ　合坪とも書く。条里《じょうり》制

施行地で、一《ひと》坪（二町歩）の田畠を二人以上で分割領有しているとき、互いに他を相坪と称した。大和国など畿内《きない》荘園に例が多い。
〈文献〉渡辺澄夫『増補 畿内庄園の基礎構造』吉川弘文館。

相手駆 あいてがけ 対等の敵を定めて戦いをいどむこと。

相手組 あいてぐみ 戦場で、他者を交えず二人だけで相対すること。

相手向 あいてむかい 当事者どうしが、他人を交えず直接あい対すること。他人に口を入れさせず、当事者双方が話し合うこと。

相当 あいとう ①いっしょに世話人などになる。世話人仲間。②相当分、見合う分。「かの用途に相当のほど、見合いに取るべし」などと用いる。③相手になること。

相訪 あいとぶらう ①互いに話し合う、求愛し合う。②訪問する。

相取 あいどり ①事を共にすること。②人の助けをかりて行うこと。③共謀して悪事を働くこと。④餅をつくとき、相手にまわる捏取《こねどり》。

相嘗祭 あいなめまつり 「あいにえのまつり」とも。新嘗祭《にいなめさい》に先立って神穀を神に供える祭り。十一月上の卯《う》の日に行う。「延喜式」によると七一座の神が神穀を受けることになっていた。しかし平安中期以降は史料の上からしだいに消えていく。
〈文献〉二宮正彦「相嘗祭の一考察」（『史泉』一六・一七合併号）

合御使 あいのおんつかい 御使の副使のこと。鎌倉時代に所見。

間鞭 あいのむち ①馬上で弓を射る前に馬に鞭を当てること。『太平記』に所見。②敵が斬りかかる間隙に馬に鞭うつこと。③馬の耳と耳の間に当てる鞭。

間物 あいのもの ①一般的に、大きさや容量で中間的なもの。②長さ一尺一寸（約三三センチメートル）の箱提灯《はこちょうちん》。③平《へい》曲《きょく》で、章と段のどちらに入れるかはっきりしないもの。④間食《かんしょく》、おやつ。

相計 あいはかる ①相談をする。②適当に処置する。

相放 あいはなつ ①戦闘で、互いに矢を射かける。②中世、主人が下人《げにん》を解放すること。

相判 あいばん ①連帯で押す印、連判。②二重売買などで、同一物件に二人以上の権利主張者が存在すること。③合印と同意。あいじるし、別の帳簿・書類と対照して、しるしに押す印のこと。

相番 あいばん ①一緒に番をつとめること。②相役《あいやく》に同じ。③関西の職人仲間の隠語で、大工・左官の手伝い人夫。

相引 あいびき 合引とも書く。①戦場で両軍が互いに弓を引くこと。②両軍が互いに軍を引くこと。③お互いに引っ張りあうこと。④互いに語りあい事をたくらむこと。⑤相引の緒《お》のこと。⇒相引の緒

相引の緒 あいびきのお 中世、鎧《よろい》や腹巻の引合《ひきあわせ》の緒のこと。鎧・腹巻とも引合は、胴の右側に二か所ある。引き合わせて結ぶ紐《ひも》。
〈文献〉藤本正行『鎧をまとう人びと』吉川弘文館。

合奉行 あいぶぎょう 鎌倉・室町幕府における訴訟制度上の職名。①建長元年（一二四九）十二月に設置された引付《ひきつけ》に常置され、訴訟手続の非違を監査した。聞《きき》奉行《ぶぎょう》ともいう。②室町幕府で、本奉行を補佐して、論人（被告）の審問を行った。本奉行を訴人《そにん》奉行というのに対して、論人奉行ともいう。

〈文献〉石井良助『中世武家不動産訴訟法の研究』弘文堂書房。

相節　あいぶし　加勢する、助力する、援助する、合力するの意。

相踏　あいふまい　①物事を踏み台とする。②踏みとどまる。「大坂に相踏まるべきの御造意《ぞうい》」などと用いる。

相舞　あいまい　合舞とも。二人又はそれ以上の者が一緒に舞うこと。

相交　あいまじわる　①互いに入り乱れる、混《ま》ざりあう。「若《も》し此の式目に背《そむ》き、自《じ》余《よ》の事に相交らはば……」などと用いる。②互いに交際する、仲よくする。

合名　あいみょう　相名とも書く。畿内《きない》の均等名《きんとうみょう》荘園にみられる名の一形態。領主側の収取の便宜のために、機械的に組み合わせて二つの名を一つの名としたもの。集名《あつめみょう》ともいう。⇒均等名
〈文献〉渡辺澄夫『増訂　畿内庄園の基礎構造』吉川弘文館。

相目安　あいめやす　相手の目安に対して差出す陳弁状《ちんべんじょう》（事情を説明、弁解する書状）のこと。目安は訴状や軍忠状などを箇条書にしたもの。「尾崎常陸守《ひたちのかみ》、目安を捧ぐるに就《つ》き、宮城四郎兵衛、相目安を以て糺明を遂《と》げ了《おわん》ぬ」などと用いる。
〈文献〉相田二郎『日本の古文書』岩波書店。

相持　あいもち　一つのものを誰かと共有すること。例えば、土地についての権利を共有すること。

相物　あいもの　間物とも書く。干魚《ひうお》・干物《ひもの》・塩漬魚《しおづけうお》の類をいう。中世以来の用語。相物売は干魚・塩相物《しおあいもの》（塩漬の魚類）を売る商人のこと。その商人の座が相物座である。

藍役　あいやく　中世、藍を生産する農民に賦課された公事《くじ》のひとつ。若狭国《わかさのくに》富荘《とみのしょう》や太良荘《たらのしょう》では、地頭や地頭代が百姓から藍役・藍代銭《あいしろせん》を徴収した。⇒藍《あい》
〈文献〉網野善彦『中世荘園の様相』塙書房。

相役　あいやく　⇒相番《あいばん》

愛養　あいよう　大切に育てること。親が子を愛養する。

哀憐　あいれん　⇒哀矜《あいきょう》

相分帳　あいわけちょう　鎌倉時代、所領について争い、和解して所領を分割知行するときに作る文書。「わけぶみ」ともいう。

饗方奉行　あえかたぶぎょう　饗宴の膳部を掌《つかさど》る室町幕府の職名。

応答　あえしらう　「あいしらう」とも。①あい手をする。②程よく接待する。③程よく調和する。④あいづちをうつ。⑤応答する。⑥応戦する。

敢えて　あえて　無理を押して、積極的にの意。「敢ふ（う）」といえば、障害があってもそれに耐《た》えて事を全うするの意。「敢へ（え）ず」といえば、耐えきれないの意。

敢無　あえなし　①どうにも抵抗できない。②がっかりするさま。③「あえなくなる」と言えば死ぬこと。

肖物　あえもの　①似ているもの。②あやかりもの。③代わりのもの。肖は「あゆ」で似るの意。「皇太后の雄しき装《よそおい》を為《な》したまひて、鞆《とも》を負《は》きたまへるに肖《あゆ》たまへり」と用いる。

あえ物　あえもの　「あえ」は和《あ》える。魚介類や野菜などを酢《す》・味噌《みそ》・胡麻《ごま》・豆腐《とうふ》などで混《ま》ぜ合わせて作った料理で、平安前期から所見。

零　あえる　①機が熟して実や花が落ちること。②汗や血がしたたり落ちること。

襖　あお　①古代、武官の制服。腋《わき》を縫い合わせていないので闕腋《けってき》の袍《ほう》という。②狩襖《かりあお》の略。狩衣《かりぎぬ》のこと。③上に着る袷《あわせ》の衣。⇒狩衣

葵鬘　あおいかづら　賀茂祭（四月の中の酉《とり》

の日）で、飾りとして用いられる葵の葉。葵桂《かつら》とも書く。斎王《さいおう》・勅使や供奉《ぐぶ》の官人らが、その衣や冠・烏帽子《えぼし》や、牛車《ぎっしゃ》の簾《すだれ》などにつけた。現在、葵祭と称するのは、この葵鬘に因《ちな》むという。

葵　鍔　あおいつば　刀剣の鍔の一種、木瓜《もっこう》形の四辺の中央をとがらせたもので、形が葵の葉に似ているので名づけられた。奈良時代の横刀から見られる。

青糸毛　あおいとげ　糸毛車《いとげぐるま》の牛車《ぎっしゃ》の一種。屋形《やかた》の上を青色の絹糸で葺《ふ》き、先端を垂《た》らして装飾としたもの。皇后・中宮・東宮・准后《じゅごう》・摂政・関白の乗用。⇒糸毛車

青　稲　あおいね　まだ実らない青い稲をいう。『蜻蛉日記《かげろうにっき》』に「あをいね刈《か》らせて馬に飼《か》ひ」とみえる。馬の飼料としたのである。

葵　祭　あおいまつり　⇒賀茂祭《かもさい》

青色袍　あおいろのほう　麴塵《きくじん》の袍《ほう》、山鳩色の袍ともいう。束帯《そくたい》の袍の一種で、刈安《かりやす》草と紫草を染材とする青白の橡《つるばみ》の袍。天皇以下諸臣も用いた。天皇は臨時祭・舞《まい》御覧《ぎょらん》・賭射《のりゆみ》などのとき、上皇は朝覲《ちょうぎん》行幸《ぎょうこう》の日に、東宮以下は野行幸に着用。六位蔵人《くろうど》は天皇から下賜された青色の袍を着た。但し、天皇が青色の袍を着たときは、参列の諸臣は青色袍着用を遠慮した。⇒橡袍《つるばみのほう》

白馬陣　あおうまのじん　白馬節会《あおうまのせちえ》に、馬寮《めりょう》の官人の控えている場所。建礼門のところにあり、また建礼門のことをもいう。⇒白馬節会

白馬節会　あおうまのせちえ　中国伝来の宮廷の年中行事。正月七日、天皇が紫宸殿《ししんでん》に出御し、群臣に賜宴《しえん》し、馬寮《めりょう》の引く白馬を見る。持統朝に始まり、嵯峨天皇の頃儀式として整えられた。邪気を避けるということで行われた。青馬から白馬に変化したのは村上天皇の頃といい、白馬を「あおうま」と読む。引く馬は二一疋。〈文献〉山中裕『平安朝の年中行事』塙書房。

白馬奏　あおうまのそう　白馬節会《あおうまのせちえ》の当日、白馬御覧《ごらん》に先だって馬寮の御監《ごげん》から、馬数・毛附《けづけ》及び貢人の氏名を記して天皇に申し上げること。

青　瓜　あおうり　白瓜の古名。古代・中世に山城国の特産。

青　女　あおおんな　①青女房のこと。②年の若い女。③宮仕えをしない普通の女。⇒青女房《あおにょうぼう》

青　貝　あおがい　螺鈿《らでん》に用いる夜光貝《やこうがい》・オウム貝・アワビなどを総称する。

青　柏　あおかしわ　生《なま》の柏の青葉で、神饌《しんせん》を盛る器として用いるもの。内膳司《ないぜんし》には五月五日から十一月四日までの間、毎日一荷（五〇把）の青柏が山城国内から、また十一月五日から五月四日までは毎日一荷の干槲《ほしかしわ》が丹波国から送られてきた。賀茂斎院で用いる青柏は大和・河内・摂津国から送進された。

青　衣　あおききぬ　六位の位色。深縹色《こきはなだいろ》（緑色）の朝服を着るので、六位の異名となる。

仰　願　あおぎねがわくば　お願い申しあげますことには……。神仏や天皇など高貴な人に願いごとをするときの言葉。

青　緡　あおざし　麻縄で作った青色の銭《ぜに》さし、またその銭をいう。とくに紺染のさしで銭一貫文を貫いたものをいう。一〇〇文ずつを二行に結び、五連にして一貫文とする。当初は公家・武家社会の礼物用としたが、江戸時代には一般に用いられた。

青　刺　あおざし　未熟な麦を煎《い》り、皮を取り去り、臼《うす》でひいて糸の如くよりよりにした菓子。『枕草子』に見える。

青　侍　あおざむらい　貴族の家に仕える身分の低い侍。六位の位袍《いほう》の色が深緑であ

るところから出た語という。青年および官位の低い者を称し、「なま侍」という も同意か。⇒位袍

襖　子　あおし　綿を入れた袷《あわせ》の衣。首の部分は方領《かくえり》で、身幅《みはば》は二幅《ふたの》、袖《そで》は一幅《ひとの》。防寒用で、下着や寝具として用いた。

青　瓷　あおじ　青子とも書く。国産の鉛釉陶器で、天皇の食物を盛る器として用いられた。

青白橡　あおしろつるばみ　茶がかった黄緑色。麴塵《きくじん》、山鳩《やまばと》色に同じ。⇒麴塵

青裾濃　あおすそご　青色で、上の方を薄く、裾《すそ》の方を濃《こ》く染めたもので、裳《も》や下簾《したすだれ》に多く用いた。

青　摺　あおずり　①青摺の衣《きぬ》。山藍の葉などで模様を青く摺り出した衣。②賀茂臨時祭の舞人が着用した。③神事や節会《せちえ》に着用するものは小《お》忌衣《みごろも》と称した。⇒小忌衣

青摺袍　あおずりのほう　⇒小《お》忌衣《みごろも》

青　苧　あおそ　苧麻《ちょま》から取った繊維。もと山野に自生していたが、一三世紀頃から畑で栽培されるようになった。苧麻の根から芽を出し、二〜三メートルに達したものを刈り、茎《くき》を水に浸《ひた》し筵《むしろ》で覆って蒸《む》したものを青苧、また乾蒸《からむし》という。中世では越後産が名高い。青苧商人は座を結成し、中世後期に天王寺苧座・京中苧座・坂本苧座・越後苧座は三条西家を本所とした。

〈文献〉小野晃嗣『日本中世商業史の研究』法政大学出版局。永原慶二『苧麻・絹・木綿の社会史』吉川弘文館。

青田狼藉　あおたろうぜき　戦国時代、青田の頃に敵の領地の田を踏み荒らし米麦の収穫を妨げること。

青田を刈る　あおたをかる　まだ実らないうちに稲を刈り取ること。青田は、苗が生長して葉が青々としている田のことで、七月下旬、土《ど》用《よう》前後の頃の水田。「青田を刈りて秣《まぐさ》とす」など非法行為としてみえる。

青　毯　あおたん　青と白の糸で横段模様を織り出した細幅の織物で、太刀《たち》の平緒《ひらお》、几帳《きちょう》や壁代《かべしろ》の紐《ひも》、馬の手綱《たづな》などに用いる。

青　茶　あおちゃ　灰《あ》汁《く》に一夜漬《つ》けて、蒸《む》して作った下等な茶。

青道心　あおどうしん　①今《いま》道心ともいう。出家したばかりで仏道修行の心がうすい者。②生《なま》道心、にわか道心、ちょっとした思いつきで起こした信仰心。

青　菜　あおな　蕪《かぶ》の古名。

青　丹　あおに　①萌黄《もえぎ》色、下仕《したづか》えの者が着用する衣装。四季通用。②青黒色の土。③青色顔料の土。「青丹よし」は奈良にかかる枕詞《まくらことば》。

青　鈍　あおにび　青みのある灰色。男性の指貫《さしぬき》、尼《あま》の衣装などに用い、凶事にも用いる。⇒指貫

青女房　あおにょうぼう　①宮中や貴族の家に仕える者で、年の若い者、賤《いや》しい身分の出身、下級の職務に従う者。平安後期からの用語。②六位の侍の妻。青侍《あおざむらい》の妻の意か。⇒青侍

青　馬　あおのま　催馬楽《さいばら》の曲名。「青の馬放れば　取り繫《つな》げ　さ青の馬放れば　取り繫げ　しのい箭《さ》矢《や》のしのい箭矢の　箭《さ》せ子が孫なる　さ郎子《いろんご》　または太《た》郎子《ろんご》の子なる　さ郎子《いろんご》」と歌う。

襖　袴　あおばかま　狩袴。狩襖《かりあお》を着るときにはく括袴《くくりばかま》（裾口《すそぐち》に紐《ひも》を通してくくるようにした袴）。

青　花　あおばな　露草《つゆくさ》のこと。「都《つ》岐《き》久《く》佐《さ》」「鴨《つき》頭草《くさ》」とみえる。花弁から染料を取る。平安中期頃まで用いられた。

青葉者　あおばもの　戦国期、雑兵《ぞうひょう》、歩卒をいう。こっぱ武者。

竹　刀　あおひえ　青竹で作った小刀。竹

刀で臍《ほぞ》の緒《お》を切った。これは中世から近世に至る一般的な習慣であった。

青　総　あおふさ　牛馬の尻にかける青色のひものふさ。

青柴垣　あおふしがき　青葉のついた柴の垣。神の宿る所とされた。美保神社（島根県美保関）の青柴垣神事は著名である。
〈文献〉和歌森太郎『美保神社の研究』（著作集3）弘文堂。

青縁（端）　あおべり　畳や莚《むしろ》につけた青色の縁飾《ふちかざ》り。

青法師　あおぼうし　剃髪《ていはつ》し、輿《こし》をかついだり、馬の口を取ったり、長刀《なぎなた》を持って門《もん》跡《ぜき》などに仕えた雑人《ぞうにん》。青色の衣を着ていたのでこの称がある。

青水無月　あおみなづき　陰暦六月の異名。青葉の茂る頃なのでこの称がある。

青　麦　あおむぎ　未熟な麦。古代、政府は百姓が青麦を売却するのを禁じた。青麦は馬の飼料とされ、実として売るよりも高価で、倍の値段で取引された。
〈文献〉木村茂光『日本古代・中世畠作史の研究』校倉書房。

青　物　あおもの　緑色の蔬菜《そさい》。一般に野菜をいう。

青　屋　あおや　①藍染《あいぞ》めを職業とする家、またその人。②中世・近世、京都周辺の賤民の称。

青　柳　あおやぎ　①葉が茂り青々とした柳。②催馬楽《さいばら》の曲名。宮中や貴族の邸宅での御遊《ぎょうゆう》にしばしば演奏された。「青柳を　片糸によりて　や　おけや　鶯の　おけや　うぐひすの　縫《ぬ》ふといふ笠は　おやけ　梅の花笠や」と歌う。

障　泥　あおり　馬具。韉《したぐら》の膚付《はだつけ》と切付《きつつけ》の間に挟《はさ》んで馬腹を覆《おお》い、馬の汗や跳《は》ねる泥を防ぐもので皮革製。方形のものと円形のものとある。専ら大和鞍《やまとぐら》に用いるが、騎射《うまゆみ》や軍陣の際には取りはずすのが例である。

赤　あか　①赤米の略。②赤小豆《あかあずき》をさす女房詞。③赤子、赤ん坊のこと。

あかあか　赤小豆《あずき》を指す女房詞《ことば》。

赤　汗　あかあせ　血の忌み詞《ことば》。

閼伽井　あかい　閼伽は梵語《ぼんご》argha の音写で、仏に供える清浄な水。その水の涌《わ》き出る井戸が閼伽井。東大寺二月堂閼伽井屋中に閼伽井があり、毎年三月十二日の深夜これを汲み上げる。お水取と称して名高い。

亜　槐　あかい　大納言の唐名。三槐に亜《つ》ぐの意。三槐とは、太政大臣または内大臣、左大臣・右大臣で、それに次ぐ位の者。

赤色袍　あかいろのほう　束帯の袍の一種。赤白の橡《つるばみ》の袍。黄櫨《きはぜ》の黄褐色の下染めに茜《あかね》の緋色《ひいろ》を重ねた灰みを含んだ茶色の袍。もとは天皇・上皇はじめ参議以上の着用とされたが、のち一〇世紀末以降は摂政・関白の衣服とされた。

贖　あがう　⇒あがなう

閼伽桶　あかおけ　仏に供える閼伽水を汲み入れて持ち運ぶための手桶のこと。

銅細工　あかがねざいく　銅で細工をする人、またその製品。

赤　粥　あかがゆ　小豆《あずき》がゆのこと。戦国期の記録に所見。

あかがり　皸の字を宛てる。いわゆるアカギレのこと。寒さで手足の皮膚が乾燥して皮に裂《さ》け目ができる症状をいう。古くはアカカリといい、平安末期からは濁音でアカガリという。アカギレの称は江戸時代から。

赤狩衣　あかかりぎぬ　赤色の狩衣で、検非《けび》違使《いし》の看督長《かどのおさ》や火長《かちょう》が着用した。⇒赤《あか》衣《ぎぬ》・看督長・火長

赤　衣　あかぎぬ　赤く染めた衣類。①五位の位色である緋《ひ》の上衣、袍・襖。②検

非違使の火長《かちょう》が着用した赤の狩衣。③袍・襖・狩衣などの下着である赤の衵《あこめ》の衣。一斤染《いっこんぞめ》を用いる。⇓一斤染・火長

赤供御　あかくご　小豆飯をいう女房詞《ことば》。

赤朽葉　あかくちば　朽葉の赤味を帯びた色で、羅《うすもの》の汗衫《かざみ》、小袿《こうちぎ》など。⇓汗衫・小袿

赤　事　あかごと　火事をいう女房詞。

赤　米　あかごめ　外来の水稲の一種で、大唐米《だいとうまい》、唐法師米《とうぼしまい》など。奈良時代、尾張・播磨《はりま》・但馬《たじま》など諸国から平城京に貢進されていた。のち文安二年（一四四五）「兵庫北関入船納帳」にも所見。味覚・収量とも白米に劣るが、神社の神田などで栽培され神聖視された。⇓占城米《せんじょうまい》

赤強飯　あかこわいい　赤飯《せきはん》をいう女房詞《ことば》。

明　文　あかしぶみ　神仏の前で述べる誓いの言葉。願文《がんもん》のこと。

閼伽棚　あかだな　仏に供える水や花、また仏具を置く棚。

県召除目　あがためしのじもく　春に行われる外官《げかん》の任命を中心とする除目。県は国。本来、外官除目。春除目と称したが、鎌倉時代から県召除目と称した。毎年正月九日又は十一日から三日間というが、期日は定まらず、正月下旬から二月中に行われ、三月以降の場合もある。通例、除目の途中で国司の成績を判定する受領功《ずりょうこう》過定《かさだめ》がある。県召除目は除目中最大で、重要な朝儀と認識され、形骸化しながらも室町時代まで続いた。⇓外官

頒　あかつ　「わかつ」とも読む。散とも書く。①分配する。②まき散らす。

暁　あかつき　古形は「あかとき」。夜半すぎから夜明け近くの、まだ暗い頃まで、未明。夜の明ける一歩手前の時は「しののめ」で、空がうす明るくなる頃が「あけぼの」である。

閼伽坏　あかつき　仏に供える水を入れる容器。多くは銅製。

暁　あかとき　咄も同じ。⇓あかつき

垢　取　あかとり　①櫛《くし》の歯の垢を取る道具。猪の毛や銀の針金を束ねて作る。②馬の垢を取る馬櫛。③女性が馬に乗るとき、衣服の汚れを防ぐため女鞍の鞦《しりがい》のところにかけた布。

贖　あがなう　①罪のつぐないをする。②買い求める。購も同義。

茜　あかね　アカネ科の多年草茜草の根から取る染料。「延喜式」によると、武蔵・相模・常陸など多くの国から中男作《ちゅうなんさく》物《もつ》として納められている。中男作物は、一七歳から二〇歳（のち一八歳から二一歳）の男子の雑徭で調達した郷土の産物。中世末期、遠江国の茜染座の存在が知られる。

赤　練　あかねり　赤色の練絹《ねりぎぬ》。⇓練絹

閼伽折敷　あかのおしき　仏に手向けるものを載せる折敷。⇓折敷《おしき》

赤御膳　あかのごぜん　天皇に差上げる小豆飯をいう女房詞。

赤御飯　あかのごはん　天皇に供する小豆飯《あずきめし》を赤御膳《あかのごぜん》というのに対して、臣下の小豆飯をいう。

赤　餅　あかのもち　小豆餅をいう女房詞《ことば》。餅の女房詞は「かちん」。

明　衣　あかは　「あかはとり」とも読む。白の生絹《すずし》で作った祭服で、両わきの下は縫い合わせずあけてある闕腋《けってき》の袍《ほう》。

赤引糸　あかひきのいと　古代に、神宮へ神郡や三河の神戸《かんべ》から貢上した調の生絹糸《すずしのいと》。赤良《あから》曳《ひき》、明曳とも書く。九月祭に神主が織った神衣の材料も赤引生絁糸《あかひきのすずしのいと》といった。⇓生絹《すずし》

赤　紐　あかひも　平安時代以降、祭祀の時に着用する祭服の小忌衣《おみごろも》の右肩、神前奉仕の舞人が着用する青摺袍《あおずりのほう》の左肩にとじつけた紐。⇓小忌衣・青摺

赤　袋　あかぶくろ　香具を入れる袋。いわ

ゆる匂《にお》い袋。

吾　仏　あがほとけ　我仏とも書く。①自分の守り仏、持仏《じぶつ》。②頼りとする人。

赤　米　あかまい　⇒占城米《せんじょうまい》

閼伽水　あかみず　仏前に供える水。⇒閼伽《あか》井《い》

赤　裳　あかも　紅花で染め、裾《すそ》を長く仕立て、上端につけた裳腰《もごし》という紐で結んで下裳としたが、のちには別の紐で結び、裳腰は左右に垂らして装飾とした。宮廷奉仕の女子の裳。

赤斑瘡　あかもがさ　麻疹《はしか》の古称。平安時代、最も恐れられた流行病の一種。

贖　物　あがもの　①祓《はら》いの具。身のけがれや、ふりかかる災難などを代わりに負わせて川などに流してやる装身具・調度、人形《ひとがた》・形代《かたしろ》。②宮中儀式として六月・十一月・十二月の月はじめと、六月・十二月の晦日大祓《おおはらえ》の前に天皇・中宮・東宮の身のけがれを祓い清める際の呪具。③犯した罪のつぐないとして出す物。古代には、銅か銭を出すことになっていたが、布・稲に代えることもあった。

贖物役　あがものやく　鎌倉・室町幕府の職名。将軍家の病気平癒《へいゆ》や安産祈願のために、その人の身の廻りの品物（鏡・衣服・人形など）を祈禱の場に送る使者。撫《なで》物使《ものづかい》・撫物役ともいう。

白　地　あからさま　①急なこと、たちまち。②ちょっと、かりそめ、しばらく、一時的に。③ありのまま。「白地帰ㇾ京」「将軍家白地渡御」と副詞的に用いる。『雑筆往来』に、「白地《あからさま》の知行を以て、永年不朽の田と号《なづ》く」とある。②の意である。

懇　あからし　哀も同じ。痛切である、悲しい、切《せつ》ない。「あからしく、かなしく侍《はべ》る」などと用いる。

赤良曳　あからひき　⇒赤引糸《あかひきのいと》

騰　馬　あがりうま　騂馬《かんば》、前脚をあげて跳びはねる馬。

明障子　あかりしょうじ　屛障具の一つ。框《かまち》で四方を囲み、その内側に桟《さん》を縦横に組み、片側にだけ白紙を張った障子。平安末期から見え、中世に普及し、絵巻物類にも描かれている。

上　城　あがりじろ　城を取りあげること。

明　妙　あかるたえ　祈年祭や新嘗祭などで神に奉《たてまつ》る幣帛《へいはく》。穀などの木皮の繊維で織った布を栲《たえ》といい、色・つやともに美しい織物。のち薄物の絹布のことをいった。

秋　収　あきおさめ　西収《せいしゅう》とも。秋の取り入れ、その収納祝い。

商　変　あきかえし　「あきがわり」とも。いったん取引のすんだ売買契約を解消して、品物を返却したり、代価を取りかえしたりする慣習。『万葉集』三八〇九番の歌に初見し、中世徳政の源流と目される。

〈文献〉笠松宏至『徳政令』岩波新書。

白　風　あきかぜ　秋風。

贉　あきさす　古代、売買に当たって、内《うち》金《きん》・手《て》付金《つけきん》を渡すこと。

秋さる　あきさる　秋になるの意。「さる」は経過するの意。

商じこり　あきじこり　商売上の失敗をいう。買い損《そこ》ない。他の品物とよく見くらべもせず粗悪な物を高値で買ってしまったことなど。

秋地子　あきじし　秋に収納する地子。⇒地《じ》子《し》

〈文献〉阿部猛『万葉びとの生活』東京堂出版。

秋立つ　あきたつ　秋になるの意。立つは新しい季節が来るの意。「春立つ」の語もある。

秋　成　あきなし　秋済とも書く。秋年貢。秋に上納される済物《なしもの》（成物）。米が中心である。

〈文献〉勝山清次『中世年貢成立史の研究』

塙書房。

秋の来る方　あきのくるかた　右衛門府の異名。右衛門府が大内裏の西の陣屋にあったので。

秋の除目　あきのじもく　司召《つかさめし》除目。京官を任命する儀。

秋　宮　あきのみや　皇后の宮殿、また皇后。古代中国では皇后の住む宮殿、ひいては皇后を長秋宮・秋宮と称した。長く皇后宮権大夫であった源師時の日記は『長秋記』といわれる。

商　人　あきびと　⇒市人《いちびと》・商人《しょうにん》

秋　祭　あきまつり　春祭の予祝的儀礼に対して、秋祭は収穫感謝祭。民間行事としては、刈上げ祭や、田の神を山に送る行事があり、宮廷祭祀としては神嘗祭・新嘗祭がある。

〈文献〉柳田國男『祭日考』(定本11) 筑摩書房。

明沙汰　あきらめざた　①鎌倉時代、不動産の売買において、必要に応じて、売り主が買い主のために売買契約の正当なことを証言すること。②訴訟において、自らの主張の正当性を弁明すること。

〈文献〉石井良助『中世武家不動産訴訟法の研究』弘文堂書房。

明　申　あきらめもうす　①中世の訴訟で、その件について弁明すること。②売り主又は請人《うけにん》が、買主のために売買の正当性を説明すること。⇒明沙汰《あきらめざた》

咹　果　あきれはつ　あきれはてる。「軍兵共茫然トシテ咹果」と用いる。咹は声の出ないさま。

商人船　あきんどぶね　「あきうどぶね」とも。商取引のために商人が利用する船のこと。

悪　あく　⇒焉《いずくんぞ》

幄　あく　宮中又は公家の諸行事、社寺の祭礼・神事・法会《ほうえ》などに、参列者を収容する臨時の仮屋《かりや》。長短の柱を立て、その上に棟《むね》と梁《はり》を渡し、屋根と三面に幕を張りめぐらす。幄屋、幄舎、「あげばり」などともいう。「年中行事絵巻」などに描かれ、その形状を知ることができる。とくに棟を設けず、上を簡単に覆ったものを平張《ひらばり》という。

灰　汁　あく　①灰を水につけてできた上澄みの水。布を洗ったり染色に用いる。②灰汁桶《あくおけ》の略。③灰のこと。

安居院　あぐい　比叡山東塔《とうとう》竹林院の里坊。説教唱導《しょうどう》に秀でた澄憲法師(信西の子)およびその子聖覚もここを拠点として唱導をよくした。安居院流唱導家の本宗となる。

悪　客　あく(つ)かく　酒を飲まない客のこと、いやな客。

握　翫　あくがん　握玩とも書く。大切にしながら味わい楽しむこと、非常に愛すること。

悪　眼　あくがん　憎しみの眼、険《けわ》しい眼の意。

悪　月　あくげつ　①陰陽道《おんみょうどう》でいう凶の月。②中国で、陰暦五月の異称。

悪事千里　あくじせんり　「悪事千里を走る」と用いる。千里は遠方のこと。悪い評判はすぐに遠くまで知れ渡るの意。出典は中国の古典にあり、室町時代からの用法。

幄　舎　あくしゃ　公事・祭礼・神事・法会のとき臨時に庭に設けた仮屋のこと。屋根及び三面に幔幕を張ったもので、棟を設けず上を簡単に覆っただけのものを平張《ひらばり》と称する。

悪　所　あくしょ　①山坂など、けわしい場所。②江戸時代、遊里や芝居町などをさす。②祟《たた》りなどのある不吉な家。

悪　水　あくすい　水はけの悪いたまり水、作物の生育に害になる水。東国では、水田の水を落とす小川を「あくと」と呼ぶ。

悪世 あくせ　仏法の衰えた末の世、悪事のはびこる世の中。

偓促 あくせく　齷齪とも書き、もとは「あくさく」。①こせこせする。②いそがしがる。③心狭く小事にかかわる。

悪銭 あくせん　「あくぜに」とも。日本の中世では、中国渡来の銭を始め多種の鋳造貨幣が流通し、撰銭《えりぜに》が行われたが、撰銭によって排除された質の劣る貨幣。ころ・せんとく（宣徳）・やけ（焼）銭・ゑみやう・おほかけ（大欠）・われ（破）・すり（磨）・うちひらめ（打平）・なんきん（南京）などの悪銭が史料に所見する。⇓撰銭〈文献〉小葉田淳『改訂増補 日本貨幣流通史』刀江書院。

悪銭座 あくせんざ　悪銭《あくせん》を一定比率で精銭《せいせん》に換えることを悪銭売買といい戦国期、京都に悪銭売買の独占権を持つ座があった。⇓悪銭・精銭

悪禅師 あくぜんじ　悪僧《あくそう》に同じ。⇓悪僧

悪僧 あくそう　平安末期から鎌倉期に、政治的・社会的な秩序に反して行動する僧侶をさしていう。とくに年貢徴収請負い、商業、高利貸活動にかかわって荘園制支配秩序に介入する延暦寺《えんりゃくじ》・興福寺《こうふくじ》僧をさしていうことが多い。春日神社や日《ひ》吉《え》神社の神人《じにん》とあわせて「神人・悪僧」と連称される。なお悪には強いという意味もある。⇓神人・山僧《さんそう》〈文献〉網野善彦『悪党と海賊』法政大学出版局。

悪左右 あくそう　悪い便り、悪いしらせ。反対は吉左右《きっそう》。

圷 あくつ　「あくと」ともいう。川ぞいの低地をいう。対して、小高い盛りあがった所が塙《はなわ》。

悪田 あくでん　地味の悪い田。地味の良い田は良田、能田《のうでん》。領主が農民に耕地を割当てる（散田《さんでん》という）ときは、能田と悪田を交えて行う慣例があった。〈文献〉山本隆志『荘園制の展開と地域社会』刀水書房。

あくと ①足のかかとのこと。②悪徒、悪党。③水はけの悪いたまり水のこと。⇓悪水《あくすい》

悪党 あくとう　一般的には、悪事を働く者、またその集団をいう。歴史的には、鎌倉中・末期弘安頃から、畿内およびその周辺で、小集団を形成して山賊・海賊・おいはぎ・人殺しなど反社会的行動をとる者をいう。はじめは、血縁的な小集団であったが、一四世紀には地縁的性格のつよい大きな集団に発展し、政治的勢力としても無視できないものに成長した。『峯相記《みねあいき》』における、悪党の成長を物語る記述は名高い。悪党の活動を物語る著名な荘園としては、伊賀国黒田荘、山城国賀茂荘、大和国平野殿《ひらのどの》荘、播磨国矢野荘、紀伊国荒川荘などがある。〈文献〉小泉宜右『悪党』教育社新書。網野善彦『悪党と海賊』法政大学出版局。

悪日 あくにち　①陰陽道《おんみょうどう》で、運勢の悪い日、凶日《きょうにち》をいう。②一般に、運の悪い日。

悪念 あくねん　悪事をたくらむ悪い考え。「身あれば八万四千のあくねんあり、身のためにくるしむ事たしかなり」と用いる。

悪比丘 あくびく　戒律を守らない悪い出家。

悪風 あくふう　①海上で災いをもたらす風。「悪風俄《にわか》に出で来て船を海の底へ巻き入る」などと用いる。②暴風、逆風。③悪い風習。

悪名 あくみょう　①悪いうわさ、評判。②汚名《おめい》。③悪事を働いた者。「寺家中に召し仕われ候者の悪名候わば、咎《とが》の軽《けい》

重《ちょう》に任せて其の沙汰に及ぶべく候」などと用いる。

胡　床　あぐら　呉床《くれどこ》とも。また牙床とも書く。多く衛府の官人が用いた座具、腰掛け。

悪律師　あくりっし　強くて勇ましい律師。⇒律師《りっし》

悪霊大臣　あくりょうのおとど　藤原顕光《あきみつ》（九四四～一〇二一）のこと。藤原道長に恨みを抱き、その怨霊《おんりょう》は道長一族に祟るといわれた。

上　馬　あげうま　揚馬とも書く。神事に、競馬・騎射《うまゆみ》を行うこと、またその馬、馬に乗る人をいう。⇒騎射

上　緒　あげお　冠を、もとどりのところで括《くく》り結ぶための緒、幞頭《ぼくとう》という四脚冠の緒。後部につける二脚は纓《えい》という。

揚　貝　あげがい　軍勢を引きあげるときの合図《あいず》に吹く法螺貝《ほらがい》。

上　書　あげがき　天皇・神仏などの文字を、行《ぎょう》を改めて本文の行より一字高く書くこと。

揚木戸　あげきど　上蔀《あげじとみ》と同じように、上にあげて開き、支柱で支えるようにした格子戸《こうしど》。陣屋・砦《とりで》などの急ぎの普請《ふしん》に用いた。⇒上蔀

上　領　あげくび　上頸とも書く。袍《ほう》、襖《おう》などの円《まる》くびの襟《えり》の紐のつけ方。

上　蔀　あげじとみ　上部を蝶番《ちょうつがい》でとめ、釣りあげて開閉できるようにした蔀《しとみ》。⇒蔀

揚簀戸　あげすど　竹の編戸で、両端を柱で支え、上へ突き上げて開くもの。

上　銭　あげせん　①挙銭《こせん》とも。中世、利子をとって金銭を貸し出すこと。②営業権を他人に貸してうけ取る賃料。③船の積荷のあげおろしの時の労賃。④遊女を呼んだときの代金。揚銭とも書く。

上　田　あげた　高い土地にある水はけの良い田。

上　畳　あげだたみ　貴族の御座所、寝所で、敷き並べた畳の上に重ねた畳のこと。天皇の御座では、板の間に高麗端《こうらいべり》の畳を敷き、その上に繧繝端《うんげんべり》の畳を敷く。御帳台《みちょうだい》の場合も畳を重ねる。⇒高麗端・繧繝端

上　地　あげち　①領主がその支配下の者から没収した土地。売買・譲与と異なり券文《けんもん》（土地の領有を証する文書）が存在しないので、田地売券に「この地はあけちなるによつて本券文《ほんけんもん》をはあいそえず」と記される。②江戸時代幕府が知行地を没収すること。上知とも書く。

上　司　あげづかさ　官職の位を高くすること。官の昇進をいう。源義朝が下野守から紀伊守になったことを「下野はきのかみにこそなりにけれよしとも見えぬあげづかさかな」と落書は書いたという（『平治物語』）。

上土門　あげつちもん　門柱上に横板を渡し、その上に土をのせた門。寺院や住宅の簡略な門の形式で、平安・鎌倉期の絵巻物類に所見。

論　あげつらう　①物事の是非・善悪を議論する。②ことさらに非をとりたてて論ずる。

不レ可ニ勝計一　あげてかぞうべからず　いちいち数えあげることができない（ほど沢山の意）。

上　所　あげどころ　平安時代、宛所《あてどころ》と同じ。書状・消息で受信人の名を書くところ。鎌倉時代以後、宛名の上に「進上」「謹上」などと書く上所《じょうしょ》とは区別する。

〈文献〉佐藤進一『古文書学入門』法政大学出版局。

上　取　あげとる　取りあげる、没収するの意。

揚浜塩田　あげはまえんでん　中世に一般的だった製塩法。塩田に汲んできた海水をまき、太陽熱や風力で水分を蒸発させ、

塩の付着した砂を掻《か》き集め、これに更に海水を注いで濃《こ》い塩水を得て煮つめる。近世には入浜塩田が普及する。

あげばり　⇒幄《あく》

揚拍子　あげびょうし　①高麗楽《こまがく》で用いられるリズム型の一つ。この部分では舞が演じられる。②神楽歌《かぐらうた》などにおける、自由リズムの曲に対応する拍節的なリズムの曲の名称。
〈文献〉増本喜久子『雅楽』音楽之友社。

明　仄　あけぼの　①曙とも書く。明発も同じ。夜がほのぼのと明け始めるとき。朝ぼらけの前の時間。②曙染のこと。江戸時代の友禅染の染色の一つ。中世の匂《にお》い染めを継承したもので、裾を白地のままにし、その上に紅または紫で曙の空のようにぼかしたもの。

総　角　あげまき　揚巻とも書く。①男子の髪型。髪を中央から左右に分け、両耳の上で巻いて輪を作り角のように突き出す。童形の晴の髪型。②紐の結び方の一つ。宮中の調度・装身具・袋物また甲冑に用いた。③催馬楽《さいばら》の曲名。「総角や　とうとう　尋《ひろ》ばかりや　とうとう　離《さか》りて寝たれども　転《まろ》びあひけり　とうとう　か寄りあひけり　とうとう」と歌う。

上　鞠　あげまり　蹴鞠《けまり》の作法の一つ。鞠を低めにけり、かかりの木の枝や人に当たらないようにする、難しいけりかた。

挙　申　あげもうす　呈奏とも書く。①進呈する。②推挙する。

明　山　あけやま　「あきやま」とも。留山《とめやま》に対する語。官山でありながら、人民が自由に入山し薪炭、建築材の原料採取の許されたもの。山師《やまし》が山に入り鉱山を開く場合も同様。⇒留山

吾　子　あこ　①わが子。②幼児の自称。

網　子　あご　『万葉集』に網引きの共同作業に従事する者と見える。あみこ、のち漁師のことをいう。

阿　衡　あこう　①中国殷《いん》代の宰相の官名。②摂政・関白の異名。仁和三年（八八七）の阿衡事件は著名である。

阿　号　あごう　阿弥陀《あみだ》号の略。鎌倉初期、浄土宗や時宗《じしゅう》で用いられた称号。弁阿・然阿など。

阿古陀　あこだ　①アコダウリ（瓜）の略。ウリ科の蔓《つる》性一年草。果実は円形あるいは長楕円形。②阿古陀形といえば、中央のくびれた円い形の物。阿古陀香炉《こうろ》と称するものがある。

衵　あこめ　肌着《はだぎ》と表衣《うわぎ》の間に着る衣《きぬ》。袿《うちぎ》ともいう。但し衵と袿を区別する場合は、衵は裾短の男装、童形用、袿は裾長の女装用。袷《あわせ》であるが、夏は裏を剥《は》がし、これを引倍木《ひへぎ》と称した。色は通常赤色。

衵　扇　あこめおうぎ　女性用の檜扇《ひおうぎ》。大《おお》翳《かざし》ともいう。細長の檜《ひのき》の薄板を綴《と》じて作った板扇。二〇歳までは紅《べに》、そのあとは紅梅、二八歳以後は妻紫の糸で綴じたものを用いた。のち板数は三九枚とした。

衵　袴　あこめばかま　あこめを着るときにつける袴。⇒衵《あこめ》

阿古屋　あこや　①阿古屋珠《だま》のこと、真珠。②米の粉で作った小さな餅、あこやもち。

麻　あさ　①古くから用いられた繊維植物で、狭義にはクワ科の大麻。広義にはイラクサ科の苧麻《からむし》・赤麻《あかそ》、アオイ科の莔麻《いちび》、アマ科の亜麻《あま》を含めて言う。乾かしたり水に浸して打ち、長い繊維を取る。布や紙の原料とする。また麻子《あさのみ》は油や薬の原料となる。②麻の繊維で織った布。木綿《もめん》が普及するまでは、布と言えば麻を中心とした織物を指して言った。幅二尺四寸、長さ四丈二尺を調庸布とした。中世、在《ざい》家役《けやく》として苧麻が徴収されることが多かった。⇒在家役

朝　朝　あさあさ　旦旦とも書く。毎朝。

「あさなあさな」ともいう。

浅浅 あさあさ（と） ①あっさりと、軽やかに。②敏速に。③浅漬の香《こう》の物を指す女房詞《ことば》。

麻苧 あさお 麻やカラムシの茎《くき》の皮の繊維から作った糸、麻のこと。

交返 あざかえす ①繰り返す。②物をひっくり返す。「あざ」は「糾―あざなふ(う)」のあざで、「念を入れてたびたびするをいう」と字書に見える。

朝駆 あさがけ ①朝早く馬を走らせる。②不意をついて敵陣を攻める。③朝飯前の仕事で、物事の容易なたとえ。④朝早く盗みを働くこと。

麻紙 あさがみ おもに古代に用いられた麻を原料とした紙。暦《こよみ》や位記《いき》に用いられた。⇒位記

朝餉壺 あさがれいのつぼ 清涼殿朝餉間の西の小庭のこと。壺とは建物に囲まれた狭い庭のこと。清涼殿図（三四八ページ）参照。

朝餉間 あさがれいのま 清涼殿《せいりょうでん》西廂《にしひさし》にあった。北側の手水間《ちょうずのま》を含めて三間を朝餉間と称した。元来、天皇が朝餉御膳を召す場であるが、しだいに天皇の日常生活の場となった。清涼殿図（三四八ページ）参照。

浅木 あさぎ ①檜《ひのき》以外の木の総称。②節《ふし》の多い雑木で、用材としては下等品。

浅黄 あさぎ 浅葱が正しい。葱を黄と混同して浅黄と書く。薄いネギの葉色。六位の官人の服色であったことから、六位の称となる。

浅黄袍 あさぎのほう 浅葱とも書く。苅安《かりやす》で染めた浅い黄色。①無品親王・諸王が加冠のとき着用した。②無位の王・公達《きんだち》が参内するとき着用した束帯の闕腋袍《けってきのほう》。

浅沓 あさぐつ 有位の廷臣の常用の履《はき》物《もの》。爪先《つまさき》から甲《こう》にかけて挿入する浅い構造となっている。もとは革製であったが平安時代には桐製黒漆塗の木履となっていた。平安中期以降は公卿以下文武官が束帯《そくたい》・衣冠《いかん》・直衣《のうし》着用のときに履《は》いた。

朝明 あさけ 「あさあけ」の変化した語。夜あけ方。和歌に用いることが多い。

朝餉 あさけ 「あさげ」とも。あさめし、朝食のこと。

朝座・夕座 あさざ・ゆうざ 法華《ほっけ》講《こう》・最勝《さいしょう》講《こう》・仁王講《にんのうこう》などの法会《ほうえ》で、朝夕の二度設けられる説法の集まり。

浅田 あさだ 泥の深くない水田。狂言『かくすい』に「信濃《しなの》なるあさだの小田をかくすいて、一もと植ゑて千もとをぞ刈る」とある。

朝茶 あさちゃ 朝食前に呑む茶。これを呑むとその日の災いを免れ福を得るという。

浅妻船 あさづまぶね 近江国坂田郡朝妻荘(法勝寺《ほっしょうじ》領)には琵琶湖岸の朝妻港があり、ここから大津港まで遊女をのせて遊興することが盛んで、これを朝妻船と呼んだ。

浅手 あさで 軽傷のこと。「浅手を負《お》う」と用いる。反は深手《ふかで》。

朝鳥 あさどり ①朝、ねぐらから飛びたつ鳥。②夕鳥とともに災《わざわ》いをもたらす凶鳥として、鳥追いの対象となる。

〈文献〉阿部猛「『あさとり』考」（『日本歴史』四九二）。

字 あざな 「あざ」とも。①土地の呼び名、地《ち》字《あざ》。古い時代の字が残存している場合が多いので、ある土地の現地比定に役立つ。②人名呼称の一つ、諱《いみな》という。実名(本名)とは別につける名。元来は中国の風習。通称で、八幡太郎（源義家。石清水八幡宮を氏神とする源氏の一男なので）、那須余《よ》一《いち》（与一とも書く。那須宗高。資高の十一番めの子）、大江三子《さんのこ》（大江家の三番めの娘。長女は一子《いちのこ》、次女は仲子《なかのこ》）などの

類。

〈文献〉角田文衞『日本の女性名』教育社。佐藤進一『古文書学入門』法政大学出版局。

浅鍋 あさなべ　底の浅い素焼《すやき》きの土鍋《どなべ》、焙烙《ほうろく》。

浅謀 あさはか　浅墓はあて字。①考えの浅いこと、思慮の足りないこと。②とおり一遍、かりそめの意。

浅縹 あさはなだ　薄いコバルトブルー。初位《そい》の者が着る袍《ほう》の色。

朝開 あさびらき　停泊していた船が朝早く出航すること。語原については、⑴船が帆《ほ》をひらくからとか、⑵朝発で発の別音「ひ」に基づくとか説がある。

朝朗 あさぼらけ　朝更とも書く。朝、おぼろに明けてくる頃。

朝更 あさぼらけ　⇒朝朗《あさぼらけ》

朝猿 あさまし　浅増、甘身とも書く。①意外である。②あきれる。③甚だしい。④生活がみじめである。⑤品性がいやしい。

朝旦 あさまだき　朝夙とも書く。「まだき」は、その時間にはまだ早いの意。夜の明けきらない早朝。

朝政 あさまつりごと　朝政《ちょうせい》の訓よみ。早朝に政事をみることであるが、おそらくは朝政《ちょうせい》一般をさす文学的表現であろう。⇒朝政

浅緑 あさみどり　催馬楽の曲名。「浅緑　濃《こ》い縹《はなだ》　染かけたりとも　見るまでに　玉光る　下《した》光る　新京朱雀《すざく》の　しだり柳　または田居《たい》となる　前栽秋萩撫子《なでしこ》　蜀葵《からほひ》　しだり柳」と歌う。

浅緑の袍 あさみどりのほう　七位の官人の着る淡い緑色の袍。

あさみわらう 驚きあきれて笑い出す。「あさむ」（惘の字をあてることもある）とは、あっけにとられる、驚嘆するの意。

欺 あざむく　①あいてを誘いまどわせる。②他人を悪くいう。③あいてをみくびる。④「……を欺く」といえば、「……と紛《まぎ》れるほどである」の意。

浅紫 あさむらさき　薄い紫色。天武十四年（六八五）制では直位《ちょくい》（令制の四位・五位に相当する）の朝服は浅紫、慶雲三年（七〇六）五世王朝服を浅紫としたが、弘仁元年（八一〇）諸臣二位以下五位以上および諸臣二位三位の浅紫を深紫との中間の色である中紫に改めた。

阿佐女 あさめ　朝目とも。宮中の新嘗祭に主水《もいとり》として奉仕する采女《うねめ》のこと。阿佐女主水という。主水は、飲料水のことを掌る役職。「モイ」とは水のこと。

朝催 あさもよい　①朝飯の仕度、またその頃。②朝の景色。

浅 あさり　川や海の浅い所。浅瀬のこと。

阿闍梨 あざり　「あじゃり」とも。弟子の行いを正し、その軌範となる徳の高い師の意。小乗では出家・受戒・教授・受経・依止の五種、大乗では文殊《もんじゅ》を羯磨《かつま》阿闍梨、弥勒《みろく》を教授阿闍梨とする。密教では大日如来《だいにちにょらい》や諸仏菩薩《ぶつぼさつ》、三密に通じた高僧のこと。狭義には伝法灌頂《でんぽうかんじょう》を受けた者、また灌頂の導師《どうし》をいう。⇒灌頂《かんじょう》

漁 あさる　①食物を探し求める。②人や物を探し求める。

戯 あざる　①ふざける。②うちとける。③しゃれる。

嘲笑 あざわらう　呀、譏笑、冷笑とも書く。①声を立てて笑う。②せせら笑う。

朝津 あさんづ　①越前国の地名。②催馬楽の曲名。浅水橋とも。「朝津の橋の　とどろとどろと　降りし雨の　古《ふ》りにし我を　誰ぞこの　仲人《なかびと》たてて　御許《みもと》の容姿《かたち》　消息《しょうそこ》し　訪《とぶら》ひに来るや　さきむだちや」と歌う。

足 あし　課役などの負担、また負担する人、および費用、経費、収入などの意に

広く用いられる。料足《りようそく》、公事足《くじあし》、無足《むそく》のように他の語の下につけて用いられることが多い。銭《ぜに》のことを「おあし」という。

足洗酒 あしあらいざけ ①中世、新しい身分を得たとき、披露目《ひろめ》の時の振舞酒《ふるまいざけ》。②中世、婚礼・村入り・座入りなどのとき共同体の承認を得るための振舞酒のこと。

足打折敷 あしうちおしき 折敷に足を取りつけたもの。⇒折敷《おしき》

足占 あしうら 「あうら」とも。古代の占いの方法の一つ。目標を決めて、吉・凶の言葉を交互に繰返し、目標に到達したときの言葉で吉凶を占う。また歩く歩数が偶数か奇数かで占うもの。
〈文献〉阿部猛『万葉びとの生活』東京堂出版。

足緒 あしお ①鷹狩用の鷹の足につける革紐。②太刀《たち》を吊るすための紐。

簣 あじか 筐、篠、蕢とも書く。竹・葦・藁などで編んだ籠《かご》・笊《ざる》の類。物入れ、また土を運ぶのに用いた。もっこ。

葦垣 あしがき ①葦を組合わせて作った垣。②催馬楽の曲名。「葦垣真垣 真垣かきわけ てふ越すと 負ひ越すと 誰 てふ越すと 誰か 誰か この事を 親に まうよこし申ししとどろける この家 この家の 弟嫁 親に まうよこしけらし 天地の 神も 証したべ 我はまうよこし申さず 菅の根の すがな すがなきことを 我は聞く 我は聞くかな」と歌う。

葦笠 あしがさ 葦で編《あ》んだ笠。

桎 あしかし 杻梏とも書く。罪人を拘束する木製の刑具で、足首にはめる。長さ一尺八寸(約五四センチメートル)以下一尺二寸以上。⇒盤枷《くびかし》・手杻《てかし》

足軽 あしがる 足白、足弱、疾足《しっそく》とも書く。早く『平家物語』に所見。放火や敵陣の攪乱《かくらん》などの役割をになった。室町時代、応仁の乱頃には歩兵集団としての活動を見せ、戦国期になると長槍足軽隊や鉄砲足軽隊などが編成され、戦闘の中での重要性が高まった。足軽の供給源は農村で、ふだんは農耕に従事する農兵である。
〈文献〉小野武夫『日本兵農史論』有斐閣。藤木久志『雑兵たちの戦場』朝日新聞社。

足軽大将 あしがるだいしょう 足軽隊を統率・指揮する武将。

味気無 あじきなし 慧、無為とも書く。①乱暴で手がつけられない。②努力する甲斐がない、無益である。③ゆとりや味わいに乏しく風情《ふぜい》がない。④やるせない。

絁 あしぎぬ 絹織物の一種。もとはツムギのような手製の粗《あら》い織物をさすが、奈良時代のものは絹に比較して精粗の差はない。公定価格は、上絁一匹が稲六〇束〜一〇〇束。
〈文献〉原島礼二「八世紀における絁布生産の技術史的考察」(『続日本紀研究』一二五)。

味食 あじくい 味口とも。ぜい沢な物を食べること。

葦毛 あしげ 馬の毛色、白い毛に黒や褐色の毛の混じったもの。青みがかった黒の混じった黒葦毛、栗毛の混じった赤葦毛、黒の円紋の連銭《れんぜん》葦毛などがある。

足子 あしこ 室町・戦国時代、座商人の依頼により商品を運搬したり、また行商を行った小商人。近江国の蒲生《がもう》・神崎・甲賀の諸郡や湖北から若狭に至る九里半街道、伊勢北部などに散在していた。
〈文献〉脇田晴子『日本中世商業発達史の研究』御茶の水書房。

足代 あししろ ①足場。建築や高い所の工事の際に作業の便宜のために作るあしがかり。②物事をなそうとするときの拠りどころ、土台、基礎。

足白 あししろ ⇒足軽《あしがる》

足沙 あしそろへ（え） 足誘も同じ。軍勢の集合、勢揃《せいぞろえ》のこと。

足駄 あしだ 元来は下駄《げ》《た》類の総称。下駄は、古くは指歯《さしば》ではなく、共木作りの刳《く》り抜き造りであった。鎌倉・室町時代の絵巻物に描かれているのは高い指歯の高足駄《たかあしだ》である。歯の低いものは平足駄《ひらあしだ》と呼ばれ、高足駄は単に足駄と呼ばれるようになった。

〈文献〉黒田日出男『姿としぐさの中世史』平凡社。

足立 あしだち 人馬の足の立つ所、足場。足立がよい、わるいという。

足溜 あしだまり 根拠地。戦場で戦いの拠点となる所。

足付 あしつき 脚付とも書く。或る物品を購入する費用のこと、要脚《ようきゃく》。足は銭《ぜに》。

葦手 あしで 平安時代の書体の一つ。葦・水流・鳥・石など水辺の光景の中に、文字を絵画化し歌などを散らし書きにしたもの。

足手公事 あしでくじ 中世、夫役《ぶやく》の総称。足や手を動かしてつとめる公事の意。手足役、足手所役ともいう。

〈文献〉保立道久『中世の愛と従属』平凡社。

蹇 あしなえ 躄、跛とも書く。足がなえて不自由なこと。

足半 あしなか かかとの部分のない、足の長さの半分くらいのわら草履《ぞうり》。鎌倉時代には尻切《しりきれ》、半物草《はんものくさ》と称し、足半は室町時代からの呼び名。下級武士（足軽など）・僧侶・子どもなどの履物そして絵巻物類に所見。最近まで、農山漁村での作業用として用いられた。

葦の矢 あしのや 宮廷で十二月晦日に行われた追儺《ついな》の行事に用いられたもの。葦で箆《の》（矢柄《やがら》、矢の竹の部分）を作った矢。桃の弓とともに鬼払いのまじないの具とされた。

足踏 あしぶみ 水車。ふみ板を踏むと車がまわり、車にとりつけた小桶の中の水が水路に注がれるように作られている。天長六年（八二九）太政官符に所見。しかし、これは普及しなかった。

蘆屋釜 あしやがま 鎌倉時代から戦国時代まで、筑前国蘆屋（遠賀川《おんががわ》口）で作られた茶釜。

足結 あしゆい 「あゆい（ひ）」とも。①足を紐などで結ぶこと。②足つきの台の上に掛けた打敷《うちしき》がとれないように装飾として紐を結ぶ。

亜相 あしょう 大納言の唐名。丞相に亜《つ》ぐ意。

亜将 あしょう 大将に亜《つ》ぐの意で、近衛中将・同少将の唐名。異名。

会釈 あしらう ほどよく、とりもつこと。

網代 あじろ ①漁具。川に木の杭《くい》を立ち並べ、中間に簀《す》を張った簗《やな》のこと。宇治川や瀬田川の網代が名高い。②網を設置する場所。網の設置権をめぐってしばしば争いが起こった。

〈文献〉網野善彦『日本中世の非農業民と天皇』岩波書店。

網代垣 あじろがき 細竹や割り竹で網代に作った垣根のこと。

網代笠 あじろがさ 竹や檜《ひのき》の片木《へぎ》を網代に組んで作った笠。竹の網代笠は半球形、檜のものは円錐形《えんすいけい》。

網代壁 あじろかべ 網代を用いた壁で、割竹・割板・葦などを網代に組んだ。古代・中世には薄板を作る技術が不十分だったので板壁は少なく、網代壁が普通であった。

〈文献〉山田幸一『壁』法政大学出版局。

網代車 あじろぐるま 牛車《ぎっしゃ》の一種で、御所車《ごしょぐるま》ともいう。竹または檜《ひのき》の薄板を網代に組み、屋形を張ったもの。檜によるものは公卿用とされる。屋形の構え、色彩・文様などにより種類がある。

網代輿 あじろごし　手輿《たごし》の一種。輿は、二本の轅《ながえ》を腰に添えて持ち歩行する乗物。棟から箱にかけて、薄く削った竹で網代を組み張り包む。前後の出入口には簾《すだれ》をかけた。中世には、取扱いの簡便さから乗物として多用された。

網代始 あじろはじめ　摂政・関白となって、初めて網代車に乗ること。

網代屏風 あじろびょうぶ　骨組みの片面に網代を張った屏風。

飛鳥井 あすかい　催馬楽の曲名。「飛鳥井に　宿《やど》りはすべし　や　おけ　蔭もよし　御甕《みもい》も寒し　御秣《みまぐさ》もよし」と歌う。

預 あずかり　①一〇～一一世紀頃、荘園現地で荘務をつかさどる者、荘預。荘検校・荘別当につぐ荘官の一種。預は平安末期には見られなくなる。②官職としての預は、太政官文殿《ふどの》・太政官厨家・後院《ごいん》庁・院庁・侍従所・進物《しんもつ》所・御書《ごしょ》所・一《いっ》本御書《ぼんごしょ》所・作物《つくも》所・画《え》所・供御《くご》所・贄《にえ》所・御厨子《みずし》所・酒殿・氷室《ひむろ》・穀倉院《こくそういん》などにみられる。また、国司が校班田を行う場合、造班図預が置かれた。③神社の社務を管掌するもの。九世紀から平野社でみられ、寺院では一〇世紀からみられる。

預作 あずかりさく　領主が作人に土地を預けて耕作させること（散田《さんでん》）。その作人は預作人と呼ばれる。預作人が田刀《たと》と呼ばれている例があり、かれらは必ずしも領主への従属的農民とはいえず、相対的な独立性を有するものとみられる。

預状 あずかりじょう　金銭・物品・米穀・文書・土地の権利などを預かったとき、預かり手が預け主に渡す請取状。預状は無利子の貸借契約書の形式をとり、実際には利子つきでありながら徳政令の適用をまぬかれることがあった。

〈文献〉佐藤進一『古文書学入門』法政大学出版局。

預地 あずかりち　南北朝期、預けるとの名目で幕府などから給わった所領。

預所 あずかりどころ　「あずかっそ」「あずかりしょ」とも読む。鎌倉末期成立の「沙汰未練書《さたみれんしょ》」は、本所御領の所務代官《しょむだいかん》と定義しているが、荘園制の支配秩序のなかで「本所—領家」というとき、領家を預所と称することがあり、在京預所、在荘預所の称もある。鎌倉期、多くの荘園では預所が訴訟の当事者（雑掌《ざっしょう》）となることがあった。荘官の下司《げし》に対して中司《ちゅうじ》と呼ぶ場合がある。職務の代償として預所給田・預所佃《つくだ》・預所名《みょう》などが与えられた。なお、地方の有力者が中央の権門寺社に所領を寄進したとき、寄進者またその子孫が預所職を相伝する場合がある。

〈文献〉竹内理三『寺領荘園の研究』吉川弘文館。阿部猛『日本荘園史』大原新生社。

預所給 あずかりどころきゅう　⇒預所

預所佃 あずかりどころつくだ　⇒預所

預所名 あずかりどころみょう　⇒預所

預所免 あずかりどころめん　荘園の預所に給与された免田。領主への年貢を免除され、それを預所が給分として取る。

預物は半分の主 あずかりものははんぶんのぬし　「あずかりぬしは半分」ともいう。人の物を預かれば半分は自分の物と思ってもさしつかえないという、一種の慣習法である。

与 あずかる　預、関とも書く。①関与する、かかわる。②いただく。

小豆 あずき　マメ科ササゲ属の一年草。ふつうは赤小豆をさす。小豆餅・小豆粥《かゆ》・小豆飯は平安時代以来、吉凶の物日《ものび》の食用とされ、薬用にも用いられた。陸田作物としては、黍《きび》・稗《ひえ》・麦とともに大豆・小豆の作付が奨励された。

小豆粥 あずきがゆ　小豆を混ぜて作った粥。正月十五日の七種粥《ななくさがゆ》は小豆や粟《あわ》などを混ぜたもの。

預ヶ状 あずけじょう　中世武家社会で、所領の管理を配下の武士にゆだねるとき作成する文書。所領宛行とは異なり一時的な委任である。例えば、「阿波国牛牧庄地頭闕所分事、為二立江中庄地頭職替一、御沙汰落居之間、所二預置一也」というように、幕府の裁判の決着がつくまで闕所分地頭職を預けるという。戦国時代になると、委任ではなく、大名じしんの権力による預置、宛行が書下《かきくだし》、判物《はんもつ》の様式でなされるようになった。〈文献〉佐藤進一『古文書学入門』法政大学出版局。

梓巫女 あずさみこ　各地を遊行《ゆぎょう》して託宣《たくせん》・呪術《じゅじゅつ》を行う民間の巫女。口寄《くちよ》せの一種。梓弓を鳴らし、神降《かみおろ》しの呪文《じゅもん》を唱えて神がかりする。

梓　弓 あずさゆみ　梓の木で作った丸木の弓。狩猟や神事に用いた。

垜 あずち　堋、安土とも書く。弓の的《まと》を立てる所。土を山形に盛って作る。

東 あずま　①東の方、東国。②時代により範囲が異なるが、広くは東海道・東山道以東陸奥までも指した。のち関東地方を指す。③鎌倉・室町期には、京都から鎌倉、鎌倉府を指して呼んだ。

東　遊 あずまあそび　古代東国の歌舞で東《あずま》舞《まい》ともいう。宮廷に取り入れられて、平安時代、走馬・賭弓《のりゆみ》・駒牽《こまひき》などのときや石清水《いわしみず》・春日《かすが》の祭にも奏された。五曲より成り、和琴《わごん》・笛・笙《しょう》・篳篥《ひちりき》・拍子《ひょうし》の伴奏により演ずる。〈文献〉『古代歌謡集』（日本古典文学大系）岩波書店。

東　歌 あずまうた　⇒東遊《あずまあそび》

東　男 あずまおとこ　東国地方生まれの男、いなかもの。

東　折 あずまおり　「あずまからげ」に同じ。裾高にするため、腰の両脇をからげて帯の間に挟み込むこと。「じんじんばしょり」ともいう。

東　絹 あずまぎぬ　東国産の絹。粗悪品という。

東　下 あずまくだり　京都から関東地方へ行くこと。鎌倉時代は、鎌倉へ行くことをいった。

東舎人 あずまとねり　神亀五年（七二八）に設置された中衛府《ちゅうえふ》の兵である中衛のこと。定員三〇〇人。東国出身者を採ったのであろう。〈文献〉笹山晴生『日本古代衛府制度の研究』東京大学出版会。

東　屋 あずまや　催馬楽の曲名。「東屋の　真屋のあまりの　その　雨そそぎ　我《われ》立ち濡《ぬ》れぬ　殿戸開かせ」「鎹《かすがい》も　錠《とざし》もあらばこそ　その殿戸《とのど》　我鎖《さ》さめ　おし開いて来ませ　我《われ》や人妻」と歌う。

四　阿 あずまや　東屋とも書く。四は四方の意、阿は家の棟・庇《ひさし》・軒《のき》の意で、寄《よ》せ棟《むね》、四注《しちゅう》屋根のこと。

東豎子 あずまわらわ　東嬬とも書く。内侍司に属する官女。姫大夫、姫松ともいう。天皇行幸の際に供奉《ぐぶ》する少女。宮廷では男子名で呼ばれ正六位上に叙された。定員は四人。鎌倉時代には廃された。

汗 あせ　阿世、赤汗、赤行とも書く。①血の忌詞《いみことば》。女房詞。②仏像などに生ずる湿滴のこと。③「綸言《りんげん》汗の如し」といえば、天子の言葉は取り消すことはできないの意。

畦 あぜ　畦畔。また「くろ」という。水田で、灌漑水の流失を防ぐため、一枚一枚の水田を区画し土を盛りあげたもの。

校　倉　あぜくら　断面が三角形の木材を組み重ねて壁面を構成し、屋根をかけた倉庫。叉倉とも書く。古代の史料にみえる甲倉《こうくら》も校倉のことかという。奈良の正倉院宝庫は名高く、東大寺や唐招提寺《とうしょうだいじ》にも遺構がある。構造的に湿気を防ぐというのは俗説である。

畦越灌漑　あぜごえかんがい　水田耕作に必要な水は用水路を通じて配水されるのがふつうであるが、谷戸田《やとだ》・迫田《さこだ》・山田・棚田《たなだ》など、谷間や台地の側面に開かれた水田では、水路によらず、水田面の高低差による畦越しに溢《あふ》れた水で灌漑する。〈文献〉古島敏雄『土地に刻まれた歴史』岩波新書。

按察大納言　あぜちだいなごん　大納言で按察使を兼ねている者。按察使は養老三年（七一九）に設置された令外官《りょうげのかん》。畿内と西海道を除く特定国の国司が兼任し、近隣数か国を監察した職。平安時代には、按察使といえば陸奥出羽按察使を指す。

汗　殿　あせどの　伊勢国の斎宮《さいぐう》・離宮院・紫野《むらさきの》の斎院において斎王が月経時にこもる殿舎のこと。汗は血の忌詞《いみことば》。女房詞。⇒汗《あせ》

汗　取　あせとり　汗を取る夏用の肌着。

麻・葛《くず》などの植物繊維より成る帷子《かたびら》と称する単《ひとえ》の衣。

あせも　汗疹の字を宛てる。平安中期の「和名抄」以来見える。疹は小さな吹き出物のこと。

校　屋　あぜや　⇒校倉《あぜくら》

阿僧祇　あそうぎ　梵語《ぼんご》assamkhya の音訳。無数、数えることのできない大きな数。

遊　字　あそびじ　漢文の中で訓読されない文字。一見無用のように思われる字。「巧言令色、鮮矣仁」（論語）の「矣」など。他に「兮」も。いずれも元来は文の調子を整える助字であった。

遊　女　あそびめ　「うかれめ」とも。平安時代、淀川河口の江口・神崎などのあそびめを遊女と称し、諸国宿駅のあそびめを傀儡子《くぐつ》という。ともに売笑婦である。大江匡房《まさふさ》の著作に『遊女記』『傀儡記』があり、かの女らの生態をよく示している。

咫　あた　尺も同じ。古代の尺度の一つ。親指と中指とを広げた長さ。

阿　党　あた　仇《あだ》をなす、敵対するの意。「あとう」と音読みして「阿曲朋党」すなわち、おもねり、くみするの意とすることもある。

直　あたい　価、値とも書く。価格、物のねうち。⇒価直《かちょく》

恰　あたかも　宛も同じ。①さながら、まるで、ちょうど。②ちょうどその時。「恰如二……一」「恰似二……一」と用いることが多い。

徒　気　あだけ　好色の意。「いでその古《ふ》りせぬあだけこそは、いと、後めたけれ」と用いる。

他　言　あだごと　徒言、徒事、佗言、胡言とも書く。①冗談《じょうだん》、虚言《きょげん》。②かりそめのこと。③色ごと、浮気。④無駄なこと。

徒言葉　あだしことば　口先だけで、あてにならない言葉。

徒　世　あだしよ　つねに移り変わる、はかない世。

徒　名　あだな　虚名も同じ。①男女関係についてのうわさ、浮き名。②ぬれぎぬ。

徒　矢　あだや　浮矢、空矢とも書く。的《まと》や敵に命中しない矢、むだ矢。

惜　あたら　悋とも書く。①そのままではもったいない、惜しい。②残念なことにも。可惜の二字でも同じ。

新しき年　あたらしきとし　催馬楽の曲名。「新しき　年の始めに　や　斯くしこそ

はれ　斯くしこそ　仕へまつらめ　や万代までに　あはれ　そこよしや　万代までに」と歌う。

当　合　あたりあい　二艘の船が衝突すること。乗懸《のりかけ》、走当《はせあたり》、突当《つきあたり》の別がある。当合についての語と慣習は『廻船式目』に記されている。
〈文献〉住田正一『廻船式目の研究』東洋堂。

あたり地　あたりち　「長宗我部氏掟書」に所見。周辺・近所の意もあるが、畠のことを指す例もあり、また借りている土地の意かとも思われるが未詳。

不ㇾ能　あたわず　……できない、……に適合しない。前近代では能（あたう）と肯定的に用いられることはなく、不能と打消を伴って用いられた。

彼方此方　あちこち　あちらこちら、ほうぼう。

軋　あつ　⇒きしろう

嗳　あつかい　哆、扱とも書く。①世間のうわさ、評判。②支配、領知。③紛争解決のための仲裁、調停。紛争当事者がその解決を第三者に委《ゆだ》ね和解する制度（中《ちゅう》人《にん》制）。貸借、売買、土地争いなどの民事と、刃傷《にんじょう》、殺人などの刑事、また合戦などの仲裁にも及んだ。その裁決は折《せっ》中《ちゅう》の法、中分《ちゅうぶん》の法により、両者に不満や遺恨《いこん》を残さないようにする点に眼目があった。
〈文献〉石井良助『中世武家不動産訴訟法の研究』弘文堂書房。

愀　あつかい　扱いに同じ。「右之愀無㆓御存知㆒之旨」と用いる。

拵　あつかう　捩も同じ。もてなす、あしらうの意。

刷　あつかう　『八幡愚童訓』に「日本馬共驚躍刎狂程、馬コソ刷シカ」とある。驚き跳《は》ねている馬を扱い鎮めていたので、の意。

厚　紙　あつがみ　厚様《あつよう》とも。厚手に漉《す》いた紙、鳥の子紙のこと。

圧　巻　あっかん　書物や催し物などで、とくにすばらしいと感じる場面や部分のこと。巻は中国の科挙《かきょ》（官吏登用試験）の答案、圧はそれをおさえる意。最もすぐれた答案を一番上に載せたことから生じた語。

悪　口　あっこう　「あっく」とも読む。根拠なく他人を誹謗《ひぼう》すること。これが争いのもととなるので、「関東御成敗式目」や戦国大名の家法では重罪とされた。鎌倉幕府の裁判制度では、法廷での対決あいてに悪口を浴《あ》びせると敗訴とされ、所領紛争で本来敗訴となるべきものについては、他の所領を没収されたり、流罪とされたりした。
〈文献〉網野善彦ほか『中世の罪と罰』東京大学出版会。

押　書　あっしょ　「あそ」「あっそ」「おうしょ」「おさえがき」とも読む。契約状の一種。「沙汰未練書《さたみれんしょ》」には、「押書トハ未ㇾ成ㇾ事ヲ兼入置状也」とある。将来なすべきことを、あらかじめ請合《うけあ》っておくもの。売買契約実行の保証、貢納請負、紛争和解後の契約遵守《じゅんしゅ》などを内容とする。
〈文献〉石井良助『中世武家不動産訴訟法の研究』弘文堂書房。

厚　帖　あつじょう　⇒厚畳《あつだたみ》

圧　状　あつじょう　「おさえじょう」とも読むか。強制的に作成させられた書状で、自発的意志による自発之状に対する。例えば、荘官が荘民を脅迫《きょうはく》して文書を書かせたり、拷問《ごうもん》によって白状《はくじょう》を書かせるなど。圧状と判定されると裁判では証拠として採用されなかった。
〈文献〉石井良助『中世武家不動産訴訟法の研究』弘文堂書房。

遏　絶　あつぜつ　①断ち切ること。②排斥すること。遏はとどめるの意。

厚畳 あつだたみ　現在の畳ほどの厚さの敷物。平安時代には、うすべりの類を畳と称し、稲わらで床を作り、その上に畳表をつけたものを厚畳と称した。

あっち死 あっちじに　「あっち」は跳《は》ねるの意。身もだえして死ぬこと。『平家物語』は平清盛の死を「あっち死」と記す。

厚額 あつびたい　前額部を高く作った冠。もとは一六歳以上で位階の高い者が用いたが、のちには位の高下によらず着用した。

厚総 あつぶさ　馬具の鞦《しりがい》に垂らす縒糸《よりいと》の束《たば》。位階・職掌によって規制があるが、規制外の武家に専ら用いられた。

遏密 あつみつ　諒闇《りょうあん》のときに音楽を禁止すること。遏はとどめるの意。⇒諒闇

集名 あつめみょう　⇒合名《あいみょう》

羹 あつもの　菜菌魚貝鳥などを熱く煮て、酒・醤・塩で味付けした吸物《すいもの》。平安時代、鰒《あわび》の羹は儀式の宴には必ず用いられた。若菜の羹は祝いもの、鮎《あゆ》の羹はぜいたくなものとされた。

厚様 あつよう　鳥の子紙の厚手のものをいう。薄いものは薄様と称した。鳥の子紙は典籍や絵巻物の料紙に用いられたが、高価なため一般の文書には殆ど使われなかった。一般に多用されるようになったのは戦国時代からである。

誂 あつらえる　とくに注文して作らせること。その品物は誂物《あつらえもの》。

貴 あて　①身分や家柄が高く貴い。②言動・容姿が上品で優美なさま。「世界の男、あてなるもいやしきも、いかで此のかぐや姫を得てしがな、見てしがなと、音に聞きめでてまどふ」と用いる。

宛課 あておおす　年貢、租税などを割り当て取りたてる。賦課に同じ。

充（宛）行 あておこない　室町以降、宛行と書くことが多い。「あてがい」とも読む。土地・所領、また禄を給与すること。
〈文献〉中田薫『法制史論集 二』岩波書店。

充行状 あておこないじょう　充文《あてふみ》ともいい、宛行状とも書く。「あてがいじょう」とも読む。所領・所職の給与に際して、給与者が被給与者に交付した文書。当初は処分状と区別がつかなかったが、給与者と被給与者の関係が主従《しゅじゅう》など上下の関係になると補任《ぶにん》と混同されるようになる。
〈文献〉佐藤進一『古文書学入門』法政大学出版局。

擬 あてがう　擬作、擬宜とも書く。江戸時代、岡山藩で、貧困な家臣を救済するため、年限を切って禄を給したが、これを扶持《ふち》方擬作《かたあてがい》と称した。天文十六年（一五四七）の甲州法度之次第に「役等之事者、依二其擬一可レ被レ行レ之」と見え、その他、室町・戦国期の史料にも所見する。充行と同意とも見られ、或いは所領についての「扱い」という一般的な意味にもとれる。

充書 あてがき　⇒充《あて》（宛）所《どころ》

当木 あてき　木を切るとき、その下に置く別の木のこと。また、糊づけした着物を打ったり、或いは藁を打つときに台とする木。一般に、副木《そえぎ》また材質の固くて役に立たない部分をいう。

宛下 あてくだす　充下とも書く。⇒充《あて》（宛）行《おこない》

宛作 あてさく　領主や地主が小百姓や下人らに田畠を割当て耕作させること。地主―小作関係や請作《うけさく》関係のような契約関係ではなく、強制力を伴う関係の場合である。

当字 あてじ　宛字とも。漢字本来の意味に関係なく、文字の音・訓を借りて或る語の表記に当てる用法。矢張《やはり》、六借《むつかし》、浅増《あさまし》、目出度《めでたし》などがそれ。

宛（充）状　あてじょう　⇒充《あて》（宛）文《ぶみ》

充（宛）所　あてどころ　当所とも書く。古文書学上の用語で、宛名《あてな》のこと。文書の奥、日付のあとに「……殿」など敬称をつけて書かれる。但し、符《ふ》・牒《ちょう》・移《い》・下《くだし》文《ふみ》などの公文書では、文書の袖の書きだし第一行に書かれる。〈文献〉佐藤進一『古文書学入門』法政大学出版局。

充（宛）文　あてぶみ　①土地や物などを官から給与する場合の通達。②官職に補《ぶ》任《にん》するときの辞令。③荘園領主が荘民に耕地を割当てる文書。④費用を割当てる文書。⑤中世の所領充行状。

宛　米　あてまい　江戸時代、土地所有者（地主）が下作人から徴収するもので、年貢米・作徳《さくとく》（加地子《かじし》）を含むもの。土地所有者は領主に年貢を納入し、残りを自らの得分とする。この地主の権利は地主仲間（株仲間《かぶなかま》）によって保証されたが、その事務をとり仕切っていたのは庄屋《しょうや》であった。⇒加地子《かじし》〈文献〉神田千里『一向一揆と戦国社会』吉川弘文館。

跡　あと　①行方《ゆくえ》。②先例・故実。③筆跡。④知行人が亡くなり残された所領、所職、および遺領相続人のこと。「逃亡跡」「死亡跡」「謀叛人跡」など。遺領・遺産は遺跡《ゆいせき》、一跡《いっせき》、跡職《あとしき》、跡目《あとめ》などと称される。〈文献〉羽下徳彦『惣領制』至文堂。佐藤進一『古文書学入門』法政大学出版局。

あ　ど　①あい手に調子を合わせて受け答えする。「あどを打つ」という。②狂言でシテのあい手をする脇師。

阿　党　あとう　⇒あた

跡　職　あとしき　跡式とも書く。つぐべき家督・遺産・遺領、地頭職などの闕所《けっしょ》の跡の職。⇒跡《あと》・職《しき》

跡　無　あとなし　①あとかたもない。②空しい、効果がない。③人の訪れがない。④根拠がない、ばかげているの意。

阿堵物　あとぶつ　銭《ぜに》の異称。単に阿堵ともいう。中国六朝《りくちょう》時代（二二二〜五八九年）の俗語で、晋《しん》の王衍《おうえん》の故事に拠るという。こんなもの、このものの意。金銭を忌んでいう。

後見役　あとみやく　鎌倉幕府において、元仁元年（一二二四）に設置された連署《れんしょ》をいう。相談役、後見《こうけん》役の意である。⇒連署

跡　目　あとめ　⇒跡《あと》

暗レ跡　あとをくらます　「あとをくらくす」とも。行方《ゆくえ》をくらます。

案　内　あない　案とは、文書の写し・草案。①文章や物事の内容・事情。②手引《てびき》。③公《おおやけ》の控え書き。④問いただすこと。⑤前例、先例。「謹みて案内を検《けん》するに」と用いる。

案内者　あないしゃ　「あないじゃ」とも読む。①土地の地理など、事情をよく知っている者。②案内する人。③手引をする者。

穴　賢　あなかしこ　「あなかしく」とも。あて字。穴は感動詞、賢は畏《かしこ》。①恐れ多い。②相手の言動をたしなめる気持を表し、そんなことを言ってはいけませんよという表現。③相手に敬意を表し、手紙の文末に記す。

強　あながち（に）　①強引で無理やりなさま。②異常にきわだっている。③むやみに。下に打消を伴い、「あながちに恐《おそろ》しかるべきことにもあらず」と用いる。④必ずしも……ない。

穴　蔵　あなぐら　地下に穴を掘り木又は石で囲んだ蔵。物の貯蔵に用いた。火事のときに貴重品などを収納することは江戸時代にその例を多く見るが、室町時代にも行われていた。

以　往　あなた　彼方《あなた》とも。①以前・過去。②あちら、向こうの方。

安名尊　あなとうと　催馬楽《さいばら》の曲名。祝宴のときの歌。「あな尊《とう》と　今日の尊《とう》とさや　昔《いにしえ》も　はれ　昔も　斯《か》くやありけむや　今日の尊さ　あはれ　そこよしや今日の尊さ」と歌う。

豈　あに　①下に打消の語を伴って、決して……ない、おそらく……せぬ。②反語表現に用いて、どうして、なんで……だろう。平安時代からは②の用語が一般的。

畔　放　あはなち　田の畔《あぜ》を切り水を落とすこと。古代、共同体に対する犯罪の一つ。

荒ら家　あばらや　平安時代からの用語。①荒れ果てた家。②自分の家を卑下《ひげ》していう。③東屋《あずまや》のこと。

網曳長　あびきのおさ　宮内省大膳職に属し、魚をとる網曳（一五〇戸）の統率者。

網曳御厨　あびきのみくりや　和泉《いずみ》国にあった。内膳司に属し魚介類を朝廷に貢進した。平安中期には国衙への雑役免除《ぞうやくめんじょ》の特権を与えられていた。

あひ（い）しらう　⇒応答《あえしらう》

鐙　あぶみ　馬具。馬に乗る人が足を踏《ふ》みかけるもの。木や鉄で作る。輪に袋を設けた壺鐙、唐様の輪鐙、踏み込みの舌の長い舌長。短い半舌がある。

鐙　瓦　あぶみがわら　屋根瓦の一種。本瓦《ほんかわら》葺《ぶき》の丸瓦の軒先になる瓦で、蓮華《れんげ》・巴《ともえ》・定紋《じょうもん》などの装飾が施してある。

油　あぶら　植物性の油、灯油。荘園の公《く》事《じ》物《もつ》として油の貢納は広く見られた。⇒公事物

油　売　あぶらうり　灯火用の種油を売り歩く行商人。油を入れた丸桶をてんびん棒で荷《にな》って歩いた。

油　桶　あぶらおけ　①油売りが、油を入れて天びん棒でかついで歩いたふたつきの丈《たけ》の高い桶。②女性が常用の髪油を貯えておく桶。

油　倉　あぶらくら　寺院の灯油を保管する倉庫。灯油は荘園の公事物《くじもつ》として広く見られる。東大寺の油倉は著名。東大寺油倉は多くの灯油料田を管理経営し、油倉を掌る僧は大きな力を持ったが、応仁・文明の戦乱の中で財源を失い消滅した。〈文献〉永村真『中世東大寺の組織と経営』塙書房。

油　座　あぶらざ　灯油販売上の特権を持つ商人の座。平安後期に山城国醍醐寺《だいごじ》三《さん》宝院《ぼういん》、筑前国筥崎《はこざき》八幡宮油座が出現。鎌倉期大和国では興福寺符坂《ふさか》油座が広汎な販売独占権を持ち、八木《やぎ》仲買座が原料購入の独占権を行使した。山城国大山崎《おおやまざき》油座は離宮八幡宮《りきゅうはちまんぐう》神《じ》人《にん》の身分を持ち諸関料免除の特権を得て、南北朝期以降全国的に活動範囲を拡大した。〈文献〉豊田武『座の研究』吉川弘文館。

油神人　あぶらじにん　⇒油座《あぶらざ》

油搾木　あぶらしめき　果実や種子を圧搾して油を絞り取る器械。「信貴山縁起絵巻」に所見。

油　坏　あぶらつき　油皿のこと。灯をともすために油を入れ灯心《とうしん》を副える小皿。

あぶらのかちん　油で揚げた餅をいう女房詞《ことば》。

油免田　あぶらめんでん　年貢・公事《くじ》の一部または全部が免除されて、その免除部分が灯油料に宛てられる田地。大和国内の東大寺油免田は著名である。〈文献〉竹内理三『寺領荘園の研究』吉川弘文館。

溢　者　あぶれもの　社会秩序から脱落した無頼《ぶらい》の徒《と》をいう。南北朝期以後、平時には山賊・追剝《おいはぎ》となり、合戦のときは傭兵《ようへい》となって野伏《のぶせり》（臥）・足軽として働いた。悪党と呼ばれる集団には溢者も含まれる。

『太平記』や『峯相記《みねあいき》』などにその様相が描かれている。
〈文献〉佐藤和彦『中世社会思想史の試み』校倉書房。

海人 あま　漁撈・製塩・航海に従事する者の総称。平安時代後期以降、海夫《かいふ》(九州)・網人《あみうど》(御厨《みくりや》)・海人(北陸)などと表記される。とくに潜水漁撈者(女)をさすことが多い。
〈文献〉網野善彦『日本中世の非農業民と天皇』岩波書店。

案摩 あま　雅楽の曲名。林邑楽《りんゆうがく》(インド系音楽)系の曲で、もと沙陀調、のち壱越調の曲。案摩の面《おもて》、衣冠に笏を持つ二人舞。

雨打 あまうち　雨打際《ぎわ》の略。雨落《あまおち》のこと。雨だれの落ちる軒先《のきさき》の真下で、石を並べて据え置く。

天児 あまがつ　⇒人形《ひとがた》

雨皮 あまかわ　降雨時、輦《れん》、牛車《ぎっしゃ》の箱を覆《おお》う雨具。浅葱《あさぎ》染めの生絹《すずし》の平絹で両面に仕立てる。張筵《はりむしろ》をかけてから張り渡す。平常は雨皮を小さく畳み仕丁《じちょう》に持たせる。

雨衣 あまぎぬ　「あまよそい」とも。衣裳の上に着る雨具で蓑《みの》をも含めていうが、とくには官人が雨中戸外の行事(雨儀《うぎ》)に奉仕する際につける雨具。雨水をはじくよう油を塗ってある。

甘栗使 あまぐりのつかい　平安時代、新任の大臣大饗の際に、朝廷から賜わる酥《そ》(乳製品)と栗の実を大臣邸に持参した勅使で、六位蔵人がつとめた。

雨乞 あまごい　祈雨《きう》、請雨《しょうう》ともいう。降雨を神に祈る儀礼。水田耕作を中心とする社会では水の確保は重要事で、古代以来、国家的儀礼として成立した。龍がすむ龍穴《りゅうけつ》や池淵があり、ここで龍神・天神・水神に祈る。ムラ共同体の中でも重視され、風流《ふりゅう》以下の芸能を伴うことが多い。
〈文献〉高谷重夫『雨乞習俗の研究』法政大学出版局。

尼御前 あまごぜん　「あまごぜ」とも。尼の敬称。尼は出家して仏門に入った女性。

甘酒 あまざけ　醴とも書く。米を粥《かゆ》の程度にやわらかく炊き、少し冷えたところで麴《こうじ》を加え醱酵以前に飲む。古代には醴の字を用いる。甘酒売りは室町時代から所見。

余 あます　①残す。②逃がす。③除外する。④あふれ出す。⑤余地を残す。

甘葛 あまずら　甘味料。アマズラというツタ類の植物から採《と》った汁を煮《に》つめる。宴会では甘葛で煮た芋粥《いもがゆ》が出された。中世末期に砂糖が普及するまで珍重された。

尼削 あまそぎ　女の子の髪を、尼のように肩や背中で切り揃えること。

雨垂 あまだれ　軒先《のきさき》や木の枝から雨のしずくがしたたり落ちること。古代には「あましたたり」「あまだり」といい、中世には「あまだり」「あましだり」となり室町以降「あまだれ」に変化した。

甘茶 あまちゃ　アマチャの葉を乾燥させて作った甘い茶。四月八日の灌仏会《かんぶつえ》に、釈迦《しゃか》像にこれを注ぐ風習がある。茶を飲む風習が普及した中世から行われたが、江戸時代には一般の寺でも行われるようになった。

天神 あまつかみ　高天原の神、およびその系統の神々。対は国神《くにつかみ》。

剰 あまつさえ　その上、そればかりか、おまけに。「苅《かり》二取百姓名田作稲一、剰打鄭《ちょうちゃく》刃傷《にんじょう》、蹂《じゅう》二躪《りん》彼所沙汰人百姓等一云々」と用いる。江戸時代まで、「あまっさへ」と促音であった。

雨障 あまつつみ　「つつみ」は障碍《しょうがい》。雨に降り込められること。

天津日嗣 あまつひつぎ 皇位を継承すること、また皇位を指していう。

和 あまなう 甘も同じ。①和解する。②同意する。③満足する。④言葉をやわらげる。

天野酒 あまののさけ 中世、河内国の天野山金剛寺《こんごうじ》で造られた名酒。単に天野ともいう。中世前期から醸造が知られ、室町・戦国期には、大和菩提山寺《ぼだいせんじ》・近江百済寺《くだらじ》や奈良酒・京柳酒《やなぎのさけ》とならび名酒として珍重された。〈文献〉小野晃嗣『日本産業発達史の研究』法政大学出版局。

簑 あまはこ 竹などで編んだ長方形の携帯用の箱。

雨眉車 あままゆのくるま 牛車《ぎっしゃ》の形状による呼称。屋根を唐棟にして弓形に作り、前後の廂《ひさし》を高くそらせた牛車。網代廂《あじろひさし》は摂関・大臣用、檳榔廂《びんろうひさし》は上皇・親王・摂関・太閤・大臣の略儀の牛車。

尼御台所 あまみだいどころ 大臣・大将・将軍の妻で尼になった人の尊称。とくに北条政子を指していう場合が多い。

あまる 雷が落ちる。「とう《(東)》寺のたう《(塔)》、かみなりあまりて、其火にてやけ《(焼)》候」と用いる。「天降る」の転かという。

網　人 あみうど 網を引いて魚をとる海民。律令制下、宮内省大膳職《だいぜんしき》に属する雑《ざっ》供戸《くべ》のうちの網《あ》曳《びき》（網で魚をとることを仕事とする戸《こ》で定数は一五〇戸）の系譜を引き、平安時代末期から、供御人《くごにん》・供祭人《ぐさいにん》として特権を付与された海民を指す。〈文献〉網野善彦『日本中世の非農業民と天皇』岩波書店。

編笠節 あみがさぶし 一六世紀末〜一七世紀初頭に流行した小唄の曲節の一つ。四〜五句の短章。隆達節《りゅうたつぶし》と共通の歌詞が多く、隆達節の異称ともいう。編笠をかぶった物乞《ものご》いの歌に始まるという。

阿弥号 あみごう 阿弥陀仏号。浄土教の流布に伴い、平安末期から鎌倉時代、念《ねん》仏聖《ぶっひじり》や沙弥《しゃみ》が阿弥号を称することが流行した。俊乗坊重源《ちょうげん》は自ら南無阿弥陀仏と称した。のち時宗《じしゅう》の遊行上人《ゆぎょうしょうにん》は代々他阿弥陀仏を称した。室町時代には、同朋《どうぼう》衆《しゅう》や伽衆《とぎしゅう》も阿弥号をつけた。

網　結 あみすき 網刺《さし》も同じ。網を編《あ》んで作ること、またその人。

網　銭 あみせん 中世、網または網場に賦課された銭納の年貢。伊予国弓削島《ゆげしまの》荘《しょう》の網庭《あみば》年貢《ねんぐ》、肥前国彼杵荘《そのぎのしょう》の網《あ》代用途《じろようと》、紀伊国賀太荘《かだのしょう》の四月網銭《あみせん》などが知られている。江戸時代、漁師が納める冥加金《みょうが》を網役と称した。

網　場 あみば 網漁業の漁場。網庭・網地・網戸《あんど》（堵）・網《あ》代《じろ》ともいう。九世紀以来、皇室・院宮家・神社などの贄人《にえひと》が河海の一部を網場として独占することがあり、平安末期以後、御厨《みくりや》の供御人《くごにん》・供《ぐ》祭人《さいにん》らが網場の独占権を主張して、しばしば境界紛争を起こした。

編　船 あみぶね 二艘以上の船を並べて組み合わせ一艘の船として用いること。貴族の牛車《ぎっしゃ》・輿《こし》の渡河用とした。

飴 あめ 糖とも書く。澱粉《でんぷん》を糖化させた甘味食品。古代には糯米《もちごめ》を主材料として、萌小麦を混ぜて糖化させ糖を作った。神事・仏事用のほか、索餅《さくべい》などを作るのに用いた。⇒索餅

下　米 あめ 雨のこと。『言経卿記』に「陰、巳刻ヨリ下米」とある。〈文献〉斎木一馬『古記録学概論』吉川弘文館。

黄　牛 あめうし 飴色の毛の牛。陰陽道《おんみょうどう》で、土公《どこう》（土をつかさどる神）・土気《どき》を押さえ鎮めるために用いられた。大土公祭・王相祭《おうそうさい》（陰陽道で祀る王神と相神の祭）・大歳八神祭《たいさいはっしんさい》（大歳神は歳星〈木星〉の精）などでこの牛を曳《ひ》き出す。

雨下 あめふる　雨降り。日記などに「雨下」と書かれる。

天山 あめやま　大いに、はなはだ。天や山ほど高いの意。「御恩を天山に蒙《こうむ》る」などと用いる。

雨落書 あめらくしょ　落書記請、起請文の一種。起請文はいま風にいえば宣誓書のこと。落書は無記名の投書、密告書。無《む》名入文《めいいれぶみ》ともいう。語の由来は未詳。

綾 あや　①文《あや》を織り出した織物。地と文様の織り方が異なり、文を浮き出させる。奈良時代にその技術が諸国に広められ、以後、諸国の調物の一つとして都に送られた。②文章や言葉のかざり。③音楽のふしまわし。④仲裁人。

綾藺笠 あやいがさ　綾織で文様をあらわした藺草《いぐさ》の茎《くき》で編《あ》んだ笠。晴天の日除《ひよ》け用のかぶり笠。しなやかで邪魔にならないので武士に愛用された。流鏑馬《やぶさめ》や風流《ふりゅう》の田楽法師《でんがくほうし》の笠に用いられた。

綾切 あやぎり　高麗楽《こまがく》（雅楽）の壱越調《いちこつちょう》の曲。四人で舞う。もとは女人の舞であったが、のち女性的な面をつけた男が舞う。⇒壱越

綾菅笠 あやすげがさ　菅を網代《あじろ》の模様に編《あ》んで作った笠。

操 あやつる（り）　機も同じ。①交渉する、折衝《せっしょう》する。②取り計らうの意。③楽器を巧《たく》みに奏する。

挑文師 あやとりし　織部司の技術官人。綾《あや》・羅《うすもの》・錦《にしき》などの高級織物の技術を指導した。奈良時代、諸国へも出張指導し、技術水準の向上につとめた。〈文献〉阿部猛『律令国家解体過程の研究』新生社。

菖蒲 あやめ　①サトイモ科の多年草。ショウブ、あやめぐさ。端午《たんご》の節供《せっく》に、家の軒《のき》に葺《ふ》いたり、菖蒲で作った鬘《かつら》を冠につける。②紫がかった紅色。この色の衣は四、五月頃に着用する。

菖蒲鬘 あやめのかづら　端午の節会に用いた菖蒲で作った頭髪につける飾り。糸所から宮中に献じ、男は冠に女は髪にさした。

菖蒲蔵人 あやめのくろうど　五月五日の節会に、菖蒲や薬玉《くすだま》を親王・公卿に伝える女蔵人《にょくろうど》。⇒薬玉・女蔵人

菖蒲根合 あやめのねあわせ　五月五日の節《せち》合に行う物合わせ。根合に歌を添えたり、歌合に菖蒲根を添えたりする。

菖蒲枕 あやめのまくら　五月四日夜、邪気を攘うために菖蒲を枕の下に敷いて寝る風習があった。中世末期からの風か。

文目も知らず あやめもしらず　①織物の色目、模様の区別がつかないこと。②分別がつかない。物の道理、事の善悪の区別がつかない。

善悪不知 あやめもしらず　「あやめも分《わ》かず」（黒白不分）も同じ。物の道理、善悪がわからない。室町末期の国語字書『節用集』に見える。

鮎 あゆ　川魚。香魚、また年魚ともいう。保存食品として鮎鮨《あゆずし》が盛んに作られた。釣《つ》るか、網・簗《やな》・筌《うけ》で捕らえ、鵜《う》による捕獲（鵜飼《うかい》）も古くから行われた。鮎の稚魚が氷魚《ひお》。⇒氷魚
〈文献〉網野善彦『日本中世の非農業民と天皇』岩波書店。

東風 あゆ　東の風、こち。

歩板 あゆみのいた　①通行のために、かけ渡した板。②船から船へ、或いは船から陸へ渡す板。

粗 あらあら　粗粗とも書く。ざっと、大略、おおよその意。書状の末尾に「粗言上如ㇾ件」などと書く。

洗革 あらいかわ　白いなめし革の表面を削り、もんでやわらかにしたもの。鎧《よろい》の部品となる。

洗韂　あらいくつわ　馬具。馬を洗ったり、水をやったり、厩《うまや》につないで置くときに用いる簡単なくつわ。三筋のひもをつけただけのもの。

粗忌　あらいみ　荒忌、散斎とも書く。祭祀を行う者が一定期間行う潔斎《につさい》、物忌《ものいみ》のこと。致斎《まいみ》の略式。致斎が専ら内面を精明とするのに対して、粗忌は、その行動をつつしむこと。

荒海障子　あらうみしょうじ　清涼殿《せいりようでん》の東孫《ひがしまご》廂《びさし》（広廂《ひろびさし》）の北端にあった障子。布張りの障子で、南面に手長足長（想像上の人物。手足が長い）、北面には宇治川の網代《あじろ》が描かれていた。

荒　起　あらおこし　荒田《あらた》打《うち》のこと。⇒荒田打

荒小田　あらおだ　①荒れ地。②新開地。③荒田のこと。小《お》は接頭語。

争　あらがう　諍とも書く。①言い争う。②賭《か》けごとで張り合う。③争う、抵抗する。

預　前　あらかじめ　事前にの意。「預前申二官庁一、当年租収レ穎」と用いる。

新墾田　あらきだ　新たに開墾した田地。主として奈良・平安時代の用語。『万葉集』では「荒城田」などとみえる。

荒　薦　あらこも　神事に敷くこも。荒は「清く新しい」の意か。

荒　子　あらしこ　戦国時代の雑兵《ぞうひよう》の呼称。豊臣政権の兵農分離策の下では兵（武士）身分に入るが、中間《ちゆうげん》・小者《こもの》と同類の雑事に従う者。〈文献〉藤木久志『雑兵たちの戦場』朝日新聞社。

荒　稲　あらしね　籾《もみ》のままの米の意。脱穀した玄米は和稲《にぎしね》。

荒　炭　あらすみ　堅炭《かたずみ》のこと。対は和炭《にぎすみ》。

荒　奏　あらそう　国司から不堪佃田《ふかんでんでん》（耕作不能の田）の申文《もうしぶみ》をそのまま奏上すること。これを荒奏といい、このあと、坪付《つぼつけ》帳《ちよう》および弁官《べんかん》の勘文《かんもん》を基に遣使の有無を定め、定文を奏上することを和奏《にごそう》という。⇒不堪佃田・定文《さだめぶみ》

荒　染　あらぞめ　紅花染《べにばなぞめ》の一種で、退紅《あらぞめ》と同意。紅花を精製せずにそのまま染めた色彩をいう。

荒　田　あらた　⇒荒田《こうでん》

荒田打　あらたうち　田起こし、田地を打ち返すこと。陰暦二月から四月の田植直前までの作業である。基本的な道具は鉄製の鍬《くわ》。平安・鎌倉時代の耕地はかなり不安定で片荒《かたあらし》農法が広く行われており、荒田打は、こうした休耕地を耕作してまた田地とする作業となる。⇒片荒〈文献〉黒田日出男『日本中世開発史の研究』校倉書房。

荒　妙　あらたえ　神に献じる幣帛《へいはく》の一種。糸目の荒い織物で、糸目精緻《せいち》な織物和妙《にぎたえ》に対する語。

改沙汰　あらためざた　中世、処分・訴訟・指令などを、いまいちどやり直すこと。

愛発関　あらちのせき　古代、近江国との国境にあった越前国の関所。確かな位置は未詳である。伊勢国鈴鹿関《すずかのせき》、美濃国不破《みののくにふわの》関《せき》とともに三関《さんげん》と称された重要な関で、国家緊急事態のときには固関《こげん》が行われた。奈良末・平安初期には廃絶した。

荒　使　あらつかい　荘園領主や地頭が、年貢・公事《くじ》徴収のために派遣した暴力的な譴責使《けんせきし》。建治元年（一二七五）「紀伊国阿《あ》弖河荘《てがわのしょう》百姓申状」に見える。〈文献〉黒田弘子『ミミヲキリハナヲソギ』吉川弘文館。

新　手　あらて　いまだ戦わず疲労していない控えの軍勢。

荒手結　あらてつがい　荒手番とも書く。正月の賭射《のりゆみ》・五月の騎射《うまゆみ》の勝負のため近衛府の舎人《とねり》が行う予行演習のこと。「結

（番）」は射手二人が一番《ひとつがい》で行うから称する。⇒賭射・騎射

荒　筥　あらばこ　①農具の一種。目の荒い箱型の篩《ふるい》。②白木の箱。神事の供物、天皇の供御などを納めた箱。

荒　畠　あらはた　荒廃した畠。耕作されず放置されている畠で、再開発が期待されている。平安・鎌倉時代には耕地は不安定で、いわゆる片畠（休耕地）が多かったと思われる。

荒　文　あらぶみ　毎年の不堪佃田奏《ふかんでんでんそう》で、国司から提出された不堪佃田坪付を天皇に奏聞する荒奏《あらそう》のときの文書。これに対して、当年の坪付帳を旧年のものと比較して大臣以下が議定《ぎじょう》し奏聞するのを和奏《にごそう》という。荒奏までの手順は、八月三十日以前に国司は弁官に坪付帳を送る。九月一日大弁に申送する。九月五日一大臣（一上）に申送する。九月七日荒奏。これを「一度の奏」という。和奏の定文《さだめふみ》は『西宮記《さいきゆうき》』に見える。⇒荒奏・一上《いちのかみ》・定文
〈文献〉阿部猛『北山抄注解巻十吏途指南』東京堂出版。

荒法師　あらほうし　①荒々しい僧、②荒《あら》行《ぎょう》をする僧、③乱暴な僧。「南都の荒法師」などと称する。

荒　巻　あらまき　新巻、苞苴とも書く。平安時代からの用語。①わら・竹・葦などで鳥や魚また山芋などをあらく包んだもの。②甘塩の塩魚。のち多くは鮭《さけ》についていう。

荒　蒔　あらまき　田を耕やさないで種《たね》を蒔《ま》くこと。平安初期の『新撰字鏡』に「穡　不㆑耕而種也、阿良万支」とある。また秼とも書く。

有　増　あらまし　荒猿とも書く。①予想、予期、心あて。②かねてから、前もって。③ことの概略、およその次第。「此の御《み》幸《ゆき》、御あらましばかりにて、実《まこと》にはなかりけり」と用いる。

荒見河祓　あらみがわのはらえ　践祚《せんそ》大嘗祭において、北野の斎場を卜定するため九月晦日に荒見河で行う祓。実際には紙屋川で行われた。

荒武者　あらむしゃ　荒々しい勇猛な武士のこと。粗暴な武士のことをもいう。

荒　布　あらめ　コンブ科の海藻。「延喜式」に「滑海藻」とみえる。⇒和布《わかめ》

所　有　あらゆる　すべて、みなの意。「交替之日、所有官舎・正倉・器仗等破損」と用いる。

荒　世　あらよ　六月・十二月の晦日に宮中で行われる御《み》贖《あが》の儀に贖物《あがもの》として献ずる衣服の一つで、荒妙《あらたえ》（白絹）をいう。和妙《にぎたえ》（紅絹）を和世《にごよ》というのに対するもの。⇒贖物

荒　米　あらよね　籾《もみ》のこと。

阿良々岐　あららぎ　①塔をいう斎宮の忌《いみ》詞《ことば》。②塔舞《あららぎまい》のこと。⇒塔舞

塔　舞　あららぎまい　舞楽「庶《そ》人三台《にんさんだい》」の別名。相撲の節などに演じられ、舞の途中で塔のように高くなる曲芸風の舞。⇒庶人三台

霰　酒　あられざけ　奈良特産のみりんの称。みぞれ酒ともいう。

踏　歌　あればしり　①正月十四日〜十六日に宮中で行われる踏歌《とうか》の節《せち》。足で地を踏みつつ調子をとって歌う集団舞踏。②節会のとき内弁《ないべん》が、足早に走り去る歩きかた。

有合売渡　ありあいにうりわたす　室町時代の本銭返《ほんせんがえし》の一種。金銭の都合がつき次第買戻す特約つき売却。⇒本銭返

晨　明　ありあけ　有明とも書く。①夜明け、明け方。②陰暦十六夜以後、月がまだ天にありながら夜の明けかけることをいう。③有明の月。

ありありし　ありのままであるさま。平

安時代からの用語。

ありありと ありのまま、はっきりと。鎌倉時代からの用語。

有　付 ありつく　①住みつく。②同棲する。③物事に慣《な》れる。④納得《なっとく》する。但し下に否定語を伴うことが多い。「ありつかず」。⑤暮らしをたてる。⑥仕官、奉公する。

有若亡 ありてなきがごとし　ひどい、つまらない、意味がない、不屈《ふとどき》である、けしからぬの意。例えば「無二輔佐人一、宮事有若レ亡、院崩御後更無二為方《せんかた》一」など。

有無日 ありなしのひ　陰暦五月二十五日のこと。康保四年（九六七）村上天皇が亡くなってから、国忌《こき》と定めたわけではないが、同日が結政《かたなし》のない日とされた。⇒結政

有　実 ありのみ　梨《なし》の実の異名。中世以来の呼称。

在　判 ありはん　判は花押《かおう》のこと。正文《しょうもん》に花押が署してあることを案文《あんもん》で示す場合「在判」と書く。例えば「近江守藤原朝臣在判」などと記す。⇒正文・案文

在　米 ありまい　現にある米、在庫米のこと。

有馬菅 ありますげ　古代、摂津国有馬付近で産した良質の菅。菅笠を作った。

有馬湯 ありまのゆ　古代以来、摂津国の著名な温泉。藤原道長・同頼通も訪れている。

あるき巫女 あるきみこ　市井《しせい》を漂泊しながら神託《しんたく》をのべる巫女《みこ》。村々を回り門付《かどづ》けし、喪家《そうか》で死霊《しりょう》の口寄《くちよ》せを行った。平安時代末期から史料に散見する。中世末期には売笑婦に類する者も出てきた。〈文献〉柳田國男「巫女考」（定本9）筑摩書房。

饗　設 あるじもうけ　主人として客を迎え饗応すること。

荒 あれ　荒地のこと。いったん耕作された土地で荒れたもの。長期、半永久的な荒地は常荒《じょうこう》、短期間の荒は年荒《ねんこう》・今荒・かたあらしなどと称した。古代・中世には、耕地は必ずしも安定的ではなく、荒の部分が多かった。

阿礼乎止古 あれおとこ　賀茂祭の祭主となる神官。⇒阿礼乎止女《あれおとめ》

阿礼乎止女 あれおとめ　賀茂社に奉仕した斎《いつき》内親王（斎王・斎院）の別称。四月の御阿礼《みあれ》祭に奉仕する処女の意。神の御阿礼（出現）のとき、霊媒役として奉仕する巫女《みこ》の意であろう。

〈文献〉義江明子『日本古代の祭祀と女性』吉川弘文館。

荒　田 あれた　耕作しないで打ち捨てられ荒れている田。

阿礼幡 あれのはた　古代、正月十七日の射《じゃ》礼《らい》のとき豊楽殿《ぶらくでん》に立てられた旗で、紫・深緑・緋・緑・黄・浅緑の六種。

阿礼引 あれひき　賀茂祭の日、参詣人が阿礼の鈴を鳴らすために榊《さかき》につけた木綿《ゆう》を曳《ひ》くこと。鈴が鳴れば願いが叶うという。

粟 あわ　イネ科エノコログサ属の一年草。夏作の穀物。古代には救荒用穀物として義倉《ぎそう》に蓄積された。陸田作物であるが、焼畑《やきはた》に多く栽培された。

粟　粥 あわがゆ　米の飯を炊《た》き、湯が吹き上ったときに、水洗いした粟を炊き込む。病人食。

袷 あわせ　裏地のついている衣服をいう。室町時代からは、綿入れを小袖《こそで》と称し、綿の入らぬものを袷と称して区別した。

合　而 あわせて　併而も同じ。①……とともに。②合計しての意。併のみでも「あわせて」と読む。

あはそか あわそか　考えや行動が軽々しいさま、軽率なさま。「あはそかに申べ

きに侍らず」と用いる。

粟津供御人 あわづくごにん　近江国志賀郡の粟津御厨《みくりや》の漁師を中心とする禁裏《きんり》供御人。一二世紀半ばから存在が認められる。御厨子所《みずしどころ》供御人または日吉社神人《ひえしゃじにん》として関税《せきぜい》免除の特権を持ち、京都などで淡水魚の販売を行った。中世には京都六角《ろっかく》供御人の店舗を借り、山科家《やましなけ》を本所として営業し、一四世紀以降、京都における淡水魚販売独占権を得た。
〈文献〉小野晃嗣『日本中世商業史の研究』法政大学出版局。

あわぬ敵 あわぬかたき　あい手としては不足な、とるに足りない敵。

鮑 あわび　鰒とも書く。深い岩場に生息するので潜水漁法で捕《と》る。食用また神饌に用い、貝殻は装身具の材料とする。
〈文献〉矢野憲一『鮑』法政大学出版局。

吐嗟 あわや　何事か起こらんとするとき発する声。「あはや、宣旨くだりぬとこそ申させ給ひけれ」（『大鏡』）など。

案 あん　①考え、思案《しあん》。②机、大切な物をのせる机。神事用は白木。③文書の下書き、草案、控え。

庵 あん　もと寺院に付属する小僧房や粗末な小屋をいう。僧や世捨人《よすてびと》、風流人が閑居する小屋、草庵をいう。

安 あん　⇒焉《いずくんぞ》

暗 あん　⇒そらに

咹果 あんか　⇒あきれはつ

晏駕 あんが　「あんか」とも読む。天皇・上皇のお亡くなりになることを忌んでいう言葉。駕は天子の乗り物。晏は遅いの意。天子が亡くなってもう朝廷に来ないことを、遅いお出ましと表現したもの。

安嘉門 あんかもん　平安京外郭十二門のひとつ、北面西第一の門。門内西に兵庫寮があったので、兵庫司門と呼ぶ。弘仁九年（八一八）の門号改正以前は海犬養門《あまいぬかいもん》と称した。

案記 あんき　考え記すの意。「凡応レ出二納宮物一者（中略）其大蔵絹綿糸布等物、五位以上臨検、案記同署」と用いる。

安喜門 あんきもん　平安京内裏十二門の一つ、北面東の掖門《えきもん》。東宮大饗の際に四位の者が安喜門以東の座に着き禄を賜わった。

行脚 あんぎゃ　①僧が諸国をめぐって修行すること。②徒歩で諸国を旅すること。禅宗とともに渡来した語。

按弓士 あんきゅうし　雅楽の曲名。唐楽。平調《ひょうじょう》。もとは舞を伴ったが、いまは伝わらない。

行宮 あんぐう　頓宮《とんぐう》も同じ。天皇行幸の際に、行く先々に設けられた仮宮《かりみや》。行《あん》在所《ざいしょ》との区別は明らかではない。

案下官幣 あんげのかんぺい　⇒案上官幣《あんじょうのかんぺい》

安居 あんご　元来は雨期の意。インドでは、雨期の間、僧は一定の場所に籠って修行した。わが国では、四月十五日から七月十五日までの九〇日間、経典の講説が行われた。夏安居《げあんご》。

案山子 あんざんし　⇒かかし

暗質 あんしつ　愚《おろ》かな生まれつき、性質。

庵室 あんじつ　⇒寺庵《じあん》

行者 あんじゃ　禅宗で、いまだ得度せず、寺にあって諸役に給仕する者。給仕の少年。

案主 あんじゅ　「あんず」とも。①荘園の下級荘官。公文《くもん》・下司《げし》の指揮下で文書の作成・保管の仕事を行った。②造寺司・六衛府・検非違使庁や公家政所、勧学院政所の職員。多くは清原・中原・紀氏などの六、七位の官人であった。

庵主 あんじゅ　①寺庵の主人。②茶道で、草庵の茶室の主人をいう。

案中 あんじゅう　案のごとく、思いのまま、予想どおり、期待どおり、必定の意。「方々属二案中一候之条、可二御心安一候」などと用いる。

案主長 あんじゅのおさ　検非違使庁《けびいしちょう》の下級職員。使庁の文書の作成・保管に従った。諸官衙の案主に同じ。

案上官幣 あんじょうのかんぺい　神祇官で、祈年祭のとき案（机）の上に並べた幣帛のこと。神祇官で祀る七三七座中三〇四座に案上幣が奉られた。案の下に並べた幣は案下官幣といい区別された。

案ずる あんずる　①考えをめぐらす。「いずれの手か、とく負けぬべきと案じて、一目《いちもく》なりともおそく負くべき手につくべし」などと用いる。②事の成り行きを心配する。「そら恐ろしく案ぜられて」と用いる。③調査する。自分の考えを述べるときに、発語のように「案（按）ずるに……」と始める。

暗レ跡 あんせき　⇒あとをくらます

案前 あんぜん　思いのほか、案外、慮外。

安鎮法 あんちんほう　新居の鎮護や家の怪異を除く密教修法。応和元年（九六一）新造内裏遷御の際に初見し、のち内裏造営の都度修された。のち摂関家でも家宅安穏の法として修された。

案典 あんてん　平安時代、官司の案主《あんじゅ》と主典《さかん》で、記録、文書の保管に当たる者をいう。⇒案主

安堵 あんど　①支配者が被支配者に対して所領・財産の領有を認めること。本領安堵・遺跡安堵・和与地安堵・買得地安堵などがあるが、鎌倉末期の「沙汰未練書」は専ら遺跡安堵のこととしている。②安心する。「諸人安堵のおもひをなす」などと用いる。
〈文献〉笠松宏至「中世の安堵」（朝尾直弘ほか編『日本の社会史』4）岩波書店。

網堵（戸） あんど　⇒網場《あみば》

安堵外題 あんどげだい　⇒外題安堵

安堵状 あんどじょう　所領・所職の知行を確認した文書。もとは武家社会の給恩文書であったが、鎌倉時代より、天皇・院から荘園領主・知行主に対する安堵が行われ、一四世紀からは室町将軍による本領安堵も見られる。
〈文献〉佐藤進一『古文書学入門』法政大学出版局。

安堵奉行 あんどぶぎょう　鎌倉幕府・建武政府・室町幕府に設けられた安堵のことを担当する役職名。安堵の申請の受理・審査、当知行の有無などを調査して安堵下文を下付した。

安堵料 あんどりょう　中世に、所領・所職を安堵された者が、認定者に対して支払った手数料。その額は一定せず、場合により異なる。例えば応永三年（一三九六）、田三段・畠三段大が附属していた佐々目地蔵堂別当職を安堵された僧は一貫五〇〇文を鶴岡八幡宮会所に納めている。また同七年、佐々目郷公文職《くもんしき》に補任された豊島左近蔵人入道道頭は安堵料三五貫を納めた。

行灯 あんどん　照明器具。木・竹・金属の枠《わく》に紙をはり、油皿を中に置いて火をともす。『日葡辞書』は「カンテラのこと」と記している。

安南銭 あんなんせん　安南（ベトナム）の円形方孔の銭貨。平安末期から多量に輸入され近世初頭まで流通した。一枚一文として流通した。

在レ暗 あんにある　中に含まれている、そこにあるの意。「其理在レ暗者歟」と用いる。

案の内 あんのうち　推測どおり、考えのとおり。

安穏 あんのん　無事平穏、安泰であるさま、平和なさま。

塩梅 あんばい　安排、按排とも書く。①程よく配置したり処理したりすること。②物ごとのほど合い、様子《ようす》。③身体の具合、健康状態。④味かげん。

安福殿 あんぷくでん　平安京内裏紫宸殿《ししんでん》の南西にあった殿舎。校書殿《きょうしょでん》と合わせて西殿とも呼ばれた。薬殿《くすりどの》・内兵庫《うちのひょうご》が母屋《もや》にあり、西廂《にしひさし》には造酒・主水司が内侯していた。

〔安福殿〕

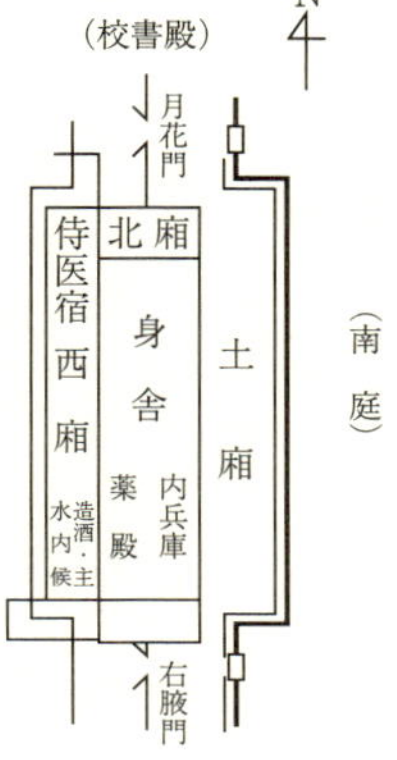

按摩 あんま　からだをもんだり、さすったり、たたいたりして治療すること。奈良時代の法では按摩師は外傷・骨折の治療も行ったが、のちにこれは医師の仕事となり、もみ療治のみ民間療法として残った。

案文 あんもん　元来は草案（したがき）の文書のこと。ついで保管文書は草案・正本に関係なく案と称され、さらに写《うつし》を含めていうようになった。案文の作成は、⑴法文・命令を下達し、または正文の内容を連絡するため、⑵訴訟の証拠書類として、⑶所領・所職を分割移転するとき、⑷正文の紛失に備えて控《ひかえ》をとるため、⑸正文を紛失したとき、所定の手続きを経て写（紛失状《ふんじつじょう》という）をとるときなどに行われる。〈文献〉佐藤進一『古文書学入門』法政大学出版局。

案利 あんり　①思いのままになる。②勝利を得る。「御弓箭に及候事は、取分他に非を重ねさせられ自之理を持せられ候事、御案利無㆓別儀㆒之由候つ」などのように用いる。

い

移 い　文書名。対等な官司間で文書を交わすときに用いた書式。「神祇官移、遠江国」などと書き出す。官司間の格付が複雑なため、律令制の衰退とともに用いられなくなった。かわって移様式の牒《ちょう》が使われるようになる。移牒するという言葉が使われ、やがて移が消えて牒となる。〈文献〉相田二郎『日本の古文書』岩波書店。

囲 い　ひと抱えの大きさの単位。馬の飼料としての乾草や木の葉の量を示す単位として用いられた。「令義解」は「周三尺為㆑囲」とする。

扆 い　天皇の座。中国で、玉座のうしろに立てた屏風《びょうぶ》のこと。⇒玉扆《ぎょくい》

井 い　①井戸のこと。人工的に地面を掘り、板で囲《かこ》った方形または円形の井戸は弥生時代からあった。桶に縄をつけて手でたぐり上げるか、はねつるべを用いて水を汲む。②河川をせきとめて取水する灌漑用の施設。

藺 い　イグサ科の多年草で湿地に生える。また水田で栽培する。茎を刈って畳表、花むしろ、笠、草履《ぞうり》などを作る。また茎の髄《ずい》は灯心とされた。

矣 い　文章の終わりを明示するための置《おき》字《じ》。焉《えん》、乎《こ》の字も用いられる。漢文訓読の際には、当然読まない。

委 い　⇒委納《いのう》

異 い　⇒け

居合 いあい　①検注のとき、測量など

の実地調査をせず、以前の検注帳の記載に基づいて徴税を行うこと。居合之御沙汰と称し居検注ともいった。②居合抜き。片膝をついたまま抜刀し敵を斬るわざ。〈文献〉宝月圭吾『中世日本の売券と徳政』吉川弘文館。

居合請料 いあいうけりょう　検注において居合が行われたとき、検注免除のかわりに徴収される米銭。

居合田 いあいだ　毎年内検を行って所当米を決定する一般の免田と異なり、作人以下一円進止の免田で、地頭の介在を許さず、検注が行われない田。〈文献〉富沢清人『中世荘園と検注』吉川弘文館。

帷幄 いあく　①たれ幕とひき幕。②陣営、本営、本陣のこと。陣営に幕を張りめぐらしたので。「策《はかりごと》を帷幄の中にめぐらす」などと用いる。

謂 いい　㊀言ったこと。㊁いわれ。㊂……と言う意味。「所謂《いわゆる》、上の下を化すること、風の草を靡《なび》かすがごとし、其れ斯《こ》の謂乎《いいか》」などと用いる。

槭 いい（ひ）　池や用水路の堤から水を引く所に設ける水門の一種。板で作った箱状のものを土中に埋め、戸を開閉して水勢を調節する。

依違 いい　①物事が判然としないこと。②先例・慣例などに相違すること。「先次第沙汰、頗以依違歟」と用いる。

唯唯 いい　かしこまり応答するときの言葉。「はい」に同じ。「唯唯として」「唯々《いい》諾々《だくだく》」といえば、他人の言うがままに従うこと。

以為 いい　⇒おもえらく

言上 いいあがる　①話しているうちに言葉が激しくなること。②自分の主張を言い続けること。

言納 いいおさめる　①約束すること。②言い終えること。

無二云甲斐一 いい（う）がいなし　言うだけの価値がない、ふがいない、意気地がない。「日本一の二云甲斐なしを憑《たのみ》けること口惜《くちおし》けれ」（『太平記』）と用いる。

言掠 いいかすむ　巧みな言葉で、相手をごまかす。

言固 いいかためる　①互いに堅く言い交わす、約束する。②言葉によって確認する。

言口 いいくち　平安時代、産養《うぶやしない》の啜粥《すすりがゆ》の儀に、人を選定して問答をさせたが、問う人を問いくち、答える人を言いくちと称した。⇒産養

異位重行 いいじゅうぎょう　朝廷で儀式を行うに際して、親王・王卿以下が整列するとき、同じ位《くらい》の者が一列に並び、それに並行して次の位《くらい》の者が一列に並ぶ。その並び方をいう。

居内 いうち　⇒垣内《かいと》

莫レ言 いうなかれ　言うをやめよ、言ってはならぬよの意。

聞導 いうならく　人が言うにはの意。導は道に同じ。

言煩 いいわずらう　無理難題を言いかける、不当な命令をするの意。「右寄二事於惣追捕使之沙汰一、猥《みだり》云二煩庄民一之由有二其訴一」（「高野山文書」）と用いる。〈文献〉佐藤進一『古文書学入門』法政大学出版局。

家居 いえい　住まい、すみか。「家居のつきづきしく、あらまほしきこそ」と用いる。

家地 いえち　屋敷地のこと。単に地とも書かれる。

畏悦 いえつ　恐れ入りつつ悦ぶこと。恭悦《きょうえつ》に同じ。

怡悦 いえつ　①楽しみよろこぶこと。②畏悦に同じ。

家　苞　いえづと　家に持ち帰るみやげのこと。

家刀自　いえとじ　家室とも書く。一家の主婦に対する尊称。家長《いえぎみ》に対して、家の内部を統率する女性。家《か》口《こう》や使用人を駆使し、かれらに対する食料分配を行っており、八～九世紀の地方豪族の家で、家刀自は家長とならぶ地位と役割を持っていた。

〈文献〉義江明子「刀自考」(『史叢』四二)。

家の具　いえのぐ　家財道具のこと、食料・農具・鍋・釜などを総称。

家子郎等　いえのころうとう　中世武士団の構成員の一員。家の子とは惣領の子弟、一族庶子家の長をいい、郎等とは、従者のうち最も中心的な部分で、上位の者で主人が最も信頼する構成員を指していう。軍隊の中核部で、最後まで主人と行動を共にする。

〈文献〉安田元久『武士団』塙書房。石井進『鎌倉武士の実像』平凡社。

家女房　いえのにょうぼう　貴人の家に仕える女房のこと。権門勢家には家政をとり仕切る女房がいたが、側室《そくしつ》を兼ねることが多かった。

家を焼く　いえをやく　犯罪に関わる住宅を焼却する中世の慣習。犯罪人じしんの住居、犯罪人が寄宿していた住宅を焼却すること。穢を清め祓う意味があるとされる。また没落する人が自らの家を焼く(自焼)ことがあり、これは人の住まない空家《あきや》は不吉だとする考えに基づく。

以　往　いおう　已往とも書く。「あなた」「さきつかた」とも読む。ある時より以前の意。⇓あなた

以往状　いおうじょう　ある時期以前に作成されたもので、公の証拠力のない文書のこと。「建保注文者、為㆓以往状㆒之間、所見不㆓分明㆒」と用いる。

硫黄箒売　いおうほうきうり　中世、火を燃《とも》すときに用いる硫黄を塗《ぬ》った付木《つけぎ》とカマド掃除用の荒神箒《こうじんぼうき》を売り歩いた商人。「七十一番職人歌合絵巻」に見える。

違　越　いおつ　違反する、法に背く、違失。「若有㆔積習不㆑悛猶致㆓違越㆒者、処㆓之重科㆒、不㆓曾寛宥㆒」と用いる。

井　親　いおや　⇓水親《みずおや》

庵　いおり　⇓寺庵《じあん》

衣　架　いか　衣桁《いこう》ともいう。衣服をかけておくための器具《きぐ》・調度《ちょうど》。「みそかけ」とも読むか。

五十日　いか　①誕生五〇日めの祝儀。②五十日《いか》の餅の略。誕生五〇日めに赤子に餅を含ませる。

居　飼　いかい　院や摂関家の厩《うまや》の下級職員。牛馬の飼養に従事し、行列の騎馬に付添う。院の厩には、別当・案主《あんず》・舎人《とねり》・居飼がいた。

違　害　いがい　そむき、害すること。反逆。「曾以不㆑可㆑有㆓違害之儀㆒」と用いる。

居垣内　いがいと　百姓の居住する垣内《かいと》。⇓垣内

井　垣　いがき　神社の鳥居の両脇に造りつけた井の字型の垣。

斎　垣　いがき　忌垣とも書く。神社などの神聖な場所にめぐらした垣、みずがき。

沃懸地　いかけじ　浴掛地とも書く。漆《うるし》工芸の技法の一つ。漆塗の上に金や銀の粉を濃《こ》く蒔詰《まきつ》めて、光沢が出るように研《と》ぎ出す。鎌倉時代に盛んになった技法。手《て》筥《ばこ》・鞍《くら》・太刀《たち》の鞘《さや》などに用いた。

藺　笠　いがさ　藺草の茎《くき》で編《あ》んだ笠。日よけ用の笠。武士の狩装束の必需品。⇓綾藺笠《あやいがさ》

何　様　いかさま　如何様とも書く。どのように、いかにも、なるほど、どう見ても、てっきり。

井　頭　いかしら　⇒水親《みずおや》

筏　いかだ　桴、桃とも書く。水上輸送するために木材や竹材を結束したもの。〈文献〉日本いかだ研究会『桴』日本いかだ研究会。

筏下し　いかだおろし　筏送り、筏流しともいう。伐採した材木を筏に組んで材木集散地まで運ぶこと。

筏　師　いかだし　河川で筏作りと筏流しに従事する者。筏乗人、筏士、筏夫ともいう。山城国木津には木屋があり、木《き》屋預《やあずかり》・木守《こもり》・筏師がいた。かれらは権門寺社の寄人《よりうど》となり、その権威を背景に特権を保持して活動した。〈文献〉黒田日出男『日本中世開発史の研究』校倉書房。

如何躰　いかてい　どんな様子、いかよう、どのよう。「言語道断驚存候、如何躰次第候哉」と用いる。

争　いかでか　若為、何も同じ。いかにしてか、どうして。反語的用法で、どうして……できようか。また願望を表し、何とかして、どうにかしての意。

伊賀専女　いがとうめ　①狐《きつね》の異称。②仲人口《なこうどぐち》をきいて人をだます媒酌人《ばいしゃくにん》のこと。「いが」は稲を意味する古語「うか」と同源。「とうめ」は老女のこと。

何　為　いかにせむ　①どうしよう、困った気持を表す。②しかたがない、あきらめの気持を表す。③催馬楽の曲名。「いかにせむ　せむや　鴛鴦《おし》の鴨鳥《かもとり》　や　出《い》でてゆかば　親は歩《あり》くとさいなべど　夜妻《よづま》さだめつや　さきむだちや」と歌う。

五十日餅　いかのもち　平安貴族社会での通過儀礼の一つ。生誕後五〇日めの夜の祝いで、赤子に餅を含ませる。申《さる》・戌《いぬ》の刻《こく》に行うことが多い。のちには箸立《はしだて》と称して食初《くいぞめ》の儀となる。〈文献〉中村義雄『王朝の風俗と文学』塙書房。

如何許　いかばかり　どれほど、どんなに、たいそうの意で、物事の状態、程度、分量の多いとき推量をあらわす語。

厳物作の太刀　いかものづくりのたち　外装をいかめしい形状にこしらえた太刀。主として軍陣に用いる。

碇公事　いかりくじ　⇒碇銭《いかりせん》

碇　銭　いかりせん　中世、入港停泊する船に課した税銭。碇公事《くじ》、碇役《いかりやく》とも。

碇　役　いかりやく　⇒碇銭《いかりせん》

医　監　いかん　典薬頭の唐名。

以　還　いかん　已還とも書く。和訓は「このかた」か。ある時より以来いままで。「宝亀四年以還、停二彼坪一」などと用いる。

衣　冠　いかん　広義には衣服に冠を着用した姿を表す語。狭義には束帯《そくたい》の略装。正式の装束は昼《ひる》装束と呼ばれる束帯で、衣冠は宿《とのい》装束と呼ばれ、衣冠での参内は認められない。但し、平安末期には、束帯は儀礼用となり、それに伴い衣冠が日常参内用の装束となった。

已灌頂　いかんじょう　東密（東寺・仁和寺）、台密（尊勝寺・最勝寺）において勅願結縁《けちえん》灌頂《かんじょう》の小阿闍梨をつとめた者のこと。南都における已講《いこう》に相当する。⇒已講

偉鑒門　いかんもん　平安京外郭十二門のひとつ、北の中門。弘仁九年（八一八）の門号改正前は猪養門《いかいもん》と称した。また玄武《げんぶ》門《もん》、不開門《あかずのもん》とも称した。

位　記　いき　位階を授けるとき発給する文書。「浄御原令《きよみはらりょう》」に始まる。勅授（五位以上）と奏授（六位以下）・判授（外八位・初位）の区別がある。勅授の位記には内印《ないいん》（天皇御璽《ぎょじ》）が捺《お》され、奏授・判授の位記には外印《げいん》（太政官印）が捺されている。官人が犯罪などにより位記を奪われるときは、位記の原籍（授案）に毀《こぼつ》の字を加え、その上に外印を捺した。

〈文献〉相田二郎『日本の古文書　上』岩波書店。

委寄　いき　物事をまかせ、ゆだねる。「今諸国之吏、深乖二委寄一」と用いる。

違期　いき　⇒いご

異儀　いぎ　異議、異義とも書く。反対の意志をあらわす。「及二異儀一」といえば、あれこれ言い、あえて反対すること。

威儀　いぎ　①動作や容姿が作法・礼式にかなっていること。「威儀を正《ただ》す」という。②立《た》ち居《い》振舞い。

息差　いきざし　①息づかい。②気負いや嘆きなどの激しい感情の表現。③けはい、気色《けしき》。

威儀師　いぎし　得度《とくど》・授戒《じゅかい》・法会《ほうえ》などに衆僧を指揮し威儀を整える役僧。奈良時代から所見し、貞観十二年（八七〇）以後は、大・小の区別が生じた。僧綱《そうごう》に昇る前段階の役職。

位記代　いきだい　平安時代、正式の位記《いき》を授ける準備のないとき、口頭で叙位を告げ、地紙《じがみ》を以て位記にかえた。地紙とは、扇や傘に張る紙。⇒位記

欝　いきどおり　憤も同じで、憤欝の語もある。不平、立腹の意で、「欝を散《さん》ぜんがため」などと用いる。

威儀親王　いぎのしんのう　宮廷で、元日朝賀や即位式に、大極殿の高御座《たかみくら》の左右に並び威儀を整える親王。平安末期からは参議をかわりに立てた。

威儀命婦　いぎのみょうぶ　宮廷で、即位、朝賀の折に、高御座《たかみくら》の左右に着座して威儀を整える官女。三位から五位の官女四人が選ばれる。⇒命婦《みょうぶ》

威儀物　いぎもの　宮廷で、即位・朝賀・大嘗などのとき、威容を添えるために捧持される品。内蔵《くら》寮所管の御物で、大舎人寮官人の率いる舎人、内蔵寮・大蔵省官人の率いる蔵部、掃部寮官人の率いる掃部がそれらの品を捧持する。

違格　いきゃく　違却とも書く。格《きゃく》（単行法）に違犯すること。②規則違反。③道理に外れること。

為業　いぎょう　⇒しわざ

井行事　いぎょうじ　⇒水親《みずおや》

為恐少なからず　いきょうすくなからず　たいそう恐縮に存じますの意。

委曲　いきょく　委細《いさい》に同じ。状態が詳《くわ》しく細かなこと。「尽《つく》二委曲一」といえば、物事の状態を詳しく明らかにすること。

生霊　いきりょう　物怪《もののけ》の一種。死霊に対する語。生きた人間の恨みなどが昂《こう》じて、本人の肉体を離れて他人にとりつき災いをなすもの。藤原朝成《あさひら》の生霊によって藤原伊尹《これまさ》が病を得たという説話は著名である。

息を継ぐ　いきをつぐ　呼吸を整えること。ひといき入れる、休む、休息すること。人だけでなく、「馬の気《いき》をつがせる」とも用いる。

師　いくさ　戦い、合戦。

軍　いくさ　①武人、軍勢。②戦闘。

軍立　いくさだち　①出陣すること。②戦争のこと。③陣立て、作戦。

軍奉行　いくさぶぎょう　戦いの際、臨時に置かれ、軍事総指揮に当たった者。保元の乱後に所見。鎌倉幕府の侍所の所司がこれに相当する。室町幕府の場合もこれに倣った。

軍催　いくさもよい　開戦に際して気勢をあげること。

斎串　いぐし　五十串、忌串とも書く。榊《さかき》や小竹に麻や木綿《ゆう》をかけて神に供えるもの。また神を招き降すときの依《より》代《しろ》。水口祭《みなくちまつり》や耕地の占有権を示すときに串を刺す習いもこれと同じか。⇒水口祭

井口　いぐち　河川など用水路から田地へ引く用水の取入口。旱天《かんてん》で水争いが起

こると、井口をふさいだり、取水施設を破壊したりする事件が起こる。

異口同音 いくどうおん　多くの人の意見が一致すること、みな同じことをいう。

的 いくは　⇒まと

若許 いくばく　幾何、幾許とも書く。どれほど、どのくらい。数・量・程度などが不明であることを表す。

猪首 いくび　①猪《いのしし》のように首（頸）の太く短いもの。②かぶりもの（かぶとなど）を仰向けに深くかぶること。「黒皮威《おどし》の鎧《よろい》に、同じ毛の五枚冑《かぶと》を猪頸に着《き》」と用いる。

郁芳門 いくほうもん　平安宮外郭十二門のひとつ、東面の南門。大炊寮・大膳職への雑物・米の搬入口だったので大炊御門《おおいみかど》と称された。弘仁九年（八一八）の門号改正以前は的門《いくはもん》と称した。

池 いけ　溜池《ためいけ》。農業用水確保のために築造した用水池。谷口で川をせきとめるものと、遠くから水を引いてきて平坦地に築くものと二種ある。大和盆地に多い皿《さら》池《いけ》は後者。池は、古くは大陸の技術で国家の手によって築かれたが、中世には、荘園領主の手によって築造・管理され、中世末期には惣村の手で管理するものもふえた。池の管理者は、井守《いもり》・池司《いけし》などと呼ばれた。
〈文献〉亀田隆之『日本古代用水史の研究』吉川弘文館。宝月圭吾『中世日本の売券と徳政』吉川弘文館。

以下 いげ　①已下とも書く。これから下《した》、これよりあと。「大臣以下の人民に至るまで」と用いる。②以《もっ》て下《くだ》す。⇒以下《もってくだす》

生口 いけくち　証人のこと。「於㆓一人㆒者切㆓其頸㆒失㆓生口㆒了」と用いる。

池頸 いけくび　⇒池敷《いけしき》

池司 いけし　灌漑用水池の管理者。池守・井司《いし》・井守《いもり》ともいう。中世後期、多くは在地の有力名主らがこれに当たり、のち「器用仁《きようのじん》」をえらんで任じた。池司には給田・給米が与えられた。
〈文献〉宝月圭吾『中世灌漑史の研究』吉川弘文館。

池敷 いけしき　用水池の敷地。池代《いけしろ》・池床《いけどこ》・池底《いけぞこ》・池頸《いけくび》ともいう。池敷は領主の私領として売買・寄進・譲与・貸借の対象となった。

池代 いけしろ　⇒池敷《いけしき》

池底 いけぞこ　⇒池敷《いけしき》

池床 いけどこ　⇒池敷《いけしき》

池成 いけなり　天変地異、洪水などにより田地が冠水し恒久的に池となったもの。中世の検注帳では除分に入れられ、徴税対象から除かれた。

池奉行 いけぶぎょう　中世、寺院などで所領荘園の用水池を管理する者。分水奉行、池守のこと。

池守 いけもり　⇒池司《いけし》・池奉行《いけぶぎょう》・水配役《みずくばりやく》

池料 いけりょう　⇒井料《いりょう》

意見 いけん　①室町幕府や寺院の訴訟制度で意見衆が衆議して決定した答申、答申状（意見状）。②ある事柄に関する考え、見解。③忠告、説教、訓戒。④意見《いけん》封事《ふうじ》のこと。⇒意見封事

居検注 いけんちゅう　⇒居合《いあい》

意見封事 いけんふうじ　天皇の召《めし》に応じて官人が時務策を記し、密封上進した意見書。上進された封事については上進者の名を伏せて公卿が封事定《さだめ》を行った。三善清行「意見十二箇条」（九一四年）、菅原文時「封事三箇条」（九五七年）などは名高い。意見封進制度は中国古代に見られ、『漢書』には「上始親政事（中略）而令㆓群臣得㆑奏㆓封事㆒、以知㆓下情㆒」とある。わが国では「大宝令」に明文があった。
〈文献〉所功「律令時代における意見封進制

度の実態」（古代学協会編『延喜天暦時代の研究』）吉川弘文館。阿部猛「三善清行と藤原敦光」（『日本歴史』二四七、のち『平安前期政治史の研究　新訂版』）髙科書店。同「三善清行『意見十二箇條』試注」（『帝京史学』一三）。

囲碁　いご　中国渡来の遊戯。黒白二種の石で、縦横の交点三六一に石を置いて、囲った面積の大きさで勝負を決する。「源氏物語絵巻」や「吉備大臣入唐絵巻」に囲碁をうつ場面が描かれている。

違期　いご　「いき」とも。期限をたがえる。期限までに間に合わないこと。「調庸違期、依レ律科処、不ニ必解レ任」と用いる。

渭溝　いこう　渭は中国の川の名で渭水《いすい》、転じて川のこと。灌漑用水路をいう。

已講　いこう　三大勅会《ちょくえ》（興福寺維摩会《ゆいまえ》・宮中御斎会《ごさいえ》・薬師寺最勝会《さいしょうえ》）の講師を務め終えた僧をいう。講師勤仕の一年前は擬講《ぎこう》。奈良時代は東大寺・興福寺僧から選ばれたが、平安時代には延暦寺・園城寺《おんじょうじ》も加わった。また北京三会（法勝寺《ほっしょうじ》大乗会、円宗寺法華会・最勝会）の講師経験者をも已講と称した。

衣桁　いこう　衣架《いか》、「みそ（御衣）かけ」ともいう。衣服を掛けておく台。ついたて式のものと、折り畳み式のものとある。

異国警固番役　いこくけいごばんやく　鎌倉後期、モンゴルの襲来に備えて筑前・長門などの要害に交替で勤番した警固役。おもに九州の御家人および九州に所領を持つ御家人が分担した博多湾一帯の警固役をさす。御家人役のひとつであるが、地頭御家人以外の一般荘園・公領の荘官以下住人（非御家人）にも賦課された。〈文献〉相田二郎『蒙古襲来の研究』吉川弘文館。

生駒竿　いこまざお　天正十五年（一五八七）佐々木成政が肥後国で生駒小千《おせん》に命じて行わせた検地のこと。

斎籠　いごもり　忌籠とも書く。けがれに触れぬよう物忌みして家内に閉じこもること。

遺恨　いこん　①心残り。②恨《うらみ》。「遺恨を達す」といえば、うらみをはらすこと。

已今当　いこんとう　已は過去、今は現在、当は未来の意で、過去・現在・未来の三世。

不知　いさ　①あいての言葉に対して「さあ……知らない」と否定的な応答をするときの語。②「ええと」「いやなに」などあいてをはぐらかすに用いる語。「いさ知らず」といえば、全く知らない、何も知らないの意。

居在家　いざいけ　在家を有する領主的名主ないしその一族が居住する在家で、ふつう公事《くじ》はかけられなかった。居屋敷、居薗《いその》も類似のもの。⇒在家《ざいけ》〈文献〉豊田武『武士団と村落』吉川弘文館。

去来去来　いざいざ　人を誘うとき、自分が思い立ったとき、行動にはずみをつけるのに言う言葉。

率川祭　いさかわまつり　奈良の率川阿波神社の祭。同神社は藤原南家の氏神を祀る社。毎年二月最初の酉《とり》の日に祭が行われた。同社の南にあった三枝名神の祭とする説もあるが誤り。

聊　いささか　①かりそめの、ちょっとした。②少し、わずか。「聊不レ可レ有ニ私曲之儀一候也」と用いる。

いささめに　かりそめに、いいかげんに。いささ（細小）とは、ほんの小さなの意。いささ（ざ）〈魦〉は琵琶湖特産のハゼ科の淡水魚。全長五〜六センチメートルの小さな魚。「なまずの尾より、いささめの頭《かしら》」（「鶏口となるとも牛後となるなかれ」と同じ）とのことわざがあった。

去来然 いざさらば　さあ、それではの意。文の冒頭にあって、行動をうながす時の語とする。「去来然《いざさら》ば、同じくは此の奴《やつこ》射殺して頸《くび》取りて、河内の殿に奉《たてまつ》らむ」と用いる。

十六夜 いざよい　陰暦十六日の夜。十五夜のつぎの日の月、十六夜月の略。

膝行 いざる　しっこう。膝《ひざ》や尻を地につけながら進むこと。「膝行出《いざりいず》」と用いる。

以レ次 いし　「次《ついで》を以《もつ》て」で、①次の位《くらい》、②事のついでに、③順に、つぎつぎに。⇒ついでをもって

倚子 いし　いす。四角、四脚で、背もたれ、肘《ひじ》かけがある。「延喜式」では、大倚子は高さ一尺三寸、幅二尺、奥行一尺五寸、小倚子は一尺三寸・一尺五寸・一尺三寸の寸法とする。座所には茵《しとね》が敷かれる。天皇の用いる倚子は御倚子《ごいし》と呼ばれる。

位子 いし　律令制下、父の位階によって官人に登用される者。内六位〜八位の嫡子で二一歳にして現官のない者を試験し、上等を大舎人、中等を兵衛、下等を使部《つかいべ》とした。

闈司 いし　後宮十二司の一つ。宮城諸門の鑰《かぎ》の保管と出納を掌る。「みかどのつかさ」と読む。官司の構成は、尚闈《みかどのつかさ》一人（正七位）・典闈《みかどのつかさのすけ》四人（従八位）・女孺《にょうじゅ》四人（少初位）。

井司 いし　⇒水親《みずおや》

帷子 いし　⇒かたびら

為而 いじ　⇒仕而《して》

石臼 いしうす　石製の臼。挽《ひき》臼と搗《つき》臼の二種がある。挽臼は上下二つの重ねた臼をすり合わせることで穀類を粉粋するもの。搗臼は臼に入れた穀類を杵《きね》で打って粉粋したり、ついて餅を作ったりする。古く石器時代から用いられた。

石打 いしうち　石合戦、印地打《いんじうち》。⇒印地打

石川 いしかわ　催馬楽《さいばら》の曲名。「石川の高麗人《こまうど》に　帯を取られて　からき悔《くい》する　いかなる　いかなる帯ぞ　縹《はなだ》の帯の　中《なか》はたいれるか　かやるか　あやるか　中《なか》はいれたるか」とうたう。石川は河内国。

違式 いしき　①律令制の式（または例）に違反すること。違式の罪は笞《ち》四十に当たる。②きまりや慣習からはずれること。

位色 いしき　位階に応じて定められた色彩。「衣服令」に規定がある。四品以上の親王・諸王・諸臣の一位〜深紫、諸王二位から五位と諸臣の二位・三位〜浅紫、四位〜深緋《ふかあけ》、五位〜浅緋、六位〜深緑、七位〜浅緑、八位〜深縹《ふかはなだ》、初位〜浅縹、無位は黄色。のち、深・浅の区別がなくなり、六位以下は緑一色となった。一〇世紀後半からは、四位以上は黒、五位は緋、六位以下は緑の三種となった。

石工 いしく　石材の切出し、加工、石垣の造築に従事する職人。
〈文献〉遠藤元男『日本の職人』雄山閣出版。

石蔵 いしぐら　石倉・石椋も同じ。石を積みあげて造った倉庫、石垣、防波堤など。

井司職 いししき　⇒水親《みずおや》

石畳 いしだたみ　①方形また長方形の敷石。②石を敷きつめた道路や広場や雨落ち。③石段の古称。

石立僧 いしだてそう　庭石を立てる僧。僧籍にある作庭師。

違失 いしつ　まちがうこと、過失、おちど。「誠に違失なし、おとど《（大臣）》感にたへず」と用いる。

石突 いしづき　①石を突き固めた建物の土台。②刀剣のさやの末端部。こじりともいう。③槍・矛《ほこ》・長刀《なぎなた》の柄《え》の端《はし》。

石灰壇 いしばいのだん　清涼殿《せいりょうでん》東廂《ひがしひさし》の南二間、仁寿殿《じじゅうでん》南廂東隅間にあり、地面から土を盛りあげて床の高さとし、表面を漆喰《しっくい》で塗り固めてある。壇の中央部に径二尺ほどの地炉が設けられている。壇に畳を敷くこともあり、また天皇は壇上で毎朝の伊勢神宮遙拝を行う。「清涼殿図」(三四八ページ)参照。

石火矢 いしびや　①火薬の力で石片や鉄丸を発射する中国伝来の原始的な火砲。②戦国時代に西洋から伝来した鉄砲のこと。

石奉行 いしぶぎょう　土木工事を掌る奉行。天正四年(一五七六)安土城築城のとき設置と『信長公記』に所見。

依　嘖 いしゃく　他人に依頼して叱り責めること。年貢・公事の未進などを責める。「致二未進懈怠一者。可レ為二供僧依嘖事一」と用いる。

意　趣 いしゅ　①意向、考え。②意図、理由。「全く別の意趣にあらず」と用いる。③ゆきがかり、意地。④遺恨。

威従見参 いじゅうげんざん　法会・授戒に当たって、威儀師と従儀師が貴人に謁見《えっけん》すること。⇒威儀師《いぎし》

弩 いしゆみ　①中国古代の武器の一種。バネを用いて石を発射する。②城壁やがけの上に石をくくりつけて置き、敵が近づいたら綱を切って石を落とす装置のこと。

位　署 いしょ　公文書に官位・姓名を記すこと。⇒位署書《いしょがき》

称　唯 いしょう　「しょうい」を逆読みする。譲位と音が通うため忌むのである。官人が召されたとき「おお」という声を発し応答すること。

位署書 いしょがき　文書の差出所の書法の一つで、公文書の差出所に官位姓名を書く。これを位署書という。ふつう、官職・位階・姓(例えば「右大臣正二位藤原」)までを執筆が記し、各自は名乗を楷・行書で自署する。三公(太政大臣・左大臣・右大臣)は「朝臣」と自署し名乗を記さない。また三公は日付けの奥に日付けより高く行高《ぎょうだか》に位署する。なお、平安中期頃、人名の記載法は官位により異なっていた。大臣以上～官のみ記す。三位以上～官・氏・名・(卿)、四位～官・氏・名・姓《かばね》(朝臣)、五位以下～官・氏・名。

〈文献〉伊地知鉄男編著『日本古文書学提要』新生社。

射　白 いしらます　矢などを激しく射かけて敵の気勢をそぐこと。「散々に射る間、面に立つ土岐と細河が兵共、射しらまされて進み得ず」と用いる。

異　心 いしん　ふたごころ、謀反をたくらむ心。「頼朝已欲二上洛一云々、是武蔵之有勢之輩等、有二異心一」と用いる。

何　方 いずかた　どちら、どっち。なに、どれ。どなた、どちらさま。

焉 いずくんぞ　①安、悪、爰、寧の字を用いる。どうして(……であろうか、そうではない)。「焉《いず》んぞ知らん」といえば、どうしてその事を知っているのだろうか、いや知らない筈だ。②置字《おきじ》の一つ。漢文訓読のとき読まない文字。他に矣《い》、乎《こ》などがある。

就　地 いずち　何処も同じ。「ち」は場所をあらわす接尾語。何方《いずかた》で、不定の方向や場所。「われをば、いづちへ具《ぐ》してゆかんとするぞ」と用いる。

泉木屋 いずみきや　現京都府木津町付近にあった材木の集積所。木津川(泉川)のほとりで、伊賀《いが》・山背《やましろ》・近江《おうみ》から伐《き》り出された材木が筏に組まれ木津に運ばれた。東大寺の木屋には預《あずかり》がいて、材木のみならず諸物資の運送・保管・交易に従事し

ていた。

泉　殿　いずみどの　寝殿造《しんでんづくり》で、東の対《たい》から廊をへだてて南側にあり、池に臨む。方形で壁も廂《ひさし》もない。納涼・観月に用いた。

いずら　①どこ、どこいら辺（所在を問う）。「いずらや、いずら」など。②さあさあ、どうした（催促する）。いずこ、いずち、いずれよりも更に漠然とした表現である。

何　編　いずれへん　①何れの廉《かど》。②どの事項、項目、事柄。

医　正　いせい　典薬助の唐名。

依レ是観レ之　いぜかんし　⇒これによりてこれをみれば

井　堰　いせき　井関とも書く。河川をせきとめて灌漑用水を取るためのダム。

〈文献〉喜多村俊夫『日本灌漑水利慣行の史的研究　総論篇』岩波書店。

伊勢講　いせこう　室町初期から見られる伊勢神宮への信仰に基づく信徒集団。村落共同体を基盤として、信仰を共通にする人びとが、⑴参宮目的で、⑵在村のままで信仰集団を形成した。伊勢神宮と民衆とを結びつけ組織したのは、御師《おし》と呼ばれる神宮祠官である。⇒御師

〈文献〉新城常三『社寺参詣の社会経済史的研究』塙書房。

異体字一覧

ⓐ 哀＝𠅆　惡＝悪
ⓘ 以＝㠯　異＝𢀳　違＝逺　壹＝弌　引＝𢎞　因＝囙　院＝䧑　寅＝刁　隱＝
隠
ⓤ 于＝亍亐
ⓔ 亦＝夊　役＝伇伇　烟＝炣　淵＝渕　園＝薗　遠＝逺
ⓞ 於＝扵　恩＝㤙
ⓚ 花＝苍　臥＝卧　峨＝峩　刈＝苅　怪＝恠　廻＝迴　海＝𣲾　堺＝堺　解＝觧
害＝宮　蓋＝盖　覺＝斍　樂＝东　學＝斈　割＝剖　巻＝弖　幹＝榦　還＝还
關＝閞　觀＝观　雁＝鴈
ⓚ 癸＝关　喜＝㐂　棄＝弃　綺＝綺　歸＝皈　乞＝乞　迄＝迠　訖＝訖　喫＝喫
叫＝叫　京＝亰　協＝恊　況＝况　胸＝胷　強＝强　橋＝槗　競＝竸　仰＝作
局＝咼局
ⓚ 區＝區　勳＝勛
ⓚ 契＝㓞契　計＝斗　徑＝侄侄　卿＝卿　經＝経　詣＝詣　繼＝継　迎＝迊　逆
＝逆　兼＝兼　乾＝乹　堅＝坚　憲＝㥦　獻＝献
ⓚ 虎＝帍帍　箇＝ケ　顧＝頋　互＝牙　吳＝呉　弘＝弖弘　岡＝罡　候＝仆　荒＝
荒　溝＝溝　綱＝綱　剛＝㓻　刻＝剋　哭＝哭　國＝囻圀　婚＝婚　號＝號
ⓢ 差＝差　坐＝坐　災＝灾　最＝冣　蓑＝蓑　殺＝㲃　杉＝㭗　參＝参　算＝筭笇
ⓢ 四＝三乂　旨＝㫖　祇＝祗　紙＝帋　事＝叓　時＝旹　爾＝尔　失＝失　漆＝
涑　蛇＝虵　取＝耴　須＝湏　州＝州　秋＝穐　修＝脩　執＝执　衆＝眾　充
＝死　從＝从　熟＝㸐　春＝旾　閏＝壬　所＝所听不　處＝処　召＝㕣　昇＝
昪　松＝枩　笑＝咲　詔＝詔　訟＝訟　稱＝称　丞＝羕　飾＝餝　職＝軄　臣
＝卜　森＝杰　盡＝尽
ⓢ 雖＝雖雖虽
ⓢ 是＝昰　世＝卋　勢＝势　寂＝寂　跡＝蹟　節＝莭　千＝阡　船＝舩　煎＝煎
遷＝迁

ⓢ 桑＝桒　窓＝窗　荘＝疰庄　曹＝𣍐　插＝揷　總＝捴惣　慥＝慥　雜＝襍　足＝㞢　俗＝㑥
ⓣ 多＝㚉　陀＝陁　袋＝帒　體＝躰　段＝叚叚　壇＝壇
ⓒ 恥＝耻　置＝量　牒＝㭬　直＝亘　勅＝敕　沈＝沉　珍＝珎珎
ⓣ 追＝追
ⓣ 氐＝弖　廷＝迋　庭＝迋　程＝𥝱　泥＝泥　禰＝祢　鐵＝鐵銕
ⓣ 圖＝𡇠　睹＝覩　唐＝㫜　桃＝𣏙　逃＝迯　答＝荅　等＝䒭才　頭＝㐅　藤＝
　莜　同＝仝　得＝㝵　德＝徔
ⓝ 尼＝𡰥
ⓝ 熱＝𤍠　年＝秊
ⓝ 囊＝𡆜
ⓗ 稗＝𥝱　輩＝軰　柏＝栢　罰＝罸　判＝𠛰　班＝㻏　番＝畨
ⓗ 譬＝辟　美＝羙　備＝俻　彌＝旀　匹＝疋　畢＝𠦒　筆＝笔　憑＝凴凴　嬪＝㜈
ⓕ 封＝𡈽　負＝貟　富＝冨　部＝卩
ⓗ 閉＝閇
ⓗ 法＝泫　寶＝珤　亡＝𠄡　卯＝夘　某＝厶　本＝夲　凡＝几
ⓜ 脈＝脉
ⓜ 務＝务　無＝无
ⓜ 罔＝冈罓
ⓨ 野＝埜
ⓨ 友＝㕛　酉＝㐭　楢＝楢
ⓨ 飫＝飯　歟＝欤乞　夭＝夭　庸＝庯　腰＝䙳　養＝羪　沃＝㳄　欲＝欲
ⓡ 裏＝裡　柳＝栁　留＝畄　兩＝両兯　料＝㪷　聊＝聊　糧＝粮
ⓡ 靈＝灵灵　歷＝厯
ⓡ 老＝耂　牢＝窂
ⓦ 和＝咊

伊勢越商人　いせごえしょうにん　⇒四本商人《しほん》

伊勢東風　いせこち　京都で東南の風をいう。たつみの風、おしゃな。伊勢神宮は京都から東南方に当たるので。

伊勢神宮役夫工米　いせじんぐうやくむたくまい　⇒造太神宮役夫《ぞうだいじんぐうやくむ》工米《たくまい》

伊勢遷宮　いせせんぐう　伊勢神宮の内宮《ないくう》・外宮《げくう》で二〇年めごとに建物を新造して神座を遷《うつ》す儀式。

伊勢造宮使　いせぞうぐうし　伊勢神宮造営のために臨時に置かれる職。

伊勢海　いせのうみ　催馬楽《さいばら》の曲名。宮中や貴族の邸宅での御遊《ぎょゆう》でうたわれた。「伊勢の海の　清き渚《なぎさ》に　しほがひに　なのりそや摘《つ》まむ　貝や拾はむや　玉や拾はむや」とうたう。

伊勢奉幣使　いせほうへいし　伊勢神宮の神嘗・月次・祈年祭に幣帛奉献のため伊勢神宮に派遣された勅使。勅使には五位以上の王が宛てられた。路次の国々は奉幣使の接待に当たった。

意銭　いせん　銭を投げて遊ぶ遊戯。博奕の一種で銭打《ぜにうち》ともいう。

以前　いぜん　箇条書きで、「一《ひとつ》……、一《ひとつ》……」と書き連ね、最後に「以前雑事、所レ仰如レ件」などと書く。内容が一つの場合は「右……」を用い、複数の場合は「以前」を用いる。鎌倉時代になると以前は次第に用いられなくなり右にかわる。
〈文献〉佐藤進一『古文書学入門』法政大学出版局。

急　いそぎ　いそいで、せわしく。急々で「いそぎいそぎ」ともいう。「杣人一両人被二召供一候而、急々御上洛可レ然候」と用いる。

営　いそぐ　忩も同じ。「夜従レ院有レ召、営二参院一。」と用いる。
〈文献〉斎木一馬編著『古記録学概論』吉川弘文館。

居薗　いその　⇒居在家《いざいけ》

異損　いそん　水害・干害・虫害・霜害などによる損田率が高いとき用いた語。古代の不三得七法《ふさんとくしつのほう》の下で、損田率三割以内を定損・例損といい、これを超えると異損と称した。⇒不三得七法
〈文献〉河部猛『律令国家解体過程の研究』新生社。

為侘　いだ　⇒しわぶ

韋帯　いたい　なめし革の帯。貧賤・無官の者がつけるところから、貧賤・無官の人を指していう。

位袋　いたい　親王・諸臣が朝服につけた袋。袋の色、緒《お》の色、結び方が位階により異なる。「大宝令」に規定されたが、養老六年（七二二）に廃止された。

為体　いたい　⇒ていたらく

異体字　いたいじ　同じ音《おん》や意味をあらわすが字体の異なる文字をいう。広義には、俗字や、和製漢字、また点や画を増減したものを含めて異体字と総称する。異体字一覧（四四〜四五ページ）参照　⇒俗字《ぞくじ》

板折敷　いたおしき　足のついていない折敷。数詞は枚《まい》。⇒折敷《おしき》

いたか　乞食坊主。供養のために、板の卒塔婆に経文・戒名を書いて川に流し、また経文を読んで銭を貰う坊主。この称は板書《いたかき》に由来するかという。

櫪飼馬　いたがいのうま　板で囲った厩《うまや》の中で飼われている馬。櫪はかいば桶、また厩のこと。

板倉　いたぐら　板蔵とも書く。壁を厚板で組んだ倉庫。あるいは、校倉《あぜくら》のように壁面を板で組んだ倉。

板車　いたぐるま　牛車《ぎっしゃ》の一種。箱の部分が板でできている車。六位の者が乗る車というが、平安末期には「近代無二乗用之人一」といわれている。

板子　いたご　船の底に敷くあげ板のこと。踏立板《ふたていた》ともいう。

板輿　いたごし　腰輿《ようよ》の一種。屋根や腰の両側を板張りとしたもの。室町時代、木輿《きごし》ともいい、上皇以下公家・僧侶が用いた。⇒腰輿

出袿　いだしうちぎ　⇒出衣《いだしぎぬ》

板敷　いたじき　建物の床《ゆか》に板を張ったところ。平安京内裏《だいり》には板敷の殿舎が多く、その室の重要度にしたがい高さを異にした。母屋《もや》と廂《ひさし》は同じ高さであっても孫廂《まごびさし》は一段低く、それより低い部分は落板敷《おちいたじき》と称し、外周は更に低く簀子敷《すのこじき》となっていた。なお、床に板のないところが土間《どま》である。

出衣　いだしぎぬ　晴儀《はれのぎ》の際の衣冠や冠直衣の下着の着用法の一つ。下着の衵衣《あこめぎぬ》や袿《うちぎ》を指貫の上に着用して、前身の裾《すそ》を袍の下からのぞかせる。出衵《いだしあこめ》、出袿《いだしうちぎ》ともいう。風流な着用法とされた。

出車　いだしぐるま　女車《おんなぐるま》（牛車《ぎっしゃ》）の簾《すだれ》の下から女房装束の袖や裾を出して飾りとするもの。

出火桶　いだしひおけ　火桶は外枠《そとわく》を木で作った円い火鉢《ひばち》。五節舞《ごせちまい》の準備のとき用いられた火桶で、口径三尺二寸、高さ七寸とあり、かなり大きい。

徒者 いたずらもの　①何のとりえもない無用の者。②粗暴な者。③悪賢い者。④なまけ者。⑤ふしだらな者。

戴餅 いただきもち　平安時代の貴族社会で行われた年中行事。子の幸福を願って行う儀式で、五歳まで年の始めの吉日に、幼児の頭に餅をいただかせる風習。手筥の蓋《ふた》に餅をのせ、それを子の頭の頂にあて、父または近親者が祝言《よごと》を言う。用いる餅は火鑽《ひきり》の餅といい近江国から調進された。
〈文献〉中村義雄『王朝の風俗と文学』塙書房。

已達 いたつ　すでに一流に達したこと、またその人をいう。仏教で、解達《げだつ》に至るプロセスのひとつ。

労 いたつき　「いたづき」とも。①骨折り、苦労。②病気のこと。なお「ろう」と読めば、年功・経験年数のこと。⇒ろう

平題箭 いたつき　角・木・鉄・錫などで作った尖《とが》っていない鏃《やじり》をつけた矢。練習用の矢。

虎杖 いたどり　俗に「すかんぽ」という。茎《くき》を漬《つ》けたり煮《に》たりして食用に供した。新芽に斑点があり虎の斑《ふ》に似ているのと、茎が杖に似ているところから名づけられたのであろう。

板の物 いたのもの　唐《から》織物。芯《しん》に板を入れて平たく畳んだのでいう。

板碑 いたび　供養塔婆《くようとうば》の一種で、板状であるので名がある。関東では秩父青石と呼ぶ緑泥片岩を用いる。現在最古の板碑は埼玉県大里郡江南町《こうなんまち》発見の嘉禄三年（一二二七）のもの。一般に、石の頂《いただき》は山形で、供養の対象となる本尊を仏像または梵字の種子であらわし、造立の願文、本尊讃仰の偈《げ》、願主名、年紀を刻む。地方豪族や僧侶によって造立されたが、室町期には庶民にも及び、その数も万を超えるが、江戸時代に入ると造られなくなる。
〈文献〉千々和実『板碑源流考』吉川弘文館。千々和到『板碑とその時代』平凡社。

板葺 いたぶき　屋根を板で葺くこと。平安時代でも中下級官人の家は母屋を檜皮葺とするも他の建物は多くは板葺であった。庶民の住宅は中世でも草葺・萱葺・板葺が普通であった。

板葺門 いたぶきもん　屋根を板で葺《ふ》いた門。

板舟 いたぶね　薄い板で作った小舟。泥田で早苗や刈った稲をのせる田舟のこと。

板仏 いたぼとけ　板材を用いて浮彫にした仏像のこと。平安時代から造られるようになった。

井霊祭 いたままつり　新たに井戸を掘ったとき、陰陽家に井戸の神霊をまつらせる祭。

板屋 いたや　屋根を板で葺《ふ》いた家屋。

労敷 いたわし　労思、心労、痛敷とも書く。①心配だ、気苦労だ。②病気で苦しい。③いたわって大切にしたい。④気の毒だ、ふびんだ。

市 いち　交換・売買の行われる場。市場・市庭とも。山際・河原・浜など、生業を異にする人びとの住まいの境界に立つことが多い。都市の市や城下町の市は官司の監督下に開催されたが、中世には公領・荘園の中心地や交通の要衝に発達し、市町を形成した。
〈文献〉佐々木銀彌『荘園の商業』吉川弘文館。

市預 いちあずかり　中世、領主の代官として市場の管理に当たった者。

葈脛巾 いちいはばき　葈の皮を編《あ》んで作った脛巾。葈は苧麻《まお》、カラムシと称する麻の一種。脛巾は脚絆《きゃはん》のこと。もとは兵士の実用的なものであったが、のちには衛府の官人や随身《ずいじん》、舞人が儀式に着用する装飾的な脛巾となった。

一院 いちいん　院は上皇。上皇が二人以上いる場合、譲位の最も早い上皇（院）を一院と呼んだ。三人いる場合は、一院・中院《ちゅういん》・新院《しんいん》などと呼んだ。

一打 いちうち　①箇条書きの一書《ひとつがき》の一の字を書くこと。②筆頭のこと。

一円 いちえん　①全部、残らず、まとめて、完全にの意。「寺社一円仏神領」という。②一向、更にの意。あとに打消の語を伴って「令㆓老耄㆒一円行歩不㆓相叶㆒」と用いる。

一円所務 いちえんしょむ　他からの介入を許さず、所領を支配し年貢を徴収すること。⇒所務《しょむ》

一円所領 いちえんしょりょう　他の領主や国衙の支配を交えず、単独の領主によって領有される所領・荘園のこと。⑴所領内に公領や他の私領・荘園が混在せず、地域的に一円支配する所領。⑵荘園の重層的所職（本家職・領家職・預所職・地頭職など）を一元的に掌握支配する所領。〈文献〉永原慶二『日本中世社会構造の研究』岩波書店。

一円進止 いちえんしんし　中世、所領の処分権・用益権を一元的に所有すること。一円とは排他独占的な状態をいい、進止は広義の土地支配をいう。中世社会では、一つの土地に権利（得分権）が重なり合っていたが、それらの権利を単独に掌握すること。また、土地の用益権と処分権を合わせ持つことを一円進止という見方もある。〈文献〉石井良助『日本不動産占有論』創文社。

一円知行 いちえんちぎょう　中世、一人の領主が、他の介入を許さず、年貢・公事を徴収するなど、排他的に支配すること。なお知行とは、不動産物権の事実的行使、すなわち占有をあらわす語である。⇒知《ち》行《ぎょう》・一円所領《いちえんしょりょう》

一概 いちがい　概は斗《と》概《がき》で、枡で物を量るとき平らにかきならす棒のこと。①おしなべて同一に扱うこと。②そのように思い込むこと、がんこなこと。一雅意と宛てることもある。

市門 いちかど　市の入口にある門。平城京や平安京の市（東市と西市）には東・西・南・北の四門があった。国府の市や荘園の市に市門があったか否か未詳。

市神 いちがみ　市の守護神。祭神には市姫（市杵島姫《いちきしまひめ》）が多い。中世には恵美《えび》須《す》神と称する福徳神をまつることが多くなり、正月の初市には市祭が行われ、祭《さい》文《もん》が読まれた。〈文献〉北見俊夫『市と行商の民俗』岩崎美術出版。

一義 いちぎ　①一つの道理。②根本の意義。③ひと通りのわけ。「山門聊嗷訴《いささかごうそ》に似て候へ共、退いて愚案《ぐあん》を加ふるに、一義有りと存じ候」と用いる。

一議 いちぎ　①一度の評議。②ひとつの意見、異論。「一議におよばず」といえば、少しも議論しない、問題にしないの意。

一行 いちぎょう　①墨つき。②推挙状。③所領に関する命令書や許可状。

一具沙汰 いちぐのさた　鎌倉、室町幕府において、或る訴訟が行われているとき、これと訴訟の目的物を同じくする訴訟を一具の沙汰といい、同一裁判所に提起されると、後訴は前訴に合併審理された。〈文献〉石井良助『中世武家不動産訴訟法の研究』弘文堂書房。

肆 いちくら　鄽とも書く。市座。市で商品を並べて置いたところ。律令では肆ごとに標（看板）を立て商品を明示する。〈文献〉阿部猛『律令国家解体過程の研究』新生社。

一軍 いちぐん　①全軍の意。②中国古

代の兵制で、一万二五〇〇人の兵で組織される軍隊。

一夏 いちげ　仏教で、安居《あんご》を行う四月十六日から七月十五日までの九〇日間。また安居のこと。⇒安居

市子 いちこ　神霊や生霊《いきりょう》・死霊《しりょう》を憑依《ひょうい》させ、いわゆる口寄《くちよ》せを行う巫女《みこ》。

壱越 いちこつ　①雅楽で、六調子《ちょう》の一つ、壱越調。音名。わが国における十二律とそれに最も近い西洋の音名を宛てるとつぎの通りである。
壱越《いちこつ》（d）、断金《だんぎん》（d#・eb）、平調《ひょうじょう》（e）勝《しょう》絶《ぜつ》（f）、下無《しもむ》（f#・gb）、双調《そうじょう》（g）、鳧《ふ》鐘《しょう》（g#・ab）、黄鐘《おうしき》（a）、鸞鏡《らんけい》（a#・b）、盤渉《ばんしき》（b）、神仙《しんせん》（c）、上無《かみむ》（c#・db）。
〈文献〉増本喜久子『雅楽』音楽之友社。

一期分 いちごぶん　中世の、分割相続から単独相続に移行する過渡期の相続形態。当人の一生涯（＝一期）だけ知行を認められる所領。女子や男庶子に所領を与えるとき、その死後には惣領に返還することが条件とされた。女子の一期分は化粧《けはい》田《でん》（化粧料）などといわれて、これはのちに嫁入りの際の持参金に変わった。
〈文献〉中田薫『法制史論集　一』岩波書店。

一期領主 いちごりょうしゅ　一期分の所領を知行する領主。一期領主のあとにその所領を知行すべく定められた領主を未来《みらい》領主という。

市座 いちざ　市場に設けられた販売座席。市を管理する領主に市座役《いちざやく》を納入することにより販売座席の独占権が認められた。⇒市座役

一座 いちざ　朝廷における最上の座次。もとは太政大臣・左大臣・右大臣・内大臣の順。摂政・関白が置かれたときは、大臣を帯しなくても一座となる。

市座銭 いちざせん　⇒市座役《いちざやく》

一座宣旨 いちざのせんじ　摂政・関白が最上席の大臣でなかったり、大臣を帯びていないとき、その座を第一と定める宣旨。

市座役 いちざやく　市の販売座席を独占して営業する商人に賦課される市場税。一四世紀、備中国新見荘《にいみのしょう》の市の座役銭は一貫二〇〇文、備前国西大寺門前市や摂津国天王寺門前浜市では二貫文から二〇〇文まで差があった。
〈文献〉豊田武『増訂　中世日本商業史の研究』岩波書店。

一事以上 いちじいじょう　すべてのこと、万事。「宜《よろ》しく承知し、一事以上、使の所勘《しょかん》に随《したが》うべし」などと用いる。

一字状 いちじじょう　武家社会で、主君または主筋の者から、その名の一字を給い、自己の名乗《なのり》とする慣いがあり、それを示した書状。一字の書出《かきだ》しともいう。
〈文献〉相田二郎『日本の古文書　上』岩波書店。

一七日 いちしちにち　①七日間。②人の死後七日間。

一事同訴 いちじどうそ　一事両様とも。中世、或る訴訟の繋属中に、訴人から更に同一事件について訴えること。鎌倉幕府はこれを禁じた。但し、論人《ろんにん》による一時同訴は咎められなかった。⇒論人

一旬 いちじゅん　一〇日間のこと。旬日《じゅんじつ》ともいう。

一准 いちじゅん　定まり変わらないこと。「一准ならず」といえば、同一の方法ではない、同一の手段ではないの意。

一定 いちじょう　①確定する。②確かなこと。③必ず、きっと。「依㆓左府御気色不快㆒不㆓一定㆒」「一定極楽へ参らせ給ひぬらん」などと用いる。

一条桟敷 いちじょうさじき　平安京一条大路の両側に設けられた桟敷。主として、賀茂祭、天皇の賀茂社行幸、関白賀茂詣の行列見物のために設けられた。桟敷に

は仮設的なものと檜皮葺の常設的なものとがあった。

一条第 いちじょうてい　藤原道長の第宅のひとつ。一条大路南、高倉小路東の辺りにあった。もと道長の岳父源雅信の所有であった。

一条戻橋 いちじょうもどりばし　京都の一条大路の堀川に架かる橋。世を去った三善清行が子の浄蔵の祈りによってこの橋上で蘇《よみがえ》ったという伝承に基づく。この橋は伝説に富み、渡辺綱が鬼を退治した話は著名である。

一事両様 いちじりょうよう　⇒一事《いちじ》同訴《どうそ》

一陣に進む いちじんにすすむ　先登に進む、先陣をする。「進㆓一陣㆒追㆓落御敵㆒」などと用いる。

一途 いちず　①他のことを省みず、専ら一つの方針にしたがっていく。②一つの方法、悟《さと》りを求める一つの方法。

一族一揆 いちぞくいっき　父系血縁者の同族集団を一族と呼び、南北朝～室町期の在地領主の結合形態である国人一揆のうち、惣領と庶子などの同族内部の結合をいう。惣領と庶子家がすべて一揆するもの（山内首藤氏）、惣領家に対抗するために庶子家が一揆するもの（小早川氏）などのかたちがあった。

〈文献〉北爪眞佐夫『中世政治経済史の研究』高科書店。

市立 いちだち　①市が立つ。②市に出かける。「其外市立の人々地下よりかくして各返し申て候由申送ると云々」と用いる。

市津料 いちつりょう　市場税。津料は津（港）に入港し施設を利用する船に賦課する関税のこと。商品の市への出入りに賦課する意で津料と言ったのであろう。

〈文献〉豊田武『増訂　中世日本商業史の研究』岩波書店。

市手 いちて　市津料、関銭。⇒河手《かわて》・山手《やまて》

一二 いちに　⇒つまびらか

一日祭 いちにちさい　毎月一日に行われる宮中祭儀。寛平年中（八八九～九八）に始まったといい、内侍所（賢所）に米・紙・精進物・魚類・菓子など二〇合を供えた。宮中のうちわな祭である。

一任 いちにん　地方官の任期。令制では、国司主典《さかん》以上は六年、史生以下の雑任は一二年とされたが、幾度か変遷があった。承和二年（八三五）すべて一任四年とし、陸奥・出羽・大宰のみ五年とした。

一人 いちにん　右大臣の異称。

一人当千 いちにんとうぜん　一人で千人にも相当する力や勇気を持つ兵《つわもの》のこと。同様の意味の言葉に「一騎《いっき》当千《とうぜん》」があるが、これは一四世紀南北朝期以後の用語である。

一阿闍梨 いちのあじゃり　一の長者で、東寺の長者のこと。

一院 いちのいん　院が二人以上あるときの第一の院のこと。中院・新院と区別する。

一上 いちのかみ　筆頭公卿のこと。普通は左大臣。左大臣が欠けるときは右大臣、更に右大臣欠員のときは内大臣が当たる。公事執行の筆頭大臣である。

〈文献〉山本信吉「一上考」（『国史学』九六）。

市神 いちのかみ　平安京東西市に祀られた神。延暦十四年（七九五）に交易の神として宗像大神《むなかたおおかみ》を東市に勧請《かんじょう》したのに始まる。近世には五月十四日に神輿・鉾が出たという。

一上宣下 いちのかみのせんげ　一上の宣旨を賜わること。⇒一上《いちのかみ》

一上宣旨 いちのかみのせんじ　一上に任ずるとの宣旨。⇒一上《いちのかみ》

一杭　いちのくい　牛馬の市で、一番上手《かみて》にある牛馬をつなぐ杭のこと。新市がたてられるとき、最初に一杭に牛馬をつないだ者には特権が与えられた。

一座　いちのざ　最も上手《かみて》の座席。一上座。

一の史　いちのし　左大史の別称。

一上卿　いちのしょうけい　筆頭公卿《くぎょう》。⇒一上《いちのかみ》・公卿

一上座　いちのじょうざ　一番の上席。⇒一座《いちのざ》

一大納言　いちのだいなごん　首席の大納言。

一棚　いちのたな　新たに市が開かれるとき、最も早く参り売場を占めることを一棚につくという。特権が与えられる。

市司　いちのつかさ　古代の市の管理者。平安京の東西市では市正《いのちかみ》という。市の管理・運営を掌るが、最も重要と考えられたのは商品価格（估価《こか》）の管理であった。⇒估価

一内侍　いちのないし　内侍司の掌侍《ないしのじょう》のうち上席の者。勾当《こうとう》の内侍ともいう。

一の人　いちのひと　普通は摂政・関白をいう。一の家も同義か。

一宮　いちのみや　古代・中世の神社の社格の一種。但し制度的なものではない。国内にある神社のうち、由緒の深い、信仰の篤《あつ》い神社の序列が生じ、その首位にあるものを一の宮といった。例えば、大和国（大神《おおみわ》神社）、和泉国（大鳥《おおとり》神社）、武蔵国（氷川《ひかわ》神社）、加賀国（白山比咩《しらやまひめ》神社）、紀伊国（日前《ひのくま》・国懸《くにかかす》神社）、豊前国（宇佐《うさ》神宮）など。「諸国一宮・総社一覧」（五二ページ）参照

市餅　いちのもちい　貴族の家では、子どもが生まれて五〇日めになると市姫社で市餅を買い祈禱をうけた。市餅は五十日《いかの》餅《もち》ともいった。⇒五十日餅

市庭　いちば　市場のこと。庭は場。市のたつ所。⇒立庭《たてにわ》

一倍　いちばい　元の数量を倍にすることで、現在の二倍に相当。所当の未進、借銭弁済などについて「以二一倍一返弁」と用いる。

市場掟　いちばおきて　⇒市場《いちば》禁制《きんぜい》

市場禁制　いちばきんぜい　市の保護・統制のために領主・地頭が下した市場掟。市場法。市での押買《おしがい》、国質《くにじち》、所質《ところじち》の取立てや喧嘩口論を禁じた。⇒国質・所質
〈文献〉佐々木銀彌『日本中世の都市と法』吉川弘文館。

市場検断　いちばけんだん　市において、治安維持、刑事犯の検察・断罪を行うこと。荘園領主や地頭が市場検断権を行使した。

市場在家　いちばざいけ　中世の市内に設けられた市店、屋敷、またそこに居住する者。元弘元年（一三三一）武蔵国男衾《おぶすま》郡小泉郷の市では、道の両側に二四間の在家が並び、それぞれ三～五段の田地を保有していた。中世の市場在家には商農未分離のものが多かった。
〈文献〉佐々木銀弥『荘園の商業』吉川弘文館。

市場祭文　いちばさいもん　市を開くに当って市神《いちがみ》の前で読みあげる祈願文。延文六年（一三六一）の武蔵国の「市場之祭文」が名高い。「昔大和国宇多郡に三輪の市をたて、いちをり長者此市を立はしめ此かた、住よし《(吉)》の浜に草木の市と名付て、九月十三日に立けり、その頃より西のはまのえひすの三郎殿のはまの市とて立、ひたち《(常陸)》の国鹿島大明神も七月七日に市を立はしめ給ひしより、尾張国あつた《(熱田)》の大明神も熱田に市を立たまふ、下野国日光権現も中市を立たまふ」などと述べる。そして最後に、当時存在した武蔵国内の市の名と所在を列記している。
〈文献〉豊田武『増訂 中世日本商業史の研究』岩波書店。

諸国一宮・総社一覧

	国名	名称	現在地
畿内	山城	賀茂別雷神社 賀茂御祖神社	京都市北区 左京区
	大和	大神神社 国府神社（総社）	奈良県桜井市 高取町
	河内	枚岡神社 志紀県主神社（総社）	大阪府東大阪市 藤井寺市
	和泉	大鳥神社 和泉五社総社	大阪府堺市 和泉市
	摂津	住吉大社	大阪市
東海道	伊賀	敢国神社	三重県上野市
	伊勢	椿大神社 都波岐神社（総社）	三重県鈴鹿市
	志摩	伊雑宮	三重県磯部町
	尾張	真清田神社 尾張大国霊神社（総社）	愛知県一宮市 稲沢市
	参河	砥鹿神社 総社	愛知県一宮町 豊川市
	遠江	八幡神社 小国神社（総社）	静岡県掛川市 森町
	駿河	浅間神社 神部神社（総社）	静岡県富士宮市 静岡市
	伊豆	三嶋大社 三嶋大社（総社）	静岡県三島市
	甲斐	浅間神社 甲斐奈神社（総社）	山梨県一宮町
	相模	寒川神社 六所神社（総社）	神奈川県寒川町 大磯町
	武蔵	氷川神社 大国魂神社（総社）	埼玉県大宮市 東京都府中市
	安房	安房神社 鶴谷八幡宮（総社）	千葉県館山市
	上総	玉前神社 飯香岡八幡宮（総社）	千葉県一宮町 市原市
	下総	香取神宮 六所神社（総社）	千葉県佐原市 市川市
	常陸	鹿島神宮 総社神社	茨城県鹿島市 石岡市
東山道	近江	建部神社	滋賀県大津市
	美濃	南宮神社 南宮御旅神社（総社）	岐阜県垂井町
	飛騨	水無神社 飛騨総社	岐阜県宮村 高山市
	信濃	諏訪大社 伊和社（総社）	長野県諏訪市・下諏訪町・茅野市 松本市
	上野	抜鉾神社 総社神社	群馬県富岡市 前橋市
	下野	二荒山神社 大神神社（総社）	栃木県宇都宮市 栃木市
	陸奥	都都古和気神社 陸奥総社宮	福島県棚倉町 宮城県多賀城市
	出羽	大物忌神社 六所神社（総社）	山形県遊佐町 藤島町
北陸道	若狭	若狭彦神社	福井県小浜市
	越前	気比神宮 総社大神宮	福井県敦賀市 武生市
	加賀	白山比咩神社 石部神社（総社）	石川県鶴来町 小松市
北陸道	能登	気多神社 総社	石川県羽咋市 七尾市
	越中	気多神社 高瀬神社（総社）	富山県高岡市 井波町
	越後	弥彦神社 居多神社（総社）	新潟県弥彦村 上越市
	佐渡	度津神社　総社神社	新潟県佐渡
山陰道	丹波	出雲大神宮 宗神社（総社）	京都府亀岡市 八木町
	丹後	籠神社	京都府宮津市
	但馬	粟鹿神社 気多神社（総社）	兵庫県山東町 日高町
	因幡	宇倍神社　惣社	鳥取県国府町
	伯耆	倭文神社 国庁裏神社（総社）	鳥取県東郷町 倉吉市
	出雲	出雲大社 六所神社（総社）	島根県大社町 松江市
	石見	物部神社 伊甘神社（総社）	島根県大田市 浜田市
	隠岐	由良比女社 玉若酢命神社（総社）	島根県西ノ島町 西郷町
山陽道	播磨	伊和神社 伊楯兵主神社（総社）	兵庫県一宮町 姫路市
	美作	中山神社　総社	岡山県津山市
	備前	吉備津彦神社　総社宮	岡山県岡山市
	備中	吉備津宮 総社	岡山県岡山市 総社市
	備後	吉備津神社 総社神社	広島県新市町 府中市
	安芸	厳島神社 多気神社（総社）（合祀）	広島県宮島町 府中市
	周防	玉祖神社 金切神社（総社）	山口県防府市
	長門	住吉神社 玉宮神社（総社）（合祀）	山口県下関市
南海道	紀伊	日前国懸宮	和歌山市
	淡路	伊弉諾神社 十一明神神社（総社）	兵庫県一宮町 三原町
	阿波	大麻比古神社 総社	徳島県鳴門市 徳島市
	讃岐	田村神社 総社神社	香川県高松市 坂出市
	伊予	大山祇神社	愛媛県大三島町
	土佐	都佐神社 総社	高知県高知市 南国市
西海道	筑前	筥崎宮	福岡県福岡市
	筑後	高良大社	福岡県久留米市
	豊前	宇佐神社 惣社八幡宮	大分県宇佐市 豊津町
	豊後	柞原八幡宮	大分県大分市
	肥前	与止日女神社	佐賀県大和町
	肥後	阿蘇神社	熊本県一の宮町
	日向	都農神社	宮崎県都農町
	大隅	鹿児島神宮 祓戸神社（総社）	鹿児島県隼人町 国分市
	薩摩	枚聞神社	鹿児島県開聞町
	壱岐	大手長男神社 総社神社	長崎県御ノ浦 芦辺町
	対馬	海神神社	長崎県峰町

市場沙汰人　いちばさたにん　荘園内の市の管理に当たった下級荘官。市場在家の統制、市公事銭《いちくじせん》の徴収を行った。代償として給田を与えられた。
〈文献〉佐々木銀彌『荘園の商業』吉川弘文館。

市場銭　いちばせん　市場税、市の津料《つりょう》、公事銭《くじせん》。(1)商人別の賦課（弓公事銭）、(2)在家別賦課（間別《まべち》）、(3)商品別賦課（駄別《だべち》銭《せん》）、(4)座別賦課（借屋銭《かりやせん》・座役銭）など。間別銭は二〇〇文〜五〇〇文ていど。荘園領主・地頭などの新しい財源となったが、初期には、その財政に占める比重は小さかった。
〈文献〉豊田武『増訂　中世日本商業史の研究』岩波書店。

市場代官　いちばだいかん　荘園の市の管理・統制のために領主・地頭から任命された代官。代官の得分は大きかったらしく、中世後期、興福寺領越前国坪江荘《つぼえのしょう》では補任料《ぶにんりょう》は一〇貫文であった。

市場町　いちばまち　中世〜近世、農村部に成立した市場集落。地頭館・荘園政所・寺社門前、水陸の要衝などに成立した。定期市の開催日にちなみ、二日市・四日市・五日市などの呼称を持つものが多い。
〈文献〉豊田武『増訂　中世日本商業史の研究』岩波書店。

市日　いちび　市が開催される日。平安時代、午《うま》の日、子《ね》の日に開催される市があり（一二日に一回）、鎌倉期になると一〇日に一度、または月に三回開かれるようになる（三斉市）。康治元年（一一四二）近江国饗庭川《あえばがわ》市の九の日市は早い例である。室町・戦国期には月に六回開かれるようになる（六斉市）。

市聖　いちひじり　空也上人《こうやしょうにん》（九〇三〜七二）のこと。平安京の東西市は諸人の群集するところであったから、布教・説法には格好の場であった。布教する聖たちのうち、とくに空也を人々は市の聖と呼んだ。

市人　いちびと　もと、平安京の東西市に市籍《しじゃく》を持ち肆《いちくら》で交易する者をいうが、のち商人一般をも呼ぶようになった。女は市女《いちめ》。⇒肆
〈文献〉豊田武『日本商人史　中世篇』東京堂出版。

市姫　いちひめ　⇒市神《いちがみ》

一分官　いちぶかん　平安時代、諸国の史生《ししょう》・国博士・国医師の別称。天正十七年（七四五）に設置された公廨稲《くげとう》の分配率がこれらの官については一分であったから。分配率は、大国の長官《かみ》は六分、次官《すけ》は四分、判官《じょう》は三分、主典《さかん》は二分であった。⇒公廨稲

市奉行　いちぶぎょう　市の管理のために領主が置いた管理者。

一分地頭　いちぶじとう　⇒惣地頭《そうじとう》

一分召　いちぶめし　諸国の史生・国博士・国医師など一分官の任官除目《じもく》のこと。式部省ないし式部卿の私邸で行われた。平安中期以降廃絶した。⇒一分官《いちぶかん》

一分　いちぶん　①一〇分の一、わずかなこと。②一身、自身。③一身の面目、責任。④一様。

一辨　いちべん　一弁とも。弁は償《つぐな》うの意で、①一同で弁償すること。②一回で弁償すること。「煩出来之時者、所レ賜用途雖レ経二年署一以二弁一可レ令二返進一」と用いる。③一人の弁官。

一僕の人　いちぼくのひと　僕《しもべ》を一人抱えている小身の者。

一枚楯　いちまいだて　一枚の板で作った簡便な楯。

市枡　いちます　市で穀類の計量に用いられた商業枡。一般に、年貢収納枡より容量が小さい。応永九年（一四〇二）高野山領紀伊国南部荘《みなべのしょう》の市枡は早い例であ

る。ふつうの枡は、一斗枡と一升枡。〈文献〉宝月圭吾『中世量制史の研究』吉川弘文館。

市　町　いちまち　①平安京の東西市の外郭部分。市司《いちのつかさ》の管理下にあった。②市を中心とする集落、また単に市場又は商店街をいう。

市　祭　いちまつり　市神を祀る祭礼。⇓市《いち》神《がみ》

一味神水　いちみじんすい　人びとが一致団結（一揆）し集団を結成するときの儀式・作法。神前で起請文《きしょうもん》・誓約書を作り、全員で署名し、神に供えた水（神水《じんすい》）を飲む。また起請文を焼いて灰とし、それを水に混ぜて飲む。

一味同心　いちみどうしん　目的のために心を一つにすること。仏教用語で、一味とはすべてが同一、平等であること。〈文献〉勝俣鎮夫『一揆』岩波新書。

市　女　いちめ　市で交易に従事する女の商人。販婦《ひさぎめ》ともいう。また、市女がかぶる晴雨兼用の菅笠を市女笠という。〈文献〉豊田武『日本商人史　中世篇』東京堂出版。

市女笠　いちめがさ　⇓市女《いちめ》

市目代　いちもくだい　市場管理のために任命された代官。多くは市場商人の中から任命された。その名称は国衙の目代に由来するかという。市場沙汰人、市場保頭と称するものも同類であろう。市目代には目代給が与えられた。⇓市場《いちば》沙汰《さた》人《にん》〈文献〉豊田武『増訂　中世日本商業史の研究』岩波書店。

逸　物　いちもつ　一物とも書く。①人物・馬・牛・犬・鷹などの、とくにすぐれているもの。②その行動が適切であること。

一　門　いちもん　①同族、親族関係にある人びとの総称。②学問・宗教・武道・芸能などの流派を同じくする人びと。

一文不知　いちもんふち　一文不通も同じ。読み書きができない、無学文盲《むがくもんもう》のこと。

委　注　いちゅう　詳《くわ》しく書き記すこと。「御前之儀、不レ得二才覚一之間、不レ及二委注一」と用いる。

一　揖　いちゆう　会釈《えしゃく》すること。両手を胸の前に合わせて上下し、更に前に押し出して礼をする。

異　朝　いちょう　外国のこと、異国。とくに中国を指していう。

意調子　いちょうし　高麗《こま》楽《がく》の高麗壱越調《いちこつちょう》の楽曲に用いられる音取《ねとり》（音《お》合わせのための曲）。

違　勅　いちょく　勅に違う。違勅の罪は徒《ず》二年である。なお、検非違使別当宣は勅宣に准ずるものとされ、これに背くは違勅の罪に問われた。

一里一銭　いちりいっせん　戦国時代、武田氏や後北条氏領国で行われた伝馬駄賃の基準。駄賃を口付銭《くちつけせん》と称した。

一領一疋　いちりょういっぴき　肥後細川氏の郷士《ごうし》のこと。平時は農耕に従い甲冑一領と馬一疋を用意し、いざというとき軍務に服する。

一領具足　いちりょうぐそく　戦国時代、土佐国の長宗我部《ちょうそかべ》氏の下級在郷家臣。少数の被官・下人を抱えて手作《てづくり》経営を行いながら軍役を勤める地侍《じざむらい》。その経営する田地の規模は一町とも三町ともいう。同類の呼称に、肥後国細川氏の一領一疋（鎧《よろい》一領・馬一疋）がある。〈文献〉山本大『土佐中世史の研究』高知市。

壱弄楽　いちろうらく　雅楽、唐楽。壱越調の中曲。もとは舞を伴ったが中世に廃絶した。

早　晩　いつ（も）　いつもそうであるようにの意。「如二早晩《いつも》一出仕申候」「依二公用一、乍二早晩《いつも》一無沙汰、所存之外之外候」など

と用いる。何時とも書く。

一和 いっか　調和していること、人びとが折り合い円満であること。一致。「島津方一和義、去冬以来相談上」などと用いる。

一荷両種 いっかりょうしゅ（す）　酒を二樽と料理二種。一荷は天秤棒で前後にかつぐ二つの荷物。

一紀 いっき　一二年間のこと。「一紀一班」といえば、一二年ごとに口分田を班給すること。本来は班田は六年ごとであるが、延暦二十年（八〇一）に一紀一班とした。

一揆 いっき　語義は「揆を一《いつ》にする」で、道を同じくする、一致団結するの意。中世、ことに室町・戦国期、土一揆・徳政一揆・一向一揆などの一揆運動が盛んになった。また、在地領主による一揆は国人一揆と呼ばれ、江戸時代の農民一揆は百姓一揆と呼ばれる。〈文献〉勝俣鎮夫『一揆』岩波新書。

一騎打ち いっきうち　騎馬武者による一対一の戦い。先ず互いに名乗りをあげ、馬を走らせながら矢を射合った。ついで馬上での太刀うち、組みうちを行った。源平合戦期には、馬から下りて徒歩《かち》で戦うことが多くなり、戦闘法に変化が見られた。

一騎駆 いっきがけ　武士がただ一騎で敵陣に突入すること。

一騎当千 いっきとうぜん　⇒一人当千《いちにんとうぜん》

斎宮 いつきのみや　①天皇が神事を行うための宮殿。②大嘗祭の祭場となる宮殿。③伊勢神宮・賀茂神社に奉仕する斎皇女《いつきのみこ》の居所。④天皇即位のとき、伊勢神宮・賀茂社に奉仕するために遣わされる未婚の内親王。

壱宮楽 いつきゅうらく　⇒壱金楽《いっきんらく》

斎女 いつきめ　神事に奉仕する少女。奈良の春日神社、京都の大原野神社では、藤原氏一門の中から少女を選任した。

一揆持 いっきもち　一揆が支配しているの意。戦国時代、越前国は一揆持の国であった。

一曲 いっきょく　雅楽の雑舞の一つで、諸寺勅会法事に際して、行列の道行《みちゆき》に舞うもの。鳥向楽《ちょうこうらく》や慶雲楽《きょううんらく》により二人で舞う。

壱金楽 いっきんらく　雅楽の曲名。唐楽、壱越調。承和楽《しょうわらく》とも言い、平安初期に作曲・振付された。

一口 いっく　①人ひとり。②一人分の給与。③口は、器物や武器・農具をかぞえるときの数詞。

一家衆 いっけしゅう　真宗の一門一家の人びとのこと。とくに室町時代後期の蓮如《れんにょ》以後の真宗本願寺法主と同じ家系の一族をさして呼ぶ。

一結 いっけつ　①仲間、一党。②まとめる、物事の始末がつくこと。③銭一貫文（一〇〇〇文）。

一見状 いっけんじょう　中世、軍忠状《ぐんちゅうじょう》・着到状《ちゃくとうじょう》において、大将や奉行が内容を承認したしるしとして、文書の奥や袖に「一見了」と記し花押《かおう》を加えたもの。⇒軍忠状・着到状

一軒前 いっけんまえ　中世末期～近世初期の村落構成の単位で、役家《やくや》（屋）、本役、役前ともいう。村内に家・屋敷・田畑を持ち、年貢・諸役を負担する農家。太閤検地での一軒前は、間口七間・奥行一五間以上の屋敷名請人《なうけにん》をいう。中世の在家役の系譜をひく役屋《やくや》と同性質のもの。⇒役屋・本役《ほんやく》
〈文献〉安良城盛昭『幕藩体制社会の成立と構造』御茶の水書房。

壱鼓 いっこ　雑楽の曲名。中国・インド系の曲。舞人二人がそれぞれ鼓を胸に

かけて舞う。

一行 いっこう　許可・推薦・賞与など、何かを証明するために上位者が書き与える書状のこと。

一向 いっこう　①ひたすら。②すべて、全部、専《もっぱ》ら、むやみに。③打消の語を伴い、まるで（ない）、さっぱり（ない）。

一向一揆 いっこういっき　浄土真宗本願寺派の坊主・農民・商工業者・武士などの門徒《もんと》によって組織された武装蜂起、闘争の呼称。文正元年（一四六六）から天正十年（一五八二）に至る一二〇年間、近畿・北陸・東海地方で起こった。〈文献〉井上鋭夫『一向一揆の研究』吉川弘文館。新行紀一『一向一揆の基礎構造』吉川弘文館。神田千里『一向一揆と戦国社会』吉川弘文館。

一刻 いっこく　①一時《ひととき》の四分の一。現在の約三〇分。②瞬時。

一国検注 いっこくけんちゅう　一国単位で行われる検注。荘園整理令に基づく国ごとの検注や、国司初任のときの一国平均の検注などをいう。〈文献〉阿部猛『日本荘園史』新生社。

一国平均沙汰 いっこくへいきんのさた　室町時代、特定の国を対象として特定の法令（例えば徳政令のような）を施行すること。「抑《そもそも》徳政事、可レ為二一国平均沙汰一之由、立二制札於所々一」のように用いる。

一国平均徳政 いっこくへいきんのとくせい　一国単位の徳政令公布で、国内すべてに適用される徳政。

一国平均役 いっこくへいきんのやく　古代・中世に、荘園・公領を問わず、公田段別に一律に賦課された国役。大嘗会役《だいじょうえやく》・造《ぞう》内裏役《だいりやく》・伊勢《いせ》神宮役夫工米《じんぐうやくむたくまい》などで、国衙・守護を通じて徴収された。〈文献〉小山田義夫「造内裏役の成立」（『史潮』八四・八五合併号）。託間直樹「一国平均役の成立について」（坂本賞三編『王朝国家国政史の研究』）吉川弘文館。

一献 いっこん　平安時代、酒宴での最初の勧杯《かんぱい》。肴《さかな》を出し、杯を三杯すすめ、その肴の膳や杯・銚子を下げ、これで一献とする。三献、場合によっては九献までこの手続きを行うことがある。中世以後は意味が変わり、単に酒宴や饗応をさす言葉となる。

一斤染 いっこんぞめ　紅花一斤《べにばないっきん》（紅花の一斤は一〇〇匁）で絹一疋《いっぴき》（「養老令」では長さ五丈二尺。布帛二反《たん》）を染めた色。

一献料 いっこんりょう　①鎌倉時代から、訴訟・裁判において、幕府奉行人らを招いて酒肴《しゅこう》（一献）をすすめることが行われた。一種の饗応・賄賂《わいろ》である。②荘園領主が守護やその被官、幕府の有力者に渡した一種の賄賂。荘園に賦課される守護役などを軽減して貰うための運動費である。その費用は年貢から差引かれる。

一切経 いっさいきょう　仏教聖典を集大成したもの。大蔵経《だいぞうきょう》、三蔵聖教ともいう。

一切経会 いっさいきょうえ　一切経を転読あるいは真読して供養する法会。毎年行事として行うものと、一切経の書写完了のとき行うものとがある。院政期に盛んになった。⇒転読《てんどく》・真読《しんどく》

一札 いっさつ　①一通の書状。②一通の証文・手形。

一盞 いっさん　一つのさかずきで、一杯の水や酒を飲む、軽い飲食のこと。

一式 いっしき　一色とも。①ひと揃い。②全部。③一種類。

一色 いっしき　もと、ひと揃い、全部の意。ふつう田地には年貢（官物《かんもつ》）と雑《ぞう》公事《くじ》が賦課されるが、そのうちいずれかを免除され、一種類の課役のみ負うという意味。雑公事免除の場合が多い。

一職支配 いっしきしはい　土地に対する多

種多様な権利（職《しき》）を一元的に掌握すること。中世には、一枚の田地の上に作職—名主職—地頭職—預所職—領家職などの権利が重畳していた。これらの諸職を一人であわせ持ち、中間の諸職を排除して領主—作人の関係をつくり出す傾向が一六世紀の畿内で顕著になった。⇓重《ちょう》職《しき》

一色田　いっしきでん　荘園において、一種類の課役のみ負担する田地のこと。ふつう、名田などは年貢（官物《かんもつ》）と雑公事《ぞうくじ》を賦課されるが、そのうちいずれかを免除された場合、これを一色田という。一色不輸《ふゆ》・一色別符《べっぷ》・一色保《ほ》など一色を冠した地目は、国衙に官物のみ納入するのがふつうである。なお一職の宛字《あてじ》で一色と書かれる場合もある。〈文献〉渡辺澄夫『増補　畿内庄園の基礎構造』吉川弘文館。

一色不輸　いっしきふゆ　荘園において、官物・雑公事のいずれかを免除されること。輸は「いたす」＝納入するの意。⇓一色《いっしき》田《でん》

一色別納　いっしきべつのう　⇓別納《べつのう》

一色保　いっしきほ　官物・雑公事のうち、いずれかを免除された保。⇓保《ほ》

一色名　いっしきみょう　官物《かんもつ》・雑公事《ぞうくじ》のうち、いずれかを免除された名田《みょうでん》。⇓名田

一子相伝　いっしそうでん　学問・技芸について、その奥義を自分の子の中の一人だけに伝えること。

一紙半銭　いっしはんせん　わずかなもののたとえ。寺への寄進の額の少ないことをいう。紙一枚と銭半銭。

一瞬　いっしゅん　①まばたきする極めて短い時間。②ひと目。③一期《いちご》。④人の一生のこと。

一庄一郷の働　いっしょういちごうのはたらき　一つの荘（庄）園、一つの郷を単位とした百姓の集団的抵抗運動をいう。百姓らの総合体は「惣」と呼ばれる。

一所懸命の地　いっしょけんめいのち　①武士の本領たる名字《みょうじ》の地。②新恩の地（功労によって主人から新たに給与された所領）を含めて武士の一族の生活の基盤を指す言葉。⇓名字の地

一身阿闍梨　いっしんあざり　その人一代に限って、官符を以て任ぜられた阿闍梨。天延元年（九七三）藤原師輔の子の尋禅が任ぜられたのが最初。⇓阿闍梨《あざり》

一身田　いっしんでん　①賜田の一種で、その人一代を限って賜わる田。②一身の間、耕食を許された再開発荒廃田。〈文献〉阿部猛『日本荘園成立史の研究』雄山閣。

一種物　いっすもの　酒・肴などを参会者がそれぞれ一種持ちよって開く宴会のこと。平安貴族社会で行われ、室町時代には、一般に各人が金を出しあい催す宴会を言った。

一跡　いっせき　遺領、遺跡《ゆいせき》、跡職《あとしき》（式）、跡目《あとめ》などともいう。①知行人がいなくなって、あとに残された所領のこと。遺産。②家筋の続き。家系、血統。③自分の占有物。④副詞的に用いて、みな全部、いっさい。⑤同じく、精いっぱい、一生けんめい。

一世源氏　いっせげんじ　源の姓を賜わり臣下になった親王。親王の子で源氏となるものを二世源氏という。

一銭切　いっせんぎり　戦国時代の刑罰のひとつ。たとい一銭（一文）を盗んでも死刑とすることとか、犯人に過料銭を出させるときは一銭も残さずに没収することの意とか、二説がある。

一双　いっそう　二つでひと組になっているもの。「一双屏風《びょうぶ》」とか「樽《たる》一双」などと称する。

一左右 いっそう　一度の便り。安否を知らせる一報。左右は、あれかこれかの成り行き、有様のこと。

一束一本 いっそくいっぽん　室町時代から江戸時代に行われた献上物。杉原《すいばら》紙一束（二〇帖）に緞子《どんす》一本と扇《おうぎ》一本を添えたもの。杉原紙一束と扇一本の場合もある。

日　外 いつぞや　何時、過日も同じ。過去について、いつであったか、先日、このあいだ。「日外《いつぞや》物語りせしごとく……」などと用いる。

一村地頭職 いっそんじとうしき　村を管轄範囲とする地頭職。

一　袋 いったい　ひと袋で、上等の宇治茶一〇匁《もんめ》を入れた紙袋二つをいう。

一段頭 いったんとう　一段の一〇分の一、すなわち三六歩の地積。頭は「かしら」で始《はじめ》の意。一段になるはじめ。平安時代から室町時代まで用いられた用語。

一旦儀 いったんのぎ　当座の、一時的なことがら。

一地一作人 いっちいっさくにん　一筆の耕地に一人の作人（耕作権を保持する年貢納入責任者）を決めること。荘園制では土地に関する権利（職《しき》）が重畳していたが、太閤検地ではこれを整理して中間の職《しき》を排除し領主―作人という秩序をつくろうとした。

一搩手半 いっちゃくしゅはん　仏教用語で尺度の単位。親指と中指を伸ばしたときの長さを搩手とし、七寸余り。一搩手にその半分を加えた一搩手半（約一尺二寸）は持仏像や胎内仏を造るときの基準。

一朝一夕 いっちょういっせき　ほんの少しの時間。

一町在家 いっちょうざいけ　田在家のうち、附属耕地が一町歩内外の均等化された在家。東国に見られる。⇒在家《ざいけ》

一町積 いっちょうせき　一町（＝一〇段）の地積。

一町頭 いっちょうとう　一町の一〇分の一。すなわち一段のこと。

井　筒 いづつ　木や石で造る井戸の地上の囲《かこ》い。井戸側《がわ》のこと。円形や方形のものがある。

五　衵 いつつあこめ　童女の晴装束。汗衫《かざみ》の下に衵、五衣襲、単、長い重ねの袴《はかま》に表袴《うえのはかま》を着用する。⇒汗衫・衵《あこめ》

五　衣 いつつぎぬ　女房晴装束（いわゆる十二単）のとき、打衣の下、単《ひとえ》の上に着る袿《うちき》五枚の呼称。五重襲《いつえがさね》という。重袿は二〇枚、二五枚という豪華なものもあったが、過美禁制が出されたりして、五衣が定型化した。

五　物 いつつもの　五種の射芸をいう。流鏑馬《やぶさめ》・笠懸《かさがけ》・小笠懸・犬追物・歩射《かちゆみ》の五種。

一　手 いって　戦国時代、一つの軍団のことをいう。備《そなえ》ともいう。

一　点 いってん　漏刻《ろうこく》（水時計）で一《ひと》とき（約二時間）を四等分した最初の区切りをいう。「辰の一点」「後夜《ごや》の一点」などという。

一天の君 いってんのきみ　天皇の異称。一天下を治める人。一天の帝《みかど》ともいう。

一天万乗の君 いってんばんじょうのきみ　天子のこと。乗は中国古代に、兵車（戦車）をかぞえるときの単位。天子の直轄領は兵車一万を出す広さとされていた。

一　途 いっと　本義は一筋の道の意。①一つの方針。②二つ以上のものが一体となること。

一到来 いっとうらい　一報、報告、伝言、一つの知らせ。

一　時 いっとき　昔の時間区分で一日の一二分の一。いまの二時間に当たる。

壱団嬌 いっときょう　雅楽の曲名。還宮楽《かんきゅうらく》ともいう。唐楽で壱越調。もとは舞《まい》を伴

ったが平安後期に廃絶した。

壱徳塩 いっとくえん　唐楽。沙《さ》陀調《だちょう》（十二調子の一つで壱越を主音とする）の中曲で舞はない。法会に用いられる。

一拝再致 いっぱいさいち　平安時代の老人の礼の仕方。立って拝し、ついで座って拝する。

一　疋 いっぴき　一匹とも。①布の二反《たん》。長さは四丈・五丈二尺・五丈六尺など時代により異なる。②犬・馬など畜類の一頭《とう》。③銭一〇文のこと。

一服一銭 いっぷくいっせん　室町時代から江戸時代はじめ、抹茶一服を一銭で売ること。担《にな》い茶具で立売りするのが通例であったが、社寺門前に小屋掛けするものもあった。応永十年（一四〇三）東寺門前の一服一銭茶売の存在が知られる。

一方引付 いっぽうひきつけ　一方引付という引付があるわけではなく、幾つかある引付のうちの一つの意。⇒引付《ひきつけ》

一方向 いっぽうむき　室町幕府の不動産訴訟法上の手続き。訴状だけに基づいて一方的に繋争中の所領を領知させる特別措《そ》置《ち》。
〈文献〉石井良助『中世武家不動産訴訟法の研究』弘文堂書房。

一品経 いっぽんきょう　わが国に流布した法華経は八巻二十八品であるが、これを一品一巻に書写したもの。

一本御書所 いっぽんごしょどころ　一本とは貴重本、稀覯書《きこうしょ》のことで、それらを扱う機関。内裏建春門外にあり、別当・預・書手などの職員が置かれた。

一品宮 いっぽんのみや　親王・内親王に授けられた位階（品位《ほんい》）のうち第一位に叙されたものをいう。品位は一品・二品・三品・四品の四階。

射　手 いて　①弓を射る人。②弓の名手。

井　手 いで　①井堰《いせき》。②水門。③引水路。また以上の①②③の総称。

出　居 いでい　⇒でい

将　将 いでいで　思いたったときの言葉。①さあさあ、どれどれ。②いやもう、いやどうも。

出居侍従 いでいのじじゅう　宮廷の儀式のとき出店の座について事を行う侍従。

出居少将 いでいのすけ　宮廷の儀式のさい出居の座について事を行う近衛少将。

出　立 いでたち　官政《かんせい》あるいは外記政《げきせい》が終わって、上卿《じょうけい》以下官人らが太政官庁、外記庁から退出するときの作法。外記政のときは下臈《げろう》より退出し、官政のときは上臈《じょうろう》より退出する。⇒官政・外記政

射手奏 いてのそう　大射《たいしゃ》、賭射《のりゆみ》、騎射《うまゆみ》の行事に出席する射手の姓名を天皇に奏上すること。

出　座 いでます　①お出《で》になる。②いらっしゃる。天皇・皇后を始め、自分の父母についても用いる。

位　田 いでん　令制において、五位以上の有位者と一品～四品の有品《うぼん》親王に与えられた田。未給の位田（＝無主位田）は穀倉院の管理下に置かれ、その地子は国司が徴収して都に送った。大和国では平安・鎌倉期にも大量の位田・無主位田が存在し、官物（年貢）は国衙に、雑役は興福寺に納入していた。⇒有品親王《うほんのしんのう》
〈文献〉阿部猛『日本荘園成立史の研究』雄山閣。

	品位	町歩
品田	一品	80
	二品	60
	三品	50
	四品	40
位田	正一位	80
	従一位	74
	正二位	60
	従二位	54
	正三位	40
	従三位	34
	正四位	24
	従四位	20
	正五位	12
	従五位	8

已　田 いでん　以前は田であったが、今は畠となっているものをいうか。「畠已田」と書かれている。「畠已」とあるの

は、以前は畠であったの意か、未詳。

絲　いと　古くは麻糸をいったが、奈良時代以後、絹織物が発達すると、糸とは絹糸をさすようになった。糸の重さの単位は絇《く》（一六両）。

井　戸　いど　地下水を汲み上げるために地面に掘った竪穴。井とは、もと水をせきとめた水汲み場のこと。安定した水を得るために地下水の位置にまで掘る。井戸には井戸神や水神を祀ることが多い。

為　当　いとう　⇒はた

糸　惜　いとおし　①つらい、困る。②かわいそうだ。③いじらしい、かわいい。

井戸側　いどがわ　井戸の側壁を囲んで崩れないようにしたもの、また井戸の地上の部分を囲んだもの。⇒井《い》筒《づつ》・井《い》戸《ど》

意　得　いとく　⇒こころえ

居土公事　いどくじ　土公事に同じ。居土は土居か。土居は地頭・代官の居館。未詳。

糸　鞋　いとぐつ　履物の一種。糸を編んで作った括《くく》り緒《お》のあるくつ。幼童・舞人・諸衛の六位が用いたもの。「しがい」と音訓みすることも。

糸毛車　いとげぐるま　単に糸車ともいう。牛車《ぎっしゃ》の車箱を、色染めのより糸で覆って飾ったもの。前後の眉の下に庇《ひさし》がついている。内親王、更衣《こうい》の乗物。

寂（最）迫　いとせめて　つよく、ものを思うこと。

糸　所　いとどころ　中務省縫殿寮の別所で、平安中期から采女町《うねめまち》の北にあった。別当・預《あずかり》・女孺《にょうじゅ》・刀自《とじ》・官人代が置かれた。糸また五月五日の薬玉《くすだま》を作った。

営　いとなむ　「いそぐ」とも訓む。忙しく物事を行う。

暇　明　いとまあき　ひまになること。

暇　文　いとまぶみ　休暇や辞職を願い出る文書。

田　舎　いなか　①都に対してそれ以外の地をいう。②幕府法に対して在地の法を田舎の大法と呼ぶ。③室町時代、奈良では岩井河以南を田舎と称した。④諸山（寺院）と田舎を対比させた用法もある。俗界のことをいうか。

田舎市　いなかいち　例えば、奈良の市に対してそれ以外の地方の市。平安末期、大和国南郷荘の荘官が鰹《かつお》を購入しようとしたが、「田舎市ニハ凡出候《およそいでそお》らわざる也」と弁解している。

〈文献〉阿部猛『日本荘園成立史の研究』雄山閣。

田舎おたる　いなかおたる　濁り酒をいう女房詞《ことば》。⇒田舎九献《いなかくこん》

田舎九献　いなかくこん　濁酒、ドブロクのこと。九献とは酒のこと。⇒一献《いっこん》

田舎の大法　いなかのたいほう　幕府法に対して在地の法をいう、また在地の慣習。田舎の習《ならい》ともいう。

〈文献〉佐藤和彦『日本中世の内乱と民衆運動』校倉書房。

田舎間　いなかま　尺度の基準寸法。一間＝六尺三寸の京間《きょうま》に対して一間＝六尺の制をいう。

田舎目　いなかめ　⇒京目《きょうめ》

田舎者　いなかもの　都以外は田舎で、その住人。中世以来の用語で、貴族的な知識・教養を欠く人という軽蔑した言い方である。

田舎渡　いなかわたらい　①田舎へ行って生活すること。②行商人などが田舎まわりをすること。

稲　木　いなき　⇒稲機《いなばた》

稲　倉　いなぐら　刈取った稲を収納する倉庫。掘立柱高床《ほったてばしらたかゆか》の倉庫が普通であった。

いなご　稲子、蝗の字を宛てるが、ふつうはバッタ科のイナゴ類を指す。しかし、わが国で古代・中世に蝗の字を用いたと

きは稲の害虫の総称で、とくにウンカ類のこと。

稲　敷　いなしき　①わらを敷くこと、またその場所。②田舎《いなか》のこと。

稲舂歌　いなつきうた　大嘗祭《だいじょうさい》のとき、舂女《つきめ》が新穀を舂きながら歌ううた。

稲舂女　いなつきめ　大嘗祭《だいじょうさい》に神に供える稲を舂《つ》く女。

稲　機　いなばた　刈取った稲を乾燥させる装置。承和八年（八四一）大和国宇陀《うだ》郡の農民が考案したものという。稲木も同じ。⇓ハテ

稲　虫　いなむし　稲の害虫の総称。

稲荷祭　いなりまつり　京都伏見稲荷大社の祭で、三月中午《なかのうま》の日から四月上卯《かみのう》の日に至る。もとは御霊会《ごりょうえ》であったが、一一世紀には華美な盛儀となった。⇓御霊会

犬追物　いぬおうもの　中世武士の射芸の一つで、犬を追物射《おものい》にすること。一三世紀初めの史料に所見。室町時代には、射手三六騎が犬一五〇匹を射た。馬場の内部に設けた縄囲い内で犬を射た。応仁乱後中絶したが江戸時代に復活した。

犬頭糸　いぬがしらのいと　三河国から貢進された調の白糸。三河国の郡司の妻が飼う蚕を食べた犬の死骸を桑の根もとに埋めたところ、その桑で育った蚕が雪のような白糸を吐いたという説話に基づく。

犬　狩　いぬがり　仏神事のない日、休日、物忌の日などに、禁中の野犬を捕らえる行事。

犬神人　いぬじにん　中世、畿内の大社に隷属していた下級の神人。とくに祇園社《ぎおんしゃ》の犬神人が著名。社内の清掃、葬送、埋葬、警固・警察機能を持ち、弓矢の製造を行い弦売僧《つるめそう》と呼ばれた。⇓神人《じにん》
〈文献〉黒田日出男『境界の中世　象徴の中世』東京大学出版会。

犬　行　いぬばしり　犬走とも書く。築地《ついじ》などの基部とその外側の溝の間にある細長い平地部分。平安京の朱雀大路《すざくおおじ》では一丈五尺、大路五尺、小路三尺。宮城大垣四面では三丈六尺五寸とし、犬行を中国風に壖地《ぜんち》と呼ぶが、これは宮殿にそった空地の意。

異年号　いねんごう　⇓私年号《しねんごう》

委　納　いのう　官物《かんもつ》（米）を倉庫に積み納めること。

射　遺　いのこし　正月十七日の射礼《じゃらい》に遅参したり出席できなかった六衛府官人が翌日改めて射る行事。射遺の儀が終了すると弓場で賭射《のりゆみ》が行われた。⇓射礼・賭射

亥子餅　いのこもち　旧暦十月の上の亥《い》の日に内蔵寮が餅を進める儀があり、この日餅をたべると万病を除くといわれた。古代中国の俗信に基づくもので、わが国の民間で、赤子が生まれてから五〇日めに餅を含ませる行事（五十日餅《いかのもち》）があり、子孫繁栄を祈る意があったとされる。また、農村では亥子は田の神として信仰され、この日は収穫祭にも当たった。⇓五十日餅
〈文献〉山中裕『平安朝の年中行事』塙書房。

猪　いのしし　単に「い」また「しし」とも。農作物を荒らすので、餅をついて亥《い》の神さまをまつる。肉が美味なので狩猟の対象となった。

衣　鉢　いはつ　「いはち」とも。①師の僧から弟子に伝える袈裟《けさ》と鉢。②師から弟子に伝える学問の奥義。一般に「衣鉢をつぐ」といえば、前人の事業・行跡などをうけつぐこと。

射場殿　いばどの　古代、射礼《じゃらい》、賭射《のりゆみ》、馬《うま》射《ゆみ》などの射芸を天皇が見るために出御した殿舎。平安京では、初期には豊楽殿、武徳殿がその場であったが、承和元年（八三四）に内裏に射場が設けられ、射場

殿は紫宸殿西方にしつらえられた。弓場殿とも。

射場始 いばはじめ　天皇が弓場殿《いばどの》に出御して公卿以下の賭射《のりゆみ》を見る儀式。弓場始《いばはじめ》とも。ふつうは十月五日。但し十一月・十二月に行われたこともある。「年中行事絵巻」に描かれている。南北朝時代には廃絶したらしい。⇒賭射《のりゆみ》

異筆 いひつ　文書などに、他人が書き入れた部分。筆蹟が異なり判明する。

位封 いふう　律令制下、位階に応じて給与された封戸《ふこ》。親王の品階《ほんかい》に応ずるものは品封《ほんぷ》という。親王は一品から無品まで、位階は正一位から従四位下まで。受給者は、封戸の出す租の半分と調・庸・仕丁の全部を収得する。

〈文献〉時野谷滋『律令封禄制度史の研究』吉川弘文館。

		令制	慶雲三年制	延喜式制	拾芥抄
品封	一品	800戸	800戸	800戸	600戸
	二品	600	600	600	450
	三品	400	400	400	300
	四品	300	300	300	225
	無品			200	150
位封	正一位	300	600	300	225
	従一位	260	500	260	195
	正二位	200	350	200	150
	従二位	170	300	170	128
	正三位	130	250	130	98
	従三位	100	200	100	75
	正四位	(位禄)	100	(位禄)	
	従四位	(位禄)	80	(位禄)	

不審 いぶかし　①不明な点をはっきりさせたい気持をあらわす。②疑わしい、不審に思われる。

井奉行 いぶぎょう　⇒水配役《みずくばりやく》

いぶせし　①心がはればれしない、うっとうしい。②気にかかる。③不快だ。④貧しく、むさくるしい。

以聞 いぶん　奏上する、申しあげるの意。⇒聞道《きくならく》

位分資人 いぶんとねり　令制下、五位以上の諸王・諸臣に、位階に応じて与えられた帳内・資人。主人の警護や雑役に従事した。帳内・資人は外八位以下の子および庶人から選ばれた。官職に応じて給与されたのは職分資人。⇒舎人《とねり》

品・位	帳内・資人
一品	160人
二品	140
三品	120
四品	100
一位	100
二位	80
三位	60
正四位	40
従四位	35
正五位	25
従五位	20
外正五位	5
外従五位	4

已分解由 いぶんのげゆ　古代、国司交替時に、任中雑怠あるにもかかわらず、已分差分（過去の欠分）を補塡した場合に発行される解由状。

〈文献〉阿部猛『北山抄注解 巻十 吏途指南』東京堂出版。

位袍 いほう　公家の束帯や衣冠などの装束で、いちばん上に着る表衣《うえのきぬ》を袍という。上衣《うわぎ》である。位階によって色がきまっていた。その位階相当の色に染めた袍。

違犯 いぼん　定め、きまりにそむく、法を犯すこと。「若有二違犯之輩一者」など用いる。

今在家 いまざいけ　新《いま》在家とも書く。脇在家も同じ。⇒在家《ざいけ》

いましめ状 いましめじょう　罪を犯して刑罰をうける当事者が、処罰されることに異議のないことを誓約した文書。いましめとは刑罰、禁固、警策の意。

〈文献〉網野善彦ほか『中世の罪と罰』東京大学出版会。

今神明 いましんめい　⇒神明社《しんめいしゃ》

坐 います　在も同じ。①いらっしゃる。

②所有をあらわす「あり」の尊敬語。「おありになる」。③行く、来るの尊敬語。

今　銭　いません　輸入または新しく鋳造したばかりの銭。

今内裏　いまだいり　⇒里内裏《さとだいり》

今道心　いまどうしん　仏道に入ったばかりの人。青道心、新発意《しんぼち》ともいう。

于レ今　いまに　現在に至るまで。いまになってもなお。「于レ今難二心得一」と用いる。

今参り　いままいり　①新参者《しんざんもの》。②新参者として組織に加わること、新たに出仕すること。

今宮供御人　いまみやくごにん　摂津国津江御厨《みず》の今宮浜を本拠とする贄人《にえひと》で、御厨子所《しどころ》の供御人となった。広田社神人《じじん》、祇園社《ぎおんしゃ》大宮駕輿丁《がよちょう》を兼ね、特権を保証されて生魚・貝の交易に従事した。

〈文献〉網野善彦『日本中世の非農業民と天皇』岩波書店。

今宮祭　いまみやまつり　京都紫野の今宮神社の祭礼。長保三年（一〇〇一）現在地で御霊会《ごりようえ》が行われたのに始まる。一二世紀半ば花を依代《よりしろ》として疫神を鎮める夜須礼《やすらい》が行われ、同末期には鎮花祭として定着した。

今　様　いまよう　①当世風《ふう》の意。「何事も古き世のみぞしたはしき。今やうは無下《むげ》にいやしくこそ成ゆくめれ」と用いる。②今様歌の略。当時の流行歌。

忌　詞　いみことば　①宗教上または不吉な意味を連想させるので忌みつつしんで使わない言葉。②①のかわりに使う言葉。例えば斎宮で仏のことを中子《なかご》といい、経《きよう》を染紙、病をやすみ、血を汗《あせ》などという。

井　溝　いみぞ　水門から取水された用水が水田に導入されるまでの間の水路のこと。

忌　違　いみたがえ　物忌をしないですませるために、その間他家へ泊《とま》りにいくこと。方違《かたたがえ》の一種。

忌　月　いみづき　斎月とも書く。①仏教でいう三長斎月《ちようさいづき》のこと。正月・五月・九月で、持斎の者は昼以後食事を摂《と》らない。②心身を忌み慎しむ月で、正月・五月・九月の称となる。⇒斎月《さいづき》

諱　いみな　①死後にその人を尊んでつけた諡《おくりな》。②実名のこと。実名を他人に秘し、名乗らず、書くことも避けられた。実名は訓読された。平安時代には諱のほか通称・幼名が現れた。熊谷直実《くまがいなおざね》は、「熊谷（家名）二郎（通称）平（氏の名）直実（諱）」といわれる。

忌火御飯　いみびのごはん　神事に先立って食される清浄な御飯。斎火で炊いた斎み清めた御飯。神今食《かむいまけ》（六月・十二月）、新嘗祭（十一月）を行う月の朔日、宮内省内膳司から天皇に供した。

忌火屋女　いみびやめ　清浄な火をおこし、神饌を調理する女子。伊勢神宮では物忌と称した。

忌　服　いみぶく　一定の期間、喪《も》に服して家にひきこもること。また喪中に着る衣服。「いみぶく」は「きぶく」の湯桶読み。

射　目　いめ　狩猟で獲物《えもの》を待伏せて射るために、身をかくしておくところ。「射目を立てる」という。

薯蕷粥　いもがゆ　芋粥とも。うすく切った薯蕷をまぜて米を軟らかく炊《た》いたもの。甘葛煎《あまずらせん》で甘味を加えることもある。大臣大饗《だいきよう》・御斎会始《ごさいえはじめ》・内論義《ないろんぎ》・五節殿上饗《ごせちてんじようあえ》・御仏名《ごぶつみよう》などで食べた。⇒甘葛《あまずら》

鋳物師　いもじ　鉄・銅の鋳造を行う職人。貴族や寺社の工房に属し、また国衙や荘園政所、地頭領主に属して武器・農具を作り、一般の需要に応じて鍋・釜や鍬・

鋤などを作った。蔵人所《くろうどどころ》の供御人《くごにん》として特権を持ち製造・販売する者、寺社の権威を背景に座を結び独占権を主張する者もあった。
〈文献〉網野善彦『日本中世の非農業民と天皇』岩波書店。

井守 いもり ⇒池司《いけし》

彌書 いやがき 同じことを、また再び書くこと。

居屋敷 いやしき 主人がつねに居住する屋敷のこと、上屋敷。

礼代 いやしろ 礼白とも書く。相手に敬意を表して賜わる礼物のこと。

伊予紙 いよがみ 伊予国で生産された手《て》漉《す》き和紙、厚手の仙貨紙。天正年間（一五七三〜九二）に始まるという。

伊予簾 いよすだれ 伊予国浮穴《うきあな》郡産の上質のすだれ。細い篠を使用した。

以（已）来 いらい ⇒このかた・よりこのかた

いらいら ①とげが沢山出ているさま。②皮膚がちくちくする感じ。鎌倉時代からの用語であるが、のち感情がたかぶってじりじりするさまをあらわす語となった。

応 いらう 答も同じ。返事をする。「いとはづかしと思ひて、いらへもせでゐたるを」などと用いる。

借 いらう 物を借りるの意。「いらす」は「貸《いら》す」で貸すこと。⇒貸《いらす》

甍 いらか ①屋根のいちばん高いところ、棟瓦《むねがわら》。②屋根に葺《ふ》いた瓦のこと。

為楽 いらく ①本当の楽しみ。②浄土往生を願うこと。

意楽 いらく 「いぎょう」と読むかともいう。自分の好みどおりにして楽しむこと。

貸 いらす 貸しつける。貸稲《いらしのいね》すなわち出《すい》挙《こ》稲。

違乱 いらん 違濫とも書く。きまりに反し秩序を乱すこと。他人の意見に異議を唱えること。『日葡辞書』は「タガイ、ミダル」とする。

圦 いり 水の出入を調節するために池の堤に埋めた樋《とい》。⇒埋樋《うずみひ》

魞 いり 川や湖で、魚を捕らえるために、竹簀などを渦巻状に立てめぐらした装置。

入会 いりあい 入相とも書く。同一の場所、地域を複数の人または村が利用し得分をうること。とくに山野の利用についていう。中世・近世を通じて入会地をめぐる紛争は絶えなかった。入会の語の初見は天文五年（一五三六）の伊達氏の「塵芥集」である。

入相 いりあい ①太陽の沈む頃、日没のこと。②入相の鐘の略、日没のとき合図にうつ寺の鐘のこと。

入足 いりあし ①足は銭《ぜこ》のこと。費用を意味し、足を入れる、すなわち、ある収入を別項目に繰り入れること。②和船の喫水《きっすい》のこと。水中にある船体の深さ。

入綾 いりあや 入舞《いりまい》ともいう。舞楽が終わって舞人が退出するときの作法。退場するとき、いったん御前に引き返してから、改めて舞いながら楽屋に戻ること。

入貝 いりがい 軍勢の退却のときの合図の法螺《ほら》貝《がい》のこと。

入門 いりかど 入廉とも書く。中世の裁判手続に関する語。中世の裁判手続きには(1)「入二理非一」と、(2)入門のふたつがあったという。(1)は証文と証言によって立証され、実質的な制度と手続きに裏うちされた裁断。(2)は実質審理を省略した理不尽な正邪の判断。鎌倉幕府の裁判では理非を究める姿勢は主流ではなく、理非を論ぜずとする論理が主流を占めた。すなわち、裁判が政治に従属せしめられていたのであるという。これに対して、

一方ないし双方から提示された論点のうち肝要と認められる論点について、一般性をもった規範の存在を前提として即座に判決を下し、それがなしえないときは「入二理非一」る手続きに移るとする理解がある。
〈文献〉笠松宏至『日本中世法史論』東京大学出版会。新田一郎『日本中世の社会と法』東京大学出版会。

入込 いりこみ 「いりごみ」とも読む。①複数の商人が売場を共有すること。②入会《いりあい》のこと。⇒入会

入籠 いりこもる ①ひきこもる。②宮仕えしないで（出仕しないで）家にこもる。

入作 いりさく ⇒出作《でさく》

入立 いりたち 簾中《れんちゅう》入立ともいう。一般には出入りすることをいう。①日頃親しく出入りする者。②直衣《のうし》を着して清涼《せいりょう》殿《でん》の台盤所《だいばんどころ》へ出入りを許された男子のこと。台盤は食器類をのせる脚付きの台で、台盤所は女房の詰所で台所に当たる場所。

入浜塩田 いりはまえんでん 塩田での製塩法のひとつ。満潮時、水路によって海水を塩田に導入する仕組みをとるもの。これ以前の揚浜式《あげはましき》は、人が海水を汲んで塩田に撒布していた。入浜式は近世になって普及した。⇒揚浜塩田《あげはまえんでん》

圦樋 いりひ 水を引入れたり吐《は》き出したりするために水門に設けた樋《とい》、樋口。

入目 いりめ 必要とする費用、入費。

井料 いりょう ①領主が管理する灌漑施設（井堰・溝・堀）を利用する農民が払う使用料。②灌漑施設の保守、修築に農民を使役したとき、領主が支払う米・銭。
〈文献〉宝月圭吾『中世灌漑史の研究』吉川弘文館。

井料銭 いりょうせん 井料《いりょう》として支給する銭貨。⇒井料

井料田 いりょうでん 井料《いりょう》に宛てるための米（井料米）を生産する田地。⇒井料

井料米 いりょうまい ⇒井料《いりょう》

彝倫 いりん 彝は常、倫は道で、人の守るべき道。

異類異形 いるいいぎょう 種類・形状がふつうとは異なっているさま。「不可思議の異類異形の法師」などという。
〈文献〉網野善彦『異形の王権』平凡社。

違例 いれい ①先例に違うこと、前例のないこと、珍しいこと。②身体の状態がいつもと違うことで、貴人の病気を「御違例」という。

入質 いれじち 貸借契約の際に、担保物権（質《しち》）の占有を債権者に引渡すこと。⇒質

入立 いれたて 立て替えること、弁償すること。「彼敷地土貢以外減少、代官得分無レ之、結句為二入立之式一之間、可二上表申一之由」と用いる。

位列 いれつ 座《ざ》次《なみ》、席位の順序、位階や身分の上下による座席の順序のこと。

入流 いれながれ いわゆる質流れのこと。借金を返済できないとき、担保物権を債権者に渡すこと。

入紐 いれひも 束帯の袍や直衣・狩衣の首紙をとめる紐。首紙（頸上）は首の周囲をめぐらす領《えり》のこと。

入札 いれふだ 入簡《いれふだ》とも書く。投票による意思決定法。寺院の集会《しゅうえ》や連歌会《れんがえ》、一揆、憑支《たのもし》（頼母子）などの場での多数決方式による意思決定に用いられた。犯人を特定する落書起請《らくしょきしょう》も入札によった。これは一種の密告制度で、所により明治初期まで行われた。⇒落書起請

倚廬 いろ 天皇が父母の死に際して喪《も》に服している際にこもる仮殿。服喪の期間は一年。もと中国の制で、わが国では平安初期に始まる。

綺 いろい　綺とも書く。関与・干渉・手出し・反抗などの意。所領支配に対する実力による侵害、押領《おうりょう》などをさすことが多い。動詞として「いろう」と用いる。「年来《としごろ》進止の地に於ては、武家一向其の綺を止むべく候」と用いる。

位禄 いろく　律令官人給与のひとつ。五位以上の貴族に、位階に応じて絁《あしぎぬ》その他の禄を賜わる。一位～三位の者には位《い》封《ふう》を賜わる。令制により四位・五位に賜わる禄は〈表〉の如くである。

位禄

	正四位	従四位	正五位	従五位
絁（匹）	10	8	6	4
綿（屯）	10	8	6	4
布（端）	50	43	36	29
庸布（常）	360	300	240	180

色好 いろごのみ　①女性との交情にふけること。情事にまつわる情趣をよく解すること、またその人。②風流・風雅に理解のあること、またその人。

色好懸 いろごのみかかる　好色の心がおこること。「平中此れを見て、色好み懸りて仮借《けそう》しけるに」と用いる。

色差 いろざし　①物の色あい。②顔の色つや。③筆で色をつけること。④友禅に彩色をほどこすこと。

色成 いろなし　「いろなり」とも。中世後期、東海地方で見られた。名田の一部が売買・寄進されたとき、田地を入手した者が本名《ほんみょう》・親名に対して納める米銭。段別に二〇～一〇〇文、または年貢の一割ていど。
〈文献〉重松明久「名主層の封建支配に関する試論」（『名古屋大学文学部研究論集』XIV）。

色目 いろめ　①色あい、色の調子。②衣服や調度類などに用いられる布・紙の色あいのこと。③動作、そぶり、様子。

色めく いろめく　①色好みに見える、なまめかしく振舞う。②色美しく輝く。③調子づく、活気づく。④戦いに敗れる様子が見え始める。

いろり　囲炉裏などと書く。土間《どま》や床の一部に設けた炉《ろ》のこと。はじめは土間地面に作られ地炉《じろ》と称した。古くは「ひたき」「じかろ」などともいった。

露レ色 いろをあらわす　反乱のきざしを見せる。

失レ色 いろをうしなう　驚き恐れて顔色が青くなる。意外な事態にどうしたらよいかわからない状態。

立レ色 いろをたつ　叛《そむ》く、怒《いか》る。

色を付ける いろをつける　①相手に温情を示す。②祝儀を出す。③値引きする。

偁 いわく　曰・言に同じ。言う、言うことには。

岩国半紙 いわくにはんし　江戸時代おもに関西で評判を得た周防国岩国地方産の半紙。戦国期から作られはじめたという。

石清水放生会 いわしみずほうじょうえ　石清水八幡宮で例祭として旧暦八月十五日に行われる放生会。九世紀半ばに始まった。放生会は、鳥や魚など生物を池や野に放つ法会。

石清水臨時祭 いわしみずりんじさい　三月中午《なかのうま》の日に、勅使が遣わされて行われる石清水八幡宮の祭礼。一〇世紀半ばに始まる。宝祚《ほうそ》（天子の位《くらい》）の長久を願う天皇個人の祭である。

岩茸 いわたけ　深山の岩石上に生える円形扁平なきのこ。直径五～二〇センチメートル。食用となる。

所謂 いわゆる　①その内容は、すなわちこれこれ、の意で用いる。②世間一般にいわれている、一般にそうたとえられているの意。

謂 いわれ　所謂《いわれ》とも書く。①物事の由緒《ゆいしょ》、由来《ゆらい》。②物事のもととなる根拠、因縁、理由。「無レ謂」といえば、理由がない、根拠がないの意。

不レ謂 いわれぬ　①筋の通らない、無茶なの意。②よけいな、無用のこと。

院 いん　①太上天皇（上皇）の別称。複数の院がいるときは、退位の順に、本院（一院）・中院・新院と呼ぶ。平安末期に院庁政治が行われると、院は治天之君と考えられ「天皇如二春宮《とうぐう》一」といわれた。②八世紀末に郡家以外に正税を収納するために郡に設けられた倉院。のちその収税領域をさすようになった。九州の入来《いりき》院、紀伊の三上院《みかみのいん》など。郡・郷・荘とならぶ支配の単位となり、実質は荘園に異ならない。

〈文献〉阿部猛『中世日本荘園史の研究』大原新生社。

淫雨 いんう　降り続く長雨のこと。

院宇 いんう　垣をめぐらした家屋の意で、公の建造物をいう。

印可 いんか　許可《こか》ともいう。①密教で、法流の一流伝授をするとき、秘法を許可すること、印可灌頂《かんじょう》のこと。②武道・芸道などの免許状。

員外官 いんがいかん　令の規定の定員をこえて置かれた官職。養老二年（七一八）以後所見し、当初は事務繁忙のため置かれたが、公廨稲《くげとう》を得るための員外国司が増加した。宝亀五年（七七四）に員外国司、天応元年（七八一）に内外文武員外官の廃止が令せられた。しかしその後は、権官《ごんかん》が置かれるようになり、員外官の実質は継続した。⇒公廨稲・権官

引勘 いんかん　文書・資料などを参照・勘案すること。

院勘 いんかん　上皇・法皇のご機嫌を損ねて譴責・処罰されること。

引級 いんぎゅう　「いんきゅう」とも読む。引汲とも書く。ひきあげて授けるの意。加担する、ひいきする、訴訟のとき弁護するの意。

隠居 いんきょ　①世の煩わしさを避けて閑静な所へひきこもること。②官を辞して世間《せけん》の立場から身を引くこと。③家《か》督《とく》を譲って身を引くこと。

隠居分 いんきょぶん　①家長が生前にその地位を譲り隠退した場合、家産・所領の一部を保持し、これを隠居分と呼んだ。このような隠居の語は一四世紀から始まる。②平安時代、官を辞すること、致仕《ちし》と同義に用いられた。③江戸時代、幕府が刑罰の一種として武士に隠居を命ずることがあった。

〈文献〉中田薫『法制史論集　一』岩波書店。

院宮 いんぐう　院、女院および、これに準ずる中宮・斎宮、院と三宮（三后＝太皇太后宮・皇太后宮・皇后の総称）。

院宮臨時客 いんぐうのりんじきゃく　正月二日、院・後宮・東宮で親王・群臣を饗応する行事。

院宮分国 いんぐうぶんこく　上皇・女院・中宮・東宮・斎院などに経済的収益を得させるために指定された国のこと。分国を得た上皇らは、近臣・院司《いんじ》らを国司に推挙し、分国からの公納物の一部を収入とした。延喜八年（九〇八）信濃国を宇多上皇の分国に宛てたのに始まる。分国主と分国の関係が固定化すると一種の私領のごとくなり、荘園化していった。

〈文献〉時野谷滋『律令封禄制度史の研究』吉川弘文館。

院蔵人 いんくろうど　院の御所に仕える蔵

人。五位・六位の者。人数は大略四人。

院家 いんげ　貴族出身の僧侶。またその止住する寺を称する。

引検 いんけん　ひきくらべて調べる。「宮司参二弓場殿一可レ申レ慶事、案二事情一必可レ侍事也、而引二検度日記一、件事不レ注レ侍」と用いる。

隠語 いんご　①特定の社会の中でのみ通用する言葉、かくし言葉ともいう。②文字の謎《なぞ》、判じ物をいう。

院号 いんごう　①上皇や在位中に没した天皇或いは女院につける尊称。嵯峨院、東三条院のように。②臣下・武将・僧侶などの建立した寺院の称号。鹿苑院、法興院など。

淫祀 いんし　邪神を祀ること。古代国家は民衆の淫祀を警戒したが、民衆の熱狂的信仰が反体制運動へたかまることを恐れたのである。志多羅神《しだらがみ》や御霊神信仰《ごりょうしんこう》はよく知られている。

院使 いんし　①院家《いんげ》の使者。②院の庁、女院の庁の使。⇒院家

院司 いんじ　上皇に仕えて院中の庶務を掌る職員の総称。別当《べっとう》・判官代《ほうがんだい》・主典《さかん》代《だい》が置かれた。他に、上皇側近として殿上人・蔵人・非蔵人《ひくろうど》がおり、院庁の各機関に属して職務を分担するものとして、別納所・主殿所・掃部所・召次所・仕所・御服所・御厨子所・進物所・薬所・文殿・御厩があり、武力として御随身所・武者所・北面があった。

〈文献〉吉村茂樹『院政』至文堂。

院事 いんじ　上皇の用のために全国的に賦課する税。「院事勅事」と連称されることが多い。

印璽 いんじ　内印《ないいん》と外印《げいん》の総称。内印（天皇の印）は璽、外印（太政官印）は印。前者は方二寸九分、後者は方二寸五分（曲尺）の鋳銅印である。

印地打 いんじうち　石打ち、石合戦のこと。もとは、綱引きなどと同様の、吉凶を占うムラ対抗の年中行事のひとつであったらしい。平安前期から記録に見える。京の祭礼、神人《じにん》・僧兵の嗷訴《ごうそ》の際などにも打たれた。合戦にも用いられ、『太平記』にもしばしば登場する。

〈文献〉網野善彦『異形の王権』平凡社。

隠者 いんじゃ　俗世を離れて山中などに隠れ住む者で、世捨人《よすてびと》、遁世者《とんせいしゃ》ともいう。平安時代以降、教団寺院から離れて静かな修行の場を求める者が多くなった。

院主 いんじゅ　①寺院の住持、住職。②禅宗寺院の監主《かんす》の旧称。衆僧を監督する役僧。

因准 いんじゅん　先例などに拠りしたがうこと。大略同意の語に因循がある。因はよる、循は従うの意。旧い慣わしなどにこだわり改革をしないこと。

印章 いんしょう　木・石・角などに文字や模様を刻み、印肉をつけて捺《お》す。天皇御璽・太政官印・八省の印・国印・郡印・寺院・個人の印に至るまで多様であるが、室町時代から、判（花押）のかわりに印を捺することが始まり、戦国時代に急速に広まった。

〈文献〉荻野三七彦『印章』吉川弘文館。

引接 いんじょう　阿弥陀《あみだ》や菩薩《ぼさつ》が念仏の人の臨終にあらわれて浄土に導くこと。

引唱 いんじょう　令制で、考選人を並べておいて成績を唱え聞かせる行事。毎年の勤務評定では、考人を式部省・兵部省に集め、出勤日数・勤務状態、成績を示した。また叙位では、長上官を太政官、番上官を式・兵二省、諸国郡司、外散位は国府で引唱した。

飲水病 いんすいびょう　渇きを訴え、水を飲み、やせていく病気。今日の糖尿病に当たる。藤原道長、同道隆らはこの病気

であった。

印子金 いんすきん　江戸時代、慶長頃以来中国から舶載された純度の高い金塊。

院宣 いんぜん　上皇の命令を院司《いんじ》が受けて出す奉書様式の文書。

印伝 いんでん　ポルトガル語の indian、オランダ語の indiën、インド伝来の意として印伝の字を宛てた。羊・鹿のなめし革。藍模様を型染めしたり、漆を引いて模様をつけたりして袋物に用いる。江戸時代から、甲州印伝が名高い。〈文献〉網野善彦『中世民衆の生業と技術』東京大学出版会。

引頭 いんどう　①法会のとき、僧を先導する役。②大工の小頭。

隠遁 いんとん　俗世をのがれて山中などに隠れ住むこと。静かな環境に心の安隠を求め、閑所に草庵を結ぶ者があった。〈文献〉佐藤正英『隠遁の思想』東京大学出版会。

院厩 いんのうまや　上皇の御所の牛馬飼育所（御厩《みうまや》）を総管する役所のこと。別当・案主・舎人・居飼等の職員がいた。別当は院別当が兼ねることが多かった。案主は帳簿を掌り、舎人は牛馬を取扱い、居飼は牛馬の飼育に当たった。

院近臣 いんのきんしん　院政期の院の側近。多くは中流以下の貴族層で、いわゆる受領《ずりょう》層に属する者が多かった。かれらは院司《いんじ》として院を支え、院庁政権の政治的・経済的な支柱となった。〈文献〉林屋辰三郎『古代国家の解体』東京大学出版会。五味文彦『院政期の社会の研究』山川出版社。

院蔵人 いんのくろうど　上皇・女院の院司。天皇譲位後、六位蔵人のうち判官代に補されない者を院蔵人とする。人員は四人。

院主典代 いんのしゅてんだい　上皇・女院の院司。別当・判官代の下で、文書・記録の作成・考勘のことを掌る。太政官の下級官人が任命される例が多い。

院昇殿 いんのしょうでん　院の殿上に昇ること。これを許された者を院殿上人《いんのてんじょうびと》と呼ぶ。一〇世紀半ばに初見。寛治七年（一〇九三）の院殿上人は七四人であった。

院庁官 いんのちょうかん　院庁の下級官人。六位の官人で公文・院掌の総称。公文は文書を扱い、院掌は公文とともに庶務を掌る。

院庁下文 いんのちょうくだしぶみ　上皇・女院の院庁から発せられた下文様式の文書。元来は私的なものであったが、院政期には国政に関しても発せられた。

院年預 いんのねんよ　年預別当ともいう。院中の庶務を総轄した。四位か五位の別当一人を選任した。

院拝礼 いんのはいれい　正月初めに摂関以下公卿・殿上人が院に参って庭上に列立し上皇に拝礼する行事で、内裏の小朝拝《こちょうばい》に相当する。

院評定 いんのひょうじょう　治世の院（上皇）の院中での議定。院政が進展すると陣座《じんのざ》や殿上の議定は実質を失い、国政審議の場は院中にうつった。

院文殿 いんのふどの　院の中で文事を掌った所。諸道の博士、外記《げき》、史を置いて衆《しゅう》、寄人《よりうど》と称した。鎌倉中期に後嵯峨上皇が政務を親裁すると訴訟を扱う機関となり、南北朝時代、北朝では院政が行われると、訴訟・議事を扱う重要な組織となった。

院別当 いんのべっとう　上皇・女院に仕える院司のうち院務を統轄する者。九世紀前半に初見し、院政期には公卿別当八人、四位別当一一人の例もあって、人員も多くなった。

院御随身 いんのみずいじん　上皇の護衛、儀仗に当たる近衛府《このえふ》の官人。白河上皇のとき、左右の将曹《しょうそう》・府生《ふしょう》・番長《ばんちょう》各一名、近衛各三名の計一二名となり、これが常例となった。

印　判　いんばん　判（花押）のかわりに捺した印章。印判を捺した印判状は戦国時代に普及した。

印判状　いんばんじょう　⇒印判《いんばん》

印　櫃　いんびつ　印を入れて置く唐櫃《からびつ》。『台記』別記所載のものは、朱漆塗で鉄鎖がついており、一尺一寸三分×八寸五分×五寸八分の規模で、板の厚さは二分と見える。

殷富門　いんぷもん　平安京外郭十二門のひとつ、西面南より第三の門。門内に右近衛府があり、西近衛御門ともいった。弘仁九年（八一八）の門号改正以前は伊福《いおき》部門《べもん》と称した。

院分国　いんぶんこく　上皇の分国のこと。⇒知行国

院判官代　いんほうがんだい　上皇・女院に仕える院司のうち、院中の実務を扱い公文に署判する。もと六位蔵人を任じたが、執政の上皇の場合は、五位・四位の判官代も置かれた。

員　米　いんまい　⇒かずまい

院免荘　いんめんしょう　院庁牒、院庁下文によって官物・雑事を免除された荘園。⇒院庁下文《いんちょうのくだしぶみ》

隠文帯　いんもんのおび　束帯に使用する帯の一種で、帯の銙《か》に線刻の毛彫りを施したもの。

印　鑰　いんやく　印鎰とも書く。①印判のこと。②印とかぎ。天皇の印と諸司の蔵《くら》のかぎ。③官司の長官の印と城門や蔵のかぎ。

印鑰神社　いんやくじんじゃ　国の印鑰を祀った神社。印鑰は国印と官倉の鑰《かぎ》。印鑰は国司の権威の象徴であった。国府の近くに建立されることが多かった。

院　領　いんりょう　院（上皇・法皇）の統轄する皇室領（国衙領と荘園）。寺社領が多い。

陰　暦　いんれき　①月の満ちかけを主とし、太陽の運行をあわせ考えて作った暦。太陰太陽暦で、わが国の旧暦、ユダヤ暦、中国暦はこれである。②月を基にして作ったイスラム暦。太陰暦という。

う

宇　う　建物をかぞえるのに用いる単位。もとは、のき、屋根のこと。「在家一宇」などと用いる。

竽　う　雅楽の大型の笙《しょう》。笙より一オクターブ低い。中国伝来の楽器で、平安中期には廃れた。

卯　う　十二支の四番め、卯の日。わが国では卯を兎《うさぎ》に当てる。

初　冠　ういこうぶり　①初めて五位に任ぜられること。②元服して冠をつけること。

初　参　ういざん　主従関係を結ぶに当たって、従者となる者が初めて主人にまみえる儀式。主従関係を結ぶに当たっては名簿《みょうぶ》を捧げる慣《なら》わしがあった。⇒名簿

初　陣　ういじん　初めて戦いに参加すること。

外　郎　ういろう　①もとは元《げん》の礼部員外《れいほういんがいの》郎《ろう》。室町時代に帰化した陳宗敬の立てた家名。医薬を業とした。②外郎家が小田原北条氏の氏綱に献じた丸薬。

上　口　うえくち　①貴顕の人、自分が仕えている主人も含めて、一般に身分の高い人。②上段の間《ま》、貴顕の人が出入りするところ。

上　様　うえさま　①貴人を尊んで呼ぶ。②天皇、将軍。③主人。

上姿 うえすがた ①直衣《のうし》を着た姿。②殿上にいるときの姿。「上姿可レ参之由有レ仰、即令二退出一改二衣裳直衣一参内」と用いる。⇒直衣

殖田 うえだ 植田とも書く。田植の終わった水田。

上局 うえつぼね ①身分の高い人の居間の近くに置かれた女房の休息用の部屋。②后・女御・更衣が天皇の寝所の隣に与えられた部屋。

上頭 うえとう 荘園領主で京都に住んでいる者をいう。現地にいる地頭に対する語。

上無 うえなし ①上位の者がいない。②傍若無人の（振舞い）。〈文献〉桜井英治「上無し」（網野善彦ほか編「ことばの文化史（中世2）」）平凡社。

上御方 うえのおんかた ①正妻の居る部屋のこと。②正妻、北の方。

表衣 うえのきぬ 衣冠・束帯の正装に着る上着《うわぎ》。位階により色彩を異にする。文官は縫腋袍《ほうてきのほう》、武官は闕腋袍《けってきのほう》という。⇒闕腋袍

上雑仕 うえのぞうし 朝廷に仕える召使い、雑役に従事する下女。上雑仕女《うえのぞうしめ》。常置の職ではない。

上女房 うえのにょうぼう 天皇付きの女房で、乳母《めのと》から女蔵人《にょくろうど》まで宮中の上級女官をいう。⇒女蔵人

表袴 うえのはかま 下の袴の上に着ける。四幅《よの》の白の袴で、礼服・朝服・汗衫《かざみ》の装束に用いる。幅《の》は布や織物の基準の幅《はば》で鯨尺九寸五分（三六センチメートル）。この布四枚分の幅の布で袴を作ったのである。⇒汗衫・幅

上判官 うえのほうがん 衛門府で、検非違使判官と六位蔵人を兼帯する者。六位であるが昇殿を許されていた。

上御局 うえのみつぼね 内裏清涼殿《だいりせいりょうでん》の曹司《そうじ》のひとつ。天皇は后妃をここに召した。萩戸をはさんで二室あった。東は弘徽殿《こきでん》上御局、西は藤壺《ふじつぼ》上御局といった。⇒曹司

上召使 うえのめしつかい 召使は、平安時代に宮中や太政官で雑用に従った下級官人。天皇・皇后・女御に仕える召使を上召使といい、太政官に仕えるものを官召使といった。

上童 うえのわらわ 元服前後に昇殿をゆるされた有力貴族の子弟で、殿上童《てんじょうのわらわ》ともいう。作法見習いのために出仕していた。

植人 うえびと 田植のために雇われた者。田植の作業には集中的に多くの労働力を必要とするので、経営規模の大きい有力農民は臨時に人を雇い入れた。女の場合は植女《うえめ》という。

上人 うえびと 昇殿《しょうでん》を許された人で、四位・五位と六位の蔵人。

植女 うえめ 田植のために雇われた女。さを（お）とめ。

右衛門陣 うえもんのじん 右衛門府官人の詰所、内裏外郭門の宜秋門《ぎしゅうもん》の異称。

烏焉馬 うえんば この三文字は字形が似ているので書き誤りやすいことのたとえとして使われる。文字の誤り、写し誤り、また紛らわしいもの。烏焉とも焉馬ともいう。

魚座 うおざ 中世、魚商人の座。本所に一定の貢納義務を負うかわりに魚販売の独占権を得た。摂津国今宮の魚座衆は祇園社神人《じにん》と号して関津料免除の特権を持ち近畿一帯で生魚を販売した。

魚棚 うおだな ①魚市のこと。②魚を並べ販売する棚。

魚付の要所 うおつきのようしょ 魚がよくとれる漁場（網場）のこと。

鵜飼 うかい 飼いならした鵜を操り魚

を捕らえさせる漁法。平安時代以後、桂川・保津川・宇治川をはじめ全国の河川で鵜飼が行われてきた。鵜飼は中国でも行われている。
〈文献〉網野善彦『中世民衆の生業と技術』東京大学出版会。

伺　事　うかがいごと　室町後期、幕府奉行人が訴訟その他政務について将軍の決裁を仰ぐ手続き。従来の引付制にかわり、奉行人の合議の結果を上進し裁可を得る手続き。
〈文献〉石井良助『中世武家不動産訴訟法の研究』弘文堂書房。

右　楽　うがく　雅楽で、古代朝鮮系の音楽。中国系音楽が左楽《さがく》。⇒左楽

宇賀神　うがじん　「うかのかみ」とも。仏教で説く福神のひとつ、弁才天。また神として祀った白蛇。中世の福徳信仰の高揚により信仰を集めた。稲荷神にもつながる穀霊ともみられ、水神信仰とも結びついて現世利益をもたらすものと考えられていた。

有　官　うかん　①官職を有する者。②蔵人所の構成員のうち所衆《ところのしゅう》（二〇人）で他に本官を有する者。

有官別当　うかんのべっとう　大学寮南曹勧学院政所別当（「べとう」と訓み慣わす）の一つ。別当弁ともいう。有官とは別に本官を有すること。多く左少弁が兼帯した。弁官を兼帯しない者は無官別当といった。

浮　うき　泥《うき》、涅の字をもあてる。湿地、泥ふかい土地、沼地のこと。平安京の西半部には湿地が多かった。

盞　うき　さかずきの古称。

雨　儀　うぎ　雨雪のときに執行する朝廷の儀礼。晴儀《はれのぎ》に対する。雨雪のときは、装束および次第が変更され、また儀式執行の場所も変えられる。

浮　織　うきおり　綾織物で、文様の箇所の緯糸《よこいと》を経糸《たていと》にからますことなく緩《ゆる》く浮かせて織ったもの。

浮公事　うきくじ　中世の雑公事の一種。商売免許の札を交付する代償に納入されるもの。賦課対象とされる商売の種類や額が不定であり、年限を限って、あるいは臨時に納めるものであることから浮と冠する。
〈文献〉豊田武『増訂　中世日本商業史の研究』岩波書店。

浮郡分　うきぐんぶん　賦課対象となる田地が固定せず、郡単位で収納される公事。鎌倉時代、高野山領備後国太田荘では預所給分に浮郡分があった。
〈文献〉阿部猛『日本荘園史』大原新生社。

浮　地　うきじ　所有の定まらない土地。農民が逃亡したあとに残された土地。

浮　衆　うきしゅう　浮勢、浮備に同じか。

浮　勢　うきぜい　浮備《うきぞなえ》も同じ。戦場で本隊から離れて待機し、敵の不意をついて攻撃を仕かけたりする軍勢。遊軍。浮勢の語は『太平記』にすでに見える。

浮　備　うきぞなえ　戦国時代の用語で、遊軍のこと。合戦に際して軍勢の一部を予備軍として置き、戦いの状況に応じてこれを戦線に投入する。

浮　田　うきた　深田、泥田のこと。⇒浮《うき》

浮　名　うきな　憂名とも書く。①当人にとっては、つらい評判、うわさ。『日葡辞書』は「悪い評判」とする。②男女間の情事のうわさ。

浮　橋　うきはし　水上に筏《いかだ》を組んだり、舟を並べて橋の用としたもの。『万葉集』以来見える用語。

浮　名　うきみょう　浮とは文字どおり浮動、浮遊の意で、何事か定まらない状態をいう。公事負担者である名主が定まらない田地のことか。あるいは、一色田と同じ

ように、その年ごとに作人が定められ、所当のみを負担した雑免の名田か。
〈文献〉豊田武「初期封建制下の農村」（『日本社会史の研究』）吉川弘文館。

浮武者　うきむしゃ　特定の部署につかず、機を見て味方に応援したり、敵を攻撃したりする武士で、浮備《うきぞなえ》ともいう。

浮　免　うきめん　負担額と田積のみ指定され、それを負担すべき田地（下地《したじ》）、坪《つぼ》が固定していない免田《めんでん》をいう。大和国の東大寺白米免・香菜免・油免、興福寺の雑役免田など、国衙から雑役を免除されたが、面積だけは定まっていたものの、下地は毎年浮動し固定していなかった。鎌倉時代、高野山領備後国太田荘では、地頭別作《べっさく》が浮免で「雑役免は浮免なり、下地不定」といわれている。
〈文献〉渡辺澄夫『増補 畿内荘園の基礎構造』吉川弘文館。阿部猛『日本荘園史』大原新生社。

浮　世　うきよ　世の中のこと。平安時代からの用語。もとは憂《う》き世で、つらい世の中の意。はかない世の意の浮世は室町時代後期からの用語。

筌　うけ　正しい訓は「うえ」である。河川や湖沼・浅海で魚類を捕獲する漁具。水底に据《す》え置いて、魚・えび・かになどを誘い込み、いちど入ると出られなくなる装置。竹やつるなどで作り、弥生時代以来用いられてきた。

請　売　うけうり　製造元や問屋から商品の委託をうけて小売りすること。小売の酒屋は請酒屋《うけざかや》と称する。

請　負　うけおい　予《あらかじ》め期限や報酬を決めて仕事を引受けることであるが、平安時代、律令国家支配が変質すると、名《みょう》を単位とする公田の経営と官物納入は有力農民の請負によって遂行されるようになった。毎年請文《うけぶみ》を提出して請負ったのである。請負の体制は、平安後期の徴税体系を一貫するもので、受領による国単位の徴税・納入のシステムも請負ということができる。
〈文献〉阿部猛『律令国家解体過程の研究』新生社。

請負代官　うけおいだいかん　荘園領主に対して年貢納入を請負った代官。一四世紀以後とくに荘園に代官を置いて年貢徴収を請負わせることが多くなった。請負人は一定の補任料を支払い、請負年貢額を設定して、その納入を約束した。富裕な酒屋・土倉・山僧による請負が多くなり、借金の抵当として代官職を付与することも多く、幕府の御家人体制を揺がす問題にも発展した。

請納証文　うけおさめしょうもん　農民の年貢納入額を決定した文書のこと。

請　返　うけがえし　本銭返《ほんせんがえし》（本物返《ほんもつがえし》）契約の場合、買戻権を行使すること。請戻《うけもどし》ともいった。⇒本銭返

請懸り手　うけかかりて　請懸るとは、引きうける、請負う、責任を持つ意で、保証人のこと。

請　切　うけきり　荘園において、荘園領主に対して荘官、地頭らが年貢請負（請《うけ》所《しょ》）の契約を結ぶこと。「うけきる」ともいう。

請　口　うけくち　請所が、作柄の良否にかかわらず納入する定額の年貢（請科）のこと。銭貨の場合は請口銭という。

肯　うけごい　承諾する、承知する。

請酒屋　うけざかや　室町時代、造り酒屋から酒を請け小売りをした酒屋。⇒請売《うけうり》

請　作　うけさく　中世の小作。農民が荘園・公領の田地を宛行《あておこな》われて耕作すること。有期的請作と永年請作の別があり、また、双務契約的請作と恩恵的な宛行いによる請作とがある。請作は律令制下の

一年契約の賃租《ちんそ》に由来する。一〇～一一世紀、荘園・公領内の田堵《たと》・負名《ふみょう》と呼ばれる農民が請作し、段別三～五斗の官物・地子を払ったが、一二世紀には耕作権を強化し名主職として認められるようになる。田堵の名主化の過程は、農民の権利の確立過程であるとともに、領主にとっては、専属の安定的な労働力の確保をも意味し、中世的な荘園支配体制への道をひらくことになった。⇒賃租

〈文献〉村井康彦『古代国家解体過程の研究』岩波書店。

請所 うけしょ　荘園・公領において、守護・地頭・荘官また荘民が定額で年貢を請負い納入した制度。請負われた年貢を請料《うけりょう》・請口《うけぐち》といい、請負いとなった下地《したじ》（土地）を請所・請地《うけち》という。一二世紀末の戦乱期に始まり、鎌倉期には地頭請、室町期には守護請《しゅごうけ》や百姓請（地下請《じげうけ》）があらわれ、商人・高利貸業者による代官請もあった。

〈文献〉舟越康寿「請所の研究」（『社会経済史学』五―一二）。島田次郎『日本中世の領主制と村落』吉川弘文館。

請書 うけしょ　⇒請文《うけぶみ》

請状 うけじょう　①文書を請取った際に出す返事。②保証書。

奉 うけたまわる　「奉レ勅依レ請」（みことのりをうけたまわるにこうによれ）などと読んだ。また「万寿五年四月十二日□左中辨奉」などと見える。一般に、主人の意を受けて筆をとった侍臣の名を書く。このような文書は一括して奉書《ほうしょ》と呼び、平安時代にはとくに三位以上の人の奉書を御教書《みぎょうしょ》といった。

〈文献〉佐藤進一『古文書学入門』法政大学出版局。

請地 うけち　請所《うけしょ》に同じ。⇒請所

請取状 うけとりじょう　物資・金銭・文書を受け取ったとき、請取人が証拠として差出す文書。古代には返抄《へんしょう》といった。

請人 うけにん　契約の保証人のこと。律令法では、債務者が逃亡したとき代償責任を負う者を保人《ほにん》、また債務者が債務不履行の場合代償責任を負う者を償人《しょうにん》といった。中世では保証人を請人と称し、公家法ではこれを保人と理解していたが、実際には保人・償人の区別ははっきりしなくなっていた。

〈文献〉石井良助『日本法制史概説』弘文堂。

請判 うけはん　契約当事者の債務や身元保証のために保証人が押す判。保証人となることを「請判に立つ」という。

承引 うけひく　承諾する、引き受ける、同意する。

請文 うけぶみ　①上司からの文書を受取ったときに差出す返書（請書《うけしょ》ともいう）。②一般に、上位者に対して或ることを確言・約束する文言《もんごん》（請《うくる》とか、承《うけたまわる》など）を持った上申書。荘園所職または代官職の補任状《ぶにんじょう》が出されると、それに対して、怠りなく義務を履行する旨の請文を出すのが例である。

〈文献〉佐藤進一『古文書学入門』法政大学出版局。

請申 うけもうす　請文《うけぶみ》中の文言で、「承知しました」「確かにひきうけました」の意。⇒請文

請戻 うけもどし　受戻とも書く。①質または抵当に入った物を代金を支払って取り戻すこと。②手形・小切手の裏書人が償還を果たして、手形・小切手を取り戻すこと。⇒請返《うけがえし》

請料 うけりょう　⇒請所《うけしょ》

烏滸 うこ　「おこ」とも。痴、尾籠などとも書く。①愚かなこと、ばかげたこと。②ふとどきである、不敵である。

右獄 うごく　右京の中御門の北、堀川

の西にあった囚人を拘禁する施設。囚獄司の管理する獄舎。

右近陣　うこんのじん　紫宸殿南庭の西側にある月華門《げっかもん》のこと。右近衛府がここを守護する。右仗《うじょう》ともいう。北側の、校書殿東廂南側には右近陣座があり、陣定《じんのさだめ》が行われた。⇒陣定

右近の橘　うこんのたちばな　紫宸殿の南階前の右（西）に植えた橘。左近の桜に対する。

右近馬場　うこんのばば　右近衛府の馬場。平安京の右京一条西大宮の北西、現在の北野天満宮南東から西陣警察署付近にあった。初見は承和六年（八三九）の競馬《くらべうま》の記事。室町初期まで存在が知られる。

烏犀角帯　うさいかくのおび　黒色の犀や水牛の角《つの》を飾りに用いた革帯。朝服・礼服に用いた。飾りの銙《か》が方形の巡方帯《じゅんぽうのたい》と円形の丸鞆帯《まるとものたい》の二種があり、後者の方が高級品であった。

宇佐勅使供給役　うさちょくしくごうやく　宇佐八幡宮に奉幣のために遣わされる勅使に食料・馬匹を提供する役。勅使の通る道筋（路次《ろじ》）の荘園・公領に賦課された。

宇佐使　うさのつかい　天皇即位、国家的変異のとき宇佐宮にこれを告げ奉幣するために遣わされた勅使。⑴天皇即位の報告、⑵天皇一代一度の大神宝使、⑶恒例使（三～四年に一度）の三種。

宇佐放生会　うさのほうじょうえ　豊前国宇佐神宮で毎年八月十四・十五日に行われる神事。養老四年（七二〇）の神託に基づくもので、十五日に魚介類を海に放つ。

胡散　うさん　疑わしい、怪《あや》しい、不審《ふしん》である。「う」は胡の唐宋音。『日葡辞書』に「ウサン＋ヒト」として「あやしい人」と解する。⇒烏乱《うろん》

牛　うし　①農耕に用いる。②牛乳を採り、また蘇《そ》と称する乳製品を作る。③貴族の乗物としての牛車《ぎっしゃ》をひく。④物資の運搬に使役した。⇒蘇

牛市　うしいち　牛を売買する市。永禄年間（一五五八～七〇）山科家雑掌大沢氏の宅で毎年四月に牛市が開かれた。

牛追物　うしおうもの　平安末期～鎌倉初期に行われた騎射。仔牛を追って射る。源頼朝のとき由比浜で行われた。鎌倉時代、犬追物が盛んになって牛追物はすたれた。

牛飼童　うしかいわらわ　牛車の牛を引く小者。狩衣や水干を着用するが、頭髪は髻《もとどり》を放ち、烏帽子《えぼし》をかぶらない。老齢となっても垂髪のままで、童形《どうぎょう》。名前には「……丸」とつけていた。牛健児《うしこんでい》ともいう。

氏神　うじがみ　もと、氏の祖先神・守護神のことであるが、のち必ずしも同族集団の守護神ではなく、地縁的なムラの鎮守神《ちんじゅがみ》（産土神《うぶすながみ》）をも称するようになった。
〈文献〉和歌森太郎『中世協同体の研究』弘文堂。義江明子『日本古代の氏の構造』吉川弘文館。

有職　うしき　①仏教用語で、対象を分析・認識する心の働きのあるもの。有情《うじょう》。②僧の職名。已講《いこう》・内供《ないぐ》・阿闍梨《あじゃり》の総称。有識三綱《さんごう》。⇒已講・内供

有職免　うしきめん　僧侶に与えられた在家《ざいけ》。被給与者は在家所出の公事を所得とする。中世の高野山領で所見。

氏子　うじこ　或る氏神の祭祀圏に属する住民、世帯をいう。古代には氏人《うじびと》と呼ばれる。室町時代頃から地縁的な信仰集団の称となる。

牛健児　うしこんでい　⇒牛飼童《うしかいわらわ》

宇治猿楽　うじさるがく　中世、宇治地方にあった猿楽の座。室町時代、幸《こう》・守菊《もりぎく》・藤松《ふじまつ》・梅松《うめまつ》の四座猿楽の総称。宇治猿楽座は興福寺大乗院支配の鎮守八幡宮の神

事に奉仕し、代償として大和地方での興行権を保障された。のち、宇治猿楽は大和猿楽に吸収された。
〈文献〉能勢朝次『猿楽源流考』岩波書店。

右侍従　うじじゅう　即位・朝賀の儀に、当日限り侍従の代わりをする擬侍従のうち右方のものをいう。

宇治茶　うじちゃ　鎌倉時代には栂尾茶《とがのおちゃ》が本茶と呼ばれて中心的存在であったが、南北朝期から宇治茶の評価が高くなった。⇒上林《かんばやし》
〈文献〉宇治市『宇治市史』。

氏寺　うじでら　氏族の長が建立し、子孫が相伝する寺。氏族の祈願所であり、多くの寺領や財産が寄進され、巨大な荘園領主となった。例えば、藤原氏の氏寺興福寺。
〈文献〉永島福太郎『奈良文化の伝流』畝傍書房。義江明子『日本古代の氏の構造』吉川弘文館。

氏院　うじのいん　平安前期、有力氏族が一門の子弟のために建てた大学別曹《だいがくべつそう》。藤原氏の勧学院は著名。

氏上　うじのかみ　古代における氏の長。令制下では、氏人をひきい、氏賤を支配し、氏神の祭祀を掌った。平安中期以降は氏長者と呼ぶ。
〈文献〉義江明子『日本古代の氏の構造』吉川弘文館。

氏挙　うじのきょ　⇒氏爵《うじのしゃく》

氏爵　うじのしゃく　平安時代以降、王氏・源氏・藤原氏ら特定の貴族の正六位上の者の中から、毎年一人に従五位下を与える制度。爵とは五位に叙するの意。九世紀末から一〇世紀にかけて制度化され、氏長者は適任者を選んで推挙する。氏爵の推挙を氏挙《うじのきょ》と称する。毎年正月（六日）の恒例の行事とされたが、必ずしも日を定めず、また毎年行われるものでもなかった。

氏賤　うじのせん　氏に隷属していた家人・奴婢。

氏長者　うじのちょうじゃ　古代の氏の首長。氏上《うじのかみ》に同じ。八世紀末からの用語。氏人《うじびと》中の最高官位者がなるのが原則。氏神社・氏寺・大学別曹・氏の共有財産の管理、氏爵《うじのしゃく》の推挙権を持った。⇒是定《ぜじょう》

宇治離宮祭　うじのりきゅうまつり　宇治上神社の祭礼。初見は長承二年（一一三三）。田楽の興行があった。現在の神社の祭神は応神天皇・菟道稚郎子《うじわきいらつこ》・仁徳天皇。例祭は五月一日から五日まで。

氏人　うじびと　①古代、氏の構成員のこと。氏上と共通の氏姓を名乗る。②氏神の祭祀に奉仕する人びと。但し神職ではない。

氏文　うじぶみ　氏の由緒、氏の先祖代々の事績などを記したもの。各氏が作り保存していたものと思われるが、『日本書紀』など史書の編纂や『新撰姓氏録』の編纂にも用いられた。

氏女　うじめ　古代に、京・畿内の諸氏が後宮の女孺《にょじゅ》として差出した女性。一三～三〇歳の女性を各一人出した。大同元年（八〇六）からは氏長者が三〇～四〇歳の独身女性を貢進した。しかし、制度としては平安前期に廃絶した。

右仗　うじょう　⇒右近陣《うこんのじん》

右将軍　うしょうぐん　①奈良時代、外国使節の警護に当たった騎兵隊の長。②右近衛大将。

右相国　うしょうごく　右大臣の唐名。

右丞相　うじょうしょう　右大臣の唐名。

右相府　うしょうふ　右大臣の唐名。

後在家　うしろざいけ　後家《うしろや》ともいう。公事を課されない在家。一軒前ではない。

後備　うしろぞなえ　戦陣で、後方に控えて守備する軍勢。

後詰　うしろづめ　戦場で、本隊の後方に控えていて、必要に応じて戦線に投入される予備の部隊。ごづめ。

後戸猿楽　うしろどさるがく　寺の本尊背後の空間を後戸と称し、そこを楽屋《がくや》、詰所《つめしょ》とした猿楽の集団をいう。後戸に祀られていた摩多羅神《またらじん》を芸能の神とした。法勝寺後戸猿楽、法成寺後戸猿楽が著名で、一一世紀から一三世紀に活動が見られた。後戸猿楽は検非違使の管理下にあった。

後巻　うしろまき　味方を攻撃する敵を、更に背後から取り巻くこと。

後見　うしろみ　補佐すること、またその人。

有心　うしん　①思慮分別のあること。②優美な心のあること。③韻文学における美的理念の一つ有心体。④狂歌に対して普通の和歌。⑤和歌の伝統を重んずる純正連歌。

臼　うす　穀類の脱穀・精白・製粉また餅つきに用いる道具。木または石でつくる。搗臼《つきうす》と磨臼《すりうす》がある。搗臼は杵《きね》でつくもの。磨臼は上下二つの臼を重ね、その間に穀類を入れ、下臼を固定して上臼を回転させて殻《から》を除き、また粉末にする。
〈文献〉三輪茂雄『臼』法政大学出版局。

薄青　うすあお　織色は経青・緯白、経白・緯青との二種がある。襲《かさね》の色目は表裏とも淡青。⇒襲

浅緋　うすあけ　茜《あかね》草で染めた薄い緋《ひ》色。平安時代の五位以上の官人の袍《ほう》の色目。

雨水　うすい　①あまみず。②二十四節気の一つ。太陽が黄道上の三三〇度の点を通過するとき。陰暦では正月中、新暦では二月十八日ごろ。

薄色　うすいろ　うす紫。薄色の直衣《のうし》・指貫《さしぬき》・下襲《したがさね》・衵《あこめ》・裳《も》がある。⇒直衣・指貫・下襲・衵・裳

薄衣　うすきぬ　地質の薄い袿《うちぎ》。袿は、単《ひとえ》と表着《うわぎ》の間に着けた袷《あわせ》の衣。

うずくまりた　蹲田とも書く。荘園における検注漏《も》れの田。検注見落としの田。建治元年（一二七五）の「紀伊国阿《あ》弖河《てがわ》荘《しょう》百姓申状」に所見。隠田《おんでん》とする説もある。⇒伏田《ふせだ》
〈文献〉黒田弘子『ミミヲキリハナヲソギ』吉川弘文館。

薄紅梅　うすこうばい　染色は紅梅色の薄い色。織色は経紫、緯紅。襲《かさね》の色目は表裏とも薄紅梅。春に着用する。

薄田　うすだ　土地がやせていて収穫の少ない田地。

薄畳　うすだたみ　薄い畳、うすべりのこと。薄帖《うすじょう》ともいう。宮殿の置き畳。春・夏に用いる。

薄手　うすで　⇒浅手《あさで》

薄鈍　うすにび　染色の名。藍色がかったねずみ色の、色のうすいもの。喪服や僧服の色。

薄縹　うすはなだ　①薄い藍《あい》色。②初位《そい》の人の袍の色。

薄額　うすびたい　へりを薄く仕立てた冠。もと一六歳までの少年の冠であったが、藤原氏の公卿で大臣にならない者は二〇歳、三〇歳まで用いた。

薄縁　うすべり　畳表に布でへりをつけた敷物。

埋樋　うずみひ　下水樋。樋は導水管。竹や木、また土を固めて作った。地中に樋を埋設したものである。中世、若狭国太良荘に例がある。

薄物　うすもの　薄機《うすはた》ともいう。羅《ら》をさす場合と、紗《しゃ》を含めた細い糸で軽く薄く織った絹織物を総称する場合とがある。縑《かとり》をも含める場合もある。⇒羅・縑

臼屋　うすや　①穀物を精製する搗屋《つきや》。②大嘗祭のとき作られる、稲を搗《つ》く建物。

薄様　うすよう　①薄様紙、薄手の斐紙《ひし》。

白紙と色紙と両様ある。平安中期以降、女性は和歌・消息を書くのに薄様を二枚重ねて書いた。②染め色の名称。濃い色から淡色へしだいにぼかしながら染め出す。⇒斐紙

鶉餅 うずらもち　鶉焼ともいう。中に塩あんを入れた饅頭《まんじゅう》、また焼餅。お茶の菓子として戦国時代に所見。

失人 うせびと　逐電・逃去した者。江戸時代初期の検地帳や人別帳で、村に不在の者をいう。

嘯く うそぶく　①とぼけて知らないふりをすること。②つよがって大ぼらをふくこと。③詩歌を小さな声で口ずさむこと。「うそ」とは口笛の意。平安時代からの用語。

歌合 うたあわせ　歌人を左右に分けて、一首ずつ和歌を詠み出し優劣を競うもの。判者《はんじゃ》が勝・負・持《もち》（引き分け）の判定を下す。平安初期に始まり、鎌倉時代には「六百番歌合」「千五百番歌合」など大規模化した。

歌占 うたうら　歌を選ばせてその歌の意味から吉凶を占う。

歌絵 うたえ　平安時代に流行した絵画の一種。和歌の意《こころ》を描いたもので、冊子や扇、或いは衣装や調度の模様としても用いられた。

愁状 うたえじょう　⇒しゅうじょう

歌貝 うたがい　歌がるたの古称。平安時代の貝合わせの発展したもの。蛤《はまぐり》の両片の内側に和歌の上の句・下の句を書いて、それを取り合わせる遊び。

歌垣 うたがき　「かがい」とも。男女が山や市に集まって飲食・舞踏し、かけ合いで歌う。もとは農耕予祝儀礼の一環であったが求婚の場でもあった。

宴 うたげ　讌も同じ。酒宴のこと。

轉 うたた　①いよいよ、ますます、なおいっそうの意。②意外にも、変にの意。状態の異常さに心を動かすこと。「花と見て折らんとすれば女郎花うたたあるさまの名にこそありけれ」と用いる。

うたた寝 うたたね　うとうとと眠ること、仮寝《かりね》。平安時代からの用語。

梲 うだつ　「うだち」とも。卯建とも書く。建造物で、①梁《はり》の上に立てて棟木《むなぎ》を支える短い柱のこと。②町屋の切妻屋根の屋根面よりいち段高く建ちあげ小屋根をかけたもの。③前項の妻壁が前面に拡大し、町屋二階の両側に袖壁のように設けられたもの。江戸時代に瓦葺が普及すると防火壁としての機能を持たせるようになった。

歌念仏 うたねんぶつ　俗曲の一種で門付芸《かどづけげい》の一つ。念仏に節《ふし》をつけて歌った。中世に興り近世初期に流行した。

歌比丘尼 うたびくに　歌念仏《うたねんぶつ》を歌う尼。絵解《えと》き比丘尼、勧進比丘尼、熊野比丘尼などがあった。のち流行歌を歌い売春もするようになった。中世に流行し近世に及ぶ。⇒歌念仏・勧進《かんじん》・絵解き

歌人 うたびと　雅楽寮などに属して歌謡を掌った人。男は歌人、女は歌女《うため》という。歌人の定員は四〇人。⇒歌女

歌枕 うたまくら　①和歌に詠《よ》み込まれる歌語・歌題・名所・枕詞・序詞などをいう。②とくに和歌に詠み込まれる名所・枕詞の解説。

歌女 うため　①令制下、雅楽寮に属し、歌をうたう女性。定員一〇〇人。②酒席に侍り音楽・舞踊を行う女性。

内 うち　①垣内《かいと》のこと。但し、屋敷地の意にちかい。②内裏、天皇をさして言う。天皇を内上《うちのうえ》とも言う。③「……である上に（また）」の意に用いることがある。「今日無ニ殊忌一之内、定考也、仍所ニ参入一也」と用いる。⇒垣内

打合 うちあい（う） 内応も同じ。①ひそかに敵と内通すること。②刀などで打ち合うこと。③対抗する。④相応する、適合する。⑤遭遇する。

打板 うちいた ①廊下と廊下の間に橋のように渡した、取り外しのできる歩み板、また牛車から牛車に乗り降りするとき車寄せの板敷から牛車に渡す板。②陣中で敷皮のかわりに用いた板。脚がついている。③打板《うちいた》の座《ざ》の略。⇒打板の座

打板の座 うちいたのざ 官人らが地上に座るときに敷く方形の厚板。そこに座ることを「著二打板座一」という。

打出の衣 うちいでのきぬ ⇒出衣《いだしぎぬ》

打入 うちいる ①攻め込む。②ばくちに金品をつぎ込む。③味方の軍勢を退却させる。

打烏帽子 うちえぼし かぶとの下にかぶる、もみ烏帽子のこと。

打飼袋 うちがいぶくろ ①鷹・犬・馬などの食糧を入れて持ち運ぶもの。②旅人が携行する食糧容器。③戦争に歩卒が一食分の食糧を入れて結び肩にかける細長い袋。数珠《じゅず》打飼《うちがい》という。

打鉤 うちかぎ 鉄の鉤に長い柄《え》をつけた武器。敵の船にひっかけ引き寄せる。また、乗馬の武士をひっかけて落とすのにも用いた。

裲襠 うちかけ ①中国風の武官の儀礼服。両袖《そで》のない錦で作った貫頭衣《かんとうい》。舞楽の舞人や賀茂競馬の乗り手も錦の裲襠を着用した。②旅行用の衣服で、袖口が細く裾《すそ》が広い上《うわ》っ張り。

内加地子 うちかじし ⇒作徳《さくとく》

内方 うちかた ①他人の妻の敬称。②他人の家の敬称、お宅。③家庭の中。

打刀 うちがたな 腰の帯にさしはさんで着用する刀。腰に下げる太刀《たち》に対するもの。一二世紀初頭から見える。太刀よりも寸が短い。室町末期から、太刀にかわり打刀を帯びるのがふつうとなった。これに脇差をそえた大小が正式のものとなる。

打紙 うちがみ 擣紙《とうし》とも書く。石盤の上で木槌で打ち、つやを出した紙。古代から行われた。

袿 うちぎ 内着の衣。単《ひとえ》と表着《うわぎ》の間に着ける袷《あわせ》の衣。袿《うちぎ》、衣《きぬ》、袙《あこめ》ともいう。

打聞 うちぎき 聞き書き、聞いたままを書きつける、聞いた言葉。一二世紀成立の説話集『打聞集』は著名。

打衣 うちぎぬ 「うちぎ」とも。絹に糊《のり》を引いて砧《きぬた》に張り、杵《きね》でたたいた衣。擣衣とも書く。晴儀の料。晴儀の束帯には袙《あこめ》に打衣を用い打袙《うちあこめ》と称した。

打曇 うちぐもり 内曇も同じ。雲紙とも称する。鳥子紙《とりのこ》の上下に青や紫の雲形を漉《す》き出したもの。

内郭 うちぐるわ 内曲輪とも。城の内部に更に築かれた土や石の囲《かこ》い。

打鍬 うちぐわ 土を深く掘り返すのに適した鉄鍬。風呂鍬《ふろぐわ》ともいう。中世の基本的農具のひとつ。〈文献〉黒田日出男『日本中世開発史の研究』校倉書房。

打越 うちこし ⇒堺打越《さかいうちこし》

内御内書 うちごないしょ 半切の紙に書いた御内書《ごないしょ》、小文《こぶみ》の御内書。⇒御内書

内作 うちさく 「うちつくり」とも。①領主直営地の請負耕作のこと。②在地領主・名主の直営田・名田の一部をその隷属農民が請作《うけさく》すること。荘官などに私的な領有・経営の認められた土地。一種の給田《きゅうでん》。⇒給田

内作佃 うちさくつくだ 預所名田に設置した私的な佃。中世、大和国楊本荘《やなぎもとのしょう》に見られる。

内作名 うちさくみょう 預所直営の名田。

大和国楊本荘《やなぎもとのしょう》に所見し、預所直属の農民に預所佃が二段ずつ割り当てられている。

打敷　うちしき　①家具を置くときに敷く布帛の敷物。②仏前の卓上を覆う布。③香をたくとき香炉の中に置く水晶や銀の薄板のこと。

打下襲　うちしたがさね　砧《きぬた》で打つなどして光沢を出した下襲。下襲は束帯や包袴の袍《うえのきぬ》の下に重ねる内衣。

内衆　うちしゅう　家来《けらい》・奉公人など、その家に使われている人々。

打賃　うちちん　①布を打つときの工賃。②両替屋に支払う手数料。③分銅座で分銅改めのとき支払う量目査定料、極印料。

打付書　うちつけがき　①下書きなしに直ちに文章や絵をかくこと。②書簡に、時候の挨拶を略して直ちに用件を書く事。③うわ書きに脇付をつけないこと。

内徳　うちとく　内得とも書く。「内之得(徳)分」の意。ふつう、名主の私的得分である加地子《かじし》分をさす。内徳分には年貢はかかるが諸公事《くじ》はかからない。内徳(得)の売券や寄進状などには、本役は名主が負担しこの田地(内得分)には万《まん》雑公事《ぞうくじ》はかからないと明記される。⇒公《く》事《じ》

打殿　うちどの　擣殿とも。布帛を砧《きぬた》で打って柔らかくし艶《つや》を出す作業場。

内取　うちどり　七月の相撲節《すまいのせち》の前に行った相撲で、左右近衛府で行う府の内取と、節会の二日前に仁寿殿《じじゅうでん》で天皇出御のもとに行う御前の内取がある。

打梨　うちなし　烏帽子や装束を打ちやわらかにしたもの。強《こわ》装束に対して柔《なえ》装束をいう。

内野　うちの　中世、空閑地となった大内裏の故地を呼んだ名。わずかに残っていた官衙も安貞元年(一二二七)の大火で焼亡した。この空閑地は再三合戦の場ともなった。豊臣秀吉の聚楽第も内野に造営された。

内の上　うちのうえ　天皇のこと。

内の重　うちのえ　内裏内郭の四周にめぐらした垣・廊。

内大殿　うちのおおとの　内大臣《うちのおとど》に同じ。左右大臣の下にあって政務を掌った令外官《りょうげのかん》。

内御方　うちのおんかた　①貴人・公卿の妻の敬称。②天皇側《がわ》、天皇方の意。

内御使　うちのおんつかい　天皇の使い、勅使のこと。

内方　うちのかた　貴人の妻、奥方のこと。

内御書所　うちのごしょどころ　延喜(九〇一〜二三)の初めに設けられた。宮中の書物を管理した所。承香殿《じょうきょうでん》の東片廂《ひがしかたびさし》にあり、別当(二人)のもと覆勘《ふくかん》・開闔《かいこう》・衆《しゅう》の職員がいた。ここで、文人の作文《さくもん》や学生の試験も行われた。⇒開闔

内酒殿　うちのさかどの　平安時代、内裏内にあった酒殿。造酒司《ぞうしゅし》の酒殿《さかどの》とは別で、別当・弁・預がおり、庸米で造った酒が納められていた。

内の昇殿　うちのしょうでん　清涼殿の殿《てん》上の間《じょうま》に昇ることを許されること。公卿(三位以上の者)、四位・五位の者のうちとくに許された者、六位の蔵人が昇殿を認められた。

内の殿上　うちのてんじょう　⇒内《うち》の昇殿《しょうでん》

内馬場　うちのばば　①宮中の武徳殿前の馬場。②庭を利用して作った犬追物《いぬおうもの》の馬場。

内命婦　うちのみょうぶ　「ないみょうぶ」とも。五位以上の後宮の女官。五位以上の官人の妻を外命婦《げみょうぶ》と呼ぶのに対する。

打袴　うちばかま　砧《きぬた》で打って光沢を出した袴。

打橋　うちはし　渡殿《わたどの》(廊)などの一部を土間《どま》にした所に、必要なときだけ置く板敷。清涼殿の南廊北側の長橋は馬道《めどう》の部

分だけが打橋となっている。⇒馬道

内畠 うちはた　居住している家に附属している畠のことか。

打掃筥 うちはらいのはこ　大嘗祭や神今食《かむいまけ》のとき神座を清め払う布を納める筥。⇒大嘗会《だいじょうえ》

打引 うちびき　中世、陸奥国好間荘《よしまのしょう》で見え、「荒野打引」などとある。荒廃田の再開発の意か。
〈文献〉網野善彦ほか編『講座日本荘園史5』吉川弘文館。

打開 うちひらく　「うち」は接頭語。開くは荒地を開発するの意。

うちひらめ　中世後期に流通していた粗悪な銭貨。小形の銭を槌《つち》で打って平たく延ばし大形の銭の大きさにしたもの。
〈文献〉小葉田淳『改訂増補 日本貨幣流通史』刀江書院。

打歩 うちぶ　①同一額面の二種の貨幣間の価値の差。②或る貨幣を別種の貨幣と両替するときに支払う手数料。中世、雑多な種類の銭貨が流通していたが、粗悪な銭貨は、精銭に対して一定の打歩をもって通用せしめられた。
〈文献〉小葉田淳『増補 日本貨幣流通史』刀江書院。

打札 うちふだ　立て札、高札《こうさつ》。鎌倉時代から用例が見える。木札に禁制《きんぜい》や掟《おきて》・定《さだめ》などを書いて、人びとの集まる場所に立て札あるいは懸札《かけふだ》として掲示した。
〈文献〉峰岸純夫『中世 災害・戦乱の社会史』吉川弘文館。

内参 うちまいり　①内裏《だいり》へ伺候《しこう》すること。②入内《じゅだい》のこと。⇒入内

散米 うちまき　打撒とも書く。①米をまく作法で、神に神饌として供える、邪気をはらうためにまく。陰陽師《おんみょうじ》が行った祓《はら》いの方法である。②米《こめ》の女房詞《ことば》。

打松 うちまつ　①篝火《かがりび》に入れてたく松の折り木。②松明《たいまつ》。③続松《ついまつ》。

打乱の箱 うちみだりのはこ　調度の箱の一種。①広蓋《ひろぶた》のような木製の箱で、もとは手拭《てぬぐい》入れであったが、のちに髪上《かみあ》げの具やかもじなどを入れるのに用いた。②衣服や所持品を仮に入れておく漆塗、編《あ》み竹のふたのない箱。乱れ箱ともいう。

打乱役 うちみだりのやく　元服の儀式に打《うち》乱《みだり》の箱《はこ》を取り扱う役のこと。

内免 うちめん　名主《みょうしゅ》に対する一種の給田的性格の田地で、名《みょう》に二段宛つけられていたことが、若狭国太良荘《たらのしょう》で見られる。

打物 うちもの　①砧《きぬた》で打ってつやを出した布や絹織物。②打楽器。③刀剣。打物の衆といえば刀剣・薙刀《なぎなた》を武器として戦う軍勢のこと。④打ち鍛えた金属器の総称。

内問答 うちもんどう　「ないもんどう」とも読むか。鎌倉時代の裁判で、訴人（原告）と論人（被告）が対決する前に、引付（法廷）で陳弁すること。訴訟の準備手続きである。
〈文献〉石井良助『中世武家不動産訴訟法の研究』弘文堂書房。

内論議 うちろんぎ　宮廷の年中行事の一つ。正月十四日の御斎会《ごさいえ》結願の日に天皇の面前で高僧に最勝王経の経文の意義を論争させた（はじめ大極殿、のち清涼殿）。八月の釈奠《せきてん》の翌日にも博士らによる内論議が行われた。

打渡状 うちわたしじょう　下地《したじ》（土地）を権利者に引渡すときに与える文書。渡状ともいう。室町幕府による土地の処分にかかわる事項は、管領《かんれい》から守護《しゅご》に施行状《しぎょうじょう》が出され、これをうけて守護は遵行状《じゅんぎょうじょう》を出し、守護代《しゅごだい》または奉行人《ぶぎょうにん》が権利者に打渡状を出すという手順になる。⇒施行状・使節遵行《しせつじゅんぎょう》
〈文献〉石井良助『中世武家不動産訴訟法の

研究』弘文堂書房。

打 うつ　①物や人をたたく、殺す。②楽器を手で鳴らす。③砧《きぬた》で衣をたたく。④なげる、石をなげる。⑤賽銭を投ずる。

欝 うつ　⇒いきどおり・覚束無《おぼつかなし》

卯杖 うづえ　平安時代、正月の上の卯の日に、大学寮・大舎人寮・六衛府などから天皇・東宮・皇后に祝いの杖を献上する儀式。桃・梅・椿・柳などの木を五尺三寸（約一六〇センチメートル）の長さに切り、一本ないし三本を束ねて献上する。わが国の年木《としぎ》の信仰に中国風の慣わしが合致して成立したもの。一四世紀以降は廃絶した。

卯月 うづき　陰暦四月の異称。卯月から季節は夏となる。

うつけ　空、虚の字をあてる。中が空《から》っぽであること、愚か者、まぬけ。

写 うつし　①文書（正文）を書き写したものであるが、性格上、二種類ある。法令のように、多数の人に伝え知らせる場合は、その写しも効力を持つ。これは案文《あんもん》と称する。これに対して、のちの参考のため、或いは研究上の必要などから写したものは単に写《うつし》と呼ばれる。②模写のこと。

移鞍 うつしぐら　武官や蔵人の衆などの廷臣が官馬につける鞍。のち摂関家の随《ずい》身《じん》・家人《けにん》が私馬にも用いた。金・銀や貝で作った模様を漆で塗《ぬ》り込めた平文《ひょうもん》の鞍《くら》、足をかける部分が短い半舌《はんじた》の鐙《あぶみ》、斧形の大滑《おおなめ》（鞍と馬の背の間に敷く一枚革の大型の敷物）を特色とする。⇒鐙

移馬 うつしのうま　平安時代、諸国の官牧で飼育した馬を徴《め》し、馬寮に移し飼育するもの。

移花 うつしばな　⇒青花《あおはな》

卯槌 うづち　平安時代、正月上の卯の日に、糸所《いとどころ》および衛府《えふ》から祝いの槌を内裏に献上する儀式。桃の木などを長さ三寸、幅一寸四方の直方体につくり、穴をあけ、一〇～一五本の組み糸を通して五尺ほど垂れ下げ、内裏の昼御座《ひるのおまし》（天皇の昼の座所）の御帳の南西の角の柱に吊《つ》るす。

打手 うって　討手も同じ。敵・犯罪人を討伐、逮捕に向かう人。

欝陶 うっとう　①気が晴ればれしないこと。②憂え、いきどおること。「諸国守護人非法事、有二面々欝陶一者、同可レ申レ之也」と用いる。

梁 うつばり　家屋の、柱と柱の上に渡し、屋根をささえるもの、単に「はり」ともいう。

靫 うつぼ　「ゆぎ」とも読む。空穂とも書く。矢を納める細長い容器。竹製・漆塗、毛皮や鳥毛また布帛を張ったりして造る。

空柱 うつぼばしら　雨水を受けるため軒先に立てる竪樋《たてどい》。

空勘文 うつらかもん　「うつぼかもん」とも読む。外記が、正月の女叙位《おんなじょい》の前に提出した勘文。過去の女叙位の資料集。現実に叙される女性の氏名は載っていない。⇒女叙位・勘文《かんもん》

洞 うつろ　戦国時代、一族、一門の意で用いる。一五世紀後半、解体過程の惣領制を再編成して、一族・一門を中心として非血縁小領主をも包み込んで擬制的族縁共同体を創出したもの。語の初見は「結城家法度」で、おもに東国の戦国大名領に見える。
〈文献〉松本新八郎『中世社会の研究』東京大学出版会。

臺（台）の竹 うてなのたけ　内裏清涼殿《せいりょうでん》の東側、仁寿殿《じじゅうでん》の西面に植えられていた呉《くれ》竹台《たけのだい》の竹で淡竹《はちく》の一種。正方形の囲《かこい》がある。

有徳銭 うとくせん　有得銭とも書く。有徳

人と呼ばれた富裕な者に賦課された臨時の税。単に徳銭《とくせん》、有福《うふく》ともいう。一三世紀、摂津国垂水牧《たるみのまき》の例が早く、一四世紀伊賀国黒田荘では有得借米と称する富裕税が見える。一五世紀の史料に多く見える。

〈文献〉寺尾宏二『日本賦税史研究』光書房。

有徳人 うとくにん　有得人とも書く。単に徳人、得人ともいう。財産を蓄えた富裕人。徳は得と同じで、おもに金銭・米穀などの動産的な富をさしていう。

〈文献〉豊田武『日本商人史　中世篇』東京堂出版。

内舎人 うどねり　令制下、中務省《なかつかさしょう》の官人で定員は九〇人。武装し、禁中の宿直・警固、天皇の雑役、行幸の護衛に従事した。五位以上の者の子弟から選ばれた。

〈文献〉古谷紋子「内舎人と東国」（『野田市史研究』一五）。

うどん　麺類の一種で、小麦粉に塩水を加えてこね、うすくのばして切ったもの。中国から伝来した餛飩《こんとん》から名を変えて饂《うん》飩《どん》になったという。現在のうどんと同じものは近世初頭に始まる。

領　拝 うなずく　「領」も同じ。首をたてに振り肯定の意を表わすこと。

畝 うね　畦とも書く。畠・水田を耕起したのちに、作物を植えつけるために土を盛りあげた部分をいう。⇒畔《くろ》

壟 うね　河川の氾濫《はんらん》による微高地。川成《かわなり》で耕作を放棄されているところ。のちに浜《はま》といわれた。一二世紀、摂津国垂水《たるみの》荘《しょう》で所見。⇒川成

疇 うね　あぜ道、また麻をうえる畑のこと。

うねおこし　畝《うね》を作る作業、うねたて。

采　女 うねめ　天皇・皇后の日常の雑役に従事した女官。令制前には諸国の国造の子女を宛てたが、令制では諸国郡司の一族の子女（一三〜三〇歳）を出仕させた。宮内省采女司が管轄した。原則として終身の職。

〈文献〉門脇禎二『采女』中公新書。

采女田 うねめだ　宮廷の下級女官である采女の資養に宛てるため諸国に置いた田地。采女肩巾《ひれ》田《だ》、采女養田ともいう。采女田の称は室町期まで采女司領荘園の中に見える。

〈文献〉奥野高広『皇室御経済史の研究』中央公論社。

采女町 うねめまち　官衙町の一つ、左京三坊七町を占める。采女司に諸国から配置された仕丁《じちょう》・衛士《えじ》や采女および下級官人の寝食の場。

〈文献〉村井康彦『古代国家解体過程の研究』岩波書店。

兎　毛 うのけ　①うさぎの毛。②兎毛筆の略。穂先を兎の毛で作った上等の筆。③物事のきわめて小さいこと。鵜の毛とも書く。④筆の異名。

乳　母 うば　⇒めのと

優婆夷 うばい　三宝に帰依し、五戒を受けた女。

右幕下 うばくか　右近衛大将の居所、またその人。源頼朝も右幕下と尊称された。

優婆塞 うばそく　①三宝に帰依し五戒を受けた男。②在家のまま仏道修行に励んでいる人。

右兵衛陣 うひょうえのじん　平安宮内裏内郭西中門の陰明門内にあった右兵衛の詰所。これから陰明門の異名となる。

右　府 うふ　右大臣の唐名。左大臣は左《さ》府《ふ》。

有封寺 うふうのてら　封戸を施入されている寺院。寺院への封戸の施入には保有期限が定められていたが、大寺の封戸が収公されたことはない。

有封社 うふうのやしろ　封戸を施入された

神社。平安初期、全国の神封は四八七六戸あった。

産　衣　うぶぎぬ　「うぶぎ」とも。生まれたばかりの赤ん坊に着せる祝い着。

有　福　うふく　有徳銭に同じ。「等持院領播州所々守護山名方、被レ懸ニ有福ニ之事」と用いる。

産土神　うぶすながみ　人の出生地にある守護神。本居、産出、生土などと書く。中世以降は氏神と混用されるようになる。〈文献〉和歌森太郎『国史における協同体の研究　上』帝国書院。

産　屋　うぶや　出産のために設けられた産室。産穢を忌み、仮屋を建てたり、特別に設けた部屋を宛てたりした。

産　養　うぶやしない　平安時代、出産ののち、生まれた子の三日・五日・七日・九日めの夜に行われる祝の儀式。親族・縁者が祝意を表して品物を贈り、生児の祝いの膳を供える。〈文献〉中村義雄『王朝の風俗と文学』塙書房。

宜　哉　うべなるかな　尤もなことだ、本当にそうだよの意。宜は「むべ」とも読み、肯定、得心の意をあらわす語。

右僕射　うぼくや　右大臣の唐名。僕射は中国古代の官名で執政大臣のこと。

有品親王　うぼんのしんのう　一品《いっぽん》から四品《しほん》までのいずれかの品位《ほんい》を持つ親王。品位を持たぬ者は無《む》(无)品《ほん》親王。

馬　うま　四世紀以後、多く飼養されるようになった。軍用・輸送用、農耕に用いられた。東日本が馬の主産地。日本産馬は南方系の小型馬で、中世の馬の体高は平均一三〇センチメートルていど。蹄鉄を用いず、わらぐつ（わらじ）をはかせてひづめを保護した。中世、農民の間で多く飼養されたが、輸送用が主であった。〈文献〉入間田宣夫「馬と鉄」（岩波講座『日本通史7』）岩波書店。

馬足軽　うまあしがる　軽装備の騎兵隊。⇒足軽《あしがる》

馬足米　うまあしまい　関銭、津料《つりょう》のひとつ、馬足役。「うまのあし」ともいう。荷を負った馬の数により賦課した。荷を船から駄馬に積み替える際に徴収された。〈文献〉相田二郎『中世の関所』吉川弘文館。

右　舞　うまい　舞楽で、高麗系のものをいう。中国系が左舞。

馬　筏　うまいかだ　中世武士が流れの早い河川を馬で渡るときの工夫のひとつ。上流に強い馬を並べて流れをせくようにし、下流には弱い馬を並べて渡河する。馬を寄せあって並べるのを筏にたとえたもの。

馬　市　うまいち　馬の売買取引を行う市場。一四世紀、京都五条の馬市が古い例である。戦国大名は軍馬の補給、馬匹《ばひつ》改良に力を注ぎ、各地で馬市が開かれた。

馬飼料　うまかいりょう　中世、荘園において、荘民が領主・地頭の馬を飼養するかわりに納入した公事《くじ》。秣《まぐさ》・籾《もみ》など。〈文献〉黒田弘子『ミミヲキリハナヲソギ』吉川弘文館。

馬　方　うまかた　駄馬で運送を業とする者、馬子《まご》。

馬形障子　うまがたのしょうじ　清涼殿に立てられた馬を主題とする絵の描かれた布張りの衝立障子。清涼殿の西廂《ひさし》の渡殿の北の方、朝餉《あさがれい》の簀子の南、台盤所の台盤の南などに立てた。

馬　印　うまじるし　戦国時代から用いられた軍陣の標章。馬験、馬標とも書く。武将の馬側に棒持させ、陣中で大将の位置を知らせる。馬柄の頂辺につけて馬印といった。羽柴秀吉の瓢箪《ひょうたん》に金の切裂は名高い。徳川家康は金の開き扇、島津義弘は鳥毛の一本杉。

馬　代　うましろ　馬を贈るのに代えて贈る金品。

馬副 うまぞい　馬添とも書く。行幸・行啓また祭礼のとき、公卿や祭使の乗馬の傍《かたわ》らにつき添う従者のこと。そのうち一人が馬の轡《くつわ》を取る。大臣には一〇人、大納言は八人、中納言は六人、参議に四人、祭使には八人と定数があった。

馬揃 うまぞろえ　平時に軍馬を集めて検分し、その訓練を検閲すること。天正九年（一五八一）織田信長は京都で馬揃を行った。

馬強 うまづよ　馬術にすぐれていること。反対は馬弱《うまよわ》。「馬強なる兵《つわもの》千余騎」と用いる。

馬の沓 うまのくつ　ひづめ保護のために馬にはかせたわらじのこと。前近代に、馬のひづめに蹄鉄《ていてつ》を打つことはなかった。蹄鉄の普及は明治に入ってから。〈文献〉黒田日出男『姿としぐさの中世史』平凡社。

右馬陣 うまのじん　内裏外郭南面の修明門をいう。右馬寮官人の出入に用いたからであろう。対する左馬陣は春華門。

馬の鼻向け うまのはなむけ　旅立ちを送る宴会、餞別《せんべつ》のこと。平安初期から用語として所見。旅立つとき、目的地に馬の鼻を向けるからとも。見送る人が馬を自分の方に引き寄せて早く帰るよう祈ったからともいう。

馬廻 うままわり　中世・近世、大将の馬の周囲にあって護衛の任に当たった武士。親衛隊で、室町将軍足利義満の馬廻りは二千～三千騎といわれる。戦国時代には職制化し、大名直轄の戦闘集団（旗本《はたもと》）として組織された。

厩舎人 うまやのとねり　摂関家や将軍家に仕えて、厩馬の世話をした者。

厩別当 うまやのべっとう　院庁や摂関家の厩司の長官。

厩奉行 うまやぶぎょう　鎌倉・室町幕府で厩のことを掌った奉行。

騎射 うまゆみ　馬射とも書く。馬に乗ったままで矢を射ること。端午節《たんごのせち》の騎射や流鏑馬《やぶさめ》・笠懸《かさがけ》・犬追物《いぬおうもの》など。

梅津木屋 うめづきや　京都の桂川左岸梅津にあった修理職の材木貯蔵所。木屋預は秦氏。

梅壺 うめつぼ　⇒凝華舎《ぎょうかしゃ》

埋樋 うめどい　⇒うずみひ

梅宮祭 うめみやさい　京都梅宮神社の祭。同社は橘氏の氏神。祭神は酒解神《さかとけのかみ》など。祭日は四月・十一月の上酉《とり》の日（現在は四月三日）。平安初期から勅使（橘氏の五位の氏人）派遣の公的祭祀の対象となった。〈文献〉義江明子『日本古代の氏の構造』吉川弘文館。

右馬寮田 うめ（ま）りょうでん　令制下、馬の飼養・調教に当たる左・右馬寮には、牧・荘・厩畠・公廨田が付与された。これらの土地は寮領荘園化し、延久二年（一〇七〇）の「興福寺雑役免帳」によると、雑役免荘園中に馬寮田があった。馬寮を本所とする馬寮田は中世末まで見える。〈文献〉阿部猛『律令国家解体過程の研究』新生社。

浦・浜 うら・はま　漁村のこと。律令制下では、浦・浜の独占は禁じられていたが、八世紀以後、王臣家が浦・浜を占拠するようになり、一一世紀以後、浦・浜の住人は在家《ざいけ》として把握され、中世には田・畠をもふくめて所領としての浦・浜が成立した。〈文献〉竹内理三編『土地制度史　I』山川出版社。

浦々の大法 うらうらのたいほう　海に生きる人びとが浦に定着し、その社会生活の中で生みだした慣習、掟《おきて》。「浦々の習《ならい》」

ともいう。
〈文献〉網野善彦『日本中世の非農業民と天皇』岩波書店。

浦々の習い　うらうらのならい　⇒浦々《うらうら》の大法《たいほう》

卜田　うらえた　卜定田とも書く。その穫稲を神に供え、或いは神酒を造ろうとしてトい定めた田。狭名田《さなだ》ともいう。

裏書　うらがき　①巻子本《かんすぼん》の用紙の裏（紙背《しはい》）に記された注記などの文章。②文書の内容や文書名を見出しとして記す端裏書《はしうらがき》。③文書面記載事項についての効力を消滅させるための記入で、「裏を破る」「裏を毀《こぼ》つ」という。④訴訟に際して提出された証文の正当性を奉行人《ぶぎょうにん》が保証したり、または逆に効力を失ったことを証する記入。
〈文献〉相田二郎『日本の古文書　上・下』岩波書店。

卜串　うらぐし　大嘗会《だいじょうえ》の国郡卜定、伊勢神宮奉幣使卜定に際して、候補地名・人名を記した紙片。卜串とは言いながら串ではない。

裏作　うらさく　主要作物を収穫したあと、つぎの作付《さくづけ》までの間、他種の作物《さくもつ》を栽培すること。稲を刈り取ったあとに麦《むぎ》を蒔《ま》くなどをいう。

裏付　うらづけ　為替《かわし》の制度で、割符《さいふ》を持つ人が、支払いを受けるために割符を提示すると、支払人は金品を支払い、割符の裏に支払期日を記入し加判する。
〈文献〉豊田武『増訂 中世日本商業史の研究』岩波書店。

占手　うらて　①相撲節会《すまいのせちえ》で一番に取組みをする童《わらわ》。②相撲で最手《ほて》に次ぐ者、最手脇《ほてわき》。③歌合《うたあわせ》での最初の組み合わせのこと。

浦手形　うらてがた　浦証文、浦切手、浦状、灘証文ともいう。前近代の海難証明書のこと。船の積荷の打ち棄て、消失、船の沈没について、それが不可抗力によるものであり、民事・刑事上の責任のないことを証する文書。浦役人と船方と問答の形式を要記したもの。

浦刀禰　うらとね　古代・中世に、浦・浜・津・泊《とまり》などを管理した浦人《うらびと》の長。給田を与えられて年貢・公事の徴収に関与する荘官的性格を持つが、網漁業の指揮者ムラギミの性格を持ち、近世に及んだ。

浦長者　うらのちょうじゃ　浦の海民集団の長。律令制下の贄戸《にえこ》の制の崩れたあとの贄人《にえびと》集団をひきいた長。

裏端書　うらはしがき　女房奉書の本紙の右端裏に追記された日付。
〈文献〉佐藤進一『古文書学入門』法政大学出版局。

裏判　うらばん　文書の裏面に書かれた花押《かおう》。文書の文面の正当性を証明する裏書と同様の意味を持つ。裏封《うらふう》ともいう。紙の継目《つぎめ》に花押を加える場合は継目裏判という。

裏封　うらふう　⇒裏判《うらばん》

盂蘭盆会　うらぼんえ　陰暦七月十五日を中心に行われる祖霊供養の法会。中世農村では寺庵《じあん》の結解《けちげ》（決算）が盂蘭盆の日に行われることがあり、この行事が畠作の収穫祭とかかわるのではないかと考えられている。
〈文献〉木村茂光『日本古代・中世畠作史の研究』校倉書房。

裏文書　うらもんじょ　⇒紙背文書《しはいもんじょ》

浦役　うらやく　浦・浜に賦課された課役。浦年貢をさすこともある。船にかかわる労働賦役や水軍編成にかかわる水手《かこ》役《やく》をもいう。銭貨で徴収する場合は浦役銭（「大内氏掟書」）と称し、江戸時代に銀納した浦役銀もある。浜役銀ともいう。

浦山敷　うらやまし　うらやましい。

裏を毀つ　うらをこぼつ　「裏を破《わ》る」とも

いう。文書の表の文面の効力を否定する文言を記し署判する。例えば、所領の一部を売買・譲与するとき、本証文を渡すことができないので案文《あんもん》を渡し、本証文の裏に分割移転の行われた旨を書入れる。⇒裏書《うらがき》

封レ裏　うらをふうずる　文書などの裏に、証明のために裏書き、裏判をすること。

破レ裏　うらをわる　⇒封レ裏《うらをふうずる》

瓜　うり　ウリ科植物の総称。一般にはマクワウリを指すことが多い。マクワウリの変種であるシロウリは漬物に用いられた。中世、大和国と山城国は瓜の特産地であった。

売寄進　うりきしん　或る物件の一部を売却し一部を寄進する行為であるが、室町時代、徳政令が頻発されるようになると、その適用を免《まぬか》れようと、同一物件について売券と寄進状を同時に作製することがあった。

〈文献〉須磨千穎「美濃立政寺文書について―田畠寄進状等の整理と『売寄進』管見―」（『史学雑誌』七八―六）。

売券　うりけん　「ばいけん」とも。土地その他の財物を売渡すとき、売り手から買い手に渡す証文。もとは解《げ》様式に拠ったが、中世では売渡、沽却《こきゃく》の文言を付した私的証文の性格のものにかわった。

売得　うりどく　物を売って得る利益。「薪等取売得仕間敷事」と用いる。

売文　うりぶみ　⇒うりけん

売譲　うりゆずり　中世、同一物件について、同時に売券と譲状とを作ること。徳政忌《き》避《ひ》の手段とも考えられるが、実際に、同一物件の一部を売却し、一部を譲る手続きとも考えられる。

糶　うりよね　貯蓄した米を、機を見て売り出すこと。糴《かいよね》に対する語。古代、常平《じょうへい》倉《そう》により糶して貧救の施策とした。

売渡状　うりわたしじょう　⇒売券《うりけん》

羽林　うりん　①近衛府の唐名。羽林上将《じょうしょう》（近衛大将）、羽林亜将《あしょう》または次将《じしょう》（近衛中将・少将）、羽林将軍（同上）などと称し、羽林家《け》といえば、摂家・清華家・大臣家につぐ家格の家。②星の名前。二十八宿の虚宿南西方の衆星で、天宮で大将軍の地位にあたり天軍をつかさどる。

羽林次将　うりんじしょう　左右近衛中将・同少将の唐名。

羽林大将軍　うりんだいしょうぐん　左右近衛大将の唐名。

閏　うるう　太陰太陽暦（旧暦）は月の運行によって暦を組立てるが、月の満ち欠けの周期が二九日半であるから、一二か月で三五四日となり、一年三六五日（冬至から冬至まで）との間に一一日の差が生ずる。これを埋めるために一九年間に七度の割合で、一年を一三か月とする。これが閏月《うるうづき》である。閏月は「閏五月」とか「後《のちの》五月」というように記す。なお太陽暦（グレゴリオ暦）では四年に一度の閏《うるう》年《どし》を置き、二月末日に一日を加える。

〈文献〉能田亮『暦』至文堂。

閏月役　うるうづきやく　荘園領主は、年間を通じて必要物資を荘園から徴収するため、日別・月別・季別の公事・雑役を割当てた。閏月には閏月役を徴収したが、これは荘民にとっては追加負担となった。

漆　うるし　落葉喬木の漆木の樹皮から漆汁を採り塗料に用いる。なお、果実からは蠟《ろう》を製する。縄文時代から用いられた。年貢としての漆は、うるしの木の本数を基準として賦課される。園地（畠）の年貢であるが、漆畠なる地目は存在せず、したがって田地の面積を基準とする年貢ではない。

粳　うるち　秔とも書く。ねばり気のない、ふつう飯として常食している米。

愁状　うれいじょう　愁文《うれいぶみ》ともいう。愁は愁訴の意。例えば、永延二年（九八八）十一月八日付「尾張国郡司百姓等解《おわりのくにのぐんじひゃくせいらのげ》」のように、尾張守藤原元命《もとなが》の濫行横法を訴えた解状《げじょう》は、その書き出しに「愁状」と記している。

有漏　うろ　仏教用語で、煩悩《ぼんのう》のあること。「有漏の身《み》」といえば、煩悩から離れられない世俗人のこと。⇒無漏《むろ》

有労成功の者　うろうじょうごうのもの　年功のある者と成功（別功）ある者。平安時代、除目に当たって、外官の推挙に与《あずか》ることのできる者の一条件。

烏乱　うろん　胡乱とも書く。①乱雑で勝手気ままである。②あやしく疑わしいこと。「烏（胡）乱の沙汰」といえば、疑わしい評判、うわさ。「烏《う》（胡）乱者《ろんもの》」といえばうさんくさい人物。

上帯　うわおび　表帯とも。外側に着用する帯。平胡籙《ひらやなぐい》・箙《えびら》の緒や甲冑の緒。腰にまわして結ぶ。

上書　うわがき　文書の包み紙（封筒）、書物の表紙、箱の蓋《ふた》などに書いた銘文・宛名など。

表着　うわぎ　女房装束で、一番上に着た垂頸《たりくび》・広袖の袷《あわせ》。

上差　うわざし　上差の矢。胡籙《やなぐい》・箙《えびら》などに盛った矢の上に、別形式の矢を一筋、二筋添えたもの。征矢《そや》に対して鏑矢《かぶらや》、狩矢には征矢《そや》を上差とする。⇒征矢・鏑矢

上白車　うわじろのぐるま　網代車《あじろぐるま》の袖《そで》の部分が白地であるもの。

後妻打　うわなりうち　①前妻《こなみ》が後妻《うわなり》に嫉妬《しっと》して打ちたたくこと。②室町以降江戸時代初期の習俗で、先妻が後妻の家を襲って家財などを打ち荒らすこと。

上乗　うわのり　水先案内人、または海上護衛人のこと。琵琶湖《びわこ》岸の堅田《かただ》の海賊衆は湖上往来船の上乗の特権を持っていた。これは、航行の安全を保障することにより代償（津料、関銭）を取るのである。
〈文献〉新行紀一「中世堅田の湖上特権について」（『歴史学研究』三四九）。

上葉銭　うわはせん　上葉は桑のこと。桑に課される年貢の銭納化したもの。

上葉畠　うわばばた　桑畠のことであろうという。平安末期以来、若狭国太良荘《たらのしょう》・名田荘《なたのしょう》・西津荘《にしのつのしょう》その他の史料に見える。鎌倉中期以降、年貢は銭納されて上葉銭《うわはせん》と称された。⇒上葉銭
〈文献〉網野善彦『中世東寺と東寺領荘園』東京大学出版会。

上米　うわまい　「じょうまい」とも。①寺社が年貢米の一部を初穂として寄進させた米。②江戸時代、神領を通る諸国年貢米から取った通行税。③仕事や売買の仲介、手数料。

上巻　うわまき　文書の礼紙《らいし》の紙を更に包んだ紙のこと。

上筵　うわむしろ　表筵とも書く。古代・中世に用いた寝具。素材は一般の筵と同様であるが、裏打ちを施し、中に絹綿などを入れ、四方を縁《ふち》どりしている。

上裳　うわも　男の場合、袴《はかま》の上に、女の場合は下裳《したも》の上に着る裳をいう。男の上裳は、推古朝までではなくなり、女の上裳は平安時代まで用いられた。

上矢　うわや　箙《えびら》に盛った中差《なかざし》の征矢《そや》（実戦用の矢）の上に差す矢。二本の鏑矢《かぶらや》（上矢の鏑）を差しそえる。⇒上差《うわざし》

芸閣　うんかく　御書所《ごしょどころ》の唐名。

雲客　うんかく　①仙人のこと。②平安中期以降、清涼殿に昇ることを許された四位・五位の貴族と六位蔵人《くろうど》。殿上人《てんじょうびと》。雲の上人《うえびと》。

雲脚　うんきゃく　すぐに茶味がなくなる粗茶のこと。

運脚 うんきゃく　物資輸送に従事する人夫。徒歩で荷を運ぶのでその名がある。とくに、律令制下、調・庸をになった脚夫、担夫のこと。

繧繝端 うんげんべり　繧繝錦でふち取った畳やしとね。最上の品で、天皇・上皇・東宮・親王・摂関家の料として用いられた。繧繝とは薄い色から濃い色へと段階的に彩色する方法のこと。

云爾 うんじ　⇒しかいう

温室 うんじつ　湯屋、湯殿。室町時代の字書には「温室　ウンシツ　風呂名也」とある。

運上 うんじょう　荘園などから年貢を中央の領主のもとに貢納すること。「運上する」と動詞的に用いるのがふつうである。

雲水 うんすい　所を定めず諸所を遍歴する禅僧。

運賃 うんちん　物の運送料金。古代・中世以来の用語。

云々 うんぬん　①文章を省略したり、ぼかしたりするとき用いる。「しかじか」とも読む。②伝聞のことば。ふつうの文末を間接語法の形で結ぶとき用いる。変体漢文で「……と云々」(……という話である)の形で用いられる。

運夫 うんぷ　⇒運脚《うんきゃく》

温明殿 うんめいでん　平安京内裏の宣陽門を入ったところにある殿舎。馬道《めどう》によって南北に二分され、母屋の南半分に賢所《かしこどころ》、北半分に内侍所《ないしどころ》が置かれた。

え

荏 え　シソ科の一年草。「えごま」ともいう。実《み》を搾《しぼ》って油を採《と》る。中世には灯油として用いられた。山城国大山崎《おおやまざき》の油座商人は、荏胡麻《えごま》の独占的製造・販売権を持って広範囲に活動したことで知られる。

穢 え　①けがれ。②凶徒。③騒乱。

絵合 えあわせ　平安時代、物合の一種。持ち寄った絵を出し合って優劣を競う。絵に和歌を添える場合がある。

永 えい　穎《えい(かい)》の意。穂についたままの稲をいい、中世には代銭納が行われ、一五世紀に明《みん》の永楽銭《えいらくせん》が流通すると、永楽銭の永と穎が混同された。

穎 えい　刈り取って穂が付いたままの稲。単位は把《は》・束《そく》(一束＝一〇把)。穂から落とすと穀《こく》(籾《もみ》)となる。穎一束＝穀一斗の割合。穀一斗を舂《つ》くと舂米(玄米)五升となる。⇒穎稲《えいとう》

営 えい　⇒いそぐ・いとなむ

纓 えい　⇒上緒《あげお》・おいかけ

翳 えい　⇒さしば

永安門 えいあんもん　平安宮内裏内郭十二門のひとつ、南面の門。射礼《じゃらい》・賭射《のりゆみ》のとき門内に堋《あづち》を築き門を閉じる。「年中行事絵巻」にその様子が描かれている。

営々 えいえい　①足しげく往来すること。②一所に落ちつかず、あちこち往き来すること。③せっせと働く様子。

栄円楽 えいえんらく　高麗楽。双調の曲。四人舞。巻纓《けんえい》・緌《おいかけ》の冠に右方蛮絵装束。

永嘉門 えいかもん　平安宮朝堂院の南西門。応天門の西の門で南面している。右廂門《うしょうもん》、西掖門《さいえきもん》という。

叡感 えいかん　天皇・上皇が感心しておほめになること。御感《ぎょかん》とも。但し中世末期になると、御感は天皇・上皇のみならず、身分の高い者一般に用いられるようになる。

郢曲 えいきょく　①平安時代から室町末期にかけてのうたいものの総称。②

神楽《かぐら》・催馬楽《さいばら》・朗詠《ろうえい》・今様《いまよう》などの歌の総称。郢は中国古代の楚《そ》の都で、郢の歌曲、すなわち俗曲の意。

叡襟 えいきん 宸襟《しんきん》も同じ。天皇のお気持。

栄枯 えいこ ①草木の生《お》い茂ったり枯《か》れたりすること。②栄えることと衰えること。栄枯盛衰。

栄幸 えいこう はえある幸い。栄光も同じ。

永荒 えいこう ⇒荒田《こうでん》

永財 えいざい 永久に自分のものとなる財産。「縦雖㆑送㆓数年㆒、質物不㆓永財㆒之条、法意之所㆑定ル也」と用いる。

永作手 えいさくて ⇒作手《つくて》

叡旨 えいし 天皇の仰《おお》せ、お考え。

栄爵 えいしゃく 従五位下の位階をいう。律令制では、五位以上の者と六位以下の者との間には、身分的に大きな差があり、従五位下は特権階級の下限で栄誉ある位という意。平安中期以降、年爵・成功《じょうごう》の形で売買の対象となった。給爵、叙爵といえば従五位下に叙されること。

営種料 えいしゅりょう 田地を耕作するために必要な種子その他の費用。種はうえるの意。用例は少ない。

営所 えいしょ 平安時代の私営田経営の拠点。城塞的な性格も持ち若干人が常駐し、付近に隷属的な労働力が配置されていた。

叡情 えいじょう 天子のお気持、お情け。

永世 えいせい 永代、永久に、将来いつまでもの意。

永宣旨 えいせんじ 「ようせんじ」とも読む。或る特権を永久に保証する勅令の文書。僧官任命に用いることが多い。

永代売 えいたいうり 永久に売り渡す意。売券の文言として見える。売が古代では有期的な所有権の移転を示すのに対して永売は期限を設定しない場合をいう。中世には「永代売渡申候」という文言が多くなるが、それでも、有期または請戻権を留保した売却である場合が多い。⇒永《えい》領地《りょうち》

〈文献〉勝俣鎮夫「売買・質入れと所有観念」（朝尾直弘ほか編『日本の社会史 4』）岩波書店。

永高 えいだか 中世末期、永楽銭を算定基準とした年貢高のこと。戦国時代、領主の賦課する年貢を銭貨で表示する貫《かん》高制《だかせい》が成立し、とくに東国では永楽銭が基準銭貨となっていたので永高の称が生まれた。

〈文献〉小葉田淳『改訂増補 日本貨幣流通史』刀江書院。

穎脱 えいだつ 才能が群を抜いていること。中国の『史記』に記された平原君伝の故事に拠る。

永地 えいち 永年にわたって用益した土地の意で、売券の文言として所見。このような土地の売却は永代売買となる。「長地」と記した文書もあり「ながち」ともいわれたらしい。広く私財をさし永財の語もみられる。

永地返 えいちがえし 「ながちがえし」とも。永代売買された土地を本主《ほんしゅ》（もとの持主）に返す意で、徳政のこと。

永長の大田楽 えいちょうのだいでんがく 永長元年（一〇九六）平安京内で起こった田楽騒動。祇園会《ぎおんえ》を契機に、貴族から庶民まで多数の都市住民が参加した田楽が起こった。幕末のええじゃないかと類似の現象かと考えられている。

営田 えいでん 一般には、土地を耕営すること、またその田地をさしていう。国が国費を投じて開発・経営するものが公営田《くえいでん》、民間で私費を投じて行うものが私営田《しえいでん》である。「延喜式」では、班給さ

れた口分田《くぶんでん》とその他の田（賃租田《ちんそでん》・地子《ちし》田《でん》）をあわせて経営する場合は戸田《こでん》と呼び、口分田を含まない場合は単に営田と呼んで区別している。
〈文献〉阿部猛『律令国家解体過程の研究』新生社。

穎稲 えいとう　刈り取って穂《ほ》がついたままの稲。把《は》・束《そく》の単位でかぞえる。穎稲一〇把＝一束は穀稲（籾《もみ》）一斗に相当し、これを舂《つ》いて玄米（黒米）五升（現在の量で約二升）を得る。古代の出挙稲《すいことう》は穎稲であるが、保存は穀稲（籾）の状態で行われた。
〈文献〉八木充『律令国家成立過程の研究』吉川弘文館。

永仁徳政令 えいにんのとくせいれい　永仁五年（一二九七）三月に出された。その内容は、⑴御家人所領の売買・質入れの禁止、⑵すでに売買・質流れとなった所領の無償返還、⑶但し買得安堵状《ばいとくあんどじょう》を下附されたものおよび年紀《ねんき》を超過したものは除外する、⑷非御家人《ひごけにん》および侍《さむらい》身分以下の者には適用しない、⑸債権・債務に関する訴訟は受理しない、⑹越訴《おっそ》制度を廃止するというもの。のちにこの法令を関東御徳政法などと呼んだ。

〈文献〉笠松宏至『徳政令』岩波新書。

永寧堂 えいねいどう　平安宮朝堂院《ちょうどういん》十二堂のひとつ、会昌門《かいしょうもん》を入った左側にある。柱間《はしらま》七間、桁行《けたゆき》二間の建物。

永福門 えいふくもん　朝堂院の外郭二十五門のひとつ、小安殿《こあどの》の西北の門。昭慶門の西にあり、東の嘉喜門に対応する。

叡聞 えいぶん　天皇がお聞きになること。「叡聞に達す」などと用いる。

英雄 えいゆう　①知恵や才能・武勇にすぐれた人。②摂関家につぐ家柄、英雄家。久我《こが》・花山院《かざんいん》・閑院《かんいん》の三家をいう。

英雄楽 えいゆうらく　唐楽の曲名。黄鐘調《おうしきちょう》の曲。⇒黄鐘・壱越《いちこつ》

永陽門 えいようもん　朝堂院東側の門。正月の御斎会《み(ご)さいえ》の終わる日、公卿はこの門から入り着座する。「年中行事絵巻」にこの門が描かれいてる。

永楽銭 えいらくせん　永楽通宝《つうほう》とも。中国、明《みん》朝の永楽六年（一四〇八）から二十二年（一四二四）の間に鋳造された銅銭。わが国に大量に輸入され、江戸初期まで通用した。室町末期からは粗悪な模鋳銭も出廻り、慶長十三年（一六〇八）幕府は永楽銭の通用を禁じた。

叡覧 えいらん　天皇がご覧になること。「叡覧に供える」などと用いる。

叡慮 えいりょ　天皇や上皇のみこころ。

営料 えいりょう　古代、土地の開発・経営の必要経費。種子《しゅじ》（籾《もみ》）・佃功《でんこう》（手間賃）・食料《じきりょう》などを内容とする。町別稲一〇〇～一五〇束がふつう。

永領地 えいりょうち　永代売の行われた土地。嘉吉元年（一四四一）の徳政令で、永領地も徳政令の対象とされた。⇒永代《えいたい》売《うり》

会賀市 えがのいち　餌香市とも書く。古代に、河内国府（現在の大阪府藤井寺市内）付近にあった市。宝亀七年（七七〇）に市司《いちのつかさ》が任命された。

垣下座 えがのざ　宮廷の饗宴の際に、正客ではなく相伴《しょうばん》にあずかる人を垣下といい、その人びとが座る座席。また、舞楽管絃のとき舞人・楽人の着座するところ。

江川 えがわ　江川酒。戦国時代、伊豆国産の名酒。大川の代官小川《えがわ》長左衛門が醸造したという。また一般に美酒の称。

掖階 えきかい　寝殿などの、中央ではなく側方の階段。大臣家大饗の折に、主人と尊者は寝殿の南階から昇り、弁・少納言は掖階から昇ると「江家次第」に見える。

駅館 えきかん　駅家とも。外国使節（蕃《ばん》客《かく》）応接のために設けられた館。備後《びんご》・安芸《あき》・周防《すおう》・長門《ながと》などの国にあった。

駅起稲 えききとう　律令駅制において、駅に付属した駅田からの穫稲。これを出挙して駅の諸費用にあてた。

疫疾 えきしつ　流行病のこと。「当年自㆓正月㆑之比㆒、洛中以外疫疾流布」と用いる。

疫神 えきじん　病気をはやらせる神、疫病神《やくびょうがみ》のこと。疫神を鎮《しず》める祭が、皇居の四隅や畿内の境で行われていた。

駅長 えきちょう　古代の駅《うまや》の長。駅戸のうち富裕にして事に堪える者を選んで任じた。かれらは長者《ちょうじゃ》と称された。

掖庭 えきてい　椒庭《しょうてい》に同じ。原義は王宮の掖に設けた殿舎の意で、後宮、皇后宮のこと。⇒椒庭

掖庭監 えきていげん　縫殿助の唐名。

掖庭令 えきていれい　縫殿頭の唐名。

易田 えきでん　⇒やくでん

益なし えきなし　⇒甲斐《かい》なし

疫病 えきびょう　⇒えやみ

掖門 えきもん　正門に対して、傍《かたわ》らにある小門。平安宮朝堂の正門は応天門で、その東西にある長楽門と永嘉門は東西掖と称される。

会行事 えぎょうじ　①天台宗・真言宗で置いた法事奉行。②一般に、法会など儀式を掌る者。

会行者 えぎょうじゃ　会行事も同じ。天台宗・真言宗で置いた役職で、法要、事務を扱う。天台宗では法事奉行といった。広義には、一般に法会を指揮する僧。

疫癘 えきれい　疫病。えやみ、えのやまい、ときのけ、はやりもの、はやりやまいと称する。急性伝染病のこと。単に疫、時疫とも書く。平安時代、赤痢《せきり》・痘《とう》瘡《そう》（天然痘《てんねんとう》）・流行性感冒《かんぼう》・癩《らい》・結核《けっかく》・赤《あか》斑瘡《もがさ》（はしか）などが猛威を振るった。〈文献〉新村拓『日本医療社会史の研究』法政大学出版局。

会下 えげ　会解とも書く。①会座《えざ》に集まって説法を聴く人びと。②禅宗や浄土宗などで、師のもとで教えを受ける僧。会下僧。門下の僧、学僧のことをいう。

依怙 えこ　①便りとするもの。「以㆓預所得分百斛㆒為㆓其依怙㆒、広作㆓仏事㆒」と用いる。②片手落ち、ひいき。③自己の利益。

回向 えこう　仏事を行い、死者の極楽《ごくらく》往生《おうじょう》・冥福《めいふく》を祈ること。

会合衆 えごうしゅう　⇒かいごうしゅう

えこた　旧河道の低湿地。〈文献〉鈴木哲雄『中世日本の開発と百姓』岩田書院。

絵詞 えことば　①絵巻物の詞書《ことばがき》。②詞書のついている絵巻物。

荏胡麻 えごま　⇒荏《え》

絵師 えし　①令制下、画工司に属した画工。大同三年（八〇八）内匠寮に併合。②院や幕府また諸社寺に属した画工。僧形の者は絵仏師《えぶっし》という。

衛士 えじ　律令制下、諸国軍団から交替で上京し、衛門府、左右衛士府に配された兵士。宮門の警衛、行幸供奉《ぐぶ》に当った。

会釈 えしゃく　家釈とも書く。①仏教用語で、真実の意味を明らかにすること。②納得できる解釈を加える。③配慮する、斟酌《しんしゃく》する。④言いわけをする。⑤あいさつをする。⑥軽いおじぎをする。

会赦帳 えしゃちょう　国司交替に際して前・後任が署名して太政官に提出した帳面。後任から前任に対して解由状《げゆじょう》が交付されるが、前任に不正・怠慢があっても赦にあって免《ゆる》された場合、会赦帳を提出する。

会所枡　えしょます　興福寺の維摩会《ゆいまえ》以下の諸会式《えしき》とその費用の下行《げぎょう》（支出）を掌る機関を会所という。その会所の目代《もくだい》が保管した支出用の枡（下行枡）。〈文献〉宝月圭吾『中世量制史の研究』吉川弘文館。

絵　図　えず　地図。田図（班田図・校田図）、開田図（墾田図）、荘園絵図などを総称する。古代、中世荘園の研究や古代、中世人の地理的認識を知るための史料として重視される。〈文献〉葛川絵図研究会編『絵図のコスモロジー　上・下』地人書房。小山靖憲・佐藤和彦『絵図に見る荘園の世界』東京大学出版会。

似　非　えせ　似而非とも書く。①にせもの、まやかし。②とるに足りないの意。人についていえば似非者《えせもの》。

蝦夷が千島　えぞがちしま　平安中期以降、アイヌが住むと考えられた島々のこと。現在の北海道は蝦夷島《えぞがしま》。

穢　多　えた　江戸時代に賤民身分に位置づけられた人びとに対する呼称。一三世紀後半に成立した辞書『塵袋《ちりぶくろ》』に「キヨメ」を「エタ」というと記されている。語源については、「餌取《えとり》」にあると説き、屠殺がかかわり、仏教的不浄の観念で見られている。〈文献〉横井清『中世民衆の生活文化』東京大学出版会。

枝　文　えだぶみ　古代、四度公文《しどのくもん》に添えられた付属文書。中央の主計寮で公文を点検するときの明細帳に当たる。『政事要略』（巻五七）に帳簿名が列記されている。〈文献〉坂本太郎『日本古代史の基礎的研究　下』東京大学出版会。

愛智打　えちうち　室町時代、近江国愛智《えち》荘《しょう》に住んだ面打ちの作った能面。近江猿楽か宇治猿楽に関わるものであろう。

越後上布　えちごじょうふ　越後国魚沼地方特産の麻織物。青苧《あおそ》という苧麻《ちょま》を原料とする糸で織った。室町時代、三条西家を本所とする越後青苧座は仕入れと販売を独占していた。〈文献〉小野晃嗣『日本中世商業史の研究』法政大学出版局。

越前紙　えちぜんがみ　越前国で生産された和紙。室町中期以降、薄様《うすよう》・打曇《うちぐもり》などの鳥子紙《とりのこがみ》が著名。奉書紙は戦国期から著名となった。今立郡に紙座があり守護朝倉氏の保護を受けていた。〈文献〉寿岳文章『日本の紙』吉川弘文館。

越前猿楽　えちぜんさるがく　室町時代、越前国で発達した猿楽の一派。守護朝倉氏の保護を受けていた。

悦　状　えつじょう　⇒善状《ぜんじょう》

笑　壺　えつぼ　①笑い興ずる、ほくそえむ。②人を陥れようとたくらむ計画。「えつぼに入る」といえば思いどおりになって、思わず笑い出したくなること。

え　て　「え」は可能を示す副詞で、これに助詞の「て」がついて、ともすれば、とかくの意となる。『愚管抄』に見え、中世を通じて用いられた。「えてして」は近代の用語。

越天楽　えてんらく　唐楽の曲名。舞はない。原曲は盤渉《ばんしき》調。七五調の今様歌を旋律に当てはめた越天楽今様は貴族間に流行した。

干　支　えと　⇒かんし

絵　解　えとき　曼荼羅《まんだら》、釈迦涅槃図《しゃかねはんず》、高僧絵伝《こうそうえでん》、寺社縁起《じしゃえんぎ》などの宗教的絵画（説話画）を解説し語り聞かせること、またその解説者をいう。中世には芸能化が進み、室町期になると絵巻や掛幅絵《かけふくえ》を携《たずさ》えて流浪漂泊する絵解法師《えときほうし》や俗人の絵解が活躍した。〈文献〉赤井達郎『絵解きの系譜』教育社。

画所 えどころ　絵所とも書く。①大同三年（八〇八）に廃止された画工司にかわって置かれたもので、宮廷の装飾や衣服の模様などを担当した組織。②中世、東大寺・春日神社など大社寺に設けられた絵画方の組織。

餌取 えとり　令制の主鷹司《しゅようし》に属する鷹《たか》飼《かい》。鷹の餌となる獣肉の供給を職とした。貞観二年（八六〇）以後、主鷹司に官人は配置されず機能を失った。

柄長杓 えながひさご　長い柄《え》のついた黒漆塗の杓《ひしゃく》。騎馬で遠出のとき従者に持たせ、越後布で漉《こ》して水を飲む。

不レ艶 えならず　「えもいわず」とも読む。いうに言われず、たいそう、ひどく。「天気不レ艶候て」とか「雨風不レ艶候て」と用いる。

江長 えのおさ　大膳職の伴部。雑供戸の江人《えひと》を指揮して贄物《にえもの》（おもに淡水魚）を取った。延暦十七年（七九八）内膳司につけられ、仁和元年（八八五）に停廃。

衣鉢 えはつ　「いはつ」とも。三種の法衣（袈裟《けさ》）と食器（鉄鉢）のことで、出家受戒のときはこれを整えることが条件である。師が弟子に奥義を伝えることを衣鉢を継ぐと称する。

葡萄染 えびぞめ　赤みの多い紫。直衣《のうし》・下襲《したがさね》・指貫《さしぬき》・衵《あこめ》・袿《うちぎ》・唐衣《からきぬ》の染色として見える。⇒直衣・下襲・指貫・衵・袿・唐衣

江人 えびと　簗《やな》や筌《うけ》などで魚を捕らえる者で、平安時代、内膳司のもとに山城・河内・摂津・和泉などの諸国の御厨《みくりや》に居住した。⇒御厨

箙 えびら　矢を収納し背負う武具。ふつう矢二四本を収める。「箙をたたく」といえば、軍勢が気勢をあげるさま。

餌袋 えぶくろ　①鷹狩のとき携帯する、鷹の餌や獲物を入れる竹製の籠《かご》。②旅行・外出のとき用いる弁当を入れる袋。

絵仏師 えぶっし　仏画の製作、仏像の彩色に携った画家で院政期からの呼称。大寺院の絵（画）所に属して僧籍にあった。

衛府長 えふのおさ　雑色《ぞうしき》の長。室町時代、狩衣《かりぎぬ》姿で白張《しらばり》を本来としたが、白綾或いは練貫《ねりぬき》の者が多かった。⇒白張・練貫

衛府太刀 えふのたち　衛府の武官が帯びていた太刀。文官の細い太刀にくらべて実用的なもの。野太刀ともいう。

杁 えぶり　柄振とも書く。農具。長い柄の先に横板をつけたもの。土塊を砕《くだ》き地面をならすのに用いる。

吉方 えほう　恵方とも書く。その年の干支《えと》に基づいて定められた吉祥の方位をいう。吉方にある社寺に参詣して福徳を祈る風習を恵方詣《えほうもうで》という。吉方は生気方《しょうげのかた》ともいう。

烏帽子 えぼし　男の日常のかぶり物。黒色の布帛、紙製の帽子。懸緒《かけお》と呼ぶ紐で結び頭に固定させる。かたちにより、立《たて》烏帽子、風折《かざおり》烏帽子、平礼《ひれ》烏帽子などという。⇒立烏帽子・風折烏帽子・平礼

烏帽子親 えぼしおや　武士社会で、男子が元服するとき、烏帽子の加冠役となった仮親《かりおや》のこと。元服者は烏帽子子といい、この擬制的親子関係は血縁関係に準ずるものとして重んじられた。
〈文献〉和歌森太郎『中世協同体の研究』弘文堂。

烏帽子成 えぼしなり　村落の成人儀礼。およそ一五歳に達すると、村の乙名《おとな》などの烏帽子親から烏帽子を授かり盃《さかずき》を受けた。この儀礼を通過して一人前の村人と認められた。
〈文献〉鬼頭清明ほか編『生活史 Ⅰ』山川出版社。

絵馬 えま　神社・寺院また小祠・小堂に、祈願や報謝のために、馬やその他の

絵を描いて奉納する絵。古く、神に馬を献上する風があったが、生馬にかわり土馬・木馬を、更に木の板に描いた馬を捧げるようになった。奈良時代に始まり現代に至る。
〈文献〉岩井宏実『絵馬』法政大学出版局。

絵巻 えまき　物語・説話・社寺縁起などを、詞《ことば》（文章）と絵であらわした横長の巻物《まきもの》。絵巻の形式は中国伝来のものであるが、一〇世紀以降わが国で独特の発達をみた。貴族・武士の社会での子女教育に用いられ、また寺社の教義の宣伝・布教の手段に用いられた。
〈文献〉武者小路穣『絵巻の歴史』吉川弘文館。

蝦夷 えみし　古代、東日本に住み中央政府に随わなかった人々をいう。エミシはアイヌ語で人《ひと》を意味する。蝦夷がアイヌか、或いは特定の異種族であるか議論がある。古代・中世に、東国の者（とくに武士）を嘲弄して「アズマエビス」という。

衣文 えもん　衣紋とも書く。装束の着装法。平安末期に強装束《こわそうぞく》が流行するようになると、ひだのとり方や結び方など、折り目正しく着る風が起こった。着用の流儀も生じ秘伝化した。⇒強装束

絵屋 えや　絵画の生産・販売を行った商人。文禄元年（一五九二）京都に三軒あった。都市における美術工芸品の需要増大に対応して生まれた。

疫病 えやみ　①悪性の流行病。②現在のマラリアに相当する病気で「おこり」といわれた。

択馬 えらびうま　都で必要な馬を諸国勅旨牧から貢進をさせたこと。馬は左・右馬寮に分けて飼養された。

領 えり　衣服の頸《くび》の周囲に当たる部分。盤領《まるえり》と方領《かくえり》とがある。

魞 えり　主として琵琶湖で用いられる漁具。比較的浅い所に木・竹・簀《す》を立てまわして迷路を作り、魚を狭い袋小路に誘い込んで捕獲する。一三世紀、近江国蒲生郡奥島《おきつしま》荘の魞に関する文書がある。

選り討 えりうち　強い敵を選んで討ち取ること。

撰銭 えりぜに　中世社会では多種類の通貨が流通し、授受に当たり、粗悪な銭（悪銭）を排除し、良銭（精銭）を要求することが行われた。これを撰銭という。
〈文献〉小葉田淳『改訂増補 日本貨幣流通史』刀江書院。

撰銭令 えりぜにれい　室町・戦国期に、幕府・大名・寺社が、撰銭を禁止し、また粗悪な銭を一定の換算比率（打歩《うちぶ》という）で流通させせようとして出した法令。室町幕府は明応九年（一五〇〇）から永禄九年（一五六六）までに九回発令した。そのほか、大内氏・結城氏・浅井氏・織田氏・後北条氏・興福寺・東福寺が撰銭令を出している。
〈文献〉小葉田淳『改訂増補 日本貨幣流通史』刀江書院。

烟 えん　煙の異体字。戸数をかぞえるのに用いる。百烟＝百戸。

縁 えん　殿舎の外側に設けた板敷の部分。簀子《すのこ》、簀子縁ともいう。板の張り方には、建物の辺と直角に張るもの（切目縁《きりめえん》）と、平行に張るもの（榑《くれ》縁）の二種がある。

焉 えん　漢文の助字。語や文の終わりに置いて語調を整える。断定的意を表すことが多い。不読字である。矣も同じ。⇒いずくんぞ

爰 えん　⇒焉《いずくんぞ》

讌 えん　⇒宴《うたげ》

宛 えん　⇒恰《あたかも》

宴 えん　⇒うたげ

延英堂 えんえいどう　豊楽院《ぶらくいん》九堂のひとつ。儀鸞門《ぎらんもん》外の東方にあって、西の招俊堂《しょうしゅんどう》と

対する。正面九間で階が三つある。大《だい》嘗会《じょうえ》辰日節会には親王・公卿の座となる。

沿革 えんかく　物事の移り変わること。沿は因るで前に因《よ》り変わらぬこと。革はあらたまるで、旧を改めるの意。

燕楽 えんがく　宴楽とも。中国で酒宴で奏される音楽。儀式用の雅楽に対するもので俗楽という。流行歌や西域の胡楽《こがく》なども取り入れられた。

炎旱 えんかん　炎干とも書く。日照りで暑気《しょき》の甚しいこと。炎暑の旱魃《かんばつ》。

縁起 えんぎ　仏法・経典、寺社草創の由来、神仏霊験譚《れいげんたん》をいう。進官された公的なものは「縁起并流記《るき》資財帳」があるが、平安中期以降は霊験譚縁起が多くなる。

縁起資財帳 えんぎしざいちょう　寺院や仏像の造立の由来《ゆらい》・利益《りやく》・功徳《くどく》の伝説を記した縁起と、寺院の資財を書きあげたもの。

〈文献〉桜井徳太郎ほか『寺社縁起』岩波書店。

延喜通宝 えんぎつうほう　皇朝十二銭の一つ。延喜七年（九〇七）十一月に発行された銅銭。鉛銭かと思わせるほど鉛部分が多い。

延喜の荘園整理令 えんぎのしょうえんせいりれい　延喜二年（九〇二）三月十二日、十三日の両日にわたって出された一連の太政官符による諸政策を一括して称する。(1)臨時の御厨と院宮王臣家の厨を停止、(2)調庸の精好《せいごう》を要求、(3)班田の励行、(4)田租穎稲徴収の禁止、(5)院宮王臣家による山川藪沢の占固禁止、(6)院宮王臣家が民の私宅を庄家と号し稲穀を貯積することを禁止、(7)勅旨開田の停止、院宮王臣家および五位以上の者が百姓田宅を買い閑地荒田を占請するの禁、などを内容とする。これらの法令の内容は「荘園整理令」と称するにはふさわしくなく、最近では「延喜の国政改革」と呼ぶことが多い。⇒精好

〈文献〉高田実「一〇世紀の社会変革」（『講座日本史　2』）東京大学出版会。

延喜の奴婢解放令 えんぎのぬひかいほうれい　『政事要略』（巻八四）にのせる長徳三年（九九七）十月二十七日付の、但馬《たじま》国朝来《あさこ》郡司全見挙章《またみのたかあき》と明法家惟宗允亮《これむねのただすけ》の問答を唯一の史料とする。この中で、全見挙章の祖先が買った奴婢の子孫である婢兼女が述べた言葉「延喜格停二止奴婢一了、格後不レ可レ有二奴婢一」がそれである。奴婢停止を内容とする延喜年間の格は存在せず、諸説あるが、父母が貧窮のためにその子を売るのを禁じた法の再確認にすぎないのではないかと思われる。

〈文献〉阿部猛『平安前期政治史の研究　新訂版』高科書店。

延休堂 えんきゅうどう　平安宮朝堂院十二堂の一つ、西方の第一堂で、東西にそれぞれ三か所に階《きざはし》がある。儀式の際には親王の着座する場となった。

延久の荘園整理 えんきゅうのしょうえんせいり　延久元年（一〇六九）に実施された荘園整理。直接的な史料は伝わらず、少ない史料からおよその内容をうかがうことができるにすぎない。(1)浮免《うきめん》の定免《じょうめん》（定田《じょうでん》）化、(2)荘田と公田の相博《そうはく》（交換）、(3)畠を検注の対象としたこと、などが注目される。整理令の実施状況は石清水八幡宮領においてうかがわれる。⇒浮免

〈文献〉槇道雄『院政時代史論』続群書類従完成会。

延久宣旨枡 えんきゅうのせんじます　後三条天皇の延久四年（一〇七二）の宣旨によって公定された枡。一升枡であるが、実容量はいまの六合二勺四撮に当たる。

燕居 えんきょ　ひまで家に居ること。燕はやすむの意。

宴　曲　えんきょく　鎌倉末期から室町時代にかけて流行した宴席でのうたいもの。早歌《そうが》という。雑芸《ぞうげい》・白拍子《しらびょうし》・天台声明《しょうみょう》の諸要素が取り入れられた歌。〈文献〉外村久江『早歌の研究』至文堂。

延喜楽　えんぎらく　花栄楽も同じ。高麗楽《こまがく》の壱越《いちこつ》調の曲。延喜八年（九〇八）に作られた。祝宴で万歳楽のあとに演じられた。⇒壱越

烟　景　えんけい　煙景とも書く。禅僧の隠語で、銭五百文のこと。唐の崔塗《さいと》の詩「春夕旅懐」の「五湖煙景有誰争」の五湖と五箇（＝五百文）の音の通ずるところから。

円　座　えんざ　円坐とも書く。円形の敷物、座ぶとん。藺《い》・菅《すげ》・蔣《まこも》・蒲《がま》・藁《わら》などで作る。「わらうだ」ともいう。

縁　坐　えんざ　犯罪人の親族にも刑事責任を負わせる制度。「養老律」に規定があり、「関東御成敗式目」では、第十条に、父子の間の、第十一条に夫婦間の縁坐規定がある。〈文献〉石井良助『日本法制史概説』弘文堂。

園　司　えんし　御園《みその》の管理に当たる役人。預《あずかり》とも称する。⇒御園

円　寂　えんじゃく　僧が死ぬこと。元来は般涅槃《はつねはん》の訳語で、悟りの知恵を完成した境界をいう。

厭勝銭　えんしょうせん　まじないとして用いる銭。銭の持つ呪力に期待して地鎮・供養・長命祈願などに用いた。富本銭《ふほんせん》などは、まじない用の銭かといわれる。

燕　寝　えんしん　天皇がふだん休息する部屋。燕は宴にも通ずる。寝はやすむ。

淵　酔　えんずい　宴砕・燕酔とも書く。禁中で、正月十一日の五節帳台試《ごせちちょうだいのこころみ》の翌日、また臨時の大礼のあと、清涼殿で殿上人に酒宴を賜わり、乱舞・歓楽する宴会。殿上淵酔《てんじょうのえんずい》ともいう。その折、朗詠、今様なども行われる。

延政門　えんせいもん　平安京内裏内郭十二門のひとつ、東面の門。右廂門《みぎのひさしもん》ともいわれる。門外の北脇は内記・史生の結所で、宮中の記録を掌る場。

塩　損　えんそん　海浜干拓田の水路に海水が流入して、稲作に損害を生じたこと。

延　怠　えんたい　物事を怠り日限を遅らせること。「毎ㇾ有ㆍ小破ㆍ随即修ㇾ之、不ㇾ得ㆍ延怠ㆍ令ㇾ致ㆍ大破ㆍ」と用いる。

厭対日　えんたいにち　陰陽道で、婚礼・外出・種蒔などを忌む日。正月辰《たつ》の日、二月卯《う》の日、三月寅《とら》の日、四月丑《うし》の日、五月子《ね》の日、六月亥《い》の日、七月戌《いぬ》の日、八月酉《とり》の日、九月申《さる》の日、十月未《ひつじ》の日、十一月午《うま》の日、十二月巳《み》の日。

園　地　えんち　律令制下、農民の戸《こ》に均給された。地目は畠。その耕営の実態は未詳。請作人《うけさくにん》から地子《じし》を徴する経営は一一世紀以降に出現する。〈文献〉彌永貞三『日本古代社会経済史研究』岩波書店。

堰　長　えんちょう　一二世紀、伊勢国大国荘《おおくにのしょう》で所見。用水路の開発・修理のための労働力の徴発と編成に当たる田堵《たと》中の有力者。〈文献〉亀田隆之『日本古代用水史の研究』吉川弘文館。

淵　底　えんてい　縁底とも書く。根本、根源、委細、悉く、初めからのいきさつ。「淵底を尋ね明《あき》らめ」「淵底御存知之儀」などと用いる。⇒縁底《なにによりてか》

円　田　えんでん　荘田のあり方を示す語。(1)他領や公田を交えず、同一領主の荘田のみで荘園が構成されている状態。(2)荘園を構成する荘田が散在、入組みなっている状態を解消するために、田地の交換（＝相博《そうはく》）・買得などにより、ひとまとまりの状態にしていくことを円田化という。

〈文献〉村井康彦『古代国家解体過程の研究』岩波書店。

塩　田　えんでん　製塩のために海辺につくった塩浜。海岸の遠浅《とおあさ》の潟《かた》を利用して、潮《しお》の満干によって海水を導入する入浜《いりはま》と、海水を桶《おけ》で汲んで砂浜に散布する揚浜《あげはま》がある。中世、塩を生産し塩を年貢とした荘園として東寺領伊予国弓削島荘《ゆげしまのしょう》が著名である。

〈文献〉渡辺則文『日本塩業史研究』三一書房。

筵　道　えんどう　筵《むしろ》を敷いた道。道敷ともいう。公事・儀式の際に、貴人の通行のため筵を敷いて道とした。菅《すげ》・蒲《がま》・藺《い》の類を長く編んだ葉薦《はごも》である。天皇がこの上を歩くと、掃部寮《かもんりょう》の官人がその後ろについて、巻いていった。

縁　友　えんども　縁共とも書く。平安末期から鎌倉時代に見られ、仏教的縁で結ばれたという意味あいでの配偶者呼称。古代的な対遇婚から中世的な一夫一婦制への移行、家の成立、家父長制的家族の成立という社会的変動期の表現である。

縁　日　えんにち　その日に、その神・仏を念ずれば特別の功徳《くどく》があるという信仰に基づき定められた法会《ほうえ》・供養《くよう》の日。観音の縁日が十八日であると『今昔物語集』に見えるのが早い例である。中世には、地蔵《じぞう》は八日、阿弥陀《あみだ》は十五日、北野天神は二十五日などと認識されていた。

厭　日　えんにち　具注暦注《ぐちゅうれきちゅう》のひとつで厭殺の日。遠行・移徙《いし》・揚兵・入官・嫁娶・祠祀などには凶、鎮攘・治獄に吉とされる。⇒具注暦

衍　入　えんにゅう　古典などが伝来するうちに、衍字（余計《よけい》な文字）や衍文（余計な文）が挿入されることをいう。

延　任　えんにん　官職の任期が満ちても、なお一〜三年そのまま在任させることをいう。とくに国司の場合をいう。寛弘二年（一〇〇五）十二月二十五日、伊予・讃岐両国司は私物を以て皇居を造営した功により二か年の延任が認められた。更に一任四年を在任するのは重任《ちょうにん》。

〈文献〉阿部猛『北山抄注解 巻十 吏途指南』東京堂出版。

延　年　えんねん　公家社会で遊宴に演じられる歌舞。平安末期からは諸寺の大法会式後に僧侶・稚児が行ったアトラクション芸能をさしていう。銅鈸子《どうはつし》・鼓などを伴奏楽器とした。のちには遊僧《ゆうそう》と称する専門家も現れた。延年は能楽のなかにも取り入れられている。

〈文献〉松尾恒一『延年の芸能史的研究』岩田書院。

宴　座　えんのざ　宴坐・燕座とも書く。①朝廷の節会《せちえ》・臣下の大饗の時の酒宴の座。正式の宴会で、その後にくつろいで歓談・飲食する宴会を穏座《おんざ》と称する。②座禅すること。

宴松原　えんのまつばら　現在の京都市上京区出水通入ル付近にあった宜秋門《ぎしゅうもん》外の広場。月夜に鬼が出て女が喰われた話がある。⇒宜秋門

焉　馬　えんば　焉烏《えんう》、魯魚《ろぎょ》も同じ。字画が似通っていて、まちがい易い文字のこと。また、文字の誤りをもいう。

塩　梅　えんばい　①雅楽における篳篥《ひちりき》の奏法の一つで、装飾的な奏法をいう。②君主を補佐すること。政務をよく処理すること。⇒あんばい

振　鉾　えんぶ　厭舞、振舞とも書く。舞楽の曲名。舞楽の初めに奏する短い儀礼用の演目で、二人の舞人が鉾《ほこ》を持って舞う。

閻　浮　えんぶ　梵語、Jambudvipa閻浮《えんぶ》提《だい》の略。閻浮樹という大樹の生えいてる大陸で、のち人間世界。現世を意味するようになった。

縁辺　えんぺん　①国の周囲、国境。②縁続きの人。

閻魔天供　えんまてんく　閻魔天を本尊として行う密教的修法。除病延命、息災安穏又は安産の祈り。一〇世紀末から見えるが、盛んに行われたのは平安末期である。

塩味　えんみ　斟酌《しんしゃく》する、加減する、相談する。

厭魅　えんみ　他人を呪詛《じゅそ》する一法。手足をしばり、心眼を針で刺《さ》した人形を用いて呪詛する。餅とともに被呪詛者の髪を埋めたりする。

延明門　えんめいもん　大内裏豊楽院《ぶらくいん》十九門のひとつ、東面中央の五間の門。正月七日、左右馬寮官人が白馬《あおうま》を索《ひ》いてこの門から入る。

冤凌　えんりょう　無実の罪を言いたてて、ひどいめにあわせる。また暴行を加えること。「引二率衆多眷属国使等一　冤二凌百姓一」と用いる。

延禄堂　えんろくどう　朝堂院《ちょうどういん》十二堂のひとつ。正面一五間。儀式に際して大蔵省・宮内省・正親司の官人の着座する場。

お

苧　お　麻、からむしの異名。

緒　お　①細長い糸や紐《ひも》。②楽器や弓の弦《つる》。③鼻緒《はなお》。

笈　おい　行脚僧《あんぎゃ》・修験僧《しゅげん》が本尊・仏具・食器などを収納して背に負って旅行した用具。四角の枠《わく》に板を張った板笈（縁笈）と、縦長の箱に脚をつけた箱笈（横笈）がある。

追失　おいうしなう　追放する、追い去らせる。

追落　おいおとし　①強盗の一種。『源平盛衰記』に「山賊《やまだち》して年貢追《い》ひ落し」と見える。「沙汰未練書」には「路次狼藉とは、路次に於て人物を奪うことなり、追落、女捕、刈田、刈畠以下のことなり」とある。②敵を追い払うこと。

纓　おいかけ　緌、綏、老懸とも書く。武官の巻纓《けんえい》の冠、六位以下の細纓の冠につける装飾的付属品。針金の輪に黒の馬の尾毛を放射状半円形に編《あ》み揃《そろ》えたもの。

追銭　おいせん　鍋・釜などを買うとき、古い鍋・釜を出すとその代価分を差引く。下取《したどり》価格である。それを追《おい》、追銭という。下取をともなわないときは「さら」という。

負征矢　おいそや　箙《えびら》にさして背負った戦闘用の矢。

生立　おいたつ　木や草が生《は》え立つ、生長する。

負目　おいめ　負債《ふさい》のこと。「おいめをなす」といえば、借銭・借物を取りたてること。正長元年（一四二八）徳政碑（大和国柳生郷《やぎゅうごう》）に「神戸《かんべ》四かん郷にヲヰメあるべからず」と見える。

負物　おいもの　⇒ふもつ

襖　おう　⇒あお

応　おう　⇒いらう

お上　おうえ　①主人や目上の人の妻を敬っていう。②主婦の居間、茶の間。③畳を敷いてある座敷。

王化　おうか　君主の徳が広く行きわたること、王の政治。

謳歌説　おうかのせつ　世間《せけん》のうわさ。風説、巷説に同じ。

応器　おうき　応量器とも。托鉢僧《たくはっそう》の持つ鉄鉢。

奥義　おうぎ　学問・技芸などの最も奥

深く難解なことがら、極意《ごくい》。

扇 おうぎ あおいで涼をとり、また祭儀用に用いる服飾用具。檜《ひのき》や杉の板を綴じ合わせた檜扇《ひおうぎ》と、竹や木の骨に紙を貼《は》った蝙蝠扇《かわほりおうぎ》とがある。平安貴族にとっては必需品で、顔をかくしたり、陽光を遮ったり、合図の音をたてたり、沓《くつ》の向きを直し、またメモ用にも用いたりする。〈文献〉阿部猛『平安貴族の実像』東京堂出版。

扇合 おうぎあわせ 左右に分かれて、それぞれ趣向を凝らした扇を出し合い優劣を競う。扇面に歌を書いたり扇を置く州浜に歌を添えたりする。歌合を兼ねるのである。一〇～一二世紀が盛期。

扇折 おうぎおり 扇を作る人。地紙《じがみ》を折ることからの呼称。

扇紙 おうぎがみ 扇の竹の骨に張る紙、地紙《じがみ》。

扇座 おうぎざ 中世の扇商人の座。木工頭を本所とし、本座（問屋に相当する）四軒とその脇座、町座（中座）四軒と、商圏を持たない店売りの下座があった。

応議者 おうぎしゃ 令制の刑法で、六議《りくぎ》に相当する者をいう。六議とは、(1)議親（皇親および皇帝の五等以上の親、太皇太后・皇太后の四等以上の親、皇后の三等以上の親）、(2)議故（天皇に侍見し、とくに接遇を蒙ること久しいもの）、(3)議賢（賢人・君子）、(4)議能（大才芸ある者）、(5)議功（大功勲ある者）、(6)議貴（三位以上の者）のこと。応議者が罪を犯した場合、流罪以下は各一等を減じ、死罪に相当するときは勅許によって罪を議する。これを議減という。

扇流 おうぎながし ①金銀をちりばめた美しい扇を川に流す遊戯。②①の様子を描いた扇。

扇引 おうぎひき ①扇に紐《ひも》をつけて、美しい扇を引き当てる遊戯。②扇相撲のこと。親指と人差指で扇の端《はし》を持ち引き合う。

横行人 おうぎょうにん 「おうこうにん」とも読む。一〇世紀以後、傍若無人《ぼうじゃくぶじん》の振舞いをする者を、朝廷や荘園領主が非難の意を込めて呼んだ。

王家 おうけ 「おうか」とも。①国王の家筋。②王宮。③花山源氏の白河家の別称。王氏、伯家とも。

応減者 おうげんしゃ 令制の刑法で、六位・七位、勲五等・六等の者と、応請者の官位・勲位の者（四位・五位と勲一等から四等までの者）の祖父母・父母・妻子・孫をいう。応減者が流罪以下の罪を犯した場合、一等を減ずる。これを例議という。

往古 おうこ 「おうご」とも。過ぎ去った昔。往昔《おうじゃく》も同じ。

朸 おうご てんびん棒のこと。

会期 おうご 逢期も同じ。機会に会う、機会に恵まれる。「別れての後やわびしき織女《たなばた》のあふごはるけきことを思へば」などと用いる。

擁護 おうご 神や仏が助け守ること。「神明三宝の威光も消え、諸天も擁護し給はず」と用いる。

逢坂関 おうさかのせき 近江国逢坂山の東、現在の大津市逢坂一丁目にあったという関。畿内から畿外への境界に当たる。

押作 おうさく ⇒おしさく

王氏 おうし 律令制下、二世以下五世以上の皇胤をいう。五世以下でも賜姓がなければ王と称した。女性は女王。

押紙 おうし 古文書に貼付《てんぷ》された細長い小紙片で、疑問や注意事項を注記する。紙の全面に糊をつけ貼《は》りつける。紙片の上部にのみ糊をつけたものは付箋《ふせん》という。

黄紙 おうし 黄蘗《きはだ》で染めた黄色の紙。詔勅や経文を書く料紙とする。

襖子 おうし ⇒あおし

黄鐘《おうしき》 ①黄鐘調の略で十二律の一つ。イ音（aの音）に相当する。②旧暦十一月の異名。

尩弱《おうじゃく》 ①体力・気力が弱い。②威力・勢力が小さい。③弓が強くない。④土地からの税の貢納が少ない。⑤貧しい。「尩弱の百姓」といえば貧しい百姓。

往昔《おうじゃく》 「おうせき」とも読む。むかし、いにしえ。

奥州総奉行《おうしゅうそうぶぎょう》 鎌倉幕府の職制。陸奥国の鎮撫と御家人の統率を掌った。文治五年（一一八九）葛西清重を任じたのが初めという。

奥州探題《おうしゅうたんだい》 室町幕府の陸奥国統治機関。足利政権は、奥州総大将ついで奥州管領を置いて奥羽両国を統轄させたが、延文元年（一三五六）羽州管領の設置により陸奥一国を管轄することになり、応安元年（一三六八）頃、奥州探題と改称された。室町期、斯波《しば》氏の系統が大崎氏を称して探題職を世襲したが、弘治元年（一五五五）以後は伊達氏が世襲した。

押署《おうしょ》 文書に、責任者が署名すること。「押レ署加レ印」などと見える。

押書《おうしょ》 ⇒あっしょ

鞅掌《おうしょう》 鞅は物をになうの意。掌は物を捧げる意。①忙《いそが》しい。②主宰する。③満足する。

皇麞《おうじょう》 唐楽の平調《ひょうじょう》の曲。現在、舞は伝わらない。『源氏物語』（胡蝶）に「わうじやうといふ楽いとおもしろく聞《きこ》ゆるに、心にもあらず、釣殿にさしよせられておりぬ」とある。

圧状《おうじょう》 ①強制的に書かせた文章。②無理に承知させること。「責二取圧状一、称二白状一令二断罪一之条、甚不レ可レ然」と用いる。⇒あつじょう

王臣家《おうしんけ》 皇親五世以下の王と臣下を総称する。奈良時代末から平安初期にかけて、かれらが大土地所有を展開したのに対応して、それを抑制する法がしきりに出された。

応制《おうせい》 天皇の命（＝制）に従って（応）詩文を詠進すること。古代中国では応詔といったが、唐の則天武后以後応制といった。

応請者《おうせいしゃ》 応議者の祖父母・父母・伯叔父姑・兄弟・姉妹・妻子・姪孫、または四位・五位と勲一等から四等までの者。応請者が罪を犯した場合は、勅許を請い、流罪以下は一等を減ずる。これを請減《せいげん》という。

押送《おうそう》 ①護送。②受刑者や拘留中の被告の護送。

王相方《おうそうかた》 陰陽道で、王相神《おうそうじん》のいる方角。月ごとにその所在の方角は変わる。その方角は移転・建築の際に避けた。

皇帝破陣楽《おうだいはじんらく》 唐楽。唐の太宗の作。もとは武の舞で、六人が剣を抜いて舞ったという。八世紀初めにわが国に伝わった。

王丹之酒《おうたんのさけ》 王丹の酒殽《しゅこう》（さけとさかな）で農民を慰労したことをいう。王丹は中国後魏の下邽の人で酒肴を供して農民の働きをいたわった。

棟《おうち》 ①襲《かさね》の色目。うす紫色、棟の花の色。棟はセンダンの古名。②平安時代末期、京都の左獄の門に棟の木があり、ここに咎人《とがにん》の首をさらした。

王朝国家《おうちょうこっか》 時代区分の一種として「王朝時代」の語があり、主として平安中期以降の摂関政治と重ねあわせて用いられてきた。これに対して、現在では、国家体制論としてこの語を用い、一〇～一一世紀の国家形態を律令国家体制とは異なる独自のものと認識する。税

制や地方行政組織の変化に対応して、中央の政治機構は官司請負制がとられた。
〈文献〉坂本賞三『日本王朝国家体制論』東京大学出版会。

横笛 おうてき 雅楽の唐楽用の笛。龍《りゅう》笛《てき》また「ようじょう」とも呼ぶ。長さ一尺三寸二分八厘（約四〇センチメートル）。催馬楽《さいばら》・朗詠《ろうえい》の伴奏にも用いる。

応天門 おうてんもん 平安宮朝堂院南面の正門。二重屋根で、紺色の瓦を葺《ふ》き、棟の両端に鴟尾《しび》を載《の》せる。貞観八年（八六六）閏三月十日の夜の火災で失われた。大納言伴善男の子中庸《なかつね》の放火によるとされ、いわゆる応天門事件が起こった。

応天楽 おうてんらく 唐楽。黄鐘《おうしき》調の曲。天長十年（八三三）にわが国で作られた。舞は早く亡失し、曲も現在では殆ど演奏されない。⇒黄鐘

応答 おうとう ⇒あえしらう

鴨頭草 おうとうそう ⇒つきくさ・青花

嫗 おうな 老女とも書く。年とった女をいう。男は翁《おきな》。

黄丹 おうに 皇太子の服色。赤みの多い黄色で、クチナシとベニバナで染めた。皇太子以外の使用は厳禁された。

皇仁庭 おうにんてい 王仁庭とも書く。高麗楽の曲名。壱越《いちこつ》調。四人で舞う。百済《くだら》人王仁《わに》の作と伝える。⇒壱越

椀飯 おうばん 琓飯とも書く。饗応の食膳のひとつ。単に饗応の意にも用いる。元来は公家社会に起こった慣わし。平安末期になると、新任の国司を在庁官人が饗応し、鎌倉幕府では年始に有力御家人が将軍を饗応する儀礼が行われた。室町幕府にも引継がれたが応仁の乱後は衰えた。
〈文献〉二木謙一『中世武家儀礼の研究』吉川弘文館。

横法 おうほう 不当な行為。「横法非法を停止する」などと用いられる。

王法 おうほう 王の施す法令や政治のこと。出世間《しゅつせけん》の法である仏法に対して世間の法（世俗の法）をいう。

押妨 おうぼう 「甲乙人等寺領を押妨す」とか「往古の分水を押妨するの条、猛悪の至り」のように用いるが、一般に暴行、乱暴な行為をもさしていう。
〈文献〉石井良助『日本不動産占有論』創文社。

御馬御覧 おうまごらん 天皇が儀式のとき引き出された馬を覧《み》る行事。駒牽《こまひき》の際の貢馬、神社祭礼の神馬、白馬節会《あおうまのせちえ》のときの馬など。⇒白馬節会・駒牽

御馬逓送役 おうまていそうのやく 陸奥国《むつのくに》から都へ送る貢馬の継ぎ送りのための人夫役。路次《ろじ》の公領・荘園に賦課された。一一〜一二世紀、荘園として国郡臨時雑役の免除を要求することが多いが、その中にこの役が含まれていた。
〈文献〉大日方克己『古代国家と年中行事』吉川弘文館。

近江猿楽 おうみさるがく 室町時代、近江国にあった日吉《ひえ》神社の神事に奉仕した猿楽諸座。山階・下坂・日吉（上三座）と宮増《みやまし》・大森・坂下（下三座）の諸座があった。
〈文献〉能勢朝次『能楽源流考』岩波書店。

近江布 おうみぬの 近江国産の麻布。高宮《たかみや》（現在の彦根市）が主産地だったので高宮布ともいう。

王民 おうみん 国王の治下にある人民、王土に住む者。

往亡日 おうもうにち 陰陽道の凶日のひとつ。一年間に一二日あり、この日は出軍・旅行・移転・結婚・元服などを忌《い》む。凶日は、立春から七日め、啓蟄《けいちつ》から一四日め、清明から二一日め、立夏から八日め、芒種《ぼうしゅ》から一六日め、小暑から二四日め、立秋から九日め、白露《はくろ》から一八日め、

寒露《かんろ》から一七日め、立冬《りっとう》から一〇日め、大雪から二〇日め、小寒から三〇日めとされていた。

往来田　おうらいでん　廻給田ともいう。京都の賀茂別雷神社で行われた土地制度。年齢順に氏人《うじびと》（社家《しゃけ》）一四〇人に田地五段を給し、本人が死亡または社司に任ぜられたときは次の順位の氏人に給される。被給与者は段別六斗～一石を得分とし、賀茂社には結鎮銭《けちんせん》を納入した。⇒結鎮
〈文献〉児玉幸多『近世農村社会の研究』吉川弘文館。須磨千頴『賀茂別雷神社境内諸郷の復元的研究』法政大学出版局。

往来物　おうらいもの　往復一対の手紙の模範文例、また日常書簡模範文集。藤原明衡（?～一〇六六）の『明衡往来』が古い。主要な往来物は「日本教科書大系」に収められている。

押　領　おうりょう　他人の知行《ちぎょう》を実力で侵奪すること。古代の押領使の押領は取締る意であったが、平安中期以降、力《ちから》づくで支配する意となり、鎌倉期以降は「掠《かす》め取る」「（不法に）知行する」意となる。室町期には横領と書かれることもある。
〈文献〉石井良助『日本不動産占有論』創文社。

押領使　おうりょうし　①古代、防人《さきもり》や兵士を所定の場所に送る職務の者をいう。②平安時代、反乱などの起こったとき兵士を率いて鎮圧に向かった者。③平安時代以降、国内の凶徒鎮圧のために置かれた官。国司が兼任する場合と郡司など有力者が任命される場合とがあった。
〈文献〉井上満郎『平安時代軍事制度の研究』吉川弘文館。

王　禄　おうろく　律令制下、一三歳以上の男女諸王に対して支給された時服《じふく》料の季禄《きろく》。二世王には従五位、三、四世王には正七位の季禄に近い額のなど絁・糸・綿・鉄などが給与された。位禄と王禄の重給はない。十一月中巳の日と正月八日に給された。⇒女王禄《おうろく》・時服・季禄

女王禄　おうろく　女の字は読まない慣わしである。女王に絹・布・綿などを禄として賜わる儀式で、正月八日（白馬節《あおうまのせち》会《え》の翌日）と十一月中巳日（新嘗祭の翌日）紫宸殿で行われた。支給額は人別絹二疋・綿六屯で、人員は二六二人。長保三年（一〇〇一）十一月、見参の女王二〇〇人に、人別綿六屯を給したが、絹二疋はあとまわしとされた。

大　索　おおあなぐり　宮中の諸門や洛外の関・橋などを固めて盗賊などの大捜索を行うこと。検非違使をはじめ衛府・蔵人所雑色・瀧口武士など諸武力が動員された。

大炊殿　おおいどの　飯を炊く殿舎。神祇官・大炊寮・内膳司・識部司などの附属舎として所見。神事・供御、官人への給食を行う。伊勢神宮や一般の貴族の邸宅にも存在した。

大忌祭　おおいみまつり　大和国広瀬神社の祭。天武天皇四年（六七五）に初見。四月と七月の四日に行う。龍田神社の風神祭と同日に行われる。「為レ令二五穀成熟一祭也」とされ、重要な農耕祭祀と認識されていた。

大　歌　おおうた　唐・韓の楽に対して日本の歌をいう。風俗歌・催馬楽《さいばら》・神楽歌《かぐらうた》など。宮中の大歌所で伝習された。五節《ごせち》の節会《せちえ》に宮中で演奏された。

大歌始　おおうたはじめ　十月二十一日、大歌所で開く儀。平安初期から南北朝期一四世紀まで続いた。

大内大番役　おおうちおおばんやく　⇒京都大番役

大　袿　おおうちぎ　丈《たけ》や裄《ゆき》をとくに長く仕立てた袿。大褂とも書く。即位・立后・行幸・大餐・元服・祭祀・法会・賀宴な

どの折に禄として下賜された。

大内人 おおうちんど 伊勢神宮・熱田神宮の神官の一種。供御《くご》の物などを掌る。禰宜《ねぎ》の下に位置する。

大　鋸 おおが 木挽《こびき》などに用いる大きなのこぎり。二人でひく。

大欠銭 おおかけぜに 大破した粗悪銭。永禄十二年（一五六九）の織田信長の公布した精銭条々に見えて「五増倍を以て用う」とあり、精銭の五分の一の価値で流通した。

蓋 おおがさ 大笠。祭礼、儀礼のとき貴人にさしかける柄《え》のついた笠。絹で包んだものを絹笠（繖《きぬがさ》）という。

大　頭 おおがしら 「おにがしら」ともいう。践祚《せんそ》・即位《そくい》・御契《ごけい》・大嘗祭《だいじょうさい》のときに用いる儀仗用の幡《はた》の竿先につける竿どめの総《ふさ》。もとは犛牛《ぼうぎゅう》（からうし）の毛を用いたが、のちには馬の毛や黒染めの苧《お》を用いた。

大　形 おおかた 「大形に…」で、いい加減である、粗略であるの意。「大形ニ思食候てハ、不慮可レ為二出来一候哉」と用いる。

不二大方一 おおかたならず 一方《ひとかた》ならずの意。

大　帷 おおかたびら 束帯《そくたい》など装束の下に着る汗取りの衣（布）。

大　鏑 おおかぶら 大きい鏑をつけた矢で、合戦の矢合《やあわせ》のときに用いる。大きい音が出る。

大勘文 おおかんもん 勘解由使の受領功過《ずりょうこうか》勘録《かんろく》の文。主計寮勘文、主税寮勘文も同じ。除目《じもく》以前または除目の途中で、任期の終わった受領《ずりょう》の在任中の成績を審査し功過《こうか》を判定する受領功過定が行われる。このとき参議の一人が大勘文を読み、一人は受領申文《ずりょうもうしぶみ》に続《つ》いで主計・主税大勘文を照合し、一人は定文《さだめぶみ》を書く。大勘文で読みあげられる項目は、(1)本穎《ほんえい》条、(2)不《ふ》動《どう》条、(3)糒《ほしいい》条、(4)格率分《きゃくそつぶん》条、(5)神社条、(6)仏寺条、(7)大垣条などで、定文に記載される事項は、㋑調庸惣返抄《そうへんしょう》、㋺雑米惣返抄、㋩税帳、㋥封租抄、㋭新委不動穀、㋬率分《そつぶん》、㋣斎院禊祭料《さいんけいさいりょう》、㋠勘解由勘文である。⇒受領功過定《ずりょうこうかさだめ》

大　切 おおぎれ 甲斐国の独特な税制。巨摩・山梨・八代の三郡で行われた。田畑年貢の三分の二を現物の籾《もみ》または張紙《はりがみ》値段《ねだん》（公定値段）で納入することをいう。残り三分の一を金納するのを小切《こぎれ》と称した。

大口袴 おおぐちのはかま 束帯の表袴《うえのはかま》の下に下袴として着ける袴。四幅《よの》仕立てで、裾《すそ》にくくり緒がない。

大蔵省田 おおくらしょうでん 延久二年（一〇七〇）の「興福寺雑役免帳」によると、大和国内に大蔵省田が一八町余あった。これは元慶五年（八八一）に設置された要劇料田《ようげきりょうでん》の後身であろう。省田の官物は大蔵省に、雑役は興福寺に納入された。⇒要劇料田

〈文献〉阿部猛『律令国家解体過程の研究』新生社。

忝 おおけなく 忝は忝の古字。①不相応である。②もったいない。③身の程知らずである。④無礼である。⑤大胆である。

大御所 おおごしょ ①親王の隠居所。②摂政・関白の父の敬称。③前征夷大将軍。

課 おおす 背負わせるが原義。負、仰も同じ。(1)労役を賦課する、(2)罪を負わせる、(3)傷を受けさせる、(4)金を貸す、(5)心得させる、(6)名付ける、など広く用いられる。

大　介 おおすけ ①親王任国の介の称。②知行国の国守の別称。⇒親王任国《しんのうにんこく》

仰　書 おおせがき 貴人の命令で、その仰せ言《ごと》を書き記したもの。

大宣旨 おおせんじ 禄料の下行《げぎょう》について

上卿《しょうけい》の裁定を求める文書の奥に加えた外《げ》題《だい》。上卿が口頭で与えた決裁を弁官が記載し位置を加えた。⇒下行

大　袖　おおそで　唐風の礼服の上衣《うわぎ》。表は綾、裏は絹。朝賀・即位・大嘗祭・外国使節の謁見《えっけん》などに、五位以上の官人が着用した。

大田植　おおたうえ　長者や地頭、地主の門《かど》田《た》、佃《つくだ》また神田などで、住民総出で田植を行う様式。田の神を勧請《かんじょう》し、田植唄《たうえうた》をうたいながら田植をする。田植を指揮するのは田主《たあるじ》、音楽（田楽《でんがく》）を奏するのは田人《たうど》、そして早乙女《さおとめ》が苗を植える。花田植ともいう。

大高檀紙　おおたかだんし　大型の檀紙。縦一尺七寸（約五〇センチメートル）、横二尺二寸（約六七センチメートル）ほどの大きさ。檀紙は楮《こうぞ》で漉《す》いた厚手のしわのある高級紙。江戸時代の産地は備中（いまの岡山県）であったが、現在は福井県の特産品となっている。

大田文　おおたぶみ　田文、田数帳、図田帳《ずでんちょう》ともいう。中世とくに鎌倉時代、国ごとに作成された国衙領・荘園別の田積・所有関係を記した文書。二種ある。⑴国守が在庁官人に命じて作らせたもので、一国平均役の賦課、租税額の把握、荘園整理の台帳となった。⑵鎌倉幕府が守護に命じ、在庁官人を指揮して作成したもので、大番役賦課の台帳とされた。常陸《ひたち》国・若狭《わかさ》国・能登《のと》国・丹後《たんご》国・但馬《たじま》国・石見《いわみ》国・淡路《あわじ》国・肥前《ひぜん》国・日向《ひゅうが》国・大隅《おおすみ》国・薩摩《さつま》国の分が完全な形で残っている。

〈文献〉石井進『日本中世国家史の研究』岩波書店。

大　税　おおちから　①田租のこと。②出挙稲のこと。

大　束　おおつか　一般には、おおきく束《たば》ねたものの意であるが、とくに除目《じもく》の中文《もうしぶみ》を束ねたものをさす。⇒除目

大　佃　おおつくだ　公領・荘園の佃のうち、領家の佃をいうか。小佃の称もあり。これは預所佃のことか。

大晦日　おおつごもり　十二月のみそか、おおみそか。晦は毎月の最終日のことで、小の月は二十九日、大の月は三十日のこと。

大津関　おおつのせき　近江国大津に設けられた関。長禄三年（一四五九）室町幕府は諸国の関を停廃したが大津関のみは存置し一人一〇文の関銭徴収を認めた。神宮造営のためであった。

大津袋　おおつぶくろ　茶の湯で、棗《なつめ》などを包む茶入れ袋。麻布製。

虎　子　おおつぼ　便器のこと。尿筒《しとつつ》、尿筥《しのはこ》、清器とも。

大津枡　おおつます　中世、近江国大津の三《み》井寺《いでら》で用いられた一升枡。容量は京枡の八合三勺に相当する。

〈文献〉宝月圭吾『中世量制史の研究』吉川弘文館。

大　手　おおて　①城の正面、表門。②敵の正面から攻撃する軍隊。対する言葉は搦手《からめて》。

大刀自　おおとじ　「おお」は接頭語、「とじ」は女性の敬称。①女官。②妃の次の天皇の妻。

太　歳　おおどし　①木星の異名。木星は一二年周期で巡行したから十二支と関連づけて考えられた。②年末おおみそかのこと。

大舎人座　おおとねりざ　室町時代、京の綾織物の生産・販売を独占した織手の同業組織。春日在京神人で北野社の織部司本座神人《じにん》でもあった。室町時代には、万里《までの》小路《こうじ》家を本所として生産・販売権を独占したが、応仁の乱後、京都西陣辺に住んで西陣織の技術者集団となった。

〈文献〉豊田武『座の研究』吉川弘文館。

大殿 おおとの ①宮殿の美称。②とくに寝殿を指していう。③貴族の邸宅。④大臣に対する敬称。⑤高貴の人の当主に対してその父をいう尊称。

大宿直所 おおとのいどころ 内裏警固人の詰所。大内裏東北の主殿寮《とのもりりょう》の南、内教坊《ないきょうぼう》の西にあった。

大殿籠 おおとのごもる 天皇がおやすみになること。「寝る」の尊敬語。大殿とは寝殿のこと。

大殿祭 おおとのほがい 宮殿の無事を祈り祓う祭。神今食《かむいまけ》・新嘗祭・大嘗祭の前後や立后・立太子の儀に行う。中臣・忌部の官人が宮主以下をひきいて宣陽門から入り祝詞を奏上する。

大中黒 おおなかぐろ 鷲の矢羽の斑の一種。上下が白、中が幅広の黒色となっている矢羽。新田氏の紋所に用いられた。

大贄 おおにえ 朝廷に貢物《みつぎもの》として奉る土地の産物。

大庭 おおにわ ①紫宸殿の前面の庭、南庭。②中門の中、主殿の前の広い庭。

大幣 おおぬさ 大麻とも書く。祓《はらえ》のときに用いる大串につける幣帛《へいはく》。

大翳 おおは 鳥の羽や絹布を張った、うちわ型の道具。長い柄《え》がついていて、儀式などで天皇の顔をかくすためにさしかける。

大祓 おおはらえ 罪《つみ》・穢《けがれ》を除き心身を清らかにしてその更生を図るもの。六月・十二月の晦日および臨時に行われる。中臣が祓麻《はらえぬさ》、東西の文部《やまとかわちふひとべ》は祓刀《はらえのたち》を奉り祓詞を読む。ついで百官男女を朱雀門に集めて中臣が祓詞を宣《の》る。五畿七道には大祓使が派遣された。

大原野祭 おおはらのまつり 京都大原野神社の祭礼で、二月の上卯日《かみのうのひ》と十一月の子《ねの》日《ひ》に行う。藤原氏の氏神を祀るところから九世紀後半に宮廷儀式に位置づけられた。祭儀は、天皇・中宮・東宮の奉幣、神饌の奉上、走馬《はしりうま》などが行われた。

大番 おおばん 天皇・将軍・国司また権門勢家など、一般に高貴な者に対して宿直《とのい》・警護を行うこと。内裏《だいり》大番（京都大番）、御館《みたち》大番（国司・守護の館の警固）、摂関家大番などがある。

大番雑免 おおばんぞうめん 摂関家大番舎人《とねり》が上番勤務する見返りとして給与される雑免田。⇓大番舎人《おおばんとねり》

大番舎人 おおばんとねり 摂関家に従属し、政所など諸機関に宿直《とのい》・警固・清掃などの番役（一か月に一〇日）に従った者。近江・摂津・和泉三か国の公領・荘園に住み、在地では有力な名主層に属し、一人別に給田一町・雑免田三町・在家役免除四字が認められた。

〈文献〉渡辺澄夫『増補　畿内庄園の基礎構造』吉川弘文館。

大番番頭 おおばんばんとう ⇓番《ばん》

大番負田 おおばんふでん 大番舎人に認められた雑役免田のこと。⇓大番舎人《おおばんとねり》

大番名 おおばんみょう 摂関家大番役勤仕のために編成された名。大番役はこの名ごとに均等に割当てられ、その見返りとして名ごとに均等に給田・雑免田・免在家が給与された。

〈文献〉渡辺澄夫『増補　畿内庄園の基礎構造』吉川弘文館。

大番役 おおばんやく ①鎌倉幕府が御家人に課した京都大番役。②摂関家大番舎人がつとめた宿直《とのい》・警護その他の雑役。⇓大番舎人《おおばんとねり》

大番領 おおばんりょう ⇓摂関家大番領《せっかんけおおばんりょう》

大廂 おおびさし 寝殿造の母屋《もや》の正面で、外側の一段低くなっている細長い部屋。広廂《ひろびさし》という。

大袋 おおぶくろ 「沙汰未練書」に掲げ

られた罪名のひとつ。奪い取った物を大袋に入れて持ち去る強盗のことかとの説、また人を拉致《らち》・誘拐《ゆうかい》・監禁する罪とする説がある。「伴大納言絵詞」や「粉河寺縁起」などに、大袋を背負った袋持の姿が描かれている。
〈文献〉保立道久『中世の愛と従属』平凡社。

大別当 おおべっとう ①院庁の別当のうち、本官が大臣である者。②鶴岡八幡宮などの社僧の役職名。

大間安堵 おおまのあんど 数人の子に分配する所領を一通の長大な譲状に仕立てたものを大間状という。室町時代、将軍の代がわりには、寺領などを一括して安堵することが行われた。恐らく当知行・不知行にかかわりなく安堵された。⇒長符《ちょうふ》

大間書 おおまがき 大間ともいう。除目《じもく》のとき、欠員となっている官職名を一官一行どりで列挙し、空白部に新任者の位階姓名を記入していく。外記《げき》が作成する長大な巻物であり、大臣が執筆《しゅひつ》に当たるが、その作法は複雑であった。現存の大間書は四点あるが、最も古いのは長徳二年(九九六)の大間書で、鎌倉時代の写本がある。
〈文献〉佐藤進一『古文書学入門』法政大学出版局。

大間状 おおまじょう ⇒大間安堵《おおまのあんど》、長符《ちょうふ》

大政所 おおまんどころ ①摂政・関白の母の尊称。②御旅所《おたびしょ》。⇒御旅所

大忌 おおみ 大斎《おおいみ》の略。おおまかにものいみすること。小忌《おみ》に対する語。神事・節会《せちえ》に奉仕する諸司で厳密に斎戒する小忌に対して、それほどには斎戒しないもの。⇒小忌

大御門 おおみかど ①門の尊敬語、とくに皇居の門。②皇居のこと。③摂政のことをいう。

大砌 おおみぎり 雨だれを受ける軒下の石だたみ。

大道 おおみち ①幅の広い道。②一里《り》＝三六町ではかる道のりのこと。対する小道《こみち》は六町を一里とする。

大宮人 おおみやびと ①宮廷に奉仕する官人。②殿上人のこと。

大神祭 おおみわまつり 奈良県桜井市の大神神社の例祭。四月と十二月の上《かみ》の卯《う》の日に行われる。三輪山《みわやま》を神体とする古い神社であるが、嘉祥三年(八五〇)に正三位の神階《しんかい》を授けられ、のち正一位にまでのぼった。天皇家の篤い信仰を受け、祭礼には勅使も派遣された。

大麦 おおむぎ イネ科の一〜二年草。二、三世紀に中国から伝わった。穂のたて方向に粒《つぶ》が六列に並ぶ六条大麦で、粉食ができず、あまり普及しなかった。

大矢 おおや 矢柄《やがら》がとくに長い矢のこと。矢の長さは束《つか》ではかる。一束は指四本の幅。『平家物語』の中で斎藤実盛は、東国武士で大矢というは一五束以下のものはいないと述べている。

大山崎油座 おおやまざきあぶらざ 山城国大山崎の油神人《あぶらじにん》の同業者組織。油の生産・販売業者らが大山崎の酒解神社の祭祀組織を通じて結合し、石清水八幡宮に灯油を備進して特権を確保した。諸関の関銭を免除され荏胡麻の独占的仕入れと油の生産・販売を行った。

大床 おおゆか ①神社の建物の縁《えん》。②書院造などの広縁《ひろえん》のこと、広廂《ひろびさし》。

大指 おおゆび 手足のおやゆびのこと。拇指とも書く。江戸時代には、おやゆびの称がふつう。

大射 おおゆみ ⇒射礼《じゃらい》

大温屋 おおゆや 温屋は温室《うんじつ》、浴場。古代・中世には、一般にはむし風呂。寺院内に設けられ、また中世には村落の共同風呂も存在した。

大鎧 おおよろい　式正《しきしょう》の鎧ともいう。①ふつうより大形の鎧。②中世の騎射戦用の鎧。大鎧は胴と兜《かぶと》と大袖《そで》のセットで二〇～三〇キログラムの重量があり、歩兵の戦闘には不適当であった。
〈文献〉藤本正行『鎧をまとう人びと』吉川弘文館。

大童 おおわらわ　①年長ながら理髪・加冠せず幼童の風を残している姿。②髪の結びが解けて乱れ垂れていること。

小笠懸 おがさがけ　四寸（約一二センチメートル）の的《まと》を射る笠懸。⇒笠懸《かさがけ》

御方御所 おかたごしょ　①貴人の妻子の敬称。②将軍または大臣家の継嗣以前の嫡子を敬っていう。

おかちん　餅の女房詞。「お」は接頭語。

岡成 おかなり　水田が陸田また畠に変質したもの。

御壁 おかべ　豆腐《とうふ》の女房詞《ことば》。

陸稲 おかぼ　⇒りくとう

於加虫 おかむし　カメムシのこと。農作物の害虫。嘉元三年（一三〇五）若狭国太良荘《たらのしょう》で早田に於加虫がついたと百姓らが訴えている。
〈文献〉山本隆志『荘園制の展開と地域社会』刀水書房。

沖 おき　①陸や岸から遠い水面。②田畑の人里から遠く開けたところ。⇒沖《おき》の田《た》

置石 おきいし　中世の関税の一つ。正応二年（一二八九）播磨国魚住泊《なずみのとまり》修築のため上洛船から石別一升の升米を取り、下向船から置石を取ったのが初め。延慶元年（一三〇八）東大寺が兵庫関で徴収し一六世紀初めの永正頃まで続いた。置石は、実際には石材ではなく、米や銭を徴収した。
〈文献〉新城常三『中世水運史の研究』塙書房。

置櫛 おきぐし　十一月の五節の御前の試《こころみ》に、舞姫が持参する櫛。おめにとまった櫛を天皇が召す。

置字 おきじ　①漢文訓読の際に、実際には読まない助字。焉《えん》、矣《い》、之《し》、也《や》、乎《こ》、而《じ》など。②書状に用いる副詞、接続詞などの文字。抑《そもそも》、兼又《かねてまた》、将又《はたまた》、凡《およそ》、粗《あらあら》、頗《すこぶる》、聊《いささか》、併《あわせて》、只《ただい》、曾《かつ》てなど。

置月 おきづき　質入れをした、その月。「質物等置月之外可レ為二十二ケ月二云々、悉皆勘二十三ケ月之分一、可レ取二質物一云々」とある。

掟 おきて　掟書。村落の内部規律を定めた村掟《むらおきて》や惣掟《そうおきて》、幕府の発した徳政令や撰銭令の如き法令、戦国大名の制定法など。『日蘭辞書』は「法令あるいは規則」と説明している。
〈文献〉相田二郎『日本の古文書』岩波書店。

置手 おきて　米銭の借用に当たって、質物を置く人。質物を預かる人は〻とりて〻といわれる。

翁 おきな　①年をとった男。②能《のう》の曲名。

沖の田 おきのた　沖とは同一平面の遠くはなれた所をいう。門田《かどた》に対する語で、人家から遠くひらけた田地。水利の関係から、門田より生産力が低い。

賖 おぎのる　①物を掛けで買う、信用で買う。「おぎのり」といえば、掛け買いをすること。②物を担保にして金を借りること。掛け買いのことを「おぎのりわざ」ともいう。

置文 おきぶみ　家・寺院・村落などで、現在および将来にわたって守るべきことがらを記した文書。公家・武家の譲状や処分目録などの末尾に、子孫に対する遺言・遺命の類を記したもの。また、村掟・地下掟・惣掟も置目の類である。
〈文献〉笠松宏至ほか編『中世政治社会思想下』岩波書店。

置路 おきみち　馳道《ちどう》も同じ。高貴な人の専用通路。おもに正門から正殿に向か

って、一定の幅と高さを以て築造された。大極殿・紫宸殿あるいは陽明門・待賢門内の広い路の中央に設けられていて、「年中行事絵巻」や「信貴山縁起絵巻」にその様子を見ることができる。⇒馳道

置目 おきめ　①領主の定めた法令、法《はっ》度《と》。②仕置き、刑罰。③蒔絵の下絵技法。うすい雁皮紙《がんぴし》や美濃紙《みのがみ》に絵漆で模様の輪《りん》郭《かく》を描き、裏返して漆器の表に写し、砥《との》粉《こ》を蒔《ま》きつけて下絵を作る。

奥 おく　書物や文書の末尾の部分。⇒奥《おく》判《はん》・奥書《おくがき》

奥上・奥下 おくうえ・おくした　文書の日付のつぎの行の上部と下部。

奥書 おくがき　①文書などの用紙の奥(左末尾)に書かれた記事。年月・筆者名・由来などを記した識語《しきご》。②芸能の奥義を伝授するときに師匠が門弟に授ける証文。③書類の正当性を証明する記載。

億載 おくさい　①非常に永い年月のこと。②永久の世界。

御髪清 おぐしすまし　女房詞で、髪を洗うこと。

麻鞋 おぐつ　麻で編《あ》んで作る浅沓《あさぐつ》。衛府の官人が着用した。

晩稲 おくて　稲の成熟の早晩による区分で、最も成熟のおそい稲のこと。収穫は十一月上旬～下旬。
〈文献〉古島敏雄『日本農業技術史』時潮社。

奥手 おくて　晩生も同じ。時節より遅く咲く草花。早生《わせ》・中手《なかて》の対。

奥七郡 おくのしちぐん　平安末期、佐竹氏支配下の常陸国北部の七つの郡。那珂東郡・那珂西郡・久慈東郡・久慈西郡・佐都東郡・佐都西郡・多珂郡の七郡。

奥布 おくのぬの　陸奥国《むつのくに》で産する麻布のこと。

奥六郡 おくのろくぐん　古代東北の陸奥国の奥郡。胆沢・江刺・和賀・稗貫・紫波・岩手の六か郡をいう。安倍氏は代々奥六郡の司であり、同氏滅亡後は清原氏が、清原氏滅亡後は奥州藤原氏が支配した。

奥判 おくはん　文書の日付のつぎの行に押された判(花押)。

御供米 おくま　御洗米、御饌米とも。神に供える米。「おくましね」とも。

御倉 おくら　室町時代、京都の土倉《どそう》のうち、幕府の財産の管理・出納に当たったもの。公方御倉《くぼうおくら》とも呼ばれた。

御倉納銭方 おくらなっせんがた　室町幕府が酒屋・土倉から役銭を徴収するために設けられた機関。公方御倉である土倉からえらばれるのが例であった。
〈文献〉桑山浩然「室町幕府経済機構の一考察」(『史学雑誌』七三―九)。

御倉奉行 おくらぶぎょう　室町幕府の職制。酒屋・土倉・日銭屋《ひぜにや》の役銭、造内裏棟別銭の管理、公的文書の保管を行った。土倉業者によって構成された。⇒日銭屋

送状 おくりじょう　物品・金銭を送り届けるときに添えて、品目・数量など明細を注記する文書。荘園年貢の送進状のように「右所二送進一如レ件」と書く。送進状・送進文・送り、とも称する。

諡 おくりな　⇒諡号《しごう》

送内侍 おくりのないし　天皇譲位ののち、剣・璽を新帝に渡す役目の内侍。内侍は二人で、剣・璽を近衛中将に渡した。内侍は内侍司の女官で、尚侍・典侍・掌侍をいい、この場合は掌侍。

送夫 おくりぶ　鎌倉幕府の東海道駅制で、宿《しゅく》に常備された人夫。御物送夫《ごもつおくりぶ》ともいう。宿または近辺の土民を徴集して宛てたものであろう。
〈文献〉新城常三『鎌倉時代の交通』吉川弘文館。

送文 おくりぶみ　物品を送るとき、品物

と一緒につけてやる品名を書いた文書のこと。

後田　おくれだ　晩田。晩稲《おくて》の稲を作付けした田。

後不堪　おくれふかん　①式日におくれて言上された不堪佃田奏《ふかんでんでんそう》のこと。不堪佃田とは、洪水などで荒廃し耕作不能となった田地をいう。荒廃田・荒田である。毎年九月七日に、諸国から当年の不堪佃田を中央政府に報告する不堪佃田解文《げぶみ》、不堪佃田申文が提出される。②過去の年の不堪佃田を後年になって言上すること。〈文献〉阿部猛『北山抄注解 巻十吏途指南』東京堂出版。

桶　おけ　もとは、麻を細く裂《さ》いてつないだ麻を入れる容器麻笥《おけ》のこと。木製円筒の容器。転じて、①曲物桶《まげものおけ》。片木《へぎ》（うす板）を曲げて、桜や樺《かば》の皮のひもで縫い合わせ底をつけたもの。曲物を作るのは檜物師《ひものし》。②結桶《ゆいおけ》。室町時代から出現した。板を円筒形に並べて、竹などのタガで締《し》め、底をつけたもの。結桶の製造・修繕を行う手工業者が桶結《おけゆい》・結桶師・桶大工である。

桶側　おけがわ　①桶の側面を形づくる細長い板のこと。②桶側胴の略。当世具足の一種で、胴の構造が桶側に似ているのでこの称がある。

桶結　おけゆい　⇒桶《おけ》

烏滸　おこ　痴、尾籠とも書く。①思慮の足りないこと。②不届きなこと。「『人人見給へ、八郎殿の矢一つ請《う》けて、物語にせん』とて駆け出づれば『おこの高《こう》名《みょう》はせぬにはしかず、無益なり』と、同僚ども制すれ共」と用いる。ただ勇気を誇るだけのようなつまらないことで名をあげようとは、しないほうがよいということ。

嗚呼絵　おこえ　ふざけて描いたおかしな絵。平安時代、貴族や僧侶の間で流行した戯画。「鳥獣人物戯画」「信貴山縁起絵巻」は著名。

御供御　おこご　「おくご」の変化したもの。もと天皇に差上げる内々の食事の女房《にょうぼう》詞《ことば》。一般の食事の意にも用いられたが、とくに昼飯を指していう。

粔籹　おこしごめ　粔籹米、興米とも書く。蒸《む》した糯米《もちごめ》を乾かし、炒《い》ったもの。また、それに胡麻《ごま》や胡桃《くるみ》などを加え、水飴に砂糖や蜜などを混《ま》ぜたものでまぶした菓子。「おこし」と称する。おこしごめは古代以来ある。

興　おこす　転倒したものを元に戻すこと。よみがえらせる意で、荒野の開墾（「おこす」という）や徳政（戻り、興行）も同意である。

発　おこす　起、興、熾も同じ。①人に働きかけて物事を始める。②大勢の人を出動させる。③事件をおこす。④勢いをさかんにする。

怠文　おこたりぶみ　あやまり証文。怠《たい》状《じょう》、過状《かじょう》。過失を認めて相手に陳謝するもの、罪を認めて刑に服することを認めるもの、訴人《そにん》が訴えの一部を取り下げる場合などに用いる。

乎古止点　おことてん　漢文訓読の際に、漢字の四隅、上下、中間などに点や線を付して仮名のかわりとした符号。平安初期に始まる。仏家・儒家またその諸派により種類が異なる。

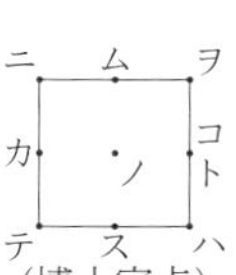

（博士家点）

おこない　年頭の祈禱行事で、修正会《しゅじょうえ》という。もとは農事祈願の民間の神事で、地起《じおこし》（発）の行事。土地の神に祈り、土地に息《いき》を吹き込む神事である。ふつう正月八日から七日間行う。奈良時代八世紀半ばに初見し、平安中期には各寺院で行われた。宮中の修正会は御斎会《ごさいえ》といわれた。

お小人 おこびと　お小者に同じ。戦国時代以降、身分の低い使用人を称した。

瘧 おこり　⇒疫病《えやみ》

奢る おごる　①分にすぎてぜいたくをすること。②権勢を誇り得意になること。鎌倉時代に始まる用語で、江戸時代には人にごちそうするの意も生まれた。

御強 おこわ　強飯《こわめし》の女房詞から、赤飯《せきはん》のこと。

長 おさ　①かしら、頭目。②最もすぐれた人。

筬 おさ　筦とも書く。①機織の付属具。薄い竹片を櫛形に並べて作り長方形の框《わく》に入れたもの。②矢の容器である箙《えびら》や空穂《うつぼ》の矢をさし込む簀子《すのこ》の部分。

訳語 おさ　通事も同じ。通訳のこと。

押買 おさえがい　①あらかじめ商品を買い占めておき、後日価格が騰貴したときに売り巨利を得ること。②「おしがい」と読み、無理に買い取ること。

押取 おさえとる　①財物などを差抑える。②略奪する。

幹了 おさおさしき　幹は強いの意、了はさといの意。身体強健で才知にすぐれていること。「郡司解任、更用ニ幹了一」と用いる。

御作事始 おさくじはじめ　室町幕府の定例の儀式。正月十一日、総御作事奉行家の被官六人と作事奉行・御庭の者、御大工などが出て、作事の所作をする。

長百姓 おさびゃくしょう　⇒おとな百姓《びゃくしょう》

専女 おさめ　専領、長女とも書く。雑用に使われた下級の女官。

納殿 おさめどの　金銀・衣服・調度その他を収納する場所。内裏では、宜陽殿《ぎようでん》・綾綺殿《りょうきでん》・仁寿殿《じじゅうでん》・後涼殿《ごりょうでん》・春興殿《しゅんきょうでん》・蔵人所《くろうどどころ》など各所に納殿があった。また貴族の邸宅にも納殿があった。

納枡 おさめます　国衙や荘園領主が年貢米収納の際に計量に用いた枡。国衙の場合は国斗と称された。収納料ともいい。容量は京枡よりやや大きいのがふつうであった。
〈文献〉宝月圭吾『中世量制史の研究』吉川弘文館。

御産所 おさんじょ　天皇家・将軍家で、出産のために臨時に指定された場所、居宅。

おし　天皇家や貴人の出入、通行。また神事のときに、周囲を戒《いまし》め、先払《さきばら》いをすることを警蹕《けいひつ》といい、そのとき、「おお」「しし」「おし」「おしおし」などと唱える。

御師 おし　社寺に属し、参詣者を誘導し、祈禱や宿泊の世話をする者。熊野《くまの》三《さん》山《ざん》、石清水《いわしみず》八幡宮、賀茂社、日枝《ひえ》社、松尾《まつのお》社などにこの制度が起こり、中世には熊野御師が著名であった。伊勢神宮への一般の参詣が始まると、御師はとくに東国の武士・農民の間に入ってかれらを組織し、師檀《しだん》関係を結んだ。御師は祓《はらえ》・大麻《たいま》などを配布し、自ら先達《せんだつ》として人びとを参詣に導いた。檀那《だんな》は一種の財産と考えられ、檀那株の売買が行われた。
〈文献〉新城常三『社寺参詣の社会経済史的研究』塙書房。

押鮎 おしあゆ　塩押し、また塩漬けにした鮎。保存食の一つ。祭の供御などに用いられた。

押板 おしいた　①三具足《みつぐそく》（華瓶《けびょう》・燭台《しょくだい》・香炉《こうろ》）などを並べるために厚い板を畳の上に取りつけた床。書院の床の間に用いた。②書物や硯《すずり》などをのせるため室内に置いた板。

押出衣 おしいだしきぬ　儀礼の際の寝殿の

装飾。廂《ひさし》の間に女房が居並んでいるように、女房の装束を御簾《みす》の下から簀子《すのこ》に押し出して飾りとする。

押売・押買　おしうり・おしがい　市で、無理強《じ》いに売ったり買ったりすること。「養老令」では強市《こわし》と称した。鎌倉幕府は数度にわたってこれを禁じ、室町・戦国期の市場禁制には、この項目が必ず入っていた。
〈文献〉勝俣鎮夫『戦国法成立史論』東京大学出版会。

押桶　おしおけ　①胞衣《えな》を埋《う》めるのに使った桶。②安産を祈るため打撒《うちまき》湯などを入れる桶。

押折　おしおり　狩衣系の服装で、裾《すそ》を端折《はしよ》って当帯《あておび》の下にさし込んでとめること。

押書　おしがき　⇒あっしょ

押紙　おしがみ　⇒おうし

押柄　おしがら　他を威圧するような力、性質。堂々として自信に満ちているさま。「凡《すべ》て斯様《かよう》におしがらありて、ゆゆしかりける人なり」などと用いる。

折敷　おしき　檜《ひのき》の片木《へぎ》などで作った曲《まげ》物《もの》の食膳。方形の四隅《よすみ》を裁《た》ち切った角折《すみお》敷《しき》と、角《かど》を切らない平折《ひらお》敷《しき》がある。四方に折り廻わした縁《へり》をつける。二枚の板を足とするものを足打《あしうち》という。酒肴や菓子類をのせる。

押籠　おしこめ　押込とも書く。召禁《しょうきん》ともいう。刑罰の一種。獄舎または適当の場所に拘禁すること。「関東御成敗式目」では、悪口咎《あっこうのとが》の軽い者と、殴人咎《おうにんのとが》を犯した郎従以下を、この刑に処した。

押作　おしさく　権利もないのに力《ちから》づくで田畠を耕作すること。一一世紀から史料に見える。

押立門　おしたてもん　二本の柱をたてて戸をつけた簡単な門のこと。

押知行　おしちぎょう　⇒押領《おうりょう》

押成　おしなる　無理に押し切ってなるの意。「院の御厩《みうまや》の別当におしなって、丹波国をぞ知行しける」と用いる。

晩稲　おしね　⇒おくて

押蒔　おしまき　権利もないのに、力《ちから》づくで他人の田畠に種子《たね》を蒔くこと。

和尚　おしょう　①師表となる僧、師僧。②僧位。大和尚位、法印和尚位、法眼和尚位の略。③禅宗・浄土宗で高僧を敬っていう。④僧侶一般の称。禅宗では「おしょう」、天台宗では「かしょう」、真言宗・法相宗・律宗では「わじょう」という。⇒かしょう

御相伴衆　おしょうばんしゅう　室町幕府の職名。将軍が諸大名家に渡御するときに相伴守護に当たる大名衆。のち戦国大名家にも設けられた。

推　おす　推量する、考える。

御末　おすえ　①内裏や室町将軍邸の御《お》末間《すえのま》のこと。諸家・諸臣の対面に用いられた部屋のこと。②御末間に仕える身分の低い侍女《じじょ》のこと。

御末衆　おすえしゅう　室町将軍に近侍し、庶務・雑務に従う者のうち最も末端に位置する者で御末男衆ともいう。

恐らくは　おそらくは　もとは、「おそらくは」と読み、恐れることは……だの意であったが、「おぞらくは」と読むようになり、中世から、たぶん……だの意として用いられるようになった。

乍レ恐　おそれながら　無礼で恐れ多いとは思いますがの意。

御旅所　おたびしょ　祭礼のとき、神輿《みこし》が本宮から渡御して仮に鎮座するところ。

落板敷　おちいたじき　清涼殿の殿上の間《ま》の東、孫廂《まごびさし》の南。一段低くなっている。ここに「年中行事御《ねんじゅうぎょうじみ》障子《そうじ》」がある。⇒年中行事御障子

落ち居る　おちいる　心が静まる、落ちつく。

落付　おちつき　公務を負って派遣されてきた役人・使者が到着したときに行う接待・饗応のこと。通例は三日間にわたって行われるので「落付三日厨《みっかくりや》」と称した。⇒供給《くごう》・三日厨

越度　おちど　もとは「律」の用語で、関・津を避けて間道《かんどう》を抜けること。中世には、過失犯を意味する語となり、落度とも書かれた。誤り、失敗の意。

落穂拾い　おちぼひろい　収穫後に耕地に落ちた稲穂などを自由に拾うことのできる慣習。もとは、寡婦《かふ》などの貧しい者に認められた権利だったと思われるが、稲刈りの雇用労働が一般化すると、被雇用者への附加報酬となり、弱者による落穂拾いの権利が排除されていった。中世には、落穂拾いと称して他人の作物を盗むことが行われ、これを停止する村掟《むらおきて》も出ている。

〈文献〉荒木敏夫「平安時代の落穂拾い慣行と稲刈り労働」（竹内理三編『古代天皇制と社会構造』）校倉書房。

落間　おちま　他の部屋より一段と床が低い部屋で、家族の寝所や奉公人の寝室として用いる。

御手水間　おちょうずのま　清涼殿西廂の間《ま》。天皇が手水をつかう部屋。朝餉の間（三間）のうちの北一間をあてる。大床子一脚を設け円座を置く。

越階　おっかい　位階をとびこえて昇叙されること。正五位下の者が正五位上を経ずに直ちに従四位下に叙される場合などである。これは平安時代に入って顕著になる。とくに正五位上・正四位上に越階することは例となっていた。

おっかけ　追剝《おいはぎ》のこと。「おいかけ」とも。

越勘　おっかん　平安中期以降行われた国司交替の際の公文勘会《くもんかんかい》の方法。受領が自己在任中の公文勘会を受けるため、前々司以前の公文勘申を申請し、主計寮・主税寮が過去にさかのぼって前々司以来の公文を勘会すること。⇒公文・勘会

〈文献〉阿部猛『北山抄注解 巻十吏途指南』東京堂出版。

負所　おっしょ　田地の賦課のうち官物は国衙が収納し、雑役分が免除されて寺社など荘園領主の収入とされているとき、その田地を負所と呼ぶ。興福寺の雑役免《ぞうやくめん》田《でん》や東大寺の大仏供《だいぶつぐ》白米免田・香菜免田・油免田などは負所から成る荘園である。負所からの得分は段別一斗ていどで、荘園領主は下地《したじ》支配権を持たない。

〈文献〉渡辺澄夫『増補 畿内庄園の基礎構造』吉川弘文館。

追所　おっしょ　⇒負所《おっしょ》

越訴　おっそ　①律令制下、手続き順序をふまない訴の提起をいう。②鎌倉・室町幕府の訴訟制度において、裁判所の判決に過誤があるとして再審を求めること。再審請求は判決後三年まで認められたらしい。③鎌倉時代、地頭支配下の名主・百姓が直接に領主に訴えたり、地頭・荘官らが荘園領主をさし擱《お》いて、直接幕府に訴えたりすること。

〈文献〉石井良助『中世武家不動産訴訟法の研究』弘文堂書房。

越訴奉行　おっそぶぎょう　鎌倉・室町幕府の職制。訴人が裁判の判決に不満があるとき再審を求めるが、再審機関が越訴奉行である。引付頭人《ひきつけとうにん》が兼任することが多かったので越訴頭人ともいった。

追立の使　おったてのつかい　流罪人《るざいにん》を京都から流刑《るけい》地まで追い立てた使者。平安時代、西国の場合は七条朱雀辺まで、東国の場合には粟田口辺まで検非違使が送り、

あとは領送使《りょうそうし》が護送した。

追而書 おってがき　手紙を書き終《お》えたあと、更に他のことを書き添えること。手紙の本紙に更に紙を添え（これを礼紙《らいし》という）、そこに追而書を書く。

越度 おつど　①通行許可証を持たずに関所を通過すること。②法に反すること。③手落ち。「為㆓賊徒㆒被㆑殺㆓害家人等㆒、是無㆓用意㆒之所㆑致也、豈非㆓越度㆒哉」と用いる。

苧綱 おづな　麻でなった綱。船用の綱具とされ、他にも強度を要する箇所に用いられた。

越任 おつにん　官人が、順を踏まずに昇任すること。例えば、大納言から内大臣を経ず、直ちに右大臣に任ずるなど。位階の場合は越階《おつかい》という。⇒越階

御局 おつぼね　宮中に仕えて局《つぼね》を与えられた女性の敬称。

御坪召次 おつぼのめしつぎ　院方で雑事に従い、時を奏する下級官人。歌会のとき御坪（中庭）に祇候して、硯の水を給仕する。

解㆑頤 おとがいをとく　あいた口がふさがらない、あごをはずす、大いに笑う、嘲笑する。「作法失㆑度、見者解㆑頤」などと用いる。

御伽衆 おとぎしゅう　戦国時代・江戸時代、将軍や諸大名に近侍して雑談のあい手をした者。知識豊富ではなしの上手い者が選ばれた。

男手 おとこで　仮名《かな》の書体の一つ。万葉仮名を崩した女手に対して、万葉仮名の楷書体、行書体の仮名をいう。神楽や催馬楽などの歌謡は男手で書かれた。

男踏歌 おとことうか　⇒踏歌節会《とうかのせちえ》

男舞 おとこまい　①女が男装して舞った舞。②能楽で、面《めん》をつけず素顔《すがお》のまま男の舞う舞。力づよくテンポの早い舞。

落取 おとしとる　無理に荷物などを奪い取ること。

乙名 おとな　中世後期以降の村落の代表者、また上層農民。大人、老長、長老、宿老、老人など、さまざまに書かれる。殿の敬称を以て呼ばれて平百姓とは区別された。多くは、沙汰人《さたにん》・公人《くにん》・政所《まんどころ》・地下《じげ》代官として権力組織の末端に組み込まれた。

〈文献〉清水三男『日本中世の村落』岩波文庫。

おとなり　おとなになるための儀式。おとなりには、宮座《みやざ》の行事や鎮守社の修理費を出すなど、経済的負担をともなった。⇒乙名《おとな》

おとな百姓 おとなびゃくしょう　長《おさ》百姓、旦那《だんな》百姓ともいう。中世末期、郷村の代表者である百姓をおとなといい、近世に入ると、名主《なぬし》・庄屋《しょうや》を補佐する組頭《くみがしら》・年《とし》寄《より》などを、おとな百姓という。

御供衆 おともしゅう　室町将軍に近侍し饗宴の席に陪席《ばいせき》したりした人びと。功臣の一族子弟から選ばれた。

乙矢 おとや　手に持つ二本の矢のうち、二番めに射る矢、二の矢。

踊念仏 おどりねんぶつ　鼓《つづみ》・鉦《かね》などに合わせて踊りながら念仏をとなえる。空也上人が始め、一遍の時宗《じしゅう》で盛んになった。

鬼殿 おにどの　妖怪の住む屋敷。平安時代、とくに京都三条の南、西洞院東にあった藤原朝成《あさひら》の憤死した家を指す。

〈文献〉阿部猛『平安貴族の実像』東京堂出版。

鬼の間 おにのま　清涼殿西廂《にしびさし》の二間《ふたま》。名の由来は、南の壁に白沢王（中国の想像上の獣）が鬼《き》を斬る絵があったからという。

鬼丸 おにまる　粟田口国綱作の太刀《たち》。源氏相伝の宝剣で、源頼光の従者渡辺綱《つな》が鬼を斬った由緒による命名。

おにやらひ（い）　⇒追儺《ついな》

斧 おの　「よき」と称し、木を倒し、割

り、切り、えぐり、削《けず》る工具。柄と刃《は》が平行している、まさかり状のものと、柄と刃が直交する手斧《ちょうな》状のものがある。

御歯黒 おはぐろ　鉄漿とも書く。歯を黒く染めること。歯を染める風習は古くからあった。平安時代には貴族の女性の間で行われたが、同時代末期からは公卿や武家の間にも広まった。江戸時代には女性だけの風となり、近代に入っても少数ながら歯を染める女性があった。鉄漿《かね》つけは成人のしるしとされたが、のちには既婚者のみとなった。

御走衆 おはしりしゅう　室町将軍外出のとき随行した家臣。大内氏でも存在した。

御半下 おはした　貴人の奥向きに使われる身分の低い女。端女《はしため》、下女《げじょ》。

御旗差 おはたざし　戦場で、馬に乗って味方の軍旗を持つ武士。御旗差につきそう者を御旗副《おんはたぞい》という。

小幡商人 おばたしょうにん　中世、近江国神崎郡小幡の商人。行商を行い、伊勢国との交易通商については近江国蒲生郡得《とく》珍保《ちんのほ》の商人と特権を争った。小幡は六角氏在館の地として栄えたが、戦国時代には観音寺城下石寺市の発展によって衰亡した。

御咄衆 おはなししゅう　⇒御伽衆《おとぎしゅう》

偽引 おびき　誘も同じ。あざむき誘《さそ》うこと。

御引直衣 おひきのうし　天皇の、束帯を用いる以外の日常行事に用いる着衣。冬用は表白綾に小葵の紋、裏は紫生絹《すずし》、夏用は薄物で色は二藍《ふたあい》（紅花染めに藍染めを重ねたもの）、文様は三重襷《みえだすき》（菱形の文様）、紅の張袴《はりばかま》（固く織った地質で仕立てて張らせた袴）。⇒生絹《すずし》

帯解 おびとき　帯直《おびなおし》も同じ。幼児が、それまでの付け帯をとって、初めてふつうの帯にかえる祝い。室町時代の上流社会では男女とも九歳までの間に行ったが、のち男は五〜九歳、女は七歳のとき行った。十一月の行事。

御樋殿 おひどの　便所のこと。寝殿造の納戸《なんど》・御湯殿の隣に多く設けられた。清涼殿では瀧口《たきぐち》辺に便器の樋筥《ひばこ》があり、使用後、樋洗《ひすまし》と呼ぶ下女が御樋殿に運び処理した。御樋殿は内裏東北の華芳坊前にあった。

帯直 おびなおし　⇒帯解《おびとき》

帯袋 おびぶくろ　佩袋とも書く。旅行のとき糒《ほしい》などを入れて腰につける袋。

緒太 おぶと　鼻緒《はなお》の太い草履《ぞうり》。

覚書 おぼえがき　備忘的に書き記したもの。「……実録」と題するものもある。

覚束無 おぼつかなし　欝も同じ。①ぼんやりしていて、はっきり見えない。②不安である、心細い。③不審である。④無沙汰である。⑤待ちどおしい。

御座 おまし　①天皇の御座所。②敷物、ふとん。

御的奉行 おまとぶぎょう　中世、幕府の御《お》弓始《ゆみはじめ》に、矢の当たり外れを記録する係。「折紙《おりかみ》に矢数《やかず》を付《つけ》申す」と見える。

小忌 おみ　大嘗祭・新嘗祭などの神事・節会《せちえ》に奉仕するとき厳重に斎戒すること。卜《うらない》で小忌の人を定めるが、上首の官人を小忌上卿《おみのしょうけい》、その人が装束の上に着る衣を小忌衣《おみごろも》という。⇒小忌衣

麻続 おみ　苧績も同じ。麻《お》を細く割《さ》いてつないで糸にすること。

小忌衣 おみごろも　大嘗会・新嘗会などで、小忌の人、祭官、舞姫が装束の上に着る清浄な上衣。右肩に赤紐を二本垂らす。

御室 おむろ　①仁和寺門跡《にんなじもんぜき》を指す。②仁和寺を指していう。もと宇多天皇が隠退出家して仁和寺に住んだので御室御所と称したことに始まる。

念人 おもいびと　歌合・物合・競馬・相

撲などの競技で、チームメイトを方人《かたうど》といい、方人を応援する人を念人という。

想像　おもいやる　思遣とも書く。①遠くのものをはるかに想うこと。②人の身の上、心情などを思いめぐらす。「あひ見むことのかたき道に出で立つ。父母・俊蔭、悲しびおもひやるべし」などと用いる。

以為　おもえらく　考えるには、思っていることにはの意。「其以為《それおもえらく》、……なりと」のように用いる。

面繫　おもがい　羈とも書く。馬具の一種。左右の轡《くつわ》をつなぐ紐《ひも》のこと。胸繫《むなかい》・鞦《しりがい》と合わせて三繫《さんがい》と称する。

面舵　おもかじ　①船の操縦で船首を右へ廻すこと。左へ廻すのは取舵《とりかじ》。②右舷《うげん》のこと。

面形　おもがた　「恒久於㆓面形《おもがたに》㆒令㆑売之由」などと用いる。恒久（人名）を証人としての意か。一般には、顔つき、おもざしの意。

犯㆑面　おもてをおかす　主人の意にさからっても意見を述べ諫《いさ》める。

替㆑面　おもてをかう　名義をかえる、人をかえる。

面を毀つ　おもてをこぼつ　一通の証文に複数の土地の権利が記載されている場合、その一部の土地を売却したとき、その旨を本証文の面に記入し、権利の消滅したことを証する。⇒裏《うら》を毀《こぼ》つ

御物棚　おものだな　膳棚、御膳棚とも書く。天皇の食膳をのせて納めておく棚。

御物奉行　おものぶぎょう　室町幕府の職名。将軍の私物を管理する役職で、政所被官《ひかん》がこれに当たった。

御膳宿　おものやどり　御膳（物）は天皇の食事。御膳宿は紫宸殿の西廂《にしひさし》にあり、配膳のことが行われた。采女《うねめ》が詰《つ》めていたので采女所とも呼ばれ、また身舎《もや》との境が壁であったので、塗籠《ぬりごめ》と呼ばれた。⇒母屋《もや》

思量　おもばかり　思慮、考えをめぐらす。「其の略《おもはかり》を陳《の》べん」との表記もある。

思ほし召す　おもほしめす　思うの尊敬語で、お思いになるの意。平安時代には「おぼしめす」が普通に使われた。

趣　おもむき　趣意、趣旨。「不㆑知㆑趣」といえば、いったいどういうわけなのか、わからないといった意味。

重湯　おもゆ　粥のうわ澄みのこと、飯の炊き汁のこと。幼児や病人の臨時食とする。

親方　おやかた　古代には「おやがた」と読む。①親がわりの人、親のように尊敬する人。②年長の人。③親のこと、とくに養い親。④職人・人夫の親分。⑤分家から本家をさして呼ぶ。

御屋形　おやかた　御館も同じ。①高貴な人の邸宅。②そこに住む主人の尊敬語。

親田　おやだ　稲の苗を育てる苗代田のこと。種田《たねだ》ともいう。⇒種田

御湯銭　おゆせん　寺院の浴室《よくしつ》（湯屋《ゆや》）を開放して参詣人らを入浴させる施湯の費用として、塔頭《たっちゅう》や所領荘園から徴収した銭。沐湯料《もくとうりょう》、湯料《ゆりょう》ともいう。

御湯殿　おゆどの　湯浴《ゆあみ》するところ。清涼殿と後涼殿を結ぶ廊のうちにあった。ここに、長さ五尺二寸、広さ二尺五寸、深さ一尺七寸の湯槽《ゆぶね》があった。

御湯殿儀　おゆどののぎ　皇子誕生のとき産《うぶ》湯《ゆ》をつかわす行事のこと。朝夕二回、三日・五日・七日と行う。このとき女房は御剣・虎の頭《かしら》を持ち散米《うちまき》を行う。ついで文章博士や大学頭が読書博士として読書・鳴弦の儀が行われる。

御装物所　およそものどころ　儀式のとき天皇が装束《しょうぞく》を身に着ける所で、屏風《びょうぶ》をたてまわしたり臨時に設ける。

覃 およぶ　及ぶ。……に達する。

下居 おりい　①車・馬から降りる。②天皇・斎院が退いて位を譲ること。「下居の帝《みかど》」といえば上皇、太上天皇のこと。

折烏帽子 おりえぼし　細かく折り畳んだ烏帽子。武士のかぶりものとして行動しやすいように折った。頂上を右方に折り伏せたものを右折、左へ折り畳んだものを左折といった。

折紙 おりがみ　文書の様式のひとつ。横長の紙を横に二つに折って書いたもの。略式の様式で、奉行《ぶぎょう》の奉書や訴状その他簡単な通達や書状に用いられた。

折紙銭 おりがみせん　単に折紙ともいう。祝儀として金銀を贈るとき折紙に金額を記して贈った。目録のみのこともある。

織狩衣 おりかりぎぬ　織物の狩衣で、五位以上の者の着衣。六位以下は染め狩衣。

織衣 おりぎぬ　綾《あや》など高級織物で作った衣服。

折罫紙 おりげいがみ　折堺紙とも。折目をつけて罫《けい》とした紙。

折敷 おりしく　①木の枝や草などを折り取って敷くこと。②座《すわ》ることをいう。

折状 おりじょう　⇒折紙《おりがみ》

下立儀 おりたちのぎ　四月七日の擬階奏《ぎかいのそう》ののち、十五日に太政官曹司庁または南殿で位記を授けるが、宣命にあたって弁官や公卿が座を立って地上に下り立つ儀礼をいう。⇒擬階奏

下り立つ おりたつ　①車から降りる。②高い所から下に降りる。③身を入れて何かをする、いっしょうけんめいにする。

織手 おりて　もとは、織部司・内蔵寮や国衙工房に属した綾・羅・錦など高級織物の技術者。平安中期以降は絹織物技術者一般を指していう。

下名 おりな　叙位・除目のあと、四位以下の叙人・任人の姓名を文官・武官別に参議が列記し、文官分は式部丞、武官分は兵部丞に下し、それぞれ各人を召して叙位・任官を実施させる文書。位階より一字下げで人名を書くことから下名の称が出たという。はじめ天皇が出御して紫宸殿で行われたが、のち太政官庁か外記局で行われるようになった。

折櫃 おりびつ　檜《ひのき》のへぎ板を折り曲げて作った木箱。方形で、角を切ったものもある。菓子や酒肴を盛る。ふつうは白木。一合《ごう》、二合とかぞえる。

境節 おりふし　折節、時期とも書く。ちょうどそのとき、その場合、時折。「たまさか」とも読むか。

折枡 おります　中世、高野山で用いられた枡の一つ。折枡一石五斗は納枡《おさめます》一石四斗一升に相当する。折枡は相折斗《そうせちます》のことか。⇒納枡・相折斗

愚 おろか　疎も同じ。①いい加減である、疎略である。②「言うもおろか」といえば、言い尽くせないの意。③知力が劣る、足りないの意。平安時代には①②の用法であったが、中世では③の用法が多くなる。

御座 おわします　（天皇が）①いらっしゃる、②おでましになる。

御 おわす　（天皇が）いらっしゃる、おられる。

尾張国郡司百姓等解 おわりのくにぐんじひゃくせいらのげ　永延二年（九八八）十一月付で、尾張国の郡司・百姓らが国守藤原元《もと》命《なか》の非法・横法を朝廷に訴え解任を要求した三一か条の文書。〈文献〉阿部猛『尾張国解文の研究』大原新生社。

畢 おわんぬ　了、訖も同じ。終わった、完了の助動詞。動作の完了をあらわす。

蔭 おん　令制で、三位以上および親王、諸王の子や孫、五位以上の者の子が二一

歳になると自動的に位階を授けられる制度。例えば一位の嫡子は従五位下、五位の嫡子は従八位上を授けられ、三位以上の子は無条件で内舎人《うどねり》に任用された。⇓内舎人

御一字　おんいちじ　室町将軍が元服するとき、天皇の名前の一字を賜わるよう朝廷に申し出る。

御鑰奏　おんかぎのそう　四月一日と十月一日の二孟旬に、監物《けんもつ》が諸司の鑰について奏上する行事。各官司の倉庫の鑰は天皇が直接管理するたてまえで、もとは毎朝、監物が典鑰とともに鑰を賜わってこれを諸司に渡し、夕方返納させたのであったが、これが形式化し、二孟旬に官奏に先立って鑰奏が行われるようになったのである。

御河薬　おんかわぐすり　「おんこうぐすり」とも読む。天皇が入浴の際に使った薬。大嘗会の際にも土器に入れた御河薬が用意された。

温官　おんかん　温職《おんしき》ともいう。栄誉や実権、また利得の多い官職のこと。平安時代の官人の申文《もうしぶみ》に見え、温官と称して特定の国の受領《ずりょう》を希望する文言がある。

遠忌　おんき　十三年忌以上、五十年忌、百年忌などの遠い年忌のこと。

恩給　おんきゅう　①特別な恩恵をうけること。②恩賞としての官職・位階・所領。③中世、主人が従者の奉公に対して与える所領など。

御弓奏　おんきゅうそう　⇓おんたらしのそう

恩降　おんこう　天皇の恩詔によって刑罰とくに死罪を軽減することをいう。常赦・非常赦の及ばない犯罪についても、恩降により死一等を降じて遠流となることがあった。

温国　おんごく　平安時代、収入の多い国のことをいう。温国の受領となれば多くの収入が得られると申文で露骨に表現している。

遠国　おんごく　律令制下では、諸国を、都からの遠近等により近国・中国・遠国に分ける。「賦役令」で規定された遠国は、相模《さがみ》・武蔵《むさし》・安房《あわ》・上総《かずさ》・下総《しもうさ》・常陸《ひたち》・上野《こうづけ》・下野《しもつけ》・陸奥《むつ》・出羽《でわ》・越後《えちご》・佐渡《さど》・石見《いわみ》・隠岐《おき》・安芸《あき》・周防《すおう》・長門《ながと》・伊予《いよ》・土佐《とさ》・筑前《ちくぜん》・筑後《ちくご》・豊前《ぶぜん》・豊後《ぶんご》・肥前《ひぜん》・肥後《ひご》・日向《ひゅうが》・大隅《おおすみ》・薩摩《さつま》・壱岐《いき》・対馬《つしま》。

恩裁　おんさい　裁判又は処分のこと。「蒙㆓恩裁㆒」と用いる。

温職・冷官　おんしき・れいかん　役得の多い官職を温職。反対は冷官。大炊頭《おおいのかみ》は舂米雑穀等を諸司に分給することから、とくに役得の多い温職とされる。

温室　おんしつ　⇓湯屋《ゆや》

恩赦　おんしゃ　令制下、慶事凶事に当たり、天皇が恩恵を以て罪を赦《ゆる》し刑を免除・軽減すること。律令の規定に基づいて行うものを常赦といい、それ以外を非常赦と称した。また地域を限って行われた恩赦は曲赦《きょくしゃ》と呼ばれた。

隠首括出　おんしゅかっしゅつ　隠首とは、課役を免れていた者が自ら名乗り出て戸籍に登載されること、括出は浪人を捕らえて課役を貢納させること。平安時代にはこれが国司の重要な仕事と考えられた。

恩恤　おんじゅつ　あいてを、めぐみあわれむこと。「恩恤を垂《た》れる」という。

恩賞方　おんしょうかた　①建武政府の職名。諸国武士の論功行賞のために建武元年（一三三四）に設置された。②恩賞奉行《おんしょうぶぎょう》のこと。⇓恩賞奉行

音声　おんじょう　①人や動物の声。②雅楽の管絃の音。「興㆓音声㆒」という。

恩賞地　おんしょうち　恩地。勲功を賞し給与する土地。鎌倉幕府のもとでは恩賞地

は御家人の私領ではなく、自由に処分することはできなかった。

恩賞奉行 おんしょうぶぎょう　室町幕府の職名。勲功を裁定し恩賞を与える。評定衆・引付衆の頭人《とうにん》、政所・問注所の執事《しつじ》、越訴《おっそ》奉行《ぶぎょう》の奉行人など十数名によって構成された。御前衆・御前奉行ともいう。

蔭　贖 おんしょく　蔭位を賜わった者が罪を犯した場合、定められた代価を支払って身体的の刑を免除されること。笞刑一〇の者は銅一斤、杖刑二〇の者は二斤、杖刑六〇は六斤で贖うことができた。

穏　截 おんせつ　古代に、国司ら地方官が、官物を不正に運用して利潤を得て、その一部又は全部を私物化すること。不当利潤は没収され、見（現）任を解任され、着服した額をはかって罪に処された。

御　衣 おんぞ　①お召し物。着る人を敬って衣服をいう。②夜着《よぎ》のこと。

御曹司 おんぞうし　御曹子とも書く。もと曹司とは部屋のこと。①貴族・武家の子弟で部屋住みの者。②とくに源家の嫡流の子息をいう。平家の子息を公達《きんだち》と呼ぶのに対する。

御　田 おんだ　⇒田遊《たあそび》

恩沢奉行 おんたくぶぎょう　勲功奉行ともいう。鎌倉幕府の職名。御家人の勲功による新恩給与、恩賞を行うことを管掌する。臨時の職であったが、のち評定衆の下に属する定置の職となった。

奉　為 おんため　「……のために」の意。「定奉ニ為本所一有レ煩欤」（きっと本所のために支障となる）などと用いる。

御弓奏 おんたらしのそう　正月七日、白馬節会《あおうまのせちえ》で十七日の射礼《じゃらい》のために兵部省から献上する天皇の弓を内弁が取りついで奏上する儀。「たらし」は「とらし（執）」で、手にお持ちになるの意。⇒射礼

恩　地 おんち　主人が従者に恩給として与えた地、恩領。

隠　地 おんち　⇒隠田《おんでん》

怨　敵 おんてき　うらみのある敵、仇敵。

隠　田 おんでん　農民がその存在をかくし年貢などを納めない田地。畠の場合は隠畠《かくしばた》という。検注などで隠田が摘発されると、田地は没収、農民は追放となった。しかし、一定の勘料米（銭）を納めることによって免租地扱いとすることも行われた。

音　頭 おんどう　①雅楽で、器楽パートの首席奏者。②正月に行われた松囃子《まつばやし》の最初の第一節。

女　饗 おんなあるじ　後宮の内侍司《ないじし》の長官を尚侍《ないしのかみ》（定員二人）といい、新任の尚侍が女官に対して設ける饗宴を女饗という。

女一宮 おんないちのみや　第一皇女のこと。

女　絵 おんなえ　平安時代に流行した小品の紙絵をいう。恋愛や物語をモチーフとする賞翫用の絵で、のちには屏風絵にも描かれた。実物遺品はない。

女　楽 おんながく　女性のみ、又は女性主体で奏する雅楽。内教坊《ないきょうぼう》で教習した。内教坊は治部省所管の、女の歌舞教習所で奈良時代に設けられたが、平安末期には実質を失っていたという。女楽は九月九日の宴や正月二十一日の内宴で奏される。

女　方 おんながた　①女性のいる場所。特に宮中の女官《にょかん》の詰所《つめしょ》。②女たちの組。③妻の親戚《しんせき》・身内《みうち》。

女猿楽 おんなさるがく　①女性の演じる猿楽。②女性を主人公とする猿楽。

女叙位 おんなじょい　皇親の女子以下宮人に至る女子に五位以上の位階を賜わること。平安初期から、男の正月七日に対して、女子は八日に行われ、しかも隔年を原則とした。
〈文献〉野村忠夫『律令官人制の研究』吉川弘

文館。

女使内侍 おんなづかいのないし　諸社の祭礼に、勅使として遣わされた典侍もしくは掌侍のこと。天皇の私的な奉幣使である。春日祭・大原野祭・賀茂祭に派遣される。その行列は華麗で、過差を禁ずる弁官下文を出された（九九〇年）。

女　手 おんなで　かなのこと。漢字は男手。

女田楽 おんなでんがく　女性が演じる田楽。田楽は田植神事に伴う芸能。

女　能 おんなのう　①女性が演じる能。②女性を主人公とする能。

隠　座 おんのざ　節会《せちえ》や除目《じもく》が終わったあとの宴の座ののち、座をかえて、くつろいだ酒席のこと。正式の宴会のあとに行われ、くつろいで舞い歌う。

御　動 おんはたらき　食事行動をいう。「御動に具足不ㇾ着ものの所領御没収之事」と用いる。

音　引 おんびき　文章中、名前など不明のとき、または省略するときに用いる符号。「――」は一字省略、「――」は二字以上省略の符号。貴人の名を憚《はばか》って用いる場合もある。

恩　補 おんぽ　主人が従者を、荘園・公領の所職（地頭職・名主職・作職など）に恩恵として補任《ふにん》すること。

陰　密 おんみつ　①内密、秘密にすること。②幕府・諸大名家で情報収集活動に当たったスパイ、間者《かんじゃ》、忍《しの》びの者。

陰陽師 おんみょうじ　陰陽道により、筮竹《ぜいちく》を用いて占いをし、地相をみたりする者。令制の中務省《なかつかさのしょう》陰陽寮《おんみょうりょう》に属した。定員は六人。

陰明門 おんめいもん　内裏内郭十二門のひとつ。後涼殿の西にあり、門内に右兵衛の詰所があったので右兵衛陣と呼ばれた。

御物沙汰 おんものさた　鎌倉幕府で、訴訟・裁判その他政務をつかさどること、公事《くじ》を奉行することをいう。その事務に携わった者が御物沙汰衆。

音　問 おんもん　手紙などで人の安否を尋ねること、便り。

恩　問 おんもん　他人の訪問を、敬い感謝の意を込めていう、情けあるおたづね。

怨霊思想 おんりょうしそう　怨念を抱いて死んでいった人の霊が永くこの世にとどまり祟《たた》りをなすと信じられたので、その災厄をのがれるために霊をまつる思想。そのまつりが御霊会《ごりょうえ》。
〈文献〉義江彰夫『神仏習合』岩波新書。

遠　流 おんる　令制の流罪《るざい》のうち最も重いもの。中流《ちゅうる》・近流《こんる》にくらべて都からの距離が遠い。「延喜式」では伊豆《いず》・安房《あわ》・常陸《ひたち》・佐渡《さど》・隠岐《おき》・土佐《とさ》などの国を挙げている。

御　私 おんわたくし　内儀、内証、奥向、侍者を指していう。書簡の宛名に、例えば「山し（科）なとのゝ／御わたくしへまいる」などと記す。

か

仮 か　暇とも。休暇。律令制下、京官は六日ごとに一日の休暇、五月・八月に一五日の田仮《でんか》（農繁休暇）、父母を見舞うための定省仮《ていせいか》などが与えられた。病気や穢《けがれ》により休暇をとるときは仮を申請する。〈文献〉阿部猛『平安貴族の実像』東京堂出版。

靴 か　靴《か》の沓《くつ》。古代、儀式のとき束帯に用いた履物。黒塗りの皮革製。

歟 か　欤とも書く。句中や語末に置いて、語気をやわらげる。疑問・推測・不定・感嘆の意をあらわす緩詞である。「断定の歟《か》」とも言い、「……だろうか」より「……だ」に近い意味あいで用いる。

顆 か　果実や玉・石など、粒になっているものをかぞえるときの単位。

荷 か　一人が肩ににになえるだけの量を単位として数える。

課 か　⇓おおす

迦 か　⇓はずる

科 か　⇓品《しな》

戒 かい　①訓戒、いましめ。②仏教で、あやまちを防止するための規則。五戒・十戒・具足戒など。

何為 かい　⇓いかにせむ

雅意 がい　我意。①ふだんの考え。②わがまま。「雅意に任せて……」と用いる。

蓋 がい　⇓おおがさ

咳 がい　⇓しわぶく

〈文献〉森野宗明『鎌倉・室町ことば百話』東京美術。

貝合 かいあわせ　平安時代の物合わせの一種。左右に分かれて、珍しい貝を出し合わせてその優劣を競う遊戯。

乖違 かいい　正しいことに背き違《たが》う。

解レ頭 かいい　⇓おとがいをとく

外衛 がいえ　①外衛府。②平安時代、近衛府に対して、衛門府・兵衛府を外衛と総称した。

改易 かいえき　本来は職務の交替を意味したが、中世には懲罰的意味を含むようになり、「所領を改易す」とか「彼の職を改易す」などと見え、没収を意味するようになる。

海縁国 かいえんのくに　古代、瀬戸内海に面した国々のことをいう。

貝覆 かいおおい　⇓貝合《かいあわせ》

掻折 かいおる　①道などを曲がって進む。②京都で北から南へ行くこと。「二条油小路を南へかいをりける時、築地《ついじ》の角に走りあたりて」と用いる。

会下 かいか　⇓えげ

買掛 かいがかり　買懸とも書く。現金でなく、掛けで品物を買うこと、また、その代金。

懈緩 かいかん　懈怠《けたい》に同じ。おこたりゆるむこと。

会期 かいき　⇓おうご

咳気 がいき　せきをすること。せきの出る病気、かぜ。

開基勝宝 かいきしょうほう　天平宝字四年（七六〇）三月に鋳造された金貨。呪物・宝物として用いられ、交換手段として流通した形跡はないといわれている。

廻給田 かいきゅうでん　⇓往来田《おうらいでん》

皆具 かいぐ　ひと揃いの意。①装束が一式備わっている状態。②馬具・武具が一式備わっている状態。「黒糸威《おどし》の鎧《よろい》甲《かぶと》皆具給《たまい》てけり」などと用いる。

黄昏 かいくらみどき　掻暗時とも書く。日の暮れ、たそがれ。

開検 かいけん　諸国不動倉《ふどうそう》の扉を開き、蓄積された不動穀の量を調査すること。

開検ののちこれを正税帳《しょうぜいちょう》に記し、以て国司の功となる。⇒不動倉

改　元　かいげん　改号とも。年号を改めること。改元には(1)天皇即位の翌年行われる代始《だいはじめ》改元、(2)祥瑞改元、(3)災異改元、(4)革命・革令改元などがある。〈文献〉千々和到「暦と改元」（永原慶二ほか『前近代の天皇　四』）青木書店。

開　関　かいげん　平安時代、朝廷の大礼また変乱のすんだのちに逢坂《おうさか》・鈴鹿《すずか》・不破《ふわ》の三関の警固を解くこと。関を警備するのは固関《こげん》。⇒固関

恢　弘　かいこう　①広く大きくすること。②教えを世にひろめること。

開　闔　かいこう　書物・文書の出納《すいとう》に従事した官人。宮中の和歌所・記録所・内御書所《うちのごしょどころ》などに置かれた。院や摂関家の文殿《ふどの》にも置かれ、室町幕府では、侍所・地方頭人・神宮頭人・禅律方頭人の下にも設置された。

邂　逅　かいこう　⇒たまさか

会合衆　かいごうしゅう　「えごうしゅう」とも読む。室町末期・戦国期に、自治的な都市の運営に当たった合議制の機関。有徳人《うとくにん》と称される有力者層によって占められた。和泉国《いずみのくに》堺《さかい》、伊勢国《いせのくに》大湊《おおみなと》、同内《ない》宮門前の宇治《うじ》などでその存在が知られる。〈文献〉豊田武『堺』至文堂。網野善彦『日本中世都市の世界』筑摩書房。

廻　忽　かいこつ　雅楽の唐楽に属する平調《ひょうじょう》の曲で舞を伴わない。葬礼の時に奏する曲。

骸骨を乞う　がいこつをこう　辞職を願い出ること、致仕《ちし》を乞う。

開　墾　かいこん　墾開とも。山林原野を伐《き》り開き耕地とすること。

開　作　かいさく　①新たに田畠を切り開くこと。②或る土地を再び開き耕すこと。

開　山　かいさん　初めて寺を開くこと、またその人。山は寺のこと。

懐　紙　かいし　①畳んで懐中に携帯する紙。②詩歌・連歌を記録、詠進するときに用いる料紙。檀紙《だんし》または杉原紙《すいばらがみ》。和歌の場合「詠二首和歌」と書き、つぎに位署・題・和歌を書く。漢詩は一首のみ。

槐　市　かいし　①中国古代の長安城外の私設の市場のこと。②市が槐《えんじゅ》並木の中にあり、大学の諸生が集まり、出身地の名産の売買や政治の論議をしたので、大学の異称となる。

外　史　がいし　①中国古代の書記の呼称。②わが国の外記《げき》の唐名。

外　実　がいじつ　①外聞《がいぶん》。②実儀。

解　謝　かいしゃ　解は祓いをするの意。神を祀って祓いをすること。

介　錯　かいしゃく　①つき添って世話をすること、助力する。②後見。③切腹のとき側につき添い首を斬ること。

会　釈　かいしゃく　⇒あしらう・えしゃく

外　宿　がいしゅく　外泊する。「今日御物忌也、殿上人或参籠、或外宿」と用いる。

会　所　かいしょ　①人の集会する所。②歌会・闘茶などの遊戯の場で、公家・武家・寺社の住宅に設けられた。室町初期から発達した。

回　章　かいしょう　⇒回文《かいぶん》

廻　状　かいじょう　⇒回文《かいぶん》

会昌門　かいしょうもん　朝堂院《ちょうどういん》の内郭門。入母屋造《いりもややづくり》の屋根で、五間三戸の楼門《ろうもん》。南に応天門《おうてんもん》、さらにその南に朱雀門《すざくもん》がある。

会所枡　かいしょます　⇒えしょます

垣　代　かいしろ　①帳《とばり》を隔《へだ》てとして用いるときの呼称。②「青海波《せいがいは》」の舞楽のとき楽人が垣のように並ぶのをいう。近衛府官人・瀧口武士・北面武士らが並んだが、のちには装飾的意味が強まり、寺院の稚児や公弟の子弟が選ばれた。

開　陣　かいじん　兵を引きあげて陣をあ

けること。

帰陣 かいじん 戦いに勝って帰国すること。

海人 かいじん ⇒あま

皆済 かいせい 「かいさい」とも。①年貢を全部納めること。②借金などを全部返済すること。

廻成 かいせい 支出するの意。或る目的・用途のために支出する（立用《りゅうよう》という）こと。⇒立用

海青楽 かいせいらく 海仙楽ともいう。唐楽。黄鐘調《おうしきちょう》の曲。平安初期の作であるが、舞は伝わらない。

外戚 がいせき 母方の親戚をいう。とくに古代社会で、娘を天皇のもとに入内《じゅだい》させ所生の皇子の外戚となって政治権力を振るうことがあった。天皇の母方みうちとしての藤原北家による摂関政治はそのあらわれである。

廻船 かいせん 元来は、各地を廻漕する船の意。一二世紀末から見える。商人の乗り組んだ行商船。

改銭 かいせん 古代、貨幣を改鋳すること。その手続きは、まず大臣は勅を奉じて博士に、銭に刻む文字を調べさせ、決定すると能書家に文字を書かせてこれを作物所《つくもどころ》に下して彫《ほ》らせ、官符を副えて鋳銭司《じゅぜんし》に下し鋳造させた。

廻船式目 かいせんしきもく 室町末期に書かれた海法。鎌倉期の作とされるが後世の仮託《かたく》。三一か条、四一か条、四三か条のものなど数種ある。船仲間の慣行を纏めて、広汎に通用する成文法としたもの。
〈文献〉住田正一『廻船式目の研究』東洋堂。

開祖 かいそ 或る宗教・宗派の教えを最初に説いた人のこと、祖師。

外祖 がいそ 外祖父も同じ。母方の祖父。母方の祖母は外祖母。

海賊 かいぞく 海上で暴力行為によって通交の安全を脅《おびや》かし、また密貿易などを行う集団。瀬戸内や九州沿岸、熊野灘《くまのなだ》、伊勢湾また琵琶湖岸などに根拠地を持つ。一四世紀以降、海賊衆と呼ばれる地域的な武士団（水軍）を形成し、海上交通・運輸の安全を保障する警固役をつとめた。
〈文献〉宇田川武久『瀬戸内水軍』教育社。網野善彦『悪党と海賊』法政大学出版局。

外祖父 がいそふ 母方の祖父。中世・近世には「がいそぶ」と濁音。⇒外祖《がいそ》

海損 かいそん 航海中や停泊中の事故で乗員・船・積荷に生じた損害。風波により漂没の危険があるときは、挟抄《かんどり》（梶取）の判断で積荷を海中に投げ棄てることがあった。過失でなければ損害は荷主の負担であった。
〈文献〉金指正三『日本海事習慣史』吉川弘文館。

皆損 かいそん すべて損失すること、悉《ことごと》く損亡し収穫ゼロの状態。

改替 かいたい 規定を改める、官職を改める。「地頭職を改替し」というときは改易に同じで、その職を没収する意。

海内 かいだい 国内、天下、世界。

搔手折 かいたおり ①折れ曲がること。②曲がり道。

搔楯 かいだて 垣楯も同じ。敵の矢を防ぐために、楯を垣のように並べたもの。

戒壇 かいだん 僧に戒を授ける儀式を行うために設けた壇。石又は土で築く。天平勝宝六年（七五四）東大寺に設けたのが最初。

回茶 かいちゃ 茶道で、茶の良し悪しを試す方法。三種の茶のうち一服を飲んで他を推量する。

戒牒 かいちょう 僧尼受戒の公験《くげん》。八世紀半ばから授戒が行われた。得度《とくど》者は具《ぐ》足戒《そくかい》を受けて正式に僧侶となる。戒牒は

僧綱が治部省玄蕃寮に送り、計会・捺印ののち受戒者に下付された。本人死去ののちには戒牒は収公破棄されることになっていたが励行されなかった。

開帳 かいちょう 寺院が、秘仏を特定の日を限って一般に公開すること。盛んになったのは江戸時代。

刷 かいつくろう 「かきつくろう」とも。「刷レ衣」とは衣服を整え容姿の乱れをととのえること。

開田図 かいでんず 荘園絵図のひとつ。奈良時代の絵図で、正倉院所蔵の東大寺開田図が知られる。開墾による寺領田の成立の状況がわかる。
〈文献〉東京大学史料編纂所『東大寺開田図』東京大学出版会。

垣内 かいと 垣で囲まれた土地をいい、律令でいう園宅地がそれに当たる。多くは畠であるが、居住者がいる場合は居垣《いがい》内《と》と称する。垣内の内部が開発されて耕地化する一方、分割され宅地化し集落化することもある。

甲斐なし かいなし それだけの価値がない、むだなことであるの意。「益《えき》なし」も同じ。

掻撫 かいなで ①物事の表面を撫でるだけで真相を知らないこと。②ありきたり、とおりいっぺんであるさま。

皆練 かいねり 掻練とも書く。砧《きぬた》でよく打って練ったり、糊《のり》を落として柔《やわ》らかくした絹織物のこと。とくに紅色のものをいうことが多い。

掻拭 かいのごう 「かきのごう」の音便。ごみやよごれをふき取る、拭い去る。平安・鎌倉期に所見。

飼葉 かいば 牛馬の飼料とするわらや草。飼葉を入れる桶は飼葉桶。

廻杯楽 かいはいらく 唐楽。壱越調《いちこつちょう》の曲。仁明天皇のとき多く演奏された。⇒壱越《いちこつ》

開白 かいびゃく 開闢とも書く。ひらく、ひらけるの意。国や世界の始まり、初日、法令や儀式の始まり。

咳病 がいびょう せきの出る病気。しわぶきやみ、わらわやみ、えやみ。現在の急性・慢性の気管支炎、あるいは百日咳《ひやくにちぜき》、流行性感冒のこと。平安時代には伝染病と思われていた。

改補 かいふ 或る人の職を解いて、別人を任命すること。補は補任《ぶにん》。

海夫 かいふ 湖や海で漁撈、舟運に従事する人びと。初見は一〇世紀末。中世には舟二〜三艘で一類を形成し、これを幾つか合わせて党を形成した。海夫は下人として領主に所有され、売買・譲与の対象となった。
〈文献〉網野善彦『日本社会再考』小学館。

回文 かいぶん 回状、廻状も同じ。複数の宛名人に順次に回覧して用件を伝える文書。

涯分 がいぶん 分限《ぶんげん》、身のほど、身分に相応したこと、精いっぱい、力《ちから》の及ぶ限りの意。「是我涯分をはからず、さしもなき身をたかくおもひあげて」と用いる。また「涯分武略をめぐらし」といえば力の及ぶ限りの意。

介抱 かいほう 助け抱《いだ》くこと、世話をすること。

懐抱 かいほう ①腕をまわして抱きしめること。とくに男女の抱擁をいう。②ふところ。③心中の悩みや計画。

開発 かいほつ 歴史的には、とくに平安・鎌倉時代、荒野・荒田を開墾すること。奈良時代には治開、墾開の語がふつうである。平安時代の荒蕪地の開発は、中世社会の基礎を築いたもので、在地領主制の土台をつくり出したものとして評価される。
〈文献〉竹内理三編『土地制度史 I』山川

出版社。

開発余流　かいほつのよりゅう　開発領主の子孫のこと。

開発領主　かいほつりょうしゅ　平安時代、開発により本領を確立した、中世社会の典型的な在地領主。「沙汰未練書《さたみれんしょ》」に「御家人トハ往昔以来為二開発領主一、賜二武家下文一人事也」「本領トハ為二開発領主一、賜二代々武家御下文一所領田畠事也」とある。

外命婦　がいみょうぶ　⇓内命婦《ないみょうぶ》

開明門　かいめいもん　豊楽院《ぶらくいん》外郭東面南寄りの掖門。延明堂の北東にあった。

買免　かいめん　田地などを買い戻すこと。免は償うの意。「件《くだん》の田地等、一年かひめんにかひ（買）候て進候」などと用いる。

掻餅　かいもちい　掻い練りの餅の意か。①糯米《もちごめ》の粉・米粉・粟粉・小麦粉を水で掻《か》きこねたものを煮て餅のようにしたもの。②糯を煮て握ったものに餡《あん》や黄粉《きなこ》をいつけたもの。③中世以降、そばがきをいう。

垣下　かいもと　「えんが」と音読みすることもある。饗応のとき、正客以外の相《しょう》伴《ばん》の人、また、その人たちの座る席。

槐門　かいもん　大臣の唐名。大臣の家柄のこと。中国周代に、大臣が槐《えんじゅ》の木に向かって座した故事に由来する。

糴　かいよね　貯蔵するために米を買い入れること。糶《うりよね》に対する語。

快楽　かいらく　⇓けらく

回鯉　かいり　回鱗、回李とも書く。返報、手紙の返事。返書の上書《うわがき》。

廻立殿　かいりゅうでん　「かえりだちどの」とも。大嘗祭の卯《う》の日の神事のとき、天皇が用いる湯殿で、大嘗宮の真北にあった。天皇は四回湯殿で浴し、何度も立ち戻るので、この名がある。

皆料　かいりょう　全額。料は料足（費用）の意。

回鱗　かいりん　⇓回鯉《かいり》

回廊　かいろう　歩廊ともいう。主として寺院の廊下をいう。法隆寺西院伽藍の回廊がわが国最古の例である。梁間が一《ひと》間《ま》のものを単廊、二間《ふたま》のものを複廊という。前者は外側の柱間に連子窓を設け内側は吹き放しで、後者は中央の柱列に連子窓を入れ、内側の柱は吹き放しとなっている。

外郎　がいろう　⇓ういろう

回禄　かいろく　もとは、火の神の称。火の神のしわざということで、火災にあうこと、炎上すること、火事をいう。

火印　かいん　顔面に捺《お》す焼印。刑罰の一種で、鎌倉幕府法では、凡下《ぼんげ》の輩《ともがら》の謀《ぼう》書《しょ》・窃盗《せっとう》・人勾引《ひとかどい》・人商《ひとあきない》の罪には火印を用いた。伊達《だて》氏の「塵芥集《じんかいしゅう》」にも所見。

雅院　がいん　東宮雅院。皇太子の居処。大内裏東面の待賢門《たいけんもん》を入った右手に東雅院・西雅院があった。

飼　かう　①動物に食物や水を与えること。②動物を飼育すること。⇓飼葉《かいば》

花営　かえい　室町幕府の雅称。足利義満が京都室町の御所に多くの名花を植え花の御所と呼ばれたことから、将軍の幕府柳営《りゅうえい》になぞらえて花営と称した。

返祝詞　かえしのりと　神社に奉幣した勅使に、神職が神意納受を復命する詞《ことば》のこと。実際には拍手《はくしゅ》を以てする。

返祭　かえしまつり　神社造営の際、地鎮祭に対して、工事が終わったのちの後鎮祭のことをいう。

替状　かえじょう　⇓相博《そうはく》

替銭・替米　かえ（い）せん・かえ（い）まい　⇓為替《かわし》

替銭屋　かえせんや　中世の為替業務を行う商人。割符《さいふ》の振出し、支払いを営業とした。

替地 かえち　土地の交換のこと。相博《そうはく》、相替《そうたい》とも。

栢梨 かえなし　近衛府領摂津国栢梨荘からの年貢を財源として作った甘糟《あまかす》。仏《ぶつ》名会《みょうえ》の夜、これで殿上において勧盃《けんぱい》が行われた。

還饗 かえりあるじ　⇒還立《かえりたち》

返り公事 かえりくじ　「さかくじ」とも。①原告となるべき者が、被告となるべき者から逆に訴えられること。②逆に苦情を言われること。

還立 かえりだち　賀茂《かも》祭や春日《かすが》祭などの祭礼で、社頭の儀が終わって祭使が戻ったとき行う宴会。還饗《かえりあるじ》ともいう。出立《いでたち》に対する語。出立の儀の行われた貴族の私邸で行われるが、石清水《いわしみず》臨時祭や賀茂臨時祭のような臨時祭の場合は清涼殿《せいりょうでん》の東庭で行われる。

返忠 かえりちゅう　主君にそむく、裏切りをする。

還殿上 かえりてんじょう　①退位した天皇が再び皇位につくこと、重祚《ちょうそ》。②昇殿を停められた殿上人が、再び昇殿を許されること。還上《けんじょう》・還昇ともいう。

還申 かえりもうし　返申とも。①使者が還ってきて報告すること、復命。②神仏へのお礼参り、報賽《ほうさい》のこと。③神前から立ち去るときにする礼。

花押 かおう　自署のかわりに書く記号で、判《はん》、書判《かきはん》、判形《はんぎょう》、押字《おうじ》ともいう。自署の草書体の図様化したもの。
〈文献〉佐藤進一『花押を読む』平凡社。

賀王恩 かおうおん　感皇恩も同じ。唐楽。太食調《たいしきちょう》の曲。四人で舞う。現在は廃曲となっている。

感恩多 かおんた　唐楽。平調《ひょうじょう》の曲。舞はない。祈禱のときに用いられた。

荷花 かか　はすの花のこと。

加階 かかい　位階を加えること、位《くらい》が昇進すること。

牙儈 がかい　⇒すあい

牙開 がかい　申す、言うの意。

抱置 かかえおく　雇い入れる、召しかかえる。

抱 かかえる　守備する。「抱えがたし」といえば、護りきれないの意。

加賀絹 かがきぬ　加賀・越中地方産出の絹。中世の『庭訓往来《ていきんおうらい》』に所見。

家学 かがく　大学寮教官の職を世襲した家（博士家）に伝承された学問・学説のこと。教官職世襲は平安前期、紀伝道の菅原氏に始まる。平安中期以降、明経・明法・算道でも博士家が成立し家業が形成された。
〈文献〉桃裕行『上代学制の研究』吉川弘文館。

雅楽 ががく　文字どおり優雅で正式の音楽の意であるが、平安時代に成立した宮廷・寺社で演奏された音楽・舞踊の総称。律令制下、雅楽寮が置かれ、わが国固有の歌舞と外来の音楽・舞踊の教習が行われた。雅楽寮は、日本固有の歌舞《かぶ》、唐楽、三韓楽《さんかんがく》、伎楽《ぎがく》の四分野を掌ったが、平安初期に改革が行われて国風化が進み、唐および林邑楽《りんゆうがく》系の唐楽を左方《さほう》（左楽《さがく》という）、三韓楽に渤海楽《ぼっかいがく》を加えた高麗楽《こまがく》を右方《うほう》（右楽《うがく》という）に配して、楽器編成を縮小し室内楽形式とした。雅楽は三種に大別される。⑴国風歌舞…神楽《かぐら》、東遊《あずまあそび》、倭歌《やまとうた》、大歌《おおうた》、大直日歌《おおなおびうた》、田歌《たうた》、久米舞《くめまい》。⑵唐楽…演目は約三〇曲ある。⑶高麗楽…約二〇曲ある。雅楽の演奏は㋑舞楽、㋺管絃、㋩上代歌舞、㋥催馬楽《さいばら》および朗詠《ろうえい》の四種に分れるが、㋺は管楽器（笙《しょう》・篳篥《ひちりき》・横笛《おうてき》―これを三管《さんかん》という）・弦楽器（箏《そう》・琵琶《びわ》）・打楽器（羯鼓《かっこ》・太鼓《たいこ》・鉦鼓《しょうこ》）で編成される。各楽器の役割は、篳篥・横笛は同じ一つの旋律を奏するが、篳篥は主体の線を形づくり、横笛はこれを時々装飾的に変化させて吹く。笙は旋律の主要音を吹き流しの和音の形でなぞることによって、旋律に厚みや一貫した持続感を与える。弦楽器の箏・琵琶はおもに分散和音によって主旋律をなぞる。またこの分散和音の音形によって、主旋律に拍節の輪郭を与えている。太鼓は楽節の区切り目を示す。鉦鼓は小拍子（一小節）を示す。羯鼓は太鼓や鉦鼓によって示されたい楽節の長さを、反復されるリズム・パターンの一周期によって示す。また、このリズムの反復を通して曲のテンポの変化を他の楽器奏者に知らせる。舞楽は舞の伴奏音楽で、唐楽の場合は、管楽器（笙五人・篳篥五人・横笛五人）、打楽器（羯鼓一人・太鼓一人・鉦鼓一人）の編成である。雅楽には六調子がある。壱越調《いちこつちょう》（d）、平調《ひょうじょう》（e）、双調《そうじょう》（g）、黄《おう》鐘調《しきちょう》（a）、盤渉調《ばんしきちょう》（h）、太食調《たいしきちょう》（e）の六つである。これら調子の主音（宮《きゅう》という）はカッコ内の記載の通りである。調子とは音階ではなく旋法のことである。唐楽の拍子《ひょうし》は、早四拍子《はやよひょうし》、早八拍子《はややひょうし》、延《のべ》四《よ》拍子《ひょうし》、延八拍子《のべやひょうし》、早只四拍子《はやただよひょうし》、早只八《はやただや》拍子《ひょうし》、夜多羅拍子《やたらひょうし》が基本である。早は一つの小拍子を四拍にとり、延は八拍、早只は六拍子、夜多羅は五拍という拍節法を持っている。雅楽における拍子は拍節法の問題とともに、拍節法によって支えられている一連のリズム型をも指している。雅楽演奏のプログラムは、最初に振鉾《えんぶ》という儀礼的な曲が行われ、続く本演奏では左舞―右舞を各一曲というように対《つい》にして奏され（番舞《つがいまい》）、蘭陵王（左）―納曾利（右）、迦陵頻（左）―胡蝶（右）のように組合わせは厳密にきめられていた。幾つもの舞がつぎつぎに演奏される場合は、面をつけず比較的ゆるやかに四人～六人で舞う平舞《ひらまい》から始まり、最後は面をつけて一人で舞台いっぱい走りまわる走り舞となる。そして最後は必ず長慶《ちょうげい》子《し》という舞を伴わない管絃の曲を器楽だけで演奏して終わる。雅楽を担当したのは雅楽寮であったが、天暦二年（九四八）楽所《がくしょ》が設けられると宮中の音楽は楽所に属する楽人によってになわれた。雅楽を掌る楽人集団は、楽所楽人・南都楽人・天王寺楽人の三集団があった。楽所楽人には、多《おお》・阿部・豊《ぶん》（豊原）・山井《やまのい》・大神《おおが》氏があり、南都楽人には狛《こま》姓の東《ひがし》・辻・奥・窪《くぼ》・上《うえ》氏と中（大神姓）・芝（藤原姓）氏が、天王寺楽人には秦《はた》姓の薗《その》・林・東《とう》儀《ぎ》・岡の各氏がいた。

〈文献〉増本喜久子『雅楽』音楽之友社。

案山子 かかし　田畑を鳥獣の害から防ぐために作る人形《にんぎょう》。竹や藁で作る。僧都《そうず》ともいう。

かがす　加賀苧綱《かがおづな》のこと。加賀国産の麻で作った綱で、和船の碇綱《いかりづな》として用いられた。

鏡筥 かがみばこ　鏡を収納する筥《はこ》。大形の八稜形のもの、手鏡用の筥、円形の鏡筥もあった。貴族の用いた螺鈿蒔絵の豪華なものがある。

鏡餅 かがみもち　その丸形から鏡と称された。年始に飾って眺める。もとは歯固《はがため》の儀の膳に並べられたものであろう。年始に固い物を食べる風は一般に行われた。

⇒歯固

篝 かがり　鉄製のかごの中に松材を盛って燃《も》やす火。夜間の警護・照明用。

懸口 かかりくち　①相手に働きかけるきっかけ。②合戦の際に攻撃をしかける時期、場所。

懸銭 かかりぜに　貨幣で納入された年貢・公事の総称。

〈文献〉中村吉治『近世初期農政史研究』岩波書店。

篝火飛脚 かがりびひきゃく　戦国時代に甲斐武田氏が用いた信号。甲府と信濃国長沼城との間（約八〇里）に何か所かの信号台を置き、篝火をたいて通信した。古代の烽火《のろし》と同類。

篝屋 かがりや　鎌倉時代、京都の市中警固のために篝火をたいた番所。四八か所あり、そこに詰めていた武士を篝屋守護人と称した。

篝用途銭 かがりようとせん　鎌倉時代、篝屋の費用として徴収した銭。

拘 かかわる　係、関も同じ。①関係をもつ。②世話をする。③こだわる。④他から制約を受ける。⑤干渉する。⑥物事の存立に重大な影響がある。⑦支える、もちこたえる。

加冠 かかん　元服《げんぷく》、成人の式。古代・中世に、一五歳前後の男子が衣服を改め、髪を結い冠をつけた。また幼名をやめて烏帽子《えぼし》名《な》をつけた。

夏官 かかん　兵部省の唐名。

家顔 かがん　もてなし。

鵝眼 ががん　銭《ぜに》のこと。真ん中に四角に穴のある銭。鵝鳥の目に似るので。青《せい》鳧《ふ》・青蚨《せいふ》・青扶《せいふ》も銭のこと。

夏官尚書 かかんしょうしょ　兵部卿の唐名。

垣 かき　牆、墻も同じ。屋敷・庭などを区画し囲むもの。土・石・竹・木で作る。植物によるものは生垣《いけがき》。土地売券などの四至《しいし》記載の中に見える「中垣」は屋敷地を区画する垣。

家記 かき　家に伝承された、先人、父祖の日記・記録。古代・中世を通じて、先例・故実を参考するために私日記が発達し、日記類を多く所蔵する家は「日記の家」と称された。

鍵 かぎ　鉤、鎰、鏁、鑰も「かぎ」。錠《じょう》の穴にさし入れて開閉する金具。

書上 かきあげ　上申書、申状のこと。

掻揚田 かきあげだ　田の土を掻きあげて高く盛った田。低湿地で、洪水・氾濫《はんらん》の被害を受け河成《かわなり》となりやすい地の不安定耕地のことか。〈文献〉島田次郎『日本中世の領主制と村落　下』吉川弘文館。

書入 かきいれ　①文書・書物に記入する、書き加えること。②江戸時代、抵当契約のこと。

書下 かきくだし　守護が領国内に命令を下すときの文書、守護が自署する直状式の文書。書き止めは「状如レ件」となる。

書出 かきだし　文書の書きはじめ。中心事項は中書《なかがき》、終わりは書止《かきどめ》という。

書立 かきたて　①詳細にひとつ書きした文書。②箇条書き。③目録。④調査報告書。

垣内 かきつ　⇒かいと

掻繕 かきつくろう　①乱れやすいものをきちんと整える。②身づくろいをする。

垣内田 かきつだ　屋敷の囲いの中にある田。

掻灯 かきともし　清涼殿内の夜の御殿の四隅にある灯籠《とうろう》。

鎰取 かぎとり　「かいとり」とも。倉庫のかぎを預かり出納に当たる役。高野山領備後国太田荘には、荘官の一人として荘園倉庫の鎰取がいた。

柿の衣 かきのころも　柿色の無紋の衣。柿渋で染めたので、柿色のことを単に柿という。山伏が着る。

書判 かきはん　自筆で書く判、すなわちサインのこと。平安時代初期には楷書で書かれ、これは自署《じしょ》と呼ばれ、草書体となって草名《そうみょう》といわれ、草名が更に崩されて書判、花押《かおう》と称される。⇒花押

嘉喜門 かきもん　朝堂院の北東門。東廂《ひがしひさし》門ともいい、西廂門（永福門）とあい対する。各社奉幣の際の公卿の参入門とし

て用いられた。

垣屋 かきや 墻屋も同じ。築地などを一方の壁として造られた舎屋。

加級 かきゅう 位がのぼること。「頻蒙二加給之厚恩一」という。

家業 かぎょう ①家の財産。②一家の世襲する職能。

河曲子 かきょくし 歌曲子とも書く。唐楽。壹越調《いちこつちょう》の曲。相撲節《すまいのせち》に用い、舞はない。⇒壹越《いちこつ》

火炬小子 かきょしょうし 令制下、主殿寮に属する童女。山城国の秦氏の童女四人をあてた。冠婚の齢になればかわりの者を出す。具体的な任務は未詳。

有レ限 かぎりある ①一定の法規・慣習などによって一定の規制力・効果・権限などが保証されていること。②無限の。③おそれ多い、重大な。「有レ限御年貢」などと用いられる。〈文献〉笠松宏至『中世人との対話』東京大学出版会。

舁 かく ①物を肩にのせて運ぶ。②人をだます。

确 かく ⇒曾禰《そね》

方領 かくえり 垂領《たりくび》に着るように仕立てた四形い襟《えり》。

画可 かくか 詔書発給のとき、公卿《くぎょう》の署をとり、大納言から天皇に奏し、天皇は年月日のあとに可の字を記す。

確々 かくかく ⇒しかじか

斯斯 かくかく ⇒確確《しかじか》

覚挙 かくきょ 自首《じしゅ》の一種。「名例律《みょうれいりつ》」では、官人が公務に関する事項（公事《くじ》）について失錯《しっさく》の罪を犯した場合、自ら覚挙すれば罪を原《ゆる》されるとされていた。

楽家 がくけ 楽舞を家業とする家系。一〇世紀以降、雅楽寮・衛府・寺社から解き放たれた楽人らは諸楽所に祗候し、一一世紀から楽舞を世襲する家柄が生まれる。多、狛、大神、豊原、秦氏らが著名である。

覚挙 かくこ ⇒かくきょ

恪勤 かくご 「かくごん」「こうごん」とも読む。格勤、挌勤とも書く。精勤、奉公、つつしみ勤めるの意であるが、親王や摂関に近侍して、宿直《とのい》・警固、雑役をつとめる下級武士をいう。精勤武勇の士。

格護 かくご ①所持する、所有する、領知する。②扶持する、扶養するの意。「我々格護之馬、御望之趣示預候」などと用いる。

格殺 かくさつ 挌殺とも書く。古代の刑罰の一つ。手でなぐり殺すこと。古代の死刑には、斬首・絞首・格殺の三種があった。

画指 かくし 無筆の者が指の形状を書いて署名のかわりとしたもの。左手の食指（ひとさしゆび）の指先、末端と関節二か所を点で示す。

確執 かくしつ 「かくしゅう」とも。①自分の意見をつよく主張して譲らない、固執《こしゅう》する。②不和になること、争い、もめごと。

各出 かくしゅつ 費用または品物を、めいめい出し合うこと。費用の割《わり》当て、割勘《かん》のこと。「三疋宛各出、在レ飯」などと用いる。

楽所 がくしょ 雅楽寮の後身として天暦二年（九四八）に設置された楽事を扱う機関。長官の別当は蔵人頭《くろうどのとう》が兼任した。摂関家や寺社にも楽所が形成され、南都、四天王寺の楽所が有力であった。

学生 がくしょう ①令制下、中央の大学、地方の国学で学ぶ者。②大寺院で学問を修めた僧。

楽前大夫 がくぜんのたいふ 白馬節会《あおうまのせちえ》・踏《とう》歌節会《かのせちえ》・菊花宴《きくかのえん》で女楽の際、舞妓を先導

する役。二人で帯剣している。

革　帯　かくたい　牛革製の帯。朝服用の帯は黒漆塗で銙《か》という飾りを並べ、銙帯《かたい》といった。銙の材質により金帯・銀帯・玉帯・石帯と称した。

檴　丁　かくちょう　馬寮で、官馬飼養のための青草を刈取る者。和訓は「かりのよぼろ」で、もと身分は雑戸であったが、天平十六年（七四四）解放されて、以後は公民の雑徭をあてた。

楽　人　がくにん　伶人《れいじん》も同じ。雅楽の音楽・舞踊家のこと。雅楽寮や楽所に属し、多くは世襲で仕えた。社寺所属の楽人も多く存在した。

如レ此　かくのごとし　この通りである。

額　間　がくのま　紫宸殿・清涼殿などで建物の名を記した額が掛《か》けられている正面中央の柱間《はしらま》。

学問所　がくもんじょ　①書斎。②学校。鎌倉幕府に将軍の学問所があり、学問所番が交代で勤務し和漢の故事などを講じた。

学問料　がくもんりょう　大学寮紀伝道《きでんどう》の学生に支給した費用。また藤原氏の学生には勧学院《かんがくいん》学問料が給された。⇒紀伝道

神　楽　かぐら　神前に奏する舞楽。和《わ》琴《ごん》・大和笛・笏拍子《しゃくびょうし》と、のち篳篥《ひちりき》の演奏。宮中の内侍所《ないしどころ》（賢所《かしこどころ》）の神楽は一一世紀初頭に始まり、人長《にんじょう》（楽人長）の統率のもとに演奏される。民間の神楽は、巫女《みこ》神楽、出雲《いずも》系神楽、伊勢系神楽、獅子神楽の四種がある。

神楽米　かぐらまい　神社で神楽を催すのに必要な経費にあてる米のこと。荘園内の神社で催される神楽の費用は、ふつう年貢から差引かれる。

神楽料所　かぐらりょうしょ　神楽を催すのに必要な費用を賄うために置かれた所領。神楽免田《めんでん》も同じ。

脚　力　かくりき　「きゃくりき」とも読む。通信または物資輸送に当たる人夫。荘園年貢の運搬に荘民の夫役《ぶやく》として脚力を徴集した。

学　侶　がくりょ　学業専修の僧侶。南都や高野山の学僧の称。僧侶は、学侶・堂方（行人《ぎょうにん》）に分けられる。⇒行人

学料田　がくりょうでん　⇒勧学田《かんがくでん》

獲　麟　かくりん　麟は中国の想像上の獣で麒麟《きりん》。史書『春秋』が「西狩獲レ麟」の句で終わっているところから、絶筆、擱筆、物ごとの終わり、終末の意に用いる。また、『春秋』に筆を加えたという孔子の死をいい、一般に臨終をいう。

無レ隠　かくれなし　広く世間《せけん》に知れ渡っている。有名である。

懸　足　かけあし　⇒懸銭《かけぜに》

家　景　かけい　戦国期の用語。家中・領地・領分の意。「拙者家景向島二俣白浜、境論《さかいろん》一両年已来候」などと用いる。景は姓の意。

暇　景　かけい　休日、休み。景は日の意。

俄　傾　がけい　しばらくの間。

懸　板　かけいた　掛板とも書く。押入れなどの棚板のこと。

掛　緒　かけお　冠を固定させるための紐《ひも》。もとは紙に糸を撚《よ》り込んだものであったが、のち組紐《くみひも》となった。

欠　落　かけおち　①中世末期、軍役や重い貢租負担から逃れるために他領に流亡《るぼう》すること。②武士が戦場から離脱すること。

〈文献〉中村吉治『近世初期農政史研究』岩波書店。

懸　紙　かけがみ　院宣《いんぜん》・綸旨《りんじ》・御教書《みぎょうしょ》の本紙（本文を書く紙）、礼紙《らいし》（共紙）の上に更に共紙で包み、上書《うわがき》を加えて封《ふう》をして届《とど》ける（封紙）。一般には、本紙を包む紙を懸紙と称するが、礼紙のことをさす場合もある。

掛乞　かけごい　掛取《かけと》りのこと。季節に、掛売り代金を集金すること。

懸銭　かけぜに　「かけせん」とも読む。①頼母子《たのもし》・無尽《むじん》で講衆が出す出資銭のこと。懸足《かけあし》、合力《ごうりき》ともいう。②領主が臨時に領民に賦課した銭。③勝負ごとに賭《か》ける銭。

駆違　かけちがう　駈違、掛違とも書く。①馬を走らせて互いにすれちがう。②行き違いになる。③物事が一致しないこと。

懸税　かけちから　古代、稲の初穂を穂のまま青竹にかけて神に供えたものをいう。御酒《みき》・御贄《みにえ》とともに供える。ちから（税）は田租。

懸盤　かけばん　高坏《たかつき》・椀《わん》・皿《さら》などの食器をのせる個人用の四脚《よつあし》の膳《ぜん》。黒塗《ぬ》り、蒔絵《まきえ》、梨子地《なしじ》などがある。

懸樋　かけひ（い）「かけどい」とも読む。地上にかけ渡す樋《とい》のこと。掛樋、筧《かけい》とも。⇓渡樋《わたりひ》

懸札　かけふだ　境界に札をかけること。一般に、占有の意志表示として標《しめ》を立て点札《てんさつ》する。また牓示《ぼうじ》を打つ。阿波国富田荘では、立券文に、四至《しいじ》に牓示を打つこととならんで懸札のことが記されている。牓示打ちに類することか。⇓点札

〈文献〉大石直正「荘園公領制の成立」（『講座日本歴史3』）東京大学出版会。

掛毛畏支　かけまくもかしこき　言葉に出して申すも恐れ多いの意。祝詞《のりと》の文体、「掛《かけまく》も畏《かしこ》き天皇《すめら》が御世《みよ》御世《みよ》仕《つか》え奉《まつ》りて」と用いる。

懸守　かけまもり　錦の小袋に紐をつけて胸にかける守袋。平安時代以来のもの。

掛向　かけむかう　第三者を交えず二人だけで相対すること。

懸武者　かけむしゃ　「かかりむしゃ」とも。計略もなく一途に敵に向かって突進する武者。

懸物　かけもの　賭物も同じ。①勝負ごとや遊戯で、勝者やすぐれた者に与える金品。②鎌倉時代の訴訟で、自己の主張に理由なき場合、自己所有の所領をあい手に与うべきことを申し立てること。懸物は押書を以てするを常とした。

〈文献〉石井良助『中世武家不動産訴訟法の研究』弘文堂書房。

勘解由使　かげゆし　平安時代初期、国司交替事務の処理のために設けられた令外官。解由状《げゆじょう》および不与解由状《ふよげゆじょう》の勘判を行った。⇓解由状・不与解由状

勘解由使勘判　かげゆしかんぱん　勘解由使による不与解由状などの書類審査のこと。

駆破　かけわる　馬を駆け入れて敵陣を破ること。

訛言　かげん　①誤った風評。②たわごと。

水手　かこ　水夫とも。船を操る人、梶《かん》取《どり》（挟抄）の下で働く水夫のこと。

〈文献〉杉山宏『日本古代海運史の研究』法政大学出版局。

加挙　かこ　官稲出挙《すいこ》については、国ごとに出挙稲の額が定まっており、これを例挙《れいこ》という。例挙に加えて稲を出挙するのを加挙という。

〈文献〉阿部猛『律令国家解体過程の研究』新生社。

柧　かこい　城、砦《とりで》のこと。

〈文献〉斎木一馬『古記録学概論』吉川弘文館。

囲舟　かこいぶね　①防禦装備をした舟、軍用船。②長期間、船を使用しない場合、陸上にあげて莚や苫《とま》で包んだ船。

囲　かこう　かばう、保護する。

遐荒　かこう　①都から遠く離れた野蛮の地。②国はずれの地。

下行　かこう　⇓げぎょう

水手米　かこまい　年貢米運送に当たる船の水手《かこ》に支給する雇傭賃《こようちん》。これを荘民か

ら徴収した。麦の場合は水手麦という。⇒水手

水手免 かこめん 年貢運送に当たる水手《かこ》に給する免田。⇒水手

水手役 かこやく 荘園年貢運送の船の水《か》手《こ》として使役するため荘民に課する夫役《ぶやく》。⇒水手

〈文献〉新城常三『中世水運史の研究』塙書房。

加墾 かこん 開墾して田地をふやすこと。

過差 かさ 度をすごすの意で、ぜいたくのこと、分《ぶん》にすぎたるおごり、華美であること。⇒婆沙羅《ばさら》

科罪 かざい 罪《つみ》を科《か》すること、処刑。「罪を科《おお》す」とも読む。

家財 かざい ①家の財産。②家具。

風折烏帽子 かざおりえぼし 立烏帽子の上を、すじかいに折り伏せた形の烏帽子。狩衣に用いるのが普通であった。

笠懸 かさがけ 中世の射芸の一つ。馬上から遠距離の的《まと》を射る。もとは射手の笠をかけて的とした。のち革張りの板の的で、径一尺八寸(約五四センチメートル)、射距離一〇丈(約三〇メートル)であった。蟇目《ひき》の矢(射たときに高い音を出す鏑矢《かぶらや》の一種)を用いた。

加作 かさく 荘園の本免田外の地を開発し墾田を拡大すること。

挿頭 かざし 挿頭花とも。髪《かみ》や冠に、花や枝、造花などさすこと、髪さし。

笠標 かさじるし 戦場で、敵味方を区別する目じるしとして兜《かぶと》につけるもので、布帛の小旗が多い。兜以外、袖や腰にもつけることがある。

衙察 がさつ 衙は官司、役所のこと。乞也衙《こうやが》訴状、愁状などで、「子細如レ右、乞也衙察之状《さつのじょう》、任二道理一被二裁定一」と用いる。事情は右の通りです、なにとぞ宜しく御推量くださって、道理にしたがって御裁定をいただきたいというのである。「衙察之状」は「がこのさまを察し」とも読む。

笠咎 かさとがめ ①人と行きあって笠が触れたのを咎めること。②身分の低い者が笠を取らずに通り過ぎる無礼を咎めること。

襲 かさね 衣服の表裏、上下の重ねの配色による色彩。「重ねの色目」という。薄い絹織物を多く重ねることによって、色の濃淡やぼかしの多様な表現が可能になる。以下、襲色目について、呼称(表・裏、着用時期)の順で列記する。

梅《うめ》(白・蘇芳、十一月~二月)、梅重《うめかさね》(濃紅・紅梅、十一月~二月)、裏梅《うらうめ》(紅梅・紅、十一月~二月)、紅梅《こうばい》(紅梅・蘇芳、冬春・祝)、紅梅匂《こうばいのにおい》(紅梅・淡紅梅、冬春)、莟紅《つぼみこう》梅《ばい》(紅梅・濃蘇芳、冬春)、若草(淡青・濃青、正月・二月初)、柳(白・淡青、冬春)、面《おもて》柳《やなぎ》(濃青・濃青、春)、黄柳《きやなぎ》(淡黄・青、冬春)、青柳《あおやなぎ》(濃青・紫、春)、花柳《はなやぎ》(青・淡青、冬春)、柳重《やなぎがさね》(淡青・淡青、冬春)、桜(白・赤花、冬春)、樺桜《かばざくら》(蘇芳・赤花、春)、薄花桜《うすはなざくら》(白・淡紅、春)、桜萌黄《さくらもえぎ》(萌黄・赤花、春)、薄桜萌黄《うすざくらもえぎ》(淡青・二藍、正月~三月)、葉桜《はざくら》(萌黄・二藍、春)、菫《すみれ》(紫・淡紫、二月・三月)、壺菫《つぼすみれ》(紫・淡青、二月)、桃《もも》(淡紅・萌黄、三月)、早蕨《さわらび》(紫・青、三月)、躑躅《つつじ》(蘇芳・萌黄、冬~春、三〇歳まで)、紅躑躅《くれないつつじ》(蘇芳・淡紅、二月・三月)、白躑躅《しらつつじ》(白・紫、二月・三月)、山吹《やまぶき》(淡朽葉・黄、春)、裏山吹《うらやまぶき》(黄・紅、春冬)、山《やま》吹匂《ぶきのにおい》(山吹色・黄、春)、青山吹《あおやまぶき》(青・黄、春)、藤《ふじ》(薄色・萌黄、三月・四月)、白藤《しらふじ》(淡紫・濃紫、春)、牡丹《ぼたん》(淡蘇芳・白、三月・四月)、卯花《うのはな》(白・青、男女共通で四月)、蝦手《かえで》(青・青、夏)、若蝦手《わかかえで》(淡青・紅、夏)、杜若《かきつばた》(淡萌黄・淡紅梅、四月・五月)、葵《あおい》(淡青・淡紫、四月)、棟《おうち》(薄色・青、四

月・五月)、蓬《よもぎ》(淡萌黄・濃萌黄、夏)、百合《ゆり》(赤・朽葉、夏)、苗色《なえいろ》(淡青・黄、夏)、若苗《わかなえ》(淡木賊・淡木賊、夏)、菖蒲《しょうぶ》(青・濃紅梅、四月・五月)、破《は》菖蒲《しょうぶ》(萌黄・紅梅、五月)、若菖蒲《わかしょうぶ》(淡紅・青、夏)、根《ね》菖蒲《しょうぶ》(白・紅梅、夏)、菖蒲重《しょうぶかさね》(菜種・萌黄、五月)、薔薇《そうび》(紅・紫、夏)、橘《たちばな》(濃朽葉・黄、夏)、若橘《わかたちばな》(朽葉・青、五月)、撫子《なでしこ》(紅・淡紫、四月・五月或いは六月も)、唐撫子《からなでしこ》(紅・紅、夏)、蟬《せみ》の羽《は》(檜皮色・青、夏)、夏萩《なつはぎ》(青・濃紫、夏)、萩《はぎ》(紫・白、六月・七月)、萩経青《はぎたてあお》(経青緯紫・青、六月～秋)、萩重《はぎがさね》(紫・淡紫、秋)、花薄《はなすすき》(白・縹、秋初)、女郎花《おみなえし》(経青緯青・青、七月・八月)、朽葉《くちば》(濃紅・濃黄、秋)、青朽葉《あおくちば》(経青緯黄・青、主に秋。但し『枕草子』に「汗衫は」「夏は青朽葉」とある。)、赤朽葉《あかくちば》(経紅緯洗黄・黄、秋深くなっては着ない)、黄朽葉《きくちば》(朽葉・朽葉、秋末冬初)、竜胆《りんどう》(淡蘇芳・萌黄、秋)、小《お》栗色《ぐりいろ》(秘色・淡青、秋、老者五位これを着る)、落栗色《おちぐりいろ》(蘇芳・香、秋)、荻《おぎ》(蘇芳・青、秋)、檀《まゆみ》(朽葉・萌黄、秋)、朝顔《あさがお》(縹・縹、秋)、忍《しのぶ》(淡萌黄・蘇芳、秋)、紫苑《しおん》(紫・蘇芳、秋)、桔梗《ききょう》(二藍・濃青、秋)、藤袴《ふじばかま》(紫・紫、秋)、鴨頭草《つきくさ》(縹・淡縹、秋)、梶《かじ》〈楮〉(萌黄・濃萌黄、秋)、櫨《はじ》(朽葉・黄、九月～十一月まで)、紅葉《もみじ》(赤色・濃赤色、秋)、黄紅葉《きもみじ》(黄・濃黄、九月・十月)、青紅葉《あおもみじ》(青・朽葉、秋)、櫨《はじ》紅葉《もみじ》(蘇芳・黄、九月～十一月)、楓紅葉《かえでもみじ》(淡青・朽葉、九月～十一月)、初紅葉《はつもみじ》(萌黄・淡萌黄、秋)、白菊《しらぎく》(白・萌黄、九月～五節まで)、移菊《うつろいぎく》(紫・黄、九月～十一月)、莟菊《つぼみぎく》(紅・黄、秋)、紅菊《くれないぎく》(紅・青、秋)、蘇芳菊《すおうぎく》(白・濃蘇芳、秋)、残菊《のこりぎく》(黄・淡青、秋)、葉菊《はぎく》(白・紺青、九月～五節まで)、九月菊《くがつぎく》(白・黄、九月)、菊重《きくがさね》(白・淡紫、秋)、花菊《はなぎく》(淡蘇芳・濃蘇芳、秋)、虫襖《むしあお》(青・二藍、秋～初冬)、枯色《かれいろ》(淡香・青、冬)、枯野《かれの》(黄・淡青、冬)、氷《こおり》(白・白、冬)、氷重《こおりがさね》(鳥ノ子色・白、冬)、雪《ゆき》の下《した》(白・紅梅、冬～春)、椿《つばき》(蘇芳・赤、五節～春)、松重《まつがさね》(青・紫、四季)、比《ひ》金襖《ごんあお》(青・二藍、一月晴に)、脂《し》燭色《ろくいろ》(紫・紅、四季)、今様《いまよう》色《いろ》(紅梅・濃紅梅、四季)、葛《くず》(青・淡青、四季)、苦色《にがいろ》(香・二藍、四季)、海松色《みるいろ》(萌黄・縹、四季)、檜《ひ》皮色《はだいろ》(蘇芳・二藍、四季)、葡萄《えびぞめ》(蘇芳・縹、四季)、蘇芳香《すおうのこう》(蘇芳・黄、四季)、二《ふた》つ色《いろ》(薄色・山吹色、四季)、胡桃色《くるみいろ》(香・青、四季)、秘色《ひそく》(瑠璃色・薄色、四季)、木賊《とくさ》(萌黄・白、四季)、黒木賊《くろとくさ》(青・白、四季)、青丹《あおに》(青・青、四季)、紅匂《くれないのにおい》(紅・紅、四季)、紅薄様《くれないうすよう》(紅・白、四季)、青鈍《あおにび》(濃縹・濃縹、四季)、苦丹色《くたにいろ》(青・白、四季)

〈文献〉長崎盛輝『かさねの色目』青幻舎。

重袿　かさねうちぎ　装束の下着である袿を重ねて着用する。男装の場合は衵《あこめ》と称した。

襲の色目　かさねのいろめ　⇒襲《かさね》

汗衫　かざみ　本来は、汗を取るための下着。ついで上着として童女の装束となった。二幅《ふたの》で袖《そで》つき、わきがあいていた。

傘持　かさもち　貴人の行列で、長柄の傘を持つ供人《ともびと》。

餝飯　かざりいい　現今の五目飯《ごもくめし》に相当するものかというが未詳。

飾馬　かざりうま　餝馬とも。唐鞍をはじめ、いろいろな馬具で飾りたてた馬。盛儀の行列の引き馬とする。

飾太刀　かざりたち　勅授の官人が束帯姿で帯びる儀仗の太刀。如法《にょほう》の太刀という。

傘連判状　かされんばんじょう　多人数の者が契約状や訴状などに署名するとき、円く方射状に署名したもの。署名者の順位・序列をかくし、主謀者をかばうための手段とされる。

菓子　かし　①果実のこと。木の実は

「くだもの」「このみ」、木菓子《きがし》、草類など地上のものは「くさだもの」という。のち砂糖菓子がつくられると、くだものは水菓子《みずがし》といった。②中国伝来の飯餅類、唐菓子。

牫牱 かし　船をつなぐために水中に立てる杭又は棹《さお》。「かしふる」といえば杭を打ち立てること。牫も牱も、船をつなぐ杭の意の字。

課試 かし　科試も同じ。①令制下の官吏登用試験。大学・国学出身者と国司による推薦者について行われた。②課題を出して試験をすること。

加之 かし　⇒しかのみならず

鍛冶 かじ　金属を鍛練し器具を作ること、またその人。古くは「かぬち」と称した。律令制下では、兵部省造兵司と宮内省鍛冶司が鍛造を掌った。地方国衙工房にも武器生産に従う者がおり、平安中期以降、これら工人は貴族・寺社また地方豪族の支配下にのって生産に従事した。

加持 かじ　①仏・菩薩が人びとを守護すること。②真言密教で、仏・菩薩の力が信ずる人に加わり、人がそれを受けとめること。③真言密教で行う呪法で、三密相応させて欲することを成就すること。④災禍を除くための祈禱。

遐邇 かじ　遠いところと近いところ。遐は遠いところ、はるかなの意。邇は近い、近づくの意。

俄而 がじ　⇒有頃《しばらくありて》

借上 かしあげ　平安末期～南北朝期の高利貸業者。史料上の初見は保延二年（一一三六）の明法博士勘文案とされる。寺社は豊富な財源を擁して米銭を貸出し暴利をむさぼった。借上が国衙領・荘園の年貢徴収を請負い、また地頭代官に補任されることも多かった。室町時代には借上の語は余り用いられなくなり、土蔵にかわる。
〈文献〉奥野高広「借上と土倉」（『史学雑誌』五九—一〇）。

加治木銭 かじきせん　戦国時代から江戸初期に大隅国加治木で鋳造された模造明《みん》銭《せん》。

炊女 かしきめ　神饌を調理する女。平野神社（京都）に四人いたことが知られている。
〈文献〉義江明子『日本古代の祭祀と女性』吉川弘文館。

炊屋 かしきや　飯を炊く建物、神社・寺院に設けられた炊事場。

可祝 かしく　「かしこ」の転。書状の後付け。あて字である。

賢所 かしこどころ　天照大神の御霊代《みたましろ》である神鏡をまつる所。内裏の温明殿《うんめいでん》の南半分がそれで、同殿の北半分は内侍所《ないしどころ》。
⇒温明殿

申レ恐 かしこまりをもうす　「畏を申す」とも。①礼を言う。「其の事の于レ今《いまに》忘れ難《がた》ければ、其の畏を申すべき方の」と用いる。②恐れつつしむこと。「今日はみなみだれてかしこまりなし」と用いる。③おわびの言葉、申しわけの言葉。「さまざまおこたりかしこまり申させ給ふ」と用いる。④つつしんでうけたまわること。「かしこまりの由申す」と用いる。

奉レ畏候 かしこみたてまつりそうろう　つつしんで承知いたしました。

借下 かしさげ　中世、金銭を貸すこと。「於二訓英方一千疋借下致二其沙汰一了」と用いる。

舵師 かじし　柁師とも書く。梶取《かんどり》、船頭のこと。⇒梶取

加地子 かじし　加徳《かとく》、片子《かたこ》ともいう。私領主や名主（加地子名主）が作人から徴収する地子。一一世紀半ば頃から見え、段別五升～一斗ていど。加地子徴収の権

利（職《しき》）は独立の得分権として売買・譲与された。中世末期、畿内では在地小領主（国人《こくじん》）が加地子名主職を集積する傾向が見られた。

〈文献〉西谷地晴美「中世成立期における『加地子』の性格」（『日本史研究』二七五）。

加地子名主職 かじしみょうしゅしき　加地子得分の収取を内容とする名主職。中世における農業生産の発展は、剰余労働部分の拡大をもたらし、とくに畿内では名主職の分化が進んだ。名主職は、耕作権を伴う作職部分と、不在地主的性格の加地子名主職に分化し、後者は農業経営と関わりなく、それじたい売買・譲与・寄進の対象となった。

〈文献〉三浦圭一『中世民衆生活史の研究』思文閣出版。

加地子領主 かじしりょうしゅ　平安末期、加地子徴収を国衙《こくが》から公認された私領主《しりょうしゅ》。保元三年（一一五八）伊賀国では、「領主と云うは、官物《かんもつ》のほか、庁宣《ちょうぜん》を給い、段別あるいは五升あるいは一斗、加地子を徴納するは、当他国の例なり」といっている。

〈文献〉石母田正『中世的世界の形成』岩波文庫。

家室 かしつ　⇒家刀自《いえとじ》

仮日 かじつ　暇日も同じ。①令制下、官人に許された休日。②ひまな日。『日葡辞書』は「イトマノヒ」と読む。

過日 かじつ　⇒日外《いつぞや》

梶取 かじとり　⇒かんどり

鹿島祭 かしままつり　鹿島神宮（現、茨城県）の祭礼。鹿島神宮は藤原氏の氏神として尊崇され、春日祭（毎年二月と十一月の上の申《さる》の日）の日に奉幣使（勅使）が派遣された。

鍛冶免 かじめん　国衙領・荘園内の鍛冶職人は武器や農具の生産に従事したが、免田を給与されて領主に抱えられ、その需《もと》めに応じて生産した。荘園の散用状《さんようじょう》中では「除田《じょでん》」に含まれて所見。⇒算用状・除田

〈文献〉阿部猛『中世日本荘園史の研究』大原新生社。

火舎（蛇）　かしゃ　仏事に用いる蓋《ふた》つきの香炉《こうろ》。

花車 かしゃ　①遊女を監督・指図する女、遣手婆《やりてばば》。②茶屋・料理屋の主婦。

苛責 かしゃく　せめたてる、力づくで課役などを取りたてること。官物《かんもつ》・年貢などの督促のために領主から派遣される使者を苛責使・呵責使・譴責《けんせき》使・嗷々《ごうごう》使・呵法《かほう》使などと称する。

可惜 かしゃく　⇒惜《あたら》

下若 かじゃく　「げじゃく」とも。酒の異名。もとは中国の美酒の産地の名。

呵責使 かしゃくし　可責使・呵嘖使とも書く。譴責《けんせき》使・嗷々《ごうごう》使・呵法《かほう》使も同じ。呵責とは、責めさいなむの意。官物・年貢などの督促のために領主から派遣される使者。

過所 かしょ　「かそ」とも。また過書とも書く。古代・中世の関所通行手形のこと。関の経済的性格がつよくなると、関税免除の証状となる。

〈文献〉相田二郎『中世の関所』吉川弘文館。

科処 かしょ　罪科に処すること。「六位已下捉㆓進其身㆒、依㆑法科処、曾不㆓寛宥㆒」と用いる。

加署 かしょ　公文書に署名・署判すること。自署また草名を書くのが署名、花押を据《す》えるのが署判。

花書 かしょ　花押のこと。⇒花押《かおう》

過書 かしょ　⇒過所《かしょ》

家女 かじょ　家つきの娘のこと。

和尚 かしょう　①天台宗で高僧を敬っていう呼名。なお、真言宗・法相宗・律

宗では「わじょう」と呼び。禅宗では「おしょう」と読む。②僧位の呼称で、大和尚位、法印和尚位などという。③住職以上の僧の呼称。

官掌 かじょう　太政官の雑任の下級職員で、弁官局に属する。訴訟などで、公事のとりつぎ、使部《つかいべ》を検校し、官衙の保守、行事の準備などを掌る。

加請 かじょう　法会《ほうえ》のとき、更に数を増して僧を呼び加えること。

款状 かじょう　「かんじょう」とも。官位を望んだり訴訟を起こすときの歎願書、陳状書。款は誠《まこと》の意。

過上 かじょう　契約、貸借の関係で、定められた額をこえて余分に収納したり返納したりすること。年貢を規定より多く納めること。過済・過進も同じ。また差額分をもいう。

過状 かじょう　あやまり状、詫《わ》び状。〈文献〉阿部猛『日本荘園史』大原新生社。

家乗 かじょう　一家の記録・日記のこと。

科条 かじょう　①法律のこと。②罪状。

貨殖 かしょく　資産をふやすこと。

稼穡 かしょく　稼は植えること。穡は収めるの意で、あわせて農業のこと。

粿米 かしよね　水に浸した籾《もみ》。たねまきに用いる予定の種籾。

頭を沓む子 かしらをふむこ　子どもたちのうち、長子をいう。

河水楽 かすいらく　唐楽。壱越調《いちこつちょう》の曲。舞はない。この曲を雨乞いのとき奏すれば必ず雨が降るという。

鎹 かすがい　①戸をしめるための金具、かけがね。②材木のつぎ手、コの字形の大きな釘《くぎ》。

春日神人 かすがじにん　大和国春日神社の被官。本社神人（黄衣《こうえ》神人）と散在《さんざい》神人（白衣神人）がある。院政期から、神木動《しんぼくどう》座《ざ》・嗷訴《ごうそ》のとき興福寺衆徒《しゅと》とともに供奉した。散在神人は大和国内の在地小領主で社領の荘官をつとめ、また末社の神主である者が多い。〈文献〉永島福太郎『奈良文化の伝流』畝傍書房。

春日社枡 かすがしゃます　室町時代、奈良の春日神社で用いられた枡。目代米納枡（一斗枡）と御神供枡（一升枡）がある。

春日神木 かすがしんぼく　奈良の春日神社の神体である鏡を榊《さかき》につけたもの。平安末期、興福寺の衆徒《しゅと》らは、しばしばこの神木をかついで嗷訴《ごうそ》を行った。衆徒らは、目的が達せられないときは神木を擁して入洛し勧学院に安置した。神木入洛は一一世紀末から一四世紀まで数十回に及んだ。〈文献〉黒田俊雄『寺社勢力』岩波新書。

春日祭 かすがのまつり　奈良春日大社の祭礼。毎年二月と十一月の上の申《さる》の日に行われた。藤原氏の氏神で、神馬を奉献する勅使が派遣された。その行列は華麗で、見物の対象となった。

被衣 かずき　「かつぎ」とも。「きぬかずき」のこと。外出する婦人が顔をかくすため、頭から背に垂らしてかぶり、両手でかかげた単《ひとえ》の衣。

泉郎 かずきのあま　白水郎、潜夫、海士。潜水して魚介を採る人のこと。

被 かずく　①頭上にいただく。②貴人から禄《ろく》として衣服をいただき、それを肩にかける。③被衣《かずき》をかぶって顔をかくす。

被物 かずけもの　功労などを賞して与える禄《ろく》。おもに衣裳の類。直接、肩にかつがせてやるところから名がある。纏頭《かつけもの》とも書く。これは受領した者が首に巻きつけて退出するところから出た呼称。

籌刺 かずさし　算刺とも書く。投壺に用いる竹の矢をかぞえることであるが、賭射《のりゆみ》、競馬、歌合などの勝負で、勝った数をかぞえるために串《くし》または枝などを数《かず》立《たて》にさし入れる。またそれを行う人のこと。左右に一人ずつ置いた。

数祓 かずはらい　祓えを数多く行うもの。験能を増すために、中臣祓詞の読誦、人形の一撫一吻、解除などを数多く行う。百度祓、千度祓もある。一二世紀半ばから所見する。

員米 かずまい　数米とも書く。①年貢収納の際に目減《めべり》を想定して計上する米。交分《きょうぶん》の一種。②粗悪米、くず米のこと。⇒交分

霞 かすみ　①酒の異称。②山伏のなわばりのこと。

略奪 かすみ（め）うばう　奪い取る。略は掠。⇒掠申《かすめもうす》

掠申 かすめもうす　虜掠も同じ。①偽《いつわ》りの主張をすること。②奪い取る、盗むこと。

鬘 かずら　神事奉仕の際の髪かざり。樹皮の繊維や季節の花をさした。のちには造花を用いた。

悴家 かせいえ　貧しい家。「かせや」（悴屋）も同じ。

桛 かせう　かせぐ。①桛《かせ》につむいだ糸をかけて巻くこと。②精出して働く。

課責 かせき　強制的なとりたて。呵責《かしゃく》も同義か。呵責は「かせき」とも読む。「若《もし》日限を過《すぎ》、無沙汰之儀あらば、大使をつけ、かせきあるべし」などと用いる。

鹿杖 かせづえ　手許《てもと》上端に横木をつけた杖。鉦《しょう（かね）》をうつ丁字形の撞木《しゅもく》に似ているので撞木杖《しゅもくづえ》ともいう。石突《いしづき》の部分が左右に開いた杈《また》木を使用したものを杈椏杖《またぶりつえ》という。「信貴山縁起絵巻」などに見える。

悴者 かせもの　倅者とも書く。戦国時代に出現した最下級の武士で、中間《ちゅうげん》・下《げ》人《にん》の上に位置する。かせものとは、やせた、貧乏な、一人前ではない者の意。
〈文献〉藤木久志『雑兵たちの戦場』朝日新聞社。

過銭 かせん　科銭も同じ。過（科）料として取りたてる銭。「鎌をかくしつるものに、過銭として三貫文いださせ、以前の百姓に扶持ありしことよ」などと用いる。

歌仙 かせん　和歌にすぐれた者をいう。詩仙李白、詩聖杜甫に倣うもの。『古今集』が六歌仙を挙げたのを初めとして、三十人撰、三十六歌仙の選定に至る。

科銭 かせん　⇒過銭《かせん》

片荒 かたあらし　一、二年置きに休耕する田・畠で、律令制下では易田《やくでん》と称した。用水などの条件が悪く休耕する場合や、地力の回復をはかるために休耕することもある。いずれにしても不安定な耕地であり、中世社会が、こうした不安定耕地を抱え込んだ社会であったことは念頭に置いておく必要がある。
〈文献〉戸田芳実『日本領主制成立史の研究』岩波書店。

乞丐 かたい　「かったい」とも。古代以来の用語。傍居とも書く。①こじき。②ばか者。③らい病者。

過怠 かたい　科怠とも書く。本来は、過失、罪科の意。のち、その行為に対する処罰の意で用いる。所領を没収したり、寺社の修理を行わせたりする。銭で償《つぐな》わせるときは過（科）料、過銭という。⇒過銭《かせん》

緩怠 かたい　「かんたい」とも。勤めを怠ること。過失、不届《ふとどき》、横着《おうちゃく》、無作法《ぶさほう》などの意。

科怠 かたい　⇒過怠《かたい》

片田舎 かたいなか　都を遠くはなれた辺鄙《へんぴ》なところ。

方忌 かたいみ　陰陽道で、方角《ほうがく》がふさがっていることを忌《い》み嫌《きら》うこと。これにより方違《かたたがえ》を行うことになる。⇒方違

片色 かたいろ　練貫の一種。経《たていと》の生糸と、緯《よこいと》の練糸の色の違っている織物。裏地に用いる。

方人 かたうど　左右、前後に分かれて競技する場合、一方に味方《みかた》する者。相撲《すまい》、賭射《のりゆみ》、競馬《くらべうま》、歌合《うたあわせ》、物合《ものあわせ》などの場合。

片飼 かたかい　⇒片馴付《かたなづけ》

片仮名書申状 かたかながきもうしじょう　中世の農民が地頭・領主に訴え状を提出するとき、とくにかな（片かな）を主体とする文章を書くことがあった。建治元年（一二七五）十月二十八日付の紀伊国阿《あ》弖河荘《てがわのしょう》百姓ら申状は名高い。但し、農民が漢文を書きえなかったから仮名書きであるとはいえず、話し言葉をあらわすとき片かなが用いられる風があったといわれる。

〈文献〉黒田弘子『ミミヲキリハナヲソギ』吉川弘文館。

饘 かたかゆ　粥《かゆ》のうち水分の少ないもの。今日のご飯《はん》に当たる。

肩衣 かたぎぬ　袖なしの胴着、束帯の半臂《はんぴ》に似た上着。

片口 かたくち　①片口の銚子。②一方だけに注ぎ口のある取っ手のない鉢。③馬の差縄《さしなわ》を左右どちらか片方にだけつけること。④一方の人だけの言い分。片言《かたこと》ともいう。

片子 かたこ　⇒加地子《かじし》

叵 かたし　否定の語で、……にあたらずの意。「輒叵㆓指南㆒之上、預㆓六波羅下知㆒之由、所見也」と用いる。

堅塩 かたしお　「きたし」とも読む。かたまりになっている粗悪な塩。

片膳 かたじき　片食とも書く。斎宮《いつきのみや》の忌詞《いみことば》、僧の食事のこと。「かたじきとき」。『日葡辞書』では、一月一回の食事のこととする。

形代 かたしろ　①神をまつるとき、神霊のかわりに据えるもの。②紙の人形《ひとがた》。禊《みそぎ》のとき、それで身体をなでて災いを移し水に流してやる。③身がわり。

方違 かたたがえ　陰陽道で、悪いとされる方角を避けるため、いったん他所に宿《やど》り、あらためてそこから出発すること。平安時代以来行われた風習で、とくに貴族社会では日常生活に多くの影響を与えた。

片作 かたづくり　片荒《かたあらし》のこと。⇒片荒

片名 かたな　偏諱《かたいみ》。①二字で成り立っている名の一方の文字。②二字以上の名を略して一字だけ書くこと。③名の冒頭の音を取って呼ぶ略称で一種のあだな。平安時代、曾禰丹後掾好忠は「曾丹」と呼ばれ、近世の紀伊国屋文左衛門は「紀文」と呼ばれた。

刀狩 かたながり　武士以外の者の刀・槍などを領主が没収すること。天正十六年（一五八八）の豊臣秀吉の刀狩令は著名。武士と農民の身分的な分離を意図したもので、近世の農村に刀・鉄砲などが多く保持されていたことは知られている。

結政 かたなし　古代の朝廷政務の儀式の一つ。除目《じもく》などの政務に関する書類を一つに束《つか》ね結びかため、政務の前にこれを開いて読みあげる儀式。官《かん》結政と外記《げき》結政があるが、平安中期以降は外記結政が中心となる。その場所は外記庁の南にあり、結政所《かたなしどころ》と称した。

結政請印 かたなししょういん　急ぎのとき外記《げき》結政《かたなし》を行わない場合、上卿《しょうけい》が陣《じん》で書類を点検して参議に渡し、参議が少納言・外記・弁をひきいて結政所《かたなしどころ》で捺印《なついん》すること。朝廷政務の簡便化である。

片馴付 かたなづけ　片飼《かたかい》とも。馬などがま

だ十分馴《な》らされていないこと。

片端 かたはし ①物の一端。②物事の一部分。「さまざまの財物、かたはしより捨つるがごとくすれども」などと用い、つぎつぎと、かたっぱしからの意。

片畠 かたはた ⑴二毛作畠。⑵片荒畠《かたあらしばた》。⑶焼畑あるいは焼畑起源の畑。以上三説あるが、一、二年おきに休耕する片荒畠のことか。

片廂 かたびさし さしかけの屋根、一方にだけ傾斜する屋根、粗末な屋根のことをもいう。

帷子 かたびら ①御帳《みちょう》、几帳《きちょう》、輿《こし》に懸《か》け垂《た》らす布。材質は絹。②夏秋用の、裏のついていない単《ひとえ》の衣類。

片鬢剃 かたびんそり 片方の鬢髪を剃《そ》り落とす刑罰。九世紀後半に神宴の日に酒食を強要した者に髪そぎ刑が科されており、「関東御成敗式目」(三四条)に、御家人の郎従以下が女を辻捕りしたときにこの刑に処すると述べられている。しかし、この刑の実例はないとの記録もあって、この刑は空文ではないかとの説がある。

片辺土 かたへんど 片田舎に同じ。⇒片《かた》田舎《いなか》

傾申 かたむけもうす ①非難する、けなす。「忠功他にこと(異)なり、しからば縦《たとえ》卿相の位に昇るといふとも、誰か傾申すべき」と用いる。②反対する。③滅《ほろ》ぼす。「平家をかたむけんがために」と用いる。

片椀 かたもい ふたのない、水を入れる素焼の土器。

片寄 かたよせ 半不輸の所領や、加徴分を一つにまとめて一円不輸所領としたり一円所領とすること。また、浮免を整理して片寄免田とすること。

〈文献〉工藤敬一『荘園公領制の成立と内乱』思文閣出版。

語取 かたらいとる だまし取ること。

語 かたらう 話し合う、親しく交わるの意もあるが、例えば「不善《ふぜん》の類を語《かた》らい雇《やと》い、昼夜を論ぜず殺害の計《はから》いを企《くわだ》つ」とか、「国使をあい語らい寺領に乱入せしめ、住人を凌礫す」などと用いる場合が多く、誘《さそ》い込む、仲間に引入れるの意で、悪事をたくらむというイメージがある。

加担 かたん 荷担も同じ。①荷をになうこと。②他人の荷を背負うことから、助力する、味方する、加勢するの意となる。

褐衣 かちぎぬ 袖《そで》くくりのない腋のあいた布衣。無位の武官や兵士の正装。縹《はなだ》や紺色。

月行事 がちぎょうじ 「つきぎょうじ」とも読む。月行司とも書く。ひと月交替で任につく世話役。一五世紀末の山城国一揆の執行機関として見えるのが早い例である。戦国時代、京都の町組の月行事、和泉国堺、伊勢国山田、近江国堅田の月行事が知られる。

〈文献〉網野善彦『日本中世都市の世界』筑摩書房。

糙 かちしね 「もみよね」とも。稲を舂《つ》いて籾《もみ》とすること。

徒立 かちだち 歩立とも書く。①馬に乗らず徒歩で行動すること。②歩兵の戦《いくさ》。

歩射 かちゆみ 歩弓とも書く。徒歩で弓を射る。

火長 かちょう ①律令兵制で、兵一〇人(一火)の長をいう。②検非違使配下の衛士を選抜したもの。③看督長《かどのおさ》・案主《あんじゅ》の総称。

加徴 かちょう 荘園・公領の正規の官物・年貢に加えて賦課すること、またその物(銭)。一〇世紀末の「尾張国郡司百姓等解」に見えるのが早い例である。

恒例の加徴と、造宮料・兵粮米のような臨時の加徴がある。
〈文献〉阿部猛『尾張国解文の研究』大原新生社。

価　直　かちょく　交易・売買のときの代価。価も直も物の値段《ねだん》のこと。

かちん　餅《もち》の女房詞。搗飯《かちいい》の転という。

且　かつ　「かつがつ」とも。本来は、一方では、不十分ながら、まあまあの意。「且……且……」と二つ重ねて用いられることが多く、「かつうは……かつうは……」と読み、「……したり、……したり」と事柄を二つ重ねる意で、文章で対《つい》句《く》となる。
〈文献〉佐藤進一『古文書学入門』法政大学出版局。

且　かつ　⇒暫《しばらく》

松　魚　かつお　鰹のこと。

且　且　かつがつ　①どうにかこうにか、やっと。②とりあえず。③早くも、今からもう。④加えてまた。⑤しだいに。

合　期　がっき　⇒ごうご

合　格　がっきゃく　受領功過定《ずりようこうかさだめ》のときに用いられる判定の用語。格の定めるところに合《かな》う（及第《きゆうだい》する）の意。調庸惣返抄《そうへんしよう》、雑米惣返抄、税帳、封租抄帳（封戸の租の請取状）について審査し、欠陥がなければ定文に「合格」と記載される。⇒惣返抄
〈文献〉阿部猛『北山抄注解 巻十 吏途指南』東京堂出版。

活　計　かっけい　「かけい」とも読む。気晴し、気なぐさみ、慰安《いあん》、保養《ほよう》、ご馳走《ちそう》、接待《せつたい》、もてなし、饗応《きようおう》、おごり、ぜいたく、享楽《きようらく》、歓楽《かんらく》の意に用いる。「夕飯種々活計」「於㆓尊院㆒有㆓小斎㆒、頗活計也」などと用いる。⇒たずき

無㆓合夕之弁㆒　がっしゃくのべんなし　年貢などを、少しも納入しないの意。合夕は一合一勺のこと。弁は弁済。

かつす　「かづす」とも。小児・婦女を誘う、かどわかす。

合戦手負注文　かっせんておいちゅうもん　中世、武士が合戦に従い、その戦功を記した注文であるが、一族の者の戦いによる損傷の様子を書きあげたもの。軍忠状である。

合　点　がってん　文書の語や句の肩に斜《なな》めに引いた線のことで、ものごとを確認したり照合したしるしとするもの。算《さん》（散）用状《ようじよう》や土地台帳の数字を確認したり案文を作るとき照合した場合に線を引く。承知した、承諾したの意。
〈文献〉中村直勝『日本古文書学　下』角川書店。

割　分　かつぶん　分割すること。

合　壁　がっぺき　壁ひとつで仕切られている隣《となり》どうし、隣家。家屋敷の周囲。

活　命　かつめい　「かつみょう」とも。命を支えること、くらし、生活、なりわい。「或活㆓却子孫㆒、或放㆓券所従㆒、充㆓活命計㆒」と用いる。

鬘　かつら　髪の飾りとした植物。枝のまま植物を髪にさす「うず」「かざし」に対して、髪に結んだり巻きつけたりする。

かつら銭　かつらせん　桂銭とも書く。鯛を捕獲するかつら網《あみ》に課された漁業税のこと。

桂　女　かつらめ　①伏見御香宮《ごこうのみや》に仕えた巫女《みこ》。②山城国桂の里の女で、平安時代、桂川の鮎《あゆ》や桂飴《あめ》を京都で売り歩いた。室町・戦国時代には戦陣に随行し御陣女郎と称された。

糧（粮）　かて　①旅行に携帯した食料で、糒《ほしいい》のようなもの。②食料のこと。③精神的な支えとなるものをいう。

糅　飯　かてめし　米に大根や菜類を加えて炊《た》いたごはんのこと。

加点 かてん ①漢文を訓読するため、漢文にいろいろな符号（ヲコト点）や仮名を加えること。加点した漢文の本を加点本という。②漢語・国語のアクセントや清濁を示すために符号を加えること。

賀殿 かてん 嘉殿楽・甘泉楽ともいう。唐楽。壱越調の曲。平安初期の作曲。

家伝 かでん ①古代貴族の伝記。②古代貴族の家の伝承。家伝の収集は式部卿の所掌。「藤氏家伝」「和気清麻呂伝」「恒貞親王伝」などは著名。

廉 かど 理由、わけ。「有二其廉一」といえば、いわれあり、もっともなことだの意。

門 かど 元来は出入口としての門《もん》をさすが、家・屋敷をもいう。中世後期、薩摩国では、屋敷地と耕地をセットにした収取単位を門《かど》と呼んだ。これが、江戸時代の薩摩藩の門割制度の前提となった。〈文献〉山田龍雄『明治絶対主義の基礎過程』御茶の水書房。

裏頭 かとう 僧侶が袈裟《けさ》で頭を包み、眼だけを出す装い。僧兵の装い。裏を「うひかうぶり」と訓《よ》んだ例がある。

火頭 かとう 令制で、百姓を徴発して衛士として使役するとき、一〇人に一人の割合で選ばれ炊事の世話をした者。

勾引 かどう ⇒かどわかし

裏頭楽 かとうらく 唐楽。平調の曲。四人舞。一〇〇年に一度飛来する蛾群の害を頭を包（裹）んで避けるという舞。

家督 かとく もとは中国で長子のことをいい、①日本中世武家では、一門の首長、棟梁をいう。②公家社会では嫡子のこと。

加徳 かとく ⇒加地子《かじし》

可得銭 かとくせん 頼母子《たのもし》や無尽《むじん》で、講衆が出した懸銭を、入札やクジで取得する権利を得た者（親）が手にした銭。米ならば可得米。

和徳門 かとくもん 内裏内郭門のひとつ。無名門《むめいもん》ともいう。敷政門《ふせいもん》とともに、左近陣への出入口となる。

門田 かどた 中世の武士・土豪の屋敷地の門前などに接続している耕地。畠の場合は門畠。屋敷地から遠く離れた沖《おき》の田や山田と対比される良田。屋敷をめぐる濠の水を用い、水利の条件もよく、多くは下人・所従に耕作させるか、周辺の農民に小作させた。領主・国衙の検注の対象とならず年貢・公事がかからないのがふつうである。

門付田 かどつきのた 中世南九州における支配・経営の単位に門《かど》があったが、門に付属する水田のこと。

門並役 かどなみのやく 家ごとに例外なく課される役。都市において多く見られる。

看督長 かどのおさ 検非違使庁の下級職員の火長《かちょう》。もと左右各二人であったが、しだいに増員され、一一世紀前半には計一五人となった。犯罪人の追捕《ついぶ》に当たった。⇒火長

門の者 かどのもの 地頭・領主・名主の屋敷内の小屋《こや》に住む譜代《ふだい》の下人《げにん》。門屋《かどや》、家《け》抱《ほう》ともいう。

葛野童 かどのわらわ 火炬《たいまつ》小子ともいう。主殿寮《とのもり》・掃部寮《かにもり》の女孺《にょうじゅ》で、宮中の灯火のことに携わった。一二世紀初頭には廃絶。

門畠 かどはた ⇒門田《かどた》

門兵士 かどひょうじ 後白河院の長講堂領に関する建久二年（一一九一）注文に、院の諸門を警固する者として所見。管領する荘園から月宛てに夫役《ぶやく》として徴集されるもので、毎月一五人。⇒月宛兵士《つきあてのひょうじ》

門文 かどぶみ 律令制下、都に送る物資の種類や数量を記した文書。一般に、副状《そえじょう》のことか。

門部 かどべ 衛門府の下級職員。宮中

諸門の開閉や守衛に当たった。

門松 かどまつ　新年を祝い、家の門にたてる松。中世からは松と竹を一緒に飾るようになった。

門屋 かどや　門に附属して建てられた小屋。門舎とも書く。のち主家の門小屋に住む譜代下人《ふだいげにん》をさす。⇒門《かど》の者《もの》

縑 かとり　「かたおり」（固織、堅織）のこと。細かい絹糸をかたく織った地文のない平絹。綾・羅より下等なもので、僧衣や下級官人の衣料とされた。

挟杪 かどり　⇒梶取《かんどり》

勾引 かどわかし　拐も同じ。また人勾引《ひとかどい》とも。「こういん」と音読みすることも。古くは略人《りゃくにん》と称した。他人を不法に拘束すること。中世に入ると、都などでかどわかされた者は、おもに東国や北陸・九州などの辺境に売られ、農耕や家内の雑事に使役された。〈文献〉牧英正『日本法史における人身売買の研究』有斐閣。

釜殿 かなえどの　釜屋。①宮内省内膳司の釜屋。②大嘗祭《だいじょうさい》のとき廻立殿《かいりゅうでん》のそばに建てて、天皇斎浴の湯を用意する。⇒廻立殿

鉄判枡 かなばんます　弦掛枡《つるかけます》も同じ。金弦をかけた木製の枡。

金伏枡 かなふせます　枡の磨耗《まもう》・変形を防ぐため枡の口縁に鉄板をうちつけたもの。平安末期から所見。

仮名法師 かなほうし　金法師とも書く。子どもを呼ぶ時にいう語。とくに自分の子を他人の前で呼ぶときに用いる。「やせっぽち」「ちびさん」くらいの意味か。「やせっぽち」の「ぽち」も法師に由来する。

金棒引 かなぼうひき　鉄の棒を引き打ち鳴らして人びとの注意をうながし、夜警などをする。

銅鋺 かなまり　金椀、椀とも書く。食膳具。古墳時代から用いられたが、平安時代貴族社会でも木製の椀《わん》にかわった。

金山衆 かなやましゅう　中世末〜近世初頭、金《きん》の採鉱に当たった山主《やまぬし》集団。山主は金山で掘り場を持ち、職人を抱えて開発・採鉱・錬金の作業を行った。武田氏分国では、甲斐国黒川金山衆、駿河国富士金山衆、安倍金山衆などが、武田氏の保護・統制を受けていた。〈文献〉小葉田淳『日本鉱山史の研究』岩波書店。

金輪 かなわ　鉄輪とも書く。五徳《ごとく》のこと。火鉢やいろりに置いて、鍋《なべ》ややかんを据《す》える。

河南浦 かなんぶ　唐楽。黄鐘調の曲。尾張浜主作の喜劇的な舞。仮面をかぶった舞人の一人が魚の料理をしながら試食し魚骨をのどにたて、他の一人は鼓をかけて舞う。

鉄漿 かね　鉄漿で歯を黒く染める化粧法で、のち「おはぐろ」と呼ばれた。はじめは貴族の女性の化粧法であったが、平安末期には貴族の男子、さらに上級武士も行い、江戸時代には庶民の女性に及んだ。なお、鉄漿は五倍子粉《ふしのこ》などタンニンを多く含む粉と、酢酸第一鉄を主成分とする液とを混ぜた溶液。

がね　……するために、……するよう、……の料にの意。これから転じて、平安時代、「后《きさき》がね」「聟《むこ》がね」と、候補者の意に用いられた。

金商人 かねあきうど　「こがねあきんど」とも。砂金を集めて売買する商人。源義経を奥州藤原氏のもとにともなったという金売り吉次《きちじ》は有名。

鉦打 かねうち　時宗《じしゅう》の半僧半俗の徒。金磬《きんけい》・銅鉦を首にかけ和讃を唱え念仏踊を演じた。

金打 かねうち　約束をたがえない証拠として、武士が刀の刃や鍔《つば》を打ち合わすこと。

金紙 かねがみ　賀根紙とも書かれる。中世末期、奈良で生産された紙で、裏打《うらうち》紙《がみ》、屏風《びょうぶ》の料紙として用いられている。

金沢文庫 かねさわぶんこ　鎌倉時代、金沢実時が武蔵国六浦荘《むつらのしょう》金沢に設けた文庫。以後三代にわたって蔵書を充実させ、国書・漢籍・仏典に至るまで多岐に及んだ。蔵書には「金沢文庫」の墨印が捺《お》されるものが多く、金沢文庫本と呼ばれ、貴重な図書が多い。鎌倉幕府の滅亡後は菩提《ぼだい》寺《じ》の称名寺が管理した。

曲尺 かねじゃく　①鉄または真鍮製で、長短二つの尺を直角に組合わせたもの。設計・工作に必要な数値計算に用いる。②曲尺に目盛られた尺。呉服尺、鯨尺と並ぶ尺度。おそらく「大宝令」の大尺に由来し、明治初期に定められた一尺（約三三センチメートル）の現行尺の基となった。

鉦叩 かねたたき　鉦をたたいて経文などを唱え金品を乞う乞食《こじき》。

鐘撞 かねつき　寺のつり鐘の番をし鐘をついて時を知らせる者、かねつき番。鐘をつく役目の僧を鐘撞法師と呼んだ。

鐘撞堂 かねつきどう　つり鐘を吊《つ》って撞《つ》けるようにしてあるお堂、鐘楼《しょうろう》。

鐘撞法師 かねつきほうし　寺で鐘をつく役目の僧。

かねつき免 かねつきめん　鐘突（撞）役に対する給分としての免田。寺院の鐘は人びとに時刻《とき》を知らせるとともに、非常・危険の場合、村びとらを招集する合図ともなった。徳政一揆の場合にも鐘をつくことが行われた。〈文献〉神田千里「鐘と中世の人びと」（『遙かなる中世』四）。

予 かねて　兼も同じ。あらかじめ、事前にの意。

金掘 かねほり　鉄掘とも書く。鉱山で金銀鉱などを掘る坑夫。

兼康 かねやす　丹波康頼の子孫が名乗った氏号。室町時代以後、歯科医として著名。子孫は江戸時代薬屋となり歯薬・歯磨粉を販売した。

遐年 かねん　長い年月、また長命であること。

仮納 かのう　年貢・公事などを仮《かり》に納入すること、またその領収書。

加納 かのう　荘園の住民が出作している国衙領内の田地や、荘園に入組みとなっている公田を荘田（本免田）に加えて取り込むこと。一一～一二世紀に、荘園拡大の手段とされた。取り込まれた田を加納田または余田《よでん》という。

加納田司 かのうでんし　加納田からの官物の収納をつかさどる官人。加納田の結《けち》解状《げじょう》（収支決算状）を作り税所《さいしょ》に提出する。⇒結解状・税所

仮納返抄 かのうへんしょう　仮《かり》の領収書。例えば、東大寺が封戸《ふこ》から官物《かんもつ》を徴収するとき、使者に仮納返抄を持たせて現地に派遣し、徴収が終わると使者は請文《うけぶみ》を封戸所在の国の国司に渡す。その後、国司は請文と仮納返抄をまとめて、これによって東大寺から惣返抄（本請取状）を貰う。惣返抄は官物納入済《ずみ》の証として、のちに民部省に提示される。〈文献〉阿部猛『平安前期政治史の研究　新訂版』高科書店。

靴 かのくつ　革製黒塗の深沓《ふかぐつ》、烏皮靴《くりかわぐつ》。唐の胡服《こふく》に用いた靴に由来した乗馬用の沓。

加輩 かはい　力《ちから》を加えること、扶助の意。

樺桜 かばざくら　襲の色目。表に蘇芳

（薄紫色）、裏は紅花。二～三月頃に着用。

加　判　かはん　①公文書に判を加えること。②室町時代以来、借用証文に債務者とともに判を加え連帯責任者となること。

加番衆　かばんしゅう　人数不足を補うため、定番《じょうばん》の者（定員）に加えて城の警固などに当たる人びと。

鹿　火　かひ　鹿・猪の害を防ぐために田畠でたく火。そのために設けた仮小屋を鹿火屋《かひや》というか。

鹿火屋　かひや　⇒鹿火《かひ》

歌　病　かびょう　「かへい」「うたのやまい」ともいう。和歌の欠陥を人体各部の病気に見立てる。同音重複、意味内容・表現形式上の欠陥などについて論じられる。

下　符　かふ　⇒徴符《ちょうふ》

駕　部　がぶ　左右馬寮の唐名。

駕部員外郎　がぶいんがいのろう　左右馬助の唐名。

傾き者　かぶきもの　①世間の常識に従わず異様な身なりや行動をとる者。②はでで軽薄な者のこと。

冠木門　かぶきもん　二本の柱の上に冠木を貫き渡し上に屋根をかけた門。現在は屋根のないものをいう。

甲　かぶと　冑《かぶと》、兜《かぶと》も同じ。

甲を脱ぐ　かぶとをぬぐ　具足を脱ぐも同じ。武士の戦場からの離脱、降伏の意志表示である。

鏑　矢　かぶらや　矢の先に鏑《かぶら》をつけ、射ると大きな音響を発しながら飛ぶ。鏑の先には狩股《かりまた》の鏃《やじり》をつける。上差《うわざし》として箙《えびら》の前面に差し、矢合《やあ》わせなどに用いた。

駕部郎中　がぶろうちゅう　左右馬頭の唐名。

仮　文　かぶん　「いとまぶみ」とも読む。暇文とも書く。現在いうところの休暇願い。仮とは、律令制下で、六日ごとに定められた休日（六仮）のこと。

過分不堪　かぶんふかん　平安時代、不堪佃《ふかんでん》田の増加に対応して、政府は一国内の輸《ゆ》租田《そでん》の一〇分の一までを不堪佃田として公認してこれを例不堪といったが、一〇分の二以上の場合、これを過分不堪と称した。⇒不堪佃田

〈文献〉阿部猛『北山抄注解 巻十吏途指南』東京堂出版。

過分不堪佃田奏　かぶんふかんでんでんそう　⇒過分不堪《かぶんふかん》

壁　かべ　豆腐《とうふ》の異称。女房詞で「おかべ」。

加陪従　かべいじゅう　臨時に召しかかえられた陪従《べいじゅう》。⇒陪従

壁　書　かべがき　「へきしょ」と音読みすることもある。法令や規則を紙や木に書いて壁に貼る。張紙《はりがみ》、懸札《かけふだ》ともいう。

〈文献〉水藤真『木簡・木札が語る中世』東京堂出版。

壁　代　かべしろ　寝殿造《しんでんづくり》などで、間仕切《まじきり》のために用いる帳。母屋《もや》と廂《ひさし》の間に簾《すだれ》とともに掛ける。壁の代わりの意。

牙　保　がほ　仲買い、ブローカー。また贓品《ぞうひん》（盗品）の処分を取りもつ。

苛　法　かほう　きびしい掟《おきて》、無慈悲《むじひ》で容《よう》赦《しゃ》のないこと。

果　報　かほう　仏教用語で、前世の所為《しょい》が原因となって、現世で受ける報《むく》いのこと。そこから運命の意となる。

〈文献〉森野宗明『鎌倉・室町ことば百話』東京美術。

家　法　かほう　⇒分国法《ぶんこくほう》

苛法使　かほうのつかい　⇒苛責使《かしゃくし》

鎌　かま　鉄鎌は根刈り用の道具。古代から近代に至るまで、山野の草木採取をめぐる紛争のなかで、他人（他村）の山野に不法に立ち入った者の鎌・斧《おの》を取りあげる慣習があった。

〈文献〉古島敏雄『日本農業技術史』時潮社。

釜 かま 炊飯・湯沸し用でかまどに据えて用いる。多くは鋳鉄製であるが銅製もある。中世農民の家財中に見える。

構 かまい（え） 「かまう」とも。①関係する。②世話する。③手出しをする。④追放する。「かまえ」として、①邸宅。②仕度。③こしらえ言《ごと》。④環濠集落のこと。多様に用いられる。

鎌倉番役 かまくらばんやく 鎌倉の幕府諸門などの警固番役。鎌倉大番役ともいう。東国一般御家人の所役で、守護・地頭らがこの所役を勤めるため鎌倉にのぼり滞在するとき、所領農民を人夫として使役した。

鎌倉飛脚 かまくらひきゃく 六波羅飛脚、関東飛脚ともいう。鎌倉時代、鎌倉—京都間を疾走した早馬。行程七日、最も早い例は四日。

鎌倉夫 かまくらぶ 関東人夫役ともいう。鎌倉番役を勤める守護・地頭が所領農民を使役したもので、銭で納める場合は鎌倉夫料足《りようそく》と呼んだ。

叺 かます 穀物・菜・塩などを入れる藁《わら》筵《むしろ》の袋。藁筵を二つに折り、左右両端を縄《なわ》で綴《つづ》る。なお、形が似《に》ているところから、油紙・革で作った小物入れ、たばこ入れをもいう。

かまど 大陸から伝来し、西日本では五世紀以後、住居に据《す》えられた。暖房《だんぼう》・煮《に》炊《た》きには、いろりと併用された。漸次東日本に伝わったが、関東北部から奥羽地方ではいろりが中心であった。これは食生活のあり方に大きな影響を与えた。かまどでは釜を据えて米を炊き蒸《む》す食生活が中心となり、いろりでは鍋《なべ》で煮る食生活となった。

かまどを移す かまどをうつす 住《す》まいを移す、引越すこと。かまど＝家。「かまどを覆《くつがえ》す」といえば、財産を失うこと、家を潰すこと。

鎌　穂 かまほ 雇《やと》われて稲を刈り、報酬として稲をうけとる慣行。田植の前に支払うのを「たづく」という。

かまり 忍びの斥候のこと。大人数のものを大《おお》かまり、少人数のものを伏《ふ》せかまりという。

髪上儀 かみあげのぎ 女子が成人したときの儀式。平安中期頃まで行われた。それまでの垂髪を結いあげ、一束とし前後に折り返し、元結《もとゆい》でくくったり釵子《さいし》をさして留めた。髪上が廃れたのちは鬢削《びんそ》ぎが行われるようになった。⇒釵子・鬢削ぎ

上一人 かみいちにん 「かみいちじん」とも。天皇のこと。

紙打石 かみうちいし 写経用紙などを打って光沢を出し書きやすくする石。

髪　置 かみおき ⇒櫛置《くしおき》

神　垣 かみがき 神社の周囲の垣、玉垣。転じて神社のこと。

上　方 かみがた 上は皇居のある方向。大坂から京都を、諸国からは京阪地方を指していう。

紙　子 かみこ 紙製のきもの。紙衣とも書く。風を通さないので防寒衣料として用いられた。

紙　座 かみざ 朝廷・寺社を本所とする紙漉《かみすき》・紙商人の組合組織。奈良南市、摂津国天王寺門前浜市の紙座や、京都六波《ろくは》羅蜜寺《らみつじ》の紙漉座などの存在が知られる。〈文献〉小野晃嗣『日本産業発達史の研究』法政大学出版局。

紙漉給 かみすききゅう 国衙領内に居住する紙漉工人《くにん》に対して給与された給田。仁安元年（一一六六）「飛驒国大田文《ひだのくにおおたぶみ》」に所見。〈文献〉浅香年木『日本古代手工業史の研究』法政大学出版局。

髪　削 かみそぎ ①古代・中世、髪置の

儀の終わった幼児の髪先を肩の辺で切り揃える儀式。男子は五歳、女子は四歳。②女子が一五、六歳になったとき、髪の先とびんの髪を削ぐ儀式。⇒櫛置《くしおき》

紙駄別 かみだべつ（ち）　中世の紙輸送に賦課された通行税、営業税。諸国から京都に入ってくる紙に対して、馬一駄ごとに賦課された。文明頃（一四六九〜八七）には西坊城家《にしのぼうじょうけ》が知行し、永正九年（一五一二）以後は禁裏御料所となった。

紙継目裏花押 かみつぎめうらかおう　売券手継文書など、文書を貼り継いでいる場合、その文書が一体のものであることを証するために、継目裏に花押を書く。

髪長 かみなが　僧の忌《い》み詞《ことば》。

上家司 かみのけいし　貴族の家政を掌る家司のうち上級の者をいう。

上の戸 かみのと　清涼殿《せいりょうでん》の殿上間《てんじょうのま》の東口に当たる妻戸《つまど》。

上御厨子所 かみのみずしどころ　後涼殿《こうりょうでん》の西廂《にしひさし》、馬道《めどう》の南の所。⇒後涼殿

上無 かみむ　雅楽十二律の一つ。西洋音楽の音名c#・dbにほぼ相当する。

紙屋紙 かみやがみ　「かんやがみ」「こうやがみ」ともいう。図書寮《ずしょりょう》の紙屋院で抄造した紙。漉返《すきかえ》しの紙で宿紙《しゅくし》また薄墨紙《うすずみかみ》ともいう。
〈文献〉小野晃嗣『日本産業発達史の研究』法政大学出版局。

醸 かむ　酒を造る、醸造。もと、生米を嚙《か》んで吐き出し、これを瓶《かめ》にためて醗酵させたことから、酒造りのことをいう。

亀居 かめい　瓶居、筒居とも書く。膝《ひざ》を座につけ、両足を開いて、その間に尻をおいて平伏する敬礼のしかた。叙位《じょい》・除目《じもく》のとき、貴人の前に祗候《しこう》したときの坐り方。

暇明 かめい　⇒いとまあき

仮名 かめい　⇒けみょう

氈 かも　獣毛で織った敷物。防寒用の、風雨を防ぐ毛織りの幕を氈の幕《ばく》という。

鵝目 がもく　穴あき銭。鳥目《ちょうもく》・鵝眼銭《ががんせん》も同じ。

鴨沓 かもぐつ　蹴鞠《けまり》に用いる革沓で、先端が丸くなっている。

賀茂祭 かもさい　四月中の酉の日に行われる京都賀茂上・下神社の祭祀。勅使と斎王が神社に向かい奉幣するが、数日前に斎王の御禊《ごけい》、中の未の日に警固の儀があり、終わって中の戌の日に解陣の儀がある。一条大路における華麗な行列は見《み》物《もの》であった。祭の中心は、元来は中の午の日から始まる御阿礼《みあれ》祭であったが、平安時代に入って祭祀の形態が変質した。
〈文献〉義江明子『日本古代の祭祀と女性』吉川弘文館。

賀茂競馬 かものくらべうま　神事としての競馬は、賀茂社・石清《いわし》水《みず》社・春日《かすが》社境内で行われたが、とくに五月五日の上賀茂社の競馬が著名である。二〇頭の馬が左右に分かれて各一頭ずつ走る。天下泰平・五穀豊穣を祈る行事である。
〈文献〉大日方克己『古代国家と年中行事』吉川弘文館。

賀茂のみあれ かものみあれ　賀茂祭に先立ち、四月の中の午《うま》の日、賀茂別雷神社で行われる神事。「みあれ」は御阿礼（御生）で神の甦生復活の行事。

賀茂詣 かももうで　賀茂祭の前日、摂政・関白が賀茂神社にお詣りすること。

賀茂臨時祭 かもりんじさい　四月の中の酉の日の賀茂祭に対して、十一月下の酉の日に行われる京都賀茂上・下社の祭。天皇の個人的な祭祀で、宇多天皇の寛平元年（八九九）に始まる。

下問 かもん　「かぶん」とも読む。目下《めした》の者に問い尋ねること。

火門 かもん　南方にある門をいう。

五行《ごぎょう》説で火は南の方角に当たる。

課役 かやく 「かえき」とも。①本来は、中国の隋・唐期の法制用語。②「養老令」では、課は調を、役は歳役（庸）と雑徭をさし、課役には田租は含まれない。課役負担者は少丁（中男、一七〜二〇歳）、正丁（二一〜六〇歳）、老丁（六一〜六五歳）で、課丁と総称した。③また一般に、仕事を割当てること。〈文献〉曾我部静雄『均田法とその税役制度』講談社。

加役 かやく 規定の夫役《ぶやく》のほかに追加された夫役のこと、臨時の夫役。⇒夫役

粥 かゆ かたかゆ（固粥）としるがゆ（汁粥）がある。前者は現在の飯《めし》に当たり、後者がいまいうかゆである。七草《ななくさ》（種）粥《がゆ》・小豆粥《あずきがゆ》・薯粥《いもがゆ》など、儀礼食とされることが多い。

粥杖 かゆづえ 正月十五日、七種粥を煮るときに用いた薪を削ったもの。粥杖で婦人の尻をたたくと懐妊《かいにん》するとの俗信があった。

荷葉 かよう ①はすの葉。②古代の練香の一種。

荷用 かよう 加用とも書く。①食事のとき、配膳・給仕すること。②室町時代、幕府や大名家の職名で、陪膳・給仕役の者をいう。③年貢・夫役などを加徴すること。

嘉陽門 かようもん 内裏内郭十二門のひとつ、東面の北門。左廂《ひさし》という。門を入ったところに昭陽舎《しょうようしゃ》があった。⇒昭陽北舎

駕輿丁 がよちょう 輿《こし》をかつぐことを職務とする者。近衛府・兵衛府に属し、定員は前者が一〇一人、後者が五〇人。月料の米塩が支給された。鎌倉期からは座を結成し、商業活動に従い、室町時代、四府駕輿丁座《しふがよちょうざ》として活動した。〈文献〉豊田武『座の研究』吉川弘文館。

柄 から ①矢の篦《の》。矢幹《やがら》。②道具の柄《え》。③草木の幹《みき》や茎《くき》。桿とも書く。

唐臼 からうす ①穀類をつく踏臼《ふみうす》。臼を地面に埋め、梃子《てこ》を応用して足で杵《きね》の柄《え》を踏み杵を上下させる。②下臼に上臼をすり合わせてもみがらを落とすもの、すりうす。

韓神祭 からかみまつり 宮内省内にまつられていた韓神社の祭。陰暦二月と十一月の丑《うし》の日に、韓神社の南にあった園《その》神社の祭とともに行われた。平安遷都以前からこの地に鎮座していた地主神を祀ったもの。中世以後廃絶。

唐衣 からぎぬ 内裏女房らが着た、袖《そで》のない丈《たけ》の短い袷《あわせ》の衣。もとは、礼服の上に着用したもの。平安中期以降、袖つきとなった。

唐櫛笥 からくしげ 櫛など化粧道具を納める唐風の箱。大小二合より成り、上の小箱に白粉《おしろい》と香《こう》を、下の大箱に耳搔《みみかき》・髪搔《こうがい》・櫛・鏡・畳紙《たとうがみ》などを収納する。

嘉楽門 からくもん 豊楽院《ぶらくいん》十九門のひとつ、内郭南面中央の義鸞門《ぎらんもん》の西の廊にあった。元日・七日節会や大嘗会の儀式に用いられた。

唐鞍 からくら 唐風の馬の鞍、飾鞍。蕃客の接待、御禊《ごけい》、供奉《ぐぶ》の公卿、賀茂使などが用いた。⇒御禊

柄繰 からくり（る） 絡繰とも書く。計策、計略を以て味方に引き入れる、内応させるの意。

唐車 からぐるま 牛車《ぎっしゃ》、唐廂《からひさし》車。屋根は唐棟の破風《はふ》形で檳榔《びんろう》の葉で葺《ふ》き、最高級の牛車。上皇・皇后・皇太子や摂政・関白の乗用。

漢才 からざえ 漢籍に通じ、漢詩文を作るのに長じていること。対する言葉は「やまとごころ」。

殻竿 からさお 連枷とも。稲の脱穀に

用いる。竿の先に短い棒や竹をつけたものを振り回わす。

乾鮭 からざけ　内臓を抜き塩をふらずに陰干《かげぼ》しにした鮭。

犂 からすき　唐鋤とも書く。柄《え》が曲がっていて、刃《は》が広く、牛馬にひかせて田畠を耕やす。

空佃 からつくだ　荘園の領家佃、地頭佃で、耕作者に種子・農料を与えず、しかも全収穫を領主側が取る佃のこと。〈文献〉水上一久『中世の荘園と社会』吉川弘文館。

唐廂 からびさし　柱間《はしらま》開放の廂のこと。唐破風造の軒先のことという理解があったが誤り。

唐櫃 からびつ　調度品や衣類を収納する箱で、四つまたは六つの脚《あし》がある。脚のないものは長持《ながもち》（和櫃）である。長さ四尺五寸（約一三六センチメートル）～五尺で、かぶせぶたで、錠《じょう》がついている。

唐船 からぶね　①中国の船。②唐風の船。③中世、対中国貿易に当たった日本船、すなわち渡唐船をも唐船と呼んだ。

苧 からむし　「お」、苧麻。その茎《くき》から織物の繊維を取る。

搦手 からめて　①人を捕縛する人。②城の裏門。③敵の背後を攻める軍勢。

搦める からめる　捕らえて縛《しば》る。「搦め捕《と》る」という。

唐物 からもの　中国・朝鮮からの輸入品。香料・薬品をはじめ、織物・書籍・文房具など、平安貴族に珍重された。

唐物使 からものつかい　平安時代、中国の商船が九州に来たとき、唐船から商品を買うために遣わされた朝廷の使者。朝廷は唐物の先買権を持っていた。しかし使者の派遣は路次の国ぐにの負担ともなり、一二世紀には廃絶した。

唐物奉行 からものぶぎょう　室町幕府の職名。輸入した美術工芸品の鑑定や八朔《はっさく》の贈答品の目ききをした。同朋衆《どうぼうしゅう》が任命された。

刈 かり　⇒束《そく》

仮庵 かりお　「かりいお」の転。仮に作った粗末な小屋。刈穂《かりほ》（刈り取った稲穂）に仮庵《かり(い)ほ》をかけて「秋の田のかりほのいほの苫《とま》をあらみ……」と歌う。

狩衣 かりぎぬ　狩襖《かりあお》ともいい、闕腋袍《けつてきのほう》を簡略にしたもの。鷹狩《たかがり》・旅行・蹴鞠《けまり》などのときの野外用に着用する。⇒闕腋袍

狩倉 かりくら　狩蔵とも書く。在地領主の独占的狩猟地区。一般の立入りを禁じ、騎射などの軍事訓練を行った。〈文献〉戸田芳実『初期中世社会史の研究』東京大学出版会。

狩厨 かりくりや　地頭が狩《かり》を行ったときの酒宴の行事。狩猟の場（狩倉）での酒宴の費用を荘民から徴収した。

仮言 かりこと　「かりごと」とも。仮事とも書く。嘘《うそ》の言葉、人をだます言葉。

刈敷 かりしき　山野で刈取った草を肥料として田畠に敷き込むこと。購入肥料が一般化する以前には、自給肥料の中心であった。

借添 かりぞえ　借金をして、更に追加の借金をすること。

仮初 かりそめ　①間に合わせ、その場かぎり。②いいかげんである、軽々しい。③ちょっとしたこと、形だけのこと。

蒐立 かりたつ　駆立とも書く。①駆逐《くちく》する。②追いたてる。「近辺の庄園に兵粮を懸《か》け、人夫を駈立《かりたて》ける程に」と用いる。

刈田狼藉 かりたろうぜき　「かったろうぜき」とも。他人の田の作物を力《ちから》づくで刈り取る行為。畠麦を刈ると刈麦狼藉。貞和二年（一三四六）室町幕府は、それまで所務沙汰扱いだったのを、検断沙汰の

対象とした。
〈文献〉羽下徳彦「刈田狼藉考」（『法制史研究』二九）。

狩仕 かりつかい　「駆《か》りつかい」か。追いまわして使役すること。

狩取 かりとり　川で魚をとる者、川狩という。内膳司の御贄所《みにえどころ》、供御所《くごしょ》に属して淀川筋で魚をとった。供御人《くごにん》の特権をかさに着て、河内大江や淀川河口などで漁場を争った。
〈文献〉網野善彦『日本中世の非農業民と天皇』岩波書店。

借主 かりぬし　金品その他を借りた本人、借り手、負債主。⇒銭主《せんしゅ》

雁の使 かりのつかい　中国『漢書』の蘇武伝の故事から、便りを伝える使としての雁。そこから、手紙、消息の意となった。

狩庭 かりば　⇒狩倉《かりくら》

苅畠 かりばた　①力《ちから》づくで他人の畠の作物を刈り取ること。②焼畑のこと。⇒刈田狼藉《かりたろうぜき》

加利分 かりぶん　利息を加えること。「但利分は、月別貫充二四十文之加利分一、来秋南部《みなべ》年貢到来之内を以テ、本利共可レ有二返弁一者也」と用いる。

駆武者 かりむしゃ　諸方からかり集めた兵士のこと。「御方の御勢は七万騎とは申せども、国々のかり武者共なり」と用いる。

仮屋 かりや　借屋とも。①必要に応じて仮に造る建造物。②特定の目的、作業のために家を借りあげること、その家。③祭礼のとき、神輿を安置する御旅所《おたびしょ》のこと。中世、荘園の検注の際に、取帳の読み合わせを仮屋で行うことがあった。⇒検注帳《けんちゅうちょう》
〈文献〉富沢清人『中世荘園と検注』吉川弘文館。

苅安 かりやす　薄《すすき》に似たイネ科の植物。黄色染料とする。

過料 かりょう　鎌倉時代、比較的軽い罪に対して銭貨を徴収したり、寺社・道路・橋梁の修理をさせた。過代《かだい》、過怠銭《かたいせん》、過怠料ともいう。室町時代になると喧嘩刃傷の加害者が被害者に支払う示談金をもいい、また一般に、おちどを償《つぐな》うために支払う銭貨を過料といった。
〈文献〉石井良助『日本法制史概説』弘文堂。

科料 かりょう　⇒過料《かりょう》

迦陵頻 かりょうびん　①唐楽の曲名。壱越調。想像上の鳥迦陵頻の姿に模して四人の舞童が銅拍子をうって舞うもの。②迦陵頻伽《かりょうびんが》の略。仏典に現れる想像上の鳥で、極楽浄土に住むという。頭は童女、身は鳳凰とする。

訶梨勒 かりろく　万病薬として用いられた植物の果実。インド、マレー原産。藤原道長《みちなが》や藤原実資《さねすけ》はよく服用していた。

刈分小作 かりわけこさく　小作制度の一形態。地主と小作人が一定の配分率で収穫を分けあうもの。中世の作半《さくはん》はその先駆形態。⇒作半
〈文献〉有賀喜左衛門『日本家族制度と小作制度』河出書房。

肆 かるがゆえに　故も同じ。かくあるがゆえに、こういうわけで、それゆえにの意。

軽市 かるのいち　古代大和国にあった市《いち》。現在の奈良県橿原市大軽町付近。同じ大和国の海石榴市《つばいち》、河内国の餌香市《えがのいち》とともに著名。

軽物 かるもの　「けいもつ」とも。重量の軽い、絹布類をいう。軽物の特権的な取引を行う軽物座があった。対する語は重貨《じゅうか》。

家令 かれい　律令制下、一品《いっぽん》～四品《しほん》の親王家、一位～三位の公卿《くぎょう》の家に置かれた職員で家政をつかさどる。親王家には、文学・家令《いえのかみ》・扶《すけ》・大従《じょう》・少従・大書吏《さかん》・

少書吏が置かれ、公卿家には文学を除く官人が置かれた。

遐齢 かれい 長生き、長寿。遐は遠くはるかの意。

仮令 かれい ⇒けりょう・たとい

餉 かれいい 糒《ほしいい》のこと。炊《た》いた飯を乾燥させた携帯用食料。湯や水でもどして食べた。

故是 かれこれ 彼是、左右、袷恰、彼此とも書く。とやかく、おおよそ、ほとんどの意。

枯山水 かれさんすい 室町時代以降、禅宗寺院に多く見られた庭園様式の一つ、水を使わない山水（庭園）のこと。古くは「こせんずい」、のちには「ふるせんすい」ともいった。「池もなく遣水《やりみず》もなき所に石を立《た》る事あり、これを枯れ水と名づく」と『作庭記』（一一世紀の成立）に見える。

云ㇾ彼云ㇾ是 かれといいこれといい 「云ㇾ彼云ㇾ是甚不ㇾ可ㇾ然」などと用いる。いつも、どれもの意。

火炉 かろ 火を蓄える道具、また金属を溶《と》かす道具。火鉢《ひばち》、囲炉裏《いろり》の用をなす。石、金銅、白銅、土製など各種ある。

川下 かわおろし 杣山《そまやま》で伐《き》り出した材木を筏《いかだ》に組んで運ぶこと。

川狩 かわかり ①川で魚をとること。②川の流れを利用して材木を運ぶ方法で、筏に組まずバラ流しする。またその人夫のこと。

川梶取 かわかんどり 河川を航行する舟を操《あやつ》る船頭《せんどう》のこと。⇒梶取《かんどり》

革籠 かわご 皮籠、皮子とも書く。①革でまわりを張り包んだ箱。②紙張りの箱。③竹で編《あ》んだ行李《こうり》。

皮衣 かわごろも 裘《かわごろも》。貂《てん》や鹿・猪・熊皮で仕立てた防寒用外衣。平安時代、菅原道真も若い頃、冬季通勤には丈の短い皮衣（現在のジャンパー風のもの）を着ていた。

皮細工 かわさいく 牛馬などの動物の皮革をなめし加工する職人。皮革は武具・兵具に多用されたので、国衙領・荘園内に給田・免田等を与えられて生産に従事する者がいた。

為替 かわし 「かわせ」とも。①遠隔地に米・銭を送るとき、現物のかわりに手形（証文）を送り、その地で米・銭をうけとる。②他地で支払いを約束する手形を振り出し、銭貨を借用する場合に用いる。手形のことを割符《さいふ》、切符《きっぷ》、切紙などと呼び、その業務を行うものを替銭屋、割符屋、替屋という。

〈文献〉桜井英治『日本中世の経済構造』岩波書店。

交易畠 かわしばた 畠の年貢（麦）にかえて（交易）塩を納入する畠のこと。東寺領伊予国弓削島荘《ゆげしまのしょう》では、名《みょう》ごとに均等規模の交易畠が配分され、塩年貢が賦課されていた。

替米 かわしまい 米を為替《かわし》で送ること、またその米のこと。⇒為替

皮染 かわそめ 皮革染色の技術、またその技術者。鎌倉時代、安芸国沼田荘《ぬたのしょう》内に皮染給（田）があった。

川竹台 かわたけのだい（うてな） 清涼殿東庭に漢竹《からたけ》を植え築垣《ませがき》をめぐらしたところ。

彼誰時 かわたれどき 「かはたれ」（あの人は誰？）と人の見分けのつかない夜明け方のことをいう。夕方は「たそがれ」（誰？ あの人は）という。

河手 かわて 川手とも。中世、河川の関で徴収した通交税、関銭《せきせん》。鎌倉・南北朝期に用いられた呼称。陸路で徴するものは山手。

〈文献〉相田二郎『中世の関所』吉川弘文館。

川並 かわなみ 木場で筏《いかだ》の操作をする

人夫。

川成 かわなり　①洪水などによって流失・崩埋して耕作不能となった荒地。検注帳・散用状で除分とされ、年貢・公事は免除された。②川の州などが畠になった部分の年貢。当然年貢は低率である。〈文献〉相田二郎『日本の古文書　下』岩波書店。

川祓 かわはらえ　六月晦日に諸社で行われた大祓《おおはらえ》。川辺で身を清めた。水無月《みなづきの》祓《はらえ》・夏越祓《なごしのはらえ》という。

川舟座 かわふねざ　中世末期、越前国敦賀《つるが》地方の魚類販売の座であったが、はじめ気比神宮、のち守護朝倉氏の保護を受け、商圏を拡大するとともに、貨物輸送にも従い、戦時には軍船として動員された。〈文献〉豊田武『座の研究』吉川弘文館。

蝙蝠 かわほり　①こうもり（動物）。②扇の異称。③竹骨に片側だけ紙を貼《は》って作った扇を蝙蝠扇という。その形がこうもりが翼をひろげたところに似ているので。直衣《のうし》装束のときの夏用の扇である。

川守 かわもり　渡し守のこと。

土蔵 かわらくら　屋根を瓦で葺いた倉。

土器 かわらけ　素焼きの土器。食物を盛る器《うつわ》や酒盃《しゅはい》として用いられた。したがって「かわらけ」といえば酒宴を意味するようになる。土坏も「かわらけ」と読む。酒宴の土器は使い捨てであろう。後世、土器は行灯《あんどん》の油皿として用いられた。

河原田 かわらだ　河川の沖積扇状地、自然堤防の後背湿地、河口三角州などに造られた自然灌漑による水田。不安定で損田になりやすい。〈文献〉黒田日出男『日本中世開発史の研究』校倉書房。

瓦葺 かわらぶき　寺のこと。伊勢斎宮の忌詞《いみことば》。古くから、寺院建築は瓦葺であった。

河原者 かわらもの　賤民の一種。律令制の組織から離れた者。困窮者で、非課税地である河原に住んだ者。蔑称《べっしょう》として用いられた。中世の記録には「川原者、穢多《えた》事也」と書かれている。〈文献〉丹生谷哲一「非人・河原者・散所」（岩波講座『日本通史　8』）岩波書店。

抜レ過 かをぬく　受領の功過について、いったん過と判定されたものを、その後削って判定をくつがえすこと。

貫 かん　①通貨の単位。一貫＝一〇〇〇文。②重量の単位。一貫＝一〇〇〇匁《もんめ》、三・七五キログラム。

勘 かん　古文書で、文意を了承した意をあらわし、文句の肩に加える点や線状の符号。⇒合点《がってん》

甘 かん　⇒和《あまなう》・くつろぐ

官印 かんいん　①太政官の印。外印《げいん》と称する。②御璽（内印）・太政官印・諸司印・諸国印・郡印・軍国印・僧綱印などの総称。

官打 かんうち　官位が高くなりすぎて負担が重くなることをいう。

勘益田 かんえきでん　⇒勘出田《かんしゅつでん》

漢音・呉音 かんおん・ごおん　日本の漢字音には二種ある。呉音は七世紀以前に中国から伝来した字音で、仏典の読法、調度品の名称に広く用いられた。漢音は七〜九世紀に伝来した字音で、朝廷は漢音を正音として普及につとめたが、呉音を駆逐できなかった。例を示す（右が漢音、左が呉音）。木《ぼく》《もく》　石《せき》《しゃく》　正《せい》《しょう》　微《び》《み》　男《だん》《なん》　家礼《かれい》《けらい》

干戈 かんか　①武器のこと、干《たて》と戈《ほこ》。②戦い。「干戈を動かす」「干戈を交える」といえば戦争を始めること。

閑暇 かんか　古くは「かんが」と濁音。間暇も同じ。ひまがあること。

感荷 かんか 感佩《かんぱい》も同じ。①感銘、心に深く感じること。②恩を深く感じること。「感荷之余、与二扇一本一」と用いる。

勘過 かんか ⇒勘過料《かんかりょう》

閑雅 かんが みやびやかなさま。「不レ異二勇者容顔一、被二飲食一之躰、太不二閑雅一」と用いる。

勘会 かんかい 令制下、国司・郡司の行政の実態と帳簿上の記載を照合すること。

勧戒 かんかい 善を勧《すす》め、悪を戒《いまし》めること。

冠蓋 かんがい 冠と馬車のおおい。「冠蓋相望」といえば、車が絶えず続くこと、使者などが引続いて行くありさま。

扞格 かんかく 捍格とも書く。捍・扞はこばむ。格ははばむの意で、意見のくいちがうこと、不一致。「或有二捍格而難レ用者、或有二穎脱而出レ嚢《ふくろ》者」と用いる。

勧学院 かんがくいん 藤原氏一門の教育機関で大学別曹《べっそう》の一つ。弘仁十二年（八二一）藤原冬嗣《ふゆつぐ》によって創設された。平安京左京三条の北側にあった。

勧学院の雀 かんがくいんのすずめ 勧学院の軒端《のきば》の雀は、学生たちが『蒙求《もうぎゅう》』を読むのを聞き習い、それをさえずるという。つねに見聞きしていると自然に覚えるということわざ。平安末期の『宝物集《ほうぶつしゅう》』（平康頼著）に見えるのが最も早い例とされる。「門前の小僧習わぬ経を読む」と同意。

〈文献〉百瀬今朝雄・百瀬美津『勧学院の雀』岩波書店。

勧学会 かんがくえ 康保元年（九六四）大学寮北堂の学生たちが天台宗の僧と共に結成した念仏結社。法華講義のあと法華に関する詩文を作り、のち念仏に夜を徹した。僧俗各二〇人で三月と九月の十五日に集合したが、主要人物には慶滋保胤《よししげのやすたね》・大江以言《おおえのもちとき》らがいた。

勧学田 かんがくでん 律令制下、大学の学生に食料を給するために設けられた田。農民に賃租《ちんそ》し、その収入を食料に宛てた。一〇世紀初頭には実質を失い、山城国久世郡に七町を残すのみとなっていた。

〈文献〉久木幸男『日本古代学校の研究』玉川大学出版部。

管方 かんかた 舞楽の伴奏楽器のメンバーをいう。管は、笛《ふえ》・笙《しょう》・篳篥《ひちりき》など。

含嘉堂 がんかどう 朝堂院十二堂のひとつ、西方の北から二番めの堂。南北九間。儀式に際して弾正台官人の座が設けられた。

勧課農桑 かんかのうそう ⇒勧農《かんのう》

感化門 かんかもん 朝堂院二十五門のひとつ、東面外郭の南方。右廂門ともいう。盛花門・盛化門・成化門・成花門・咸化門などと書き誤まられる場合がある。

勘過料 かんかりょう 中世の関税の呼称。勘過とは関所を通過せしめること。一一世紀半ばから見える。

〈文献〉相田二郎『中世の関所』吉川弘文館。

官衙領 かんがりょう 中央諸官衙の運営財源としての所領。諸司領《しょしりょう》ともいう。諸種の名目で官衙に宛てられた田畠・園地などのほか、平安初期に官田《かんでん》を割《さ》いて要劇料田《ようげきりょうでん》・番上粮田《ばんじょうろうでん》として宛てられた諸田などを基礎にして各官衙の所領となったもの。平安末期の「興福寺大和国雑役免《ぞうやくめん》帳」に内蔵寮田《くらりょうでん》以下多くの官衙領田が見える。官衙領荘園である。⇒要劇料田

〈文献〉阿部猛『律令国家解体過程の研究』新生社。

勘気 かんき 臣下や奉公人が主君・主人から、とがめを受けること。「勘気にふれる」「勘気をこうむる」という。

感気 かんき 感心するようす、感動のようす。「有二御製一、講師左大弁、堂上堂下合レ声詠レ之、満座有二感気一」と用いる。

奸偽 かんぎ　姦偽も同じ。よこしまなたくらみ、人をあざむくこと。「郡司奸偽為レ宗、構二申虚言一、籠二入公田一云々」と用いる。

諫議大夫 かんぎたいふ　参議の唐名。

寛喜の飢饉 かんきのききん　寛喜二年（一二三〇）以後数年続いた全国的飢饉。極端な冷夏暖冬で作物が大打撃を受けた。鎌倉幕府はのちに、飢饉時の人身売買・質入を有効と認めざるをえなかった。〈文献〉磯貝富士男『寛喜の飢饉と貞永式目の成立』（『歴史と地理』二七六）。

還却 かんきゃく　返却すること、もとに戻すこと。

勘糺 かんきゅう　①法にてらして罪の有無をよく調べること。②物事の是非善悪、理非曲直をよく調べること。勘はかんがえる、糺はただすの意。「惣共令二勘糺一、可レ知二実偽一也」と用いる。

間居 かんきょ　閑居も同じ。①世間との交わりを絶ち静かな所で暮らす。②現職を退く。

還御 かんぎょ　天皇・法皇・三后が出さきからお帰りになること。将軍や公卿についてもいうことがある。

願楽 がんぎょう　仏教用語で、願い求めること。「衆生の願楽ことごとくすみやかにとく満足す」と用いる。

奸曲 かんきょく　心に悪だくみのあること、よこしまなさま、またその人を指していう。「変々ノ申状、奸曲之至極也」と用いる。

看経 かんきん　①経文《きょうもん》を黙読すること。看はみる。②読経《どきょう》・誦経《ずきょう》と同意で、声を出して経を読む意にも用いる。

奸計 かんけい　わるだくみ、邪悪なはかりごと。

関契 かんけい　令制下、関所の通行証。木製で、字を書いた真ん中から二片に割り、一片は関国の国守に給し、一片は後宮の蔵司が保管した。令制では、兵士二〇人以上の差発には関契が必要であった。固関《こげん》の場合には新たに木契を作った。⇒固関
〈文献〉平林盛得「固関木契」（『書陵部紀要』三九）。仁藤智子『平安初期の王権と官僚制』吉川弘文館。

勘系所 かんけいしょ　平安初期、新撰姓氏録を編纂した役所をいう。系は系譜のこと。

勘計状 かんけいじょう　寺が仏舎利などを貰い請けるとき、その数をかぞえて記載した文書をいう。

官外記 かんげき　太政官の弁官と外記のこと。公文書を扱う職。

勘決 かんけつ　とり調べ、よく考えて決断すること。

寒月 かんげつ　冬の月、寒夜に冴《さ》えわたった月。

閑月 かんげつ　農閑期。農月《のうげつ》・要月《ようげつ》・忙月《ぼうげつ》の対語。古代では、十月から二月までを閑月とした。⇒農月

勘検 かんけん　物事をよく調べること。

感見 かんけん　物事を感動して見ること。「初度古賢猶有レ失レ礼、内府無二指相違一事、尤所二感見一也」と用いる。

管見 かんけん　細いくだから天を見ると、狭い範囲しか見えないことから、①見識の狭いことをいう。②自分の知識・意見をへりくだっていうこと。

甘言 かんげん　あいての気に入りそうな言葉、あいてに取り入るための甘い言葉。

管弦 かんげん　管絃とも書く。管楽器と弦楽器で、音楽（雅楽）のこと。

諫言 かんげん　①目上の者の誤りを指摘して忠告すること。②いましめること、厳しく注意すること。

勘　校　かんこう　①照らし合わせて誤りを正すこと。②書物を校訂すること。③決算について再調査をすること。

還　幸　かんこう　天皇が行幸からお帰りになること。還御《かんぎょ》ともいう。

勘　合　かんごう　照合する、調べ合わせること。「土地台帳の勘合を行う」などと用いる。勘合貿易の語も。

官交易絹　かんこうえきのきぬ　国衙が正税を財源として買いあげ都に送進する絹。令制の調の系譜をひくもので、農民側から見ると、臨時雑役の一種とされる。

環濠集落　かんごうしゅうらく　水濠で囲まれた集落。防禦村落的性格がつよい。大和国若槻荘《わかつきのしょう》、稗田荘《ひえだのしょう》、山城国狛荘《こまのしょう》などが著名。播磨国などでは構《かまえ》と呼ぶ。

還魂紙　かんごんし　供養の目的で、故人の書札を漉返《すきかえ》した紙のこと。「亡者《もうじゃ》の漉返し」ともいう。還魂紙に経文《きょうもん》を書写して供養した例が知られる。

奸　詐　かんさ　うそをついて人をだまし、悪計をめぐらして人を陥れる。さぎ。

官　裁　かんさい　①官府の決裁。②太政官の裁断。「謹請二官裁一者《てへれば》、右大臣宣、依レ請」と用いる。

勘　済　かんさい　勘定をすませること、始末をつける。「季長朝臣、依レ勘二済飛驒、和泉両国公文一、今日被レ定二功過一、即叙二従四位上一云々」と用いる。

貫　差　かんざし　銭一貫文（一文銭を一〇〇〇枚）を連ねた縄一結《いっけつ》、緡《さし》に貫《つら》ねた銭。

観察使　かんさつし　大同元年（八〇六）に設置された地方行政監察機関。初め参議を六道観察使に宛てたが、のち参議を廃して七道に専任の観察使を置いた。弘仁元年（八一〇）に廃止。

〈文献〉大塚徳郎『平安初期政治史研究』吉川弘文館。

汗　衫　かんさん　⇓かざみ

元　三　がんさん　①正月一日のこと。歳・月・日の三つの元《はじめ》であるからいう。②正月一日から三日までの間。一日から三日までの年始の儀式を元三の儀という。

官　仕　かんし　官吏になること、宮仕《みやづか》え。

干　支　かんし　「えと」とも。十干十二支《じっかん》。十干は、甲《こう》・乙《おつ》・丙《へい》・丁《てい》・戊《ほ》・己《き》・庚《こう》・辛《しん》・壬《じん》・癸《き》。十二支は、子《ね》・丑《うし》・寅《とら》・卯《う》・辰《たつ》・巳《み》・午《うま》・未《ひつじ》・申《さる》・酉《とり》・戌《いぬ》・亥《い》。十干十二支を組合わせると六十干支となり、甲子《かっし》・乙丑《いっちゅう》・丙寅《へいいん》から……辛酉《しんゆう》・壬戌《じんじゅつ》・癸亥《きがい》に至る。⇓十干

官　使　かんし　太政官から派遣された使者。荘園の立券（立荘）のときや荘園整理令に基づく検注のときなどに派遣された使《つかい》。

勘　事　かんじ　⇓勘当《かんどう》・こうじ

官使供給料　かんしくごうりょう　供給は「きょうきゅう」「ぐきゅう」とも読む。太政官から地方に派遣された使者に対して路次の国の住人が食料・馬匹を提供するもの。

〈文献〉阿部猛『尾張国解文の研究』大原新生社。

元日侍従　がんじつじじゅう　元日朝賀の儀の際に、大極殿に出御した天皇の左右に近侍する侍従。四人で、三位から二人、四位から二人を選ぶ。三位親王の場合は威儀親王《いぎのみこ》と称する。前年の十二月十三日に定める。

元日節会　がんじつせちえ　元日に天皇が群臣に宴を賜う儀式。霊亀二年（七一六）に始まる。平安初期からは紫宸殿で行われた。外任奏《げにんのそう》・諸司奏《しょしのそう》・氷様奏《ひためしのそう》・腹赤奏《はらかのそう》が行われる。⇓外任奏・諸司奏・氷様奏・腹赤奏

〈文献〉西本昌弘『日本古代儀礼成立史の研究』塙書房。

官　舎　かんしゃ　国衙・郡衙の建造物、

官衙。弘仁八年（八一七）伊勢国には多《た》気《け》郡に正倉二宇と官舎二八宇、度会《わたらい》郡に正倉一宇と官舎一〇宇があった。その修理は出挙《すいこ》利稲を財源として行われた。
〈文献〉山中敏史「国衙・郡衙の構造と変遷」（講座『日本歴史 2 古代2』）東京大学出版会。

冠者 かんじゃ 「かじゃ」「かんざ」「かざ」ともいう。①元服して冠をつけた少年。②六位で無官の人。③若者。④召使いの若者。

官爵 かんしゃく 官職と位階、官位。爵は従五位下の位階を指す。

勘籍 かんじゃく 令制下、戸籍（民部省保管）によって身分を確認すること。これにより、僧侶・位子《いし》（内六位〜八位の官人の嫡子）・雑色《ぞうしき》（官衙の下級職員）・諸衛《しょえ》（衛府の下級役人）は徭役を免除された。

貫籍 かんじゃく 原籍の意。令制下の戸籍はその人の本貫（本籍地）・出自《しゅつじ》をも明らかにすることをも目的とした。その意味で貫籍と称した。

貫首 かんしゅ 「かんず」とも。①蔵人頭の唐名。②東大寺、東寺などの管長。③宇佐神宮の神主。

貫主 かんじゅ ①貫首に同じ。②官寺の主。⇒貫首《かんしゅ》

巻数 かんじゅ 「かんず」とも。経供養を依頼されて読誦した経巻の数を記した文書。経の名目、度数を記した文書を花枝につけて願主に送った。

勘収 かんしゅう 取しらべて公に没収すること。

甘州楽 かんしゅうらく 唐楽。平調の曲。四人舞。舞手は蛮絵の袍をまとい巻纓《けんえい》の冠を用いる。

感秋楽 かんしゅうらく 唐楽。盤渉調の曲。九世紀前半に大戸清上の作。舞はない。

勘出田 かんしゅつでん 検注の結果、新たに見出された田地のこと。勘益田。

勘署 かんしょ よく調べて署名すること。

閑所 かんじょ 便所、雪隠《せっちん》。

丱女 かんじょ 「かんにょ」とも読む。髪をあげまきに結った少女、童女のこと。

雁書 がんしょ 雁札《がんさつ》も同じ。手紙のこと。「雁《かり》の使《つかい》」。

灌頂 かんじょう ①密教で、受戒のとき頭に香水をそそぐ儀式。②音楽で、奥義・秘伝を伝授すること。

勘状 かんじょう ①占いや調査により考えたところを記した文書。②免許状のこと。

感状 かんじょう ①戦功を賞《め》でて武将から与えられる文書。中世には、恩賞知行について記した書状。②免許状。③褒《ほう》状《じょう》。

勘定 かんじょう ①いろいろ考え合わせて判断する。②金銭や物の数量を数える。③代金を支払う。④利害・損得を見積る。

勧請 かんじょう 神々を迎えて鎮め祭ること。神仏習合の進展に伴い、八幡大菩《はちまんだいぼ》薩《さつ》や熊野権現《くまのごんげん》の垂迹神《すいじゃくしん》の神託を請うこと、また神仏の霊を招き奉安することをいうようになった。本社の祭神の分霊を新しく設けた社殿に迎え、新たに迎えられた神を勧請神と称した。平安時代後期、有力寺社の所領荘園に神々が勧請された。興福寺・春日神社領荘園内に春日神社を祀り、高野山領荘園内に今《いま》高野山をつくるなどがこれである。
〈文献〉萩原龍夫『中世祭祀組織の研究』吉川弘文館。

勧請掛 かんじょうかけ 村の入口、境界の道に注連縄《しめなわ》のようなもの（勧請縄《かんじょうなわ》）を張る。「道切り」と称する。邪悪なものを村に入れないための呪術である。
〈文献〉中野豈任『祝儀・吉書・呪術』吉川弘

文館。

管城子 かんじょうし　筆の異称。韓愈《かんゆ》が筆を擬人化《ぎじんか》して毛穎《もうえい》と名づけ、架空の「毛穎伝」を書き、毛穎が秦の始皇帝によって管城に封ぜられ管城子と号したことに基づく。

含章堂 がんしょうどう　朝堂十二堂のひとつ。東方の北から二番め。儀式の際に、大納言以下参議以上の座が設けられた。

勧請縄 かんじょうなわ　⇒勧請掛《かんじょうかけ》

勘定奉行 かんじょうぶぎょう　①鎌倉・室町幕府において、年貢の結解《けちげ》・勘定を掌った奉行。②江戸幕府三奉行の一つ。⇒結解状《けちげじょう》

官省符荘 かんしょうふしょう　太政官符や民部省符によって公認された荘園。国司による国免荘と区別され、不輸の特権が安定していて、荘園整理によっても収公されない。

遂二勘定一 かんじょうをとぐ　勘定とは勘《かんが》え定めることで、決算をすること。

間食 かんしょく　⇒けんじき

甘心 かんしん　なるほどと感心する。肯定《こうてい》する。「頗る甘心の気あり」と用いる。

勘申 かんじん　勘進とも。朝廷で儀式などに必要な先例・故実を調べたり、行事の日程を占い調べること。

勧進 かんじん　元来は、人びとを教化《きょうげ》救済することを目的とする宗教活動の意。転じて浄財の寄附を求めること。勧進のため芸能を興行することがあり、勧進相撲、勧進猿楽、勧進能などが行われた。勧進のため諸国をめぐる聖《ひじり》を勧進聖という。

間人 かんじん　⇒もうと

勧進猿楽 かんじんさるがく　浄財の寄附を求めるための芸能興行のひとつで、猿楽の興行。

勧進相撲 かんじんずもう　浄財寄附を求めるために興行する相撲。

勧進帳 かんじんちょう　勧化帳《かんげちょう》ともいう。勧進《かんじん》のために金品を募る旨を記して僧徒が人びとに読み聞かせる巻物。⇒勧進

勧進能 かんじんのう　浄財の寄附を募るために興行する能。

勧進聖 かんじんひじり　もとは、人に善行をすすめて仏道に入るよう勧めるものであるが、一一世紀後半以降、寺塔の造営、架橋工事などの資金集めを行うようになり、また工事の請負いを行うなどその性格を変えていく。

貫 かんす　律令制で、戸籍に記載すること。本籍地を定めること。「所レ養孤児清継・清人・清雄等十八人、並賜二新生連姓一、貫二左九条三坊一」と用いる。

監主 かんす　「かんず」とも読む。禅宗で、一寺を統率する役僧のこと。都寺《つうす》に次ぐ重役。

鑵子 かんす　①弦《つる》のついた湯釜のこと。青銅または真鍮製。自在かぎに掛けて用いる。②茶の湯で用いる釜。いわゆる茶釜。

間水 かんすい　中世興福寺領で行われた灌漑用水利用の慣習。ある荘への水の配分が終わって、次の順番の荘園へ切替えるとき、直ちには切替えず、一昼夜ないし数昼夜分の水を保留し、これを間水と称した。間水は用水分配に関わる者の給分で、かれはこれを売却する権利を持っていた。

〈文献〉宝月圭吾『中世灌漑史の研究』吉川弘文館。

旱水 かんすい　旱害と水害、ひでりと洪水。

酣酔楽 かんすいらく　「こんすいらく」とも読む。高麗楽。壱越調の曲。襲《かさね》装束をつけ、四人舞があったが、のちに絶えた。

巻子本 かんすぼん　紙を横に長く継ぎ、その一端に軸《じく》をつけて巻物にした書物。軸に紐をつけ、これで巻き留める。

官　政 かんせい　太政官で行われた政務。令制下の政務裁定は天皇親裁による朝政を原則としたが、平安時代には朝堂院における公卿聴政が主流となり、これが太政官を構成する弁官部局に場を移して官政の起源となった。しかし、平安中期以降は外記政が中心となり官政の行われることは少なくなり、官政は儀式化し、末期にはそれも廃絶した。〈文献〉藤木邦彦『平安王朝の政治と制度』吉川弘文館。

眼　睛 がんせい　眼精も同じ。①ひとみ、くろめのこと。②目つき。③物事の真実を見きわめる力、眼力《がんりき》のこと。④物事の重要なところ、眼目《がんもく》の意。「眼睛を出《いだ》す」といえば、一所懸命にとりくむことをいう。

感城楽 かんぜいらく　唐楽。黄鐘調の曲。六人又は四人舞。源氏の童親王の初の拝謁のときに用いた。

勘　責 かんせき　「かんじゃく」とも。罪を問いただし責めること、また官物・公事の納入を催促し責めたてること。

観世座 かんぜざ　中世の猿楽座の一つ。大和国の結崎座《ゆうざきざ》から分出した。流祖は観阿弥清次で、二世の世阿弥元清、三世の音阿弥元重に至って芸道が確立した。

甘　銭 かんせん　遠方へ赴く人に対して贈る金品のこと、はなむけ。

官　銭 かんせん　①政府発行の銭貨。いわゆる皇朝十二銭など。②政府所有の金銭のこと。③公文《くもん》官銭のことで、禅宗官寺の住持の資格を得るために室町幕府に納入する銭貨のこと。

貫　銭 かんせん　銭差《ぜにさし》に貫いた一貫文（一〇〇〇文）のぜにで、「かんぜに」、緡銭《びんせん》ともいう。

眼　前 がんぜん　①まのあたり。②明らかである、確かなこと。「田文《たぶみ》を見ずといえども、大略眼前の趣に任せて注進する件の如し」などと用いる。

官宣旨 かんせんじ　弁官が出す下文《くだしぶみ》。単に宣旨ともいう。書出しに「左弁官下（充所）」とあり、次行に事書《ことがき》を記し、改行して本文を記す。書き止めは「依㆑宣行㆑之」など。略式の文書で、太政官符や太政官牒にかわって広く用いられた。

奸　訴 かんそ　偽りの証拠によって訴訟を起こすこと。

官　奏 かんそう　太政官から天皇に申しあげること。平安時代の重要な朝儀とされたが、次第に内容が限定され、吉書奏《きっしょそう》、不堪佃田奏《ふかんでんでんそう》、諸国司減省奏《しょこくしげんしょうそう》などのみとなった。⇒吉書《きっしょ》

勘　奏 かんそう　いろいろ調べて奏上すること。

監送使 かんそうし　「げんそうし」とも。長送奉使《ちょうそうぶし》、斎宮が伊勢に下るのを送る勅使。納言・参議が任ぜられるのが通例。

貫　属 かんぞく　戸籍のある土地、すなわち本籍地のこと。貫は戸籍のこと。

旱　損 かんそん　ひでりによる作物への損害。検注帳には不と記載される。旱損のていどによって年貢が減免される。「当御庄之田皆悉旱損无㆓為方㆒」と用いる。

緩　怠 かんたい　①つとめを怠る。②過失。③不届。④無作法。

眼　代 がんだい　①代官、代理人。目代《もくだい》も同様。②守護代、地頭代。惣じて鎌倉時代に多用された用語。

貫　高 かんだか　室町・戦国期の所領規模の表示法。年貢量、軍役量基準を示す数値で、戦国大名による知行宛行の際に用いられた。小田原北条氏領国では、田

一段＝五〇〇文、畠一段＝一六五文を標準の年貢高とした。
〈文献〉安良城盛昭『太閤検地と石高制』NHKブックス。

干　拓　かんたく　海や湖沼、また低湿地を堤防で締切り排水して農地を作ること。防潮堤を築く干拓の様子は、尾張国富田荘、安芸国沼田荘などに見られる。
〈文献〉黒田日出男『日本中世開発史の研究』校倉書房。

上達部　かんだちめ　位階では三位以上の公卿《くぎょう》の総称。参議は四位であるがこれに准ぜられ、参議をも含めて称する。また「大臣、上達部」といい、納言以下だけを指す場合もある。参議以上の公卿は二四人で、最高級貴族グループである。

還　着　かんちゃく　いちど離れた官職に再びつくこと。「前右大将宗盛卿、大納言に還着して、十月三日内大臣になり給ふ」と用いる。⇒除籍《じょしゃく》

官中故実　かんちゅうのこじつ　官は太政官。故実は先例。

官中便補地　かんちゅうべんぽのち　太政官関係の所領で、便補の地。官務家小槻《おつき》氏がその地位を利用して自己の所領を太政官関係の便補地としたことが知られている。
⇒便補保《べんぽほ》

官　長　かんちょう　律令用語。官庁組織の中で、その現任官の長をさす。但し平安初期、弘仁以降、意味に変化が生じ、赴任官の長となり、国においては官長すなわち受領《ずりょう》となる。受領の語が一般化すると、一一世紀以後、官長の語は消滅する。
〈文献〉所功「国衙『官長』の概念と実態」（『日本歴史』二六四）。

貫　長（頂）　かんちょう　⇒貫首《かんしゅ》

官庁段銭　かんちょうたんせん　太政官関係の諸費用を弁ずるために賦課した段銭。

官　底　かんてい　朝廷の文書を収納する場所。一般に、官庁そのものをさしていう。
〈文献〉網野善彦ほか編『ことばの文化史 中世4』平凡社。

官　田　かんでん　①令制において、宮内省の管理下にあった供御田《くごでん》。②元慶三年（八七九）五畿内諸国に設置された四〇〇〇町の田地。九世紀後半の太政官財政の膨張と正税稲《しょうぜいとう》・不動穀《ふどうこく》の減少という危機的状況に対応して、官田の収益でこれを補なおうとしたのである。元慶五年には、官田の一部を割いて諸司要劇料・番上粮料に宛て、これが諸官衙の独自の財務すなわち、官衙領荘園の基礎となった。
〈文献〉阿部猛『律令国家解体過程の研究』新生社。

乾　田　かんでん　灌漑を止めたとき、また排水したとき、土が乾燥して畠とすることのできる田。水田の乾田化は二毛作成立の条件である。
〈文献〉木村茂光『日本古代・中世畠作史の研究』校倉書房。

間　田　かんでん　一般には、遊休田、無主田の意。荘園において、本田である名田と本佃を除いた部分。下級荘官の給田や人給田に宛てられたり、名主に宛行われたりし、残りは地子田そして作人に借耕させた。一般には新田や悪田が多いが、地子田として公事・夫役を負担せず、間田百姓には間人《もうと》身分の者が多かった。⇒間人
〈文献〉阿部猛『日本荘園史の研究』同成社。

間田百姓　かんでんひゃくしょう　間田を請作する農民。間人《もうと》身分の者が多かった。
〈文献〉水上一久「間人考」（『社会経済史学』二一―二）

官　途　かんと　①官職・官位。②仕官の道。③鎌倉時代、受領《ずりょう》に対し京官をいう。
⇒受領

官当 かんとう　令制の刑罰制度で、有位者に対する恩典的換刑の制度。有位者が犯罪を犯した場合、特定の罪を除いて罪を一等減ぜられたが、そのうえ更に、現在の官を当てることによって実刑が科されないよう保証した。

勘当 かんどう　①罪を勘《かんが》えて法に当てる意。②不興《ふきょう》を蒙《こうむ》る。③江戸時代、君・父・師から縁を絶たれること。⇓義絶《ぎぜつ》

関東管領 かんとうかんれい　南北朝期～室町期に、関東公方《くぼう》を補佐《ほさ》して政務をとった役職で、はじめ執事《しつじ》と称したが、貞治二年（一三六三）以後は関東管領といい上杉氏が世襲した。

関東下知状 かんとうげちじょう　鎌倉将軍の命を伝える文書。下文《くだしぶみ》や御教書《みぎょうしょ》との区別は必ずしも明らかではない。書止めは「下知如レ件」とある。

関東御口入地 かんとうごくにゅうのち　鎌倉将軍が、国衙領や荘園の荘官職・地頭職に御家人を推挙しうる土地。口入とは、推薦、介入、干渉の意。

関東御成敗地 かんとうごせいばいち　⇓関東進止《しんし》の地《ち》

関東御分国 かんとうごぶんこく　鎌倉将軍家の知行国。元暦元年（一一八四）源頼朝に三か国が与えられ、翌文治元年に六か国を加えた。実朝のとき遠江・駿河・武蔵・相模の四か国に減少。以後四～六か国を維持した。

〈文献〉石井進『日本中世国家史の研究』岩波書店。

関東御領 かんとうごりょう　鎌倉将軍家が本家《ほんけ》もしくは領家《りょうけ》として支配した荘園・国衙領。⑴平家没官領《へいけもつかんりょう》。⑵承久《じょうきゅう》没収地。⑶その他没収地。朝廷からの給与地から成る。地頭職は恩給として御家人《ごけにん》に給与された。

〈文献〉安田元久『日本初期封建制の基礎構造』山川出版社。

関東裁許状 かんとうさいきょじょう　裁許状は訴訟に対する判決状。鎌倉での裁判の判決状。六波羅《ろくはら》裁許状、鎮西《ちんぜい》裁許状の称もある。

関東十ヶ国 かんとうじっかこく　元弘三年（一三三三）十二月、成良親王を奉じて足利直義が鎌倉に下って以来、その支配下にあった十か国。相模・武蔵・安房・上総・下総・常陸・上野・下野・甲斐・伊豆の諸国。

関東進止の地 かんとうしんしのち　鎌倉将軍家に補任《ぶにん》権のある所職。関東御成敗地《ごせいばいち》ともいう。文治元年（一一八五）十二月に諸国荘園地頭職補任権を勅許されたので、これらの地頭職は関東進止の職となった。

〈文献〉牧健二『日本封建制度成立史』弘文堂書房。

関東知行国 かんとうちぎょうこく　⇓関東御《ご》分国《ぶんこく》

関東人夫役 かんとうにんぷやく　⇓鎌倉夫《かまくらぶ》

関東御徳政 かんとうのおんとくせい　⇓永仁《えいにん》の徳政令《とくせいれい》

関東番役 かんとうばんやく　⇓鎌倉番役《かまくらばんやく》

関東夫 かんとうぶ　⇓鎌倉夫《かまくらぶ》

関東御教書 かんとうみぎょうしょ　上の命令を下へ伝達する奉書式文書のひとつ。源頼朝が従三位に叙され公卿《くぎょう》の列に入ると、頼朝の出す文書は、御教書と呼ばれた。御教書は幕府の意思を伝えるための文書で、下知状《げちじょう》・下文《くだしぶみ》と異なり、権利の付与・認定を行うものではない。⇓下知状・下文

関東御公事 かんとうみくうじ　鎌倉幕府が御家人に課した課役。広義には御家人役をさす。狭義には軍役を除いた経済的負担。⑴内裏・院・寺社・篝屋《かがりや》・将軍御所修造用途。⑵寺社祭礼用途。⑶将軍上洛

用途。⑷幕府儀式用途。⑸埦飯役《おうばんやく》など多様である。結局、これらの負担はすべて所領内の農民に転嫁される。

看督長 かんとくちょう ⇒かどのおさ

観徳堂 かんとくどう 豊楽院九堂のひとつ、儀鸞門《きらんもん》を入って右手。南北一九間。七日節会《せちえ》・叙位《じょい》・射礼《じゃらい》や外国使節に対する饗宴の場となった。六位以下の官人の座となる。

官頭祝儀 かんどしゅうぎ 官頭は官途で、名前に兵衛・衛門などの呼称をつけること。惣村でいうおとな成りで、その際に村に納める祝儀のこと。⇒官途成《かんとなり》

官途成 かんとなり 官職の名乗りを許されること、およびその祝いの儀礼。中世、国衙や荘園領主による在地民への官途付与がなされた。太夫《たゆう》・右衛門《うえもん》・左衛門《さえもん》・右兵衛《うひょうえ》・左兵衛《さひょうえ》・介《すけ》・権介《ごんのすけ》などの官名を与える。一三～一四世紀には宮座など在地寺社を中心とした官途成の儀礼が形成された。官途成する者は宮座に祝儀用途を出した。

〈文献〉薗部寿樹『日本中世村落内身分の研究』校倉書房。

官途書出 かんとのかきだし 主君が家臣に、ある官職に任命した証拠に書き与えた文書。一五世紀から一九世紀まで用いられた。その起こりは一四世紀の官途推挙状にある。

梶取 かんどり 船の梶を取り操《あやつ》る者で、挟抄、柁師とも書く。水手《かこ》を指揮し、国衙領・荘園の官物・年貢の輸送に当たった。給免田を給与されているものもあった。

〈文献〉新城常三『中世水運史の研究』塙書房。

巫 かんなぎ 神に仕え、神楽を奏し、神おろしをする人。ふつうは女。みこ。

神嘗祭 かんなめさい 毎年秋、その年の新穀で造った神酒と神饌を伊勢神宮に奉る皇室の大祭。陰暦九月十七日に供えた。

官成 かんなり ⇒官途成《かんとなり》

雷鳴陣 かんなりのじん 平安時代、雷鳴三度以上のとき、宮中の殿舎の各所に衛府の官人たちが隊列（陣）を組んで警固をした臨時の儀式。但し、平安末期になると、儀式は衰えて、蔵人または瀧口の武士による簡略なものとなった。

雷壺 かんなりのつぼ 襲芳舎《しゅうほうしゃ》のこと。もと後宮の殿舎であるが、東宮の居処とされることが多かった。

坎日 かんにち 陰陽道で凶日とされ、生活を慎むべき日。正月辰《たつ》、二月丑《うし》、三月戌《いぬ》、四月未《ひつじ》、五月卯《う》、六月子《ね》、七月酉《とり》、八月午《うま》、九月寅《とら》、十月亥《い》、十一月申《さる》、十二月巳《み》の日が坎日とされる。

元日節会 がんにちのせちえ 元日の朝賀のあと、天皇も出て行われた祝宴の儀。

勘入 かんにゅう 田地の所有関係を調査して、正当な所有者に帰属させること。

官人 かんにん 「かんじん」とも。律令制下の役人の総称であるが、狭義には四等官。平安中期以降は六位以下の役人を指す言葉となる。

還任 かんにん ⇒げんにん

勘忍分 かんにんぶん 生計の資の意。隠居《いんきょ》分《ぶん》、化粧料《けわいりょう》、家臣の遺族に与える捨扶持《すてぶち》などをいう。

閂 かんぬき 門の扉をさしかためるための横木。貫木《かんのき》の変化したもの。左右の扉の金具に差し通して開かないようにするもの。近世初期からの語か。

神主職 かんぬししき 荘園内の神社において得分を伴う神主の地位は職《しき》とされ、その補任権は領家あるいは地頭が握っていた。

〈文献〉萩原龍夫『中世祭祀組織の研究』吉川弘文館。

勧農 かんのう 農業を勧《すす》めること。律

令制下、国守の職掌中に勧課農桑があり、耕地を拡大し収穫をふやし官物の増徴につとめることになっていた。荘園においては領家・預所が勧農を行い、種子・農料を支出し、灌漑施設の整備、労働力の確保につとめ、年間の農作業の進行に支障のないようにした。在地で実際に勧農に当たったのは荘官・地頭であったが、かれらはその権限を槓杆《てこ》として在地支配を行い、領主化の途をたどる。
〈文献〉山本隆志『荘園制の展開と地域社会』刀水書房。

勧農使 かんのうし　中世、勧農のために、領主から現地に遣わされた使者。また平氏政権下で寿永二年（一一八三）安芸国において国衙の勧農使が現地に下されており、元暦元年（一一八四）源頼朝も北陸道に勧農使を派遣しており、のちの守護の源流と考えられている。

勧農帳 かんのうちょう　勧農使が荘園現地に赴いて勧農を行った成果を記した帳簿。文書は預所（代）・公文（代）が作成する。名の田数・斗代《とだい》・分米《ぶんまい》・加徴・勘料・作人名が記載されている。

官荘 かんのしょう　⇒官衙領《かんがりょう》

官牧 かんのまき　諸国に設けられた兵部省所管の牧。馬牧は一七か国計二七牧、牛牧は一一か国一五牧をかぞえる。牧で飼養した馬・牛は中央に送られるが、一〇世紀以後は官牧は衰退し、貢馬は勅旨《ちょくし》牧《まき》を中心とするようになる。

官召使 かんのめしづかい　⇒上召使《うえのめしづかい》

閑馬 かんば　馬寮《めりょう》の厩舎で飼育する馬のこと。閑は門の横木のこと。

閑廃地 かんはいのち　荒廃のままとなっている土地。占有しながら耕さない者が多く、天長四年（八二七）耕営しない者から没収し、開発を願う者に与えるとした。

官配を取る かんぱいをとる　許可料を徴収すること。例えば、検校《けんぎょう》が座頭衆（盲目の人たち）から認可料を取るなど。

旱魃 かんばつ　雨不足による水がれのこと。旱はひでりのこと。魃はひでりの神のこと。

雁鼻 がんはな　履《くつ》の一種。儀式に用いる。

上林 かんばやし　①宇治茶師の家柄。②茶のこと。

看板 かんばん　商人が店名・屋号や売品を表示するために店先に出す広告用の作り物。平城京東西市で、店ごとに標《しるし》を立て行名《こうめい》（商品名）を記したのが始まりである。看板が普及するのは室町時代からで、実物模型看板と文字看板があった。

勘判 かんぱん　国司交替のとき、新任者が前任者に与える不与解由状などの書類を、勘解由使が審査すること。
〈文献〉増渕徹「『勘解由使勘判抄』の基礎的考察」（『史学雑誌』九五―四）。

堪百姓 かんひゃくしょう　堪は「かん」（漢音）、「たん」（呉音）で、堪《た》えうる、能力のあるの意。税負担能力のある有力百姓。
〈文献〉阿部猛『日本荘園史』大原新生社。

寛平大宝 かんぴょうたいほう　皇朝十二銭の一つ。寛平二年（八九〇）に発行された銅銭。直径一八・四五～一九・七五ミリ、重さ〇・八三～三・二三グラムで、規格のずれが大きく、品位は低い。

官符 かんぷ　太政官符のこと。

官符衆徒 かんぷしゅと　衆徒とは、大和の興福寺がその武力として編成した半僧半俗の有力名主、国人層。衆徒の代表機関を官符衆徒といった。
〈文献〉永島福太郎『奈良文化の伝流』畝傍書房。泉谷康夫『興福寺』吉川弘文館。

官符定数 かんぷじょうすう　平安時代、不堪佃田奏の結果、太政官符によって確認された不堪佃田数をいう。またその国を官符定数の国と称し、同国では、この田数を基準とし、もし開発田あればその田数を定数から差引いて言上する。
〈文献〉阿部猛『北山抄注解 巻十 吏途指南』東京堂出版。

灌仏会 かんぶつえ　仏生会とも。釈迦の誕生日とされる陰暦四月八日の法会。花御堂を作って誕生仏を安置して、香水《こうずい》（のち甘茶《あまちゃ》）をそそぐ。

神　戸 かんべ　特定の神社に寄せられた封戸。神戸の出す調・庸・田租は神社の修造料・供物料に宛てられた。本来は国司の管理下にあったが、律令制の解体に伴い国司の手を離れて荘園化した。
〈文献〉棚橋光男『中世成立期の法と国家』塙書房。

勘　弁 かんべん　①考えわきまえる、熟考すること。②過失をゆるす、堪忍。③物事をやりくりする。

勘返状 かんぺんじょう　勘返とは、差戻すこと。調査の結果、先の決定や申請をくつがえすこと。ふつうは、上申書の趣旨を否定して却下するときの書き様で、文書の余白に記入する。

勘返田 かんぺんでん　平安時代、国司から不堪佃田の申請があって、その三分の二については免除が認められ、三分の一が不承認となった場合、その三分の一は堪返された。これが堪返田で、堪返分については例損も認められない。
〈文献〉阿部猛『北山抄注解 巻十 吏途指南』東京堂出版。

還　補 かんぽ　再びその職に任ずること、もとの職に戻す。

勘　発 かんぼつ　「かんぱつ」とも。落度《おちど》を責めたてること、不正を摘発すること、譴責《けんせき》すること。

官　米 かんまい　元来は、官物の米の意。一一世紀半ば以降、官物として賦課された米以外の物品の段別賦課額を米に換算して表示した場合の用語。⇒准米《じゅんまい》
〈文献〉勝山清次『中世年貢制成立史の研究』塙書房。

神衣祭 かんみそまつり　伊勢神宮内宮と、その別宮荒祭宮《あらまつりのみや》に、四月・九月の十四日神衣などを奉納する祭祀。

官　務 かんむ　太政官弁官局の左大史・右大史の称。平安時代から、左弁官局の左大史を世襲した小槻《おつき》氏が右大史をも兼ねるようになり、その職務を称した。

敢　無 かんむ　⇒あえなし

冠直衣 かんむりのうし　直衣は位冠に次ぐ公卿の略装。通常立烏帽子をかぶるが、晴のとき冠をつけた直衣姿を冠直衣という。

勘　免 かんめん　中世、荘園・公領において、調査（勘《しら》べ）の結果免税地とされること。この場合、勘料を支払うのが通例であったらしい。
〈文献〉富沢清人『中世荘園と検注』吉川弘文館。

勘　物 かんもつ　古典の写本などに後人が加えた注記（頭注、傍注）。文字や語句の異同、注釈、人物の経歴など、関連の文献等を注する。裏書《うらがき》のかたちのものもある。

官　物 かんもつ　令制下の租・調・庸・雑物《ぞうもつ》など貢納物の総称。⑴平安中期以降の公領における貢納は官物と雑役であるが、田租と地子米をあわせて官物といい、また貢納物を官物と田率雑事に分ける。⑵平安後期には、官物と臨時雑役の体系にかわって国ごとに公田官物率法が定められた。保安三年（一一二二）伊賀国では、別符～段別見米五斗、公田～段別見米三斗・准米一斗七升二合・油一合・見稲一束・穎《えい》二束、院御荘出作田～見米三斗・准米一斗七升二合・穎三束であった。

(3)荘園における年貢所当のこと。
〈文献〉坂本賞三『日本王朝国家体制論』東京大学出版会。

官物苛責　かんもつかしゃく　官物の納入をせまり、農民を責めさいなむこと。

官物加徴　かんもつかちょう　規定の官物、年貢のほかに増徴された分。定まった内容や数量はない。

官物田　かんもつでん　官物を賦課される田、荘園においては定田《じょうでん》部分。

官物率法　かんもつりっぽう　一一世紀半ばに、国ごとに定められた官物の段当たりの賦課率。率法は公田・別符・院領荘園出作公田などで異なる。率法の変更には中央政府の認可を必要とした。
〈文献〉坂本賞三『日本王朝国家体制論』東京大学出版会。

勘文　かんもん　「かもん」とも。君や上司からの質問に対して、その道の専門家が勘《かんが》え（調べて）答申する文書。先例・故実を調べたり、吉凶を判断したりする。

勘問　かんもん　罪状を調べ尋問《じんもん》すること。「其由令二勘問一、可レ令レ進二過状一」と用いる。

願文　がんもん　神仏に祈願するとき記す文書。公家社会での願文起草には文人貴族が当たり、能書家によって書かれることが多い。

管籥　かんやく　管鑰とも書く。①笛の一種。②鍵《かぎ》のこと。

含耀門　がんようもん　朝堂二十五門のひとつ、東朝集堂の北東。朝拝・即位などのとき外弁《げべん》・大臣の参入口として用いられる。

勘落　かんらく　調べて除くの意。鎌倉期、荘園・公領で検注の際に、給免田や名田の一部または全部がその名目から除かれることを指す。換言すれば、権利の否定、没官、横領の意となる。室町期以降は没収の意に用いる。

歓楽　かんらく　①忌み詞《ことば》で、病気の意。②よろこび、たのしむこと。③ぜいたくに暮らすこと。

含利門　がんりもん　豊楽院内郭門のひとつ、観徳堂の南、延英堂の北にある。廂門。

欠料　かんりょう　正しくは缺料。荘園年貢を輸送するに際して、年貢米の目減《めべ》り分を予め考えに入れ、その分を雑用出費として免除するもの。

勘量　かんりょう　考えること。勘《かんが》え量《おもば》かる。

管領　かんりょう　土地・財貨・人間などを管理・支配する。室町幕府の管領職の場合は「かんれい」と読む。

勘料　かんりょう　⇒勘免《かんめん》

勘料使　かんりょうし　勘料を徴収するために遣わされた使者。史料に「郡勘料使」と見える。郡単位に派遣されるものか。

幹了使　かんりょうし　「幹了勇敢之使」との用語があり、武力で農民をおどして官物をとりたてる勘徴使。
〈文献〉阿部猛『尾張国解文の研究』大原新生社。

幹了者　かんりょうのひと　「おさおさしきひと」とも読む。幹はつよい。了は才知のあるの意。「力田《りきでん》の輩《ともがら》」と実質は同じか。⇒幹了《おさおさしき》

翰林学士　かんりんがくし　文章博士《もんじょうはかせ》の唐名。

勘例　かんれい　古い例（先例）を調べ考えること。

還礼　かんれい　①返礼すること。②報復すること。

勘録　かんろく　①調べて記録すること。②鎌倉・室町幕府の訴訟制度で、引付衆が訴人・論人の主張の理非を評議し、判決草案を作ること。

勘録状　かんろくじょう　調査し考えたことを子細に記して所管の機関に提出する書

状。年貢勘録状がある。

き

寸　き　①現代の寸《すん》に相当する。②馬の丈《たけ》を測るのに用いる単位。馬は四尺を標準とし、それ以上を一寸《ひとき》、二寸《ふたき》……七寸《ななき》、八寸《やき》などという。八寸以上は「丈《たけ》に余る」という。

柵　き　軍事防衛上設けた城柵。関・城も同源。古代東北地方に設けられたものは空濠や土塁を伴うものが多い。柵の字義は、せきとめる、防ぐの意。渟足柵《ぬったりのき》、磐《いわ》舟柵《ふねのき》などが文献に見える。

貴　き　古代令制下、一位〜三位の有位者をいう。

綺　き　「かんばた」とも読む。古代の織物の一種で、模様を浮かせて織った薄い絹織物。⇒いろい

簀　き　⇒あじか

幾　き　⇒庶幾《こいねがう》

擬　ぎ　⇒あてがう・…せんとす

戯　ぎ　⇒あざる

徽安門　きあんもん　内裏内郭十二門のひとつ、北面西側の門。正月二日の二宮大《にぐうのたい》饗《きょう》はこの両掖門の廊を用いて行われた。

木碇　きいかり　木に石を結びつけたいかり。近世初頭まで用いられた。

生糸　きいと　まゆからつくる糸。古代・中世に、単に糸といえば生糸のこと。

偽引　ぎいん　⇒おびき

祈雨　きう　⇒雨乞《あまごい》

祈雨使　きうし　雨乞のため神泉苑や諸社に派遣される奉幣の勅使。

祈雨法　きうほう　密教での雨乞の修法。大雲輪経、大孔雀経を読誦《どくじゅ》し降雨を祈る。孔雀経を読誦すると諸龍は歓喜して、ながあめのときは晴れ、ひでりのときは雨が降るという。その修法には三茎の孔雀の尾羽を必要とした。

消旦　きえがて　消難とも書く。消えにくいこと。「消えかての花の雪ふむ朝と出に雲は昨日の春の夜の夢」と用いる。

議益　ぎえき　⇒議損《ぎそん》

喜悦の眉を開く　きえつのまゆをひらく　喜びを顔にあらわし、非常に喜ぶこと。

棄捐　きえん　棄却する、破却する。「其妻依レ有二重科一、於レ被二棄捐一者」と用いる。

偽蔭　ぎおん　仮蔭、昌蔭も同じ。蔭位を与えられる資格のないものが、戸籍を偽作して資格を偽《いつわ》ること。

祇園会　ぎおんえ　京都の祇園祭（八坂神社）の祭礼。陰暦六月七日から十四日（現在は七月十七日から二十四日まで）に行われる。平安初期に始まり、もと御霊会《ごりょうえ》であるが、山鉾《やまぼこ》の巡行が盛大に行われ、疫病除けの御利益のあるものとされる。⇒御霊会

季夏　きか　①夏の末、晩夏。②陰暦六月のこと。

儀戈　ぎか　儀式のとき、威儀を整えるために用いる平頭戟《ほこ》。

擬階奏　ぎかいのそう　毎年四月七日に行われる儀式。奏授の対象者となる成選人《じょうせんにん》の擬階奏文と成選短冊《じょうせんのたんざく》を天皇に奏上する。位記召給《いきめしだまい》ともいう。毎年の考《こう》を一定年数重ね選の対象となることを成選、進階数を擬議することを擬階という。

伎楽　ぎがく　七世紀に伝えられた、外来音楽を伴う無言仮面劇。声明《しょうみょう》や雅楽の伝来で衰え、江戸時代には廃絶した。

不肯　きかず　承知しないこと。不肯のもとの読みは「かへ（え）にす」で、…することができない、することが許されないの意。のち「がえんず」となり承

諾するの意に転用された。

生　紙　きがみ　①のりを加えないで漉《す》いた紙。②漉いたあと加工しない粗製紙のこと。

亀　鑑　きかん　判断の基準となるもの。手本、見本、模範、証拠、証文。亀鏡《きけい》とも。「永代の亀鑑となす」とか「亀鏡に備う」などと用いる。

祈願所　きがんしょ　天皇・皇族・貴族・幕府などのために祈願を行う寺。巻数《かんず》を提出し、かわりに所領の保護、課役免除の特権が認められた。鳥羽上皇の祈願所としての観心寺《かんしんじ》、後白河上皇祈願所の禅林寺・石山寺・観心寺などは著名である。

議　貴　ぎき　⇒応議者《おうぎしゃ》

擬　議　ぎぎ　①熟考すること。②躊躇《ちゅうちょ》すること。「相順《あいしたが》ふ兵共誰かは少しも擬議すべき、我先に敵に合はんと争い前《すす》まずと云ふ者なし」と用いる。

聞　及　ききおよぶ　伝え聞く、人から聞いて知っているの意。

聞　書　ききがき　①人の話を書き留めたもの。②間接に人から聞いたことを記したもの。③叙位・任官の理由などを書きつけたもの。「今朝披二見聞書一之処、三位中将有仁任二権中納言一」と用いる。

鬼気祭　ききさい　陰陽道の除災儀礼で、天皇の難治の病気平癒《へいゆ》を祈った。宮城の四隅と巽《たつみ》の方角で夜間修した。

帰忌日　ききにち　「きこにち」とも読む。陰陽道で、帰家・移転・嫁娶《かしゅう》・加冠・入国を忌む日。正月・四月・七月・十月の丑《うし》の日、二月・五月・八月・十一月の寅《とら》の日、三月・六月・九月・十二月の子《ね》の日。

聞奉行　ききぶぎょう　⇒合奉行《あいぶぎょう》

聞　耳　ききみみ　①世間《せけん》の評判、外聞《がいぶん》。②売買に当たって、当事者が文字を解しない場合、立会人のいる所で誰かが読みあげ、当事者はそれを聞いて内容を承知する。

起　居　ききょ　①立ち居ふるまい。日常生活。②安否。「得二腰病一、不レ便二起居一、仍請二四箇日暇一」と用いる。

帰　御　きぎょ　還御《かんぎょ》も同じ。還の方が古い用法。「かえりおわす」に当てた漢字。

起居舎人　ききょしゃじん　内記の唐名。

起居郎　ききょろう　内記の唐名。

聞　煩　ききわずらう　①聞いてその処置に困る。②聞いて悩む。「母北の方を責め奉れば、ききわづらひ給ひて」と用いる。

飢　饉　ききん　饑饉とも書く。農作物の著しい減収（凶作）の結果、広汎な飢饉状態をもたらし、多くの餓死者・病死者を出す現象。凶作の原因は、寒冷な気候、ひでり、霖雨《ながあめ》、洪水、台風などで、作物が損害を受けた。

菊花宴　きくかのえん　陰暦九月九日、重陽《ちょうよう》の節供の日に宮中で行われた観菊の宴。

菊　酒　きくざけ　①中世後期、加賀国金《かな》石《いし》港（臨川寺《りんせんじ》領）を中心とする地で造られた名酒。②重陽《ちょうよう》の節供のときに用いる酒。菊の花を浸して飲む。

麹　塵　きくじん　天皇の袍の色、やまばと色。麹塵の袍は天皇の儀式用の袍。禁色。

木　砕　きくだき　⇒木割《きわり》

菊　綴　きくとじ　直垂《ひたたれ》・水干《すいかん》・長絹《ちょうけん》・素《す》襖《おう》などの縫目のほころびを防ぐために、とじつけた紐《ひも》のこと。組紐の先を乱して菊形にしたので名がある。

聞　道　きくならく　以聞、聞説とも書く。聞くところによると、聞き及ぶこと。

亀　鏡　きけい　⇒亀鑑《きかん》

忌　月　きげつ　忌日のある月、命日《めいにち》のある月。「二宮大饗無レ舞、故陽明門院御忌月也」とある。

期　月　きげつ　①満一か月。②一二か月、一年間。

議賢　ぎけん　⇒応議者《おうぎしゃ》

議減　ぎげん　⇒応議者《おうぎしゃ》

綺語　きご　「きぎょ」とも読む。①仏教で十悪の一つ、淫心を誘う言葉のこと。②美しく飾った言葉。

議語　ぎご　⇒応議者《おうぎしゃ》

擬講　ぎこう　講師に擬せられるの意。講師に任命されてもいまだ講師を務めていない者をいう。三会《さんえ》（維摩会《ゆいまえ》・最勝会《さいしょうえ》・御斎会《みこさいえ》）の講師を務めたものが已講《いこう》。

議功　ぎこう　⇒応議者《おうぎしゃ》

聞　きこえ　①耳に聞こえる。②評判、うわさ。「御かたちすぐれ給へるきこえ高くおはします」と用いる。

聞食　きこしおす　「きこしめす」とも。①召しあがる、お飲みになる。②お治めになる。

聞召　きこしめす　①お聞きになる。②お考えあそばす。③お聞きになりお許しになる。④お治めになる。⑤召しあがる。⑥宴をお催しになる。⑦酒を飲むこと（江戸時代からの用語）。

寄戸帳　きこちょう　伊勢国の神郡《しんぐん》内の戸田《へた》の基本台帳。⇒戸田《こでん》
〈文献〉棚橋光男『中世成立期の法と国家』塙書房。

祇今　ぎこん　⇒ただいま

既墾地系荘園　きこんちけいしょうえん　墾田地系荘園の一つ。すでに開墾されている墾田・口分田を買得・譲与・寄進などの方法によって集積し成立した荘園。今井林太郎により提唱された。
〈文献〉今井林太郎『日本荘園制論』三笠書房。

擬近奏　ぎこんのそう　相撲召合に際して相撲人や楽人を近衛に補するために行う奏。天皇は奏文に聞の字を書いて許可した。

宜哉　ぎさい　⇒うべなるかな

后町井　きさいまちのい　后町とは常寧殿のことで、その南の壺庭にあったという井戸。

后　きさき　広義には貴人の妻をいい、狭義には皇后をさす。律令に妃《ひ》・夫人《ぶにん》・嬪《ひん》の称が規定される以前は大王・天皇の妻妾はすべて「きさき」と称したとも考えられている。しかし、妃・夫人は平安前期、嬪の称は奈良時代に用いられただけで、平安時代には女御《にょうご》・更衣《こうい》・御息所《みやすどころ》・御匣殿《みくしげどの》の称がふつうであった。
〈文献〉須田春子『平安時代後宮及び女司の研究』千代田書房。

后がね　きさきがね　「きさいがね」とも。皇后の候補者。「がね」とは、やがてそれとなるべく用意してあるものの意。

寄作人　きさくにん　当該荘園外に住む農民であって当荘園に入作《いりさく》し、荘田を請作《うけさく》し地子を納めるもの。
〈文献〉村井康彦『古代国家解体過程の研究』岩波書店。

きざたて　必要以上に大げさに、故意にの意。「きざ」は気障かという。

階　きざはし　階段、梯子《はしご》。寝殿造の正面は五段がふつうであった。

刻　きざみ　①階級、等級、身分。「受領《ずりょう》と言ひて、人の国の事に、かかづらひいとなみて、品《しな》定まりたる中にも、又、きざみありて、中の品の、けしうはあらぬ、えり出でつべき頃ほひなり」と用いる。②時、時折、……そのとき。「笠置《かさぎ》の城攻め落さるる刻《きざみ》、召し捕られ給ひし人々の」などと用いる。

岸　きし　①田のあぜのことをいう。②一般には、水ぎわのこと。

来方　きしかた　「こしかた」とも。過ぎ去った時間、過去。場所、方向をいうこともある。

規式　きしき　定まった作法、きまり、規則。

儀式帳 ぎしきちょう　公事・神事・祭事・仏事・その他凶賀の礼式の作法について記録したもの。

擬侍従 ぎじじゅう　侍従代も同じ。即位・朝賀のときなどに、親王・公卿の中から選んで仮《かり》に侍従として奉仕させる者。

吉志舞 きしまい　大嘗祭の午《うま》の日、安倍の氏人によって舞われる舞。安倍氏の祖先が新羅を討った故事に由来するという。吉志は半島からの帰化氏族で、外交・水軍関係の活動で知られた。

木地屋 きじや　木地師も同じ。木材から椀《わん》・盆《ぼん》・鉢《はち》・杓子《しゃくし》などの木器を作る工人《くにん》。江戸時代まで、材料の木の伐採権を主張していた。小野宮惟喬親王を職相とし、その縁によって特権が与えられたと主張したのである。婚姻は木地屋間で行うなど閉鎖的な社会を形成していた。⇒由緒《ゆいしょ》書《がき》

騎　射 きしゃ　⇒うまゆみ

義　者 ぎしゃ　①物の道理をよくわきまえた人。②義理がたい人。

宜秋門 ぎしゅうもん　内裏外郭西築地の門。門外の南北に右衛門府の詰所があり、この門を右衛門陣といった。西の広場を宴の松原という。

基準国図 きじゅんこくず　一〇～一二世紀、国衙が保持した国内田地の基本台帳。官省符によって不輸租の特権を認められた荘園領主は、荘園所在国の国司に官物不輸を申請する。国司は、基準国図と申請書類記載の坪付・田積を照合し、基準国図において確定された荘田の現作部分に該当する田地の免除を認めた。この手続きは国司交替ごとに行われた。この制度を免除領田制と呼ぶ。〈文献〉坂本賞三『日本王朝国家体制論』東京大学出版会。

喜春楽 きしゅんらく　唐楽の曲名。黄鐘調の古楽で、寿心楽、弄殿喜春楽ともいう。四人舞で、蛮絵装束。

議　所 ぎしょ　「ぎのところ」とも。内裏の宜陽殿南廂《ひさし》東二間《ふたま》。叙位《じょい》・除目《じもく》のとき、公卿《くぎょう》が御前に参上する前後、ここに着く。

偽　書 ぎしょ　本物と似せて書くこと、またその手紙や筆墨、偽筆。

伎　女 ぎじょ　妓女とも書く。①平安時代、内教坊に属して舞を行った女。②伎楽を奏する女。③芸妓、遊び女《め》のこと。

祈　請 きしょう　「きせい」とも読む。祈願も同じ。願いが叶うよう神仏に祈ること。

起　請 きしょう　⇒起請文《きしょうもん》

気　上 きじょう　①驚きや緊張のために上気する、のぼせる。「玉冠甚重、已可㆓気上㆒」と用いる。②気持、気持に含むこと。

器　杖 きじょう　兵杖《ひょうじょう》も同じ。武器のこと。

起請田 きしょうでん　①国衙領で、検田を行わずに利《り》田請文《でんうけふみ》を提出して田数を確定し、これを官物徴収の基準とすることがあり、その田を起請田または起請符《きしょうふ》の地と称した。②荘園において、年貢賦課の基準とする田地。年貢の百姓請、村請の際に起請文を提出して田数・年貢額を決定する。①②ともに、神仏に対する起請・誓約によって確定するかたちをとる。〈文献〉阿部猛『中世日本荘園史の研究』新生社。

暉章堂 きしょうどう　朝堂院十二堂のひとつ。東西七間の堂で、六か所階《きざはし》がある。儀式の折に東を上座として、弁・少納言・外記の座が設けられる。

起請符の地 きしょうふのち　⇒起請田《きしょうでん》

起請文 きしょうもん　起請とは、本来は下級官司、官人個人が上級官司に申請して

裁可を求めることであるが、やがて誓約・制戒の意となり、神仏に誓約する言葉を意味し、それを文書にしたものを起請文といった。国人一揆《こくじんいっき》や、寺院大衆《じいんだいしゅ》、農民が蜂起《ほうき》するときにも起請文が書かれた。
〈文献〉入間田宣夫『百姓申状と起請文の世界』東京大学出版会。

軋　きしろう　①ぶつかり合う。②船と船が衝突する。

議親　ぎしん　⇒応議者《おうぎしゃ》

寄進状　きしんじょう　①不動産・財物を神仏に寄附するときその趣旨を記した文書。②開発領主《かいほつりょうしゅ》が私領を権門に寄附してその保護を受けようとする寄進状は一〇世紀末以後みられる。
〈文献〉佐藤進一『古文書学入門』法政大学出版局。

寄進地型荘園　きしんちがたしょうえん　寄進に基づいて成立した荘園の総称。安田元久が創唱した。在地の開発領主がその私領を中央の寺社・権門に寄進することにより特権を確保しようとしたもの。古くは、寄進地系荘園と称した。
〈文献〉西岡虎之助『荘園史の研究　上』岩波書店。安田元久『日本荘園史概説』吉川弘文館。

寄進地系荘園　きしんちけいしょうえん　⇒寄《き》進地型荘園《しんちがたしょうえん》

期する　きする　⇒ごする

擬する　ぎする　①「擬二……一」は「……に擬する」「……になぞらえる」「……せんとす」などと読む。仮定する、まねする、つきつけるの意。心を配る、配慮する。②「あてがう」とも読む。

祈晴　きせい　霖雨《ながあめ》が続くとき、止雨、天候の回復を神仏に祈ること。祈雨《きう》の友。⇒祈雨法《きうほう》

亀筮　きぜい　亀卜《きぼく》も同じ。亀甲を用いてする古代の占《うらな》い。亀甲・獣骨を焼き、その裂《さ》け目によって吉凶を占う。令制下、神祇官には占部《うらべ》（二〇人）が置かれた。

義絶　ぎぜつ　律令制下の法律用語としては、夫婦の関係を絶つ（離婚）の意。中世では親子関係を絶つ（不教、不孝、勘当）の意に用いる。
〈文献〉石井良助『日本法制史概説』弘文堂。

木銭　きせん　⇒木賃《きちん》

弾二喟然之爪一　きぜんのつめをつまびく　弾二歎息之爪一も同じ。ためいきをついて感嘆すること。

機相　きそう　①気合い。②気分。③病気。

義倉　ぎそう　令制下、飢饉に備えて貯穀する制度、またその倉庫。各戸から戸の等級にしたがい粟を収納した。但し、稲の場合は二斗、大麦は一斗五升、小麦は二斗、大豆は二斗、小豆は一斗を以て粟一斗に当てる。

戸の等級	粟の量(斗)
上々戸	20
上中戸	16
上下戸	12
中上戸	10
中々戸	8
中下戸	6
下上戸	4
下中戸	2
下々戸	1

議損　ぎそん　古代の律令税制で、主計寮が認める例損のほかに、審議して認める損免分。「延喜式」は「依レ議所レ免為二議損一」という。反対に「依レ議所レ進為二議益一」と記す。

常　きた　「きだ」とも。布地を測る単位。一常は庸布一丈三尺。

段　きた　田畠の面積を測る単位。一段＝三六〇歩。段半《きたなか》といえば、一段の半分。

疑殆　ぎたい　疑いあやぶむこと。「旁非レ無二疑殆一」と用いる。

北野御霊会　きたのごりょうえ　⇒北野祭《きたのまつり》

北陣 きたのじん　内裏の北の朔平門《さくへいもん》にあった兵衛府の詰所《つめしょ》。朔平門の別称。

北対 きたのたい　寝殿造の、正殿の北にある建物、北の対屋《たいのや》。貴族の私的な生活の場。

北野法楽 きたのほうらく　和歌や連歌を北野神社（京都）に奉納すること。室町・戦国期の記録に所見。法楽とは、読経・奏楽によって神仏を楽しませること。

北野祭 きたのまつり　八月四日（古くは五日）に行われる京都北野神社の祭礼。北野御霊会《ごりょうえ》ともいう。北野神社の祭神は菅原道真とその夫人および長子の高視。

北政所 きたのまんどころ　①もと摂政・関白の正妻をいう。のち大臣・大納言・中納言の正妻をもいう。②一般に奥方の敬称。「北の御方」「北の方」とも。

北野臨時祭 きたのりんじさい　京都北野神社の祭礼で、寛弘二年（一〇〇五）八月四日に始められた、天皇の私祭。いまは絶えている。

腊 きたひ　魚や鳥の肉のまる干《ぼ》し、また燻製とも。古代以来の用語。

北祭 きたまつり　京都の賀茂神社の祭。南祭は石清水八幡宮の祭。

起単 きたん　禅僧が寺を離れて他の僧堂に行き一五日をすぎること。「且雖レ有二起単之闕一、敢不レ可レ被レ許二参暇一」と用いる。

騎竹の年 きちくのとし　竹馬《たけうま》にのって遊ぶとしごろ、幼年のころ。

吉祥悔過 きちじょうけか　毎年正月に、吉祥天を本尊として、災禍を払い、福徳を招く祈願の法会。神護景雲元年（七六七）に始まる。毎年正月八日から七日間、金光明最勝王経を読んだ。

吉日 きちにち　「きちじつ」とも。めでたい日、縁起のよい日をいう。反対は悪日《あくにち》。日の良し悪しは、暦注、陰陽家の八卦《はっけ》、儒家の易占によるもの、また医家による択日もある。

吉方 きちほう　⇒えほう

季帳 きちょう　四季徴免課役帳という。新たに官人や僧となり課役を免除される者、逆に解任や還俗《げんぞく》によって新たに課丁《かちょう》となる者を列記した帳簿。文官は式部省、武官は兵部省、僧尼は治部省が管掌し、正月・四月・七月・十月の各月の十六日に前季の季帳を太政官に提出した。

几帳 きちょう　土居と称する土台の上に二本の柱を立て、横木を渡し、そこに帳をかけ垂らして作られた仕切り。寝殿造の廂《ひさし》の間《ま》、母屋《もや》などに立てて仕切りとする。

擬帳 ぎちょう　擬任郡司《ぎにんぐんじ》帳。毎年諸国は擬任郡司の歴名《れきみょう》を式部省に送る。⇒歴名

木賃 きちん　①木賃宿。木賃宿に対して、食事つきの宿泊施設は旅籠《はたご》という。②宿泊者が自炊のために用いる薪《たきぎ》の代金。⇒旅籠

奇怪 きっかい　①あやしく不思議なこと。②ふらちなこと。

乞丐 きっかい　⇒かたい

乞巧奠 きっこうてん　「きこうてん」とも。陰暦七月七日の行事。乞巧とは、婦女子が裁縫に巧みになることを乞い願う意。奠は祭のこと。六世紀に中国で始まり、のちこれがわが国に伝来し、七夕《たなばた》の行事（星祭）、虫干《むしぼし》、祖霊祀り（盂蘭盆《うらぼん》）などの伝統的習俗と入り混って形成された行事。

〈文献〉和歌森太郎『日本民俗論』千代田書房（著作集9、弘文堂）。

牛車 ぎっしゃ　牛にひかせる乗用車。後ろから乗り前から降りる。乗る人の身分や家格、公私の別などによって用いる牛車の構造が異なった。唐庇車《からびさしのくるま》・雨眉《あままゆ》

車・檳榔庇車《びろうびさし》・檳榔毛車《びろうげ》・糸毛車《いとげ》・半蔀《はじとみ》車・網代庇車《あじろびさし》・網代車・八葉車《はちよう》・金作《こがねづくり》車・飾車《かざり》・黒筵車《くろむしろ》・板車《いた》などの種類があった。

吉　書　きっしょ　物事の始めに当たって見る儀礼的な文書。年始・改元・元服などに、天皇に吉書を奏聞する。荘園において正月吉日に、領主館・荘園政所で領主・農民の共同参加、共同飲食の席で領主が読みあげる。内容は、ふつう仏神事興隆、勧農、年貢納入の三か条より成る。〈文献〉中野豈任『祝儀・吉書・呪符』吉川弘文館。

吉書銭　きっしょせん　吉書の儀を行うに要する費用。費用を領主側が負担する場合や、万雑公事《まんぞうくじ》のひとつとして農民に賦課させるばあいがある。⇓公事《くじ》

吉書饗　きっしょのあえ　吉書の儀に、荘政所に荘官・百姓一同が列席して開かれる饗宴。

吉書奏　きっしょのそう　⇓吉書《きっしょ》

吉書始　きっしょはじめ　⇓吉書《きっしょ》

吉書返抄　きっしょへんしょう　年始の吉書の儀の際に荘園領主が作成する返抄（請取状）。暦仁二年（一二三九）正月八日付で醍醐寺《だいごじ》が近江・播磨・丹波国に宛てた返抄には「米万斛《まんごく》、絹万疋《まんびき》、布万段《まんたん》」を検納したと書かれている。これがセレモニー用の文書であることは明らかである。

吉　水　きっすい　中世、大和の興福寺領での用水分配法のひとつである番水《ばんすい》の行われている期間の用水をいう。期間中、吉水は順に各荘園に分配されるが、期間外の用水（不吉水という）は番水統制下にない他の荘園にも引水することができた。降雨などで河川用水が濁った場合も不吉水となり（乱水という）番水は一時停止される。〈文献〉宝月圭吾『中世灌漑史の研究』吉川弘文館。

吉左右　きっそう　吉報、よい便《たよ》り。

毬　杖　ぎっちょう　槌状の杖《つえ》で、木製の毬《まり》を打って遊ぶ、現今のポロに似た競技。「年中行事絵巻」に見える。

切　付　きっつけ　馬具の一種。馬の背や両脇を保護する下鞍《したぐら》。二枚重ねで、上を切付、下を肌付《はだつけ》という。

切　手　きって　①中世、為替手形である切符《きっぷ》、割符《さいふ》のこと。②江戸時代、関所手形のこと。③入場券。④商品切手。⑤金銭預状《あずかりじょう》。⑥米切手。

急　度　きっと　公度、屹度とも書く。さっと、断固として、必ずの意。

切　符　きっぷ　①割符《さいふ》のこと。②国衙の倉庫、納所《なっしょ》などから米穀の出庫を命ずる国司の下文《くだしぶみ》。切符を持参した者に米を渡す。⇓納所〈文献〉阿部猛『律令国家解体過程の研究』新生社。

吉　方　きっぽう　⇓えほう

木　手　きて　⇓木賃《きちん》

紀伝道　きでんどう　古代、大学寮で漢文学・中国史を研究・教授した学科。神亀五年（七二八）文章博士《もんじょうのはかせ》一人、文章生《もんじょうしょう》二〇人を置いたのに始まり、平安初期から文章道の称とともに紀伝道と呼ばれるようになった。

木　戸　きど　城戸も同じ。①柵《さく》に作った門。②城門、城の入口。

儀同三司　ぎどうさんし　准大臣の異称、藤原伊周の称。

きとく　田畠からの収穫の多いこと、豊年の意。「相良氏法度《さがらしはっと》」に「一、うりかひの和市《わし》の事。四入《よついり》たるへし、としのきとくによて、斗のかす多少ハあるへき歟、此ます《（枡）》のほか用《もちう》へからす」とある。

貴　徳　きとく　帰徳とも書く。高麗楽。壱越調。匈奴《きょうど》の日逐王が漢に降った故事

に基づく。舞人は一人で、裲襠装束で剣を帯び鉾を執って舞う。

奇特 きとく 「きどく」とも。とくにすぐれて珍しいこと。

記得 きとく 記憶すること。心に記しとどめる。中・近世の用語。「聯句三句記二得之一」と用いる。

畿内型荘園 きないがたしょうえん 京都周辺の畿内地域の荘園。中間地帯や辺境の荘園と異なり、一般的に規模が小さく、領有関係が入り組み複雑であり、必ずしも領域的な支配が成立せず、場合によると零細な耕地片の集積にすぎなかったり、重層的諸職の部分的集積が荘園の実体であったりする。支配の方式としても、荘園領主の膝下という条件から、年貢・公事・夫役の確実かつ計画的な徴収をはかるため、例えば均等名構成という特色を持つ。〈文献〉渡辺澄夫『増補 畿内庄園の基礎構造』吉川弘文館。

寸半 きなか 半銭、半文とも書く。①一寸（約三センチメートル）の半分、わずか。②半銭も一文の半分で、わずかな銭。あわせて、些細《ささい》なこと。

忌日 きにち 狭義には死者を追悼供養すべき日。いわゆる命日《めいにち》。天皇の忌日は国忌《こき》。広義には物忌日《ものいみび》で、生活を万般慎むべき日。また陰陽道でいう凶悪日も忌日。

擬任 ぎにん 令外官、郡司《ぐんじ》・軍毅《ぐんき》に、正式には任命しないが、国司の推薦によって実務を担当させた。擬はなぞらえる意。

衣 きぬ 広義には衣服の総称。狭義には、男の束帯・衣冠・直衣・狩衣の下に着る衵《あこめ》や、女性の袿《うちぎ》をいう。但し夜着・直垂・小袖をさす。

衣笠 きぬがさ 蓋とも書く。絹や織物で張った長柄《ながえ》の傘。天皇・親王・貴族の外出のとき背後からさしかける。

更朝 きぬぎぬ 衣々、後朝とも書く。①男女が共寝した翌朝、男女の朝のわかれ。②離縁。③離ればなれになること。

砧 きぬた 織った布、洗濯した布や衣類をたたいて、やわらかくしたり、目をつめて光沢を出す道具。木の板や石の上で、木の槌《つち》でうつ。

杵 きね 穀類を臼《うす》でつく道具。古くは「き」という。竪杵《たてきね》と横杵がある。古代・中世に用いられたのは前者。横杵の使用は近世から。〈文献〉三輪茂雄『臼』法政大学出版局。

期年 きねん 朞年とも書く。①まる一年。②定められた年限。③紀年と同じ。⇒紀年《きねん》

紀年 きねん ①ひとつの紀元から数え始めた年数のこと。②満一二年。期年とも。

木年貢 きねんぐ 貢租として上納する材木のこと。平安末期から、杣山・荘園を領有する領主が領民に賦課した。東大寺領伊賀国玉瀧荘《たまたきのしょう》・黒田荘や高山寺《こうざんじ》領美濃国小木曾荘の例が知られる。伐り出された材木は筏に組んで川を下し、木屋《きや》に蓄えられた。

祈年穀奉幣 きねんこくほうべい その年の豊作を神に祈願する朝廷の儀式。二月と七月に、吉日に京畿内二十二社に奉幣使を派遣した。

祈年祭 きねんさい ⇒としごいのまつり

議能 ぎのう ⇒応議者《おうぎしゃ》

茸 きのこ 古語は「くさびら」。最も珍重されたのは松茸《まつたけ》で、ついで平茸《ひらたけ》。なめすき（榎茸）も食用とされ、中世では他に椎茸《しいたけ》、松露《しょうろ》、しめじ、石茸《いわたけ》が知られる。大和国平野殿荘では松茸が年貢として納められていた。

議　奏　ぎのそう　①疑わしいことについて公卿に評議させ、決議を奏上させること。②一般政務について評議した朝廷の機関。文治元年（一一八五）に設置されたが室町時代に中絶した。

議　所　ぎのところ　平安時代、公卿が叙《じょ》位《い》・除目《じもく》の審議を行った場で、宜陽殿《ぎようでん》の南廂《ひさし》にあった。

木丸殿　きのまるどの　皮を削らない丸木造の宮殿のこと。黒木《くろき》の御所ともいう。

季御読経　きのみどきょう　二月と八月の吉日に、天皇の安寧と国家の安泰を祈り大《おお》般若経《はんにゃきょう》を転読《てんどく》する宮中行事。平安初期に四季御読経として始まり、大極殿もしくは紫宸殿で三日間行われた。

棄　破　きは　毀破とも書く。破りすてる、すでに無効となった。「以二毀破旧符一偽号二当時宣旨一致二謀叛一事」などと用いる。

木　灰　きばい　草木を焼いて作る灰。あく抜きや肥料に用いる。肥灰《こえばい》。

黍　きび　糯黍《もちきび》と粳黍《うるちきび》の二種ある。前者は餅やだんご、後者は飯や糊《のり》とする。平安初期、飢饉対策のひとつとして黍の栽培が奨励された。

稠　きびしく　厳重にの意。「稠糺明可レ申之由也」と用いる。

踵を返す　きびすをかえす　「踵を回《めぐ》らす」も同じ。あと戻りする、引きかえす。

帰　畢　きひつ　家に帰る、帰宅する意。

帰　伏　きふく　「きぶく」とも読む。帰服とも書く。つき従う、支配下に入ること、服従、降伏。

忌　服　きぶく　親族などが死没したとき、忌日の期間喪《も》に服すること。また喪服ともいう。喪に服する期間は「喪葬令」服《ぶく》紀《き》条に定められている。天皇の服喪期間は諒闇《りょうあん》という。

木仏師　きぶっし　木彫の仏像製作の専門家。

木　舟　きぶね　中世・近世に、薪・炭・材木を運んだ船のこと。五大力《ごだいりき》、団平《だんぺい》、五十集《いさば》と称される船がそれである。

黄　端　きべり　黄色に染めた麻布の端《ふち》（縁）をつけた畳。六位以下の下級役人が用いた。

規　模　きぼ　規摹とも書く。①全体の計画、構想。②模範、正しい例、お手本。③名誉、手柄《てがら》。規はコンパス、模は物の型のこと。

黄紅葉　きもみじ　襲《かさね》の色目、表は黄、裏は蘇芳。九～十一月に着用した。

木　守　きもり　⇒木屋《きや》・木守《こもり》

鬼　門　きもん　陰陽道で、北東の方位を称し、百鬼の出入する門戸として忌む。比叡山延暦寺は平安京の鬼門に当たる。

偽文書　ぎもんじょ　偽造された文書、また虚偽の記載された文書。律令法では盗に准ずる罪とされ、「関東御成敗式目」では、謀書の罪は、侍は所領没収ないし遠《おん》流《る》、凡下《ぼんげ》には火印を面に捺《お》した。室町末期・江戸初期には、公卿・大名をはじめ、鋳物師《いもじ》、木地屋《きじや》など手工業者や商人また芸能民など、各分野で大量の偽文書が作られた。

〈文献〉網野善彦『日本中世史料学の課題』弘文堂。

木　屋　きや　貯木場。中世の山城国木《き》津の木屋は著名である。管理者として木屋預《やあずかり》がおり、木守《きもり》・寄人《よりうど》が田畠地子と雑公事を免除されて木屋役をつとめ、材木の搬出入・保管業務を行った。

〈文献〉宇佐美隆之『日本中世の流通と商業』吉川弘文館。

格　きゃく　古代の基本法の一つ。律・令に対して改正・追加法的性格を有する。単行法として出されたが、弘仁・貞観・延喜の三代にわたって編纂・施行、改訂・修訂が行われ、三代の格と称された。

瘧 ぎゃく ⇒疫病《えやみ》

逆縁 ぎゃくえん ①因縁が果と一致しないこと。悪事を仏教に入る逆縁という。②親が子に対して行う供養。③縁のない者が偶然の縁で死者に回向《えこう》すること。

客作児 きゃくさくじ 平安時代の雇役労働者の一種。技術を有する契約雇工のこと。弘仁元年（八一〇）初見。〈文献〉瀧浪貞子『日本古代宮廷社会の研究』思文閣出版。

逆修 ぎゃくしゅ 生前に、死後の自分のために七七日の仏事を修すること、逆修善。逆修は追善供養より功徳《くどく》が大きいとされ、またこれにより延寿が期待された。

脚直 きゃくちょく 令制下、調庸などを都に送る費用。運脚を出さない農民の戸からは脚直を徴収した。

脚力 きゃくりき ⇒かくりき

格率分 きゃくりつぶん 率分は「そつぶん」とも。割合を示す語。旧年の未納・未進分を、一定の比率を定めて徴納するが、田租の未納については、天長九年（八三二）国司が公廨《くげ》を出挙《すいこ》して得た利稲《りとう》の一〇分の一（これを格率分という）を未進・未納分の塡納《てんのう》に宛てると定めた。〈文献〉阿部猛『北山抄注解 巻十吏途指南』東京堂出版。

花奢 きゃしゃ 花車、華奢とも書く。①上品で優雅なこと。②風流である。③伊達である。④姿かたちが、ほっそりしていて上品であるさま。⑤細くて弱々しいこと。

脚絆 きゃはん 旅行または作業のとき脛《すね》に巻いて紐《ひも》で結び動きやすくする布、はばき。

ギヤマン ⇒ビードロ

級 きゅう ⇒品《しな》

宮闈局 きゅういきょく 大舎人寮《おおとねりりょう》の異称。

宮闈少令 きゅういしょうれい 大舎人助《おおとねりのすけ》の異称。

宮闈坊 きゅういぼう 内豎所《ないじゅどころ》の異称。

宮闈令 きゅういれい 大舎人頭《おおとねりのかみ》の異称。

宮尹 きゅういん 春宮大夫《とうぐうのだいぶ》の異称。

汲引 きゅういん 人を引き上げて用いること、推挙すること。

弓臥 きゅうが 弓なりになって臥《ふ》す、横たわり臥《ふ》すこと。

旧慣 きゅうかん 旧貫とも書く。慣例、しきたり、先例、前例。

救急田 きゅうきゅうでん 律令制下、困窮者救済の費用を弁ずるために置いた田地。史料上の呼称は賑給田《しんごうでん》、賙急田《しゅうきゅうでん》。不輸祖田。賃租《ちんそ》し、その地子を財源とする。

救急稲 きゅうきゅうとう 救急料に宛てられた稲。稲を出挙し、その利稲を宛てた。

急急如律令 きゅうきゅうにょりつりょう 中国漢代の公文書に、「この旨を心得て、急々に律令の如く行え」と書き添えられた文言に由来し、のち道家や陰陽家のまじないの文言となる。「悪魔よ早く立ち去れ」の意で用いられた。わが国では、藤原京出土の呪符木簡に見えるのが早い例である。

救急料 きゅうきゅうりょう 古代、諸国の正税稲の一部を国司が出挙し、その利稲を災害・貧困に苦しむ人民の救済料に宛てた。「延喜式」に諸国の救急料稲数が記されている。

宮禁 きゅうきん 九禁も同じ。禁中、天子の居所。

窮屈 きゅうくつ 疲れや貧乏で苦しいこと。

九五 きゅうご 天子の位《くらい》。易《えき》で九を陽の数とし、五を君位に配するところから。九五の尊、九五の尊位という。

給国 きゅうこく ⇒知行国制《ちぎょうこくせい》

究済 きゅうさい 年貢・公事などを残らず納めること、完済。

旧　識　きゅうしき　旧知もおなじ。旧《ふる》くからの知りあい。

給仕舎人　きゅうじしゃじん　内舎人の異称。

給仕中　きゅうじちゅう　少納言の異称。

給　主　きゅうしゅ　①荘園・公領において、給田・給名を与えられた者。とくに寺領荘園において預所職・下司職・地主職を与えられた僧侶のこと。また預所職・名主職が荘園領主に帰属している場合、これを地主職と呼んだ。②年給制度で、年官・年爵を与えられた者。

九州探題　きゅうしゅうたんだい　源平合戦のあと平氏の残党討伐のため土肥氏・天野氏・少弐氏・大友氏が鎮西奉行《ちんぜいぶぎょう》・鎮西守護と称して任に当たったが、建治元年（一二七五）北条実政が任ぜられて以後北条氏が襲《つ》ぐこととなり、永仁元年（一二九三）以後九州探題と称した。博多に在って九国二島の機務を執り、訴訟裁判を掌った。

休　祥　きゅうしょう　休はよいの意、祥はしるしの意で、吉兆。よい前兆のこと。

鳩　杖　きゅうじょう　頭部に鳩の飾りのついた杖。中国の宮廷で老臣を慰労して賜わった。わが国でも天武・持統朝に、高齢者に宮中杖として賜与されたことがあった。

宮城門　きゅうじょうもん　大内裏の諸門。南面の美《び》福《ふく》・朱雀《すざく》、皇嘉《こうか》門、東面の郁《いく》芳《ほう》・待賢《たいけん》・陽明《ようめい》・上東《じょうとう》門、西面の談天《だんてん》・藻壁《そうへき》・殷富《いんぷ》・上西《じょうさい》門、北面の達智《たっち》・偉《い》鑒《かん》・安嘉《あんか》門の計一四門。

弓　箭　きゅうせん　弓と矢。

裘　代　きゅうたい　参議以上で出家した者の着る法服で、参内など晴れのときに用いた。

糾　弾　きゅうだん　律令制下、犯罪が発生したとき、被害者や第三者の告言がなくても官司自らの判断で捜査《そうさ》・追捕《ついぶ》・審理《しんり》を行うこと。律令官司はすべて糾弾の権限を持つが、現実にこの権を行使したのは、国郡司・弾正台《だんじょうだい》・衛府《えふ》・京職《きょうしき》・検非違使であった。

給　田　きゅうでん　人給《にんきゅう》ともいう。荘園領主が荘官および手工業・運輸に従事する者に職務の代償として給与する田。預《あずかっ》所《しょ》給・地頭《じとう》給・下司《げし》給・田所《たどころ》給・公文《くもん》給・定使《じょうし》給・番頭給・図師《ずし》給・案主《あんず》給・梶取《かんどり》給・鍛冶《かじ》給・番匠《ばんしょう》給・紙漉《かみすき》給・土器《かわらけ》作《つくり》給など。給田は除田とされ年貢・公事を免除される。

〈文献〉阿部猛『日本荘園史』大原新生社。

給　人　きゅうにん　①平安時代、年官《ねんかん》・年《ねん》爵《しゃく》を給された者。②荘園・公領で給田を与えられた者。③将軍から御恩として地頭職などを与えられた者。⇒年官・年爵

弓　馬　きゅうば　弓と馬、射芸と馬術。武芸一般をいう。

厩　肥　きゅうひ　家畜の糞尿《ふんにょう》と敷藁《しきわら》を主成分とする有機質肥料。刈草や藁を厩《うまや》に入れて牛馬に踏《ふ》ませたもの。「うまやごえ」ともいう。中世における二毛作の発達は厩肥の利用によるところが大きいと考えられる。

〈文献〉古島敏雄『日本農業技術史』時潮社。

給　復　きゅうふく　「復《ふく》を給《たも》う」で、課役を免除されること。「復者、除二其賦役一」（『令集解』）とある。

給　分　きゅうぶん　①荘園領主が荘官や手工業者などに給与した土地（給田）や米（給米）また銭。②武士が主人から給与された土地や米・銭。

糺　返　きゅうへん　「ただしかえす」とも。事情を明らかにして、抑留《よくりゅう》した物を返却すること。「関東御成敗式目」（四三条）に所見。

厩牧署　きゅうぼくしょ　主馬署の異称。

厩牧令　きゅうぼくれい　主馬首の異称。

旧名 きゅうみょう 荘園制の歴史において、平安末~鎌倉初期に名田を中心とする支配体制が確立したと見て、その初期の名田を旧名と呼ぶ。名田支配体制は中世を通して解体していくが、とくに一四世紀以降著しかったと見る。比較的規模の大きい旧名が分解して数個の小規模名が生まれる現象が見られた。旧名の解体を以て小経営の一般的成立とする見解と、もともと名《みょう》は年貢・公事徴収の単位であるから、これを経営の問題として見るのは誤りだとする見解とがある。〈文献〉島田次郎『日本中世の領主制と村落 下』吉川弘文館。

給名 きゅうみょう 荘園領主が荘官・地頭らに職務上の報酬として与えた名田。地頭名・下司名・公文名・田所名など。

糺明 きゅうめい 不正・邪悪を問い糺《ただ》し明らかにする。「武家 速《すみやか》に糺明の沙汰なくば天下の乱近きに有べし」と用いる。

給免 きゅうめん ⇒給田《きゅうでん》

給役 きゅうやく 知行役、恩役。戦国大名の家臣は主君から給地を与えられ、そのかわりに給役としての軍役と城普請《しろぶしん》などをつとめた。

旧吏申文 きゅうりのもうしぶみ 国司経験者が任官を求める申文。申文は申請書。申文の実例は『本朝文粋』に多く収められている。

九列 きゅうれつ 大納言・中納言の異称。

裾 きょ ①装束の後身《うしろみ》の下端。②下襲《したがさね》の尻の長く垂れた部分。長さは時代により官位により異なる。

漁 ぎょ ⇒あさる

御 ぎょ ⇒おわす・たまう

篋 きょう ⇒あまはこ

強 きょう ⇒あながち（に）

行 ぎょう 官人の官位・姓名を記すとき、官位相当に照らして、位階が高いときは官の頭に行と記し、逆に位階が低いときは守《しゅ》と記す。例えば「左大臣正二位兼行左近衛大将皇太子傅《ふ》藤原朝臣忠平」の如くである。左大臣—正二位は相当しているが、左近衛大将は正三位、皇太子傅は正四位上相当であるから、忠平の位階はそれを超えている。そこで行とつけるのである。

梟悪 きょうあく 梟はフクロウで、不孝の悪鳥とされる。人道にそむく極悪な行い、悪逆。

興委 きょうい 興ざめ、不興《ふきょう》、不安の意。

慶雲楽 きょううんらく もとは両鬼楽という。唐楽。平調の曲。行幸の時などに奏された。舞は伝わらない。

竟宴 きょうえん ①平安時代、宮中で『日本書紀』や漢籍の進講、和歌集の勅撰などが終わったとき、宴を設けて、詩歌を詠《よ》ませて禄を賜わること。②祭礼の終わったあとの宴、直会《なおらい》。竟は終わるの意。

饗宴 きょうえん 朝廷の祭事、儀式に際して行われる宴会のこと。行事の参会者に酒食を振舞う。正月元日、同七日、同十六日、三月三日、五月五日、七月七日、九月九日の節会や、釈奠《せきてん》、列見《れけん》、定考《こうじょう》などの宴がある。他に新嘗祭や大嘗祭の宴も規模が大きい。宮廷外の宴としては、二宮大饗、大臣大饗がある。〈文献〉倉林正次『饗宴の研究』桜楓社。

響応 きょうおう 饗応とも書く。同意する、呼応する、迎合するの意。

胸臆 きょうおく ①胸。②胸中、心の中。「積二思於胸臆之中一、極二筆於烟霞之表一」と用いる。

凝華舎 ぎょうかしゃ 大内裏の後宮五舎のひとつ。清涼殿の北西にあり、南北二間、東西五間。南面の中庭には紅白の梅の木

があって梅壺といわれた。后妃の局《つぼね》、摂関の直廬《じきろ》に使われた。⇒直廬

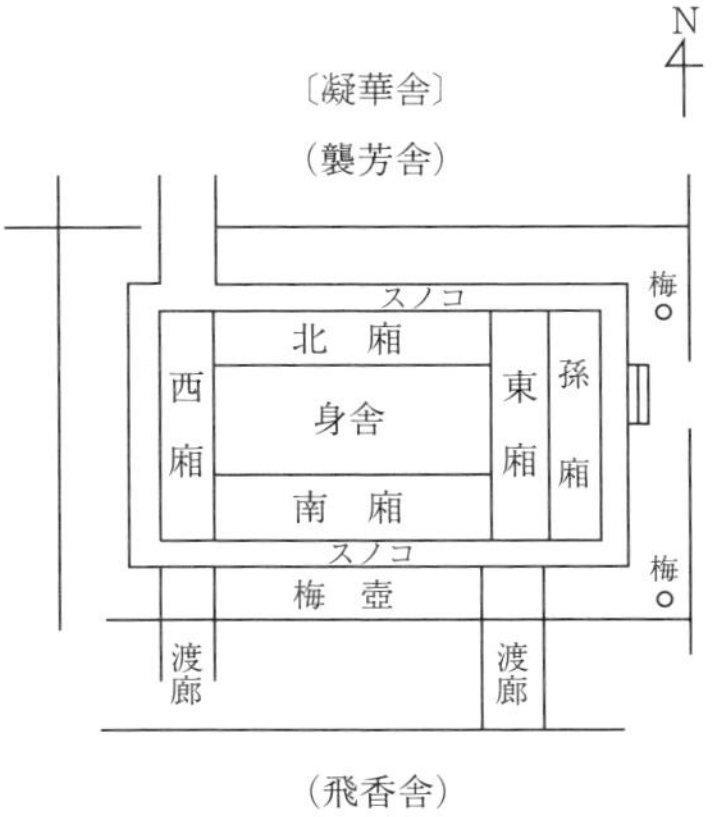

京方与同　きょうかたよどう　①京の朝廷方に味方し力を合わせること。②とくに鎌倉時代、承久の乱・元弘の乱などで公家方に味方したこと。

京　官　きょうかん　「けいかん」とも。内官、京都に住み役所に勤める役人。平安中期以後、京方の除目《じもく》は毎年秋に行われた。

供　給　きょうきゅう　⇒くごう

京下収納使　きょうくだりのしゅうのうし　都の領主のもとから荘園現地に派遣された年貢とりたての使者。

京家領　きょうけりょう　京都在住の貴族・寺社の所領荘園。

狂　言　きょうげん　①道理に外れた、たわごと。②冗談、ざれごと。③猿楽の滑稽な物まねの要素を発達させた笑劇。

興　言　きょうげん　「こうげん」「ことあげ」とも訓《よ》む。①八、九世紀には発言する、提言する、発議する、意見を述べるの意で用いる。②中世には、多く、その場限りの座興《ざきょう》の言葉の意で用いる。「興言利口《りこう》」といえば、人びとを笑わせ、また感動させる即興の話術のこと。〈文献〉森田悌「興言考」(『続日本紀研究』三四五)。

向　後　きょうこう　「こうご」とも。嚮後とも書く。今から後、今後。

校　合　きょうごう　写本・刊本の文字や記載事項の相違を他本と照らし合わせて記録すること、また校正《こうせい》のこと。

行　香　ぎょうこう　法会のとき、諸僧に香をくばり渡す、その役のこと。行は配るの意。

暁　更　ぎょうこう　明け方、あかつき。

恐惶謹言　きょうこうきんげん　恐惶敬白とも。つつしんで申しあげるの意。書状の末尾に記す。

郷貢士　きょうこうし　文章生の異称。

強剛名主　きょうごうみょうしゅ　「ごうごうみょうしゅ」とも。鎌倉末期～南北朝期、畿内やその周辺で、小領主化した有力名主のこと。代官的名主ともいう。東寺領大和国平野殿荘《ひらのどののしょう》関係史料に見える。〈文献〉網野善彦『中世東寺と東寺領荘園』東京大学出版会。

頃　刻　きょうこく　「けいこく」とも読む。頃剋とも書く。しばらくの間。『日葡辞書』は「本来の語源的な意味は『今から少し前』であるが、一般的に通用している意味は『しばらく』である」と記している。

軽　忽　きょうこつ　①軽々しく不注意である。②愚かなこと、とんでもないこと。③気の毒なこと。④軽蔑する。

誑　詐　きょうさ　たぶらかし、あざむく、だますこと。

京　竿　きょうざお　竿は検地に用いる尺杖《しゃくづえ》のこと。秀吉の太閤検地で用いた尺。曲《きょく》尺《しゃく》六尺三寸を一間《けん》とした。一間竿と二間竿がある。

警　策　きょうざく　「きょうじゃく」とも。①人を驚かせるほど詩文にすぐれていること。②人がら、容姿が立派なこと。③「けいさく」で坐禅に用いる鞭《むち》。

京酒 きょうざけ　京都又は上方《かみがた》で造られた酒。女性は販女《ひさぎめ》という。〈文献〉豊田武『日本商人史　中世篇』東京堂出版。

夾笄 きょうさん　夾算とも書く。巻物や書物の紙挟み。読みさしの書物にしるしとして、また検出用にさし込んでおく、木や竹で作る指折《しおり》。古代・中世の史料に所見。

京上夫 きょうじょうふ　荘園領主や地頭が住民に課した夫役の一種。荘官・地頭らが荘園現地と京都との間を往来するとき、また年貢送進に用いる人夫役。

強持 きょうじ　挟持に同じか。有力な縁者、支持者のこと。

経師 きょうじ　①写経を業とする人。②経巻の表装を業とする人。③書画の幅《ふく》、屏風《びょうぶ》・襖《ふすま》の表装を業とする人。

校書殿 きょうしょでん　宮中の書籍・文書を収蔵していた場所。清涼殿の南にあり、文殿《ふどの》ともいわれた。蔵人が出納を行っていた。殿の中に設けられた校書所が実際の管理に当たった。

行司 ぎょうじ　行事とも書く。中世末期の自治的都市の町政にたずさわる者で、月番交替の月行司《がつぎょうじ》、年番の年行事《ねんぎょうじ》がある。〈文献〉豊田武『日本の封建都市』岩波全書。

校書所 きょうしょどころ　校書殿の西廂《ひさし》の南にあり、宮中の書籍・文書をつかさどった。別当・頭《とう》・執事《しつじ》・衆と呼ばれる職員がいた。

傾日 きょうじつ　この頃、近頃。

景迹 きょうじゃく　「きょうざく」「きょうせき」とも読む。①古代の法律用語で、人の行状・行跡。②推測する、斟酌《しんしゃく》する、是非を判断する、思いやること。訴陳状などで「ご推察、ご賢察をいただきたい」の意で用いられる。③不審に思うこと。

京進 きょうしん　年貢・官物を京都に進上すること。東寺領丹波国大山荘関係史料では、京進を説明して、京庫（都の東寺の倉庫）に納めることといっている。

行商 ぎょうしょう　店舗《てんぽ》を持たず、品物を荷《にな》って売り歩くこと、またその商人。

行水 ぎょうずい　①神事・仏事の前に水で身を清めること。②たらいに湯や水を入れて、身体を洗い流すこと。

京済 きょうせい　京成とも書く。南北朝・室町期、幕府が課した段米・段銭などを守護の手を経ずに直接都で納入すること。諸国に一律に課される段米・段銭等は守護に徴収権があり、徴収のため守護使が荘園に入部することがあった。守護使入部を避けるために京済の方法がとられた。〈文献〉百瀬今朝雄「段銭考」(『日本社会経済

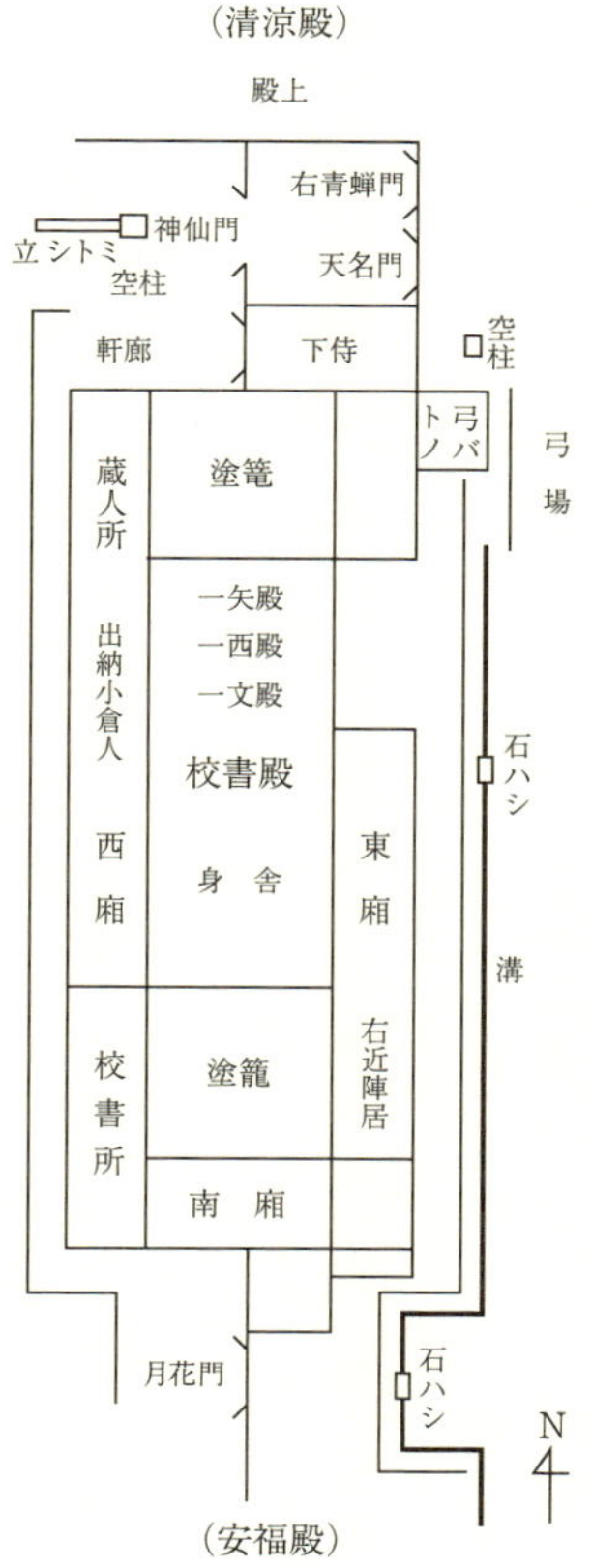

〔校書殿〕

史研究 中世編』吉川弘文館。

境節 きょうせつ ⇒おりふし

饗設 きょうせつ ⇒あるじもうけ

京銭 きょうせん ⇒きんせん

恐戦恐戦 きょうせんきょうせん 戦はふるえおののくこと。恐戦は恐惶に同じで、恐れつつしむ。手紙の末尾に相手に敬意を表して記す。「恐戦謹言」「恐戦恐戦」と書く。

行粧 ぎょうそう 行装とも。①外出のよそおい、旅の装束。②かざること。③いつわり。

脇息 きょうそく 臂《ひじ》かけ。紫檀《したん》で作る。ときに、書物や経をのせて読むのに用いる。

京着 きょうちゃく 中世、年貢・段銭などについて、京都で納入すること。途中の諸経費を考えず、京都で納入する際の額を京定《きょうのじょう》とする。⇒京済《きょうせい》・京定

宜陽殿 ぎようでん 紫宸殿の東にあった。北・東・西三面の廂がある。檜皮葺。身舎《もや》は累代の御物を納めた塗籠《ぬりごめ》、納殿《おさめどの》である。南東隅には議所があり、ここで除目《じもく》が行われた。⇒母屋《もや》・塗籠

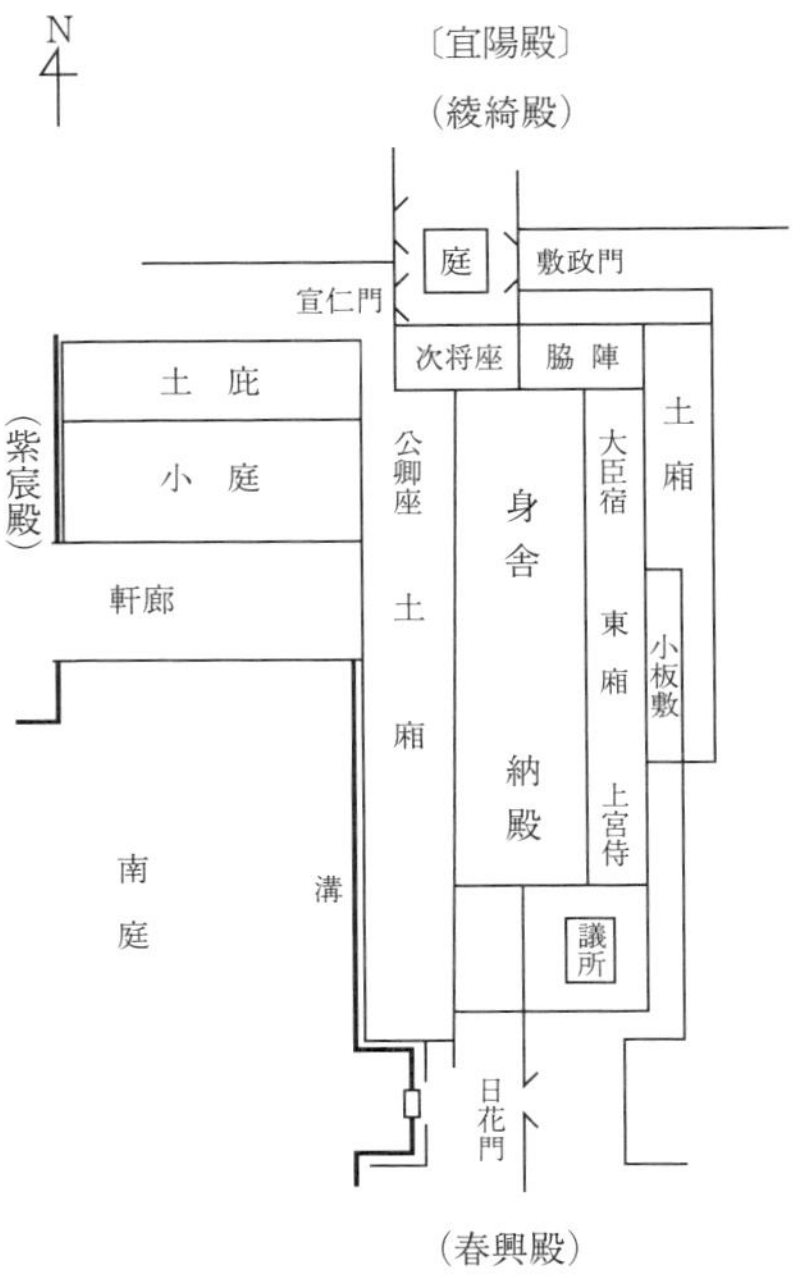

郷土 きょうど ①田舎。②その土地、地方。「凡諸国公田、皆国司随㆓郷土估価㆒賃租」などと用いる。

行道 ぎょうどう 僧尼が行列をなして仏像や堂塔の周囲をめぐること。右廻りをつねとする。経を読誦《とくじゅ》しながら、或いは華籠《けこ》に入れた華を散じながら行う場合が多い。

京都大番役 きょうとおおばんやく 鎌倉御家人役の一つ。内裏大番役、大内大番ともいう。内裏・院御所諸門の警固に当たった。鎌倉大番役・摂関家大番役もあるが、一般に大番役といえば京都大番役をさす。

行人 ぎょうにん ①修行者。②延暦寺の堂衆。③高野山の僧で山岳修行をする者。④江戸時代、乞食僧のこと。

京定 きょうのじょう 荘園年貢を京都で納めること。⇒京進《きょうしん》

器用仁 きようのじん 能力のある人、その職にふさわしい人物。

京上舳向 きょうのぼりのへむけ ⇒舳向《へむけ》

向背 きょうはい 「こうはい」とも読む。嚮背とも書く。①従うことと背《そむ》くこと。②反抗する。③かげひなた。④なりゆき。「女子若㆔有㆓向背之儀㆒父母宜㆑任㆓進退之意㆒」と用いる。

京判 きょうばん 京枡《ます》のこと。京盤とも書く。判は花押。

軽服 きょうぶく ①軽い喪《も》。重服《じゅうふく》の対。②軽い喪に服するときに着る喪服《もふく》。

交分 きょうぶん　①年貢・地子の徴収に関わる費用としてとられる付加税。一一世紀から所見。②容積の異なる枡による量《はか》り直しによって生ずる延《のび》、縮《ちぢみ》を交分と称した。年貢等の徴収に関与する保司・預所・下司の得分となる。米で徴収するのは交米・交分米。〈文献〉宝月圭吾『中世量制史の研究』吉川弘文館。

競望 きょうぼう　⇒けいもう

京間 きょうま　尺度の単位。柱間《はしらま》一間《けん》を曲尺で六尺五寸（約一・九七メートル）とする。本京間ともいう。一間＝六尺三寸を中京間、一間＝六尺を田舎間《いなかま》という。

交米 きょうまい　米で徴収する年貢・公事などの付加米のこと。⇒交分《きょうぶん》

京枡 きょうます　中世末期、京都を中心として使われた京都十合枡で、永禄十一年（一五六八）織田信長がこれを公定枡とした。豊臣秀吉が石盛《こくもり》に京枡を用いたので全国に広まった。〈文献〉宝月圭吾『中世量制史の研究』吉川弘文館。

交名注文 きょうみょうちゅうもん　夾名とも書く。人名を書きつらねた文書、連名書。単に交名ともいう。

京目 きょうめ　京都で公定された秤量、両目をいう。地方で行われた両目は田舎《いなか》目《め》。鎌倉中期以降、金一両＝四匁五分の両目が京目として用いられた。田舎目は京目より少し重い。〈文献〉小葉田淳『金銀貿易史の研究』法政大学出版局。

教命 きょうめい　公家社会において、家の儀式作法、有識故実《ゆうそくこじつ》を教え指導することで、父から子へと伝えられる。藤原基《もと》経《つね》―忠平《ただひら》―実頼《さねより》―師輔《もろすけ》―師尹《もろまさ》と故実が伝えられ、実頼の小野宮家、師輔の九条家、師尹の小一条家の各流が成立した。小野宮家流は実頼―頼忠《よりただ》―公任《きんとう》―実資《さねすけ》と教命が継がれた。

交易 きょうやく　①品物の交換、通商のこと。②交易雑物《こうえきぞうもつ》の略。⇒交易《こうえき》・交易雑物

孝養 きょうよう　①親に孝を尽くすこと。②亡き親をねんごろに供養すること。

校量 きょうりょう　「こうりょう」とも。推察する、くらべ合わせ考える。

恭礼門 きょうれいもん　紫宸殿の北廂から東北廊への入口の門。陣の座から紫宸殿の西側に行くとき、雨の時は小庭を通らず恭礼門から階を昇り紫宸殿の北廂を通った。また、賭射《のりゆみ》の雨儀の際も大将は恭礼門の下で奏文を取った。

京童 きょうわらわ　平安京に住み、政治批評、社会批評的な発言をし、うわさを広め、ときに無頼の徒的な行動をとった人々。〈文献〉林屋辰三郎『町衆』中公新書。

御画可 ぎょかくか　詔書発布の手続きの一つで、天皇が可の字を記入して施行を認可すること。手続きは、先ず中務省の内《ない》記《き》が原案を作って天皇にたてまつる。天皇はこれに日付の一字を記入し（これを御画日《ぎょかくにち》という）中務卿に下す。中務省から文書は太政官に送られ、太政官が詔書を施行することを奏上すると、天皇が可字を記入する。〈文献〉佐藤進一『古文書学入門』法政大学出版局。

御画日 ぎょかくにち　⇒御画可《ぎょかくか》

玉扆 ぎょくい　天子の座所の背後に立てた屛風。斧の縫いとりがしてある。また玉座のことをいう。

曲宴 きょくえん　平安時代、正月を除く毎月一日・十一日・二十一日及び十六日に行われた旬宴《しゅんえん》、政務のあとに天皇が侍臣に食事と酒を振舞った。

曲事 きょくじ ⇒くせごと

曲赦 きょくしゃ 一地方を対象とした恩赦。実例は少なく、天慶三年（九四〇）に平将門に与した東海・東山道の党類で自首した者を赦したことが知られる。

曲尺 きょくしゃく 「かねじゃく」「まがりじゃく」とも。大工や指物師の用いた物差し。直角に曲がった金属製のものさし。長い方は一尺五寸（約四五・五センチメートル）、短い方は七寸五分（約二二・七センチメートル）の目盛りがある。鯨尺の一尺は曲尺の一尺二寸五分、呉服尺一尺は曲尺の一尺二寸に相当する。

玉樹後庭花 ぎょくじゅごていか 唐楽。壱越調の曲。襲《かさね》装束を着ける。一二人の舞があったが、いまは伝わらない。

玉体 ぎょくたい 天子また貴人のからだ。

玉帯 ぎょくたい 束帯・布袴のときに用いる帯。宝玉・白石等で飾る革の帯。銙《か》の材料が宝石である参議以上のものをとくに玉帯と呼ぶ。

無レ曲 きょくなし 面白くない、あじきない、困る、無念な。「誠無レ曲次第候」と用いる。

玉佩 ぎょくはい 玉を連ねたもので、腰に垂れ、膝または沓《くつ》の先に当たって鳴るようにしてある。三位以上のものが一流、天皇は二流垂れる。

局務 きょくむ 太政官の大外記《だいげき》で少納言局を兼ねたもの。古代末期から、中原・清原両氏の世襲となった。

棘路 きょくろ ①大納言の異称。②公卿の異称。中国で、大臣の座の左右に棘《いばら》が植えてあったのに基づく。

曲彔 きょくろく 曲椂とも書く。法要、説法のとき僧が用いる椅子《いす》のこと。

御座 ぎょざ ⇒おわします

御璽 ぎょじ 天皇の印、内印《ないいん》という。方三寸の鋳銅印で「天皇御璽」の四文字がある。

御史尚書 ぎょししょうしょ 弾正尹の異称。

御史台 ぎょしだい 弾正台の異称。

御史大丞 ぎょしたいじょう 弾正弼の異称。

御史大夫 ぎょしだいぶ 弾正尹、大納言の異称。

御出 ぎょしゅつ 天皇や摂関の外出を敬っていう語、お出ましの意。「東の門より御出あり」と用いる。

居諸 きょしょ 「きしょ」とも。居、諸は助辞で、「日居月諸」の句から、月日の意となり、更に光陰を意味する。

挙状 きょじょう 推薦状、吹挙状《すいきょじょう》。下位の者が上位のものに申請状を出すとき、直属の支配権者・主人の推薦状を添えた。名主百姓が幕府に出訴するときは公領・荘園では本所挙状、地頭領では地頭挙状が必要であった。
〈文献〉相田二郎『日本の古文書　上』岩波書店。

挙申 きょしん 「あげもうす」と読む。推薦すること。

御す ぎょする ①天皇がお出ましになる。②貴人のそばに仕える（侍《はべ》るに同じ）。③馬や乗物をあやつる。その人は御者《ぎょしゃ》。

挙銭 きょせん 「こせん」とも。鎌倉時代に行われた利息つきの銭貨の貸付け。嘉禄元年（一二二五）の公家新制《くげしんせい》では、貸借期間は一年で、それを過ぎても利息は五割を超えてはならないとした。
〈文献〉水戸部正男『公家新制の研究』創文社。

魚袋 ぎょたい 古代の廷臣が帯びた姓名を刻した随身符《ずいじんふ》（自分を示す勘合符、魚符という）を入れた袋。魚の形をしていたので名がある。宮中の儀式・節会《せちえ》に参加するとき、官人が腰に吊《つ》るした。魚符の一枚は本人が身につけ、二枚は内裏に収めた。三位以上および諸王は金の魚袋、四位・五位の者は銀の魚袋を帯びた。のち実質を失い形式的な装飾具となった。

虚誕 きょたん　事実無根のこと、でたらめ、つくりごと。「山上合力之由有二其聞一、或云、虚誕云々」などと用いる。

魚肉之勤 ぎょにくのつとめ　命がけで一所懸命、主人に仕えること。

清目 きよめ　中世、穢《けがれ》の除去（きよめ）に従っていた職能民。一二世紀初頭に文献に初見。清掃、瀕死の病人を運び棄て、死骸の片付けなどを行った。醍醐寺・北野神社・東寺の掃除役に従い、季節ごとに馬具・履物を上納した。京都では検非違使方が、奈良では興福寺がかれらを統轄していた。

御遊 ぎょゆう　①天皇主催の遊び。②宮廷の管弦と歌（催馬楽《さいばら》）、朗詠《ろうえい》などの音楽園遊会。

去来去来 きょらいきょらい　⇒いざいざ

去来然 きょらいぜん　⇒いざさらば

去留 きょりゅう　その地を去ることと留まること。「関東御成敗式目」四二条に「去留に於ては、宜しく民意に任すべきなり」とあり、所当年貢さえ納めれば百姓には去留の自由があったと理解されている。これについては、中世農民の性格規定の問題と関連して議論がある。
〈文献〉柳原敏昭「百姓の逃散と式目四二条」（『歴史学研究』五八八）。

麗爾 きらびやかに　①輝くばかりに見事ではなやかである様子。②はっきりしているさま。

儀鸞門 ぎらんもん　豊楽院《ぶらくいん》の内郭南面中央の門。東西五間、扉が三つある。

義理 ぎり　①物の道理。②体面、面目。③世間的なつき合いの上で仕方なしにする行為や言葉。④血縁以外の者が血縁と同じ関係を結ぶこと。⑤わけ、意味、字句の内容。

切り当てる きりあてる　「切り課《おお》す」ともいう。官物、年貢・公事などを割りあて徴収する。

切替畠 きりかえばた　焼畑のこと。山野の草木を伐《き》り、また焼いて、そのあとに作物を栽培し、地力《ちりょく》が衰えると耕作をやめ、数年たつとまた開墾して畠作を行う。伐《きり》畑《はた》ともいう。
〈文献〉佐々木高明『稲作以前』ＮＨＫブックス。

切紙 きりがみ　⇒為替《かわし》

切杭 きりぐい　正月の女叙位《おんなじょい》に、叙爵《じょしゃく》を申請する文書。切杭申文《もうしぶみ》ともいう。切杭は木の切り株から新しい芽の出ること。女官が叙爵を申請するとき、その母親の女官としての功労、勤務年数を自己の労に加算することが行われた。これを切杭になぞらえていう。

切下文 きりくだしぶみ　切符《きりふ》とも。儀式・行事などに必要な物資・費用を割り当てる文書。太政官や大蔵省が出す文書は切下文といい、荘園領主や国司が出すものは切符《きりふ》と称した。

切銭 きりぜに　銭貨を磨滅し一部を切りとったもの、また、薄く延ばした銅片を円形に切り抜いた私鋳銭。鎌倉幕府は切銭行為を厳禁した。

切田 きりた　意味未詳。検注によって切り出された田。すなわち検注帳に登録され、年貢を切り宛てることのできる田のことか。或いは、本体の耕地に対して副次的な切添《きりぞえ》（農民が無断で開いた部分）新田的性格のものかという。

切出 きりだす　伐出とも書く。田地を開発して、その地に相応の年貢を賦課すること。

切遣い きりづかい　秤量貨幣を適宜な量目に切って用いること。砂金はそのまま、錬金は切遣いとした。

桐壺 きりつぼ　⇒淑景舎《しげいしゃ》

切（伐）畑　きりばた　⇒切替畠《きりかえばた》

切盤　きりばん　まな板のこと。

鑽火　きりび　切火とも。①堅い木をこすり合わせておこした火、また火打石と火打鑽を打ち合わせておこした火。②神前の灯火に点火するための清めの火。

切符　きりふ　⇒切下文《きりくだしぶみ》

切封　きりふう　書状の封じ方の一種。封紙を用いず、本紙の一部を切って封ずる仕方。

切米　きりまい　①切り宛て（割宛て）られた米、賦課された米。②中世、年貢米を分納すること、また分納された年貢のこと。

切馬道　きりめどう　殿舎をつなぐ廊の板敷を取り外しのできるようにし、必要に応じて内庭に馬を引き入れることができるようにした所。

切餅　きりもち　のし餅を四角に切ったもの。平安時代からの用語。

切焼　きりやく　苦痛のひどいこと。「その譴責《けんせき》すること切焼くが如し」と用いる。

切山　きりやま　未詳。焼畑のことか。

器量　きりょう　ものの用にたつ才能、力量。古代以来の用語。「管領《かんれい》は管領の器《うつわ》に堪《た》へ、守護は守護の器に堪へ、尊卑ともに、各々位《おのおのくらい》に堪へたるを器量と言ふ」という。「国々の代官は器量を相計《あいはか》り定め遣わさるべきなり」などと用いる。
〈文献〉森野宗明『鎌倉・室町ことば百話』東京美術。

鬼籠　きろう　⇒こころにくし

季禄　きろく　古代、在京の文武職事官と大宰府・壱岐・対馬の職事官に対して、官職の相当位に応じて支給される禄物。二月に春夏禄、八月に秋冬禄を給するが、支給月以前半年の上日《じょうじつ》（出勤日数）が一二〇日以上であることが条件。支給物は絁《あしぎぬ》・綿・布・鍬《くわ》。「禄令《ろくりょう》」に規定がある。
〈文献〉山田英雄『日本古代史攷』岩波書店。

記録所　きろくしょ　延久元年（一〇六九）に設置された記録荘園券契所の略称。諸国荘園の公験《くげん》の審査を行った。天永二年（一一一一）、保元元年（一一五六）にも設置。文治三年（一一八七）設置の記録所は荘園関係のみならず貴賤の訴訟を扱った。建武政府の記録所は寺社権門にかかわる大事のみ扱う機関であった。⇒公験
〈文献〉佐々木文昭「平安・鎌倉初期の記録所について」（『日本歴史』三五一）。

記録荘園券契所　きろくしょうえんけんけいしょ　⇒記録所《きろくしょ》

記録所勘状　きろくしょかんじょう　記録所注進状も同じ。提起された事件を審理した結果を記録所に報告する文書。

極書　きわめがき　極札《きわめふだ》も同じ。鑑定書、折紙、書画・古道具・刀剣を鑑定して、それがたしかなものであることを証明したもの。短冊《たんざく》形の小さい札。

木割　きわり　建築物や和船について、各部材の寸法の割合、またそれを決める方式。建築物では、柱と柱の間隔を基準とする。木割を用いるのは寝殿造・寺社建築などで、庶民の住宅についてはこの方式は認められない。
〈文献〉伊藤鄭爾『中世住居史』東京大学出版会。

斤　きん　①重量の単位。「養老令」では、二四銖《しゅ》＝小一両、小三両＝大両一両、大両一六両＝一斤。小両は薬品、大両は穀類をはかるのに用いた。大一斤は現在の六〇〇〜七〇〇グラム。②おもり。国衙には国本斤があり、標準原器となっていたらしい。

禁遏　きんあつ　押さえつけて、やめさせる、禁止。遏はさえぎる、ふせぎ止めるの意。

吟詠 ぎんえい　①ふしをつけて詩歌をうたうこと。②詩歌を作ること。

金科玉条 きんかぎょくじょう　守るべき重要な法律、きまり。科、条は法律のこと。古代以来の用語。

謹空 きんくう　書状の終わりに余白を残し、謹んで批正を乞う意味の言葉。敬意をあらわす手紙の後付けの文句。

金闕 きんけつ　禁門も同じ。皇居の門、皇居。

近古 きんこ　①そのときから余り遠くない過去。②日本史の時代区分では鎌倉・室町時代を指していう。

金吾 きんご　中国漢代の宮門を警衛した武官のことで、そこから、わが国の、①衛門府唐名、②衛門督の唐名。

禁獄 きんごく　獄中に拘禁すること。

近国 きんごく　「延喜式」は、諸国を、京からの遠近等によって、近国・中国・遠国・辺要の四つに区分した。近国とされたのは、山城・大和・河内・和泉・摂津・伊賀・伊勢・志摩・尾張・参河・近江・美濃・若狭・丹波・丹後・但馬・因幡・播磨・美作・備前・紀伊・淡路国。

禁国 きんごく　令制下、封戸《ふこ》にあてることを禁じられた国。伊賀・伊勢・三河・近江・美濃・越中・石見・備前・周防・長門・紀伊・阿波などの国。禁国設定の理由は未詳である。厳密には行われなかったらしいが、平安末期には有名無実となった。

金吾次将 きんごじしょう　左右衛門佐の異称。

金吾大将軍 きんごだいしょうぐん　左右衛門督の異称。

禁色 きんじき　位階によって定められていた服の色を当色といい、当色以上の服色は禁止されていた。これを禁色という。とくに禁色をゆるされた人を禁色の人という。

金紫光禄大夫 きんしこうろくたいふ　正三位の異称。

禁省 きんしょう　「きんせい」とも読む。宮中の役所、宮中。

斤定 きんじょう　はかり定める。「地子《じし》を斤定して農料《のうりょう》に下す」などと用いる。

今上 きんじょう　現在の天皇をさしていう。古くは「きんしょう」と清音であった。

銀青光禄大夫 ぎんしょうこうろくたいふ　従三位の異称。

金子・銀子 きんす・ぎんす　秤量貨幣として金銀が用いられた当時、これを金子・銀子と称した。のち江戸時代に鋳造金貨が作られたのちも、貨幣・金銭を金子と呼んだ。

禁制 きんぜい　「きんせい」とも。特定の場所で特定のことを禁止する旨を告知する文書。制札《せいさつ》、定書《さだめがき》、掟書《おきてがき》、法度《はっと》も同じ。

金石文 きんせきぶん　金属・石に記された文字資料。広義には、甲骨文《こうこつもん》や竹簡《ちくかん》・木《もく》簡《かん》文をも含めていう。

京銭 きんせん　「きょうせん」とも。南《なん》京銭《きんせん》。中国の南京付近で私鋳された銭をまねてわが国で私鋳された最も粗悪な銭貨。鉛銭か。精銭の一〇分の一ていどの価値で流通した。

近曾 きんそう　⇒さいつころ

近代 きんだい　近き代（世）で、①ちか頃、当世の意。②日本歴史の時代区分では、明治維新以後、太平洋戦争が終わるまでの時期を指していう。

公達 きんだち　①『日本書紀』では、親王・諸王など皇族をいう。②平安時代からは、上流貴族の子弟をいう。また、③公卿《くぎょう》の家の者。④一般に身分の高いものの子女を指していい、代名詞的に用い、あなた方、あなたさまの意。

禁中 きんちゅう　禁闕の中、禁裏、天皇の御所。

均等名 きんとうみょう　荘園の主要構成要素である名田部分が均等に分割されて、幾つかの同規模の名《みょう》から成っていること。完全均等規模のもの（完全均等名）と、ほぼ均等な名構成のもの（不完全均等名）とがある。均等名は、荘園領主が公事収取の便宜上設けたものであって、農業経営の単位とは一致しない、擬制的なものである。
〈文献〉渡辺澄夫『増訂 畿内荘園の基礎構造』吉川弘文館。

近都牧 きんとのまき　平安時代、都の近くに置かれた官営牧場。摂津国鳥養牧《とりかいのまき》・豊島牧《てしまのまき》・為奈野牧《いなののまき》（以上右馬寮所管）、近江国甲賀牧《こうがのまき》・丹波国胡麻牧《ごまのまき》・播磨国垂水牧《たるみのまき》（以上左馬寮所管）の六か所。

金部 きんぶ　主計寮の異称。

金部員外郎 きんぶいんがいのろう　主計助の異称。

金部郎中 きんぶろうちゅう　主計頭の異称。

禁野 きんや　皇室の猟場《りょうば》として一般の狩猟を禁じた原野。標野《しめの(ぬ)》という。山城国・大和国・和泉国・河内国に多数設けられていた。禁野には管理のために守護・預・専当が置かれた。禁野内での農耕・放牧・草木採取は認められるたてまえであったが、禁野預がこれを妨げ、百姓の牛馬や斧・鎌を奪う事件が頻発した。

禁裏供御人 きんりくごにん　⇒供御人《くごにん》

斤量 きんりょう　①はかりではかった目方《めかた》。②ちきり（扛秤、棹秤《さおばかり》の一種）の異称。

禁裏料所 きんりりょうしょ　禁裏とは天皇の居住している所。天皇家の財政を支える所領・所職、皇室領。
〈文献〉奥野高広『皇室御経済史の研究』畝傍書房。

近隣傍郷 きんりんぼうごう　となり、近所のこと。古代・中世社会では、生活の一体感を持ちうる在地、傍荘をあらわす語。中世後期の広汎な一揆の基盤となる生活圏である。

く

絇 く　糸類の量の単位。「賦役令」調絹絁条によると、一絇は一六両。但し「延喜式」主計諸国調条には「上糸四両、中糸五両、麁《そ》糸七両各為レ絇」とある。これは大両《だいりょう》によるものであろう。⇒大両

杭 くい　杭を打つ行為は、境界を明らかにし、占有あるいは他の進入を拒否する意志を示す。荘園の四至《しいし》を画定する牓示《ぼうじ》を打つのはそれである。また、戦国時代、牛馬の新市開催に際して、一の杭に繋《つな》いだ者は以後下雑公事を免除するという慣習があったという。
〈文献〉水藤真『木簡・木札が語る中世』東京堂出版。

悔返 くいかえし　いったん譲与した所領などを取り戻すこと。公家法では女子への譲与の悔返しは禁じられていたが、鎌倉幕府法では親の悔返権が認められていたというのが定説であった。しかし、平安末期には、公家法でも認められており、公家法・武家法の異同は認められない。
〈文献〉阿部猛『中世日本社会史の研究』大原新生社。

食初 くいぞめ　生後百日前後に行われる儀式。生児のために膳椀を新調して、大人と同じ食事を摂《と》らせる。赤飯で尾頭つきの魚の膳を設け、飯をたべるまねをさせる。

水鶏 くいな　クイナ科の水鳥。鳴き声

が戸をたたくようなので「たたく」と称された。和歌に詠まれ、夏の風物詩であった。

空閑地 くうかんち 「こかんち」とも。無主の地、未墾の開発予定地。「大宝令」では、既存の灌漑施設を用いて国司の開墾すべき土地と規定されている。
〈文献〉彌永貞三『日本古代社会経済史研究』岩波書店。

空盞 くうざん 酒を盛っていない空《から》のさかずきのことであるが、これを賜わることは恩酒を賜わることを意味する。

宮司 ぐうじ 神社の造営・収税を掌る者、のち祭祀・祈禱に従う神官の称。大宮司・権大宮司・少宮司・権少宮司の別がある。

空頂黒幘 くうちょうこくさく 天皇や皇太子の元服のとき、加冠以前に使用する被物《かぶりもの》。冠の羅《うすもの》を二重にして花形につくり、紫の紐《ひも》を左右につけた。頂《いただき》の部分がなく、あいたままになっている。

空亡日 くうもうにち 陰陽道の悪日の一つ。月のうち、一日昼、四日夜、八日昼、十一日夜、十五日昼、十八日夜、二十二日昼、二十五日夜、二十九日昼。

くうろん 口論《こうろん》のこと。中世の東国方言。

公営田 くえいでん 私営田に対する語で、広義には官田・諸司田・勅旨田などを総称するが、とくに、弘仁十四年（八二三）に始まる大宰府管内の公営田を指す。九国の良田一万二〇九五町をえらび、ここに六万余人の労働力を投入し、その穫稲から必要経費を除いた残りの稲一〇八万束を納官し、財政収入の増加をはかろうとした。律令財政の危機的状況を打開するための努力のひとつと認められる。
〈文献〉阿部猛「弘仁十四年の公営田制について—研究史的に—」（『帝京史学』六、『日本荘園史の研究』同成社、所収）。

駆役 くえき 駆使も同じ。強いて追いたて使うこと。

公益 くえき 「こうえき」「くやく」とも読む。公、すなわち国家の利益《りえき》。「以二国使一堺二四至一牓示畢、是則存二公益一、為レ加二増御年貢一也」などと用いる。

凶会日 くえにち 具注暦《ぐちゅうれき》に示される二〇種余の凶日。月ごとにきまった干支の日で、月に三日から一五日にも及ぶ。

胸臆 くおく 口臆とも書く。あいまいな、あて推量、不正確なこと。「胸臆の詞《ことば》を以て輙《たやす》くは信用に足らざるか」などと用いる。

公界 くがい 本来は仏教用語であるが、南北朝時代には私事に対する公《おおやけ》の意で用いられた。室町・戦国期には世間《せけん》、公衆の意。また公界者・公界衆の語があり、遍歴の職人・芸能民を指した。無縁所《むえんじょ》といわれる公界寺はアジールとしての機能を備えた世俗の争いの及ばない平和の場であった。
〈文献〉網野善彦『増補 無縁・公界・楽』平凡社。

公廨 くがい ⇒くげ

公界寺 くがいじ 個人や特定の氏族と関係ない寺で、無縁寺のこと。
〈文献〉網野善彦『増補 無縁・公界・楽』平凡社。

公卿 くぎょう 公は太政大臣・左大臣・右大臣、卿は大・中納言、参議および三位以上の官人をいう。

公卿僉議 くぎょうせんぎ 公卿の会議のこと。殿上定《てんじょうさだめ》と称し、清涼殿の殿上で行った臨時の政務。

公卿分配 くぎょうぶんぱい 年間の公事を行う上卿《しょうけい》の役を、あらかじめ現任の公卿に割り当てること。前年十二月に陣座《じんのざ》で定めた。
〈文献〉今江広道「公事の分配について」（『国

史学』一二三）。

九　九　くく　掛け算の計算表。奈良時代に中国から伝わった。現在最古の文献は天禄元年（九七〇）成立の『口遊《くちずさみ》』（源為憲作）で、九・九＝八十一から始まり一・一＝一で終わる。一・一＝一から始まる九九は室町時代から。

傀　儡　くぐつ　もとは人形《にんぎょう》のことで、人形つかいの傀儡子および遊女である一族の女子を意味する。クグツ籠に人形を入れ、人形を舞わせながら諸国を漂泊した。大江匡房の『傀儡子記』がその実態をよく語っている。

公　家　くげ　武家に対する呼称。本来は天皇を公家と呼んだが、一四世紀頃から朝臣を呼ぶようになった。公卿《くぎょう》とは区別される。

公　廨　くげ　「くがい」とも読む。①官衙（建物）。②官衙の用度。③官人の給与、とくに国司の俸料。⇒公廨銭《くげせん》・公廨《くげ》田《でん》・公廨稲《くげとう》

公家新制　くげしんせい　⇒新制《しんせい》

公廨銭　くげせん　「くがいせん」とも。古代、在京諸司に銭を給し、それを出挙して利息を禄に宛てた。宝亀十年（七七九）初見。慶雲三年（七〇六）停止されたが大同三年（八〇八）復活した。

口　決　くけつ　口訣とも書く。⇒口伝《くでん》

公廨田　くげでん　「くがいでん」とも。①大宰府官人および国司に支給された職田《しきでん》、不輸租田。②天平宝字元年（七五七）以後、諸司公廨田が設置され、これが各官衙の独自の財源となり官衙領化した。

公廨稲　くげとう　「くがいとう」とも。令制下、諸国正税《しょうぜい》の一部を割いて出挙し、その利稲を官司の入用や官人の俸給に宛てた稲。公廨稲は、守《かみ》六分、介《すけ》四分、掾《じょう》三分、目《さかん》二分、史生《しじょう》一分の割合いで配分された。例えば大国の場合、守・介・大掾・少掾・大目・少目各一人、史生三人を定員とする。これに配分率を掛けると、6＋4＋3＋3＋2＋2＋3＝23となり、史生は全公廨稲の二三分の一を取得することになる。

公家領　くげりょう　広義には皇室・摂関家・貴族・官人の所領、狭義には貴族・官人領、殿舎・家地、御願寺《ごがんじ》・氏寺とその所領および荘園から成る。また官司の長官の地位が特定の家に世襲されるようになると官司領も家産化した。室町期には庭や関の収入も重要な財源となった。公家領荘園では、皇室・摂関家は本所・領家の立場にあり、中流貴族また家司《けいし》らは領所職を与えられることが多かった。〈文献〉金井静香『中世公家領の研究』思文閣出版。菅原正子『中世公家の経済と文化』吉川弘文館。佐藤健治『中世権門の成立と家政』吉川弘文館。

くける　くけ縫いのこと。布の端を折りまげて、表に縫目が見えないように縫う。絎の字を宛てる。平安時代以来の用語。

公　験　くげん　平安時代以来、土地の売買・譲与によって生じた権利を認めまた特権を付与する文書。所領の所有権の根拠となる文書を本公験《ほんくげん》といい、訴訟・裁判のときの証拠とされた。

供　御　くご　①天皇の飲食物。上皇・皇后・皇太子また将軍についてもいう。②召しあがり物の女房詞。

供　給　くごう　「くぎゅう」「きょうきゅう」とも。和訓は「たてまつりもの」であろう。公務を負って派遣された官人に対して、路次の住人が食料・馬匹などを提供すること。勅使や国衙検注使・収納使への接待。また任地に赴いた国司を饗応するもので、これを厨雑事《くりやぞうじ》といった。〈文献〉早川庄八『中世に生きる律令』平凡社。

供御田　くごでん　天皇が食する供御米を

出す田。令制下では官田があったが、平安末期には、山城・摂津・河内国に御稲田を設け供御人を置いた。御稲田は中世には大炊寮《おおいりょう》領となった。
〈文献〉橋本義彦『平安貴族社会の研究』吉川弘文館。

九虎日　くこにち　陰陽道で、神事・移転・婚礼などを行うに凶という日。陰暦七月・八月・九月の庚子《かのえね》と辛亥《かのとい》の日。

供御人　くごにん　天皇の食品や使用する器物などを貢納する人およびその集団。御厨子所《みずしどころ》・主殿寮《とのもりょう》・右京職・大炊寮・主水司・右衛門府・内蔵寮・蔵人所などに従属し、種類はきわめて多い。供御人集団が中世の天皇権力の経済的な支えとなっていたことには注目すべきである。
〈文献〉脇田晴子『日本中世商業発達史の研究』御茶の水書房。

九献　くこん　①杯を三献《さんこん》（三杯）ずつ三度さす、いわゆる三三九度の作法。②酒宴のこと。③酒の女房詞《ことば》。⇒三献

草　くさ　忍《しの》びの兵、忍びものみ。

草合　くさあわせ　闘草とも書く。物合《ものあわせ》の一種。種々の草を持参し、見せ合って優劣を競う。中国の闘草（五月五日の薬狩の行事）の流れをくむ。

供菜船　ぐさいせん　中世、御厨《みくりや》・神戸《かんべ》から神社に魚介類を運ぶ船で、課役免除の特権を与えられた。

供菜人　ぐさいにん　山城国賀茂神社の御厨《みくりや》に属して魚介類を貢進した者。供祭人とも書く。かれらは神威を背景として広く商業活動を行った。
〈文献〉小島鉦作『神社の社会経済史的研究』吉川弘文館。

草鹿　くさじし　鹿の形をした的《まと》。檜《ひのき》の板に牛皮や布を張り、中に綿を入れて作る。鎌倉時代に始まる。弓の練習、また遊戯用の的《まと》。

草摺　くさずり　①布帛に草で摺り染めにすること。②鎧《よろい》の胴の下に垂れて大腿部を覆うもの。

公坐相連　くざそうれん　令制下、官人による公罪が発生したとき、同一官司内の四等官が連座すること。

草手　くさて　山野に入り草を刈る代償として支払う米・銭。草手米、草手銭。

草場　くさば　①草庭とも書く。畠あるいは野原のこと。②江戸時代、入会地である草刈場のこと。

草夫　くさぶ　戦国時代、室町幕府御料所で見られた夫役の一種。荷物の運送に使役する。

草餅　くさもち　母子草やよもぎ、高菜などの葉を入れてついた餅。

孔子　くじ　鬮のあて字。吉凶、勝敗、順番を決める方法として用いた。村落で氏子中から司祭者としての頭屋《とうや》、頭人《とうにん》を決めるのにもくじが用いられた。

公事　くじ　①公務、朝廷で行う行事。②中世末期から、訴訟、裁判のこと。③荘園・公領で、年貢以外の雑税を指す。現物と夫役《ぶやく》の収取を基本とするが、銭納されると公事銭という。各種の公事を、万雑公事《まんぞうくじ》、雑公事《ぞうくじ》と総称する。
〈文献〉竹内理三『寺領荘園の研究』吉川弘文館。

公事足　くじあし　公事を負担する土地・所領、また負担する人を指していう。⇒公事家《くじや》

櫛置　くしおき　髪置《かみおき》ともいう。古代・中世、二歳または三歳になった幼児が、短くしていた頭髪をのばす儀式。多くは、十一月五日に行った。

櫛形の穴　くしがたのあな　清涼殿の鬼の間と殿上の間の壁にあけられた櫛形の小さな窓。天皇が殿上の間を見るためのもの。

櫛笥　くしげ　櫛匣、櫛筥とも書く。櫛

を入れる箱のこと。

公事在家　くじざいけ　⇒公事家《くじや》

公事銭　くじせん　現物・夫役《ぶやく》で納めるべき公事のかわりに納める銭《ぜに》。

公事田　くじでん　⇒定公事田《じょうくじでん》

公事人　くじにん　訴訟をする人、訴訟関係者。

櫛の歯を挽くが如し　くしのはをひくがごとし　人の往来や物事が絶え間なく続く様子。「国々の早馬、鎌倉へ打ち重て、急を告ぐる事櫛の歯を挽くが如し」と用いる。

公事番田　くじばんでん　荘園で、公事を均等に負担させるために、公事をつとめる田地（公事足《くじあし》）を纏めて幾つかの番に編成したもの。その目的からして、公事番田は均等規模であることが多い。年中行事にあわせて公事を課す必要から、賦課する公事が日別・月別の場合が多い。したがって番の数は六の倍数、十二又は三十ということが多い。

公事奉行　くじぶぎょう　鎌倉幕府の職名。安堵《あんど》・評定《ひょうじょう》・倉《くら》・恩沢《おんたく》・越訴《おっそ》・官途《かんと》・寺《じ》社《しゃ》・勘定《かんじょう》・問注《もんちゅう》などの諸奉行を総称する。単に奉行人と称される。

公事名　くじみょう　荘園・公領で、公事負担の義務を負う名《みょう》を指していう。公事の賦課は、在家別・名別・番別・段別として名別に行われた。

公事武者　くじむしゃ　夫役《ぶやく》で兵役に駆り出されたもの。役に立たない寄せ集めの兵の意を込めて称する。

公事免　くじめん　公事免田、領主から公事を免除された田。

公事物　くじもつ　中世荘園で、公事として納入された現物。

公事家　くじや　中世、公事を賦課された在家。公事在家ともいう。江戸時代には、公事家は家格化し、村の有力者層を形成する。

〈文献〉永島福太郎「公事家考」（『史学雑誌』六三―三）。

拘惜　くしゃく　「こうじゃく」とも。①惜しんで離さない。②罪科人などをかくまうこと。③庇護《ひご》する。

公事役　くじやく　公事、公用、公役、所役等ともいう。年貢以外の雑税。銭で徴収されるときは、公銭・公事銭・公事役銭・懸銭・分一・口銭などと呼ばれる。

孔雀経　くじゃくきょう　仏母大孔雀明王経のこと。三巻で、唐の不空三蔵の訳。孔雀明王の神呪・修法を説く。

孔雀間　くじゃくのま　内裏校書殿《きょうしょでん》の東廂《ひさし》の額《がく》の間《ま》の北二間《ま》の土間《どま》部分。ここには史・外記がおり、天皇に奏聞した大臣や蔵人は、無明門の辺で沓音《くつおと》をたてて退下《たいげ》を知らせた。

具書　ぐしょ　申状《もうしじょう》や訴状《そじょう》、陳状《ちんじょう》にそえて出す副状《そえじょう》。証拠《しょうこ》書類、関係書類のこと。添付される重要書類はふつう案文《あんもん》であり、具書案と称される。

公請　くじょう　僧が、朝廷から臨時または恒例の法会《ほうえ》、講義に召されること、またその僧をいう。

愚状　ぐじょう　自分の手紙をへり下っていう、愚書。

公事を翻えす　くじをひるがえす　裁判をやり直すこと。

庫司　くす　禅寺で財穀の管理に当たった三役（都寺・監寺・副寺）のこと。都寺のみを指すこともある。

葛　くず　山野に自生する蔓《つる》性の植物。繊維は衣料に用い、根は葛粉として食用・薬用とする。

国栖　くず　⇒吉野《よしの》国栖《くず》

具　ぐす　①必要な物が揃っている。②他の人を従えて行く。③配偶者と一緒に暮らす。

公出挙　くすいこ　古代に、国家が行った

出挙。国司によって行われ、息利は三〇～五〇パーセントであった。民間の出挙は私出挙《しすいこ》。⇒出挙《すいこ》

薬師の指 くすしのゆび ⇒薬指《くすりゆび》

薬玉 くすだま 続命縷《しょくめいる》。五月の端午の節に、邪気を払い不浄を避けるものとして柱や簾にかけた。香料を錦の袋に入れ、糸や造花で飾る。

国栖奏 くずのそう 大和国吉野川上流に住んでいた国栖が宮中の節会に贄《にえ》を献じ風俗歌を奏したこと。吉野国栖は古代において異民族と見なされた土着の先住民で、奏は一種の服属儀礼であった。平安時代、国栖の参上が絶えると、朝廷の楽人がこれを行った。

薬子 くすりこ 元日、宮中で供御《くご》の屠《と》蘇《そ》をなめ試みる（毒味する）未婚の少女。

薬日 くすりび 陰暦五月五日のこと。この日薬玉《くすだま》を掛けたからとの説、薬猟《くすりがり》が行われたからとの説がある。

薬指 くすりゆび 中指と小指の間の指をいうが、もと薬を水に溶《と》かすときなどにこの指を用いたからという。平安時代にはナナシ（名無し）指といい、これは中国で無名指といったのに基づく。中世にはクスシ（薬師）ノユビと称し、近世にはベニサシ（紅差）指ともいい、クスリユビの称は近代に入ってから一般に用いられた。

弘誓 ぐぜい ①衆生を済度し仏果を得させようとする仏菩提の大きな誓願。②人民を救おうとする大願。

曲事 くせごと 不道徳な、また違法な行為、してはならないこと。また「曲事たるべし」「曲事に行う」といい、それを処罰すること。

口舌 くぜち 「くぜつ」とも。口説とも書く。①口先だけの物言い。②多弁であること。③口論。

曲舞 くせまい 南北朝期から室町初期に流行した芸能。鼓《つづみ》に合わせて舞いながら叙事的な曲を歌う。白拍子舞から派生したもので、美女や少年が舞い人気を得た。観阿弥《かんあみ》はこれを猿楽に取り入れた。

曲者 くせもの ①変わり者。②なみなみでないすぐれて巧みな者。③あやしい者。④悪人。

口宣案 くぜんあん 蔵人《くろうど》が勅命を太政官の上卿《しょうけい》に伝宣する文書。本来、伝宣は口頭で行われるものであったが、一〇世紀末にはその内容を書いた文書を添えるようになった。これが口宣案である。⇒宣旨《せんじ》

〈文献〉佐藤進一『古文書学入門』法政大学出版局。

供僧 ぐそう 本尊に供奉《ぐぶ》し給仕する僧、また、神社に奉仕する社僧、供奉僧のこと。例えば、東寺《とうじ》では常住《じょうじゅう》供僧は多くの荘園（大和国平野殿荘《ひらのどののしょう》・安芸国後三条院新《ごさんじょういんしん》勅旨田《ちょくしでん》・若狭国太良荘《たらのしょう》・伊予国弓削島荘《ゆげしまのしょう》など）を管理し、重要な地位を占めた。

〈文献〉網野善彦『中世東寺と東寺領荘園』東京大学出版会。

具足 ぐそく ①物事が揃い整っていること。②所有すること。③引きつれる。④道具、調度。⑤武具、甲冑。

具足懸 ぐそくかけ 戦国時代、戦闘行為、私戦のことをいう。

〈文献〉神田千里『一向一揆と戦国社会』吉川弘文館。

具足始 ぐそくはじめ 武士の子が、はじめて甲冑《かっちゅう》を着用する儀式。

裾帯 くたい 「くんたい」とも。平安中期以降、女官が正装するとき、装飾として裳《も》の左右にそえて垂《た》らした紐《ひも》。

下文 くだしぶみ 下達文書。九世紀の弁官下文（官宣旨）に始まり、一一世紀に入り、荘園や公領における請負制が進むと、領主・知行主や官司から在地へ命令

を伝える文書として多用された。
〈文献〉佐藤進一『古文書学入門』法政大学出版局。

果　物　くだもの　①食用の木の実、草の実《み》。②柑子《こうじ》や蜜柑《みかん》をいう女房詞。③間食用の食物、お菓子。④酒のさかな。

百済寺樽　くだらでらのたる　中世、近江国愛知《えち》郡の百済寺で造られた酒のこと。単に百済寺とも記録に見える。
〈文献〉小野晃嗣『日本産業発達史の研究』法政大学出版局。

如レ件　くだんのごとし　書状・証文などの最後の文句、前記記載のとおりであるの意。「仍《よって》如レ件」と書くことが多い。

口　くち　①物や人の出入口。②はじめ、おこり。③世間の評判。④その方向。

口合の儀　くちあいのぎ　①互いの話がよく合うこと。②保証する、仲介すること。

口　惜　くちおし　①残念だ、がっかりしたとの気持をあらわす語。②取柄がない、つまらない。③官位・身分が低くて言うに足りないの意。

口　利　くちきき　①口のきき方、話しぶり。②弁舌のたくみなこと。③紛争などの仲裁人。

口　遊　くちずさみ　口号、口吟とも書く。①詩歌を思い浮かぶまま朗詠すること。②口ぐせ。③うわさ。④評判。

口付銭　くちつけせん　戦国時代、武田氏分国内の伝馬制で、伝馬の駄賃のことをいう。駄賃の標準は一里（但し六町＝一里制）一銭であった。
〈文献〉相田二郎『中世の関所』畝傍書房。

口鋭田　くちとだ　水がすぐに流れ出してしまうため稲の生育に不適当な水田。『日本書紀』に所見。

韁　くちとり　口取とも書く。祭礼や儀式の際に、差縄《さしなわ》をとって馬を引く者。

口　嬲　くちなぶり　ひやかしたり、からかったりして他人を困らせること。

口　銭　くちのぜに　⇒口米《くちまい》

口　米　くちまい　本年貢のほかに加徴される付加米。口籾《くちもみ》、口の銭《ぜに》の称もみられる。

口目銭　くちめせん　⇒くもくせん

口　籾　くちもみ　⇒口米《くちまい》

具注暦　ぐちゅうれき　古代・中世に用いられた暦で、さまざまな暦注が漢字で記されている。毎年暦博士によって編纂され、一月一日の暦奏の儀を経て、朝廷から諸司に頒布された。巻子本のていさいをとり、各暦日には二十七宿と七曜、干支、五行、十二直、大歳神、小歳神の位置以下多数の吉凶禁忌が記されている。具注暦に日記を書き込むことは奈良時代に始まるが、平安時代には一日ごとに余白（一～四行）を持った間明暦《まあきごよみ》が貴族たちに愛用された。藤原道長の日記『御堂関白記』はこのような具注暦に記されたものとして著名である。

口　寄　くちよせ　神や死霊の言葉を霊媒《れいばい》に語らせること。行者や巫女《みこ》が行う。

口をきく　くちをきく　密告すること。

沓　くつ　靴、舄、鞋、履とも書かれる。材質は木・皮・糸である。貴族の用いる深沓・浅沓（足の甲を覆う）があり、靴《かのくつ》・半靴《ほうか》は深沓、舄《せき》（鼻高ともいう）は甲の先が高く反ったもの。鞋《かい》は皮底で紐で足首にくくりつける。挿鞋《そうがい》は天皇・僧綱・貴女用の上履。糸で編んだ糸鞋《しがい》は武官・舞人用で、麻鞋《おくつ》は下級武官や従者用。木履《きぐつ》、藁沓《わらぐつ》、毛沓などもある。

究　竟　くっきょう　①つまるところ、結局。②力がつよく頑丈《がんじょう》なこと。③都合がよい、おあつらえむき。

くつし　中世末期、奈良で生産された紙。明障子《あかりしょうじ》に用いられた。

屈　請　くっしょう　膝《ひざ》を屈して招き迎える

の意。①神仏の示現を祈る。②法会などに僧を招くこと。

屈託（托） くったく　①或ることにこだわって、くよくよすること。②疲れ果てる、困り果てるの意。

屈睦 くつぼく　譲歩して和睦すること。

甘 くつろぐ　寛も同じ。①やわらぐ、うちとける、寛ぎ。②納得する。

銜 くつわ　轡《ひ》、勒《ろく》も同じ。馬の口にはませる金具。

湫 くて　「くて」とも。久手とも書く。土地が低く、沼や沢のようにじめじめしている所、湿地。

口伝 くでん　口頭で伝授すること。平安後期から中世、技芸の奥義を一子また弟子に口授し、他には秘密とすることが行われた。朝儀・典礼についても貴族間では教命の形式で口伝として伝えられた。

口説 くどき　くどくどと恨みがましく語るの意で、⑴平曲において説明的な部分で、テンポは速いが起伏に乏しく淡々と進行する。⑵低音域を主とし、歌舞伎や浄瑠璃では、曲の聞かせどころとなった。

功徳 くどく　神仏の果報を得られる善行、善行の報《むく》い、ごりやく（利益）。

功徳田 くどくでん　「延喜式」に「船瀬功徳田」と見える。その性格未詳であるが、公益土木事業のための財源として設定された田地か。不輸租田。

功徳風呂 くどくぶろ　施行風呂《せぎょうぶろ》とも。ほどこしのために、銭を取らないで入れる風呂。元暦元年（一一八四）吉田経房が父光房の遠忌《おんき》を修して湯浴を左右の獄に施行し、また清水坂に温室《うんじつ》（湯屋）を営んだのは早い例である。

国 くに　多様に用いられる。①土地。②一つの区域をなす土地。③国土。④わが国の行政上の区画。大和国・摂津国など。⑤任国、領国。⑥故郷。

国充 くにあて　国宛とも書く。寺院造営や仏事の費用を特定の国に負担させること。

国一揆 くにいっき　室町・戦国期、守護勢力に対抗して在地領主層が地域的に連合した形態。文明十七年（一四八五）に形成された南山城の国人領主層の一揆についての『実隆公記』の記事に見える「国一揆」の語に基づいている。応永七年（一四〇〇）の信濃《しなの》国人一揆、同十一年の安芸国人一揆、明応七年（一四九八）の山城国乙訓郡《おとくにぐん》国一揆、近江国の甲賀郡中惣、伊賀国惣国一揆などが知られる。

〈文献〉宮島敬一『戦国期社会の形成と展開』吉川弘文館。

国替 くにがえ　年官に応じて国の掾《じょう》・目《さかん》・史生《ししょう》に任ぜられた者が、理由を構えて任符を受けず、また赴任しなかった場合、改めて別の国に申任すること。

〈文献〉時野谷滋『律令封禄制度史の研究』吉川弘文館。

国方代官 くにかただいかん　中世、在京する領主にかわって在地で荘務をとる代官。

国梶取 くにかんどり　国衙所有の船を操る梶取（船頭）。公領内に給田を与えられていた。

国絹 くにぎぬ　貢調として納められた地方産の絹。

国下 くにくだし　年貢・官物のうち、国（在地）で支出した分。

国検田使 くにけんでんし　国衙から派遣される検田使。国検使ともいう。検田使は基本台帳と照合し、もし相違あれば田地を収公した。

国検田帳 くにけんでんちょう　国検田使が、検田結果を記した帳簿。

国交易絹 くにこうえきのきぬ　国が代価を支払って人民から買いあげる絹（織物）。

買入れ価格が低く、人民を苦しめた。

国雑掌　くにざっしょう　一一世紀以後、従来の四度使《しどし》雑掌にかわり、国の官物の徴収・納入等の事務全般を掌った下級官人。事務に精通した中央官衙の下級官人が兼職したために「……成安《じょうあん》」という仮名《けみょう》を用いるのがふつうであった。⇒四度使〈文献〉泉谷康夫『律令制度崩壊過程の研究』髙科書店。

国　侍　くにざむらい　①古代、中世に、国衙在庁に属する地方の侍、武士。②江戸時代、大名の家来で在国の者。

国　質　くにじち　中世、債権者が、他国の債務者の債務不履行に対抗して、債務者と同じ国に住む者の不動産を質取《しちと》り（私的差押え）すること。但し、路上や市場での国質は禁じられていた。〈文献〉勝俣鎮夫『戦国法成立史論』東京大学出版会。

国地頭　くにじとう　文治元年（一一八五）源頼朝の代官北条時政の奏請によって国ごとに置かれた地頭。石母田正によって提唱された概念（一九六〇年）。いわゆる地頭、荘郷地頭とは異なる。その後国地頭は停止され、惣追捕使が置かれ、やがてそれは守護と呼ばれるようになった。〈文献〉義江彰夫『鎌倉幕府地頭職成立史の研究』東京大学出版会。

国　衆　くにしゅう　⇒国人《こくじん》

国住人　くにじゅうにん　平安末〜鎌倉期に、各国に住む有力者を指す呼称。例えば「相模国住人大庭三郎景親」などと見える。平安中期以降「国人」の称も用いられる。これら有力者は、郡・郷・荘園・御厨・牧・杣などで指導的役割を持ち、中世社会のにない手となった。

国宣旨　くにせんじ　太政官の弁官から諸国に下した公文書。『西宮記』は「尋常事、佐弁官下二宣旨一、凶事、右弁官下二宣旨一」と記す。

国雑色　くにぞうしき　①令制下、国司の支配下にあった雑色人《ぞうしきにん》。②鎌倉幕府政所に属し雑役に従事したもの。⇒雑色人

国　佃　くにつくだ　国司らが百姓に請作《うけさく》させる佃。本来は種子・農料を支給されるものの、収穫の全てを国が取るのであるが、永延二年（九八八）の「尾張国郡司百姓等解」によると、斗代（田畠一段当たりの年貢収納高）が付され、上分が定量化していることが知られる。

国　名　くにな　古代・中世に、女官の中臈・下臈、僧侶の呼び名につけられた国名。父兄の任国に因《ちな》み、また僧侶は生国に因みつけられた。和泉式部、大和宣旨、播磨坊など。

国　市　くにのいち　①地方の市、田舎《いなか》の市。②一国内の中心的な市。親市、国市での売買価格が一国内の相場《そうば》の基準になった。〈文献〉佐々木銀彌『中世商品流通史の研究』法政大学出版局。

国下用　くにのげよう　下用とは下行用途《げぎょうようと》のこと。室町時代、荘園の代官・荘官が在地で支出した必要経費。年貢散用状に記載されたものは、守護から賦課された兵粮米・段銭・夫役・矢銭などと、それを運搬する農民への食料その他であった。これらは、納入すべき年貢から差引かれた。

国　定　くにのじょう　荘園年貢を現地で納めること。したがって、京着したときは、総額から運賃などが差引かれた残りが年貢額となる。

国日記　くにのにっき　国において行う儀式・祭礼あるいは一宮《いちのみや》の造営・遷宮などについての記録。国衙行政を全うするため、その国の先例・故実などを十分にわきまえる必要があり、国司はこれらの日記を参照した。

国奉行　くにぶぎょう　①鎌倉幕府の職名。守護とは別に、国ごとに任ぜられ、政治の監察、雑訴・犯罪を裁断した。但し鎌倉に在住。②戦国大名家で地方の雑務を担当した役職。

国　枡　くにます　⇒国斗《こくと》

国持衆　くにもちしゅう　室町時代、将軍家の一族または譜代《ふだい》の大名で大国の守護であった武士。一国を領して権勢の強い者は准国持という。

国　役　くにやく　①平安時代、国司が在地に賦課した雑役。②中世、一国平均に賦課した臨時の課役。

口　入　くにゅう　干渉、仲介、斡旋《あっせん》の意。伊勢神宮の御厨設定に際して寄進者と神宮の間を仲介した神主を口入神主と呼ぶ。鎌倉幕府が荘園領主に対して御家人を地頭職に補任《ぶにん》するよう申し入れることがあり、これを関東御口入《ごくにゅう》と呼んだ。訴訟において、当事者の一方に加担することをも口入といった。

口入請所　くにゅううけしょ　鎌倉幕府の口入によって成立した地頭請所。⇒請所《うけしょ》

口入神主　くにゅうかんぬし　⇒口入《くにゅう》

公　人　くにん　①寺院の下級職員で、寺内の雑事、荘園の年貢・公事徴収、寺領内の検断を行った。②六位以下の下級官人。③鎌倉幕府の政所《まんどころ》・問注所《もんちゅうじょ》の寄人《よりうど》、六波羅探題の奉行人、室町幕府の奉行人また下級職員。④国衙の国掌、雑色《ぞうしき》。〈文献〉稲葉伸道「中世の公人に関する一考察」(『史学雑誌』八九―一〇)。

公人奉行　くにんぶぎょう　室町幕府の職制。奉行人の進止を掌った。鎌倉幕府では問注所執事がこれに当たった。⇒進止《しんし》

口　能　くのう　①説明、釈明、言いわけ、弁解。②苦情。③くどくどと理由を述べる。「直被二仰出一候之条、不レ及二口能一候」と用いる。⇒口納《こうのう》

賦奉行　くばりぶぎょう　賦とは、訴状が受理されて相当の法廷に送付される手続き。手続きを担当するのが賦奉行である。

賦　くばる　配も同じ。手くばり、手配する。割り当てて渡す、配慮する、配置するの意。

盤　枷　くびかし　首枷、頸枷とも書く。くびかせ。刑具で、罪人の首にはめて自由を束縛するもの。

首　上　くびかみ　頸上、頸紙とも書く。袍《ほう》・狩衣《かりぎぬ》・水干《すいかん》などの盤領《まるえり》の刳形《くりかた》にそってとりつけた領《えり》のこと。

踵を接ぐ　くびすをつぐ　多くの人が、あとからあとから続くこと。

踵を回らさず　くびすをめぐらさず　わずかな時間に急速に事をはこぶことのたとえ。踵はかかとで、かかとを回らすほどの時間もないの意。

踵を回らす　くびすをめぐらす　「踵を返す」ともいう。もと来た方に戻る、引き返す。踵はかかと。

首　札　くびふだ　首印《くびじるし》ともいう。戦いで討《う》ち取った敵の首につける札。姓名と討った者の名を記し首実検に備える。

公　平　くびょう　「くひょう」とも読む。①元来は、かたよらない公平《こうへい》の意。②不正のないこと。③年貢のこと。「西たいのそん(損)まう(亡)は三分の二の免にて、三分の一くひやうになり候」などと用いる。

供　奉　ぐぶ　①物を供給すること、供えること。②従事する、仕える。③天皇の行幸に供《とも》として加わる。④宮中の内道場に奉仕する僧、内供奉《ないぐぶ》。

工　夫　くふう　巧夫とも書く。①思案をめぐらす。②手段。③一心に仏道修行につとめること。④座禅に専念すること。

口分田　くぶんでん　班田収授法に基づいて、戸口の数に応じて戸に班給された田地。良人の男は二段、女はその三分の二、奴

は良男の三分の一、婢は奴の三分の二に当たる田を受ける。口分田は売買・譲与・質入れを禁じられたが、一年を限度とする賃租が認められた。平安初期、班田収授制が行われなくなると、口分田は国衙の賃租田・地子田として百姓に耕作されるようになった。

〈文献〉村山光一『研究史　班田収授』吉川弘文館。

公　方　くぼう　①公務、公事《くじ》。②天皇、朝廷。③幕府、将軍家。④室町時代、鎌倉公方、古河《こが》公方、堀越《ほりこし》公方をさす。⑤室町時代、守護の尊称。⑥中世、荘園領主のこと。

公方御倉　くぼうおくら　「くぼうみくら」とも。室町幕府の財貨の管理・出納に当たった土倉《どそう》。

公方買　くぼうがい　大内氏領国で、公方(守護)による売買と号して安値で買うことを狼藉として禁じた。長門国一宮《いちのみや》・二宮《にのみや》の祭礼において守護《しゅご》買《かい》、方買と称して売買することを禁止した。この場合、守護＝公方とするか、或いは公方を将軍と考えるか理解が分かれるが、前者か。

公方御料所　くぼうごりょうしょ　公方は将軍。室町幕府の財源となる所領・所職をいう。現在まで知られる料所は約二〇〇か所であるが、実態は必ずしも明らかではない。

公方段銭　くぼうたんせん　室町時代、幕府、将軍の名において賦課した段銭《たんせん》。⇒段銭

公方年貢　くぼうねんぐ　室町・戦国期、一円的支配を行う領主を公方と呼ぶことが一般化し、年貢のうち加地子得分などを除き公方の許に納入される本年貢を公方年貢といった。

〈文献〉大山喬平「公方年貢について―美濃国竜徳寺の売券―」(『人文研究』一三―四)。

公方役　くぼうやく　室町時代、幕府や守護によって荘園に賦課された公事《くじ》・夫役《ぶやく》。荘園領主や地頭領主も公方と称されることもあったから紛らわしい。

窪　田　くぼた　凹田、下田とも書く。低い所にある田、窪地のような所にある田。反対は上田《あげた》(高田)。

窪　手　くぼて　葉椀とも。神に供える物を盛る具。柏の葉を並べて竹のひごで綴じた。「くぼつき」ともいう。

洗　米　くま　供米《くまい》、神仏に供える清めた米。

供米田　くまいでん　寺社の供米の料に宛てる田地。

熊　手　くまで　鉄の爪を頭につけた道具。物をひっかけるのに用いる。船の備品・武器としても利用された。

熊野御初穂物　くまのおんはつほもの　初穂名儀で熊野社に進上された上分米(年貢米)で、これを出挙の財源とした。

熊野紙　くまのがみ　中世、紀伊熊野地方で生産された紙。

熊野新宮段銭　くまのしんぐうたんせん　紀伊国の熊野速玉《はやたま》大社の修理・造営料などの調達を名目として賦課された段銭。

熊野牛玉　くまのごおう　熊野三社が発行する牛玉宝印。熊野の神使とされる烏を七五羽点綴《てんてい》し「熊野牛玉宝印」と記した護符《ごふ》。起請文を記すのに用いた。

熊野詣　くまのもうで　紀伊国の熊野三山(本宮・新宮・那智)に参詣すること。一〇世紀の宇多法皇に始まり、院の熊野詣はさかんに行われた。鎌倉時代、荘園領主や地頭の参詣には所領農民から夫役が徴された。

〈文献〉新城常三『寺社参詣の社会経済史的研究』塙書房。

條　帯　くみおび　礼服に用いた帯。平打ちの組紐。

組　頭　くみがしら　武士の戦時編成上の単

位としての組の支配・指揮者。室町中期から所見。

組　町　くみまち　保《ほ》の制度が廃《すた》れたあと、中世末・近世初頭に発展した町・村の組織。戦国時代、京都では上京・下京に分かれ、組の組織が成立した。上京一三町組を親町と称し他を枝町といった。各町は年寄行事を選び町政を掌った。地方郷村でも組郷・組村が編成された。

久米歌　くめうた　古代歌謡の一つ。久米舞とともに歌われる。『日本書紀』に由来が語られているが、平安時代には歌詞は失われていた。

久米舞　くめまい　雅楽の一つ。古代の戦勝歌久米歌に舞をつけたものと伝える。もと久米氏の奏するところであったが、平安時代には大伴・佐伯氏が奏し、専ら大嘗祭の豊明節会《とよのあかりのせちえ》に用いられた。

口目銭　くもくせん　中世、運上銭（目銭）に付加税として加徴されたもの。⇒目銭《めせん》

公　物　くもつ　①官有物。②中世、将軍家の財物。③寺社の什物。

公　文　くもん　荘官の一種、荘園の記録・文筆を掌るもの。平安末期、美濃国茜部荘《あかなべのしょう》の例で、公文は田地の現地に赴いて田文《たぶみ》の読合わせを行い結解状《けちげじょう》を作ると見える。

公文官銭　くもんかんせん　室町時代、禅宗官寺の坐公文《ざくもん》を得ようとする者が幕府に納めた銭貨。坐公文とは、官寺住持の資格を得て実際には入寺しないもの。居公《いなり》文ともいう。

公文勘料　くもんかんりょう　結解《けちげ》、検注帳などの公文の勘合（調査、文書の照合）に当たった者に支給される費用、あるいは得分。⇒結解状《けちげじょう》

公文算失　くもんさんしつ　荘園で、算失という名目で、荘官である公文に与えられた給分。⇒算失

公文所　くもんじょ　①公文書を処理する機関で、国衙・摂関家・院庁などに設けられた。②鎌倉幕府の政務機関の一つ、文書の評議決断、保管に当たった。

公文目代　くもんもくだい　公文《くもん》の代官。⇒公文

公　役　くやく　国家的な色彩の濃い年中行事の費用として徴収された雑税。造内裏役・神宮役夫工、また酒屋役、土倉役、味噌役も公役といわれた。

公　益　くやく　①国家の利益。「是則存二公益一、為レ加二増御年貢一也」などと用いる。

口　養　くよう　生計、暮らしむき。「口養の資無くして子に後《おく》れたる老母」などと用いる。

九　曜　くよう　インドの天文学で数えた九つの惑星。日・月・火・水・木・金・土星に羅睺星《らごせい》と計都星《けいとせい》を加える。陰陽家はこれに人の生年月に配して運命を占う。

公　用　くよう　①公《おおやけ》の用務。②公事のこと。③銭貨。「御細工被二仰付一時者、公用可レ被レ下事」と用いる。

公用銭　くようせん　①公事銭に同じ。②室町時代、郷村の公用に宛うために徴収された銭。荘公用銭、郷公用銭。

倉　くら　穀類や財物を収納する建物の総称。国・郡・官司また寺社の倉は正倉《しょうそう》という。これに対して民間の私的な倉は里《り》倉《そう》といった。

鞍　くら　馬具の総称。その様式により、唐鞍《からくら》、移鞍《うつしぐら》、大和鞍《やまとぐら》、水干鞍《すいかんぐら》などの種類がある。⇒唐鞍・移鞍・水干鞍

鞍置馬　くらおきうま　被馬とも書く。鞍をつけた馬。

倉　敷　くらしき　倉敷地、倉庫の敷地。高野山領備後国《びんごのくに》太田荘の倉敷であった尾《お》道《みち》は著名である。

倉　代　くらしろ　①仮に作った倉、倉と

して使われていない建物。②大嘗会の際に斎場に建てられる雑物収納用の建物。

倉　付　くらつけ　①院宮王臣家などが墾田の穫稲を農民の私倉（里倉《りそう》）に預け置くこと。②年貢米などを領主の倉に運び込むこと。③荘園年貢の散用状《さんようじょう》に見えるれる。倉付は除分とされていて年貢から差引かれる。これは年貢搬入について農民を慰労する費用。または、倉祭を行う祝《はふり》への給分なども考えられる。

〈文献〉小山田義夫「倉付についての一考察」（『中央大学経済学論纂』三五―四）。

倉付入目　くらつけいれめ　倉付《くらつけ》の費用。⇓倉付

倉付酒　くらつけのさけ　倉付《くらつけ》のときに出される酒。⇓倉付

倉　開　くらびらき　蔵開とも。正月吉日（十一日が多い）に行う年中行事。鏡餅で雑煮を作ったりする。倉開を倉付と同意と解するむきもある。

競　馬　くらべうま　「けいば」「こまくらべ」「きそいうま」とも。宮中の年中行事としては五月五日、六日に騎射《うまゆみ》とともに行われた。平安中期以降は、離宮《りきゅう》・行宮《あんぐう》や摂関家の邸宅でも臨時に行われ、平安末期には神泉荘・朱雀院・上東門院・高陽院・鳥羽院・土御門殿の的が見られる。神事としては賀茂社・石清水社・春日社の境内でも行われ、五月五日の上賀茂社の競馬は著名である。この競馬に用いられた馬は二〇疋で、諸国の神領から出された。

蔵法師　くらほうし　中世土蔵の経営者。山法師、土蔵法師、土蔵坊主という。延暦寺の山僧で土倉を経営し高利貸を行う者が多かった。

〈文献〉豊田武『日本商人史　中世篇』東京堂出版。

蔵　回　くらまわり　蔵は質屋。質流れの古着・小道具を売買してあるく商人。『七十一番歌合』には、商品を入れた大袋を荷う蔵回の姿が描かれている。

倉　本　くらもと　蔵元とも書く。①荘園の倉庫の管理人。給田を与えられ、年貢米の管理・運送に当たった。倉本の発展した形態が問丸であろうという。②室町時代の質屋をいう。若狭国太良荘、紀伊国志富田荘内に倉本が居住していた史料がある。

倉　役　くらやく　⇓土倉役《どそうやく》

栗　くり　荘園の公事《くじ》のひとつ。史料上では「栗林壱町」の如く面積表示され、単に林と書かれた場合でも栗林であることが多い。蔵人所《くろうどどころ》が管理する丹波甘栗御薗《あまぐりのみその》、山城田原御《たわらのみ》栗栖《ぐるす》から、桶または籠に入れられた栗が天皇のもとに貢進された。

庫　裏　くり　①本尊への供物や僧の食事の調理をする建物で、もとは食堂《じきどう》といった。②寺で住職や家族の住む建物。

烏皮履　くりかわのくつ　⇓沓《くつ》

くりはかり　枡で穀類（米など）を計量するときの方法の一つ、斗概《とかき》に深く指をかけて計量物をえぐるようにする方法。

〈文献〉宝月圭吾『中世量制史の研究』吉川弘文館。

厨　くりや　炊事や食物を調理する場、又は建物。寺院や官衙などでは、母屋とは別に厨の屋があるのが普通であった。厨は食品その他雑物の保管所でもあった。

厨雑事　くりやぞうじ　任地に到着した国司や代官らを饗応すること、ふつう三日間行われ、三日厨《みっかくりや》といった。

厨　女　くりやめ　台所仕事をする女。水《みず》仕女《しめ》、下女《しもおんな》とも。平安時代以来の用語。

車　争　くるまあらそい　平安時代、祭見物などのとき、牛車《ぎっしゃ》をとめる場所（立場《たてば》）をめぐって従者らが争うこと。

車　返　くるまがえし　①道がけわしく通行

不能であるため車を引きもどさなければならぬ所。②戦法の一つで車懸《くるまがかり》ともいう。

車借　くるまかし　⇒しゃしゃく

轆轤　くるまき　綆車とも書く。重い物を引いたり揚げたりする滑車のこと。

車副　くるまぞい　牛車《ぎっしゃ》の左右につき従い威儀を整える舎人《とねり》。『西宮記』には、上皇八人、親王・太政大臣六人、大臣四人、納言二人、参議一人とされている。

車宿　くるまやどり　貴族の邸宅で、牛車《ぎっしゃ》や輿《こし》を入れておく建物、ガレージ。屋根はあるが、床はない。貴族や高僧が車宿名目で都に別邸を設けたりした。都の中の車宿で、上に棚《たな》を備えて、祭礼見物の桟敷《さじき》とした例が見える。

車寄　くるまよせ　貴族の邸宅で、車を寄せて乗り降りするために、建物の玄関口に張り出して作られた部分。玄関成立以前は、東西中門廊の妻戸から出入りした。

曲輪　くるわ　①郭、廓とも書く。城や砦《とりで》のまわりに築いた土や石の囲《かこ》い。②遊里、遊廓のこと。

榑　くれ　①榑木《くれき》。おもに上質の檜《ひのき》から割り出された材種。長さ一丈二尺、幅六寸、厚さ四寸を規格とする。②屋根葺板として用いた板で、そぎいた、へぎいた。③丸太を四つ割にして心材を取り去ったもので、断面は扇形となる。

呉竹　くれたけ　淡竹《はちく》の異名。清涼殿の庭に植えてあった竹をいう。籬垣《ませがき》の中に淡竹を植えた所を呉竹の台という。

呉床　くれどこ　古代の椅子《いす》の一種。中国の故床《こしょう》に倣って作った。「あぐら」という。⇒胡床《あぐら》

榑引　くれびき　榑《くれ》を鋸《のこぎり》で挽《ひ》くこと、またそれを業とする人。⇒榑

畔　くろ　田と田の境、あぜ。畦、壠、壟も同じ。田地売券の四至記載に、あて字で黒と書かれることもある。

蔵人　くろうど　天皇の側近にあって諸々の用をつとめる令外官。設置時については諸説がある。平安初期に置かれ、別当（一人）、頭（二人）、五位蔵人（二～三人）、六位蔵人（五～六人）。

蔵人所　くろうどどころ　蔵人の事務を扱う令外官。弘仁元年（八一〇）の薬子の変に際して巨勢野足と藤原冬嗣を頭《とう》に任じたのに始まるという。⇒蔵人《くろうど》

蔵人大夫　くろうどのだいぶ　六位蔵人が巡爵で五位に昇り退職した者をいう。

蔵人町　くろうどまち　蔵人が宿舎とした屋舎。後涼殿の南、校書殿の西にあった。

黒韋　くろかわ　藍《あい》で深く染めた藍韋《あいかわ》。調度・武具・馬具類に用いる。

黒酒　くろき　黒色をした酒。新嘗祭・大嘗祭などに供える酒。醴酒に焼灰を入れたもので、焼灰を入れないのが白酒《しろき》。

黒木造　くろきづくり　皮つきの丸太を使った建物。素朴な原初的な建造物。黒木を用いた鳥居を黒木鳥居といい、野宮《ののみや》に実例がある。

黒き人　くろきひと　平安中期頃から、四位以上の官人の束帯の袍が黒色であったので、四位以上の官の称となる。五位の人は「赤き人」という。

九六銭　くろくせん　銭九六文を一〇〇文として通用させる慣行。緡《さく》（緡《ぜにさし》）に一文銭九六枚をさして一〇〇文として用いた。鎌倉時代から九七文を一〇〇文とする風があり、差額の三文を目銭《めせん》といった。一六世紀半ばから九六文となった。
〈文献〉小葉田淳『日本の貨幣』至文堂。

黒鍬　くろくわ　①戦国時代、築城・開墾・道普請《みちぶしん》などに従った人夫。②江戸城内の雑役に従った下級の者。③江戸時代の土工のこと。

黒御所　くろごしょ　尼寺、尼門跡《あまもんぜき》の寺をいう。⇒門跡《もんぜき》

黒米 くろごめ　いまだ精白していない玄米のこと。

黒銭 くろぜに（せん）　中世後期に流通していた悪銭の一種。

黒田 くろだ　①稲を植えつける前の田、あるいは稲の植わっていない田。②稲を刈り取ったあとまだ耕していない、切株の残っている田のこと。

黒戸 くろど　清涼殿の北の、弘徽殿《こきでん》へ延びる廊に出る戸のこと。

黒鳥子 くろとりこ　今様の秘曲の一つ。風俗系の歌。美濃国青墓の傀儡女《くぐつめ》に伝えられた歌。

黒袍 くろほう　黒染の袍。令制では、一位の袍は深紫、二、三位は浅紫、四位は深緋であったが、平安後期には四位以上は黒袍となった。

黒山 くろやま　他界への入口と観念されるような、境界としての聖性とタブーを伴った山地、あるいは、人力の及ばぬ、天然樹林のうっそうと生い茂った山地。黒色が境界の色彩象徴として位置づけられるとの主張がある。しかし「クロ」は黒だけではなく、畔《くろ》あるいは黒木山（黒木とは常緑の針葉樹）の意で用いられることもあり、直ちに聖性を云々することはできないとの批判もある。
〈文献〉黒田日出男『境界の中世　象徴の中世』東京大学出版会。

桑 くわ　葉を蚕《かいこ》の飼料とする。桑畑で栽培するのは江戸時代からで、古代・中世には一本仕立であった。したがって面積表示はせず、「桑五十本」というように本数で示した。
〈文献〉鑄方貞亮『日本古代桑作史』大八州出版。

鍬 くわ　古代では調の雑物とされ、官人の季禄として支給された。開墾用には唐《から》鍬《ぐわ》、一般の耕起には打ち鍬、中耕除草や土寄《つちよ》せには引鍬を用いた。
〈文献〉飯沼二郎・堀尾尚志『農具』法政大学出版局。

加拍子 くわえひょうし　雅楽の曲の終末へかけて打楽器パートにあらわれる臨時的なリズム型。

桑代 くわしろ　桑にかけられた年貢。鎌倉時代、美濃国茜部荘《みののくにあかなべのしょう》では綿（真綿《まわた》）で納めていた。

桑手 くわて　桑年貢として桑以外の物で納める物をいうのであろうが、未詳。桑代《くわしろ》に同じか。

桑門 くわのかど　「そうもん」の訓読み。僧侶、出家《しゅっけ》のこと。緇門《しもん》も同じ。

桑弓 くわのゆみ　桑の木で作った弓。男子が生まれたとき、桑弓で四方を射て、子の立身出世を祈った。

裙 くん　令制の礼服の腰から下を覆う裳《も》。

曛 くん　⇒ゆうひ

軍 ぐん　⇒いくさ

郡検田所 ぐんけんでんしょ　平安時代の郡の組織の一つ。検田のことを掌る。

群行 ぐんこう　伊勢斎宮が伊勢の斎宮御所に赴くことをいう。三年の精進潔斎のあとの九月に行われた。道筋は、京都―大和―伊賀―伊勢と、京都―近江―伊勢の二通りがある。

郡郷地頭 ぐんごうじとう　国衙領の郡や郷に設置された地頭。国《くに》地頭に対する語。

勲功賞 くんこうしょう　武士の功労・手柄に対して与えられる恩賞。

郡司 ぐんじ　郡の官人。多く在地の豪族層に属し、在地の実情に詳しく、荘園領主を援けて荘園の設定・運営の実務に当たるものが多かった。
〈文献〉米田雄介『郡司の研究』法政大学出版局。

郡司加徴 ぐんじかちょう　平安時代、郡司得分とされた段別一升の加徴米。鎌倉時代、これが下司《げし》の所得となった例が、高野山領備後国太田荘で見られる。
〈文献〉阿部猛『日本荘園史』大原新生社。

郡司詮擬 ぐんじせんぎ　諸国郡司のうち大領・小領について、試郡司の結果に基づき四月二十日以前に式部省が郡司候補者を選衡《せんこう》すること。天皇の前で詮擬文を読奏し認定を受ける。

郡収納所 ぐんしゅうのうしょ　平安時代の郡の組織の一つ。官物・利稲などの収納を掌る。

軍勢催促状 ぐんぜいさいそくじょう　将軍・守護・大名らが配下の武家に対して、戦場への参陣をうながす書状。直状形式であるが、とくに書式はない。南北朝以後増加する。後醍醐天皇が綸旨の形で出した軍勢催促状も多い。例示する。

道覚(牛屎)相二率勇健之士一
可ㇾ致二戦之忠節一、於ㇾ有二
勲功一者、可ㇾ被ㇾ行二勧賞《けんじょう》一
者
綸旨如ㇾ此、悉ㇾ之
元弘三年四月廿三日　勘解由次官(高倉光守)（花押）

裙帯 くんたい　女官が正装したとき、裳《も》の帯の余りを腰に結び飾りとしたもの。

郡代 ぐんだい　室町・戦国時代、もと守護代《しゅごだい》といわれた、一郡・二郡を支配した役職。警備・租税のことを掌る。江戸時代郡奉行《こおりぶぎょう》、大代官《おおだいかん》などとも称した。江戸時代には勘定奉行配下にあって、幕府直轄地の支配に当たった職。

軍団 ぐんだん　律令制下、諸国に置かれた兵団。国司の所管。令制では軍団の規模は兵員一〇〇〇人の一種類であるが、実際には兵士一〇〇〇人、兵士六〇〇人、兵士五〇〇人以下の三種あった。そのモデルを示すと〈表〉の如くである。延暦十一年（七九二）一部を除いて軍団は廃止された。軍団の装備は、兵士個人が用意するものは、弓一張、弓弦袋《ゆんずる》（弦巻）一口、副弦《そえ》（予備の弦）二条、征箭《そや》五〇隻（のちに三〇隻）、胡簶《やなぐい》一具、大刀《たち》一口、刀子《かたな》（長さ一尺以下の刀）一枚、礪石《といし》一枚、藺帽《いかさ》一枚、飯袋一口、水甬《おけ》一口、塩甬一口、脛巾《はばき》（脚絆《きゃはん》）一具、鞋《からわらぐつ》（唐麻履、一般には草鞋）一両であった。他に火（兵士一〇人）ごと、隊ごとに備えるべきものが定められていた。
〈文献〉野田嶺志『律令国家の軍事制』吉川弘文館。

軍団の規模と兵員

兵士数	毅		主帳	校尉	旅帥	隊正
	大毅	少毅				
1000人	1	2	1(2)	5	10	20
600 人	1	1	1	3	6	12
400 人	1		1	2	4	8

（「500 人以下」は仮に 400 人とした）

軍忠状 ぐんちゅうじょう　戦いに参加した武士が、自分を含めて一族郎等の戦功を記して大将に提出する文書。大将（または奉行人）が証判を加えて当人に与える。後日の行賞の証拠とする。

郡中惣 ぐんちゅうそう　戦国期、土豪、地侍が形成した郡を単位とする一揆結合。地域的な軍事連合であり、地域の秩序維持に当たる政治的組織。近江国甲賀郡の郡中惣は著名。
〈文献〉宮島敬一『戦国期社会の形成と展開』吉川弘文館。

郡　牒 ぐんちょう　牒は、官司から官司に準ずべき所、もしくは官司に非ざる所へ出す文書で、郡牒は、郡が出した牒。正暦二年（九九一）大和国添上郡が大和国使に宛てた牒がある。
〈文献〉相田二郎『日本の古文書　上』岩波書店。

郡稲　ぐんとう　律令制下、各郡に置かれた官稲で、出挙の利を諸国貢献物や土毛の代価に宛て、また郡の雑用に宛てたものと思われる。
〈文献〉阿部猛『律令国家解体過程の研究』新生社。

群盗　ぐんとう　集団をなす盗賊。『今昔物語集』に盗賊集団の実態を示す説話が多く見られる。

郡公文預　ぐんのくもんあずかり　公文を扱う郡の下級職員。天慶三年（九四〇）頃、因幡国《いなばのくに》高草郡にこの職があり、東大寺田の調査に従った。

郡検田所　ぐんのけんでんしょ　郡の機関の一つ。検田を扱う。

郡収納所　ぐんのしゅうのうしょ　郡の機関の一つ。官物・利稲などの収納をつかさどる。

郡調物使　ぐんのちょうもつし　郡の調を徴収するため国衙から派遣される使者。国司のうち一人が任命される。納入を拒否する者の財産を検封《けんぷう》（差押《さしおさ》え）することができた。
〈文献〉阿部猛『日本荘園史』大原新生社。

軍配者　ぐんばいしゃ　軍陣の配置進退を指揮する者、軍者、大将。

郡判　ぐんばん　郡内の諸機関や個人から提出される土地・財産の売買・譲与や紛争解決、文書紛失などのとき、郡が認可・裁定の署名を加えたもの。平安末期には見られなくなる。

軍布　ぐんぷ　⇒め

郡夫　ぐんぷ　小田原北条氏が徴発した夫役。一郡単位が賦課された人夫役か。

郡奉行　ぐんぶぎょう　室町時代、守護領国内で郡単位に置かれた奉行（郡代）。守護役の徴収実務に従った。守護役の中から礼物（銭）や役夫銭を所得とした。

軍役　ぐんやく　「ぐんえき」とも。武士が将軍や大名に対して負う軍事的夫役。鎌倉幕府の御家人役、室町幕府の在京奉公、荘園奉公。所領の規模に応じて賦課される。

軍立　ぐんりつ　⇒いくさだち

郡領　ぐんりょう　令制で、郡司の大領、小領。

郡老　ぐんろう　九、一〇世紀の郡司解や売券に加署している。他に郡の検校・権検校も署判している。地域の調庸物徴収を請負った専当郡司と呼ばれるものであろう。

け

笥　け　物を入れる器《うつわ》。とくに食物を盛る器をいう。

褻　け　日常的な私ごと。ふだん、つねの状態。よそいきでないこと。対は晴《はれ》。

毛　け　田畠の作物。作毛《さくげ》ともいう。

異　け　①他のものとは異なること。②他にくらべてきわだっている。③心ばえがすぐれているさま。④殊勝である。「けな人」「けのもの」などという。

日　け　日かず、日数。

卦　け　易《えき》で占った結果出る象《かたち》。陰・陽と、乾《けん》・兌《だ》・離《り》・震《しん》・巽《そん》・坎《かん》・艮《ごん》・坤《けん》の八つを基本とし、これを八卦《はっけ》という。易経ではこれから更に組み合わせによって六十四卦とし、これで天地の間のあらゆる変化を読み取り吉凶を判断する。

解　げ　下級の官司から上級官司に提出す

る文書。実際には個人から提出されるもの。受取人が個人であるものもあって、牒《ちょう》や辞《じ》と同じ機能を果たした。「解《げし》申請《もうしこう》……裁事《さいのこと》」と事書《ことがき》に書かれる。

夏安居 げあんご　僧侶が、陰暦四月十六日から七月十五日までの間、一室に籠って修行すること。

啓 けい　①「公式令」に定められた公文書の様式の一つで、下から皇太子および三后に奉《たてまつ》る文書。②奈良時代、個人の間で交わされた往復書簡。

圭 けい　畦のことか。検田帳などに所見。

頃 けい　「しろ」と読み、代《しろ》に同じ。⇒代

磬 けい　磬も同じ。古代中国の打楽器。枠《わく》の中に石盤を吊《つ》り、角製の槌《つち》で打つ。わが国では仏具として用いられた。

契 けい　古代の割符。固関《こげん》についての関契は木製で、固関の都度作られた。

畦 けい　⇒くろ

外位 げい　律令制下、地方官に与える位階の系列をいう。「養老令」では、外正五位上から外少初位下まで二〇階。もとは郡司・軍毅・国博士・帳内《ちょうない》・資人《しじん》など外官に与えられるものであったが、奈良時代中期以降は原則が崩れ、しだいに姓の下位の者に与えるものとなった。

涇渭 けいい　中国の陝西《せんせい》省の涇水《けいすい》と渭《い》水《すい》の二つの川。涇水は濁《にご》り、渭水は澄んでいる。そこから、あい反する、清濁、善悪、真偽の意となる。

経営 けいえい　①縄張りして普請をすること。②饗応接待する。③計画・工夫する。④いそぎ、あわてること。忩忙・周章。

軽貨 けいか　米を重貨というのに対して織物のこと。

計会 けいかい　①律令制下の用語。計はかぞえる、会は照合するの意。官庁相互に授受する公文書について計会が行われる。②計会作業が複雑・繁忙をきわめるので、そこから、入り交《まじ》る、重なり合う、取り込む、差支える、困窮するの意となる。

経廻 けいかい　「けいがい」とも読む。①めぐりあるく、まわりあるく。②滞在する。③日をすごす、生きながらえて年月を経る。

計会帳 けいかいちょう　律令制下、文書の発信・受信の記録をとり、両者を照合するに作られた帳簿。「出雲国計会帳」（天平六年分）などが現存する。

挂冠 けいかん　冠を脱《ぬ》いで柱にかけることで、官職をやめること。

景気 けいき　①物事のありさま、気配《けはい》、眺望《ちょうぼう》。②和歌・連歌・俳諧で、景色や情景が写生的に、しかも知的興味をふまえて詠み出されたもの。③人気、評判。

傾奇 けいき　あやしむ、不思議に思う。「未曾有事也、万人無レ不二傾奇一」などと用いる。

京畿 けいき　皇居をその域内に持つ地の意、転じて都。また京都に近い山城・大和・河内・和泉・摂津の五か国。

計議 けいぎ　相談する、そのはかりごと。「何《いずれ》も若輩《じやくはい》候間、甲斐甲斐敷《かいがいしく》致二計議一得間敷《えまじく》候間、可レ有二御心安一候」と用いる。

軽挙 けいきょ　①身がるにとぶこと。②軽率な行動をすること。

驚遽 けいきょ　驚きあわてること。

敬啒 けいくつ　磬屈とも書く。首をたれてかしこまる、腰を折って敬礼をする。磬折《けいせつ》に同じ。⇒磬折

鯨鯢之脣 げいげいのしん　くじらのくち。鯨は雄くじら、鯢は雌くじらのこと。「任二身於鯨鯢之脣一」といえば、くじらに呑み込まれ命を失う危険をいう。

稽古 けいこ　①古《いにしえ》を稽《かんが》えることで、物

事のかつてあったことをかえりみ、これからのことを正確に知る。②学問をする。③練習する。④修行を積み、学識・才能を評価されること。

警固 けいご　非常事態に供えて警戒、周囲を固める、警護する。

傾国 けいこく　①国家の存立を危くすること。②傾城《けいせい》と同じで、美人、美女。③遊女のこと。

警固田 けいごでん　平安初期、新羅の海賊の侵攻に備える兵士の食料田。貞観十五年（八七三）筑前国《ちくぜんのくに》に一〇〇町を置いた。弘安八年（一二八五）の「豊後国図田帳《ぶんごのくにずでんちょう》」に「府警固田」と見える。

警固舟 けいごぶね　中世の水軍、海賊や敵水軍から輸送船を護る軍船。

家司 けいし　律令制の家《け》（三位以上の貴族の家）の庶務を掌るものを家令《かれい》といったが、平安初期からは家司の称が用いられた。一〇世紀以後、摂関家では受領《ずりょう》や出納、警察の事務に精通する者を家司に抱えた。
〈文献〉柴田房子「家司受領」（『史窓』二八）。

擎子 けいし　土器《かわらけ》などを載《の》せる台。

屐子 けいし　「けいち」ともいう。下駄や足駄の類のはきもののこと。

傾之 けいし　⇒小時《しばらくして》

傾日 けいじつ　このごろ、近頃、先日。

稽首 けいしゅ　①稽は深く礼拝する意。うやうやしく礼をする。②書簡の末尾に記し、敬意を表する。頓首と同じ。

経書 けいしょ　儒教の基本的な教えを記した書物で、四書、五経、十三経などの類をいう。

契状 けいじょう　契約証文。売買・賃借・譲与・和与・寄進・請負などや一揆の契約も含む。

卿相雲客 けいしょううんかく　卿相は太政大臣・左大臣・右大臣・内大臣および大納言・中納言・参議など、雲客は四位以上と六位の蔵人、昇殿を許された官人のこと。

啓陣 けいじん　東宮・東宮妃・三后が外出したとき、また儀式を執行するとき、六衛府の官人が警衛に当たることをいう。

軽税 けいぜい　令制で、官人給与（月俸）に宛てるために正税に添加して徴収された稲また銭。天平二年（七三〇）「大倭国《やまとのくに》正税帳《しょうぜいちょう》」、同年「紀伊国正税帳」などに所見。
〈文献〉井上辰雄『正税帳の研究』塙書房。

磬折 けいせつ　「けいせち」とも読む。立ったまま腰を深く折って礼をすること。

境内 けいだい　①境界の内《うち》がわ。②寺社の敷地内。③領主の支配する領域内。したがって、場合によると、郡内、国内の意に用いる。

計帳 けいちょう　律令制下、戸主による戸口の実情報告書（手実《しゅじつ》）に基づいて作成された帳簿で、戸籍とともに、人民把握のための基本帳。

京兆尹 けいちょういん　左右京職大夫の異称。

京兆少尹 けいちょうしょういん　左右京職亮の異称。

京兆府 けいちょうふ　左右京職の異称。

圭田 けいでん　①神田のこと。圭は潔《きよい》の意で、その田の収穫物を祭祀用に宛てる。②圭は角《かど》の意で、尖《とが》った角のある形をした田地。

惸独田 けいどくでん　困窮して、みよりもない者を救済するために設けられた田地。摂津国にあり、国司が耕種する不輸租田であった。行基の奏請によって設置されたという。

傾年 けいねん　このとしごろ、近年。

傾杯楽 けいはいらく　唐楽。大食調《たいしきちょう》の曲。皇帝太宗・玄宗の作という。舞があったが、伝わらない。

警蹕 けいひつ　天皇の出入、行幸、供御などのときに、人びとに告げるためと、邪気を払うため、「おし」と唱えること。天皇以外では、神を迎えるとき、また高官の参内の先払いなども行う。

敬白 けいびゃく　①あいてを敬《うやま》って白《もう》す(申す)こと。②経文の一部だけを読むこと。

系譜 けいふ　家譜、系図。〈文献〉義江明子『日本古代系譜様式論』吉川弘文館。

刑部 けいぶ　刑部省の異称。

兄部 けいぶ　⇒このこうべ

刑部尚書 けいぶしょうしょ　刑部卿の異称。

刑部侍郎 けいぶじろう　刑部輔の異称。

桂芳坊 けいほうぼう　内裏外郭北面の朔平門内の東にあった坊。「和名抄」は、ここに楽所があったと記す。

敬法門 けいほうもん　朝堂院二十五門のひとつ、西側の回廊の西面の門。東の回廊の感化門にあい対する。

鶏鳴 けいめい　①一番鶏《どり》が鳴く頃、丑の時、午前二時頃。②夜明け。

鶏鳴楽 けいめいらく　啓明楽とも書く。唐楽。盤渉調《ばんしきちょう》の曲。深夜還御のとき奏した。舞はない。

競望 けいもう　ひとつの物を取ろうとして、他人とせりあうこと。

軽物 けいもつ　「かるもの」とも。絹布類を指していう。中世後期、軽物の特権的な取引を行う軽物座があった。

計略 けいりゃく　①はかりごと、工夫。②管理すること。「所領地者、丹生権現御進止山地、高野明神御計略庄園也」と用いる。

経略 けいりゃく　①制を作り国を治めること。②四方の敵地を攻めること。略は、かすめ取るの意。

計歴 けいれき　⇒けりゃく

家印 けいん　古代、貴族の家政機関などの印。古代の印章は官印と私印があり、私印は個人印と家印の二種があった。家印で最も古いのは天平宝字二年(七五八)の「恵美家印《えみけいん》」である。私印についての規定はないが、私印の使用は国から認可されるもので勝手に用いることはなかった。しかし貞観十年(八六八)には私印の使用が法的に認められた。鎌倉・室町時代には禅僧の間で私印を捺《お》すことが流行し一般へも普及していった。〈文献〉荻野三七彦『印章』吉川弘文館。

外印 げいん　太政官の印。方二寸五分の鋳銅製で、六位以下の位記や太政官符などに捺《お》す。

悔過 けか　三宝に罪過を懺悔《ざんげ》する意、それを儀式化した法会。

穢 けがれ　人間を不幸にすると信じられた不浄《ふじょう》。死穢《しえ》・産穢・月事穢・殺人穢・改葬穢・獣死穢・傷胎穢・失火穢・喫肉穢・食五辛穢・触穢《しょくえ》などがある。穢に触れることを触穢という。その場合、一定期間、神事・参内はできない。穢の種類により忌《いみ》の期間が定められていて、最も長いのは人の死穢で三〇日間である。平安時代の貴族たちは規定を守り、公的な職務や私生活を制約すること大であった。

懈緩 けかん　「かいかん」とも。ゆるむ、怠り。⇒懈怠《けたい》

下官 げかん　①下級の官職。②公卿などが卑下《ひげ》して自分自身を指す語。

外官 げかん　律令制で、在京しない官職の称。国司など。

解官 げかん　官職を解くこと、免官、免職。

外官除目 げかんじもく　⇒県召除目《あがためしのじもく》

外記 げき　太政官の少納言の下にあり、大外記・少外記(各二人)・史生(二〇人)

より成る。内記が作る詔勅の草案を訂正し奏文を作る。また恒例・臨時の儀式行事を奉行する。平安末期から大外記の官は中原・清原家の独占するところとなり局務と称した。

劇官 げきかん　仕事のいそがしい官職、激職。

外記局 げききょく　外記庁。内裏の建春門外にあった。⇒外記《げき》

屐子 げきし　⇒けいし

外記政 げきせい　内裏建春門の東に大臣以下公卿が候し、外記が直侍する太政官候庁（外記庁）が設けられると、同庁で聴政が行われるようになり、これを外記政といった。本来政務は、朝堂院で行われるものであったが、のち太政官曹司庁で行う官政にうつり、更に外記政とかわった。
〈文献〉橋本義則「外記政の成立」（『史料』六四―六）。

外記代 げきだい　大外記・少外記に故障があるとき臨時に任命され外記の職務を代行した者。

外記大夫 げきたいふ　外記で五位にのぼった者。大夫とは五位の総称。

外記日記 げきにっき　外記が執務の補助資料として記した日記。日々の事柄を記した日次記《ひなみき》と臨時・恒例の行事について記した別日記がある。

外記町 げきまち　外記庁に詰める下級官人や地方から差発されて雑役に従う者たちの居住区。平安京の左京一条二坊四町にあった。

下却 げきゃく　①下し遣わす。②返却、つきかえす。

解却 げきゃく　官位を免ずること。「見（現）任を解却する」という。

下御 げぎょ　天皇・皇后など貴人が車をお降りになること。

下行 げぎょう　①上位の者が下位の者に米銭などを給与すること。②寺院において、法会《ほうえ》・祭礼《さいれい》の費用を授けること。③地頭が農民に食料を給したり、損免を認めたりする場合も「下行する」という。「日別充二壱升伍合一、永下二行観世音寺金堂仁王長講仏供料一事」と用いる。

現行 げぎょう　「げんぎょう」とも。①神仏などが形をあらわすこと。②蜂起、挙兵。③出陣。④露顕するの意。

下行米 げぎょうまい　①上位の者が下位の者に給する米。②支払いの米のこと。⇒下行《げぎょう》

下行枡 げぎょうます　荘園領主が支払い（下行）のために用いる枡。支払いの対象・目的によって、さまざまに呼ばれる。長講斗《ちょうこうと》、仏聖斗《ぶっしょうと》、会所斗《えしょと》など。年貢米を取りたてるときの収納枡より容量が小さいのがふつうである。
〈文献〉宝月圭吾『中世量制史の研究』吉川弘文館。

毛沓 けぐつ　靴氈《かせん》（靴の上部立挙《たてあげ》の部分）を錦織の毛氈《もうせん》で巻いた毛皮製の半靴《ほうか》。とくに検非違使以下衛府の官人の馬上沓として用いられたが、一般にも乗馬用として用いた。

毛車 けぐるま　牛車《ぎっしゃ》の車箱を種々の糸の縒《よ》り糸で飾ったもの。婦人用。

下下田 げげでん　生産高による田地の等級の一つで最下級の田。「延喜式」で公田の穫稲を上田五〇〇束、中田四〇〇束、下田三〇〇束、下々田一五〇束としている。令制の易田《やくでん》に相当する。

花籠 けご　花筥《かご》とも書く。仏事に用いる散華《さんげ》を入れる籠。

家子 けご　①家の者、妻子。②下部《しもべ》。

下戸 げこ　①令制における戸の等級で、構成員の少ない戸。②酒の飲めない人のこと。中世以来の用語か。対は上戸《じょうご》。

外護 げご　仏道修行の人に身心の安穏を与えること、またその人。

下向 げこう　都から地方に赴くこと。受領などが都から地方へ出かけること。また荘園領主の命を受けて雑掌などが荘園現地に向かうこと。

外考 げこう　外位《げい》の考課。郡司・国博士・帳内・資人の位階は通常の位階（内位）より低く、勤務評定の方法も異なっていた。

外国 げこく　京・畿内に属さない諸国をいう。外国の民は京・畿内の民の二倍の庸《よう》を負担した。

下剋上 げこくじょう　下尅上、下克上、下刻上、下極上などとも記される。下位の者が上位の者にうちかち、現状を否定し、秩序を逆転させる意。鎌倉期以後用いられた言葉。室町期、土一揆の頻発に当たり、支配階級は「下剋上の至りなり」などとその日記に書いている。

下小畠 げこはたけ　未詳。地力の低い最下等の畠のことか。

警固役 けごやく　関銭の一種。元来は年貢運送の安全のために警固する意であるが、地方の水軍（海賊）が安全保障の代償として船舶から徴収したもの。

〈文献〉相田二郎『中世の関所』吉川弘文館。

華厳会 けごんえ　毎年三月十四日に、東大寺で行われた法会。同寺十二大会の一つで、華厳経を読誦し講讃する。

袈裟 けさ　僧侶の着る法衣。青・黒・木蘭色の三種の濁った色で染めるので袈裟（濁の意）の名がある。細長の布を縫い合わせて布とし作るので、その枚数にしたがい、五条、七条、九条、二五条の袈裟などがある。

解斎 げさい　神事の斎式を解き平常に戻ること、物忌《ものいみ》を終える。神今食《じんこんじき》の神事のあと、解斎の天皇が食する粥《かゆ》を「解斎の御粥」という。また天皇が物忌を解くとき使う御手水《おちょうず》を「解斎の御手水」という。⇒神今食

外財 げざい　下財、下宰、外才、外材、芸材、下細、外在とも。①職人の生業をさす。②鉱山の従業人。③鍛冶屋《かじや》、樵夫《きこり》の作った山中の杣屋《そまや》。

〈文献〉網野善彦『日本中世の非農業民と天皇』岩波書店。

下作職 げさくしき　「したさくしき」とも。中世の農民的土地所有における重層的職《しき》の末端の耕作権。一般には、年貢・加地子を未進すると改易される。

〈文献〉竹内理三編『土地制度史 I』山川出版社。

下作人 げさくにん　「したさくにん」とも。名主のもとで直接田畠の耕作に従事した小百姓層《こひゃくしょうそう》。年貢・加地子《かじし》・作徳《さくとく》を負担した。名主に夫役労働を徴収されて、独立性の弱い農民。作職所有者（作人《さくにん》）を下作人と呼ぶこともある。

袈裟銭 けさせん　室町時代、奈良東大寺郷などで、袈裟用途の名目で徴収した銭。

見参 げざん　「げんざん」とも。①古代、節会《せちえ》、宴会に出席すること。②目下の者が目上の者に対面すること、またその反対も。③武士が主従関係を結んだとき、両者が直接対面すること。「見参に入る」という。見参に入り名簿《みょうぶ》（自分の名を書いた札）を捧呈（名簿打ち）して主従関係を結ぶ。

〈文献〉中田薫『法制史論集　二』岩波書店。

見参料 げざんりょう　「げんざんりょう」とも。下司職・名主職に補任《ぶにん》された者が出す礼銭であるが、それが荘民に転嫁された。見参《げざん》とは主従関係の成立に伴う儀式。⇒見参

夏至 げし　二十四節気の一つ、太陽が黄道上の九〇度の点を通過する時をいう。

新暦の六月二十二日に当たる。北半球では南中の高度が最も高くなる。

下　司　げし　荘園管理組織上、政所《まんどころ》・公《く》文所《もんじょ》を上司《じょうし》、預所《あずかりしょ》を中司《ちゅうじ》という。下司には、公文・田所・案主・惣追捕使《そうついぶし》・押《おう》領使《りょうし》があったが、鎌倉末にはその区別がなくなり、下司・公文・田所を三職《さんしき》と称した。

〈文献〉竹内理三『寺領荘園の研究』吉川弘文館。

下司請　げしうけ　中世、下司《げし》として荘園年貢を請負うこと。⇒下司

気　色　けしき　高貴な人の御意《ぎょい》、思召《おぼしめ》し。「御気色《みけしき》を候《うかが》う」などと用いる。顔色をうかがう、御機嫌《ごきげん》をうかがうの意。

下食日　げじきび　陰陽道でいう凶日の一つ。天狗星の精が地に降って食を求める日。種子まきや苅取りを避け、また沐浴を避ける。

下司給田　げしきゅうでん　下司の職務に対して与えられる田。年貢は免除される。

下司替任料　げしたいにんりょう　下司に任ぜられた者が荘園領主に納める任料。鎌倉中期以降、銭で納める場合が多くなった。

下死人　げしにん　解死人《げしにん》、下手人《げしゅにん》とも書く。殺人の加害者。また真の加害者ではないが殺人・致死に責任のある者をいう。

下司名　げしみょう　荘園で、下司の職務の代償として与えられる名《みょう》であるが、開発領主がその田地を荘園領主に寄進して下司に任ぜられた場合、別名《べつみょう》として雑役免除の特権の認められた田地。田地の一部は下司の直営、他は荘内農民に請負い耕作させた。

下司免　げしめん　下司給田は年貢免除、下司給名は公事免除の特権を与えられていた。これらの特権をいう。

解申請……裁事　げしもうしこう……のさいのこと　上申文書「解《げ》」の書き出し。「(以下の事柄について) 御裁定をいただきたく申しあげます」の意。

牙　笏　げしゃく　象牙で作った笏。律令制下で、官人は、職事《しきじ》官《かん》の主典《さかん》以上の者には笏を持たせたが、五位以上は牙笏、六位以下は木笏《もくしゃく》とした。しかし平安初期には把笏《はしゃく》官人の範囲は広がり下級官人層全般に及んだ。と同時に、牙・木の区別も意識されなくなり、みな木笏を用いるようになった。笏は、長さ一尺二寸～一尺六寸、幅は三寸ていど、厚さは三～五分とする。

下　女　げじょ　①身分の低い女。②下働きの女。③武士に仕えた女中、下女衆。④淫売女、女郎。

〈文献〉阿部猛『平安貴族の実像』東京堂出版。

解　除　げじょ　①天皇が喪服を脱ぐ儀式。②けがれをはらい清めること。祓《はらえ》のこと。

化粧田　けしょうでん　「けわいでん」とも読む。女子の嫁入りに際しての持参田。銭の場合は敷銀《しきがね》という(いわゆる持参金)。武士の社会では、中世に分割相続が行われ、女子にも相続権があったが、一四世紀頃からそれは一期《いちご》分《ふん》(女子の一生《いっしょう》の間のみ知行)に変わり、やがて相続権が消滅し、化粧田のみとなった。

外　陣　げじん　「がいじん」とも。社寺において、本殿・本堂の建物のうち、神体・本尊を安置する内陣《ないじん》に対して、その外側にある拝礼所をいう。

解　陣　げじん　平安時代、宮中で臨時に警備の配置をしたものを解散すること。文字どおり、警固の陣を解くの意。例えば賀茂祭の警固を解くことなど。

下　衆　げす　下種、下主、下司とも書く。①身分が低く、素姓《すじょう》の卑しい者。②下品《げひん》であること。

下種法師　げすほうし　身分の低い僧侶、

下級の僧。

削　木　けずりき　皮を剝《は》いだ白木。儀式で用いる。大嘗会《だいじょうえ》のとき、警蹕《けいひつ》を唱える采女朝臣が手に持った。⇒警蹕

削　花　けずりばな　削掛《けずりかけ》も同じ。木の先を細く削り、花のように作った造花《ぞうか》。仏《ぶつ》名会《みょうえ》に使った。江戸時代、正月十四日に、邪気を払い福を招くまじないとして門戸に掛けた。

削　氷　けずりひ　氷を削ったもので、食用、薬用とした。氷室に貯蔵した氷を夏に取り出す。奈良時代、平城京の市では氷が売られていた。平安時代には、削氷に甘葛を煎《せん》じた甘味料をかけて食べると「枕草子」に見える。

〈文献〉阿部猛『万葉びとの生活』東京堂出版。

削　る　けずる　戦国時代の刑罰の一種で、家名断絶・全所領没収に処すること。「結城氏新法度」に見える。

懸　想　けそう　思いをかける、恋慕する。

下　僧　げそう　修行を積んでいない僧。下《しも》法師、中間《ちゅうげん》法師。

懈　怠　けたい　なまける、怠ること。⇒懈緩《けかん》

外題安堵　げだいあんど　所領・土地の譲状・寄進状、売買の袖《そで》・奥《おく》、あるいは裏など余白に、その行為を承認する旨の文《もん》言《ごん》を記したもの。平安時代一〇〜一一世紀に始まるが、室町期にはほとんど見られなくなる。

〈文献〉佐藤進一『古文書学入門』法政大学出版局。

蓋　けだし　ひょっとすると、もしかするとの意。たぶん。

下　知　げち　「げい」とも。①上から下へ命令すること。②下知状の略。「下㆓知諸国㆒」とか「雑事注文遣㆑之、無㆓懈怠㆒可㆑被㆓下知㆒候」などと用いる。

結　縁　けちえん　仏教用語。仏道に縁を結ぶの意。①写経や法会を営むこと。②大事なものに接する機会を得ること。③事件に連座すること。④親戚・縁者となること。

掲　焉　けちえん　①著しい、きわだっている。「自㆓今暁㆒天霽雲収、神感掲焉」と用いる。②高くそびえる。③晴れがましい。

結解状　けちげじょう　結解とは、官物・年貢の数量、納付令と未納分などを納入者(郡郷司・荘官)で計算し、納入先に知らせること。「結解を遂げる」という。その報告書が結解状である。中世には「散《さん》用状《ようじょう》」の称が一般的になり、室町時代には結解状の呼び名は消える。

下知状　げちじょう　執権・連署が将軍の命を奉じて出す文書。書き止めは「依㆓鎌倉殿仰㆒、下知如㆑件」というようになる。

〈文献〉佐藤進一『古文書学入門』法政大学出版局。

結　番　けちばん　「けつばん」とも。組をつくり順番を定めて役目に従うこと。

家　牒　けちょう　三位以上の家またその家司《けいし》が出した文書の様式。家の出す私的な性格と内容を持った文書。

外長上　げちょうじょう　令制下の官人制で、外位《げい》を授けられる日勤の官人。選考叙位に要する勤務年数は一〇年。

結　鎮　けちん　中世村落の正月行事で、歩射《ぶしゃ》ともいい、弓箭《ゆみや》の霊力で悪魔払いをするもの。一年の農耕の無事と豊作を祈る。そのための費用を結鎮銭といった。京都の賀茂別雷神社《かもわけいかずちじんじゃ》では、御棚会《おたなえ》神事の費用として御結鎮銭《みけちせん》を所領境内諸郷に賦課していた。

〈文献〉須磨千頴『賀茂別雷神社境内諸郷の復元的研究』法政大学出版局。

結　界　けっかい　聖なる境域を定めたり、村落の境界を定めるため、結界石を置き、

勧請縄をかけ、また道祖神《さえのかみ》をまつる。
〈文献〉井本英一『境界 祭祀空間』平河出版。

結階 けっかい　律令制下、官人の考課に基づいて昇級させるべき位階を定めること。その手続きは難解である。
〈文献〉野村忠夫『律令官人制の研究』吉川弘文館。

月華門 げっかもん　内裏内部の西門。右近陣ともいう。北は校書殿、南は安福殿。正月の賭射《のりゆみ》はこの門を入った所（南庭の西側）で行われた。

闕官 けっかん　欠官とも。現任者の欠けている官職。

闕官田 けっかんでん　令制下、無主の職田《しきでん》をいう。官職に対して与えられる職田が、現職の者が交代し、いまだ後任者が定まらないため無主となっているもの。闕官田は地子田として農民に耕作させ、収得した地子は正税に混合した。
〈文献〉阿部猛『律令国家解体過程の研究』新生社。

結句 けっく　①詩歌の結びの句。②物の終わり。③とどのつまり、あげくのはて。④却って、むしろ。

結構 けっこう　組み立ててつくりあげるの意。①計画、たくらみ、用意。②十分である、満足のさま。③心がけが良い、気立がいい。

闕国 けっこく　国守が欠員である国。「受領《ずりょう》に成らむと申しけるに、除目《じもく》の時闕国无《な》きに依て、成されざりけり」と用いる。

闕字 けつじ　欠字とも。文章・語句の中に、あるべき文字が欠けていること、またその字。文章中、帝王や高貴な人の称号が出たとき、敬意を表して一字ないし二字分空《あ》けておくこと。

月借銭解 げっしゃくせんげ　古代の、一か月単位の銭の高利貸付についての申請書。利息は月に一三パーセントで、質物には布・家地《やち》・口分田などが宛てられた。正倉院文書中に見える。

闕所 けっしょ　①欠けている不十分なところ。②持ち主のない土地。中世に、罪を犯して没収されたり、裁判で改替されたりした荘園の諸職。③中世に財産を没収すること。

欠如 けつじょ　闕如も同じ。①欠けている、不足である。「彼押領《おうりょう》に依《よ》って諸事の要脚《ようきゃく》悉《ことごとく》闕如す」と用いる。②闕字に同じ。③省略する。

闕請 けっしょう　法会に参加する僧に生じた欠員、請僧《しょうそう》の欠員。⇒請僧

決定 けつじょう　①疑いのないこと。②副詞的に用い、きっと、必ずの意。「御《み》方《かた》決定打ち負け候ひぬと覚え候」と用いる。

血書願文 けっしょがんもん　墨や朱に血を混ぜて書いた願文《がんもん》。⇒願文

月蝕 げっしょく　古代に月蝕は凶兆と考えられ忌まれた。月蝕は前もって博士らにより勘申されており、殿上人らは日暮れ前に参入し天皇とともに参籠した。

不㆓血食㆒ けっしょくせず　血食とは、血のついたいけにえを捧げて神を祀ることで、先祖の祭が絶えて国が亡びることをいう。

月水 げっすい　女性の月経のこと。

闕巡 けつずん　宴会で杯《はい》を順に回わし飲み、遅刻者が出席すると罰として杯の回わった回数だけ飲ませたこと。

結政 けっせい　⇒かたなし

月奏 げっそう　毎月一日に、天皇近侍の官人らの前月の上日《じょうじつ》（出勤日数）を天皇に奏上する儀式。皇后・三后近侍の官人の上日の奏は月啓《げっけい》といわれた。

闕退 けったい　休止する、取りやめること。

闕怠 けったい　なおざりにする、なす

べきことをせず怠ける。

闕腋袍 けってきのほう　武官束帯の表衣《うわぎ》。袖付より下腋を縫わない。襖《おう》ともいう。節会・行幸に従う四位以下の武官が着た。また元服前の皇太子や親王・摂家の童形の束帯も闕腋である。

月徳日 げっとくび　古暦で上吉とされた吉日。正・五・九月の丙日、二・六・十月の甲日、三・七・十一月の壬日、四・八・十二月の庚日。

月　迫 げっぱく　①月末《つきずえ》。とくに十二月の末がさし迫っていることをいう。「前々及二月迫一到来之間、歳末年始用途闕乏」と用いる。②産婦が臨月が迫っていること。

血　判 けっぱん　起請・願文などに、花押を捺す場合、墨に血を混ぜて書くもの。

月　俸 げっぽう　律令制下、親王・官人に給与した俸給で、月料とも呼ばれた。米のほか塩・醤・魚などが支給された。これらはお大炊寮の倉庫から支出された。〈文献〉阿部猛『律令国家解体過程の研究』新生社。

月　預 げつよ　荘園の荘官の一種。預所にかわって下級荘官を指揮して年貢の徴収などを行った。

月　来 げつらい　数か月以来、ここ数か月。

欠　落 けつらく　⇒かけおち

欠　料 けつりょう　⇒かんりょう

月　料 げつりょう　親王・内親王以下、京官に給する食料。毎月一〇日に来月分を申請し二五日に支給される。米は大炊寮から、調味料・副食物は大膳職から支給された。

外　典 げてん　仏教の経典以外の書籍。外書《げしょ》ともいう。⇒内典《ないてん》

下　田 げでん　⇒下下田《げげでん》

外　道 げどう　①仏教者が仏教以外の教えをいう。②真理に背く説。③災厄をもたらす悪神。

勇　血 けなげ　勇ましい、勇健であるの意。「於二其庭一致二勇血之働一」と用いる。

家　人 けにん　①律令法においては賤民で、家人・奴婢と併称される。但し家人は家族を構成し家業を持ち、奴婢より上位に位置づけられた。②平安時代には、貴族の従者の意で用いられ、武家においても、家族的奉仕的性格の従者。平安の家人制、源頼朝の御家人制は、右の家人を組織化したもの。〈文献〉大饗亮『封建的主従制成立史研究』風間書房。

外　任 げにん　令制の外官《げかん》（地方官）に任ずること、またその官をいう。

下　人 げにん　平安初期以来の語。下衆《げす》と同意で、身分の低い下賤《げせん》な者をさす。中世の下人も実態は一様ではない。鎌倉幕府法は下人を奴婢《ぬひ》と表現している。人身売買や債務不履行による身代《みのしろ》に取られ下人化する例は多い。下人は主人の屋敷内の下人小屋に居住する場合が多かったが、室町期になると屋敷外に小屋と田畠を与えられて零細な経営を行うようになり、独立化の傾向をつよめた。〈文献〉安良城盛昭『日本封建社会成立史論上』岩波書店。

下人式 げにんしき　式は「……の如きもの」の意で、下人の類の者の意。

外任奏 げにんのそう　外官（地方官）の氏名を奏上すること。元日・白馬・踏歌の節会《せちえ》に、諸国の国司でまだ辞令を貰っていない者、或いはまだ任国に赴いていない者、所用で在京している地方官を参加させるため名前を書き出し外記から奏上する。

褻　晴 けはれ　内《うち》（け）外《そと》（はれ）のこと、私的と公的と。

検非違使　けびいし　平安時代、主として京都の治安維持に当たった令外官。使庁ともいう。長官は別当。その下に、佐・大尉・少尉・大志・少志・府生・看督《かどの》長《おさ》・案主長と放免《ほうめん》がいる。盗賊の逮捕、闘乱・怯戯・強奸の取締り、過差取締り、使の護衛、路次の清掃、正税・官物・地子の徴収など多面的な活動が見られる。〈文献〉井上満郎『平安時代軍事制度の研究』吉川弘文館。

検非違所　けびいしょ　平安時代から、国衙機構内に置かれた所の一つ。警察や裁判のことを掌り、検非違使・別当・目代・執行・行事・判官代・書生・下部等がいた。

下百姓　げびゃくしょう　中世後期、没落した荘官・名主の庇護《ひご》を受けるようになった下人。譜代《ふだい》下人とは区別される。

華瓶　けびょう　仏具のひとつ、花をさして仏前に供える。「かびん」である。

解服　げぶく　忌服のあけること、喪に服する期間の終わること。

解文　げぶみ　⇒解《げ》

外分番　げぶんばん　外位《げい》を授けられる交替出勤の官人。選考叙位に要する年数は一二年。

外弁　げべん　重要な朝儀に際して、大極殿で行われるときは会昌門内、紫宸殿で行われるときは承明門内にあって儀式を統轄するのが内弁《ないべん》で、門外に着して事を行う公卿を外弁という。内弁は内弁大臣（または納言）一人をさすが、外弁は複数を総称し、その上首は外弁上卿《げべんのしょうけい》、外弁上《げべんのしょう》という。

外法　げほう　①仏教以外の教法を仏教側から呼ぶ、外道《げどう》。②天狗を外法様と呼び、それを祖とする僧衆による一種の妖術。

下北面　げほくめん　「かほくめん」とも。院の御所を警固する北面の武士のうち六位の者をいう。

下米　げまい　⇒あめ

下斗　げます　⇒下行枡《げぎょうます》

華鬘　けまん　仏前を飾るため、仏堂内陣の欄間《らんま》などにかける装飾。もとインドでは生花を飾るものであったが、わが国では金属・木材・牛皮などの板に花鳥などを浮彫りにした。

検見　けみ　「けんみ」とも。中世・近世の徴税法の一つ。その年の田畠の作物の出来具合を見て貢租額を決定する。立荘や領主の代替わりなどに行うのを正検《しょうけん》（大検注、惣検）といい、それ以外の検注を内検《ないけん》という。正検により作成された土地台帳を基に、毎年、見作・損・得を調査し貢租額が決められる。

仮名　けみょう　本名をかくし、かりにつけた名前。平安後期以降の所領関係史料などに所見。若狭国国富荘《わかさのくにくにとみのしょう》の開発領主吉原安富が左大史小槻隆職《おつきのたかもと》の仮名であったことは著名である。東大寺の僧侶が、その私領の名主として仮名を用いたことも知られている。また諸国の雑掌が成安《じょうあん》の仮名を用いたことも知られる。また一般に、呼び名、通称を仮名という。

煙たつ　けむりたつ　「烟たつ」とも書く。炊事のかまどの煙がたつことで、生活が成り立つの意。

解由状　げゆじょう　単に解由とも。律令制で、官人が任期を満了して交替の事務引継ぎを完了したことを証する文書。地方官は、解由状を得て都に帰ることができた。〈文献〉長山泰孝『律令負担体系の研究』塙書房。

下用　げよう　「けよう」とも。①賤しい者の食する飯米。②十分に搗《つ》いていない米。③毎日使用すること、ふだん使う物。

④下用米《げようまい》といえば下行米《げぎょうまい》と同じ。⇒下行米

下用斗 げようと　⇒下行枡《げぎょうます》

家　来 けらい　家礼、家頼とも書く。①武家の社会で、主人に仕える家臣のこと。②公家《くげ》や地主の家の従者のこと。

快　楽 けらく　気持よく楽しいこと、無我のよろこび。「国分尼寺者、是為二朝家鎮護、吏民快楽一、所二建立一也」と用いる。

計　歴 けりゃく　「けいりゃく」とも。勤務年数の計算のことであるが、任命された新任国司の初任年を翌年からとすること。

〈文献〉阿部猛『北山抄注解 巻十吏途指南』東京堂出版。

下　略 げりゃく　「かりゃく」とも。続きの言葉や文書を省略するときに用いる。

仮　令 けりょう　多くの文章の書き出しに用い、①かりに、もし。②およそ、いったい。③たとえば。「参加者、仮令可レ及二五万騎一」など。

家　領 けりょう　中世、権門勢家が伝領した所領。家は本来は三位以上の貴族の家政機関。権門勢家の所領で、荘務権を有する所領を家領型所領と呼び、所領支配の実質がなく、得分《とくぶん》を得るだけの俸禄型所職と区別する。

下　郎 げろう　下臈からの転。人に使われている卑しい男、しもべ。

化粧料 けわいりょう　⇒化粧田《けしょうでん》

間 けん　長さの単位。一間＝六尺、六尺＝一歩。⇒間《ま》

蹇 けん　⇒あしなえ

巻　纓 けんえい　武官用の冠の纓。黒塗の挟木《はさみぎ》を用いて巻く。

見営使 げんえいし　国衙から派遣され、公領・荘園の実態を図帳と照合して調査する使者。見は現に同じ。

喧　嘩 けんか　①さわがしいこと。「俄令レ取二路頭人夫一、誠以喧嘩也」と用いる。②争うこと。「古《いにしえ》より今に至るまで、喧嘩不慮に出来《いでき》る事多《おおし》」と用いる。

見開田 げんかいでん　すでに（現に）開墾され耕地化している田。未開、空閑に対する。見は現に同じ。⇒見作《げんさく》

検河損使 けんかそんし　平安時代、河川洪水による水害の調査のため太政官から派遣された臨時の使。

犬牙の訴え けんがのうったえ　喰いちがい、交錯した訴訟。「断二犬牙之訴一」と用いる。

見下の弁 げんかのべん　国司の下文《くだしぶみ》により、納所《なっしょ》（国の倉庫）から貢納物を支出する（弁ずる）こと。

喧嘩両成敗 けんかりょうせいばい　中世・近世に、喧嘩をした者は、両者とも理非を論ぜず同じように処罰すること。一五世紀に始まる慣わしという。戦国大名の分国法に継承され、江戸時代にも慣習法として生きていた。

〈文献〉勝俣鎮夫『戦国法成立史論』東京大学出版会。

顕　官 けんかん　平安中期以降、太政官の外記《げき》・史《さかん》、式部・民部省の丞《じょう》、左右衛門尉を指していう。他の同クラスの官職に比して顕要とされたのでこの名がある。顕官の選考は春除目の第二日めに行われる。

兼　官 けんかん　本官の他の官を兼ねること、兼摂の官。

顕官挙 けんかんのきょ　とくに顕要とされた太政官の外記・史・式部省・民部省の丞、左右衛門の尉に推挙すること。春の除目の第二夜に行う。

権　宜 けんぎ　かりの計らい、便宜の処置。機宜も同じ。「以二一時権宜一備レ用而已《のみ》」と用いる。

権　議 けんぎ　事の軽重をはかって議

論・検討すること。「権議を廻《めぐ》らす」という。

減　気　げんき　病気が快方に向かうこと。反対に重くなるのは増気《ぞうき》という。「病気大概減気也」と用いる。

験　気　げんき　減気とも。病気が快方に向かうこと、治療や祈禱のききめがあらわれること。

見　絹　げんきぬ　現絹、現物の絹で納められる年貢。

玄輝門　げんきもん　内裏内郭北の中門。門の東西に兵衛佐と将監の宿所があった。また二宮大饗は、この門の東・西の廊で行われた。また牛車が入れるのは玄輝門外までであった。

建久図田帳　けんきゅうずでんちょう　建久年間（一一九〇〜九九）鎌倉幕府が諸国在庁に命じて作成させた一国別の土地台帳。田地の面積、荘公の別、荘園領主、地頭、荘官、名主の記載がある。御家人所領の規模の把握、御家人役賦課の資料としたものである。

〈文献〉石井進『日本中世国家史の研究』岩波書店。

検　校　けんぎょう　①寺社に置かれた職。寺務・社務を統轄する。②荘官の一種で、現地の最高責任者。③国衙官人のうちにもこの称がある。④盲人に与えられた最高の官名。本来、検校とは物事を点検し誤りを正すこと。

現　形　げんぎょう　あらわれる、出現、露顕、発覚の意。「今度現形之悪党、近日中豊前迄相𢿙《あいはたらく》之段」と用いる。

券　契　けんけい　①財産とくに土地の権利証、券文《けんもん》、証文。おもに平安・鎌倉時代の用語。律令制では、売買に際して「券を立てる」ことを規定し、「券契を立てる」とも言い換えている。荘園の設立に当たっては「券契を立つ」とか「券文を立てる」と称する。②手形、割符のこと。

〈文献〉中田薫『法制史論集　三』岩波書店。

建　渓　けんけい　中国福建省の地名。茶の産地であるところから、茶の異称となる。

樫　々　けんけん　⇒確確《しかじか》

原　憲　げんけん　中国春秋時代の人、孔子の門人の一人、清貧に甘んじた人物。そこから、貧乏・貧家・貧乏人の意に用いる。

乾元大宝　けんげんたいほう　皇朝十二銭中の最後の銅銭。天徳二年（九五八）から通用。粗悪な銭だったらしい。

権　衡　けんこう　権はおもり、衡はさおで、はかりのこと。そこから、物事の軽重をはかる尺度、規準のこと、また、つり合い、均衡。

検交替使　けんこうたいし　国司が在任中に死亡し、新任の国司との間に引継ぎが行えない場合、新任国司着任後に、申請により太政官から派遣される使。

〈文献〉吉岡眞之「検交替使帳の基礎的考察」（『古代文献の基礎的研究』）吉川弘文館。

元弘没収地　げんこうぼっしゅうち　元弘三年（一三三三）鎌倉幕府滅亡の際に後醍醐天皇が没収した所領。この没収処置はのちの所領争いの一因となり、室町幕府は元弘没収地の知行人確定には慎重であった。

〈文献〉佐藤進一『古文書学入門』法政大学出版局。

兼　国　けんごく　①本官の他に国司を兼任すること。②博士・医師が二か国以上を受け持つこと。

乾　坤　けんこん　①天と地。②天と地の間、国また天下。③太陽と月。④二つでひと組になるもの。書物の上巻と下巻。⑤乾（いぬい）と坤（ひつじさる）で西北と西南の方角。⑥陰陽のこと。

見在 げんざい 現在に同じ。①この世、現世。②いま。③いま現に存在すること。④紛《まぎ》れもない、正真正銘《しょうしんしょうめい》の。「于レ今《いまに》見在者、被レ用レ彼、不レ可レ有ニ其難一」などと用いる。

間竿 けんざお 検地に用いる目盛竿。一間《けん》の長さで竹製。太閤検地では一間＝六尺三寸、江戸時代は六尺一分。

献策 けんさく 文章得業生《もんじょうとくごうしょう》から官吏に登用されるための国家試験で、得業生となってから七年以上の者に受験資格を生じた（「延喜式」）。のち寛治元年（一〇八七）に五年に改められた。

見作 げんさく 見作田。耕作可能の田地で、所当・加地子などを負担すべき田。現在、耕作している田。見は現。

兼作の民 けんさくのたみ 「諸方兼作の民」などと見える。例えば東寺領荘田を耕作しながら東大寺領荘田をも耕作するような農民。畿内の荘園のように、荘田が散在、入組みとなっている場合、兼作状態はごくふつうに見られた。〈文献〉島田次郎『日本中世の領主制と村落 下』吉川弘文館。

建盞 けんさん 茶器。天目《てんもく》の一種で、口の開いた型の茶碗。もと、中国福建省建安の産を元祖とする。

見参 げんざん ⇒げざん

検使 けんし 事実を見とどけるために派遣される使者。室町期からの用語。⇒実検使《じっけんし》

間食 けんじき 一日二食の頃、とくに労働・兵役に従う者に、補食として与えた食事。⇒硯水《けんずい》

見色 げんじき 年貢・官物などを規定の種類（色《しき》）で納めること。見は現。

減直 げんじき 官物・年貢徴収に当たり、品物の値ぶみをして、法定の値より低く定め、差額分を現物で増徴すること。〈文献〉阿部猛『尾張国解文の研究』大原新生社。

検地震使 けんじしんし 地震の被害状況検分のために遣わされた使。貞観十一年（八六九）陸奥国地震のとき、使—判官—主典の三人が遣わされた。

見質 げんじち 「みじち」とも読むか。抵当の意で、差質《さしじち》ともいう。抵当物件の占有権を債権者に渡さず、別に利子を払う。

兼日 けんじつ かねてのひ、あらかじめ、日頃、まえもっての意。「全く兼日の披露なく、にわかに当時の苛責《かしゃく》を致す」などと用いる。

懸車 けんしゃ ①仕官をやめる、致仕《ちし》。②七十歳の異称。致仕の年齢である。中国前漢の薛《せつ》広徳が、官を辞《や》めたとき、天子から賜った車を高くかかげた故事による。③日没の時。

黔首 けんしゅ 庶民、人民。黔は黒色。古く中国では一般民衆は被《かぶ》り物をつけず黒髪を露わにしていたので。黎首《れいしゅ》ともいう。

献酬 けんしゅう 酒杯《しゅはい》をやりとりすること。

還住 げんじゅう 逃散した農民が、もとの住居に戻るときに、この語を用いる。

厳重 げんじゅう 「げんじょう」「げんちょう」とも読む。①おごそかで、いかめしい。②厳格、厳密。③「厳重する」で尊ぶの意。④神仏の霊験あらたかなこと。

見熟 げんじゅく 現に、稲がよく実っていること。

建春門 けんしゅんもん 内裏外郭の東門。門外の舎に左衛門府官人が詰めていたので左衛門陣ともいった。西に宣陽門があり、これを入ると温明殿に至る。

見証 けんしょう 「けんじょ」「けんぞ」とも。碁・すごろく・けまりなど勝負遊

びのとき、傍でその勝負を判定する人、その役をいう。

顕証 けんしょう 「けんぞ」「けんぞう」「けんしょ」とも。表にはっきり物事があらわれること。著しい、きわだっている。

傔仗 けんじょう 八・九世紀、軍事的要地や辺境の国に赴任した官人に与えられた警衛の従者、ボディ・ガード。大宰師・同大弐・総管・節度使・按察使・鎮守将軍・陸奥国司・出羽国司や三関国・尾張守などに給された。

勧賞 けんじょう 「けんしょう」「げんしょう」とも。論功行賞のこと、功労に対して官位や土地・金品を賜わること。位階を授けることが多い。「勧賞に与《あずか》る」という。

玄上 けんじょう 「げんしょう」とも。九世紀中頃、中国からもたらされた琵琶の名器で御物《ぎょぶつ》となったが、現存しない。この琵琶にまつわる伝説は多い。

還昇 けんじょう ⇒還殿上《かえりてんじょう》

減省 げんしょう 「げんせい」とも。数を省き減《へ》らすこと。①「正税減省」などと用いる。出挙稲の式数を減ずる。②一般に、官人や物資を削減する。減直《げんじき》と同意に用いることもある。⇒減直

〈文献〉阿部猛『律令国家解体過程の研究』新生社。

顕章堂 けんしょうどう 朝堂院十二堂のひとつ。南北九間。儀式には刑部省判事の座となる。

賢聖の障子 けんじょうのそうじ 紫宸殿内の御帳台の後ろ、北廂《きたひさし》との間の襖障子《ふすましょうじ》。中国の三国時代から唐までの聖人・賢人・名臣三二人を描いたもの。宇多天皇のとき初めて描かれたというが、現在最古のものは仁和寺に下賜された一六世紀末～一七世紀初頭の作品。

涓塵 けんじん しずくとちりで、ごくわずかなことをいう。「涓塵の微物を捧ぐ」などと用いる。

顕親門 けんしんもん 朝堂院二十五門のひとつ、西廊北の第一門。朝賀・即位などの儀式の際に用いられ、親王の出入りや武官の退出のときに用いた。

硯水 けんずい 間水とも書く。①正規の食事の間にとる間食のこと、手工業・農耕に従事する者に与える食事。②手工業者に給与するもので、手間賃・作料・酒肴料の他に臨時に給与されるもの。

〈文献〉遠藤元男『日本職人史の研究』雄山閣出版。

見水道 げんすいどう 古代、開発に必要な灌漑技術の専門家。水工《みずたくみ》と同じか。

検税使 けんぜいし 諸国に蓄積された正税稲の検査のため中央から遣わされた使。詔使に准ぜられた。倉庫にある正税稲の実量と正税帳記載を照合した。

〈文献〉阿部猛『律令国家解体過程の研究』新生社。

譴責使 けんせきし ⇒呵責使《かしゃくし》

現銭 げんせん 貨幣、現金のこと。

兼宣旨 けんせんじ 兼はかねて、あらかじめの意。初めて大臣・大将に任ぜられる人を事前に召して、任命すべき日時の勘申を命ずること。任命後に行われる大饗の準備と関わりがある。

還俗 げんぞく 一度僧籍に入った者が俗人に戻ること。

検損田使 けんそんでんし 律令制下、損田を実地に調査するために太政官から遣わされた使。

兼帯 けんたい 官職を二つ以上兼ねること。兼任に同じ。「諸司官人兼二帯国司一」と用いる。

献替 けんたい 主君をたすけ、善をすすめ悪を捨てさせる。献はすすめる、替

は廃するの意。

減大升 げんだいしょう　令制以前の米の量の単位。高麗尺方五尺の田からとれる米の量。令制の大升《だいしょう》に相当し、現代の枡で約四合に当たる。

権高 けんだか　気位《きぐらい》の高いさま。「百姓并《ならびに》奉公人にたいし、不レ謂狼藉《いわれざるろうぜき》、けんたかに仕《つかまつる》まじき事」と用いる。

検断 けんだん　保安・警察的行為、刑事裁判行為をさす言葉。律令制下の検断権は平安末期には国衙在庁と荘園領主に分有され、鎌倉幕府の守護・地頭が設置されると、両者の権限の中に含まれるようになった。

〈文献〉笠松宏至『日本中世法史論』東京大学出版会。

検断沙汰 けんだんざた　鎌倉幕府の刑事裁判。所務沙汰、雑務沙汰とならぶ訴訟制度上の区分。「沙汰未練書」によると、検断沙汰の対象は、謀叛《むほん》、夜討《ようち》、強盗《ごうとう》、窃盗《せっとう》、山賊、海賊、殺害《せつがい》、刃傷《にんじょう》、放火、打擲《ちょうちゃく》、蹂躙《じゅうりん》、大袋《おおぶくろ》、昼強盗《ひるごうとう》、路次狼藉《ろじろうぜき》、追落《おいおとし》、女捕《めとり》、刈田《かった》、刈畠《かりはた》で、いまふうにいえば刑事事件。

〈文献〉佐藤進一『鎌倉幕府訴訟制度の研究』岩波書店。笠松宏至『日本中世法史論』東京大学出版会。

検断職 けんだんしき　①中世、検断の権限を持つ役職をいう。「沙汰未練書」に「物追捕使とは、其所検断職也」とある。②末期の室町幕府の職制の一つで、侍所の下にあって京都市内とその周辺の検断雑務を扱った。

検地 けんち　⇒検注《けんちゅう》

還著 げんちゃく　前の官職に復すること。⇒還任《げんにん》

検注 けんちゅう　荘園領主や国司が租税収取のため土地を丈量し、耕地の所在、耕作者を確定する作業。検注対象は田・畠および桑・漆・在家に及ぶ。検田、検地も同意である。

〈文献〉富沢清人『中世荘園と検注』吉川弘文館。

検注使 けんちゅうし　所領の検注のために領主から派遣される使。検注使の現地滞在費は荘民の負担であった。⇒検注《けんちゅう》

検注尺 けんちゅうじゃく　検地尺。検注に際して土地の丈量に用いる物指《ものさし》。太閤検地では六尺三寸＝一間、江戸時代は六尺一分＝一間とした。

検注帳 けんちゅうちょう　検注使が所領の検注の結果を書き注した帳簿。耕地一筆ごとに所在地・面積・租税量・名請人の名を記す。地鑑帳《じかがみちょう》とも。古代には検田帳と称した。⇒検注《けんちゅう》

検注取帳 けんちゅうとりちょう　検注帳のこと。

検注目録 けんちゅうもくろく　検注帳と同時に作成された。惣田数と租税総額を記し、しかるのちに除分《じょぶん》として控除される諸費用を列記し、それを差引いた残り定田《じょうでん》を明らかにする。

〈文献〉富沢清人『中世荘園と検注』吉川弘文館。

褰帳 けんちょう　天皇の御座の高御座《たかみくら》の御帳を開きかかげること。即位・朝賀の礼の際に、命婦《みょうぶ》がこの役をつとめた。

褰帳命婦 けんちょうのみょうぶ　褰帳とは天皇御座の高御座《たかみくら》の御帳を開きかかげること。儀式の折に御帳を八文字に開く役をする命婦のこと。⇒命婦《みょうぶ》

検田 けんでん　検注、検地に同じ。古代には検田の語がふつう。検佃《けんでん》も同じか。

検田累帳 けんでんかさねちょう　郡単位に作られる検田帳か。未詳。

検田勘料 けんでんかんりょう　国司や荘園領主が派遣した検田使に対して、在地の名主や寺社などが差出す一種の賄賂。こ

れにより定田《じょうでん》への指定をまぬかれようとしたのである。のち、検田費用を賄うために恒常的に勘料を徴収し、またこれが検田使の得分となった。⇒定田

検田使供給 けんでんしくごう　検田のため現地へ赴く検田使が途中で饗応を受けること、また現地での接待・饗応。三日厨《みっかくりや》はこれである。酒食のもてなしの他に引出物も用意された。⇒三日厨

検田収納使 けんでんしゅうのうし　平安時代、荘園現地に派遣されて検田を行い、租税免除の根拠のない田地については収公の措置をとった国衙の使。

検田所 けんでんしょ　国衙領内の機関で、郡ごとに置かれた。年に荒熟を調査し、公田・免田を確定する。検田使・書生・郡司が協同で検田を行う。

検田段米 けんでんたんまい　検田使が検田の際に田地段別に賦課した米。国検の際の勘料《かんりょう》の類か。⇒勘免

検田帳 けんでんちょう　⇒検注帳《けんちゅうちょう》

還任 げんにん　いちど解任または退官した者が、もとの官職に任ぜられること。⇒還著《げんちゃく》

見任 げんにん　令制下、官人が官職に在任している状態をいう。

兼年の食 けんねんのじき　食料の数年分の蓄《たくわ》え。

間雑事 けんのぞうじ　在家《ざいけ》に賦課する間別《けんべつ》（間口割《まぐちわり》）の雑事《ぞうじ》。⇒公事《くじ》

勧盃 げんぱい　「けんぱい」「かんぱい」とも。宮中の酒宴で、あいてに酒をすすめること。その作法は『江家次第《ごうけしだい》』（五）に詳しい。

蠲符 けんぷ　令制下、課役を免除した符のこと。官人となったり得度して僧になったとき、また徒《ず》以上の判決を得た場合、課役の徴収ができなくなるが、手続きを経て蠲符が発行される。蠲符による課役免除者は雑色人《ぞうしきにん》と呼ばれ、九世紀半ば頃にはその数が増加したので、国毎に蠲符に載せる雑色人の数を制限した。

現夫 げんぷ　夫銭《ぶぜん》（銭で納めた夫役《ぶやく》）に対する語。領主が農民から夫役を徴するとき、実際に人夫を徴集すれば、これを現夫という。

還補 げんぷ　もとの官職に、また補任《ぶにん》されること。⇒還著《げんちゃく》・還任《げんにん》

検封 けんぷう　検符とも書く。物品を検査し差押えること。荘園において年貢・夫役が滞納されたとき、注連縄《しめなわ》を張って作物を差押《さしおさ》えたり、土地を差押える（点札《てんさつ》という）。犯罪人の住宅も検封され、場合によっては破却・解体・焼却される。〈文献〉中村吉治『中世社会の研究』河出書房。

検不堪佃田使 けんふかんでんでんし　⇒不堪《ふかん》佃田《でんでん》

元服 げんぷく　①男子成人の儀式。一二～一六歳で行うことが多い。公家社会では、初めて冠をかぶり、衣服も闕腋《けってき》から縫腋に変わる。加冠役を烏帽子親、冠者を烏帽子子という。②女子成人の儀式。一二～一六歳で行う。髪上《かみあ》げ、裳着《もぎ》の儀が行われる。③江戸時代、結婚した女性が眉をそり、お歯黒とし、髪型を丸髷《まるまげ》にかえる。

憲法 けんぽう　①法、きまり、掟。②公正・公平の意で用いる。「憲法の沙汰を致す」とか「憲法の貴きを仰がん」などと用いる。

憲法使 けんぽうのつかい　公正なる使者の意か。「大検注ならびに在家校合の刻《とき》は寺家憲法の使を相副え、其の節を遂げ年貢を増加せしむ」などとある。

間米 けんまい　在家《ざいけ》に対して間別《まべち》（間口《まぐち》割《わり》）にかけられる米、在家地子。

見米 げんまい　現米とも書く。所当・年貢を現物で納入したとき、こういう。

准米《じゅんまい》に対する語。⇒准米

厳密之沙汰　げんみつのさた　室町時代、所領相論について裁決が下されたにもかかわらず、論所を守護代に引渡さぬ者があれば「厳密の沙汰を致す」としている。内容未詳であるが、重科に処するというのであろう。
〈文献〉石井良助『中世武家不動産訴訟法の研究』弘文堂書房。

現　名　げんみょう　見名とも書く。現に、いま存在する名。⇒名《みょう》

建武式目　けんむしきもく　建武三年（一三三六）中原是円らが足利尊氏に答申した意見書十七か条。戦時的規定であり、鎌倉幕府の「御成敗式目」とは性格を異にする。なお室町幕府が歴代発布した法律を類聚したものは「建武式目以来追加」と称される。

懸名の地　けんめいのち　名字の地のこと。⇒名字の地《みょうじのち》

蠲　免　けんめん　古代に、租・調・庸・雑徭の一部または全部を免除すること。官位や官職によって免除する場合と、孝子・節婦、父母を失った者、災害・凶事・慶事があった場合、行幸に供奉《ぐぶ》した国郡、悠紀主基《ゆきすき》の国、戦場となった国などを対象として免除する場合があった。

原　免　げんめん　原はゆるすの意で、罪をゆるす、免除する意。古代以来の用語。

減　免　げんめん　風・水・虫・旱害などがあって作物の収穫が減少したとき、年貢の一部を免除すること。

間面記法　けんめんきほう　建物の平面規模をあらわす方法。おもに平安時代に行われた。母屋《もや》の桁行《けたゆき》間数と、その周囲に庇《ひさし》が何方（面）あるかで表示したもの。「三間四面」といえば、正面の柱間《はしらま》が三つ（柱が四本）で四面に庇が張り出している建物をいう。寺院、宮殿、寝殿造のような木割《きわり》（木砕《きくだき》、設計図）による建造物に用いる。
〈文献〉伊藤鄭爾『中世住居史』東京大学出版会。

懸　物　けんもつ　懸賞品《けんしょうひん》、かけもの。

献物帳　けんもつちょう　奈良時代、神仏に故人の冥福を祈ったり祈願したりするとき、また祈願が成就したときのお礼のために物を寄進することがあった。その寄進の趣旨および目録を記した帳。天平勝宝八年（七五六）光明皇后が聖武天皇の冥福のため寄進したときの「東大寺献物帳」は著名である。

権門勢家　けんもんせいけ　「けんもんせいか」とも。権勢のある家柄であるが、具体的には、院宮王臣家また五位以上の者をさす。権貴、豪家、多勢の家などの語も、ほぼ同意である。

権門体制論　けんもんたいせいろん　日本の中世国家機構を説明する概念。黒田俊雄によって提唱された。天皇家や摂関家など有力貴族、大寺社、幕府の諸権門が、それぞれ荘園などの経済的基盤を持ち、武力を保持しており、それら諸権門が相互補完の関係にあり、かつまた競合する状態で中世国家をかたちづくっていたと見る。
〈文献〉黒田俊雄『日本中世の国家と宗教』岩波書店。

立㆓券文㆒　けんもんをたつ　古代・中世に、土地・家屋などを売買・譲渡する際に、新たに証文を作成すること。「仍《よ》って売買両人ならびに保証等の署名を勒《ろく》し、券文を立つること件《くだん》の如し」「仍って後日のため券文を立つる件の如し」などと用いる。

倹　約　けんやく　倹約の語は中世から用いられていたらしいが、一般には、「過《か》差《さ》を戒める」とか、「奢侈《しゃし》を禁ずる」と

いう言い方がふつうであった。

兼約 けんやく　前もって約束しておくこと、かねての約束。

見輸 げんゆ　令制下、現実に課役を負担することをいう。反対に、課役を免除されている状態を見不輸と称した。見は現と同じ。

権輿 けんよ　物事のはじまり、発端。権はかりのおもり、輿は車の物を載せるところをいう。中国では、車も輿も、そこから作り始めるからというので、物のはじまりの意となる。

顕陽堂 けんようどう　豊楽院九堂のひとつ、延明門の北西にある。南北一九間。七日節会、射礼、大嘗会辰日会、外国使節饗宴には四位・五位の官人の座となり、踏歌節会には楽人の幄《とばり》が設けられた。

見来 げんらい　「みえきたる」と訓よみも。姿を見せる、あらわれる、物品が到来する、品物が手に入る。「称レ病不ニ見来一」「折節見来之間、両種進候也」など。

県令 けんれい　郡司の異称。

建礼門 けんれいもん　内裏外郭の南門。東西五間。門前で白馬節会《あおうまのせちえ》が行われるので白馬門ともいう。射礼・荷前《のさき》・相撲《すまい》も行われる。⇒射礼・荷前

こ

戸 こ　律令制下の地方行政組織の最末端で、戸籍・計帳の記載単位。しかし、平安後期には戸の制度は衰退し、公領・荘園とも、名《みょう》を基本単位とするようになる。⇒神戸《かんべ》・戸田《こでん》・封戸《ふこ》

鉤 こ　巻上げた御簾《みす》を掛けておく金具のこと。

姑 こ　⇒暫《しばらく》

鯉 こい　神饌・食用に最も多く用いられた魚。饗宴に珍重され、中世貴族社会では最上級の魚とされ、武家社会でも埦飯《おうばん》の献立《こんだて》に必ず入った。

五噫 ごい　身の不運をなげく、不運をかこつ、嘆《なげ》く、愁《うた》える。噫は嘆く声。中国後漢の梁鴻が世を嘆いて「五噫の歌」をよんだ故事による。「歌ニ五噫一」という。梁鴻は五つの噫字を用いて無限の悲しみを歌ったという。

小家 こいえ　「しょうけ」とも。①小さい粗末な家。②母屋《もや》とは別棟になっている倉、納屋《なや》。

小蘭笠神 こいがさがみ　⇒設楽神《しだらがみ》

御倚子 ごいし　儀式のとき天皇の用いる倚子《いす》。紫宸殿や清涼殿にある。

小板敷 こいたじき　清涼殿南廂《ひさし》の殿上の南側の東寄りにある狭い縁《えん》。淵酔《えんずい》に、紫《むらさき》縁《べり》の畳を敷いて蔵人《くろうど》が座ったという。

庶幾 こいねがう　希、冀、乞願も同じ。つよく希望すること。

後院 ごいん　後院は平安内裏の本宮に対する別宮の称。天皇譲位後の御所に宛てることが多くなり、上皇の御所また上皇をさす語となった。後院の所領は平安中期以降「代々のわた《(渡)》り物」といわれ、代々の天皇に伝領された。〈文献〉橋本義彦『平安貴族社会の研究』吉川弘文館。

後院庁下文 ごいんちょうくだしぶみ　上皇の家政機関から出される下文《くだしぶみ》。⇒下文

後院勅旨田 ごいんちょくしでん　勅旨田《ちょくしでん》のうち、その地子米を後院《ごいん》に納める田。⇒後院・勅旨田

後院領 ごいんりょう　後院《ごいん》（上皇）の所領。⇒後院

薨 こう　令制で、親子又は三位以上の者の死をいう。五位以上及び皇親は卒《そつ》、六位以下庶民は死と称する。

行 こう 平安京東西市の店のこと。中国では隋・唐時代、同業商店のならびをいい、宋代以後は商人の同業組合を指す。

講 こう 宗教的、経済的、社交の目的で組織された集団。平安時代に盛んだった法華経読誦《どくじゅ》のための法華《ほっけ》八講《はっこう》や、阿弥陀《あみだ》講《こう》、地蔵講《じぞうこう》。金品の相互融通を行う頼母《たのも》子《し》講《こう》、無尽講《むじんこう》。伊勢講《いせこう》、出雲講《いずもこう》、白山講《はくさんこう》、善光寺《ぜんこうじ》講《こう》などの寺社講。商人や職人集団の講もあり、都市・村落を通じて講的結合が人びとを結びつけ、その結合原理が中世後期の土一揆や宗教一揆のなかに生きていたとみられる。

〈文献〉桜井徳太郎『講集団成立過程の研究』吉川弘文館。高木豊『平安時代法華仏教史研究』平業寺書店。

功 こう ①手間賃。②売官の任料。③賞として与えられるもの。④一日の仕事量のこと。⇒単功《たんこう》

更 こう 日没から日出まで一夜を五つに分けた、その一つひとつをいう。初更(午後八時頃)、二更(午後一〇時頃)、三更(午前零時頃)、四更(午前二時頃)、五更(午前四時頃)。

請 こう ①他人あるいは神仏に物を与えてくれるよう求める。②ある事について他人に願い求める。「請ㇾ被《(こうむらん)》㆓裁断㆒、官法外任ㇾ意加徴租穀段別三斗六升事」などと用いた。

候 こう ⇒さぶろう

磽 こう ⇒曾禰《そね》

肴 こう ⇒さかな

恰 こう ⇒あたかも

粳 こう ⇒うるち

篝 こう ⇒かがり

榼 こう ⇒こが

甲 こう ⇒かぶと

合 ごう ①容積の単位で、一升の一〇分の一。一合＝一〇勺《しゃく》、②地積の単位で、歩《ぶ》または坪《つぼ》の一〇分の一。

郷 ごう 律令制下の地方行政組織の末端単位。古代の郷は自然村二〜三を含むものであったと思われる。令の規定では里《り》といい、戸数五〇を以て構成する。全国の郷数は、八世紀には四〇一二郷(「律書残篇」)、一〇世紀には四〇四一郷(「和名類聚抄」)とされる。郷の責任者は郷長《ごうちょう》、のち郷司《ごうじ》の称にかわる。

綱位 こうい 平安末期、僧綱の変質に伴い、僧正・僧都・律師・法印・法眼・法橋に任ぜられた僧侶、およびその地位を綱位と称した。

更衣 こうい 「ころもがえ」とも。妃・夫人・嬪・女御の下に位する後宮の女性。もと天皇の着替えに奉仕したことによる呼称か。多く四位・五位に叙され、定員は一二人。平安中期以後は例を見なくなる。

黄衣 こうい 黄袍《ほう》ともいう。黄色の袍で、無位《むい》の者が着用する。

勾引 こういん 拘引とも書く。⇒かどわかし・人勾引《ひとかどい》

後音 こういん 後便《こうびん》、のちの便り、訪れ。「猶期㆓後音㆒、不ㇾ能ㇾ詳候」と用いる。

公益 こうえき 「くやく」とも。国家の利益《りえき》の意。

交易 こうえき 「きょうやく」とも。物品を交換し、とりひきすること。商人らの営業による利得の一部を取る営業税を交易上分《じょうぶん》という。

交易上分 こうえきじょうぶん 交易すなわち商人らの営業による利得の一部を収取する、営業税。

交易雑物 こうえきぞうもつ 古代、中央諸官司の需要に応じて、諸国が正税を代価に宛てて買いあげ進上した織物・海産物など。

黄衣神人 こうえじにん ⇒春日《かすが》神人《じにん》

公宴 こうえん 公讌とも書く。宮中で行われる詩歌、管弦の会および宴会。

講演 こうえん 経典を講じて仏法を説くこと。「於二御前一可レ被レ講二演最勝経一」と用いる。

強縁 ごうえん 剛縁とも書く。権力者との縁故《えんこ》、コネ。それを利用した、わがままな振舞い。「剛縁内奏さては不直の奉行也」と用いる。

好悪 こうお 好ききらい、愛情の多寡《たか》。「不レ拘二好悪之浅深一」などと用いる。

郷置目 ごうおきめ ⇒惣掟《そうおきて》

甲乙人 こうおつにん 「甲の人乙の人」で特定の人以外の第三者をさし、転じて庶民をいう。「沙汰未練書」は「甲乙人等トハ凡下《ぼんげ》百姓等のことなり」と記す。〈文献〉笠松宏至『法と言葉の中世史』平凡社。

蝗害 こうがい 昆虫による稲の被害をいう。蝗はいわゆるいなごのみならず、稲につく害虫一般を指している。

功過勘文 こうかかんもん 陣定《じんのさだめ》で行う受領《ずりょう》の勤務評定（功過定《こうかさだめ》）に提出される主税寮・主計寮・勘解由使の作成した評定書。〈文献〉阿部猛『北山抄注解 巻十吏途指南』東京堂出版。

紺掻 こうかき 藍染をする紺屋《こうや》のこと。荘園内に給田を与えられて、領主経済の体系内で一定の役割をになうものであった。

黄閣 こうかく 大臣の異称。

乞也衙察二之状一 こうがこのさまをさっせよ 乞也《こう》察レ之などとも書く。お願いしますが、衙（官庁）はこの事情をお察し下さって……の意。

考課状 こうかじょう 古代、官人の勤務評定に関する資料。

皇嘉門 こうかもん 平安京外郭十二門のひとつ、二条大路に南面する。門内右に弾正台、左に刑部省がある。もと雅楽寮が門内西掖に在ったので歌司御門《うたのつかさみかど》と称された。弘仁九年（八一八）の門号改正以前は若犬養門《わかいぬかいもん》と称した。

勾勘 こうかん 勘解由使の異称。

向顔 こうがん 顔を向き合わせる、対面、面会する。「万事期二向顔之時一候」と用いる。

強姦 ごうかん 女性がその社会で認められた男性以外の者と情を通じた場合これを姦といい、両者合意の場合は和姦《わかん》、男性の一方的な意志で強力的に行われた場合は強姦という。夫のない女性との和姦は男女とも徒一年、夫のある女性との和姦は男女とも徒二年に処され、強姦の場合は一等を加えて、それぞれ徒一年半と徒二年半に処された。但し、女性が妾の場合は他人の妻の場合より一等を減じられた。

合眼 ごうがん ①眼をつぶる。②対面する。③しめし合わせる、なれあう、意を通じての意。〈文献〉阿部猛『北山抄注解 巻十吏途指南』東京堂出版。

公儀 こうぎ 古くは、公《おおやけ》の意で天皇をさす。室町時代には将軍をさし、戦国時代には戦国大名みずから公儀を称するようになった。

光儀 こうぎ ①他人を敬って、その来訪をいう。光来、光臨も同じ。②美しい姿、立派なようす。「光儀可レ愛」「花容無レ双、光儀無レ匹」と用いる。

広義門 こうぎもん 朝堂院二十五門のひとつ。大極殿南西の白虎楼の西回廊にあり北向きの門。

黄牛 こうぎゅう ⇒あめうし

後宮十二司 こうきゅうじゅうにし 後宮に所属する十二の官司。内侍司《ないじし》は天皇の日常生活に供奉《ぐぶ》し、奏請《そうせい》・宣伝のことを掌る。尚侍（二人）・典侍・掌侍（各四人）・女孺（一〇〇人）がいる。蔵司《ぞうし》は神璽・関契など君側の什器および天皇御用の雑物を扱う。尚蔵（一人）・典蔵（二人）・掌蔵（四人）・女孺（一〇人）がいる。書司《しょし》は書籍・紙・筆・墨・楽器を扱う。尚書（一人）・典書（二人）・女孺（六人）がいる。薬司《やくし》は医薬のことに供奉する。尚薬（一人）・典薬（二人）・女孺（四人）がいる。兵司《ひょうし》は兵器を掌る。尚兵（一人）・典兵（二人）・女孺（六人）がいる。闈司《いし》は宮城諸門の鍵《かぎ》の保管・出納を掌る。尚闈（一人）・典闈（四人）・女孺（四人）がいる。殿司《でんし》は輿《こし》・蓋《かさ》・湯沐《とうもく》・薪油のことを掌る。尚殿（一人）・典殿（二人）・女孺（六人）がいる。掃司《そうし》は清掃・舗設のことを掌る。尚掃（一人）・典掃（二人）・女孺（一〇人）がいる。水司《すいし》は水・粥《かゆ》のことを掌る。尚水（一人）・典水（二人）・采女《うねめ》（六人）がいる。膳司《ぜんし》は食事・酒などを掌る。尚膳（一人）・典膳（二人）・掌膳（四人）・采女（六〇人）がいる。酒司《しゅし》は酒のことを掌る。尚酒（一人）・典酒（二人）がいた。縫司《ほうし》は衣服の製作を掌る。尚縫（一人）・典縫（二人）・掌縫（四人）がいる。

貢挙 こうきょ　官人の候補者を中央・地方から推挙すること。諸国から太政官に貢進される国学生らを貢人《くにん》という。弁官を経て式部省の監試を受ける。大学に学び太政官に推挙される者は挙人《こにん》と呼ばれる。帳内《ちょうない》・資人《しじん》でその主人より貢される場合もあった。⇒帳内《ちょうない》・資人《しじん》
〈文献〉野村忠夫『律令官人制の研究』吉川弘文館。

興行 こうぎょう　①儀式・会合を催すこと。②盛んに事を行う。③連歌会を催す。④観客を集めて料金を取り演劇・相撲・見世物を催す。正和元年（一三一二）鎌倉幕府は神領興行法を出して、宇佐宮以下九州の大社の神領を復活させた。正当な手続きを経た買得地であっても神社に返却させた。一種の徳政令である。
〈文献〉海津一朗『中世の変革と徳政』吉川弘文館。

溝洫 こうきょく　みぞ、水路。洫は田の水路。

甲倉 こうくら　⇒校倉《あぜくら》

高家 こうけ　①家柄のよい、権勢のある名家。②頼りとする権威のあるもの。③武家の名門。④公家。

公家 こうけ　おおやけ、朝廷。

纐纈 こうけち　絞染《しぼりぞめ》の古称。平安中期以降の語。

広絹 こうけん　幅の広い絹織物。「延喜式」によると、長さ四丈五尺六寸、幅二尺五寸。

後見 こうけん　「うしろみ」とも読む。父の死後、相続した子が幼少の場合、成人までの間、母又は近親者がその補佐をすること。しかし、単なる補佐ではなく、実際政治の上で力を発揮した場合もある。

向後 こうご　⇒きょうこう

合期 ごうご　「がっこ」とも、①間に合うこと。②思うようになる。③心にかなう。④身体が自由に動くこと。

公功 こうこう　古代、政府が公《おおやけ》の費用をついやし人民の雑徭を用いて行った公的事業。公力とも、⇒公水《こうすい》
〈文献〉亀田隆之『日本古代用水史の研究』吉川弘文館。

皇后 こうごう　天皇の嫡妻。キサキには妃・夫人・嬪があった。令制では皇后の宮を中宮といい、太皇太后・皇太后の宮も中宮と称した。しかし平安前期には、中宮は皇后のみの別称となり、二后立つときは、先后を皇后宮、新后を中宮と称した。

袷恰 こうごう　⇒とにもかくにも・故是《かれこれ》

口号 こうごう　⇒口遊《くちずさみ》

嗷嗷使　ごうごうし　⇒呵責使《かしやくし》

黄　昏　こうこん　たそがれどき、戌《いぬ》の刻《こく》、五《いつ》ツ（午後八時ころ）。

香菜免田　こうさいめんでん　東大寺の大仏供香菜料に当てるために設定された雑役《ぞうえき》免田《めんでん》で、官物（年貢）は国衙に納め、雑役部分は東大寺が収納した。元来は浮免《うきめん》であったがのちに田地を固定化（定免化《じょうめんか》）し、一二世紀に入ると東大寺が検注権を獲得して荘園化した。〈文献〉竹内理三『寺領荘園の研究』吉川弘文館。

告　朔　こうさく　古代に、毎月一日、朝堂院で諸司が進奏した前月の公文を天皇が視る儀式。天皇出御のときは「視告朔」と書き視字は読まず「こうさく」という。平安初期には天皇出御は四孟月《もうげつ》のみとなり、九世紀末以後は出御はなくなった。⇒孟月〈文献〉古瀬奈津子「告朔についての一試論」（『東洋文化』六〇）

耕作奴隷　こうさくどれい　直接農業生産に使役される奴隷。日本古代の奴隷の多くは家内奴隷であり、耕作奴隷は少なかったと考えられている。

高　札　こうさつ　①掟・条目・禁制などを板に書いて人目につき易い場所に掲げたもの。②お手紙。あいてを敬っていう。

郷　侍　ごうざむらい　①平時には農耕に従事し、戦事には武装して戦に赴いた土着武士、郷士。②田舎ざむらい、また無骨な武士のこと。

格　子　こうし　木を細く切って碁盤の目のように組んだもの。柱と柱の間に上下二枚はめ込む。上段の格子は蝶番《ちょうつがい》でとめ、水平に外側に引き上げるようになっている。寝殿造の蔀《しとみ》も蔀格子と呼ぶ。

考　試　こうし　広義には試験のこと。実際には課試《かし》と同義で博士考試は旬試《じゅんし》、官司考試は貢挙《こうきょ》を意味する。⇒課試・貢挙

黄　紙　こうし　黄蘗《おうばく（きはだ）》で染めた黄色の紙。詔《しょう》・勅《ちょく》・宣命《せんみょう》や経典の用紙とした。また経巻の忌《い》み詞《ことば》。

勘　事　こうじ　勘当とも。①叱ること。とがめを受けさせること。不興をかい退けられること。②拷問のこと。

講　師　こうじ　①諸国の国分寺に置かれた上席の僧官。もと国師といい、中央で任命・派遣し任期六年。僧尼を取締り、経説を講説する。②詩会・歌会のとき詩歌を披講する人のこと。

強　市　ごうし　「こわし」とも。和市《わし》の反対。折り合わないのに威力を用いて行う強制的売買。中世には押売・押買の語が一般的である。⇒和市

合　子　ごうし　⇒ごうす

郷　司　ごうじ　平安中期以降の郷《ごう》の管理者。律令制下の郷長の称は一〇世紀に消滅し郷司にかわる。職務・権限は郡司に異ならず、平安末期の在地領主層には郷司の肩書を持つ者が少なくない。〈文献〉松岡久人「郷司の成立について」（『歴史学研究』二一五）。

小路隠　こうじがくれ　しばらく他所にかくれていること。

講　式　こうしき　①講会《こうえ》の法式や表白などを記したもの。②仏や菩薩《ぼさつ》を讃嘆した和文の声名《しょうみょう》。③その儀式。講式には、源信の「二十五三昧式」「六道講式」、永観の「往生講式」、真源の「順次往生講式」、覚超の「修善講式」、貞慶の「弥勒講式」「地蔵講式」「薬師講式」などがある。

功　食　こうじき　労働に対して与えられる食料。功（功直手間《てま》）と食《じき》（食料）の意に用いられる。平安時代、一人について一日米二升と若干の副食物が与えられた。弘仁十四年（八二三）の九国の公営田《くえいでん》の

場合は、傜丁《ようてい》一人について一日米二升、一町の耕営の功稲は稲一二〇束であった。

高　質 こうじち　中世、債権者が債務不履行者の動産を私的に差押えること。借用状の担保文言として多く見られる。「見合《みあい》に高質物を取らるべし」などとある。

郷　質 ごうじち　中世、債権者による私的差押えの一種。A郷の甲がB郷の乙から米銭を借りながら返済しないとき、乙は、A郷の甲以外の者の動産を差押えることができるというもの。
〈文献〉勝俣鎮夫『戦国法成立史論』東京大学出版会。

膠　漆 こうしつ　にかわとうるしでつけたように、しっかりと離れがたい間柄のたとえ。「膠漆の契《ちぎ》り」といえば男女、夫婦の間柄について、「膠漆の交《まじ》わり」といえば親密な交情をいう。

候　者 こうしゃ　斥候《せっこう》、ものみ、スパイ。候はうかがう。

拘　惜 こうじゃく　「こうしゃく」「くしゃく」とも。①惜しんで離さないこと。②罪科人などをかくまうこと。

行　酒 こうしゅ　「ぎょうしゅ」とも。宴会のとき、列座の人びとに酒をついでまわること。

耕　種 こうしゅ　田畠を耕《たがや》して種子を蒔《ま》き、苗をうえること。

後　取 こうしゅ　⇒しんどり

甲州枡 こうしゅうます　近世、甲斐国三郡（八代・巨摩・山梨）を中心に使用された大形の枡。戦国時代武田氏の制定と伝える。その一升は新京枡三升に相当した。
〈文献〉宝月圭吾『中世量制史の研究』吉川弘文館。

行　署 こうしょ　太政官の史生《しじょう》の唐名。

巷　所 こうしょ　平安京の条坊間の街路の宅地化・耕地化したもの。政府は巷所を禁じたが、一四世紀には、右京職（中御門家）、左京職（坊城家）は巷所から地子を徴収するようになり所領化した。
〈文献〉秋山國三・仲村研『京都「町」の研究』法政大学出版局。

綱　所 こうしょ　「ごうしょ」とも。①僧綱所の略。僧正・僧都・律師（僧綱）が出仕し法務をとった役所。奈良時代は薬師寺、平安時代には東寺または西寺に置かれた。②門跡や大寺で、僧官が出仕して法務をとった所をいう。

講　書 こうしょ　書籍を講説すること。古代の授業は教科書を講釈する形式で行われたので、公私の教育はすべてこの形でなされたが、延喜三年（九〇三）に始まる蔵人所講書はよく知られている。講書完了の場合には竟宴《きょうえん》があった。

行　障 こうしょう　歩行時に用いる障蔽具《しょうへいぐ》。天皇や神祇が臨幸する際に、露顕を憚《はばか》り、周囲を幕などで覆《おお》い隠す用具。「行障は帛絹を以て縫う、長さ各五尺余五幅、蔵人所の雑色以下十六人、当色を着して持つ、御輿の左右各五人、前後各三人」などと見える。

工　匠 こうしょう　古代・中世、建築技術者のような工作を職とする者の称。工人《くにん》。

公　請 こうしょう　⇒くじょう

扛　秤 こうしょう　千木《ちぎ》、鉤木《ちぎ》も同じ。秤量二貫め以上の捍秤《はかり》のこと。

公　帖 こうじょう　五山《ござん》、十刹《じっさつ》、諸山《しょざん》など官寺およびそれに準ずる寺院の住持を任命する辞令。幕府の御教書形式の公帖によった。

定　考 こうじょう　毎年八月十一日、前年八月から当年七月までの太政官の長《ちょう》上官《じょうかん》の勤務成績を大臣に上申する儀式。定考を逆さに読むのが口伝《くでん》である。なお番上官《ばんじょうかん》の定考は十二日に行われ小定考と称した。式次第は「儀式」「延喜式」に

詳しい。⇒長上・番上

口状 こうじょう　陳述した記録書、口頭での証言。「寺の坪付《つぼつけ》あわせて田堵《たと》らの口状に任せて注進す」などと用いる。

口上書 こうじょうがき　①近世、口頭で述べることを文章化したもの。②刑事訴訟で、当事者や被疑者の口述を筆記したもの。③領内の人民が他領の者を相手取って訴訟を起こす場合、その領主が管轄奉行所に対して訴訟の受理を依頼した文書。

功食 こうしょく　⇒こうじき

貢進 こうしん　①みつぎものを進献すること。②人を推薦すること、送り出すこと。

皇親 こうしん　天皇の親族の意。令制では、天皇の兄弟・姉妹と皇子・皇女を親王・内親王と称し、天皇から四世までの子孫を皇親と総称する。慶雲三年（七〇六）に五世までを皇親とし、天平元年（七二九）五世王の嫡子以上が孫女王を娶って生んだ男女まで皇親の範囲を拡大した。しかし延暦十七年（七九八）令制に復した。皇親の名籍は正親司（宮内省）が掌った。

庚申待 こうしんまち　庚申《かのえさる》の日の夜に、寝ずに過ごし息災を祈る信仰行事。中国伝来の庚申信仰に基づき平安時代から見られる。但し、庚申待の語は一五世紀から用いられた。講を結んで行うときは庚申講と称される。

〈文献〉窪徳忠『庚申信仰』山川出版社。

号 ごうす　①名づける、称する。②本当は違うのに、そのように言いふらす。「或いは権者の所為と称し、或いは古先の遺風と号して、さらに論ずることなき」などと用いる。

合子 ごうす　「ごうし」とも。盒子とも書く。①ふたつきの小型容器の総称。陶磁器・漆器・金属器製。香合《こうごう》、化粧品入れ、薬味入れ、印肉入れなどがあった。②茶道の建水《けんすい》の一様式。

公水 こうすい　古代、国家が管理する灌漑用水。池堤の築造に公力（国家支出の費用）を用いた故に、私用を許さない。

〈文献〉亀田隆之『日本古代用水史の研究』吉川弘文館。

香水 こうずい　「こうすい」とも。①香りのよい水。②香を加えた浄水で、道場や仏具をきよめ、また身体をきよめるために注ぐ。③仏前に供える水、閼伽《あか》。

校正符号 こうせいふごう　一度書いた文章を抹消または訂正する符号。⑴「ミ」抹消符、ミセケチ。⑵「ヒ」抹消符。⑶「止」抹消符。⑷「生」イキ。いちど抹消したものを復活させる符号。

〈文献〉千々和到「中世の『校正』符号」（『鎌倉遺文』月報21）。

強責 ごうせき　過失や義務不履行をきびしく責めとがめること。「彼在所之年貢上方分、本山依レ令二強責一一円に出レ之畢」と用いる。

巷説 こうせつ　世間のうわさ、風説。巷はちまた。

紅雪 こうせつ　中国伝来の薬剤。解熱・解毒の綜合薬剤。平安時代貴族の間で珍重された。

荒説 こうせつ　根拠のない、いいかげんな説。とりとめのない風説、雑説、虚説。

喉舌 こうぜつ　大納言・中納言の異称。

功銭 こうせん　①労働に対して支払われる手間賃。②鎌倉時代、御家人などが任官したとき官に納める金銭。売官である。

講銭 こうせん　頼母子《たのもし》講などの講の掛《かけ》金《きん》。

合銭 ごうせん　複数の者が出資して土倉を経営し利益の配当を受ける制度。出資者を「合銭の輩《ともがら》」「土倉寄合衆」という。

考選文　こうせんもん　令制下、官人の毎年の勤務評定書（考文）をまとめて叙位の資料としたもの。各官司では八月末までに考選文を作り、京官・畿内は十月一日、外国は十一月一日に太政官に提出する。
〈文献〉野村忠夫『律令官人制の研究』吉川弘文館。

楮　こうぞ　クワ科の落葉低木。樹皮の繊維は和紙の原料となった。またこの繊維は木綿《ゆう》として神に捧げる幣となった。織物は栲《たえ》といい荒栲《あらたえ》・和栲《にぎたえ》の語も見える。

強訴　ごうそ　嗷訴とも書く。平安中期以降室町期に至るまで、寺社の大衆・神人が徒党を組み、宗教的権威を背景にして朝廷や幕府にその要求をつきつけた行動。興福寺が春日神木を奉じ、延暦寺が日吉神輿を奉じて強訴したのは最も著名である。
〈文献〉黒田俊雄『寺社勢力』岩波新書。

荒奏　こうそう　「あらそう」とも。国司から進められた不堪佃田申文《ふかんでんでんもうしぶみ》を、そのまま朝廷に奏上すること。毎年九月に行われる。⇒不堪佃田

郷倉　ごうそう　平安時代初期、郡内の郷に置かれた倉庫で、正倉の代用とされた。延暦十四年（七九五）の太政官符によって郷ごとに一院を置くとした。ここに正税稲や不動穀を収納した。百姓貢納の便宜と、火災類焼回避のために、正倉の分散をはかったものといえる。

豪族的名主　ごうぞくてきみょうしゅ　畿内と異なり、辺境では名《みょう》の規模が大きく、数十町歩から数百町歩に及ぶものがあった。同じく名主と称しても辺境の名主は政治的には郡司や国衙在庁層であり、隷属性の強い農民を多く抱えていた。このような強大な名主をいう。

豪族的領主　ごうぞくてきりょうしゅ　平安末期、国司・郡司《ぐんじ》・郷司《ごうじ》などの職を帯びて、その地位を利用し、在地の農民の労働力を駆使して大規模な開発を行い、別名《べつみょう》をたて特権を獲得した有力開発領主。上野国の新田氏、下総国の千葉氏などはこの類である。田堵《たと》・名主的領主、地頭的領主、豪族的領主の概念は石母田《いしもだ》正のたてたもの。⇒別名
〈文献〉石母田正『古代末期政治史序説』未来社。

郷村制　ごうそんせい　室町期から江戸初期の自治的村落制度。中世後期、畿内およびその周辺では中小農民の台頭により惣村が成立した。大人《おとな》・沙汰人《さたにん》らを指導者として村人全体の寄合《よりあい》によって村の自治的運営が行われた。中世末期の農民運動、土一揆や反守護・反荘園領主闘争の基盤となった。
〈文献〉松本新八郎『中世社会の研究』東京大学出版会。

荒損田　こうそんでん　荒田は耕作の行われない田、損田は風水害などで収穫のなかった田で、これらが発生すると坪付帳を付して太政官に申上され覆検使の派遣を見る。しかし一〇世紀半ば以降には、上申額の三分の二が認められる慣いとなった。
〈文献〉坂本賞三『王朝国家体制論』東京大学出版会。

交替欠　こうたいかん　欠字は正しくは缺。国司交替に際して、前司が出した官物の欠失。帳簿の記載に比して現物が不足している状態をいう。官人による犯用《はんよう》、借貸《しゃくたい》があれば処罰される。交替欠については、不与解由状《ふよげゆじょう》に事由を細かく記さないと、欠損か犯用かが明らかにならないので、事由を明記するよう求められる。
〈文献〉福井俊彦『交替式の研究』吉川弘文館。

交替使 こうたいし　検交替使のこと。地方官が在任中に死去して後任者と交替政を行えない場合、交替事務を行うために派遣された使者。前任国司に代わって分付・受領を行う。

〈文献〉福井俊彦『交替式の研究』吉川弘文館。

交替実録帳 こうたいじつろくちょう　単に実録帳、あるいは交替帳ともいう。受領国司が在任中に死去した場合、死去した受領の下僚であった任用国司が、新司との間で分付・受領する場合に作成する。⑴検交替使帳と⑵令任用分付帳の二種があった。⑴は派遣された検交替使が作成した。⑵は検交替使を派遣しない場合。

交替料 こうたいりょう　遷替料も同じ。令制下、国司交替のとき給された人夫・馬をいう。「延喜式」によると、守は夫三〇人・馬二〇疋、介は夫二〇人・馬一二疋などが支給された。

〈文献〉福井俊彦『交替式の研究』吉川弘文館。

強　談 ごうだん　むりやり話をつけること。「借書を破るべき旨、強談に及ぶ」などと用いる。

拘　置 こうち　捕《と》らえて拘束し一定の場所にとどめて置く。拘禁も同じ。

小　袿 こうちぎ　小形の袿。裾短《すそみじか》に仕立てたもの。女房装束の略装。

貢　茶 こうちゃ　茶道で、茶の善悪を試みる法。一を聞いて二を知ったという孔子の弟子子《し》貢《こう》の名に因む呼称。回茶とも。

口中の食を奪う こうちゅうのしょくをうばう　人が生きていくための食料を奪う。また単に食物をいう。「放二牛馬一損二作毛一之条、似レ奪二口中之食一」などと用いる。

功　帳 こうちょう　正税から支出した功《こう》粮《りょう》・功食《こうじき》の決算書。⇒功粮・功食

考　帳 こうちょう　官人の勤務評定とそれに基づく叙位について検勘した帳簿。諸司から式部省・兵部省に送られた。

更（後）朝 こうちょう　⇒きぬぎぬ

綱　丁 ごうちょう　「こうちょう」とも。①令制下、調庸物などを京まで運ぶとき宰領する者。国・郡司が当たるときは綱《こう》領《りょう》と呼ぶ。②荘園制下、年貢の運送責任者の称。

〈文献〉阿部猛『律令国家解体過程の研究』新生社。

郷　長 ごうちょう　大宝令制では、五〇戸＝一里とし里ごとに里長一人を置いたが、霊亀元年（七一五）里を改めて郷とした、この郷長。

貢調使 こうちょうし　令制下、調庸・中男作物・封戸物などを都に運び、公文勘会を受ける使。国司目《さかん》以上の者が任に当たった。調庸等は国の遠近により、十月から十二月末までの間に納入された。一〇世紀以降、貢調使は実質を失い、責任者である国司・受領の代理人としての弁《べん》済使《ざいし》にかわる。

〈文献〉阿部猛『律令国家解体過程の研究』新生社。

公　田 こうでん　「くでん」とも。令制では無主田また乗（剰）田をさしたが、平安末期以後、荘園に対する公領の意に用いられた。鎌倉期には、公領を意味するとともに、荘園・公領の定田《じょうでん》の意で用いられ、年貢・公事負担の基準とされた。公田はまた大田文に記載された田地として、一国平均役、段銭など諸賦課の基準とされた。また平安期、例えば大和国では、租を国衙に、雑役を東大寺に納入する雑役免田も公田といわれている。

〈文献〉菊地康明『日本古代土地所有の研究』東京大学出版会。田沼睦「中世的公田体制の展開」（『書陵部紀要』二一）。

功　田 こうでん　律令制下、国家に功労あった者に賜わった不輸租田。功労の大小により差があり、大功は代々に伝え、

上功は三世（曾孫まで）、中功は二世（孫まで）、下功は子に伝えることが認められた。

荒田 こうでん ①古代、熟田《じゅくでん》であったものが洪水などで荒廃した田。②中世、荘園・公領で見作田と区別された荒廃状態にある田。常荒・永荒のような恒常的な荒田と、年荒・今荒・田代のような不安定耕地、川成のような荒廃田がある。〈文献〉戸田芳実『日本領主制成立史の研究』岩波書店。

校田 こうでん 古代、班田に際して、あらかじめ田地の所在や占有者を調査し確定することをいう。古代、巡察使・校田使を派遣して、諸国の田地の災害状況、開墾の成否、地目の変更、隠田の有無などを検査した。校はしらべるの意。〈文献〉虎尾俊哉『班田収授法の研究』吉川弘文館。

講田 こうでん 寺社の講会《こうえ》の費用を弁ずるために設けた田。法華《ほっけ》講田《こうでん》・最勝講《さいしょうこう》田・仁王講田《にんのうこうでん》などがある。

洪田 こうでん 「こうだ」とも。後田とも書く。谷水の合流点に当たり、水損に遭いやすい湿田。中世、東寺領若狭国太良荘に見える。

公田官物率法 こうでんかんもつりっぽう 荘園・公領から官物を徴収する場合の賦課基準としての段別収取額。平安後期には、段別三斗が一般的であった。〈文献〉坂本賞三『日本王朝国家体制論』東京大学出版会。

校田使 こうでんし 校田のために国衙や中央政府から派遣された使者。延暦四年（七八五）畿内諸国にだけ校田使が派遣され、以後は校田使といえば畿内校田使を指すようになった。

校田図 こうでんず 班田準備のため、その前年に、検田を行い、その結果を記したのが校田帳、それを図示したものが校田図である。

公田段銭 こうでんたんせん 大田《おおた》文《ぶみ》に記載された公田を基準に賦課される段銭。⇒公田《こうでん》

勾当 こうとう ①専らその事に当たる者。②平安時代、記録所や大蔵省率分所《りつぶんしょ》、長殿《ながとの》の官人。③摂関家の侍所で別当の下にいて事務を掌る者。④寺内で別当の下にいて事務を掌る者。⑤勾当内侍《こうとうのないし》の略。掌侍《ないしのじょう》の首位の者で、天皇への奏請、勅旨の伝達を掌る者。⇒率分・長殿

強盗 ごうとう 威力を以て他人の物を取る者。「養老律」は盗を強盗と窃盗に分けた。鎌倉幕府法では、強盗の主犯は斬罪、従犯は流罪とした。

講読師 こうとくし 講師《こうじ》と読師《とくし》。古代、諸国の国分寺に置かれた僧官。僧尼を教導し経論を講説する者を講師、これを補佐して法会を掌る者を読師といった。国ごとに各一人を置いた。任期は六年。任用基準は斉衡二年（八五五）に定められ、講師は試業・複・維摩立義・夏講・供講の五階を経た者、読師は維摩立義までの三階を経た者を任用した。十月一日までに人選し明年二月以前に任符《にんぷ》が下された。

所レ請如レ前 こうところさきのごとし 例えば、官人に給する米・塩などを民部省に請求する文書など末尾の文言《もんごん》。「以上のとおり請求します」の意。

口難 こうなん ①悪口《あっこう》のこと。②非難のこと。

更任 こうにん 年給制度において、某国の掾《じょう》・目《さかん》に申任された者が、理由を述べて、任符《にんぷ》を給わらずに四年の任期が過ぎたあとで、その同一人がまた同職に申任すること。〈文献〉時野谷滋『律令封禄制度史の研究』吉川弘文館。

候　人　こうにん　①蔵人所の職員で、殿上《てんじょう》に伺候《しこう》して御膳《ごぜん（おもの）》や宿直《とのい》の役をつとめた。②門跡に召使われるもので侍《さむらい》法師ともいう。

口　納　こうのう　口能《くのう》のこと。①口ぶり。②働き。③とりもち、斡旋《あっせん》するの意。⇒口能《くのう》

功　能　こうのう　①功績と才能。②ききめ、効験。

香　嚢　こうのう　香合を納める袋のこと。帳台の柱にかけたり、帳前の簾の鉤にかけたりした。

郷置目　ごうのおきめ　郷、惣の掟《おきて》・置文《おきぶみ》。⇒掟・置文

郷専当検校　ごうのせんとうけんぎょう　古代、複数の郡司のうち一人が、某郷の検校《けんぎょう》に当たる者をいう。口分田の班給や調庸の徴収などの実務に従うものか。⇒検校
〈文献〉阿部猛『日本荘園史』大原新生社。

貢　馬　こうば　「くめ」とも。もとは服属儀礼をともなう馬の貢進制度。平安時代、勅旨牧から貢進された馬は、駒牽《こまひき》の儀式を経て天皇のもとに納められた。都までの路次の国々には御馬逓送役《おうまていそうのやく》が課された。諸荘園は臨時雑役の免除を申請するとき、その中にこの役を含めている。⇒御馬逓送役
〈文献〉大日方克己『古代国家と年中行事』吉川弘文館。

空　拝　こうばい　叙位・叙官、賜禄の際の天皇に対する礼のこと。空《むな》しく拝する意。拝舞したにもかかわらず、期待した御恩にあずからなかった場合の拝舞をいう。拝舞した者に対する揶揄《やゆ》的表現。

神　灰　こうばい　伊勢の神人《じにん》がまいた灰。相論の際に、神威をかりて自己の主張を通すため、神人が神木をたて灰をまくことがあった。灰をまく習俗は、一般には、災厄を攘《はら》い、あるいは敵に災いを与えるものとして行われたらしい。
〈文献〉小泉武夫『灰の文化誌』リブロポート。

荒廃田　こうはいでん　令制で、何らかの理由で荒田《こうでん》となった熟田のうち三年未満のもの。三年以上放置すると、希望者に借耕させる。⇒荒田

紅梅殿　こうばいどの　菅原道真の邸宅。五条坊門北、町面にあった。現在の京都市下京区綾西洞院町・矢田町・船鉾町・菅大臣町の各一部を含む地域。道真邸としては、他に紅梅殿の南側にも一処あり白梅殿と称したものがある。
〈文献〉坂本太郎『菅原道真』吉川弘文館。

更　発　こうはつ　病いが重ねておこること。「自㆓去比㆒持病更発之間、于㆑今遅怠」と用いる。

後　判　こうはん　①同一の事についての、のちの判断。②判は判形で花押。譲状が同一の対象について二度以上書かれた場合、のちの文書。後判は前判を否定し、あとのものが有効性を認められる。

光範門　こうはんもん　朝堂院二十五門のひとつ、西廊門ともいう。御斎会・七日節会・大嘗会・即位の儀式に用いられる。

功　封　こうふ　令制で、五位以上の者に功績によって与えられる封戸《ふこ》。大功は半額を曾孫まで、上功は三分の二を減じて孫まで、中功は四分の三を減じて子に伝え、下功は本人一身に与えられた。
〈文献〉高橋崇『律令官人給与制の研究』吉川弘文館。

荒　蕪　こうぶ　①土地が荒れて草が生《お》い茂るさま。②荒れ果てる。

工　部　こうぶ　宮内省の異称。

工部尚書　こうぶしょうしょ　宮内卿、木工頭の異称。

工部侍郎　こうぶじろう　宮内輔、木工助の異称。

興　復　こうふく　「こうぶく」とも、衰え

たものを、もとの状態にたて直すこと。古代、荒廃田の再開発や課丁の数を増益する。すなわち、具体的には、租税収入を増加すること。

興福寺枡 こうふくじます　中世、奈良興福寺で使用された枡で、種類も多く、容量もさまざまであった。
〈文献〉宝月圭吾『中世量制史の研究』吉川弘文館。

交分 こうぶん　⇒きょうぶん

公平 こうへい　⇒くびょう

孔方兄 こうほうひん　孔方は四角い穴。兄は銭の異称。銭《ぜに》の、僧侶の陰語。

黄麻 こうま　黄麻紙。また、黄麻紙に書くので、詔書、勅書をいう。

高名 こうみょう　①高貴な名前。②有名なこと。③功名で、手柄をたてること。

告文 こうもん　①神に申しあげる言葉を記した文書。宣命体《せんみょうたい》がふつう。②虚偽のないことを神仏に誓い、またあいてに表明するための文書。「告文する」といえば起請《きしょう》する意。「告文を捧げ申す」という。

黄門 こうもん　①黄門侍郎の略で、中納言の唐名。②宮城の門。宮中の小門が黄色に塗ってあったからという。

閤門 こうもん　閤は、古代中国では、宮中の小門、また門の脇のくぐり戸のこと。わが国では、天皇の御在所に近い諸門をさし、兵衛府が守る。「大宝令」では内門といっていた。平安宮では、朝堂院《ちょうどういん》の会昌門《かいしょうもん》、豊楽院《ぶらくいん》の儀鸞門《ぎらんもん》・延明門、紫宸殿前の承明門などを閤門とするが、諸説あり混乱している。

黄門署 こうもんしょ　蔵人所の異称。

黄門侍郎 こうもんじろう　中納言、中務輔の異称。

荒野 こうや　野・原などの、開墾可能な荒地。平安末期、在庁官人らによる荒野の開発が盛んに行われたが、開発人には雑公事免除の特権が与えられ、三〜四年間、地利も免除された。
〈文献〉田村憲美『日本中世村落形成史の研究』校倉書房。

行夜 こうや　夜間の巡邏《じゅんら》（夜まわり）。古代、衛府が宮中ないし京城内を行夜すると定められていたが八世紀に廃絶し、恒常的な行夜はなくなった。以後、行夜は臨時的なものとなり、「延喜式」は近衛が内裏・大蔵・内蔵を行夜し、兵衛が八省院・豊楽院・大蔵・内蔵を行夜するとしている。

高野紙 こうやがみ　中世、紀伊国高野山で産出した紙。六〇枚を一帖《いちじょう》とした。地元では東山紙と呼んだらしい。
〈文献〉小野晃嗣『日本産業発達史の研究』法政大学出版局。

高野聖 こうやひじり　高野山の因縁《いんねん》を語り勧進《かんじん》して全国を回った半僧半俗の私度僧《しどそう》。人びとに高野山への納骨と高野詣《こうやもうで》をすすめた。室町時代、高野聖は時宗《じしゅう》化し、また呉服の行商を行うものも出て世俗化し、聖の特権である宿借《やどかり》を悪用して世間から嫌われるようになった。
〈文献〉五来重『増補 高野聖』角川選書。

公用 こうよう　もと、公《おおやけ》の費用、官府の費用の意であるが、室町期、荘園の代官請負制のもとでの京着年貢のこと。

亢陽 こうよう　亢旱も同じ。ひでり。「比者《このごろ》亢陽稍盛《ようやくさかりに》、思量《おもはかるに》年穀不レ登《みのらざらん》」という。

高陽門 こうようもん　豊楽院十九門のひとつ、内郭南面東側の門。東廓中門とも書かれる。七日節会・大嘗会・射礼等の儀式に用いられ、王卿はこの門から入り顕陽堂に着座する。

高麗端 こうらいべり　畳の両端を覆《おお》う高麗文の布帛。白地に黒の織文様であった。

興礼門 こうらいもん　朝堂院二十五門のひ

とつ、会昌門《かいしょうもん》を中心として西の掖門。正月一日朝賀のとき、大伴・佐伯の五位の者がこの門から入り会昌門左右の胡床《あぐら》に就く。

庚楽堂　こうらくどう　朝堂院十二堂のひとつ、会昌門《かいしょうもん》の東廊の北に在った。朝堂の座として、民部主計（「以レ西為レ上」とある）・主税寮（「以レ東為レ上」とある）官人の座となる。

高　欄　こうらん　勾欄とも書く。もとは手摺《てすり》のこと。平安時代には組高欄（刎《はね》高欄）と擬宝珠《ぎぼしゅ》高欄の二種があった。前者は隅で各部材が組合わされて刎《は》ね出しているもの。後者は宝珠をのせた親柱のあるもの。

合　力　ごうりき　援助、加勢の意。①金銭・物品を与えて援助する。②とくに合戦の際に助力すること。

合力銭　ごうりきせん　①施《ほど》こしに与える銭。②無尽講の掛銭、懸銭《かけぜに》のこと。

公　領　こうりょう　荘園に対する語。国司の支配する領域、国衙領《こくがりょう》。一〇世紀以降の王朝国家体制下で国司が徴税請負人化し受領《ずりょう》の称が一般的になった段階における国衙領。

〈文献〉竹内理三『土地制度史　I』山川出版社。

校　量　こうりょう　「きょうりょう」とも読む。考えはかる、推しはかる意。

功　粮　こうりょう　古代、手間賃として支払われる米銭。

荒　涼　こうりょう　①荒れ果ててものさびしい。②漠然としていて要領を得ない。「荒涼の空語」などという。③不注意で、軽率である。④尊大であり、ぶしつけである。⑤口まかせに物をいうこと。「短慮の至り、きわめて荒涼の事なれども」と用いる。

拷　掠　こうりょう　拷問《ごうもん》、打ちたたいて罪を責めたて白状させる。「加二拷掠一」と用いる。

綱　領　こうりょう　⇒綱丁《ごうちょう》

後涼殿　こうりょうでん　清涼殿の西、陰明門の東に在り、別殿ともいう。朝餉壺《あさがれいのつぼ》・台盤所壺《だいはんどころのつぼ》と呼ぶ小庭（いわゆる中庭《なかにわ》）をはさんで清涼殿と連なっている。殿舎の中央は馬道《めどう》で南北に分けられ、それぞれに納殿《おさめどの》があった。西廂には御厨子所があり天皇の食事の用意をする。また女官の詰所があった。

功　力　こうりょく　手だてを尽くす、努力する意。具体的には、開発に費用と労働力を投入する。「功力を加えて開発す」と用いる。

〔後涼殿〕

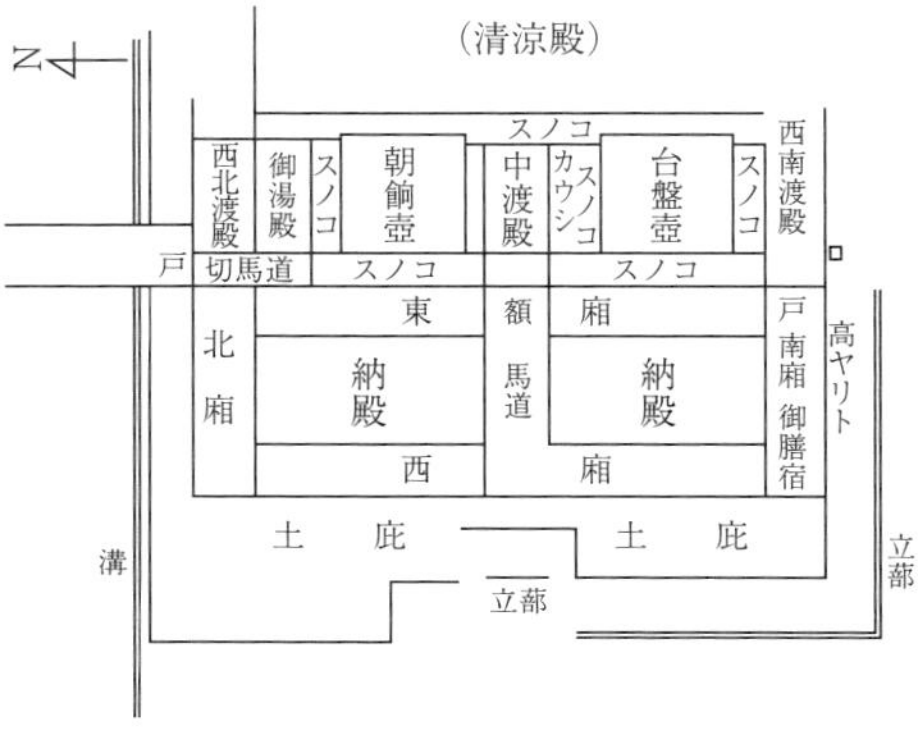

郊　労　こうろう　征討軍が凱旋してきたとき、凱旋軍を都城の外まで迎えて労をねぎらうこと。

鴻臚館　こうろかん　古代の外国使節接待のための施設。難波《なにわ》（八四四年廃止）、平安京（七条大路の北。一〇世紀には衰微）、大宰府（一一世紀まで存在）の三か所。

光禄卿　こうろくきょう　宮内卿、大膳大夫の異称。

鴻臚寺　こうろじ　玄蕃寮の異称。

鴻臚少卿　こうろしょうきょう　玄蕃助の異称

黄櫨染　こうろぜん　天皇の袍《うえのきぬ》にのみ用いられた服色。弘仁六年（八一五）、同十一年の詔により、黄櫨は天皇の色彩となった。黄櫨・蘇芳で染める。色相は黄茶。

幸若舞　こうわかまい　室町中・末期に流行した舞《まい》。単に舞ともいう。曲舞《くせまい》の系統に属し、大成者という桃井直詮《もものいなおあきら》の幼名幸若丸に基づく命名。軍記物に題材をとり戦国武将に愛好された。

雇役　こえき　律令制下の力役《りきえき》の一種。国司によって定められた順序にしたがって人民を駆使するが、労賃と食料が支給される点で歳役とは異なる。雇役された人民は雇夫・役夫などと称された。〈文献〉彌永貞三『日本古代社会経済史研究』岩波書店。

肥灰　こえばい　肥料として用いる灰。狭義には草木灰。中世荘園では、地力維持のために、肥灰の荘外への持出しを禁じた。〈文献〉古島敏雄『日本農業技術史』時潮社。

声を発つ　こえをはなつ　大きな声を出す、あらん限りの声で訴える。

後宴　ごえん　①宮中で、大嘗会の神祭の儀式の翌日、潔斎を解いたあと催す宴会。②大きな宴のあと、日時・場所を改めて行う宴会。

古往　こおう　かつて、むかし。

牛玉　ごおう　⇒牛玉宝印《ごおうほういん》

古往今来　こおうこんらい　昔から今に至るまで、古今《ここん》。

牛王宝印　ごおうほういん　牛玉とも書く。寺社が発行する護符。木版または手書きで、「熊野山宝印」「二月堂牛玉宝印」と独得の書体で書き、その上に朱印が捺されている。災厄を除く護符とされたが、鎌倉時代から、起請文《きしょうもん》の用紙とされた。〈文献〉相田二郎『日本の古文書』岩波書店。

氷　こおり　令制下、氷室《ひむろ》で保存された氷を夏（四月〜九月）に用いた。食品としての氷は、砕いただけの破氷《わりひ》、削《けず》りそいだ削氷《けずりひ》として食べたが、甘葛《あまずら》を加えたりした。

小折紙　こおりがみ　用紙を横に半折した折紙を更に四つ折りにしたもの。

郡奉行　こおりぶぎょう　室町中期以降、諸大名が自領内を統治するために置いた行政官、租税・検断のことを掌った。

御恩　ごおん　①うけた恩について、その人を敬っていう。②領主、主人から与えられた恩賞、知行、領地。

呉音　ごおん　日本の漢字音の一種。漢音と並び多く行われる。対馬音《つしまおん》ともいい、朝鮮半島を経由して七世紀以前に伝来したものか。古代には漢音が公的な音とされたが、呉音は仏典の読法や調度品の名称などに広く行われた。

炬火　こか　薪を束ねて立て点火し照明とするたいまつ。たて（ち）あかしという。

估（沽）価　こか　⇒估価法《こかほう》

榼　こが　桶《おけ》や樽《たる》のこと。ふつう酒樽をいう。

五菓　ごか　儀式・行事の饗饌に用いる五種の果実。柑・栢・栗・柿・梨。

互角　ごかく　互いに力量が同じで優劣のないこと。もと牛の角が左右の長さ、太さに差のないところから、同等のものをいった。『平家物語』や『太平記』では牛角と記され、互角の表記は室町時代から。

御画可　ごかくか　太政官が申請した詔書の案に天皇が許可のしるしとして可字を書くこと。天皇が日付を自ら書くことを御画日《ごかくじつ》といい、両者あいまって効力を発生する。

御画日 ごかくじつ ⇒御画可《ごかくか》

五箇商人 ごかしょうにん 室町時代、近江国今津から若狭国小浜に至る九里半街道の交通独占権を持った行商人。一六世紀、近江国蒲生郡得珍保《とくちんのほ》の商人と独占権をめぐって争った。
〈文献〉菅野和太郎『近江商人の研究』有斐閣。

估価帳 こかちょう 市での売買価格を記した帳簿。古代の市での売買に当たっては估価法に基づいて估価（価格）を定めるが、一〇日に一度帳簿（三通）を作る。太政官・京職・市司《いちのつかさ》にそれぞれ一通を保管する。

估価法 こかほう 物品売買の際の公定価格、換算率の法。令制下では諸国一律の沽価法が存在したが、平安時代には国ごとの估価法が成立した。
〈文献〉保立道久「中世前期の新制と估価法」『歴史学研究』六八七。

御感 ごかん 天皇や将軍また高貴の人が深く感動し、気に入ること。

拒捍使 こかんし 一〇世紀以降、国務に対捍し官物納入を拒む者が増加すると、それを抑えるため臨時に派遣された官人。検非違使庁の下級官人が任ぜられた。また、伊勢神宮の神領八郡の各郷には郷拒捍使が置かれていた。
〈文献〉石井進『日本中世国家史の研究』岩波書店。

御願寺 ごがんじ 天皇・皇太子など高貴な人の願いによって建立された寺。皇室や貴族を檀越とする寺。仁和寺（光孝天皇御願）・醍醐寺（醍醐天皇御願）・法勝寺（白河天皇御願）などは名高い。天皇御願の寺は後世勅願寺と呼ぶこともあった。
〈文献〉竹内理三『律令制と貴族政権 Ⅱ』御茶の水書房。

沽官田使 こかんでんし 仁和元年（八八五）三月、山城・大和・河内・摂津の四か国に遣わされた使者。所在の官田を人民に賃租させることを任務とした。沽田は散田に同じ。
〈文献〉阿部猛『日本荘園史の研究』同成社。

国忌 こき 皇祖・先皇・母后の忌日で、この日は政務を休み（廃務）、歌舞音楽をつつしみ、追善の法要を行う。元来は天皇忌日をいうが、しだいに拡大され、忌日が増加したので、整理して減らしている。
〈文献〉藤堂かほる「律令国家の国忌と廃務」『日本史研究』四三〇。

御器 ごき ①食物を盛るふたつきの器、わん。②修行僧や乞食が持つ椀《わん》。③呉器のこと。高麗茶碗の一種。

五畿七道 ごきしちどう 令制下の地方行政区分。五畿は山城・大和・摂津・河内・和泉。七道は、東海道・東山道・北陸道・山陰道・山陽道・南海道・西海道。五畿七道制は律令制の衰退に伴って政治的機能を失っていく。

御起請地 ごきしょうのち 起請は、法令、禁制を意味する。一国平均役などを免除された土地。とくに、白河・鳥羽・後白河の三代の間に認められたものを三代御起請の地という。

弘徽殿 こきでん 内裏後宮七殿のひとつ。身舎はおもに后妃の曹司として用いられた。東西二間、南北七間で中央に馬道が通っていた。四方には廂《ひさし》が張り出し、西

〔弘徽殿〕

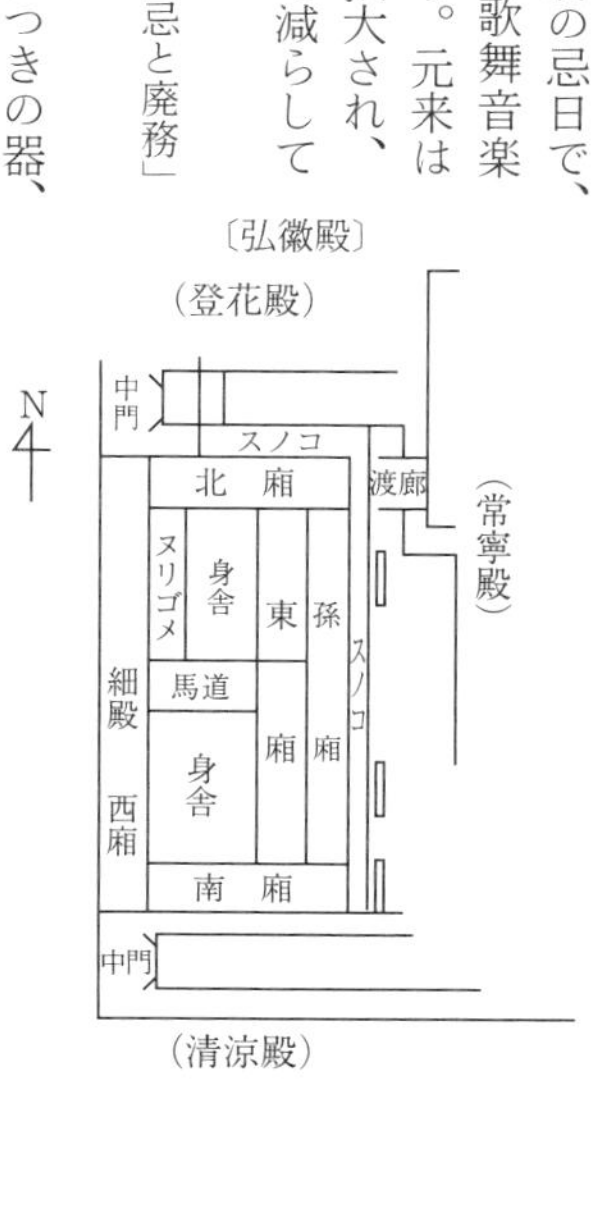

廂は細殿《ほそどの》といわれ、東廂には孫廂と簀子縁があった。

沽却 こきゃく 估却とも書く。沽は売る。売却すること、売り渡す。売券を沽券、沽却状という。

故旧 こきゅう ①旧知、旧友、むかしなじみ。②むかし、昔のこと。

五教 ごきょう ①儒教の、人の守るべき五つの教え。『孟子』では「父子有レ親、君臣有レ義、夫婦有レ別、長幼有レ序、朋友有レ信」とあり、『春秋左伝』では「父義、母慈、兄友、弟恭、子孝」という。②釈迦一代の教説を五つに分類したもの。小乗教、大乗始教、大乗終教、頓教、円教。

五経 ごきょう ①儒学で尊重される五部の経書《けいしょ》。易・書・詩・礼・春秋。②古代医学で尊重する五部の医書。素問・霊枢・難経・金匱要略《きんきようりゃく》・甲乙経。

五行 ごぎょう 中国で、万物のもととしてあげる木火土金水の五気。これを天上の五遊星にあて、その運行を以て運勢判断に用いる。五行説。

石 こく 斛《こく》とも書く。容積の単位。①一石＝一〇斗＝一〇〇升。②和船の積量単位で一〇立方尺。③材木の体積単位で一〇立方尺。

穀 こく 籾《もみ》のこと。穎稲一束＝穀一斗＝白米五升の割合。倉庫に保存するには籾の状態が最もよいとされる。

刻 こく 剋とも。旧暦における時間、時刻。①一昼夜を一二等分した一つで、二時間。午前零時を子《ね》の刻に置き、以下十二支を配する。②一昼夜を四八等分した一つ。十二支のそれぞれに四刻を配する。子《ね》の一点、二点……と呼ぶ。③一昼夜を五〇等分した一つ。十二支にそれぞれ四刻六分の一ずつを配する。具注暦に見られる。以上は定時法で、不定時法では、昼が六つ、夜が六つに分けられる。

斛 こく ⇒さか

獄 ごく 「ひとや」とも読む。獄舎のこと。囚人を収容する。令制の囚獄司、のち検非違使庁が所管した。獄には獄門があり、犯罪人の首をそこにかけて見せしめとした。

極位 ごくい ①人臣の位《くらい》の最高である従一位。②俗に、ある官人の到達した最高位。

国印 こくいん 律令制下、国司が公文書に捺《お》した国の印。方二寸の規模。国印のある文書を赤符、国印のないものを白符という。

黒衣 こくえ 「こくい」とも。黒色の衣服、墨染の衣であるが、それを着る僧、出家《しゅつけ》のこと。

国営田 こくえいでん 国司の管理耕営する田。「延喜式」によると、山城国（一二町）、大和国（七町）、河内国（一〇町）、和泉国（二町）、摂津国（一五町）にあり合計四六町。穫稲は、営料を差し引き残りは内蔵寮に送進された。
〈文献〉阿部猛『律令国家解体過程の研究』新生社。

国衙 こくが 律令制下、地方支配の拠点として置かれた国の役所。その中心は方二町の国庁院《こくちょういん》（政庁）である。

国衙市 こくがいち 国府の市。多く水陸の要衝に当たり、国内の市の中心。平安時代、国ごとの估価法《こかほう》が定められていて公定価格による取引が国衙市で行われていたと推測されるが、国衙市と国内の地方市場との関係は明らかではない。⇒估価法

国衙器物 こくがきぶつ 国衙が保有する基準枡。⇒国斗《こくと》

国衙領 こくがりょう 非荘園部分の国領、公領。一一世紀後半以降、郡郷制が変質

し、新しい支配単位としての郷・保・別《べつ》名《みょう》が出現し、これが国衙領の中心となった。郷司・保司・別名の領主らは、平安末期に大規模な開発を行い、開発領主・根本領主へと転換し、新しい時代のにない手となる。

〈文献〉中野栄夫『中世荘園史研究の歩み』新人物往来社。

極官 ごくかん 「ごっかん」とも。①最高の官職。②家柄によって定まった最高官。③俗に、ある官人が死没するまでに到達した最高官。

国絹 こくけん 「くにのきぬ」とも。平安時代、各国で基準となる品質の絹の称。⇒上品絹《じょうぼんのきぬ》・凡絹《ぼんけん》

国検 こくけん 国衙検注、国司検注ともいう。国司が検田使を派遣して行う検注。目代《もくだい》・書生《しょじょう》・図師《ずし》らが現地に臨み検注し、検田帳を作成した。

〈文献〉石井進『日本中世国家史の研究』岩波書店。

国祭 こくさい 山城国賀茂神社の本祭。国司が臨んで執行したので国祭と呼ぶ。四月に行われた。同国松尾神社の祭礼も同様。

国催 こくさい 国衙から郷司・荘郷地頭に対して官物・年貢課役の納入を催促すること。

国宰 こくさい 国司のこと。⇒国司《こくし》

国司 こくし 国の政務を掌る官人。国の等級により配置の人員を異にする。守《かみ》・介《すけ》・掾《じょう》・目《さかん》の四等官《しとうかん》を基本とし、他に史生《しじょう》・国博士・医師・学生・医生がいる。配置定員は〈表〉のごとくであった。長官である守の職掌は広範囲にわたり、養老「職員令《しきいんりょう》」に示されている。

〈文献〉吉村茂樹『国司制度』至文堂。

	大国	上国	中国	下国
守	1	1	1	1
介	1	1		
掾 大	1	1	1	
掾 少	1			
目 大	1	1	1	1
目 少	1			
史生	3	3	3	3
国博士	1	1	1	1
医師	1	1	1	1
学生	50	40	30	20
医生	10	8	6	4

国師 こくし 国内の僧尼の監督、諸寺の監査、経論の講説を行う僧官。大宝二年（七〇二）諸国に置かれた。宝亀元年（七七〇）国師の定員を定め、大国・上国は二員、中国・下国は一員とした。任期は六年。

国子監 こくしげん 大学寮の異称。

国司墾田 こくしこんでん 在任中の国司が経営する開墾田。任期の間、私有が認められた。

国子祭酒 こくしさいしゅ 大学頭の異称。

国子司業 こくししぎょう 大学助の異称。

国子助教 こくしじょきょう 大学助教の異称。

国司庁宣 こくしちょうぜん 受領《ずりょう》が国内の郡司以下に命令を下すときに用いた下文《くだしぶみ》様文書。⇒庁宣《ちょうぜん》

国子博士 こくしはかせ 大学博士の異称。

国司不入 こくしふにゅう ⇒不輸《ふゆ》・不入《ふにゅう》

国司免判 こくしめんぱん 平安中期～鎌倉期に国司が行った認可の形式。田畠の保証、租税免除、荘号立券の要求が出されたとき、国司が自己の裁量で外題《げだい》形式で認可を与えたこと。またその文書。⇒外《げ》題安堵《だいあんど》

国写田 こくしゃでん 寛平三年（八九一）に設けられた不輸租田。畿内の戸で、調銭未納のものについて、戸の田地を没収して国写田と称し、賃租に出してその地子を公用に当てた。

獄囚 ごくしゅう 牢獄に入れられている人、囚人。

告書 こくしょ ①九～一一世紀に用い

られた権門発給の文書。「某告宛所」で始まり「故告」で終わる。貴族の家政機関が管轄外の郡司・郷刀禰などに意思を伝えるもの。のち政所下文に吸収され姿を消した。②起請文に相当する文書。

獄所 ごくしょ　牢獄、囚人を入れておく所。

国掌 こくしょう　九世紀半ば頃から諸国に設置された中央の官掌《かじょう》、省掌と同様な官。その職掌は、「訴人を通伝し、使部を検校し、官府を守当し、庁の事を舗設する」。定員二人で把笏《はしやく》を許され給田が与えられた。
〈文献〉泉谷康夫『律令制度崩壊過程の研究』髙科書店。

告身 こくしん　位記のこと。九世紀初め頃から一般化した呼称である。⇒位記《いき》

国人 こくじん　南北朝・室町期の在地領主層。国衆《くにしゅう》とも称する。鎌倉以来の地頭の系譜をひく在地領主や荘官層を含む。これに対して、在地の沙汰人・名主層のなかから生まれる小領主層は地侍《じざむらい》と呼ばれることが多い。
〈文献〉佐藤和彦『南北朝内乱史論』東京大学出版会。

国人一揆 こくじんいっき　国人領主層の連合体で、守護大名に対抗したり、農民を支配するための組織として機能した。備後国の山内首藤《やまのうちすどう》氏、安芸国の熊谷氏、毛利氏、小早川氏などの例を見ることができる。
〈文献〉岸田裕之『大名領国制の構成的展開』吉川弘文館。

国人領主制 こくじんりょうしゅせい　室町時代、荘官・地頭層で地方に土着した国人層が、所領・農民支配のために創出した支配体制。
〈文献〉佐藤和彦『南北朝内乱史論』東京大学出版会。

国図 こくず　律令制下で作成された国郡図、校田図、班田図などの総称。

曲水の宴 ごくすいのえん　「きょくすいのえん」とも。三月三日の行事。内裏の池の畔に宴を設け、曲溝に水を引き、酒杯が自分の前を通りすぎないうちに詩歌を詠む。中国の水辺の祓《はらえ》の行事に淵源がある。平安時代には、天皇が清涼殿に出御して勅題があって、公卿・博士・文人が歌を詠んだ。藤原道長邸で行われたこともあった。
〈文献〉山中裕『平安朝の年中行事』塙書房。

国宣 こくせん　国司庁宣にかわって、鎌倉期に知行国主が出した御教書《みぎょうしょ》形式の文書。知行国主《ちぎょうこくしゅ》の命令を家司《けいし》が奉じて出す。⇒知行国制・御教書

穀倉院 こくそういん　民部省の米穀倉庫。平安初期成立の令外官。初見は大同三年（八〇八）。のち内蔵寮とならぶ内廷経済の中心的な官司となった。公卿別当・四位別当・五位別当・預・蔵人らがいた。畿内の調銭、無主位田・同職田・没官田の地子、年料租舂米《ねんりょうそしょうまい》などを収納した。院領としては、播磨国小犬丸保など一〇か所ほどが知られる。
〈文献〉山本信吉「穀倉院の機能と職員」（『日本歴史』三〇〇）。

国造田 こくぞうでん　旧国造家に与えられる職分田。平安時代、国造家の廃絶に伴って闕国造田が増加した。地子田で、延喜十四年（九一四）現在計四一一町五段に及んだ。一一世紀以後、興福寺領、東大寺領などの雑役免荘園に多く見え、地子は国衙へ（国造田）、雑役は興福寺へ納入されるかたちをとっていた。
〈文献〉阿部猛『日本荘園成立史の研究』雄山閣出版。

小具足 こぐそく　甲冑の付属で、籠手《こて》・臑当《すねあて》・佩楯《はいたて》・面具《めんぐ》の類の総称。

国府所在地一覧

	国名	所在・現在地名
畿内	山城	京都府山城町上狛→長岡京市→大山崎町大山崎
	大和	奈良県御所市掖上→同市長柄→大和郡山市今国府
	河内	大阪府藤井寺市国府
	和泉	〃　和泉市府中町
	摂津	大阪市天王寺区国分町→同市東区
東海道	伊賀	三重県上野市印代
	伊勢	〃　鈴鹿市国府町→同市広瀬
	志摩	〃　阿児町国府
	尾張	愛知県稲沢市松下
	参河	〃　豊川市白鳥（一説に同市国分町）
	遠江	静岡県磐田市見付
	駿河	静岡市安東
	伊豆	静岡県三島市
	甲斐	山梨県春日居町国府→同御坂町国府
	相模	神奈川県小田原市（一説に海老名市）→伊勢原市（一説に秦野市，平塚市）→大磯町国府本郷
	武蔵	東京都府中市宮町
	安房	千葉県三芳村府中
	上総	〃　市原市
	下総	〃　市川市国府台
	常陸	茨城県石岡市
東山道	近江	滋賀県大津市大江
	美濃	岐阜県垂井町府中
	飛驒	〃　国府町→高山市岡本町
	信濃	長野県上田市（一説に更埴市）→松本市惣社
	上野	群馬県前橋市元総社町
	下野	栃木県栃木市田村町
	陸奥	宮城県仙台市郡山→多賀城市市川
	出羽	山形県藤島町古郡→秋田市寺内→山形県酒田市城輪→同八幡町市条→酒田市城輪
北陸道	若狭	福井県小浜市
	越前	〃　武生市府中市
	加賀	石川県小松市古国府→金沢市古府町→小松市古国府
	能登	石川県七尾市府中町
	越中	富山県高岡市伏木
	越後	新潟県上越市五智
	佐渡	〃　佐渡市
山陰道	丹波	京都府八木町屋賀（一説に亀岡市）
	丹後	〃　岩滝町男山→大江町河守→宮津市中野
	但馬	兵庫県日高町府市場
	因幡	鳥取県国分町
	伯耆	〃　倉吉市国府
	出雲	島根県松江市
	石見	〃　浜田市
	隠岐	〃　西郷町下西
山陽道	播磨	兵庫県姫路市国府寺町
	美作	岡山県津山市総社
	備前	岡山市国府市場→同市三門→国府市場
	備中	岡山県総社市金井戸
	備後	広島県神辺町湯野，府中市府川町
	安芸	〃　東広島市
	周防	山口県防府市国衙
	長門	山口県下関市長府
南海道	紀伊	和歌山市府中
	淡路	兵庫県三原市
	阿波	徳島市国分町
	讃岐	香川県坂出市府中町
	伊予	愛媛県今治市上徳
	土佐	高知県南国市比江
西海道	筑前	福岡県太宰府市国分
	筑後	〃　久留米市合川町
	豊前	〃　豊津町惣社→行橋市→豊津町
	豊後	大分市古国府
	肥前	佐賀県大和町→小城町→佐賀市
	肥後	熊本市国府→城南町→熊本市二本木町
	日向	宮崎県西都市
	大隅	鹿児島県国分市府中
	薩摩	〃　川内市国分寺
	壱岐	長崎県芦辺町国分→石田町
	対馬	〃　厳原町今屋敷

石代 こくだい　斗代《とだい》一石のこと、一段の田地の年貢が一石であること。⇒斗代《とだい》

小口袴 こぐちばかま　大口袴に括《くく》りのあるもの。指貫に似る。冬季の天皇の衣料である。

国厨田 こくちゅうでん　九世紀に設定された国営田。日向・大隅・薩摩三国の乗田《じょうでん》の一部を割いて国が直接経営した。穫稲から営料と地子（太政官厨に送る）を差引き、残りを国書生《くにのしょしょう》の食料に宛てた。信濃国の例も知られる。⇒乗田

国儲 こくちょ　公出挙《くすいこ》利稲の一部を割いて貯えた稲。四度使《しどし》・非時差使《ひじさし》の粮料《ろうりょう》（臨時の使の手当としての食料）に充てた。神亀元年（七二四）大国四万束、上国三万束、中国二万束、下国一万束の正税稲を割き、その利稲を充てた。天平六年（七三四）正税稲に混合されたが同十七年、公廨稲の一部を国儲に充て、延暦二十二年（八〇三）、公廨利稲の一〇分の一を定量化された。⇒四度使

〈文献〉阿部猛『律令国家解体過程の研究』新生社。

国庁 こくちょう　古代国衙の正庁。方二町の規模。正殿と南庭を中心とし、東西の脇殿と前殿・後殿より成り、周囲に垣をめぐらす。

国牒 こくちょう　国司の出す牒。牒は、主典以上の官人が役所に申達する文書であったが、解《げ》様式の文書が多用されるようになると、牒は僧綱《そうごう》・三綱《さんごう》との応答に用いられるようになった。⇒解・僧綱・三綱

虎口を甘げる こぐちをくつろげる　①小口とも書く。虎口とは、城郭や陣営などの要所に当たる出入口、危険な場所。②攻撃の手をゆるめるの意。

国底 こくてい　国司が政務をとり扱うところ、国庁・国衙。

御供田 ごくでん　神社への供物を弁ずるために設定された田。

国斗 こくと　国衙の枡。貢租の計量に用いた。一斗枡か。国衙器物ともいわれた。

〈文献〉宝月圭吾『中世量制史の研究』吉川弘文館。

国土 こくど　①領土。②大地。③郷土、故郷。④国家。

国稲 こくとう　⇒国儲《こくちょ》

国判 こくはん　国司の署判。奈良・平安時代、国司が所管内での土地の売買・譲与・貸借・紛失・紛争解決に際して当事者の作成した文書に認可の文言《もんごん》と署判を加える行為、またその文書をいう。

穀皮 こくひ　楮《こうぞ》の皮。紙などの原料となる。

国府 こくふ　令制下の諸国の政庁の所在地をいう。概ね交通の要衝を占め、四周に土塁をめぐらす。国分寺・国分尼寺・総社が近くに配置された。「国府所在地一覧」を参照。

国符 こくふ　国衙が発給する下達《げたつ》文書。国の被管官司である郡に下す文書がふつうである。書き出しは「国符……郡」で、書き止めは「郡宜二承知一、依レ状施行一、符到奉行」となる。

国風 こくふう　①その国の風俗、習慣、くにぶり。②その国の風俗・習慣をあらわす詩歌や民謡、俗謡、はやりうた。

黒風 こくふう　砂塵を巻きあげて空を暗くするような、つむじ風。

国分寺 こくぶんじ　奈良時代、国ごとに置かれた官寺。天平十三年（七四一）聖武天皇の発願により諸国に設けられ、七七〇年代にほぼ全国に造立された。国分寺（金光明四天王護国之寺）と国分尼寺（法華滅罪之寺）で、一定の封戸・水田と出挙本稲を付した。多くは国府に近く建てら

国分寺・国分尼寺所在地一覧

	国名	国分寺所在地	国分尼寺所在地
畿内	山城	京都府加茂町例幣	京都府加茂町法花寺野
	大和	奈良市雑司町（東大寺）	奈良市法華寺町（法華寺）
	河内	大阪府柏原市国分東条町	同左→大阪府美原町菩提
	和泉	大阪府和泉市国分寺	未詳
	摂津	大阪市大淀区国分寺→天王寺区国分寺	大阪市東淀川区柴島
東海道	伊賀	三重県上野市西明寺	同左
	伊勢	三重県鈴鹿市国分町	同左木田町か
	志摩	三重県阿児町国府	未詳
	尾張	愛知県稲沢市矢合町	同左法花寺町か
	参河	愛知県豊川市八幡町	同左
	遠江	静岡県磐田市国府台	同左か
	駿河	静岡市大谷片山	静岡市尾形町か
	伊豆	静岡県三島市泉町	同左南町
	甲斐	山梨県一宮町国分	同左東原
	相模	神奈川県海老名市国分	同左
	武蔵	東京都国分寺市西元町	同左
	安房	千葉県館山市国分	未詳
	上総	千葉県市原市惣社	同根田・山田橋
	下総	千葉県市川市国分	同左
	常陸	茨城県石岡市府中	同左若松
東山道	近江	滋賀県信楽町→大津市野郷原→同光が丘町	未詳
	美濃	岐阜県大垣市青野町	同垂井町平尾か
	飛騨	岐阜県高山市総和町	未詳
	信濃	長野県上田市国分	同左
	上野	群馬県群馬町東国分→同前橋市元総社町	群馬町東国分
	下野	栃木県国分寺町国分	同左
	陸奥	宮城県仙台市若槻木の下	同左白萩原
	出羽	山形県八幡町法蓮寺	未詳
北陸道	若狭	福井県小浜市国分	未詳
	越前	福井県武生市京町	未詳
	加賀	石川県小松市古国府	未詳
	能登	石川県七尾市国分寺	未詳
	越中	富山県高岡市伏木一宮	未詳
	越後	新潟県上越市五智	未詳
	佐渡	新潟県真野町国分寺	同左吉岡か
山陰道	丹波	京都府亀岡市千歳町	同左河原林町
	丹後	京都府宮津市国分→同由良	未詳
	但馬	兵庫県日高町国分寺	同左水上・山本
	因幡	鳥取県国府町国分寺	同左法華寺
	伯耆	鳥取県倉吉氏国分寺	同左国府
	出雲	島根県松江市竹矢町	同左
	石見	島根県浜田市国分寺	同左
	隠岐	島根県西郷町池田	同左有木
山陽道	播磨	兵庫県姫路市御国野町国分寺	同左
	美作	岡山県津山市国分寺	同左
	備前	岡山県山陽町馬屋	同左穂崎
	備中	岡山県総社市上林	同左
	備後	広島県神辺町御領	同左西中条か
	安芸	広島県東広島市西条町	同左
	周防	山口県防府市国分寺町	同左
	長門	山口県下関市豊浦	同左長府
南海道	紀伊	和歌山県打田町東国分寺	同左岩出町西国分寺
	淡路	兵庫県三原町八木笶原国分	同左八木笶原新庄
	阿波	徳島県徳島市国分町	同左石井町尼寺
	讃岐	香川県国分町国分	同左新居
	伊予	愛媛県今治市国分	同左桜井
	土佐	高知県南国市国分	同左比江か
西海道	筑前	福岡県太宰府市国分	同左
	筑後	福岡県久留米市国分町	同左
	豊前	福岡県豊津町国分	同左
	豊後	大分県大分市国分	同左か
	肥前	佐賀県大和町尼寺	同左
	肥後	熊本県熊本市出水	同左水前寺公園
	日向	宮崎県西都市三宅	同左右松
	大隅	鹿児島県国分市中央	未詳
	薩摩	鹿児島県川内市国分寺町	同左か
	壱岐	長崎県芦辺町国分	未詳
	対馬	長崎県厳原町国分	未詳

れた。「国分寺・国分尼寺所在地一覧」参照。

国幣 こくへい　畿外諸国にあった官社に国司が供進した幣帛のこと。幣帛の供進を受ける神社を国幣社という。

石蒔 ごくまき　穀物の播種量で耕地面積を表示するもので、一石蒔の面積。⇒蒔《まき》

国民 こくみん　南北朝・室町期、畿内近国において、在地性のつよい武士・領主（国人層）をさす。とくに大和国の武士で興福寺に編成された春日神社の白人《しろうと》神人《じにん》（白衣を着た下級神官）身分を与えられていた者たちをいう。
〈文献〉永島福太郎『奈良文化の伝流』畝傍書房。

国務 こくむ　国司の勧農権、とくに官物・公事の徴収権をいう。「荘田と称して国務を妨ぐ」などと用いる。

国免庁宣 こくめんちょうぜん　⇒国司免判《こくしめんぱん》

国免荘 こくめんのしょう　国司免判《こくしめんぱん》によって不輸官物の特権の認められた荘園。その特権はその国司在任中のみ有効で、つぎの国守によって否定され収公される恐れのある不安定なものであった。⇒国司免判
〈文献〉泉谷康夫『日本中世社会成立史の研究』高科書店。

国母 こくも　「こくぼ」とも、天皇の生母のこと。『日本三代実録』元慶三年（八七九）三月二十五日条に初見。

獄門 ごくもん　①獄屋の門。②斬罪に処された囚人の首を獄屋の門などにさらすこと。「獄門に懸《か》ける」という。

国役 こくやく　「くにやく」とも。朝廷や国衙が種々の名目で各国内に賦課した恒例・臨時の課役（一国平均の役という）の総称。守護を介して賦課されたもの、また守護じしんが賦課したものも国役と呼ぶ。一般には段別の賦課である。
〈文献〉小山田義夫「大嘗会役小考」（『日本文化の社会的基盤』）雄山閣出版。

酷吏 こくり　威力を加えて人民を抑圧する役人のこと。中国古代では、官吏を循吏《じゅんり》と酷吏《こくり》に分ける。循吏は法にしたがいよく治める役人、わが国では良吏《りょうり》という。
〈文献〉鎌田重雄「漢代の循吏と酷吏」（『史学雑誌』五五―四）。

国料船 こくりょうせん　関銭免除の特権を有する国衙船。本来は国領の年貢運送に当たったものであろう。
〈文献〉新城常三『中世水運史の研究』塙書房。

国例 こくれい　律令制解体期に、各国において行われた行政上の慣習法。「当国之例」「当国之習《ならい》」などと見える。
〈文献〉戸田芳実『日本領主制成立史の研究』岩波書店。

後家 ごけ　夫と死別した妻。本来財産相続に関連して用いられることが多い。鎌倉時代は、専ら武家の妻についていう。室町期に入り、一般農民の家また家産の形成に伴って、後家の称は広く用いられるようになった。
〈文献〉服藤早苗『家成立史の研究』校倉書房。

御禊 ごけい　「みそぎ」の尊敬語。水で身を清める行事で、天皇や斎院のみそぎをいう。天皇は即位後の大嘗祭の前月十月下旬に行い、場所は、葛野《かどの》川・松崎川、のち鴨川の三条河原であった。伊勢斎宮は桂川で、加茂斎院は鴨川で御禊を行った。

御家人 ごけにん　中世では、鎌倉将軍直属の武士をさす。「沙汰未練書」では「御家人とは、往昔以来、開発領主として武家御下文を賜わる人の事也」と規定されている。在地の根本領主で、その所職を将軍から安堵され御家人役をつとめ、

その身分を保障された。

〈文献〉田中稔『鎌倉幕府御家人制度の研究』吉川弘文館。

御家人役 ごけにんやく　鎌倉将軍に直属する御家人が負う奉公義務。軍役および平時の番役、関東御《み》公事《くうじ》などを内容とする。御家人役は所領の多少にしたがって賦課された。

〈文献〉五味克夫「鎌倉御家人の番役勤仕について」(『史学雑誌』六三―九・一〇)。

御家人領 ごけにんりょう　鎌倉幕府御家人の有する所領・所職の総称。荘園所職(地頭職・公文職・田所職・名主職など)が中心である。幕府から与えられた新恩所領の売買は禁じられていた。仁治元年(一二四〇)以後は、私領といえども非御家人・凡下《ぼんげ》に売却することは禁じられた。⇒凡下

〈文献〉安田元久『地頭及び地頭領主制の研究』山川出版社。

後家分 ごけぶん　夫が死後の妻の生活を保障するために生前に与えた所領で、一《いち》期分《ごぶん》である場合が多い。⇒後家《ごけ》・一期分

柿 こけら　杮とも書く。①材木を削ったときに出る削、木片、こっぱ。②材木をうすく剥《は》いだ板で、屋根を葺《ふ》くのに用いる。

古検 こけん　近世、一般に、太閤検地を古検と呼び、慶長以後の検地を新検という。

沽券 こけん　⇒売券《ばいけん》

固関 こげん　古代に、勅により諸国の関を警固させること。とくに東海道鈴鹿関(伊勢国)、東山道不破関(美濃国)、北陸道愛発《あうち》関(越前国)の三関が重要とされた。天皇譲位、天皇・上皇の崩御、太政大臣薨去など大事のとき、また叛乱などに際して関を閉じた。平安初期に、愛発関にかえて近江国の逢坂関が対象となった。平安中期には、固関は単なる儀式となった。

御監 ごげん　①左右馬寮を総裁する職で近衛大将が兼任した。②親王家の家司の上官。

〈文献〉坂本太郎『日本古代史の基礎的研究』東京大学出版会。

五更 ごこう　一夜を、初夜、二更、三更、四更、五更に分けた称。五更は寅《とら》の刻、いまの午前三時~五時で、あかつき。

小定考 ここうじょう　太政官の番上官《ばんじょう》の勤務成績を考査上申する儀。⇒定考《こうじょう》・番上《ばんじょう》

五合日 ごごうにち　陰陽道でいう吉日の一つ。暦注の一つで、寅《とら》・卯《う》に当たる日は万事に良いとされ、とくに婚姻・会合に良しとされる。五合とは木・火・土・金・水の五元素が相い合うの意。

五穀 ごこく　時代により種類を異にするが、古代では、粟《あわ》・稗《ひえ》・麦・豆・稲の五種、あるいは、禾《か》(稲)・黍(きび)・稷《しょく》(たかきび)・菽《しゅく》(豆)・麦の五種をいう。近世初頭に成立した「清良記《せいりょうき》」では、米・大麦・小麦・大豆・小豆を、あるいは黍・稗・麦・粟・豆をいう。

〈文献〉鋳方貞亮『日本古代穀物史の研究』吉川弘文館。

小輿 こごし　手輿《たごし》の一種。台四辺に朱塗の高欄をめぐらす。屋形はない。毎年正月八日に行う最勝講の講師、法華講の講師が乗る。

小御所 こごしょ　①清涼殿の東北にあった建物。②室町将軍の参内のときの休息所。③中世、将軍の世子の居所。大御所に対する。

ここに　さまざまな漢字をあてる。此・云・言・是・茲・爰・粤・於焉・於是など。①それ故に。②事柄を説き起こす語で、さて。

心当 こころあて　①当て推量。「心あて

に、それか、かれかなど問ふなかに、言ひあつるもあり」と用いる。②意向、目的。③心がまえ。「心あてよき人」と用いる。

意　得　こころえ　心得も同じ。①理解する。②覚悟。③用意。④注意。

心　落　こころおち　①気落ちする。②厚意がある、こころざし。

心　利　こころきく　才覚がある、気がきく、気転がきく。『日葡辞書』は「賢く敏感で他人の思っていることを容易に見抜くこと」と説明している。

鬼　籠　こころにくし　①奥ゆかしい。②心がそそられる。③不安、不審である。

心　葉　こころば　大嘗会のとき、神事に携わる者の冠の巾子《こじ》の前面につけた金属製の造花、金銅製の梅の花。

心　太　こころぶと　①天草《てんぐさ》の異称。②大根の異称。③ところてんの異称。

御　座　ござ　⇒おわします

御座有　ござある　①居《い》るの尊敬語。②行く、来《く》るの尊敬語。

巨　細　こさい　巨砕とも書く。①大小。②委細、一部《いちぶ》始終《しじゅう》。「巨細を注進すべし」などと用いる。

後　妻　ごさい　⇒後妻打《うわなりうち》

御斎会　ごさいえ　一月八日から十四日まで、大極殿で金光明最勝王経《こんこうみょうさいしょうおうきょう》を講説し、国家安穏・五穀豊穣を祈る法会。延暦二十一年（八〇二）から恒例行事となった。

後妻打　ごさいだ　⇒うわなりうち

御祭服　ごさいふく　天皇が神事のときに着る清浄な生絹の白い袍のこと。

古　作　こさく　①古くから（以前から）耕作していること、またその田・畑、耕作人。②古い昔に作られた作品。能面とか刀剣などについて言う。

小　作　こさく　一般に他人の土地を借耕して使用料（小作料など）を支払うこと。古代の賃租《ちんそ》や荘園における散田請作《さんでんうけさく》などをも含めて総称する。⇒散田・請作

雇　作　こさく　雇仕《こし》とも。佃《つくだ》（領主直営地）に農民を雇傭労働力として駆使する経営方式のこと。平安末期、国衙領内に見える雇佃は、作人に食料を給与したが、段別一石二斗余の高斗代であった。荘園制下、領主・荘官・地頭らが種子・食料を給与して荘民に佃を耕作させる場合も同様であった。
〈文献〉大山喬平『日本中世農村史の研究』岩波書店。

醴　こざけ　米・麹・酒を合わせて一夜で醸造する酒で、「ひとよ酒」ともいう。甘酒の類である。

故　殺　こさつ　故意に人を殺すこと。

小五月銭　こさつきせん　奈良興福寺大乗院門跡が毎年五月五日に催す小五月会の能のための費用。小五月郷と称される諸郷から徴収した。間別銭《まべちせん》として徴収した。⇒間別銭
〈文献〉安田次郎『中世の興福寺と大和』山川出版社。

小　侍　こざむらい　①若い侍。②身分の卑しい、つまらぬ侍。③鎌倉・室町時代、将軍に随行・警衛に当たった者。④小侍所の略。⑤小侍所別当。

小侍所　こざむらいどころ　①承久元年（一二一九）設置された鎌倉幕府の職名。宿直・警衛に当たり将軍に供奉する。別当のもと、所司・朝夕雑色《ちょうじゃくぞうしき》・走衆《はしりしゅう》・恪勤《かくご》がいた。②室町幕府でも同様設けられ、長官は所司。⇒走衆・朝夕雑色・恪勤

五　山　ござん　鎌倉末期に始まる禅宗寺院の寺格。時期によって寺名・位次に変化があるが、至徳三年（一三八六）には、五山之上南禅寺、第一天龍寺・建長寺、第二相国寺・円覚寺、第三建仁寺・寿福寺、第四東福寺・浄智寺、第五万寿寺・

浄名寺（一～五については、前が京都五山、後が鎌倉五山）となっていた。

後三条院勅旨田　ごさんじょういんちょくしでん　白河天皇が後三条院のために、勅により設立した荘園。安芸国勅旨田、尾張国勅旨田、丹後国勅旨田などが知られる。
〈文献〉竹内理三『律令制と貴族政権　Ⅱ』御茶の水書房。

輿　こし　箱に長柄をつけ人力で運行する乗物。天皇の乗用を輦輿《れんよ》といい、他を腰輿《たごし》という。輦輿は駕輿丁《がよちょう》が長柄をかつぎ、腰輿は力者《りきしゃ》が腰に長柄をそえて手で持つ。

雇仕　こし　⇒雇作《こさく》

虎子　こし　⇒おおつぼ・尿筥《しのはこ》

巾子　こじ　冠の頂上後部の高く突き出ている部分。巻いた髻《もとどり》を納める。

五師　ごし　南都諸大寺また宮寺などで寺務を掌った役僧。寺僧中から五人を選んで任命した。また、授戒を受けるときの五人の師僧をもいう。

五時　ごじ　①季節のかわりめの立春・立夏・大暑・立秋・立冬のこと。②五《ご》時教《じきょう》の略。⇒五時教

腰懐　こしいだき　とりあげ婆、助産婦のこと。

輿舁　こしかき　輿をかつぐ人、輿丁《よちょう》。

来方　こしかた　「きしかた」とも。いままで過ぎてきた時間、過去。「こしかた、ゆくすえ」といえば、過去と未来。

甑　こしき　米や豆を蒸《む》すのに用いた器。円形で瓦製、底に湯気《ゆげ》を通す小穴があり、湯釜にのせて蒸した。のち、木製の四角または円形の「せいろう（蒸籠）」となった。宮中で、お産のとき甑を落とす（御殿の棟からころがし落とす）習わしがあった。

轂　こしき　車輪の中心の輻《や》が集まる部分。中心を車軸が貫く。

乞食　こじき　「こつじき」とも。食物・銭貨を人に乞うて生活する者。「ほかいびと」「ほいと」ともいう。「ほかい」の語は「祝《ほ》く」「寿《ほ》く」から出たもので、寿詞を唱えて物を乞《こ》うもの。中世社会では非人身分として一括され、乞食非人と称された。

五色の糸　ごしきのいと　青・黄・赤・白・黒の五色の糸を一本にしたもの。往生思想の普及に伴い、極楽往生を願う人々が五色糸を阿弥陀如来像の手に結びつけ、その一端を持って往生を期した。藤原道長や建礼門院の臨終の様子が知られている。

五色水　ごしきのみず　灌仏会《かんぶつえ》に仏像に注ぐ青・黄・赤・白・黒の五種の水。

五時教　ごじきょう　釈迦一代の教説を五つに分類した称。阿含時・般若時・維摩時・法華時・涅槃時の五時とする説と、華厳時・阿含時・方等時・般若時・法華涅槃時とする説がある。

護持僧　ごじそう　御持僧とも。天皇を護持する役目の僧。清涼殿の仏間で僧が祈った。護持僧は東寺《とうじ》・延暦寺《えんりゃくじ》・園城寺《おんじょうじ》の僧に限られた。

故実沙汰人　こじつのさたにん　⇒故《こ》実之《じつの》仁《じん》

故実之仁　こじつのじん　荘園・公領の在地の事情に通じた人。図師、故実の沙汰人あるいは古老百姓などと呼ばれる者。『名語記』は「田畠ノ所在ヲヨクシレル人」と説明している。検地には必須の人物であった。
〈文献〉富沢清人『中世荘園と検地』吉川弘文館。

小地頭　こじとう　鎌倉時代、弱小地頭・名主の存在する地に有力御家人を惣地頭に任ずることがあった。この場合、前者を小地頭と呼ぶ。九州地方に例が多い。
〈文献〉工藤敬一『荘園公領制の成立と内乱』

思文閣出版。

小　蔀　こじとみ　半蔀《はじとみ》。ふつうの蔀戸《しとみど》の半分の大きさ。清涼殿の石灰壇の南壁上方の小窓に小蔀があり、天皇はここから殿上のようすを見たという。

腰　文　こしぶみ　書状の上包の端《はし》を縦《たて》に細く切り、これを帯封としたもの。書状の腰のあたりに巻いたので、この称がある。

腰　祭　こしまつり　腰とは、山の麓に近い裾《すそ》の部分をいう。山の口《まち》あけに山の神を祀る山口祭と並記されているので、杣山《そまやま》関係の祭であろう。

小除目　こじもく　春秋の除目のほかに臨時に行われた小規模の除目。⇒除目《じもく》

戸　主　こしゅ　⇒へぬし

沽酒家　こしゅか　酒を売る人、その店。沽は売る。

御　所　ごしょ　天皇などの住まいをいう。平安末期には摂関・大臣家、中世には将軍や鎌倉公方の居所をも称するようになった。またそこに住む人を「御所さま」「大御所」などと呼ぶ。

拒　障　こしょう　辞退すること。

胡　床　こしょう　胡牀、呉床とも書く。貴族や武官が用いた一人用の椅子《いす》。畳むことができた。中国漢代から用例が見える。阿久良《あぐら》と訓《よ》む。

故　障　こしょう　「さわり」とも読む。①差支《さしつか》え、さしさわり。「若有二故障一之時、早奉二仮文一、可レ申二障之由一」と用いる。②不服、異義の意。

小正月　こしょうがつ　正月十五日を中心とする新年の行事。十五日正月。この朝、粥《かゆ》を食べる風習は九世紀から見える。『土佐日記』『枕草子』に所見。左義長《さぎちょう》（ドンド焼き）、鳥追い、モグラ打ちなどの習俗がある。

〈文献〉和歌森太郎『年中行事』至文堂。

五条の袈裟　ごじょうのけさ　五枚（五筋）の布を縫い合わせて作った袈裟。

五常楽　ごじょうらく　唐楽。平調の曲。唐の太宗作という。蛮絵装束の四人舞。

御書所　ごしょどころ　宮中の書物を管理した所。史料上、内御書所《うちのごしょどころ》と混淆されることが多い。内裏西北の式乾門《しきけんもん》東腋に在った。⇒内御書所

御書始　ごしょはじめ　幼帝や東宮・親王の学問始めの儀式。九〜一一歳頃、上吉の日に行った。教科書としては「孝経《こうきょう》」「文選《もんぜん》」を用いた。

拵　こしらえ　誘も同じ。①工夫する。②構築する。③準備をする。④飾る。⑤方法。⑥とり計う。⑦周旋する。

誘　こしらえ（う）　城誘《しろこしらえ》、普請《ふしん》のこと。⇒拵《こしらえ》

個人枡　こじんます　個人の所有する枡で、名主職得分や加地子得分の米を収納するとき計量に用いる。「源六枡」「掃部入道賢覚が枡」など、固有名詞を付して呼ばれる。

小　簾　こす　鈎簾とも。すだれ、御簾《みす》。「こす」は「おす」の読み誤り。

小素襖　こすおう　小素袍とも。袖細の素襖で動きやすく労働に向いている。

こすく　扱の字を当てる。①小突《こづ》く。②削る、剝《は》ぎ取ること。

期する　ごする　①決意する。②予定を立てる。③期待する。「きする」とも。

故　是　こぜ　⇒かれこれ

戸　籍　こせき　律令制下では、人民は戸を単位として戸籍に記録されたが、一〇世紀に入ると戸籍は実質を失った。平安後期になると戸籍は全く作成されなくなったが、中世には、在家帳・棟別銭台帳などによって人民の把握が行われた。

〈文献〉岸俊男『古代籍帳の研究』塙書房。

五節舞　ごせちのまい　大嘗会および陰暦十

一月の新嘗会の豊明節会に行われた少女の舞。奈良時代に初見。平安中期には、大嘗会に五人、新嘗会に四人が華麗な衣裳で舞った。

五節供 ごせっく 人日《じんじつ》（正月七日）・上巳《じょうし》（三月三日）・端午《たんご》（五月五日）・七夕《しちせき》（七月七日）・重陽《ちょうよう》（九月九日）の称。

五摂家 ごせっけ 摂政・関白となる家柄の五つの家、近衛・九条・二条・一条・鷹司家。鎌倉中期には定まった。

子　銭 こせん 「しせん」とも。利子《りし》、利息のこと。

挙　銭 こせん 「きょせん」とも。中世、銭《ぜに》の出挙のこと、高利貸付をいう。

故　戦 こせん 中世、私闘のこと、戦いをしかけること。室町幕府法では禁じられており、違犯者は処罰された。

御　膳 ごぜん 「おもの」とも読む。天皇また貴人の食事のこと。供御《くご》も同じ。

御前公事 ごぜんくじ 主君が直接に訴訟の裁決をすること。

御前定 ごぜんさだめ 平安時代、緊急大事を清涼殿の天皇の御前で評定することをいう。

小宣旨 こせんじ 弁官から京の諸司に下す宣旨。小事件の場合に行われた。

御前帳 ごぜんちょう 支配者が掌握する国家支配に関する重要帳簿のこと。豊臣秀吉は天正十九年（一五九一）諸大名から国・郡図と石高記載の国・郡別検地帳を提出させた。徳川家康も慶長九〜十年（一六〇四〜〇五）に国絵図とともに御前帳（のちの郷帳）を提出させた。

御前沙汰 ごぜんのさた 室町幕府の訴訟制度。引付衆が評議し、訴人・論人の主張の理非を判定して文書化し（引付勘録）、本奉行人が将軍の前で披露し裁決をうる。

御前試 ごぜんのためし 大嘗会や新嘗会の豊明節会《とよのあかりのせちえ》で行われる五節舞《ごせちのまい》の予行演習というべきもので、十一月中の寅《とら》の日に清涼殿で行われた。

御洗米 ごせんまい ⇒御供米《おくま》

社 こそ ①係助詞で、「折節《おりふし》の移りかは《(変)》るこそ、ものごとに哀《あわ》れなれ」などと用いる。②終助詞で「梅の花夢に語らくみやびたる花とあれ思ふ酒に浮かべこそ」と用いる。

鼓　騒 こそう 鼓譟、鼓操とも書く。①物音をたてて騒ぎたてること。②戦場で士気をたかめるために太鼓をうち鳴らすこと。

小　袖 こそで 袖口がせまく垂袖の長着。袍《ほう》・袙《あこめ》などの大袖、広袖に対する。礼服の下に着た小袖は筒袖《つつ》であったが、しだいに袂《たもと》がついた。

巨　多 こた きわめて多いさま。

御体御卜 ごたいのみうら 孝徳天皇のときから始まったという亀卜《きぼく》神事。毎年六月、十二月の月次祭《つきなみ》に先だって行われた。天皇の御体の祟《たたり》の有無を神祇官の卜部《うらべ》が卜う。

後　段 ごだん 饗応で、食後さらに他の飲食物を出すことをいう。江戸時代まで盛んに用いられた言葉。

東　風 こち 東方から吹いてくる風。

小朝拝 こちょうばい 正月元日に、皇太子および王卿・殿上人が清涼殿東庭に列立し、天皇に拝舞の礼を行う儀式。大極殿で行われる百官の朝拝に対して殿上人以上の朝拝。

胡蝶楽 こちょうらく 高麗楽。壱越調の曲。蝶に紛装した四人の舞童が舞う。延喜六年（九〇六）の童相撲《わらわ》のとき初演。多く寺院の法会などに奏された。

国家の費 こっかのついえ 費は損失、損害、無駄なこと。国家（公《おおやけ》）の損失。

骨　柄 こつがら ①からだつき。②ひとがら、人品。

小 佃　こっくだ　荘園の預所佃のこと。大佃は領家佃か。⇒佃《つくだ》

小漬飯　こづけめし　手軽な食事、軽食、湯漬飯。

国 検　こっけん　国衙領において国司によって行われる検注。一二世紀になると、荘園・公領の田数を一国単位で掌握する一国検注が行われ、その結果大田文が作成された。この検注をも国検と呼ぶ。

乞索状　こっさくじょう　乞索圧状ともいう。他人に強要して無理に書かせた文書のこと。「沙汰未練書」には「他人状有所見、後日構出状也」とある。例えば、他人の物を押し取り、そのうえで無理に譲状を書かせる類である。

兀 子　ごっし　朝廷の儀式に用いられる座具。参議以上の者が用いる。但し親王や僧綱も用いた。方形の板の四隅に脚をつけたもので、その形状は「年中行事絵巻」(中宮大饗)に見える。

乞 食　こつじき　①僧が人家の門《かど》に立って食を求め、修行し歩くこと。②こじき、物貰い。

忽 諸　こっしょ　忽緒とも書く。ゆるがせにする、ないがしろにする。上からの命令を軽んずる。「争《いかで》か忝《かたじけな》くも宣旨を忽諸し奉るべき」などと用いる。

兀 僧　ごっそう　頭のはげた僧侶。兀は、はげるの意。

骨 張　こっちょう　骨頂とも書く。①強く主張する、言い張る。②はなはだしく、この上なく(悪くいう場合に用いる)。③張本《ちょうほん》。

こっぱ武者　こっぱむしゃ　⇒青葉者《あおばもの》

忽 忘　こつぼう　すぐに忘れてしまうこと。

骨 法　こっぽう　①身体の骨《ほね》ぐみ。②基本的な法規。③基礎、基盤。④礼儀、故実などの作法。⑤芸術の奥義。

故 敵　こてき　中世、過去の訴訟のあい手方をいう。

挙 塡　こてん　平安時代、国の出挙本稲数が減じていた(減省)ものを、国司が補塡すること。諸国の出挙本稲は⑴正税(狭義の)、⑵公廨《くげ》(官人給与)、⑶雑稲に区分される。「正税為レ本、至ニ於雑稲一、恰如ニ枝葉一」との考えがあり、先ず正税を補塡し、残りあるときは雑稲も補塡するとされていた。

古 田　こでん　新開田に対して、古来よりの熟田。

戸 田　こでん　「へた」とも。①古代、郷戸の耕作田のこと。「延喜式」では口分田を含む営田を戸田といい、口分田を含まない浪人営田と区別している。②封戸の私領化したもの。伊勢の神郡の神戸《かんべ》の場合。〈文献〉棚橋光男『中世成立期の法と国家』塙書房。

御 点　ごてん　合点《がってん》に同じ。①認可する。②選《えら》ぶ。⇒合点

綷　こと　①事、事柄。②息、生命。「綷切れる」といえば死ぬこと。

鼓 動　こどう　⇒どよむ

御 灯　ごとう　毎年三月三日と九月三日に、天皇が北辰(北極星)に灯火を奉る行事。国土安穏や天変地異の回避を祈る。もと民間の行事で、平安初期に宮廷行事となった。平安後期には廃絶した。〈文献〉山中裕『平安朝の年中行事』塙書房。

御灯料田　ごとうりょうでん　中世、寺社の灯明《とうみょう》用の灯油料を賄うための田地。

事 書　ことがき　古代・中世の文書で、「一、……之事」と箇条を立てて書くこと。古文書学上の用語で、本文の趣旨を要約した文章である。②引付勘録事書《ひきつけかんろくことがき》の略。③中世の寺院で、衆徒《しゅと》等の意志を箇条書きにして上に提出した文書。④和歌

の前に付する、歌の題や趣旨を書いたもの。⇒引付勘録事書

如 ごとく ……の方へ。……に向かっての意。「鹿児島のごとく罷《まかり》帰候」とか「諸勢、徳渕より如二有馬一出船也」などと用いる。

胡徳楽 ことくらく 高麗楽。壱越調《いちこつちょう》。四人が襲《かさね》装束に鼻長の朱面をかぶって舞う。主客に酒をつぐ者が酒の盗み飲みをして滑稽な所作を演ずる。

如二……一者 ……（の）ごとくんば 「……によれば」で、他の文書を引用するときの語法。

故 ことさらに ①ことに、別して。②下文《くだしぶみ》の書き止めが「故下」となっているのは「ことさらにくだす」と読む。移《い》の場合は「故移《ことさらにいす》」と読む。「ゆえに」とはよまない。⇒下文・移

〈文献〉佐藤進一『古文書学入門』法政大学出版局。

事実者 ことじつならば そのことが本当ならば……。実は「じち」とも読む。「事在レ実者」も同じ。調べてみて事実であったならば……。

事在レ実者 ことじちにあらば 「事為《たらば》レ実レ者」も同じ。以上の事柄が事実であるならば、の意。

小舎人 こどねり ①蔵人所に属して殿上の雑事に従った殿上《てんじょう》童《わらわ》、小舎人童。宮中の詰所は小舎人所。②室町時代、幕府の侍所の下級職員のこと。

言葉戦い ことばたたかい 詞戦とも書く。①合戦のとき、矢合せのあと、言葉で互いにあいてをやり込めようとする争い。名乗りをあげ、互いにあいてを挑発する。戦闘の作法。ときに、あいてをののしる悪口雑言《あっこうぞうごん》となる。

不二事行一 ことゆかず ことが思うように進行せず滞《とどこお》る。「寺領等事、先度御成敗之処、于レ今不二事行一云々」と用いる。

古鳥蘇 ことりそ 高麗楽。壱越調の曲。六人舞。舞人は襲《かさね》装束で、巻纓《けんえい》と緌《おいかけ》の冠を着け太刀を佩《は》く。

部領使 ことりづかい 部領《ことり》とは人・物などを宰領して輸送する者をいう。部領使も同じ。とくに防人《さきもり》を宰領して九州に送った防人部領使が知られる。また、都で行われる相撲節《すまいのせち》に出場させるため、諸国から送られる相撲人を送る責任者も部領使といった。ふつう近衛府の官人がこれに当たった。

諺 ことわざ 広く世《せ》間《けん》に言いならわされた言葉で、教訓や風刺などを含んだ短句をいう。『日本霊異記』の「古人諺曰、現在甘露、未来鉄丸」は古い例である。

理 ことわり 断とも書く。①理非を判断する。②理由、事情を説明する。③言いわけをする。④辞退する。⑤道理。

寄二事於左右一 ことをそうによせ 「いろいろと理屈《りくつ》をつけて……」の意。いろいろ理屈をつけて命令や裁定にしたがわないこと。なお左右は「とこう」とも読む。⇒左右《そう》

尽レ事 ことをつくす 誠意をもって話す、言葉の限り説明する。

御内書 ごないしょ 書状形式で出された室町将軍直状で、公的な内容のもの。書き止めは「恐々謹言」で書状と同じ。

〈文献〉佐藤進一『古文書学入門』法政大学出版局。

小荷駄 こにだ 室町時代、戦場に兵糧や設営道具などを運ぶ駄馬隊。

小庭 こにわ ①寝殿造の、対《たい》の舎《や》の間の壺庭《つぼにわ》のこと。②清涼殿の東南隅の庭。小板敷の前にある。紫宸殿の南庭を大庭と称するのに対する。

こね田 こねた 青田狼藉に同じ。戦国時代、稲が半ば生長したところを、敵が侵

入してきて田を踏み荒すこと。

小音取 こねとり　高麗楽の高麗壱越調《いちこつちょう》の曲のうち、特定のものに用いられる音取《ねとり》。音取とは、楽器の音合わせを兼ねて奏される短い曲。

御悩 ごのう　天皇、貴人の病気、御悩気。

小直衣 このうし　上皇や官位の高い諸臣の装束。狩衣に襴《らん》をつけたもの。盛儀の際の正装とした。

以来 このかた　以降、此方も同じ。……より以来、……よりのち。

兄部 このこうべ　①一般に、力《ちから》仕事をする者の長。②寺社に属する座や国衙の商工業者集団また供御人《くごにん》を統率する者。③国衙在庁官人中の統率・指揮に当たる者。政所兄部、在庁兄部職など。〈文献〉豊田武『座の研究』吉川弘文館。

此比 このころ　比日、此頃も同じ。①近い過去から現在まで、ちかごろ。②近い未来、近日。

此定 このじょう　このように、こんな風《ふう》。「行いこの定にしつつ侍らむとぞ願い侍る」などと用いる。

此殿 このとの　催馬楽の曲名。宮中また貴族の邸宅で、祝いごとのあるとき歌われた。「此殿は　むべも　むべも富けり　三枝《さいくさ》の　あはれ　三枝の　はれ　三枝の　三つば四つばの中に　殿造りせりや　殿造りせりや」と歌う。

此程 このほど　①ちか頃、最近。②先日、過日、せんだって。③この度《たび》、今回。④そのうち（近い未来）。⑤このていど、このくらい。⑥このあたり、この近辺。

木庭 こば　木場《こば》とも。①山から伐り出した材木を一時集めておく場所。②山間の農地。③焼畑。④山間の村、集落。

小袴 こばかま　くるぶしの辺までの長さで裾《すそ》に括《くく》りのある袴。指貫と同じ仕立てであるが歩きやすいので、身分の高い者も着用した。

小半蔀 こはじとみ　蔀の一種。半蔀《はじとみ》の小さいものをいう。⇒半蔀

御判 ごはん　①印判、花押《かおう》。②印判を捺《お》した文書。御判御教書、御判令旨《りょうじ》など。

こひずみわせ　中世の稲の品種名。早稲《わせ》の優良品種で、酒造用にあてられた。

古筆 こひつ　古人のすぐれた筆蹟、それを鑑定するのが古筆家。

小百姓 こびゃくしょう　名主職所持者の下に位《くらい》し、名田の下作《したさく》、小作をしながら、わずかばかりの保有地を持つ農民。所従・下人のような隷属民ではない。中世村落は、名主職を持つ大百姓の経営と、零細な保有地を持つ小百姓層の経営の組合わせで成立していたとする見方がある。〈文献〉島田次郎『日本中世の領主制と村落下』吉川弘文館。

小兵 こひょう　①からだが小さいこと、こがらな人。②弓を引く力が弱いこと。反対は精兵《せいびょう》。

小拍子 こびょうし　雅楽で、一小節に当たる段落のことをいう。

戸部 こぶ　民部省の唐名。もと中国では尚書省に属し財政をつかさどった。

戸部員外郎 こぶいんがいろう　民部輔の異称。

御服所 ごふくどころ　内裏・院・大臣家などに置かれた所で、装束のことを掌る。

戸部尚書 こぶしょうしょ　民部卿の異称。

小文 こぶみ　半切の紙を用いた書状。鳥子紙や杉原紙などを半切にして手紙を認め、残る半切を上巻きに用いた。

小文御内書 こぶみごないしょ　⇒内御《うちご》内書《ないしょ》

庫部郎中 こぶろうちゅう　兵庫頭の異称。

吾分 ごぶん　①お前（目下の者に向かっていう）。②わが身。

御分 ごぶん　①中世、下人、召使いの

こと。②近世、やや目上の者に対して用いる武士の言葉。御辺《ごへん》も同じ。貴殿。

五保 ごほ 令制下の行政末端の組織で、近隣五戸をひと纏めとし保長を置いた。相互検察・宿泊者の告知・逃亡者の検察・口分田の代耕・租調代納などの義務を負った。

小袍 こほう 袖《そで》が一幅《ひとの》で端袖《はたそで》のない袍。貴人の元服、結髪に参上する者が着用した上衣《うわぎ》。

御訪銭 ごぼうせん 室町時代、興福寺・春日神社の儀式の費用に充てるための臨時課税。性質は不明ながら、有徳銭《うとくせん》と呼ばれることもあって、個人に賦課されたもの。
〈文献〉寺尾宏二『日本賦税史の研究』光書房。

五方引付 ごほうひきつけ ①鎌倉幕府の引付衆で所領関係訴訟を担当した。建長四年（一二五二）組織を拡大して三方から五方にふやした。②室町幕府も鎌倉幕府に倣って設置した。

五妨楽 ごぼうらく 唐楽。道調の曲で早く廃絶した。

毀 こぼつ 発《こぼ》つ、壊《こぼ》つとも。①破壊する、砕《くだ》く。②削《けず》り取る。⇒面《おもて》を毀つ・裏《うら》を毀つ

胡麻 ごま ゴマ科の一年草。弥生時代以来栽培されていた。令制では胡麻油が中男作物《ちゅうなんさくもつ》とされ、越中を北限とする三五か国から貢進された。「延喜式」には食用または薬用とされたと見える。古代・中世で油といえば、ほとんど胡麻油のこと。

護摩 ごま 火中に供物を投じて供養する意。もとインドで行われた火神供養の祭式で、これが密教に取り入れられた。根拠は大日経《だいにちきょう》で、九世紀半ば頃から護摩法の称が見える。

高麗楽 こまがく 主として、三韓・渤海から伝えられた音楽。狛楽とも書く。唐楽を左方の楽というのに対して高麗楽は右方の楽という。おもに天王寺方楽人によって継承されてきた。

高麗尺 こまじゃく 「大宝令」以前に朝鮮から伝来した尺度、「大宝令」の大尺がこれに相当し、大宝令小尺の一尺二寸相当。曲尺一尺（約三〇・三センチメートル）と等しい。

小枡 こます 小量とも書く。古代の一合枡。方二寸三分、深さ一寸二分二厘余。また小半量という二五勺枡もあった。

小松引 こまつひき 平安時代、正月最初の子《ね》の日に、貴族たちが野山に出て小松を引き抜く行事、延命を祈る。

駒牽 こまひき ①平安時代、八月中旬に諸国の牧から献上した馬を天皇が覧《み》る行事。②同じく、毎年四月二十八日（小の月には二十七日）武徳殿で天皇が馬寮の前庭を通る馬をご覧になる儀式。

高麗鉾 こまほこ 狛鉾とも書く。高麗楽。壱越調の曲。二人ないし四人が長い五色の棹を持って舞う。一名棹持舞という。

駒寄 こまよせ 人馬の進入を防ぐために、城塞や人家の前に設けた竹や角材の柵《さく》。

高麗龍 こまりょう 狛龍とも書く。雅楽の曲名。高麗壱越調の曲。

五味 ごみ 大般涅槃経で、牛乳を精製する過程で生ずる五段階の味をいう。乳味《にゅうみ》・酪味《らくみ》・生酥味《しょうそみ》・熟酥味《じゅくそみ》・醍醐味《だいごみ》の五つ。天台宗では、五時教に配して、釈迦一代の聖説が説かれた次第順序とする。

漿 こみず 「こんず」とも。①酒の一種。粟米から造る。②おもゆ。

小道 こみち ⇒大道《おおみち》

小麦 こむぎ 縄文時代から栽培された。史料上、麦といえば、ふつうは小麦をさす。秋に播種して翌年春に出穂する冬小麦が主で、稲作の裏作物として栽培され、

水田二毛作の普及に寄与した。

五墓日 ごむにち　陰陽道のいう凶日の一つ。土姓の人は戊辰の日、水姓の人は壬辰の日、火姓の人は丙戌の日、金姓の人は辛丑の日、木姓の人は乙未の日を墓日として最凶の日とする。

御謀叛 ごむほん　天皇・上皇が、その時代の支配体制に抗して自ら権力の座に就こうと企てること。保元の乱、承久の変また後醍醐天皇による討幕の企ては、すべて「謀叛」と記されている。近い言葉に謀反《ぼうへん》があるが、これは天皇の身体・生命をおびやかす企てをいう。

〈文献〉阿部猛『鎌倉武士の世界』東京堂出版。

米 こめ　古代・中世の年貢の中心は米で、給与も米を中心とした。地域によっては、畠作物の雑穀類を主食とする所もあった。刈り取った稲は束《そく》・把《は》でかぞえ、穂から落とした籾《もみ》(穀《こく》)を脱穀した玄米《げんまい》(黒米・舂米《しょうまい》) および精白した白米は石・斗・升・合でかぞえる。稲一〇把＝稲一束＝籾一斗＝玄米五升の割合。

顧命 こめい　①君主や貴人が臨終のとき発する命令。②温情のこもった命令。

五明 ごめい　扇《おうぎ》の異称。中国古代、舜の作った五明扇に因む。

米為替 こめかわせ　為替を用いて米を売買・譲渡する方法。⇒為替《かわし》

米座 こめざ　米商人の特権的同業組合。中世、朝廷を本所とする四府駕輿丁座《しふがよちょうざ》の米座は名高い。室町期、奈良の南市・中市、伊勢の山田八日市、駿河の今宿の米座が知られる。

米俵 こめだわら　貯蔵用、運搬用に、米を俵につめることが一般的に行われた。俵入《たわらいれ》、すなわち一俵につめる米の量は三斗三升～五斗と、時期・地域によって差があった。中心は四斗俵《しとびょう》・五斗俵で、明治末年に四斗俵(約六〇キログラム)に統一される。

〈文献〉豊田武『座の研究』吉川弘文館。

籠名 こめみょう　質《しち》に入っている名田。室町時代、大和国の荘園で所見。

籠養 こめやしなう　隠匿する、かくまうこと。「籠二養犯人一」と用いる。

籠める こめる　込の字も。①或る物を中に入れること。②包みかくすこと。③含ませる。④気持を集中する。⑤力づくでおさえつけること。

小者 こもの　①年少の者。②身分の低い奉公人。③中世・近世、武家に仕えた身分の低い者で、雑役、力《ちから》仕事に従った。④中間《ちゅうげん》より下。④江戸時代、武家に仕えた臨時雇《りんじやとい》の雑役夫。⑤江戸時代、町奉行所の同心の手先となって働いた者。同心から給金を与えられた。

小物成 こものなり　小年貢とも。江戸時代、本途物成(田畑の本年貢)に対して、山年貢・野年貢・草年貢など雑税をいう。野銭・山銭・林永など。

木守 こもり　材木の集積所である木屋所の番人。東大寺の泉木津の木屋所には、預《あずかり》の下に木守三人・寄人一五人がいた。

〈文献〉宇佐美隆之『日本中世の流通と商業』吉川弘文館。

小屋 こや　①小さい粗末な家、仮屋。②物置小屋。③京都の大路に設けられた、衛府の役人の夜まわりの詰所《つめしょ》。④主な建物に付属する従者の住宅。⑤芝居や見世物の興行に用いられる建物、劇場。⑥非人小屋。

後夜 ごや　昼夜を六つに分けた夜のあとの時分。晨朝《しんじょう》・日中・日没・初夜・中夜・後夜に分ける。後夜に行う勤行《ごんぎょう》を「後夜の行い」といい、そのとき鳴らす鐘を「後夜の鐘」という。

小弓 こゆみ　短小の弓。貴族社会で行われた遊興の的射、またそれに用いた的

弓。

小弓会 こゆみえ　小弓合《こゆみあわせ》とも。小弓を持つ射手《いて》が左右に分かれて勝負を競う。三月の行事。小弓は弓幹《ゆから》の短い雀弓《すずめゆみ》のこと。弓長《ゆんだけ》は四尺一寸、矢は一尺七寸一分の丹《に》塗《ぬり》。二尺七寸の小弓もあった。

致二己用一 こようをいたす　公物を私用につかうこと。私用と同じ。

虎落 こらく　⇒もがり

御覧 ごらん　見るの尊敬語。天皇が見ること。童女御覧《わらわごらん》など。

小乱声 こらんじょう　雅楽の前奏曲又は間奏曲で、龍笛《りゅうてき》の独奏による、拍子にはまらない乱れた感じの曲。

御覧筥 ごらんばこ　天皇に御覧いただく文書を入れた筥（箱）のこと。

御暦奏 ごりゃくのそう　陰陽寮の作った暦を天皇に奏上する儀式。十一月に紫宸殿で具注暦《ぐちゅうれき》を、正月に豊楽殿《ぶらくでん》で七曜暦《しちようれき》を奉る。⇒具注暦・七曜暦

五龍祭 ごりゅうさい　陰陽道の雨乞の祭。龍は雨をつかさどるもの。蒼龍・赤龍・黄龍・白龍・黒龍。古代・中世、各地に龍がすむという龍穴、龍池があった。

胡慮 こりょ　⇒ものわらい

御霊会 ごりょうえ　祟をなし世に災いをもたらす怨霊《おんりょう》や疫神をなだめ安穏を願う法会・祭礼のこと。貞観五年（八六三）に神泉苑で崇道《すどう》天皇（早良《さわら》親王）らをまつったのが史料上の初見。祇園社の御霊会は盛大に行われ、北野天満宮の祭も著名である。怨霊思想は中世・近世にも民間では根づよく残る。
〈文献〉義江彰夫『神仏習合』岩波新書。

御料所 ごりょうしょ　①室町時代以降、皇室所領のこと。②室町幕府・守護大名・戦国大名の直轄地。③江戸幕府の直轄地。いわゆる天領のこと。

樵 こる　伐も同じ。木《き》を伐る、伐採する。

先レ是 これにさきだちて　これよりさき。

依レ是観レ之 これによりてこれをみれば　このような理由から考えると。これによってこれを思えば（『孟子』）。

従レ是 これより　これから。

頃レ之 これをしばらくす　しばらくたって……。

羞レ之 これをすすむ　食事を進め供える。羞はおいしい食物。

悉レ之 これをつくせ　①できる限り、せよ。②余すところなく、十分に。

久レ之 これをひさしくす　久しい時間がすぎる、久しくたって。

ころ　中世末期に流通していた、粗悪な小銭。欠損がひどく小形になったもの。一説に、洪武銭の異称。撰銭の対象となった。

胡盧 ころ　①人の笑い声。②人に笑われること。③物笑い。「独詠之篇空招二胡盧一歟」と用いる。

比 ころ　頃も同じ。①その時分、ころおい。②時節、季節。③ころあい、しおどき。

古老 ころう　村のおもだった人で、故実に通じた人。紛争が起こった時など、旧事を証言できる者。
〈文献〉蔵持重裕『日本中世村落社会の研究』校倉書房。

古老刀禰 ころうのとね　古老は村郷のおもだった者で、故実に通じている人。⇒刀《と》禰《ね》

胡籙 ころく　⇒やなぐい

更衣 ころもがえ　衣更、衣替も同じ。季節に応じて衣服をかえること。四月一日から袷《あわせ》、五月五日から帷《かたびら》、八月十五日から生絹《すずし》、九月一日から袷、九月九日から綿入れ、十月一日から練絹にかえる。

強紙 こわがみ　「ごうし」とも。厚くてかたい紙。

強供御　こわくご　強飯《こわめし》の女房詞《ことば》。供御は召し上りものの女房詞。

強市　こわし　和市《わし》に対する語。力づくで一方的に売買の価格を決定すること、また、その相場《そうば》のこと。

強装束　こわそうぞく　公家の装束で、絹地に糊《のり》を引き、冠などに漆を厚く塗《ぬ》って固め、強く張った着装様式。平安末期から流行した。

小童　こわらわ　幼い子ども、こわらべ。「こわっぱ」はこの転。

懇　こん　⇒あからし

権　ごん　仮のもの、臨時のものの意。権大納言、権寺主、権大宮司など。

今案　こんあん　新しく考え出したこと、いま考慮していること。

袞衣　こんえ　天皇の礼服の表着《うわぎ》。袞《こん》龍《りゅう》と呼ぶ。赤の綾で袖口が広い。

権官　ごんかん　正官・正任に対する語。権《かり》(仮)の官の意で、天応元年(七八一)員外官《いんがいかん》制が廃止されると、それにかわった。もと地方官が中心であったが、やがて中央官に及んだ。また、高官を配流するとき名目だけ権官に任ずることが行われた。菅原道真が配流されたときは大宰権帥に任ぜられた。〈文献〉黒板伸夫『摂関時代史論』吉川弘文館。

勤行　ごんぎょう　①仏道修行につとめること。②仏前で時を定めて読経・礼拝などを行うこと、おつとめ。

権現　ごんげん　①仏菩薩が衆生《しゅじょう》救済のために仮の姿をとって現れること、②仏菩薩が衆生救済のために日本の神に姿を変えて現れること。本地垂迹《ほんちすいじゃく》説に拠《よ》る。

言語道断　ごんごどうだん　①仏教用語で、深遠な真理は言葉では説明できないこと。②立派で、言葉では言い表せないこと。③あまりにひどくて、言葉もないほど。④驚きの言葉で、驚いた、とんでもないの意。

勤仕　ごんし　職務につとめること、勤務。

胡飲酒　こんじゅ　唐楽。壱越調の曲。宴飲楽ともいう。舞人一人。胡人の酔姿を舞う。平安初期に作られた。

勤修　ごんじゅ　「ごんしゅ」とも。励み修行する、仏道をおさめること。

言上如レ件　ごんじょうくだんのごとし　書状の末尾の鄭重な表現で、「申しあげますことは、以上のとおりです」の意。

言上状　ごんじょうじょう　上申文書。もとは解《げ》、解状と称する。書き出し、書き止めに「言上」と記すもので、中世社会で一般化する。

漿　こんず　濃水《こみず》の転。米を煮た汁、すなわち重湯のこと。

墾田　こんでん　「はりた」とも読む。新たに開墾した田を指すことが多いが、既墾地をもいう。治田《はりた》、見開田《げんかいでん》とも書かれ、開墾予定地を墾田地と称する。〈文献〉菊地康明『日本古代土地所有の研究』東京大学出版会。

墾田永年私財法　こんでんえいねんしざいほう　天平十五年(七四三)五月二十七日に出された墾田法。養老七年(七二三)の三世一身法で開墾者に付与した特権を更に拡大し、永年私有を認めた。しかし一方、墾田地の点定には国司の許可が必要であったし、墾田は田図に記されて田租が賦課されたから、律令国家による土地支配体制の建て直しがはかられたものとも評価できる。〈文献〉吉田孝『律令国家と古代の社会』岩波書店。

墾田地系荘園　こんでんちけいしょうえん　新たに開墾した墾田、また既墾の墾田を集積して成立する荘園の総称。かつては、自墾地系荘園、既墾地系荘園という呼称が初期荘園について用いられたが、村井康彦の提唱以来、墾田地系荘園の語が用いられるようになった。
〈文献〉村井康彦『古代国家解体過程の研究』岩波書店。

墾田長　こんでんちょう　初期荘園の現地管理者。東大寺領因幡国高庭荘に見える。開発に協力した在地土豪であった。
〈文献〉阿部猛『日本荘園史』大原新生社。

餛　飩　こんとん　小麦の粉で円形につくり、中に細かく刻んだ肉を入れ煮《に》たもの。宮中の節会《せちえ》などで供された。

根本住人　こんぽんじゅうにん　荘園における草分け的存在である上層名主・百姓。本名主・日本在家身分の者で、ムラの中での特権層であり宮座の構成員である。
〈文献〉河音能平『中世封建制成立史論』東京大学出版会。

根本私領　こんぽんしりょう　開発領主が、開発によって領有し伝領した私領。「沙汰未練書」は「本領トハ為二開発領主一賜二代々武家御下文一所領田畠等事也」と記している。
〈文献〉戸田芳実『日本領主制成立史の研究』岩波書店。

根本名主　こんぽんみょうしゅ　荘園内の草分け的存在である名主。有力名主であり、荘の沙汰人などに任命された。

根本領主　こんぽんりょうしゅ　⇒開発領主《かいほつりょうしゅ》

根本浪人　こんぽんろうにん　荘園・公領における草分け的存在の浪人。初期の開発の段階から協力し、土着し住人となった者。近江国葛川荘《かつらかわのしょう》では、根本住人の所縁によって住みついた浪人を指していう。
〈文献〉山本隆志『荘園制の展開と地域社会』刀水書房。

昆明池の障子　こんめいちのそうじ　清涼殿の東孫廂《ひがしまごびさし》に置かれていた衝立《ついたて》。昆明池とは、中国の長安城の西に掘った池。漢の武帝が、昆明国に悩まされたが、この池を掘って策略を用いてその国を破った伝説を主題とした衝立。

今　良　ごんら　「いままいり」とも読む。官戸・官奴婢の解放されて主殿寮・縫殿寮などに付属されたもの。雑役に従事した。

混　領　こんりょう　中世、惣領が罪科によって所領を没収されるとき、庶子の所領も一緒に没収されてしまうこと。

近　流　こんる　令制での、近国への配流、越前国・安芸国への配流。

軒　廊　こんろう　吹放ちの土間《どま》床《ゆか》の廊。平安宮内裏では、紫宸殿の左右南方の階《きざはし》を降りて、東の宜陽殿、西の校書殿に至る廊は軒廊。

軒廊御占　こんろうのみうら　紫宸殿の東軒廊で行われた卜占。炎旱・洪水・大風や寺社における怪異、山稜鳴動その他変事のあったとき占う。また、大嘗会の国郡の選定を行った。

崑崙八仙　こんろんはっせん　「くろはせ」とも読む。高麗楽。壱越調。四人の舞人が口に鈴を垂れた仮面をかぶって舞う。鶴舞ともいわれる。

さ

差 さ ⇒品《しな》

坐 ざ 漫《そぞろ》も同じ。①席につく。②「そぞろ」と読む。気もそぞろ。③軽率、不覚。④空しい。⇒そぞろ

座 ざ 朝廷・貴族・寺社・武家等に奉仕することによって特権を保持した商工業者・運輸業者・芸能者などの集団。平安末期から所見し、戦国時代に及び、一部は江戸時代まで残存した。座の構成や保持する特権は座によって区々で、存在形態も多様である。
〈文献〉豊田武『座の研究』吉川弘文館。脇田晴子『日本中世商業発達史の研究』御茶の水書房。

載 さい ①車や船また馬にのせること。積載《せきさい》、船載《はくさい》、駄載《ださい》という。②書き記すこと。記載、登載という。③年。歳と同じ。「数百載を経《へ》たり」という。

際 さい ⇒あいだ

縡 さい ⇒こと

靫 さい ⇒うつぼ

鞖 さい ⇒しおで

在 ざい ⇒坐《います》

斎院 さいいん 「さいん」とも。天皇即位のとき賀茂神社に奉仕した未婚の内親王又は皇族の女性。天皇一代ごとに交替する。その組織は斎院司。

斎会 さいえ ①衆僧に斎食《さいじき》を供する法会。「斎会を設ける」という。②神を祀ること。⇒斎食

細纓 さいえい 冠の纓の一種。鯨のひげの二本を輪にして、下端を巾子《こじ》後方の穴にさし込む。六位以下の武官、六位蔵人が用いた。

再往 さいおう 再応とも書く。同じことを繰返すこと、再度。「定めて再往の訴陳に及び候か」などと用いる。

斎王 さいおう 「いつきのみこ」とも。未婚の内親王または皇女で、伊勢神宮の斎宮、賀茂神社の斎院の称。

斎王大祓料 さいおうおおはらえりょう 伊勢斎王の大祓の行事にかかる用途に宛てるため、公領・荘園に割当てられた賦課。

罪科 ざいか 罪過とも書く。犯罪・刑罰を意味する法律用語。

才学 さいかく 「さいがく」ともよむ。才覚とも。①才知と学問、学識。とくに漢詩・漢文についていう。②機知・機転にすぐれること。③工面《くめん》する、工夫して金品を求める。

犀角の帯 さいかくのおび 犀角を飾りの銙《か》として用いた石帯。六位以下の官人用である。

在方 ざいかた 町方《まちかた》に対する語で、在《ざい》、田舎《いなか》のこと。

才幹 さいかん 物事をうまく処理する能力。幹は「はたらき」の意。

斎串 さいかん ⇒いぐし

才器 さいき 才知と器量、才能があって役に立つ。

斎忌 さいき 祭の前に行う物忌《ものいみ》。心身を清浄にし慎みの生活を送る。

裁許 さいきょ 上申された事について可否の判断を下すこと。①裁判で、主張を認める判決を下すこと。判決を記した文書が裁許状である。②江戸時代、民事訴訟で、当事者を対決させ裁断を与えること。
〈文献〉佐藤進一『古文書学入門』法政大学出版局。瀬野精一郎『鎌倉幕府裁許状集 上・下』吉川弘文館。

在京預所 ざいきょうあずかりどころ 荘園領主の代官である預所で在京しているもの。

現地には、在荘預所あるいは預所代を派遣して実務に当たらせた。

在京代官　ざいきょうだいかん　①荘園の預所（代官）で京都に居る者。②鎌倉時代、在国の国司・地頭・守護の代理人として都に居る者。③室町時代、国に下った守護のかわりに都に居る守護代や家臣をいう。

在京人　ざいきょうにん　在京御家人。鎌倉時代、京都に在住して警備に当たった御家人。京都番役勤仕のため一時的に在京した者と、六波羅で勤務する常住の者とあった。「沙汰未練書」は「在京人とは洛中警固武士也」と記している。

斎　宮　さいぐう　伊勢神宮に奉仕した未婚の内親王、斎王。起源は古いが、制度的に整えられたのは天武天皇朝からであろう。卜定後潔斎を経て、三年めの九月上旬吉日に都を出発し伊勢に向かった。斎宮の館は多気《たけ》郡にあった。天皇の譲位か死去に遭うと解任され帰京した。

斎宮群行役　さいぐうぐんこうのやく　伊勢斎王が斎宮寮官人と長奉送使（勅使）を伴い、伊勢の斎宮館に下る旅程の諸費用を負担する役。群行は都から近江を通って伊勢に至る五泊六日。

三枝祭　さいぐさまつり　三枝は山百合で、三枝で酒樽を飾るところから三枝祭という。二月最初の酉《とり》の日。元来は奈良の率《いさ》川《かわ》大神神御子神社の祭であるが、近くにある率川阿波神社（＝率川社）の祭と混同され、『令義解』や『令集解』はそのように記している。

細工所　さいくどころ　平安時代以来、院・摂関家・国衙・社寺などに置かれ、調度などの細工物を作ったり修理したりする所。

細工保　さいくのほ　国衙直属の手工業者（細工人）への給付として与えられた保。文永二年（一二六五）「若狭国惣田数帳」などに見える。

〈文献〉網野善彦『日本中世土地制度の研究』塙書房。

在　家　ざいけ　屋敷と付属耕地を一体として把握され、在家役賦課の対象とされたもの。薗《その》ともいう。農民、非農業民を問わない。とくに東国や南九州などの辺境の如く、一般に百姓名の成立しにくかった地に多く見られる。

〈文献〉誉田慶恩『東国在家の研究』法政大学出版局。工藤敬一『九州庄園の研究』塙書房。

在家地子　ざいけじし　屋敷地子、住宅の敷地料。在家役とは区別され、土地支配を基礎とする賦課。

在家付田　ざいけつきた　在家の附属耕地。在家周辺が田地として開発され、在家と田地が一体として把握されるようになった段階の田地のありようを示す語。⇒在《ざい》家《け》

在家役　ざいけやく　在家に賦課された課役の総称。一一世紀から所見。在家役の内容は多様であるが、惣じて調庸物の系譜をひくものといえる。桑・苧・絹・漆・薪・炭・魚などが見える。

〈文献〉飯沼賢司「在家と『在家役』の成立」（『歴史評論』三七四）。

在家を引く　ざいけをひく　在家は在家役を負担する荘構成の単位。その地位から去ること。⇒在家《ざいけ》

在　郷　ざいごう　田舎《いなか》のことをいう。室町時代からの用語か。

西　国　さいごく　①近畿地方から見て西の地方。中国・四国・九州。とくに九州地方をいうことが多い。

在　国　ざいこく　国もとにいること、その領国。「在国の御家人」「在国に下向す」などと用いる。

在国司　ざいこくし　もと、在国している国

司のこと。在庁官人であるが、九州の豊後・肥前・薩摩などの国では、それが在庁官人の職名化した。

釵　子　さいし　女房が正装するとき、髪をあげるために使った飾り。金銅製のかんざしの類。

歳　次　さいじ　「さいし」とも。歳星（木星）が次《やど》（宿）ること。中国古代の天文学では、天を一二次（宿）に分け、その一次を移行する期間を一年とした。その年に木星の所在する宿を歳次といい、年まわりの意に用いる。一二次（宿）には十二支が配され、その年を示すとき、「歳次㆓甲子㆒」と書き、「ほし甲子にやどる」と読む。

斎　食　さいじき　①仏事に供される食事のこと。②僧侶の食事、とき。午前の食事を正法、午後の食事を非時《ひじ》という。

祭　酒　さいしゅ　大学頭の異称。

祭　主　さいしゅ　①祭の主宰者。②伊勢神宮の神職の長。大中臣氏が世襲。稲一万束と仕丁一〇人を給された。天武天皇の頃から始まるという。

西　収　さいしゅ　「さいしゅう」「せいしゅう」とも。西＝秋で、秋の収穫の意。対する語は東作《とうさく》。⇒東作

税　所　さいしょ　正税・官物の収納・勘定を行う国衙の所。重要な職であったから、税所を統轄する在庁官人には有力者が多かった。
〈文献〉吉村茂樹『国司制度崩壊に関する研究』東京大学出版会。

在　所　ざいしょ　①住所、居所。②所在、あり場所。③田舎《いなか》の実家、郷里。④地方、田舎。⑤江戸時代、大名の政庁所在地。⑥同じく旗本・給人の知行所。

宰　相　さいしょう　参議の唐名。

在　状　ざいじょう　①事実を記した文書。「勒《ろく》㆓在状㆒言上」と用いる。②実状、ありのまま。「其父不㆑知之由在状分明者、不㆑可㆑処㆓縁坐㆒」と用いる。

在荘預所　ざいしょうあずかりどころ　荘園領主から派遣されて荘園現地に赴き実務に当たった預所。

最勝会　さいしょうえ　金光明最勝王経を講じ国家の平安を祈る。⑴薬師寺最勝会は、三月七日から七日間にわたり行われ、天長七年（八三〇）に始まった。⑵円宗寺最勝会は二月十九日から二十三日まで行われた。延久四年（一〇七二）に始まる。⑶宮中の最勝会は正月八日から十四日まで行われ、御斎会《ごさいえ》と称する。天平神護二年（七六六）ないし神護景雲二年（七六八）に始まる。⇒御斎会

最勝講　さいしょうこう　金光明最勝王経の講会《こうえ》。清涼殿で五月吉日を選び五日間、四大寺（東大寺・興福寺・延暦寺・園城寺）の僧を選び、王経一〇巻を朝夕一巻ずつ講じさせた。天下泰平国家安穏を祈る。長保四年（一〇〇二）に創始された。

采女署　さいじょしょ　采女司《うねめし》の唐名。

采女令　さいじょれい　采女正《うねめのかみ》の唐名。

在　昔　ざいせき　むかし、いにしえ。⇒往《おう》昔《じゃく》

採桑老　さいそうろう　唐楽。盤渉調《ばんしきちょう》の曲。一人舞。老人の面《めん》をつけ鳩杖《はとづえ》をつく。もと多家《おおのけ》の家伝という。

催促状　さいそくじょう　①幕府や武将が配下の者に対して、一族・郎等をひきいて参陣するようにうながす書状。②一般に、義務の履行をうながす書状。年貢・公事などの納入をうながすなど。

歳　旦　さいたん　①正月一日、元日、年頭。②歳旦句。正月吉日に歳旦を祝う句会で作る句。③歳旦開《びらき》。連歌・俳諧で、正月吉日をえらび宗匠が門弟に祝賀の句を披露する句会。

細　男　さいだん　⇒せいのう（お）

在　地　ざいち　地方、現地、都から見て地方。村・郷・郡・国の各レベルで、場合により広狭多様に用いられる。
〈文献〉田村憲美『在地論の射程』校倉書房。

在地小領主　ざいちしょうりょうしゅ　在村して農業経営を行い、村落共同体の指導的立場にある村落領主。宮田と高利貸付によってその地位を保った。とくに畿内の小領主を指すことが多い。
〈文献〉大山喬平『日本中世農村史の研究』岩波書店。

在地徳政　ざいちとくせい　中世後期、在地領主・国人領主によって行われた局地的な徳政。天下一同の徳政や一国平均（国《くに》次《なみ》）の徳政と対比され「地頭の私徳政」などと呼ばれる。
〈文献〉瀬田勝哉「中世末期の在地徳政」（『史学雑誌』七七—九）。

在地人　ざいちにん　①在地《ざいち》の住人。②地下人のこと、官位のない賤しい者。⇓在地

在地古老　ざいちのころう　その土地の古老。古老とは、経験ゆたかで、故実に通じている人、信ずべき証人。

在地判　ざいちはん　在地《ざいち》の長が証明しておした判、証人の判。⇓在地

在地法　ざいちほう　在地領主の支配地域内において行われる慣習法。郡内法とか郷内法というべきもの。

在庁官人　ざいちょうかんじん　平安時代中後期から鎌倉時代、国衙現地で行政の実務に従った官人。国司の遙任が通常化し、目代が国衙の実務を担当するようになり、在地の豪族たちが国衙の下級職員として実務を荷うようになった。在地の豪族たちは税所・田所・朝集所・検非違所・小舎人所などの行政機関を独占するようになる。用語としては一〇世紀初頭に初見する。

在庁名　ざいちょうみょう　在庁官人の直轄領としての名田。平安中期の国司佃や御《み》館分田《たちぶんでん》の系譜をひくもの。在庁官人の領主制形成の重要な契機となった。⇓御館分田
〈文献〉網野善彦『日本中世土地制度史の研究』塙書房。

在地領主　ざいちりょうしゅ　農村現地に根拠を置いて所領支配を行う領主。具体的には、平安末期以来の開発領主、荘園の荘官・下司・公文・地頭級の領主。鎌倉幕府を支えた御家人は、基本的にはこのような在地領主層であった。
〈文献〉鈴木国弘『在地領主制』雄山閣出版。

在地領主型村落　ざいちりょうしゅがたそんらく　百姓名主型村落に対する類型概念。開発領主の所領とその周辺の百姓名・在家・薗などを含み込んだ村落形態。丘陵山間部、山麓部に谷戸田《やとだ》を利用して開発される。安芸国三入荘《みるのしょう》や備後国太田荘がその例とされる。
〈文献〉島田次郎『日本中世の領主制と村落下』吉川弘文館。

近　曾　さいつころ　先頃、近頃とも書く。先日、さきごろ。

祭　田　さいでん　①村ごとに田の神を祭ること（奈良時代）。②神社の所領田。その田の収穫で神事の費用をまかなう。

斎　田　さいでん　大嘗祭の神饌とする新穀を収穫する田。中央より抜穂使が派遣され九月吉日に収穫する。最初の稲四束が供御とされ、自余は白酒《しろき》・黒酒《くろき》の料となる。

斎　日　さいにち　①在家信者が、斎戒を守って身を慎む精進の日。②賽日《さいにち》のこと。お礼参りに仏に参詣する日で、多くは一月十六日と七月十六日。

道祖神　さいのかみ　「さえのかみ」とも。幸神、斎神、塞神、障神とも書く。境《さかい》にあって、村内に疫神や悪霊が侵入してこ

ないように防ぐ神。行路の神、旅行の神。いわゆる「どうそじん」。⇒どうそじん

犀鉾 さいのほこ　検非違使庁の放免《ほうめん》が持っている自然木の柄の鉾《ほこ》、椥木《ねじき》の鉾。犀鉾は撮棒《さいぼう》であろう。⇒放免・撮棒

細馬 さいば　①良馬。②飼いならした馬。「延喜式」は馬を三等に分け、細馬・中馬・下馬とする。

再拝両段 さいはいりょうだん　二度くり返す礼拝を二回行う。計四回拝する。

采帛 さいはく　綾織物のこと。采はあや、もよう。帛は絹。絹よりも上等な織物。諸国から都に送られた采帛は官人や外国使臣への禄《ろく》物として用いられた。

催迫 さいはく　早くせよと、せきたてること。

寂（最）迫 さいはく　⇒いとせめて

催馬楽 さいばら　わが国古来の民謡の歌詞に雅楽の曲調をつけた歌謡。平安初期に始まり、貴族の宴遊などで、笏拍子《しゃくびょうし》また和琴《わごん》・笛《ふえ》の伴奏で歌われた。日本古典文学大系3『古代歌謡集』（岩波書店）に六一の歌が集められている。⇒笏拍子

前張 さいばり　神楽歌の中の民謡風歌曲群をいう。大前張と小前張に分け、前者は短歌形式の歌詞、後者は不定形式の民謡風である。

細筆 さいひつ　こまごまと詳しく書き記すこと。

割符 さいふ　「わりふ」とも、為替手形のこと。荘園年貢の送進や隔地間の商業取引、貸借の決済に用いられた。室町期には京都・大津・坂本・堺・兵庫などには、割符屋・替銭屋などの専門業者が存在した。また、室町期には、額面一〇貫文を単位とした割符が有価証券として流通していた。五貫文の割符を半割符という。

〈文献〉桜井英治『日本中世の経済構造』岩波書店。

細布 さいふ　古代、細い糸（麻、紵《からむし》）で織った上質の布。一般の調布より幅が狭く、長さは長い。

斎服 さいふく　①物忌《ものいみ》のときに着る服。②神事に奉仕する者が着る白の袍《ほう》。

撮棒 さいぼう　材棒とも書く。柊《ひいらぎ》などで作った災難除《よ》けの棒。堅木で作り鋲《びょう》や筋金を打ったものを鉄撮棒《かなさいぼう》といい、武器に用いた。悪党・悪僧・放免が持つ武器であるが、邪気・穢気を祓《はら》う呪具の機能をも持つものであった。

〈文献〉網野善彦『異形の王権』平凡社。

最亡之国 さいぼうのくに　甚だしい亡弊の国、亡国《ぼうこく》。⇒亡国

細美布 さいみのぬの　「さよみのぬの」の転。貲布、細布、紵布とも書く。大麻の太糸で、目をあらく手織りにした布、粗布。身分の低い者の夏衣や、かや、袋物に用いる。

際目 さいめ　割目とも書く。境目《さかいめ》で、土地の境界のこと。田畠の堺を争うことを際目論《さいめろん》という。

西面武士 さいめんのぶし　院の御所の西面に候して警固に当たった武士。佐々木、大内、後藤など鎌倉幕府の有力御家人が構成員に入っていた。後鳥羽上皇のとき置かれたが、承久の変以後廃止された。⇒北面武士《ほくめんのぶし》

西面北上 さいめんほくじょう　官人が政務・儀式等で整列するとき、西向きで、北を上座《かみざ》（先頭）として並ぶこと。

済物 さいもつ　「なしもの」とも読む。貢納、年貢、官物のこと。

済物使 さいもつし　中央の官司や貴族・寺社で、諸国の官物の一部を何らかの名目で給与されていたものが、国司庁宣を得て、済物徴収のため現地に派遣した使者。しかし、時代が下ると、済物は京都にお

いて国司から直接徴収されるようになる。

祭文 さいもん　神をまつるときに読む祈願文。神文《こうもん》とも。祝詞《のりと》が公的なものであるのに対して、祭文は私的なもの。のち信仰を離れて娯楽的な歌謡となり、山伏さらに賤民の芸となった。祭文語りの芸は、浄瑠璃に影響を与え、明治以後は浪花節《なにわぶし》に発展した。

宰予 さいよ　昼寝のこと、また昼寝をするの意。「傾二数盃一宰予、不レ可レ説々々」と用いる。

宰吏 さいり　①物事を宰領する役人のこと。②国司の唐名。

財利 ざいり　財物と利益。金銭上の利益をいう。

裁留 さいりゅう　国司・郡司らが、貢納すべき官物を抑留《よくりゅう》、押領《おうりょう》すること。「不レ憚二憲章一、心挟二貪濁一、競事二裁留一」と用いる。

宰領 さいりょう　才領とも書く。夫領《ぶりょう》ともいう。荷物運送の人夫や駄馬を監督し、たばねる者。荘園において免田を与えられるものもあった。なお、運送に当たる人夫は持夫《もちぶ》・夫丸《ぶまる》と称された。

菜料 さいりょう　副食物の材料。①荘園で地頭らが百姓から貢進させ、長日菜料の称もある。②古代律令制下、毎年二月と八月に、大膳職から諸官人らに菜料の塩が支給されていた。

済例 さいれい　年貢など弁済の先例。「済例、凡絹百六十疋、准米二百八十一石五斗八升」とか「取帳以下文書、済例納法之註文、可レ被二召進一也」と用いる。

遮而 さえぎって　①あらかじめ、先手をうって。②わざわざ、無理に。「さえぎる」の訓は鎌倉以後で、平安時代には「さいきる」とよまれた。

左衛門陣 さえもんのじん　左衛門府の武官が警固に当たる内裏の建春門をいう。またここに陣座《じんのざ》があった。陣の内には絵所《えどころ》・御書所《ごしょどころ》があった。⇒陣座

左衛門町 さえもんまち　平安京内における左衛門府の官衙《かんが》（諸司厨《しょしくりや》）町《まち》。左京一条二坊の一町と、三条四坊の六町が左衛門町。

早乙女 さおとめ　田植女のこと、また、大田植《おおたうえ》・花田植《はなたうえ》に奉仕するおとめ。⇒大田植

棹の間 さおのま　清涼殿南廂の南方の柱《はしら》間《ま》。小板敷《こいたじき》の西の間に柱を立て、棹を渡して、倚子《いし》の覆《おお》いをかける。

斛 さか　坂とも書く。容量の単位。一〇斗《と》＝一石《こく》（約一八〇リットル）のこと。

差科 さか　差課も同じ。令制において、歳役・雇役また調・庸などを課すること。差《さ》し科《おお》すともよむ。

境 さかい　堺とも。①国・郡・荘・村のさかい。とくに村の境（出入口）や国境の峠などは重要視され、そこを通過するについては一定の儀礼を伴った。②また、地目、帰属を異《こと》にする田畠のさかいめ。⇒際目《さいめ》

堺打越 さかいうちこし　堺相論についての鎌倉幕府の規定。堺相論について糺明し、もし訴人（原告）の訴えに理のないときは、訴人が要求した面積と同じ広さの土地を論人（被告）に与えるもの。その土地を堺打越、また単に打越といった。
〈文献〉石井良助『中世武家不動産訴訟法の研究』弘文堂書房。

堺相論 さかいそうろん　堺論《さかいろん》、土地の境界をめぐる争い。公領・荘園の堺相論に関する史料はすこぶる多い。
〈文献〉藤井崇「尾張国長岡荘と堀尾荘の堺相論」（悪党研究会『悪党と内乱』）岩田書院。

堺樽 さかいだる　中世後期、堺（和泉国）で造られた名酒。

堺目 さかいめ　境目、際目《さいめ》も同じ。①

境界、さかい。②敵と味方とが接しているところ。

榊を立てる さかきをたてる　質物の差し押さえを示すために神木《しんぼく》（榊）を立てること。⇒神木

左楽 さがく　雅楽の分類で、古代中国系音楽をいう。対して右楽は朝鮮系の音楽のこと。右楽は舞《まい》を伴うのを原則とするが、左楽では伴うものと伴わないものの両様がある。左楽に伴う舞は左舞《さまい》と称する。舞のない演奏が管弦《かんげん》である。

觴 さかずき　酒杯のこと、盃。

肴 さかな　①さか（酒）・な（菜）。「な」は副食物。飲酒のときの魚・肉・果実・野菜。②酒席の座興、歌や踊り。

肴銭 さかなせん　後北条氏が領内の船舶所有者に課した税。毎月二五〇文相当の塩漬けの魚を徴した。

坂者 さかのもの　中世の被差別民のうち坂を拠点とした非人の称。京都の清水坂《きよみずざか》と奈良の奈良坂が二大拠点であった。

酒番侍従 さかばんじじゅう　宮中の旬の節《せち》などに、公卿に酒をすすめる役をいう。

坂迎 さかむかえ　境迎、坂向とも書く。①新任国司が任地に赴いたとき、国府の官人らが国境まで出迎える歓迎の儀礼。②熊野・伊勢などに参詣した者が村に帰ったとき、村境に出迎えて酒宴をひらき、参詣人に憑《つ》いた神仏の霊威を払い落とすこと。ドウブレ、ドウブルイという。
〈文献〉桜井徳太郎『日本民間信仰論』弘文堂。

逆茂木 さかもぎ　尺木、逆木とも書く。①防禦用施設。木の枝の先を鋭くとがらして土にさし、または柵《さく》に結ぶ。②連歌・俳諧で、あとの人が付《つ》け句《く》をしやすいように気をつかって句を作ること。

酒屋 さかや　酒の醸造には大きな資本が必要であったから、土倉など金融業者が兼業することが多く、室町期には、酒屋・土倉といえば高利貸業者をさす。
〈文献〉小野晃嗣『日本産業発達史の研究』法政大学出版局。

月代 さかやき　男の前額部から頭頂部にかけて髪の毛を剃ること。中世の貴族は冠や烏帽子をかぶるとき前額を半月形に剃り、中世末から男が頭を露出するようになると日常的に月代が行われるようになった。江戸時代にはこの風は庶民にも及んだ。

酒屋役 さかやく　酒屋に課された営業税。京都の酒屋の多くが山門（延暦寺）の支配下にあったため、鎌倉時代には酒屋役を賦課することができず、明徳四年（一三九三）に至り、室町幕府は初めて洛中辺土の酒屋に一律に酒屋土倉役を賦課した。酒壺別一〇〇文で、幕府収入は年間五四〇〇貫文に及んだ。
〈文献〉桑山浩然「室町幕府経済機構の一考察」（『史学雑誌』七三―九）。

下端 さがりば　平安時代、貴族の女が、肩の辺できり揃えた頭髪の垂れ下った様子。「かみいとながくうるはしく、さがりばなどめでたき人」と用いる。

先懸 さきがけ　先駆、魁とも書く。他に先んずるの意で、まっ先に立って敵中へ攻め入ること。

左義長 さぎちょう　三毬打とも書く。小正月（正月十五日）の火祭行事。打毬《だきゅう》の行事に用いる毬杖の破損したものを集めて焼くことから起こったという。民間で広く行われ、トンド、御幣《おんべ》焼《やき》などと称し、子供組の行事として現在に及ぶ。
〈文献〉山中裕『平安朝の年中行事』塙書房。

前右大将家政所下文 さきのうだいしょうけまんどころくだしぶみ　源頼朝の家政機関（政所）が発給した下文。頼朝は建久元年（一一九〇）従二位に叙されて政所を開設、同時に大納言・右近衛大将となるが、ま

もなく両官とも辞任している。

左京職田 さきょうしきでん 左京職の領有する田地。いわゆる官衙領《かんがりょう》。平安末期、大和国では東大寺領や興福寺領中に左京職田の存在を見る。その田の官物は左京職に、雑役は東大寺・興福寺に納入する、いわゆる雑役免田であった。

〈文献〉阿部猛『日本荘園成立史の研究』雄山閣出版。

朔 さく ①陰暦で月の第一日め。②四季の最初の日、四孟（孟春・孟夏・孟秋・孟冬）の朔日。③告朔《こうさく》のこと。⇒告朔

策 さく ①計略、はかりごと。②古代中国で文字を記した竹簡、転じて文書。③令制下、官吏登用試験の問題文と答案。④むち。

柵 さく ①角材や丸太で作った囲い。②木を立て並べて作ったとりで。「柵を振《ふる》」といえば柵を結ぶ、垣根を作るの意。

乍 さく 作に同じ。検注帳などに記され、現作田の意。その年の田地の状態を記し、不は不作、作（乍）は耕作田をあらわす。

作相 さくあい 作合、作間とも書く。領主への年貢米を納めた残余の得米。加地子米、小作米。「おとな百姓として下にて耕作申付、作合とるまじき事」とある。

〈文献〉神田千里『一向一揆と戦国社会』吉川弘文館。

作意 さくい ①文学・芸術などで、趣向、意匠。②心を用いる、配慮する。③工夫、機転。④意図、意志。⑤茶道で、工夫を凝らすこと。⑥命令、指図。

作毛 さくげ 「さくもう」とも。田畠に植えられている稲や麦などの立ち毛《たげ》、また作柄をもいう。

作事 さくじ ①家屋などの築造・修繕、譜請《ふしん》。②動作、働きぶり。

作職 さくしき 作人職の略。作主職、百姓職とも。荘園・公領の田畠の作人の所有した所職で、耕作権とその得分。名主職の下に位置づけられるが、職の分化の進行により、より下級の下作職《げさくしき》が派生すると、作職は作得《さくとく》をうけとる得分権となった。

〈文献〉竹内理三編『土地制度史 I』山川出版社。

作主 さくしゅ 下作人から地子を取る地主的農民。単に作人ともいわれる。名主職―作職―下作職というように職《しき》が分化したとき、中間の作職保持者を指すことが多い。

〈文献〉阿部猛『中世日本荘園史の研究』新生社。

嘖召 さくしょう きびしく催促し、召し集めること。

朔旦冬至 さくたんとうじ 太陰太陽暦で、十一月一日が冬至に当たる瑞祥の日で、一九年めごとにめぐって来る。この日、朝廷では天皇が出御して祝いの儀が行われた。桓武天皇の延暦三年（七八四）に始まる。公卿が賀表をつくり、紫宸殿で宴を賜わる。

作手 さくて ⇒つくて

作田 さくでん 現に耕作されている田地。

作徳 さくとく 内加地子《うちかじし》ともいう。一四世紀以後の用語。作人の耕作権に伴う得分として成立した。売買・譲与の対象となり、作職・下作職と呼ばれた。

〈文献〉神田千里『一向一揆と戦国社会』吉川弘文館。

作人 さくにん 田畠の耕営に従事する労働者を領主側から呼んだ称。預作人・寄作人などの称は一〇世紀から見える。一一世紀以降、名主・私領主の許で耕作する農民を指し、作人職の称も生じた。

〈文献〉永原慶二『日本中世社会構造の研究』

岩波書店。

作　半　さくはん　領主直営地の耕作を作人に請負わせて、収穫物を一定の率で分配するもの。一二世紀から見える。新開地などの、比較的に生産力の低い田地に多い。⇒刈分小作《かりわけこさく》
〈文献〉泉谷康夫『律令制度崩壊過程の研究』髙科書店。

策　判　さくはん　試判ともいう。古代・中世の、秀才・進士など官吏登用試験の判官（試験官）、またその判文のこと。判には文章博士と二～三人の判儒が当たる。

朔　幣　さくへい　毎月の朔日《ついたち》に、神に幣《へい》帛《はく》をたてまつること。荘園内神社への朔幣料が年貢から控除されることがある。

索　餅　さくべい　麦縄ともいう。唐菓子の一種で、小麦粉と米の粉に塩を混《ま》ぜて練って細長くし、縄の形にねじって油で揚げたもの。七夕《たなばた》の日に瘧《ぎゃく》（マラリア）除けのために食する。民間の風習が朝廷に採り入れられたものであろう。

朔平門　さくへいもん　内裏外郭の北門。内裏への北からの入口。衛門陣があったので北陣と称する。五節舞姫の参内にもここが用いられた。

錯　圃　さくほ　荘園などの耕地が一円的にまとまって存在せず、一段、二段と散在し、他領と入り組みになっている状態。畿内荘園に多く見られ、一人の農民が複数の領主の耕地を同時に請作することは珍しくない。⇒兼作《けんさく》の民《たみ》

冊　命　さくみょう　皇太子・皇后を立てる（冊立という）とき詔勅を以て命ずること。単に冊とも称する。

策　命　さくみょう　策文《さくもん》ともいう。天皇の命令を伝達するに際して和文体で書く宣命のこと。

作　毛　さくもう　⇒さくげ

作　文　さくもん　漢詩を作ること。「六国史」では賦詩と書かれたが、平安時代の記録では作文と記される。

策　文　さくもん　令制下、官吏登用試験の出題文章（策問《さくもん》という）とそれに対する解答（対策《たいさく》という）の文章をいう。

作文会　さくもんえ　平安時代、貴族・文人が集まって漢詩を作り披講する集会で、その後に酒宴を伴う。作文は平安中期以降の用語で、公には賦詩と称した。

桜　会　さくらえ　平安・鎌倉時代、桜の咲く頃に開かれた法会。法会のあとに宴を開いた。賀茂神社・醍醐寺の桜会が著名。

桜　狩　さくらがり　桜見物、お花見。もとは、花見のために遠出をすることの文学的表現。鷹狩《たかがり》の折に桜を見ることから生じた言葉という。⇒鷹狩

桜　人　さくらびと　催馬楽の曲名。「桜人　その舟止め　島つ田を　十町つくれる　見て帰り来むや　そよや　明日《あす》帰りこむ　そよや／言をこそ　明日ともいはめ　遠方《をちかた》に　妻《つま》ざる夫《せな》は　明日もさね来《こ》じや　そよや　さ明日もさね来じや　そよや」と歌う。

作料米　さくりょうまい　寺社造営料などを荘園・公領に賦課したもの。段別賦課の場合は作料段米《たんまい》と称する。

鮭　さけ　「延喜式」によると、信濃・若狭・越前・越中・越後・丹波・丹後・但馬・因幡・備前の諸国から都に送られている。鮭の遡上《そじょう》する川では、その捕獲の権利をめぐって紛争も起こった。鮭は干物か塩物として流通した。

下　緒　さげお　刀、脇差、短刀を差すときに用いる組紐。室町時代から使われた。絹・木綿の組紐、革緒もある。鞘の栗形に通して折り返して下げる。

下　紙　さげがみ　意見や理由などを書き公文書に添付する別紙、付箋《ふせん》、さげふだ。

下　墨　さげすみ　①大工が、柱の傾きを見るために、墨縄を垂直につり下げて測ること。②測定することから、物事をおしはかること。

酒　殿　さけどの　酒を造り納める建物。播磨国の庸米で造る。内裏外郭建春門外の外記庁の東にあった。

酒を飲べて　さけをたうべて　催馬楽の曲名。「酒を飲べて　飲べ酔うて　たふとこりぞ　参《まう》で来《く》ぞ　よろぼひぞ　参で来る　参で来る　参で来る」と歌う。

左　降　さこう　左遷《させん》と同じ。官人社会で、それまでより低い官職、地位におとすこと、また、内官から外官に遷すこと。古く、中国では、右を尊び左を卑しんだことから。

迫　田　さこだ　山あいの小谷に形成された水田。迫田は一枚一枚は零細であるが、谷の湧水から安定した水が得られ、河川の氾濫などの被害も少ないが、水温が低く必ずしも良田ではない。
〈文献〉柳田國男『地名の研究』（定本全集20）筑摩書房。

雑喉場　ざこば　魚市場のこと。室町時代、大坂に設置され、江戸時代の雑喉場に発展した。雑喉《ざっこう》は、いろいろな種類の小魚のこと。

左近の桜　さこんのさくら　平安時代以来、紫宸殿の南の階《きざはし》の下の東方に植えられた山桜。もとは梅の木だったという。南殿《なでん》の桜ともいい、右近の橘《たちばな》に対する。朝儀のとき、左近衛府官人が南に陣をしいたので左近と称したという。

左近陣　さこんのじん　左近衛府の官人の詰《つめ》所《しょ》。日華門《にっかもん》の北、宜陽殿《ぎようでん》の西廂にあったが、のち紫宸殿東北廊南面に移った。

左近馬場　さこんのばば　左近衛府の馬場、左京一条北西洞院末西に東西に長くあったが、寛和二年（九八六）三月南北向きに埒《らち》をつけかえた。五月三日と五日の騎馬・騎射の際は見物人で賑わった。その様子は「年中行事絵巻」に描かれている。

支　状　ささえじょう　①自己の立場の正当性を主張する文書。②中世の訴訟手続きで、訴人の訴状に対して論人が提出した陳状のこと。

支　申　ささえもうす　①立証する。②訴えに対して支障を申し立てる。③妨害する。

支　ささえる　塞、障も同じ。①反対する、抵抗する、抗弁する。②防ぐ。「二百騎ばかりでささへたる川原坂の勢の中へ、をめいて懸《かけ》いる」と用いる。③停滞する。④通れないようにする。⑤もちこたえる、支持する。

捧　物　ささげもの　①貴人・神仏への奉献物、おくり物。②位署の書き方で、「別当造興福寺長官修理左宮城使左中弁兼阿波介」などと書くとき、傍線の官はいわゆる令外官で、これを先に書く。数官兼任のときは、文官—武官—外国《げこく》四等官の順に書く。

篠を引く　ささをひく　「柴を引く」も同意。篠や柴は神の依代《よりしろ》として祭に用いられた。農民が領主への不服従の意を示すために篠（又は柴）を引き逃散する。家の周囲、家の門、村の入口に篠（柴）を敷きつめるか。引くとは敷くであろう。篠（柴）を敷く、または立てることによって、その場を聖域化し、役人らの立入りを拒否する意思をあらわしたのであろう。
〈文献〉峰岸純夫「篠を引く」（『中世の発見』）吉川弘文館。

緡　さし　銭《ぜに》の穴に通して束《たば》ねる縄。銭差《ぜにさし》、銭貫《ぜにつら》ともいう。銭一貫文（一文銭一〇〇〇枚）をつらぬくものを貫緡《かんざし》という。
〈文献〉小葉田淳『日本の貨幣』至文堂。

指　合　さしあい　差合とも書く。①支障がある、差支《さしつか》えがある。ぶつかり合う、かちあう。②他人の気にすることを言ったり、したりすること、あたりさわり。③他人と力を合わせて事を行うこと。④連歌・連句で、同字・同類・同想・同意の語が規定以上に近づくことを禁ずること。指合ありといえば矛盾するの意も。

閣 さしおく 擱に同じ。①そのまま捨て置く、除外する。②断わりもなく事を行う。

指懸 さしかけ 四位以下の官人のはいた浅沓《あさぐつ》。革製。

桟敷 さじき 祭礼・芸能の見物用に設けた観覧席。賀茂祭・祇園御霊会などの行列を見物するため街路の両面にしつらえた。臨時的な仮屋《かりや》と、恒久的な施設とがある。院政期が最盛期であった。〈文献〉林屋辰三郎『古代国家の解体』東京大学出版会。

差几帳 さしきちょう 貴族の婦人が外出するとき、几帳を従者に持たせて、そのかげに隠れて歩くこと。

插櫛 さしぐし 催馬楽の曲名。「插櫛は 十まり七つ ありしかど たけくの掾《ぞう》の 朝《あした》に取り 夜《よう》さり取り 取りしかば 插櫛もなしや さきむだちや」と歌う。

差質 さしじち ⇒見質《げんじち》・質《しち》

差図 さしず 指図とも書く。地図、絵図、設計図。荘園の立荘のとき作成する。また検注帳や検注目録に差図を副えることも行われた。〈文献〉国立歴史民俗博物館編『描かれた荘園の世界』新人物往来社。

差出書 さしだしがき 書状で、日付の下に書く差出人についての記載。「某謹言」「某状上」など。

指出検地 さしだしけんち 指出とは提出書類のこと。実地の測量によらず、指出を基本とした検地帳を作るのを指出検地という。〈文献〉宮川満『太閤検地論 I』御茶の水書房。

指事 さしたること 指は「さしたる」又は「させる」どちらとも。さしていうべきほどの……。「無㆓指事㆒」は「さしたることなし」と読む。

指次 さしたるついで 次《ついで》は契機というほどの意。例えば所領安堵を受けるには、相続による知行人の交替、領主の代替わり、戦乱などの契機（次）が必要であった。

差縄 さしなわ 指縄、緡縄とも。①馬具の引き綱の一種。馬の頭から轡《くつわ》にかけてつけるもので、手綱《たづな》に添えて用いる。引差縄《ひきさしなわ》また繋差縄《つなぎさしなわ》。白布を二本撚《よ》りするが、祭礼などで馬をひく場合は装飾を兼ねてカラフルなものを用いた。②罪人をしばる捕縄《とりなわ》。③銭《ぜに》を貫きとおす細い縄。

指貫 さしぬき ①八《や》幅《の》の長大な袴、布《ほう》袴《こ》。裾口に紐を貫いて、着用のときくくって足首に結ぶ。六幅が狩袴。殿上人用は紫平絹で文様はない。地下《じげ》用は浅縹平絹で無文であった。②能《のう》装束の袴の一種。

翳 さしば 長柄の団扇《うちわ》で、従者がこれをかざして貴人の顔をかくす。天皇には、女嬬《にょうじゅ》が左右からかざす。中国起源で、もとは鳥の羽で作った。

差日 さしび 幕府の訴訟制度で、訴訟人の願出により、裁判所が出頭を指定した日、きめられた日。

差符 さしふ 中世、幕府の訴訟制度で、或る事件を担当する本奉行を任命する文書。本奉行は一方引付《いっぽうひきつけ》の公人の中から、くじ引きで決められる。差符には引付頭人の署名がある。⇒一方引付

差文 さしぶみ 請定《しんじょう》、差定《さじょう》ともいう。差定とは、指名し定めるの意。所役の内容と人名を書いて廻文として各人にまわされ、応ずる者は、これに奉《うけたまわる》と小さく

書き入れる。

差筵 さしむしろ　縁《へり》のないゴザのこと。

指物 さしもの　⇒旗《はた》

指申 さしもうす　告訴すること。

差矢 さしや　中世では、中距離を射る弓射術のこと。江戸時代には三十三間堂の通し矢などの堂前用として軽く遠く飛びやすいように作った矢のこと。

左仗 さじょう　内裏の左近衛府の詰所。日華門の内にあり、平安時代から、大臣以下が集まり朝政を審議する陣座《じんのざ》（仗座）として用いられた。

差定 さじょう　⇒差文《さしぶみ》

左相国 さしょうこく　左大臣の異称。

左丞相 さじょうしょう　左大臣の異称。

左相府 さしょうふ　左大臣の異称。

差 さす　①人や物を、それと決めて示す。②目ざす。③指定する。④派遣する。「高野の大国といふ人をさして、六衛のつかさ合せて二千人の人を竹取が家につかはす」と用いる。⑤密告する。⑥言いあてる。⑦さしあげる。

座主 ざす　①一座のうち上首の者をいう。②大寺の寺務を管する僧の職名。比叡山延暦寺の天台座主が最初で天長元年（八二四）に義真を始めとする。

流石 さすが　遉、有繋とも書く。①そうは言うものの。②そうは言ってもやはり……。③いかにも、やはり、見事だ。

左遷 させん　①内官から外官に遷されること。②それまでよりも低い官職におとすこと。古く中国では右を貴び左を卑《いや》しんだところから。

作善 さぜん　仏教用語。善根を積むこと。造仏・法会を行い、追善供養する。

嘸 さぞ　①実際そのように（副詞「さ」を強めた語）。②その通りだ（文末にあって語を強める）。嘸（音は「で」）は、はっきりしないさまをあらわす語。

乍早晩 さそうばん　⇒早晩《いつ(も)》

沙汰 さた　理非を明らかにする、裁断する、処理するの意であるが、かなり多様に用いられる。①土地の領有・支配について、土地を知行する、年貢を徴収するの意に用いる。それを怠ることが「無沙汰」となる。②裁判・訴訟のことで、「所務沙汰」「雑務沙汰」「検断沙汰」と用いる。③支払う、弁償する。④報告、通知。⑤うわさ、話。
〈文献〉石井良助『中世武家不動産訴訟法の研究』弘文堂書房。

沙汰国 さたこく　⇒知行国制《ちぎょうこくせい》

沙汰雑掌 さたざっしょう　荘園の雑掌のうち、領主の代理人として訴訟の当事者となり活躍した者。

沙汰居 さたしすう　命令し、実力によって執行する。沙汰付《さたしつく》もほぼ同意。

沙汰付 さたしつく　⇒沙汰居《さたしすう》

沙汰渡 さたしわたす　中世、幕府の命をうけて、命令のとおり、下地《したじ》を引き渡すこと。「沙㆓汰渡下地於某㆒」と用いる。

沙汰付 さたづけ　⇒沙汰居《さたしすう》

沙汰人 さたにん　①奉行などの裁判担当者。②荘官、または有力農民で故実に通じた者が任ぜられ、荘官に準ずる役割を果たした者。一一世紀末頃から所見。

沙汰人替人料 さたにんたいにんりょう　荘園において、沙汰人に任命されたとき納める任料《にんりょう》。⇒任料

沙汰人百姓 さたにんひゃくしょう　荘園内で沙汰人《さたにん》に選任された有力百姓。⇒沙汰人

沙汰始 さたはじめ　①毎年正月に行う幕府の政務はじめ。②将軍着任後はじめて行う政務。

定書 さだめがき　①幕府の発した規約、法令を記したもの、条目。②質屋・湯屋などの店頭に掲げられた規約。板・紙に書かれる。③張札のことで、商店に掲示

された書で、商品の種類・分量・価格などを記す。

定文 さだめぶみ　平安中期以降、陣定などの会議における出席者の意見をとりまとめて記した文書で、上卿《しょうけい》は蔵人頭《くろうどのとう》を通して天皇に奏覧し裁決を仰いだ。

撮 さつ　枡目の称で、勺《しゃく》（夕）の一〇分の一、一〇撮＝一勺、一〇勺＝一合《ごう》。

刷 さつ　⇒あつかう・かいつくろう

札狩 さつがり　関所・港津で津料《つりょう》・関銭を徴収し非違《ひい》を検断すること。

雑記米 ざっきまい　荘園において、紙・筆の費用に宛てる名目で徴収する米。

雑穀 ざっこく　米麦以外の穀物を指すが、その範囲は一定しない。粟《あわ》・稗《ひえ》・黍《きび》・蜀黍《とうきび》・玉蜀黍《とうもろこし》などが中心で、そば・荏《え》・胡麻《ごま》または大豆・小豆を加えることがある。

〈文献〉木村茂光編『雑穀』青木書店。

冊子 さっし　「そうし」ともいう。策子・草子・草紙・双子・双紙・造紙とも書く。紙を糊で貼り合わせた粘葉装《でっちょうそう》と、紙を糸で綴《と》じた綴葉装《てっちょうそう》・袋綴《ふくろとじ》がある。

雑紙 ざっし　鼻紙《はながみ》の女房詞《ことば》。「日葡辞書」に「鼻をかんだりするための下級な紙」とある。

雑色官稲 ざっしきかんとう　令制下、各種の名目で数量と用途を決めて諸郡の正倉に分置されていた官稲。出挙してその利稲を用途に宛てる。

雑掌 ざっしょう　律令制下、四度使《しどし》に随って都に来た官人。一〇世紀には在京雑掌が見え、一一世紀には、国雑掌が公文《くもん》勘済《かんさい》、封物《ふもつ》の進納に従事するようになる。「……成安《じょうあん》」という仮名《けみょう》を用いる者が多かった。荘園では、現地にいて年貢・公事の徴収を行う所務雑掌《しょむざっしょう》がおり、訴訟代理人として裁判の場でたち働く沙汰雑掌もいた。⇒四度使

〈文献〉泉谷康夫『律令制度崩壊過程の研究』髙科書店。

雑説 ざっせつ　「ぞうせつ」とも。いろいろな風聞、うわさのこと。

札銭 さっせん　戦国時代、社寺や郷村が、兵士らによる乱妨狼藉を免れるために、その指揮者（大名・武将）の制札《せいさつ》を求め、その代償として出した銭。⇒制札

雑訴決断所 ざっそけつだんしょ　元弘三年（一三三三）九月頃設置された建武中興政府の機関。三番のうち八番の構成で、主として所領関係の訴訟を扱った。判決は牒《ちょう》と下文《くだしぶみ》で出された。「建武年間記」に詳しい記述がある。⇒牒・下文

〈文献〉森茂暁『建武政権』教育社歴史新書。

雑訴沙汰 ざっそさた　一三世紀末に成立した朝廷の訴訟制度で、雑訴（民事訴訟）の処理に当たった。はじめ中納言以下の評定衆によって審理されたが、のち永仁元年（一二九三）関白など上級貴族の指揮で行われるようになった。

〈文献〉稲葉伸道「中世の訴訟と裁判」（『日本の社会史　五』）岩波書店。

察当 さっとう　撮当とも書く。違法行為を咎めること。

雑稲 ざっとう　雑官稲ともいう。令制下、国司が出挙する官稲のうち正税稲・公廨稲を除いたもの。国分寺料稲、文殊会料稲、池溝料稲、救急料稲などは各国共通の雑稲。雑稲の出挙利率は三〇〜五〇パーセント。

雑袍 ざっぽう　直衣《のうし》のこと。平安時代以来の貴族の衣服。

雑務沙汰 ざつむざた　民事関係の訴訟のこと。「沙汰未練書」には「雑務沙汰トハ、利銭、出挙、替銭、替米、年記、諸負物、諸借物、諸預物、放券、沽却田畠、奴婢、雑人、拘引以下事也、以二是等相論一、名二雑務沙汰一」とある。

〈文献〉佐藤進一『鎌倉幕府訴訟制度の研究』岩波書店。

儅 さて　扨、倩、遖などとも書く。「(儅《さて》社《こそ》)従二最前一聊御欲にては不レ被レ仰候」などと用いる。

叉手 さで　交叉させた木や竹に網を張ったもの、すくいあみ。

差点 さてん　多くの中から、必要な人員をえらび出すこと。「差二点内舎人十六人一」などと用いる。

砂糖 さとう　一四世紀の史料から所見する。黒白二糖あり、中国江南地方から琉球経由で将来された。国産砂糖の生産は江戸時代初頭からである。

左道 さどう　不正、宜しからず、粗末、失礼、邪道であるの意。「大会例役無二勤仕者一候、甚以左道」と用いる。

里内裏 さとだいり　内裏のそとに設けた御所。多くは摂政・関白など外戚の邸宅をあてた。

里山 さとやま　深山・奥山ではなく、村落近隣の山（森）で、村落の日常生活にかかわりが深く重要なもの。したがって、有力者によって占有されると、生業の継続に直接大きな影響が生ずる。

狭田 さなだ　狭い田、神稲を植える田。美田のこととも、また苗代田のことともいう。

捌 さばく　裁、唹とも書く。うまく処置する、整理する、売りさばく。

皺烏帽子 さびえぼし　「さび」とは「しわ」のこと。烏帽子に漆《うるし》を塗《ぬ》りかたくすると、板木に型を彫《ほ》り、烏帽子を型に押しあてて「しわ」を作るようになった。

左筆 さひつ　天皇即位のとき、門部《かどべ》が着る礼服。裲襠《うちかけ》の一種で虎斑《とらふ》の文を染めつけたもの。虎皮の尻鞘、移鞍の韉《したぐら》の虎皮のものをもいう。

渋矢を射懸ける さびやをいかける　①錆《さび》た矢を射かける。②或る人を悪くいう。③金品の無心を言いかける。「信長公記」に所見。

左兵衛陣 さひょうえのじん　内裏内郭の宣陽門内にあり、門の異称ともなっている。東の左衛門陣とあい対する。

左府 さふ　左大臣の異称。

侍 さぶらい　「さむらい」とも読む。貴人の側近に仕えることをいうが、①平安時代、貴族の家に仕えて家務を掌った家人《けにん》。②地方の在地領主で国衙官人として仕えたもの。③侍所のこと。

侍所 さぶらいどころ　①平安時代、貴族に仕えた侍の詰所。主殿に近いものを内《うち》侍《さぶらい》、遠いものを遠侍《とおさぶらい》と称した。②鎌倉・室町幕府の役所名。

候 さぶろう　侍も同じ。①貴人のそばに仕える。②お手もとにある、存在する。③丁寧語、「さぶろう」→「さうろう」への変化は平安末期頃からであろう。

随レ候 さぶろうままに　あるにまかせて。

作法 さほう　①物事の方法。②行儀作法。③しきたり、慣例。④仏事の方式。

左方楽 さほうのがく　左楽雅楽のうち、古代中国系のもの。唐楽《とうがく》。右楽は高麗楽。舞も左舞と右舞と称する。

左僕射 さぼくや　中国古代で執政大臣のこと。わが国で、左大臣の唐名。

早穂田 さほ（お）た　早稲《わせ》をつくる田のこと。

佐保殿 さほどの　藤原氏長が春日神社や興福寺参詣、或いは奈良へ来たときの宿泊所。また大和国の荘園の管理事務所を兼ねた。もと藤原房前の第宅のあった所である。

狭間 さま　⇒はざま

左舞 さまい　舞楽で、中国・インド系の舞楽。右舞《うまい》の対《つい》。⇒左楽《さがく》

左馬陣 さまのじん　左馬寮の官人の詰所。

内裏南面の春花門の前の左右に各一棟あり、それから、春花門の異称となる。建礼門の東にあり、西の右馬陣（＝修明門）と対する。

飃田 さまよいだ　飄田とも書く。貞観十五年（八七三）の「広隆寺資財帳」に見える。林→田畠→荒→林と切り替えられる林田農法により、年によって熟田の所在が移動する様態をいう。
〈文献〉畑井弘『律令・荘園体制と農民の研究』吉川弘文館。

作務 さむ　禅寺で僧が行う筋肉労働のこと、雑役のこと。

侍役 さむらいやく　侍身分の家臣に課された軍役。長曾我部氏の百箇条に見える。銀二分五厘を正月十六日以後六月までの間に納入させた。米納されることもあった。

遮莫 さもあらばあれ　「なにかはする」とも読む。任他、任他者とも書く。不本意ながら、ままよ、うちまかせること。

さ文字 さもじ　「さ」で始まる言葉の後半を略して「もじ」を添えた女房詞《にょうぼうことば》。魚《さかな》、鯖《さば》など。

左有 さゆう　さらばの意。①しからば。②だからと言って、そのくせ。

左右 さゆう　⇒故是《かれこれ》・とかく

さゆる 支《ささえ》と同義。阻止する、妨げる、抑止する。

左様 さよう　然様とも書く。そのとおり、そのよう。

早米 さよね　早稲《わせ》。稲は早稲《わせ》・中稲《なかて》・晩稲《おくて》の三種に分けられる。それぞれの作付田地を早田、中田、晩田と称する。

貲布 さよみ　細布、細貲、紵布とも書く。古代に、科《しな》の木の皮の繊維で細かく織った布、或いは細い麻糸で織った布。近江国産が著名であった。後世には、麻布を指していう。

さら ⇒追銭《おいせん》

曝布 さらしぬの　洗って日に当てて白くした麻布のこと。後世綿布のことをいうが、もとは麻布。

去与 さりあと（た）ぅ　避与とも書く。「当然所持してゐてよいのを無理に与へる意」（相田二郎説）とするが、単に譲与の意にも用いる。
〈文献〉相田二郎『日本の古文書』岩波書店。

去状 さりじょう　避状とも書く。⇒去文《さりぶみ》

去文 さりぶみ　避文とも書く。去状ともいう。自己の所領・所職などを放棄し、その領有を主張しないことを保証した文書。
〈文献〉平山行三『和与の研究』吉川弘文館。

申楽 さるがく　猿楽、散楽とも。古代・中世の即興の滑稽な言葉芸。わが国の滑稽わざに大陸伝来の散楽が加味されたもの。これが中世に入ってしだいに演劇化し、能と狂言に分化した。
〈文献〉能勢朝次『能楽源流考』岩波書店。

猿曳 さるひき　猿まわし。鎌倉時代から職業化していた。

猿女 さるめ　古代、十一月の鎮魂祭や大嘗祭に歌舞を奏上した女性で、縫殿《ぬいどの》寮《りょう》の管轄下にあった。猿女君一族から出す定めであったが、平安初期にはその風習は廃《すた》れていた。もとは巫女《みこ》的な存在であったと思われる。

去社 さればこそ　「然ればこそ」で、予想が的中した時に発する語。

座論 ざろん　座の席順（座次《ざなみ》）を争うこと。「近行、兼方座論事、猶以ㇾ左為ㆥ上臈ㆤ事也」と用いる。

沢田川 さわだがわ　催馬楽の曲名。「沢田川　袖漬《そでつ》くばかりや　浅けれど　はれ　浅けれど　恭仁《くに》の宮人《みやびと》や　高橋わたす　あはれ　そこよしや　高橋わたす」と歌う。

障 さわり　①妨《さまた》げる。②都合が悪いこと。③極楽往生の妨げとなる、悪いむくいを招く行い。④災害。⑤欠陥、欠点。⑥月経のこと。

算 さん　竿・筭も同じ。①中国の数学や和算で用いる計算用具で、竹や木で作った小さな棒。②占いに用いる算木《さんぎ》。

盞 さん　ちいさなさかずき。⇒うき

散 さん　薬物を粉末にして数種を混合したもの。調剤散薬のこと。

暫 ざん　⇒しばらく

散位 さんい　「さんに」とも。①律令官制で、位階だけあって官職のないこと。散官とも。②散位《とねり》寮の略。

三会 さんえ　①弥勒菩薩が人界に降って大衆のために三度法を説くという説法の会座。②奈良で行われていた三大法会。興福寺維摩会《ゆいまえ》、薬師寺最勝会《さいしょうえ》、宮中大極殿の御斎会《ごさいえ》の三つ。③京都の三大会で、円宗寺法華会と最勝会、法勝寺大乗会の三つ。

三衣 さんえ　僧侶の着る大衣《だいえ》、七条、五条の袈裟《けさ》のこと。大衣は街や王宮に赴くとき、七条は聴講、布薩《ふさつ》などのとき、五条は就寝、作務《さむ》のときに着る。⇒布薩・作務

算置 さんおき　易者のこと。算木《さんぎ》を使って占う。

算賀 さんが　四〇歳を初老とし、以後一〇年ごとに長寿を祝い延命を祈る儀式。天平十二年（七四〇）の聖武天皇四十賀が古い例。

三槐 さんかい　大臣の異称。太政大臣、左大臣、右大臣。

三革 さんかく　甲子《かっし》革令、戊辰《ぼしん》革運、辛酉《しんゆう》革命をいう。これらの年には変事が多いとされる。

散楽 さんがく　①古代中国で、俗楽・雅楽などの民間芸能をいう。西域伝来。②奈良時代、公的な雅楽に対して俗楽をいう。物まね、曲芸・軽業などで、節会などに余興として行われた。

残画 ざんかく　文書・記録の文字が、磨りきれたり、虫が喰ったりしてはっきりしない場合、残っている字画をいう。字が読めない場合、一字分ならば□、二字分なら□□と示す。文意から判読できる場合は右傍に（伊カ）というように注記する。

三管 さんかん　雅楽で、笙《しょう》・横笛《おうてき》・篳篥《ひちりき》の三種の管楽器。

算勘 さんかん　竿勘とも書く。①算木《さんぎ》を用いて占うこと。②数をかぞえる。算用に同じ。

三関 さんかん　⇒さんげん

散官 さんかん　⇒散位《さんい》

三管領 さんかんれい　室町幕府の管領職に就くことのできる三家。斯波家・畠山家・細川家。

散騎 さんき　侍従の異称。

参議 さんぎ　朝政に参議するが原義。大臣・納言につぐ重職。大宝二年（七〇二）に設けられた令外官。天平三年（七三一）以後制度化され、平安初期には定数は八人となる。相当位はないが概ね四位以上の者を任じた。

残菊宴 ざんぎくのえん　十月五日に行う菊花の宴のこと。延暦十六年（七九七）を初見とする。事情により九月九日の宴が行われないことから残菊宴が行われたらしい。九月九日の重陽《ちょうよう》の節を過ぎて咲いている菊が残菊。咲き残った菊花の宴。

散騎常侍 さんきじょうじ　侍従の異称。

散居型村落 さんきょがたそんらく　ムラを構成する農家が集村の形態をとらず、散在しているムラの在りよう。山間部の山田・谷田など自然湧水を利用して開発した水田と宅地・山野をワンセットとする

自己完結的な経営体は孤立農家のかたちをとり、名主の家族集団ないしその若干の複合体によってムラが形成される。ここでは村落共同体成立の条件に乏しい。〈文献〉永原慶二『日本中世社会構造の研究』岩波書店。

三　局　さんきょく　律令制下、太政官の三つの事務局のこと。少納言局・左弁官局・右弁官局。少納言局は外記で構成され少納言が主宰する。外記局とも呼ばれる。

参　観　さんきん　参勤とも。出仕して主君にお目にかかること。江戸時代には大名の参観交代制があった。

散　禁　さんきん　古代の刑罰の一つ。刑具を施すことなく、一定の場所にとじこめておくこと。禁錮《きんこ》、禁足《きんそく》に同じ。

散今打毬楽　さんきんだきゅうらく　雅楽の曲名。唐楽。黄鐘調《おうしきちょう》。楽・舞ともに廃絶した。

散　供　さんぐ　米や金銭を神仏に供えること。とくに米について言い、散米《さんまい》、うちまきに同じ。けがれ、災厄を祓うために行う。

三　宮　さんぐう　皇后・皇太后・太皇太后の三后をいう。

散　華　さんげ　散花とも書く。①花をまいて仏に供養する。②法要の一つ。梵唄《ぼんばい》のあとに、樒《しきみ》の葉や花びらを花筥《けこ》に入れ散布する。また散華をつかさどる僧をいう。⇒花籠《けご》

参　啓　さんけい　申しあげること、訪問して言上する。

三　関　さんげん　伊勢国鈴鹿《すずか》、美濃国不《ふ》破《わ》、越前国愛発《あらち》の三関をいう。但し平安時代には、愛発関が廃止され近江国逢坂《おうさか》が代わる。三関の創設は大化二年（六四六）と推測される。本来は、京で叛乱を起こした者の東国への逃亡を阻止することに眼目があった。天皇・太上天皇が亡くなったり叛乱が起こったときは三関を閉鎖した（固関《こげん》）。三関制は延暦八年（七八五）に廃されたにも拘らず固関・開関の儀は行われた。

三　后　さんこう　三宮《さんぐう》。太皇太后・皇太后・皇后の三人の総称。

三　公　さんこう　太政大臣・左大臣・右大臣を総称した。太政大臣を闕《か》くときは内大臣を加えて三公と称した。

参　候　さんこう　貴人の許に参りご機嫌をうかがうこと。

三　綱　さんごう　寺院で、僧侶を統率し寺務をつかさどる役僧で、上座《じょうざ》・寺主《じしゅ》・都維那《ついな》の三役。

散　合　さんごう　見積りのこと。「上使を以て散合せしむ」などと用いる。

三　国　さんごく　①日本　中国・インドの三か国。②日本・中国・朝鮮の三か国。③全世界。

三国司　さんこくし　令制国司制度は鎌倉中期以降ほとんど意味を持たなくなったが、室町時代にもいぜんとして公家の国司が存在した。飛騨《ひだ》国の姉小路《あねがこうじ》家、伊勢国の北畠《きたばたけ》家、土佐国の一条《いちじょう》家で、これを三国司と称した。公家国司の戦国大名化したものといえる。

三　献　さんこん　人を饗応するときの作法。中世以後、一つの肴で三度酒を飲むこと（一献《いっこん》）を三回くりかえす（都合九度飲む）。⇒九献《くこん》

参　差　さんさ　⇒しんし

散斎・致斎　さんさい・ちさい　祭祀に仕える者が一定期間行う潔斎・物忌《ものいみ》のこと。散斎は「あらいみ」、致斎は「まいみ」ともいう。前者は略式の物忌で行動を慎むこと。後者は専ら内面を精明とする物忌。物忌の期間は祭祀の大・中・小によって異なる。

三斉市 さんさいいち　月に三度開かれる定期市。八日・十八日・二十八日などのように特定の日に開かれる。
〈文献〉豊田武『増訂 中世日本商業史の研究』岩波書店。

散在神人 さんざいじにん　中世、春日神社の本社神人（黄衣神人）に対して、白人《しろうと》（白衣）神人をいう。

三尺 さんざく　三三九とも書く。流鏑馬《やぶさめ》の的《まと》で、的串の高さが三尺（約九〇センチメートル）のもの。⇒流鏑馬

算師 さんし　竿師とも書く。律令制下、主計寮・主税寮・大宰府に置かれた下級官人。調・庸・租税の計算をつかさどる。のち造営関係官司にも配置された。荘園内にも見られ、検田図・開田図の作成、土木工事の測量、荘園経営上の文書の作成にも携わった。
〈文献〉亀田隆之『日本古代制度史論』吉川弘文館。

散使 さんし　荘園や戦国期の村落に置かれた村役人。番頭・名主の下にあって、通達や会計事務に従事した。給田を与えられ散使給・散仕免などと呼ばれた。
〈文献〉江頭恒治『高野山領荘園の研究』有斐閣。

三尸 さんし　道教で、人の身体の中に住んでいると説く三匹の虫。つねに人の行動を監視しており、庚申の夜には身体から抜け出して、人の罪過を天帝に告げる。そこで庚申の日の夜は身を慎み、徹夜して難を免れるようにする風習が起こった。

三時 さんじ　仏教用語。①晨朝《しんじょう》・日中・日没、②初夜《しょや》・中夜・後夜《ごや》、③正《しょう》法《ぼう》時・像法《ぞうぼう》時・末法《まっぽう》時をいう。

散事 さんじ　令の規定では、位階を有して、後宮に仕え実際の職務のない女性をいう。男性の散官に相当するものである。令外官として、男子の郡散事がある。国司の使者として国衙に仕える主政・主張クラスの下級官人である。

三職 さんしき　荘園在地の荘官のうち中心的な三人の称。東大寺領美濃国大井荘の下司《げし》・田所《たどころ》・公文《くもん》、同伊勢国黒田荘の下司・公文・沙汰人《さたにん》、興福寺領大和国田井荘の下司・公文・職事《しきじ》、春日神社領山城国狛荘《こまのしょう》の下司・公文・刀禰《とね》、東寺領備中国新見荘の惣追捕使《そうついぶし》・公文・田所《たどころ》など。
〈文献〉渡辺澄夫『増補 畿内庄園の基礎構造』吉川弘文館。

三事兼帯 さんじけんたい　平安時代から、衛門佐《えもんのすけ》・五位蔵人《ごいのくろうど》・弁官《べんかん》の三職を兼任すること。家柄と実務的才能を評価される名誉なこととされる。

三七日 さんしちにち　①三×七＝二一日。人の死後二一日めに行う仏事。②出産後二一日めに行うお祝い。

算失 さんしつ　竿失とも書く。検注・収納の際に、計算上の損失をあらかじめ除分《じょぶん》として除外して置くもの。実際の算失の有無にかかわらず、毎年一定額を除くものを例算失という。田地の場合は算失田と称する。

三社託宣 さんしゃのたくせん　伊勢神宮・石清水八幡宮・春日神社の神のお告《つ》げ、またそれを一幅《いっぷく》にして書きあらわしたもの。

散手 さんじゅ　散手破《は》陣楽《じんらく》という。舞楽の曲名。唐楽。太食調。異国的な端正な面をつけ桙《ほこ》を持って舞う。平安時代、相撲の抜出に必ず奏された。殿上の舞の折にも好まれた曲であったという。

三十六歌仙 さんじゅうろっかせん　一一世紀初頭の人藤原公任《きんとう》が選んだ、すぐれた歌人三六人の呼称。柿本人麻呂・紀貫之・凡河内《おおしこうちの》躬恒《みつね》・伊勢・大伴家持・山部赤

人・在原業平・僧正遍昭《へんじょう》・素性《そせい》法師・紀友則・猿丸太夫・小野小町・藤原兼輔・藤原朝忠・藤原敦忠・藤原高光・源公忠・壬生忠岑《みぶのただみね》・斎宮女御・大中臣頼基・藤原敏行・源重之・源宗于《むねゆき》・源信明・藤原仲文・大中臣能宣・壬生忠見《みぶのただみ》・平兼盛・藤原清正・源　順《したごう》・藤原興風・清原元輔・坂上是則・藤原元真・小大君《こおおぎみ》・中《なか》務《つかさ》。

散　所　さんじょ　荘園の内部に定位することを認められ、年貢のかわりに雑役をつとめた者。八世紀半ばから見え、室町から江戸期に、卑賤視された人びと、およびその集住地を指す言葉として用いられた。
〈文献〉林屋辰三郎『古代国家の解体』東京大学出版会。

散　状　さんじょう　①略式の回答書。「請文散状」などという。②人名を列挙した文書、交名《きょうみょう》。③複数の者に役をつとめることを命じたり、裁判において出頭を命じたりするときの回覧状。
〈文献〉相田二郎『日本の古文書　上・下』岩波書店。

散　杖　さんじょう　密教で、修法のとき香水を散ずるのに用いる杖状の仏具。梅や柳の枝を三五～五五センチメートルの長さに切ったもの。

三譲の表　さんじょうのひょう　平安時代以降、新任の摂政・関白・大臣が、慣例として三度辞退する旨を書いて天皇に差し出した文書。この慣わしは中国伝来のもの。

三世一身法　さんぜいっしんのほう　養老七年（七二三）に出された墾田法。溝池を新たに造って田を開いた者には、その墾田を三世（曾孫まで）に伝えしめ、既設の溝池を修理利用して開田した場合は本人一代の間収公しないとした。
〈文献〉吉田孝『律令国家と古代の社会』岩波書店。

三　蹟　さんせき　平安中期の能書家、小野道風《みちかぜ》、藤原佐理《すけまさ》、藤原行成《ゆきなり》の三人をいう。平安初期の三筆に対する。

散　説　さんせつ　さまざまな論説、論議。

三　船　さんせん　三舟《さんしゅう》も同じ。平安時代、公卿らが宴遊に際して仕立てた詩（漢詩）・歌（和歌）・管弦（音楽）の三艘の舟。それぞれ得意の分野の船に分乗した。「三船の才《さい》」といえば、詩・歌・管弦の三つの才能を兼ね備えていること。藤原公任《きんとう》は著名。

散　銭　さんせん　①神仏にささげる銭《ぜに》、さいせん。②緡《さし》に貫かないバラ銭のこと。⇒緡《さし》

讒　訴　ざんそ　①事実を曲げて、他人を陥《おとしい》れようと訴えること。②かげで他人の悪口をいう。

山　僧　さんそう　山門《さんもん》、比叡山延暦寺の僧をいうが、とくに高利貸業に従事した僧をいう。中世、京都の土倉の多くは山僧にかかわりある者だったという。高利貸付によって地頭代官職を手に入れる者もあったが、鎌倉幕府はこれを禁じた。
〈文献〉豊田武『日本商人史　中世篇』東京堂出版。

山　賊　さんぞく　山立《やまだち》、山落《やまおとし》ともいう。山中で旅人から財物を奪い取る強盗で、鎌倉幕府法では重罪とされた。しかし、当時の社会では、山賊行為がそれほど重罪とは考えられていなかったようである。山立の語も、狩人《かりうど》、またぎという山民のことを指し、かれらの生活習慣に基づく行為（通行税を取るなど）が里人《さとびと》からは犯罪行為と見られたという側面がある。
〈文献〉網野善彦ほか『言葉の文化史　1』平凡社。

三　台　さんたい　太政大臣・左大臣・右

大臣の称。太政大臣が則闕官《そつけつのかん》であるので、左大臣・右大臣・内大臣を指すこともある。則闕官とは「則《すなわ》ち闕《か》く」でふさわしい人物がなければ欠員のままにしておく官である。

参　内　さんだい　宮中へ出仕すること。記録類に参入ともある。

三台塩　さんだいえん　唐楽の曲名。平調。則天武后の作と伝える。平安時代には既に絶え、いま管弦のみ伝来する。

三代起請地　さんだいきしょうのち　白河・鳥羽・後白河の三代の上皇のとき公認され、一国平均役を免除された荘園。のち臨時雑役の賦課をめぐる相論に「三代御起請地云々」と引用されることが多い。
〈文献〉竹内理三『律令制と貴族政権　Ⅱ』御茶の水書房。

三代格式　さんだいのきゃくしき　弘仁格式・貞観《じょうがん》格式・延喜格式を総称する。このうち「延喜式」のみ伝来するが、三代の格式を類聚した「類従三代格」があり、全三〇巻中一七巻が伝来する。

残　地　ざんち　「のこりち」と読むか。類《るい》地《ち》と同義か。「本《ほん》公《く》験《げん》においては残地あるにより渡さず」などと見える。⇒類地

参　朝　さんちょう　朝廷に出仕すること。

山　長　さんちょう　⇒杣《そま》

散　田　さんでん　領主が、春時、請作農民に田を割当てることをいう。したがって、その田を散田とも呼び、領主直属地の意ともなる。犯罪人や逃散百姓の耕地を領主が没収した場合、この田を散田と呼ぶ。
〈文献〉村井康彦『古代国家解体過程の研究』岩波書店。

散田名　さんでんみょう　荘園において、名田に編成されない田地。名主の没落・逃散によって解体した名田を散田また一色《いっしき》田《でん》などと呼び、散田名として領主が直接支配した。これを他の農民に請作させることがあり、この場合、公事は賦課されない。
〈文献〉渡辺澄夫『増補　畿内庄園の基礎構造』吉川弘文館。

山　徒　さんと　比叡山延暦寺の衆徒《しゅと》、山《やま》法師《ほうし》。

さんとう　⇒祭当《さっとう》

三　党　さんとう　室町時代、非人のことをいう。

三　塔　さんとう　①比叡山延暦寺の東塔《とうとう》（止《し》観院《かんいん》）・西塔《さいとう》（宝幢院《ほうどういん》）・横川《よかわ》（楞厳院《りょうごんいん》）の総称。②転じて延暦寺のこと。

算　道　さんどう　算術を修める学科。大学寮で教授した四道の一つ。教授には中国の『九章』などを用いた。八世紀の算道出身官人は渡来系氏族が多く、九世紀後半には渡来系の家原氏、一一世紀に入ると小槻氏、三善氏が算博士を独占世襲するようになった。

三塔僉議　さんとうのせんぎ　比叡山延暦寺の僧徒全員が大講堂の前に集まって一山の方針を評議したこと。僉は皆《みな》の意。三塔会合《かいごう》ともいう。

産土神　さんどしん　⇒うぶすながみ

三　会　さんね　⇒三献《さんこん》

三年不耕　さんねんふこう　人が空閑地を開発する許可を得ながら、三年過ぎても着手しないときは、三年不耕として開墾権を失い、他の申請者に開墾を許すという規定。有力者が三年不耕と称して農民の土地を奪うことがあったので、寛平八年（八九六）政府は、開墾すべき土地の一〇分の二を開けばこの法を適用しないとして開墾農民を保護しようとした。
〈文献〉阿部猛『律令国家解体過程の研究』新生社。

山王信仰　さんのうしんこう　比叡山の東麓大津に鎮座する日吉大社を山王と称し、

この神を天台宗の守護神とした神仏習合思想。

三の鼓 さんのつづみ 雅楽の高麗楽に用いられる打楽器。唐楽における羯鼓《かっこ》に相当する。じかに床に置いて右手のバチで打つ。

〈文献〉増本喜久子『雅楽』音楽之友社。

三杯 さんばい 三拝、三把、三祓なども書く。田植のときにまつる田の神、さんばいさん。

〈文献〉柳田國男「年中行事覚書」(定本全集16)ちくま文庫。

三半 さんはん なかば。夜三半といえば夜半のこと。

三筆 さんぴつ 平安初期の能書家、空《くう》海《かい》、嵯《さ》峨《が》天皇、橘逸勢《はやなり》の三人をいう。

三不如意 さんふにょい 白河上皇が、自分の思いどおりにならぬものとして挙げたという三事。賀茂川の水(洪水のこと)、双六の賽《さい》、山法師(延暦寺の僧兵)。この話は『平家物語』中にある。

三房 さんぼう 名前に房の字のついた博識の人物をいう。藤原伊房《これふさ》(一〇三〇～一〇九六)・藤原為房(一〇四九～一一一五)・大江匡房(一〇四一～一一一一)を前《さき》の三房といい、吉田定房(一二七四～一三三八)・万里小路宣房《までのこうじのぶふさ》(一二五八～?)・北畠親房(一二九三～一三五四)を後《のち》の三房と称する。

三宝 さんぼう ①仏・法(経典)・僧。②仏の異称。③土地・人民・政事(『孟子』による)。④農・工・商。

三方会合所 さんぼうかいごうしょ 伊勢山田の自治機関の執務の場をいう。中世末期、伊勢神宮の内宮《ないくう》を中心とする宇治には宇治年寄と称する自治機関があり、外宮《げくう》を中心とする山田には三方と称する神人の自治機関があった。三方の執務政庁が三方会合所である。

三方楽人 さんぼうがくじん 雅楽の正統を伝えた三方楽所の楽人。京方、南都方、天王寺方の三方で、京方は多《おおの》・豊原《とよはら》(のち豊原《ぶんのはら》)・大神《おおが》(のち山井)・安倍《あべ》氏、南都方は上・芝・奥・辻・窪・大神・中氏、天王寺方は薗・林・岡・東儀氏。京方は右《う》舞中心、南都方は左舞中心。天王寺方は一段低い地位に置かれたが、古態を示す楽舞の伝統を守った。

三木 さんぼく 参議のこと。

三木一草 さんぼくいっそう 後醍醐天皇の建武政権下で権勢を持した四人の称。その四人は、楠木正成《くすのきまさしげ》、名和《なわ》(伯耆守《ほうきのかみ》)長《なが》年《とし》、結城親光《ゆうきちかみつ》(以上三木)、千種忠顕《ちぐさただあき》(一草)。

散米 さんまい ⇒うちまき

山門 さんもん ①寺の正面の楼門。②山寺、また寺のこと。③延暦寺の称。⇒寺門《じもん》

三問三答 さんもんさんとう 中世の訴訟手続きの用語。訴人《そにん》(原告)が問状《もんじょう》を提出すると、論人(被告)がこれに対して陳状で答える。これを三度くりかえす。

〈文献〉石井良助『中世武家不動産訴訟法の研究』弘文堂書房。

山門枡 さんもんます 中世、延暦寺で年貢収納に用いた枡の一つ。大津枡・三井寺枡ともいい、おもに近江大津付近で用いられた。容量は京枡(一升枡)の八合三勺に相当する。

山野 さんや 開発予定地である荒野とは区別され、近傍の住民にとっては、山野の用益は生活と生業継続のために必須のものであった。したがって山野の利用をめぐる争いは激しいものがあった。一一世紀になると山川藪沢をその領域に取り込んだ領域型荘園が成立し、山野の用益には山手《やまて》・野手《のて》などが賦課されるようになった。

算　用　さんよう　①計算する。②清算する。③決着をつける。⇒算用状《さんようじょう》

散　用　さんよう　①所定のところに配分する。②中世では算用と同義に用いる。⇒算用《さんよう》

算用状　さんようじょう　散用状とも書く。収支決算書。荘園の年貢・公事や、寺院等の法会・諸行事の費用などの収支を明らかにするもの。担当者が年初に前年分を作成し領主に報告する。〈文献〉相田二郎『日本の古文書　上・下』岩波書店。富沢清人『中世荘園と検注』吉川弘文館。

三　礼　さんらい　①仏教で、三たびひざまずいて礼拝すること。三拝ともいう。②三種の礼拝で、稽首令《けいしゅれい》(座って地面に頭をつける、上礼)・跪礼《きれい》(ひざまずいてする、中礼)・揖礼《ゆうれい》(胸の前で組み合わせた両手を前に出して上下させる、下礼)があった。③中国古代の三書、周礼《しゅらい》・儀礼《ぎらい》・礼記《らいき》。

山陵使　さんりょうし　即位の礼や立太子の礼など国家的大事のときに山陵(天皇・皇后の墓)に遣わされる使者。

山林に交わる　さんりんにまじわる　平安末期から中世にかけて、領主に抵抗する百姓が逃散するとき、「山林に交わる」「山野に交わる」と号し、実際に山林に駆け入った。山林は聖地であり、アジール的性格を持つものと意識されていた。〈文献〉網野善彦『増補　無縁・公界・楽』平凡社。

参　籠　さんろう　社寺堂に籠《こも》り神仏に祈願すること。一昼夜(通夜《つや》)、三日、七日、九日、一四日、二一日、三三日、百日、千日などの期間、礼拝、読経、称名、護摩焚《た》き、水垢離《みずごり》行、断食《だんじき》をして請願の成就を図るもの。

山論・野論　さんろん・のろん　山林・原野の用益をめぐる紛争。山林原野は農民の再生産にとって必須のものであったから、その用益をめぐる争いは激しかった。用益方法をめぐり、またその境界をめぐって紛争は絶えなかった。〈文献〉黒田日出男『境界の中世　象徴の中世』東京大学出版会。

し

支　し　数詞。材木をかぞえるのに用いる。支＝枝。本《ほん》に同じ。

史　し　神祇官・太政官の主典《さかん》。文書をつかさどり庶務に従う。大史《だいし》・少史《しょうし》がある。史大夫《しのたいふ》といえば大史の従五位下に叙されたもの。

肆　し　⇒いちくら・かるがゆえに

師　し　⇒いくさ

辞　じ　①言葉、文章。②公式様文書の一様式、下級官人・庶民が官司が差出す文書。伝存の実例はない。解《げ》の様式をとる。⇒解《げ》

耳　じ　⇒而已《のみ》

四　阿　しあ　⇒あずまや

為　歩　しありく　①鳥などが歩き回わること。②何事かをしながら日を送るの意。

詩　合　しあわせ　闘詩《とうし》ともいう。左右に分かれて、同一の題によって詩を作り、判者がその優劣を判定する。一〇～一一世紀、歌合の盛行とともに詩合も盛んであった。

寺　庵　じあん　中世村落内における小規模な寺。いおりのことであるが、村落生活の中での宗教的役割を果たすとともに、名主層とならび村落上層の一角を形成したものを指称する。私領を持ち、講を通じて高利貸付を行い土地集積をはかるも

のもあった。史料上では、小寺・院・庵・房・軒などと見える。
〈文献〉馬田綾子「荘園の寺社と在地勢力」（『中世寺院史の研究　上』）法蔵館。

司　医　しい　医師の異称。

而　已　じい　⇒ならくのみ

四　至　しいし　「しいじ」「しし」とも。東西南北の四方の境界。四至牓示《ぼうじ》といい、荘園の境界を明らかにするため四隅に杭《くい》を打ったり巨石を置く。また、土地の所在を明らかにするために、「東限路、西限川、北限山、南限海」などと記す。
〈文献〉竹内理三『荘園絵図の基礎的研究』東京堂出版。

四一半　しいちはん　ばくちの一種。双六《すごろく》から転じたものという。

誣　取　しいとる　あざむき取る、だまし取る。

粃　しいな　十分実っていない籾《もみ》、中味の空っぽなもの。

子　院　しいん　本寺域内で、僧侶が住房にあてた一郭をいう。禅宗では塔頭《たっちゅう》という。

私営田　しえいでん　民間で私費を投じて耕営する土地。区営田《くえいでん》に対する語。狭義には、王臣家荘園の管理に当たった荘長の私田（佃）。私営田経営では、耕作者に種子（籾）と農料（功料と食料）を支給して耕作させ、営料（種子・農料）を除いた全収穫を経営者が取得する。平安初期、富豪の輩《ともがら》と呼ばれた在地の有力者は、私営田経営と、近傍農民への私出挙によって富を蓄積した。
〈文献〉戸田芳実『日本領主制成立史の研究』岩波書店。

私営田領主　しえいでんりょうしゅ　平安末期の私営田経営者。伊賀国名張郡の藤原実遠にその姿を見出す。⇒私営田《しえいでん》
〈文献〉石母田正『中世的世界の形成』岩波文庫。

資　縁　しえん　仏道修行のたすけとなる衣食住。

詩　宴　しえん　貴族・文人が集まって漢詩を作る会のこと。作文会《さくもんえ》ともいう。奏楽・飲酒・賜禄が伴う。

四円寺　しえんじ　平安中期に天皇御願寺として仁和寺周辺に建立された円の字のつく四寺。円融寺（九八三年、円融上皇御願）、円教寺（九九八年、一条天皇御願）、円乗寺（一〇五五年、後朱雀天皇御願）、円宗寺（一〇七〇年、後三条天皇御願）。

塩合物　しおあいもの　塩漬けにした魚類。冷蔵技術のない時代には、京都・奈良などでは、（淡水魚を除いて）魚は塩物か干物《ひもの》で食するのがふつうであった。

塩入荒野　しおいりのこうや　河口の土砂堆《たい》積《せき》で生じた湿地で、塩水の浸透を免れない荒野。塩堤によって塩水の浸入を防ぎ、溝の築造によって塩抜きして開発した。
〈文献〉黒田日出男『日本中世開発史の研究』校倉書房。

地黄煎　じおうせん　地黄を煎じたもの。地黄は中国原産で、ゴマノハグサ科の多年草。わが国では古くから栽培され、根は漢方で補血強壮薬とされる。

字大鳥　じおおとり　中世末期に流通していた悪銭の一種であろうという。

潮　懸　しおがかり　航海中の船が、順調な潮の流れを待って停泊すること。前近代の航海技術では、潮の流れや風向による制約が大きかった。

塩　釜　しおがま　製塩に用いる釜。濃縮された海水を煮《に》て水分を蒸発させ塩を得る。鉄釜で、直径一～二メートル、深さ一〇～一五センチメートル。

仕　置　しおき　①処置すること、采配《さいはい》すること。②取締ること。③処罰、処分、成敗すること。④征服地に砦《とりで》を築いて守

備兵を置くこと。⑤体罰を加える、おしおき。⑥取るべき手段。

塩木舟 しおきぶね 製塩の燃料となる木を運ぶ舟。

塩木山 しおきやま 製塩に用いる燃料を伐採する山。単に塩山《しおやま》ともいう。

地発 じおこし 地興、地起とも書く。もと開発を意味する語であるが、中世では徳政を意味する。一五～一六世紀山城・大和・伊勢・尾張・遠江などの地方で文書に見える。売却地や質入れ地を本来の持主の手にとり戻す行為をいう。戻りの思想を根底とした在地の慣行となっていた。〈文献〉勝俣鎮夫『戦国法成立史論』東京大学出版会。

塩断ち しおだち 神仏祈願、病気平癒《へいゆ》のため、一定期間塩けを断つこと。断物《たちもの》には穀断ち、茶断ちのほか酒を断つものもある。日常きわめて重要なものを断ち願をかけるのである。

潮垂る しおたる 「汐垂る」とも。斎宮の忌詞で泣くの意。

塩堤 しおつつみ 河口の土砂堆積で生じた湿地に海水の浸入を防ぐために築いた堤防。塩抜きをして田畠化する。⇓塩入荒野《しおいりのこうや》〈文献〉黒田日出男『日本中世開発史の研究』校倉書房。

鞍 しおで 鞍《くらぼね》の部位名。唐鞍の左右の居《い》木《ぎ》の前後、他の鞍では前輪・後輪《しずわ》の左右それぞれに穿《うが》った孔《あな》に通した丸桁《まるくけ》の韋緒《かわお》のこと。

塩手米 しおてまい 単に塩手とも。塩との交易の代価に宛てる米のこと。田畠を基準に塩を収納するとき、年貢として収納した米（または麦）を代価にあてて塩を買わせ、塩年貢を納入させた。中世、東寺領伊予国弓削島荘で見られた。

塩場 しおば 製塩場、塩浜のこと。⇓塩田《えんでん》

塩浜 しおはま ⇓塩田《えんでん》

塩浜紙 しおはまがみ 中世、醍醐寺領伊勢国曾禰《そね》荘で作られた紙。

塩浜地子 しおはまじし 塩田に賦課された地子。

塩浜年貢 しおはまねんぐ 塩田に賦課された年貢。中世、東寺領伊勢国弓削島荘《ゆげしまのしょう》では、塩浜年貢は塩であった。

潮待 しおまち ⇓潮懸《しおがかり》

塩焼 しおやき 海水を煮《に》て塩を作ること。濃縮された潮水を火にかけ水分を蒸発させる。古くから藻塩焼《もしおやく》と表現される。

塩山 しおやま ⇓塩木山《しおきやま》

信折 しおり 枝折、指折、栞とも書く。山道などで木の枝を折ったり、または草を結んで道しるべとすること、またそのもの。一般に、道しるべ、道案内のこと。なお、書物にはさむのも「しおり」。

賜仮 しか 仮は暇に同じ。定めの休暇のほかに休暇を賜わること。律令下、六日に一日の休暇と田暇《でんか》（農繁休暇）のほかに、病気・触穢の場合、休暇を請《こ》うことができた。

糸鞋 しかい 「いとぐつ」とも読む。絹糸で編《あ》んで作る鞋《くつ》。幼帝や舞人・楽人、諸衛の六位の官人や相撲長も用いた。

云爾 しかいう 「しかり」とも訓読する。人の話し言葉の結びに加えて、その内容を確認強調する。漢文の結びにあり、「上述の通りであります」「こういう次第である」の意。

地鑑帳 じかがみちょう ⇓検注帳《けんちゅうちょう》

知客 しかく 禅寺で人を接待する役僧。

試楽 しがく 行幸、参賀、年中行事など、舞楽を伴う儀式に際して行う楽の予行演習。とくに賀茂・石清水臨時祭の社頭の儀に先立って行われるものをいう。

試楽は天皇出御のもとに行われる。

四角四境祭《しかくしきょうのまつり》　四角《しかく》四堺祭《しかいのまつり》とも。①陰陽道で、疫神の災厄をはらうために家の四隅と国の四堺で行った祭祀。②六月・十二月に朝廷で行った鎮火祭と道饗《みちあえ》の祭。⇒道饗祭《みちあえまつり》

四学堂《しがくどう》　大学寮の文章院、明経道院、算道院、明法道院の四学舎の総称。

確　確《しかじか》　然然、爾爾、慳慳、慥慥とも書く。①はっきりして確かである。②物事が望ましい方向に進んでいくこと、はかばかしいさま。

併《しかしながら》　併乍、然乍とも書く。ことごとく、全部、さながら、結局、要するに。「だが、しかし」という意味ではない。

地方奉行《じかたぶぎょう》　室町幕府の職名。京都支配の組織で、屋地《やち》の裁判、大名近習宿地の決定、紛失状の安堵、不許可建造物の取締りを行う。応仁・文明の乱後は有名無実化した。

聢《しかと》　確とも書く。はっきりと、分明に、確実に、十分に。

四箇法要《しかのほうよう》　大法会に用いる四種の儀式作法。梵唄《ぼんばい》・散華《さんげ》・梵音《ぼんおん》・錫杖《しゃくじょう》の四種。

加　之《しかのみならず》　そればかりでなく、その上にの意。

直　播《じかまき》　「じきまき」とも。苗代や苗床を用いず、直接田畠に種子《たね》をまくこと。古代には直播法と田植法が並存し、中世にも一部の水田で直播が行われた。後世、これをすじまき、つみ（摘）田と称した。〈文献〉古島敏雄『日本農業技術史』時潮社。高島緑雄『関東中世水田の研究』日本経済評論社。

しかみ銭《しかみせん》　室町中期以降に流通していた粗悪銭の一種。いびつで、ゆがんでいた。

自レ然以降《しかりしよりこのかた》　それ以来。

而《しかるに》　「しかして」とも読む。然、爾も同じ。ところが、しかし、さて、ところで。

自尓以降《しかりしよりいこう》　そのことがあってより、このかた。⇒自レ然以降《しかりしよりこのかた》

然　而《しかれども》　されど、しかしながら。

地下炉《じかろ》　泥《ぬ》を塗り固めた炉、囲炉裏《いろり》。地火炉次《じかろついで》というと、人を饗応すること。

仕　官《しかん》　官職について役人となること。

式《しき》　①方式。②儀式の次第。③作法《さほう》。④規則。⑤ようす。⑥事情。⑦……のような。……の類《たぐい》。

職《しき》　①官職・地位に伴う得分。②権限（職権）。古代末期、官職の世襲化・私財化に伴い、その官職を職《しき》と呼び、荘園の公領制の発展により、領家職の預所職・下司職・公文職・名主職・作職などの職が出現した。荘園・公領は、このような職の重層的体系という性格を持つ。〈文献〉永原慶二『日本中世社会構造の研究』岩波書店。島田次郎『日本中世の領主制と村落 下』吉川弘文館。

指　帰《しき》　旨帰とも書く。意の赴くところ、趣旨。「随二指帰一之間事為二常例一」と用いる。

色《しき》　品目、種類。⇒見色《げんじき》・色代《しきだい》

仕　儀《しぎ》　仕宜とも書く。事のなりゆき、ありさま、実情。「取合共仕儀候、不レ可レ有二私曲一候」と用いる。

食《じき》　労働に対して給付される食料。雇役《こえき》には功《こう》（手間賃）と食が与えられた。

直《じき》　価格、値段。⇒直銭《じきせん》・直米《じきまい》・直物《じきもつ》

時　宜《じぎ》　時議とも書く。①ときの権力者の意思、意向、判断。②そのときの状況や条件に対応する、時にかなった判

断、処理のしかた。③都合。④様子。⑤礼物のこと。

敷　居　しきいる　滞在する。「百姓のもとにしきゐ候て、いろいろのもの(物)を、せめ(責)とらん(取)かきり(限)わ」と用いる。

時宜快然　じぎかいぜん　①貴人のご機嫌うるわしいこと。②天候の良いこと。

敷　銀　しきがね　⇓敷銭《しきせん》

式乾門　しきけんもん　内裏外郭北面の西の門。掖門で、あまり用いられない。延長八年（九三〇）落雷によって死亡した大納言藤原清貫の遺骸はこの門から外へ運ばれた。

直　札　じきさつ　①親展の書状。②本人が直接書いた書面。発給者が直接に意思伝達をはかる書状であり、守護の軍勢催促状、安堵状、禁制などはこれである。

職　事　しきじ　①律令制において、諸司官人の執掌あるもの。執掌のないものは教官（散位）。②荘園の荘官の一種。職仕、職士とも書く。下司《げし》・公文《くもん》とあわせて三職《さんしき》と称されることもある。

〈文献〉渡辺澄夫『増補　畿内庄園の基礎構造』吉川弘文館。

式　日　しきじつ　「しきにち」とも。①特定の行事や職務に当てられた定まった日。②儀式のある日。③江戸幕府評定所での定式寄合。

職写田　しきしゃでん　令制において、京職は、計帳手実《しゅじつ》（申告書）を進上しない戸《こ》については旧帳を転写して計帳を作り、その戸の口分田を没収して賃租し、その地子を京職の用途に宛てた。この没収田を職写田という。平安時代には京職領化し、一一世紀の大和国栄山寺領や東大寺領摂津国水成瀬《みなせ》荘内に職写田が見える。

〈文献〉阿部猛『律令国家解体過程の研究』新生社。

直　書　じきしょ　①直筆《じきひつ》、自筆。②本人が直接書いて他に宛てた書状。守護・大名・領主らが発給した直状《じきじょう》を戦国時代には直書また判物《はんもつ》と呼んだ。⇓直状

直　叙　じきじょ　無位から三位・五位に叙されたり、五位に叙すべきところを直ちに四位に叙されることなどをいう。

直　状　じきじょう　鎌倉時代、守護以下の武士が出す文書のうち、侍臣（右筆《ゆうひつ》など）を介さず、直接下達するものをいった。普通の書状には年月日のうち年を記さないが、直状には年月日を記す。守護の軍勢催促状、安堵状、禁制などはこの様式である。⇓直書《じきしょ》

敷　銭　しきせん　「しきがね」とも。①金銭貸借期限後に返済される元金のこと。②荘園などで、代官が領主に提出する身元保証金。辞職のとき返還される。③敷《しき》銀《がね》と書き、妻の持参金のこと。

〈文献〉中田薫『法制史論集　三』岩波書店。三浦周行『法制史の研究』岩波書店。

直　銭　じきせん　直は値段の意。すなわち、代価の銭《ぜに》。

直　訴　じきそ　正式の手続きを経ないで最高権力者に直接訴えること。但し、古代には制度的に規定された直訴は存在しない。近世の直訴に当たるものは古代では越訴《おっそ》である。

直　奏　じきそう　所定の手続きを経ずに、太政官を経由せず、内侍等を介して天皇に直接申しあげること。

色　代　しきだい　色体とも書く。①深く頭を垂れて挨拶をすること。②お世辞を言うこと。③色代納のことで、例えば年貢を米で納めるべきところ銭にかえて納めること（色代銭）。色代納、代銭納という。

色代納　しきたいのう　⇓色代《しきだい》

式代解由　しきたいのげゆ　国司交替の際、いちおう不与《ふよ》解《げ》由状《ゆじょう》は与えられたが、遷《せん》

代《たい》国司の当任の間は未納・未進などがなかったとして与えられる解由状。⇒不与解由状

敷　手　しきて　高麗楽。壱越調《いちこつちょう》の曲。四人の舞。襲装束又は蛮絵装束。

直　稲　じきとう　売買の代価に宛てる稲、また、地子の意に用いる。

式内社　しきないしゃ　「延喜式」神名帳《じんみょうちょう》に登録されている神社。令制下、毎年二月の祈年祭に神祇官から供物の配布を受ける三一三二座のこと。案上の幣を頒たれる大社が三五三社（四九二座）、案下の幣を頒たれる小社が二五〇八社（二六四〇座）。一〇世紀半ばには実質を失い二十二社制度に移行した。⇒二十二社《にじゅうにしゃ》

直　納　じきのう　荘園において、荘民が、地頭を経由せず領主に直接年貢を納めること。

職の分化　しきのぶんか　生産力の向上に伴い、例えば名主職から加地子名主職が分化し、作職の下に下作職が設定されるなどしたこと。職は得分権であるから、理論的にはいくらでも（権利を）分割することが可能である。

職御曹司　しきのみそうじ　中宮職の曹司。陽明門を入った右手、左近衛府の西、外記庁の北にあった。中宮職の事務所であるが、后宮の御産所となり、除目《じもく》・叙位《じょい》その他の政務・儀式が行われることも多かった。

食　封　じきふ　古代の封禄制度。品位に与えられる品封《ほんぷう》、位階に応じて与えられる位封《いふう》、官職に与えられる職封《しきふう》、中宮湯《ちゅうぐうとう》沐《もく》（＝封戸）、功績のあった者に与えられた功封、別勅によってとくに賜わる別勅封などがある。食封に指定された戸を封《ふ》戸《こ》という。⇒位封・職封・中宮湯沐

職　封　しきふう　官職に応じて支給される食封。令制では、太政大臣三〇〇〇戸、左右大臣二〇〇〇戸、大納言八〇〇戸、のち中納言二〇〇戸、参議八〇戸、内臣一〇〇〇戸とした。

〈文献〉時野谷滋『律令封禄制度史の研究』吉川弘文館。

職分田　しきぶんでん　特定の官職在任者に支給された田地。太政大臣の四〇町歩から国の史生《ししょう》の六段歩まで差がある。京官職田は賃租、外官職田は事力《じりき》の労働力による直営が行われたらしい。無主職田は地子田とされ、地子は穀倉院に収納され、一一世紀頃には穀倉院領の一角を形成した。

〈文献〉阿部猛『律令国家解体過程の研究』新生社。

職分資人　しきぶんのしじん　令制で、官人個人の警衛、駆使のために、官職によって与えられる従者（舎人《とねり》）。太政大臣に三〇〇人、左右大臣に二〇〇人、大納言に一〇〇人、中納言に三〇人を給し、致仕したあとも定員の半分を給された。資人は調・庸・雑徭を免除された。

直　法　じきほう　値段、金額。⇒直《じき》

直　米　じきまい　代価に宛てる米。①奈良時代には、年間の地子《じし》の意に用いる。②売買のとき、買手が売手に渡す代価としての米。

重　播　しきまき　他人が種子《たね》を蒔いたあとに更に種子を蒔くこと。天《あま》つ罪《つみ》の一つとされる。

直　播　じきまき　⇒じかまき

樒　しきみ　梻とも書く。モクレン科の常緑小高木。各地の山林に生えるが、墓地などにも植えられる。葉から抹香《まっこう》や線香をつくり、材は数珠《じゅず》とする。

直　務　じきむ　荘園領主（本所・領家）が直接に荘園の所務を行うこと。一六世紀、前関白九条政基が家領和泉国日根荘《ひねのしょう》に下向して直接支配を行ったことはよく知ら

れている。
〈文献〉阿部猛・佐藤和彦編『人物でたどる日本荘園史』東京堂出版。

直務代官 じきむだいかん　荘園領主の直務支配のもとで、領主にかわって所務を行う代官。

式目 しきもく　式は法式、目は条目。法規を箇条書きしたもの。鎌倉時代、「式目の如くんば」とある場合「関東御成敗式目」を指すことが多い。

色目 しきもく　物や土地の形状や種類。また年貢・公事などの内訳《うちわけ》、また書きあげた目録のこと。

直物 じきもつ　直は値段のこと。売買の代価。銭で支払えば直銭《じきせん》、米ならば直《じき》米《まい》。

執行 しぎょう　「しゅぎょう」とも読む。寺社の貫主《かんじゅ》のもとで、実質的に寺務・社務をつかさどった職。⇒貫主

試業 しぎょう　古代、大学寮における学業試験のこと。大学寮では、一〇日に一度の休暇の前日に旬試《じゅんし》が、また毎年七月に年終試《ねんしゅうし》が行われた。

持経者 じきょうしゃ　つねに経を読誦《どくじゅ》している者で、一般には法華経を受持《じゅじ》・読誦する者。
〈文献〉高木豊『平安時代法華仏教史研究』平楽寺書店。

施行状 しぎょうじょう　「せぎょうじょう」とは読まない。上から出された命令を奉じて下に伝達する文書。御教書《みぎょうしょ》・下《げ》知状《ちじょう》・奉書《ほうしょ》・書下《かきくだし》などをさす。
〈文献〉佐藤進一『古文書学入門』法政大学出版局。

施行病 しぎょうのやまい　マラリアに似た発熱悪寒《おかん》を伴う病気。安元元年（一一七五）八月頃に京都付近で流行した。

使局 しきょく　勘解由使局。勘解由使は国司の交替を監査する機関で解由状の審査に当たったが、天慶八年（九四五）正月六日宣旨は、勘解由使に諸国受領功過の判定を命じている。これは、勘解由使機能の変化を決定づけたもので、交替監査機能から功過判定機能への変化を物語る。
〈文献〉阿部猛『北山抄注解 巻十吏途指南』東京堂出版。

私曲 しきょく　よこしまな行為。自己の利益のみ考えて不正を働くこと。「日葡辞書」は「本心をかくして、他人に対して働く不正」と解説している。

頻而 しきりに　たびたび、ひっきりなしにの意。「我等対談之義、頻而被二申越一」と用いる。再三、旋時、荐の字もあてる。

食料 じきりょう　荘園領主・地頭・荘官らの佃《つくだ》の耕作に従事する農民に与える食糧。農料ともいう。種子・農料を合わせて営料と称する。

尻切 しきれ　尻切草履《ぞうり》の略。爪先は幅広く、踵《かかと》の部分が狭い。貴人用は表面に錦や平絹を張る。

直廬 じきろ　「ちょくろ」とも。皇親・摂政・関白・大臣・大納言らが宮廷に与えられた個室。摂政の場合は、ここで政務を行うことがあった。所在は、職御《しきのみ》曹《ぞう》司《し》とか宜《ぎ》陽殿《ようでん》東廂《ひさし》、桂芳坊《けいほうぼう》、淑《し》景舎《げいしゃ》など、さまざまである。⇒職御曹司・宜陽殿・桂芳坊・淑景舎

食籠 じきろう　食物を入れる容器。円形のものが多い。何段か重ねる形のものもある。唐金《からかね》、また堆朱《ついしゅ》で作る。座敷の棚の装飾にも用いる。

試経 しきん　僧が得度するとき、経典の読誦および内容の理解について行う試験のこと。

地口銭 じぐちせん　京都・奈良の家屋・土地に課された税銭。道路に面する間口《まぐち》の

幅《はば》に応じて賦課された。単に地口ともいう。

〈文献〉馬田綾子「洛中の土地支配と地口銭」(『史林』六〇—四)。

霎　しぐれ　霎も同じ。もとは小雨、霖雨の意。時雨《しぐれ》のこと。

使君　しくん　国司の唐名。もと、古代中国で州郡の長官のこと。

時化　しけ　①海が荒れること。②暴風雨で漁獲の少ないこと、収入が少なく不景気であること。

地毛　じげ　中世、領主が作人から徴収した領田加地子や畠地子のこと。〈文献〉鈴木哲雄『中世日本の開発と百姓』岩田書院。

地下　じげ　①清涼殿の殿上の間に昇殿を許されない人。②その家格。③荘園の本所・領家に対して、在地・田舎のこと、または住人。⇒地下人《じげにん》

斯頃　しけい　⇒有頃《しばらくありて》

淑景舎　しげいしゃ　もとは「しゅくけいしゃ」と読んだか。後宮五舎のひとつ、内裏の北東部にある。南北二舎に分れ、南舎は五間四面、北舎は五間二面。庭に桐があったので桐壺と呼ばれた。『源氏物語』に、光源氏の母更衣の曹司となったと見え、摂政藤原伊尹、藤原兼家がここで除目を行ったことがある。

地下請　じげうけ　荘園年貢請負制度の一つ。荘園在地の名主・百姓らが共同で年貢を請負うこと。百姓請ともいう。仁治元年(一二四〇)の東大寺領大和国窪《くぼの》荘《しょう》の場合を初見とする。

地下掟　じげおきて　⇒惣掟《そうおきて》・村掟《むらおきて》

地下故実　じげこじつ　在地の民衆の間に伝えられた慣習、また先例。

地下代官　じげだいかん　中世、荘園において、在地の名主・百姓から任用された代官(沙汰人)。

指月　しげつ　指は教、月は法で、法の示すところによればの意か。なお、指日といえば、日を限って、日時を決めて、近日の意である。⇒指日《しじつ》

重籐　しげとう　滋籐とも書く。弓の幹を黒漆塗として、その上に籐を巻いたもの。補強とともに装飾を兼ねた工夫である。更に上に漆を塗ったものを重籐塗籠《しげとうぬりごめ》といった。

地下人　じげにん　単に地下ともいう。①内裏の清涼殿の殿上の間に昇ることを許されない者。②同上の家格。③位階や官職を持たない庶民、民衆。とくに荘園における名主・百姓等。

地下大夫　じげのたいふ　大夫は五位の通称。通常は、五位は清涼殿に昇殿をゆるされるが、地下家格の者は五位でも昇殿できなかった。

地下を払う　じげをはらう　住民を在所から追放する。

自検断　じけんだん　国人一揆、惣村などの集団が、内部のメンバーに対して刑事裁判権・警察権を行使すること。〈文献〉勝俣鎮夫『戦国法成立史論』東京大学出版会。

矢壺　しこ　狩箙《かりえびら》の一種で、ふじの蔓《つる》や竹で編んだ狩猟・軍陣用の矢の容器。矢籠・尻籠とも書く。

耳語　じご　耳うち、ひそひそ話、私語。「在レ陣之間、右府耳二語春宮大夫一、有二驚奇気色一」などと用いる。

祗レ候　しこう　①つつしんで、おそばに仕える。②つつしんでご機嫌をうかがう。③つつしんで参上する。類似の語に伺候があり、ほぼ同意である。

諡号　しごう　貴人・僧侶の死後におくる名、おくり名ともいう。最澄の伝教大師などがそれである。天皇の場合は漢風諡号と国風諡号がある。聖武《しょうむ》天皇の聖武

は漢風諡号で、天璽国押開豊桜彦《あめしるしくにおしはらきとよさくらひこ》は国風諡号である。

時刻 じこく　客観的な時法によって示される特定の一時点をとき（時）という。大別すると、定時法と不定時法があり、江戸時代は不定時法によった。定時法では、一昼夜を一二辰刻《しんこく》に分け、それを十二支に配してあらわす。真夜中が子《ね》の刻《こく》で、午《うま》の刻が真昼である。いま風にいえば、二時間単位で刻むのである。また、真夜中から、夜半・鶏鳴・平旦……と二時間単位で名づけ、更に夜を初夜から中夜・後夜《ごや》に分け、初更から五更まで五区分する。

時刻・方角図

自今以後 じこんいご　今後、いまよりのち。

自墾地系荘園 じこんちけいしょうえん　土地を占有した者が自らの財力を投入して開墾し経営する荘園。八世紀以来の古典荘園。墾田地系荘園の一類型として西岡虎之助が用い始めた用語。
〈文献〉西岡虎之助『荘園史の研究　上』岩波書店。

私墾田 しこんでん　国司墾田以外の一般の墾田。狭義には、寺社墾田や勅旨田など公権力による墾田を除いた、個人の力で開いた墾田を指す。

子細 しさい　①細かなこと、詳しいこと。②事情、理由。③面倒なこと。「子細に及ばず」といえば、かれこれ事情を述べたてる必要はないの意。

持斎 じさい　仏門に入った者が午後に食事をしない非時食戒を保つこと。在家の場合は六斎日《ろくさいにち》にこれを守る。また、精進潔斎すること。⇒六斎日

事在実者 じざいじつしゃ　⇒ことじちにあらば

資財帳 しざいちょう　伽藍縁起并流記資財帳《がらんえんぎならびにるきしざいちょう》の略。寺院創立の由緒と、建物・財産を書きあげた目録。

地作一円 じさくいちえん　ある所領の地主職と作主職をあわせ持つこと。地主職は、荘園領主または給人（僧侶など）の所持する上級の所職で、給主職。作主職は作人から一定の得分を取得する所職。
〈文献〉村田修三「中世大和の地主と百姓」（『奈良女子大学文学部研究年報』一五）。

地侍 じざむらい　中世の在郷、在村の土着の侍（武士）、地下侍。在村の小領主で、用水管理、高利貸付などによって加地子名主職を集積し、郷村の実質的支配者であった。土一揆の指導者、惣村の中核であったが、戦国大名領の発展に伴い、その家臣団に組み込まれるか、或いは在村農民となるか、没落するか、いずれかの道をたどった。
〈文献〉勝俣鎮夫『戦国法成立史論』東京大学出版会。

しさる　「しざる」とも。退く、あとずさりする、辞退するの意。

刺史 しし　国司の唐名。もと、中国の隋・唐の州の長官のこと。

師資 しし　①師匠、先生。②師匠と弟子。「右件田地者、祐弁之師資相伝之私領也」と用いる。

猪（鹿） しし　ししは本来は肉・宍のこと。食用とする鹿や猪のことを指す。

四至 しし ⇒しいし

榻 しじ ①牛車《ぎっしゃ》の轅《ながえ》の軛《くびき》の台。牛車への乗降の踏み台に用いる。②腰かけ。③寝台。④きめが粗《あら》く厚い布。

地子 じし ①令制下、公田の賃貸料。収穫の二〇パーセント。②荘園において、名田以外の領主直属地からの収納物。③市街地、宅地に課される地税。〈文献〉村井康彦『古代国家解体過程の研究』岩波書店。

侍史 じし ①貴人のそばに従う書記、右筆《ゆうひつ》。②あいてに敬意を表して、手紙の脇付に記す。

而已 じし ⇒のみ

爾々 じじ ⇒確確《しかじか》

紫宸殿 ししいでん 「ししんでん」とも。内裏の中心的な建物。南殿《なでん》、前殿、正殿、正寝、寝殿、御在所ともいう。紫宸殿の称は弘仁九年（八一九）に定められたか。母屋は正面九間、側面三間で、四面に廂《ひさし》を付する。入母屋造《いりもややづくり》、檜皮葺《ひわだぶき》。

ししおい 中世、作物に害を加える猪《しし》を逐《お》うこと。耕地付近に小屋をつくり常住して猪を逐った。その費用はふつう年貢から差引かれた。

鹿垣 ししがき 猪垣とも書く。猪、鹿などが田畠に入らぬようにめぐらした垣。

鹿狩 ししがり 猪狩とも。山野で猪や鹿を狩り取ること。

四職 ししき ①令制で、左京職・右京職・大膳職・修理職の四官司をいう。②室町幕府の侍所《さむらいどころ》の長官所司《しょし》に任ぜられ

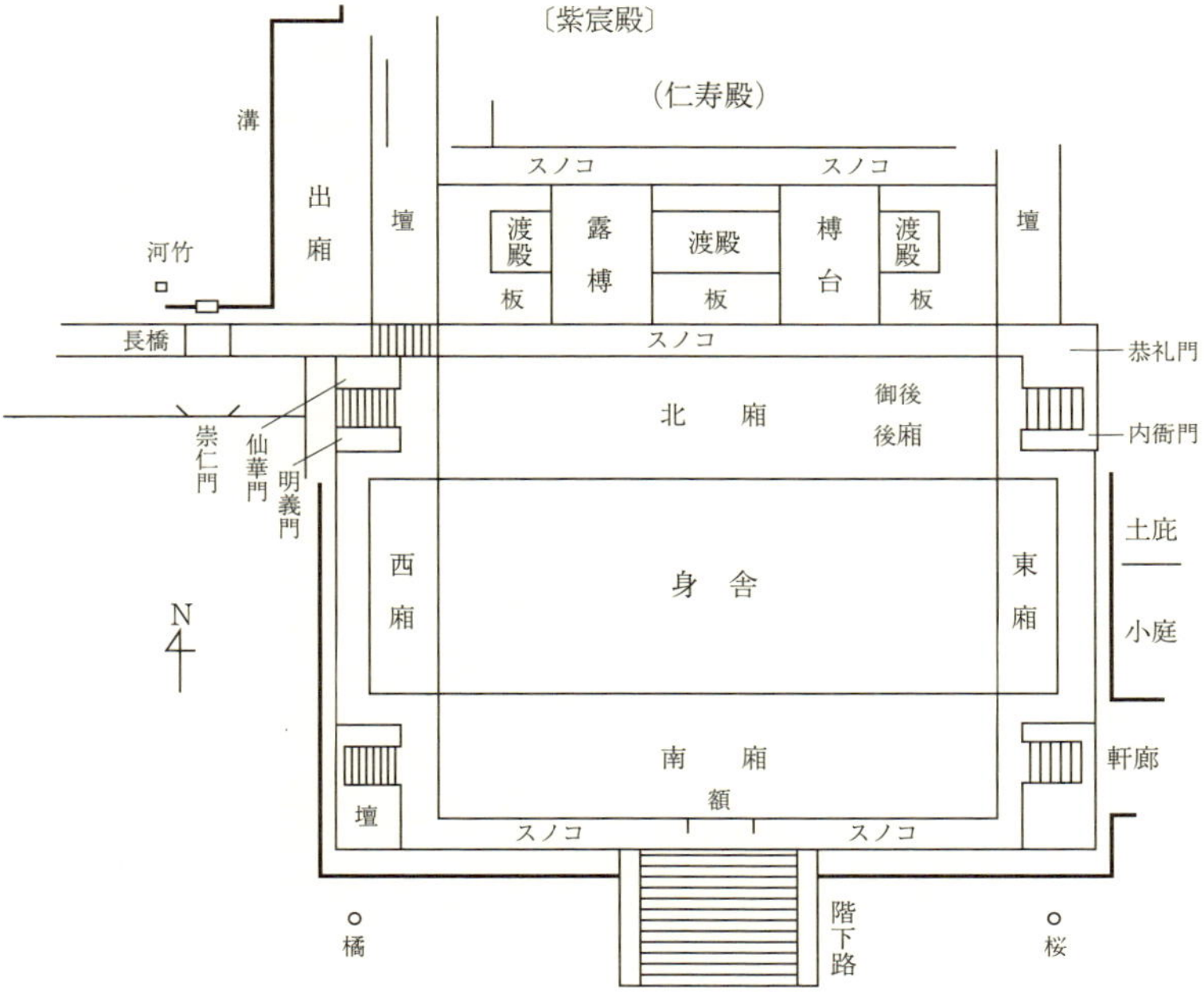

る四家。山名家、一色《いっしき》家、京極《きょうごく》家、赤松家。

地子交易 じしこうえき　令制下、国司が、公田地子を代価に宛てて絹・布・綿その他雑物を易《か》い太政官に送る方式。

四時祭 しじさい　古代律令制下の年中恒例の祭祀。四時は四季。神祇官が行う祭と大祓で、新嘗祭・鎮魂祭（天皇親祭を伴う）・新年祭・月次祭（班幣儀礼）・鎮火祭・道饗祭（宮城鎮守の祭）・神嘗祭・大忌祭・風祭（神社の祭）・春日祭・大原野祭（氏神祭）などがある。

次侍従 じじじゅう　節会その他の祭儀・法会の際に、侍従を補助するものとして任じられた職。四位・五位の中から任ぜられ、定員は九二人。

地子銭 じしせん　銭納された地子。⇒地子《じし》

指　日 しじつ　日を限って、日時を決めて、近日。⇒指月《しげつ》

事実書 じじつがき　文書の本文部分の記述をいう。本文要旨を記した部分が事書《ことがき》である。

事実者 じじつしゃ　⇒ことじつならば

地子田 じしでん　⇒地子《じし》

四至牓示 ししぼうじ　荘園・公領の境域を明らかにするために、その土地の四隅《よすみ》に設置した標識。牓示には石・杭《くい》などを用いたが、塚を築くこともあった。四隅以外に置いた牓示は脇牓示ともいう。
〈文献〉荘園史研究会編『荘園絵図の基礎的研究』東京堂出版。谷岡武雄『聖徳太子の榜示石』学生社。

地子物 じしもつ　地子として納入された物。米ならば地子米、銭ならば地子銭。

侍　者 じしゃ　上皇・親王、寺院の長老の側近に仕える役。平安前期から見え、中期には「御許人《おもとひと》」とも見える。

寺社一円地 じしゃいちえんち　寺社領で、牓示《ぼうじ》内に他領荘田や公領田地が混在せず円田化されている所領。鎌倉幕府法では地頭御家人のいない地を本所領家一円地といい、守護使不入が認められていた。
〈文献〉佐藤進一『鎌倉幕府訴訟制度の研究』岩波書店。

寺社興行法 じしゃこうぎょうほう　神領《じんりょう》興行法とか仏神領興行法ともいう。神主・寺僧による別相伝《べっそうでん》によって私領化されたり、売却によって寺社の手を離れた所領を再び寺社に返却させる。一種の徳政令。鎌倉後期に発令され、永仁・弘安度の興行法は著名である。
〈文献〉海津一朗『中世の変革と徳政』吉川弘文館。

寺社奉行 じしゃぶぎょう　鎌倉幕府・室町幕府に置かれた寺院・神社関係の諸事を扱う奉行。また特定の大寺、延暦寺には山門奉行、東大寺・興福寺には南都奉行などを任じた。

寺社法 じしゃほう　①寺社の法会一般に関する規式。②個別の寺院・神社内の法規。

寺社本所領 じしゃほんじょりょう　寺社領と公家領の荘園、荘務権を持つ荘園領主の荘園。鎌倉時代、武家領が成立すると、国衙領をも含めて寺社本所領といった。南北朝内乱期以降は武家領・国衙領以外の荘園を指していう。
〈文献〉永原慶二『日本中世社会構造の研究』岩波書店。

時　羞 じしゅう　その時節々々の供え物。羞は、進め供えるおいしい食物のこと。

時　宗 じしゅう　浄土教の一宗派で遊行《ゆぎょう》宗《しゅう》ともいう。念仏聖《ひじり》一遍《いっぺん》を宗祖とする。平生を臨命終時と心得て念仏することにより往生すると説く。南北朝期に発展したが、やがて浄土真宗にとってかわられた。

侍　従 じじゅう　天皇の側近に侍ることをいうが、律令制では中務省の官人で定

員八名（のち二〇名）。天皇に近侍し護衛し用をつとめる。儀式・行事などで人手を要するときは次《じ》侍従《じじゅう》を任命する。⇓次侍従

侍従厨 じじゅうくりや　侍従所で行われる宴会の準備を行う厨家。美福門の東掖にあった。別当・預・権預などの職員を置いた。

侍従献替 じじゅうけんたい　天皇の傍らにあって是非を献言することで、中務卿の職掌の一つ。

仁寿殿 じじゅうでん　「じんじゅでん」が古い訓である。紫宸殿の北に連なる殿舎。もと九間四面の規模で、南庭には桜樹が、東北庭には梅樹があった。その位置関係から、北殿また後殿とも呼ばれた。平安初期までは天皇の常の御殿であったが、のち清涼殿が御在所となると東殿と呼ばれるようになった。しかし、内宴・相撲御覧・馬御覧や修法・御読経・観音供ほか諸仏事がここで行われた。諸行事が多いのは、仁寿殿がもと常の御殿であったからである。

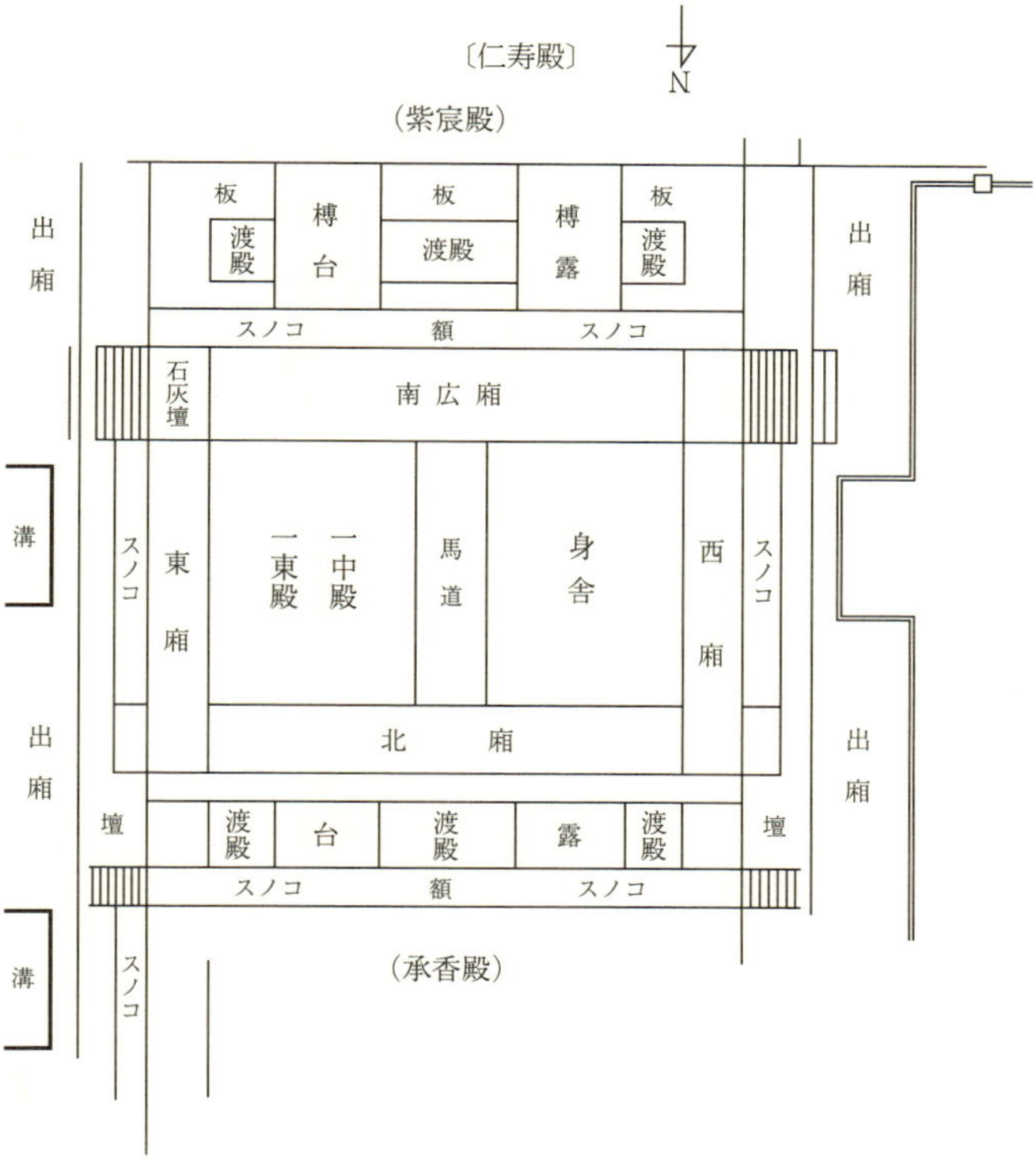

侍従所 じじゅうどころ　侍従の控え室。外記庁の南にあり南所《なんしょ》と称した。監・預・膳部の職員がいた。公卿以下の宴会がしばしあり、学問の講堂にも使われた。日本紀竟宴や外記政後の宴会もここで行われた。

地主神 じしゅのかみ　「じぬしがみ」「とこぬしのかみ」とも。その土地に土着し土地を領有する神。外来の集団がその土地に入り込み土着するときは、多くの場合、外来勢力は地主神を氏神または守護神としてまつる。比叡山の日吉《ひえ》神社、高野山の天野社は有名である。

四書 ししょ　儒家の基本的聖典で「大学」「論語」「孟子」「中庸」をいう。五

経とともに最も尊重されたが、朱子学の盛行に伴い、五経中心から四書中心に移る。

四所 ししょ　内豎所《ないじゅしょ》・校書殿《きょうしょでん》・大《おお》舎人寮《とねりりょう》・進物所《しんもつしょ》の四所をいう。⇒四所籍《ししょせき》

市署 ししょ　東西市正の異称。

自署 じしょ　公式様文書で責任者が自分の名を署すること。文書には、書記官人が本文と文末の担当官人の位官氏名を書くが、担当者が責任を明らかにするために実名を自筆で書く。本来は楷書で書くものであったが、草名・花押も多くなる。

支証 ししょう　事実認定の裏付けとなる明白な証拠のこと。とくに相論のときに示す証拠をいう。

史生 ししょう　「しじょう」とも読む。律令官制で、太政官や諸官司に置かれた下級書記官。文書の書写・修理、雑用に従った。四等官には入らない。史生は繁忙の官であって待遇も良くなかったので欠員も多かった。勤務成績により諸国の目《さかん》に任ぜられ、また内官の主典《さかん》に進むことがあった。

支状 しじょう　初陳状のこと。中世、訴訟裁判で、訴状に対して最初に提出する陳状。

次将 じしょう　「ししょう」とも読む。①奈良時代、中衛府の員外の少将のこと。②平安時代、近衛中将・少将の異称。

時正 じしょう　①一日の昼と夜の長さが同じであること、したがって春分、秋分の日。②春・秋の彼岸の七日間のこと。中世の字書、記録に所見。

事状 じじょう　「ことのさま」と読む。事のさま、様子。「注《しる》㆓事状㆒」などと用いる。

四証図 ししょうず　古代に、田地校勘の基準とされた四種の班田図。天平十四年（七四二）、天平勝宝七年（七五五）、宝亀四年（七七三）、延暦五年（七八六）の図。民部省に保管され、九～一〇世紀の寺田・荘園の田地校勘にも証験として引用されている。
〈文献〉竹内理三編『土地制度史　Ⅰ』山川出版社。

死生同心 ししょうどうしん　生死同心とも。借用証文などに連帯債務の意味で記載される。共同債務者のうち誰かが逃亡もしくは死亡した場合、残りの債務者が共同債務の全額を弁済する責任を有した。
〈文献〉中田薫『法制史論集　三』岩波書店。

治承の辻風 じしょうのつじかぜ　治承四年（一一八〇）四月二十九日に京を襲った旋風のこと。強風と雷鳴・降雹で、多くの人家が損壊し樹木が倒れた。『方丈記』は「地獄の業風」と評した。この年は、福原遷都・源頼朝の挙兵・同義仲の挙兵などがあいつぎ、政治的不安が人々に緊張を強い、天変として強く意識されたのである。

四所籍 ししょせき　春の除目の次第の一つ。四所（内豎所《ないじゅしょ》・校書殿《きょうしょでん》・大舎人寮《おおとねりりょう》・進物所《しんもつしょ》）の下級職員を名簿（籍）に登載し、このうちから数人を諸国の掾《じょう》・目《さかん》などに巡任する。余り恵まれない諸司の史生（書記官）を優恤《ゆうじゅつ》する趣旨から行われたが、平安中期以降は儀礼化し実質を失っていった。

資人 しじん　「とねり」とも。律令制下、五位以上の有位者と中納言以上の公卿に与えられ、護衛や雑事に使われた。課役を免除されたので、それを目的として資人となることを望む者も多かった。

時人 じじん　当時の人びと、同時代の人びと。

四神旗 しじんき　青龍・白虎・朱雀・玄武の四神を描いた四本の旗。元日朝賀・

即位などの儀式に大極殿前庭（のちに紫宸殿）に立てられた儀仗旗。

私出挙　しすいこ　⇒出挙《すいこ》

鎮　しずまる　①さわぎが落着く。②勢力が衰える。③寝ること（御所詞《ことば》）。

時世　じせい　時代、その時代々々の世のありさま。「時世に可レ随事之由、及二度々一被レ仰」と用いる。

咫尺　しせき　咫は中国古代の周尺で八寸（約一八センチメートル）、尺は一尺（約二二・五センチメートル）。距離の短いことをいう。「咫尺する」といえば貴人に近づくこと、拝謁すること。

市籍　しせき　平安京の市人《いちびと》の籍帳《せきちょう》のこと。毎年造進される。市籍に名をのせられた市人は市籍人と呼ばれ、地子を免除された。

使節遵行　しせつじゅんぎょう　下地《したじ》遵行ともいう。所務相論や下地押領の排除について室町幕府から命令を受けた守護が、守護代に下達して現地に守護使・遵行使を派遣して実行させること。守護使は、裁許を得た相論の当事者に打渡（引渡）状を交付する。なお、このさい幕府の遵行命令を伝達する守護・守護代の伝達命令書を導行状という。

〈文献〉佐藤進一『室町幕府守護制度の研究上』東京大学出版会。

使節難渋　しせつなんじゅう　守護等が使節としての義務を速かに履行せず遅怠すること。

地銭　じぜに　中世の私鋳銭のこと。

子銭　しせん　本銭（元本）に対して利子《りし》のことをいう。「百文別に六文宛の子銭を副へ申し候うて、本子共に未進なく明年中に沙汰可レ申候」と用いる。⇒息利《そくり》

紙銭　しせん　①紙を銭の形に切ったもの。神をまつるときに用いる。②紙幣のこと。

紙線　しせん　①暦のこと。②こより。

自然　しぜん　①偶然。②異常の事態、予期せぬこと。③もしも、万が一。「じねん」と読めばおのずからの意で、「しぜん」とは異なる。

自然　しぜん　⇒じねん

自専　じせん　①自分の一存《いちぞん》で事柄を勝手に処分すること。②所領・所職を譲与・売却または補任・改易すること。

自然以降　しぜんいこう　⇒しかりしよりこのかた

自然灌漑　しぜんかんがい　水路・堤防・溜《ため》池《いけ》などの人工施設によらず、自然の湧水・流水によって田畠に灌漑の行われること。初期の稲作は、自然灌漑による低湿地水田で行われたであろう。

〈文献〉古島敏雄『土地に刻まれた歴史』岩波新書。

指宣旨　しせんじ　平安時代、一分《いちぶ》召《めし》の除《じ》目《もく》で、諸国の史生《ししょう》を任命するとき用いた宣旨。任官を求める者が、欠員のある国名一、二をあげて申請するが、その申文の国名の部分に傍点をつけて任国を示し、その文書を任命の宣旨とした。⇒史生

二千石　じせんせき　地方長官のこと。中国漢代の郡の太守の禄が二千石だったことによる。

緇素　しそ　緇は黒衣で僧侶の衣、素は白衣で俗人の衣。あわせて僧侶と俗人。

自訴　じそ　自ら訴える、直《じか》に訴える。

祗承　しぞう　勅使が地方に赴くとき、途中の宿舎、接待等の雑事を行う国の役人のこと。

地蔵　じぞう　釈迦入滅後、弥勒仏出現に至るまでの無仏の時代に衆生済度を行う地蔵菩薩《ぼさつ》。地蔵に対する信仰は八世紀から始まり、現世利益的な信仰が中心であった。平安末期以降、いっそう信仰が広まり、中世以降、観音とともに最も親

しみやすい尊格となった。
〈文献〉速水侑『地蔵信仰』塙書房。

寺僧領 じそうりょう　一一世紀以後、畿内荘園に見られる東大寺・興福寺の寺僧の私領。一般の百姓名同様に、所当・公事を負担し、名《みょう》に編成された。
〈文献〉稲垣泰彦『日本中世社会史論』東京大学出版会。

脂燭 しそく　紙燭とも書く。松の木を細く割って、先の方に油を滲《し》み込ませ、火がつきやすいようにしてある。紙で包むことから紙燭と書いた。簡単な照明用とした。

次第月充 しだいのつきあて　順序立てて配列された月単位の割当表のこと。鎌倉時代、御家人に課された内裏大番などは、国単位に召集され上京服務した。統率者である守護は、何月は誰、何月は誰というように割当てたのであろうという。

下襲 したがさね　束帯などの袍《うえのきぬ》の下に重ねる内衣。平安時代になると後ろ身《うし》ごろの裾が長くなり、ひきずるようになった。院政期には大臣七尺、納言六尺にも達し、簀子《すのこ》に座るときは裾を勾欄に掛けた。

下衣 したぎぬ　「したがさね」とも。内衣のうち、肌《はだ》に最も近く着る下着。

支度 したく　①見積りをする。②計算する。③予定する。④準備する。「したく違《たが》う」といえば、あてが外れる、目算が狂うの意。

韉 したぐら　下鞍。鞍橋《くらぼね》と馬膚の間に挟む。鞍橋ずれを防ぐもの。筵《むしろ》を芯として皮・布で包んだもの。

下作人 したさくにん　⇒作人《さくにん》

下地 したじ　年貢・公事収取の対象となる土地そのものを指す語。用例は一二世紀から。
〈文献〉安田元久『地頭及び地頭領主制の研究』山川出版社。

下地遵行 したじじゅんぎょう　⇒使節遵行《しせつじゅんぎょう》

下地進止権 したじしんじけん　下地進退権とも。土地の支配、処分権。具体的には勧農権《かんのうけん》を内容とする。
〈文献〉安田元久『地頭及び地頭領主制の研究』山川出版社。

下地相分帳 したじそうぶんちょう　下地中分を行うとき作成した帳簿、下地中分帳。

下地中分 したじちゅうぶん　荘園における領主（領家）と地頭の間の相論を解決するひとつの方策として下地（土地）の分割を行うこと。中分の申請は領家方あるいは地頭方から出される。中分のしかたには、土地を領域として分割するものと、坪単位に分割するもの（坪分《つぼわけ》中分）、所務（年貢）を中分するものなど、さまざまであった。
〈文献〉安田元久『地頭及び地頭領主制の研究』山川出版社。

下簾 したすだれ　牛車《ぎっしゃ》の前後の簾の内側にかける絹布。女房車や納言以上の牛車に用いた。

地戦 じたたかい　自分の領地の中での戦い。

認 したためる　①処置する。②食事を摂《と》る。③書き記す。

下附 したづけ　書状で、署名の下につける、上、謹上、再拝、九拝、奉などの語。

下積 したづみ　①下積荷物、船の安定をよくするために積む荷物。②船に積んだ兵糧米のこと。

下袴 したばかま　束帯の表袴《うえのはかま》の下にはく袴、指貫の下にはく肌袴。地は綾、平絹。

下腹巻 したはらまき　直垂・狩衣・水干などの下に着用した腹巻。臨時の防禦具。

下樋 したび　水を引くために地中に設けた樋《とい》、埋《うず》み樋《ひ》。

下奉行 したぶぎょう　織田氏の職名。普請奉行を補任した。

設楽神 しだらがみ　平安時代、疫病流行のとき、九州から上洛し民衆から熱狂的な信仰を得た御霊神《ごりょうしん》。八幡神系またはその眷属《けんぞく》の神という。小さい闇笠《いがさ》をかぶり、小闇笠神《こいがさかみ》と称された。

舌を鳴らす したをならす　舌を打つも同じ。①あい手の言動に感嘆・賛美の気持をあらわす動作。②軽蔑や不満の気持をあらわす動作。

私段銭 したんせん　朝廷や幕府によって賦課される公の段銭に対して、守護やところの領主が賦課する段銭をいう。

質 しち　契約の保証物件、売買や貸借などの取引における担保・抵当。

〈文献〉小早川欣吾『日本担保法史序説』法政大学出版局。

七ヶ霊場 しちかれいじょう　七瀬祓の行われる平安京及びその周辺の七つの霊場。河合（賀茂川と高野川の合流点）・耳敏川《みみとがわ》（二条朱雀）・東鳴瀧（北白川）・西鳴瀧（現、右京区鳴瀧）・松崎（高野川西、深泥《みどろ》ヶ池南東）・石蔭（紙屋川上流）・大井川（大堰川）の七か所をいう。

七観音 しちかんのん　平安京及びその周辺にある七か所の観音霊場。革堂《こうどう》（行願寺）・河崎観音堂（感応寺）・吉田寺・清水寺・六波羅蜜寺・六角堂（頂法寺）・蓮華王院の七か所。

糸竹 しちく　琴・琵琶などの弦楽器と笙・笛などの管楽器の総称。「有㆓糸竹之興㆒」などという。

質券 しちけん　物や土地に質権を設定して金銭・米などを借りる場合、債務者が債権者に渡す証文。質券は借用状の一種で、様式は借用状と同様である。借物が返済されないときは流質となり、担保物件は債権者のものとなる。その際、流《ながし》文《ぶみ》を書き債権者に渡す。

〈文献〉佐藤進一『古文書学入門』法政大学出版局。

七五三の膳 しちごさんのぜん　七・五・三の奇数をめでたい陽の数とし、それにちなんで本膳七菜、二の膳五菜、三の膳三菜を出す豪華な献立《こんだて》のこと。

七七日 しちしちにち　人の死亡の日から四九日め、その法要。

七大寺 しちだいじ　奈良にある七つの大寺。東大寺・興福寺・西大寺《さいだいじ》・元興寺《がんごうじ》・大安《だいあん》寺《じ》・薬師《やくし》寺《じ》・法隆寺。

七道 しちどう　東海・東山・北陸・山陰・山陽・南海・西海道の総称。都から各国府に至る道路で、七道が揃うのは大宝三年（七〇三）以後である。山陽道と西海道の一部が大路、東海・東山道が中路、他は小路であった。

七道者 しちどうもの　中世の被差別民的な芸能者。猿楽・あるき白拍子・あるきみこ・鉦叩《かねたたき》・鉢叩《はちたたき》・あるき横行《おうこう》・猿飼《さるかい》をいう。中世の奈良では声聞師《しょうもじ》座の支配下にあった。

七半 しちはん　采（さいころ）を筒に入れて振り出し、その目の数で争う賭博《とばく》の一種。平安時代に流行し、鎌倉中期からは四《し》一半《いちはん》が盛んになった。

七福神 しちふくじん　福の神とされる七福神。大黒天《だいこくてん》・弁才天《べんざいてん》・毘沙門天《びしゃもんてん》・寿老人《じゅろうじん》・福禄寿《ふくろくじゅ》・布袋《ほてい》・恵比須《えびす》。七福神信仰は室町時代から江戸時代にかけて成立した。

〈文献〉宮本袈裟雄編『福神信仰』雄山閣出版。

七弁 しちべん　太政官の弁官。左右大弁・左右中弁・左右少弁の計六人と、中弁又は少弁の権官《ごんかん》一人。

七湊 しちみなと　「廻船式目」によると、越前三国《みくに》、能登輪島《わじま》、越後今町《いままち》、津軽十《と》三《さ》、出羽秋田、加賀本吉、越中岩瀬の日本海岸の主要な湊の総称。

質　物　しちもつ　①質に入れる物。②単に、品物、物品をいう。

七　夜　しちや　産養の祝いの一つ、出産後七日めの祝い。親戚・知人から衣服・調度・食物などが祝いの品として贈られる。三夜、五夜、七夜と儀式が行われ、七夜は最も盛大に行われた。

侍　中　じちゅう　蔵人《くろうど》の唐名。もと、中国古代に、皇帝の側近に侍する役。

始中終　しちゅうじゅう　始めから終わりまで、全体、一部《いちぶ》始終《しじゅう》。

私鋳銭　しちゅうせん　民間で鋳造した貨幣。中世には、皇朝十二銭や中国からの輸入銭（渡唐銭）とならんで流通した。〈文献〉小葉田淳『改訂増補 日本貨幣流通史』刀江書院。

七縦八横　しちじゅうはちおう　混乱して、ちりじりになること、軍勢がさんざんに敗れること。

寺中利銭の計略　じちゅうりせんのけいりゃく　寺の財産を以て祠堂銭などと称して高利貸を営むこと。

飼　丁　しちょう　左右馬寮で馬の飼育に当たった者。一～三疋に一人の割合で丁（馬丁）がつけられた。飼料をとる穫丁と合わせて飼丁と称する。

廝　丁　しちょう　仕丁のうち立丁の食事の世話などをした者。天平十七年（七四五）に停止され翌年復活したが、平安初期には実質を失い、立丁と区別しがたかった。

使　庁　しちょう　検非違使庁の略。

仕　丁　じちょう　①令制下、成年男子に課された労役。五〇戸から二人、京にのぼって労役に服した。②封戸に課された力役。③令制下、地方官に与えられた事《じ》力《りき》のこと。事力は大宰府官人及び国司に与えられ雑役に従ったもので課役を免除された。一〇世紀に廃絶した。④平安時代以降、貴族の家で雑役に従った人夫。〈文献〉彌永貞三『日本古代社会経済史研究』岩波書店。

地　帳　じちょう　⇒検注取帳《けんちゅうとりちょう》

司　直　しちょく　大判事の異称。

七里半街道　しちりはんかいどう　越前国敦《つる》賀《が》から道ノ口―疋田―追分から近江国海津に至る街道。その道乗りが七里半あった。古代以来の主要道であった。

桎　しっ　⇒あしかし

日　じっ　⇒け

執　蓋　しっかい　祭礼・法会《ほうえ》のとき、衣《きぬ》笠《がさ》・菅蓋《かんがい》をさしかけ、笠の長柄を捧持して供奉《くぶ》する役目。

膝下荘園　しっかしょうえん　荘園領主の支配が直ちに及ぶ近距離に位置する荘園、お膝もとの荘園。中世後期、荘園の崩壊が続く中で、やはり最後まで領主の支配下に残った。〈文献〉上島有『京郊庄園村落の研究』塙書房。

十　干　じっかん　甲《こう》・乙《おつ》・丙《へい》・丁《てい》・戊《ぼ》・己《き》・庚《こう》・辛《しん》・壬《じん》・癸の総称。中国古代に始まり、一〇日ごとに循環する日を示したが、周代から十二支と組み合わされて年と日を表示するようになった。漢代になると、陰陽五行説と結合して、木（甲《きのえ》・乙《きのと》）・火（丙《ひのえ》・丁《ひのと》）・土（戊《つちのえ》・己《つちのと》）・金（庚《かのえ》・辛《かのと》）・水（壬《みずのえ》・癸《みずのと》）となる。

尻　付　しづけ　「しつけ」「しどころ」ともいう。任官・叙位者の名簿で、人名のあとに細字で書かれた前官位・年給・功労・履歴などの注をいう。とくに大間書《おおまがき》に書き入れた注記。

仕　付　しつける　娘を嫁《よめ》にやること。

執　権　しっけん　①権勢を振うこと。②院庁の別当。③記録所の勾当《こうとう》。④鎌倉幕府の政所の長官。⑤室町幕府の管領の別称。

干支順位表

① 甲子《きのえね》 コウシ (カッシ)	② 乙丑《きのとうし》 イッチユウ	③ 丙寅《ひのえとら》 ヘイイン	④ 丁卯《ひのとう》 テイボウ	⑤ 戊辰《つちのえたつ》 ボシン	⑥ 己巳《つちのとみ》 キシ	⑦ 庚午《かのえうま》 コウゴ	⑧ 辛未《かのとひつじ》 シンビ	⑨ 壬申《みずのえさる》 ジンシン	⑩ 癸酉《みずのととり》 キユウ
⑪ 甲戌《きのえいぬ》 コウジユツ	⑫ 乙亥《きのとい》 イツガイ	⑬ 丙子《ひのえね》 ヘイシ	⑭ 丁丑《ひのとうし》 テイチユウ	⑮ 戊寅《つちのえとら》 ボイン	⑯ 己卯《つちのとう》 キボウ	⑰ 庚辰《かのえたつ》 コウシン	⑱ 辛巳《かのとみ》 シンシ	⑲ 壬午《みずのえうま》 ジンゴ	⑳ 癸未《みずのとひつじ》 キビ
㉑ 甲申《きのえさる》 コウシン	㉒ 乙酉《きのととり》 イツユウ	㉓ 丙戌《ひのえいぬ》 ヘイジユツ	㉔ 丁亥《ひのとい》 テイガイ	㉕ 戊子《つちのえね》 ボシ	㉖ 己丑《つちのとうし》 キチユウ	㉗ 庚寅《かのえとら》 コウイン	㉘ 辛卯《かのとう》 シンボウ	㉙ 壬辰《みずのえたつ》 ジンシン	㉚ 癸巳《みずのとみ》 キシ
㉛ 甲午《きのえうま》 コウゴ	㉜ 乙未《きのとひつじ》 イツビ	㉝ 丙申《ひのえさる》 ヘイシン	㉞ 丁酉《ひのととり》 テイユウ	㉟ 戊戌《つちのえいぬ》 ボジユツ	㊱ 己亥《つちのとい》 キガイ	㊲ 庚子《かのえね》 コウシ	㊳ 壬丑《かのとうし》 ジンチユウ	㊴ 壬寅《みずのえとら》 ジンイン	㊵ 癸卯《みずのとう》 キボウ
㊶ 甲辰《きのえたつ》 コウシン	㊷ 乙巳《きのとみ》 イツシ	㊸ 丙午《ひのえうま》 ヘイゴ	㊹ 丁未《ひのとひつじ》 テイビ	㊺ 戊申《つちのえさる》 ボシン	㊻ 己酉《つちのととり》 キユウ	㊼ 庚戌《かのえいぬ》 コウジユツ	㊽ 辛亥《かのとい》 シンガイ	㊾ 壬子《みずのえね》 ジンシ	㊿ 癸丑《みずのとうし》 キチユウ
51 甲寅《きのえとら》 コウイン	52 乙卯《きのとう》 イツボウ	53 丙辰《ひのえたつ》 ヘイシン	54 丁巳《ひのとみ》 テイシ	55 戊午《つちのえうま》 ボゴ	56 己未《つちのとひつじ》 キビ	57 庚申《かのえさる》 コウシン	58 辛酉《かのととり》 シンユウ	59 壬戌《みずのえいぬ》 ジンジユツ	60 癸亥《みずのとい》 キガイ

実検使 じっけんし　荘園から年貢減免要求が出されたとき、また下地中分のときなど、領主側から実状調査のために遣わされた使。鎌倉時代の用語。

実検状 じっけんじょう　⇒注進状《ちゅうしんじょう》・注文《ちゅうもん》

実検図 じっけんず　実検使《じっけんし》の踏査に基づいて作られた絵図。⇒実検使

実検注 じっけんちゅう　⇒正検注《しょうけんちゅう》

実検帳 じっけんちょう　⇒検注帳《けんちゅうちょう》

実検取帳 じっけんとりちょう　⇒検注帳《けんちゅうちょう》

実検丸帳 じっけんまるちょう　⇒検注帳《けんちゅうちょう》

膝行 しっこう　膝《ひざ》を板敷につけて進退する室内の作法。神前や高貴な人の前で行う。膝をついて進む膝進《しっしん》と、退く膝退《しったい》を総称する。⇒いざる

入魂 じっこん　昵懇、入根とも書く。口添えする、世話する、依頼する、懇意にする、親密である、承諾するの意。

十刹 じっさつ　暦応四年（一三四一）の「十刹次第」によると、浄名寺（相模国）・禅興寺（相模国）・聖福寺（筑前国）・万寿寺（京都）・東勝寺（相模国）・万寿寺（相模国）・長楽寺（上野国）・真如寺（京都）・安国寺（京都）・万寿寺（豊後国）で、五山《ござん》につぐ寺格とされた。

悉之 しっし　⇒これをつくせ

執事 しつじ　①事をとり行うこと。②事務を執《と》り行う者。③家政を執り行う者。④院庁の長官。⑤親王・摂関・大臣家の家司《けいし》の長官。⑥鎌倉幕府の執権の異称。⑦鎌倉幕府政所《まんどころ》の職員。⑧鎌倉幕府の問注所の長官。⑨室町幕府の政所及び問注所の長官。⑩関東管領。

失錯 しっしゃく　「しっさく」とも読む。怠《なま》けたり、忘れたりして、なすべきことをしない、先例にたがい間違いをおかす。宮中での進退・儀式において先例に違うと公事《くじ》失錯と称される。

十宗 じっしゅう　わが国で流布した一〇の宗派。三論《さんろん》・成実《じょうじつ》・法相《ほっそう》・倶舎《ぐしゃ》・華《け》厳《ごん》・律《りつ》（以上南都六宗）と天台・真言・禅・浄土の一〇宗。

実書 じっしょ　謀書《ぼうしょ》に対して、真実の文書。⇒謀書

実正 じっしょう　偽《いつわ》りのないこと、確かなこと、真実。「直銭伍貫四百文、限㆓永代㆒、寺戸三光房、売渡申所実正也」と用いる。

実証 じっしょう　根拠のある、裏付けのある証言のこと。これに対して根拠のない噂《うわさ》を風聞《ふもん》という。「綸旨、院宣、令旨者無㆓御判㆒也、以㆓時執筆手跡㆒、定㆓実証㆒也」と用いる。

失色 しっしょく　⇒いろをうしなう

執進 しっしん　「とりすすむる」とも読む。下から提出した文書を上に取りつぐ。

執政 しっせい　①国政をとること。②

摂政・関白のこと。

執奏 しっそう　意見や文書を天皇・貴人にとりつぎ申しあげること。伝奏、執啓も同様。

質地 しっち　金銭貸借に際して、担保として質入れされた土地。

失墜 しっつい　①年貢を契約どおりに納入しないこと。年貢失墜という。②不足するの意で「公用失墜」などと用いる。③無用の失費。④地位や名誉を失うこと。

湿田 しっでん　水はけが悪く、つねに水のたまっている状態の田。排水技術を伴わない限り乾田化は困難で、二毛作は不可能である。

執当 しっとう　①庶務をつかさどる役職。②延暦寺の役職で、諸堂の管理、諸役の補任《ぶにん》をつかさどる。いずれも平安後期に成立した役職。

十徳 じっとく　室町時代、将軍に供奉する走衆《はしりしゅう》以下が着用した。腋縫《わきぬ》いの小《こ》素襖《すおう》。四幅袴《よのはかま》と共に用いた。江戸時代には、絵師・医師・儒者らの外出着として用いられた。

執柄 しっぺい　政治権力を握ることであるが、摂政・関白の異称。

実名 じつみょう　本名。諱《いみな》、名《な》乗《のり》。通《つう》称《しょう》・仮名《けみょう》・擬《ぎ》名・雅号《がごう》に対して本名のこと。⇒諱・仮名

実名書 じつみょうがき　幕府の奉行奉書の折紙奉書に、奉行が署名するとき実名を書くこと。出家の場合は法名を記す。竪《たて》紙奉書の場合は官途《かんと》書《がき》（奉行の官名を記す）。

室礼 しつらい　料理、補理などの字を宛てる。支度する、整えるの意で、平安時代以後、晴れの儀式の日に、寝殿の母《も》屋《や》、廂《ひさし》に調度類を立てて装飾することをいう。

料理 しつらい　室礼、補理などとも書く。設備する、整える、支度する。⇒室《しつ》礼《らい》

実録帳 じつろくちょう　⇒交替実録帳《こうたいじつろくちょう》

仕而 して　為而も同じ。動作の手段や方法をあらわす。「二人為而《して》結びし紐《ひも》を一人為而《して》吾れは解《と》きみじ直《ただ》に逢ふまでは」などと用いる。

四手 しで　垂、紙垂とも書く。注連縄《しめなわ》や玉串《たまぐし》などにつけて垂らす紙のこと。古くは木綿《ゆう》を用いた。

司天 してん　天文博士の異称。

肆纏 してん　ものを売る家、おみせ。

市鄽 してん　①まちなか。②まちなかの家。③店。

私田 しでん　令制下では、口分田・位田・職分田など有主田のこと。天平十五年（七四三）墾田の永年私有が認められると、墾田や寺田を私田とし、口分田・位田・職分田は公田といわれるようになる。一〇世紀以後は、公田とは所当官物を負担する田地を意味し、私田の語は用いられなくなる。

〈文献〉竹内理三編『土地制度史 I』山川出版社。

私佃 しでん　初期荘園の管理者である荘長の直営田のことであろう。延暦十六年（七九七）八月三日太政官符はこれを禁じている。

〈文献〉阿部猛『日本荘園史』大原新生社。

賜田 しでん　令制下、別勅によって個人に賜わる田地、輸租田。

司天監 してんかん　陰陽頭の異称。

司天少監 してんしょうかん　陰陽助の異称。

司天台 してんだい　①陰陽寮の唐名。②天文博士の異称。

私度 しど　①過書（通行証）を持たずに関所を通ること。三関を私度すれば徒一年。その他の関の場合は杖罪に処された。②官の許可なしに勝手に剃髪出家す

ること。

試　度　しど　僧尼の得度《とくど》試験のこと。試業ともいう。天平六年（七三四）法華経又は最勝王経の暗誦《あんしょう》、礼仏の知識、浄行三年以上と定められ、大同元年（八〇六）法華経・金光明経の漢音及び訓による読誦、宗派ごとに定められた経論についての一〇問に答えるとされた。平安末期には得度制度じたいが無実化し、試度も消滅した。

地　頭　じとう　①現地の意。「実検使を下し、地頭に臨み、在地の古老等に問い、事を決せらるべきか」などと用いる。②在地の武士などを地頭人、地頭と呼ぶことがある。③荘園の荘官のひとつで地頭職。平氏政権下で家人《けにん》を地頭に補任することが行われており、鎌倉幕府の地頭制度の先蹤をなす。〈文献〉安田元久『地頭及び地頭領主制の研究』山川出版社。

地頭請所　じとううけしょ　単に地頭請とも。荘園において、地頭が、契約した定額年貢の納入を請負うこと。

地頭加徴米　じとうかちょうまい　⇒加徴《かちょう》

地頭給田　じとうきゅうでん　荘園で、地頭に給与された田地。給田の年貢・公事・雑役はすべて地頭の所得となる。検注目録では除田として扱われる。

地頭算失　じとうさんしつ　荘園における地頭給分の一つ。算失とは検注や年貢収納時の計算上の損失を見込んで年貢から控除するものであるが、その控除分を荘官に給分として与えるようになり、鎌倉時代の地頭は前代の荘官給分としての算失を継承したのである。

下　沓　しとうず　襪とも書く。したぐつ。指股のない足袋《たび》で、上部を紐で結ぶ。礼服用は錦、束帯用は白色の平絹・練貫である。

祠堂銭　しどうせん　中世、死者追福のため、祠堂の修復を名目として寺院に寄進された銭。寺はこの銭を貸出して利息を取った。〈文献〉小葉田淳『日本経済史の研究』思文閣出版。中島圭一「中世京都における祠堂銭金融の展開」（『史学雑誌』一〇二―一二）。

地頭雑免　じとうぞうめん　中世、地頭に与えられた名田のうち雑役負担を免除されたもの。年貢は納入する。

地頭代　じとうだい　地頭の代官。本来の地頭を正員《しょういん》地頭という。

地頭名　じとうみょう　地頭の保有する名田。地頭雑免、給名という。公事雑役は免除され、その分は地頭の得分となった。

地頭役　じとうやく　①地頭に賦課された所役。おもに神社の造営・修理の役。②地頭の得分として地頭が徴収した所役。

地頭領主制　じとうりょうしゅせい　鎌倉時代中期頃から、在地領主である地頭をにない手として成立した封建領主制の一類型。初期の地頭は必ずしも一円所領支配を実現しえなかったが、年貢の対捍《たいかん》・抑留《よくりゅう》・押領《おうりょう》、また請所《うけしょ》、下地中分などを通じて在地に領主支配を確立していく。〈文献〉安田元久『地頭及び地頭領主制の研究』山川出版社。

地　徳　じとく　中世、加地子・作徳など、本年貢以外の私的な収益部分を指している。

侍　読　じどく　①主君の側にいて書を講ずる者、学問の師。②天皇や東宮の側に仕えて学問を教授する学者。

私徳政　しとくせい　中世、朝廷・幕府・戦国大名の公布した徳政令によらず、地頭などの在地勢力、また土一揆が実力で実施した徳政のこと。当時、徳政を、天下一同の徳政、国次《くになみ》の徳政、私徳政の三つに分けてみる見方があった。

〈文献〉瀬田勝哉「中世末期の在地徳政」(『史学雑誌』七七—九)。

支度気無 しどけなし　四度解無、四度検無などとも書く。雑然として、いいかげんで、とりとめがない様子。

四度使 しどし　「よどのつかい」ともいう。令制下、国司からの政務報告のために各種の帳簿類を持って都に上った使者。大《だい》帳使《ちょうし》・税帳使《ぜいちょうし》・貢調使《こうちょうし》・朝集使《ちょうしゅうし》をいう。
⇒大帳使・税帳使・貢調使・朝集使

四度使雑掌 しどしざっしょう　「よどのつかいざっしょう」とも。諸国から太政官に遣わす四度使（大帳使・税帳使・貢調使・朝集使）に随行して実務に従う書生クラスの下級官人。

尿筒 しとづつ　竹製の携帯用の尿器。貴人が束帯をつけて外出するとき、従者に持たせた。

茵 しとね　褥とも書く。座ったり寝たりするとき下に敷く敷物。使途により方形または長方形。布製で、真綿・藺《い》・莚・毛織物類を入れる。

四度図籍 しどのずせき　⇒四証図《ししょうず》

蔀 しとみ　柱の間にはめ込む建具の一つ、板の両面または一面に格子《こうし》を組み、長押《なげし》から吊《つ》って開閉のできるようにしたもの。寝殿造や寺社建築に多く用いられた。

品 しな　科、差、級とも書く。種類、等級、差異。「差《しな》をなして賜《たま》う」といえば、数量に差をつけて賜わる意。また、位《くらい》、品格の意。

寺内町 じないまち　戦国時代、真宗寺院を中心に、濠・堀をめぐらして形成された自治都市。越前国吉崎、山城国山科、摂津国石山、同富田、河内国久宝寺、同富田林、大和国今井、和泉国貝塚、尾張国富田、美濃国円徳寺、伊勢国顕証寺、加賀国尾山、越中国城端《じょうはな》、同井波、同古国府などが知られる。
〈文献〉網野善彦『日本中世都市の世界』筑摩書房。

信濃布 しなののぬの　信濃国産の、シナノキの皮をさらし、細く糸に割いて織った布。布目が粗くつやがある。「延喜式」に、太政官および出納の諸司の季禄は信濃布を給すると見える。

指南 しなん　①教え導く、手引きすること。②指南される者、従者、被官人のこと。③寄親—寄子制の寄親に相当する立場の者をいう。

死質 しにじち　⇒利質《りじち》

神人 じにん　「じんにん」とも読む。神社の下級神職。神事祭礼の際の雑役、社域の警固、所領荘園の管理などの任についていた。神人の身分を得ることによって特権を確保しようとする商工業者も多く、祇園社の綿座、大山崎離宮八幡宮の油座、北野神社の麹座などが知られる。
〈文献〉豊田武『座の研究』吉川弘文館。

寺奴 じぬ　古代寺院の抱える奴隷、奴《ぬ》婢《ひ》。家内奴隷的な性格がつよい。古代の大寺院は百人単位の奴隷を所有していた。

地主 じぬし　一般に、土地を占有し、そこから一定の得分を取得する権利を有する者をいうが、中世では多様に用いられる。⑴開発領主、私領主。⑵荘園所領の所職を給与された給主。⑶加地子名主など。
〈文献〉竹内理三編『土地制度史　I』山川出版社。

地主的土地所有 じぬしてきとちしょゆう　地主の語は多様に用いられるが、①荘園領主的土地所有に包摂されず（荘園本年貢がかからない）在地領主（地主）が作人から加地子を徴収する形態の土地所有。②大和国などでは、東大寺や興福寺の寺僧の所有する名主職をさしていう場合がある。

〈文献〉稲垣泰彦『日本中世社会史論』東京大学出版会。

地主の田堵 じぬしのたと　地主《じぬし》（給主）のもとで、その私領を請作する田堵。⇒地主

〈文献〉島田次郎『日本中世の領主制と村落 下』吉川弘文館。

地主半分・百姓半分 じぬしはんぶん・ひゃくしょうはんぶん　中世、荘園に段銭など臨時の賦課が行われたとき、その負担を地主と百姓が半分ずつ分けあう慣習。「名主半分・百姓半分」「年貢半分・百姓半分」という表現もある。いずれにせよ、賦課の半額が年貢から差引かれる。

〈文献〉阿部猛『中世日本荘園史の研究』新生社。

自　然 じねん　おのずから、本来そうであること。「しぜん」と読む場合は意味が異なる。⇒しぜん

私年号 しねんごう　朝廷で定めたものではない年号。全体に資料が乏しく、後世の写本などの誤記・誤字によるものもあると考えられる。〈私年号一覧〉参照。

司農卿 しのうきょう　宮内卿の異称。

司農寺 しのうじ　宮内省の異称。

司農少卿 しのうしょうけい　宮内輔の異称。

使宣旨 しのせんじ　平安時代以来、検非違使や祈雨奉幣使を任命するときに下す宣旨。

東　雲 しののめ　篠目とも書く。明け方、東の空にわずかに明るさが動く頃。

尿　筥 しのはこ　便器、おまるのこと、清器、虎子《こし》。⇒虎子《おおつぼ》

私　牧 しのまき　官牧・勅旨牧以外の民間私有の牧。

〈文献〉西岡虎之助『荘園史の研究 上』岩波

私年号一覧

名　称	元年相当年次
法　興	崇峻天皇４年（591）
白　鳳	白雉１年（650）
朱　雀	朱鳥１年（686）
保　寿	仁安頃（1166～69）
泰　平	承安２年（1172）
和　勝	建久１年（1190）
迎　雲	建久１年以前
建　教	元仁２年（1225）
永　福	永仁５年（1297）
正　久	元応１年（1319）又は正元１年（1259）
白　鹿	興国６年（1345）
応　治	貞和１年（1345）
品　暦	正平以前（1346～70）
至　大	永和年間（1357～79）又は至徳年間（1384～87）
弘　徳	至徳１年（1384）
永　宝	嘉慶２年（1388）
元　真	南北朝時代中期頃
真　賀	同上
興　徳	応永２年（1395）
天　靖	嘉吉３年（1443）
享　高	享徳１年（1452）
享　正	〃　３年（1454）
延　徳	寛正１年又は２年（1461，62）
永　楽	寛正２年（1462）
正　享	延徳１年（1489）
福　徳	同上～4年（1489～92）
王　徳	延徳（1489～92）大永（1521～28）
永　伝	延徳２年（1490）
徳　応	文亀１年（1501）又は嘉吉１年（1441）
子　平	〃　２年（1502）
弥　勒	永正３年（1506）又は同４年（1507）
加　平	永正14年（1517）
永　喜	大永６年（1526）
宝　寿	天文２年（1533）
命　禄	〃　９年（1540）
光　永	天正４年（1576）又は８年，又は17年
大　道	慶長14年頃（1609）
正　中	元和７年（1621）
神　治	慶応３年（1867）
延　寿	明治１年（1868）

書店。

篠を引く　しのをひく　⇒ささをひく

しば　芝または仕場の字を当てる。①或る事柄の行われる現場のこと。②戦場。

支配　しはい　支は支度《したく》（量《はか》る）、配は配当で、数量をかぞえて配分すること。ついで統治を意味する語となり、管領、沙汰と同義に用いられる。

〈文献〉佐藤進一『古文書学入門』法政大学出版局。

支配状　しはいじょう　下行帳《げぎょうちょう》ともいう。支出配分状、収取した荘園の年貢や地子を各用途別に分配した額を記録した帳簿。

紙背文書　しはいもんじょ　用途を終えた文書の裏を利用して日記、記録、典籍などを書くことが多かった。この場合、もとの文書を紙背文書と称する。

地畠　じばた　地白《じはく》とも書かれる。一般の畠を指す。水田・田畠よりも斗代《とだい》（段当年貢）は低い。

治罰　じばつ　治伐とも書く。退治しこらしめること、征伐すること。「背二勅命一并度々武命一押領之間、可レ加二治罰一之由」と用いる。

柴灰　しばはい　柴を燃やして灰としたもの。肥料とする。柴とは柴木で雑木《ぞうき》のこと。

暫　しばらく　且、姑、須臾とも書く。一時、ちょっとの意。

有頃　しばらくありて　俄而、斯頃とも書く。少したって、わずかな間《ま》をおいての意。

小時　しばらくして　小選、少選、傾之とも書く。少し時間をおいて、少したっての意。「少選退出了」と用いる。

芝を打つ　しばをうつ　中世、水田への取水のため、石を積んで川をせきとめる。そのさい水漏れを防ぐために、隙間《すきま》に芝草をつめる。これを芝（草）を打つと称している。

柴を引く　しばをひく　⇒篠《ささ》を引く

試判　しはん　官吏登用試験の合否判定のこと。式部省の省試ののち、判儒が答案を評判し合否の判文（判定文）を書く。及第して文章生《もんじょうしょう》になった者には学問料が支給され、年労により任官する。

地盤　じばん　土台・根本の意であるが、戦国時代、活動するための足場、根拠地また勢力範囲の意で用いられる。

似非　じひ　⇒えせ

紙筆　しひつ　筆紙とも書く。紙と筆で、文章や学問のことをいう。「紙筆にの《（載）》す」といえば、文章にあらわすの意。

四病　しびょう　和歌を作るとき避けなければならない四つのことがらをいう。(1)第一句と第二句の始めが同じである（岸樹《がんじゅ》病）、(2)第一句の第二字と他の句の第四字または第五字が同じである（風燭《ふうしょく》病）、(3)五言の第四と第五字、または七言の第六字と第七字が同じである（浪船《ろうせん》病）、(4)一つの句に同じ字が一字おきに出てくること（落花《らっか》病）。

四府　しふ　左右近衛府と左右兵衛府の四官衙の総称。

貲布　しふ　⇒さよみ

寺封　じふ　寺院に施入された封戸。平安時代、国司による封物の納入が不安定になると、代物《だいもつ》を輸《いだ》す便補保《びんぽのほ》が設定され、これが荘園化するものがあった。⇒便補保

〈文献〉竹内理三『寺領荘園の研究』吉川弘文館。

祠部員外郎　しぶいんがいろう　神祇副、玄蕃助の異称。

地奉行　じぶぎょう　鎌倉幕府の職制。保《ほ》奉行《ぶぎょう》とともに保々奉行と称された。前者が市中検断の職であるのに対して、地奉行は道路・屋舎・売買等のことを掌った。

室町幕府では地方頭人《じかたとうにん》と呼ばれた。また戦国時代、郷村の事務を管掌したのちの庄屋相当の者を地奉行と称した。

時服 じふく　皇親および官人に給与される服料。無品・無位の一三歳以上の王に絁・糸・布・綿・鍬・鉄などが春秋二季に分けて与えられた。諸司官人の時服は家道困窮の大学生に給与したのを始め、次第に範囲が広がり大同三年（八〇八）からは衆司に給することとなった。「延喜式」では被給与者は五三二七人となっている。

〈文献〉早川庄八『日本古代の財政制度』名著刊行会。

祠部尚書 しぶしょうしょ　神祇伯の異称。

渋矢 しぶや　⇒渋矢《さびや》を射懸ける

祠部郎中 しぶろうちゅう　神祇伯《じんぎはく》、玄蕃頭《げんばのかみ》、陰陽頭《おんようのかみ》の異称。

仕方 しほう　物事のやり方、方法、手段。

紫袍 しほう　紫の袍。令制の服制では、諸臣の一位は深紫色、二、三位は浅紫色。

時報 じほう　時刻を知らせること、その方法、手段。古代には、陰陽寮が漏刻博士（二人）と守辰丁（二〇人）を置いて漏刻（水時計）を管理し、鐘と鼓を打って時を報じた。平安時代、時報の鼓鐘が用いられなくなって、宮廷では陰陽寮の官人による時の奏が行われ、この役は蔵人、ついで内豎の仕事となり、時の簡《ふだ》を時の杙《くい》にさすようになった。

死亡跡 しぼうあと　中世、知行人が死亡して、あとに残された所領・所職のこと、また相続人をいう場合もある。

四方拝 しほうはい　一月一日寅《とら》の刻《こく》（午前四時頃）天皇が束帯を着て清涼殿東庭で、属星《しょくじょう》・天地四方・父母の山陵を拝し、災を祓《はら》い、五穀豊穣・宝祚《ほうそ》長久・天下泰平を祈ること。⇒属星

〈文献〉井上亘『日本古代の天皇と祭儀』吉川弘文館。

四本懸り しほんがかり　蹴鞠《けまり》を行う庭の四隅に植える四種の木。北西の松、南西の楓、南東の柳、北東の桜の四本。

四本商人 しほんしょうにん　室町・戦国期に、鈴鹿峠を越えて伊勢方面と取引に従事した近江商人。山越商人ともいう。得《とく》珍保《ちんのほ》・石塔《いしどう》・小幡《こはた》・沓掛《くつかけ》の四所の商人。

〈文献〉仲村研『中世惣村史の研究』法政大学出版局。

島 しま　河川下流の氾濫原に生じた微高地。開発されると島田、島畠となる。

〈文献〉黒田日出男『日本中世開発史の研究』校倉書房。

島銭 しません　室町時代に流通していた私鋳銭の一種。九州地方で鋳造されたものかという。

島田 しまだ　⇒島《しま》

島畠 しまはた　⇒島《しま》

紙魚 しみ　衣魚とも書く。衣類・紙など糊気のあるものを食う虫。

寺務 じむ　寺院の事務を統轄する職。寺によって呼称が異なる。別当《べっとう》（東大寺・興福寺）、座主《ざす》（延暦寺・醍醐寺・法性寺）、長者（東寺）、長吏（仁和寺、園城寺・勧修寺）、検校（金剛峯寺）、執行（法勝寺）など。寺院は三綱《さんごう》（上座・寺主・都維那）によって統制されたが寺務は三綱より上級の地位にある。

四目 しめ　標《しめ》、注連《しめ》とも書く。占有の標識。「四目を立てる」という。

占売 しめうり　買い占め、専売。

標野 しめの　⇒禁野《きんや》

除目 じもく　京官・外官《げかん》の諸官を任命する儀。春は県召除目《あがためしのじもく》といい外官を任命し、秋は司召除目《つかさめし》と称して大臣以下京官を任命した。他に臨時除目、女官除目、一分召除目《いちぶめし》もあった。

下侍 しもさぶらい　清涼殿の殿上《てんじょう》の間《ま》の南にある侍臣の詰所。ここで親王が衣服を更《あらた》めたこともあった。

下仕 しもづかえ　院・親王家・摂関家において、貴人に従い雑用をつとめる女。

地本 じもと　中世、土地そのものに対する地主的所有権を示す語。土地を作人に請作させる権利、作人から地子を得る権利。一五世紀末頃までの用語。

下家司 しものけいし　⇒家司《けいし》

下部 しもべ　著鈦《ちゃくだ》・放免《ほうめん》も同じ。検非違使庁の下級職員。追捕《ついぶ》・囚禁《しゅうきん》・護送などに当たった。もと犯罪者であり、却って犯人のことに通じており便宜であった。⇒著鈦祭・放免

下無 しもむ　雅楽十二律の一つ、基音の壱越《いちこつ》から五番めの音。西洋音階の嬰《えい》へに当たる。⇒上無《かみむ》

下屋 しもや　貴族の屋敷で、寝殿のうしろにある住屋で、女房・童ら召使いが居住する建物。

緇門 しもん　⇒桑《くわ》の門《かど》

寺門 じもん　寺門派、園城寺《おんじょうじ》(三井寺)を指す。延暦寺は山門《さんもん》。

及二死門一 しもんにおよぶ　死に至る。

社 しゃ　⇒こそ

者 しゃ　⇒てへ(え)り

爵 しゃく　①中国では、雀を形どった三本脚の酒器。②中国古代の諸侯またその臣下の世襲の身分階級。③官位のこと。叙爵といえば五位に叙されること。

笏 しゃく　令の官人制で身分標識として官人に持たせたもので、手板《ていた》とよむ。官人把笏《はしゃく》制の起源は未詳であるが、「養老令」に規定がある。五位以上は象牙《ぞうげ》の笏、六位以下は木の笏であったが、後世にはおよそ木笏となった。把笏官人の範囲は時代とともに広がり、平安初期には下級官人層全般に及んだ。笏の裏に紙(笏紙)を貼《は》り、儀式次第などをメモした。〈文献〉阿部猛『平安貴族の実像』東京堂出版。

勺 しゃく　容量の単位。一〇勺＝一合《ごう》。

尺 しゃく　長さの単位。一尺＝一〇寸、一〇尺＝一丈。大尺(高麗尺で土地の測量に用いる)、小尺(唐尺で、高麗尺の一二分の一〇の長さ)、曲尺《かねざし》(鯨尺の八寸を一尺とする)、鯨尺(呉服用ものさしで、一尺二寸五分〈約三七・九センチメートル〉を基準とする)などがある。

杓 しゃく　杓とも書く。水を汲《く》む器、柄杓《ひしゃく》。

借 しゃく　⇒いらう

借位 しゃくい　高い位階を仮《かり》に授けること。借叙という。例えば国司から推挙された郡司に仮《かり》に五位を与え、のち実績によってその位階を与えるなど。

若許 じゃくきょ　⇒いくばく

借券 しゃくけん　⇒借書《しゃくしょ》

借耕 しゃくこう　田畠をかりて耕作すること、買田、賃租《ちんそ》のこと。

赤日 しゃくじつ　赤口日《しゃくにち》とも。陰陽道で、赤舌神《しゃくぜつがみ》が人を悩ます、万事につけて凶の日。

借書 しゃくしょ　米穀・銭貨の借用証文。古代では月借銭解《げつしゃくせんげ》、中世では借券という。借用には利子がつき、担保、抵当を取る場合が多く、したがって質券と区別しにくかった。

錫紵 しゃくじょ　天子の喪服。薄墨色の闕腋袍《けってきのほう》。

赤舌日 しゃくぜつにち　陰陽道でいう凶日の一つ。太歳《たいさい》(木星)の西門を守る赤舌神配下の羅刹鬼《らせつき》の当番の日を忌む。

借貸 しゃくたい　古代の正税稲穀の無利息貸与のこと。百姓を対象とするものと、国司を対象とするものと二種類ある。

尺杖 しゃくづえ　①大型のものさし。一～二間《けん》の長さの木又は竹に目盛りをして、

土地の測量や建築現場などで用いた。②馬の丈《たけ》を測る杖。

赤白桃李花　しゃくびゃくとうりか　唐楽。黄鐘調の曲。蛮絵装束で四人立の平舞。三月の曲水宴《ごくすいのえん》に用いられた。

赤白蓮華楽　しゃくびゃくれんげらく　蓮華会楽ともいう。唐楽。水調の曲。興福寺東金堂の蓮華会に奏した。廃絶曲。

笏拍子　しゃくびょうし　神楽・催馬楽・東遊などで用いる木製の打楽器。笏を二つに割った形の板で、おもな歌い手がこれを打って拍子をとる。

笏袋　しゃくぶくろ　笏を納める袋。錦で作る。これを更に筥《はこ》に入れる。

借米　しゃくまい　米を借りること。実質的には出挙米と同じであるが、出挙が徳政令の適用対象とされたのに対して、借米は対象外であった。

借物　しゃくもつ　借用物をいう中世的用語。無利息消費貸借をいう。利子つきの場合は負物《ふもつ》。

借用状　しゃくようじょう　借券・借書も同じ。金銭・米穀その他を借用する際、借主から貸主に与える証文。

社家　しゃけ　神社に世襲的に奉仕する神職家。伊勢神宮の祭主藤波家、大宮司河辺家、出雲大社の千家、北島家、熱田神宮の大宮司家千秋家、石清水八幡宮の田中家、善法寺家などが著名である。

謝座・謝酒　しゃざ・しゃしゅ　朝廷での公宴の際に、参任の群臣が庭中で感謝の意を表して行う拝礼。着座の前に群臣が再拝するのを謝座といい、参列者のうち上位の者が造酒正から盞《さかずき》を受け、群臣とともに再拝するのを謝酒という。

射山　しゃざん　上皇・法皇の異称。上皇・法皇の御所を藐姑射《はこや》の山といい、これを略して音よみした。

車借　しゃしゃく　中世の交通労働者。牛に車をひかせて物資の輸送に当たった。⇒車力《しゃりき》、馬借《ばしゃく》

社稷　しゃしょく　①古代中国で建国のとき君主がまつる社（土地の神）と稷（五穀の神）。②国家の尊崇する神。③国家、朝廷のことを指す。

弱冠　じゃっかん　男子二〇歳の異称、成年に達すること、としの若いこと。中国周代に男子二〇歳を弱といい、元服して冠をかぶる。

若干　じゃっかん　⇒そくばく

舎兄　しゃけい　実の兄。実の弟は舎弟《しゃてい》。

舎弟　しゃてい　⇒舎兄《しゃけい》

遮莫　しゃばく　⇒さもあらばあれ

差分　しゃぶん　「差分をなして」といえば、差をつけての意。比例配分など。

沙彌　しゃみ　①剃髪《ていはつ》して十戒を受けた未熟な僧。②剃髪しているが妻子があり在家の生活をしているもの。

沙門　しゃもん　僧侶、出家の総称。

射礼　じゃらい　毎年正月十七日に建礼門前で親王以下官人らが弓を射る儀式。七世紀後半に儀式としての形を整えた。はじめ豊楽院《ぶらくいん》で行われ、のち建礼門前で行われるようになった。能射の者には禄を賜い宴が開かれる。中世農村では、結《け》鎮《ちん》、歩射《ぶしゃ》といい、弓矢の霊力により魔除《まよ》けを行った。日吉山王権現や賀茂別雷《かもわけいかずち》社の結鎮では、その費用が結鎮銭として所領に賦課された。〈文献〉大日方克己『古代国家と年中行事』吉川弘文館。

車力　しゃりき　荷車、また荷車を用いる運輸業者。運輸業者はまた車借《しゃしゃく》ともいう。

社領　しゃりょう　神社領。神田、荘園諸職、神郡および商工業課税、関からの収入など多様な収入があった。

守　しゅ　律令官人の位署で、本人の位階

より相当位の高い官職に就いているとき守の字を加える。「正三位守右大臣兼行左近衛大将清原真人夏野」などと書く。右大臣の相当位は二位であるから、この場合位階が及ばないので守、左近衛大将の相当位は従三位であるから、逆に位階が高く行《ぎょう》となる。⇒行《ぎょう》

手印　しゅいん　文書に捺《お》す手形、自身の署名、捺印、また自筆文書の意ともなる。平安初期に始まる。

朱印　しゅいん　朱色の印判。公文書に印を捺することは古代から行われたが、室町・戦国時代になると印判状の発給が急増する。黒印状にくらべて、朱印状の方が内容的に軽いものが多いといわれている。
〈文献〉荻野三七彦『印章』吉川弘文館。

鞦　しゅう　⇒しりがい

霔　しゅう　⇒しぐれ

事由　じゆう　ことのわけ、事柄の原因。

自由　じゆう　思いのまま、意のまま、わがままにするの意。中世、先例、慣習、法令など秩序を形づくるものに逆らうことは自由として非難された。

縦　じゅう　⇒たとい

拾遺　しゅうい　侍従の唐名。もと、中国で君主を輔《たす》けて過ちをいさめる官のこと。

集会　しゅうえ　衆会も同じ。とくに寺院において、評定《ひょうじょう》議決《ぎけつ》のため多くの僧が集まることをいう。

愁易　しゅうえき　愁変も同じ。変心、心がわり、したがって違約、違反。「向後可レ申レ承事、愁易有《ある》ましき由共申候也」と用いる。

拾謁　しゅうえつ　拝顔、面会、対面、謁見する。「民部卿来給、於二門外一拾謁」と用いる。

縦横　じゅうおう　統一がなく、ごちゃごちゃしているさま、自由自在であること。

住屋破却　じゅうおくはきゃく　荘園において、荘民に犯罪行為があったときは、その住屋を破却すること。焼却と破壊（壊《こぼち》取《とり》）の二方法があった。
〈文献〉黒田弘子『ミミヲキリハナヲソギ』吉川弘文館。

重貨　じゅうか　絹織物などを軽貨と称するのに対して、米をいう。文字どおり重量のかかる物。

秋官　しゅうかん　刑部省の唐名。

秋官尚書　しゅうかんしょうしょ　刑部卿の異称。

従儀師　じゅうぎし　従威儀師のこと。威儀《いぎ》師《し》を補佐するもの。⇒威儀師

賙急田　しゅうきゅうでん　古代、飢饉の年に人民救済のため諸国に置いた不輸租田。賃租して地子を救急料に宛てたのであろう。賙はめぐむの意。

重行　じゅうぎょう　⇒異《い》位重行《いじゅうぎょう》

秀句　しゅうく　①詩歌などのすぐれた句、秀逸な句。②気のきいた言葉づかいの、技巧をこらした句。③掛け言葉などを使い巧みな、しゃれた句。

重五　じゅうご　五月五日の端午の節句。

収公　しゅうこう　「じゅうこう」とも読む。①領地などを取りあげる、没官《もっかん》。②租税免除の特権を否定すること。

十合枡　じゅうごうます　一升（＝十合）をはかる枡。平安時代以後、多種の私枡が用いられ、八合枡、十三合枡なども出現したが、中世末期京都十合枡が基準とされ、江戸時代これを京枡と呼び公定枡とした。
〈文献〉宝月圭吾『中世量制史の研究』吉川弘文館。

十五大寺　じゅうごだいじ　奈良を中心とする大きな寺。東大寺・興福寺・元興寺《がんごうじ》・大安寺《だいあんじ》・薬師寺・西大寺《さいだいじ》・法隆寺・新薬師寺・弘福寺《ぐふくじ》・招提寺《しょうだいじ》・本元興寺・西

寺・四天王寺・崇福寺《すうふくじ》・東寺。なお、本元興寺以下五寺を太后寺《たいこうじ》・不退寺《ふたいじ》・京法華寺・超昇寺《ちょうしょうじ》・宗鏡寺とする説もある。

秋後の制　しゅうごのせい　平安時代、国司は、秋になってから恩詔賑給の申請をなすべきではないという制度。⇒賑給《しんごう》

秀才　しゅうさい　①令制の官吏登用の国家試験科目の一つ。②その試験の合格者。③文章得業生《もんじょうとくごうしょう》の異称。

羞之　しゅうし　⇒これをすすむ

十字　じゅうじ　蒸餅《むしもち》、また饅頭《まんじゅう》のごとき菓子。上に十字が記してある。中国の故事に由来するという。「吾妻鏡」に所見。

重色　じゅうしき　①大切な、重要なもの。「重色無双の荘園」などという。②重職《ちょうしき》のこと。荘園制において、例えば、領主がある荘園の領家職と地頭職、あるいは名主職と作職とをあわせ持っている場合。

修式堂　しゅうしきどう　朝堂院十二堂のひとつ、正面七間、側面二間、会昌門《かいしょうもん》を入り左手二番めの北面の堂。儀式のとき式部省・兵部省の官人が列立する。

秋収　しゅうしゅう　秋に収穫物をとり入れること。これに対して春の種《たね》まきを東作という。

重書　じゅうしょ　①貴重な書類。②土地の譲渡状。

周章　しゅうしょう　あわてふためくこと。「下学集」は「驚怖意也」と書く。「六波羅の勢、僅《わず》か二千騎にだにも足らで引返しければ京中六波羅の周章斜《なのめ》ならず」と用いる。

愁状　しゅうじょう　「うれいじょう」「うたへじょう」とも読む。救済を求めて官司に訴えることを愁訴といい、その文書が愁状である。平安時代、国司の苛政を中央に訴える事例が多く見られ、解《げ》の様式をとるが、実質は訴状《うたえじょう》である。永延二年（九八八）の「尾張国郡司百姓等解《おわりのくにぐんじひゃくせいらのげ》」は著名である。

十善の君　じゅうぜんのきみ　天子、天皇のこと。

重代相伝　じゅうだいそうでん　先祖から代々伝わっていること、またそのもの。「重代相伝の私領」などという。

切㆓住宅㆒　じゅうたくをきる　宅切狼藉といい、借錢・借米の未返弁に際して、当事者または代行人が自らあい手の住宅を差し押さえる（点定）すること。中世的な自力救済の一種である。

就地　しゅうち　⇒いずち

讐敵　しゅうてき　うらみのある敵、仇《あだ》。

十天楽　じゅうてんらく　雅楽の曲名。唐楽。壱越調の曲。東大寺講堂会に一〇人の天人が仏前に花を捧げたという伝説に因む曲。

十二支　じゅうにし　中国の天文学で木星が一二年間で天を一周するところから、天を一二分した場合の呼称。子《し》・丑《ちゅう》・寅《いん》・卯《ぼう》・辰《しん》・巳《し》・午《ご》・未《び》・申《しん》・酉《ゆう》・戌《じゅつ》・亥《がい》。十干《じっかん》と組み合わせて六〇年で一巡する年、六〇日で一巡する日をあらわす。⇒十干

重日　じゅうにち　陰陽道で、陽に陽が重なる巳《み》の日と、陰に陰が重なる亥の日のこと。この日を忌《い》み悪事の奏聞は避けた。

住人　じゅうにん　⇒国住人《くにじゅうにん》

収納勘料　しゅうのうかんりょう　元来は、検注帳・結解状など公文《くもん》の勘合に従事した者に与えられる費用であるが、年貢・官物の収納に当たった者に与えられた得分であろう。

収納使　しゅうのうし　「すのうし」とも読むか。公領において、官物収納の監督に当たる国使。

収納所　しゅうのうしょ　官物徴収のために郡・郷に設置された機関。納入された官物の勘定を行って結解状《けちげじょう》を作り、これに

勘判を加える。
〈文献〉阿部猛『日本荘園史』大原新生社。

重箱読 じゅうばこよみ　熟語の上の字を音《おん》で（重《じゅう》）下の字を訓《くん》で（箱《はこ》）読むこと。団子《だんご》、王手《おうて》などもこれ。対するは湯桶読《ゆとうよみ》。
⇒湯桶読

僦馬党 しゅうばのとう　九世紀末から一〇世紀初めに東国に蜂起した強盗集団のこと。僦は雇で、やとい馬。東山道・東海道に出没し駄馬を掠奪し百姓を苦しめた。

秋風楽 しゅうふうらく　唐楽。盤渉調の曲。弘仁年間（八一〇～二四）の作。楽・舞ともに現在に伝わらない。

重　服 じゅうぶく　重喪、父母などの死の際の重い忌服。軽服《きょうぶく》の反対。

襲芳舎 しゅうほうしゃ　内裏内部西北五舎のひとつ、内裏西北隅にある。雷鳴壺《かんなりつぼ》と称する。もとは後宮の殿舎であるが、東宮の居処とされることが多かった。

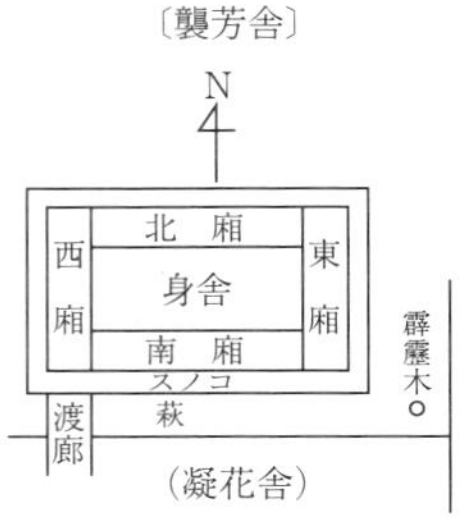

集　名 しゅうみょう　⇒合名《あいみょう》

修明門 しゅうめいもん　「すめいもん」とも読む。内裏外郭南面の門。建礼門の西にある。門の東西に右馬寮官人の詰所があり、右馬陣と称した。

十楽の津 じゅうらくのつ　十楽は仏教用語で、極楽浄土で味わえる十種の喜びのこと。戦国時代、自由な商取引の場となった伊勢の桑名や松坂は「十楽の津」「十楽の町」といわれた。楽には中世における自由をあらわす意味あいがあり、楽市・楽座も同じ。
〈文献〉網野善彦『増補 無縁・公界・楽』平凡社。

修理溝池官舎料 しゅうりこうちかんしゃりょう　古代に、諸国において、国内の溝池・官舎の維持・修理を弁ずるために設けられた出挙稲。その利稲を以て修理料に宛てる。「延喜式」に諸国の出挙稲数が示されている。

蒐　立 しゅうりつ　⇒かりたつ

従　類 じゅうるい　従者。主人の居館の周辺に住み、事あらば直ちに馳せ参ずる。子弟とならんで家の一員とみなされ、最後まで主人と運命をともにする。
〈文献〉福田豊彦『平将門の乱』岩波書店。

十六夜 じゅうろくや　⇒いざよい

入　眼 じゅがん　「じゅげん」とも。①物事を成就すること。②官途に就くこと。③除目の際、最後に姓名を書き入れること。書き役を執筆《しゅうひつ》という。

朱器台盤 しゅきだいばん　平安時代、藤原氏長者が大臣家大饗に用いる食器。朱塗であった。氏長者になるとこれを相伝した。
〈文献〉竹内理三『律令制と貴族政権 Ⅰ』御茶水書房。

守宮署 しゅきゅうしょ　掃部寮《かもんりょう》の異称。

守宮少監 しゅきゅうしょうげん　掃部助の異称。

守宮令 しゅきゅうれい　掃部頭《かもんのかみ》の異称。

手　巾 しゅきん　小形の切《きれ》で、現今の手拭《てぬぐい》、手ふきの類をさす。

夙 しゅく　中・近世の被差別民衆の集落。夙の者は中世末期、惣村自治から排除された弱小農民で、多くは芸能、行商、竹細工などを業とした。
〈文献〉渡辺広『未解放部落の史的研究』吉川弘文館。

宿 しゅく　平安時代以来、主要道路・港津・河原・峠のふもとなど要衝にできた集落。宿の民家は宿在家と呼ばれ、長者に統轄されていた。宿にはさまざまな人が住み、また非人《ひにん》といわれた乞食、浮浪民も宿に集まり、宿の周縁部に集団をなして居住した。

〈文献〉渡辺広『未解放部落の史的研究』吉川弘文館。

熟 じゅく ⇒倩《つらつら》

宿衣 しゅくえ　宿直《とのい》の際の装束。衣冠のこと。

宿官 しゅくかん　「やどりのつかさ」ともいう。六位蔵人や式部・民部丞、外記・史・検非違使らが五位に昇り受領に任ぜられるまでの間、諸国の遙授国司に任ぜられることをいう。蔵人・民部・式部は権守、他は介・権介・外記・史は西海道、検非違使は坂東とする例があった。

熟国 じゅくこく　財政的に豊かな国のこと。受領を希望する者は、収益の見込まれる熟国に任ぜられることを望んだ。

倏忽 しゅくこつ　⇒たちまち

宿紙 しゅくし　いち度文字を書いた紙を、すきかえした再生紙。墨が十分に脱けず薄墨色となり、薄墨紙とか水雲紙《すいうんし》と称する。平安京の紙屋院《かみやのいん》が衰微し、紙のすきかえしを行うに至り、宿紙は同院の別称となった。宿紙は宣旨の案文を書くのに用いられた。

宿心 しゅくしん　かねてからの心、気持ち、考え。

熟田 じゅくでん　よく耕作されて収穫のある水田。災害にあい収穫のない田は不熟田という。

宿米 しゅくまい　宿料米ともいう。一二世紀、筑前観世音寺《かんぜおんじ》領で、国衙検田使ならびに書生得分のうちに見える。性格は未詳であるが、宿直料かという。

夙夜 しゅくや　朝早くから夜おそくまで、またその間仕事にはげむこと。

宿曜道 しゅくようどう　「すくようどう」とも。中国の密教や道教で、宿曜経を拠りどころとする占星術。平安時代わが国に伝来し流行した。宿曜の術を説く学問が宿曜道、術を行う人が宿曜師。

宿老 しゅくろう　①経験豊かな老人。②武家の重臣。③中世惣村の指導層、乙《おと》名《な》・番頭層。

崇賢門 しゅけんもん　豊楽院《ぶらくいん》南面の豊楽門の西掖門《えきもん》。あい対する東掖門は礼成門。

守護 しゅご　鎌倉・室町時代、国ごとに置かれた役職で、検断をつかさどる。「関東御成敗式目」によると、守護の権限は大犯三箇条《だいぼんさんかじょう》を基本とし、時代の変遷に伴って権限が拡大された。

〈文献〉佐藤進一『鎌倉幕府守護制度の研究』東京大学出版会、同『室町幕府守護制度の研究』東京大学出版会。

准后 じゅごう　⇒准三后《じゅさんごう》

守護請 しゅごうけ　室町時代、守護が公領・荘園の年貢を請負った制度。一五世紀には、公家領荘園の多くが守護請地または守護被官請地となっていた。国衙領も、美濃国衙領は土岐氏、和泉半国国衙領は細川氏、備中国衙領は細川氏、播磨国衙領は赤松氏の請所となっていた。

〈文献〉新田英治「室町時代の公家領における代官請負に関する一考察」(『日本社会経済史研究　中世編』)吉川弘文館。

酒肴料 しゅこうりょう　室町時代、荘園の年貢散用状の「国下用《くにげよう》」の項目に見える費目。荘園領主から守護・守護代官・守護使に与えた一種の賄賂《わいろ》。一献料《いっこんりょう》、秘《ひ》計《けい》、礼物《れいもつ》も同性質のもの。

〈文献〉網野善彦『中世東寺と東寺領荘園』東京大学出版会。

守護買 しゅごがい　守護による売買と号して安値で買うこと。大内氏領国で、長門国一宮・二宮の祭礼で、公方買《くぼうがい》とともに制禁された。

守護書下　しゅごかきくだし　⇒守護施行状《しゅごしぎょうじょう》

酒胡子　しゅこし　唐楽。壱越調の曲。酒宴の際の退出音楽として奏される。

守護施行状　しゅごしぎょうじょう　将軍・探題などの命令を守護が自分の管轄する国内の御家人らに伝達する文書。

守護使不入　しゅごしふにゅう　鎌倉・室町時代、守護使が現地に入部するのを禁じたこと。守護は御家人の大番催促・謀反殺害人などの犯人追捕のために公領・荘園に使節を入部させる権限を有したが、本所一円地や権門勢家神社仏寺領には立ち入らないことになっていた。室町時代、守護を通じての段銭徴収また守護独自の段銭などの賦課が恒常化すると、荘園領主は守護使不入権の獲得につとめた。〈文献〉小林宏「室町時代の守護使不入権について」(『北大史学』一二)。

守護所　しゅごしょ　守護の館の所在地。一般には、国府とは別の場所で、守護の交替ごとに場所をうつした。しかし、南北朝期以後、守護が相伝の職となると、守護所も固定して小規模な都市の景観を生じた。〈文献〉松山宏『守護城下町の研究』大学堂。小川信『中世都市「府中」の展開』思文閣出版。

守護代　しゅごだい　守護の代官。多く守護の譜代直臣が任ぜられた。

守護大名　しゅごだいみょう　室町時代の守護をいう。鎌倉時代の守護と区別して呼んだ。その指標は地域的封建領主支配体制の有無であった。しかし室町時代の大名は家格をあらわすものであり、用語としては不適当である。〈文献〉佐藤進一『日本中世史論集』岩波書店。

守護段銭　しゅごたんせん　⇒段銭《たんせん》

守護役　しゅごやく　室町時代、守護が公領・荘園に賦課した臨時の役。兵糧米や夫役の徴収が中心であった。一国平均に賦課されるのがふつうで、「大田文」記載の公田を基準にかけられた。〈文献〉福田以久生「守護役考」(『日本社会経済史研究　中世編』)吉川弘文館。

守護領　しゅごりょう　鎌倉・室町時代の守護の所領。地頭職や国衙の在国司職・税所職などの所職に伴う所領が多く、一国総田数の数パーセントから三〇パーセントにも及んだ。〈文献〉石井進『日本中世国家史の研究』岩波書店。

守護領国制　しゅごりょうごくせい　室町時代の守護が守護領を形成し、地域的封建制を成就したとの理論的想定に基づく歴史学上の名辞。しかし、守護領国は荘園制を否定せず、むしろ荘園制の秩序の上にのっていること、守護領国を支える国人層の被官化が未熟であることなどから、否定的意見も出されている。〈文献〉黒川直則「守護領国制と荘園体制」(『日本史研究』五七)。

入魂　じゅこん　⇒じっこん

趨参　しゅさん　「すうさん」とも。早速参上すること。

准三后　じゅさんごう　太皇太后・皇太后・皇后に准じて、年官・年爵・封戸を給与されたもの。平安時代から、皇族・生母・准母・女御・外祖父、摂政・関白・太政大臣その他功労のあった者を優遇するために設けた。

朱紫　しゅし　令制で、五位以上の官人の着る朝服の赤と紫の色。またその色の服を着る人、ひいては高位高官の人をさしていう。

種子・農料　しゅし・のうりょう　公領・荘園における直営田（佃《つくだ》）経営の営料。直営田に仕役する農民に支払われた種子と食料・作料。

〈文献〉水上一久『中世の荘園と社会』吉川弘文館。

呪師 じゅし ⇒のろんじ

修式堂 しゅしきどう 朝堂院十二堂の西の第五堂で、正面七間、側面二間の規模。朝儀のとき式部省・兵部省の官人が列した。

手実 しゅじつ 令制で、計帳作成のために各戸の戸主から国司に提出させた申告書。戸内の人の続柄・氏名・性別・年齢などを記す。

守株 しゅしゅ 株守とも書く。古い習慣を守り、時に応じて処理する能力の乏しいこと。ある日、兎が木の株に頭をぶつけて死んだのを見た百姓が、以来仕事をやめて木の株の番をしていたという中国宋代の故事による。

主従対論 しゅじゅうたいろん 中世訴訟法上、従者が主人をあいてに訴訟を起こすこと。この訴は受理されない。
〈文献〉石井良助『中世武家不動産訴訟法の研究』弘文堂書房。

主上 しゅじょう 「しゅしょう」とも。中世までは清音という。天皇の尊称。

入水 じゅすい 水中に身を投げること、入水自殺のこと。

拾翠楽 しゅすいらく 雅楽の曲名。唐楽。黄鐘調。承和年間（八三四〜四八）に作曲された。舞は廃絶したが曲は一部が伝えられている。

酒清子 しゅせいし 唐楽。壱越調の管弦専用曲。現在に伝わる。

寿成門 じゅせいもん 朝堂院二十五門のひとつ、大極殿から西側に延びる回廊が西回廊に取りつく部分にある。

取詮 しゅせん ⇒せんをとる

修善寺紙 しゅぜんじがみ 中世、伊豆国修善寺で生産された紙。薄紅色《うすべにいろ》の特異な紙。

呪詛 じゅそ 他人の生命の危難や不幸を現実のものとするための呪《のろい》。言葉や行為が霊力を持つと信じられる社会での方法の一つ。政治的事件に発展することもあり、呪詛を口実として政敵を倒すこともあった。

入内 じゅだい 女御が正式に后宮として内裏に入ること。同じ字で「にゅうない」と読むのは別の意味で、外位《げい》の官人が内位のコースに入ることをいう。⇒入内《にゅうない》

述懐 じゅっかい 恨《うら》み、不満の意。「たかひ《（互）》の恨述懐も不レ可レ有レ之候」と用いる。

宿忌 しゅっき 忌日前夜の仏事、葬儀の前夜、逮夜《たいや》、半斎、宿夜。

術計 じゅっけい ①てだて、手段。②たくらみ、計略。「お百姓等しゅっけいつき《（尽）》候て、かくのごとく逃散《ちょうさん》仕《つかまつり》て候」と用いる。

出作 しゅっさく ⇒でさく

出身 しゅっしん 古代、官職に就き官人としてスタートすることをいう。「出身を賜う」というと、官司に出仕を命ぜられること。

出陣 しゅつじん 陣立《じんだち》ともいう。兵士が戦場に赴くこと。なお、大将軍が戦場に赴くことは御進発《ごしんぱつ》、それ以下の者は出馬《しゅつば》、一般の兵は出陣と区別する。

卒 しゅっす 「そっす」とも読む。死ぬことをいう、四・五位の官人の死をいう。作位以上は薨。

出世 しゅっせ ①仏が衆生《しゅじょう》を救うために仮にこの世に現れること。②俗世間の生死煩悩を解脱《げだつ》して悟りに達する法。③僧侶の高位にのぼった者。④禅宗寺院で首座《しゅそ》から西堂《せいどう》に転ずること。⑤禅宗寺院の住持となること。⑥勅宣を蒙って官寺の住持となること。⑦世に出て立派な身分になること。

出帯　しゅったい　①持参する、提出する。②証文などを携帯して裁判所に提出すること。

出田　しゅつでん　隠田が摘発されて新しく打ち出された田。勘出田と同意か。踏《ふみ》出《だし》、出《で》目《め》も同じ。

出張　しゅっちょう　①戦いのためにその場に赴くこと。『日葡辞書』は「戦争におもむくこと」と記す。②用務のためその地に赴くこと（後世の意味）。

無レ術　じゅつなし　「ずつなし」とも読む。施《ほどこ》す術《すべ》もない、何とも手の施しようがない。

出物　しゅつぶつ　でしゃばり、でしゃばる、さしでがましいこと。「不レ顧二出物一令二言上一候」と用いる。

衆徒・国民　しゅと・こくみん　衆徒とは、南北両京の大寺の僧侶。僧兵をもいい、とくに興福寺の武装僧徒集団。国民とは、奈良春日神社の白人《しろうとじ》神人《にん》（白衣を着た下級神官）。在地小領主で末社の神主であった者が多い。

修二会　しゅうにえ　陰暦二月に修する法会のこと。本来は修二月会と称し、正月に准ずるの意で、中国・日本の二月がインドの正月に相当するので名づけられた。天平勝宝四年（七五二）東大寺で行われたのが始めで、今日にまで続いている。東大寺二月堂修二会は一日から十四日にかけて行われ（現在は太陽暦により三月の行事となっている）、お水取の儀式は著名である。

収納使　しゅうのうし　「すのうし」とも。租税・年貢をとりたてる役人のこと。

手判　しゅはん　後北条氏が通行手形に捺《お》した印。

執筆　しゅひつ　①文書などを書くこと、記述すること。②叙位・除目を主宰し記録する者。天皇出御のときは第一の大臣、他は参議大弁が執筆となる。③鎌倉幕府の引付において訴訟文書の起草・清書・交付を行う本奉行人。④俳諧・連歌の席で参会者の句を懐紙に記し披露する役。

須臾　しゅゆ　⇒暫《しばらく》

取喩无物　しゅゆむぶつ　⇒たとえをとるにものなし

習礼　しゅらい　修礼とも書く。儀式の稽古《けいこ》、予行、練習のこと。

修理　しゅり　①修めととのえる。②勉学につとめる。③身を修める。

主料　しゅりょう　古代に、家地を売買するとき、買主に渡す文書。解《げ》形式の立券文を二通作り、一通は京職にとどめ（職料という）、一通は当事者である買主に交付された。

旬　し(じ)ゅん　①一〇日間、一か月の三分の一。②一〇年間。

准穎　じゅんえい　古代、税を収納する際、各税目を穎稲に換算すること。令制下の租・調・庸・公益雑物など雑多な税目が、名田を賦課単位とする公田官物に変化するのに対応して生じたものであろう。一一世紀後半から准米・准絹などが多くなる。

〈文献〉坂本賞三『日本王朝国家体制論』東京大学出版会。

春華門　しゅんかもん　内裏外郭南面東側の門、建礼門の東にある。門の東西に左馬寮の仗舎があったので左馬陣ともいう。

春官　しゅんかん　治部省の唐名。

順逆　じゅんぎゃく　とやかく、ともかく、よかれあしかれ、どっちみちの意。「今更、拙者前よりは順逆申すまじく候」などと用いる。

巡給　じゅんきゅう　①官人としての功労によって、順次受領に任ぜられること。②親王に、一定の順序を立て、その順を逐って年官を認めること。

遵行状 じゅんぎょうじょう ⇒使節遵行《しせつじゅんぎょう》

閏　刑 じゅんけい 有位者や僧侶に対する刑罰のこと。普通の人に対する刑罰（正刑）よりも寛大であった。官位勲等を剝奪する除名、位記を削る免官、官位勲位のいずれか高い方の位記を削る免所居官、位記を削って実刑にかえる官当などがあり（合わせて除免官当という）、優遇されていた。僧尼には還俗と苦使があった。

旬　月 じゅんげつ ①一〇日。②一か月。③ひと月余り。④わずかの年月。

准　絹 じゅんけん 絹による貢納上の換算値。平安時代末から、国の貢納物を絹量に換算して、絹一疋を米三斗～一石と定め年貢として送った。米の場合は准米、銭ならば准銭。

巡検使 じゅんけんし 鎌倉幕府の臨時の職制、指定された国内を巡り、民苦を問い、その年の豊凶を検する。文治元年（一一八五）に初見。室町幕府では上使《じょうし》と呼ばれた。

春興殿 しゅんこうでん 内裏殿舎のひとつ、紫宸殿の南東、宜陽殿の南にある。母屋は七間×二間。武具を収納し、内豎《ないじゅ》の候所もあった。儀式の際は諸卿の列立する場となった。

〔春興殿〕

（宜陽殿）

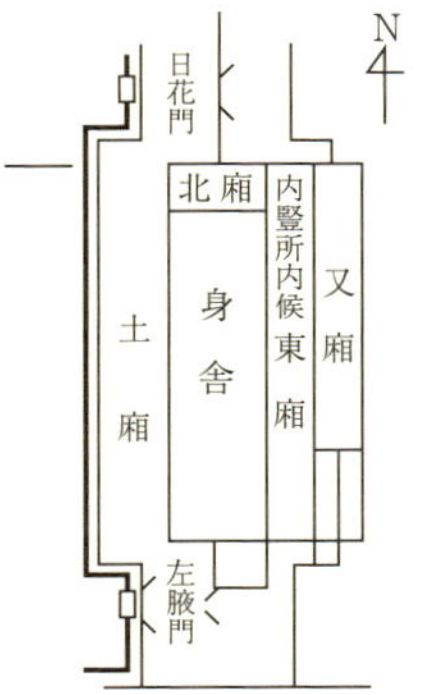

順　次 じゅんじ ①順序にしたがって事を行う。②年長の者から順に往生する。

旬　日 じゅんじつ 一〇日間。

巡　爵 じゅんしゃく 叙位についての平安中期の慣例。式部・民部丞、外記・史など特定の顕官《けんかん》の六位の年労者一人は毎年正月の叙位で従五位下に叙され、叙爵者はその任を去り巡を待って受領《ずりょう》に任ぜられる巡任の資格を得る。⇒顕官

潤　色 じゅんしょく 「じゅんそく」とも。修飾、繕《つくろ》い、とり成し、斡旋《あっせん》。また事実を誇張したりして面白くつくりかえること。

不㆑足㆓潤色㆒ じゅんしょくとするにたらず 証拠・根拠とならないの意。

旬　政 しゅんせい 毎月一日・十一日・十六日・二十一日に天皇が紫宸殿に出御して政を聴く儀式。のち衰退して、一〇世紀には四月一日の孟夏旬《もうかのしゅん》と十月一日の孟《もう》冬旬《とうのしゅん》の二孟旬《にもうのしゅん》のみとなる。

〈文献〉橋本義彦『平安貴族』平凡社。

准　銭 じゅんせん 古代における、銭貨による交換基準。「御封代准銭百廿五貫四百卅文」などと書かれる。

順　孫 じゅんそん 祖父母によく仕える孫。順は従う、すなおなという意。

春庭楽 しゅんていらく 唐楽。双調の曲。四人立の平舞。もとは遣唐使がもたらした大食調の曲であったが、平安初期に双調の曲としたという。

准　的 じゅんてき 准は「なずらう」で、めあて、めど、標準にするの意。准用するの意などに用いる。古代・中世に法家がこの語を用いるときは、「准㆓的義解文㆒」とか、「准㆓的比令㆒」といい、均衡は正義とする法意識に基づく律令条文の拡張解釈を、かなり自在に行った。⇒折《せつ》中《ちゅう》

〈文献〉佐藤進一「公家法の特質とその背景」（『中世政治社会思想　下』）岩波書店。

淳和院 じゅんないん 後院《ごいん》のひとつ、西院ともいう。右京四条二坊にあった。淳和天皇の皇太子時代からの御所で南池院と称した。天皇譲位後に淳和院と改名。元慶五年（八八一）別当を置き公卿を以て

宛て、別当は奨学院《しょうがくいん》別当も兼ねて源氏長者の任ずるところとなった。

春鶯囀　しゅんのうでん　唐楽。壱越調の曲。襲装束の六人又は四人立の平舞。雅楽の代表曲。

旬御供　しゅんのごくう　⇒日次御供《ひなみのごくう》

旬　試　しゅんのし　令制下、大学寮で一〇日ごとに行われた試験。博士が学生に読み方と解釈について問い、三問中二問正答ならば及第とした。

准　布　じゅんぷ　貢納物などを布に換算する比率をあらわす。「凡諸国貢献物者(中略)皆准レ布為レ価」とある。

順　夫　じゅんぷ　巡夫とも書く。佃耕作の夫役を年番・月番交替制で百姓に割り当てることがある。均等に負担させるためのシステム。

准　母　じゅんぼ　天皇の母に准ぜられる女性。堀川天皇の即位のとき亡き生母(皇后賢子)にかわり皇姉媞子内親王が生母に准ぜられて入内《じゅだい》したのが始めである。以後、天皇幼時の養育を謝する意味で准母と定められることが多かった。

春　坊　しゅんぼう　春宮坊《とうぐうぼう》の異称。

巡方帯　じゅんぽうのおび　束帯着用の際に用いる石帯。華製で黒漆を塗《ぬ》る。正方形の石の飾りがついている。

准　米　じゅんまい　貢納物などを米に換算する比率。対する語は見米《げんまい》。⇒見米

順　持　じゅんもち　順番に受け持つこと、順に負担する。

巡　役　じゅんやく　荘園における課役賦課方式のひとつ。廻役《まわりやく》ともいう。荘園領主が必要とする公事・夫役を徴収するに際して、年間の用途体系にあわせて、課役を荘・番・名単位に割りふり、順次にその役を負担させた。
〈文献〉渡辺澄夫『増補　畿内庄園の基礎構造』吉川弘文館。

循　吏　じゅんり　法にしたがいよく治める有能な官人をいう。古代中国では、役人を循吏と酷吏《こくり》に分ける。酷吏は威力で押さえつけて政治を行う役人。わが国では九〜一〇世紀、官吏と称されている。
〈文献〉阿部猛『北山抄注解 巻十吏途指南』東京堂出版。

巡　流　じゅんりゅう　流巡とも。宴で、盃《さかずき》が、つぎつぎと巡ること。

自　余　じよ　爾余も同じ。それ以外。

所　為　しょい　「そい」とも読む。所意とも書く。しわざ、振舞い、転じて、事の原因。

所　以　しょい　⇒そえに

叙　位　じょい　①位階を授けること。②平安時代から、正月五日頃に五位以上の位階を授けた儀式をいう。

助　音　じょいん　雅楽で、音頭《おんどう》(独奏者)のあとについて同じ楽器を奏する者。

詔　しょう　令制下、天皇の命を直接伝える文書。規定では、大事は詔で、尋常の事は勅で伝えるとする。詔はもと口頭で伝えるもので、そのための文体で書かれたものが宣命《せんみょう》である。

小　しょう　田積の単位。中世三六〇歩＝一段制のもとで、一二〇歩を小という。⇒大《だい》・半《はん》・小《しょう》

升　しょう　容積の単位。一升＝一〇合《ごう》、一〇升＝一斗《と》、律令時代の一升は現在の四〜六合に相当する。現在の一升枡は江戸時代の一升枡(新京枡)を基準に明治八年(一八七五)に定めたものである。

荘　しょう　原義は屋舎。本宅とは別に設けられた別荘(別業)を意味する。屋舎とそれに附属する田畠を荘と呼び、荘園の語が生ずる。
〈文献〉阿部猛『日本荘園史』大原新生社。

笙　しょう　雅楽の管楽器の一つ、匏《つぼ》の上に一七本の竹管をならべたもの。奈良時

代に中国から伝来した。

簫 しょう　雅楽に用いた楽器。一三～二四本の竹管を並べて木枠で押さえた排簫と、指孔付きの単管の洞簫とがあるが、わが国においては前者をいう。唐楽とともに伝来した。平安初期に雅楽の楽器編成から除外されたが、平安中期まで仏教法会では用いられた。

樵 しょう　⇒こる

觴 しょう　⇒さかずき

漿 しょう　⇒こみず・こんず

踵 しょう　⇒踵《きびす》を……・踵《くびす》を……

偁 しょう　⇒いわく

愀 しょう　⇒あつかい

丈 じょう　①長さの単位。一丈＝一〇尺。大尺・小尺の別があり、尺の絶対値が一定しないので、丈も不定であるが、曲《かね》一〇尺がふつう。明治二十四年（一八九一）の度量衡法で定められた一丈は約三〇三センチメートル。②田畠の面積の単位。杖《つえ》に同じ。一段の五分の一（七二歩《ぶ》）。

定 じょう　決まったこと、定まったこと、確かなことの意。⑴境界を定める四至記載に、例えば「東は限る太郎の田の定、南は限る垣根の定」のように書かれる。⑵また一般に「……の定《さだ》め」とする意で用いた。「淀津定《よどのつのじょう》　米十石」といえば、山城国淀津到着時に米一〇という意で、淀津到着までに要した運賃その他の費用のいかんにかかわらず一〇石を納入するの意。

常 じょう　尺度の名。一常＝一丈三尺（約三九四センチメートル）。なお、布は二丈六尺＝一段とする。⇒きた

帖 じょう　①折本をかぞえるのに用いる単位。②屏風や楯《たて》をかぞえるのに用いる。③僧の袈裟をかぞえるのに用いる。④紙や海苔《のり》を一定枚数にまとめてかぞえるのに用いる。半紙は二〇枚、美濃紙は四八枚、塵紙は一〇〇枚。

鎖 じょう　門戸にかけられた金具で、錠・鏁とも書く。鍵《かぎ》（鑰・鎰・鉤・匙）によって開かれる。

剰 じょう　⇒あまつさえ

上用 じょう　⇒たてまつる

寺用 じよう　①寺のために用いること。②寺の費用、寺の財政。

荘預 しょうあずかり　荘官の一種。荘園現地に明かるい者が任ぜられることが多く、下地の管理、年貢の徴収に当たった。〈文献〉阿部猛『日本荘園史』大原新生社。

小安殿 しょうあんでん　「こあどの」とも。朝堂院の殿舎、大極殿の北、昭慶門の南にある。単に後殿、後房とも呼ばれる。正面九間、側面二間の規模。元日朝賀・供御薬・大嘗会・祈年穀奉幣・伊勢奉幣などの儀式の際に用いる。

譲位 じょうい　譲国とも。天皇が位を譲ること。九世紀前半に儀式として成立。先ず固関《こげん》が行われ、天皇の譲位意志を示す宣命《せんみょう》が読まれ、剣璽《けんじ》渡御《とぎょ》が行われる。⇒固関・宣命

尚衣局 しょういきょく　縫殿寮の唐名。

尚衣少監 しょういしょうかん　縫殿助の異称。

尚衣直長 しょういちょくちょう　内蔵助《くらのすけ》の異称。

尚衣奉御 しょういほうぎょ　内蔵頭、縫殿頭の異称。

小院 しょういん　①後宮の人びとの居所。太上天皇の居所を大院と称するのに対する。②古代の倉院。正税を収納するために設けた倉庫。

正員 しょういん　①律令官職制において、正規の職員、定員をいう。定員外は権《ごん》官《かん》・員外官《いんがいかん》。②中世、代官に対して本人をいう。

承引 しょういん　承知して引きうける、

承知する、聞きいれること。

醬院 しょういん　宮内省大膳職の別院。醬・未醬などの調味料を扱う。大膳職の西にあった。責任者は勾当《こうとう》で、安和二年(九六九)大膳亮宮道時忠が任ぜられている。

請印 しょういん　令制下、公文書に、内印(天皇御璽《ぎょじ》)や外印(太政官印)を捺《お》す儀式。

省印 しょういん　令制の八省の印のこと。方二寸四分の規格。印文は、例えば「治部之印」の四文字を二行に割って刻む。篆字・陽文の鋳銅製。

請雨 しょうう　祈雨《きう》とも、雨乞《あまご》いのこと、雨が降るよう神仏に祈る。

省営田 しょうえいでん　古代の中央官司たる省の直営田。とくに令制官田のうち宮内省の直営田を指す。のち官衙領の一部となった。

〈文献〉阿部猛『律令国家解体過程の研究』新生社。

饒益神宝 じょうえきしんぽう　「にょうやく」とも。皇朝十二銭の一つ、貞観元年(八五九)四月に鋳造された銅銭。鉛が多く品質はよくなかった。

荘園公領制 しょうえんこうりょうせい　中世社会の土台をなす土地制度を荘園制として把握するのが従来の常識であった。しかし、大田文の研究が進むと、中世社会においては、量的にも国衙領の存在の無視できないことが明らかになった。しかも、大田文に記載された公田を、領主的・国家的賦課の基準とする公田体制が、荘園・公領を貫く原理として存在することが認められると、荘園制概念のみで中世社会を説明することは片手落ちであるとされたのである。荘園と公領の内部構造については、両者に差異はないという学説は、すでに戦前にも存在した。

〈文献〉網野善彦『日本中世土地制度史の研究』塙書房。

荘園整理 しょうえんせいり　平安時代から鎌倉初期に朝廷が行った荘園の特権停止・制限に関する政策で、その法令を荘園整理令と称する。内容的に荘園整理令に相当する法は奈良時代から存在するが、ふつうは延喜二年(九〇二)から嘉禄元年(一二二五)に至る施策を指していう。但し、全国を対象としたもの(全国令)と一国単位のもの(一国令)がある。

〈文献〉坂本賞三『荘園制成立と王朝国家』塙書房。

荘園の習 しょうえんのならい　荘園における慣習(法)。荘民らが自己の主張を裏づけるために「諸国荘園の習い」とか「処処荘園の習い」を持ちだすことがあった。

荘園法 しょうえんほう　中世荘園領主の荘園支配のための法。平安後期の公家法と荘園在地の慣習法を土台に形成された法体系。

〈文献〉羽下徳彦「領主支配と法」(岩波講座『日本歴史 5』)。

荘園領主 しょうえんりょうしゅ　荘園を領有する貴族・寺社を指す。在地領主に対する概念。通常は本家・領家と称されるものをいう。

昇霞 しょうか　昇遐、升遐、登遐も同じ。帝など貴人が亡くなること。遐は遠くはるかの意で、天に昇ること。

牂牁 しょうか　⇒かし

唱歌 しょうが　①雅楽の笛・琴・琵琶などの楽器の旋律を口でうたうこと。②楽に合わせて歌うこと。

糵牙 しょうが　「しょうげ」とも。米の異称、白米のこと。

生害 しょうがい　①殺すこと。②自殺すること。「生害を遂《と》げる」という。

商客 しょうかく　旅あきんど、行商人。

定額寺 じょうがくじ　奈良・平安時代、一定の数を限って官寺に準じて鎮護国家を祈らせた寺。維持・経営費として官稲（灯分稲名義の出挙稲）を給されたが平安末期には有名無実となった。定額寺が衰退したあとは御願寺《ごがんじ》が取ってかわる。〈文献〉竹内理三『律令制と貴族政権 Ⅱ』御茶の水書房。

しょうがひげ　中世の、晩稲《おくて》の優良品種で、酒造用に宛てられた。

傷寒 しょうかん　前近代、高熱を伴う疾患をいった、熱病。現在のチフスの類という。

荘官 しょうかん　荘園の管理者。領主によって任命され、荘園の勧農《かんのう》、治安維持に当たった。田使《でんし》・田令《たつかい》・荘目代《しょうもくだい》・荘《しょう》領《りょう》・荘《しょう》預《あずかり》・荘別当《しょうべつとう》・専当《せんとう》・検校《けんぎょう》・荘《しょう》司《じ》・案主《あんず》・公文《くもん》・地頭《じとう》・下司《げし》・預所《あずかつしょ》など多様である。荘官には給与として給分、給田が与えられた。〈文献〉網野善彦『日本中世土地制度史の研究』塙書房。

上官 じょうかん　「しょうかん」とも。政官とも書く。太政官の下級事務職員のこと。公卿を除く、弁・少納言・外記・史などをいう。

条貫 じょうかん　物事の道理、すじ道。

貞観永宝 じょうがんえいほう　皇朝十二銭の一つ、貞観十二年（八七〇）正月に鋳造された銅銭。品質が悪かった。

荘官的名主 しょうかんてきみょうしゅ　中世荘園内で名主職を持つ有力者であって、荘官に任用された階層の者。

貞観殿 じょうがんでん　内裏後宮七殿のひとつ、常寧殿の北にあった。皇后宮の正庁が置かれたので中宮庁ともいう。また裁縫のことを掌る御匣殿《みくしげどの》の女官の詰所があったので御匣殿とも呼ばれた。東西七間、南北二間の規模。

承歓堂 しょうかんどう　豊楽院内の堂舎、豊楽殿の西方、北寄りにあった。元慶七年（八八三）渤海使節を饗応したときの大使の座となった。

荘官名 しょうかんみょう　荘官に与えられた給名。年貢は負担するが雑役は免除された。検注帳に「下司名」「公文名」などと明記される場合と、百姓名にまじって仮名《けみょう》で記載される場合とある。荘官名の経営については、所従《しょじゅう》・下人《げにん》の労働力によるものと、作人・小百姓・在家の請作によるものとがあった。⇒仮名　〈文献〉渡辺澄夫『増補 畿内庄園の基礎構造』吉川弘文館。

小儀 しょうぎ　朝廷で行う小規模な儀式。告朔《こうさく》・除目《じもく》・踏歌《とうか》・賭射《のりゆみ》・相撲節《すまいのせち》など。対は大儀。

床几 しょうぎ　室内で臨時に腰かけるとき用いる椅子《いす》、腰かけ。

将棋 しょうぎ　古代インドに始まる遊戯。盤上に王将以下の駒を配し、甲乙相

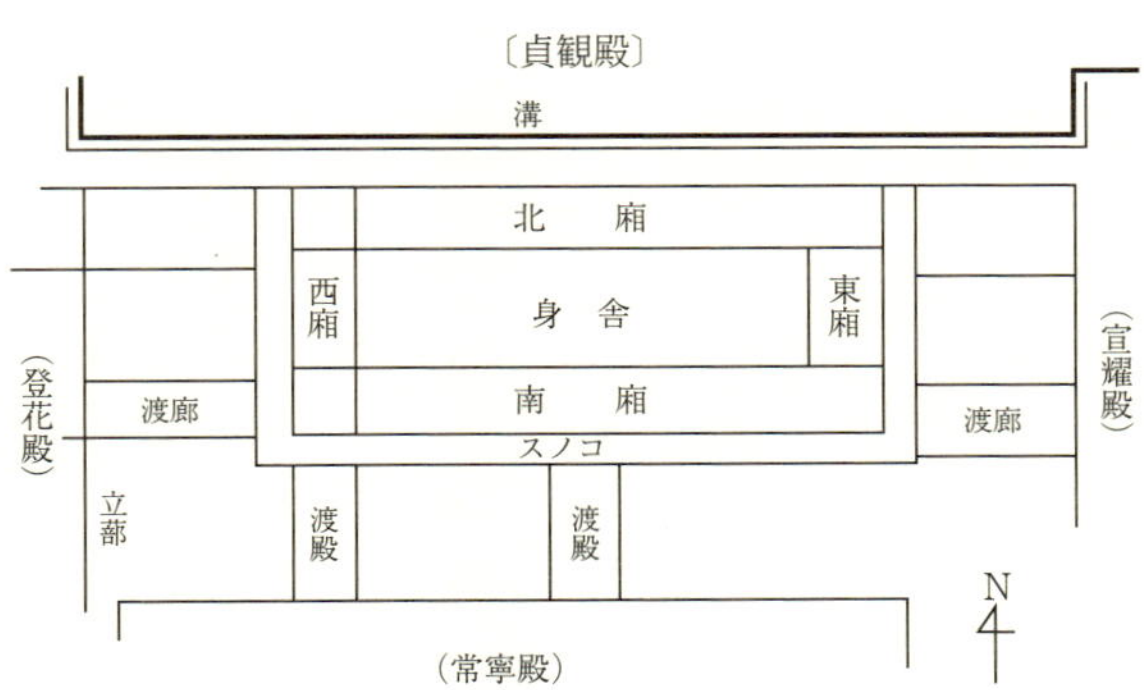

互に駒を進めてあい争う。平安末期から普及したが、盛んになったのは江戸時代からである。
〈文献〉増川宏一『将棋Ⅰ・Ⅱ』法政大学出版局。

仗儀 じょうぎ 仗議とも。陣定《じんのさだめ》のこと。⇒陣定

仗議 じょうぎ ⇒陣定《じんのさだめ》

章義門 しょうぎもん 八省院西回廊の南門。天皇即位のとき非参議三位以上の者がこの門から参入し西朝集堂に着いた。

請客使 しょうきゃくし 掌客使とも書く。正月の大臣家大饗に、尊者《そんじゃ》を迎えにその家まで派遣された使者。

承久新恩地頭 じょうきゅうしんおんじとう 承久の乱（一二二一年）に従軍し、その勲功賞《くんこうしょう》として地頭職を与えられた御家人地頭。

承久没収地 じょうきゅうぼっしゅうち 承久の乱（一二二一年）後に鎌倉幕府が没収した上皇方の所領。『吾妻鏡』は「およそ三千余箇所なり」と記している。その内容は、領家職・預所職・地頭職・下司職・郷司職・名主職など多様であった。没収地は関東御領とされたり御家人らに給与されたりした。
〈文献〉田中稔『鎌倉幕府御家人制度の研究』吉川弘文館。

松魚 しょうぎょ ⇒かつお

少卿 しょうきょう 小卿とも書く。大宰少弐のこと。

証鏡 しょうきょう あきらかな証拠のこと。

承香殿 じょうきょうでん 内裏の殿舎、仁寿殿の北、東片廂には内御書所《うちのごしょどころ》があった。東西七間、南北二間、天皇・女御の居処として用いられた。源和子（醍醐天皇）・徽子女王（村上天皇）・尊子内親王（円融天皇）・藤原元子（一条天皇）・藤原昭子（後三条天皇）・藤原道子（白河天皇）は承香殿を局とし、「承香殿の女御」と称された。

召禁 しょうきん 獄舎または適当な所に拘禁することで、押籠《おしこめ》と同じ。「関東御成敗式目」では、軽い悪口咎《あっこうとが》、殴人咎《おうにんのとが》の者（郎従以下）をこの刑に処した。

定公事田 じょうくじでん 荘園において、領主に対して年貢・公事・夫役を納入する義務を負った田地。公事・夫役を免除されて年貢のみ負う田が公事免田である。
〈文献〉渡辺澄夫『増補 畿内庄園の基礎構造』吉川弘文館。

〔承香殿〕

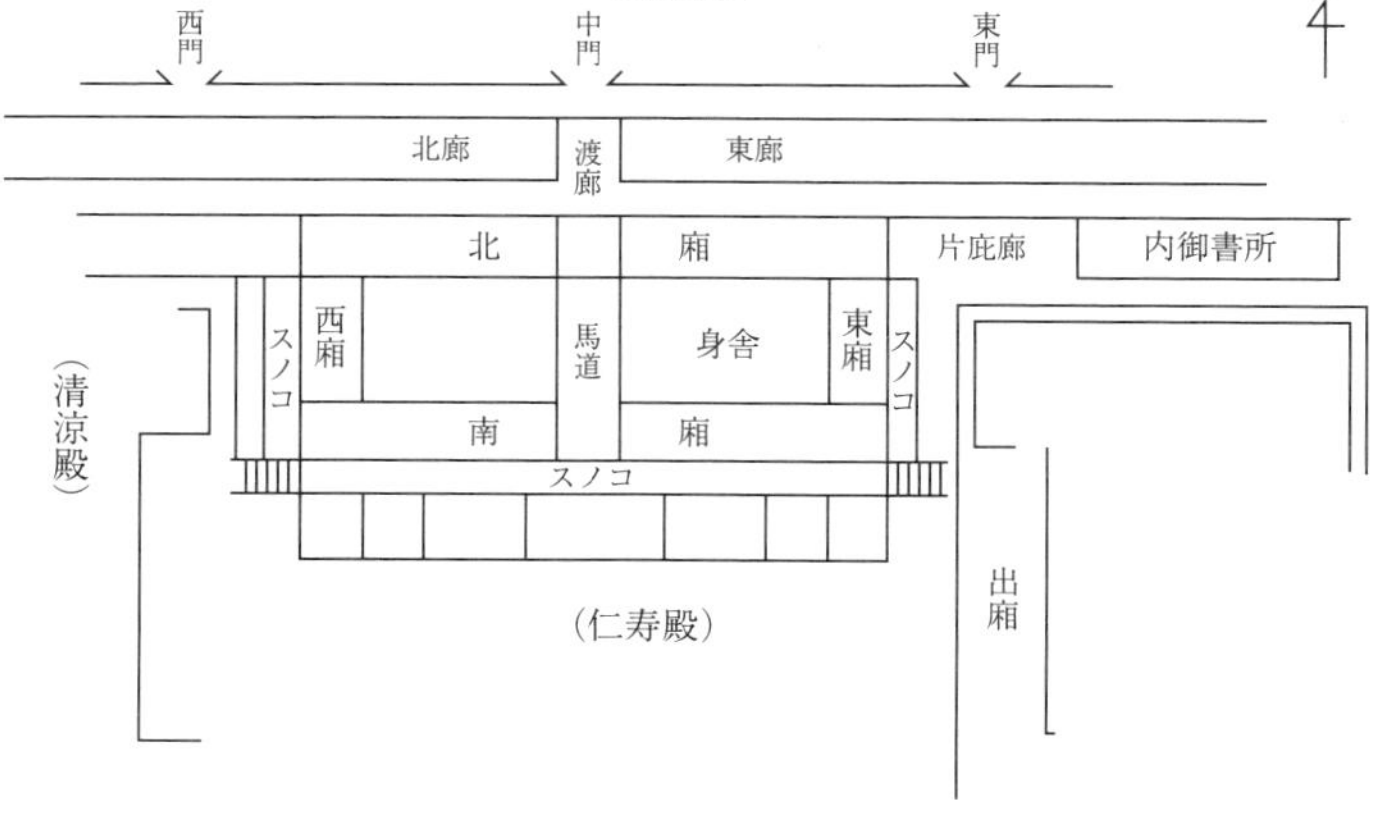

将軍 しょうぐん ①古代の軍制では、兵三〇〇〇、兵五〇〇〇、兵一万以上の軍に置いた統率者。もと臨時の官で、目的にしたがい征西将軍・征東将軍・征狄将軍・征夷将軍と称した。平安時代には鎮守府将軍が存続した。②鎌倉・室町幕府

の征夷大将軍の略。

昭訓門 しょうくんもん　八省院東廊の北門。大極殿での即位、御斎会などのとき官人らの通路となった。

小家 しょうけ　①中世、高野山領官省符荘で、脇在家《わきざいけ》のことを小家といった。小家三宇で免家《めんけ》（＝本在家《ほんざいけ》）一宇に宛てるとされた。②小さい家。③貧しい者の家。⇒免家・本在家・脇在家

〈文献〉江頭恒治『高野山領荘園の研究』有斐閣。

正家 しょうけ　中世、本在家《ほんざいけ》のことをいう。正家に対して、新たに増加した在家を脇住《わきじゅう》などと呼んだ。⇒本在家

荘家 しょうけ　①荘園現地の経営管理を行う機構、またその屋舎（管理舎と倉庫など）をいう。②荘園領主を指す。③荘家の一揆と称し、農民の惣的結合を基礎として年貢減免などの闘争が行われた。惣荘というほどの意か。

〈文献〉西岡虎之助『荘園史の研究　上』岩波書店。稲垣泰彦『日本中世社会史論』東京大学出版会。

上卿 しょうけい　①朝廷の諸行事を奉行《ぶぎょう》する公卿。②個別の朝儀や公事《くじ》を奉行する公卿の上首の者。③寺社に関する奏宣に専当する公卿。④記録所の長官。上卿の筆頭を一上《いちのかみ》といい、左大臣が一上になるのがふつうであった。恒例行事に参仕する公卿をあらかじめ定めることを上達部《かんだちめ》分配また公卿分配と称し、指名された公卿を分配の公卿、日《ひ》の上卿《しょうけい》（日上《ひのしょう》）と称した。

上計 じょうけい　すぐれたはかりごと、良策、上策。

不レ可二勝計一 しょうけいすべからず　⇒あげてかぞうべからず

昭慶門 しょうけいもん　朝堂院二十五門のひとつ。北殿門とも。基壇の上に建ち、正面五間、側面二間の規模。

召決 しょうけつ　中世、裁判所に原告・被告を召喚して対決させること。鎌倉幕府では、訴訟審理機関である引付《ひきつけ》で対決が行われた。

荘家の一揆 しょうけのいっき　南北朝・室町期に見える語。荘園制下、貢納・賦役に反対する、惣的結合を基礎とする農民闘争を指していう。農民闘争を、荘家の一揆から土一揆への発展としてとらえる見方と、荘家の一揆は荘園制の枠内での完結的（閉鎖的）闘争であって、土一揆への発展とする見方に否定的な見方が対立している。

〈文献〉稲垣泰彦『日本中世社会史論』東京大学出版会。

生気方 しょうげのかた　⇒吉方《えほう》

上家分 じょうけぶん　九州地方の荘園で見られる田・在家の把握の方式の一つ。上家分田地は名《みょう》に編成されない浮田で、これを請作する農民は、名主を介することなく直接に領主へ地子を弁進する。上家分在家もある。畿内の間田《かんでん》百姓に類するが、間人《もうと》とは異なり、その地位は百姓名主と同等である。⇒間人

〈文献〉工藤敬一『九州庄園の研究』塙書房。

証見 しょうけん　しるし、あかし、効験。⇒証験《しょうけん》

証験 しょうけん　「しょうげん」とも。しるし、あかし、証拠《しょうこ》となるもの、文書など。

正検注 しょうけんちゅう　大検注、実検注ともいう。領有地全域を対象として行われる検注。領主の代替わりに行われる。正検注の結果をまとめて、年貢賦課の基準となる定田《じょうでん》を確定し年貢を算定して記載した帳簿を正検注目録（正検目録）、丸帳《まるちょう》などという。

〈文献〉山本隆志『荘園制の展開と地域社会』

刀水書房。富沢清人『中世荘園と検注』吉川弘文館。

正検注目録　しょうけんちゅうもくろく　正検注の結果をまとめて、年貢賦課の基準となる定田《じょうでん》を確定し、年貢を算定し記載した帳簿、丸帳《まるちょう》ともいう。

正検取帳　しょうけんとりちょう　正検注の結果を記入した帳簿。田畠の所在・面積・作人などを調査し、一筆ごとに記載したもの。

〈文献〉富沢清人『中世荘園と検注』吉川弘文館。

鉦鼓　しょうこ　①雅楽で用いる打楽器。青銅製または黄銅製の皿型で、二本の桴《ばち》で打つ。②合戦で合図などに用いる、たたきがねと大鼓。

相沽　しょうこ　「そうこ」とも読むか、未詳。土地・家屋などを売却するとき、売主とともに売券に連署する者。同一の戸の成員が売却に同意し、同物件について権利放棄の意志表示をしたものと見ることができる。

商賈　しょうこ　商売、商人、商店のこと。

笑壺　しょうこ　⇒えつぼ

荘庫　しょうこ　⇒荘倉《しょうそう》

唱考　しょうこう　内定した官人の考（過去一年間の勤務評定）を、本人に内示すること。十月に行われ、五位以上は太政官が量《はか》り定めて奏聞《そうもん》し、六位以下は省が校定し太政官に申す。唱考は考を唱《とな》えること。養老五年（七二一）十月に、唱考の日には、三位は卿《きょう》と称し、四位は姓を称し、五位の官人については、名を先に姓をあとで称する作法が定められた。

相公　しょうこう　参議の異称。

荘号　しょうごう　号は名づけるの意。荘と号する、名づける、すなわち、一定の手続きを経て荘園として公《おおやけ》に承認されることを立券《りっけん》荘号といった。

常荒　じょうこう　荒野の一種。常々荒野の略。永年にわたって耕作されていない耕地のこと。荒地であるから、当然、租税・年貢は徴収されない。⇒荒田《こうでん》

上皇　じょうこう　⇒太上天皇《だいじょうてんのう》

成功　じょうごう　朝儀・法会の費用や、御所《ごしょ》・寺社の造営費用を提供することにより、官職や地位を得ること。売官・売位の慣わしは奈良時代からあり、平安時代中期には常態となり、成功によって受領に遷任されることはふつうのこととなっていた。

〈文献〉竹内理三『律令制と貴族政権　Ⅱ』御茶の水書房。

荘郷地頭　しょうごうじとう　荘園および公領の郷に置かれた地頭。郡地頭に対する語として用いられる。

承光堂　しょうこうどう　朝堂院十二堂の一つ、南北九間の規模。儀式のとき中務《なかつかさ》省《しょう》・図書寮《ずしょりょう》・陰陽寮《おんみょうりょう》官人の座が設けられた。

相国　しょうごく　大臣の異称。

譲国　じょうこく　⇒譲位《じょうい》

荘厳　しょうごん　①仏殿・仏像を飾ること。②おごそかであるさま。③知恵・福徳・善美を以て身や国土を飾ること。④悪事を重ねること。

仗座　じょうざ　⇒陣座《じんのざ》

勝載　しょうさい　船の積載量、輸送能力。⇒勝載料《しょうさいりょう》

上裁　じょうさい　当事者同士で問題が解決できずに、上位の者の判断を仰ぐこと。単に、裁判所の判断の意としても用いる。「上裁を仰《あお》ぐ」という。

上西門　じょうさいもん　大内裏西面の、一番北側の門。西土御門《にしつちみかど》ともいう。あまり用いられない門であった。

勝載料　しょうさいりょう　①古代に、船の

積載量。「勝載二百石の船」などという。②港湾泊地修理料として、入港の船舶から徴収した課税。やがて関料、勘過料を意味するようになる。〈文献〉新城常三『中世水運史の研究』塙書房。

匠作 しょうさく　修理職の異称。

正作 しょうさく　もと荘園における本所・領家の直営地のこと。中世には、一般に地頭・荘官の直営地を指していう。百姓を雇仕《こし》する手作り地というべきもの。〈文献〉豊田武『武士団と村落』吉川弘文館。

城柵 じょうさく　七～一〇世紀、辺境の防備と、唐・新羅の侵略に備えて設けられた官衙。①東北地方の蝦夷支配のための柵。②南九州の隼人支配のための柵。③唐・新羅の侵攻に備えて設けた山城。

将作監 しょうさくかん　木工寮、木工頭、修理職の異称。

匠作少尹 しょうさくしょういん　修理亮の異称。

将作少匠 しょうさくしょうしょう　木工助、修理亮の異称。

匠作大尹 しょうさくだいいん　修理大夫の異称。

将作大匠 しょうさくたいしょう　木工頭、修理大夫の異称。

笑止 しょうし　勝事とも。①異常なできごと、不吉なこと。②困ったこと。③気の毒に感じられること。④ばかばかしいこと。⑤恥ずかしいこと。

小使 しょうし　荘園や郡・郷で、所課の徴収また諸事の連絡役などをつとめた下級役人。

荘使 しょうし　奈良時代、荘園の管理に当たった荘官の一種。

省試 しょうし　律令制下、式部省が、大学・国学から推挙された者に行った官吏（文官）登用試験。

荘子 しょうじ　荘民の一種。延長二年（九二四）丹波国大山荘で初見。荘官と区別された田堵《たと》層。

床子 しょうじ　「そうじ」とも読む。方形の板の四隅に脚をつけた、机に似た形の腰かけ。上面は簀子《すのこ》張り。大床子《おおしょうじ》は清涼殿にある天皇の腰かけで、二脚ある。

荘司 しょうじ　①荘預・荘別当・荘検校・専当・下司・田所・案主など、荘園の管理者の総称。②下司のこと。〈文献〉竹内理三『寺領荘園の研究』吉川弘文館。

承仕 しょうじ　①寺院で、法事などの雑事に従う者。②仙洞・摂家・寺院で雑役をつとめる僧形の者。

上司 じょうし　荘園において、下司《げし》に対する語で、一般には預所の別称とされる。

定使 じょうし　「じょうづかい」とも読む。荘園・公領で、年貢・公事の徴収、検断のために現地に派遣される者。領家と現地の下司・公文らとの間の連絡に当たる。荘内に定使給田が設定される場合もある。〈文献〉渡辺澄夫『増補 畿内庄園の基礎構造』吉川弘文館。

畳字 じょうじ　①同じかな、漢字をくり返すこと、またその表記に用いる符号。踊《おど》り字、送り字《じ》。「皆々」「くよ〱」「凡ゝ」「坦ゝ」などの符号を用いる。②漢字の熟語。

条事定文 じょうじさだめぶみ　大宰府や諸国から申文《もうしぶみ》で太政官に申請された事柄について公卿らが陣座《じんのざ》で審議した経過を記録したもの。出席した各公卿の意見が記されている。〈文献〉谷口昭「諸国申請雑事―摂関期朝廷と地方行政―」（『中世の権力と民衆』）創元社。

定地子 じょうじし　⇒地子《じし》

荘質 しょうしち　中世、借主が借財を返済しないとき、貸主が借主の住む荘の住民の財貨を差押えること。

上　日　じょうじつ　官人の勤務日数。在京職事官は半年に一二〇日、長上官は年間二四〇日以上の出勤日数がないと考課(勤務評定)を受けることができない。

正地頭　しょうじとう　地頭代官に対して本来の地頭をいう。正員《しょういん》地頭ともいう。

上巳祓　じょうしのはらえ　三月最初の巳《み》の日に、水辺で邪気をはらう行事。中国伝来の行事。穢《けがれ》の移った衣服や、身を撫《な》でた衣服や人形《ひとがた》を陰陽師に祓えさせ、これを川や海に流す。平安京では鴨川で行うのがふつうであった。祓の行事と子どもの人形《にんぎょう》あそびが一つになって、のちの三月三日のひな祭となる。
〈文献〉中村義雄『魔よけとまじない』塙新書。

尚舎局　しょうしゃきょく　主殿寮の唐名。

尚舎直長　しょうしゃちょくちょう　主殿助、掃部助の異称。

尚舎奉御　しょうしゃほうぎょ　主殿頭《とのものかみ》、掃部頭《かもんのかみ》の唐名。

承秋門　じょうしゅうもん　豊楽院十九門のひとつ。「内裏式」に「左右馬寮引二青馬一入レ自二延明門一(中略)毎二七匹一前後寮官人分レ陣、出レ自二承秋門一、経二永観堂後一、出レ自二万秋門一」と見える。

承秋楽　しょうしゅうらく　唐楽。盤渉調《ばんしきちょう》の曲。管絃専用の曲。いま廃絶し、伝わらない。

招俊堂　しょうしゅんどう　豊楽院九堂のひとつ、九間×二間の堂。長保二年(一〇〇〇)四月雷火のために焼亡。

詔　書　しょうしょ　臨時の大事な国事についての天皇の命令を伝える文書。事の重要度により五形式あり、その書き出しの文が定められている。文体は宣命体《せんみょうたい》である。
〈文献〉佐藤進一『古文書学入門』法政大学出版局。

尚　書　しょうじょ　太政官の大弁・中弁の唐名。

上　所　じょうしょ　⇒あげどころ

将　将　しょうしょう　⇒いでいで

小　稱　しょうしょう　大称に対して三分の一に当たる。金・水銀などを稱《はか》るのに用いる量目。小銖《しゅ》・小両・小斤の三種がある。⇒大稱

小　升　しょうしょう　⇒大升《だいしょう》

証　状　しょうじょう　①証明に役立つ書類、証文。②中世、幕府の訴訟制度で、証人が起請の詞をのせて裁判所に提出した文書。

少　丞　しょうじょう　少弁の異称。

丞　相　じょうしょう　大臣の異称。

精進供御人　しょうじんくごにん　中世、山城国久世郡の精進御薗《みその》(菜園)から天皇に精進食品を貢進した供御人。源流は令制下の園池司《えんちし》や大膳職《だいぜんしき》にあったと思われる。黄瓜《きうり》供御人、蓮根《れんこん》供御人、竹子《たけのこ》供御人、唐納豆《からなっとう》供御人、蒟蒻《こんにゃく》供御人、唐粉《からこ》供御人、素麵《そうめん》供御人などがあった。

精進屋　しょうじんや　「しょうしや」とも読む。精進潔斎するために籠《こも》る所。

荘　主　しょうす　「しょうしゅ」とも読む。室町時代、禅宗寺院で、地方の寺領荘園を管理した荘官。給主、代官ともいわれた。年貢収入額の一〇～二〇パーセントを得分とした。
〈文献〉今谷明『戦国期の室町幕府』角川書店。

賞　しょうす　効力を認めるの意。「帯二建治元年後状一之上、永仁以後至二暦応一度々勅裁被レ賞二後状一歟」と用いる。

省　図　しょうず　古代、民部省に保管されていた班田図などの田図。

祥　瑞　しょうずい　①めでたいしるし、吉祥。②君主に徳があり善政を施せば天は祥瑞を下し、失政があれば天譴を下すと

いう思想が中国から伝来し、古代では祥瑞の出現が重要視された。令制では、祥瑞は図書に照らして大瑞ならば即時上奏し、上瑞以上は翌年元旦にまとめて奏聞された。祥瑞出現を機に改元も行われた。〈文献〉福原栄太郎「祥瑞考」（『ヒストリア』六五）。

条数 じょうすう ①箇条書き。②起請文。③契状。

正税 しょうぜい 律令制下、徴収した田租（穎稲）を正倉に収納するとこれを正税と称した。天平年間、各種の官稲が正税に一本化され、その出挙利稲が官衙の諸費用を賄うようになると、出挙本稲を正税というようになった。〈文献〉村尾次郎『律令財政史の研究』吉川弘文館。村井康彦『古代国家解体過程の研究』岩波書店。

正税帳使 しょうぜいちょうし ⇒税帳使《ぜいちょうし》

正税返却帳 しょうぜいへんきゃくちょう 正税帳勘会が行われて、勘出額が限度（国の大小により四〇〇〇束から一万束まで）を超えた場合に、返却理由と内容を記録して民部省に報告された主税寮解で、返却される本帳に添えられた。〈文献〉阿部猛『北山抄注解 巻十吏途指南』東京堂出版。

勝絶 しょうせつ 雅楽の音名、十二律の一つ、洋楽のへ音に相当する。

小（少）選 しょうせん ⇒小時《しばらくして》

上宣 じょうせん 宣旨のうち、上卿《しょうけい》の責任で発するもの。いまひとつは奉勅宣旨《せんじ》。⇒宣旨

成選 じょうせん 「せいせん」とも。律令官人制で、官人が勤務評定の結果、叙位の資格を認められること。〈文献〉野村忠夫『律令官人制の研究』吉川弘文館。

成選位記 じょうせんいき 毎年四月十五日に成選人に授ける位記。位記召給《めしたまい》ともいう。毎年の考（選考成績）を一定年数重ねて選考の対象となることを成選という。成選人の名簿に少納言が内印を請《こ》い位記を作る。内印は五位以上の位記に捺される。

成選短冊 じょうせんたんざく 奏授の対象となる成選人に関する短冊。四月七日に擬階奏文《ぎかいのそうもん》とともに天皇に奏上される。この儀は擬階奏ともいわれる。天皇の裁可を経て位記が作成され、式部省・兵部省で請印ののち、四月十五日に授位される。⇒擬階奏

荘専当 しょうせんとう 平安時代、荘園の管理者である荘司のひとつ。荘《しょう》預《あずかり》ともいわれる。

章善門 しょうぜんもん 朝堂院二十五門のひとつ、五間三戸の門。保元三年（一一五八）二条天皇の即位に際して章善門を修造し、藤原忠通の書いた額を掲げた。

請僧 しょうそう 法会などに僧を招くこと、また招かれた僧をもいう。

請奏 しょうそう 平安時代、諸司が太政官に諸事につき請求の願を出すこと。例えば、行事の用途（費用）の支出を求めるなど。

正倉 しょうそう 令制下、官の倉をいう。諸官司・国・郡の倉庫のこと。いずれも木造で、倉の側壁を形成する校木の形状によって、甲倉《こうくら》・板倉・丸木倉などと呼ばれる。〈文献〉村尾次郎『律令財政史の研究』吉川弘文館。

荘倉 しょうそう 荘園の倉庫。荘園内で徴取した米穀類を貯積する。〈文献〉西岡虎之助『荘園史の研究 上』岩波書店。

寺用相折帳 じようそうせちちょう 相折とは分割して支払うこと。費用を定めて支出

することを。寺の諸種の用途、法会などの費用に、財源・財物を配分・配当することを相折と称し、その帳簿。
〈文献〉宝月圭吾『中世量制史の研究』吉川弘文館。

荘惣追捕使職　しょうそうついぶしじき　国郡の追捕使に倣うもので、犯罪行為があったとき、罪人の追及・捕縛《ほばく》を行うもの。荘園内で年貢未進などを理由に百姓の財物を押取ることにも関与した。

正蔵率分所　しょうぞうりつぶんしょ　大蔵省の倉庫正蔵院の中の率分所。大蔵省に収納する諸国貢納物のうち旧年の未納・未進分を一定の比率で塡納させる率分制に基づいて収納された物を別置する倉庫。比率（率分）は一〇分の一、のち一〇分の二とされた。

消　息　しょうそく　「しょうそこ」とも。①衰えることと盛んになることで、うつりかわり。②変化のありさま。③案内を乞うこと。④手紙。

装束仮　しょうぞくか　装束とは身支度、よそおいの意。国司に任命されると、近国は二〇日、中国は三〇日、遠国は四〇日（「延喜式」では六〇日）の赴任準備期間が与えられた。これを装束仮がすぎても赴任しない者は処罰される。
〈文献〉阿部猛『北山抄注解 巻十吏途指南』東京堂出版。

焼　損　しょうそん　①炎旱のために作物が枯れ損ずること。②火災で焼け失《う》せること。

定　損　じょうそん　荘園・公領において旱水損にかかわりなく、予め一定の率を以て損免を認めることがあり、これを例損、定損といった。古代・中世においては、農業経営は必ずしも安定的ではなかったから、一定度の損免を予め決めておく慣わしがあったのである。

條　帯　じょうたい　⇒くみおび

消　旦　しょうたん　⇒きえがて

相　知　しょうち　売券に売主とともに署判する者。⇒相沽《しょうこ》

上　地　じょうち　⇒あげち

常　地　じょうち　古代・中世の売券に「限二常地一売与」「常地売与」などと見える。永財・永地と同様の意で、永代売買に当たる意で用いられる。常土も同じ。
〈文献〉鈴木哲雄『中世日本の開発と百姓』岩田書院。

上柱国　じょうちゅうこく　正二位の異称。

抄　帳　しょうちょう　①中世の大田文の記載のうち、仏神田などの除田を除いた公田部分のみ抄出した帳簿。②古代、主計寮が保管する調庸および諸国交易雑物などの返抄（請取状）の案。③返抄案と調帳・調帳枝文との総称。

正　長　しょうちょう　①弘仁十四年（八二三）大宰管内に設置された公営田《くえいでん》の現地管理者。村里の幹了《かんりょう》なる者を任じた。また元慶三年（八七九）畿内五か国に設置された官田の現地管理者で、力田《りきでん》の輩《ともがら》を任じた。
〈文献〉阿部猛「弘仁十四年の公営田制について─研究史的に─」（『帝京史学』六、『日本荘園史の研究』同成社、所収）。

荘　長　しょうちょう　正長とも書く。平安前期、荘園の現地管理者、荘官の一種。上層田堵、私営田領主中から選ばれた。
〈文献〉戸田芳実『日本領主制成立史の研究』岩波書店。

勝徴符　しょうちょうふ　⇒せりちょうふ

椒　庭　しょうてい　皇后の宮殿、後宮、椒房、皇后の異称。もと中国漢代に、皇后の宮殿の壁に山椒《さんしょう》の実を塗り込めたことによる呼称。山椒は室を暖めまた邪気を払うという。

障　泥　しょうでい　⇒あおり

昇殿 しょうでん　平安時代から、四位・五位および六位蔵人が清涼殿の殿上間《てんじょうのま》に昇ること。昇殿を許された者が殿上人《てんじょうびと》、昇殿できぬ者を地下人《じげにん》という。

荘田 しょうでん　広義には荘園を構成する田地のこと。また、立荘に際して租税免除の特権を認められた本免田をさす。また、名田以外の田地をさすこともある。

定田 じょうでん　荘園において、年貢・公事の賦課対象とされる田地。川成・常荒・仏神田・給免田・佃・正作・井料田など（除田）を除いた部分の田地。〈文献〉竹内理三『土地制度史 I』山川出版社。

乗田 じょうでん　剰田とも。口分田・位田・職田などを班給した剰余の田地の意で公田と称された。将来、口分田として班給すべく予定された田地という定義もある。乗田の地子は太政官に送られた。〈文献〉彌永貞三『日本古代社会経済史研究』岩波書店。

上田 じょうでん　⇒田品《でんぽん》

荘田収公 しょうでんしゅうこう　荘園の租税免除などの特権を有する田地（本免田）の特権を否定し課税すること。〈文献〉阿部猛『日本荘園成立史の研究』雄山閣出版。

常土 じょうど　⇒常地《じょうち》

正頭 しょうとう　室町幕府の所領関係訴訟を扱う五方引付の頭人《とうにん》。足利一族の吉良・石橋氏らが任ぜられた。以外の摂津・二階堂氏らは権頭《ごんとう》と呼ばれた。

上頭 じょうとう　⇒うえとう

上東門 じょうとうもん　平安宮外郭東面の門。掖門で土御門《つちみかど》と称された。屋根もなく、額《がく》もなかった。摂政・右大臣藤原忠平は承平二年（九三二）牛車で上東門から入ることを勅許された。

定得田 じょうとくでん　荘園において、見作田のうち除田《じょでん》を除いた残りの田地。年貢・公事などを負担する部分の田地。⇒除田

章徳門 しょうとくもん　八省院の会昌門《かいしょうもん》の東廊にある掖門。左廂門ともいう。即位の儀には、外弁《げべん》の鼓を合図に門が開かれた。

城南寺祭 じょうなんじまつり　平安京の南方（現在の伏見区）にあった城南寺の祭礼（御霊会）。この地に鳥羽殿が造営されて祭は盛大となり、神輿・神馬・風流《ふうりゅう》の行列が行われ、競馬《くらべうま》も行われた。祭日は九月二十日。

商人 しょうにん　物品の交易・売買に従事する者の総称。市で客を待つ市人《いちびと》、商品を荷って村々をまわる行商人、隊商を組んで遠隔地を往来する大商人、都市に店鋪を構える小売商人、港湾や陸上交通の要衝などに倉庫を構え大量の商品を扱う問屋商人などさまざまである。寺社・権門の神人《じにん》・寄人《よりうど》、散所雑色《さんじょのぞうしき》、供御人《くごにん》などの身分を帯びて、その庇護を受け、座《ざ》を形成していたが、中世末期には独立性のつよい商人が生まれてきた。古代・中世社会では、商行為はいやしいこととされ、人をだましてでも利得を追求するのが商人であると見られていた。〈文献〉豊田武『日本商人史　中世篇』東京堂出版。

上人 しょうにん　①身分の高い人。②物の道理をわきまえた人。③聖人（僧侶）。④一二世紀、東大寺大仏供白米などを納入した者。納入のときに出された返抄《へんしょう》（請取状）などに名が見える。白米等を負担する名《みょう》を構成する私領主《しりょうしゅ》であって、単なる運上者（運脚）ではない。〈文献〉阿部猛『日本荘園史』大原新生社。

償人 しょうにん　奈良時代、債務不履行の場合、債務者にかわっ

て債務弁済の義務を負った者。

証人奉行 しょうにんぶぎょう　室町幕府の訴訟制度で、訴論人の口頭弁論の際に、訴人奉行・論人奉行の他に出席する奉行で、二人出席する。一人は書記、一人は弁論の進行を監察した。

商人船 しょうにんぶね　⇒あきんどぶね

常寧殿 じょうねいでん　内裏の殿舎のひとつ、承香殿の北にある。身舎は七間×二間で四面に廂《ひさし》の間《ま》がある。後宮の中心殿舎で、しばしば天皇の在所となった。天皇が五節舞姫を御覧になる帳台試《ちょうだいのためし》が行われ、ために五節所とも称された。

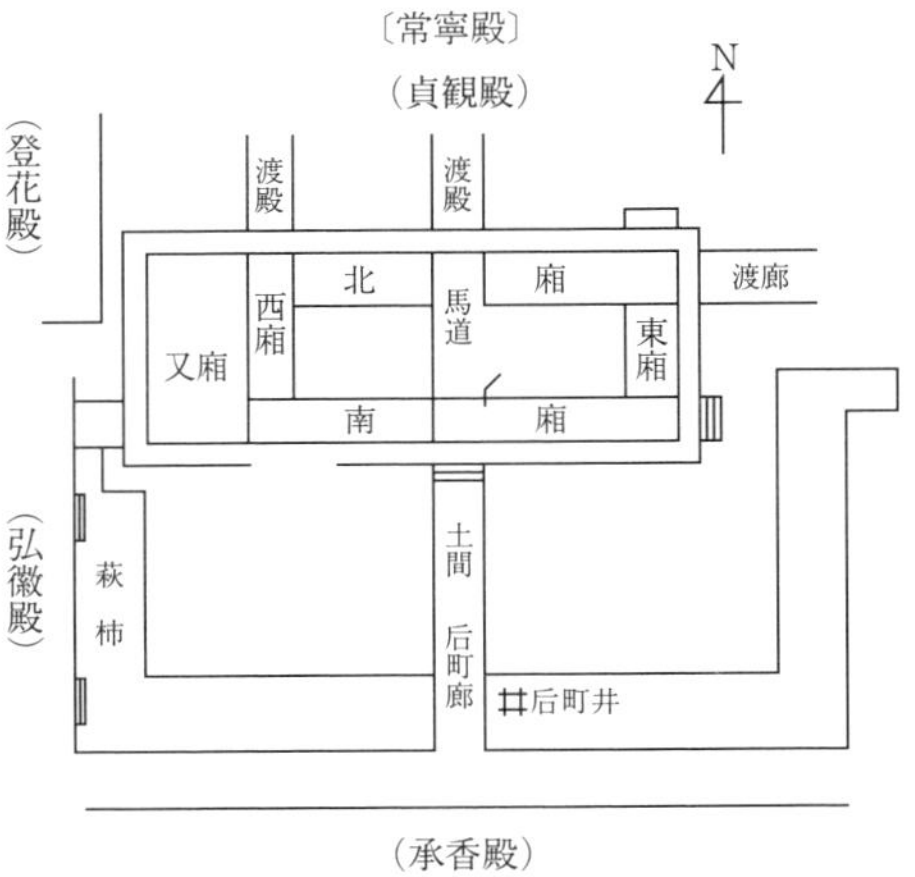

小拝 しょうはい　軽く頭を下げる礼のしかた。

省佰 しょうばく　⇒省陌《せいひゃく》

証判 しょうはん　証文類の余白に記された、その文書に対する承認・確認の意をあらわす文言と署判。外題《げだい》与判《よはん》ともいう。売券・譲状・施入状・寄進状などの袖《そで》、奥または裏に記される。

〈文献〉佐藤進一『古文書学入門』法政大学出版局。

上番 じょうばん　番を結んで交替勤務するとき、勤務につくことを上番、勤務から下りることを下番《げばん》という。

相伴衆 しょうばんしゅ　室町幕府将軍が宴に臨むとき、その席に陪従して相伴をつとめる者で、山名・一色・細川・畠山・赤松・佐々木ら諸家から選ばれた。

焦尾 しょうび　琴《こと》の異名。

賞美 しょうび　称美とも書く。ほめたたえること。「人々称美すること限りなし」などと用いる。

焼尾 しょうび　平安時代、官に就いた者が酒宴を設けること。任官者に強要し祝い酒を飲むこと。もと中国唐代に、焼尾荒鎮といって、叙位・任官の際に本人に饗応を強いたのが始め。わが国では天平宝字二年（七五八）、貞観八年（八六六）に焼尾を禁じたことがあった。

正百姓 しょうびゃくしょう　中世、年貢・公事を正規に負担する百姓。脇在家に対する本在家、脇位に対する正家、間田百姓に対する名主百姓など。

正表 しょうひょう　⇒上表《じょうひょう》

上表 じょうひょう　正表も同じ。①主君に文書をたてまつる、上書、上疏。②辞表を提出すること、致仕《ちし》に同じ。③以上の文書をもいう。

召符 しょうふ　鎌倉幕府訴訟制度において、裁判所が論人に対して陳弁のため出頭を命ずる文書。召文《めしぶみ》ともいう。

相府 しょうふ　大臣の異称。

少府 しょうふ　内蔵寮、内匠寮の異称。

商布 しょうふ　⇒たに

傷風 しょうふう　高熱を伴う風邪《かぜ》の一種。

少府監 しょうふかん　内蔵頭、内匠頭、宮内卿の異称。

尚復 しょうふく　講書の際に、講師を補佐する役職。天皇・東宮の読書・講書には二〜三人が任命され、学生・得業生がつとめた。

昌福堂 しょうふくどう　八省院十二堂のひとつ。七間×二間。儀式には太政大臣・左右大臣・納言・参議らの座となる。また御斎会の布施堂となる。

少府少監 しょうふしょうかん　内蔵助、内匠助、宮内輔の異称。

肖物 しょうぶつ　⇒あえもの

常武楽 じょうぶらく　常雄楽ともいう。高麗楽の曲名。壱越調。退出音声として用いられ、舞はない。

上聞 じょうぶん　主君のお耳に入れる。「上聞に達する」と用いる。

上分 じょうぶん　もとは神仏に上納する貢進物のこと。上分を「ハツオ（初穂）」と称することがある。土地からの貢納物は地利上分と称し、商業・交易に伴う収益の一部を上納するときは交易上分、津之上分などといった。中世末期には年貢を意味する言葉となる。

〈文献〉網野善彦『日本中世土地制度の研究』塙書房。

上分銭 じょうぶんせん　⇒上分《じょうぶん》

上分田 じょうぶんでん　⇒上分《じょうぶん》

上分米 じょうぶんまい　⇒上分《じょうぶん》

正分名主 しょうぶんみょうしゅ　闕所名《けっしょみょう》を一時的に預作する名主のこと、当名主《とうみょうしゅ》のことする説などあるが未詳。上分名とも書かれ、中世、備中国新見荘《にいみのしょう》で見える。⇒当名主

〈文献〉杉山博『庄園解体過程の研究』東京大学出版会。

常平所 じょうへいしょ　平安初期、米価の安定を図るために官が設けた施設。米価の安いときに購入備蓄し、米価高騰のとき売却して米価を調節しようとしたもの。但し十分な効果を挙げることなく年中行事化した。

荘別当 しょうべっとう　荘園の現地管理人である荘官の一種。

商変 しょうへん　⇒あきかえし

椒房 しょうぼう　椒庭《しょうてい》も同じ。①皇后の御所。②皇后のこと。⇒椒庭

上品絹 じょうぼんのきぬ　上質の絹。⇒凡絹《ほんけん》

升米 しょうまい　関税の一種、船が積む物品、とくに米に対する課税。⇒勝載《しょうさい》料《りょう》

〈文献〉相田二郎『中世の関所』吉川弘文館。

舂米 しょうまい　「つきしね」「つきよね」とも読む。稲穀のもみがらを除いたもの。穎稲《えいとう》一束＝穀《こく》一斗＝舂米五升となる。古代では、米を舂くのは女性の仕事であった。

正米 しょうまい　現にある米、現物。

升蒔 しょうまき　⇒蒔《まき》

荘枡 しょうます　荘園領主が、所領荘園から徴収する年貢米の計量に用いる枡。荘納斗、荘本斗などという。

〈文献〉宝月圭吾『中世量制史の研究』吉川弘文館。

荘政所 しょうまんどころ　中世荘園において、現地の下地の管理、年貢の収納などに当たる機関。在地荘官層によって組織された。

〈文献〉工藤敬一『九州庄園の研究』塙書房。

声明 しょうみょう　もとは古代インドのバラモン教の梵語音韻学であったが、わが国に伝わってのち平安時代には文法的要素が失われて、漢訳経典の読誦法となり、梵唄《ぼんばい》と合体して仏教の儀式用音楽の意となった。

荘民 しょうみん　荘園内の住民。百姓名主・在家住人を中心として、間田作人・所従・下人をも含む。初期荘園では荘専属の荘民は存在しなかったが、一〇〜一一世紀を通じて寄作人《きさくにん》の荘民化が進められ、専属の荘民（荘住人）を据えた安定した荘園経営が行われるようになった。

〈文献〉村井康彦『古代国家解体過程の研究』

岩波書店。

荘務 しょうむ　荘園支配の権能。勧農・検注・年貢の収納と権断の権能。荘務権は、元来は国衙の保有する国務を分割継承したものである。
〈文献〉永原慶二『日本封建制成立過程の研究』岩波書店。

松明 しょうめい　⇒たいまつ

承明門 じょうめいもん　内裏内郭十二門のひとつ、五間戸三面の檜皮葺《ひわだぶき》、紫宸殿正面の門で、建礼門の北にある。儀式のとき、この門から出入りするのは五位以上の官人のみ。

定免 じょうめん　浮免田《うきめん》の下地《したじ》を定め、坪《つぼ》を固定すること。⇒浮免・下地
〈文献〉阿部猛『日本荘園史』大原新生社。

条目 じょうもく　①中世、書状で一書《ひとつがき》(箇条書)としているもので覚書《おぼえがき》、条書ともいう。戦国時代、武将間で約束を交わすときなど、この様式の文書が用いられた。②箇条書になっている法会・規則。
〈文献〉相田二郎『日本の古文書　上』岩波書店。

荘目代 しょうもくだい　①いわゆる初期荘園における荘官の一種。②地頭職の別称。鎌倉初期、九州の島津荘に所見。
〈文献〉阿部猛『中世日本荘園史の研究』新生社。

小目代 しょうもくだい　①古代の国司目代の代理人。②中世、国衙の検非違所また郡に置かれた官。③室町時代、代官の代理人、又代官《またたいかん》。

抄物 しょうもつ　①書物などの抜書きしたもの。②「しょうもの」と読み、漢籍・仏典、国書などを注釈した講義録。講義の筆記であるので、当時の口語《こうご》研究の資料として貴重である。

正文 しょうもん　案文《あんもん》に対する語。差出人が自分じしんで書いた文書で、原本、本物と称する。有筆《ゆうひつ》の手に成るものでも、差出人が署判したものは正文と呼ぶ。
〈文献〉佐藤進一『古文書学入門』法政大学出版局。

証文 しょうもん　契約関係、権利の授受関係を証明する文書。譲状《ゆずりじょう》、売券《ばいけん》、借用状、和与《わよ》状、相博《そうはく》状、去《さり》状、預《あずけ》状など。
〈文献〉相田二郎『日本の古文書　上・下』岩波書店。

声聞師 しょうもんじ　唱聞師とも。①元日の朝、宮中の日華《じっか》門《もん》に来て毘沙門経《びしゃもんきょう》の文句を訓読し祝儀を行う者。②人家の門に立ち金鼓を打ち簓《ささら》をすって経文を唱え物請いをする者。

城門郎 じょうもんろう　監物の異称。

庄屋 しょうや　①荘園の下級荘官、政所・沙汰人。②江戸時代の村役人、東日本では名主《なぬし》、西日本では庄屋の称が多いという。
〈文献〉西岡虎之助『荘園史の研究　上』岩波書店。

請益 しょうやく　「せいやく」とも。①儀式のとき、あいてに会釈《えしゃく》して許を乞う。②教えを請う。③古代、中国大陸に渡った短期留学者。僧であれば請益僧という。

定役 じょうやく　領主・地頭が農民に課した恒例の公事・夫役のこと。

小揖 しょうゆう　朝廷での礼儀作法の一つ、笏をとって腰を折る敬礼のしかた。

乗輿 じょうよ　①天子の乗物、輿はこしのこと。②天皇を指していう。

従容 しょうよう　縦容、松容とも書く。①気持がゆったりとしていること。②貴人のごきげん。③貴人に伺候すること。④貴人と談話すること。⑤貴人の閑暇なること。

昭陽舎 しょうようしゃ　後宮五舎のひとつ、内裏北東部にあり、南北二舎で、おのおの五間四面。東庭に梨《なし》の木があり梨壺《なしつぼ》と

呼ばれた。天暦五年（九五一）撰和歌所が置かれ、藤原伊尹以下五人（梨壺の五人）が候して『万葉集』の訓詁と『後撰和歌集』の撰集に当たったのは著名である。

将　来　しょうらい　①持ってくること、もたらす。「自二妻家一将来之財物」など。②ひき従える、つれてくること。「所二将来一窃盗一人、於二門前一令レ問」と用いる。③ある結果を招く。④これから先、前途。「為レ備二将来之廃亡一也」と用いる。

請来目録　しょうらいもくろく　古代、中国への留学僧らが持ち帰った経典や道具などの目録。

上　洛　じょうらく　古訓は「しょうらく」とも。地方から都へのぼること。洛は中国の洛陽の略。みやこのこと。

翔鸞楼　しょうらんろう　朝堂院の楼門。応天門の南西にあった。貞観八年（八六六）応天門炎上のとき、この楼も焼けた。

正　理　しょうり　「せいり」とも。正しい道理。「仰二正理之貴一」（しょうりのたっときをあおぐ）と用いる。

条里制　じょうりせい　古代・中世に行われた耕地の方格地割制。六町（約六五〇メートル）間隔に土地を東西南北に区画し、東西（横）の列を条、南北（縦）の列を里と称し、起点から番号をつけ、一条・二条・三条…、また一里《り》・二里・三里…と称する。方四町の区画内を三六の小区画にわけ、起点から一坪・二坪・三坪…とかぞえ三六坪に至る（千鳥式と平行式の二様がある）。一坪は一町歩（一〇段）の広さ。

〈文献〉金田章裕『条里と村落の歴史地理学研究』大明堂。

条里制村落　じょうりせいそんらく　古代の地割制度条里プランに規制された耕地を耕

〔条里制〕

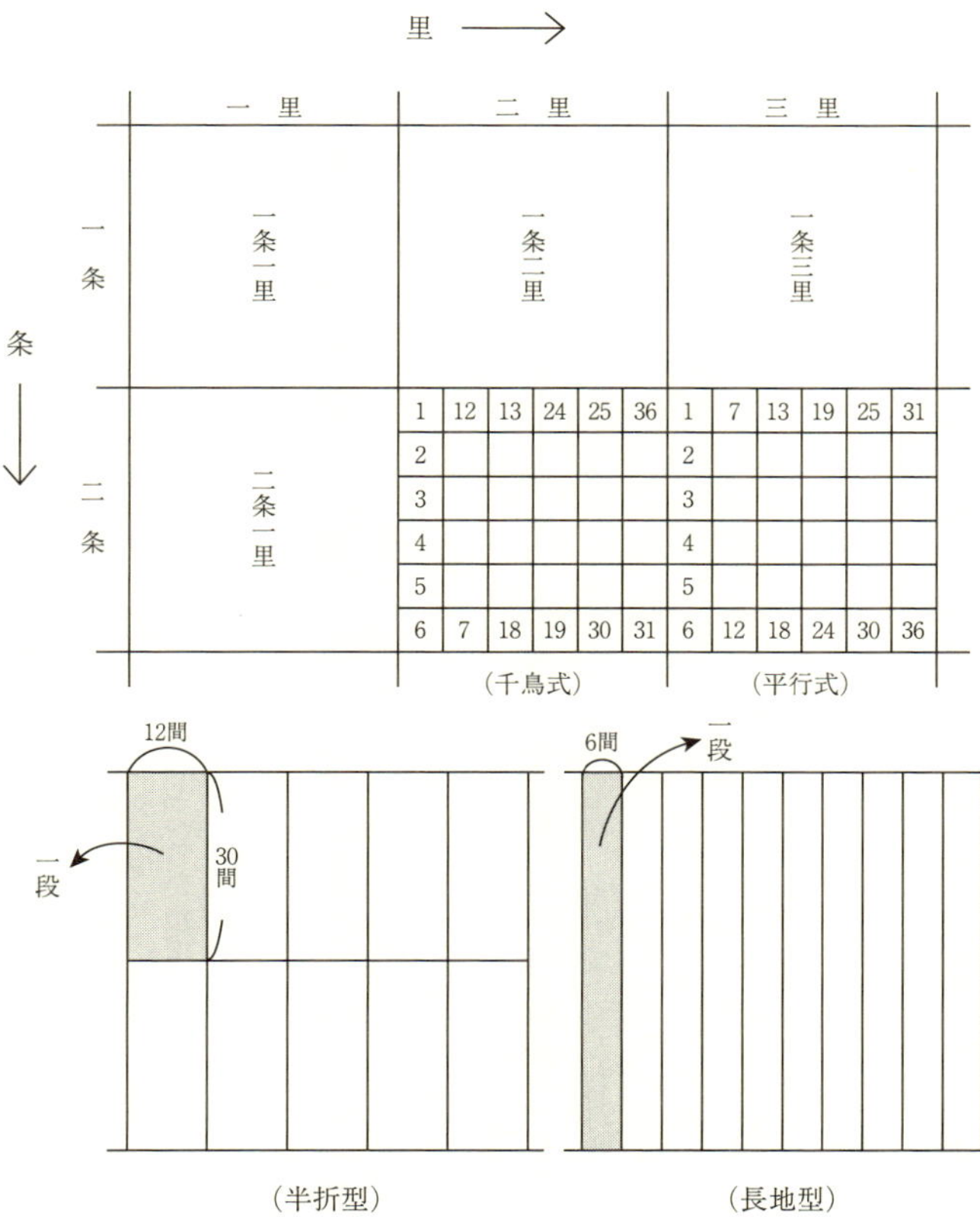

作する人びとの形成した集落。奈良・平安時代、一般には小村・疎塊村あるいは、まばらな屋敷分布の集落形態をとった。しかし、一部では平安末期から、一般には一四世紀頃から集村化現象が広汎に起こった。

〈文献〉金田章裕『条里と村落の歴史地理学研究』大明堂。

荘立用　しょうりゅうよう　立用とは、特定の用途のために支出する意。荘園において徴収した年貢のうち荘園現地で支出されるものをいう。荘園内の寺社の祭礼やムラの年中行事、また荘官等の給分などが含まれる。散用状の記載では除分とされる。

〈文献〉阿部猛「荘園における除分について」（『歴史学研究』三三七、『日本荘園史の研究』同成社、所収）。

荘　領　しょうりょう　奈良時代、荘園の現地管理者（荘官）の一種。領は、取締る、統領するの意。

商　量　しょうりょう　事の由来、方法、善悪などを、あれこれ考えること。

秤量貨幣　しょうりょうかへい　使用に際して品位を検し量目を秤《はか》る貨幣。砂金・練金・延《のべ》金・板金・挺銀などはこれである。

〈文献〉小葉田淳『日本の貨幣』至文堂。

寺用陵遅　じょうりょうち　寺の経済の衰退。寺院財政の窮迫。

承涼楽　しょうりょうらく　雅楽の曲名。唐楽。黄鐘調の曲。廃絶して伝わらない。

上　林　じょうりん　①中国の長安の西にあった御苑上林苑。②天子の御苑。③上林苑の果実から、果物《くだもの》の異称となる。④転じて酒の肴《さかな》。酒を下若《かじやく》というのに対する。⑤ごちそう。

荘　例　しょうれい　特定の荘園における慣例、慣習法。

鐘　楼　しょうろう　「しゅろう」と読むのが正しい。鐘《かね》を吊《つ》るすための構造物。四本柱のものと袴腰（下方が城の石垣のように広がっている）つきのものとあり、後者の例としては平安後期の法隆寺西院鐘楼、前者の例としては鎌倉期の東大寺鐘楼が現存する。

上　﨟　じょうろう　①修行の年数を多く積んだ僧。②身分の高い人、高貴な人。③上﨟女房。④貴婦人。⑤江戸時代、御殿女中の上級の者。

承和昌宝　じょうわしょうほう　皇朝十二銭の一つ。承和二年（八三五）正月に発行された銅銭。鉛が多く品質はよくない。

承和楽　しょうわらく　⇒壱金楽《いっきんらく》

女王禄　じょおうろく　⇒おうろく

所　課　しょか　割り当てられること、また割り当てられた負担。

所　勘　しょかん　管理する、指揮する。「所勘に随う」といえば、その指揮・命令にしたがうの意。

所　感　しょかん　所勘とも書く。もと、行為が結果をもたらすという意の仏教用語。①収益を取得する。②領地を手に入れる。「此度御所感被レ成候所々、有馬殿へ悉皆被レ下候する事も」と用いる。

庶　幾　しょき　「こひ（い）ねがふ（う）」とも読む。①望み願う。庶も幾もこい願うの意。②きわめて似ている、近似する。庶も幾も近いの意。

初期荘園　しょきしょうえん　八、九世紀の王臣家・寺社によって開発、或いは買得また寄進された私有地をいう。必ずしも専属の荘民を持たず、近隣の班田農民の賃租で支えられていたのが特徴的である。一〇世紀には、殆どの初期荘園は没落或いは変質した。

〈文献〉藤井一二『初期荘園史の研究』塙書房。

所行至甚以不レ可レ然　しょぎょうのいたりはなはだもってしかるべからず　その行いは決し

て許されることではないの意。「剰相二語庄官百姓等一、張二行種々狼藉一之條、所行至甚以不レ可レ然」と用いる。

軾 しょく ⇒膝突《ひざつき》

食指 しょくし ひとさし指のこと。一二世紀の辞書『色葉字類抄』に見える。「食指が動く」とは、何かをする気が起きたりすることで、元来は食欲が起こる意で、中国の『春秋左氏伝』に出典がある。

属星 しょくじょう 陰陽道で、その人の一生を支配するとする星のこと。生年によって決まる本命星と、年度によって変わる当年星がある。正月一日の天皇の四方拝の儀の中に属星を拝することが含まれている。

属 しょくす ①所属する。②したがう。③……し続ける。「早属二守護手一、可レ致二忠節一」と用いる。

織染署 しょくせんしょ 織部司の唐名。

織染令 しょくせんれい 織部正の異称。

贖銅 しょくどう 古代に、銅を納めて罪を贖《あがな》うこと。「養老律」によると、笞一〇に対して贖銅一斤、以降死刑の贖銅二〇〇斤に至る。銅の地金なき場合は銭で納める。銅一斤は六〇文に換算された。

職人 しょくにん 江戸時代以降は手工業者をさすが、中世では、在庁官人、下級荘官である武士、手工業者、芸能民など、広く職能を有する者をさす。〈文献〉網野善彦『日本中世の民衆像』岩波新書。

続命縷 しょくめいる 五月の端午《たんご》の節に吊《つ》るす薬玉《くすだま》のこと。邪気を攘《はら》い不浄を避ける。五月五日天皇は武徳殿に出御し、大臣・皇太子・親王以下諸官人が着座する。まず中務省・内薬司と宮内省・典薬寮が菖蒲を献上し、続命縷を諸臣に下賜する。ついで御馬を牽きまわす。

属目 しょくもく ①目にふれる。②そちらに目を向ける。

贖労 しょくろう 奈良・平安時代の売官。財物・金銭を納めて官位を得ること。もとは中途で官を退いた下級官人救済のために始められた。勤務評定を受けさせるためには、一定の勤務年数を必要とするので、何れかの官司で勤務させる必要があるが、それができぬ者には続労銭を納めさせた。平安時代には続労は贖労と書かれるようになった。

諸国申請雑事 しょこくしんせいぞうじ 平安時代、諸国の行政事項について、地方官（国司）から太政官に解文を提出し裁定を仰ぐこと。内容は、国司の人事、交替および民政事務一般に及び、これが陣《じん》の定《さだめ》の議題として審議され、結果は官符の形で指令される。平安時代の中央と地方諸国を結ぶ行政上の重要手続きであった。〈文献〉谷口昭「諸国申請雑事」（『中世の権力と民衆』）創元社。

諸国秩満帳 しょこくちつまんちょう 任期満了となった国司の名簿で、正月一日に蔵人所へ進上される。

諸国平均の役 しょこくへいきんのやく 古代・中世に、全国一律に賦課された課役。伊勢神宮役夫《やくぶ》工《く》、造内裏《ぞうだいり》役《やく》など諸国公田に賦課されたもの。⇒一国平均役《いっこくへいきんのやく》

所済 しょさい 「所済の官物」などと用いる。すでに納入した……の意。済はなす、納入するの意。

如在 じょざい 如才とも書く。疎略である、手落ちがある、不作である、懈怠、悪意の意。出典は「論語」で、本義は、神や主君が眼前におられるかのように、つつしみ、かしこむこと。

初斎院 しょさいいん 伊勢斎宮・賀茂斎院が卜定されて、野宮《ののみや》に入るまでの期間、精進潔斎のために入る大内裏内の場所を

いう。多く宮内省・大膳職が用いられたが、他に雅楽寮、主殿寮、左右近衛府、主水司、左兵衛府、一本御書所も用いられた。初斎院の職員は、別当二人以下女丁（八人）に至るまで八〇人を擁していた。

書札様文書 しょさつようもんじょ　書状・消息の書式を具《そな》えた文書。差出所と充所《あて》を具える。

書札礼 しょさつれい　書札様文書の書式作法のこと。官位や家格によって文言《もんごん》を変えること、真・行・草の書き方を異にするなどの心得をいう。平安時代には藤原明衡《あきひら》の「明衡往来」（『雲州消息』）のような往復書簡例文集が編《あ》まれ、鎌倉時代、弘安八年（一二八五）には『弘安礼節《こうあんれいせつ》』が編まれた。書状の書き方を詳しく記述し、その後の公家《くげ》の書札礼の基準とされた。

〈文献〉百瀬今朝雄『弘安書札礼の研究』東京大学出版会。

庶子 しょし　「そし」とも読む。嫡子に対する称。嫡子は①嫡妻の子。②嫡妻の長子。③家相続人などを指し、それ以外を庶子と呼ぶ。中世武家社会では、惣領に対して他を庶子という。

〈文献〉羽下徳彦『惣領制』至文堂。

所司 しょし　①古代、或ることがらを担当また関与する官司・官人を指す。②鎌倉・室町幕府の侍所・小侍所の次官。③寺院の三綱（上座《じょうざ》・寺主《じしゅ》・都維那《ついな》）をいう。

女史 じょし　後宮の事務・記録を掌る官女、令外官。はじめ定員は二〜三人。学識があり事務能力に長《た》けた者を宛てた。「博士の命婦」と称され五位・六位に叙された。

所職 しょしき　地頭職・名主職など荘園関係の職《しき》、田所職・政所職など国衙在庁関係の職、鋳物師職《いもじしき》、関給主職《せききゅうしゅしき》、座《ざの》兄部職《このこうべしき》などの経済的収益権等、相伝・譲与・売買・質入の対象となった職をいう。

所司代 しょしだい　室町幕府の職制、侍所の長官所司の代官。

諸司田 しょしでん　古代・中世、中央官司の領有する田地。天平宝字元年（七五七）大学寮・雅楽寮などに公廨田《くげでん》を置いたのがはじめである。元慶《がんぎょう》三年（八七九）官人給与に宛てるために畿内に置いた官田が官司に配分されて諸司田化した。

〈文献〉阿部猛『律令国家解体過程の研究』新生社。

諸司厨町 しょしのくりやまち　平安京の中に設けられた官衙附属の宿舎やその敷地。その官衙の下級官人や諸国から徴発された役民の宿舎となった。九世紀初頭から存在が知られる。

〈文献〉村井康彦『古代国家解体過程の研究』岩波書店。

諸司奏 しょしのそう　令制下、諸司から天皇への上奏をいう。通常は太政官を経て奏上するが、弾正台の官人弾劾《だんがい》の奏や衛府からの兵衛・舎人補任案の奏は内侍又は蔵人を介して上奏する（直奏《じきそう》）。宮内省からの官田穫稲に関する奏や中務省の御暦奏《ごりゃくのそう》も直奏である。

叙爵 じょしゃく　律令制下、五位に叙されること。正六位上から従五位下にのぼること。

除籍 じょしゃく　殿上人が犯罪をおかした場合、殿上簡《てんじょうのふだ》を除いて昇殿を差止める処分をいう。但し、被処分者は一定期間ののち宣旨によって昇殿を許され還着《かんちゃく》することが多かった。⇒還着

所従 しょじゅう　平安後期から室町期にかけて見える隷属民。貴族・武士・僧侶や有力農民に所有され、財産のひとつとして売買・譲与された。しかし、主人か

ら土地を給付されて自立した農業経営者となる機会も与えられ、必ずしも奴隷的な待遇に終始したわけでもない。武士の所従は主人に従って戦場に赴いた。
〈文献〉大山喬平『日本中世農村史の研究』岩波書店。

諸司要劇田　しょしようげきでん　平安時代、繁劇の官に与えられた給田。奈良時代、繁劇の官に要劇料を給する制度があったが、大同三年（八〇八）に至り官の閑劇を問わず普ねく衆司に給することになり、四位以下初位以上の全官人に支給された。元慶五年（八八一）、米・銭で支給した要劇料を官田を以て給するようになり、要劇（料）田と呼んだ。これはのち中央諸官衙のいわゆる官衙領形成の基礎となった。
〈文献〉阿部猛『律令国家解体過程の研究』新生社。

諸司領　しょしりょう　古代・中世の中央諸官衙の所領。官司の公廨田《くげでん》や平安初期の官田に起源を有するもの、京中の官衙町に系譜を引くもの、供御人・商人に対する課税や関銭徴収によるものなど多様である。諸司長官の世襲に伴い、官司経済と諸家の経済の区別がつかなくなり、諸司領は長官の家産化する。
〈文献〉村井康彦『古代国家解体過程の研究』岩波書店。

所進　しょしん　進は、たてまつる、差上げる意。「所進の官物」などと用いる。

且千　しょせん　「しなじな」「ちじばかり」とも読む。多数、あまた、いろいろ、莫大、かずかず、甚だしくの意。「先日示預候源氏物語外題事、雖㆓斟酌且千候㆒、厳命事候間、愍染㆓悪筆㆒候」と用いる。

所帯　しょたい　「そたい」とも。所持するの意で、転じて所領・所職など財産を指す。所知も同じ。

諸大夫　しょだいぶ　①宮廷で、四位また五位の者の総称。②貴族の家司《けいし》で四位、五位にのぼった地下人《じげにん》。③五位の武士の称。
〈文献〉苗代田敏明「中世後期地下官人の一形態―九条殿諸大夫富小路氏について―」（『日本社会史研究』三〇）。

所知　しょち　土地を領有し知行すること、知行している土地。

女中　じょちゅう　①婦人を敬っていう語。②宮中・将軍家・公家・大名家に仕えている女性。

初陳状　しょちんじょう　鎌倉・室町幕府の訴訟手続きで、訴人の最初の訴状に対して論人が最初に提出する陳状。

蜀魂　しょっこん　ホトトギス（鳥）のこと。中国蜀の望帝の魂が化して鳥になったという故事による。

如泥　じょでい　だらしがない、怠慢である、正体なし。「傾㆓数盃㆒、沈酔如泥」などという。

除田　じょでん　検注帳の記載において、総田数から除として記された田地。その残りを定田《じょうでん》とする。除分には、人給田・寺田・神田・井料田・佃・川成・損田や祭礼・芸能の用途を賄う田などが含まれる。除田には当然、斗代《とだい》は付されない。
〈文献〉阿部猛「荘園における除分について」（『歴史学研究』三三七、『日本荘園史の研究』同成社、所収）。

所当　しょとう　その土地からの所出物として領主に上納されたもの。所当官物、所当地子、所当年貢、所当公事などと用いられたが、平安末期から所当、所当米などと用いられ、室町期には年貢を意味する語となる。
〈文献〉坂本賞三『日本王朝国家体制論』東京大学出版会。

且納　しょのう　仮《かり》の決算。且はかり。

署判　しょはん　文書への署名・捺印《なついん》、

名を記した花押（のち印）を捺《お》す。

所部 しょぶ　官司・官庁の管轄するところ、管轄区域内。部内《ぶない》の語もある。

除服 じょぶく　親族の死にあって喪《も》に服していた者が、期間がすぎ喪服を脱《ぬ》いで平常服に戻ること。吉日を選び河原で祓《はらい》をうける。

所分 しょぶん　知行分、領分の意。

処分 しょぶん　所領・財産の子・孫・妻・妾への譲与・配分の意志をあらわしたことをいう。但し「譲渡二何某一」の文言のないものは譲状とはいわず、処分状という。兄弟姉妹、叔姪、従兄弟、外孫、所従などへの贈与も処分というが、中世の法律では他人和与《たにんわよ》ともいった。〈文献〉石井良助『中世武家不動産訴訟法の研究』弘文堂書房。

除分 じょぶん　⇒除田《じょでん》

処分状 しょぶんじょう　所領・財産を譲与・配分するときに証拠として書いて渡す文書。書き出しや本文に「処分」「処分し渡す」などの文言が入る。内容的には譲状と同じ。〈文献〉相田二郎『日本の古文書　上・下』岩波書店。

諸方兼作の民 しょほうけんさくのたみ　⇒謙作の民

如木 じょぼく　①服装で、地質が堅地による強装束《こわしょうぞく》。②布衣《ほい》に引き糊した公家の供《とも》の雑色の装束。またその人を指す。白張を着て公家のお供をする。

所務 しょむ　本来は職務・仕事の意であるが、中世では、所職・所領の管理や年貢の徴収を意味し、ひいては年貢そのものを指して用いられた。

所務沙汰 しょむざた　鎌倉幕府法において、所領相論に関する訴訟のことをいう。「沙汰未練書《さたみれんしょ》」に、「所領の田畠下地相論の事」とある。〈文献〉石井良助『中世武家不動産訴訟法の研究』弘文堂書房。

所務雑掌 しょむざっしょう　⇒雑掌《ざっしょう》

所務職 しょむしき　荘園の所務を行う権限とそれに伴う得分を内容とする所職。土地の管理、年貢・公事の徴収、検断権の行使を内容とし、これが預所の権限であるところから、預所の別称となった。〈文献〉竹内理三『寺領荘園の研究』吉川弘文館。

所務代官 しょむだいかん　荘園制において預所を指す。

所務人 しょむにん　「六角氏式目」に所見し、名主職を買得し加地子得分権を所有する者のこと。

所務分け しょむわけ　中世、領家と地頭の間で下地中分が行われるとき、「各々一円に所務致すべし」というように、荘園を折半し、一円的な支配領域をつくり出すことをいう。〈文献〉安田元久『地頭及び地頭領主制の研究』山川出版社。

所務和与 しょむわよ　荘園において、預所と地頭の間に紛争が起こったとき、検注や年貢・公事の徴収について和解し、恒久的解決をはかること。〈文献〉平山行三『和与の研究』吉川弘文館。

除名 じょめい　罪を犯した官人に対する付加刑。本刑の他に加えて官位・勲位を剝奪《はくだつ》すること。のち七年めの正月以降に、以前の位の高低にしたがって叙位された。

所役 しょやく　一般的には、役目、つとめの意。古代・中世では、田租以外の課役をいい、勅事・院事・国役《こくやく》など、また領主から賦課される公事《くじ》・雑事《ぞうじ》をいった。

除役 じょやく　賦課すべき諸役の免除。「小田原衆所領役帳」に所見し、知行役の免除を意味する。

所　由　しょゆう　①令制下、すでに僧尼となっている者の公験《くげん》を入手しその名義で僧尼となった者。②ことの由来、ゆえん。

所　有　しょゆう　⇒あらゆる

叙　用　じょよう　①官職を授け任用すること。「若有㆔国郡司并往来之使違㆓於厳制㆒、則解㆓其任㆒、永不㆑叙㆓用之㆒」と用いる。②承知する、認めるの意。「重国一旦雖㆑加㆑制不㆑叙㆓用之㆒、遂令㆑参畢」と用いる。

叙　留　じょりゅう　律令制下、位階があがって、官職が位階に相当しなくなっても、その職にとどまること。

所　領　しょりょう　「そりょう」とも読む。地主・領主の私有財産としての土地、私領、知行所。

所領充行状　しょりょうあてがいじょう　主人が従者に対して所領・知行地を給与するとき証拠として書き与えた文書。

所　労　しょろう　①患《わずら》（煩）い、病気。②疲《つか》れ。不例《ふれい》も同じ。

白浪（波）　しらなみ　盗賊のこと。中国の後漢末に黄巾賊《こうきんのぞく》を白波賊と呼んだのに由来する。

白歯者　しらはもの　陣中で具足を着けていない中間《ちゅうげん》・小者《こもの》のことをいう。

白　張　しらばり　白布の表裏に糊《のり》をつよく引いて仕立てた白布の狩衣のこと。

白拍子　しらびょうし　素拍子とも書く。①雅楽の拍子の名で、笏《しゃく》拍子のみで歌うものをいう。②平安末期から鎌倉期に流行した歌舞のこと、またそれを演ずる遊女のこと。

鞦　しりがい　馬の頭・胸・尾につなげる緒の総称。革・糸で作る。装飾に総《ふさ》をつけたものもある。

尻　切　しりきれ　⇒足半《あしなか》

無㆓尻口㆒　しりくちなし　①尻口とは後口とも書き、牛車《ぎっしゃ》の後ろの出入口。②尻口で「あとさき」となる。したがって、しどろもどろで要領を得ない様子をいう。

尻　鞘　しりざや　後鞘とも書く。太刀を雨湿炎旱から保護するために、鞘を包む毛皮の袋。行事に供奉《くぶ》する官人が野剱《のだち》に用い、祭使・舞人たちも用いる。

尻　長　しりなが　闕腋《けってき》の後身《うしろみ》の裾《すそ》をとくに長く仕立てたもの。

緇　侶　しりょ　僧侶のこと。緇は黒色、また黒衣のこと、僧服。

思　量　しりょう　あれこれ、思いをめぐらす、思い量《はか》る。

私　領　しりょう　平安時代、公田に対置される語で、永代私有の治田や再開発荒廃田を指して呼んだ。年貢・官物を納めたが、段別五升〜一斗の加地子《かじし》を徴収する権利を認められ、この加地子得分権は売買・譲与の対象となった。〈文献〉上横手雅敬『日本中世国家史論考』塙書房。

資　粮　しりょう　資糧も同じ。①資金と食糧。②給料。

寺　領　じりょう　①寺預け。②寺院をたのみ、その領内に入って謹慎すること。「寺領などせられ」と用いる。③寺の所有する領地。

私領主　しりょうしゅ　⇒私領・領主

糸　綸　しりん　天子の言葉、みことのり、綸旨、綸言。『礼記』の「王言如㆑糸、其出如㆑綸」に拠る。糸は細い糸、綸は太い糸。

地　類　じるい　「ちるい」とも。①同族、土地を分割し与えられた家々をさす。②地上の神々。③地目、土地の種類。④土地。

汁　粥　しるがゆ　いわゆるお粥のこと。ふつうの飯を堅粥《かたがゆ》というのに対する語。

市令 しれい　東西市正《いちのかみ》の異称。

時令 じれい　①年中行事のこと。②時節、時候。

司暦 しれき　暦博士の唐名。

痴事 しれごと　痴言とも書く。ばかなこと、おろかなこと、たわごと。

代 しろ　頃とも書く。土地面積の単位。本来は稲一束を収穫する田積をいい、面積は一定していなかったが、のち高麗尺《こまじゃく》六尺平方を一歩《ぶ》とし、その五倍を一代とした。五〇代＝一段で、平安時代には段の下の単位として用いられた。三六〇歩＝一段制では、一代＝七・二歩。〈文献〉彌永貞三『日本古代社会経済史研究』岩波書店。

紙老鴟 しろうし　いわゆる「たこ」。とびだこ、いかのぼり。起源は未詳ながら、平安時代には知られていた。

次郎焼亡 じろうしょうぼう　治承二年（一一七八）四月二十四日夜半の京都の大火。七条東洞院から出火し三十数町を焼失した。前年の大火を太郎焼亡《たろうしょうぼう》といい、今回の大火を次郎焼亡と呼んだ。⇒太郎焼亡

白人神人 しろうとじにん　⇒春日神人《かすがじにん》

代掻 しろかき　水田で、水を入れた状態で土をくだきならす作業。水田作業中で最大の重労働。畜力（馬耙《まぐわ》を用いる）また人力で行う。

白酒 しろき　神前に供える一対の酒のひとつ。とくに、大嘗祭・新嘗祭に用いる。対する黒酒《くろき》は、くさぎの灰を入れたもの。

白炭 しろずみ　①木炭の一種。カシ・ナラ・クリなどを石窯《いしがま》で、最初は低温、のち高温で熱したのち、窯のそとに出して、土・炭粉をまぜた物をかぶせて消火した。火持ちが良い。②茶道で用いる枝炭の一種。

皺烏帽子 しわえぼし　⇒さびえぼし

為業 しわざ　云為、仕業、行とも書く。①意識的に、また或る目的を以てする行為。②常のこと、ならわし。③仕事、職業。

為侘 しわぶ　どうしたらよいか、手を下すのに苦しむ、途方《とほう》にくれる。「人々、しわびて、御几帳どもをさしいだして、たてかくし」と用いる。

咳 しわぶく　①せきをする。②会図または注意をうながすために、せきばらいをする。

私和与 しわよ　中世、原告（訴人）と被告（論人）の間で和解（和与）が行われたとき、法廷（引付方）の下知があってはじめて効力を発するが、下知状のない和与を私和与という。〈文献〉石井良助『中世武家不動産訴訟法の研究』弘文堂書房。

陣 じん　①兵士の陣列。②陣営。③朝廷の行事に武官が整列するところ、また行列。④陣座《じんのざ》の略。⑤内裏諸門の異称。⇒陣座

新恩地頭 しんおんじとう　鎌倉幕府から新たに地頭職を与えられた御家人地頭。本領安堵の地頭の対。

請仮 しんか　休暇を請求すること。とくに古代律令制下、定められた休暇のほかに臨時に休暇を求めることをいう。

神火 じんか　⇒放火《ほうか》

新開 しんがい　①荒野などを新たに開墾して田・畠・屋敷・道などにしたもの。とくに田・畠の場合をいう。②ほまちのこと。⇒ほまち

請仮解 しんかげ　仮文《かぶん》とも。いまいう休暇願。奈良時代には解《げ》様式で上申した。正倉院文書中に多く残っている。

陣笠 じんがさ　室町期以来、足軽・雑兵らが陣中で用いた笠。薄い鉄や革で作り、漆を塗った。表には定紋をつけたり

蒔絵の装飾をつけたりした。

神嘉殿 しんかでん　内裏西の中和院《ちゅうかいん》の正庁、神殿である。七間四面。母屋は、東二間は内侍の候所、母屋三間が神座、西二間は天皇御座となっていた。

新河浦 しんかふ　高麗楽の曲名。壱越調。一二世紀前半には廃絶していた。舞はない。

殿 しんがり　軍が退却するとき、陣列の最後尾にあって敵の進撃に備えること、またその軍隊をいう。

進官の坪 しんかんのつぼ　大和国で、官物《かんもつ》のみ国衙に納入する雑役免田《ぞうやくめんでん》所在の坪。半浮免《うきめん》ともいう。

進官免 しんかんめん　①延久の荘園整理で、荘園領主が券契《けんけい》を官に提出して、荘園として確認されたもの。②大和国で、官物のみ国衙《こくが》に納入した雑役免田《ぞうえきめんでん》のこと。〈文献〉渡辺澄夫『増補　畿内庄園の基礎構造』吉川弘文館。

宸　儀 しんぎ　①天皇のからだ。②天子、主上。

新　儀 しんぎ　①前例にかなわぬこと。「新儀非法」などといわれる。②中世、座に属さないで営業する新興商人を「新儀商人」と呼んだ。

新儀商人 しんぎしょうにん　⇒新儀

深　紅 しんく　紅花の濃染《こいぞめ》による紫みのさえた赤色。染色に高価で、ぜい沢品であった。延喜十四年（九一四）三善清行は、「意見十二箇条」で深紅の衣服の禁止を求めている。

神宮開蓋 じんぐうかいこう　室町幕府の職名、神宮に関する事務をつかさどる。神宮奉行とも。

神功開宝 じんぐうかいほう　皇朝十二銭の一つ、天平神護元年（七六五）九月に発行された銅銭。京都府相楽郡加茂町銭司《ぜず》にあった鋳銭司と田原鋳銭司（大阪府四条畷市と奈良県生駒市にまたがる地域）で造られ、かなり良質の銅貨であった。

神宮奏事始 じんぐうそうじはじめ　正月一日、天皇が伊勢神宮についての政務を御覧になる儀式。室町期に始まる。

神宮伝奏 じんぐうてんそう　中世、伊勢神宮のことを天皇・上皇に取りついで裁可を仰いだ役。大納言が任ぜられた。

新　倉 しんぐら　室町時代、新規に営業を始めた土倉《どそう》をいう。これに対して在来の土倉を本倉といった。

神　郡 しんぐん　令制下、特定の神社に奉仕すべくつけられた郡。八世紀では、伊勢神宮（二郡）・香取神宮・安房神宮・鹿島神宮・熊野神宮・日前国懸神社・宗像神社（各一郡）に見られ、のち伊勢神宮は八郡に増加した。

新券文を放つ しんけんもんをはなつ　田地・宅地などを売却するとき、売主は新たに売券を作って買主に引き渡す。これを新券文を放つとか単に放券《ほうけん》と称した。

尽　期 じんご　①物事の尽きる期限。「向後嗷々之勝事等不レ可レ有二尽期一候之間、真実歎入候」と用いる。②未来永却《えいごう》の意。「尽期の君」といえば、未来永劫変わらじと誓いあった愛人のこと。

深　更 しんこう　夜の更《ふ》けわたる頃、真夜中。

診　候 しんこう　令制下、内薬司の侍医が天皇を診察すること。脈《みゃく》を取って診《み》るという説と、殿上の間の天皇に対して小板敷から顔色を見るのみとの説がある。

賑　給 しんごう　「しんきゅう」とも。古代に、高齢者・孤独者・生活困窮者・被災者などで自活できぬ者に、米・塩・布・綿などを支給する制度。即位・改元・祥瑞《しょうずい》また疫病・災害・凶作・飢饉のときに行われた。平安時代には、京中の困窮者に米塩を給する儀式となった。

〈文献〉寺内浩「律令制支配と賑給」（『日本史研究』二四一）。

進貢船　しんこうせん　室町期、遣明船に対する中国側からの呼称。

賑給田　しんごうでん　貧民救済のために置いた田地。古代、高齢者・孤独者・生活困窮者・被災者などに米・塩・布・綿を給する賑給の費用を生み出すために置いた。但し、和気清麻呂（七三三～九九）の伝記中に見えるのみで、委細は未詳。

神今食　じんこんじき　「かむいまけ」とも。陰暦六月と十一月の十一日、月次《つきなみ》祭の夜、天照大神を神嘉殿に勧請《かんじょう》して、新しく炊いた御飯を供し、天皇じしんも食する儀式。

〈文献〉中村英重『古代祭祀論』吉川弘文館。

新墾田　しんこんでん　⇒あらきだ

神載　しんさい　神文《しんもん》をのせた証文。誓状、起請文のこと。

神三郡　しんさんぐん　⇒神郡《しんぐん》

参差　しんし　相違する、矛盾する、物の長さが揃わぬこと、また、願望が叶わぬこと。「連々所望参差無念之至候」と用いる。

進止　しんし　「しんじ」とも。①たちいふるまい。②支配する、土地や人を自由に支配する、所職・所領を宛行う、また改易する。③指図する。④進退の命令。

進士　しんし　「しんじ」とも。①中国で科挙の合格者。②律令制の官人登用試験の一つ。時務策二条と「文選《もんぜん》」「爾雅《じが》」の暗誦が課された。③文章生《もんじょうしょう》のこと。

人日　じんじつ　①正月七日のこと。②人定《にんじょう》。中国の古い慣わしで、正月一日～六日は獣畜を占い、七日に人を占うことから起こる。七日は七種《ななくさ》の粥《かゆ》を祝う。

斟酌　しんしゃく　①酒をくみかわすこと。②あれこれ照らし合わせて取捨すること。③先方の事情・心情を推察すること。④手加減を加える、気をつかうこと。参《さん》酌《しゃく》ともいう。

浸種　しんしゅ　農作物の種子を水にひたすこと。病害虫の駆除、発芽促進の効果があるという。⇒種井《たない》・たねかす

身上　しんしょう　①身の上。②一身に災いがふりかかるさま。③身分・地位。④暮らしむき。⑤生活を安定させるための手だて。⑥給金。⑦心の中、など多様に用いられる。

進上　しんじょう　たてまつる、差上げる。

晨朝　しんじょう　「しんちょう」「じんちょう」とも読む。①一昼夜を六分した六時のひとつ。晨朝、日中、日没、初夜、中夜、後夜の六時の最初で辰の刻、いまの午前八時頃。②寺院で行う朝の勤行《ごんぎょう》のこと。

新嘗会　しんじょうえ　天皇が新穀を天神地祇に供え、自らも食する儀。十一月下の卯《う》の日に神嘉殿《しんかでん》で行う。即位後はじめて行うときは大嘗祭《だいじょうさい》という。

神嘗祭　しんじょうさい　毎年秋、新穀で作った神酒・神饌を伊勢神宮に奉る皇室の大祭。陰暦九月。

心神　しんしん　こころ、気分、気持のこと。

人身売買　じんしんばいばい　人を売り買いすること。わが国古代では奴婢《ぬひ》以外の売買は禁じられていた。鎌倉幕府は飢饉時の売買を黙認していたが原則的には禁止していた。しかし実際には人商《あきな》いは横行し、畿内で誘拐《ゆうかい》されて東国など辺境に売られていく話は多い。また外国へ売られる者も多数あり、江戸時代にも人身売買は実質的に続いていた。

〈文献〉牧英正『人身売買』岩波新書。

神水　じんずい　「しんすい」「じんすい」「しんずい」とも読む。神前に供える水で、神に誓いを立てるときこれを飲む。

転じて誓い、起請の意となる。起請文を焼いた灰を混ぜて飲むこともあった。土一揆などのとき、一味神水と称して、団結をはかることがある。

新　制　しんせい　公家法のひとつ。一〇〜一四世紀に六〇余回公布されている。制符（新制官符）ともいう。数か条または数十か条をひとつの宣旨・官符の形で発布した。初めは政治の刷新をめざす意欲を以て公布されたが、実際に内容を検討してみると、禁止法的性格がつよい。朝廷の新制に倣って、寺院新制や関東新制が公布されると、本来の新制は公家新制と称されるようになった。〈文献〉水戸部正男『公家新制の研究』創文社。

神　税　しんぜい　令制下、神社に宛てられた神戸《かんべ》から徴収した田租。一般の正税とは別の倉庫に収納されたが、他の正税と同様に国司の管理下に置かれた。神社の修造や祭祀の費用に宛てられた。〈文献〉井上辰雄『正税帳の研究』塙書房。

仁　政　じんせい　思いやりのある、よい政治。「称㆓逃毀㆒抑㆓留妻子㆒奪㆓取資財㆒所行之企甚背㆓仁政㆒」と用いる。

信　折　しんせつ　⇒しおり

仁政方　じんせいかた　室町幕府初期の裁判機関。訴訟手続きの過誤救済機関で、頭《とう》人《にん》・奉行人が置かれた。

神　饌　しんせん　神前に供える酒食。稲・米・酒・鳥獣・魚介・果実・蔬菜・塩・水などを供える。

神　仙　しんせん　①雅楽の音名。十二律の一つ。西洋音楽のハ音に相当する。②神または仙人、修行によって神通力《じんつうりき》を得た人。

神泉苑　しんせんえん　大内裏南東にあった園池。東大宮大路西、壬生大道東、二条大路南、三条大路北の地で八町を占めた。天皇遊幸の地で、また祈雨・請雨の修法の場であった。現在の規模は往時の一六分の一にすぎない。

神仙門　しんせんもん　清涼殿南の小門、小庭の西側にあった。奏聞の際にここを通ることが多い。

陣　僧　じんそう　中世、戦陣につきそい、討死した武士の菩提を弔い、遺品や最期の様子を遺族に伝えた僧侶。また軍使としても立ち働いた。鎌倉末期から見え、はじめは時宗の僧が多かった。

進宿禿　しんそとく　高麗楽の曲名。壱越調。四人舞で、別名若舞とも称する。

進蘇利古　しんそりこ　高麗楽の曲名。壱越調。巻纓・雑面をつけ襲《かさね》装束の四人舞。退出音声にも用いた。

賑　貸　しんたい　古代、貧民救済のため、無利子で金銭・穀類を貸すこと。⇒借貸《しゃくたい》

進　退　しんたい　⇒進止《しんし》

仁　躰　じんたい　人体、仁体とも書く。①人のからだ。②人がら、身分。③「おひと」「おかた」で人をていねいにいう言い方。

糂粏瓶　じんだがめ　糠味噌《ぬかみそ》を入れる瓶のこと。糂粏は糠味噌のこと。

陣　立　じんだて　戦いのための陣の構え、軍隊の配置、編成。

新　田　しんでん　荒野などを開墾して新たに開いた田地。検注によって登録され、開発後一定期間（三〜四年）を経て年貢・公事が徴収された。しかし、その額は本田にくらべて低額であるのが普通であった。中世以来の用語であるが、江戸時代に多用された。

神　田　しんでん　その収入（神税）を神社の修理費や社司の俸禄に宛てるための田地。令制では不輸租田。平安時代以降、神社の領有する荘園・御厨をも神田と総称する。

〈文献〉西岡虎之助『荘園の研究　下一』岩波書店。

真　読　しんどく　経典などを省略しないで、ていねいに読むこと。「俄《にわか》に僧衆を請《しよう》じて真読の大般若《だいはんにや》を日夜六部迄《まで》ぞ読たりける」と用いる。⇒転読《てんどく》

後　取　しんどり　正月一日から三日にかけての「供二御薬一」や「歯固」に奉仕する官人。天皇に薬（屠蘇《とそ》）を奉るが、残った薬を飲みほす役で、酒につよい蔵人をえらんで当てた。

新鳥蘇　しんとりそ　高麗楽の曲名。壱越調。四～六人舞。諸肩袒・面を着け襲装束。今に伝わる。

親　王　しんのう　①令制では、天皇の兄弟、皇子をいう。②淳仁天皇（七五八～六四）のとき親王宣下《しんのうせんげ》が始められると、宣旨を受けた者のみに限られた。

親王賜田　しんのうしでん　別勅で親王・内親王に賜わった田地。九世紀に集中的に見られる。親王賜田の大量設定は、勅旨田とともに平安初期における皇室の経済的基盤強化策とする見方がある。但し、対象となった土地に空閑地・荒廃地が多い点を指摘して、その意義を過大評価すべきではないとの意見もある。

〈文献〉石母田正『古代末期政治史序説』未来社。

親王宣下　しんのうせんげ　親王の称を許すとの宣旨を下すこと。淳仁天皇のときに始まる。⇒親王

親王任国　しんのうにんこく　国の守に親王を任ずる上総・常陸・上野の三国。遙任の守を太守と呼び、事実上の守である介を守と呼ぶことが多い。

〈文献〉安田政彦『平安時代皇親の研究』吉川弘文館。

秦王破陣楽　しんのうはじんらく　唐楽。太食調の楽。四人立の武舞というが、楽舞とも廃絶し伝わらない。

陣吉上　じんのきちじょう　内裏の近衛府・衛門府・兵衛府・馬寮などの陣の脇に詰め警衛の任についた下級の武官。

陣　座　じんのざ　仗座《じようざ》ともいう。内裏の武官の詰所を陣と称し、左衛門陣（建春門）、右衛門陣（宜秋門）、左兵衛陣（宣陽門）、右兵衛陣（陰明門）、左近衛陣（宣陽門西廂、のち紫宸殿東北廂）、右近衛陣（校書殿東廂）、左馬陣（春華門）、右馬陣（修明門）、白馬陣（建礼門）の称がある。平安中期以降、国政の審議が近衛陣で行われたためこれを陣定《じんのさだめ》と呼び、その場を陣座といった。

陣　定　じんのさだめ　平安中期以降に始まる政務執行の形式。公卿が陣座に就いて国政を議する。審議の結果は、軽事は口頭で、他は定文《さだめふみ》として蔵人《くろうど》を通じて天皇に伝え、裁下を経て施行された。

〈文献〉土田直鎮『奈良平安時代史研究』吉川弘文館。

陣定文　じんのさだめのふみ　陣定の結果を記した文書。議事についての公卿の発言を整理して、上席の者から順に記録した。執筆には練達の参議が当たった。陣定文は天皇又は摂関に奏上された。

〈文献〉早川庄八『中世に生きる律令』平凡社。

陣申文　じんのもうしぶみ　陣座で扱われた申請文書のこと。また申文を扱う政務手続きをいう。弁官が用意した申文群について撰び、審議すべき案件は陣定に付し、他は大弁に加署せしめて官符を作成したと思われる。

神　拝　しんぱい　新任の国司が任国内の神社を巡拝すること。神様・奉幣をすませてから国務を行う。

〈文献〉土田直鎮『奈良平安時代史研究』吉川弘文館

申　覆　しんぷく　重ねて申しあげること。

申はかさねての意。

陣夫役　じんぷやく　守護大名や戦国大名が農民に賦課した夫役《ぶやく》。馬とともに徴発し、兵糧・武具などの運搬に使役した。

身　分　しんぶん　①身のほど、分際《ぶんざい》。②身体の部分、身を養う飲食・衣服　寝具など。

振　鉾　しんぼう　⇒えんぶ

神　宝　じんぽう　神社で神に供される宝物のこと。神服・調度品・武具・紡織具など多様である。二〇年に一度の遷宮に当たって朝廷から神宮に奉る神宝を調進し、伊勢へ持参する機関を神宝使という。弁官五位以上の者が任ぜられる。

神　木　しんぼく　神の依代《よりしろ》となる神聖な樹木。奈良春日大社の神木（榊《さかき》）は興福寺衆徒《しゅと》が強訴《ごうそ》を行うとき、春日大明神の御神体《ごしんたい》としてかつぎ出された（神木動座）。また、年貢・公事を納めない農民の田地を点札《てんさつ》（さしおさえ）するとき、その田に神木を立てた。

〈文献〉中村吉治『中世社会の研究』河出書房。

新補地頭　しんぽじとう　もと、本領安堵の地頭（本補《ほんぽ》地頭）に対して新恩地頭を指したが、承久の乱後は主として承久新恩地頭を指して呼び、それ以前の地頭と区別するようになった。

〈文献〉安田元久『地頭及び地頭領主制の研究』山川出版社。

新発意　しんぼち　新発とも書く。新たに発心し仏道に入ったもの、新たに出家したもの。

新補率法地頭　しんぽりっぽうのじとう　新補率法とは、承久の乱後の新恩地頭の得分に関する規定をいう。新地頭の補任《ぶにん》地において、所務・得分の先例のない地や、著しく得分の少ないところについては、一一町別に一町の給免田と段別五升の加徴米、山野河海所出物の半分と、犯過（科）人跡の三分の一を地頭の得分とした。新補率法を適用された地頭を新補率法地頭と称するが、かれらには下地《したじ》進止権は認められない。

〈文献〉安田元久『地頭及び地頭領主制の研究』山川出版。

進未沙汰　しんみざた　荘園・公領で、年貢を納入すると百姓に返抄《へんしょう》（領収書）が与えられるが、翌年返抄を調べて、納めるべき額と既に納めた額とを勘定し、過上《かじょう》・未進を明らかにすること。⇒過上

神名帳　じんみょうちょう　神社とその祭神を記した帳簿。とくに「延喜式」所載のものを指す。記載された三一三二座、神社二八六所は式内社と呼ばれる。

尽未来際　じんみらいさい　未来永遠にの意。もとは仏教用語。

神　馬　じんめ　参詣、祈請《きしょう》に神社に奉納した馬。祈雨《きう》には黒毛、祈晴には赤毛の馬を奉納する。のちに絵馬《えま》に変わる。

晨　明　しんめい　⇒ありあけ

神明社　しんめいしゃ　天照大神および伊勢両宮を奉斎した神社。平安末期から鎌倉初期に伊勢神宮領が各地に設けられ、その地に勧請された。今神明《いましんめい》と称するところもあり、遠路伊勢に詣るのを省略して今神明に詣ることもあった。

神　免　じんめん　神社免田のこと。神社の祭祀・造営・修理などの費用を弁ずるための田地。荘園の中では除田《じょでん》に含まれる。⇒除田

進物所　しんもつどころ　「たまひどころ」とも読む。天皇の供御《くご》を扱う令外官。もと内膳司に属したが、のち蔵人所の管轄下に入る。月華門外南掖にある。内膳司で作った供御を温め直して天皇に進めた。

神　文　しんもん　起請文・起請符・誓詞・祭文・告文とも同じ。うそ、いつわりのないことを神仏に誓う証文のこと。

陣屋 じんや　軍兵の屯《たむろ》する仮屋、陣営のこと。鎌倉時代以来の用語。

深揖 しんゆう　両手で笏《しゃく》を持ち腰を折って頭をさげる礼の仕方。

神輿 しんよ　①神霊を奉安する輿《こし》。いわゆる「みこし」。②天子の乗物。

新立荘園 しんりゅうのしょうえん　前回の荘園整理令公布以後に新たに立てられた荘園のこと。とくに、延喜二年（九〇二）・寛徳二年（一〇四五）・久寿二年（一〇五五）が基準として新立荘園の整理が行われた。
〈文献〉坂本賞三『荘園制成立と王朝国家』塙書房。

神慮 しんりょ　①神の思召《おぼしめ》し。「任二神慮一」（しんりょのままに）といえば、神判に従うの意。②天子のみこころ。宸慮、叡慮も同じ。

神領興行令 しんりょうこうぎょうれい　鎌倉中期〜南北朝期に出された神社領保護に関する一連の法令。とくに、弘安七年（一二八四）・正安三年（一三〇一）・正和元年（一三一二）の三度にわたって鎌倉幕府によって出された、宇佐八幡宮領を中心とする九州の五社と伊勢神宮領を対象とした法を指す。社領の返還・復旧が命ぜられ、これを徳政令の一環と位置づける見方がある。
〈文献〉海津一朗『中世の変革と徳政』吉川弘文館。

人倫売買 じんりんばいばい　⇒人身売買《じんしんばいばい》

陣を引く じんをひく　①宮中の儀式などで、兵士を整列させること。②陣営を撤去する、兵を引く、退去すること。

す

酢 す　醋とも書く。酢酸を含む酸性の液体調味料。古代官司制では造酒司が醸造を掌った。米と麹で造る米酢、酒から造る酒酢、酒粕を原料とする粕酢がある。

図 ず　①絵画一般を指す。②地図、図面。③古代の田図。民部省に保管されていた。④条里制における条（原則的に東西に引かれた線）の別称。里とあわせて、「十二図三里一坪」などといわれる。

牙儈 すあい　阻儈、牙人、儈夫（以上は男）、牙婆、虔婆、女商（以上は女）とも書く。①売買の仲介をして利を取る者。②江戸時代、とくに呉服類の取次ぎ販売をし、また売春をした女。③人身売買の仲介をする者は勾人仲人。④一般に行商人のことをいう。

垂纓 すいえい　官人の冠《かんむり》の纓《えい》をうしろに垂らした形のもの。天皇の冠は立纓《りゅうえい》、武官は巻纓《けんえい》という。

水駅 すいえき　「みずうまや」とも。①舟の停泊するところ、ふなつき場。②平安時代、男踏歌《おとことうか》で、舞人たちを接待する所。③何もしないで早々に事を止めるようす。「年始之儀先例無二此事一雖レ然水駅之条無念之由有二其沙汰一」などと用いる。④事が不調に終わること。⑤うわべと内実の違う、頼りにならない人のこと。「あはれ水駅の水哉」という。

透垣 すいがき　「すきがき」の転。柱の間に通した貫《ぬき》の表裏から、細板か割竹を交互に打ち並べたもの。

水閣 すいかく　水辺に造られた邸。避暑・遊宴の場として設けられた。鳥羽水閣・六条水閣・九条水閣などがある。単に水亭ともいう。泉を有するものは泉亭とも称される。

水火の責 すいかのせめ　水と火によって、あいてに苦痛を与えること。①水と火を使わせないようにする刑罰。②水責め、火責め、拷問《ごうもん》、また、はげしく責めたてること。

水旱 すいかん　水は霖雨《りんう》（ながあめ）洪水、旱はひでり。いずれの場合も作物が実らず飢饉のもとになる。虫霜とあわせて、「水旱虫霜」と称し、その被害のていどによって官物・年貢等が免除された。

水干 すいかん　水張りにして干《ほ》した布で作った狩衣《かりぎぬ》の一種。盤領《まるえり》の懸《か》け合わせを結紐《ゆいひも》で結んだ。裾《すそ》は袴《はかま》に着込めるのがふつうであった。

水干鞍 すいかんぐら　馬の鞍の一種、水干装束のような略装で乗用する軽易な鞍の皆具《かいぐ》のこと。⇒皆具

推鞠 すいきく　推鞫とも書く。吟味《ぎんみ》、推問《すいもん》、訊問《じんもん》に同じ。罪人などを取り調べること。

水脚賃 すいきゃくちん　平安時代、船賃のこと。水脚とは、船の乗組員、梶取《かんどり》と水手《かこ》のこと。

吹挙 すいきょ　吹嘘、推挙とも書く。①官途《かんと》についたり、昇進したりするよう取り持ち、推薦すること。②自分の配下にある者が、その者の名儀で訴訟をするときに、裁判所に提出する取次状。挙状、吹挙状ともいう。訴訟への口入《くにゅう》である。

推挙状 すいきょじょう　推挙は推薦するの意、推薦状。官途《かんと》推挙や、受領《ずりょう》推挙などがある。

水銀 すいぎん　「みずがね」とも。辰砂《しんしゃ》（水銀の硫化鉱物）を焼いて製する。古代・中世には、伊勢国飯高郡丹生《にゅう》山（内蔵寮領）が主産地で、鎌倉時代に水銀座があった。水銀から白粉《おしろい》をも作る。〈文献〉小葉田淳『金銀貿易史の研究』法政大学出版局。

出挙 すいこ　利息つきの賃借。国家が人民に貸付けるのを公出挙《くすいこ》、民間のものを私出挙《しすいこ》という。私出挙は天平九年（七三七）に禁止された。公出挙の利稲は律令国家の主要な財源であった。利率は三〇〜五〇パーセント。私出挙は一〇〇パーセントに及んだ。中世では、出挙といえば米稲出挙で、銭の場合は挙銭《こせん》といった。〈文献〉小田雄三「古代・中世の出挙」（朝尾直弘ほか編『日本の社会史』4）岩波書店。

推轂 すいこく　車の轂《こしき》をおす意。他人を官途などに取りもつこと、推挙する、推薦すること。「求二刺史之車一、亦羊腸嶮而無二推轂一」などと用いる。

推参 すいさん　招かれないのに、おしかけて行くこと。人を訪問することを謙遜していう語。『日葡辞書』には、「呼ばれもしないのに来り、聞かれもしないのに語ること」とある。

水車 すいしゃ　水車の利用は平安後期から始まった。灌漑揚水用に造られ、人力・畜力によるものと、水の流れを利用して揚水するものとあり、宇治川の水車は名高い。水車は中国の碾磑《てんがい》に学ぶものであろうが、動力源として一般に用いられたのは江戸時代からである。〈文献〉瀧川政次郎『日本社会経済史論考』日光書院。

水手 すいしゅ　「かこ」とも読む。水主とも書く。船頭以外の水夫。

水主荘園 すいしゅしょうえん　中世、大和国の能登川・岩井川には五か所の井堰が設けられていて、南方の興福寺領荘園に水を供給したが、神殿荘《こどののしょう》と三橋荘《みつはしのしょう》は引水の優先権を持ち水主荘園と呼ばれた。〈文献〉宝月圭吾『中世灌漑史の研究』吉川弘文館。

水神 すいじん　水の神。井戸・川・泉など、また水源の神をまつる。水源の神（水分神《みくまり》）は山の神と一体視され、用水堰《せき》や水口《みなくち》にまつる神は田の神と一体視され

る。豊穣をもたらす神であり、六月と十二月、とくに六月のまつりが多い。水神は龍や河童《かっぱ》のかたちをとると見られていた。
〈文献〉柳田國男『桃太郎の誕生』(定本8)筑摩書房。

随身 ずいしん　勅宣により上皇・公卿につけられた護衛兵。弓箭を持ち剣を帯びる。上皇には一四人、摂政・関白には一〇人、大臣・大将には八人、納言・参議には六人、中将には四人、少将には二人、諸衛の督《かみ》には四人、同佐には二人がつけられた。

瑞相 ずいそう　①めでたいしるし、吉兆。②前兆。

水損 すいそん　洪水、水害によって作物が損害を蒙ること。この場合、検注帳などには損、才と記載される。なお、旱損の場合は不と記される。

水滴 すいてき　硯《すずり》に使う水を入れる容器のこと。硯瓶《すずりかめ》ともいう。

出納 すいとう　①蔵人所の下級職員。財物の出納、庶務を扱う。②荘園で、年貢の徴収、出納・算用を行った下級荘官。室町期、近江国の摂関家大番領には、保司《ほじ》と呼ぶ管理者の下に出納がいて、大番米を徴収していた。出納のなかには問丸《といまる》を兼ねる者もいた。

衰日 すいにち　生年衰日、徳日ともいう。陰陽道で、誕生日の干支によって、忌むべき日とされた日。子・午年生まれは丑・未の日、寅・申年生まれの人は巳・亥日を衰日とし、これは一生変わることがなかった。
〈文献〉土田直鎮『奈良平安時代史研究』吉川弘文館。

推任 すいにん　上司の者の推挙によって官に就くこと。

すいば　杉原紙《すいばらがみ》をいう女房詞《にょうぼうことば》。⇒杉原紙

杉原紙 すいばらがみ　「すぎはらがみ」とも。播磨国杉原谷を原産地としたので名がある。中世では「杉原」といえば杉原紙のことを指した。一二世紀初め頃から京都の上流社会で用いられた。贈答用として、杉原一束(二〇帖《じょう》)に末広(扇)一本を添えたものが多用された。
〈文献〉寿岳文章『日本の紙』吉川弘文館。

水飯 すいはん　①乾飯《ほしいい》を冷水に漬《つ》けて食用としたもの。②柔らかく炊《た》いた飯を冷水で洗い白っぽくしたもの。

水瓶 すいびょう　①水がめ、すいびん。②仏教用語で飲用また手洗い用の水を入れる器《うつわ》のこと。

随兵 ずいひょう　「ずいびょう」とも。①主人の供《とも》をする兵士。②平安末~鎌倉期に検非違使に従う武装した騎馬の兵。③中世、貴人や将軍の外出・行旅に、前後を警衛した兵士。

推服 すいふく　心服と同じ。或る人を貴び服従すること。「制、凡擬郡司少領已上者、国史生已上共知簡定、必取二当郡推服、比郡知聞者一」と用いる。

随分 ずいぶん　①身分相応なこと。②できる限り、極力。「さあらば随分尋ねご覧あるべしとて尋ね給ふほどに」と用いる。③たいへん、おおいに、かなり。「忠宗・景宗も、随分血気の勇者にて、抜群の者なりしか共」と用いる。④下に打消語を伴って、決して、必ず、容易には、の意で用いられる。但し近世的な用法か。

吹毛 すいもう　①毛を吹くで、きわめて容易なこと。②毛を吹いてかくれた疵《きず》を探す意から、無理に欠点を探す、他人の弱点をあばくこと。「以二吹毛之咎一損二土民等一」と用いる。また「吹毛の剣」といえば、よく切れる鋭い剣のこと。

推問 すいもん　①問い調べる。②罪を

問いただす。事件調査のために中央から派遣される使を推問使という。

衰乱 すいらん　世の道義、秩序、政治が衰え乱れること。「世属二衰乱一、人苦二軍旅一」と用いる。

垂領 すいりょう　⇒たりくび

水論 すいろん　「みずろん」とも。灌漑用水をめぐる紛争。水田稲作の社会では、水の確保、引水、分水をめぐる争いは激烈をきわめた。

〈文献〉喜多村俊夫『日本灌漑水利慣行の史的研究』岩波書店。

居 すう　据とも書く。①安置する。②そのままの状態にしておく。③人を或る場所に住まわせる。他から人を誘引し、そこに土着させ農耕をさせるときなど。④人を置いて番をさせる。⑤人を座らせる。⑥人をうずくまらせる。⑦鷹をとまらせる。⑧種子をまく。⑨建物を設ける、構える。⑩用意する。⑪或る地位につかせる。⑫印判をおす。⑬気持を落付かせる。

崇玄署 すうげんしょ　玄蕃寮の唐名。

崇玄令 すうげんれい　玄蕃頭の異称。

崇玄令史 すうげんれいし　玄蕃助の異称。

趨参 すうさん　「しゅさん」とも読む。他人の所へ行くこと、推参も同じ。

崇親院 すうしんいん　平安時代、藤原氏一門の子女の自存できない者を収容した施設。藤原良相《よしすけ》（八一三〜六七）がその私邸の一区に設立した。施薬院《せやくいん》の管理下にあった。平治元年（一一五九）焼失廃絶した。

崇仁門 すうにんもん　紫宸殿西北廊の北面の門。除目《じもく》のとき、第一の納言がここで外記《げき》から箱をうけとる。

崇班 すうはん　高貴な地位、位階。「辞二崇班一交二山林一」などと用いる。

崇文館大学士 すうぶんかんだいがくし　東宮学士の異称。

芻秣 すうまつ　まぐさ、かいば、牛馬の飼料。

崇明門 すうめいもん　内裏内郭門のひとつ、紫宸殿東北の恭礼門から左青瑣門《せいさもん》を経て綾綺殿の南へ通じる東北廊にある。荷前《のさき》発遣の日、中納言は当門の中央の座に着く。⇒荷前

末歌 すえうた　神楽歌で、歌唱パートは本方《もとかた》・末方《すえかた》（各約一二人）の二グループに分かれて着席する。神楽歌は大半が、本歌・末歌と称して同じ旋律を二回ずつ反復演奏する形をとり、本歌では独唱部分を本拍子（本方の主唱者）が、末歌では末拍子（末方の主唱者）が歌う。

〈文献〉増本喜久子『雅楽』音楽之友社。

末方 すえかた　⇒末歌《すえうた》

末拍子 すえびょうし　⇒末歌《すえうた》

素襖 すおう　裏のない布製の直垂《ひたたれ》。略装で、室町時代には庶民の衣服となった。『日葡辞書』は「短い着物の一種。長袖で、他の着物の上に重ねて着るもの」と説明している。

菅掻 すがき　①和琴《わごん》の奏法。全部の弦を一度に弾いて、一本の弦だけの余韻を残すように他の弦を左指で押える。②箏の奏法。静掻《しずがき》という。食指（人差指）で二本の弦、中指で五本の弦を、順次定められたリズムで手前に弾き、親指でしめくくる。

菅貫 すがぬき　菅抜とも書く。茅《ち》の輪のこと。陰暦六月晦日の夏越《なごし》の祓《はらい》に用いた。チガヤを紙で包んで大きな輪を作り、これをくぐると病を除《よ》けられるとした。或いは小さく作って首にかけたり腰につけたりした。

犂 すき　牛馬にひかせて耕起する道具。長床犂《ちょうしょうり》は中国の華北から伝えられたもので、唐犂《からすき》といった。元来は浅く耕すもので、水持ちの悪い田や、年中湛水した

ままの水田の浅い耕起に用いる。無床犂《むしょうり》は朝鮮半島から伝わり、おもに畠作地帯や山間で用いられた。

鋤 すき　人力で土を切り耕起する道具で、踏鋤《ふみすき》という。耕起用には他に鍬《くわ》があるが、鋤は、排水溝をつくるときや、畑の畝底《うねぞこ》の土をさらうのに便利である。

主基 すき　大嘗会《だいじょうえ》の新穀を奉る西方の祭場。新穀を奉る斎田の属する国郡をト定し、稲・粟・酒料を出させた。東方の祭場は悠《ゆ》（斎）基《き》。なお主基は次《つぎ》の意。

透と すきっと　すっきりと、残らず、ことにの意で用いる。

透額 すきびたい　冠《かんむり》の一種。冠の縁から甲にかけて全体を黒羅で作り、うすく漆《うるし》を塗《ぬ》った。元服後の一五、六歳の若年の者が用いた。

誦経 ずきょう　「じゅきょう」とも。①経文をそらんじて唱《とな》えること。②布施とする品物で、装束や布帛など。「誦経の鐘」といえば、僧が誦経を行うことを人びとに知らせる鐘。

透廊 すきろう　透渡殿《すきわたどの》に同じ。勾欄はつけるが、両側に壁や戸を入れず、あけ放したままの渡り廊。寝殿から東西の舎につながる廊。

透渡殿 すきわたどの　⇒透廊《すきろう》

守宮神 すくうじん　平安時代以来、呪術的信仰の対象とされた小祠の神でシャグジと称されたもの。もと辺境の地主神で、諸種の民間信仰と習合して多様な在り方を示す。宿神、守公神、守君神、主空神などとも表記される。

すくみ往生 すくみおうじょう　「ずくめ往生」「すくめ往生」とも。無理往生に同じ。無理やり承知させること。

すくみち　直道に当てる。「すくとおり（直通）」も同じ。ちかみち、捷路のこと。

健者 すくやかもの　戦国時代、足軽の一種。

宿曜道 すくようどう　唐の符天暦を拠りどころとして行われた暦算・占い・祈禱の術。宿曜とは日月五星に想像上の星を加えた九曜と二十八宿のこと。一〇世紀半ばにわが国にもたらされた。

菅笠 すげがさ　菅の葉で編《あ》んだ笠。淀川下流域の摂津・河内の笠が有名。天王寺浜市の菅笠座は堺・奈良・京都に販売権を持っていた。
〈文献〉豊田武『座の研究』吉川弘文館。

助衆 すけしゅう　助勢、加勢の人びと。

頗る すこぶる　①すこしばかり。「老の気のはなはだしき事は、みなこそわすれ侍にけれ、これはただ頗おぼえ侍なり」などと用いる。②かなり、たいそう、はなはだ。「頗る恥辱《ちじょく》に及ぶ」と用いる。

食薦 すごも　「げごも」とも。神饌や食盤の下に敷く薦《こも》。

双六 すごろく　インドに起こった盤遊戯で、中国を経て唐代にわが国に伝来した。競技は二人あい対して、それぞれ黒・白の駒一五個を並べ、長さ一〇センチメートルの釆筒に入れた二個の釆《さい》を交互に振り出して、釆の目にしたがって駒を進める。賭博《とばく》として行われること多く、しばしば禁制された。

朱雀院 すざくいん　平安京右京三条・四条間に朱雀大路に面して設けられた累代の後院のこと。

朱雀門 すざくもん　平安宮外郭中央の門、七間五戸の二階造り。弘仁九年（八一八）門号改正以前は大伴門といった。六月・十二月の大祓《おおはらえ》や臨時の祓はこの門で行われた。

清酒 すざけ　「すみさけ」とも。濁《にご》り酒に対して、精製して澄んだ酒のこと。

冷 すさまじ　①不興である。②恐ろしい。③冷淡である。④生活が苦しい。⑤あきれるほどひどい。

杜撰 ずさん ①誤りの多い書籍など。②いいかげんで、手落ちが多い、ぞんざいであるの意。

鮨 すし 鮓・鮗とも書く。魚・貝を塩につけて米飯に押し込むもので、発酵した米飯の酸味で漬物のようになる。

図師 ずし 国・郡や荘園で、図帳・田図・検注帳の作成に当たった下級の役人、また荘官。図師名《みょう》は図師に与えられた給名。〈文献〉竹内理三編『荘園絵図研究』東京堂出版。

辻子 ずし 途子、図子とも書く。①都市の十字郷頭、辻のこと。②中世・近世の都市で、大路と大路を連絡する小路のこと。

厨子 ずし ①仏像や経巻などを納めるもので両開きの扉《とびら》がついている。②調度・書画あるいは食物をのせる置き棚。

筋目 すじめ ①ものの道理。②一連の手続き、経過。③由緒。④家柄、素性《すじょう》。⑤心がけるべき問題点、眼目。

調所 ずしょ 「ちょうしょ」とも。もとは調の収納を掌る役所であったが、平安末期には軽物《かるもの》(繊維類)の収納、度量衡の管理、納入製品の価格決定、返抄の発給を掌った。〈文献〉泉谷康夫『律令制度崩壊過程の研究』高科書店。

鈴鹿関 すずかのせき 旧址は三重県関にある。伊勢と近江の境に設置された関所、三関《さんげん》のひとつ。⇒三関

生絹 すずし ①生絹糸の略。まだ練っていない絹糸、生糸。②生絹の衣《きぬ》(織物)の略。

すすどい ①気性や性質が勢い激しく機敏である。「九郎はすすどきおのこにてさぶらふなれば」と用いる。②用心ぶかくかしこい。③悪がしこい。

鈴の奏 すずのそう 平安時代、天皇の行幸に際して、先払いのために鳴らす鈴の下賜を願う奏、また返上するときの奏。少納言が行う。

煤掃 すすはき 「すすはらい」とも。とくに年末十二月に、正月の準備としてすすやほこりを掃うこと。

羞 すすむ 食事をすすめる。「羞二朝膳一」と用いる。客や貴顕の人に食事をすすめる。

すゝめ馮支 すすめたのもし 勧進頼母子《かんじんたのもし》。神社・仏寺・仏像などの造営・修理料を調達するための頼母子《たのもし》。⇒頼母子

裾濃 すそご 衣服など、同じ色で、上の方が薄く、中間はぼかし、裾の方を濃くする染色法。裾や元結、扇などにも用いられた。

簾座 すだれざ 中世の萱簾《かやすだれ》の生産と販売の座。大和国乙木荘《おとぎのしょう》の農民は興福寺大乗院門跡の保護を受けて簾を生産し、奈良座は奈良市中の振売《ふりうり》(行商)と大和国中の専売権を持ち京都へも進出した。乙木簾座は本座・新座・孫座から成り、座衆は数十人に及んだ。〈文献〉豊田武『座の研究』吉川弘文館。

図帳 ずちょう 律令制下の田地の台帳で、田図と田籍。民部省および諸国国衙に保管されていた。

捨田 すつだ ⇒すてだ

無レ術 ずつなし 対処の方法もない、どうしたらよいかわからない、お手あげ。「すべなし」とも読み同意。

捨子 すてご 貧困を理由として母が子を捨てる話は『今昔物語集』などに所見する。場は都市であり、捨子の収容所として悲田院が設けられた。

捨城 すてじろ 軍勢の立ち去った城、あき城。

捨田 すてだ　「すつだ」とも。中世、水旱の災いによって荒廃し農民によって放棄された田。

捨荷 すてに　船が風波に遭い難破の恐れのあるとき、積荷の一部を海中に投棄すること。

捨扶持 すてぶち　⇒堪忍分《かんにんぶん》

捨鞭 すてむち　戦場で逃げるとき馬の尻にあてる鞭。

図田 ずでん　中世、大田文《おおたぶみ》に記載された田地。中世後期、周防国・長門国では、図田以外の田を平田《ひらた》といった。

図田帳 ずでんちょう　大田文の一種。一国ごとに国衙領・荘園の田積、領有関係を記した文書で、課役賦課の基準とした。日向・薩摩・大隅（建久八年）・豊後（弘安八年）の図田帳が現存する。〈文献〉石井進『日本中世国家史の研究』岩波書店。

砂田 すなだ　砂地の田。川ぞいなどに多く、水の吸収が激しく、保水力に乏しい。

輒 すなわち　「たやすく」とも読む。輙とも書く。①その都度。②容易に。③専ら。

即 すなわち　則、乃、廼、便、輒、仍、載、曾、登時なども「すなわち」。そのとき、即座に、途端に、さて、とりもなおさず、ちょうどの意。

収納 すのう　①年貢その他を徴納すること。②農作物を収穫すること。

簀子 すのこ　板や竹を、すき間をあけて打ちつけた床《ゆか》や台、簀子張り。建物の外側に簀子縁があり、これは濡縁《ぬれえん》である。

寸白 すばく　「すんぱく」とも。条虫などの寄生虫、それによって起こる病気。

素肌武者 すはだむしゃ　素肌者ともいう。①戦陣で手傷を負い、具足を失って、羽織ばかり着て戦う武士をいう。②一般に具足を着けない状態を素肌という。

素腹后 すばらのきさき　素腹とは妊娠しない、子のない女のことで、円融天皇の后藤原遵子《のぶこ》（関白藤原頼忠の女）を指していう。天元五年（一〇〇二）中宮となったが、このとき既に女御詮子に懐仁親王がいた。遵子は親王なくして后となったのである。

素引 すびき　白引とも書く。①矢をつがえないで弓を引くこと。弓の強さをためす。「素引の精兵」といえば、理論ばかりで実戦の役に立たぬことをいう。②太刀や竹刀を振る、素振《すぶ》り。

炭櫃 すびつ　角《かく》火鉢のこと。炭火で暖をとる。

すべくる　滑の字を宛てるか。やりくりする、どうにかくりのべるの意。中世の用語。「いま一日もすへくり候はむと仕候」と用いる。

都 すべて　総、惣、渾、凡とも書く。全部とりまとめて、全部合わせて、おしなべて、事の顚末《てんまつ》。

無レ術 すべなし　仕方がない。どうにも手段がない。

辷 すべる　滑とも宛てる。①いざる。②逃げる。③天皇が退位する。皇位をおりる、辞する。④口がすべる、言いたい放題いう。

相撲 すまい　毎年七月宮廷で行われ天皇がこれを覧《み》る行事があった。もとは農村における豊年の年占として行われてきた。神事としての相撲は各地の神社にいまも残っている。〈文献〉新田一郎『相撲の歴史』山川出版社。

相撲銭 すまいせん　中世後期、奈良で、神事としての相撲会に相撲人を出す郷を単位として賦課される公事銭。

相撲使 すまいのつかい　平安時代、七月の相撲節《せち》の相撲人《すまいびと》を召し集めるため諸国に遣わされた使者。部領使《ことりづかい》という。

相撲司　すまいのつかさ　相撲節に、左右近衛府に属して相撲のことを掌った臨時官で、参議以上の者が任ぜられた。

相撲召合　すまいのめしあわせ　平安時代、宮中で行われた相撲儀の中心的行事。七月二十八日（小月は二十七日）に行われた。左右に分かれた相撲人による取組み一七番が行われた。
〈文献〉大日方克己『古代国家と年中行事』吉川弘文館。

相撲人　すまいびと　相撲をとる人。七月の相撲節に諸国から貢進され相撲をとる人びと。

すまう　争、抗、拒などの字を宛てる。①争い抵抗する。②あいての要求を拒否する。③つかみあい争う。

炭　すみ　木炭。荘園からの公事物の一つとして収取された。鍛冶用の炭の需要も大きい。炊事・暖房用に炭を用いることが庶民に普及するのは室町時代から。なお。宮廷で採暖用の炭が支給されるのは十月一日から二月晦日までで、主殿寮から出給する。
〈文献〉樋口清之『木炭』法政大学出版局。

角折敷　すみおしき　⇒折敷《おしき》

隅違　すみちがえ　対角線のこと、はす、すじかい。

墨付　すみつき　①筆跡。②自筆の書状。③幕府・諸大名が下した公文書。書判を墨書した。④領知判物。

炭焼　すみやき　木炭を作る作業。炭焼き仕事は、鉱山の精錬や鍛冶の技術に付随して発達した。原料の得やすい山間で行われるが、山林の用益をめぐって領主間、荘園間でしばしば紛争が起こった。堺を越えて山に入り炭を焼く者には、炭がまを破壊するなどの制裁措置がとられた。

篦　すり　古代、旅行の際に携行した竹で編《あ》んだ籠状の小箱。

磨臼　すりうす　籾を磨《す》ってもみがらを取り除くのに用いる石臼。上下二個の円筒形から成る。

摺衣　すりごろも　染め草の汁ですりつけて草木、花鳥などの模様を染め出した衣。

磨銭　すりぜに　単に「すり」ともいう。磨りへった銭。中世の悪銭の一種。撰銭の対象となった。

受領　ずりょう　平安時代以降、任国に赴いた国司の最高責任者のこと。もと官人の交替の際に事務を引きつぎ官物を授受することを、分付《ぶんづけ》し、受領《ずりょう》するということから起こった呼称。
〈文献〉森田悌『受領』教育社。阿部猛『尾張国解文の研究』大原新生社。

受領功課定　ずりょうこうかさだめ　功課は功過とも書く。除目《じもく》以前、または除目の途中で、任期の終わった受領の在任中の成績を審査し功過を判定する公卿の会議をいう。『江家次第』（巻四）によると、大臣が天皇または摂関の命を受けて大納言に命じ、大納言を上卿《しょうけい》として公卿を集め会議が行われる。参議のうち一人（兼大弁の者）は勘解由使《かげゆし》大勘文《おおかもん》を読み、一人は受領申文に続《つ》いだ主税・主計勘文を照合し、一人は定文《さだめぶみ》を書く。
〈文献〉佐々木宗雄『日本王朝国家論』名著出版。寺内浩「受領考課制度の成立と展開」（『史林』七五—二）。

受領之挙　ずりょうのきょ　平安時代、春の受領の補任《ぶにん》に先立って、諸卿が適任者を推挙すること。欠員となる国について候補者を三人以上記入し、大臣がとりまとめて天皇にみせる。
〈文献〉玉井力『平安時代の貴族と天皇』岩波書店。

摺料　すりりょう　版木《はんぎ》で経文などを刷《す》る費用。

駿河舞 するがまい　⇒東遊《あずまあそび》

すれる　雅楽で、同時に演奏される旋律各パートの間に生ずる音の不同をいう。

楚割 すわり　肉を細く切って乾したもの。「すわやり」ともいう。宮中への贄《にえ》、交易雑物として貢納された。平城京木簡にも所見する。

寸 すん　長さの単位。一寸＝一〇分《ぶ》。一〇寸＝一尺。一寸は約三・三センチメートル。

寸半 すんはん　⇒きなか

ずんぼう武者 ずんぼうむしゃ　寸法、頭無棒の字をあてる。①具足をつけているが指物をさしていない武者のこと。②具足をつけていない武者のこと。

せ

畝 せ　田畠の面積をあらわす単位。南北朝期に、近江・若狭で用いられたことがあるが、大《だい》・半《はん》・小《しょう》制にかわって制度的に用いられるようになったのは天正十一年（一五八三）からである。一畝＝三〇歩《ぶ》。一〇畝＝一段。⇒大・半・小

瀬 せ　①歩いて渡れる浅い流れ。②急流。③その場合、折。「ふる川のべに君を見ましや、うれしきせにも、ときこゆ」と用いる。④そのような箇所、ふし、点。⑤その場所。「聞かずともここをせにせん郭公《ほととぎす》山田の原の杉の群立」と用いる。

青闈侍中 せいいじちゅう　東宮蔵人の異称。

請印 せいいん　⇒しょういん

正員 せいいん　⇒しょういん

世運 せいうん　世の中の動向、時勢の気運。「倩思之《つらつらおもうに》、世運之尽歟《つきるか》」と用いる。

請謁 せいえつ　①貴人に面会を願うこと。②権力者に願い出ること。

勢家 せいか　「せいけ」とも。権門、権力のあるもの。「権門勢家」と連称される。

請仮 せいか　⇒しんか

青海波 せいがいは　唐楽。盤渉調の曲。青海波模様の装束で、二人舞。大法会・朝覲行幸・相撲節会の抜出などに奏する。正式の演出には楽人四〇人を要する大がかりなものである。

清和院 せいかいん　平安京左京北辺四坊七町にあった邸宅。もと染殿と称する藤原良房邸という。鎌倉時代には仏寺となった。

清華家 せいがけ　公家社会の家格の一つ。摂関家につぐ家格。院政期に久我家、三条家、徳大寺家、花山院家、大炊御門家が、鎌倉期には西園寺家、今出川家がこれに入り、近衛大将、大臣にまで昇る家柄として固定した。江戸時代には広幡家、醍醐家が加わった。

西華堂 せいかどう　豊楽院の西北隅にある堂舎。大嘗祭のとき、蔵人所・御厨子所・進物所の候所とする。

西華門 せいかもん　朝堂院二十五門のひとつ、大極殿西の軒廊《こんろう》にあった。臨時仁王会・千僧御読経の儀式に用いられた。また大極殿の廊は大嘗会の五節所に利用された。

栖霞楼 せいかろう　豊楽院内の楼。豊楽殿の東にある。西にある霽景楼《せいけいろう》と相対し、東楼とも呼ばれる。

青眼 せいがん　⇒青顧《せいこ》

晴儀 せいぎ　宮廷の儀式の通常の進行形態をいう。雨雪の際には軒廊などを用いて略儀で行われる雨儀《うぎ》に対するもの。儀式書が記す式次第は晴儀を前提として記述されている。

正議大夫 せいぎたいふ　正四位上の異称。

青綺門 せいきもん　豊楽院十九門のひとつ。

豊楽殿から栖霞楼《せいかろう》に通ずる廊の中央にあり、西の白綺門と相対し、朝賀・七日節会・大嘗会などの儀式に用いられた。

誠恐謹言 せいきょうきんげん　誠恐誠惶《せいこう》とも。深く恐縮し謹んで申しあげるの意で、奏上文などの文末に記して、あいてに敬意を表す。

成斤 せいきん　穫稲計量の際の重量の単位。斤には二種類ある。(1)一段＝二五〇歩制に基づく稲一束の重さ。(2)一段＝三六〇歩制による稲一束の重さ。(1)は令制の重量単位大斤に相当するので成斤といった。(2)は(1)より軽く、大斤に達しないので不成斤といった。〈文献〉亀田隆之「日本古代に於ける田租田積の研究」(『古代学』四―一)。

正刑 せいけい　⇒閏刑《じゅんけい》

霽景楼 せいけいろう　豊楽院内の楼。豊楽殿の西にあり、東の栖霞楼と相対する。西楼ともいう。

請減 せいげん　古代令制における減刑制度。特定の身分の者が流罪以下の罪を犯したとき、罪一等を減じられる特典。⇒応請者《おうせいしゃ》

青顧 せいこ　青眼《せいがん》も同じ。①恩顧。②よく待遇すること。

精好 せいごう　絹織物精好織の略。地が緻密《ちみつ》で精美なのでこの称がある。練糸を経《たていと》とし生糸を緯《よこいと》として織りあげた上質の織物で、おもに袴地《はかまじ》に用いられた。精好絹といえば美しい良質の絹をさす。

正朔 せいさく　①正月一日のこと。②古代中国で新しく王が立つと暦を改めたので、天子の支配、王化、王統のことをいう。

制札 せいさつ　高札《こうさつ》とも。幕府・大名・荘園領主・地方小領主が禁止事項や規則条項を文書形式で木札に公示したもの。寺社門前や荘政所など、人目につきやすい場所に掲げた。〈文献〉水藤真『木簡・木札が語る中世』東京堂出版。

青瑣門 せいさもん　紫宸殿東北廊の左青瑣門と、西北廊の右青瑣門とがあった。兵衛が守護した。

誓紙 せいし　誓詞とも。①誓《ちか》い、誓いの言葉。②起請文《きしょうもん》。

征矢 せいし　⇒そや

制式 せいしき　定められた様式、規定のこと。寺院内の規制・禁止事項などを列記し、起請文の形をとったものがある。

生死同心 せいしどうしん　死生同心も同じ。古代・中世に連帯責任を意味する言葉で、共同債務者のうちの誰かが逃亡もしくは死亡したとき、残りの債務者が共同債務の全額を弁済する責任を持つ。〈文献〉中田薫『法制史論集　三』岩波書店。

西収 せいしゅう　秋の収穫のこと。春の植えつけを東作という。東＝春、西＝秋。

青州従事 せいしゅうのじゅうじ　酒の異名、美酒。単に青州ともいう。

青女 せいじょ　身分の低い女房、侍女、年若い女、妻女。

西浄 せいじょう　便所、かわやのこと。

清上楽 せいじょうらく　唐楽。黄鐘調の曲。興福寺常楽会に童舞で奏された。いまは廃絶し伝わらない。

清暑堂 せいしょどう　豊楽院《ぶらくいん》の堂舎のひとつ、九間×二間の細長い建物、北の門不老門を入って正面の堂舎。天皇が豊楽殿に出御するときの控えの堂舎。ここで琴歌神宴が催され、清暑堂焼失後も清暑堂神楽と称する行事が小安殿《こあどの》で行われた。

精銭 せいせん　中世、悪銭に対して良銭をいう。無条件で一枚一文の価値が認められる銭貨。〈文献〉小葉田淳『改訂増補 日本貨幣流通史』刀江書院。

精代 せいだい　玄米を精白するための搗賃《つきちん》のこと。古代・中世の結解状などに所見。白米を貢納するときは精代を差し引く。

聖断 せいだん　天子の決定。「聖断を仰ぐ」などと用いる。

青鳥 せいちょう　便り、書状、使者の意。中国前漢の東方朔の故事に基づく。

税長 ぜいちょう　古代、郡司の下にあって租を収納し保管することに当たった者。

税帳 ぜいちょう　正税帳。令制下、年間の正税の出納を記した帳簿。毎年中央政府に提出される。

税帳使 ぜいちょうし　正税帳使ともいう。四度使の一つ。正税帳を翌年二月末までに朝廷に提出され、民部省・主税寮の監査をうけた。

勢遣 せいづかい　軍勢を動かすこと。『日葡辞書』は「大将が軍勢を動かし指揮すること」とする。

正殿 せいでん　①宮殿の表御殿《おもてごてん》。②神社の本殿。

世途 せいと　世路も同じ。世の中を渡る道。「人命有レ限、世途難レ抛《よ》」と用いる。

征途 せいと　①旅の道。②戦いや試合などに赴く道、途中。

青銅 せいどう　中世、銭《ぜに》の異称。

細男 せいのう（お）　①神楽《かぐら》で、余興《よきょう》として滑稽なわざを演ずる人。②神社の祭礼や御霊会《ごりょうえ》で舞う舞人のこと。

成敗 せいばい　中世、政務を処理する、工夫する、裁決する、処罰する、処刑する、殺すなど多様な意に用いられる。物事を分別し決定するの意で、訴訟の結果下された裁決の意に用いられ、安堵《あんど》とは異なり、理非を判定して決断するものであり、効力に相違がある。一般に「成敗を遂《と》げる」といえば「裁《さば》きをつける」の意。

〈文献〉佐藤進一『日本中世史論集』岩波書店。

省陌 せいひゃく　銭《ぜに》一〇〇枚を以て一〇〇文とするが、鎌倉時代には九七枚を一〇〇文、室町時代には九六枚を束ねて一〇〇文と見做《みな》す慣わしがあった。これを省陌という。

〈文献〉小葉田淳『日本の貨幣』至文堂。石井進『中世史を考える』校倉書房。

精兵 せいびょう　勢兵とも。①強い弓を引くことのできる者。「聞へたる勢兵《せいびょう》也、矢は十三束三伏也」と。②精鋭の兵士、よりすぐった兵。「所レ従之精兵及ニ三百余騎ニ」と用いる。

青苗簿 せいびょうぼ　古代、諸国が大帳使に付して毎年都に送った公文書のひとつ。田租収納および減免措置をとる必要上作成したものと思われ、国内の田地の耕作状況を記したもの。

〈文献〉阿部猛『律令国家解体過程の研究』新生社。

青扶 せいふ　青鳧《せいふ》、青蚨《せいふ》、青蚨《せいふ》とも書く。もとはカゲロウ（昆虫）の異名であるが、銭《ぜに》の異称。

制符 せいふ　儀式また生活上の制約、禁止事項などを記した文書。

棲鳳楼 せいほうろう　朝堂院四楼のひとつ。応天門の南東方の楼。南西方の翔鸞楼と相対する。大儀の際に、楼上に鼓や鉦を立てた。

聖明楽 せいめいらく　本胡楽、勢明楽ともいう。雅楽の曲名。唐楽。黄鐘調の曲。もとは太食調の曲であったという。舞は早く絶え管絃のみ行われ、常楽会などの参入音声などとして奏されたが、現在は廃絶。

済物 せいもつ　上納物、年貢、租税のこと。「なしもの」とも。

誓文 せいもん　①神かけて誓約する文《もん》

言《ごん》。②愛する男女が交わす起請文《きしょうもん》、誓詞《せいし》。

請　益　せいやく　「しょうやく」「しんえき」と読む。①不明の点について師に教えを乞う。②重ねて教えを乞う。③朝廷の儀式の場で、会釈《えしゃく》して許しをこうこと。

清涼殿　せいりょうでん　内裏の殿舎のひとつ、仁寿殿の西に東面して建つ。南北九間、東西二間、四面に廂がある。入母屋造、檜皮葺。平安中期以降は天皇の日常の居処となった。清涼殿図（三四八ページ）参照。

井　楼　せいろう　戦陣で、敵陣を偵察するために組みあげたやぐら、また城を攻撃するためのやぐら。

施餓鬼　せがき　無縁の亡者（餓鬼）のために施す読経や供養。真宗以外で広く行われる。もと時節を限るものではないが、盂蘭盆《うらぼん》と重ねあわせて七月一日～十五日に行う。

隻　せき　魚・鳥・船・矢などをかぞえるのに用いる数詞。尺を宛てることもある。

堰　せき　井堰《いぜき》のこと。もとは河川を横断して水の流れを塞《せ》きとめ、分水や貯水量の調節を行う構造物。用水の堰堤《えんてい》また用水路そのものを指す。井手・井水・溝・堀・杁《いり》などともいう。井堰に設けられた分水の装置は料《と》という。用水争いの際に料を破壊することがあった。

関　せき　①人と物の出入りを監視する軍事・警察的な機能を持つ関。②経済的な関。修理費を利用者に転嫁する港湾に比較的早く置かれたが、中世後期には水陸に関が濫設された。関の収入は大きく、東大寺や園城寺などでは年間一〇〇〇貫文をこえる所得があった。

〈文献〉相田二郎『中世の関所』吉川弘文館。新城常三『中世水運史の研究』塙書房。

腊　せき　⇒きたひ

惜　せき　⇒あたら

積　習　せきしゅう　長い間の習慣となること、慣わし。「自後師資不レ絶、積習為レ常」と用いる。

石州銀　せきしゅうぎん　文禄二年（一五九三）頃、石見国《いわみのくに》で鋳造された銀貨の総称。

跡　状　せきじょう　⇒活計《たずき》

関　銭　せきせん　中世の関で徴収する銭貨。呼称は多様で、津料《つりょう》・河手《かわて》・山手《やまて》・勘過料《かんかりょう》・兵士米《ひょうじまい》・警固役・升米《しょうまい》・率分《りつぶん》・勝載料《しょうさいりょう》・帆別銭《ほべちせん》・駄口米《だこうまい》など。

〈文献〉豊田武ほか編『交通史』山川出版社。

石　帯　せきたい　束帯の袍《ほう》を腰の位置で留める腰帯。革製黒漆塗で、銙《か》と称する金銀・玉・石製の飾りの座を設ける。

関　手　せきて　⇒関銭《せきせん》

関　寺　せきでら　近江国大津、逢坂関の東の街道沿いにあった寺院。五丈の弥勒仏を本尊とした。万寿二年（一〇二五）藤原道長は室倫子とともに参詣している。関寺の牛は霊牛と称され、寺名は記録・説話などにしばしば描かれた。

釋　奠　せきてん　①中国で、先師・先霊を祀ること。②わが国で、二月・八月に大学寮で孔子ならびに十哲の像を掛けてまつった儀式。奈良時代天平年間に定着し、地方の国学でも行われた。中央の釈奠は室町中期まで続いた。

〈文献〉彌永貞三『日本古代の政治と史料』高科書店。

舃　せきのくつ　爪先が広く高く盛り上った形の履物。鼻高履ともいう。

夕拝郎　せきはいろう　蔵人の異称。

関　船　せきぶね　もと関所に属した船から転じて、戦国時代から使われた快速軍船。

関　屋　せきや　関守《せきもり》の詰めている建物。逢坂関と不破関の関屋は文学作品にもしばしば描かれた。三関の関屋は、もとは瓦葺の建物であったが、平安時代のは板

〔清涼殿図〕

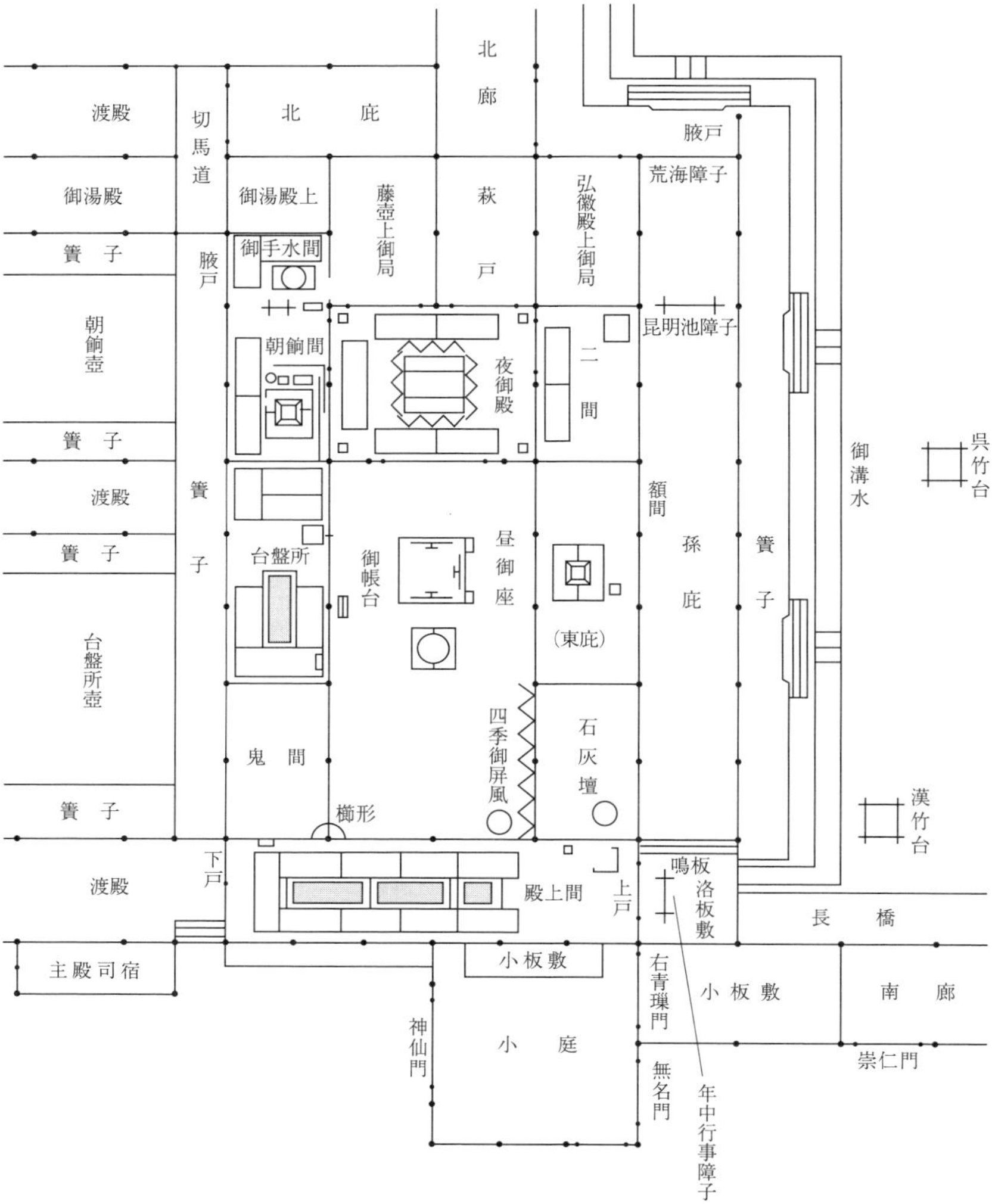

『平安時代史事典』『日本史辞典』などを参照して作図

葺であった。

施行 せぎょう　物品を施《ほどこ》すこと、飢人・乞食に食物を与えること。「しぎょう」とは区別する。

関料 せきりょう　⇓関銭

夕郎 せきろう　仙郎とも。五位《ごい》蔵人《くろうど》の唐名。「夕郎の貫主《かんじゅ》」といえば五位の蔵人頭《とう》のこと。

世間 せけん　①現世社会、この世の中。②天地の間。③僧に対して俗人のこと。④自分の回わりの社会と人々。⑤人との交わり。⑥この世のくらし。

世間叶う せけんかなう　世渡りが上手であること。

世間者 せけんじゃ　一般世間の人々、世俗の人々。

世間の習（慣） せけんのならい　社会一般の慣習。

是定 ぜじょう　①叙位のとき氏長者にかわって、その氏人の叙爵のことを申請する他氏の人。王氏と橘氏について見られる方式。王氏では第一親王が、橘氏では藤原氏の公卿がこれに補せられた。②或る人を或る官職に推薦すること。

軟障 ぜじょう　寝殿造に吊るす帳、簾《すだれ》。壁に吊るす絵のある生絹の幔幕のこと。

節会 せちえ　定まった公事《くじ》の日に天皇が主催する宴会のこと。令制では一月一日・七日・十六日、三月三日、五月五日、七月七日、十一月大嘗日を節日としたが、平安時代には、元日節会、正月七日白《あお》馬節会《うまのせちえ》、同十六日踏歌節会《とうかのせちえ》、三月三日曲水宴（上巳節会《じょうしのせちえ》）、五月五日端午節会《たんごのせちえ》、七月七日相撲節会《すまいのせちえ》、十一月豊明節会《とよあかりのせちえ》となった。節会には群臣の謝座・謝酒の作法があり、宣命《せんみょう》が読まれた。

節下大臣 せちげのおとど　大嘗会の御禊《ごけい》などで、立てた節の旗の下に立ち儀式を執り行う大臣のこと。

節搗米 せちつきまい　正月行事に用いる米。戦国時代、越後の在地領主色部氏《いろべし》は、新春の神迎えの準備を前年十二月十三日から始め、節搗米を百姓から徴収した。

〈文献〉中野豈任『祝儀・吉書・呪符』吉川弘文館。

世智弁 せちべん　①処世の知恵。②世知にたけ、ずるいこと。③けち。

節振舞 せちぶるまい　⇓節養《せちやしない》

節養 せちやしない　節日に、荘園の預所・雑掌が荘民に饗応、ふるまいを行うこと。節振舞《せちぶるまい》、節呼《せちよび》ともいう。

〈文献〉鬼頭清明ほか編『生活史　I』山川出版社。

節呼 せちよび　⇓節養《せちやしない》

節料 せちりょう　正月一日、同七日、三月三日、五月五日、七月七日、九月九日など節日《せちび》の儀式・行事に必要な費用。節料は所領荘園等に公事物として賦課された。荘園現地で下司（地頭）が荘民から節料を徴することもある。

節禄 せちろく　「せつろく」とも。正月一日、正月七日（白馬節会《あおうまのせちえ》）、正月十六日（賭射《のりゆみ》）、正月十七日（大射《おおゆみ》）、五月五日（騎射《うまゆみ》）、九月九日（重陽《ちょうよう》）、十一月十一日（新嘗会）に、皇太子以下、太政大臣より参議に至る職事方、正一位より五位に至る有位者、行事に参加する六位以下の官人に給される禄物。正月七日の節禄を左・右大臣、五位の官人について例示すると、大臣は絁五〇疋・綿四〇〇屯、五位は絁四疋・綿二〇屯。

せちろ俵 せちろたわら　⇓節料《せちりょう》

梲 せつ　⇓うだつ

絶域 ぜついき　遠くはなれた土地、国、外国。

殺害人 せつがいにん　敚害人とも書く。人を殺した者、殺人者。

責勘 せっかん　切勘とも。責めたてる。

ことに年貢・公事の徴収について、せめたてること。「号二拒捍使一庄民責勘尤切也」と用いる。

摂関賀茂詣 せっかんかもうで　毎年四月の中の申《さる》の日に摂政又は関白が賀茂社に参詣する儀式。その行列の美麗さから多くの人々が見物した。

摂関家大番領 せっかんけおおばんりょう　摂関家の政所に上番する大番舎人を貢進した所領。大番舎人は一〇日を一期として交替で勤め、これに対して給田・雑役免・在家などが給付された。有力田堵・名主層である。和泉国（大島荘など四か荘）、摂津国（猪名荘など二か荘）、近江国（八幡荘など一一か荘）に大番領があった。〈文献〉渡辺澄夫『増補　畿内庄園の基礎構造』吉川弘文館。

摂関家政所下文 せっかんけまんどころくだしぶみ　摂政・関白家の政所の名において下された命令や裁定を書き記した文書。家領荘園内の紛争などについて荘民らに宛てて出されるが、実際には文書は使者が持参して見せるだけで、荘民らに下付されるわけではない。

摂関家御教書 せっかんけみぎょうしょ　殿下御教書とも。御教書は三位以上の意志を伝える文書で、家司《けいし》が奉じて書いたもの。

節季 せっき　①季節の終わり。②年の暮《くれ》、年末。③江戸時代以降、掛《かけ》売買の決算期をいう。

説経師 せっきょうし　説経者も同じ。経文の意味を説き聞かせる人。

説教節 せっきょうぶし　説教浄瑠璃《じょうるり》。一四世紀に節付《ふしづけ》説教から派生した民間芸能。本来は民衆教化のための経典解説で、これが芸能化し、唱聞師《しょうもじ》によって語られた。

節供 せっく　節日《せちび》に食する供物《くもつ》のこと。中国で、正月十五日や三月三日に神に祀《まつ》るのに特別な供物を作ったが、この風習が平安初期わが国に伝わり、民間の習俗と融合して、正月十五日の七種粥《ななくさがゆ》、三月三日の桃花餅、五月五日の五色粽《ちまき》、七月七日の索麪、十月初亥の餅などを供物とするようになった。後世には節句の字を用いた。

摂家 せっけ　摂政・関白に任ぜられる家柄。平安時代には藤原北家の嫡流。鎌倉時代には、近衛《このえ》・九条・二条・一条・鷹司《たかつかさ》の五摂家を指す。

摂家門跡 せっけもんぜき　門跡《もんぜき》のうち摂関家の子弟が門跡であるもの。⇒門跡

絶戸田 ぜっこでん　全戸口の死に絶えた戸の保有田地。絶戸田は収公され地子田となる筈であるが、必ずしも収公されず、地方有力者によって占有されることが多かった。京戸口分田の場合は、職写田《しきしゃでん》として京職領《きょうしきりょう》となり荘園化の道をたどった。〈文献〉阿部猛『律令国家解体過程の研究』新生社。

絶根売買 ぜっこんばいばい　留保条件なしに根こそぎ売買する意で、常根とも書かれる。〈文献〉中田薫『法制史論集　三』岩波書店。

摂社 せっしゃ　神社で、本社に付属し、本社の祭神と縁故の深い神を祀った神社。末社《まっしゃ》より格が高い。本社の境内《けいだい》にあるものを境内摂社、境外にあるものを境外摂社という。⇒末社

切所 せっしょ　殺所、節所とも書く。要害、難所のこと。

殺生禁断 せっしょうきんだん　もと仏教の戒律のひとつ不殺生戒のこと。荘園領主が所領内の殺生を禁断することによって狩猟・漁撈・樹木伐採を禁止し、荘民の山野河海用益権を制約した。〈文献〉小山靖憲『中世村落と荘園絵図』東京大学出版会。

舌人 ぜつじん　通訳のこと。⇒訳語《おさ》

切々　せっせつ　節々、折々とも書く。①時折り、ときたま。②しばしば、しきりにの意。③思いがつよく心に迫るさま。④親切でていねいなさま。⑤音や声の調子がものさびしく心に迫るさま。

石川楽　せっせんらく　雅楽の曲名。壱越調の高麗楽。舞は一二世紀に絶え、曲も今は伝わらないが、催馬楽の石川《いしかわ》は同曲という。

折中　せっちゅう　あい反する主張・意見・法理などを調和させて新たな結論をみちびくこと。先例を現実の乖離《かいり》が生ずると、これを調和させるために用いられる論理。「彼是無㆑損、自叶㆓折中之法㆒」というように、両者の利害のバランスをはかることが折中である。〈文献〉笠松宏至『法と言葉の中世史』平凡社。

節刀　せっとう　切刀とも書く。遣唐使や出征する将軍に対して天皇からその任の標《しるし》として賜わる刀。

窃盗　せっとう　威力を加えず物を盗む者。中世法では一〇〇文、二〇〇文ほどの盗みについては一倍（いまいう二倍）を以て弁償させるのが普通であった。しかし、庶民世界では処罰はきびしく、わずかな盗みでも死罪とすること、しばしばであった。〈文献〉網野善彦ほか編『中世の罪と罰』東京大学出版会。

節度使　せつどし　①中国の唐・五代に置かれた軍団の長。②天平四年（七三二）と天平宝字五年（七六一）に外征準備のために設置され、軍隊の訓練、軍備充実につとめた。③朝敵征討の命を受けた大将。

節婦　せっぷ　貞節な女性。令制では、節婦は太政官に報告され表彰された。六国史以後は往生伝や説話文学作品の中に節婦の記事が見られる。

切腹　せっぷく　①おかしくて、おかしくて腹わたがよじれる、吹き出す。「人々解㆑頤、自又以切腹欤」などと用いる。②武士の自殺の方法。

節分　せつぶん　①季節の分かれる日をいい、立春・立夏・立秋・立冬の前日をいう。②とくに立春の前日を一年の区切りと考えて年越の行事が行われた。

摂籙　せつろく　「しょうろく」とも読む。摂政の唐名。関白をも指す。またその家柄。

節禄　せつろく　朝廷での諸節会に参加した官人に賜与された禄物《ろくもつ》。禄物の種類や量は臨時の勅によって決められたが、布・絹・綿・衣装が多かった。

遂㆑節　せつをとぐ　①責任を果たす。②目的を遂げる。③役職などの任期を果たす。

銭差　ぜにさし　緡も同じ。⇒緡《さし》

世渡扉　せどひ　京都の町なかの小庵をいう。世渡は背戸で、裏門とか裏店《うらだな》の意。

銭貫　ぜにつら　⇒緡《さし》

施入状　せにゅうじょう　寺社に資財や所領を寄進するときに作成する文書で、献物帳、寄進状など。

接靿　せひえ　武官が儀礼の際に用いた帯のこと。接（摂）腰とも書き、舞楽装束にその様を見ることができる。腰の後ろに当たる部分を幅広の布で仕立てる。

不㆑及㆓是非㆒　ぜひにおよばず　どうしようもない、やむをえない。

世法　せほう　世間一般のならわし、しきたり。

施米　せまい　飢民また困窮者に米を与えること。古代にはこれを賑給《しんごう》といった。ただ『新儀式』には「賑給并施米事」として年中行事化していたことを示す。六月に行う。〈文献〉浜田久美子「施米に関する一考察」（『日本社会史研究』五〇）。

瀬　町　せまち　狭町、畝町とも書く。①狭小な開発田で、山田、棚田などともいわれる。②田積の単位で、一段の一〇分の一。すなわち畝と同じ。近世初頭の『日葡辞書』には「田圃の広さの単位、または田圃の一区画」とある。〈文献〉宝月圭吾『中世日本の売券と徳政』吉川弘文館。

責　せめ　①雅楽の横笛《おうてき》で奏される音の中で高音域のもの。あかるく鋭い音色。②責めること。苦しめること。③負債《ふさい》のこと。

責め使う　せめつかう　こきつかう、酷使する。

責　問　せめとう　きびしく問いただす、詰問《きつもん》する。

責　徴　せめはたる　責促とも書く。きびしく催促する。年貢、公事の徴収に、きびしく責めたてる。

責　伏　せめふす　無理やり承諾させる、酷使する、問いつめる。

勝徴符　せりちょうふ　勝＝迫で、せきたてる。官物苛責《かしゃく》のときの徴符、督促状。

宣　せん　天皇の命を述べ伝えること、またその文書。宣旨、勅宣。

籤　せん　箋とも。書籍の題名や年号などを書いて、巻子本の軸や帙簀《ちす》の紐に結びつけたり、書籍中にその上端を挿入した札《ふだ》のこと。中国伝来の風習で、木・竹・檀紙・色つきの厚紙を用いた。

韉　せん　⇒したぐら

饘　せん　⇒かたかゆ

秈　せん　⇒占城米《せんじょうまい》

倩　せん　⇒つらつら・やとう

善悪不知　ぜんあくふち　⇒あやめもしらず

専一の者　せんいつのもの　①第一人者。②事件の主謀者。

戦　隔　せんかく　敵対すること、戦闘のこと。

無㆓為方㆒　せんかたなし　なす術《すべ》がない、方法がない。

仙花門　せんかもん　仙華門と書かれることが多い。紫宸殿北廂の西側の階《きざはし》の西の門。清涼殿への往来に用いる。

先　規　せんき　「せんぎ」とも。以前からのしきたり、先例、前例。対する語は新儀か。

僉　議　せんぎ　公卿僉議。陣座での公卿による審議。僉は皆《みな》の意で、多数で議論すること。

薦　挙　せんきょ　人を推薦して役職に就かせること。推挙に同じ。

前　駆　ぜんく　「せんぐ」「ぜんぐ」とも読む。行列の前方を騎馬で進み、先導すること、またその人。

宣　下　せんげ　天皇がことばを宣《の》べ下すこと、宣旨を下す。

遷　化　せんげ　高僧、隠者が死去すること。入滅《にゅうめつ》、円寂《えんじゃく》ともいう。

禅　閤　ぜんこう　摂政・関白だった人の出家した場合の称。

宣光門　せんこうもん　朝堂院二十五門のひとつ、大極殿の東の歩廊にある二門のうち東側の門で、南面している。相対する門は西の寿成門《じゅせいもん》。

前後相違　ぜんごそうい　扱いが一貫せず、問題点が多いの意。訴訟・裁判で主張が一貫していない場合などのとき用いられる表現。

前後不覚　ぜんごふかく　正常な判断ができなくなること、正体《しょうたい》を失う。

千載一遇　せんざいいちぐう　千年に一度しかめぐりあえないような、すばらしい状態をいう。載は歳。

宣　旨　せんじ　奈良・平安時代、勅旨を下達するに用いた文書の様式。①勅旨を下達する奉勅の宣旨と、上卿《しょうけい》の宣を下達する上宣《じょうせん》の別があった。②蔵人から上卿に勅旨を伝える口宣案《くぜんあん》をいう。

詹事 せんじ　詹事大夫とも。春宮大夫の異称。

前司 ぜんじ　前任の国司（国守）。

詹事少正 せんじしょうせい　春宮亮の異称。

専日 せんじつ　暦で、干と支が五行（木・火・土・金・水）の配当を同じくする日。戊辰（土）、己丑（土）、戊戌（土）、丙午（火）、壬子（水）、甲寅（木）、乙卯（木）、丁巳（火）、己未（土）、庚申（金）、辛酉（金）、癸亥（水）の一二日。戊辰の日は干支ともに土。⇒八専《はっせん》

詹事府 せんじふ　春宮坊の異称。

宣旨枡 せんじます　延久四年（一〇七二）後三条天皇が公定した枡。延久宣旨枡ともいう。京枡（一升）の六合二勺余に相当する。〈文献〉宝月圭吾『中世量制史の研究』吉川弘文館。

繕写 ぜんしゃ　①誤りを直して写しなおすこと。②浄書すること。

漸写 ぜんしゃ　いそがないで書写する、また、そうした写経のこと。

銭主 せんしゅ　中世、銭や米の貸し手、債権者のことをいう。借り手、債務者は負人《ふにん》、借主《かりぬし》といった。

〈文献〉桑山浩然「室町時代の徳政」（『中世の社会と経済』）東京大学出版会。

千秋楽 せんしゅうらく　唐楽。盤渉調の曲。舞はない。仏事の奏楽の最終曲であったので、興行の最終日を千秋楽と呼ぶようになったとの説がある。

先蹤 せんしょう　「せんじょう」とも読む。①昔の人の事蹟。②先例。

先生 せんじょう　①師のこと、せんせい。②春宮坊《とうぐうぼう》の帯刀《たちはき》の古老、長をいう。⇒帯刀

選定 せんじょう　撰定とも書く。除目《じもく》に際して提出される申文《もうしぶみ》につき、外記《げき》が内容を審査して適否を判定すること。適当と認められたものは「選定の申文《もうしぶみ》」と呼ばれる。

善状 ぜんじょう　平安時代、国司の留任を求めて提出された百姓らの申状。非道な国司の停任・交替を求める訴状（愁状）とは反対に、国司の善政を称する。

禅定 ぜんじょう　禅で出家修行し功徳《くどく》をつむこと。②高い山の頂上《ちょうじょう》。③「禅定する」といえば高山に登り修行することをいう。

専城之任 せんじょうのにん　地方官、国司のこと。⇒分憂之吏《ぶんゆうのり》

占城米 せんじょうまい　占城はチャンパの中国名で、現在のベトナム中部にあった港。占城米は中国から伝来した南方種の早稲《わせ》で、中世文書には「太米《たいまい》」「太唐米《たいとうまい》」「赤米」「唐法師《とうぼし》」「秈《とうぼし》」などと見える。〈文献〉宝月圭吾『中世日本の売券と徳政』吉川弘文館。

泉真人 せんしんじん　貨幣・銭《ぜに》の異称。

先是 せんぜ　⇒これにさきだちて

宣制 せんせい　宣命《せんみょう》を読みあげること。制は「みことのり」で、これを読みあげると諸臣は称唯《いしょう》し再拝する。但し、平安中期以降は宣命使が宣命を少し開くだけで実際には読まず、諸臣が再拝・拝舞するだけとなった。

宣政門 せんせいもん　朝堂院二十五門のひとつ、東側回廊中央の門、正面五間側面二間の規模。西面の章善門と相対する。

仙籍 せんせき　殿上の簡《ふだ》、日給《にっきゅう》の簡《ふだ》という。①宮中で殿上に出仕する者の名を書いた札。長さ五尺三寸、幅は上が八寸、下が七寸の大きな板。ここに三段に名を書き、壁にたてかけた。②蔵人《くろうど》の唐名。「仙籍をゆるす」といえば、五位以上、六位蔵人の中から殿上に昇ることを許される者をいう。

撰銭 せんせん ⇒えりぜに

然然 ぜんぜん ⇒確確《しかしか》

山川藪沢 せんせんそうたく 文字どおり、山・川・やぶ・沼沢（湿地）。未開の山林原野である。「養老令」（雑令）に「山川藪沢の利は公使《くし》共にせよ」とある。〈文献〉竹内理三編『土地制度史 I』山川出版社。

践祚 せんそ 皇位を継承すること、天子の位につくこと。もとは践祚と即位の区別はなかった。⇒即位《そくい》

千僧供養 せんそうくよう 一千人の僧を招き斎《とき》（食事）を設けて行う法会のこと。嘉応元年（一一六九）と安元二年（一一七六）平清盛は福原第で供養した。

先祖相伝 せんぞそうでん 「先祖相伝の私領」などという。但し相伝には「代々伝える」の意はない。

遷替 せんたい 遷代とも書く。任期が満了して他の官職にうつること。「令義解《りょうのぎげ》」は、卑官（下位の官）から高官にうつることと説明している。「遷替の官」「遷替の職」といい、任期を有する、交替する官職をいう。

先達 せんだつ ①学問・技芸でその道に達し、他を導くこと、またその人。②修験道《しゅげんどう》で、同行の修験者を導く熟達した山伏。③案内人。

先途 せんど ①これから先《さき》、なりゆき、前途《ぜんと》。②結局のところ。③行きづまり、瀬戸ぎわ。④勝敗を決する大事の場合。⑤家柄で決まっている官職の最高位。「先途を遂《と》ぐ」といえば目的を果たすの意。

前途 ぜんと ①行く先、これから先の行路。②将来、なりゆき。⇒先途《せんど》

仙洞 せんとう ①院の御所《ごしょ》。②法皇の尊称。

先登 せんとう 一番乗り、先陣。

専当 せんとう ⇒荘専当《しょうせんとう》

船頭 せんどう ①船長。②水軍の長。③水手《かこ》の長。

仙洞段銭 せんとうたんせん 仙洞（院）御所造営料を賄うために賦課した段別銭。

宣徳通宝 せんとくつうほう 明《みん》の宣宗の宣徳八年（一四三三）に鋳造された銅銭。わが国に輸入されて流通した。単に宣徳、また宣徳銭と称された。

擬二……一 ……せんとす ①なぞらえる、準ずる。②漢文訓読で「……せんとす」と読む。

禅尼 ぜんに 仏門に入った女子。「尾張守の母、池の禅尼と申すは、清盛のためには継母にて」とある。

千日講 せんにちこう 千日の間、法華経を読誦・講説する法会。

千日詣 せんにちもうで 祈願のために千日間、続けて神仏に参詣すること。藤原俊成は子孫繁昌を祈願して賀茂社へ千日詣を行ったと伝える。

遷任 せんにん 律令官制で、異なる官庁に移ること、異なる任地に赴《おもむ》くこと。昇任に伴う場合が多い。京官諸司の遷任には一定のルールが存在し、「古今之例」の語も見える。

遷任の功 せんにんのこう ある官職へ遷任することを条件に、個人が朝廷に財物を寄付したり、私費を投じて事業（宮殿や寺社の造営）を行うこと。売官である。

宣仁門 せんにんもん 紫宸殿と東の宜陽殿《ぎようでん》を結ぶ軒廊の宜陽殿側の門。門の西の軒廊に左近衛陣があった。宜陽殿への行き来にはこの門を用いた。

銭納 せんのう ⇒代銭納《だいせんのう》

阡陌 せんぱく 阡は南北の道、陌は東西の道路。田地のあぜみち。「阡陌を弁ぜず」といえば、田畠の所在を明らかにしないこと。

先判・後判　せんぱん・こうはん　譲状が二度以上に書かれた場合、最終の譲状を後判といい、それより先の譲状を先判という。「関東御成敗式目」二六条は、所領を子息に譲り安堵下文を賜わったのちと雖も、これを悔返《くいかえ》して他の子息に譲った場合、「後判之譲」に任せて成敗あるべしとした。譲状（処分状）については「後判は前判を破る」という原則があった。
〈文献〉石井良助『中世武家不動産訴訟法の研究』弘文堂書房。

浅緋　せんひ　⇒うすあけ

籤符　せんぷ　律令制下、地方官の任命書。⇒任符《にんぷ》

膳部署　ぜんぶしょ　主水司の異称。

膳部廊中　ぜんぶろうちゅう　主水正の異称。

洗米　せんまい　⇒くま

宣命　せんみょう　天皇の命令を伝える文書。詔・勅のうち言葉で伝えられるものをいい、それを文字化したものも宣命という。宣命を読みあげる者は宣命使。宣命はいわゆる宣命体《せんみょうたい》の文章で記される。「天皇我大命良麻等遣唐国使人尓詔大命乎聞食止宣今詔佐伯今毛人宿禰大伴宿禰益立二人今汝等二人乎遣唐国者今始弖遣物波尓不在」という文体である。

占有　せんゆう　自分の意思を以て物を所持することをいう。中世の知行《ちぎょう》が近代的な概念での占有に相当する。
〈文献〉石井良助『不動産占有論』創文社。

先容　せんよう　①人を案内する、先導する。②紹介する、口ぞえする。

宣耀殿　せんようでん　後宮六殿のひとつ、七間四面、女御《にょうご》・更衣《こうい》の居処となり、後宮に使える女房の曹司《そうじ》となる。⇒曹司

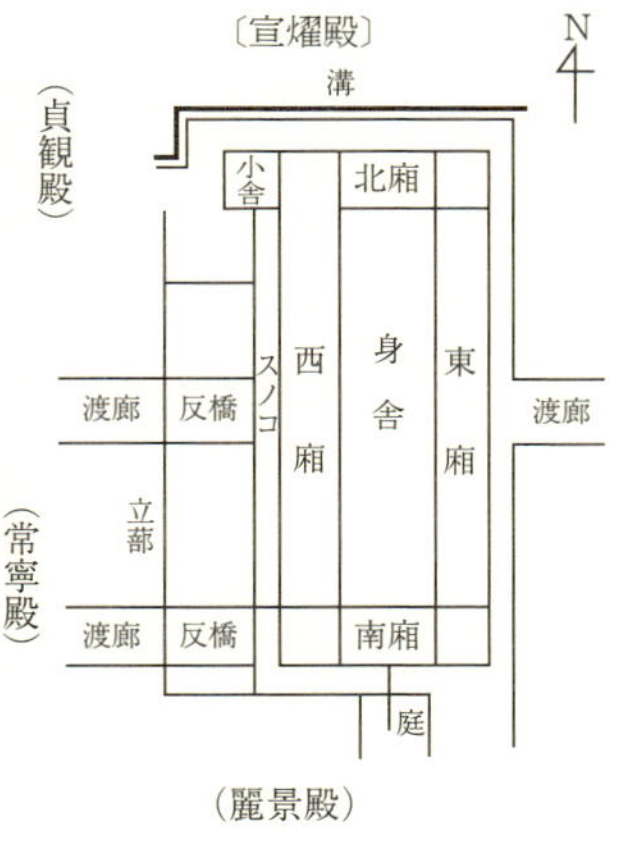

宣陽門　せんようもん　内裏内郭の東の中門、檜皮葺の屋根を持つ。門内に左兵衛官人の詰所があり、左兵衛陣、東陣と称した。

舛葉を貽す　せんようをのこす　舛は違う、背《そむ》くの意で、誤った文書のこと。

禅律方　ぜんりつかた　室町幕府の職制、禅宗寺院の管理機関。建武四年（一三三七）に設置された。康暦元年（一三七九）に僧録制度《そうろくせいど》が始まり、その機能は僧録に吸収された。⇒僧録司

先例　せんれい　前近代社会では、行為の規範として先例を重んずる傾向がつよく、「先例に任せて」「先例の如くんば」と言われることが多い。

泉郎　せんろう　⇒かずきのあま

取レ詮　せんをとる　文章中に他の文書・史料の要点を引用したとき、その末尾に「云々取詮」と記す。幕府の裁許状など訴人・論人の主張を要約引用した場合、「如二某申状一者……云々取詮」などと記す。
〈文献〉石井良助『中世武家不動産訴訟法の研究』弘文堂書房。

そ

蘇　そ　酥とも書く。古代の乳製品のひとつ。現代のバター、コンデンスミルクに類する。
〈文献〉東野治之『木簡が語る日本の古代』岩波書店。阿部猛『万葉びとの生活』東京堂出

版。

租　そ　⇒田租《でんそ》

粗　そ　⇒あらあら

蘇甘栗使　そあまぐりのつかい　平安時代、新任の大臣の大饗《たいきょう》の時、朝廷から賜わる蘇と干《ほ》した甘栗を大臣邸に持参した勅使。

所為　そい　「しょい」とも。行い、しわざ。

素意　そい　①かねてからの願い、想い、望み。②遺言、遺命。

副臥　そいぶし　添い寝のこと。東宮や親王など貴人が元服した夜に、寝所に侍する女性のことをいう。副臥の女性が将来の正妻である場合が多い。

箏　そう　弦楽器、いわゆること。中国から伝来した。平安時代には、琴と区別して「箏のこと」と称した。

草　そう　文書の下書き。草案、土代《どだい》ともいう。

奏　そう　天皇に申しあげる、またその公文書。

惣　そう　中世の村落共同体組織。惣は摠の異字。聚束（あつめたばねる）の意。集合体を指し、惣村・惣社・惣国・惣荘などと用いる。
〈文献〉仲村研『中世惣村史の研究』吉川弘文館。黒田弘子『中世惣村史の構造』吉川弘文館。

左右　そう　「とこう」とも読み、古くは「とざまこうざま」と読んだ。①ことの様子、なりゆき。②とやかくいう。「左右に及ばず」（勿論である）、「左右なし」（いうまでもなく勝手に）。③指図、指令。「御左右《おんそう》によるべし」（ご命令に従います）。④善悪・良否の裁定。⑤情報、しらせ、たより。⑥かたわら、そばに仕える人。⑦自由に処理する。

慥　そう　⇒たしかに

操　そう　⇒あやつる

忩　そう　⇒営《いそぐ》

糙　そう　⇒かちしね

争（諍）　そう　⇒あらがう

草案　そうあん　文章の下書き、草稿、原稿。

草庵　そうあん　藁《わら》や茅《かや》で屋根を葺《ふ》いた粗末な家、いおり。「草庵を結ぶ」という。

造意　ぞうい　考え、たくらむ、犯罪についての計画。「造意の企て、然るべからず」などと用いる。なお雑意《ぞうい》と書き、悪意、悪計の意に用いる。

雑意　ぞうい　⇒造意《ぞうい》

惣請　そううけ　⇒地下請《じげうけ》

造営料国　ぞうえいりょうこく　特定の寺社などの造営・修理の財源として宛てられた国のこと。東大寺再建のために周防国が東大寺の知行国とされたのはその例。

惣掟　そうおきて　惣の組織・運営のために定めた規定。惣置文《おきぶみ》、惣置目《おきめ》、地下掟《じげおきて》などという。処刑《おきて》とも書く。
〈文献〉笠松宏至ほか編『中世政治社会思想　下』岩波書店。

草屋　そうおく　草ぶきの粗末な家。自宅を卑下《ひげ》して言う場合にも用いる。

奏賀　そうが　宮廷の儀式。正月元日の節会《せちえ》に、諸臣の代表が天皇に賀詞を申すこと。

早歌　そうが　⇒宴曲《えんきょく》

挿鞋　そうかい　天皇の上履用の沓《くつ》。外側は大和錦、底は牛皮。貴族の女性や僧侶のは赤欄赤地。

藁芥粃悪　そうかいひあく　稲の状態をあらわす語で、わら、あくたとしいな、すなわち皮ばかりで実《み》のない穀物。いずれも食用とはならない。

総掛　そうがかり　①全軍で攻撃すること、総攻撃。②全員で協力一致して事に当たること。

総角 そうかく ⇒あげまき

葱花輦 そうかれん 天皇の略式の乗物。皇后・中宮・東宮も晴儀の乗物として用いた。屋根の中央にねぎ坊主状の金色の珠を据える。肩の上に舁《か》き上げて進む。

惣官 そうかん ①平安末期〜鎌倉期、御厨《みくりや》・御薗《みその》などの供御人《くごにん》・神人《じにん》を統轄する者。②養和元年（一一八一）平氏によって、五畿内および伊賀、伊勢、近江、丹波など諸国を対象に設置された官。追捕《ついぶ》・検断権《けんだん》を行使して国内武士を把握しようとしたもの。
〈文献〉網野善彦『日本中世の非農業民と天皇』岩波書店。

惣神主 そうかんぬし 神社の長官、社司の首座。

惣勘文 そうかんもん 作田《さくでん》惣勘文は一国規模での田数注文で大田文のこと。年貢の進済・未進の有無を書き載せたものを見《げん》作田所当《さくでんしょとう》惣勘文という。

雑公事 ぞうくじ ⇒公事《くじ》

雑芸 ぞうげい 平安末期から鎌倉期に流行した歌謡の総称。民間から出た今様・長歌・古柳《こやなぎ》・沙羅林・法文歌・神歌・田歌など。広義には猿楽・曲芸をも含めていう。

忩劇 そうげき 怱劇とも書く。いそがしい、ものさわがしい。

総検校 そうけんぎょう ①国衙在庁の官職の一つ。②荘官の一種。

惣検取帳 そうけんとりちょう 惣検注取帳。惣検は正検《しょうけん》ともいう。領主の代替わりなどに行われる検注の結果を記した検注帳。
〈文献〉山本隆志『荘園制の展開と地域社会』刀水書房。富沢清人『中世荘園と検注』吉川弘文館。

装潢 そうこう 書画幅、書物の表装をすること。潢は紙を染めるの意。

僧綱 そうごう ①僧尼統率のために置いた僧官。僧正《そうじょう》・僧都《そうず》・律師《りっし》の三つ。②僧官と僧位の総称。僧正・僧都・律師・法印《ほういん》・法眼《ほうげん》・法橋《ほっきょう》。

総講師 そうこうじ 法会の講師の最高責任者。

僧綱召 そうごうめし 僧綱に補任《ぶにん》すること。またその儀式。僧綱補任が決まると、弁官がその日を定め式部省・治部省に通知し、在京の大寺の八位以上の僧が僧綱所に参り、勅使（参議）が宣命を少納言に授け、少納言が宣制する。

造国司 ぞうこくし 古代、宣旨・院宣等によって寺社の造営に宛てられた国の国司。

草座 そうざ 法会・修法のとき導師・行人が敷く座具。もとは草を編《あ》んで作ったが、のち綺《あやぎぬ》・金襴《きんらん》などで作った。

造作 ぞうさ ①意識して造りだす。②技巧。③手のかかること。④費用のかかること。⑤もてなし、御馳走。

惣才 そうざい 惣在とも。戦国時代、近江国葛川荘《かつらがわのしょう》で一升枡《ます》として用いられていた黒漆塗の椀のこと。江戸初期に作られたものが明王院《みょうおういん》に現存する。

惣在庁 そうざいちょう 僧綱所・寺院に設置された在庁の長のこと。長官（法務・別当）不在によって留守官となった者を在庁といい、その指揮者が惣在庁である。

送使 そうし 室町時代、対馬の宗《そう》氏が朝鮮との通交のために遣わした使者。嘉吉三年（一四四三）の送使約条によると一年間に送使船（＝貿易船）は五〇艘という。

奏事 そうじ 太政官が行う天皇への奏上のうち大事以外の事項を奏するときの書式。小事の奏上は少納言による便奏により、議政官は関与しない。

曹司 そうじ 官庁内や貴族の第宅内の部屋。儀式、政務、官人の宿所や女官の詰所などに用いられる。中宮職の曹司は

「職《しき》の御《み》曹司《ぞうじ》」と称される。

障子 そうじ　明《あ》かり障子・襖《ふすま》・衝立《ついたて》など室内のしきりに用いる建具の総称。

雑紙 ぞうし　日常用いる粗末な紙をいう、ハナガミのこともいう。中世、京都で用いられた雑紙は奈良紙が中心であった。

〈文献〉小野晃嗣『日本産業発達史の研究』法政大学出版局。

雑仕 ぞうし　⇒雑仕女《ぞうしめ》

雑事 ぞうじ　⇒公事《くじ》

雑色田 ぞうしきでん　広義には、乗田以外の田地、狭義には国写田《こくしゃでん》・職写田《しきしゃでん》・勅旨田《ちょくしでん》など特別に置かれた田地を指す。文字どおり、各種の田地の意にも用いられる。⇒勅旨田

〈文献〉彌永貞三『日本古代社会経済史研究』岩波書店。

雑色人 ぞうしきにん　①令制諸官司の四等《しとう》官《かん》・品官《ほんかん》以外の伴部《ともべ》・使部《つかいべ》などの総称。雑務に従事した。②品部の雑戸の総称。③とくに蔵人所の雑色。④工匠など工事関係者のことをいう。

造寺国 ぞうじこく　寺院造営の費用を負担させられた国。平安中期、特定の国を指定して造寺を行わせるようになった。

〈文献〉竹内理三『寺領荘園の研究』吉川弘文館。

造寺造宮役 ぞうじぞうぐうやく　国家的大寺院や伊勢神宮以下地方の大社、一宮《いちのみや》などの修理・造営の費用を臨時に諸国の公領・荘園に賦課するが、それらの総称。造興福寺役・造東大寺役・造大神宮役夫工米・宇佐造宮役・住吉社造宮役・日吉造宮役など。中世に入るとこれら役は段米・段銭として徴収された。

惣地頭 そうじとう　鎌倉時代の地頭の一形態。①国地頭はじめ広域の地頭に補任《ぶにん》された者。②西国（とくに鎮西《ちんぜい》）で、名主級在地地頭（小地頭《こじとう》）の上に更に有力東国御家人が地頭に任ぜられた場合、これを惣地頭と称した。

〈文献〉工藤敬一『荘園公領制の成立と内乱』思文閣出版。

雑仕女 ぞうしめ　①後宮などで走り使い、雑役に従う最下級の女官。②貴族の家に仕える下級職員。③幕府に仕えた下級女子職員。

雑事免 ぞうじめん　⇒雑免《ぞうめん》

奏者 そうしゃ　天皇・上皇、また将軍家や大名家で、奏上の取次《とりつぎ》をする者。『日葡辞書』も「マウシツギ」「トリツギ」とする。

総社 そうじゃ　惣社とも書く。一定地域内また一国内の多くの神社を一か所に集めて勧請《かんじょう》した神社の呼称。国司が国内諸社を管理するために、神々を一堂に集めて祀《まつ》ったのに始まり、一一世紀後半に総社制が成立した（一宮《いちのみや》の項の付表参照）。

〈文献〉伊藤邦彦「諸国一宮・総社の成立」（『日本歴史』三五五）。

奏授 そうじゅ　令制の六位以下、内八位・外七位以上の叙位の方法。規定された年数分の勤務評定について、所属官司で校定した選文《せんもん》が八月三十日以前に太政官に送られ、文官は式部省、武官は兵部省で審査のうえ太政官に戻され、新しい位を定める奏文が作られ、天皇の裁下を得て、四月十五日に位記が授けられた。

奏状 そうじょう　天皇に申しあげる奏を記した文書。令制では論奏式《ろんそうしき》・奏事式《そうじしき》・便奏式《びんそうしき》の三種があった。⇒論奏式・奏事・便奏

僧正 そうじょう　⇒僧綱《そうごう》

双調 そうじょう　①雅楽で、十二律の一つ。西洋音楽のトの音に相当する。②雅楽六調子の一つ。双調を主音とする旋法。

惣荘 そうじょう　中世農民の自治組織。

荘園単位で名主層のみの結合が行われる場合を指すものと、名主のみならず広く百姓層まで含めた結合（惣）を指すものとがある、また惣村が幾つか集まった広域の惣結合を呼ぶこともある。〈文献〉黒田弘子『中世惣村史の構造』吉川弘文館。

惣荘一揆 そうじょういっき 複数の惣村を基盤として行われた広域的な結合組織を土台とする農民の一揆。⇒荘家《しょうけ》の一揆《いっき》 〈文献〉佐藤和彦『南北朝内乱史論』東京大学出版会。

惣荘掟 そうじょうおきて 惣荘で定めた規定、置文。

惣荘置文 そうじょうおきぶみ ⇒惣荘掟《そうじょうおきて》

惣処分状 そうしょぶんじょう 財産譲与の譲状。書き出しや本文中に処分の字があれば処分状と呼ぶ。例えば兄弟一人ひとりに対する個別の処分状ではなく、数人の被処分者への処分の内容が列記されている文書。

早晨 そうしん ⇒早旦《そうたん》

僧都 そうず ①僧官である僧綱《そうごう》の一つ。僧正の下に位置する。②かかし（案山子）のことをいう。⇒僧綱

奏瑞 そうずい ①瑞祥のことを奏上すること。律令制では、瑞祥が現れると諸国から太政官に報告し、慶雲・神亀・醴《れい》泉《せん》などの出現は大瑞《だいずい》として直ちに天皇に奏上する。上・中・下瑞はまとめて翌年元日に治部省が奏上する。

雑炊 ぞうすい 古くは増水と書いた。ごはんに魚・肉・野菜などを入れ、塩・しょうゆ・みそなどで味付けして、煮たもの。「おじや」ともいう。室町時代からの用語か。

宗正卿 そうせいきょう 正親正の異称。

宗正寺 そうせいじ 正親司の異称。

相折帳 そうせちちょう 相節とも書く。もと、分割して支払うの意。とくに寺院で、財源を配当・支出することをいう。寺院の法会など、それぞれの目的にしたがって年貢・公事などを配当すること。それを記した帳簿が相折帳で、寺院の年間行事とその財源を知る貴重な資料となる。

相折斗 そうせちます 下行枡《げぎょうます》の一つ。年貢米などを寺内の法会の料に宛てるため支出・配当するに際して計量に用いた枡。〈文献〉宝月圭吾『中世量制史の研究』吉川弘文館。

雑説 ぞうせつ とりとめのない説、風説、うわさ。

宋銭 そうせん 中国宋代に鋳造された銭貨。わが国に大量に輸入された。種類は多いが、現在までの出土銭をかぞえると、元豊通宝・皇条通宝・熙寧元宝・元祐通宝など、北宋の銭貨の出土数が上位を占める。〈文献〉小葉田淳『日本の貨幣』至文堂。

僧膳 そうぜん 僧前、僧饍も同じ。法事をつとめた僧侶に供養のために供する食膳。

慥々 そうそう ⇒確確《しかじか》

想像 そうぞう ⇒おもいやる

倉卒 そうそつ 草卒、怱卒、匆卒も同じ。①急なこと。「事是倉卒、而承レ仰之大夫等難レ参歟」と用いる。②あわてる。③かるはずみなこと。

惣村 そうそん 鎌倉末期から戦国時代にかけて、畿内およびその周辺地域で発達した自治的村落のこと。惣、惣中などの語が史料に見える。中世後期の農民闘争の基盤となったが、自治とはいっても、有力名主層を中心とする特権的結合であったり、小農民まで含む広汎な民衆結合であったり、内容には差があった。〈文献〉三浦圭一『中世民衆生活史の研究』思文閣出版。

惣村一揆 そうそんいっき　中世後期の自治的村落である惣村を主体として起こされた一揆。惣荘一揆と区別して用いる場合があり、この場合、惣村は小百姓層まで含めた自治的村落とし、惣荘は村落上層による限定的な自治村落とする。

霜　台 そうたい　律令制の弾正台の唐名。

雑　怠 ぞうたい　種々の過怠、あやまち。

造太神宮役夫工米 ぞうだいじんぐうやくぶたくまい　伊勢神宮の遷宮の費用を調達するために諸国の公領・荘園に賦課された課役。もとは役夫（労働力）の徴集であったが代米化した。一国平均の役として臨時に徴集した。

〈文献〉小山田義夫「伊勢神宮役夫工米制度について―院政期を中心として―」（『流通経済大学論集』二―二）。

造内裏役 ぞうだいりやく　内裏造営・修造の費用を賄うために諸国の公領・荘園に賦課した臨時の課役。一国平均の役として全国に賦課された。大田文に記載された田数を基準として賦課された。室町時代には守護を介して段銭として徴収された。

〈文献〉小山田義夫「造内裏役の成立」（『史潮』八四・八五）。

惣田所 そうたどころ　鎌倉期、高野山領備後国太田荘でみられる荘官の一種。預所―預所代―下司・公文・惣田所・惣追捕使・公人―荘民という構成になっていた。

〈文献〉阿部猛『日本荘園史』新生社。

早　旦 そうたん　夜の明けがた、早朝。早晨《そうしん》とも。

雑　談 ぞうたん　①とりとめのない話、よもやま話。②悪口《あっこう》。雑言《ぞうごん》に同じ。

相　知 そうち　売券・譲状などに、その内容の保証又は承知の旨を以て署名すること、またその人。

惣　町 そうちょう　戦国時代、一つの町全体を基盤とする都市民の共同体をいう。

総追捕使 そうついぶし　追捕使とは、もと検断《けんだん》に当たる国衙の官人。公領のみならず荘園内にも置かれ、荘官の一種として人身の追捕《ついぶ》・検断を行った。追捕使を統轄したのが総（惣）追捕使で、平氏の時代そして鎌倉幕府の初期に設置されたが、これがのちに守護へと発展する。

〈文献〉石井進『日本中世国家史の研究』岩波書店。

相　伝 そうでん　「相伝の知行」「買得相伝の私物」「相伝の家人《けにん》」などと用いる。現在では「代々伝える」というニュアンスで理解するのがふつうであるが、本義は必ずしもそうではなく、一代限りでも相伝の語を用いる。

〈文献〉新田一郎「そうでん―中世的『権利』の一断面―」（『法と訴訟』）吉川弘文館。

早　田 そうでん　「わさた」「はやた」とも読む。早稲田《わせだ》のこと。早稲《わせ》を作付けする田をいう。

挿　頭 そうとう　⇒かざし

早　整 そうとん　蒋《まこも》や藁《わら》を芯《しん》にして布帛で包み円筒形にした腰掛け。高さ一尺三寸（約三九センチメートル）と八寸（約二四センチメートル）の二種。

左右無 そうなし　「無㆓左右㆒」とも。①あれこれ、ためらわない、とやかくいうまでもない。②無造作《むぞうさ》である。③容易である。④あれともこれとも定まらない。

相　人 そうにん　①人相見《にんそうみ》。②『日葡辞書』には「うらなひするひと」とある。

奏　任 そうにん　太政官の奏上によって任ぜられる官で、勅任・判任、式部判補を除く官のこと。除目《じもく》で任命される。勅任除目は黄紙に書かれるが、奏任除目は太政官謹奏として白紙に書かれる。

雑　人 ぞうにん　①一般庶民を指していう。②鎌倉時代、凡下《ぼんげ》・甲乙人《こうおつにん》を指す。

③奴婢《ぬひ》・下人《げにん》・所従《しょじゅう》のように質入れ・売買・譲渡の対象となる者。④雑兵《ぞうひょう》のこと。⑤御家人・非御家人など侍身分の者以外の名主・百姓を指す、など多様に用いられる。
〈文献〉大山喬平『日本中世農村史の研究』岩波書店。

雑　任　ぞうにん　律令制で、四等官・品官以外の下級職、すなわち、舎人《とねり》・史《し》生《じょう》・兵衛《ひょうえ》・伴部《ともべ》・使部《つかいべ》・官掌《かじょう》・省掌《しょうしょう》・帳内《ちょうない》・資人《しじん》などをいう。番上官で課役を免除された。

雑人奉行　ぞうにんぶぎょう　鎌倉幕府が各国ごとに置いた雑人訴訟を管轄した奉行。⇒雑人《ぞうにん》

惣年行事　そうねんぎょうじ　中世後期、惣村の世話役。惣村の乙名《おとな》、年寄のうち輪番（一年交替）で村の運営に当たる者をいう。
〈文献〉仲村研『中世惣村史の研究』吉川弘文館。

相　博　そうばく　「そうはく」とも読む。①土地・家屋などの財物を交換すること。相博によって田の一円化をはかり、支配を強化することがあった。②交代の意に用いる。職務を交代すること。
〈文献〉村井康彦『古代国家解体過程の研究』岩波書店。

造　畠　ぞうはく　「つくりはた」と読むか。古代・中世、田地を畠地に転換したものであろう。未詳。

早　晩　そうばん　①朝晩。②遅かれ早かれ。③「いつも」と読む。⇒いつ・いつも

惣百姓　そうひゃくしょう　中世後期の惣村を形成する百姓の結合。小百姓層の自立、村財産の成立、境相論を契機として惣村が成立する。

倉　部　そうぶ　主税寮、内蔵寮の異称。

倉部員外郎　そうぶいんがいろう　主税助、内蔵助の異称。

蔵部尚書　ぞうぶしょうしょ　大蔵卿の唐名。

惣無事令　そうぶじれい　豊臣秀吉が諸大名に送りつけた交戦停止令。村落に対しては、実力による山野河海の境界争いを禁じ、海賊行為を禁じた。中世社会で一般的だった自力救済の否定である。

造船瀬料田　ぞうふなせりょうでん　船瀬とは船泊《ふなどまり》（港）のこと。その修理・維持費を捻出するために設けられた田。平安時代、摂津国大輪田船瀬について所見。
〈文献〉杉山宏『日本古代海運史の研究』法政大学出版局。

倉部郎中　そうぶろうちゅう　主税頭、内蔵頭の異称。

増　分　ぞうぶん　「ましぶん」とも読む。検地の結果、従来の年貢高より増加した分の年貢。

僧　兵　そうへい　武装した僧侶、またその集団。悪僧とも称される。興福寺の奈良法師、延暦寺の山法師、園城寺の寺法師が著名である。寺領荘園支配のための武力組織であり、寺の政治的発言の裏付けとなる軍事力であった。その構成員は寺内の僧侶と所領荘園から徴発した兵士である。
〈文献〉勝野隆信『僧兵』至文堂。

藻壁門　そうへきもん　大内裏西面の南から二番めの門、旧名は佐伯門。五間三戸の規模。

惣　別　そうべつ　①惣は一般的なこと、別は個別のことで、あらゆること、すべての意。②副詞的に用いて、概して、おおよその意。

艘別銭　そうべつせん　津や港に入ってくる船舶に課した関銭の一種。弘長元年（一二六一）淀津《よどのつ》で上洛船一艘につき一〇文を徴収したのが早い例で、摂津兵庫島、

河内禁野内渚院《なぎさのいん》でも所見。
〈文献〉相田二郎『中世の関所』吉川弘文館。

惣返抄 そうへんしょう　返抄は領収書のこと。仮領収書を集めて一年分をまとめた領収書が惣返抄。

早　米 そうまい　「さよね」「そうよね」「はやまい」とも。早稲《わせ》。夏の渇水期前に出穂するので干害・風水害に遭《あ》いにくい。

雑　米 ぞうまい　古代律令制下、諸国から中央に送進された米で、別納租穀《べつのうそこく》（籾）と舂米《しょうまい》の総称。田租は原則的に諸国に留め置かれるが、例外的に雑米は京進された。
〈文献〉阿部猛『律令国家解体過程の研究』新生社。

草　名 そうみょう　草書体で書いた署名。これを更にくずして文様化また記号化したものが花押《かおう》。

宗明楽 そうめいらく　唐楽の曲名。盤渉調。御願供養などにおける導師・呪願師等の参上、退下、梵書、錫杖の際に奏された。

雑　免 ぞうめん　雑事免田のこと。公事《くじ》・雑事《ぞうじ》を免除された田地。荘園の荘官に与えられた給名《きゅうみょう》はふつう雑免である。

草木灰 そうもくばい　山野の草・木を焼いた灰。肥料として田植の前に水田に入れる。草木灰を得るために採草地に野火を放つ。
〈文献〉古島敏雄『日本農業技術史』時潮社。

臓　物 ぞうもつ　「ぞうぶつ」とも。犯罪行為によって入手した他人の財物、盗品のこと。

奏　聞 そうもん　天皇に奏上すること。

桑　門 そうもん　僧侶のこと、世捨人《よすてびと》、沙門《しゃもん》。

雑　役 ぞうやく　「ざつえき」とも。律令租税体系が崩れたあと、一〇～一一世紀の公領では、官物《かんもつ》と雑役から成る租税体系にうつる。雑役は夫役《ぶやく》と雑物《ぞうもつ》を内容とし、臨時雑役とも称される。荘園の負担体系も、年貢・雑公事《ぞうくじ》・夫役に変わる。
〈文献〉中野栄夫『律令制社会解体過程の研究』塙書房。

雑役免 ぞうやくめん　「ぞうえきめん」とも。雑役の納入を免除された田。平安後期、官物は国衙に納め、雑役は荘園領主に納める田地（雑役免田）、荘園（雑役免系荘園）があった。また有力者の開発に起因する別符・別名なども雑役免であった。
〈文献〉竹内理三『寺領荘園の研究』吉川弘文館。

雑役免系荘園 ぞうやくめんけいしょうえん　雑役徴収権を基礎に形成された荘園。官物は国衙に納めるが雑役は免除され、その分を荘園領主が収取する。畿内の寺社領ごとに東大寺・興福寺の所領荘園にこの型のものが多い。九州の河上社領、宇佐宮領、島津荘などにも見られ、荘園形成過程の重要なひとつのタイプと認められる。
〈文献〉工藤敬一『九州庄園の研究』塙書房。渡辺澄夫『増補　畿内庄園の基礎構造』吉川弘文館。

惣　山 そうやま　中世の自治的村落、惣村が所有した山林。

雑　徭 ぞうよう　律令制下、成年男子に課された労役で、年間六〇日以内使役された。平安初期には無償の労働力を徴発することは困難で、功（手間《てま》）と食《じき》（食料）を支給する雇役《こえき》にかわっていった。
〈文献〉長山泰孝『律令負担体系の研究』塙書房。

惣寄合 そうよりあい　中世、惣村の寄合（会合、会議）のこと。指導層である乙名《おとな》（大人・老）・年寄《としより》らの寄合と、一五歳以上の男子すべてが寄合うものなどがあった。寄合には鎮守《ちんじゅ》の社や堂などが多く用いられた。
〈文献〉薗部寿樹『日本中世村落内身分の研究』校倉書房。

奏覧 そうらん　天皇に奏呈しておみせすること。

蒼龍楼 そうりゅうろう　朝堂院四楼のひとつ、大極殿の南東、龍尾壇《りゅうびだん》上にあり、西の白虎楼《びゃっころう》と一対《つい》をなしている。

惣領 そうりょう　元来の意味は、一人で所領全体を領有することをいう。中世の財産相続において、嫡子が財産を惣領し、庶子に配分すること、或いは嫡子が所領の大部分を相続して、庶子に少分を分割譲与する場合がある。この場合、嫡子を惣領と呼ぶ。嫡子となる者は長子とは限らず、子どものうち器量の者をえらび、父親が決定した。
〈文献〉中田薫『法制史論集　一』岩波書店。羽下徳彦『惣領制』至文堂。

惣領地頭 そうりょうじとう　鎌倉時代、一族の惣領であって幕府から地頭職を給与された者。また一族の庶子に分割された地頭職（一分地頭職、三分の一地頭職など）を統轄する地頭のこと。
〈文献〉豊田武『武士団と村落』吉川弘文館。

惣領制 そうりょうせい　中世武士の同族結合の体制。中世の財産相続は分割相続が一般的で、惣領に大部分の所領が譲られ、庶子に少分の所領が与えられるというのが普通であった。しかるに惣領は、その一族の所領に賦課される諸負担（御家人役など）を一括して負担し、それを庶子に配分し負担させた。この場合の惣領の庶子に対する統制権の強さをめぐって議論がある。また惣領制を農業経営の在り方と結びつけてとらえようとする学説もある。
〈文献〉羽下徳彦『惣領制』至文堂。

倉廩 そうりん　穀物や米を納めておく倉庫。

候文 そうろうぶん　主として書簡文に用いられる文章様式。書状は変体漢文で書かれ、「給《たまう》」「奉《たてまつる》」「侍《はべり》」が用いられたが、平安時代には「候」が併用されるようになり、鎌倉以降は専ら「候」が使用される。

僧録司 そうろくし　室町時代の禅宗寺院の統率機関。寺の庶務をつかさどった。初期の禅律方《ぜんりつかた》の後をうけるもの。中国の制に倣う。

相論 そうろん　争論とも。論じあい争うこと。とくに土地の権利を争うことをいう。

副下 そえくだす　添付して下すの意。別の文書を証拠書類として添付したことを示す。

副状 そえじょう　室町将軍の出す御内書《ごないしょ》につけられた侍臣の添状。御内書の内容を反復するか、更に詳細な説明を加えている。

所以 そえに　故も同じ。①それ故に。②……もまた。

添除 そえのけ　話すときに言葉をつけ加えたり省略したりすること。

副米 そえまい　年貢米に加えて徴収する付加税的なもの。平安末期、東大寺油免田の段別一升の正物（油）に二升の副米が付加されている例を見ることができる。令制の調副物の系譜をひくものか。
〈文献〉阿部猛『日本荘園成立史の研究』雄山閣出版。

副物 そえもの　所当官物また正雑物に対して付加されるもの。米ならば副米。

素懐 そかい　かねてからの願い、とくに出家しようとするかねてよりの願い。「素懐を遂《と》げる」と用いる。

背向 そがい　うしろの方、背後の意。

「吾が宿のそがいに立てるかしの木にかしどり来なくころははや来ぬ」と用いる。「そがいに寝る」といえば、背中あわせに寝ること。

足 そく 「あし」とも。課役を負う土地。また領主によって課役として収取される得分のこと。金銭も「あし」と呼ぶ。公《く》事《じ》足《あし》、足手《あしで》公事《くじ》、無足《むそく》、料足《りょうそく》などと用いる。

束 そく 穎稲の計量単位。一束＝一〇把《わ》。把は片手で握る稲の量で、はじめは量は一定しなかったが、やがて、一代《しろ》（二五〇歩《ぶ》＝一段制の五歩）からとれる稲の量を一束（成斤の一束）とした。これは穀《こく》（籾《もみ》）一升＝舂米《しょうまい》五升で、現量の約二升に相当する。
〈文献〉亀田隆之「日本古代に於ける田租田積の研究」（『古代学』四―二）。

族 ぞく ⇒やから

続飯 そくい 「そくひ」とも。飯粒を練りつぶして作った糊《のり》。紙を貼《は》り続《つ》いだり、黄紙《おうし》を笏《しゃく》に貼《は》ったりするのに用いる。除《じ》目《もく》のときの必備品となっていた。

即位 そくい 皇位に即《つ》くこと。もとは践祚《せんそ》と同義であったが、平城天皇の即位のときから分離したとされる。

即位段銭 そくいたんせん 天皇の即位儀礼の費用を調達するために賦課した段別銭。大田文の記載に基づいて全国の公領・荘園に賦課した。

賊害 ぞくがい 殺すこと、いためつけること。

束苅 そくがり ⇒束《そく》

息災 そくさい 無事であり健康であること。元来は、仏や神の力によって災をなくすことで、平安時代以来用いられてきた用語。

粟散国 ぞくさんこく ①粟粒を散らしたような小さな国。②インド・中国のような大国に対して、日本のことをいう。

続氏 ぞくし 氏寺興福寺によって氏人《うじびと》の資格を除かれていた者が資格を回復すること。⇒放氏《ほうし》

俗字 ぞくじ 正字体ではないが世間に通用している漢字。恥に対する耻、隙に対する隙などはそれである。⇒異体字《いたいじ》

捉搦 そくじゃく からめ捕らえる、捕らえて縛《しば》りあげること。

束脩 そくしゅう 中国で干肉《ほしにく》を束ねたものをいう。師に入門するとき謝礼として持参した慣わしがあった。わが国でもこの風習を継受し、入門時の謝礼（金銭・物品）を指す。

属星 ぞくしょう 陰陽道で、生まれ年によって、その人の運命を左右するとされる星。生涯を支配する本命星と年度によって変わる当年星がある。一〇世紀、藤原師輔《もろすけ》の「九条殿遺誡《くじょうどのゆいかい》」には、朝起きたら先ず属星の名号を七度唱えよと書かれている。

即世 そくせい 人の死ぬこと。即は終の意。

束帯 そくたい 男性の朝服。冠《かん》・袍《ほう》・下襲《したがさね》・衵《あこめ》・単《ひとえ》・表袴《うえのはかま》・大口《おおぐち》・沓《くつ》・笏《しゃく》で構成される。文官の袍は脇を縫《ぬ》いつけるが、武官のは脇があいている（闕腋《けってき》の袍《ほう》）。袍の色は身分によって異なる。

属託 そくたく ①金品を出して依頼すること、味方になるよう頼むこと。②罪人探しにかける懸賞金。③賞金、ほうび。「語らう所の悪党ども、賄賂《わいろ》・属託に耽《ふけ》りて、死生知らずして戦ひければ」と用いる。

息男 そくなん むすこ、子息。

若干 そくばく 「そこばく」とも読む。幾許とも書く。①数量について、およそのところをいう。②数量の多いさまをいう、はなはだ多い。

続飯 ぞくはん ⇒そくい

塞鼻 そくび 酒の肴《さかな》などを盛る杯《さかずき》様の大きい土器。また大きい杯のこともいう。

俗別当 ぞくべっとう 俗人で寺社の管理に当たるもの。平安初期に設けられた。延暦寺では、最澄の提唱により、かれの没後に公卿・弁官の俗別当二人が置かれた。唐の制度に倣ったものという。

俗名 ぞくみょう ①通称、俗称。②法名に対する語で、在俗のときの名。③戒名に対して、生前の名。

側目 そくもく ①目をそばだてることで、じっと見る、注意して見る意。②憎《にく》しみの気持で見る。

息利 そくり 利息に同じ。出挙《すいこ》の利息。利分《りぶん》、利平《りひょう》、利米《りまい》、利銭《りせん》、子銭《しせん》など。

測量 そくりょう あれこれ推測し考えること。

続労 そくろう 「ぞくろう」とも読む。平安時代、官人が財物・金銭を出して、官職を離れたあとの年数を勤務年数に算入すること。下級官人救済のための一種の売官で、贖労とも書かれる。

素絹 そけん ①練っていない生絹《すずし》の類をいう。②素絹の衣《ころも》の略。⇒素絹《そけん》の衣《ころも》

素絹の衣 そけんのころも 垂領《たりくび》に仕立てた入襴《にゅうらん》の僧服。襴とは裾につける横ぎれで、入襴はひだの入っているものをいう。略服。

蘇合香 そこう 「そごう」とも。唐楽。盤渉調。襲装束の四人～六人の平舞。不老長寿の薬草を得た喜びで阿育王《あそかおう》が作らせたという説話がある。

楚忽 そこつ 粗忽とも書く。①時間の余裕がなく、突然である、あわただしいこと。②あやまち、しくじり。③そそっかしい、不注意である、軽々しい。

疏状 そじょう 弁明、言い訳の文書。

訴状 そじょう 訴訟を起こすとき裁判所へ提出する文書。申状《もうしじょう》、解状《げじょう》、目安《めやす》ともいう。

譏る そしる 誹、誘、謗の字を宛てる。①他人を非難する。②不平をいう。③かげでこそこそいう。④ばかにする。

楚々 そそ ①衣服があざやかである。②さっぱりした様子で、清らかで美しい。

沃 そそぐ 注ぐに同じ。水を流し込む。

そそる ①高くそびえたつ。「白雲の、千重を押し分け、天そそり、高き立山」などと用いる。②浮かれさわぐ、そわそわする。③（気持や行動を）あおる。④選別する。

そぞろ 漫、坐などの字を宛てる。①漫然として気持がおちつかない。②軽率である、不覚である。③むなしい。④不本意である。⑤理由もなく突然なさま、ひょっこりと。⑥むやみやたらなさま。

そぞろうた 漫歌、誂歌の字を宛てる。何となく自然に口に出てくるままに歌うこと、とりとめのない歌のこと。

訴陳に番う そちんにつがう 訴は訴人が提出する訴状《そじょう》。陳は論人《ろんにん》が訴人に対して弁《べん》駁《ばく》する陳情《ちんじょう》。訴状・陳状で互いに主張を述べあうことを「訴陳に番う」という。中世の訴訟裁判では、訴・陳状の交換が三回まで認められ、これを三問三答という。

〈文献〉石井良助『中世武家不動産訴訟法の研究』弘文堂書房。

則闕官 そっけつのかん 太政大臣をさす。令に「無二其人一則闕」とあることによる。

卒爾 そつじ 率爾とも書く。①突然で、だしぬけであること。「無二出居一、唯臨時卒爾事也」と用いる。②軽卒であること。

卒 そっす ⇒しゅっす

率土 そっと 地の続く限り、国土のはて。「率土の浜《ひん》」といえば、地の果て、

国土の限りの意。「普《ふ》天《てん》の下《もと》、率土の浜」などと用いる。

率分 そつぶん　割合を示す語。古代、旧年の未納、未進分を一定の比率を定めて徴納すること。田租の未納については天長九年（八三二）に国司公廨《くげ》利稲の一〇分の一（＝格率分）を填納分に宛てるとし、調・庸・雑物の未進についての率分制は承和十三年（八四六）に立てられた。中世、関銭のことをもいう。⇒率分《そつぶん》所《しょ》

率分所 そつぶんしょ　中世、京都の七《なな》口関《くちのせき》に置かれた関銭徴収のための機関をいう。率分所といえば関所を意味するようになる。⇒七口関

袖書 そでがき　文書の料紙の右端部分を袖といい、ここに書き加えた文言を袖書という。上申文書に対する回答、保証・指示などとして袖書されたものは外《げ》題《だい》という。一四世紀以後の幕府の安堵状はすべて外題安堵の形をとった。〈文献〉佐藤進一『古文書学入門』法政大学出版局。

袖の子 そでのこ　中世の稲の品種名、或いは稲の異名。

袖判 そではん　文書の袖に花押を書くこと。⇒袖書《そでがき》

外曲輪 そとぐるわ　外郭とも書く。城の最もそとがわにめぐらした石又は土の囲《かこ》い。⇒内郭《うちぐるわ》

外畠 そとはた　荘園において、夏の検注の対象とならなかった畠地のこと。麦作を行っていない畠のこと。

庶人三台 そにんさんだい　唐楽。太食調の曲。舞は相撲の抜出に用いられた。楽曲は伝わるが舞は廃絶した。

訴人奉行 そにんぶぎょう　⇒合奉行《あいぶぎょう》

訴人・論人 そにん・ろんにん　中世、訴訟において、原告を訴人、被告を論人という。

曾禰 そね　磽、确とも書く。石が多く地味のやせた土地、岩の丘のことをもいう。

薗 その　園とも書く。①家屋敷に附属する菜園。②中世、九州地方で在家《ざいけ》の別称。③皇室領・摂関家領・神宮領などの供《く》御《ご》・供《ぐ》菜《さい》物・食料を貢進する所領。

其上 そのかみ　当初《そのかみ》の字も宛てる。事のあったその当時、往時、昔年。

園韓神祭 そのからかみまつり　平安京宮内省に鎮座した園神・韓神の祭。園神はもと秦氏が祀った土地の神、韓神は同じく秦氏が祀った渡来神。祭は二月と十一月の二回行われた。

園司 そのし　「えんし」とも。御園の管理人。

薗付田 そのつきだ　在家《ざいけ》付田《つきだ》、屋敷付田、門付田も同じ。とくに九州地方で薗（畠）の耕作を中心とする農業生産に対して、古代末期から水田の開発が進み、薗の周辺に小規模な薗田、前田と称される新開田が生産組織に組み込まれていくようになった。この状況に対応して、領主は薗・薗付田・名田を一体として把握するようになる。〈文献〉永原慶二『日本封建制成立過程の研究』岩波書店。

其則 そのとき　その時に同じ。其即もそのとき。則・即は「すなわち」で、すぐさまの意。

其分 そのぶん　その通りの意。「猶以其分候」などと用いる。

そば麦 そばむぎ　そばの古称。字書には蕎麦と記されている。

そぶ　①作物に害を与える霧。②溜り水に浮かぶ鉄さびのように光る田渋・地渋のこと。

素服 そふく　①白い衣服。②飾りのな

い白い喪服。素は染めていない素地《きじ》のままの衣服。

蘇芳菲 そほうひ　唐楽。乞食調の曲。五月節会に用いられた。犬のような頭《かしら》をつけて舞う。舞は絶えて伝わらない。

杣 そま　杣山、建築用材を伐り出す山。平城京・平安京に近い近江・伊賀・大和・丹波国などに多かった。杣の管理者が杣司《そまし》で山司・山領・山守・山長ともいう。伐採・造材に従事する者が杣工《そまく》（そまだくみ）である。〈文献〉赤松俊秀『古代中世社会経済史研究』平楽寺書店。

杣工 そまく　⇒杣《そま》

蘇莫者 そまくしゃ　唐楽。盤渉調《ばんしきちょう》の曲。老猿の面、裲襠《うちかけ》に蓑《みの》という装束で一人立の走舞。天王寺方の舞として伝承している。

杣司 そまし　⇒杣《そま》

蘇民将来 そみんしょうらい　①兄は神に宿を貸して栄え、弟は貸さなかったので滅びたという説話の兄。②疫病除《よけ》のために門口に「蘇民将来」と書いた札を貼《は》ったり、木製六角の棒に「蘇民将来」と書いて小正月に分与する。

染紙 そめがみ　①色紙。②伊勢斎宮での経典の忌詞《いみことば》。③雲紙《くもがみ》のこと。

染革 そめがわ　染韋《そめかわ》とも書く。動物の皮の毛を取り去り色を染めたなめしがわ。武具・馬具・装身具に鹿の韋が多く用いられた。

染殿 そめどの　⇒清和院《せいかいん》

染飯 そめめし　強飯を山梔《くちなし》で染め、これをすりつぶして小判の形に薄く切り干《ほ》したもの。戦国時代、茶店でも売っていたと「信長公記」に見える。

抑 そもそも　いったい、さての意で、漢文訓読の際に、あらためて文章を説き起こすとき用いる。中世、書状の場合、「抑……」と改行する慣わしがあった。

征矢 そや　征箭とも書く。戦陣に用いる実戦用の矢。箙《えびら》にさしたのを負《おい》征矢、空穂《うつぼ》にさしたのを空穂矢という。

そらす　⇒反町《そりまち》

暗 そらに　いわれもなく、空《むな》しく、根拠もなく。「正税《しょうぜい》は官物《かんもつ》の中《うち》の重色《ちょうしき》なり、何ぞ暗《そら》に其の数を失うや」などと用いる。

空目 そらめ　①見まちがえをすること、見誤る。②見て見ぬふりをする。『日葡辞書』に「見て見ないふり」とある。③遠くに目をやる、放心状態であること。「返す返す、例のそらめのみしつつ過ぐす」と用いる。

反町 そりまち　「そらす」とは土地を耕作せずに放っておくことで、休閑地のこと。〈文献〉柳田國男『地名の研究』（定本20）筑摩書房。

反渡殿 そりわたどの　渡殿で反《そ》っている（湾曲している）もの。

訴論 そろん　訴人（原告）と論人（被告）。⇒訴陳《そちん》に番《つが》う

楚割 そわり　「すわり」とも。魚肉を細く割いて乾燥したもの。削って食べる。

損 そん　旱損、水損など、田植（作付《さくづけ》）のあとに発生した損害、損亡のこと。検注帳などに才と記載されることがある。対する語は得《とく》で、検注帳などにイと記される場合もある。

遜位 そんい　天子が位を退くこと、帝位をゆずること。

損益帳 そんえきちょう　損田《そんでん》、得田《とくでん》を書き上げて報告する文書。⇒損田・得田

存外 ぞんがい　意外である、思いのほかであるの意。

蹲踞 そんきょ　両膝を折って蹲《うずくま》り頭を垂れる敬礼。

尊号 そんごう　前天皇・皇后、天皇の父母を尊んで奉る尊称。天皇・太上《だいじょう》天

皇・皇太后、太皇太后など。初見は天平宝字二年（七五八）の孝謙上皇、光明子への尊号である。

存日処分 ぞんじつしょぶん 生前に処分状（譲状）を書いて財産譲与の意思表示をすること。処分せず死亡した場合は未処《みしょ》分《ぶん》という。

尊者 そんじゃ ①身分の高い人、目上の人。②古代、大臣大饗《たいきょう》などでの主賓《しゅひん》。

遜職 そんしょく 官位を辞《じ》すること、辞職すること。

損田 そんでん 作付《さくづけ》後に、損亡、損害を受けた田。被害の程度により年貢等が免除された。⇒損《そん》・損益帳《そんえきちょう》

蹲田 そんでん ⇒うずくまりた

存内 ぞんない 予期する、思いの通り。対する語は存外《ぞんがい》。

存分 ぞんぶん ①思い、考え。②意趣、うらみ。③思い通りにする。「任二存分一」などという。

損免 そんめん 作物が損害をうけて収穫が減少した際に年貢などを減免あるいは免除されること。

損亡 そんもう 一般に、何らかの損害をうけて失うことをいうが、とくに公領・荘園で田畠の作物が損害を蒙り失われることをいう。

村落領主 そんらくりょうしゅ 中世後期、畿内またはその周辺地域における在村の小領主。地侍《じざむらい》・国人《こくじん》などともいう。地主的手作経営と高利貸付による所職（とくに加地子名主職）の集積によって周辺小農民から卓絶した地位を占めた。その一部は守護大名・戦国大名の被官となることによって政治過程にかかわっていった。
〈文献〉阿部猛「畿内小領主の存在形態―山城国革嶋荘と革嶋氏―」（『帝京史学』一〇、『日本荘園史の研究』同成社、所収）。

村里幹了之輩 そんりかんりょうのともがら 平安前期の史料に見える。幹了とは「おさおさしき」の意。村落の中での有力者で「力田《りきでん》の輩《ともがら》」と呼ばれて農業経営の熟達者をも意味し、平安初期の公営田《くえいでん》や官田《かんでん》の現地監督者となり、また荘園の荘《しょう》長《ちょう》に任ぜられたりした。
〈文献〉亀田隆之『日本古代用水史の研究』吉川弘文館。

損料 そんりょう 借用料、衣類・器物を借りたとき支払う金銭。室町時代以降の用語か。

た

田 た 一般的には水田を指す。年中、水を落とすことのできない湿田《しつでん》（天水田）と、排水可能な乾田《かんでん》とがある。陸田（畠）の語もある。

垜 た ⇒あずち

汰 た ⇒ゆるす

駄 だ ①人や物をのせて運ぶ馬のこと。②馬一匹に物品をのせるときの規定の重量、駄載量のこと。人が負うのは人担。車で運ぶ場合は車載という。

攤 だ 平安時代以降に行われた遊戯で、筒に入れた二種の采《さい》を振り出して、出た目の多少を競う。双六盤は使わない。攤は物をまき散らす意。

田遊 たあそび 御田《おんだ》、春田打《はるたうち》、春鍬《はるくわ》、田祭《たまつり》ともいう。正月を中心に、その年の豊作を祈念する民俗芸能で、農作（稲作）の作業過程を演ずる。現在行われている田遊び神事にも、中世的な歌謡・詞章が伴い、かつての雰囲気を感じさせるものがある。

〈文献〉黒田日出男『日本中世開発史の研究』校倉書房。

田　主　たあるじ　⇒田人《たうど》

太　たい　⇒占城米《せんじょうまい》

対　たい　⇒対屋《たいのや》

代　だい　⇒しろ

褻　だい　⇒なれ

大安寺枡　だいあんじます　平安時代、大和国大安寺で用いられた枡。京枡（一升枡）の九合六勺余の容量に当たる。

大医署　だいいしょ　典薬寮の唐名。

大医正　だいいせい　典薬助の異称。

大医令　だいいれい　典薬頭の異称。

大衍暦　だいえんれき　中国唐代七二九年に作られた太陰太陽暦法。遣唐留学生吉備真備によってもたらされ、天平宝字八年（七六四）から天安元年（八五七）まで用いられた。

大楽署　だいがくしょ　雅楽寮の異称。

大学別曹　だいがくべっそう　平安時代に有力氏族子弟のために設けられた大学寮付属の教育施設。藤原氏の勧学院《かんがくいん》、王氏《おうし》の奨学院《しょうがくいん》、橘氏の学館院《がっかんいん》、和気《わけ》氏の弘文院があった。大学寮近くに設けられた氏の寄宿舎で氏院《うじいん》ともいう。

大楽令　だいがくれい　雅楽頭の異称。

大楽令史　だいがくれいし　雅楽助の異称。

代　替　だいがわり　天皇・将軍・国司・領主・代官などが交替すること。国司の代替りには一国検注が、荘園領主・代官の交替の際には一荘検注が行われた。

代替検注　だいがわりけんちゅう　⇒正検注《しょうけんちゅう》・代替《だいがわり》

対　捍　たいかん　抵抗する、拒むの意。地頭・荘官が荘園領主に反抗すること。また年貢・公事などの納入を拒否する。〈文献〉安田元久『日本初期封建制の基礎構造』山川出版社。

代　官　だいかん　正員《しょういん》にかわって職務を代行する者。宮廷の儀式・行事の担当者に支障のあるとき代官を置く。国司の代官は目代《もくだい》、守護代官は守護代、地頭の代官は地頭代。預所代、公文代などもある。代官が実務を行い、正員は単に得分を受けるだけという場合もある。⇒正員

代官請　だいかんうけ　公領・荘園で、代官《だいかん》職《しき》を有する者が年貢の請負いを行った場合をいう。一切の管理を任され、毎年一定額の年貢を納入する。

代官署　だいかんしょ　大膳大職の異称。

大官侍郎　だいかんじろう　大膳亮の異称。

大　器　たいき　①大形のいれもの。②国家のこと。③才能・能力のすぐれた人。④重要な役目、地位。

大　義　たいぎ　①大切な意味。②君臣、親子、男女の道などの大切な節義。「大義・親《しん》を滅《めっ》す」といえば国家・君主のためには親・兄弟など肉親をもかえりみないの意。

大　儀　たいぎ　①朝廷の儀式で官人すべてが参列するもの。②大がかりな法会など。③大きな政治的事件など。④やっかいな、めんどうなこと。

大　饗　たいきょう　「だいきょう」とも。賓客をもてなす盛大な饗宴をいうが、とくに正月に禁中また大臣家で行われる饗宴をいう。二宮大饗《にぐうのたいきょう》、大臣大饗などがあった。

大　業　たいぎょう　①帝王の行うべき仕事。②律令制下の人材登用試験で、文章《もんじょう》・明《みょう》経《ぎょう》・明法《みょうぼう》・算《さん》などの最終試験を受けること、合格すること、またその人を指す。

大　斤　たいきん　①中国唐代の重量の単位。一斤＝一六〇匁＝約六〇〇グラム。これに対してそれ以前漢代に行われた斤は一斤＝六〇・四匁。わが国では前者が大斤として通用した。②伊勢神宮で用いられた稲の束・把の算定法。大斤は一〇

把＝一束とする。これに対して大半斤は五把＝一束。

大　工　だいく　古代では、手工業分野の職長で「だいこう」と読んだ。古代末期の生産組織の中では、大工（惣大工）―引頭―長―連―小者という階層があった。各種の手工業者集団の親方権は大工職《だいくしき》と呼ばれ、作業現場の縄張りを持っていた。江戸時代には大工といえば専ら番匠を指すようになった。
〈文献〉浅香年木『日本古代手工業史の研究』法政大学出版局。

大工職　だいくしき　⇒大工《だいく》

退　屈　たいくつ　退窟とも書く。①気力が衰えてやる気がなくなること。緩怠とほぼ同義であろう。②年貢納入や契約履行の義務を怠ること。③困り果てること。④不安であること。

対　決　たいけつ　平安末期からの起訴手続きで、訴人・論人を裁判所に召喚して両人を尋問し、問答を判決の資料とする。問注ともいう。
〈文献〉石井良助『中世武家不動産訴訟法の研究』弘文堂書房。

大検注　だいけんちゅう　⇒正検注《しょうけんちゅう》

大元帥法　たいげんのほう　帥は発音しない慣わしである。大元帥は大元帥明王の略。十六夜叉《やしゃ》大将の一つで、国家を鎮護し諸難を除く神。正月八日から十四日まで治部省で行った修法。

待賢門　たいけんもん　大内裏東面の門。中《なか》御門《みかど》ともいう。五間三戸。瓦葺。門内に、左に大膳職、右に東雅院がある。門の様子は「年中行事絵巻」や「平治物語絵巻」から知られる。貴族たちが宮中への出入りにこの門を通ることが多かった。

退　紅　たいこう　①薄紅《うすくれない》の染色。②薄紅の狩衣で、上流貴族の家の下部《しもべ》の着物。⇒荒染《あらぞめ》

太　閤　たいこう　①摂政・太政大臣の敬称。②関白を辞してなお内覧の宣旨を蒙った人の称。③関白の位を子に譲った人のこと。

太閤検地　たいこうけんち　豊臣政権が全国的規模で行った検地。六尺三寸＝一間《けん》の検地竿で測り、一間四方を一歩、三〇〇歩＝一〇畝《せ》＝一段《だん》、一〇段＝一町《ちょう》とした。田・畠を上・中・下・下下の四段階に分け、それぞれ標準収穫量を定めた。「一地一作人」「作合《さくあい》否定」の原則によって実施され、中世の公領・荘園の重層的職の体系を破壊して近世社会への道をひらいた。
〈文献〉宮川満『太閤検地論　Ⅰ』御茶の水書房。安良城盛昭『太閤検地と石高制』ＮＨＫブックス。

太皇太后　たいこうたいごう　先々代の天皇の皇后。

大行天皇　たいこうてんのう　天皇が亡《な》くなって未だ諡《おくりな》を奉らぬ間の尊称。転じて、先の天皇、太上天皇。

大国・小国　たいこく・しょうこく　①律令制における国の等級。②中世に、大国は中国王朝、小国はわが国を指している。

大極殿　だいごくでん　朝堂院の正殿。天皇即位式、大嘗祭《だいじょうさい》・朝賀《ちょうが》・御斎会《ご(み)さいえ》・射礼《じゃらい》・告朔《こうさく》など天皇の政事、国家の大礼の執り行われる場。九間四面の建物。

退　座　たいざ　鎌倉幕府の訴訟手続き上、裁判の公正を期するためにとった制度。原告あるいは被告と、裁判に当たる奉行人が親族関係にある場合、その奉行人を訴訟の場から退席させること。
〈文献〉石井良助『中世武家不動産訴訟法の研究』弘文堂書房。

対　策　たいさく　⇒方略《ほうりゃく》

泰山府君　たいざんふくん　中国で、古代から泰山（山東省）に住み、人の寿命をつ

かさどる神とされた道教の神。わが国では仏教でも祀った。

大　師　だいし　太政大臣《だいじょうだいじん》、東宮傅《とうぐうのふ》の異称。

大　字　だいじ　①大文字。対は小字。②漢数字の一、二、三のかわりに用いる壱、弐、参などの文字のこと。壹（壱）・貳（弐）・參（参）・肆・伍・陸・柒・捌・玖・拾。

大史監　だいしかん　陰陽頭の異称。

大史局　だいしきょく　陰陽寮の異称。

大史少監　だいししょうかん　陰陽助の異称。

大祀・中祀・小祀　たいし・ちゅうし・しょうし　令制下、国家的な諸祭祀は斎の期間により大・中・小に分ける。大祀―践祚大嘗祭、中祀―祈年・月次・神嘗・新嘗・賀茂祭、小祀―大忌・風神・鎮花・三枝・相嘗・鎮魂・鎮火・道饗・園韓神・松尾・平野・春日・大原野祭とする。

大　赦　たいしゃ　律令制で、朝廷・国家に吉凶のあったとき、天皇が故殺・謀殺・私鋳銭・強窃二盗の罪を赦《ゆる》したこと。

大　尺　だいしゃく　令制の長さの単位。①測地用の尺。高麗尺のことで、小尺（唐大尺）一尺二寸が大尺一尺。②和銅六年（七一三）令の小尺を大尺とした。これは九寸七分（約二九・四センチメートル）。

大　守　たいしゅ　太守とも。①親王任国（上総・常陸・上野）の国守の称。②建武中興政府は陸奥をも親王任国とした。

大　衆　だいしゅ　⇒衆徒《しゅと》

大　樹　たいじゅ　将軍・征夷大将軍の異称。大樹将軍の略。

大　儒　だいじゅ　明経博士の異称。

怠　状　たいじょう　過状《かじょう》ともいう。①罪科・過失をわびる文書。②中世、訴人（原告）が訴訟の全部もしくは一部を取り下げるときに出す書状。③「怠状す」といえば、過ちをわびる、屈伏するの意。

隊　仗　たいじょう　威儀をただした天皇の護衛隊のこと。隊は衛士《えじ》の陣、仗は兵衛《ひょうえ》・内舎人《うどねり》の陣。

大　稱　だいしょう　銀・銅・穀を稱《はか》る単位。小稱《しょうしょう》の三倍に相当する。大銖・大両《だいりょう》・大斤《たいきん》の三種があった。⇒小稱・大両・大斤

大　升　だいしょう　大枡とも。穀を計量するのに用いた。小枡の三倍に相当する。一〇合＝小一升、小三升＝大一升、大一〇升＝斗、一〇斗＝斛《こく》とする。

大　丞　だいじょう　大弁の異称。

大乗会　だいじょうえ　法勝寺《ほっしょうじ》大乗会のこと。金堂の釈迦三尊像の前で五部大乗経を講説するもの。十二月二十四日から五日間行われた。承暦二年（一〇七八）から毎年行われたが室町時代に廃絶した。

大嘗会　だいじょうえ　大嘗祭。天皇が即位してのち最初に行う新嘗《にいなめ》祭。この祭のために建てる黒木づくりの建物を大嘗宮という。十一月の下《しも》の卯《う》の日を祭日とするが、譲位の場合、即位が七月以前ならば当年に、八月以降ならば明年に行う。天皇死去の場合は即位の月にかかわらず翌年行われた。

〈文献〉岡田荘司『大嘗の祭り』学生社。

大嘗会役　だいじょうえやく　大嘗会の用途を賄うため諸国の公領・荘園に賦課された臨時課税。段米・段銭のかたちで一国平均役として徴収された。

〈文献〉小山田義夫「大嘗会役小考―平安期を中心として―」（『日本文化の社会的基盤』）雄山閣出版。

太政官厨家　だいじょうかんちゅうけ　太政官に置かれた厨房で酒饌供進を事としたが、諸国公田地子米や絹・綿などの交易物、地子雑物などを保管した。のち便補保が成立し、官厨家領荘園となった。職員には別当・預・案主がいた。

〈文献〉橋本義彦『平安貴族社会の研究』吉川弘文館。

太政官符 だいじょうかんぷ　太政官から八省・諸国へ命令を下す公文書で、字面に太政官印（外印《げいん》）が捺《お》される。平安時代から、官宣旨《かんせんじ》（左弁官下文《さべんかんくだしぶみ》）で代用されることが多く、太政官符は減少する。

大常卿 だいじょうきょう　神祇伯・治部卿、式部卿の異称。

大相国 だいしょうごく　太政大臣の異称。

大床子 だいしょうじ　天皇の座る脚つきの台。食事や理髪のときに用いる。

大常寺 だいじょうじ　神祇官、諸陵寮の異称。

大常少卿 だいじょうしょうきょう　神祇副、治部輔、式部輔の異称。

太上天皇 だいじょうてんのう　退位した天皇、上皇。文武元年（六九七）に譲位した持統天皇を呼んだのが最初という。

大常伯 だいじょうはく　神祇伯の異称。

大臣家大饗 だいじんけだいきょう　⇒大饗《だいきょう》

大臣大将 だいじんのたいしょう　左・右・内大臣であって近衛大将を兼任する者。

大神宝使 だいしんぽうし　天皇即位後に、五畿七道の大社に神宝を進献するために遣わされた勅使。⇒神宝《しんぽう》

大臣召 だいじんめし　平安時代、大臣に任命するため、天皇の命令でその人物を宮中によぶこと。

台子 だいす　茶の湯に用いる四本柱の棚。風炉《ふろ》・茶碗《ちゃわん》・茶入れ・建水《けんすい》などをのせる。

大豆 だいず　中国原産。平安初期、陸田救荒作物として栽培が奨励された。畠作の発展に伴い、冬作の地子小麦に対して夏作の地子は大豆として定着した。

大税 たいぜい　⇒正税《しょうぜい》

大漸 たいぜん　病気がしだいに重くなることをいい、とくに天皇の病状の進むことをいう。

大膳官令 だいぜんかんれい　大膳大夫の異称。

代銭納 だいせんのう　銭納とも。年貢・公事を現物のかわりに銭貨で納める制度。商品経済の発達、地方市場の発達を前提とし一四世紀以降急増する。〈文献〉佐々木銀彌『中世商品流通史の研究』法政大学出版局。

乃祖 だいそ　祖父のこと。元来は、乃《なんじ》の祖父の意。

退宿禿 たいそとく　高麗楽の曲名。壱越調。別名老舞という。襲装束・諸肩袒で仮面をつけた四人舞。

大内裏 だいだいり　平城京また平安京の宮城の称。平城京では方八町（約一〇五〇メートル）の東に突出部があり、平安京は東西八町（約一一五〇メートル）南北一〇町（約一三八〇メートル）で、その内に諸宮殿・諸官庁があった。皇居を内裏というのに対して大内裏と称したのである。平安京大内裏では南面三門（朱雀《すざく》門・美《び》福《ふく》門・皇嘉《こうか》門）、北面三門（偉鑒《いかん》門・達智《たつち》門・安嘉《あんか》門）、東面四門（郁芳《いくほう》門・待賢《たいけん》門・陽明《ようめい》門・上東《じょうとう》門）、西面四門（談天《だんてん》門・藻壁《そうへき》門・殷富《いんぷ》門・上西《じょうさい》門）があった。

大中大夫 だいちゅうたいふ　従四位上の異称。

大帳使 だいちょうし　古代、四度使《しどし》の一つ、国内の課口の数を記した大帳を持って毎年上京する使者。⇒四度使

退転 たいてん　怠転とも書く。①中絶する、中止する。②しだいに衰える。③落ちぶれて移転すること。④仏教用語で、修行で得たさとりを失いあと戻りすること。

大都 たいと　「だいと」とも。おおよその意。副詞的に用いる。「大都令二治定一畢」と用いる。

大途 だいと　「たいと」とも。①太守、国守、殿様のこと。②大規模であること、

〔大内裏図〕

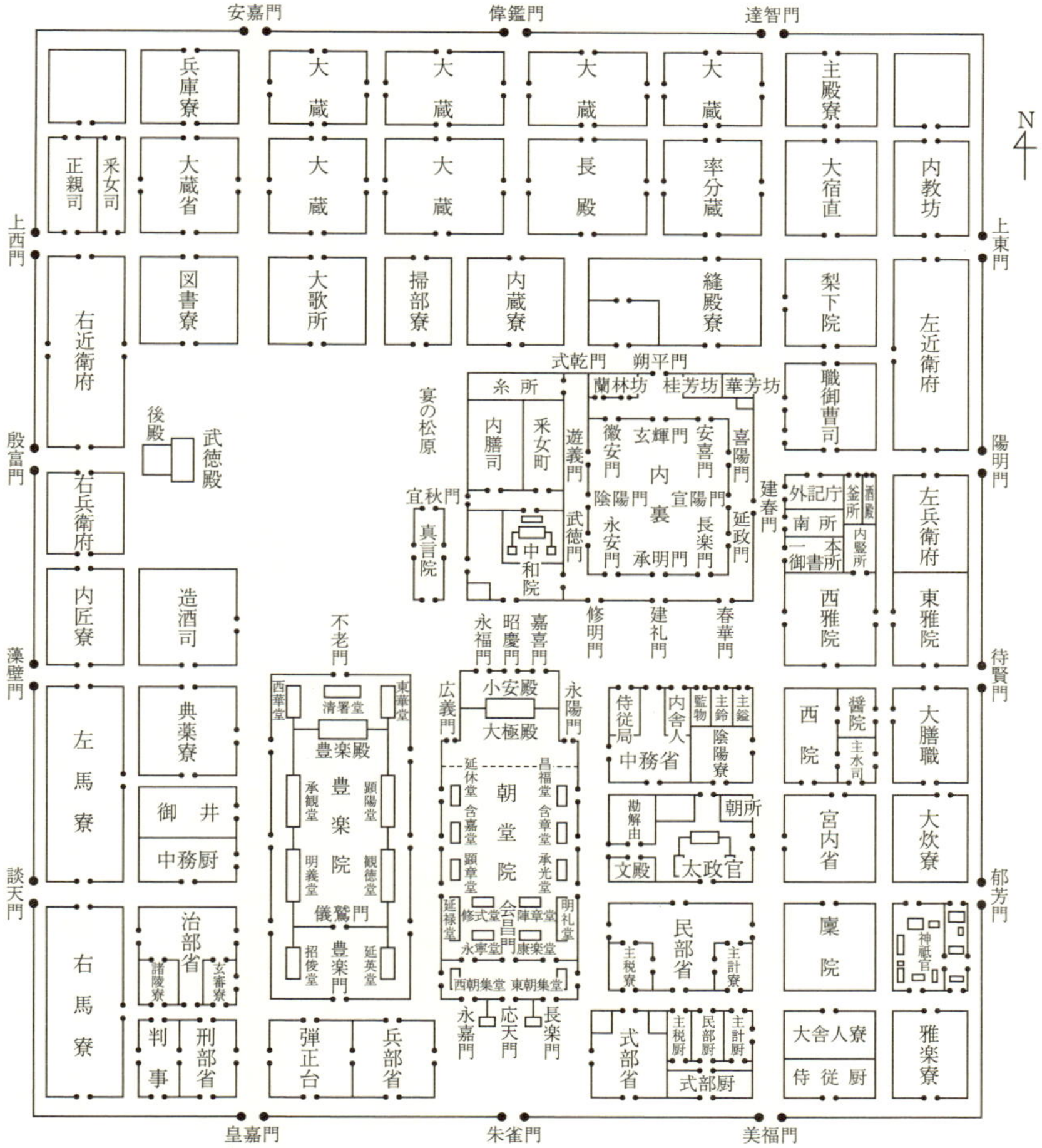

『平安時代史事典』
『日本史辞典』（角川書店）等を参考に作成

大変、大事。③大略、大概の意。

大唐米 だいとうまい ⇒占城米《せんじょうまい》

胎内文書 たいないもんじょ 像内納入文書ともいう。仏像の内側の空洞部分（胎内）に納められている文書。勧進に応じて結縁した人びとの交名《きょうみょう》が多い。嵯峨清涼寺の釈迦如来像に納められた天慶元年（九三八）の文書を最古とする。

替 人 たいにん 官職について、後任の人をいう。とくに国司についていう。替は交替の替。

代 納 だいのう ①貧窮な農民にかわって富豪農民が租税などを納めること。代輸ともいう。輸は「いたす」。②代銭納《だいせんのう》のこと。⇒代銭納

対 屋 たいのや 寝殿の東・西・北にある別棟の殿舎。北の対には夫人、東西の対には子女が住む。

太 白 たいはく 方忌の一つ。太白神は金星の精で一日ごとに遊行する。一日―東、二日―南東、三日―南、四日―南西、五日―西、六日―北西、七日―北、八日―北東、九日―天、十日―地というように方忌が移動する。

大 盤 だいばん ①食物や水を入れる大きな容器。②台盤《だいばん》に同じ。⇒台盤

台 盤 だいばん ①食器をのせる脚つきの台。②藤原氏長者が継承した家宝の盤。

大・半・小 だい・はん・しょう 田畠の面積の単位。一段＝三六〇歩《ぶ》制のもとで、大＝二四〇歩、半＝一八〇歩、小＝一二〇歩とする。古代・中世を通じて用いられた。

台盤所 だいばんどころ ①清涼殿内の女房の詰所。②臣下の家の台所。③貴人の妻の称。

大般若会 だいはんにゃえ 大般若経を転読する法会。東大寺・大安寺・薬師寺・元興寺・興福寺その他諸寺で鎮護国家のために行われた。宮廷でも春秋二季行われた。

大 府 たいふ ①大蔵省の唐名。古代中国で宮廷や政府の器物を収納した倉庫のことで、転じて財政を掌った官司をいった。②大宰府の略称。③幕府のこと。

大 傅 たいふ 太政大臣、東宮傅の異称。

大 夫 だいぶ ①大化前代、大臣・大連につぐ議政官。②律令制下、五位以上の人の尊称。③四位・五位の総称。④五位の通称。⑤神社の御師《おし》（たゆう）。なお、五位に叙された大宰大監を「大夫の監《げん》」といい、左大史で五位の者を「大夫の史」と称する。

大府卿 たいふきょう 大蔵卿の唐名。

大福長者 だいふくちょうじゃ 非常に裕福な人、大金持。

大夫史 たいふし 令制太政官の史の上首。大史の相当位は正六位上であったが、平安時代中期以降、五位に昇る者も出て、その筆頭を大夫史と称した。平安時代末期には官務《かんむ》と称し小槻《おつき》氏が独占した。

大府寺 たいふじ 大蔵省の唐名。

大府少卿 たいふしょうきょう 大蔵輔の唐名。

大府侍郎 たいふじろう 大蔵輔の唐名。

大府宣 だいふせん 大宰帥《だざいのそち》が大宰府の在庁官人に下した庁宣《ちょうぜん》。

大仏供免田 だいぶつぐめんでん 東大寺の大仏御供料を負担する雑役免田。

大仏師 だいぶっし 仏像制作を指揮する技術者、仏師の棟梁。もと造仏司に属したが、のち有力寺院の仏所《ぶっしょ》の仏師の長となる。

太平元宝 たいへいげんぽう 天平宝字四年（七六〇）に発行された銀銭。同時に発行された万年通宝の一〇倍の価値で通用させた。

太平楽 たいへいらく 唐楽。太食調の曲。

四人立の武舞。堂塔落慶の大法会・朝覲行幸・御賀・元服・相撲などの折に奏された。

大変 たいへん ①大きな変事、凶事。②大げさな出来ごと。③一大事。

大保 たいほ 太政大臣、東宮傅のこと。

大法 だいほう ①領主の定めた重要な法規。②庶民の間の慣習、慣例。中世後期から多用される語。

〈文献〉中田薫『法制史論集 三』岩波書店。

大僕卿 たいぼくきょう 左右馬頭の異称。

大僕寺 たいぼくじ 左右馬寮の異称。

大僕少卿 たいぼくしょうけい 左右馬助の異称。

大卜正 たいぼくせい 陰陽博士の唐名。

大卜博士 たいぼくはかせ 陰陽博士の異称。

大卜令 たいぼくれい 陰陽寮の異称。

大犯三箇条 だいぼんさんかじょう ①鎌倉幕府の守護の扱うべき三種の重要犯罪。御家人の大番催促・謀叛・殺害人の追捕をいい、「関東御成敗式目」(一二三二年)では、夜討・強盗・山賊・海賊等のことが付加され、のち付則は更に増加した。②戦国時代、住屋を焼くこと・殺人・盗みの三事をさしていう。

太米 たいまい ⇒占城米《せんじょうまい》

松明 たいまつ 樹脂の多い松を割って携帯用の明《あか》りとしたもの。一本で一時間ほど保った。荘園からの貢納物の中に散見する。

当麻祭 たいままつり 大和国葛下郡《かつらぎしもぐん》の当《たい》麻都比古《まつひこ》神社の祭礼。四月・十一月の上申《かみのさる》の日に行われた。もと当麻氏の氏神祭と考えられる。

大名 だいみょう 大規模な名田《みょうでん》の所有者の意。鎌倉時代から有力な武士を指す身分呼称となる。対は小名《しょうみょう》。

大名田堵 だいみょうたと 田堵のうち、大規模な経営を持つ者。

大名の古作 だいみょうのこさく 大名田堵が長期にわたって公領を請作すると耕作優先権が生じ、たといその耕地が荒廃しても、他の小名田堵は開発(再開発)権を得ることができなかった。

〈文献〉阿部猛『日本荘園史』大原新生社。

大名領国制 だいみょうりょうごくせい 守護大名・戦国大名の領国支配体制。土地・人民の一元的支配体制が成立したか否かという点で、守護領国の成立については否定的な見解もある。

〈文献〉永原慶二『大名領国制』日本評論社。

題目 だいもく ①書物や文学作品の表題、題名、外題《げだい》。②物の名前、称号。③物事の主題、テーマ。④日蓮宗で「南無妙法蓮華経」の称。

代輸 だいゆ ⇒代納《だいのう》

対揚 たいよう 対等である、比肩する、対抗する、匹敵する、つりあうなどの意。『日葡辞書』は、「形や質、力が対等であること」と説明している。「六波羅の勢を見合すれば、対揚すべき迄もなき大勢なり」と用いる。

〈文献〉森野宗明『鎌倉・室町ことば百話』東京美術。

大理 だいり 「たいり」とも。①検非違使の唐名。検非違使庁を大理の庁と呼ぶ。②刑部省の唐名。③根本の道理。

内裏 だいり ①大内裏のうち天皇の住居を中心とする御殿。②天皇のことを指す。

内裏歌合 だいりうたあわせ 天徳四年(九六〇)三月三十日、村上天皇の主催による内裏女房の歌合のこと。歌人は天皇以下七九名、楽所召人一〇人、当代一流の歌人をすぐり秀歌も多い。その後、寛和元年(九八五)八月十日内裏歌合、寛和二年六月十日内裏歌合、永承四年(一〇四九)十一月九日内裏歌合、永承六年春の

〔内裏図〕

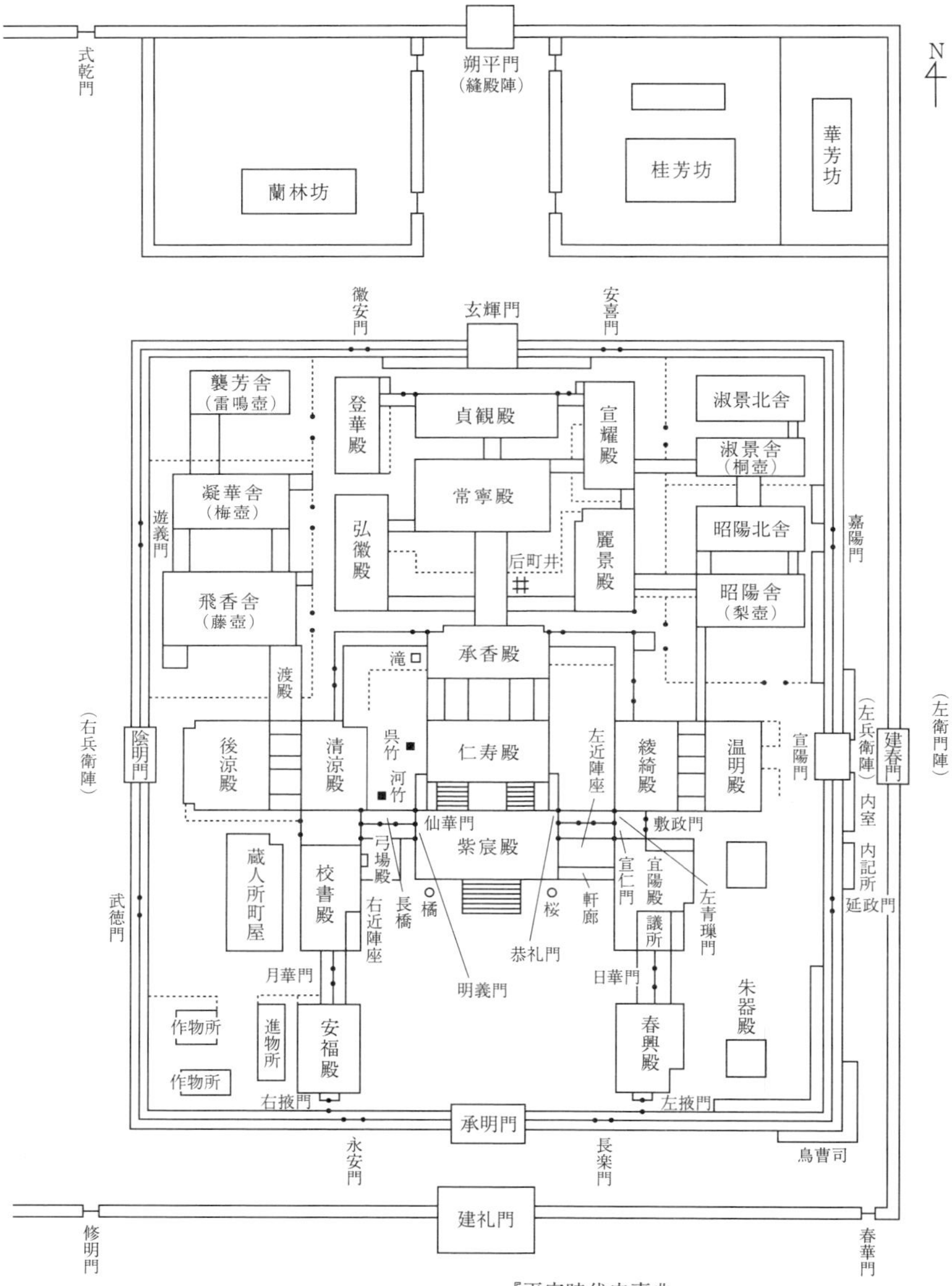

『平安時代史事典』
『日本史辞典』（角川書店）等を参考に作成

内裏歌合、承保二年（一〇七五）九月内裏歌合、承暦二年（一〇七八）四月二十八日内裏歌合などが知られる。

内裏大番 だいりおおばん　天皇・上皇の身辺警固や内裏・院御所警備のために諸国の武士に課された役。②鎌倉幕府の御家人役のひとつ。

内裏菊合 だいりきくあわせ　寛平二、三年（八九〇〜九一）、延喜十三年（九一三）十月十三日、延喜二十一年又は二十二年秋、天暦七年（九五三）十月二十八日に内裏で行われた菊合。左右に分かれ、菊に和歌を添えて優劣を競った。

大理卿 だいりきょう　刑部卿、検非違使別当の異称。

内裏詩合 だいりしあわせ　天徳三年（九五九）八月十六日清涼殿で催した詩合。一〇題一〇番の賦詩を行い、番ごとに判詞を添えた。

大理少卿 だいりしょうきょう　刑部輔の異称。

大理正 だいりせい　大判事の異称。

内裏根合 だいりねあわせ　永承六年（一〇五一）五月五日、京極院内裏で行われた根合。菖蒲根の長さを競う。五題五番で、和歌を添えた。

内裏紅葉合 だいりのもみじあわせ　天暦九年（九五五）閏九月に行われた紅葉合。二題四首の小規模なものであった。

大　略 たいりゃく　①ほとんど、概略。②大多数、あらかた。

大　両 だいりょう　律令制下、重さの単位。大両一両＝小両三両、小両＝二四銖、一文目（＝三・七グラム）は唐の開元通宝一枚の重量で二・四銖。よって小一両＝一〇文目、大一両＝三〇文目となる。そして一六両＝一斤である。

大　粮 たいろう　所司の下級官人らに毎月与えられた給与。公粮ともいう。一〇世紀には大粮米の貢納が特定の郷・保に割り当てられ（これを便補《び(べ)んぽ》という）、やがてこれが官衙領化していった。〈文献〉阿部猛『律令国家解体過程の研究』新生社。

大粮申文 たいろうのもうしぶみ　令制下、毎月、各官庁から太政官に提出される大粮出給の請求書。下級職員の食料の請求で、毎月十一日に民部省に送り、十六日にこれが太政官へ送られる。

大楼番役 たいろうばんやく　大楼は六波羅探題の獄舎。その番役は御家人に割当てられた。負担する御家人はその費用を領内の農民に転嫁した。

対　論 たいろん　①あい対して議論すること。②あい手どって裁判沙汰にすること。

田　植 たうえ　苗代《なわしろ》で育てた稲苗を、水をはった本田に移植する作業。田植が一般化したのは奈良末〜平安初期であろう。〈文献〉古島敏雄『日本農業技術史』時潮社。

田　歌 たうた　稲作神事に結びついた歌で、とくに大嘗会の田舞に用いられた歌。

田　打 たうち　田起こし、荒田打ち。春に、耕作しやすいように田を掘り起こすこと。鍬《くわ》で耕起する重労働であった。〈文献〉黒田日出男『日本中世開発史の研究』校倉書房。

田　人 たうど　有力農民の農業経営に雇用された農業労働者。雇主は田主《たあるじ》という。

だ（ど）うな　無駄な、無益なの意。「矢だうなに」「玉だうなにうたせそ」など接尾語として使う。

田おこし たおこし　⇒田打《たうち》

高尾船 たかおぶね　平安時代、軍用の早船の称。のちに関船《せきぶね》と呼ばれたもの。呼称は船の形態に基づく。⇒関船

鷹　狩 たかがり　飼いならした鷹や隼《はやぶさ》などを使って鳥や小動物を捕らえさせる狩

猟法。中央アジアの遊牧民の間に起こり、わが国には中国・朝鮮半島を経て伝来し、令制以前に鷹甘部《たかかりべ》が設けられていた。古代・中世を通じて、殺生禁断思想に基づく鷹狩禁令が出されたが、戦国時代以降は武士の遊技として盛んになった。

高座 たかくら 一段高い座席のことで、とくに天皇の玉座や寺院の儀式で僧の座る座のこと。玉座は高御座《たかみくら》と称する。

竹矢籠 たかしこ 竹製の矢の容器、箙《えびら》。

高瀬舟 たかせぶね 古代～中世に河川交通・運輸に用いた吃水《きっすい》の浅い舟。江戸時代の河川交通の主力船であった。

高壇紙 たかだんし 壇紙の一種。サイズにより、大高壇紙、小高壇紙と呼ぶ。⇒壇紙《だんし》

高坏 たかつき 食物を盛る器。大きい坏《つき》に高い脚がついている。なお、高坏を逆さにして、その上に灯明皿を置き、これをも「たかつき」と称した。

高辻 たかつじ 年貢として納める分米《ぶんまい》や石高《こくだか》の合計。辻とは合計のこと。

高除 たかのぞき 名田の一部を売却、譲与する際に、名田にかかる公事、夫役の負担を除くことか。⇒名《みょう》を抜《ぬ》く

竹量 たかばかり 竹製のものさし。裁縫用。

高蒔絵 たかまきえ 蒔絵の基本技法の一つ。図を高く盛りあげ、その上に蒔絵を施して立体観をもたせる。鎌倉後期に始まる。

高御座 たかみくら ⇒高座《たかくら》

高宮市 たかみやのいち ⇒近江布《おうみぬの》

簟 たかむしろ 籐や細く割った竹などで編《あ》んだ筵《むしろ》のこと。夏用の敷物として用いた。宮廷では儀式の際に南の廂に敷いた。

薪 たきぎ 燃料あるいは照明用に焚《た》く木。庶民の家で用いる薪は入会地や屋敷林《やしきりん》から得る。都市では早くから商品化した。荘園領主のもとには雑物の一種として貢納される場合もあった。⇒御薪《みかまき》

瀧口 たきぐち 清涼殿東庭の北東部の御溝水《みかわみず》の落ち口をいう。その近くの渡廊に禁中警固の武士の詰所があり、ここを瀧口所、瀧口陣《たきぐちのじん》と称し、武士を瀧口武者《むしゃ》といった。九世紀末宇多天皇のとき一〇人を置き、のち二〇人となり、白河天皇のとき三〇人となった。

瀧口武者 たきぐちのむしゃ ⇒瀧口《たきぐち》

薫物合 たきものあわせ 各自の調合した薫物の優劣を競う遊戯。沈香《じんこう》・丁子《ちょうじ》・白檀《びゃくだん》・麝香《じゃこう》などの香をつき砕《くだ》いて調合した薫物をくらべ合う。

打毬 だきゅう 大陸伝来の遊戯で、乗馬による騎馬打毬と徒歩による徒打毬《かちだきゅう》がある。徒打毬は毬杖《ぎっちょう》と呼ばれた。長柄に叉手《さで》をつけた器具で毬を打ち毬門に打ち込む競技で、騎馬打毬は一〇世紀末には衰退した。⇒毬杖

打毬楽 だきゅうらく 唐楽の曲名。太食調で四人舞。五色の毬杖《きゅうじょう》を持って舞う。競馬・相撲の勝負の折に奏された。

無レ比 たぐいなし 無類も同じ。比較するもののないほどすぐれていること。

宅神 たくしん 家内を守護する神。文献にはあまり見えないが、平安時代、庶民の間では宅神祭はかなり一般化していた。民俗例でいう屋敷神かと思われる。

託宣 たくせん 神のお告げ。神が人に乗り移って神意を告げる。奈良時代、道鏡の即位について和気清麻呂が宇佐八幡の神意をうかがった事件は名高い。平安時代、巫覡《ふげき》が神託を得たと称して民衆を惑わせるとして禁圧の対象となった。

宅地 たくち 舎宅を建てる土地。宅地は最も私有権のつよい土地であり、垣をめぐらし、アジール的機能をも有する。〈文献〉竹内理三編『土地制度史 I』山川出版社。

竹河 たけかわ　催馬楽の曲名。踏歌のとき、この曲をうたという。「竹河の　橋のつめなるや　橋のつめなるや　花園に　はれ　花園に　我をば放《はな》てや　我をば放てや　少女伴《めざしたぐ》へて」と歌う。

田下駄 たげた　湿田（深田《ふけた》）で作業するときに用いる木の下駄。すでに弥生時代から見える。

竹伏枡 たけふせのます　枡の口縁に竹片を打ちつけたもの。強度を高めるための措置であるが、領主側が、竹片を打ちつけることにより枡の容量を増加させようとする意図を持つ場合があり、南北朝期、東寺領播磨国矢野荘では、これにより紛争が起こった。

他言 たげん　⇒あだごと

駄餉 だこう　「だしょう」が正しい読み。「こう」は慣用読みである。①馬につけて送るかいば。②旅行中に用いる弁当。

他国 たこく　①他国に出奔すること。②過失を犯して退去すること。「某虜（慮）外の事にて他国申候」と用いる。

手輿 たごし　⇒腰輿《ようよ》

他言 たごん　①他人に話すこと。②秘密を洩《も》らす。③あだごと（化言）。

田在家 たざいけ　家・屋敷と附属する田地をもあわせて収取の対象とされた在家の呼称。中世初期、東国など辺境では在家農民による開墾活動が活発となり、田地に対する農民の権利が強化されてくる段階に成立した。その実態は百姓名に近い。

〈文献〉誉田慶恩『東国在家の研究』法政大学出版局。

慥 たしかに　確とも。①確実に。②信用できる、安心できるさま。

但馬紙 たじまがみ　中世、但馬国から産出の上質紙。同国は古代以来紙の産地として聞こえた。

他出 たしゅつ　①外出する。②過失を犯して出奔すること。

たしらか　天皇の祭具の一つ、手を洗うための水を入れる素焼きの甕《かめ》。

田代 たしろ　①開墾予定地。②再開発可能な耕地。③水田予定地。④田地の総称。

〈文献〉吉田晶「平安期の開発に関する二、三の問題」（『史林』四八―六）。

零 たず　鶴《つる》のこと。田鶴とも書く。

手繦 たすき　手の働きを自由にするために袖《そで》をからげる紐《ひも》。もと、紙へ供物《くもつ》を捧げるときの姿。紐を結ぶことには除災の意が含まれている。

活計 たずき　方便、跡状とも書く。①事をはじめる手がかり、手段。②生活の手段、生計。「たずきを知らず」「たずきなし」「たずきを知らず」といえば、生活の手だてがない、頼みとするものがない状態。

尋沙汰 たずねざた　事実を調べて処置すること。

田銭 たぜに　室町時代、田地に賦課した臨時の税銭。丹波国大山荘では臨時段銭と同じように、その負担は領主と荘民で折半している。

黄昏 たそがれ　夕方のうす暗い時。「誰《た》そ彼《かれ》」と人の見分け難い夕暮どきをいう。夜明け前の暗いときは「彼《か》は誰《たれ》」という。

⇒かいくらみどき

祇今 ただいま　只今、唯今とも。①いま、目下《もっか》。②ごく近い過去。③ごく近い未来。

直也事 ただごと　只事、徒事とも。①常事。②ふつうのこと。

徒言 ただごと　只言とも。①ありのまま、平凡なことば。②和歌的でない日常会話。

糺返 ただしかえす　「きゅうへん」とも。不法に取りあげたものを、もとの持主に返すこと。「事実者早可㆓糺返㆒之状如㆑件」などと用いる。

彳 たたずむ　佇、亍とも。①その場所にじっと立っている。②その辺をうろつく。③一時身を寄せる。④生計をたてる。

直地 ただちに　①すぐに。②直接に、じかに。

畳 たたみ　もとは薦莚の如く薄い敷物であったが、しだいに厚くなり、藁を用いてその上に莚を縫い付けるようになった。室に敷きつめるようになるのは近世に入ってからである。

畳紙 たたみがみ　⇒たとうがみ

たたら　もと送風用の鞴《ふいご》のことであるが、やがて製鉄作業過程を指すようになり、更に炉《ろ》のある高殿《たかどの》を指すようになった。〈文献〉たたら研究会『日本古代の鉄生産』六興出版。

多端 たたん　①複雑多岐である。「何れも異説多端なり、委細尽すに遑《いとま》あらず」と用いる。②多忙である。「吏道雑而多端、則官職耗廃」と用いる。

館 たち　中世の城塞《じょうさい》的居館。本館の周囲に門・戸・櫓《やぐら》を設け、塀《へい》・土塁《どるい》で囲み、また堀をめぐらすなどの防禦的施設である。鎌倉期以降は「やかた」と読む。

〈文献〉石井進『鎌倉武士の実像』平凡社。

たちあかし　⇒柱松《はしらまつ》

立歌 たちうた　雅楽で、列をなし、立ったまま、或いは行進しながら歌う。もと節会《せちえ》では立歌がふつうであったが、平安中期以降は、五節舞《ごせちまい》・久米舞《くめまい》・東遊《あずまあそび》・大和舞《やまとまい》・悠紀主基《ゆきすき》の風俗《ふうぞく》などに限って立歌によった。

立売 たちうり　店舗を構えず、路上で物を売ること、またその商人のことをいう。〈文献〉豊田武『日本商人史　中世篇』東京堂出版。

太刀折紙 たちおりがみ　①太刀や馬を献上するときに添える折書。品目・数量を書いた目録。②太刀に添えた鑑定書のこと。

立帰 たちかえり　①行って、すぐに帰ること。②副詞的に用いて、繰り返し、ひっきりなしにの意。③中世末期、戦国期に、百姓らの逃散《ちょうさん》・欠落《かけおち》した者が元のムラに帰ることをいう。〈文献〉中村吉治『近世初期農政史研究』岩波書店。則竹雄一『戦国大名領国の権力構造』吉川弘文館。

立楽 たちがく　楽人が立ったままで管楽器を主とした器楽を奏すること。

立柄 たちがら　状況、様子。

立木 たちき　年貢収納の際に、枡をならす棒（斗概《とかき》）に、枡の口辺に当たる部分が浮き上がるようにくりこみを作り、枡の容量以上に米などを納めようとするもの。支払いのときは、立木の反対側の面で掻いて量を少なくする。〈文献〉宝月圭吾『中世量制史の研究』吉川弘文館。

立作所 たちつくりどころ　大饗のとき、肴《さかな》などを調進する所。

帯刀 たちはき　①春宮坊《とうぐうぼう》の帯刀舎人《とねり》（資人）の略。東宮の身辺および御所を警備する。この舎人の長が先生《せんじょう》。②武器を帯びて天皇の身辺および御所の警備に当たった。授刀舎人、帯剣舎人。

帯刀試 たちはきのこころみ　東宮坊の帯刀舎人《たちはきのとねり》を選抜するための実技試験のこと。近衛の馬場で射芸を競わせた。

倏忽 たちまち　忽、忽然、乍、儵、奄然、率、火急など、種々に書く。①すぐに。②突然。③現実に、いま、まさに。倏は犬が早く走るさま。

立料 たちりょう　立退料《たちのき》のこと。住民が宅地を領主に接収されたとき支払われた。室町時代の京都の例では、納める地子の半年分。
〈文献〉阿部猛『歴史と歴史教育』大原新生社。

駄　賃　だちん　馬によって人や物を運ぶときの運賃。

鐇　たつき　「たつぎ」とも読む。錁とも書く。木こりが使う刃の広い斧《おの》。

田づく　たづく　平安後期の雇傭慣行。「田付く」か。春時、雇傭契約をして賃金としての稲を支払い、田植以降の作業に使役するもの。これに対して収穫後に支払うのが鎌穂《かまほ》の慣行である。⇒鎌穂
〈文献〉黒田日出男『日本中世開発史の研究』校倉書房。

脱　穀　だっこく　穀類の粒を穂から落とすこと。方法としては(1)扱《こ》ぎ落とし、(2)打落としの二種がある。(1)は米穀、(2)は麦・粟《あわ》・稗《ひえ》・豆類。

脱　屣　だっし　天皇が位をゆずること、譲位。

龍田祭　たつたまつり　大和国の龍田神社の祭、風神祭。毎年四月と七月の四日。広瀬神社の祭と同時に行われる。

達智門　たっちもん　大内裏外郭十二門の一つ、大内裏北面東側の門、一条大路に面する。弘仁九年（八一八）の門号改正以前は守衛の氏族名に因み丹治比《たじひ》門と呼ばれた。

塔　頭　たっちゅう　①禅宗で、祖師や開祖などの塔のある所。②大寺の内にある小院。

手　綱　たづな　①馬具の一種。馬を操縦するために、くつわにつけた綱。②手拭いのこと。③はちまき。④ふんどし（惣じて、細長い布）。
〈文献〉和歌森太郎『日本民俗学概説』東海書房。

辰　市　たつのいち　平城京の東市の後身の市。平安中期には大和国の代表的な市であった。中世まで機能した由緒ある市。平安末期には春日神社の支配下にあった。

辰巳あがり　たつみあがり　①能楽で、上げるべきでない所で上げ、高い音階でうたうこと。②調子外れのかん高い声。③言動が粗野で荒々しいこと。④他人にほめられて、いい気になり、のぼせ上ること。

盾　たて　戦陣で身を守る防禦具。また儀仗、祭具としても用いられた。木製の盾は楯と書き、鉄盾、革盾があり、表面に漆を塗った漆盾がある。地上に据《す》える大盾、手に持つ小盾、櫓《やぐら》に据える櫓盾、舟《ふな》端《ばた》に並べる舟盾などがある。

佗　傺　たてい　「たくさい」「まどう」とも。落魄、窮乏、困窮するさま、失意の様子。

竪　臼　たてうす　地面に据えて餅などを搗《つ》く搗《つ》き臼《うす》のこと。

立烏帽子　たてえぼし　頂辺の峰《みね》を高く立てたままで折らない烏帽子。

櫪　飼　たてがい　「いたがい」とも読む。立飼とも書く。馬を厩《うまや》で飼《か》うこと。櫪はかいば桶、また馬小屋のこと。

竪　紙　たてがみ　立紙とも。一枚の紙を折らずに横長のまま用いること。切紙、折紙に対する。

竪　杵　たてぎね　⇒杵《きね》

楯　突　たてつく　古くは「たてづく」と読んだ。目上の者に従わず文句をいうこと。中世以来の用語。

立　蔀　たてじとみ　竪蔀とも。蔀に土台をつけて庭に立て、外部から内を見すかされないようにした。

立　庭　たてにわ　館庭、立場とも。商人の独占的な商圏のこと。

立野・立山　たての・たてやま　荘園領主や在地領主が荘民らの入会利用を禁じて独占した林野や山。草木採取など荘民が利用するためには山手、野手、立野銭などを支払わねばならなかった。

〈文献〉豊田武編『産業史 Ⅰ』山川出版社。

立 場 たてば ⇒立庭《たてにわ》

楯節舞 たてふしのまい 「たたふしのまい」とも読む。楯伏舞とも。雅楽寮の楽人が舞う演目の一つ。闕腋《けつてき》の打掛を着て甲冑をつけ鉾を持って一〇人で舞う。

奉 たてまつる 上、献とも書く。①献上する。②乗るの尊敬語で「お乗りになる」。

上 たてまつる 奉るに同じ。進上する。

楯持ち たてもち 古代・中世の戦闘に、矢戦《やいくさ》のとき持楯を持って防御に当たる者。楯持ちは武装せず、非戦闘員だったと思われる。

田 堵 たと 田刀、田都、田頭とも書く。平安中期、荘園・公領を請作して農業経営を行った農民。春に請文を出して領主から宛文《あてぶみ》を与えられた。請作はふつう一年を単位とし、耕作権（作手）は微弱であった。しかし、安定した経営を望む領主側・田堵側双方の要求があいまって耕作権は強化され、田堵の名主化が進んだ。
〈文献〉村井康彦『古代国家解体過程の研究』岩波書店。

縦 たとい かりに想像してみればの意。現在用いる「たとえば」に近い用法である。
〈文献〉築島裕『平安時代の漢文訓読語につきての研究』東京大学出版会。

仮 令 たとい 「たとえ（い）」また「けりょう」と音読みする。縦、縦使も同じ。もし仮に、たとえば、よしんば。

畳 紙 たとうがみ 帖紙とも書く。①壇紙《だんし》、鳥《とり》の子《こ》などの紙を二つに折り、更に上下から三つに折ったもの。鼻紙や歌を書きつけるのに用いた。ふところ紙とも。

取レ喩无レ物 たとえをとるにものなし 他にくらべるものもないほどの（悪行《あくぎょう》）。

田 所 たどころ ①国衙在庁《こくがざいちょう》の所の一つ。田積の調査を主要任務とする。②一二世紀半ばから、国衙の田所に倣って荘園にも荘官としての田所が置かれた。
〈文献〉関幸彦『国衙機構の研究』吉川弘文館。

田 荘 たどころ 「なりどころ」とも読む。屯倉《みやけ》が大王・朝廷の支配下にあるのに対して、田荘は豪族の農業経営の拠点であった。
〈文献〉竹内理三編『土地制度史 Ⅰ』山川出版社。

棚 たな 店も同じ。商品を販売する場所。絵巻類によると、家の窓の長押にそって道路側に棚を張り出している。
〈文献〉豊田武『日本商人史 中世篇』東京堂出版。

種 井 たない 春、苗代を作るとき、発芽を促すために、俵に詰めたままの種籾《たねもみ》を浸すのに用いる小さい池のこと。

棚 田 たなだ 急傾斜の山腹などに階段状に耕地を造成したもの。谷戸田《やとだ》、迫田《さこだ》、山田ともいわれる。一枚の田の面積が小さく、不揃いである。用水の水温が低く、必ずしも良田ではない。
〈文献〉古島敏雄『土地に刻まれた歴史』岩波新書。

七 夕 たなばた 七月七日の夜の牽牛・織女の二星を祀ることをいう。中国の伝説が渡来し二星会合の歌が『万葉集』に所見する。七月七日は節日《せちび》で、文人による賦詩と相撲の行われる日であった。七夕の文字は奈良時代から見えるが、一〇世紀初頭までは「なぬかの夜」と呼ばれていた。一方、平安時代には乞巧奠《きっこうでん》と習合した行事となった。⇒乞巧奠

棚 守 たなもり 吉田社・祇園社（京都）・厳島社（安芸）・三島社（伊予）などに置かれた神職。

商 布 たに 正税や公田地子を代価として交易進納した麻布。一般には、調庸の

布より品質が劣る。和銅七年（七一四）「以㆓商布二丈六尺㆒為㆑段」とした。

谷　田　たにだ　山間の田で、収穫量の少ない下田《げでん》の場合が多い。

他人和与　たにんわよ　子・孫・妻・妾以外の者への所領・財産の贈与をいう。⇒処分《しょぶん》

〈文献〉石井良助『中世武家不動産訴訟法の研究』弘文堂書房。

種　池　たねいけ　⇒種井《たない》

たねかす　苗代にまく前に種籾《たねもみ》を水にひたすこと。種浸の字を宛てる。⇒種井《たない》

種　田　たねだ　苗代田のこと。親田ともいう。

種　籾　たねもみ　籾状態のたね、稲種子《たね》は籾のかたちで保存するのが最もよく、俵か袋に入れて天井から吊るして保存する。

田の神　たのかみ　農作の豊穣をもたらす神。農耕の各過程でまつりが行われる。神は春に山から降りてきて田の神となり、秋の収穫後は山へ帰って山の神となると伝える所が多い。

〈文献〉宮田登『山と里の信仰史』吉川弘文館。

たのしきもの　裕福な人のこと。

たのみ　憑、田実と宛てる。陰暦八月一日のこと、また、その日に行われる祝いの行事。田の実《み》の節供《せっく》。八朔《はっさく》の鳥追いと称し、稲のみのりを祈願する呪法を行うこともある。中世武家社会では八月一日に、互いに贈答を交わす慣わしがあった。⇒八朔《はっさく》

〈文献〉和歌森太郎「八朔考」（著作集9）弘文堂。

憑み勢　たのみぜい　援軍を求めるの意。

憑むべからず　たのむべからず　①信用できない。②たよりにならない。

頼母子　たのもし　頼子、憑子、憑支とも書く。合力《ごうりき》ともいった。人びとが寄り合って講《こう》を結成し、米穀・金銭を拠出して、くじ引きなどで講中の者にそれを融通する。鎌倉中期、寺院が頼母子親となる講から始まり広まったものという。荘園・公領で在地領主（荘官ら）が頼母子を利用して荘民から銭貨を収奪する例もあった。

〈文献〉三浦圭一『中世民衆生活史の研究』思文閣出版。

駄　馬　だば　①荷物を運ぶ馬。②下等な馬。

田　畠　たはた　「でんぱく」とも読む。①水田と畠。②水田にも畠にもなりうる土地、畠田。なお、古代・中世では畠の字を用い、近世では畑の字を用いる。

駄　夫　だふ　馬に荷を積む世話をする者。

田　舟　たぶね　深田・泥田で用いられる底のひらたい小舟。弥生時代からあった。田植のときは苗や肥料をのせ、稲刈りのときには刈った稲束をのせて運ぶ。

田　文　たぶみ　田地に関する書類。班田図帳、検田帳、坪付帳、土地売券などを総称する。

多分の儀　たぶんのぎ　多数の意見。「多分の儀に随うべし」などと用いる。多数決原理を示す。

〈文献〉石井良助『中世武家不動産訴訟法の研究』弘文堂書房。

田　部　たべ　古代の屯倉《みやけ》の田地を耕作する部民《べみん》。

駄別銭　だべちせん　関銭。馬一駄についていくらという割合で徴収された。馬足役《うまあしやく》、駄口米《だぐちまい》も同類。

田　舞　たまい　農作物の豊作を祈って神に奉納する舞。もと田植の際の歌舞であったらしいが、律令国家の成立期に宮中で歌う歌舞となり、田舞師・田舞生が置かれた。田舞は中世末期に絶えて、いまは歌詞のみ残る。

御 たまう　給とも。「……なさる」の意。その行動・動作の尊敬表現。「まします」とも。

邂逅 たまさか　偶、適の字も宛てる。①思いがけなく、偶然に。②機会が少なく、まれであること。めったにない。③「たまさかに」といえば、ひょっとしての意。

鎮魂祭 たましずめのまつり　陰暦十一月中の寅《とら》の日（新嘗祭の前日）、天皇・皇后の御魂《みたま》を鎮め、また活力を与える御霊振《みたまふり》を行い御代長久を祈る祭。〈文献〉義江明子「『女巫』と御巫・宮人―鎮魂儀礼をめぐって―」（桜井徳太郎編『シャーマニズムとその周辺』）第一書房。

適 たまたま　偶、会の字も宛てる。時折、偶然に。

田祭 たまつり　①古代、年穀の豊穣を祈る春の祭と収穫を感謝する秋の祭。村人らが神社に集まり、神前で飲食を共にした。その費用には村人らが納めた初穂の稲などを宛てた。②春正月又は二月に行われる田遊《たあそび》。⇒田遊
〈文献〉義江彰夫「律令制下の村落祭祀と公出挙制」（『歴史学研究』三八〇）。

田麦 たむぎ　水田の裏作としての麦作。文永元年（一二六四）鎌倉幕府は、ところの領主が二毛作の麦を田麦と号して所当を賦課することを禁じた。〈文献〉木村茂光『日本古代・中世畠作史の研究』校倉書房。

手向神 たむけのかみ　旅人が幣《ぬさ》などを手向けて道中の安全を祈る神。峠や坂の上に祀ってある、道祖神など。

溜池 ためいけ　灌漑用に水を貯える池。荘園における池は比較的に小さいものが多い。池床は売買・譲渡の対象となり、引水権も分化して売買・譲与の対象となった。〈文献〉亀田隆之『日本古代用水の研究』吉川弘文館。宝月圭吾『中世日本の売券と徳政』吉川弘文館。

例 ためし　様の字も宛てる。①先例、習慣。②手本《てほん》、引例、故事。③しるし、証拠。

ためまわす　語幹の「たむる」は、うかがい見る、ねらいをつけるの意であるから、念入りに見まわすの意。

多毛作 たもうさく　同一の耕地で、一年間に三回以上、次つぎと異なる作物をつくること。

たもとこ　中世の稲の品種。⇒ちもとこ

田屋 たや　①農民が田畠の作物を守るために泊《とま》り込む小屋。②遠くにある田畠に出作する期間住まう小屋。③産小屋《さんごや》（産屋《うぶや》）、忌小屋《いみごや》のこと。〈文献〉桜井徳太郎『日本民間信仰論』雄山閣出版。

盥 たらい　水や湯を入れて顔や手足を洗う円形の器。「てあらい」の約語。土製・木製・漆器などがあり、大きさもさまざまである。左右に取《と》っ手のついた角《つの》盥もある。

垂領 たりくび　襟《えり》を肩から胸の左右に引き垂らし、とり違えて着用する仕方。直垂《ひたたれ》類は方領《かくえり》であるから当然垂領に着る。水干《すいかん》などの盤領《まるえり》の場合も、中世には垂領に着るようになった。

樽 たる　酒・醤油・味噌などを貯蔵・運搬する円筒形の木製容器。たがで締めた結物桶《ゆいものおけ》に蓋板《ふた》（鏡という）をはめて固定したもの。結物桶は鎌倉末期に作られるようになり室町期に普及した。

たるみ　ゆるみ、油断の意。「互《たがい》にたるみはなかりけり」と用いる。

垂袴 たればかま　袴の裾口《すそぐち》に通した紐《ひも》を足首のところで結びつける着用法のこと。随身《ずいじん》などが活動しやすいように結ぶ。膝

下で結ぶのを上括《しょうくぐり》というのに対して、足首で結ぶのを下括《げくぐり》という。

太郎焼亡 たろうしょうぼう　治承元年（一一七七）四月二十八日、京都で起こった大火をいう。改元前の元号に因み安元の大火ともいう。樋口富小路辺から出火し、南東の風にあおられて大内裏にまで達した。大極殿・八省院・朱雀門・神祇官・民部省・主計寮・主税寮・式部省・大学寮・勧学院や関白藤原基房・内大臣平重盛ら公卿の邸宅一四家も含まれた。焼死者数千人に及んだという。⇓次郎焼亡《じろうしょうぼう》

俵 たわら　藁《わら》で編《あ》んだ袋。穀類、芋《いも》、塩、木炭、水産物などを入れる。米俵が代表的であった。

〈文献〉宮崎清『藁』法政大学出版局。

俵　入 たわらいり　一俵につめる米の量。古代には五斗俵《ごとびょう》であるが、現量に換算すると約二斗。江戸時代から明治までは四斗俵・五斗俵が中心であったが、地域によりさまざまであった。

俵　物 たわらもの　①俵に詰めたもので、米や海産物をいう。②江戸時代、長崎貿易で扱われた水産物をいう。

毯 たん　五色の糸で織った毛製の敷物。布帛を染めて代用としたものが毯代《たんだい》。

段 たん　①土地の面積の単位。古代・中世には一段＝三六〇歩、一〇段＝一町。②布の寸法。端とも宛てる。長さ二丈六尺（約七・八メートル）、幅《はば》二尺四寸（約七二センチメートル）の布。③距離の単位。一町の一〇分の一で、六間（＝三六尺＝約一一メートル）。⇓きた

端 たん　段・反とも。布の量の単位。和銅七年（七一四）に商布は二丈六尺を段とせよとあり、天平八年（七三六）に調布は長さ二丈八尺、広さ一尺九寸とある。「賦役令」では布の広さは二尺四寸とある。端は単位というより規格というべきか。

覃 たん　⇓およぶ

賻 たん　⇓あきさす

檀　越 だんおつ　梵語のdāna patiで、布施《ふせ》の意。寺の経済的な保護者、外護者《けごしゃ》。江戸時代には檀那《だんな》という。

旦　過 たんか　夕《ゆうべ》に来て旦《あした》に行き過ぎるの意であるが、禅宗で、修行僧の宿泊所のこと。

〈文献〉百瀬今朝雄『勧学院の雀』岩波書店。

丹　勘 たんかん　丹は朱筆《しゅひつ》。上申書などに朱を入れ（上申の趣旨を否定する）返却、却下すること。⇓勘返状《かんぺんじょう》

段　切 たんぎれ　「反切れ」とも書く。①長さの単位。一町の一〇分の一で三六尺（約一一メートル）。②面積の単位。一段の一〇分の一で三六歩（約一〇〇平方メートル弱）。

断　金 だんぎん　雅楽の十二律の一つ、西洋音楽の音名でd#eb。

短　檠 たんけい　灯油皿を据《す》える柱の細い燭台。

単　功 たんこう　功は一日の仕事量。「単功二十五人」といえば、その工事に要した延《のべ》人数。功はまた手間賃のこともいう。

断　獄 だんごく　罪を裁くこと、断罪とも。

断獄署 だんごくしょ　囚獄司《しゅうごくし》の異称。

断獄令 だんごくれい　囚獄正の異称。

端午節 たんごのせち　端午とは、月のはじめの午《うま》の日。中国漢代から五月五日をいうようになった。五月は悪月で、そのため毒気をはらう種々の行事がある。わが国では平安時代から菖蒲《しょうぶ》の節供となる。

〈文献〉山中裕『平安朝の年中行事』塙書房。

短　冊 たんざく　短籍、短尺とも書く。小さい紙片。物をかぞえたしるしにつける札。平安末期からは専ら和歌を書きつける料紙として用いられた、細長い紙の

こと。

壇紙 だんし　真弓の樹皮で作った上質紙。中世には楮を原料とする陸奥紙《みちのくがみ》や備中の厚手の紙。

〈文献〉寿岳文章『日本の紙』吉川弘文館。

丹書 たんしょ　①天子の詔勅。②朱書（「たしょ」と読む）。

段銭 たんせん　田地一段別に賦課される公事銭。もと臨時課税であったが、しだいに恒常的なものに転化した。米で徴収するものは段米《たんまい》。

〈文献〉百瀬今朝雄「段銭考」（『日本社会経済史研究　中世編』）吉川弘文館。

段銭奉行 たんせんぶぎょう　室町幕府の職名。幕府が賦課徴収する段銭のことを掌る。段銭国分《くにわけ》奉行と段銭総奉行とがあった。

短息 たんそく　短束、短足とも宛てる。①疲れ果てる。②努力する、尽力する、専念する。③心配する。④お金の工面《くめん》をする。

毯代 たんだい　二色、五色の糸で織った毛席《けむしろ》。

談天門 だんてんもん　大内裏西面の南側の門、西大宮大路に面する門。弘仁九年（八一八）の門号改正以前は、この門を守衛した氏族名に因み玉手門と称した。門内南北に左右馬寮があったので馬司門とも呼ばれた。

単刀直入 たんとうちょくにゅう　①ただひとり一本の刀をふるって敵陣に突入すること。②前置きなしに直ちに本題に入ること。中国宋代の『景徳伝灯録』に出典があり、一五世紀末の『文明本節用集』に所見。

旦那職 だんなしき　檀那職とも書く。旦那とは、中世の社寺の参詣宿泊者のこと。中世社寺参詣が盛んになると、先達《せんだつ》・神官・僧侶が参詣者の行路・宿泊などの面倒をみる案内人の役割りを果たした。同一地域、同一名字の者が代々参詣・宿泊するようになると、この契約関係が固定し一種の株、財産となり旦那職と呼ばれた。伊勢の御師《おし》、熊野の先達山伏は著名。

〈文献〉新城常三『社寺参詣の社会経済史的研究』塙書房。

旦那百姓 だんなひゃくしょう　⇒おとな百姓

堪百姓 たんひゃくしょう　「かんひゃくしょう」とも読む。公領に住む税負担能力のある有力百姓。負名《ふみょう》、力田《りきでん》の輩《ともがら》、富豪《ふごう》の輩《ともがら》あるいは村里の幹了《かんりょう》なる者などとも呼ばれた。

〈文献〉阿部猛『日本荘園史』新生社。

担夫 たんぷ　①荷を負《お》う人夫。②調庸物などを荷なって都へのぼった運脚《うんきゃく》のこと。

短兵急 たんぺいきゅう　短兵とは刀や手槍の類をいい、これらの武器を持って敵を攻撃すること。そこから、だしぬけに行動を起こすことをいう。『太平記』に所見。

段別公事 たんべつ（ち）のくじ　領主が公事を徴収するとき、田一般についていくらと賦課するもの。

担保文言 たんぽもんごん　屋敷・田畠などの売渡し証文に記された売渡保証の文言。⑴自己の合法的所有にかかることを証明する文言。⑵他者の妨害などによって保証が守られないときの補償についての文言。⑶徳政担保文言。徳政が行われても通用外とすることを約束する文言などである。

〈文献〉佐藤進一『古文書学入門』法政大学出版局。

段米 たんまい　⇒段銭《たんせん》

単米 たんまい　⇒ひとえよね

丹薬 たんやく　道教でいう不老不死の仙薬。蜂蜜を用いた練薬。わが国でも唐風をまねて天皇・貴族間で服用された。
〈文献〉新村拓『古代医療官人制の研究』法政大学出版局。

ち

地 ち　もと土地の意であるが、中世の都市では家地（屋敷地）を指すことが多い。

血忌日 ちいみび　陰陽道での凶日の一つ。正月の丑、二月の未、三月の寅、四月の申、五月の卯、六月の酉、七月の辰、八月の戌、九月の巳、十月の亥、十一月の午、十二月の子の日。この日には刑戮・針灸などを忌む。

遅引 ちいん　遅延《ちえん》も同じ。ながびくこと。

知院事 ちいんじ　大学別曹勧学院の職名。別当の下にあって事務を管掌した。別当は藤原氏から選ばれたが、知院事は藤原氏以外の者から任ぜられた。

治開田 ちかいでん　開墾して田としたもの。墾開田《こんかいでん》とも。⇒治田《ちでん》

近夫 ちかぶ　中世、荘民が地頭・荘官に対してつとめる夫役《ぶやく》の一種。近隣の地へ徴発される人夫役。長夫《ながぶ》に対する語。⇒長夫
〈文献〉黒田弘子『ミミヲキリハナヲソギ』吉川弘文館。

力車 ちからぐるま　重量のある物を運ぶ荷車のこと。

地官 ちかん　民部省の唐名。

遅疑 ちぎ　疑い迷い、ためらい、直ちには決行しないこと。

知客 ちきゃく　⇒しかく

地久 ちきゅう　高麗楽。双調の曲。鳳凰を戴いた甲《かぶと》をかぶり、赤面・鼻高の面をつけ、四人〜六人で舞う。

治馭 ちぎょ　君主が人民をよく知って治めること。

地形 ちぎょう　①地形《ちけい》。②敷地や田地などの形状又は位置。

知行 ちぎょう　中世・近世における土地支配の概念。不動産物件の事実的な支配、すなわち占有をあらわす語。領知、領掌もほぼ同義である。
〈文献〉石井良助『日本不動産占有論』創文社。

知行充行状 ちぎょうあておこないじょう　「あてがいじょう」とも読む。主人が従者に対して知行地を給与する際に発する文書。

知行国制 ちぎょうこくせい　貴族・寺社にその国の知行権を与えて収入を得させる制度。知行国を沙汰国、給国、領国、分国ともいい、知行権を与えられた者を知行主、国主という。国主は子弟・近親者を国司に申任し、国司ないし目代を通じて知行権を行使した。
〈文献〉時野谷滋『律令封禄制度の研究』吉川弘文館。

竹園 ちくえん　皇族、親王家をいう。『史記』の記す梁の孝王の造った竹園に由来する。

竹酔日 ちくすいにち　竹睡日とも。陰暦五月十三日の称。この日に竹を植えるとよく繁茂するという。竹迷日とも。季節的に雨に恵まれ、竹が繁茂する。

蓄銭叙位 ちくせんじょい　和銅四年（七一一）の十月の詔で、一定の銭を蓄積した者には位を授けるとした。従六位以下の者で一〇貫以上は位一階を進め、二〇貫以上には二階を進める。初位以下の者は五貫ごとに一階を進め、大初位上・初位の者は従八位を限りとする、五位以上、正六位の者については勅を聴けという。詔の効果は疑わしいといわれる。
〈文献〉栄原永遠男『日本古代銭貨流通史の研究』塙書房。

逐電 ちくでん ①いそぐ。②いそぎ退出する。「逐電退出了」と用いる。③逃亡、失踪する。「上皇・左府晦㆑跡逐電」と用いる。④かみなり。「逐電落㆓件御堂㆒焼了」と記す。

竹刀 ちくとう ⇒あおひえ

竹木を伐り払う ちくぼくをきりはらう ①城郭を破壊すること。城郭の周囲には竹木が植えてある。②山中に草庵を建てる準備作業のこと。
〈文献〉中沢克昭『中世の武力と城郭』吉川弘文館。

竹葉上林 ちくようじょうりん 竹葉は酒のこと、また酒を入れて携帯する竹の太い筒。上林は肴《さかな》のこと。上林とは中国長安の西にあった御苑で、秦の始皇帝が創設し漢の武帝が整備した。上林苑の果物《くだもの》の異称、転じて酒の肴のことをいう。

竹林楽 ちくりんらく 唐楽。盤渉調の曲。管絃専用で葬祭用の曲。今に伝わる。

知家事 ちけじ ①親王・摂関・公卿などの政所《まんどころ》の職員の一つで、家司《けいし》の下にあって家政に従う下家司《しものけいし》に属する。②鎌倉幕府の政所の職員。③中世の伊勢神宮の職員。

地券 ちけん 土地所有に関する証文、券文《けんもん》。

地検 ちけん ⇒検注《けんちゅう》

池溝料 ちこうりょう 古代、各国ごとに置かれた池溝修理料。料稲を出挙し利稲を宛てる。「延喜式」に各国の池溝料稲数が記されている。

稚児舞 ちごまい 舞楽《ぶがく》の童舞《わらわまい》。天冠をつけ鳥の翼を負い銅拍子を持つ迦陵頻《かりょうびん》、蝶の羽を負い山吹の枝を持つ胡蝶《こちょう》などがある。

地作一円 ちさくいちえん ⇒じさくいちえん

地作一符 ちさくいっぷ ⇒重職《ちょうしき》

致仕 ちし ①致事も同じ。官を辞すること、引退すること。②七〇歳になると退官を許したので、七〇歳の異称となる。

知事 ちじ ①奈良時代以来、大官大寺などに置かれた三綱の一つ。②寺内僧侶の雑事庶務を管掌する役僧。

千入 ちしお 幾度も染めること、色濃《こ》く染めること、また染まった色や物をいう。

智識銭 ちしきせん 仏像や堂塔の造営に協力するために寄進する銭のこと。智識は善智識の略。仏事の協力者のこと。

置酒 ちしゅ 酒宴を開くこと。

失㆓治術㆒ ちじゅつをうしなう 急場をしのぐ手だてを失う、なすすべもない、どうしようもない。

治定 ちじょう 「じじょう」とも。きまり、定まる、落着する、決着する、確かである、必定《ひつじょう》。

馳走 ちそう ①奔走する、尽力する。②世話をする、面倒をみる。③饗応する、もてなす。④馬を駆《か》って走らせる。

縮 ちぢ（じ）み ある枡で計量した米を、更にいまいちど他の枡ではかりかえたとき、あとの枡が大きいと枡目が減少する。減少分を縮という。この逆は延《のび》である。
〈文献〉宝月圭吾『中世量制史の研究』吉川弘文館。

秩 ちつ ①官職、位のこと。②任期、在任期間。③俸禄のこと。④一〇か年。

帙 ちつ ①書物を覆い包むもので、紙・布・竹・板などで作る。②書物を帙に入れて、それを単位として数える。③「帙を繙《ひもと》く」といえば、書物を開いて読むこと。

乳付 ちつけ 「ちづけ」とも。①生まれた子に初めて乳を飲ませること。②乳付する乳母《うば》のこと。③旗や幟《のぼり》また羽織《はおり》につけた、紐《ひも》を通すための小さな輪のこと。

秩限 ちつげん 官職の任期、任限。「以㆓

六年為二秩限一」と用いる。

秩　満　ちつまん　官職の任期が満了すること。秩は官職のこと。

秩満帳　ちつまんちょう　任期満了者の名簿。国司目《さかん》以上の交替任命の資料とされた。

池　亭　ちてい　①庭園の池のほとりに設けられた亭榭《ていしゃ》(屋根のあるあずまや)。②池のある邸館。兼明親王(中書王)の「池亭記」(九五九年)や慶滋保胤の「池亭記」(九八二年)は著名。

治　田　ちでん　「はりた」とも読む。平安時代、百姓が開発・耕作する小規模な田地。

治天の君　ちてんのきみ　中世、公家政治の事実上の政務を掌握する天皇・上皇を指していう。

池　塘　ちとう　①池の堤のこと。②池、溜池《ためいけ》のこと。

馳　道　ちどう　天皇・貴人の通る路。輦《れん》路《ろ》ともいう。

馳　突　ちとつ　突撃すること。「騎射馳突の兵《つわもの》共三千餘騎」と用いる。

地の斗　ちのます　在地の、その地域で用いられている枡《ます》。「当所の枡」「当田地の器物《きぶつ》」ともいわれる。地の枡は、その地名を付して呼ばれることもある。

茅　輪　ちのわ　茅《ちがや》や藁《わら》を束《たば》ねて輪としたもの。ここをくぐり抜けることで罪・けがれ・疫病を祓《はら》う。いまでも六月晦日の大祓《おおはらえ》に用いられる。
〈文献〉大森志郎『歴史と民俗学』岩崎美術社。

治　罰　ちばつ　⇒じばつ

粽　ちまき　米の粉を団子《だんご》にして茅《ちがや》の葉で巻いたもの。五月五日の端午の節供に粽をたべる風習がある。

遅　明　ちめい　早朝、まさに夜が明けようとする頃。「あくるころおい」で黎明《れいめい》とも。

ちもとこ　千本子と宛てる。「たもとこ」とも。中世の稲の品種。「ちもと」とは蒜、わけぎ、ふゆねぎのこと。

茶　ちゃ　平安初期、中国から将来した。茶を飲む風習は一四世紀には一般化し、売茶人もあらわれた。中世の茶の主産地は山城国宇治であった。

嫡　子　ちゃくし　嫡妻の長子。これに対して妾(次妻)の子を庶子《しょし》という。⇒庶子

着　帯　ちゃくたい　妊娠した女性が五か月めの戌《いぬ》の日から腹部に帯を締めること、またその祝いの式のこと。平安時代には、長さ六尺・幅一尺二寸の絹の帯を締め、陰陽寮の役人又は僧侶によって祓いが行われた。

着鈦祭　ちゃくだのまつり　平安時代、陰暦五月・十一月に東西市で行われた検非違使庁の行事。着鈦とは囚人に足かせを着けること。

着到軍忠状　ちゃくとうぐんちゅうじょう　着到状の形式をとりながら、自己のまた一族の軍功や戦いの状況を記したもの。注進状形式のもの、目安形式のものなどある。⇒着到状《ちゃくとうじょう》

着到状　ちゃくとうじょう　武士が事変に際して召集され、また自発的に馳せ参じたとき、統率者(主人また奉行人)から証判をうける文書。

茶の子　ちゃのこ　①茶を飲むときに添える菓子・果物・茶菓子・茶うけ・点心。②彼岸会《ひがんえ》の供物《くもつ》。③一般に仏事の供物。

茶寄合　ちゃよりあい　闘茶の寄合い。何種類かの茶を味別し、あて合うもの。著名な「二条河原落書」に「茶香十炷ノ寄合」と詠まれるほど流行した。寄合には賭金がつまれ、終わってから酒宴となった。

疇　ちゅう　⇒うね

稠　ちゅう　⇒きびしく

中央の儀　ちゅうおうのぎ　一五世紀の記録に見える。一般的に、家臣上層が会議によって決定したことがらを、それが主君の意向であるかのように表明されたもの。幕府の管領らの意向が将軍の意思として表明されることがあり、それに対して人びとが、多分に非難を込めて称した。
〈文献〉笠松宏至『法と言葉の中世史』平凡社。

柱下　ちゅうか　内記の異称。

中賀　ちゅうが　祥瑞慶事を祝賀して臣下から天皇に奉る賀表《がひょう》の「臣等誠歓誠喜頓首頓首、死罪、死罪」という文言のこと。頓首とは中国古代の礼式で頭を地につくほど下げて、うやうやしくする敬礼のこと。死罪死罪は失礼をわびる気持を示す語。
〈文献〉相田二郎『日本の古文書　上・下』岩波書店。

中和院　ちゅうかいん　内裏にあった神殿、武徳門の西、真言院の東にあった。新嘗祭、神今食《かむいまけ》などの場。

中間狼藉　ちゅうかんろうぜき　裁判の途中で当事者が係争物件に不当に干渉すること。これを行った者は敗訴となり、加えて咎《とが》を蒙った。
〈文献〉石井良助『中世武家不動産訴訟法の研究』弘文堂書房。

中儀　ちゅうぎ　朝廷の儀式の中で、元日節会・正月七日の白馬節会・同十七日の射礼・十一月の新嘗会及び饗を外国使節に賜うもの。六位以上の官人が列した。⇒大儀《たいぎ》、小儀《しょうぎ》

中宮　ちゅうぐう　①禁中、内裏の意。②太皇太后・皇太后・皇后（三后）の総称。③皇太夫人、すなわち天皇の母。④平安時代、皇后の別称。⑤天皇の妃。皇后と併立した。

中宮湯沐　ちゅうぐうのとうもく　令制下、中宮に与えられた食封《じきふ》のこと。数は二千戸。湯沐は「ゆあみ」のことで、湯を浴《あ》び髪を洗うこと。からだを洗って清める、その費用を負担する封戸《ふこ》。

中言　ちゅうげん　①告《つ》げぐち。②口をはさむこと。

中間　ちゅうげん　中世、公家・武家・寺院に仕えた従者。家子《いえのこ》・郎等《ろうどう》（殿原《とのばら》）の下に位置づけられた。
〈文献〉牧健二『日本封建制度成立史』弘文堂書房。

忠言　ちゅうげん　心からの忠告のことば。

中古　ちゅうこ　時代区分上の時代呼称。わが国では文学史上の区分として用いられ、平安時代を指していわれる。日本史学界では用いない。

籌策　ちゅうさく　①計略、はかりごと。②仲裁、仲介のこと。籌ははかるの意。

中散大夫　ちゅうさんたいふ　正五位上の異称。

柱史　ちゅうし　内記の異称。

中使　ちゅうし　宮中からの使者、勅使のこと。

籌刺　ちゅうし　⇒かずさし

中司　ちゅうじ　荘園における上司《じょうし》（＝預所《あづかつそ》）の補佐役。常置の職ではない。

中食　ちゅうじき　朝食と夕食の間の軽い食事。かつては一日二食であり、のちに中食が昼食となった。

中謝　ちゅうしゃ　⇒中賀《ちゅうが》

中酒　ちゅうしゅ　①酒宴の途中の意。②食膳に出される酒。食事中に飲む酒。③茶の湯の会席で出す酒。④食後に飲む酒。

中書　ちゅうしょ　中務省の唐名。もと中国漢代の官名で、詔勅の出納などを掌った。

抽賞　ちゅうしょう　多くの中から選び出して賞する。抽はぬきんずる。

中丞　ちゅうじょう　中弁の異称。

中書監　ちゅうしょかん　中務大輔の異称。

中書舎人 ちゅうしょしゃじん　中務輔の異称。

中書省 ちゅうしょしょう　中務省の唐名。

中書少卿 ちゅうしょしょうきょう　中務少輔の異称。

中書侍郎 ちゅうしょじろう　中務輔の異称。

中書大卿 ちゅうしょたいきょう　中務大輔の異称。

中書門下 ちゅうしょもんか　大納言の異称。

中書令 ちゅうしょれい　中務卿の唐名。

稠　人 ちゅうじん　多くの人、衆人、人ごみ。

注進状 ちゅうしんじょう　上申文書。①荘官から領主に宛てる報告書類。検注状、算用状など。②犯罪の調査、犯人の逮捕について守護から幕府に出す報告書。③武士の戦闘報告書。〈文献〉相田二郎『日本の古文書　上・下』岩波書店。

疇　昔 ちゅうせき　①むかし。②昨日。③疇夕《ちゅうせき》と宛て、昨夜。

注　疏 ちゅうそ　経典を解釈し、更に敷《ふ》衍《えん》して解説したもの。

虫　損 ちゅうそん　作物の害虫による被害。とくに稲についていう。「水旱虫霜」が常套句である。

中大夫 ちゅうたいふ　従四位下の異称。

中　殿 ちゅうでん　清涼殿《せいりょうでん》の異称、また仁寿殿《じじゅうでん》や神嘉《しんか》殿《でん》のことを言う場合もある。

中　田 ちゅうでん　田地の等級。上・中・下田のうちの中田。単位面積当たりの収穫の多少によって等級が決まる。「延喜式」による標準穫稲数は、中田は四〇〇束。

中殿御会 ちゅうでんぎょかい　清涼殿での和歌御会。平安中期から室町時代まで行われた。

偸　盗 ちゅうとう　どろぼう。偸は盗むこと。

中　分 ちゅうぶん　分割する、とくに下地中分。中分を行ったとき作る絵図が中分絵図で、朱線を以て界線を記す。中分の内容を記した帳簿が中分帳（中分目録、相分帳）である。

中分絵図 ちゅうぶんえず　下地中分を行ったとき作る係争地の絵図。朱線で中分の界線を示す。〈文献〉小山靖憲・佐藤和彦『絵図にみる荘園の世界』東京大学出版会。

中分申請 ちゅうぶんしんせい　荘園で下地紛争が起こったとき、荘園領主側が地頭の支配権を制約する目的で下地中分を申請すること。領家側の一方的な申請であっても中分は行われた。〈文献〉安田元久『地頭及び地頭領主制の研究』山川出版。

抽分銭 ちゅうぶんせん　室町時代、対明《みん》貿易は幕府・守護大名・寺院の名目で行われたが、実質的には商人の手によって行われていた。商人らは利益の一部を名目人である幕府・大名・寺社に納入した。これを抽分銭といった。〈文献〉小葉田淳『中世日支通交貿易史の研究』刀江書院。

中分帳 ちゅうぶんちょう　下地中分の際、領家（雑掌）方、地頭方のいずれかが、中分の内容を記した帳簿を作る。これを中分帳、中分目録、相分帳という。

中分和与状 ちゅうぶんわよじょう　和与によって下地《したじ》・上分《じょうぶん》の中分を行ったときの書きつけ。

注　文 ちゅうもん　上申文書、人名・物品の数や種類を列記した、明細書き、説明文というべきもの。合戦《かっせん》手負《おい》注文、分捕《ぶんどり》頸《くび》注文など。〈文献〉佐藤進一『古文書学入門』法政大学出版局。

中　門 ちゅうもん　寝殿造で、東西の門の内にあり、寝殿の南庭に通ずる門。屋根はあるが扉はない。俗に切通《きりどお》しといい、車の出入りに便にしてある。

儔侶 ちゅうりょ ⇒ともがら

中流 ちゅうる 令制での中国への配流。諏《す》方《わ》国・伊予国（『延喜式』では信濃国を追加）への流刑。

町 ちょう ①面積の単位。古くは五〇〇代《しろ》＝一町としたが、律令制では、三六〇歩＝一段、一〇段＝一町（約九九・二アール）。②距離の単位。六尺＝一間《けん》、六〇間＝一町（約一〇九メートル）。③都城の条坊制の坊を構成する単位。一坊＝一六町、一町＝四〇丈平方。

帳 ちょう 人の目を避けたり、風をさえぎったり、間を仕切るのに用いる垂れ布。

調 ちょう 令制下の基本的税目の一つ。物納租税で、官人の禄《ろく》をはじめ諸種の用途に宛てられた。もと人身の税であったが、平安時代には地税化した。

牒 ちょう 主典《さかん》以上の官人が役所に申達する文書、また僧綱・三綱が官司と取り交わす文書。しかし実際には上下支配関係の明らかでない官司間の往来文書として多用され、移と類似した性格となった。

挺 ちょう 丁とも。鋤《すき》・槍《やり》・墨《すみ》・蠟《ろう》など細長いものをかぞえる単位。

張 ちょう 弓・琴《こと》など、弦《げん》を張ったものをかぞえる単位。

貼 ちょう 調合して包んだ薬などをかぞえる単位。

輒 ちょう ⇒すなわち

長案 ちょうあん 平安時代、太政官の外《げ》記《き》、弁官また八省などで、官符・宣旨などの重要文書を写して巻子としたもの。執務の参考資料。

超過 ちょうか ①他よりもきわだってすぐれている。②程度をこえている。③他人をこえて先に出る。

蝶臥 ちょうが 「ひれふす」とも。横たわり臥す、へたばる。「終日窮屈、蝶臥之式也」と用いる。

朝賀 ちょうが ①参内して寿詞を述べること。②天皇に皇太子以下諸臣が参内して、天皇・皇后に寿詞を申しあげる儀式。③正月二日に、皇后・皇太子が諸臣の朝賀を受ける儀は、中宮朝賀、東宮朝賀といわれた。

帳外浪人 ちょうがいのろうにん 「ちょうはずれ」と読むか。浮浪人帳に登録されていない浪人。事実としては、浪人身分の耕作者農民を浮浪帳から外《はず》して諸課役を免除すること。

徴下符 ちょうかふ ⇒徴符《ちょうふ》

廳官 ちょうかん ①院庁の職員、単に官《かん》人《じん》ともいい、公文（文書を扱う）・院掌（庁事の舗設などを行う）の総称。

長器 ちょうき 長講斗（枡）のこと。寺院の長日講会の経費を支出するときに米の計量を行う枡。
〈文献〉宝月圭吾『中世量制史の研究』吉川弘文館。

逃毀 ちょうき 「関東御成敗式目」四二条などに見える語。百姓が年貢所当を未進したまま逃散すること。
〈文献〉入間田宣夫『百姓申状と起請文の世界』東京大学出版会。

調儀 ちょうぎ 調義とも書く。①たくらむこと。②攻めること。③勝負、戦争。「調儀に乗る」といえば、他人におだてられてその気になること。

朝議大夫 ちょうぎたいふ 正五位下の異称。

聴許 ちょうきょ 聴納、聴客も同じ。聞き届けてゆるす、聞き容《い》れること。

張行 ちょうぎょう ①物事を強引に行う。②催す、興行する。③取り計《はか》う。

朝覲 ちょうぎん 年頭に、天皇が太上天皇または皇太后宮に行幸して拝賀する儀。

「年中行事絵巻」にその様子が描かれている。

丁銀 ちょうぎん 細長い楕円《だえん》不整形の銀貨。俗になまこという。一個三〇～四〇匁《もんめ》（一匁は約三・七五グラム）の秤量貨幣。近世初期に使われた。

長絹 ちょうけん 固く織って張りのある上質の絹織物。これを生地とした水干《すいかん》・狩衣《かりきぬ》・直垂《ひたたれ》をいう。

朝見 ちょうけん 臣下が天皇に拝謁《はいえつ》して勅語を賜うこと。

長元楽 ちょうげんらく 唐楽。盤渉調《ばんしきちょう》の曲。長元年間（一〇二八～三七）に源博雅作曲。廃絶し、いまは伝わらない。

長講会 ちょうごうえ 延暦寺・興福寺などで、法華経等を講説した法会。

長講堂領 ちょうこうどうりょう 長講堂（法華長講弥陀三昧堂、京都市下京区）の所領。後白河法皇が建立した六条殿の持仏堂で、一一四か所の所領荘園などが付属され、砂金一〇〇両、米五〇〇〇石余、絹一二〇〇尺余、糸四二〇〇両余、綿二万両余、香七石余、油二〇石余、鉄一万挺その他の収入があった。法皇の没後、所領は宣陽門院に譲られ、のち鷹司院、後深草天皇、伏見上皇、後伏見上皇、花園上皇、光厳上皇、後小松天皇、後花園天皇へと伝えられた。応永二十年（一四一三）頃には大部分の所領は守護などによって押領され、年貢が運上されるのは五、六か所にすぎなかった。

〈文献〉八代國治「長講堂領の研究」（『国史叢説』）吉川弘文館、永原慶二『日本封建制成立過程の研究』岩波書店。

長講斗 ちょうこうます（と） ⇒長器《ちょうき》

鳥向楽 ちょうこうらく 唐楽。盤渉調の曲。船楽。平安初期に作曲された。現在に伝わる。

朝座 ちょうざ 天皇が政務を行う場所、朝堂。転じて朝廷のこと。

逃散 ちょうさん 一村・一荘の百姓らが共同し、しめし合わせて集団で耕作を放棄すること。「山林に交わる」「山野に交わる」という。

〈文献〉入間田宣夫『百姓申状と起請文の世界』東京大学出版会。

朝散大夫 ちょうさんたいふ 従五位下の異称。

調子 ちょうし ①音律の高低。②音階の主音の高さによる種類。③舞楽や管絃の最初に奏する一種の曲。不協和な音楽。

銚子 ちょうし ①酒を入れて杯《さかずき》に注ぐ長い柄のついた器。注ぎ口が両方にあるのを双口《もろぐち》、一方にだけあるものを片口《かたくち》という。②酒を入れて燗《かん》をするための瓶《びん》状の容器。

長史 ちょうし 国の介《すけ》の異称。

停止 ちょうじ さしとめる、やめさせること。

重職 ちょうしき ①荘園領主が在地の職をあわせ持つとき、これを地作一円とか地作一符の地と呼び重職（職を重ねる）という。地作とは地主職と作主職。②重色《じゅうしき》の意でも用いる。⇒重色

銚子事 ちょうしごと 酒宴のこと。

長子相続 ちょうしそうぞく 男子のうち長子が財産を相続する相続形態。中世社会では分割相続が普通であったが、近世初頭に長子単独相続制が出現する。

〈文献〉石井良助『長子相続制』（法律学体系・4）日本評価社。

長日厨 ちょうじつくりや 任地に赴任してきた官人・代官を現地の住人らが饗応する風習があり、入部のときに三日厨《みっかくりや》のほか、滞在中毎日の食事や秣《まぐさ》の世話をすることを長日厨と称した。⇒三日厨

長者 ちょうじゃ ①氏族の長、氏長者《うじちょうじゃ》。②遊女のかしら。③宿駅の長。④有徳人。

広大な屋敷と財物を所持し、広い宮田を有し、多くの下人《げにん》を抱えている。⑤非農業的な労働集団の長。浦の長者、散所の長者（山椒大夫）など。
〈文献〉林屋辰三郎『古代国家の解体』東京大学出版会。

朝夕雑色 ちょうじゃくぞうしき 鎌倉幕府で、雑役に従う下級職員。⇒朝夕役《ちょうじゃくのやく》

朝夕役 ちょうじゃくのやく 連日召し使われる夫役。下人・所従が一日中主人の身のまわりで世話をする様子を示す。平民百姓を無制限に朝夕召しつかうことは禁じられていたが、地頭・荘官の違背するものが多かった。
〈文献〉野田只夫「封建社会における雑色人の位置」（『ヒストリア』八）

長者宣 ちょうじゃせん 藤原氏の氏長者の命を家司《けいし》が奉じて発する文書。御教書様式で、摂関家領の支配、氏神・氏寺のまつりに関することを内容とする。
〈文献〉相田二郎『日本の古文書 上・下』岩波書店。

長秋監 ちょうしゅうかん 中宮大夫の異称。

長秋宮 ちょうしゅうきゅう 中宮職《しき》の唐名。もと、中国後漢の明徳馬皇后のいた宮殿のこと。

朝集使 ちょうしゅうし 古代の四度使の一つ。諸国から、国郡司の考文（勤務成績評定書）や雑公文を持って毎年上京する使。

朝集帳 ちょうしゅうちょう 古代の四度使公文《くもん》の一つ、国司から中央に提出された政務報告書。

朝集堂 ちょうしゅうどう 朝堂院の南域にあり、東朝集堂と西朝集堂の二つがあった。朝堂院での執務のために出勤した官人が刻限まで、ここに待機した。

朝所 ちょうしょ ⇒あいたんどころ

嘲笑 ちょうしょう ⇒あざわらう

重畳 ちょうじょう ①かさねがさね。②この上もなくよろこばしい、都合がよい。

長上 ちょうじょう ①長上官。律令官人制で、毎日勤務する常勤の職員。年間二四〇日以上勤務しなければ勤務評定の対象とならない。②律令制下、特殊技術を以て毎日勤務する者。

長上工 ちょうじょうこう 古代、長上官の待遇を受ける工人。工事・作業現場で番上工や雇工を指導する。⇒長上

調進 ちょうしん ととのえて、差しあげる。注文に応じて物を作りさしあげる。

手水 ちょうず 手や顔を洗い清めること、またその水。

手水間 ちょうずのま 清涼殿西廂《にしひさし》、朝《あさ》餉間《がれいのま》の北にある。天皇の洗面・漱《うがい》のための間。

朝政 ちょうせい 古代、天皇が早朝政務を親裁する儀をいう。「あさまつりごと」と読まれる。平安初期には天皇が大極殿に出御する政務は行われなくなり、紫宸殿で政事を視るようになり、やがてこれも廃《すた》れ、旬政《しゅんせい》ついで天皇が出御せず、宜《ぎ》陽殿《ようでん》西廂《ひさし》の平座《ひらざ》に公卿以下が着いて政務をとるようにかわり、平安中期以降は告《こう》朔《さく》・旬の儀がのこるていどとなった。⇒告朔・旬政
〈文献〉藤木邦彦『平安王朝の政治と制度』吉川弘文館。

朝請大夫 ちょうせいたいふ 従五位上の異称。

長銭 ちょうせん 丁銭、調銭とも書く。九七文を以て一〇〇文として通用させる慣わしがあったが、一〇〇文を一〇〇文として通用させる場合、これを丁百銭、丁百、調銭、丁銭という。⇒省陌《せいひゃく》

庁宣 ちょうぜん 「庁宣」と書き出す文書の総称であるが、ふつうは国司庁宣をいう。一一〜一四世紀、受領《ずりょう》の発する下《くだし》

文《ぶみ》様文書で、在庁官人に対して出す指令文書を指していう。

重祚 ちょうそ 一度退位した天皇が再び皇位につくこと。実例は、七世紀の皇極・斉明天皇と八世紀半の孝謙・称徳天皇の二例のみである。

長送使 ちょうそうし 遠国《おんごく》へ流罪に処される人を護送する使者。

帳台 ちょうだい 平安時代以来、宮廷や公卿の第宅に置かれた寝台または座所。帳の下に据え、浜床《はまゆか》ともいう。

帳台試 ちょうだいのこころみ 十一月の豊明節会の予行演習のため丑《うし》の日に常寧殿で天皇が五節舞姫《ごせちまいひめ》の舞をご覧になる儀。

逃脱 ちょうだつ 百姓が逃散《ちょうさん》すること。

町・段・歩制 ちょう・たん・ぶせい 「大宝令」で定められた面積単位制。一町＝一〇段、一段＝三六〇歩の制。わが国独自の制で、大陸からの輸入ではない。

打擲 ちょうちゃく 人をなぐりつけること。「打擲蹂躪《じゅうりん》」などと用い、乱暴狼藉《らんぼうろうぜき》と同意。

調帳 ちょうちょう 古代の四度使公文《くもん》の一つ、中央に貢進する調・庸・雑物の品目を記したもの。国司により毎年中央に報告された。

長帳 ちょうちょう ⇒長符《ちょうふ》

庁底 ちょうてい 官司あるいは政所《まんどころ》などの事務をとる場所、一般にその場所の意。

調度 ちょうど ①身のまわりに置いて使う道具・器具をいう。②弓矢のこと。「調度負いたる者ども」といえば、弓矢を携え武装した者ども。

朝堂院 ちょうどういん 大内裏の正殿。平安初期から八省院ともいう。朱雀門を入って正面にある。南面の門が応天門。北のはしに大極殿、小安殿《こあどの》がある。もと、即位・朝賀など国家的儀礼や庶政の場であったが、のち宮廷儀式の場となる。

調度懸 ちょうどかけ 調度掛とも書く。衛府の武官や武士が外出するとき、その調度である弓箭を持つ役の者をいう。

調度文書 ちょうどのもんじょ 調度とはととのえるの意。用意された整った文書。寄進・売却のときに調度の文書をあい手に渡す。

〈文献〉佐藤進一『古文書学入門』法政大学出版局。

釿 ちょうな 斧《おの》の一種、木工の荒加工用具。手斧、横斧ともいう。木材の凹凸面を平らにするのに用いる。鍬《くわ》のような形をしている。手前に引いて削る。弥生時代から使われた工具。

帳内 ちょうない 律令制下、四品《しほん》以上の親王・内親王の警護・雑役に当たった従者で、六位以下の者の子および庶人を以て宛てた。一品親王―一六〇人、二品親王―一四〇人、三品親王―一二〇人、四品親王―一〇〇人で、内親王にはこの半分の人員を宛てた。なお、官人の位階に応じて給される従者は位分資人《しじん》・職分《しきぶん》資人という。⇒資人

重任 ちょうにん 再任のこと。平安中期以降、財貨を納めたり、公的な工事を請負うこと、あるいは戦功によって再任されること。前二者は一種の売官である。

停任 ちょうにん 古代、官人が官職を解かれること。任を停《とど》めるの意で、中世にも用いられた用語。

長年大宝 ちょうねんたいほう 皇朝十二銭の一つ。嘉祥元年（八四八）に発行された銅銭。新銭一に旧銭一〇の比価で流通させた。数種類あり、小型のものは和銅銭の半量ほどであった。

停廃 ちょうはい とりやめること、廃止。

長符 ちょうふ 所領・財産を複数の人間に譲るとき、個別に譲状を書かず、一通の文書に書き記すことがある。こうす

ると長大な文書となり、その形状から長符また大間《おおま》状という。大間とは朝廷で任官のとき官職名と人名を書き連ねた文書で、これに類似しているので名がある。〈文献〉佐藤進一『古文書学入門』法政大学出版局。

調　布　ちょうふ　①調物として納める布（麻布）。令制では正丁一人二丈六尺を徴し、京・畿内では半額の一丈三尺。②粗末な布のこと。平安初期、調布は粗悪で役に立たず政治問題化した。

徴　符　ちょうふ　徴下符《ちょうかふ》、下符《かふ》ともいう。国衙領・荘園で、百姓に官物・公事の納入を命ずるために徴収額を記した文書。国衙から発行された徴符には国司の印を捺《お》した赤符と、印のない白符の二種類があった。徴符を以て郡司・荘官は官物・公事を徴収した。百姓が納入・弁済すると返抄《へんしょう》（請取状）が交付された。〈文献〉鈴木国弘「荘園体制と国衙直領」（『日本歴史』二四二・二四三）。

朝　服　ちょうふく　有位の官人が朝廷に出仕するときに着る衣服、束帯の衣装。

調　伏　ちょうぶく　①身心を調えて悪業・煩悩をとり除く。②まじないなどで人を呪《のろ》い殺すこと。

長奉送使　ちょうぶそうし　斎宮の伊勢下向を奉送した勅使。監送使ともいう。納言や参議が任ぜられた。

庁　分　ちょうぶん　①庁分領。院領・女院領のうち院庁の直領《じきりょう》をいう。②国衙領で国司の直領。この場合庁は館《たち》で、国衙政庁を意味する。庁分佃、国司館田、御館分田などがある。〈文献〉竹内理三編『土地制度史 I』山川出版社。

挑文師　ちょうぶんし　⇒あやとりし

廰（庁）分佃　ちょうぶんのつくだ　国衙領で、国司が直轄する佃。⇒佃

調　法　ちょうほう　①苦心してうまく調える。②熟慮する。③工夫する。④調停する。⑤食事の用意をする、料理。⑥重宝。⑦調伏の呪法。

長保楽　ちょうぼうらく　高麗楽。もと二曲だったものを長保年間（九九九～一〇〇四）に再編し、破は壱越調、急は平調。襲《かさね》装束による四人の平舞。

張　本　ちょうほん　①のちに備えて前もって用意すること。「今日の善根を以て来世の張本とせんとす」という。②首謀者、張本人、悪事のもと。「張本の輩《ともがら》を尋ねて追却せらるべし」などいう。

鳥　目　ちょうもく　銭の異称。円形方孔で、それが鳥の目に似ているので。

徴物使　ちょうもつし　①官物・公事を徴収するために遣わされる使者。②封主（封戸を与えられた者）が封物を徴収するために遣わした使者。元来は、封戸物は国司の手を通じて封主に与えられるものであったが、平安中期以降になると、封主が直接使者を派遣して催促するようになった。〈文献〉阿部猛『律令国家解体過程の研究』新生社。

重陽節　ちょうようのせち　陰暦九月九日の節会。宮中で行われた重陽の宴、菊の節《せつ》供《く》。杯に菊花を浮かべて飲み交わす。

朝楽門　ちょうらくもん　①内裏内郭南面の承明門の東の掖門。左廂門ともいい、西の永安門と対する。②朝堂二十五門の一つ。応天門の東側にあり、東掖門ともいう。西掖門は永嘉門。

長楽令　ちょうらくれい　中宮大夫の異称。

長　吏　ちょうり　①専門的技術・能力を以て朝廷に仕える者たちのうち、とくにすぐれた者。②寺院で首席として事務を統轄する者。園城寺・勧修寺・横川楞厳《よかわりょうごん》院《いん》（延暦寺）の役職で、他寺の座主《ざす》・別

当に相当する。

調略　ちょうりゃく　はかりごとをめぐらす、たくらみ、計略。

庁例　ちょうれい　検非違使庁の先例のこと。令制の各官衙では先例・故実を集積して文書化し例と称して政務の参考資料とした。

勅　ちょく　①天皇の命令、仰せ。②貴人の仰せ、教勅。③神仏の仰せ、神勅。

直　ちょく　⇒あたい

直営田　ちょくえいでん　国衙・荘園領主・在地領主が直接経営する田地。国営田・公営田・荘佃・地頭佃など。

勅勘　ちょくかん　天子から受けるお咎《とが》め、おしかりのこと。勅旨によって譴責を受けて、閉口籠居する処分のこと。

勅願寺　ちょくがんじ　天皇の勅願に基づいて建てられた寺院。⇒御願寺《ごがんじ》

勅願所　ちょくがんしょ　天皇の命令により、国家鎮護・玉体安穏などを祈願する社寺のこと、祈願所《きがんしょ》。

勅使　ちょくし　①勅命による使者のこと。②勅命を伝達する使者のこと。平安時代、大事臨時の事は勅を奉じて名を定め、また洛中で勅使を派遣するのは、任僧綱・賀茂社奉幣・親王大臣葬送のときであった。

勅旨　ちょくし　①勅書のこと。天皇の勅命を漢文体で記した。詔書が大事、勅旨が小事を扱うともいわれるが、明確な区別はない。②天皇のおぼしめし。

勅事・院事　ちょくじ・いんじ　一三世紀前半から、朝廷や院が諸国に賦課した臨時の課税。鎌倉期以降は諸国大田文《おおたぶみ》記載の田数に応じて段米《たんまい》・段銭《たんせん》として賦課された。造内裏役《ぞうだいりやく》・造太神宮役夫工米《ぞうだいじんぐうやくぶくまい》・大《だい》嘗会役《じょうえやく》・造野宮役《ぞうののみややく》・斎宮群行役《さいぐうぐんこうやく》・伊勢《いせ》公卿勅使役《くぎょうちょくしやく》（以上勅事）、新御願寺役《しんごがんじやく》・熊《くま》野詣雑事《のもうでぞうじ》・日吉詣雑事《ひえもうでぞうじ》・鳥羽御堂池掘役《とばみどういけほりやく》（以上院事）など。

〈文献〉平山浩三「一国平均役荘園催徴の一形態について」（『日本史研究』一三〇）。

勅旨田　ちょくしでん　勅旨によって設定された田地。開発・経営には正税・公水を用いた。寺社に施入されたり貴族に与えられた例が多い。八～九世紀の水田開発政策の一環と見ることができるが、面積の広大さにもかかわらず、多くは空閑《こかん》地《ち》・荒廃地であって、経済的意義は小さいとする見方もある。

〈文献〉河内祥輔「勅旨田について」（『奈良平安時代史論集　下』）吉川弘文館。

勅旨牧　ちょくしまき　皇室領の牧。左右馬寮の管理下にあった。

勅授　ちょくじゅ　令制下、五位以上の叙位法。結階法によらず勅による叙位で、本来は随時行われたが、平安時代には正月五日に叙位の儀があって、同七日に位記が授けられた。

勅断　ちょくだん　天子の裁断。勅裁に同じ。

勅弾　ちょくだん　勅断、勅裁に同じ。天皇が是非善悪を定めることで「考課令」義解にみえる。

勅答　ちょくとう　①天子が臣下に答えること。②臣下が天子の問いに答えること。

勅任　ちょくにん　任官において勅旨により任ぜられる重い官。大納言以上、左右大弁・八省卿・五衛府督・弾正尹・大宰帥・皇太子傅が勅任の官であった。

勅免荘　ちょくめんのしょう　勅命によって特権が認められた荘園。官省符荘・国免荘とならぶ概念。

〈文献〉中野栄夫『中世史入門』雄山閣出版。

直盧　ちょくろ　⇒じきろ

儲君　ちょくん　「もうけのきみ」とも。①皇太子の異称。②貴族の世継の子。

著作佐郎　ちょさくさろう　図書助の異称。

著作郎 ちょさくろう　内記の異称。

著作郎中 ちょさくろうちゅう　図書頭の唐名。

楮紙 ちょし　楮《こうぞ》の繊維を原料とした紙。壇紙《だんし》・引合《ひきあわせ》・杉原《すいばら》・奉書などがよく知られている。

佇立 ちょりつ　①たちどまる。②久しく立っていること。

猪鹿之立庭 ちょろくのたてにわ　猪や鹿を捕獲また射とる猟場、狩倉。
〈文献〉黒田日出男『日本中世開発史の研究』校倉書房。

散書 ちらしがき　散文《ちらしぶみ》とも。色紙や短冊などに、行《ぎょう》の頭を揃えずに和歌や文を書く。おもに女性の手紙の書き方。

散薬 ちらしぐすり　患部のはれや痛みをひかせるための外用薬。

地利 ちり　田畠からあがる収入・得分のこと。所当《しょとう》・官物《かんもつ》・年貢・地子《じし》・作徳《さくとく》など。田租を差引いた残りの地主得分を指すこともある。

ちりがかり　地主（領主）―作人関係が一対一の関係ではなく、一人の作人が複数の地主（領主）の土地を請作《うけさく》する関係。畿内では耕地そのものが散在・入組みとなっていたこともあって、請作関係も複雑で入組んでいた。
〈文献〉島田次郎『日本中世の領主制と村落』吉川弘文館。

鎮 ちん　⇒しずまる

砧 ちん　⇒きぬた

鎮火祭 ちんかさい　古代、神祇官が行った祭祀の一つ。陰暦六月・十二月晦日、宮城の四方の外角で行った火の神を祀った神事。

鎮花祭 ちんかさい　古代、神祇官の行った祭祀の一つ。陰暦三月、悪疫の流行を防ぐため、大神《おおみわ》・狭井《さい》の二種の行疫神《ぎょうえきしん》を祀った。

鎮魂祭 ちんこんさい　⇒たましずめのまつり

鎮守神 ちんじゅのかみ　ある土地や建物を守護する神。一国、一郡、荘園、村落の鎮守や寺院鎮守、城・館・邸宅の守り神など。興福寺・春日神社領荘園に春日神社が勧請され、延暦寺・日吉《ひえ》社領に日吉神社・新日吉《いまひえ》社が勧請されて、荘園支配の上で役割りをになうことが見られる。
〈文献〉和歌森太郎『中世協同体の研究』弘文堂。

鎮守府 ちんじゅふ　古代、東北地方のエゾ鎮圧のために遣わされた征夷使・征東将軍の常備の軍衙。平安初期にその実質は失われた。南北朝期、北畠顕家・同顕信が将軍となり鎮守府を一時復活した。

鎮所 ちんしょ　①奈良時代、陸奥・出羽のエゾ鎮衛のための将兵の駐屯地。②節度使の駐屯所。

陳状 ちんじょう　①状況を説明するための文書。②勘問に答えてことの次第を陳弁する文書。③中世、幕府の訴訟制度で被告人が提出する陳弁書。訴状（原告の文書）と陳状は三度までやりとりされる。

鎮西下知状 ちんぜいげちじょう　中世、鎮西探題が、裁判の判決や禁制として出した下知状。

賃租 ちんそ　地主が賃料を取って耕地を貸与すること。春の耕作前に借料を前払いするのを賃といい、秋の収穫後に支払うのを租という。公田の賃租料は郷土の估価《こか》（その土地の慣習的な賃貸料）によるが、ふつうは標準収穫量の二〇パーセント。
〈文献〉菊地康明『日本古代土地所有の研究』東京大学出版会。

珍重 ちんちょう　①珍しく大切なもの。②めでたい、結構なもの。③自重する。手紙であいてに自重・自愛を促すとき用いる。④連歌・俳諧でのほめことば。

鎮東将軍 ちんとうしょうぐん　鎮守府将軍の異称。

陳法 ちんほう　否定する、否認する、弁解するの意。「失㆓陳方（法）㆒」といえば陳弁不能、論駁《ろんばく》不能の意。

つ

津 つ　船舶の停泊地。泊《とまり》、船瀬《ふなせ》、船津ともいう。また河川の渡し場。津済《つわたり》という。〈文献〉西岡虎之助『荘園史の研究　上』岩波書店。

突居 ついいる　①かしこまって座ること。②膝をついて座ること。

費 ついえ　①無用の出費、冗費、損失、損害。②「ついえに乗る」といえば、あいての弱味につけ込むの意。

築牆 ついがき　⇒築地《ついじ》

衝重 ついがさね　飲食物をのせる膳。方形の折敷《おしき》の下に檜《ひのき》の片木板《へぎいた》を折り曲げて脚としたもの。白木造。神供をものせる。三方《さんぼう》、四方台の三方に穴をあけたものが三方、四方に穴をあけたものを四方《しほう》という。

追却 ついきゃく　追放に同じ。荘域外、領域外へ追放する。却はしりぞける。

追還 ついげん　「追《つい》す」ともいう。いったん譲渡した財産を取り返すこと。

追号 ついごう　⇒諡号《しごう》

䭔子 ついし　唐菓子の一種。米の粉をこねて蒸《む》し里芋《さといも》のような形につくり再び蒸しあげた。節会や儀式のときに用いた。

築地 ついじ　築墻《ついじ》も同じ。土をつき固めて厚い壁を造り屋根をのせた垣のこと。築垣《ついがき》・築地塀《ついじべい》ともいう。両側に厚い枠板《わくいた》（牏《ついひじいた》という）を当て、その外側に支柱を立てる。板の内側に土を入れ少しずつつき固める。崩れやすい。

土代 ついしろ　儀式のとき地面の上に敷く敷物のこと。

追進 ついしん　鎌倉幕府の訴訟手続き。三問三答ののちに、裁判所の許可を得て追加申状（追申状《ついしんじょう》）を提出すること。〈文献〉石井良助『中世武家不動産訴訟法の研究』弘文堂書房。

追善 ついぜん　死者の冥福を祈って仏事供養を営むこと。

衝立障子 ついたてそうじ　宮殿建築で、室の内部の区切り、隔てとするために立てた家具。表面に文字や絵を描いた。障子は「しょうじ」とも。

以㆑次 ついでをもって　次《ついで》は①順序。②或ることを行うとき、それと一緒に行うこと。次手、次而、次第などとも書く。「以㆑次」は順序にしたがっての意。

追儺 ついな　①朝廷の年中行事の一つ。大晦日に行う悪魔祓いの儀式。中国伝来の行事で、わが国では八世紀初めに始まった。のち民間では、節分の日の豆まき行事となった。

追儺除目 ついなじもく　十二月晦日に行われる臨時の除目。追儺召除目ともいう。

追年 ついねん　逐年《ちくねん》も同じ。年をおっての意。

牏 ついひじいた　築地《ついじ》を造るときの型枠《かたわく》の板のこと。

追捕 ついぶ　①犯人を追求、捕縛すること。②資財物を押取り、没収すること。

追捕使 ついぶし　一〇～一二世紀、凶党追捕のため国ごとに置いた令外官。もと臨時の官であったが一〇世紀半ばから常置された。名称は、畿内・近国では追捕使、東海・東山・山陰・西海道では押領使《おうりょうし》、北陸・山陽・西海道は両者が混在していた。

追捕狼藉 ついぶろうぜき　或る財物没収（＝追捕）が不正行為とみなされたとき、

こう呼ぶ。鎌倉幕府法では、追捕は所務沙汰であって、不正な追捕が行われたときは追捕した物を返還することで結着し、追捕者を処罰することはなかった。

追放 ついほう　強制的に他の土地に追い放つこと。追放刑は中世法に始まる。中世末期の惣の掟の中にも追放刑が見える。

続松 ついまつ　「つぎまつ」の転。松明《たいまつ》のこと。

通貴 つうき　古代令制下、三位以上の有位者を貴《き》と称し、四位・五位の者を通貴という。六位以下の者については呼称はないが、学術用語として非通貴という。〈文献〉竹内理三『律令制と貴族政権 I』御茶の水書房。

通議大夫 つうぎたいふ　正四位下の異称。

通事舎人 つうじしゃじん　内舎人の異称。

通陽門 つうようもん　朝堂院東廊北掖門。東廂門ともいう。即位礼のとき式部省の官人が当門から入る。

杖 つえ　「じょう」とも読む。中世の面積の単位。おもに民間で用いられた。一般には、一段の五分の一で七二歩。常陸・伊勢など一部の国では六分の一の六〇歩の広さ。

〈文献〉歌川学「中世に於ける耕地の丈量単位」(『北大史学』二)。

杖取使 つえとりのつかい　算賀の折、天皇が高齢者に賜わる杖を伝達する使者。

津下駄賃用途 つおろしだちんようと　港まで、馬で荷を運ぶ運賃。高野山領備後国太田荘で所見。〈文献〉阿部猛『日本荘園史』新生社。

束 つか　長さの単位。もと、親指を除く四指の幅をいう。矢の長さを「十二束三《つかみつ》伏《ぶせ》」などという。伏は一指の幅で、四伏＝一束。

番舞 つがいまい　舞楽演奏のさい、左右の舞のうち、曲の規模、舞の性格などの、つりあったものを対《つい》にして演ずること。

司召 つかさめし　司召の除目《じもく》。律令制下、大臣を除く在京官司の官人を任命する儀式。古くは春の儀であったが、平安中期からは秋に行われるようになった。

司召除目 つかさめしのじもく　⇒司召《つかさめし》

坏 つき　杯とも書く。古代の皿形の容器。盤《ばん》よりやや深く、酒を注いだり、食物を盛るのに用いた。

月宛兵士 つきあてのひょうじ　荘園領主が荘園に賦課した諸公事《くじ》のうちに見える。年間一二か月。各月ごとに特定の荘園の負担として定め、領主の屋敷の警固や掃除その他雑役に徴発された人夫。兵士というも必ずしも武力的な仕事ではなく、門衛、清掃その他雑役に従事した。

舂臼 つきうす　搗臼とも。なかがへこんでいて、そこに穀物などを入れ杵《きね》でつく。

継紙 つぎがみ　続紙も同じ。①巻子《かんす》本《ぼん》・折本《おりほん》などに用いる、つぎ合わせてある紙。②色や紙質の違う二種以上の紙をつぎ合わせて一枚の料紙としたもの。

月行事 つきぎょうじ　⇒がちぎょうじ

鴨頭草 つきくさ　⇒青花《あおばな》

舂米 つきしね　「ついしね」とも読む。白米のこと。

附無 つきなし　①不相応であること、似合わない。②術なしの意。

月次 つきなみ　毎月、月ごとにの意、また月次祭の略。

月次祭 つきなみのまつり　陰暦六月と十二月の十一日に行われた神事。神祇官に百官を召して行われた。中臣氏が祝詞《の》を宣り、忌部氏が神々に幣帛を班《わか》ち国家の安泰と天皇の福運を祈る。もとは毎月（月次）行うべきものであったが、半年宛まとめて行うようになった。

〈文献〉中村英重『古代祭祀論』吉川弘文館。

月の異称 つきのいしょう 一月から十二月までの各月はさまざまな呼称を持っている。睦月《むつき》、如月《きさらぎ》、弥生《やよい》などの称はよく知られているが、他にも多くの呼称がある。

四季と月の異称

春	青陽　青帝　陽中　蒼天　発生　東帝
1月	睦月《むつき》，元月，睍月，端月，初月，嘉月，初春，孟春，甫年
2月	如月《きさらぎ》，著更衣，令月，仲春，酣春，仲陽，仲序，令節
3月	弥生《やよい》，花月，称月，禊月，蚕月，桃月，晩春，暮春，清明
夏	失明　昊天　槐序　災序　災節　祝融
4月	卯月《うづき》，余月，陰月，初夏，孟夏，立夏，麦秋
5月	皐月《さつき》，啓月，悪月，雨月，浴蘭月，仲夏，啓明，薫風
6月	水無月《みなづき》，旦月，季月，伏月，季夏，晩夏，炎陽，小暑
秋	白蔵　収成　金商　素商　高商　精陽
7月	文月《ふづき》，親月，蘭月，冷月，桐月，七夕月，初秋，孟秋
8月	葉月《はつき》，壮月，桂月，素月，観月，仲秋，仲商，白露
9月	長月《ながつき》，玄月，菊月，祝月，季秋，暮秋，晩秋，季商
冬	元英　上天　安寧　嚴節　元冬　元序
10月	神無月《かんなづき》，陽月，吉月，初冬，孟冬，上冬，立冬，早冬，方冬，小春
11月	霜月《しもつき》，暢月，幸月，仲冬，復月，達月，葭月，仲冬，盛冬
12月	師走《しわす》，極月，嚴月，臘月，氷月，弟月，茶月，季冬，暮冬，晩冬

続内弁 つぎのないべん 古代・中世、節会《せちえ》のとき、儀式を掌る内弁が、途中で支障があって退席した場合、あとをうけて内弁となった者。

継船 つぎふね 遠隔地への連絡のため、港から港へとつないで運航する船。陸上の継馬類似のもの。朝鮮の役に、大坂—名護屋間に設けられた。

〈文献〉新城常三『戦国時代の交通』畝傍書房。

続文 つぎぶみ 朝廷への解状（申文や訴状）などを提出するとき、関連する前例・傍証・反証などを記載したものを当人または弁・外記らが貼り継いだもの。

〈文献〉谷口昭「続文攷」（『法制史研究』二二）。

舂女 つきめ 穀物を臼でつく女。

継目安堵 つぎめあんど ①将軍・大名の代替わりに、その家臣や寺社の所領・所職を安堵すること。②例えば、農民がその所職（名主職など）を相続するとき、荘園領主がこれを安堵すること。

継目裏 つぎめうら 裁許状など長文の文書で、紙をはり継いだものの場合、紙の継目裏に奉行人が花押を捺《お》し文書の正当性を証する。

就 つく 「就二権門一申」といえば、権門をうしろ楯として申す。「就二理途一申」といえば、理屈を根拠として申すの意。「平家にそむき源氏に就く」といえば、味方するの意。

続ぐ つぐ 関連の文書などを貼り続ぐ

こと。⇒続文《つぎぶみ》

机 つくえ　几とも書く。元来は食物を置く台のこと。神仏の儀式に用いられた。書見や文字を書くための文机《ふづくえ》としても用いられた。

筑紫絹 つくしきぬ　平安時代筑紫産の絹のこと。貴族たちの汗衫《かざみ》にこれを用いたことが三善清行の『意見十二箇条』に見える。⇒汗衫

筑紫舞 つくしまい　九州地方の歌舞で、大和王権の成立過程に宮廷儀礼として採り入れられたもの。令制下、雅楽寮で教習され、師一人、舞生は二〇人であった。

佃 つくだ　荘園・公領における領主・預所・地頭・下司・郡司・郷司の直営地。正作、用作、手作、門田などともいう。わずかな種子・営料を支給するが、農民の無償労働によって経営され、殆ど全収穫を領主が取る。平安末期に、名にほぼ均等に佃を割りつけ、名主の責任で経営させることが起こり、時代が下るとともに佃の平田化が進み、通常の名田と同様に斗代を付し、佃としての特質は失われる。〈文献〉水上一久『中世の荘園と社会』吉川弘文館。

作手 つくて　「さくて」とも。①請作地に対する耕作権を意味するとの説と、開発に基づく下級所有権とする説とがある。②職人あるいは手工業者を指す言葉。〈文献〉泉谷康夫『律令制崩壊過程の研究』高科書店。

作物所 つくもどころ　宮中の調度などを調進する令外官。内裏正面の承明門の掖門永安門の側にあった。蔵人所の管轄下にあり、別当・預が置かれた。

作替借書 つくりかえしゃくしょ　室町時代、借銭の利息は元本を超えてはならないとの規則があった。この法を免れるため、利息を元本に加えた新しい証文に書き替えることが行われた。室町幕府はしばしば借書の作り替えを禁じた。

作り子 つくりご　地主への隷属性の強い小作農民。名子《なご》・被官《ひかん》・下人《げにん》・子方《こかた》などと同性質のもの。〈文献〉有賀喜左衛門『日本家族制度と小作制度』河出書房。

作物 つくりもの　①高麗楽。平調の曲と双調の曲の二種があった。いまは伝わらない。②まがいもののこと。

咜 つくろう　斡旋する、とりもつの意。「以二満山之咜一、無二異儀一可レ有二御済一候」と用いる。

刷 つくろう　繕も同意。整《ととの》える、装《よそお》う、はからう。「行幸も近うなりぬれば、殿の内をよろづにつくろひ磨かせ給」と用いる。

付紙 つけがみ　「おしがみ」ともいう。文書・書籍の必要箇所や不審なところにはさんでおく紙片。

付城 つけじろ　敵の城を攻めるために、それと相対して築く城のこと。向城《むかいじろ》ともいう。

付銭 つけせん　「つけがね」とも。中世以来の用語。挨拶がわりに置く銭。事故の賠償要求に対して和与したとき支払う示談金のようなもの。

付 つけたり　付録、本文の本題に付随する別の項目を加えること、付記。

付所 つけどころ　雅楽の演奏の中で、独奏から合奏（あるいは斉唱）にうけわたされる場所のこと。

付年号 つけねんごう　文書に日付を書くとき、「文明三 五月廿日」というように年を細字で月日の肩に書くもの。「文明三」と書き「文明三年」とは書かない。〈文献〉佐藤進一『古文書学入門』法政大学出版局。

付物 つけもの　催馬楽の演奏について、うたいもの（声楽作品）における助奏楽器群をいう。ここでは、歌が主で楽器は従的関係にある。
〈文献〉増本喜久子『雅楽』音楽之友社。

付物米 つけものまい　本年貢に対する付加米。

付渡 つけわたす　事務、書類の引継ぎ、また所領・財物を他人に引き渡すこと。

都合 つごう　合わせること、合計すること。都はすべての意。『色葉字類抄』（一二世紀半ば頃）では「スベアハス」と読まれている。具合、状況、工面《くめん》するなどの意に用いるのは江戸時代から。

辻 つじ　①十字路。②合計。③結果。辻《つじ》者《は》といえば要は、結局はの意。

辻固 つじがため　室町将軍が他出するとき、その通路で警固に当たった武士たち。警固人。

辻捕 つじとり　⇒女捕《めとり》

対馬音 つしまごえ　古く日本に伝来した漢字音の一つ。後世、呉《ご》音と同一視される。

辻祭 つじまつり　平安時代、街辻で行われた岐神《ちまたのかみ》や道祖神《さいのかみ》の祭のこと。平安初期から行われ、性器崇拝的な治病・授福・縁結び・攘災目的のかなり猥雑《わいざつ》なものであったらしい。福徳神とも称する。

津出 つだし　①中世、港から荷船を送り出すこと。②江戸時代には陸上輸送にも用いる用語。

土一揆 つちいっき　中世の民衆による集団的蜂起。土民の一揆で「どいっき」と呼んだ可能性もある。初見は一四世紀半ばにあるが、本格的な展開は正長元年（一四二八）の正長の土一揆以後とされる。
〈文献〉中村吉治『土一揆研究』校倉書房。

土忌 つちいみ　邸宅の修造・改築などで土を掘り返すことの忌。土忌に関わるのは土公あるいは土府と呼ばれる地神。土公は春はカマド、夏は門、秋は井、冬は庭に所在する。

土打役 つちうちやく　「どちょうやく」とも読む。興福寺・春日神社造営のために大和国の一国平均役として賦課された。在家役としての人夫役と段米の役がある。
〈文献〉安田次郎『中世の興福寺と大和』山川出版社。

土倉 つちくら　⇒どそう

土塊 つちくれ　墓の斎宮の忌詞《いみことば》、土塊《つちくれ》所《どころ》。

土田 つちだ　①作付けしていない田。②免田（荘田）以外の公田を指す。

土殿 つちどの　貴人が喪に服して籠るための粗末な仮屋。板敷を取り除いた土間。

土を敷く つちをしく　土砂に聖性を認め、建築物をつくるとき、また市をたてるときに浄所之土を敷くこと。新市を建てるときは大和三輪明神の土を敷くものだといわれている。

続衆 つづきのしゅう　応援、救援の人びと（軍隊）。

つつめく　ひそひそとものをいう。囁の字を宛てる。ささやくに同じ。

つつもたせ　①詐欺、いんちきをすること。②女が夫や情夫と共謀して他の男を誘い、それを種に金品をゆすり取ること。これは近世的な用語か。

つつやく　⇒つつめく

つつやみ　まっくらで何も見えない状態。平安時代からの用語。

苞 つと　苞苴とも書く。①わらを束ねてその中に食品を包んだもの。②みやげ物。

津留 つどめ　領主が、その支配領域から米穀その他の物資の移出入を禁じたこと。戦国大名は特定品目について津留を行い国境に監視所を置いた。

繋ぎの要害 つなぎのようがい　戦国時代、

本城と支城をつなぐ、中間のとりでのこと。

常御所 つねのごしょ 天皇・上皇の私室、日常生活の場。常御座と書けば「つねのおまし」。

津の上分 つのじょうぶん 「湊《みなと》の上分」ともいう。関銭のこと。

募 つのる ①募集する、呼び集める。②いっそうひどくなる、激しくなる。③盛んにする、もりたてる。「武威に募る」。④「五段を馬上免に引き募る」といえば、田地五段分を取帳から抜き出して、それを馬上免として指定していくことである。⇒馬上免《ばじょうめん》
〈文献〉笠松宏至『中世人との対話』東京大学出版会。

具 つぶさに 悉くそなわっていること、詳細に。

壺 つぼ 建物、廊、垣で囲まれた庭。壺庭ともいう。坪とも書く。

坪 つぼ ①都城の条坊制による地割りで、一坊を一六区画した一つを坪、また町という。②条里制で、一里を三六等分した一つで一町歩の広さ。③建物や垣に囲まれた中にある小規模な庭のこと。④宮中の部屋のこと。⑤面積の単位で一間《けん》（＝六尺）四方、約三・三平方メートル。

坪差 つぼさし ⇒坪付《つぼつけ》

壺銭 つぼせん 酒造業者に課された酒造役。酒壺の数に応じて賦課したので、酒壺銭・壺銭と称した。毎月年一二回賦課するものと臨時の賦課とがあった。明徳四年（一三九三）以降、壺銭は室町幕府の財源となり、年間六〇〇〇貫文に達した。
〈文献〉小野晃嗣『日本産業発達史の研究』法政大学出版局。

壺装束 つぼそうぞく 平安時代〜鎌倉時代、中流以上の女性が旅行するときの装束。小袖の上に小袿《こうちぎ》または袿を頭からかぶって着て、紐で腰を結び、衣の裾を手でからげて持ち、市女笠を目深《まぶか》にかぶる。

坪注 つぼちゅう ⇒坪付《つぼつけ》

坪付 つぼつけ 田地の所在地と面積を条里制の坪にしたがって帳簿上に記載するもの。その帳簿が坪付帳、領主に上申するものを坪付注文という。

局 つぼね ①宮中や貴族の私邸の中の、仕える女性たちの私室。②大きい建物の中で、簡単に仕切った部屋。社寺に参籠・通夜するとき、仏堂内に仕切った一区画をいう。③上流の女性を尊んでいう「……の局」。

壺胡簶 つぼやなぐい 矢の容器。靫《ゆき》はその形状から壺と呼ばれ、胡簶の一種と見られ壺胡簶と称されるようになった。おもに地下の武官用。

坪分け中分 つぼわけちゅうぶん 下地中分を行う場合、一荘全体として領域的に分割するのではなく、坪ごとに、領家方・地頭方と分割される方式。

妻戸 つまど 神殿造の殿舎の側面（＝妻）に吊《つ》り込んだ板扉。

一二 つまびらか 詳、審も同じ。くわしく、明らかに、委曲、委細、詳細。「不㆑能㆓一二㆒」（つまびらかにするあたわず）と用いる。

摘田 つみだ 小さい谷あいの低湿田で、じかに籾《もみ》を蒔《ま》いて稲を育てる。のびた苗を摘《つ》み取り間引《まび》いて残った苗を成育させる。
〈文献〉高島緑雄『関東中世水田の研究』日本経済評論社。

爪印 つめいん ①花押・印章のかわりに指先に印肉をつけて捺《お》すこと。幼年・女子また無筆者、あるいは印判を持ち合わせていないときに捺す。②江戸時代の刑事裁判で、被疑者が口書《くちがき》に捺印すると

きの印。

積 つもり　合計、計算の意。

津屋 つや　荘園または港湾に設けられた倉庫。「延喜式」では倉庫料を屋賃という。屋は津屋のこと。
〈文献〉阿部猛『律令国家解体過程の研究』新生社。

露 つゆ　中世、用水路、溝のこと。
〈文献〉宝月圭吾『中世灌漑史の研究』吉川弘文館。

頬 つら　特定の地点を指示する方法の一つで、とくに京都関係の史料に頬出する。「六条坊門室町東北頬」とか「梅小路室町西ツラ」などと見え、頬は側《がわ》の意で用いられる。
〈文献〉阿部猛『律令国家解体過程の研究』新生社。

倩 つらつら　熟、連々とも書く。よくよくの意。

系 つり　吊りも同じ。①系図。②血統・血縁。

釣殿 つりどの　寝殿造で、西の対《たい》から廊をへだてて南にあり、池に臨む建物。釣台ともいう。

津料 つりよう　①津（=港）で徴収する関税。銭でとると関銭。税率は一〇〇分の一のものを升米《しょうまい》という。②市場税、市場銭。
〈文献〉相田二郎『中世の関所』吉川弘文館。

つる　水流、都留、津留、鶴、弦、釣など、さまざまな字を宛てる。①山間小谷（=ヤト）の水を溜めたところ。②沖積扇状地を指す。
〈文献〉下村效『戦国・織豊期の社会と文化』吉川弘文館。

弦掛枡 つるかけます　⇒金判枡《かなばんます》

橡袍 つるばみのほう　つるばみ色に染めた袍（表衣《うわぎ》）で、平安中期以降、四位以上の官人が着た。

弦巻 つるまき　弦袋《つるぶくろ》ともいう。弓の替《かえ》弦《づる》を巻き込めておく容器。一般には、箙《えびら》の腰韋《こしかわ》に吊緒《つりお》で下げておく。

弦召 つるめそ　京都建仁寺門前に住んだ賤民で、沓・弓の弦を作り、祇園祭の警護や死体の処分、墓所の清掃などを行った。弦を行商するときの呼び声「つるめそ《(召)》う」に基づく。犬神《いぬじ》人《にん》とも。
〈文献〉豊田武『日本商人史　中世篇』東京堂出版。

強面 つれなし　難面とも書く。薄情であること。

津済 つわたり　⇒津《つ》

兵 つわもの　①武器・武具。広義には兵糧をも含める。②武人、勇士。

兵道 つわもののどう　武芸・武術など兵として心得べきことがら。

て

手 て　①手跡、筆跡。②代償、代価、代金。③雑税で、山手・野手・河手・関手・市手など。

手明 てあき　非番の者、手のすいている者。

手足奉公の者 てあしほうこうのもの　肉体労働に従事する者。

手足役 てあしやく　⇒足手公事《あしでくじ》

手洗 てあらい　①神仏に祈るとき手を洗い身を清めること。②手洗い水、手洗いの容器（桶）。

手合 てあわせ　①勝負をする。②薬の調合を自分の手ですること。

亭 てい　亭主《ていしゅ》のこと。御亭主《ごていしゅ》とも。「夜中、亭酒モツテ出、シヤミセン引テキカスル」とある。

出居 でい　①貴族の住宅で、接客・面談・外出のための更衣・休息の場として設けた室。②出居の座の略。官人が役務や威儀のために臨時に設けた座。出居に就いて事を行う出居侍従《じじゅう》や出居次将《すけ》をもいう。⇒いでい

廷　尉　ていい　検非違使佐・尉の唐名。

定期市　ていきいち　年あるいは月のうち、特定の日に開催される市。子《ね》の日の市のように、干支《えと》にちなんだものが定期市の始まりという。二日・十二日・二十二日の月三回の市（三斎市《さんさいいち》）、二日・七日・十二日・十七日・二十二日・二十七日の月六回の市（六斎市《ろくさいいち》）など。
〈文献〉豊田武『増訂 中世日本商業史の研究』岩波書店。

程　限　ていげん　限度、ほど。

呈　奏　ていそう　⇒挙申《あげもうす》

手　板　ていた　笏《しゃく》のこと。⇒笏

為　体　ていたらく　ありさま、ようす、状態、なりゆき。

庭　中　ていちゅう　①朝廷の記録所や鎌倉幕府の評定の座など法廷のこと。②鎌倉・室町幕府の訴訟制度で、担当の奉行が公平を欠いたり、訴訟手続きに誤りがあったと裁判所に訴えること。③室町時代、将軍に直訴すること。
〈文献〉石井良助『中世武家不動産訴訟法の研究』弘文堂書房。

停　任　ていにん　⇒ちょうにん

手　印　ていん　掌《てのひら》に朱や墨を塗って、それを文書面に捺《お》したもの。手形《てがた》である。起請文《きしょうもん》などに捺す。

手移り　てうつり　笙《しょう》の奏法、笙の指づかい。

手負注文　ておいちゅうもん　中世、武士が戦場で負傷（手負）した従者らの名を列記し、負傷の内容をも記した文書。軍奉《いくさぶ》行《ぎょう》のもとに提出する。

手　斧　ておの　釿とも書く。ちょうな。大工道具で、粗削《あらけず》りの木材を、更に平らにするための刃物《はもの》。刃を内に向けて用いる。

手掻会　てがいえ　奈良の手向山神社の祭礼。平安時代に始まり勅祭。八幡神を宇佐から勧請した行列を再現する。

手　返　てがえし　①反抗すること。②返《かえ》り忠《ちゅう》、反逆。③「手返しがならぬ」といえば、混雑していて手のつけられない状態。

手　鑑　てかがみ　代表的な古人の筆跡をあつめて帖としたもの。

手　桎　てかし　「てかせ」とも。手枷、手械、手杻とも書く。手にはめて罪人の自由を奪う刑具。

彳　てき　⇒たたずむ

適　てき　⇒たまたま

手　利　てきき　弓など武芸にすぐれていること、また一般に、物事に巧みであること。

鏑　矢　てきし　⇒かぶらや

手　切　てぎれ　交渉・談判が不成立におわり、直ちに敵対行動をとること。「然間、駿河と御手切を被成候得て、元康を帰させられ而、家康にならせられ給ふ」と用いる。

輦　車　てぐるま　人力によって引く車。唐破風《からはふ》のある入母屋《いりもや》屋根の四方輿《こし》。これに乗って宮門に出入するには輦車宣旨をうけねばならなかった。

輦車宣旨　てぐるまのせんじ　東宮・老親王・摂政・関白・高齢の大臣や僧正らが、宮城門から宮門まで輦車に乗ることをゆるす宣旨。輦車は人力で引く車。多くは待賢門で輦車に乗りかえ春華門前で下車する。
〈文献〉渡辺直彦『日本古代官位制度の基礎的研究』吉川弘文館。

出曲輪　でぐるわ　本城の外に築き、堀な

どをめぐらして、本城のまもりとする城郭の一つ。

出作 でさく　「でづくり」とも。ある土地の住人が他の所領の土地を耕作すること。荘園の住人が公領を耕作したり、A荘園の住人がB荘園に出作することがあり、この場合、出作農民またその土地の帰属をめぐって紛争が起こった。〈文献〉石母田正『中世的世界の形成』岩波文庫。

手猿楽 てさるがく　猿楽座に属さない素人出身の能役者、またその能。都市の富裕商人らが技術を学び活動した。応仁・文明の乱以後めだつ。

出城 でじろ　出丸《でまる》、枝城《えだじろ》、端城《はしじろ》ともいう。本城のほかに、国境など重要なところに築いた城。

手自 てずから　自分の手で、みずから。

手代 てだい　代理人。

行 てだて　方策、術策、作戦。「弓箭などの行《てだて》にてはなく候」と用いる。また「及レ行」といえば合戦、戦争の意。

手結 てつがい　手番とも書く。宮廷の行事である相撲《すまい》・射礼《じゃらい》・賭弓《のりゆみ》などの勝負ごとで、競技者を分けて組を作ること。前日の予行を荒手結《あらてつかい》、本番を真《ま》手結という。

手継文書 てつぎのもんじょ　田畠・宅地などの売買・譲与・寄進・相博《そうはく》に伴う売券・譲状・寄進状・相博状などの証拠文書を、人から人へと渡るにしたがって貼《は》り継いでいく。これを手継（次）証文という。〈文献〉佐藤進一『古文書学入門』法政大学出版局。

手継を引く てつぎをひく　所有物が盗品であり、その故に盗人の疑いをかけられたときは、所有の由来を述べ正当性を証する。これを手継を引くという。

手作 てづくり　荘園領主・地頭・荘官・郡司・郷司また地主《じぬし》が田畠を直接経営すること。

出作 でづくり　⇒でさく

手作田 てづくりだ　荘園領主・荘官・地頭・郡司・郷司らの直営田。

手作布 てづくりのぬの　手織りの布（とくに麻布）。一般の麻布より少し高値。平安時代、交易、封戸物の主要品目として所見する。

鉄砲足軽 てっぽうあしがる　戦国時代、鉄砲組に所属する足軽。

手長 てなが　饗宴のとき、膳のとりつぎをする役、客膳を運ぶ給仕人、仲居。

手無 てなし　①女性の月経をいう女房詞。②袖《そで》なしの胴着。③無能な者。

手爾乎波 てにをは　「てには」も同じ。①国語の助詞・助動詞・接尾辞、用言の活用語尾など、漢文訓読のとき補読しなければならないような語。②言葉づかい。③話のつじつま。

手ばかり てばかり　枡で米を計量するとき、斗概《とかき》を用いないで、手で米を山盛りにしてはかること。

出樋 でひ　地中に埋めていない溝。暗渠は伏樋《ふせひ》。中世、摂津国垂水荘《たるみのしょう》の場合は悪水抜きの排水路。

出百姓 でびゃくしょう　他の土地へ移動した百姓。史料上では、逃散百姓とは異なる。

手袋 てぶくろ　弓を射るとき、手指を傷つけないように着用するもの。

手振 てぶり　①手風とも書き、風俗、風習のこと。②書体、書風。③手つき。④素手《すで》、てぶら。⑤無一文であること。

者 てへ（え）り　「……といえり」の約。伝聞の形式。文末では「てへり」、文中では「てへれば」。「廿七日梅宮祭、広瀬・龍田祭未レ被レ定二其日一者《てえり》」と用いる。

出　目　でめ　⇒出田《しゅつでん》・隠田《おんでん》

寺法師　てらほうし　⇒僧兵《そうへい》

手を束ねる　てをつかねる　両手を組んだり、左手腕首を右手で握る行為で、降伏・恭順の意志表示となる。

手をよる　てをよる　手を縒《よ》るで、手をもむの意。相手の意を迎える、迎合するしぐさ。

手を分かつ　てをわかつ　①手わけをする、手くばりをする。②別れること。

簟　てん　⇒たかむしろ

忝　てん　⇒おおけなく

殿　でん　⇒しんがり

点　合　てんあい　承諾するの意。九州地方の方言か。

天　意　てんい　天皇の意志、みこころ。

天一神　てんいちしん　中神《なかがみ》ともいう。天一神は己酉日から六日は東北、乙卯日から五日は東、庚申日から六日は南東に、丙寅日より五日は南に、辛未日より六日は南西に、丁丑より五日は西に、壬午日より六日は北西、戊子日より五日は北に、癸巳日より一六日は天上に在る。天一神の方角を犯すと百事大凶となる。

天　下　てんか　①この世。②一国全体、国中。③世間《せけん》。④一国の政治。

天　火　てんか　①落雷によって起こる火災。②自然に起こる原因不明の火災。

田　仮　でんか　律令制下、五月と八月に官人に与えられた農業休暇。

殿　下　でんか　「でんが」とも。①三后・皇太子・皇族の敬称。②摂政・関白・将軍の敬称。

天下一　てんかいち　①天下に比べるもののないほど、すぐれていること。②天下唯一の名人の意。天和二年（一六八二）諸品の看板に「天下一」と記すことが禁じられた。現今いう誇大広告に当たるというのである。

天下一同大損亡　てんかいちどうのだいそんもう　全国的な大凶作、水・旱・虫・霜などによって作物が大被害にあい、収穫の望めない状況。

田　楽　でんがく　田植に際して、苗の生育、稲の豊作を祈願して行われる稲作儀礼の芸能。のちには農業とかかわりない娯楽的芸能にかわった。地方の社寺で神事・仏事の余興として広く行われるようになった。田楽興行の費用を賄うために設置された田地が田楽免田である。
〈文献〉能勢朝次『能楽源流考』岩波書店。

殿下渡領　でんがのわたりりょう　⇒摂関家領《せっかんけりょう》

殿下御教書　でんがみぎょうしょ　摂政・関白家の御教書。⇒御教書

天　官　てんかん　大蔵省の唐名。

天　顔　てんがん　①天子の顔、龍顔《りゅうがん》。②空《そら》もよう。

天　気　てんき　「てけ」とも読む。天皇の御気色《みけしき》、ごきげん、勅命、勅勘のこと。

典　儀　てんぎ　朝賀・即位などの大礼で儀式を掌る人のこと。少納言又は四位・五位の官人がこれに当たった。菅原道真は式部大輔のときこの役をつとめた。

典厩員外郎　てんきゅういんがいろう　馬助の異称。

典厩署　てんきゅうしょ　馬寮《めりょう》の唐名。

典厩令　てんきゅうれい　馬頭の異称。

転　経　てんきょう　①ていねいに経を読むこと。②経を転読すること。祈願のために大部の経を初・中・後と要所だけ数行読んで全体を読んだこととする。

天　狗　てんぐ　中国では天狗は星のことであったが、わが国では平安時代以降、山にすみ空を飛ぶ妖怪である。最も著名なのは京都愛宕山の天狗で、鎌倉時代になると山伏と結びつけて理解するようになり、愛宕山の太郎坊、鞍馬山の僧正坊、

比叡山の法性坊、比良山の次郎坊が名高い。

〈文献〉和歌森太郎『修験道史研究』平凡社。

天眷 てんけん　天子の恩、めぐみ。

天譴 てんけん　天のとがめ、天罰のこと。大きな災害が起こると、これを、人々をいましめる天帝の怒りであるといった。

田券 でんけん　田の領有を証する文書、券文《けんもん》、券契《けんけい》。

佃功 でんこう　田地耕作の手間賃。佃は「たづくる」。

天裁 てんさい　天皇の裁可、おゆるし。

点札 てんさつ　田札とも書く。点定立札の略。年貢・公事未進者や隠田《おんでん》を行った者、また逃亡人などの家屋・田畠・作物を差押える（点定《てんじょう》する）とき札《ふだ》を立てる。その札を点札、田札、点定の札という。

〈文献〉中村吉治『中世社会の研究』河出書房。

田使 でんし　「たつかい」とも読む。奈良～平安初期の寺院・王臣家の荘園の管理・経営に当たった者で、現地へ派遣された。佃使、荘使も同性質のものであろう。

〈文献〉藤井一二『初期荘園史の研究』塙書房。

佃使 でんし　⇒田使《でんし》

点者 てんじゃ　連歌《れんが》や俳諧《はいかい》などで、作品の優劣を判定して評点をつける人。判《はん》者《じゃ》ともいう。

伝授状 でんじゅじょう　学問・技芸・武芸の奥義《おうぎ》・秘伝《ひでん》を、師が弟子に教え授けるときの書きつけ。

点定 てんじょう　①指定すること。②土地・家屋・田地などを差押え、また没収すること。

殿上 てんじょう　内裏清涼殿《せいりょうでん》の殿上の間《ま》、そこに昇殿《しょうでん》を許されること。

殿上日記 てんじょうにっき　六位蔵人が当番を組んで記した朝廷の職務日記。儀式については紫宸殿上の儀に詳しく、式場周辺（軒廊・陣座など）の事情に詳しい外記日記とあい補うものである。しかし、平安末期には廃絶した。

殿上小庭 てんじょうのこにわ　清涼殿の殿上間の東半分の前庭。小板敷の南、下《しも》侍《さぶらい》の北に当たり、その東に無名門・右《う》青瑣門《せいさもん》があり、西に神仙門がある。

殿上簡 てんじょうのふだ　殿上間《てんじょうのま》にかけてある、昇殿を許された者の官職・姓名を記した札、日給簡《につきゅうのふだ》。

点定の札 てんじょうのふだ　差押え、没収する旨を記した札。点札《てんさつ》、田札という。

殿上弁 てんじょうのべん　殿上に詰めている当番の弁官。役儀を指定された者は参仕の弁という。

殿上法師 てんじょうのほっし　①院の昇殿を許された法師。②上皇に近侍していた官人で、出家後も院の昇殿を許されたもの。

殿上間 てんじょうのま　清涼殿の南廂《ひさし》の、公卿・殿上人が日常控《ひか》えている場所。九世紀末から設けられた。

殿上童 てんじょうのわらわ　上童《うえわらわ》ともいう。①平安時代、公卿の子弟で元服以前に、宮中の作法見習いのために昇殿を許され出仕した者。②蔵人所に属して宮中の雑事に従った一〇歳前後の少年、小舎人《こどねり》。

殿上人 てんじょうびと　四位・五位の者のうち、清涼殿の殿上の間《ま》に昇ることを許された者。殿上の間に昇ることができるのは、公卿（三位以上）・殿上人・六位蔵人で、昇殿を許されない者を地下《じげ》と称した。

点定物 てんじょうもつ　没収された物、徴発された物。⇒点定《てんじょう》

田地割換慣行 でんじわりかえかんこう　班田制類似の民間の慣行。村のうちで農民間

の格差の拡大、貧窮化を防止するために耕地の定期的割換えが行われることが認められる。班田制成立以前、わが国に田地割換慣行があったか否かをめぐって論議があった。
〈文献〉菊地康明『日本古代土地所有の研究』東京大学出版会。

点　心　てんじん　①禅家で昼食のこと。②茶うけの菓子。

天人楽　てんじんらく　雅楽の曲名。唐楽。太食調の曲。平安初期に法会の退出楽として奏された例がある。いまは廃絶して伝わらない。

田　図　でんず　①班田図。②校田図。③荘園図。

天水田　てんすいでん　自然の雨水や湧水を頼りにして稲を栽培する水田。冬から水を溜めておくので二毛作はできない。
〈文献〉古島敏雄『日本農業技術史』時潮社。

田　籍　でんせき　「でんじゃく」とも。班田収授の結果を示す文書。面積及び所在(町段四至)を記載している。
〈文献〉彌永貞三『日本古代の政治と史料』高科書店。

伝　宣　でんせん　天皇の命令を伝えること。宣旨が多用され、詔・勅は儀式的な場合に限られるようになった。

田　銭　でんせん　「たのぜに」とも読むか。守護などから田地に賦課された銭。実体としては段銭《たんせん》と同じである。

田　租　でんそ　律令制下の税の一つ、班給された口分田《くぶんでん》に課される。「田令《でんりょう》」では一段につき稲二束二把で比較的低率であった。

伝　奏　でんそう　院御所で、取り次ぎに当たる人。通常は院司が当たり、不在のときは側近の女房が取り次ぐ。平安末期から見える。南北朝期以降は、天皇への奏請《そうせい》を取り次ぐ役で、大・中納言が当たった。室町時代には、武家伝奏、寺社伝奏がおかれた。

天造を蒙る　てんぞうをこうむる　天皇の特別な新たなはからいを蒙るの意。天造とは造物主が作ったもの、天が形づくったものの意。「伏望、特蒙㆓天造㆒、以㆓件等田㆒、便入㆓東寺㆒、永充㆓伝法御願真言宗経律論疏之料㆒」と用いる。

殿中監　でんちゅうかん　中務卿、宮内卿、主殿頭の異称。

殿中侍御史　でんちゅうじぎょし　監物《けんもつ》の異称。

殿中省　でんちゅうしょう　中務省、宮内省の異称。

殿中少監　でんちゅうしょうかん　中務輔、宮内輔、主殿助の異称。

及㆓天聴㆒　てんちょうにおよぶ　天皇のお耳に入る、天皇がお聞きになる。

点　滴　てんてき　あまだれのこと、水のしたたり。

纏　頭　てんとう　①かずけもの、褒美として衣類や金銭を与えること。②当座の祝儀。③いそがしいこと、あわてること。
⇒被物《かずけもの》

顚　倒　てんとう　①逆さになる。②たおれる。③うろたえる。④「顚倒の相《そう》」といえば、煩悩に迷わされて真理を見誤る考えのこと。

天　道　てんどう　①天地自然の理。②神の意思、逆らうことのできない絶対的な意思。「君臣運命、皆天地之所㆑掌也、債案㆓今度次第㆒、其是非宜㆑仰㆓天道之決断㆒、全非㆓怖畏之限㆒」と用いる。

田　頭　でんとう　①田のほとり、田のかたわら。②広くひらけた場所、野外。③田堵《たと》の語源かという。

転　読　てんどく　①経典をていねいに読むこと。②大部の経典の経題あるいは要所を読むことで全体を読むのにかえること。転読・真読というときは②の意味。

転任 てんにん　官人が、同系列の右から左へ、少から大へ、権任から正任へ異動、昇任すること。在中弁→右大弁、権中納言→中納言など。

天然と てんねんと　自然にの意。「悉《ことごと》く天然と相果《あいは》て」と用いる。

塡納 てんのう　不足分を補うこと。古代、正税の量が規定の数に満たないとき、それを補うために倉庫に米を納入すること。

天判 てんぱん　①天子の裁断、勅裁。②神の意思、判断。

田夫 でんぷ　農夫、農人、百姓。

田品 でんぽん　田地の等級、単位面積当たりの生産高に応じた区分で、「延喜式」に「上田五百束、中田四百束、下田三百束、下下田百五十束」とある。

〈文献〉瀧川政次郎『日本社会経済史論考』日光書院。

伝馬 てんま　①古代・中世の駅制で常備された馬。②荘園において、領主・預所が荘民に伝馬役を賦課することがあった。③戦国大名は領国支配と軍隊輸送の目的から伝馬制を整備した。

〈文献〉坂本太郎『上代駅制の研究』至文堂。相田二郎『中世の関所』吉川弘文館。

伝馬手形 てんまてがた　戦国時代から、東国大名や江戸幕府のたてた伝馬制度で、駅で馬の継立てを命ずる文書。手形には利用者名・区間または宿名・馬匹数などが記載されていた。

天命 てんめい　①天の命令、天のめぐりあわせ。天道、天理とも。②人間の寿命。③天罰。

点役 てんやく　天役とも書く。臨時に賦課された雑役。①朝廷が賦課した臨時課税、造内裏役や大嘗会役などの一国平均役。②領主から賦課される兵糧米など。⇒一国平均役《いっこくへいきんやく》

天役 てんやく　点役も同じ。中世、臨時に課された役。⇒点役《てんやく》

電覧 でんらん　他人を敬って、その人が見ることをいう。御覧《ごらん》、高覧とも。

田率公事 でんりつのくじ　⇒田率雑事《でんりつのぞうじ》

田率雑事 でんりつのぞうじ　田地の面積に応じて賦課される雑公事。田率は段別と同意。率は「そっする」で、割合、比率の意。

〈文献〉坂本賞三『日本王朝国家体制論』東京大学出版会。

田率夫役 でんりつのぶやく　田地段別に賦課される夫役。

伝領 でんりょう　屋敷・田畠・文書などを伝承知行すること。

と

斗 と　㪷《と》とも書く。①一斗枡のこと。②容積の単位。一斗＝一〇升、一〇斗＝一石《こく》。古代の一斗は現量で約四升。

〈文献〉小泉袈裟勝『枡』法政大学出版局。

都 と　⇒すべて

土 ど　⇒土貢《どこう》・土田《つちだ》

弩 ど　⇒いしゆみ

樋 とい　谷や川を渡り水を導く管。木や竹で作る。懸樋《かけひ》、筧《かけい》、掛渡井《かけわたしい》、渡樋《わたりひ》ともいう。

〈文献〉喜多村俊夫『日本灌漑水利慣行の史的研究』岩波書店。

問 とい　⇒問丸《といまる》

土居 どい　土手、堤のこと。屋敷や官衙、城郭にめぐらして防禦施設とした。中世、武家の屋敷地をもいう。⇒堀ノ内《ほりのうち》

〈文献〉今井林太郎「中世に於ける武士の屋敷地」（『社会経済史学』八―四）。

云……云 といい……といい ……の場合も、……の場合も、という文章。「云二則親之時一、云二親広之時一、停二止地頭沙汰一、一向領知」などと用いる。

問口 といくち ⇒言口《いいくち》

問職 といしき 荘園領主が、年貢運送に当たる問丸《といまる》に宛行った所職。問丸には、年貢運送の代償として問給《といきゅう》（給田）が与えられた。〈文献〉豊田武『増訂 中世日本商業史の研究』岩波書店。

問状 といじょう 中世の訴訟制度において論人（被告）に対して弁明を催促する書状。問状は訴人じしんの手によって論人に送達されるものであった。〈文献〉石井良助『中世武家不動産訴訟法の研究』弘文堂書房。

土一揆 どいっき ⇒つちいっき

問丸 といまる 港津・都市・宿場などにいて年貢や商品の運送・保管・販売に当たった運送業者。平安末期から見える。荘園の問丸は荘園年貢の運送を行う代償として問職を与えられ、問給などの給田を付与された。問丸は、室町末・戦国期に問屋に発展する。⇒問職《といしき》〈文献〉豊田武『増訂 中世日本商業史の研究』岩波書店。

樋守 といもり 「ひもり」とも。海浜干拓地の海に向かう排水路の樋門を管理した者。樋守料という給分を与えられていた。〈文献〉服部英雄「現地調査と荘園の復原」（『講座 日本荘園史 Ⅰ』）吉川弘文館。

問屋 といや ⇒問丸《といまる》

問料 といりょう 問丸が荘園の年貢・商品の輸送・保管・販売を行ったとき荘園領主から与えられた手数料。取扱い総額の一〜二パーセントがふつう。〈文献〉新城常三『中世水運史の研究』塙書房。

党 とう 中世の弱小武士団の呼称。血縁的集団（湯浅党、隅田党《すだとう》など）と地縁的集団（松浦党など）の二種類ある。〈文献〉豊田武『武士団と村落』吉川弘文館。

鐙 とう ⇒あぶみ

榻 とう ⇒しじ

幢 どう 竿の先に日・月・鳥などをかたどった装飾を施し、旗をつけたもの。儀式また軍陣の指揮に用いた。

動 どう ⇒ややもすれば

当意 とうい 即座に考え、工夫すること、その場の意見。「当意即妙」といえば、気転をきかすこと。

倒衣馳参 とういしさん あわてふためいて馳せ参ずること。

唐音 とうおん ①中国語音のこと。②漢音のこと。③日本の漢字音で、広義には唐宋音、狭義には明末清初に伝えられた中国南方の音。

登遐 とうか 天皇・上皇が世を去ること、崩御《ほうぎょ》。昇霞、昇遐とも。

踏歌 とうか ⇒あられぱしり

唐楽 とうがく ①中国唐代の音楽。②日本の雅楽の一種。左楽という。

登華殿 とうかでん 内裏後宮六殿のうち、弘徽殿《こきでん》の北、貞観殿《じょうがんでん》の西にあり、七間四面。中宮・女御の在所。

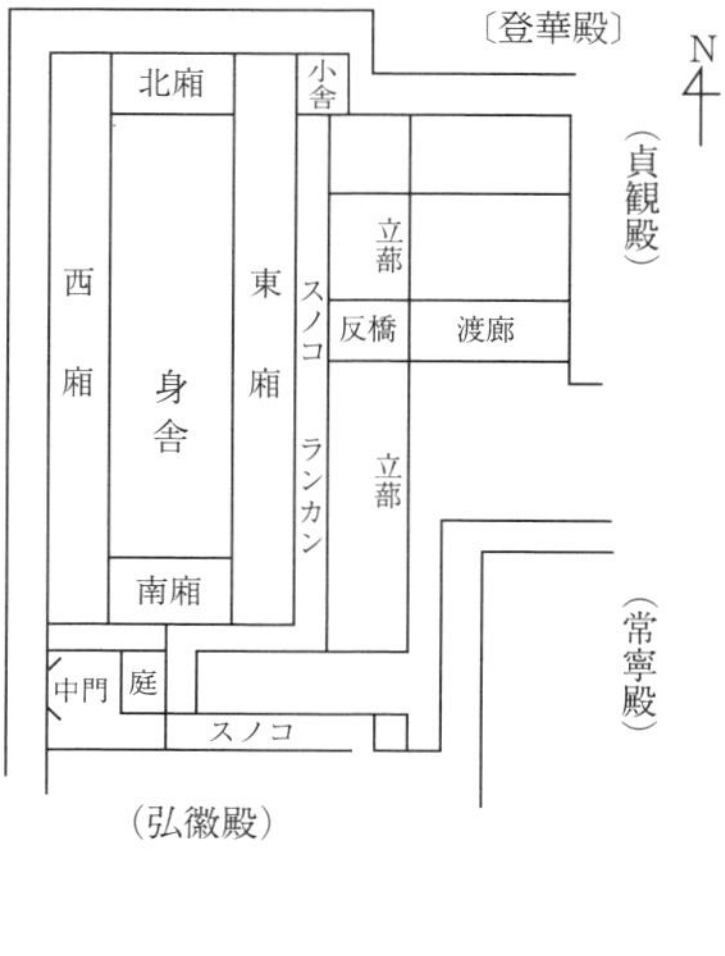

東華堂 とうかどう 豊楽院北域の堂舎。左

華楼ともいい、弁官行事所などの雑物を収納していた。

藤花宴 とうかのえん　藤の花を眺めて催す宴会。旧暦四月の行事。一〇世紀前半頃から始まった。音楽を奏し、詩を賦す。

踏歌節会 とうかのせちえ　平安時代、正月に宮廷で踏歌を奏する公事のこと。男踏歌と女踏歌があり、前者は十四日、後者は十六日に行われる。男踏歌には天皇が清涼殿に出御し、舞人・歌人は東庭で三度めぐり、御前に列立して祝詞を奏する。その後舞人たちは宮中から外へ出て京中の各所で踏歌を行い、飯駅や水駅で飯・酒の饗に与る。暁に宮中に帰参し天皇から酒饌を給され、禄を賜わり退出する。男踏歌は一〇世紀末に消滅する。十六日の女踏歌は、内教坊の舞妓約四〇人が紫宸殿の南庭で踏歌し退出する。⇒あらればしり
〈文献〉山中裕『平安朝の年中行事』塙書房。

等閑 とうかん　⇒なおざり

冬官 とうかん　宮内省のこと。

導官署 どうかんしょ　大炊寮のこと。

導官令 どうかんれい　大炊頭のこと。

逃毀 とうき　⇒ちょうき

当曲 とうきょく　雅楽で、序奏・登・退場楽・音取《ねとり》などに対し、演奏の中心となる曲のこと。

東（春）宮 とうぐう　①皇太子の住む宮殿。②皇太子のこと。

盗掘 とうくつ　墳墓を発掘して副葬品を盗むこと。古代から法により禁じられているが、実例は多い。嘉禎元年（一二三五）三月に盗掘された檜隈大内陵（天武・持統合葬）の場合は著名で「阿不幾《あおき》乃山陵記《のさんりょうき》」という陵内実見記が残されている。

当毛 とうげ　今年の作毛。毛は稲穂のみのり。

投壺 とうこ　壺に矢を投げ入れて優劣を競う中国の古い遊戯。奈良の正倉院に唐の壺が収蔵されているが、平安時代のわが国の遺物は存在しない。

道虚日 とうこにち　陰陽道でいう日の禁忌の一つ。出行・移徙《いし》・入官・嫁娶・冠帯・納財などを忌み、また社参を忌む。毎月六・十二・十八・二十四・晦日がそれに当たる。

動座 どうざ　①座に着いた者が、高貴な人を見たとき、座を離れて礼をすること。②天皇・貴人・神輿・神木が座所を他へ移すことをいう。

東作 とうさく　春の農作業。東は春。なお西は秋。

道志 どうし　①道は明法道、志は四等官の「さかん」。衛門府の志《さかん》で検非違使を兼任している者で、明法道の試験に合格した者。

登時 とうじ　「そのとき」「すなわち」とも読む。即時に、即座に、書簡の返事を書き、最後に日付を入れず「登時」と書く。即座に返事を書きましたの意をあらわす。

導師 どうし　元来は、衆生《しゅじょう》を導いて正しい仏道に導く師匠の意。転じて、法会で願文・表白を読み大衆を引導する役僧をいう。奈良時代から見える呼称。

当色 とうじき　官位相当の服色のこと。推古朝の冠位十二階以来、のち幾度か改定された。平安中期以降は、地下の者はみな緑を用い、そこで六位の袍を緑衫《ろくそう》と称した。

童子像 どうじぞう　古代、大寒の前夜半に、宮城十二門に五色に着色された童子像を土牛とともに立てる習わしがあった。中国起源の風習であるが、立春前夜に撤去されるもので、勧農儀礼の一つであったと思われる。

道者 どうじゃ 伊勢参宮・熊野詣などにうち連れて参詣する旅人らのこと。

堂衆 どうしゅう 寺院の諸堂に属して雑事に従う僧のこと。金堂《こんどう》衆・講堂《こうどう》衆の類。平安時代中期以降、大寺の僧兵として活動した。

当初 とうしょ ⇒其上《そのかみ》

登省 とうしょう 式部省の試験をうけること。平安中期以降、とくに擬文章生《ぎもんじようしょう》が文章生となるための省試。広義には擬文章生となる寮試も含める。

答状 とうじょう 中世、幕府の訴訟制度で、訴人《そにん》の訴えに対して論人《ろんにん》が提出する陳弁書。一回めは初答状、二回めは二答状、三回めは三答状という。訴・陳は三回で終わり。

堂上 どうじょう ①昇殿すること、昇殿を許された人。地下に対する語。②室町時代以降、公家《くげ》の家格の一つ、堂上家《どうじようけ》。広義には清涼殿へ昇殿を許される家柄。狭義には公卿になれる家柄。

謄詔符 とうしょうふ 「あがりのしょうふ」という。中務省が調製した詔書を施行するについて、太政官は詔書の文意を文中に織り込んだ太政官符を作り大宰府や諸国に下した。この官符を謄詔符という。

東上北面列立 とうじょうほくめんれつりつ 官人らが、儀式などの場合、東側を上位とし、北に面して列び立つこと。

童女御覧 どうじょごらん 十一月に朝廷で行われる新嘗祭の中卯日に、天皇が五節舞姫に付きそう童女を清涼殿で見る儀式。一〇世紀末、円融天皇のときに始まったという。

同心 どうしん ①同意する。②同行、同道する。③仕事を手伝う、戦いで味方する。④同時に。⑤江戸時代、奉行・所司代・城代などの配下で与力の下に位置する下級役人。

唐人座 とうじんざ 戦国末期、中国・朝鮮からの輸入品(唐物《からもの》という)を販売する商人の座。また薬品を扱う座のこと。越前国木田荘《きだのしょう》の商人橘氏は唐人座と軽物座(軽物とは絹織物のこと)を統轄し、織田信長、柴田勝家によって保護された。

唐人町 とうじんまち 中世から近世にかけて、通商などで来日した中国人・朝鮮人が集住した地区。平安時代に唐房《とうぼう》(唐坊)と呼ぶ居留地があり、戦国時代以降、薩摩坊津、肥前口ノ津、豊後府内など九州の港町に多く設けられた。

〈文献〉小葉田淳「唐人町について」(『日本歴史』九)。

東司 とうす 登司とも書く。禅寺で便所のこと、もと、かわやの神のこと。

銅銭 どうせん 和同開珎から乾元大宝までのいわゆる皇朝十二銭(史料上の表現では「官銭」)は銅銭である。平安末期から宋銭・元銭・明銭が大量に輸入されて流通した。一枚一文。

〈文献〉小葉田淳『日本の貨幣』至文堂。

痘瘡 とうそう ⇒疱瘡《ほうそう》

道祖神 どうそじん 村境や峠にあって、疫病や悪霊の侵入を防ぐ神。道祖神の祭は一月の小正月《こしようがつ》の火祭(十四日・十五日)や二月の初午《はつうま》の日と重なることが多い。⇒さいのかみ

灯台 とうだい もとは、三本の木を組み合わせて、その上に油皿をのせた灯火具。のち脚を一本にしたものが出現する。高さ一メートル前後のものを切《きり》灯台、それ以上高いものを高《たか》灯台という。

等第 とうだい ①成績の等級のこと。式部省試の成績の等級で、秀才・明経試は上上〜中上、進士・明法・算試は甲・乙第が及第で、それ以外は不第とされた。②官人の勤務評定成績(考第)のこと。内長上は上上〜下下の九等第、内分番、

国博士・医師、帳内・資人は上・中・下の三等第、郡司・軍毅は上・中・下・下下の四等第であった。③蔵人・女官の上《じょう》日《じつ》数（出勤日数）の等級のこと。
〈文献〉野村忠夫『律令官人制の研究』吉川弘文館。

堂達 どうたつ　寺の法会《ほうえ》・受戒《じゅかい》の時の役僧をいう。会行事《えぎょうじ》の下に在って堂内を取りしきり願文などを伝達する役。

道地 どうち　本場、或いは産地の意。「醍醐は梅の道地なり」と用いる。

当知行 とうちぎょう　所領を現に占有している状態をいう。所領の知行安堵は当知行でなければ受けられない。
〈文献〉石井良助『日本不動産占有論』創文社。

東庭 とうてい　清涼殿の東にある庭のこと。細い水路（御溝水《みかわみず》）が走り、北に呉竹台、南に河竹台がある。北東部の御溝水の落ち口（瀧口）の近くの渡廊に蔵人所に属する武士の詰所があり、これが瀧口陣である。

登天楽 とうてんらく　高麗楽。双調の曲。もと四人の童舞であったが、現在は大人の舞になっている。

当道 とうどう　①その道、自らの学ぶ道。②中世以来、幕府公認のもとで組織された盲人の団体。琵琶、鍼灸、導引、箏曲・三弦などの団体。

堂童子 どうどうじ　①寺院内で雑事に従い、法会に花筥《けこ》を配るなど諸事を行う俗形の少年。②薬師寺最勝会、興福寺維摩会、宮中の御斎会ほか重要な法会の際に花筥を配り、探題を迎えるなどの役を臨時につとめる者。四、五位の殿上人から選ばれた。

頭人 とうにん　①中世、幕府の引付《ひきつけ》の部局長。②幕府の政所・評定所・侍所の長官。③大名の常備軍中の隊長、物頭《ものがしら》・番頭《ばんがしら》。

当任 とうにん　現在その職にあること、現職。「当任の受領」などという。

頭中将 とうのちゅうじょう　近衛中将で蔵人頭を兼ねる者。近衛中・少将は名誉官となっており、軍事官的性格はない。

頭弁 とうのべん　弁官で蔵人頭を兼ねる者。事務練達の有能な官人が選ばれた。

騰馬 とうば　⇒あがりうま

当番歴名帳 とうばんれきみょうちょう　平安時代、大内裏の警衛に当たる官人の名簿。大内裏の警衛は六衛府が分担し、各々半月交替制となっていた。毎月一日にはその上半月の、十六日には下半月の警衛に当たる官人の名簿（歴名帳）を奏する儀が行われた。

塔舞 とうぶ　⇒あららぎまい

東風 とうふう　⇒あゆ・こち

東福門 とうふくもん　朝堂院二十五門のひとつ、大極殿から東へ延びる軒廊《こんろう》のほぼ中央にあり、軒廊中門ともいう。

灯分稲 とうぶんとう　古代に、諸寺に灯明料として与えられた出挙稲。諸国の管掌する出挙稲のうち雑稲内に設けられたもの。国司が運用し、利稲分が諸寺に送られた。

同篇 どうへん　同辺とも。同じであること、変化のないこと。「旨趣同篇也」などと用いる。

逃亡 とうぼう　⇒浮浪人《ふろうにん》

逃亡跡 とうぼうあと　知行人が逃亡して残された所職・所領で没収されたもの。

唐法師 とうぼし　⇒占城米《せんじょうまい》

当名主 とうみょうしゅ　一四紀以降、名田の分解が進み、百姓名の一名田―一名主体制が崩れ、一名に数人の新名主が生まれた。この場合、旧名主に対して新名主を当名主と呼んだ。かつて、名分解後の公事収取の体制の上で、旧名主（本名主）

が公事の取りまとめを行ったものとみて当名主体制なるものを想定したことがあったが、誤解であろう。

〈文献〉杉山博『庄園解体過程の研究』東京大学出版会。

同名衆 どうみょうしゅう　戦国大名家臣団のうち、主君と同じ名字の上層家臣のこと。名字中ともいう。戦国大名三好長慶の家臣団は、同名衆・内衆・与力・被官の四層から成っていた。

〈文献〉長江正一『三好長慶』吉川弘文館。

唐　目 とうめ　重さの単位。一六〇匁《もんめ》(=六〇〇グラム)=一斤の場合をいう。黒目ともいう。

堂　免 どうめん　堂免田の略。寺院を構成する金堂・講堂など諸堂の経営維持の費用を弁ずるために置かれた田地。

頭　屋 とうや　⇒頭役《とうやく》

頭　役 とうやく　宮座で、神事舗設の責任者を当座・頭人・頭・頭屋といい、その役を頭役という。頭役遂行に伴う費用を番役として荘内の名田に均等に負担させたところもある。

〈文献〉薗部寿樹『日本中世村落内身分の研究』校倉書房。

燈油免田 とうゆめんでん　寺社の灯油料を賄うために設定された田地。東大寺の場合、大仏供免田のひとつとして灯油免田が大和国内に散在し、所当官物は国衙に納め、灯油を東大寺に納入する雑役免田であった。

〈文献〉阿部猛『日本荘園史』新生社。

当　来 とうらい　来るべき世、将来、未来。

道　理 どうり　①ものごとの筋道、正しい理念、正しい人の道。②中世訴訟法の中で、道理とは慣習的・道徳的・法的な観念で、固定的なものではない。客観性には欠けるが、裁判に勝つことが道理を認められたことになるため、勝訴と同義になった。「凡《およ》そ道理を破る法はあれども、法を破る道理なし」(『太平記』)といい、道理が法を超えることはない。

棟　梁 とうりょう　①屋根の棟《むね》と梁《はり》。②国の重要な任務に当たる人物。③集団の指導者。「武家の棟梁」などと用いる。④仏法の保護者。⑤中世興福寺衆徒《しゅと》の代表者。筒井氏や古市氏。⑥工匠の親方。

燈　籠 とうろう　燈楼とも書く。屋外に置かれる灯火用具。釣《つ》り燈籠と台燈籠がある。古代から所見し、神仏用の灯明用、常夜灯など。

灯炉供御人 とうろうくごにん　蔵人所に属して灯炉の製造を任とした鋳物師《いもじ》集団。諸国の自由通交が保障されて売買交易に従事した。鋳物師の組織化は一二世紀後半に始まる。

度　縁 どえん　僧尼となることを許可した律令政府の証書、度牒のことを平安初期までは度縁と称した。

遠　侍 とおざむらい　武家の屋敷の警護の武士の詰所。内侍《うちざむらい》に対して、主殿から遠く離れた所に設置されていたのでそう呼ばれた。

遠朝廷 とおのみかど　①大宰府のこと。②陸奥の鎮守府や諸国の国衙をいう。③朝鮮半島に置かれた官家。

透 とおり　通り。「御諚《ごじょう》之透」などと用いる。辻の字も「とおり」と読むことがある。

咎 とが　科《とが》も同じ。①過失、失錯。②人柄としての欠点。③罪科。

斗　概 とかき　斗欠とも書く。枡《ます》で計量するとき、量る米などをならす棒。立木ともいう。

斗概料 とかきりょう　斗欠料とも書く。貢物米を枡で計量するとき斗概を用いるが、計量の手数料又は付加税のことであろう。

天喜六年（一〇五八）若狭国の東大寺封米結解では、年料米の約二〇パーセントが斗欠料となっていた。

左　右　とかく　兎角とも書く。①あれこれ、とにかく。②何れにせよ、何はともあれ。③えてして。

兎　褐　とかち　兎の毛を混ぜて織った絹織物。無位の武官や随身《ずいじん》の衣服に褐衣《かちえ》がある。布褐衣の語もあるので、絹織物ではなく布製のものもあったと思われる。

都官郎中　とかんろうちゅう　刑部輔、囚獄正の異称。

伽　とぎ　①夜の徒然の話しあいてをすること。②寝所に侍ること。③看病すること。④お伽衆の略。

土　宜　どぎ　「とぎ」とも。①その土地に適した産物。②土産《みやげ》。③年貢。土貢《どこう》も同意。

時　鐘　ときのかね　時刻を告げる鐘の音《ね》。ふつう、時を告げるには、鐘をついたり太鼓を打ったりした。また、村の寺の鐘は、一揆のとき、一味神水の際にもうち鳴らされた。
〈文献〉阿部謹也ほか『中世の風景　下』中公新書。

時　杭　ときのくい　時代とも書く。時を知らせるために、清涼殿や殿上の間《ま》の小庭に立てた。時の簡《ふだ》を差し込んだもの。一刻（一時の四分の一）ごとに立てた。

時　奏　ときのそう　宮廷で時刻を知らせること。陰陽寮の漏刻《ろうこく》博士と守辰丁《しゅしんちょう》（ときもり）が、一日十二時の各時に鼓を打って時を知らせ、また一刻ごとに鐘を撞いて知らせた。内豎《ないじゅ》は各時各刻ごとに時を奏した。

土　牛　どぎゅう　大寒の日の前夜、疫病をはらうために陰陽師が宮城の門口に立てた土製の牛の像。

得　とく　彳とも書く。検注帳などの記載で、得田の意。収穫のあった田。対は損（扌）。

得業生　とくごうしょう　大学寮での最高課程の学生で、明経四名、文章・明法・算名二名、大学院に相当し、試験を受けて官に就く。

読　師　とくし　①法会に講師とあい対して高座に登り、経題・経文を読誦する役僧。②諸国国分寺に講師とともに置かれた職官。③歌合・歌会で、講師に、歌を書いた懐紙・短冊を手渡す人。

土公事　どくじ　土は田舎《いなか》、在地の意。地頭・代官によって荘園現地で荘民に賦課される公事。居土《いど》公事ともいう。

読書儀　どくしょのぎ　皇子など貴人の男児が生まれたとき、七夜《しちや》まで毎日朝夕二度行う御湯殿儀の一つ。新生児の入浴の際、庭中で弓弦を鳴らし、一方で読書の博士が『史記』『漢書』『周易』などの一節を読みあげる。

読書始　どくしょはじめ　貴族の子弟が初めて書物を読む儀式。七歳～一〇歳の間が多い。儀式次第は身分によって異なるが、博士と助手役の尚復《しょうふく》（学生又は得業生が選ばれる）がつとめる。書は『御注孝経』や『古文孝経』『史記』（五帝本紀）である。儀式のあと、博士らに禄を賜わり酒宴がある。⇒尚復

特　進　とくしん　正二位の異称。

土公神　どくじん　陰陽道で土を掌る神のこと。春はカマドに、夏は門《かど》に、秋は井戸に、冬は庭にあって、これを動かすと祟りがあるとされた。

徳　政　とくせい　①仁徳を以て行われる政治、善政。②債務破棄、売却地取戻令。本来あるべき姿に戻す復活・復古の理念に基づく。荘園整理もこの理念による。永仁の徳政令や室町時代の徳政令がよく知られているが、全国的な徳政施行のほ

か、郡・郷・村を単位とする地域的な徳政が潜在的に行われていた。
〈文献〉笠松宏至『徳政令』岩波新書。

徳政一揆　とくせいいっき　徳政令の発布を要求する農民闘争の一形態。正長元年（一四二八）畿内近国に徳政要求の一揆が起こり、これは「日本開白以来、土民蜂起是始也」といわれた。
〈文献〉中村吉治『土一揆研究』校倉書房。

徳政禁制　とくせいきんぜい　貸借・売買などの契約関係を実力（一揆など）で破棄しようとする行動を規制する法、また条件つきで契約の有効性を認める法。土一揆による徳政要求に対して室町幕府が徳政令を出さず、または、契約額の一〇分の一（分一銭《ぶいちせん》）を幕府に出すことによって、債務あるいは債権を認めたりした。
〈文献〉桑山浩然「室町時代の徳政―徳政令と幕府財政―」（『中世の社会と経済』）東京大学出版会。

徳政担保文言　とくせいたんぽもんごん　徳政令が公布されても、売主が当該物件の取戻しを要求しないと売券に記して保証した文言。

徳政令　とくせいれい　既往の売買・寄進などの契約を、無条件または条件つきで破棄または継続を宣言する法。徳政禁制も含めて総称することもある。室町幕府による徳政令公布は嘉吉《かきつ》元年（一四四一）に始まる。
〈文献〉笠松宏至『徳政令』岩波新書。

徳銭　とくせん　戦国時代、有徳人《うとくにん》（富裕者）に賦課された税。⇒有徳銭《うとくせん》

得宗　とくそう　⇒得宗領《とくそうりょう》

得宗領　とくそうりょう　得宗家の所領。得宗とは鎌倉幕府執権の北条氏の家督のこと。約三〇〇か所の所領が知られている。農工業生産力が高く、かつ軍事・交通上の要地が多い。一般御家人または得宗被官人を代官に任じて管理させた。
〈文献〉奥富敬之『鎌倉北条氏の基礎的研究』吉川弘文館。

得替　とくたい　得代とも書く。「替を得る」で、任期を終了して後任の者と交替すること。国司・領主を交替させる、また没収するの意もある。

得田　とくでん　その年に収穫のあった田をいう。損田に対する語。検注帳に得、イと書かれる。
〈文献〉富沢清人『中世荘園と検注』吉川弘文館。

得度　とくど　剃髪出家して仏門に入ること。官の許可を得たものが証書としての度縁《どえん》を交付される。大同元年（八〇六）年分度者制度が制定され、寺ごとに定員が決められた。

徳日　とくにち　衰日《すいにち》の忌み言葉、万事について忌み慎むべき日。

徳人　とくにん　⇒有徳人《うとくにん》

得分　とくぶん　①律令制において、財産相続権を持つ者の得分。②領家職・地頭職・名主職などの職《しき》に応じて取る取り分のこと。③一般的に、収入、所得、利益、年貢などの意に用いる。

得分親　とくぶんのしん（おや）　財産相続権を有する親族。

徳米　とくまい　徳は富《とみ》、財産でまた得に通じる。地主の徳米といえば地主の取り分、徳米を給わるといえば、労働の代償としての賃金のこと。

土倉　とくら　⇒どそう

得利　とくり　得理とも書く。利益、もうけのこと。

得理　とくり　⇒得利《とくり》

毒飼　どくをかう　毒薬を飲ませる、毒殺する。

徒言　とげん　⇒他言《あだごと》

土戸　どこ　京内の戸を京戸《きょうこ》というのに

対して、以外の戸を呼ぶ。

都講　とこう　宮廷での講書や天皇・皇親の読書の際の教授者で、博士の補助者。尚復《しょうふく》の別称。六位蔵人、昇殿人のうち成業の者を任ずる。または得業生・学生がつとめる場合もある。⇒尚復

一、二　とこう　とかく。左右、彼此も同じ。

左右　とこう　とかく。彼此も同じ。⇒とかく

土貢　どこう　土地からの貢納物、田租、年貢。

土豪　どごう　その土地に住む豪族、勢力のある者。どの程度の規模のものをいうか定義はなく、かなりあいまいに用いられる。

土公祭　どこうさい　土公は陰陽道でいう土を守り掌る神。この神を祀る祭。⇒土公《どく》神《じん》

土公田　どこうでん　本公田に対する語。大《おお》田《た》文《ぶみ》記載の公田を本公田といい、それ以外の新開田を指すか。土は在地の、百姓の意。

鎮　とこしなえに　常、長、永久の字も宛てる。ながく変わらないさま。

床締　とこじめ　水漏れを防ぐため、水田の床に粘《ねん》土《ど》を入れたりする作業。

都護府　とごふ　按《あ》察《ぜ》使《ち》、陸《む》奥《つ》出《で》羽《わ》按《あ》察《ぜ》使《ち》の異称。

所　ところ　①建物・倉庫などの集まった区画されたところ。②人の住んでいる区域、集落。③垣や濠《ほり》をめぐらした家・屋敷。④在所、田舎《いなか》。⑤平安時代、天皇の家政機関として宮廷に置かれた諸所の役所。内舎人所・進物所・御厨子所・大歌所・侍従所・楽所・糸所など多数ある。

野老　ところ　薢・荢とも書く。一種の蔓草で、葉・根とも薯蕷《やまいも》に似る。苦味があるが、焼いたり蒸《む》したりして食する。

所充　ところあて　平安時代、諸所の別当を定めて、その行事を分担させること。除《じ》目《もく》と並行して行われる。官所充・殿上所充・院所充・中宮所充・東宮所充など。〈文献〉菊池京子「『所』の成立と展開」（林陸朗編『平安王朝』）至文堂。

露顕　ところあらわし　結婚の成立を社会的に披露する儀式。平安時代には、男が女の許に通い始めて三日めに披露するのがふつうであった。露顕の儀とともに、三《み》日《か》の餅《もち》といって、新夫婦が餅を食べる儀式もあった。〈文献〉中村義雄『王朝の風俗と文学』塙書房。

所質　ところじち　債務者と同じ所の住人であるという理由だけで、債権者から人質に取られたり、差押えをうけること。⇒国《くに》質《じち》・郷《ごう》質《じち》〈文献〉勝俣鎮夫『戦国法成立史論』東京大学出版会。

所の市　ところのいち　一定の範囲の地域の住人たちが、日常的に交易の場として出入りしている市。〈文献〉阿部猛『日本荘園成立史の研究』雄山閣出版。

吐嗟　とさ　⇒あわや

土佐紙　とさがみ　中世末期、土佐国で生産された厚手の紙。黄色の紙で薬種袋として用いられた。

土作　どさく　本公田に対する語で、新開の地（田）のことを指すか。

外様　とざま　①外来者。②表むきの所、世《せ》間《けん》。③室町時代、将軍家に服属する諸大名の家格を示す呼び名。④江戸時代、関ケ原役以後に徳川氏に服属した大名。対は譜《ふ》代《だい》。

左右　とざまこうざま　⇒とかく・とこう・そう

土産　どさん　その土地の産物、特産物。⇒土《ど》宜《ぎ》・土《ど》貢《こう》

斗子 とし　斗は一斗枡。斗の子で一升枡のこと。

徒矢 とし　⇒あだや

刀自 とじ　戸主《とぬし》の宛て字。①主婦、いえとじ。②女性の尊称。③老婦人。④平安時代以降、宮中で雑事に従う女官。⑤貴人の家に仕え雑役に従った女性。
〈文献〉義江明子「刀自考」(『史叢』四二)。

度支 どし　主計寮の異称。

度支員外郎 どしいんがいろう　主計助の異称。

歳神 としがみ　正月さま。年徳《としとく》ともいう。正月に来臨し年中の安全と豊作を約束する。年棚を設けて迎える。
〈文献〉和歌森太郎『日本民俗論』(著作集9)弘文堂。

祈年祭 としごいのまつり　「きねんさい」とも。古代、陰暦二月四日、神祇官や国庁で五穀豊穣を祈った祭儀。

年違 としちがえ　同年齢の者が死んだ場合、その忌を避けるために年齢を一歳ふやす俗信。

年付 としづけ　文書に年次を記入すること。年付をしないと月日のみとなる。

閉目 とじめ　①物事の結着、終結。②死にぎわ、末期《まつご》。「閉目の事」といえば葬送のこと。③処分すること、処置すること。④役目を果たすこと。

徒者 としゃ　⇒いたずらもの

図書 としょ　①室町時代から朝鮮が日本人通交者に与えた銅印。②中世末期、島津氏が琉球貿易船に与えた許可証印。③河図洛書《かとらくしょ》のこと。河図は伏羲《ふくぎ》のとき黄河から出た龍馬の背に、洛書は禹《う》のとき洛水から出た神亀の背に記されていた図と文で、これによって天地の変化を占うことができるとされた。④絵図と書物。
〈文献〉中村栄孝『日本と朝鮮』至文堂。

都省 としょう　太政官の唐名。

斗升 としょう　一斗枡のこと。枡の基本は一斗枡であったから、単に斗といえば枡《ます》のこと。

都状 とじょう　人間の生死、禍福を掌る道教の神、泰山府君をまつり長寿延命を祈る祭文、願文のこと。

年寄 としより　年老、老人、宿老とも。組織の中で経験豊富な指導者を指す。宮座や商工業者の座の重役も年寄という。

度支郎中 どしろうちゅう　主計頭の異称。

土人 どじん　⇒班田農民《はんでんのうみん》

徒世 とせい　⇒あだしよ

屠蘇 とそ　中国の霊薬。正月に飲めば病気を予防するという中国の風に倣《なら》い、元日に天皇に奉進した。「御薬を供する」年中行事がそれである。

土倉 どそう　「とくら」「つちくら」とも。室町時代の金融業者、高利貸。質物を納める土倉(蔵)に象徴される呼称。酒屋で金融業を兼ねる者が多かったので、酒屋・土倉と連称される。
〈文献〉下坂守「中世土倉論」(『中世日本の歴史像』)創元社。

土蔵 どぞう　⇒かわらくら

土蔵法師 どぞうほうし　蔵法師・山法師・土蔵坊主も同じ。中世、比叡山延暦寺を本所とする山門公人身分の土倉経営の高利貸業者。山門の権威をかりて暴利をむさぼった。
〈文献〉豊田武『日本商人史　中世篇』東京堂出版。

土倉役 どそうやく　土倉に対する課役。明徳四年(一三九三)以後、室町幕府は土倉役を課し、納銭方《のうせんがた》と呼ばれる有力土倉を通じて徴収した。幕府の土倉役収入は月額二〇〇〇貫文ほどであった。
〈文献〉桑山浩然「室町幕府経済機構の一考察」(『史学雑誌』七三—九)。

斗代 とだい　田畠一段についての年貢

収納高。一段について米三斗を納めるときは、三斗代という。

土代 どだい　①文書・図画の下書き、草案。②土代《ついしろ》のこと。⇒草《そう》・ついしろ

土断 どだん　古代、百姓《はくせい》を本貫地《ほんかんち》ではなく、逗留先の現住地で名簿に記載し把握すること。現在地で戸籍に載せることとする理解もあったが、誤りであろうという。

土帳 どちょう　検注帳のこと、また、名寄帳《なよせちょう》のことをもいう。

度牒 どちょう　⇒度縁《どえん》

土打役 どちょうやく　⇒つちうちやく

咄嗟 とっさ　①しばし。②たちどころ、瞬間。⇒吐嗟《あわや》

突鼻 とっぴ　①譴責される。②勘当される。③騒動。
〈文献〉村尾元忠「『突鼻』小考―看聞御記を中心に―」（『小山工業高等専門学校研究紀要』七）。

徒弟 とてい　弟子《でし》、門人《もんじん》、のち、親方の家に起居して技術修業する少年をいう。

迚 とても　和製漢字（和字・国字一覧参照）。揃、揣と書くこともある。「とてもかくても」の略で、どのようにしてでも、どうあろうと。

徒党 ととう　仲間・団体・一味。

都堂院 とどういん　大学寮内の一院。文章院ともいう。釈奠《せきてん》のとき、ここで論講・宴会が行われる。

渡唐銭 ととうせん　中国からの輸入銭の総称。

渡唐船 ととうせん　中世、海外渡航の船舶を汎称した。中国大陸で唐が滅亡し、宋・元・明と王朝がかわっても、海外渡航を意味する用語として渡唐が使われていた。

渡唐段銭 ととうたんせん　遣明銭経営の費用を賄うために、荘園・公領の農民にかけた段銭。

徒党だて ととうだて　①好んで徒党を組むこと。②徒党を組んで勢いづくこと。

渡唐天神 ととうてんじん　渡宋《とそう》天神ともいう。天神すなわち菅原道真が中国に渡り、南宋の禅僧無準《ぶじゅん》師範に参禅したという説話で、それに基づく画像も描かれた。

徒党を組む ととうをくむ　あることをもくろむために仲間が集まり集団となること。

都督 ととく　大宰帥《だざいのそち》のこと。

都督尹 ととくいん　大宰帥のこと。

都督少卿 ととくしょうきょう　大宰少弐のこと。

都督大卿 ととくたいきょう　大宰大弐のこと。

都督府 ととくふ　大宰府のこと。

徇 となう　徇とも書く。①あまねく告げ知らせる。②ふれ廻る。③かすめ取る。④従う。

袷恰 とにもかくにも　とにかくに、何はともあれ。

刀禰 とね　古代、地方行政を掌る下級官人。平安京の保《ほ》の刀禰、村刀禰、里刀禰、浦刀禰、津刀禰など多様である。一一世紀頃から在地刀禰の呼称が一般化するが、かれらは名主層に属し、荘園・公領支配体制の中に下級荘官として組織された。また、宮座や商工業の座の座衆の中核的存在としても所見する。
〈文献〉木村茂光「刀禰の機能と消滅」（『日本史研究』一三九・一四〇）。

舎人 とねり　①天皇・皇族に近侍し雑事に従う者。内舎人《うどねり》・大舎人・東宮舎人・中宮舎人。②授刀舎人寮《じゅとうとねりりょう》と衛府の兵。③帳内《ちょうない》・資人《しじん》。④牛車《ぎっしゃ》の牛飼、馬の口取。

宿直 とのい　①宮司において宿直（夜間勤務）すること。②主人の近辺にあって不寝番に当たること。荘園において、地頭が荘民を宿直に使うことがあった。

③女性が夜間天皇の寝所に侍ることを「御宿直」といった。

宿装束　とのいしょうぞく　⇒衣冠《いかん》

宿直物　とのいもの　本来は、宮廷に仕える者の宿直の際の衣服・寝具の総称。転じて宿直に関係なく夜衣の称となった。

殿　原　とのばら　①武家の男子の敬称。②荘園村落内の上層身分の者、地侍層を指していう。
〈文献〉江頭恒治『高野山領荘園の研究』有斐閣。

鳥羽作道　とばつくりみち　平安京の羅城門から真っ直ぐに南下する道。平安京造営時に朱雀大路の延長として整備されたものであろう。平安末期に鳥羽離宮が造営されると重要な道路となった。

都鄙の習　とひのならい　都と田舎《いなか》の（全国的な）慣習。「五畿七道の習」「荘公の例」というも同じ。

都鄙和睦　とひわぼく　室町時代、幕府と地方諸大名との和睦、幕府と鎌倉府との和睦を指す語。
〈文献〉渡辺世俗『国史論叢』文雅堂。

土　風　どふう　「土風の例」ともいい、在地の慣習のこと。土は在地・田舎・土民をいう。

鳥　総　とぶさ　葉の茂った木の枝のこと。むかし木を伐り倒したとき、その枝を伐り倒した木の株や地上に挿して山の神に奉る風習があった。これを「とぶさたて（つ）」という。

烽　火　とぶひ　古代に、外敵侵入に備えた非常警報施設。急を知らせるために、昼は煙をあげ、夜は火をたいて合図とした。「のろし」という。古代国家の制度として烽火は平安前期に絶えたが、この方式の警報システムは戦国期まで用いられた。

訪　とぶらう　①問い尋ねる。②訪問する。③安否を問う、見舞う。④調査する。

斗　米　とべい　一斗の米、わずかな米をいう。したがって、わずかな俸禄のこと。

斗　蒔　とまき　中世、播種量によって作付面積を表示するものがあり、種籾一斗を播く水田をいう。ときと所により田積は一定しない。

斗　升　とます　斗枡とも。一斗枡のこと。

苫　賃　とまちん　官物・地子などの運賃記載の中に所見。船賃・梶取賃・水手賃とならんで記載されている。一種の附加手数料か。

泊　とまり　津、港湾のこと。津泊といわれることが多い。風待《かざまち》、潮待《しおまち》のための待避所。

頓　とみに　にわか、さっそくの意であるが、副詞的に、「とみに」と用いられることが多い。

土　名　どみょう　⇒百姓名《ひゃくしょうみょう》

土　民　どみん　①律令制下、当土に編戸されている人民。②荘園・公領の住人一般を指すが、とくに反権力的な姿勢をとる者たちを指していう場合が多い。

徒　名　とめい　⇒あだな

留　浦　とめうら　諸人の立入り用益を禁じた領主直轄の海浜。

止　手　とめで　留手とも書く。吹止句《ふきどめのく》とも。雅楽で、曲の終止型にあたる短い旋律。多くは、その調の音取《ねとり》の一部分をとって作られている。⇒音取

留　山　とめやま　諸人の入山・伐採を禁じた領主直轄の山。

土　毛　どもう　土地から生ずるもの一般をいうが、官物・年貢以外の産物を貢納させたものを指す。一種の附加税である。
〈文献〉阿部猛『尾張国解文の研究』新生社。

儔　侶　ともがら　儔も侶も、友、仲間の意。

輩　ともがら　同輩、つれ、なかまの意。同様な種類の人びと。或る

種類の人びとを集団として表現する語。

照射 ともし　篝火《かがりび》をたいたり松明《たいまつ》を点《とも》して鹿をおびき寄せて射ること。

鞆役田 ともやくでん　鞆は塘《とも》で堤防のこと。干拓地の防潮堤の維持・修理の費用を賄うために置いた田地。
〈文献〉服部英雄「現地調査と荘園の復原」(『講座日本荘園史　1』)吉川弘文館。

鳥屋 とや　塒とも書く。①鳥小屋。とくに鷹を飼う。②鳥を捕らえるために山中に設ける仮小屋。

土用 どよう　立夏・立秋・立冬・立春の前一八日間をいう。中世には、土用の期間中には土木工事をしてはならないという禁忌があった。とくに、立夏前の土用は田植準備期に当たっていたので、農民の休養期間という意味もあったか。
〈文献〉鬼頭清明ほか編『生活史　1』山川出版社。

土用検注 どようけんちゅう　土用の期間中に検注をすること。この期間の検注は避けるべきものと考えられていた。とくに夏前の土用の時期は田植の準備期間であったから避けるべきものとされた。

豊明節 とよのあかりのせち　①酒宴のこと。②大嘗祭・新嘗祭の翌日、豊楽殿《ぶらく》で行われる宴会。賜宴ののち、吉野国栖の奏楽、五節舞があり、群臣に禄を賜わる。
〈文献〉倉林正次『饗宴の研究』桜楓社。

豊原 とよはら　中世末期、越前国坂井郡の豊原寺で造られた名酒。

鼓動 どよむ　響動とも書く。①物の音が鳴り響くこと。②平穏を乱す。③傷がずきずきいたむ。

団乱旋 とらでん　舞楽の曲名。唐楽。壱越調の曲。四人又は六人の舞であったが廃絶し伝わらない。

虎の頭 とらのかしら　虎の頭部またはその造り物。皇子誕生のとき枕上に置き、お湯殿の儀のとき置物机の上に置いて守りとした。

取合 とりあい　①互いに先を争って取ること。②たたかいあうこと。③つりあっていること、配合。④とりあげる、話にのること。⑤仲介する。⑥物と物のさかいめ。

鶏合 とりあわせ　雄鶏を蹴合《けあ》わせて勝負をさせる、闘鶏。三月三日の節供に行う。

鳥追 とりおい　①古くから行われた農耕上の風習。田植後の青田に来て荒らす鳥を追いたてる。②中世の賤民の一種、新年に門ごとに縁起を祝い、報酬を求める。

鳥口 とりぐち　①文杖の先端の物をはさむ所。鳥のくちばしに似ているので。

取子 とりこ　①貰い子、養子。②実子を養子として育てること。実子を社寺門前に捨てて神官・僧侶に拾ってもらい、譲りうけるかたちをとる。

取籠 とりこめる　①力づくでおし込める。②包囲する。③まるめこむ。

鳥柴 とりしば　鷹狩りで捕らえた鳥を人に贈るとき結びそえてやる木の枝。

取田 とりた　荘園・公領の検注において、耕地の丈量を行うことを取るといい、丈量の終わった田を取田という。
〈文献〉網野善彦ほか編『講座　日本荘園史　2』吉川弘文館。

取出 とりだし　⇒勘出田《かんしゅつでん》

取立 とりたて　①抜擢《ばってき》、登用する。②建築する。

取帳 とりちょう　⇒検注帳《けんちゅうちょう》

取次銭 とりつぎせん　戦国時代、町村や社寺が軍隊による掠奪暴行を免れるため、武将に請い制札を出してもらった。制札下付に代償として支払うのが取次銭で、判銭・札銭・筆耕銭などとも称し、ときには敵味方双方の制札を求めることもあ

った。⇒半手《はんて》

砦　とりで　寨・塁・取手も同じ。小規模な城で、木柵などで囲ったもの、仮設の城。

鳥子紙　とりのこがみ　室町中期以降、越前国で生産された和紙。雁皮《がんぴ》で漉《す》いた上質紙。鳥の子（鶏卵）のように淡黄色をしているので名がある。

鳥曹司　とりのそうじ　内裏内郭の東南隅の回廊の外側にあった鉤《かぎ》形の部屋で、鷹と犬を飼養していた。飼育が行われなくなると、外弁《げべん》の座に至る回廊の入口として使用された。⇒外弁

取食　とりばみ　執咋とも書く。大饗のあとなどに、庭に投げられた残った料理を拾い食べる者、またそのこと。

拉　とりひしぐ　挫の字を宛てることも。勢いをくじく、はずかしめること。

取紛　とりまぎれる　①混《ま》ざる。②他のことに気を取られて、それを見失う。冷静ではいられない。

執申　とりもうす　上にとりなして申しあげる、上に周旋《しゅうせん》する。

取物　とりもの　①取得する。②掠奪する。③掠奪品。

執物諸司　とりもののしょし　朝賀、即位の儀式の際に威容をととのえるために威儀物を持って列立する官人のこと。威儀物は弓・箭《や》・胡簶《やなぐい》・太刀《たち》・桙《ほこ》・楯《たて》など。

取物舎人　とりもののとねり　神楽《かぐら》を奏するとき、榊《さかき》・幣《みてぐら》・杖・篠《ささ》・弓・剣・鉾《ほこ》・杓《ひさご》・葛《かづら》・木綿《ゆう》などの採物《とりもの》を持って舞う奉仕の舎人。

取　とる　中世、荘園・公領で検注を行うこと。

〈文献〉富沢清人『中世荘園と検注』吉川弘文館。

奴隷制的直接経営　どれいせいてきちょくせつけいえい　奴隷的労働力を駆使して行う領主による直接経営。かつて、初期荘園の経営については、奴婢の労働力を投入して行われたとの学説があった。これに対して、初期荘園は近傍の班田農民の賃租によって経営が支えられていたとする学説が出て、現在では前者は否定されている。

〈文献〉藤間生大『日本庄園史』近藤書店。岸俊男『日本古代政治史研究』塙書房。

土浪　どろう　土は土人で、口分田の班給を受けている農民。浪は浪人で口分田を受けない者。合わせて人民というほどの意。

〈文献〉阿部猛『尾張国解文の研究』新生社。

屯　とん　古代の綿（真綿）の取引単位。一屯＝四両。馬一匹に負わせる綿は三〇〇屯とされていた。但し、三〇〇屯はいまの約一二貫で、馬載量としては小さすぎる。そこで駄法では大両の三倍に当てたのではないかとの説がある。因に江戸時代には一駄三六貫であった。

〈文献〉木本秀雄「綿の数量『屯』について」（『続日本紀研究』二〇〇）。

屯食　とんじき　平安・鎌倉時代、儀式や催物のとき、下仕えの者に与える酒食をのせた脚つきの台。またその酒食をいう。室町時代には、木の葉などに包んだ強飯《こわめし》、裹飯《つつみいい》（包飯）のこと。

頓写　とんしゃ　①いそいで書き写すこと。②追善供養のため一座に大勢集まって経典を一日で書写すること。対は漸写。

頓首　とんしゅ　「とんじゅ」ともいう。①中国古代の礼の仕方。頭を地につくように下げて、うやうやしくする敬礼。②書簡や上表文の終わりにつけ、あいてに敬意をあらわす語。「誠惶誠恐、頓首頓首」「頓首謹上」などと書いた。

遁世　とんせい　「とんぜい」とも。①世をのがれて仏道修行すること。②仏門に

入ること、とくに中年以後出家すること。

頓滅 とんめつ　①急に消滅する、滅亡すること。②急死すること。

な

ない　①大地。②地震。「ないふる」という。

内案 ないあん　①律令制下、公文書の作成者が自ら書いた控えの文書。天皇の上奏文など発給までの手続きに用い、のち発給官庁に保存される。

内位 ないい　位階体系の中心で、外位《げい》に対する。親王一品〜四品、諸王正一位〜従五位下、諸臣正一位〜少初位下をさす。中央官司・大宰府・諸国司の四等官・品官・才伎長上・雑任を対象とし、勤務評定による叙位の内考、内長上《ないちようじよう》・内《ない》分番《ぶんばん》に授与された。⇒内長上・内分番

内印 ないいん　天皇の印、天皇御璽《ぎよじ》。方三寸（曲尺《かねじやく》で二寸九分）の鋳銅印。太政官印を外印《げいん》という。

内宴 ないえん　平安時代、一月二十一日頃の子《ね》の日に、天皇が仁寿殿《じじゆうでん》に出御して公卿以下文人らに賜う宴。作詞・作文しまた音楽を奏する。

内官 ないかん　左右京内に置かれた官司の職員。外官に対する称。京官とも。

内管領 ないかんれい　鎌倉時代、北条氏宗家の家司《けいし》。北条氏が権力を独占すると、内管令の力が大きくなり、政治につよい影響力を及ぼすようになった。

内記 ないき　律令官制で、中務省の書記官で、詔勅の起草、位記の作成を掌る。令制では大内記・中内記・少内記各二名を置いたが、のち、中内記は大同元年（八〇六）に廃止された。内記の詰所は内記所で、内記局ともいい、左兵衛陣（陽明門内南掖）の南にあった。

内給 ないきゅう　天皇の年官《ねんかん》。⇒年官

内供 ないぐ　内供奉《ないぐぶ》の略。宮中の内道《ないどう》場《じよう》に奉仕し、御斎会に読師《とくし》などをつとめた。⇒内道場

内検 ないけん　その年の見（現）作、損・得を調査する検注。土地の丈量は省略される。その結果を記したものが内検取帳。

乃刻 ないこく　「すなわち」とも読む。書状の返事に「直ちに」の意で書く。乃時、廼時、廼刻、登時などみな同意。

内作名 ないさくみょう　⇒名《みよう》

内史 ないし　内記の異称。

乃至 ないし　①あるいはまた、または。

②同種のことがらを列挙するとき、中間を省略することを示す。なお、乃至を「すなわち……に至るまで」と訓読することもある。

内　侍　ないし　内侍司の女官の総称。内侍司は天皇の日常生活に供奉し、奏請・宣伝のことを掌る官司。尚侍（二人）、典侍（四人）、掌侍（四人）、女孺（一〇〇人）より成る。

内侍省　ないじしょう　中宮職《ちゅうぐうしき》の異称。

内侍省常侍　ないじしょうじょうじ　中宮亮のこと。

内侍省内侍　ないじしょうないじ　中宮大夫のこと。

内侍宣　ないしせん　内侍司の典侍《ないしのすけ》の名で出される文書で、天皇の勅《みことのり》を奉《うけたまわ》って、上卿《しょうけい》を経ずに直接出される。

内侍所神楽　ないしどころのかぐら　十二月吉日、内裏温明殿《うんめいでん》で行われる神楽。一一世紀初めに始まるという。神鏡に対する奉仕儀礼かという。

内　豎　ないじゅ　宮中の殿上で駆使する童子のこと。「ちいさわらわ」という。奈良時代には内豎省が設けられたこともある。弘仁十一年（八二〇）内豎所が置かれ、別当・頭・執事などの官人が配置された。

内　書　ないしょ　①内密の手紙。②主君から臣下に直接出す書状で、執事や奉行を経由しない。将軍の内書は御内書《ごないしょ》という。

内丞相　ないじょうしょう　内大臣のこと。

内相府　ないしょうふ　内大臣のこと。

内　陣　ないじん　神社の本殿や仏寺の本堂の神体・本尊を安置している所。

内親王　ないしんのう　天皇の姉妹および皇女。

内　訴　ないそ　鎌倉幕府の訴訟制度の一つ。執権・連署に内々に申し入れること。非公式の直訴《じきそ》。

内　奏　ないそう　①内密に天皇に奏上して願う。②中世、所領をめぐる訴訟相論で、天皇の近臣又は女性を通じて訴え、事を有利に取り計らおうとすること。③鎌倉幕府の訴訟制度で内訴と称するものに相当するか。

〈文献〉石井良助『中世武家不動産訴訟法の研究』弘文堂書房。

内　存　ないぞん　内々で思うこと、内々の所存。

内　談　ないだん　室町幕府の引付沙汰の手続きで、引付衆が行う評議。

内談衆　ないだんしゅう　室町幕府の訴訟で、所領関係の審理・記録を掌ったもの。

内長上　ないちょうじょう　古代、内位を授けられる日勤の官人。選考に与る勤務年数は六年。⇒内位《ないい》

内　典　ないてん　仏教の典籍をいう。対は外典《げてん》。

内道場　ないどうじょう　禁中に設けられた仏事を行う堂宇のこと。空海の奏請によって置かれた真言院はそれである。唐の例に倣ったという。

内　徳　ないとく　⇒うちとく

内　府　ないふ　内大臣のこと。

内分番　ないぶんばん　古代、内位を授けられる交替勤務の官人。選考に与る勤務年数は八年。

内　弁　ないべん　宮廷内の儀式には内裏承明門内、大極殿で行うときは会昌門内で式の進行を掌る官人。外で公事を奉行するのは外弁《げべん》と称する。

内命婦　ないみょうぶ　⇒うちのみょうぶ

内　覧　ないらん　摂政・関白らが、天皇に奏上すべき文書を内見して政務を処理すること。内覧を許す旨の天皇の仰せが内覧の宣旨。

内論議　ないろんぎ　⇒うちろんぎ

名請人 なうけにん　検注帳に名前を登録された農民で、年貢納入の責任を負う。

負名氏 なおいのうじ　令制下、伝統的職務をになう下級官人伴部《ともべ》に選任される特定の氏のこと。律令制成立以前の伴造《とものみやつこ》の系譜をひく、職掌を示す名辞を氏の名とする。例えば、物部氏（囚獄司《しゅごくし》・衛門府・東西市司の物部）、大伴・佐伯・的《いくは》・多治比氏などのいわゆる門号氏族（衛門府門部）など。

直事 なおごと　「非㆓直事㆒」と用いる。ただごとではないの意。

等閑 なおざり　「ゆるがせ」「おろそか」とも読む。深く心にとめない、いいかげんである、かりそめ。「なおざりがてら」といえば中途半端であること。

猶 なおし　猶《なお》を強めた言い方。それでもやっぱり、まるで、あたかも。

直物 なおしもの　①除目《じもく》の結果を記した召名《めしな》の誤りを改め直すこと。外記《げき》の調査した結果を記した直物勘文《かんもん》に基づいて修正する。②中世村落で、烏帽子成《えぼしなり》や官途成《かんとなり》を行う者が支払う費用。
〈文献〉薗部寿樹『日本中世村落内身分の研究』校倉書房。

直会 なおらい　神事ののち、神前に供えた酒食をおろして行う宴会のこと。もとは神との共食の儀礼。

直 なおる　斎宮の忌詞で、死の忌《い》み詞《ことば》。

中入り なかいり　①敵味方が対陣中、一部を分けて不意に敵を攻めること。②増援する。③芝居や相撲・寄席《よせ》などで、興行物の途中で休憩すること。

轅 ながえ　輦《てぐるま》・輿《こし》・牛車《ぎっしゃ》・馬車《ばしゃ》などの乗物の箱の台の下に平行して添えた二本の棒。牛車の場合は、前の方に長くのばして軛《くびき》を通して牛にひかせる。

名替 ながえ　年官に応募して任料を給主に納め、給主の申請で某国某官に任ぜられた者が任符《にんぷ》を受けない場合、給主がその代りの者を申請すること。⇒任符
〈文献〉時野谷滋『律令封禄制度の研究』吉川弘文館。

仲買座 なかがいざ　室町・戦国期、油の原料となる荏胡麻《えごま》や木の実《み》の仲介取引をした大和国八木の座。八木座は、吉野・紀伊・河内から仕入れた荏胡麻を扱った。
〈文献〉豊田武『座の研究』吉川弘文館。

中垣 なかがき　隣家との間の垣根。

中子 なかこ　斎宮の忌《い》み詞《ことば》で、仏のこと。

流文 ながしぶみ　質流れの事実を確認・承認した文書。放文《はなちぶみ》ともいう。

半天 なかぞら　中空とも。①中途。②うわのそらで精神的に不安定なさま。③なまはんかである。

中田 なかだ　中稲《なかて》の植えてある田地。

媒 なかだち　仲立も同じ。①男女の仲をとりもつ者。②敵に内通、内応すること。

長地 ながち　①永地《えいち》。②年紀売や、取戻し条件付売買契約に対し、無条件売却地のこと。永領地ともいう。③田地の形状。六〇歩（＝三〇〇尺）×六歩（＝三〇尺）の細長い田地。⇒永地
〈文献〉岩橋小彌太「長地考」（『国史学』四三）。

長帳 ながちょう　文書を貼りついで長い巻物としたもの。売券を貼《は》り継いだ手継《てつぎの》券文《けんもん》をもいう。

永作手 ながつくて　作手《つくて》のこと。永年作手で、その権利の永続性を強調したもの。⇒作手
〈文献〉井上寛司「永作手の成立について」（『日本史研究』一〇二・一〇五）。

中稲 なかて　稲の、わせとおくての中間に位置する品種。生育が比較的安定している。中稲の収穫は十月上旬～中旬。年貢として納めた米を中米という。

長門警固番 ながとけいごばん　文永の役《えき》

（一二七四年）のあと、長門国沿岸へのモンゴル襲来に備えて御家人に課した異国警固番役。周防・安芸・備後国の御家人、更に山陽・南海両道御家人、本所一円地の非御家人《ひごけにん》、凡下《ぼんげ》まで動員された。

長床　ながとこ　寺院で、板敷の上に一段座を高くして横に長く畳を敷いたところ。

長門探題　ながとたんだい　モンゴル襲来後、長門国守護に与えられた呼称。中国探題ともいう。鎌倉末期には、長門・周防両国守護に一人兼帯であったから、長門周防探題ともいう。北条氏一族の者が補任された。

長殿　ながとの　大内裏北部にあった大蔵省の倉庫群をいう。勾頭《こうとう》・預《あずかり》がいて管理していた。

中取　なかとり　食器をのせて運ぶ台のこと。中取案とも。案は机。幅一尺八寸で、長さ九尺、八尺の二種類あった。

中の重　なかのえ　内裏外部の垣。南正面に建礼門、北に朔平門などがある。

中半　なかば　半ば、半分。

長橋　ながはし　①清涼殿東廂南の落板敷から紫宸殿北廂の簀子《すのこ》の西端に至る細長い板の橋。②五節のとき、清涼殿東廂北階付近から承香殿南廂の西端に渡す仮設の板橋。天皇が清涼殿から常寧殿に赴くときの通路となる。

半之儀　なかばのぎ　①あいだがら。②「AB半之儀」といえば、AとBが対立関係にあること。

長夫　ながぶ　永夫とも書く。長期間にわたる夫役《ぶやく》。対は近夫《ちかぶ》。⇒近夫

中山祭　なかやままつり　京都二条猪熊の冷《れい》泉院《ぜいいん》に鎮座していた中山神社の祭礼。祭日は四月と十一月の上西日《かみのとりのひ》とも四月中《なかの》酉日《とりのひ》ともいう。同社は石神を祀り石上《いしがみ》明神《みょうじん》とも呼ばれた。建保二年（一二一四）火災で焼失した。

存命　ながらえる　永、長、存とも書く。①同じ状態が続くこと。②長生きする。

流質　ながれしち　質物を置いて金銭などを借りながら、債務を履行できなかったとき、質物が債権者のものとなる、その質。⇒流文《ながしぶみ》

如レ亡　なきがごとし　ないに等しい。

名国替　なぐにがえ　名《な》替《がえ》と国替《くにがえ》を同時に行うこと。延喜二年（九〇二）初見。⇒名替・国替
〈文献〉時野谷滋『律令封禄制度の研究』吉川弘文館。

長押　なげし　寝殿造の母屋の外側の廂《ひさし》と簀子《すのこ》との境界をいう。

名子　なご　有力名主などのもとに世襲的に隷属する農民家族。一三世紀末〜一四世紀初頭から史料に見える。名田の一部を耕作経営するが、名主への従属性が強く、売買の対象とされることもある。太閤検地で解放されるが、一部は江戸時代にも残存した。
〈文献〉有賀喜左衛門『日本家族制度と小作制度』河出書房。

夏越祓　なごしのはらえ　六月三十日に行う祓の行事。古代宮廷で六月、十二月に祓の行事が行われたが、室町期に中絶した。しかし、民間ではこれが盛んになり、とくに六月の行事が中心となり、茅輪《ちのわ》くぐりなど、現在に至るまで続いている。
〈文献〉大森志郎『歴史と民俗学』岩崎美術社。

余波　なごり　名残も同じ。①打ち寄せた波が引いたあと、まだあちこちに残る海水。②或る事柄が過ぎ去ったあとに残る気配《けはい》、影響。③人と別れを惜しむこと。

納言　なごん　大納言、中納言のこと。

成箇　なしか　年貢・公事、また商業税・市場税のこと。

梨壺　なしつぼ　⇒昭陽舎《しょうようしゃ》

梨壺五人 なしつぼのごにん　天暦五年（九五一）村上天皇宣旨によって撰和歌所に召し出された五人の者、清原元輔・紀時文・大中臣能宣・源順・坂上望城の五人で、『万葉集』の訓読や『後撰和歌集』の撰進を行った。撰和歌所が昭陽舎（通称梨壺）にあったのでこの称がある。

梨本院 なしもとのいん　梨下院とも書く。内裏の北東、職御曹司《しきのみそうじ》の北、縫殿寮の東にある。内裏《だいり》内の別宮で、淳和天皇・仁明天皇が遷幸している。

済　物 なしもの　「せいもつ」とも。①年貢や課税。②上納もの。

茄　子 なす　①野菜のナス。②茶入れの一種。

撫 なず　斎宮の忌み詞で打つの意。

準 なずらう　准、擬も同じ。準ずる、類する、肩を並べる。

納蘇利 なそり　高麗楽。壱越調の曲。走舞。二人舞。一人舞のときは落蹲《らくそん》という。

鉈 なた　薪などを割るのに用いる刃物《はもの》。刃が厚く広い。

名対面 なだいめん　内裏での宿侍者の点呼の方法。姓名を唱えさせるので名謁《みょうえつ》という。瀧口の武士の場合は問籍《もんじゃく》という。延喜元年（九〇一）頃から始まった。

宥沙汰 なだめざた　喧嘩などを調停する、談合によって和解すること。

なつき　「なづき」とも。頭痛《ずつう》のこと。「なづき」は、額・頭・脳の古語である。

夏地子 なつじし　畠地での二毛作の場合、夏作物に課される地子。夏作は大豆・荏胡麻、冬作は麦というパターンが多い。

納　所 なっしょ　国衙の租を納める倉庫、収納所。年貢収納に伴う納所の得分があった。①封戸からの収納物の輸送のために港湾に設けられた倉庫。②郡・郷・荘園の倉庫。③寺院や貴族の邸宅に設けられた倉庫。④国衙領・荘園内の徴税単位（＝農民的納所）。

〈文献〉吉田晶「納所小論」（『史林』四一―三）。

納所斗升 なっしょとます　年貢を収納する寺院の納所などで計量に用いていた収納《しゅうのう》枡《ます》。斗升は一斗枡か。

夏　成 なつなし　夏済とも書く。納期を夏とする年貢。一般に麦地子が多かった。

夏　畠 なつはた　夏の畠作、夏の収穫物。

夏　麦 なつむぎ　夏麦地子とも。冬作麦を夏に納入する。

なでぎり　撫切などと宛てる。皆殺しにする。

撫　物 なでもの　けがれを除くための祓《はらえ》の具、人形や衣類。身体を撫でてけがれを移し、川などに流す。

南　殿 なでん　紫宸殿のこと。

抔 など　等と同意に用いる。「ゆあみなどせんとて、あたりのよろしき所におりてゆく」「殿の内の絹・綿・銭などある限り取り出てて」などと用いる。

七草粥 ななくさがゆ　平安時代、正月子《ね》の日に天皇に若菜を供する行事があり、七日にも同名の行事があり、こちらは七種（草）に供するものであった。これが後世、七種（草）粥の行事の起源となった。

〈文献〉山中裕『平安朝の年中行事』塙書房。

七口関 ななくちのせき　中世、京都への入口に設けられた関。鞍馬口（艮）・小原口（八瀬口）・今道之下口（北白川口）・鳥羽口・東寺口・西七条口・長坂口の七口。ここには率分所が置かれた。七口が揃ったのは長禄三年（一四五九）という。

〈文献〉相田二郎『中世の関所』畝傍書房。

七瀬祓 ななせのはらえ　朝廷で、毎月また臨時に行われた祓の行事。人形《ひとがた》を七か所の河海の岸から流した。大井川で行うものは霊所七瀬、賀茂川のを賀茂七瀬という。

甘　従 なにかせん　「なにかせん」とも。

何になろうか、全く無駄なのではあるまいかという気持ち。

縁　底　なにによりてか　どうして、いかでか。「於二此事一者、依二無理一又無レ例、縁底忘二当時後代之禍乱一、可レ被レ行二古今無例之新像一哉」と用いる。

名　主　なぬし　中世の名主は、ふつう「みょうしゅ」と読まれたが、「なぬし」と読んだ例もある。一般には江戸時代の村役人。

〈文献〉奥野高広「名主と庄屋」（『日本歴史』四九）。

名　乗　なのり　⇒諱《いみな》

名　書　なぶみ　自分の官位・姓名を書いた札《ふだ》。⇒名簿《みょうぶ》

生　侍　なまざむらい　未熟な若年の侍、身分の低い侍。青侍に同じ。

慭　なまじいに　慭が正字。できもせぬのに強いて、うかつである、かりそめの意。

生道心　なまどうしん　⇒青道心《あおどうしん》

鉛　銭　なまりせん　近世初頭、鉛で鋳造された劣悪な銭。撰銭の対象となった。

なめんだら　並堕落の字を宛てることもある。だらしない、秩序がない、まとまりのないさま。

納　屋　なや　室町時代、港湾に設けられた倉庫のこと。

名寄帳　なよせちょう　年貢・公事収納のための土地台帳。検注の結果把握された田畠・屋敷などを名別にまとめた帳簿。その意味では、「みょうよせちょう」というべきか。

〈文献〉山本隆志『荘園制の展開と地域社会』刀水書房。

習　ならい　慣、倣も同じ。①習慣、あたりまえであること。②道理。③古くからの言い伝え。④生活、暮らしむき。⑤学習する。

ならかし　①平均する。②徳政のこと。

奈良紙　ならがみ　中世、大和盆地の南方の傾斜地で生産された紙。雑紙《ぞうし》が中心で、京都へも多く売られた。

〈文献〉小野晃嗣『日本産業発達史の研究』法政大学出版局。

而　已　ならくのみ　まさに……なのである。「不レ用二兵革一、暫俟《まつ》二時運一、是大義而已」と、強く断定するとき用いる。⇒のみ

奈良酒　ならざけ　室町・戦国期、奈良地方で造られた酒を総称する。「奈良酒」「南酒」「南樽」などと記録類に所見。奈良酒は、菩提山《ぼだいさん》正暦寺《しょうれきじ》、中川寺《なかのかわでら》、釜口長《かまぐちちょう》岳寺《がくじ》、また奈良市内の寺院僧坊および民間の酒屋で造られたもの。

〈文献〉小野晃嗣『日本産業発達史の研究』法政大学出版局。

奈良火鉢　ならひばち　奈良で造られた火鉢。鎌倉時代から近畿一帯では著名で、奈良座と京座（西京座）の二つの座があった。興福寺を本所とし、室町時代、奈良座の構成員は三〇人であった。

奈良法師　ならほうし　奈良の東大寺・興福寺などにいた僧徒。奈良大衆《だいしゅ》ともいう。

成　合　なりあい　①できていてよく合うこと。②なるがままで手をつけないこと。③なれ合って親しくなること。④内応すること。

成　束　なりがら　成柄とも。除目《じもく》のとき、成文《なりぶみ》を束ねたもの。

なりからし　成枯の字を宛てるか。銭を借りて、すでに元本の数倍の利息を支払っている場合、それ以上の返済義務を負わないという慣習法。平安時代以来、元本と同額以上の利息の徴収は禁じられていた。

〈文献〉笠松宏至「なりからし」（網野善彦ほか編『ことばの文化史［中世2］』）平凡社。

成　文　なりぶみ　①一般に、太政官から奏請し、勅許になった文書、決裁書をい

う。②除目《じもく》の申文《もうしぶみ》通りに任官させる文書。

成目 なりめ　未進に対する語として用いられる。官物などの納入ずみの分を指す。

生物 なりもの　成物とも書く。田畠からの収穫物、とくに果実、実のなる木。

鳴板 なるいた　見参板ともいう。清涼殿東南隅の落板敷から孫廂に上るところ。板を打ちつけていないので、踏めば鳴るようになっている。

鳴子 なるこ　音をたてて鳥や獣を追いたてる道具。古くは引板《ひた》といった。小さい板に竹管などを紐《ひも》で結び、綱にこれを多数吊《つ》り下げる。綱を引くとけたたましい音をたてる。

褻 なれ　「け」とも。ふだん、平常、つねの意。対する語は「ハレ」。

縄打 なわうち　①建築などのため土地に縄張りすること。②縄入と同じで、検地・測量のこと。

縄纓 なわえい　麁絹《あらぎぬ》を撚《よ》りあわせて作った二本の縄からできている纓。⇓上《あげ》緒《お》・おいかけ

苗代 なわしろ　籾種《もみだね》を播《ま》いて稲の苗を育てる田。親田、種田ともいう。苗代をつくり田植を行うことは奈良時代から見えるが、平安時代に一般化したと思われる。〈文献〉古島敏雄『日本農業技術史』時潮社。

縄手 なわて　田の間のあぜ道。田畠の所在を示す四至《しいし》記載に「限北十三条北縄」などと見える。

縄張り なわばり　①縄を張って境界を定めること。②邸や域を造るについて図面の通り敷地に縄を張ること。

名を籠める なをこめる　中世、その人の名字を書いて仏神の宝前に籠めて呪咀《じゅそ》すること。〈文献〉酒井紀美「名《な》を籠《こ》める」（網野善彦ほか編『ことばの文化史［中世2］』）平凡社。

難月 なんげつ　夏季の五月、六月をいう。農繁期（農月）である。

難済国 なんさいのくに　官物納入の困難な亡弊の国。

難渋 なんじゅう　①訴訟当事者が裁判所の召喚に応じないなど、手続きをおくらせること。②年貢の納入をおくらせること。

南所 なんしょ　⇓結政《かたなし》

軟障 なんしょう　⇓ぜじょう

男色 なんしょく　男性が男性を性欲の対象とすることをいう。仏教界では女犯の禁制が厳しかったので、美少年の童《わらわ》や稚児《ちご》を寵愛する男色の風が見られた。平安末期、右大臣藤原頼長の男色はよく知られており、日記『台記』には露骨にその様子が書かれている。

胡為 なんすれぞ　なんとかして、どうしてか。

難済 なんせい　中世、年貢などの納入を渋滞すること。

南曹弁 なんそうのべん　南曹は勧学院の別名。勧学院政所《まんどころ》の別当。藤原氏の者で、参議以外の弁官の首位の者を任じた。

難治国 なんちのくに　難済国に同じ、官物を完済することが困難な国、すなわち亡《ぼう》国《こく》、亡弊の国。⇓亡国

南庭 なんてい　紫宸殿の南の広庭。

南挺 なんてい　⇓南鐐《なんりょう》

南殿 なんでん　⇓なでん

南都 なんと　①奈良のこと。②奈良の興福寺のこと。③南朝（吉野朝）のこと。

何与 なんと　もとは「なにと」。①事態が不定・不明である様子。②なぜ……なのか。③あきれた気持。

南蛮 なんばん　①古代中国で南方の異民族に対する呼び名。②わが国で戦国時代以後、東南アジア方面をさしていう。

③一般的に異国風のものを総称した。

南蛮笠 なんばんがさ　つばの広い南蛮風の帽子のこと。織田信長が用いていたものは黒いフェルト製という。

南蛮菓子 なんばんがし　近世初頭、おもにポルトガルの宣教師や商人によってもたらされたヨーロッパの菓子。カステラ、金平糖《こんぺいとう》、有平糖《あるへいとう》、ボーロなど。砂糖や卵を用いた菓子。

南面 なんめん　①南に面する。②君主の位につくこと、天子は南面して臣下に対する。

南鐐 なんりょう　南挺も同じ。①上質の銀。②銀貨のこと。③江戸時代の二朱銀。

に

新嘗祭 にいなめさい　⇒しんじょうさい

荷打 にうち　船が座礁または荒天に遭って危険な状態になったとき、安全を確保するために積荷を海に捨てること。捨《すて》荷《に》、刎荷《はねに》という。

贄 にえ　神または天皇に貢納する食品。御厨《みくりや》からの貢納物。もとは、共同体の神や首長に対する初物（初穂）貢納に起源を有する。
〈文献〉東野治之『木簡が語る日本の古代』岩波新書。

贄所 にえしょ　内膳司に附属した役所で、淀津にあった。淀川を通って集積される供御《くご》・贄を保管する。預《あずかり》・執行《しぎょう》が置かれ、衛門府の番長《ばんちょう》以下が上番勤務した。

贄人 にえひと　贄《にえ》とする魚・鳥などを捕える人。⇒贄

堆 にお　刈取った稲を円錐形に高く積みあげたもの。稲堆《いなにお》、稲叢《いなむら》ともいう。におは贄《にえ》とも関連し、稲積《にお》の場は、そのまま田の神まつりの場であったと考えられる。

匂 におい　染色の一様式。上の衣が濃く、下の衣がしだいに淡いもの、またその反対。

二階棚 にかいだな　上下二段造りの物置き棚。厨子とは異なり、下段に扉はない。

苦水 にがみず　塩水のこと。苦風といえば塩風。

和妙 にぎたえ　⇒荒妙《あらたえ》

二局 にきょく　官務（左大史）と局務（外記）。

二禁 にきん　痤《にきみ》、はれもの、にきび。

二宮大饗 にぐうのたいきょう　平安時代、正月二日、親王・王・公卿が皇后・東宮に拝賀して饗宴を賜わった。

にくふりを申す にくふりをもうす　悪態《あくたい》をつくこと、にくまれ口《ぐち》をきくこと。

二合精代 にごうせいだい　年料租舂米の舂《つき》賃《ちん》のこと。⑴一石の米を舂《つ》いて精代二合。⑵粗悪米一石を舂いて八斗とする、の二説がある。

二合体 にごうたい　花押の類型の一つ。源頼朝の花押は、頼の扁《へん》束と朝の旁《つくり》月の二字をあわせたもの。
〈文献〉佐藤進一『花押を読む』平凡社。

和奏 にごそう　⇒荒奏《あらそう》

和節 にごよ　六月と十二月の晦日に宮中で行われる節折《よおり》の儀で、天皇の身長を測る竹。

二字 にじ　漢字二字から成るものが多いところから、実名、名乗り。名簿奉呈《みょうぶほうてい》のとき「二字を書きて奉《たてまつ》る」という。

錦 にしき　二色以上の色糸を用いた絹織物。緯錦・糸錦・浮文錦がある。大陸伝来の技術による。織部司の技術が全国に広められ、国衙の工房で生産された錦が中央に貢納された。

西陣 にしじん　応仁の乱で西軍の山名宗全が陣を置いた地、現在の京都市上京

区新町通以西千本通に至る一条以北の地域を総称する。もとは賀茂社領。戦国時代から機業地となり、その製品が西陣織である。

二十四節気 にじゅうしせっき　陰暦で、太陽の黄道上の位置によって定めた季節区分。立春・雨水《うすい》・啓蟄《けいちつ》・春分・清明・穀《こく》雨《う》・立夏・小満《しょうまん》・芒種《ぼうしゅ》・夏至・小暑・大暑・立秋・処暑《しょしょ》・白露・秋分・寒露・霜《そう》降《こう》・立冬・小雪・大雪・冬至《とうじ》・小寒・大寒。

二十二社 にじゅうにしゃ　平安時代中期以降、国家の重大事や天変地異などに朝廷から使を遣わされ奉幣に与った神社をその数によって呼ぶ。伊勢・石清水・上下賀茂・松尾・平野・稲荷・春日・大原野・大神・石上・大倭・広瀬・龍田・住吉・梅宮・吉田・広田・祇園・北野・丹生川上・貴船・日吉の各社。

似絵 にせえ　平安後期～鎌倉期の大和絵の肖像画。

二千石 にせんごく　⇒じせんせき

二尊 にそん　釈迦《しゃか》と弥陀《みだ》。

日外 にちがい　⇒いつぞや

日時勘文 にちじかんもん　国家的行事や個人の行動について、吉日・吉時を選ぶため諮問を受け、陰陽寮が調べて報告する文書。

日役夫 にちやくぶ　中世、丹波国大山荘の地頭中沢氏が、百姓を毎日駆使し、日役夫と称した。

日来 にちらい　⇒ひごろ

日料 にちりょう　出仕する官人に支給する食料。一人につき日別米八合～二升を給した。中宮雑給・図書寮・雅楽寮・内膳司・春宮坊帯刀・監物・主鈴・典鑰・勘解由使・内裏殿上侍所・蔵人所・御厨子所・校書殿・進物所・贄殿・御書所・作物所に対して大炊寮から支給された。

日粮米 にちりょうまい　平安時代、大宰府の選士《せんし》の在番のとき給与された米。天長三年（八二六）の制で、日別米一升五合と塩二勺を給した。

日下 にっか　文書で、日付の真下の部分。官人が連署するとき、最も地位の低い者がサインする。

日華門 にっかもん　内裏内郭東門。紫宸殿東廊の陣座に近く、諸儀式・節会の際の通用門であった。左兵衛官人の詰所であったから左近陣という。

日記 にっき　①特定の事件や事柄について記録したもの。裁判における問注記録の如き。②日次《ひなみ》記。日を逐《お》って毎日書きついでいく、現在私どもがいう日記《にっき》と称するもの。③「日記を立てる」ということ、或る事件、事柄について記録すること。訴訟、犯罪にかかわる証言をすること。
〈文献〉山中裕『古記録と日記　上・下』思文閣出版。

日記の家 にっきのいえ　一一世紀末から一二世紀に創られた用語、概念で、「家記《けき》」が代々記され保存され、故実、作法の典拠として重んじられた家柄をいう。例えば小野宮流藤原氏などそれである。
〈文献〉松薗斉『日記の家』吉川弘文館。

日給簡 にっきゅうのふだ　殿上簡《てんじょうのふだ》ともいう。殿上に出仕する廷臣の氏名を書いて、上番する日を示す。日給は上日《じょうじつ》、上番。簡は長さ五尺三寸、幅は上が八寸、下が七寸で、厚さは六分の白木の檜。上日出仕した殿上人は小紙片に上日の日を午、未などと書き、紙を簡の自分の氏名のところに貼る。この簡を未の三刻に封をして袋に入れた。こうして集計された上日数が月奏《げっそう》で奏上される。

日記を立てる にっきをたてる　⇒日記《にっき》

日収 にっしゅう　仮の領収書。

日　蝕　にっしょく　月が太陽と地球の間に入り、太陽が月によって隠される現象。「たつ《(辰)》のこく《(刻)》より日しょく《(蝕)》にて、御所《ごしょ》つつみ《(慎)》まいらする」などと見える。

日　奏　にっそう　宿直者の名簿を翌日奏上する儀。平安末期には形骸化し、吉書《きっしょ》奏《そう》の一環として位置づけられている。

日　中　にっちゅう　①ひるま。②午の刻、正午。

日　昳　にってつ　未《ひつじ》の刻、午後二時頃、日の傾く頃。

日　哺　にっぽ　「じつほ」とも。午後四時。

爾　而　にて　格助詞。場所や時を指示する。「京師爾而《みやこにて》…」の如く。

二　途　にと　二つの道、ふた筋。「引付勘録事、止二途三途一、可レ勘二申一途一」と用いる。

荷　留　にどめ　①座の特権を侵害した者の荷物を没収すること。②戦国大名が、特定物資について、領外への移出を禁ずる流通統制策。〈文献〉佐々木銀彌『日本中世の流通と対外関係』吉川弘文館。

担唐櫃　にないからびつ　長唐櫃の半分の長さの唐櫃で、二つを棒の両端につるし、一人でかついで運ぶもの。

二　無　になし　この上ない、最上であるの意。「吏部の文を、いとになくつくりいだして奉れるときに」と用いる。

二　舞　にのまい　唐楽。沙陀調の曲。天竺楽で平安初期にわが国で改作された。老人の男女二人が登場する滑稽な舞。無楽「安摩」の曲のあとに登場し、「安摩」の曲に乗ってその所作を真似《まね》る。これから、前の人の失敗を繰返す二の舞の意となる。

鈍　色　にびいろ　薄墨色。喪服に用いる。

二分代　にぶだい　年官制で、二分の官として給する諸国目《さかん》の代替の意。内舎人《うどねり》をいう。平安末期には内舎人仕官希望者が多く、その任料は六分の権守に匹敵した。

二圃制　にほせい　一年おきに休閑と耕作をくりかえす農地耕作法。古代・中世の片あらし耕法がこれに当たる。

二毛作　にもうさく　一年の間に同じ耕地を二度つかい別々の作物をつくる方法。田では春から秋に稲、秋から春まで麦をつくるのが一般的である。畠の場合は、夏に大豆、紅花、冬に麦をつくる。〈文献〉木村茂光『日本古代・中世畠作史の研究』校倉書房。

二孟旬　にもうのしゅん　四月一日と十月一日とに行われた旬政《しゅんせい》。天皇が紫宸殿に出御して政務を行い、群臣とともに酒宴をひらいた。

入　棺　にゅうかん　死体を棺に納めること。納棺も同じ。

入　龕　にゅうがん　入棺に同じ。

乳牛院　にゅうぎゅういん　乳牛を飼育し、宮中に乳を供御する施設。典薬別所と呼ばれ、別当・乳師・預などの職員がいる。所在地は右近馬場（現、北野天満宮付近）の西という。

乳牛役　にゅうぎゅうやく　造内裏役などとならんで荘園・公領に賦課された臨時の課役。内容は判然としないが、蘇（乳製品）を貢進させたものか。

入　寺　にゅうじ　①僧として、また住持として寺に入ること。②真言宗など大寺での僧侶の階級。阿闍梨の下、衆分の上に位置する。

入色人　にゅうじきにん　令制で、官途《かんと》についた者をいう、出身した者。

入　調　にゅうじょう　唐楽系の舞楽で、楽屋に入るまでの間奏される退場音楽。

入　道　にゅうどう　仏門に入ること、また剃髪して仏道に入った人のことをいう。平安時代、天皇、皇族、貴族で晩年に至り仏門に入る者が多く「……入道」〈例えば、平相国入道〈平清盛〉〉と呼ばれた。

入内 にゅうない　律令官人制において、外位《げい》から内位にうつること。正五位以下の位階については内位と外位があったが、四位以上は内位のみであった。入内のときは、例えば外従五位下から同等の内従五位下に転じた。

入部 にゅうぶ　①領地に入る。②領主などが初めて領地に入る。③境界に達する。④入府も同じ。部とは広狭さまざまな境域を示す語。

女院 にょいん　天皇の母皇・太皇太后・皇太后・皇后・内親王・天皇の生母の女御・典侍らの院号を賜わった者の総称。院号には門号を含むものが多く、女院を門院とも称する。

女御 にょうご　天皇の寝席に侍する女性で、皇后・中宮の下で、更衣の上に格付けされる。女御は居処である殿舎名をもって呼ばれる。例えば「承香殿の女御」のごとき。

女孺 にょうじゅ　宮廷の下級女官。主殿寮・御厨子所・掃部寮・後宮諸司や中宮職・東宮坊・斎院司・内教坊にも置かれた。

女房 にょうぼう　①官女、侍女。②婦人。③妻。①は上臈〈御匣殿・尚侍および二位・三位の典侍で禁色をゆるされた大臣の娘、あるいは孫娘〉、中臈〈内侍のほかの女官、および侍臣の娘〉、下臈〈摂関家の家司の娘や賀茂社や春日社の社家の娘〉に分けられる。

女房奉書 にょうぼうほうしょ　天皇側近の女官が天皇の意思を奉じて発給する仮名書きの文書。
〈文献〉佐藤進一『古文書学入門』法政大学出版局。

女官 にょかん　朝廷・院宮に仕える女性官人。宮人《くにん》、宮女、官女ともいう。

女官除目 にょかんじもく　後宮十二司の職事官を任命する儀式。一般の男性の除目とは別に正月に行われた。式次第は一般の除目とほぼ同じ。

女蔵人 にょくろうど　宮中に仕える女官。日常の雑事・公事・儀式に奉仕する。内侍・命婦より低い下臈。皇后宮・東宮にも女蔵人がいた。摂関家の家司や賀茂社・日吉社・春日社の社家の娘が多かった。女蔵人料は一日米一斗三升と上飯二斗で大炊寮から支給された。

如身 にょしん　身代わりの者。「公文可ニ在荘一、若自身難レ叶者、如身子息親類等可ニ在荘一事」などとある。

女丁 にょちょう　令制下の女の仕丁《じちょう》。諸国から国の等級にしたがって四～一人差点され都に送られた。養物は交易軽物・舂米を、食料としては庸を民部省から給与された。各官衙に配置されて雑事に従った。
〈文献〉義江明子「女丁の意義」〈阿部猛編『日本社会における王権と封建』東京堂出版。

如法 にょほう　本式、正規の、尋常な、常の如く、規式どおり、型どおりの意。「毎事省略、不レ可レ為ニ後代如法儀一歟」のごとく用いられた。

如法太刀 にょほうのたち　⇒飾太刀《かざりたち》

如来唄 にょらいばい　如来を讃えた勝鬘《しょうまん》経《ぎょう》の八句の偈《げ》をいう。梵唄《ぼんばい》に用いる。⇒梵唄

二寮勘文 にりょうのかんもん　受領功過定《ずりょうこうかさだめ》を行う場に、延喜十五年（九〇五）以来提出されるようになった主計寮・主税寮の功過勘文。

庭 にわ　①何事かを行う場所。いまの言葉でいえば場。②広い水面、海面。③家の周りの空地《あきち》。④訴訟の場。⇒庭中《ていちゅう》

庭立の奏 にわだちのそう　平安時代、二孟《にもうの》

旬《しゅん》に行われる旬政《しゅんせい》で、天皇が政務を聴く儀式。天皇は紫宸殿に出御し、群臣は南庭に列立する。奏のあと酒禄を賜う。⇒二孟旬

庭燎 にわび　祭のとき庭に焚《た》くかがり火。照明にも使われた。

庭物 にわもの　年貢納入のための諸経費名目で徴収する付加税のこと。

認 にん　⇒したためる

人給 にんきゅう　国司・荘園領主が在庁官人・荘官・手工業者・運輸業者などに、職務の代償として給与した米や田地。米は給米、田は給名（公事免除）・給田（年貢公事免除）という。

任終年 にんしゅうのとし　国司の任期の最終年。

人長 にんじょう　宮中の御神楽儀《おんかぐらのぎ》、石清水《いわしみず》など大社での神楽の儀式で歌舞を演奏する神楽人の長。地下楽人《じげがくじん》では多家《おおのけ》、堂上人《どうじょうにん》では源雅信・藤原頼宗・山科実教の家筋の者が担当した。

人定 にんじょう　人の寝しずまる頃、亥《い》の刻《こく》、四ツ、午後十時頃。

任他 にんた　⇒遮莫《さもあらばあれ》

仁躰 にんたい　人体とも書く。①姿、容姿。②人物。③人品、風さい。④本人、当主。⑤身分のある人。

仁和楽 にんならく　高麗楽。壱越調の曲。襲装束。四人舞。九世紀後半、わが国で作曲した。

仁王会 にんのうえ　仁王経を講讃し災難をはらう法会。七世紀後半に始まり、平安時代に年中行事化した。二、三月と七、八月に行われる春秋二季仁王会と臨時仁王会がある。

任符 にんぷ　除目で地方官に任命された者に給う太政官符。新任官は任符を帯して任地に赴き、交替事務を行う。

人夫役 にんぷやく　荘園・公領で領主・地頭が年貢運搬や各種の雑役に人夫として農民の労働力を徴収した。それら夫役《ぶやく》の総称。

人役 にんやく　地頭役などの労役《ろうえき》。

任用国司 にんようのこくし　除目《じもく》によって正式に任命された国司。介《すけ》以下の雑任《ぞうにん》国司を指す。
〈文献〉泉谷康夫『日本中世社会成立史の研究』高科書店。

任料 にんりょう　①官職を得るために納める財物。②荘園所職の補任に際して任用された者が領主に納める金品。
〈文献〉竹内理三『寺領荘園の研究』吉川弘文館。

ぬ

縫物師 ぬいものし　御物師《おものし》とも。縫物・刺繡を業とする人。中世に縫物屋も所見。

糠 ぬか　馬の飼料として大豆・藁とともに農民から徴収される。検注使の下向の際などに農民に供給される。

抜公事 ぬきくじ　秘密の約束。「向後表裏抜公事等、不レ可レ有レ之事」と用いる。

貫銭 ぬきぜに　緡《さし》に貫き通した銭。

抜出 ぬきで　平安時代、相撲節《すまいのせち》の翌日、前に成績のよかった者を選んで更に取組みをさせたこと。

抜穂 ぬきほ　稲の穂を抜き取ること、また抜いた穂。大嘗祭の神饌料とするために悠紀《ゆき》・主基《すき》の斎田から穂を抜くこと。抜穂のため悠紀・主基国に遣わされる使者を抜穂の使《つかい》という。伊勢神宮に抜穂神事がある。

抜売 ぬけうり　座の独占権を破り、ひそかに商売をすること。座は、抜売の事実を確認すると、違犯者の荷物を押し取

った。

〈文献〉豊田武『増訂 中世日本商業史の研究』岩波書店。

幣 ぬさ 神祇に祈願し、また祓《はらえ》の料に用いられる布帛。木綿・麻・紙・絹布・衣服・玉・兵器・銭貨など広く用いる。「ねぎふさ」を語源とし、「ねぎ」はことを寿《ことほ》ぐの意、「ふさ」は麻の古語である。

塗師 ぬし 漆塗《うるしぬり》の工人、漆器の製造を業とする。

主付 ぬしづく 買い取る、購入する、買手がつく、買手になる。「五十疋可レ被二主付一之田有レ之」と用いる。

盗み ぬすみ 鎌倉幕府法では、盗品を金銭に換算して罪の軽重を定め、また弁償により罪をつぐなう。しかし、在地の村落社会では盗みは重罪で、見つけ次第うち殺してもよかった。しかもその罪は妻子にまで及んだ（縁座《えんざ》）。

布 ぬの 樹皮繊維を糸として織った織物。とくに麻布をいう。糸質の細い貲布《よさみのぬの》、織目の粗い商布、上総国特産の望陀布《もうだぬの》、調として納入された調布など。

布子 ぬのこ 鎌倉時代、麻布の中に蒲《がま》の穂《ほ》綿《わた》などを入れたものをいう。のち木《き》綿《わた》が普及すると、綿布《めんぷ》の綿入れをいう。

奴祭料 ぬのまつりのりょう 船舶の航行の安全を祈る祭の一種であろうが、そのための費用。荘園年貢の運送に当たり、運賃の一部として年貢から差引かれている。

奴婢 ぬひ 男の奴隷（奴）と女の奴隷（婢）。わが国の古代の奴隷は多くは家内奴隷で、農耕奴隷は少なかったと見られる。

奴婢帳 ぬひちょう 施入や売買などの対象となった奴婢の歴名《れきみょう》を含む成巻した奴婢関係文書。竹内理三編『寧楽遺文』（東京堂出版）に四九通の文書が収められている。

沼田 ぬまた 「ぬた」とも。泥田《どろた》、湿田《しつでん》。

塗籠 ぬりごめ 殿舎内の小部屋で、四周が壁となっていて、出入りには妻戸があった。寝室に用い、調度類や衣類を置いた。

温気 ぬるけ 熱気。熱病の女房詞。

ね

寝藍座 ねあいざ 染色の原料となる藍玉を生産し紺屋に売っていた業者の組織。中世、京都の九条を拠点としたので九条座とも呼ばれた。三条西家を本所とする座で、京都での営業独占権を保障されていた。永正七年（一五一〇）の室町幕府奉行人連署奉書に所見。⇒藍《あい》

寧 ねい ⇒焉《いずくんぞ》

楽 ねがう 願に同じ。

根刈 ねがり 稲などを根もとから刈り取る方法。根もとから刈り、脱穀して穂から籾を落とす。籾は長期保存に適している。茎は俵や縄などの材料となる。平安時代に入っても、穂首刈は行われていて、根刈と併存したとみられる。

〈文献〉古島敏雄『日本農業技術史』時潮社。

禰宜 ねぎ 伊勢神宮以下各神社の神職。ふつう神主の下、祝《はふり》の上に位置する。

根小屋 ねごや 戦国時代、山城の麓《ふもと》にあった領主の館や兵士の居住区および集落。のちの城下町。

〈文献〉小野均『近世城下町の研究』至文堂。

根来塗 ねごろぬり 紀伊国根来寺の僧徒によって作られた漆器。朱塗が普通であるが黒塗もある。天正十三年（一五八五）の豊臣秀吉による根来討伐以後廃絶したが、その技法は各地に伝えられた。

音取 ねとり 管絃の演奏会で、楽器の

音合わせを兼ねて、曲の調子を知らせるために奏される短い曲。

子の日の遊び　ねのひのあそび　正月最初の子《ね》の日の遊宴。小松引きともいう。この日、野山に出て若菜を摘《つ》む。宮中では子の日の宴が開かれた。

涅槃会　ねはんえ　常楽会とも。釈迦《しゃか》入滅の日とされる二月十五日に行う法会。

ねまる　①蟄居《ちっきょ》する。②座《すわ》る。③逗留《とうりゅう》する。④寝る。⑤食物が腐敗《ふはい》する。

練　ねり　生糸の膠質や不純物を除くこと。精練とも書かれる。糸のうちに行うものと、織物としてから行うものとがあり、砧《きぬた》で打ったり、灰汁《あく》を用いるものとある。

練絹　ねりぎぬ　生糸《きいと》で織った織物を精練して、柔軟性と光沢を与えた絹布。中世、京都祇園社神人《じにん》の練絹座があり、四条、五条あたりに店舗を持って営業していた。

練香　ねりこう　各種の香料を粉末にして蜜で練ったもの。錬香、薫物《たきもの》ともいう。奈良時代に中国から将来した。平安時代の文献に見えるものは薫物である。

練貫　ねりぬき　①練貫織の略。生糸を経《たて》とし、練糸を緯《ぬき》として織った絹。②練貫酒の略。白酒の一種。その色が練絹のようなので名がある。筑前博多の名酒である。

〈文献〉小野晃嗣『中世産業発達史の研究』法政大学出版局。

練童　ねりわらわ　賀茂祭などの行列につき従う童《わらわ》。

念　ねん　年月日などの二〇（二十）の意に用いる。二一日を「念一日」と書く。

年官　ねんかん　その年度除目のとき、所定の官職に所定の人員を申任する権利を与える制度。年官を与えられた者を給主といい、給主は官を希望する者を募り任料を取る。売官である。年爵とあわせて年給という。

年紀　ねんき　現代の時効に当たる語。「関東御成敗式目」第八条は、安堵の下《くだし》文《ぶみ》を所持していても、現実に所領を知行しないまま二〇年たつと現状を変更せず、もとの持主は権利を失い、現在の領有者の権利が認められるとした。律令法では時効の考えはなかった。

〈文献〉石井良助『中世武家不動産訴訟法の研究』弘文堂書房。

年季売　ねんきうり　期間を限って売却すること。年紀、年期とも書く。年紀（記）沽却ともいう。期限を定めない売却は永《えい》代売《たいうり》である。

年紀馳過文書　ねんきはせすぎのもんじょ　室町時代、年紀が過ぎて効力を失った文書のことをいう。

年紀法　ねんきほう　中世の時効制度。「関東御成敗式目」第八条は、安堵の下文を所持していても、現実に所領を知行しないまま二〇年経過すると、現状を変更しないまま権利を失うと定めた。なお、古代律令制下では時効の考えは存在しなかった。

〈文献〉『中世政治社会思想　上』岩波書店。

年給　ねんきゅう　年官と年爵をあわせていう。売官・売位制であり、成功《じょうごう》・栄爵《えいしゃく》と同性質。⇒年官《ねんかん》・年爵《ねんしゃく》

年行事　ねんぎょうじ　各種の組織でその運営の責任者に行事と呼ばれるものがあった。一年交替でつとめる年行事、一か月交替の月《つき（がち）》行事《ぎょうじ》があった。惣村・宮座、商工業の座組織に見られる。

〈文献〉鬼頭清明ほか編『生活史　I』山川出版社。

年貢　ねんぐ　領主が人民から年々収奪した貢租。土地に賦課された租税。所当、土貢、乃貢、乃米などともいう。

年貢請切　ねんぐうけきり　年貢の請負制で、

年貢額を一定額に定めたもの。

年貢減免闘争　ねんぐげんめんとうそう　荘園・公領で、水旱虫霜などによって収穫が減少したことを理由に農民が年貢額の減免を領主に要求するたたかい。〈文献〉佐藤和彦『日本中世の内乱と民衆運動』校倉書房。

年貢半分・百姓半分　ねんぐはんぶん・ひゃくしょうはんぶん　⇒地主半分《じぬしはんぶん》・百姓半分《ひゃくしょうはんぶん》

拈香　ねんこう　①焼香。②拈香文《もん》の略。死者への追悼文《ついとうぶん》。

年荒　ねんこう　年々荒野の略。その年だけ耕作を放棄されたところで「片荒《かたあら》し」ともいう。

年穀　ねんこく　穀物、五穀。

懇　ねんごろ　①熱心であるさま。②親密であるさま。いろいろに表記される。勤、苦、困、恩、寧、鄭重、丁寧、慇勤、苦寧、苦修など、いずれも「ねん（む）ごろ」と読ませる。

年作　ねんさく　その年の作物の出来高《できだか》。

年爵　ねんしゃく　叙位のとき、所定の人員を叙爵（五位に叙する）を申請する権利を与える制度。年爵を与えられた者を給主といい、給主は叙位を希望する者を募り、任料を取る。売位制度であり、年官とあわせて年給制度といい、成功・栄爵と同性質の制度。⇒年官《ねんかん》〈文献〉時野谷滋『律令封禄制度史の研究』吉川弘文館。

年中行事御障子　ねんじゅうぎょうじみそうじ　清涼殿東南の落板敷《おちいたじき》に立てられていた。年中行事の項目を列記した衝立《ついたて》障子。

年終帳　ねんしゅうちょう　各官司で、一年間の物資・文書その他の用残・出納を記した文書。諸司は正月二十一日、被官は二月二十一日までに提出する。

念書　ねんしょ　①書を読むこと。②後日の証拠のために書く文書。

年序の法　ねんじょのほう　年序は、過ぎ去った年、年数の意。年紀の法と同じ。

念人　ねんにん　①競技で、競技者にひいき、応援する人。②歌合《うたあわせ》の世話人。③念者《ねんじゃ》に同じ。入念な人。⇒おもいびと

年不作　ねんふさく　たんに年不とも書かれる。一年ないし数年、作付けをしない田。

年甫　ねんぽ　年のはじめ、新年、正月。甫は物事のはじまりの意。

年毛　ねんもう　その年の作物。毛《け》は土地からの産物。

年預　ねんよ　年々交替で事務を預り行う意。①近衛府や和歌所の年預。②貴族の家政を掌る院司・宅司。③寺院の衆会評定の幹事。

年料　ねんりょう　毎年の供御料、官衙用に宛てる用途。⑴年料舂米と⑵年料租舂米。⑴は諸国正税のうちから割いた舂米を大炊寮（白米）民部省・内蔵寮（黒米）へ送った。諸司の食料に宛てられた。⑵は諸国租稲のうちを以て舂き、官符至るにしたがい京に送進したもの。封禄・季禄・衣服などの料に宛てられた。〈文献〉阿部猛『律令国家解体過程の研究』新生社。

の

野　の　野と原は混同される場合が多い。①開発されていないが、将来開発可能な場所。②狩猟の場。③領主によって囲い込まれている山野。

幅　の　布の字を宛てることもある。布や織物の幅《はば》をかぞえる単位。織った布の幅で、通常三六センチメートルの幅の布を横に何本縫い合わせて衣類を作っているかを示す。二枚幅であれば二幅《ふたの》、四枚幅

であれば四幅《よの》と称する。

箆　の　矢柄《やがら》のこと。矢幹《やがら》とも書く。矢の竹製の部分である。長さは二尺七寸前後。矢柄の長さは手で握った長さと指の本数で「…束《つか》…伏《ふせ》」とはかる。

偃　のいふす　仰臥とも書く。倒れ伏す、あおむけに寝る。

衲衣　のうえ　①僧衣。②古い布帛を接《は》ぎ合わせて作った法衣。

納官　のうかん　官は公。①太政官に納めること。②国衙に納めること。

乃貢　のうぐ　納貢のあて字か。年貢・官物・済物など、たてまつりものの総称。字義からすると「乃《すなわ》ち貢《たてまつ》る」で、年貢が毎年定例の貢納物、土貢がその土地からの貢納物であるのに対して、乃貢はその都度必要に応じて納める臨時の貢納物か。

〈文献〉竹内理三「荘園語彙考」(『荘園制社会と身分構造』)校倉書房。

農月　のうげつ　農繁期。令制では、要《よう》月《げつ》として四・五・六・七・八・九月をあげ、その他の月を閑月《かんげつ》としている。

農耕儀礼　のうこうぎれい　農作の無事、豊穣を祈る稲作儀礼、畑作儀礼、春の田の神迎え、水口祭《みなくちまつり》、田の神送り、新嘗祭など。これら祭礼に伴う費用などが荘園村落の必要経費として所当年貢から差引かれる。

〈文献〉平山敏治郎『歳時習俗考』法政大学出版局。

直衣　のうし　天皇・皇太子・親王・公卿の日常着としての表袍、雑袍をいう。烏帽子《えぼし》をかぶり、直衣・衵《あこめ》・単《ひとえ》・差貫《さしぬき》で構成され、扇(冬は檜扇《ひおうぎ》・夏は蝙蝠扇《かわほりおうぎ》)を持つ。

〈文献〉山中裕・鈴木一雄編『平安時代の信仰と生活』至文堂。

農時　のうじ　⇒農月《のうげつ》

直衣始　のうしはじめ　貴族の子弟が勅により初めて直衣の着用をゆるされること、またその儀式のこと。

能書　のうしょ　能筆とも。文字を巧《たく》みに書くこと、またその人。小野道風のごとき。

農事暦　のうじれき　一年を周期とする農業を営むに当たって、各季節・時期の農作業、年中行事を系統的に定めた暦法。古代・中世には「農事暦」として書き記したものは存在しないようであるから、断片的な史料の蒐集によって再構成する必要がある。

〈文献〉本村茂光『日本古代・中世畠作史の研究』校倉書房。

農人　のうじん　「のうにん」とも読むか。農耕に従事する者、農民。

農節　のうせつ　農繁期、とくに五・六・七月。農節には地頭が百姓を駆使してはならないという鎌倉幕府法があった。

農桑　のうそう　農耕と養蚕、広義の農業のこと。

納帳　のうちょう　収納帳。荘園・公領において官物・所当・年貢を収納すると、品目・数量・納入者名・日時などを記した帳簿を作った。

能田　のうでん　良田。薄田《はくでん》の対。⇒薄田

農奴　のうど　ヨーロッパ封建社会の不自由な隷農をあらわす翻訳語《ほんやくご》。一定の保有地、農耕具、住居を有し自立小経営を達成する農民。領主に対して賦役・現物地代その他の税を納める。土地・財産の処分権は持たず、また移動の自由を制限されている。封建社会の基本的農民であるが、農奴概念をわが国の歴史上に適用するについては、さまざまな議論がある。

〈文献〉河音能平『中世封建制成立史論』東京大学出版会。

乃米　のうまい　能米とも書く。玄米(黒

米）のこと、また年貢米一般を指していうこともある。

〈文献〉竹内理三「荘園語彙考」（『荘園制社会と身分構造』）校倉書房。

農料 のうりょう　荘園・公領における直営田経営の営料。⇒種子《しゅし》・農料《のうりょう》

野倉 のくら　平安時代、大蔵省の倉庫の一つで薬種を収納した。

貽 のこす　遺、残に同じ。後代に伝える、成果をとどめるなどの意。「範を当代に貽す」などと用いる。

残楽 のこりがく　雅楽の管絃合奏の際に、笙・横笛・篳篥・琵琶を次つぎに止めて、箏（十三絃の琴）だけになって演奏を終わる奏楽の方法。

〈文献〉増本喜久子『雅楽』音楽之友社。

残田 のこりだ　田植をしていない田、田の区画に外れた半端《はんぱ》な田。

荷前 のさき　令制下、諸国から貢納される調庸の初荷をいう。初荷から抜き取ったものを正倉に別置して荷前物といい、これを近陵・近墓に供献する。荷前使発遣は毎年十二月吉日に建礼門前で行われるが、一〇世紀以降官人の職務欠怠が多くなり、一四世紀には廃絶する。

野地田 のじだ　野路田も同じ。高台あるいは低地の原野を拓《ひら》いた収穫の少ない田地。

除 のぞく　検田帳や結解状《けちげじょう》の中に、除と記される部分があり、その部分の項目は年貢賦課の対象から除外されたり、年貢総額から控除される費目を指している。例えば、給田・給分、神仏田や神事・仏事の費用などは荘立用《しょうりゅうよう》として除分に入る。⇒荘立用

望請……裁定 のぞみこうらくは……さいじょうせられんことを　解状《げじょう》・申文《もうしぶみ》を提出して文末に記す文言。どうぞお願いいたします、右の件について宜しくご裁定をいただきたいの意。

莅 のぞむ　臨も同意。実地にのぞむ、現地にのぞむ、事にのぞむ。

後懸 のちがけ　未詳。御厨や供御人に対する賦課の一つ。本家・領家への貢物ではなく、預所などへの貢納物か。

〈文献〉網野善彦『日本中世の非農業民と天皇』岩波書店。

衲子 のっす　衲《のう》僧とも。一枚の衲衣《のうえ》を着て遊行《ゆぎょう》する僧、禅僧。⇒衲衣

野手 のて　野に課する税。江戸時代には雑税の一つとなったが、その起源は戦国時代にある。

長閑 のどか　①静かでおだやか。②天気がよい。③動作がゆったりと落付いている。④ゆとりがある。⑤ひまである。

野宮役 ののみややく　伊勢斎宮の潔済地である野宮の造営についての一国平均の役。院政期に所見。

野畠 のばたけ　「のばた」とも。下下畠よりも収穫の少ない劣悪な畠。

〈文献〉木村茂光『日本古代・中世畠作史の研究』校倉書房。

野火 のび　燎原とも書く。①春の初めに野山の枯草を焼く火のこと。②野山の不審火。③放火のこと。

延 のび　枡《ます》の大小によって生ずる計量上の増加分。容量の大きい枡で量った米を小さい枡で量りなおすと、計量上の（見せかけの）増加分が生ずる。これを延《のび》といい、逆に減少分は縮《ちぢみ》という。

〈文献〉宝月圭吾『中世量制史の研究』吉川弘文館。

野伏 のぶし　野臥も同じ。「のぶせり」とも読む。一四世紀、畿内およびその周辺に起こった地侍・農民の武装集団。合戦があると、状況をうかがい、どちらかに加担して恩賞に与《あずか》り、敗軍の兵、落人《おちうど》を襲って甲冑《かっちゅう》や物具《もののぐ》を奪ったりした。南

北朝内乱期以降、かれらの動向が戦況に大きくかかわるようになり、無視できない存在となった。
〈文献〉佐藤和彦『日本中世の内乱と民衆運動』校倉書房。

延拍子　のべびょうし　管絃の演奏で、子《こ》拍子《びょうし》一つ（一小節）を八拍にとる拍節法。

而已　のみ　而已矣、而已耳、而已焉とも書く。漢文訓読の場合、限定・決断の助辞。……だけ、……ばかり。耳《のみ》も同じ。⇒ならくのみ

野矢　のや　鹿矢《ししや》ともいう。山野で狩猟に用いた矢のこと。古くは得物矢《さつや》、真鹿《まか》児矢《ごや》といった。射棄てる矢であるから、矢柄も素地のままで羽もとくには吟味しなかった。

野山　のやま　①樹木を伐り尽くして草地となった山。②開発されていない山野。③特定の領主によって囲い込まれていない、農民が入会的に利用している山野。

乗尻　のりじり　騎尻とも書く。儀式に供奉する馬の乗り手。神事に奉納された走馬そのものを指していうこともある。

祝詞　のりと　祭に神に捧げる言葉で、祭の主旨、供え物、神の徳をたたえる。「延喜式」（巻八）所収の二八編が最も古く、のちの祝詞の模範とされている。

賭射　のりゆみ　朝廷で正月十八日に行われる弓の儀式。前日十七日は射礼《じゃらい》。賭《かけ》物《もの》を出して競技をする。天長元年（八二四）に始まる。式日に先立って、手結《てつがい》と称する下稽古を七日・十一日・十三日に行う。当日は天皇が射場殿に出御し、近衛一〇人・兵衛七人が順に矢を射る。⇒射礼
〈文献〉大日方克己『古代国家と年中行事』吉川弘文館。

暖簾　のれん　①禅家で寒さを防ぐための隙間をおおう布のとばりのこと。②日《ひ》除《よ》けのために垂らした布。

烽火　のろし　原始的な信号の一つ、烽燧《とぶひ》。事あるときに高く積んだ乾草に火を放ち、次の烽火台に知らせ、順次伝達する。江戸時代まで用いられた。

呪師　のろんじ　「しゅし」「じゅし」とも。平安時代から鎌倉時代に行われた散楽系の芸能者。舞楽装束で、鼓《つづみ》と唱人《しょうにん》の歌を伴奏として鈴《れい》を手にして、飛ぶ鳥の如く舞った。院政期、六勝寺の修正会で専ら演じられた。のちの猿楽能の形成に大きな影響を与えた。
〈文献〉能勢朝次『能楽源流考』岩波書店。

暖気　のんき　暢気、呑気、長閑も同じ。①気晴しをすること。②無頓着であること。

暖寮　のんりょう　禅宗で、新しく入寮する者が、すでに入寮している人びとに茶や菓子をふるまうこと。また、他の人びとが新入寺の者を祝賀すること。

は

輩 はい ⇒ともがら

徘徊 はいかい 行ったり来たり、どことなく歩きまわること。

沛艾 はいがい 霈艾とも書く。馬の性質が荒らく、はね狂うこと。

売官 ばいかん 金銭・財物を納めること、或いは宮殿・寺社の造営によって、見返りに官職を与えること、成功《じょうごう》。

売券 ばいけん 田畠・屋敷地など財産を売却するときに作成する証文。沽券《こけん》、沽却状《こきゃくじょう》、売渡状《うりわたしじょう》、売渡証文などともいう。田地の売買については、令制下では官司の許可が必要であったが、平安中期頃からは売買の当事者間で売券の授受が行われた。

〈文献〉佐藤進一『古文書学入門』法政大学出版局。

拝除 はいじょ 任官のこと。前官を除き新官を拝すること。除は除目の除。除目の目は新任官の目録。

敗績 はいせき 大敗して従前の功績を失うこと。

陪膳 ばいぜん 天皇や貴人、また神仏に食膳を供すること、またそれに奉仕する人。陪膳に食膳を取りつぐのを役送《やくそう》という。

脛楯 はいだて 佩楯・膝甲も同じ。甲冑の小具足の一種。草摺《くさずり》と臑当《すねあて》の間の大腿部の防禦具。歩兵用で室町時代から用いられた。

廃朝 はいちょう 輟朝《てっちょう》ともいう。天皇が日食や天皇の親族の死などの折、朝廷の政務に参与せず、所司による政事が行われること。律令制では、日食期間中、天皇の二親等以内および外祖父母、右大臣以上もしくは散一位の死に際しては三日、周忌、三親等および三位以上の官人の死には一日と定められていた。

売田 ばいでん 古代、賃租田のこと。古代には、現在のような意味での所有権の移転概念は存在せず、期限つきの貸借関係を売ると称した。

〈文献〉菊地康明『日本古代土地所有の研究』東京大学出版会。

売買立券文 ばいばいりっけんもん 田畠・屋敷地など財産を売却するときに作成する証文は、売券・沽券・沽却状・売渡状・売渡証文などという。律令制下では、売却には官司（京職また郡）の許可が必要であったが、その手続きを売買立券文といった。⇒売券《ばいけん》

〈文献〉佐藤進一『古文書学入門』法政大学出版局。

榛原枡 はいばらます 遠江国榛原地方にはじまる枡で、京枡より少し大きい。遠江・駿河・伊豆地方で使われ、後北条氏領国に広がった。

〈文献〉宝月圭吾『中世量制史の研究』吉川弘文館。

配符 はいふ 中世、領主が領民から課役を徴収するときに、課役の種類や量を記してある徴符。棟別銭や段銭の徴符。

配分状 はいぶんじょう 所領・財産を相続権者が分配する文書。生前処分が行われなかった場合、制規にしたがって所領を分配するときなどに作成する。支配状ともいう。

売卜者 ばいぼくしゃ 占いを業とする人。古代以来の称。

拝舞 はいむ 舞踏とも。儀式の中で祝意・謝意をあらわす方法。叙位・任官・賜禄のとき、笏を置いて再拝し、立ったまま上体を屈して左右を見、袖に手をそ

えて左右にゆずり、つづいて跪《ひざまずい》て左右を見、おじぎをして更に立って再拝する。

廃　務　はいむ　在京所司が、休日以外に、いっせいに執務をやめること。上皇・天皇・皇后の葬儀、内裏の火災、神事・仏事などによる。

廃　忘　はいもう　敗亡とも書く。①捨てて忘れること。②うろたえること、とまどうこと。「右往《うおう》左往《さおう》に廃忘を致す」と用いる。

拝　揖　はいゆう　公式の場で笏《しゃく》を持って拝する、手をこまねいて拝する。

倍　臚　ばいろ　唐楽。平調の曲名。盾と矛を持つ四人舞。四天王寺に伝承された。

灰をまく　はいをまく　前近代社会には、灰に呪力を認める思想があった。敵（とくに神敵）を調伏するために灰（神灰）をまくことがあり、灰をまかれた者は不幸に見舞われるという。

〈文献〉小泉武夫『灰の文化誌』リグロポート。網野善彦「灰をまく」（網野善彦ほか編『ことばの文化史［中世2］』）平凡社。

半　折　はおり　⇒条里制《じょうりせい》

博士家　はかせけ　平安時代から、大学寮の博士の職を世襲した家柄をいう。紀伝道の菅原・大江・藤原式家・同南家・日野の各家、明経道の清原・中原両家などは、父子相承による教官世襲の家柄となった。

博士とす　はかせとす　①基準とする、拠りどころとする。②「塩浜の習い、牛を以て博士と為《な》す」と用いる。塩田の経営には牛の働きは必須のものであるという意。

歯　固　はがため　①正月、鏡餅・大根・瓜・猪肉・鹿肉・押鮎などを食べて長命を願う行事。古代中国に起源があり、わが国では一〇世紀に始まる。②民間では歯が生える前の幼児に餅をしゃぶらせる行事として残った。

無レ墓　はかなし　果無、果敢無、儚とも書く。①思いどおりにいかない。②頼りない。③あっけないこと。④むなしい。⑤めだたない。⑥何げなく、他愛がない。⑦粗略で、みすぼらしい。⑧思慮分別がなく幼稚である。

袴　着　はかまぎ　着袴《ちゃっこ》。幼児の成長を祝い初めて袴をつける儀式。男女とも三〜五歳で行う。室町以降は十一月の十五日の行事。

擬　はからい　計、図、為計も同じ。①判断、分別。②措置《そち》、計画。

許　ばかり　計も同じ。「……ばかりなり」と用いる。

難レ計　はかりがたし　予測できない、考え及ばない。

計　也　はかりみるに　計之も同じ。思うに、案ずるに、おそらくは、定めし、たぶん。「摂政大饗事未レ承レ之、計也不レ被レ行歟」と用いる。

萩　戸　はぎど　清涼殿内の一室、母屋の北端。前庭に萩が植えてあったからという。女房の詰所か。

帛　はく　繒《そう》も同じ。無文《むもん》の絹織物の総称。

白　雨　はくう　①夕立《ゆうだち》、にわか雨のこと。②雹《ひょう》のこと。

薄　打　はくうち　箔打とも書く。金銀などを薄く打ち延ばして箔を作ること、それを業とする人。

博　奕　ばくえき　博戯、博打、賭博で、金品を賭《か》けて勝負すること。博奕はいつの時代にも禁制の対象とされたが、いっこうにやまなかった。双六と四一半打が最も一般的。平安時代から博奕を生業とする者がいた。鎌倉時代から、「博奕は盗人のはじまり」という諺があった。

幕　下　ばくか　左右近衛大将、将軍のこと。

白紙 はくし ①色の白い紙。②署名以外何も書かないこと。③無印の文書。

麦秋 ばくしゅう 麦の収穫期で、陰暦四月のこと。

白状 はくじょう 犯人の自白書。但し、鎌倉幕府の裁判では白状の証拠能力は低かった。ただ、在地領主による検断沙汰の場合は圧状を根拠として処断することが多かった。

白地 はくち ⇒あからさま

薄田 はくでん 収穫の少ない悪田。地頭が散田を利用して、薄田を棄て置き能(良)田をえらび取っていると非難されている例がある。〈文献〉山本隆志『荘園制の展開と地域社会』刀水書房。

白田 はくでん はたけのこと。畠と字を宛てる。陸田と同義に用いられる。畑は中世から見られるが、もと火田すなわち焼畑のこと。

迫田 はくでん ⇒さこだ

白読 はくどく 文章を、文意の解釈をせず、ただ音読《おんどく》すること。素読《そどく》も同じ。

迫取 はくとり 正検注《しょうけんちゅう》以外の検注、内検《ないけん》のこと。

幕府 ばくふ 左右近衛府、左右近衛大将、将軍のこと。

白風 はくふう ⇒あきかぜ

白米免田 はくまいめんでん 官物《かんもつ》は国衙《こくが》に納め、雑役《ぞうやく》に相当する白米を免除され、その分を給主《きゅうしゅ》に納入する田地。東大寺の大和国の白米免田は雑役免田すなわち浮《うき》免田《めんでん》である。〈文献〉竹内理三『寺領荘園の研究』吉川弘文館。

博陸 はくりく 「はくろく」とも。関白の唐名。

曝涼 ばくりょう 衣類や書物などを陽《ひ》にさらし風を通すこと。夏又は秋の空気の乾いている時に行う虫干しのこと。

伯楽 ばくろう 博労、馬喰、馬苦労、馬口労とも書く。①牛馬の取引を行う商人。②牛馬医者。

筥文 はこぶみ 叙位・除目《じもく》のとき、硯《すずり》箱《ばこ》の蓋《ふた》に入れて天皇の御前に置く申文《もうしぶみ》。

狭間 はざま 「さま」とも読む。城内から矢、鉄砲、大筒《おおづつ》を放つために塀や櫓にあけられた開口部をいい、矢狭間、鉄砲狭間、大筒狭間、石狭間などがある。

婆沙羅 ばさら もとはサンスクリットの音vajrdにより金剛、金剛石の意。鎌倉時代から、派手《はで》である、分に過ぎたぜい沢、いいかげんであるの意で用いられた。平安時代の過差《かさ》に当たる。南北朝期には、伝統や規矩《きく》にこだわらない新儀の美意識・価値観を示す一種の流行語となり、華美な、異様な、気ままな風躰《ふうてい》、生活ぶりをあらわす語として用いられた。〈文献〉佐藤和彦『「太平記」を読む―動乱の時代と人々―』学生社。

橋 はし ①川や谷を渡るための架橋。②殿舎をつなぐ橋廊。

端裏書 はしうらがき 文書の右端(端《はし》という)の裏の部分に書いた記事。文書の受取人が、見出しとして書く。

端書 はしがき 文書や手紙の初頭や末尾に行《ぎょう》をかえて記したもの。

階隠 はしがくし 寝殿南面の階段の上を覆うように屋根のつき出している部分をいう。

薑 はじかみ 生姜《しょうが》のこと。

はじき石 はじきいし 荘園の四至を示す牓示石《ぼうじいし》。法隆寺領播磨国鵤荘に見える。現存する。〈文献〉谷岡武雄『聖徳太子の牓示石』学生社。

橋銭 はしせん 橋賃とも。橋の架橋・修理の費用を賄うため利用者から徴収した渡橋賃。一種の関税。

桟 はしだて　牛車の乗降に用いる梯子《はしご》。

端下なる銭 はしたなるぜに　中世の売券に、その代金を、例えば一三貫一二八文などと記す半端《はんぱ》なものがかなり見られる。これは、質物を取る貸借関係に起因するものと見ることができる。利息つきの貸借関係は徳政令の適用対象となるので、それを免れるために、元本に利息（半端《はんぱ》な分がそれに相当する）を加えた金額を代価とする売券の形をとったものと推量される。

〈文献〉阿部猛「畿内小領主の存在形態―山城国革嶋荘と革嶋氏―」（『帝京史学』一〇、『日本荘園史の研究』同成社、所収）。

半者 はしたもの　下仕えの女性、雑仕《ぞうし》よりは上の身分の下女。

橋賃 はしちん　⇒橋銭《はしせん》

半蔀 はじとみ　上半分が釣り上げられるようになっている蔀戸。

半蔀車 はじとみぐるま　網代車の一種で、物見窓を半蔀《はじとみ》としたもの。摂政・関白・大臣・大将の乗用。⇒半蔀

馬借 ばしゃく　「うまかし」とも。馬の背に荷を積んで運搬し駄賃を取った運送業者。水陸の交通の要地に集住した。近江の大津・坂本・草津、山城の淀・山崎・木津・伏見・横大路・鳥羽、大和の生駒・鳥見・八木・布留《ふる》郷、越前の敦賀《つるが》、若狭《わかさ》の小浜《おばま》などがよく知られている。馬借はその機動力のゆえに土一揆の際に活躍した。

〈文献〉豊田武ほか編『交通史』山川出版社。

端城 はじょう　出城《でじろ》のこと。⇒出城

馬上帳 ばじょうちょう　馬上取帳ともいう。検注取帳に同じ。一〇世紀頃から史料に見える。検注使が騎馬で作柄を見まわったことから起こった呼称と思われる。騎馬のまま検注を行うのは内検の場合。

馬上免 ばじょうめん　馬上検田免除の特権の認められた土地。屋敷・堀ノ内・新開発地・仏神田・荘官給田・佃などが免除の対象となる。

〈文献〉富沢清人『中世荘園と検注』吉川弘文館。

馬上役 ばじょうやく　神社の祭礼で荘民がつとめた神役。馬に乗って先頭に立つものか。未詳。

柱間 はしらま　建築物の柱と柱の間。平安時代の公家住宅は柱間が一〇〜一二尺あったが、柱間は時代とともに狭くなり、室町時代は七尺ていど、江戸時代初期には六尺八寸〜六尺五寸となる。柱間を一間《けん》とするが、近畿圏では六尺五寸、江戸その他では六尺とする。

柱松 はしらまつ　「たちあかし」「たてあかし」ともいう。地面に埋めて立てる大たいまつ。屋外照明用。「一遍上人絵伝」などに見える。

走衆 はしりしゅう　①鎌倉・室町時代、将軍に徒歩で随い、前駆・警衛をつとめた者。②若党のこと。

走舞 はしりまい　舞楽で、テンポの早いもの。面《めん》をつけて一人か二人が舞台いっぱいに走りまわる。ゆるやかなのは平舞《ひらまい》。

走廻 はしりまわる　①馳走する。②奔走する。③奉仕する。④尽力する。

走者 はしりもの　逃散、逃人、出百姓ともいう。領主、主人のもとから、或いは村から逃走した者。ひそかな逃亡移住者をいう。多くは村から町への移住。

〈文献〉藤木久志『戦国社会史論』東京大学出版会。

走湯 はしりゆ　温泉のこと。

筈 はず　①一致。②道理。③都合。④約束。⑤予定。元来は弓の両端、弓弭《ゆはず》のこと。「筈違い」といえば予定の狂うこと。

迦 はずる　逃亡するの意。外も同じか。

馳合 はせあう　馬を走らせて敵と向か

いあう。

破損 はそん　もとは破れ損ずる意であるが、江戸時代には、まったく反対の、修繕の意に用いる。

旗 はた　古代・中世の合戦で軍陣の大将が目印としたもの。源氏の白旗、平氏の赤旗もこれである。一三世紀頃からは、家紋をつけるようになった。旗指が大将の旗を持った。船にも旗が掲げられ、通行手形や所属を示す船印《ふなじるし》とされた。〈文献〉菅原正子「中世の御旗」(『歴史評論』四九七)

為当 はた　将、当とも書く。ひょっとすると、しかしながら、或いは。

はだく　刷の字を宛てる。「はだくる」ともいう。なであげる、かきあげるの意で、馬の毛づくろいをすること。

畠 はたけ　「はた」とも。水田に対して白《はく》田《でん》で、単に白《はく》とも書かれる。「田畠《でんぱく》」「畠《はく》地《ち》」などと用いる。畑と書いたときは焼畑を指す。

旅籠 はたご　①馬の飼料を入れて持ち運ぶ籠。②旅行中、食物などを入れて持ち運ぶ籠。③旅館の食事。④旅籠屋(旅館)、食事つきの宿《やど》。

旅籠振舞 はたごふるまい　旅から帰ったとき、人を集めて催す祝宴。もとは、旅から戻ったとき旅籠(いまの弁当箱)に残った食料を他人に振舞うこと。

畠地子 はたじし　⇒畠《はたけ》

畠代 はたしろ　畠として開発が予定されている土地(荒野)をいう、畠予定地。

畠田 はただ　田畠と書かれるときもある。①水不足のとき畠として利用される田。②畠地を水田化する過程の土地。

礑 はたと　はったと、①事のさし迫ったさま。②にらみつけるさま。

将又 はたまた　それともまた、もしくは、ひょっとしての意。

鮥 はたらく　もと魚の鮪《しび》。「彼表へ相鮥之由聞得候」などと用い、出動する、出撃する、攻撃する、合戦の意。

徴 はたる　官物・公事などを徴収する。

八虐 はちぎゃく　令制下の八種の罪名。謀反(天皇殺害をはかる)、謀大逆(山陵・宮闕の破壊をはかる)、謀叛(国に背く)、悪逆(祖父母・父母の殺害をはかり伯叔父・姑・兄・姉・外祖父母・夫・夫の父母を殺害する)、不道(伯叔父・姑・兄・姉・外祖父母・夫・夫の父母を打ち告訴し、また殺害をはかる)、大不敬(大社を破壊し神物を盗み、また人臣の礼を欠くこと)、不孝(祖父母・父母を告訴・呪詛・罵詈し、父母の喪に嫁娶・作楽する)、不義(本主・本国守・師・所属の長官を殺害し、夫の喪をかくして改嫁する)。〈文献〉石井良助『日本法制史概説』弘文堂。

八座 はちざ　参議の異名。弘仁(八一〇～二四)頃から、参議の数が八員に定まった。

八条院領 はちじょういんりょう　鳥羽天皇の皇女八条院の所領。安元二年(一一七六)の目録によると所領荘園は一〇〇か所にのぼる。所領は、春華門院・順徳天皇・後高倉院(このときの所領は二二一か所)・安嘉門院・亀山上皇・昭慶門院・後醍醐天皇へと伝えられた。〈文献〉中村直勝『荘園の研究』星野書店。

八丈絹 はちじょうきぬ　一疋の長さが八丈の絹織物。ふつう令制下では、一疋は五丈一尺ないし五丈二尺。

鉢叩 はちたたき　時宗《じしゅう》の空也《くうや》念仏の集団が鉄鉢をたたきながら勧進《かんじん》すること。

鉢開 はちひらき　托鉢して歩く坊主のこと。鉢坊主《はちぼうず》ともいう。

八木 はちぼく　米のこと。米の字を分解すると「丷(八)」と「木」になるので。

八葉車 はちようのくるま　萌黄《もえぎ》の網代《あじろ》の黄の八葉の文をつけたもの。大八葉は大臣・公卿、小八葉は四・五位以下の者の乗用。

捌 はつ　⇒さばく

初午 はつうま　二月初めの午《うま》の日に行う稲荷社《いなりしゃ》の祭礼。

早瓜 はつうり　五月五日に内膳司が早瓜を献上する。山城御薗で作った瓜を瓜刀をそえて進上した。瓜は山城・大和の特産であった。

幕下 ばっか　①将軍、近衛大将の尊称。②陣営。③配下、家臣・家来《けらい》。

白綺門 はっきもん　豊楽院《ぶらくいん》十九門のひとつ、豊楽殿と霽景楼を結ぶ回廊のほぼ中央にあり、東掖門である青綺門とあい対する。

法眷 はっけん　同じ法流をつぐ仲間、兄弟弟子《でし》。

発向 はっこう　討伐のため軍勢を発進させること。

八朔 はっさく　陰暦八月一日のこと、田実《たのむ》の節供、もとは収穫祭の前の穂掛祭。この日、主家や知人に贈物をする風習があった。

〈文献〉和歌森太郎『日本民俗論』(『著作集9』) 弘文堂。

初入 はつしお　①染物で、最初に一度染液の中に入れてひたすこと。②草木の葉が色づき始めること。

罰酒 ばっしゅ　饗宴に遅参したり失錯のあった者に、罰として酒を飲ませること。

八省 はっしょう　令制で、太政官の下にある八つの官衙。中務・式部・治部・民部・兵部・刑部・大蔵・宮内の八省。

罰状 ばつじょう　起請文《きしょうもん》のこと。⇒起請文

八神殿 はっしんでん　神祇官の西院にあり、天皇の守護神八神を祀った神殿。

八専 はっせん　陰陽道のいう悪日の一つ、壬子の日から癸亥の日に至る一二日、年間七二日。この間仏事を避ける。

法度 はっと　のり(法則、規則)の意。掟《おきて》、禁令、定《さだめ》。戦国時代以降、制定法の呼称となった。

伐日 ばつにち　具注暦における悪日の一つ。庚午《こうご》・丙子《へいし》・戊寅《ぼいん》・己卯《きぼう》・辛巳《しんし》・癸未《きみ》・甲申《こうしん》・乙酉《いつゆう》・丁亥《ていがい》・壬辰《じんしん》・癸丑《きちゅう》・壬戌《じんじゅつ》の日は下剋上の日とされた。但し軽い凶日。

法被 はっぴ　半被とも書く。①禅宗の高僧が椅子の背にかける布。②江戸時代、武家の中間《ちゅうげん》が着た羽織の一種。③印半纏《しるしばんてん》。④能装束で、鎧《よろい》をつけた武将・鬼神の着る衣装。

八風街道 はっぷうかいどう　近江から八風峠(鈴鹿山脈)を越えて北伊勢に入る街道。中世には、南方の千種《ちぐさ》街道とともに、近江商人が伊勢への通商路として用いた。

半首 はっぷり　半頭とも書く。①顔面を防禦する鉄面。帽子または兜《かぶと》の下に着ける。②額金《ひたいがね》を入れた鉢巻。

罰文 ばつぶん　起請文《きしょうもん》に、もし偽《いつわ》りがあれば神仏の罰を蒙るべきことを記した文言《もんごん》。

初穂 はつほ　「はつを」とも。もと、その年にはじめてとれた稲、初物を神や共同体の首長に貢納する儀礼があった。神仏への貢納物を上分《じょうぶん》といったが、原義は初穂にある。

〈文献〉網野善彦『増補　無縁・公界・楽』平凡社。

発明 はつめい　①物の道理や意味を明らかにすること。②賢いこと。

撥乱反正 はつらんはんせい　乱れた世の中を治めて、もとの正しい状態にかえすこと。『春秋』公羊伝に出典がある。

はつり　絹布の類をほぐして糸として使

うもの。「はつる（削）」とは、もと、けずるの意。

ハテ はて 稲機《いなばた》のこと。枝のある二本の木を柱として、そこに竿や縄を架《か》け渡して、刈り取った稲束をかけ乾《ほ》す。

抜頭 ばとう 唐楽。太食調《たいしきちょう》の曲。林邑《りんゆう》八楽の一つで走舞《はしりまい》。法会《ほうえ》・朝覲《ちょうぎん》行幸・相撲節《すまいのせち》に演じられた。

鳩目銭 はとのめせん 戦国時代から、伊勢神宮に詣る者が散米のかわりにまいた小さい鉛の銭。宮銭、猿目ともいった。銅銭一文で鳩目銭一二枚に替えた。

執翳 はとり 翳《さしば》を持ち天皇の顔をおおう者。翳は顔をかくす長柄の大きな団扇《うちわ》。中国起源で、もとは鳥の羽で作った。

花合 はなあわせ 物合の一つ。人びとが左右に分かれて花を持ち寄り、それに因む歌をそえて優劣を競う。寛平年間（八八九〜九八）の宇多天皇の菊合を初見とする。

咄 はなし 噺、咄とも書く。①評判。②事情。③相談。

ハナシ はなし ⇒焼畑《やきはた》

鎮花祭 はなしずめのまつり ⇒ちんかさい

縹色 はなだいろ 藍染《あいぞめ》による青色。八位（深縹）と初位《そい》（浅縹）の位色。

花田植 はなたうえ ⇒大田植《おおたうえ》

放書 はなちがき ①ひと続きの文字群を、続けないで一字一字離して書くこと。②語句ごとに空白を置く書き方。③へたな文字のこと。

放状 はなちじょう 放文《はなちぶみ》、放券《ほうけん》とも。中世、所領などを譲与・売却するとき、その旨を書いてあい手に渡す証書。譲状・売券をもいう。

放出 はなちで ①建物から一部張り出している部屋のこと。②寝殿・対屋などの一部で、何ら舗設していないところ。屛風《びょうぶ》・几帳《きちょう》・畳などで舗設することによって儀式などに用いることができる。

放文 はなちぶみ ⇒放状《はなちじょう》・流文《ながしぶみ》

鼻突 はなつき ①出会いがしら。②衝突する。③勘当する。突鼻《とっぴ》に同じ。

花下連歌 はなのもとのれんが 鎌倉中期から南北朝期に、寺社の花の下で興行された地下人《じげにん》らの連歌。京都が中心であったが、鎌倉でも行われた。貴賤を問わず多くの人びとが集まった。

太 はなはだ 甚と同義。ひじょうに……。

放馬 はなれうま 放駒《はなれごま》も同じ。綱をはなれた馬。「結城氏新法度」では、他人の放馬を捕える者は盗犯とされた。

放名 はなれみょう ⇒名《みょう》

塙 はなわ ⇒圷《あくつ》

埴田 はにた 水田のこと。埴は粘土で、保水力がある。

脛布 はばき 旅行のとき脛《すね》にまきつける布、脚絆《きゃはん》。

破風 はふ 屋根の切妻《きりづま》についている合掌形の板。

省 はぶく 中世、分配するの意に用いる。

祝 はふり 神社で、神主・禰宜《ねぎ》の下に位置する神職。但し、禰宜と同格の場合もある。

浜 はま ①海浜。②河川の氾濫《はんらん》によってできた微高地。②検注帳に河成、川成と記されたところ。③再開発予定地。

浜見取帳 はまみとりちょう 検注取帳のこと。浜は川成のこと。

浜床 はまゆか 寝殿の母屋《もや》に設けた方形の台で寝所、御座所として用いる。四隅に柱をたてて帳をかけ帳台とする。四周に州浜の模様がある。

早搔 はやがき 箏の最も一般的な奏法の一つ、テンポの早い弾き方。対するのは閑搔《しずがき》。

早楽 はやがく 早拍子《はやびょうし》あるいは早只《はやただ》拍子《びょうし》の拍節法をとる曲。管絃の大半の曲、舞楽の急の楽章。

はやす ①植木・草花などを生《は》やす。②のし餅などを切る。③木を伐る。

早　田 はやた 「わさだ」「わささだ」「わせだ」ともいう。早稲《わせ》を作る田。早稲は陰暦八月中旬〜九月中旬に収穫できる。

早　出 はやで 早く退出すること、早退。

隼人舞 はやとのまい 古代、南九州の住人隼人が服属儀礼として演じた舞い。平安時代、大嘗会で隼人の風俗歌舞が奏された。大内裏の興礼門から入り北面して演じた。

早　練 はやねり 節会などで、早めに練り歩くこと。

早拍子 はやびょうし 雅楽で、小拍子一つ（一小節に当たる）を四拍にとる拍節法。

早　船 はやふね 舸とも書く。平安・鎌倉時代の軽快な戦闘用の船。漕ぎ手の数が多い。

流行神 はやりがみ 突然熱狂的な信仰を獲得した神仏。祟《たた》りを克服する現世利益的な神で、古代の常世神《とこよかみ》・設楽神《しだらがみ》の流行は著名である。中世の記録にも、爆発的な人気を得た神仏の例がしばしば見える。

原 はら 未開の草原。荘園の立券文などに野と区別されて記載され、面積も示されている。

腹　当 はらあて 胸・腹のみの防禦具で草摺がない。歩卒用。

払　枡 はらいます 領主が給米を支給するとき計量に用いた枡。年貢米収納のときに用いる納枡《おさめます》より容量が小さい。

〈文献〉宝月圭吾『中世量制史の研究』吉川弘文館。

祓　刀 はらえのたち 祓に用いる太刀、大祓に東西文部の奉《たてまつ》った太刀。

腹赤奏 はらかのそう 正月元日の諸司奏の一つ。大宰府から献上された腹赤の魚（鱒《ます》）を天皇が覧《み》る。天皇に対する忠誠心を象徴するものという。

腹　巻 はらまき 草摺を細分した、歩兵用の鎧。腹に巻いて背で引き合わせる様式のもの。

張　紙 はりがみ 法度・法会などを告知するために壁や門に貼った紙。押紙、懸紙、張文、壁書という。

張　輿 はりごし 屋形の外部を筵張りにした略式の輿。

治　田 はりた 新しく開墾した田。墾田に比較して治田の方が規模が小さい傾向にある。

春　鍬 はるくわ ⇒田遊《たあそび》

春地子 はるじし ⇒地子《じし》

春除目 はるじもく ⇒県召除目《あがためしじもく》

春　田 はるた ①田地のこと。②冬作畠として利用した年荒田。春に収穫するのでこの称がある。③治田《はりた》のこと。音が通じる。

〈文献〉黒田日出男『日本中世開発史の研究』校倉書房。

春田打 はるたうち ①水田を鋤き返し土塊を細かくする、田植に先だつ作業。②田遊び。

春　成 はるなし 春に納入される成物《なしもの》（年貢）。冬から春にかけて作られた手工製品を春に貢納させたのがその起源という。

杳　々 はるばる 遙々、遼々も同じ。①はるかに遠くまで。②時間のたっているさま。

晴 はれ ①表向きのこと。②公式・正式の。③晴天、晴の儀。儀式が屋外で、正式な形で完全に行われること。対は雨儀《うぎ》。

曠　敷 はれがまし ①はればれしい。②表《おも》だって得意気である。③公である。④面はゆい。

判 はん 花押《かおう》のこと。印《いん》は印判という。⇒花押

半 はん ⇒大《だい》・半《はん》・小《しょう》

頒 はん　⇒あかつ

畔 はん　⇒くろ

鐇 はん　⇒たつき

番 ばん　①摂関家の大番舎人を交替で京上勤務させるための組織。②荘園領主が年貢・公事、とくに公事賦課の必要から、不均等な名を組合わせて番に編成した。有力名主を番頭とし、番頭給、番頭免を給与した。
〈文献〉渡辺澄夫『増補 畿内庄園の基礎構造』吉川弘文館。

幡 ばん　荘厳《しょうごん》のために、寺の柱・天蓋《てんがい》にかけたり、法会を行う庭や道に立てる旗。

半浮免 はんうきめん　⇒進官《しんかん》の坪《つぼ》

蛮絵 ばんえ　蛮は盤で円形を意味する。鳥獣の文様を円形図案化して衣服に摺絵《すりえ》又は刺繡《ししゅう》であらわしたもの。おもに、随身《ずいじん》・下級武官の褐衣《かちえ》や舞楽装束に用いられた。

盤枷 ばんか　⇒くびかし

犯科跡 はんかあと　犯罪をおかして処断された者、又は逃亡した者の田畠・屋敷・財産。田畠においては、預所・地頭が新しい作人を補任して農業経営を継続させる。家財は没収。
〈文献〉黒田弘子『ミミヲキリハナヲソギ』吉川弘文館。

蕃客 ばんかく　渡来人、異民族、外国人、外国から来た使節。

判形 はんぎょう　花押のこと。

半切 はんぎり　半分に切ったもので、「半切之楯《たて》」「半切の桶《おけ》」(底の浅い桶)、「半切紙」(杉原紙を横に半分に切ったもの)など。

晩景 ばんけい　夕方、暮方。

板刻花押 はんこくかおう　花押を板にほり印章のように捺すもの。一三世紀末を初見とする。
〈文献〉荻野三七彦『印章』吉川弘文館。

反魂紙 はんごんし　宿紙、薄墨紙の別称。専ら綸旨に用いたので綸旨紙ともいう。

半割符 はんさいふ　中世、額面一〇貫文の割符《さいふ》を一箇とし、その半額の五貫文の額面を持つ割符を半割符と称した。毎度替状を作って送金するのではなく、一種の有価証券として流通していたと思われる。⇒割符
〈文献〉桜井英治『日本中世の経済構造』岩波書店。

半作 はんさく　作りかけ、半造作のこと。「半作の家」と用いる。

班次 はんじ　①席順、座次。②列・位の順序、ならび。

番子 ばんし　⇒番《ばん》

万秋門 ばんしゅうもん　豊楽院十九門のひとつ、西面の正門、五間×三間。延秋門ともいう。

判書 はんしょ　支出の事実を証明するために結解状《けちげじょう》などに副えられる文書。

番匠 ばんしょう　建築工。交替で都に上ってくる(番の)匠《たくみ》を原義とする。手工業者の組織「大工―引頭―長―連」の統率者は大工で、建築工の場合は番匠大工という。江戸時代になって建築工を大工と呼ぶようになった。
〈文献〉大河直躬『番匠』法政大学出版局。

番上 ばんじょう　①律令制下、番をつくり当番の日に官司に出勤すること。毎日出勤する長上《ちょうじょう》に対する語。番上の官は年間一四〇日以上出勤しないと勤務評定を受けることができない。②順番に、交替で勤務すること。

半尻 はんじり　少年用の狩衣の一種で、後身の裾を短く仕立ててある。

凡人 はんじん　「ぼんじん」「ほんにん」とも読む。身分の低い人、平民、庶民。

番水 ばんすい　用水分配法の一つ。同一の水源に依存する村落・荘園間で、日

時を定めて順番に引水を行う慣行、またそのシステムをいう。
〈文献〉宝月圭吾『中世灌漑史の研究』吉川弘文館。

半　済　はんぜい　「はんせい」「はんさい」とも。①年貢・公事などを半分納入すること。②南北朝内乱期に、国衙領・本所領（荘園）の年貢半分を兵粮料所として軍勢に預け置く制度。応安元年（一三六八）一部を除いて全国的に本所領を雑掌と半済給人の間で均分することになった。
〈文献〉島田次郎『日本中世の領主制と村落　上』吉川弘文館。

半済給人　はんぜいきゅうにん　室町幕府の「半済令」に基づいて、国衙領・本所領の年貢半分を兵粮料として給与された者。

反　切　はんせつ　①漢字の未知の字音をあらわすのに、既知の二字の音を以てする方法。上の字の音節の最初の子音と下の字の音節の母音を含む後の部分を合わせて一音を構成する。「東」は「都籠切」であるが、「都」の声母「t」と「籠」の韻母「oŋ」で「toŋ」とする。また「東」は「徳紅切」であり、「徳」の「t」と「紅」の「oŋ」で「toŋ」となる。

判　銭　はんせん　①捺印の手数料。②戦国時代に軍勢の大将が制札を出して領民を保護する旨を公示したのに対して領民が上納する銭。⇒半手《はんて》

半　銭　はんせん　⇒寸半《きなか》

楾　はんぞう　半挿、磓、匜とも書く。注ぎ口のある注水器の一種。注ぎ口が柄《え》になっている。のち耳盥《みみだらい》のことをいう。楾は枡として代用されることもあり、室町時代、大和国興福寺領から貢納される維摩会料米は楾で計量される慣わしであった。

伴　僧　ばんそう　法会などで導師に随伴して読経などを行う僧のこと。

半　田　はんだ　掻上田《かきあげた》のこと。⇒掻上田

半　手　はんて　戦国時代、対立する二つの軍事勢力に関わる村落が、双方の勢力に年貢・公事などを分けて納入すること。一種の半済である。
〈文献〉峰岸純夫『中世　災害・戦乱の社会史』吉川弘文館。

班田農民　はんでんのうみん　班田収授法に基づいて口分田を班給されていた律令制下の農民。平安時代、口分田を受けている農民を土人《どじん》、その他の農民を浪人と称していた。
〈文献〉彌永貞三『奈良時代の貴族と農民』至文堂。

番　頭　ばんとう　⇒番《ばん》

晩　稲　ばんとう　⇒おくて

坂　東　ばんどう　関東地方の古称。足柄峠・碓氷峠から東の地域を意味し、古くは陸奥国をも含めた九か国を総称し、のち白河・菊多関以南の八か国をいうようになった（関八州）。

坂東声　ばんどうごえ　関東の人に特有の音声。訛声《だみごえ》のこと。多分に軽蔑《けいべつ》の意を込めている。

坂東夫　ばんどうふ　鎌倉時代、地頭が鎌倉に下向するとき、荘民に賦課する夫役《ぶやく》。鎌倉夫、関東夫ともいう。

半　時　はんとき　一刻の半分、いまの一時間。

埴　破　はんなり　高麗楽。壱越調の曲。四人舞。法勝寺金泥供養や興福寺常楽会で演奏。

般若湯　はんにゃとう　僧家の隠語で、酒のこと。

判　任　はんにん　令制官人の任官区分の一つ。太政官によって任命されるもので、主政・主帳や有品親王家の家令、内舎人、才伎長上が対象となる。なお、令制任官区分は、勅任・奏任・判任・式部判補の

四種がある。

半倍 はんばい　いまいう一倍のこと。一倍といえば二倍のこと。律令制下、公《く》出挙《すいこ》の利息は半倍、すなわち元金と同額までとされた。

斑駁 はんぱく　①色が入り交っていて、まだらである。②ちぐはぐであること。

半臂 はんぴ　束帯の袍と下襲《したがさね》の間に着る袖《そで》のない短い胴衣。着用のときは小紐で結ぶ。

半不輸 はんふゆ　所当・公事の一方または半分を国衙に納め、残りを寺社などに免給する制度。大和国の雑役免田や摂関家領島津荘の寄郡《よりごおり》はこれである。
〈文献〉工藤敬一『九州庄園の研究』塙書房。

半分まよい はんぶんまよい　まよい（償）とは弁償すること。半額の弁償。質屋が質物を失ったときは質物の半額を弁償する規定が『塵芥集《じんかいしゅう》』に見える。

頒幣 はんぺい　幾つかの神社・山陵に幣帛を献ずること。奉幣とほぼ同義に用いられる。

判補 はんぽ　律令官制における任用区分の一つ、式部省から補任される官人。国博士・医師は式部判補とする。

判枡 はんます　領主の判（花押）の書かれている枡。荘園領主・守護大名・戦国大名は領内の枡の規格統一をはかるために判枡の使用を強制した。
〈文献〉宝月圭吾『中世量制史の研究』吉川弘文館。

半免 はんめん　免家《めんけ》一宇の公事の半分を給与されるもの。
〈文献〉江頭恒治『高野山領荘園の研究』有斐閣。

判物 はんもつ　書判《かきはん》（花押《かおう》）をおして与えた所領の書きつけ。

半物草 はんものくさ　⇒足半《あしなか》

半文 はんもん　⇒きなか

半役 はんやく　正規の課役（本役）の半分の負担。「上州と庄内一郡の内は半役也」と用いる。

番役 ばんやく　交替で順番に事に当たる勤務の様態。鎌倉幕府の御家人役の京都大番役・篝屋《かがりや》番役・鎌倉大番役・将軍御所諸番役・大宰府守護所番役・異国警固番役など。また摂関家大番舎人の如き、荘園領主に対する荘民の諸役など多様である。
〈文献〉五味克夫「鎌倉御家人の番役勤仕について」（『史学雑誌』六三―九・一〇）。

盤領 ばんりょう　⇒領《えり》

伴類 ばんるい　一味同類というべきもの。『将門記《しょうもんき》』に見える平将門とその伴類の関係では、数的にはその軍隊の主力を形成するが、戦い不利となると逃げ散ってしまう。主人将門との間には固定的な強固な主従関係があるわけではない。その点、一族・郎等、従類とは異なる。
〈文献〉福田豊彦『平将門の乱』岩波新書。

ひ

樋 ひ　池水・河水を放出させる水門。圦《いり》樋《ひ》という。樋とは二種類ある。⑴埋樋《うずみひ》。池堤の土中に横に伏せるもの。⑵尺八樋《しゃくはちひ》。堤の内側に傾斜にしたがって斜めに取りつけ、樋に数箇の穴をあけ、最底部の水まで流出できるようにしたもの。ふだんは穴に栓《せん》がしてある。
〈文献〉喜多村俊夫『日本水利灌漑慣行の史的研究』岩波書店。

妃 ひ　きさき。立后するとおおきさき＝皇后となる。原則として妃は内親王から。中国では、天子の配偶者の意で用いられた。

婢 ひ　女の奴隷。男の奴隷奴《ぬ》とあわせて、奴婢と連称されることが多い。

被 ひ　⇒かずく

比 ひ　⇒ころ

非違 ひい　①違法。②検非違使の略。検非違使のことを「非違別当」などという。

被衣 ひい　⇒かずき

火色下襲 ひいろのしたがさね　晴の装束。表・裏とも紅花染による濃い赤の下襲。火色は深紅。

燧袋 ひうちぶくろ　火打袋とも。火打道具を入れて携帯する袋。

稗 ひえ　稲が渡来する以前からの古い作物。生育期間が短く、自然的悪条件の下でも生育するので、救荒作物として栽培された。

日吉神人 ひえじにん　近江国日吉社の神人。同社と山門延暦寺の権威を背景にして商業・高利貸業を営み、経済力を誇った。
〈文献〉脇田晴子『日本中世商業発達史の研究』御茶の水書房。

日吉上分米 ひえじょうぶんまい　日吉神社の御厨《みくりや》・荘園から年貢（上分米）として集めた米。これを高利で貸付けたが、神物である故に、取りたてが厳しかった。徳政令の適用外とされていた。
〈文献〉網野善彦『日本中世土地制度史の研究』塙書房。

日吉祭 ひえまつり　近江大津の日吉神社の大祭。陰暦四月中申《なかのさる》の日に行われた。

氷魚 ひお　鮎《あゆ》の稚魚。琵琶湖でとれるものが著名。十月一日、孟冬の旬に宮中で勧盃の二献の前に氷魚を給わる。

檜扇 ひおうぎ　檜の薄板を綴《と》じ連ねて作った扇。衣冠・直衣のとき笏《しゃく》にかえて持つ。江戸時代のものは、公卿用は二五枚、殿上人は二三枚の板で作る。女房用には色糸を長く垂《た》らして装飾とする。

火桶 ひおけ　火鉢。杉・檜《ひのき》の曲物《まげもの》の桶の中に土製の火入れを置いた採暖具。貴族の住宅には囲炉裏《いろり》はなく、火桶は必需品であった。

氷魚使 ひおのつかい　山城国宇治川、近江国田上《たなかみ》川の網代《あじろ》でとる氷魚（鮎の稚魚）を催徴する蔵人所からの使者。

日折 ひおり　五月三日〜五日の近衛の手結《てつがい》のうち、五日の左近衛の真手結《まてつがい》と六日の右近衛の真手結のこと、またその日をいう。⇒手結

微音 びおん　ごく小さな声。「微音に申す」など。

控 ひかえ　のちの備えのため、文書を写しておくもの。

日陰蔓 ひかげかずら　大嘗会など祭礼奉仕の物忌《ものいみ》のしるしとして冠に垂れ懸けた白糸又は青糸などを組んで作ったもの。元来はヒカゲノカズラをそのまま用いたという。

僻事 ひがごと　①道理や事実に違うこと。②不都合なこと。③心得違い。

檜笠 ひがさ　檜《ひのき》の網代笠《あじろがさ》。

東三条第 ひがしさんじょうてい　左京三条三坊一・二町にあった。藤原良房によって創建され、基経―忠平―重明親王―兼家―道隆―道長―頼通―師実―師通―忠実―忠通―基実と、摂関家嫡流に伝領された。

東の陣 ひがしのじん　内裏東側の宣陽門の異称。ここに左兵衛の陣（詰所）があったので。

被官 ひかん　①主従関係の上で、従者を指す。②守護大名・戦国大名に対して主従契約を結んだ従者。②名主等に隷属する農民。名子《なご》・下人《げにん》と同類である
〈文献〉大饗亮『封建的主従制成立史研究』風間書房。

非勘 ひかん 非法のこと。

彼岸 ひがん ①悟りの境地に至ること。②春秋二季の彼岸会の季節。

疋 ひき ①絹織物の長さの単位。匹とも書く。「養老令」では長さ五丈二尺。②銭貨の単位、一疋=銭一〇文《もん》。

非義 ひぎ 非議とも。非理も同じ。①義理に反する。②議論して叛《そむ》くこと。

引合 ひきあい ①売買の取引き、その証書。②訴訟の証人、被害者、共犯者など。③紹介。

引合 ひきあわせ 引合紙。檀紙の一種で、サイズにより、大引合、小引合と称する。単に引とも記される。

引合の緒 ひきあわせのお ⇒相引《あいびき》の緒《お》

拏攫 ひきしろう ①互いに引っぱりあう。②強く無理に引く。③ひきずる。④ひき連れる。⑤引きのばす。

引違 ひきたがえ 中世、金銭・年貢などを立替えること。

引茶 ひきちゃ 宮中の季御読経《きのみどきよう》のとき衆僧に茶を賜うこと、またその茶。⇒季御読経

引付 ひきつけ ①鎌倉・室町幕府の訴訟機関、引付方《ひきつけかた》。判決草案の作成を任とする。②後日に備える記録、評定引付、政所引付など。

〈文献〉佐藤進一『鎌倉幕府訴訟制度の研究』岩波書店。

引付勘録事書 ひきつけかんろくことがき 中世、幕府の引付が作って評定所へ送る判決草案を箇条書きにまとめたもの。

引付沙汰 ひきつけざた 鎌倉・室町幕府の訴訟手続きの一つ。不動産物権をめぐる訴訟に当たる所務沙汰を管轄する引付方において行われる手続き。三問三答ののち、引付勘録事書(判決草案)を作成し、評定衆の会議に上程する。

〈文献〉石井良助『中世武家不動産訴訟法の研究』弘文堂書房。

引募 ひきつのる 点定する、(非法にも)指定する、(新たに)指定するなどの意。「修理料田十二町を引募る」などと用いる。

〈文献〉笠松宏至「募る、引き募る」(『ことばの文化史 2』)平凡社。

引出物 ひきでもの 曳出物とも書く。①祝宴・饗宴に招待した客に渡す贈り物。公家・武家では馬・刀・砂金・衣類などが多い。②国司・郡司が荘園・公領に賦課する規定外の貢納物。国・郡司が赴任したとき初任曳出物を取る慣わしがあった。③預所が荘園現地に下向したとき、下司・田所・惣追捕使から取る。一回の任期中に一度と定められていた。

〈文献〉中野豈任『祝儀・吉書・呪符』吉川弘文館。

引直衣 ひきのうし 天皇が日常着用する直衣で、ふつうの直衣より長く仕立てられていた。

引剝 ひきはぎ 「ひっはぎ」「ひはぎ」とも。追い剝《は》ぎのこと。

曳夫 ひきぶ 伐り出した材木を、山から川岸まで運ぶ人夫、また人夫役。

〈文献〉黒田弘子『ミミヲキリハナヲソギ』吉川弘文館。

曳文 ひきぶみ ⇒身曳《みびき》

挽物 ひきもの 轆轤鉋《ろくろかんな》で木を挽《ひ》いて造った細工物。

引物 ひきもの ⇒引出物《ひきでもの》

飛脚 ひきゃく 敏速に手紙を運ぶ者、古代では飛駅使。

非拠 ひきょ ①理由や根拠のないこと、いわれのないこと。②不当である。③曲事《くせごと》。④実力もないのに高い位《くらい》にいること。

比興 ひきょう ①面白いこと。②非拠、非興に通じ、つまらぬこと、不都合なこと、みっともないこと、いやしいことの

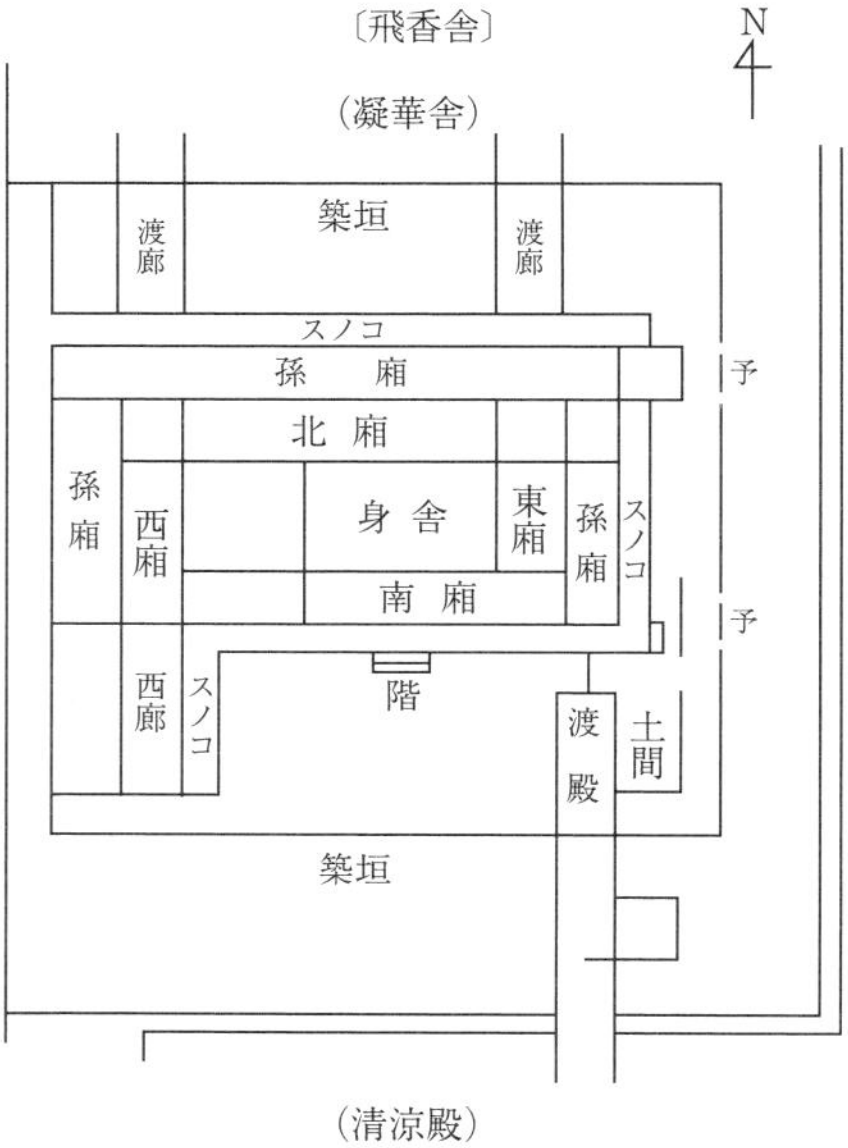

意。

比　況　ひきょう　比喩《ひゆ》のこと。

飛香舎　ひぎょうしゃ　内裏後宮五舎のひとつ、清涼殿の北にあった。南面の庭に藤の木が植えられていて、藤壺と呼ばれ、五間×二間の規模で四面に廂《ひさし》があった。五舎のうち最大の規模であった。

日切市　ひぎりいち　定期市、日をきめて開かれる市。三斎市・六斎市など。

簸　屑　ひくつ　①茶の良いものをよりすぐったあとに残る質のおとる茶の葉。②米などを箕《み》であおったあとに残る屑《くず》。

非蔵人　ひくろうど　蔵人ではないが、昇殿をゆるされ殿上の役をつとめる見習い蔵人。良家の子弟のうちから四、五人をえらび任じた。六位蔵人に欠員が生ずると非蔵人から任ずる。

秘　計　ひけい　①秘密のはかりごと。②工夫する。③工面する、金策、借金。「度々の御下文に、仰かふ（蒙）ふり候へは、御百姓かい（涯）ふん（分）ひけい（秘計）仕候」と用いる。④訴訟・裁判で、賄賂を贈ったり饗応して、また縁故をたどって自己に有利に運ぶこと。

〈文献〉阿部猛『鎌倉武士の世界』東京堂出版。

髭　籠　ひげこ　竹や針金で編《あ》み、編み残した端をひげのように延ばしてある籠《かご》のこと。端午の幟《のぼり》の頭につけたり、贈り物などを入れるのに用いた。

引　田　ひけた　荒、不作地。検注帳の目録固めの際には除田とされる。

〈文献〉鈴木哲雄『日本中世の開発と百姓』岩田書院。

髭を剪る　ひげをきる　髭は男性にとって欠くべからざるものであるが、その髭をきるほどの大事の意。

疋　絹　ひけん　「ひきぎぬ」とも。一疋ずつ巻いてある絹織物。一疋は「養老令」では長さ五丈二尺。

披　見　ひけん　①ひらいて見る。②見る。③調査する。

飛　行　ひこう　「ひぎょう」とも。所領や財産などを没収されること。「家領悉く飛行すべし」などと用いる。

披　講　ひこう　和歌会や歌合で、提出された和歌を講師が読みあげて披露すること。

比　郷　ひごう　近くの郷、となりの郷。

非御家人　ひごけにん　鎌倉時代、侍《さむらい》身分ではあるが御家人ではないもの。御家人役を勤めない。「沙汰未練書《さたみれんしょ》」に「非御家人とは、其の身は侍たりといえども、当役勤仕の地を知行せざることなり」とある。

日来 ひごろ　日頃、日比、日者とも書く。①漠然と幾日かをいう、数日。②ふだん、つねひごろ。③この頃、数日来。

販婦 ひさぎめ　女の行商人、物売りの女。⇒市女《いちめ》

提子 ひさげ　蓋《ふた》のない片口に把手をつけた酒器。銚子に酒を注ぐのに用いる。錫・銅で作る。形は鍋《なべ》に似ている。

尚 ひさし　久しい。「其来尚」（そのきたるやひさし）と用いる。その状態になってすでに久しいの意。

廂 ひさし　日本建築で、母屋《もや》の外側につけた屋根。その屋根で覆われている部屋。間面記法《けんめんきほう》で「五間四面《ごけんしめん》」といえば、柱間五間《ま》×二間《ま》の建物の四面に廂のあることを示す。

廂車 ひさしのくるま　網代廂車ともいう。屋根の眉の形が唐破風造で廂のある車。上皇・親王・女院・摂政・関白・大臣・大将の牛車。

飛札 ひさつ　飛書とも。急ぎの手紙。

膝突 ひざつき　軾《しょく》とも。宮廷の儀式の際、膝をついてものを言うとき、膝の下に敷く布や薦の敷物。

非参議 ひさんぎ　①三位以上でありながら議政官を帯びない者。②官歴において参議昇進の資格を持つ四位の者。③参議でないことを明示する必要のある場合の表記。例えば「非参議大弁」のごとき。

斐紙 ひし　雁皮紙《がんぴし》の古名。雁皮紙は、ガンピを原料とする手漉紙《てすき》で、紙質の薄いものを薄様《うすよう》、厚手のものを鳥の子《とりのこ》と称した。

彼此 ひし　⇒故是《かれこれ》

非時 ひじ　①日中から翌朝の日の出前までの時間で、この間に僧は食事を摂《と》ってはならない。②非時食、すなわち僧の午後の食事。正午以前の食事は斎《とき》という。

醤 ひしお　大豆・小麦・米などに塩を加え、麹《こうじ》で発酵させた食品。そのまま、なめたり調味料として用いる。似たものに未（味）醤があるが、区別がはっきりしない。

非職 ひしき　「ひじき」とも。①蔵人見習いの者。②寺院・神社で役職にない僧侶・神官。③その身分や家柄にふさわしくないこと。「近年武芸廃而自也門共好二非職才芸一、触レ事忘二吾家之礼一訖」などと用いる。

非侍従 ひじじゅう　侍従ではないが、実際上侍従職を奉仕する者。欠員あるとき臨時に補任する。

犇 ひしめく　①ぎしぎしと音をたてる。②騒ぎたてる、騒動。

ビシャ びしゃ　⇒歩射《ぶしゃ》

秘書閣 ひしょかく　御書所《ごしょどころ》のこと。

秘書監 ひしょかん　図書頭《ずしょのかみ》のこと。

秘書省 ひしょしょう　図書寮のこと。

秘書少監 ひしょしょうかん　図書助のこと。

聖 ひじり　①仙人。②すぐれた人。③高徳の僧。④寺院に入らず私的に修行している隠遁僧。⑤諸国をめぐり勧進《かんじん》したり乞食《こつじき》して修行している僧、高野聖。⑥清酒の異称。⑦呉服商人のこと。

備進 びしん　年貢などを用意し進上すること。

比徒 ひず　令制で、誣告《ぶこく》に対する罪。例えば、平民が官人を除名に当たる罪で誣告すれば徒三年、僧尼を還俗に当たる罪で誣告すれば徒一年に処された。⇒誣告

樋洗 ひすまし　高貴な女性に仕え、便器の清掃に当たる下級の侍女。主人が外出するとき、便器を持って従う。ほぼ同様なものに御厠人《みかわやうど》がある。

彼是 ひぜ　⇒故是《かれこれ》

日銭屋 ひぜにや 日歩《ひぶ》計算で利息を取る金貸。担保を取らないかわりに利息が高く、徳政令の対象外とされた。利息は月利で十文子《じゅうもんし》（一〇％）以上。

引　板 ひた ⇒鳴子《なるこ》

鐚 びた 鐚銭《びたせん》、悪銭のこと。われ銭・かけ銭・なまり銭・ころ銭など。〈文献〉小葉田淳『改訂増補 日本貨幣流通史』刀江書院。

日大将 ひだいしょう 中世、武家社会で、その日の戦闘の大将をいう。

火炬屋 ひたきや ①宮中で、庭火・かがり火をたいて守衛する衛士《えじ》の詰所。②宮中や野宮《ののみや》などで斎火《いみび》をきり出し神饌を調理する建物のこと。

一　向 ひたすら 永、混、只管、真向、直尚、常尚など、さまざまな文字を宛てる。いちずに、ただそればかり、切《せつ》にの意。

日　縦 ひたたし 東西、東西の道。

直　垂 ひたたれ 方領《かたえり》・闕腋《けってき》の肩衣《かたぎぬ》に袖《そで》をつけた衣服。

飛騨工 ひだのたくみ 飛騨国出身の工匠。古代に優秀な技術を以て知られた。

ひたひた 滞りなく、ずんずんと事が進むこと。「ひた〳〵と出来候」と用いる。

直　物 ひたもの ①器にいっぱいの状態。②ひたすら、いちずに。

篳　篥 ひちりき 雅楽の中心旋律をうけ持つ楽器。ダブル・リードの竪笛《たてぶえ》。本体は竹。リードは芦《あし》の茎《くき》で作る。

櫃 ひつ ①上に向かってふたのあく大形の箱。長櫃・折櫃・唐櫃・小櫃などがある。②飯を入れる木製の器、おひつ。

畢 ひつ ⇒おわんぬ

筆　架 ひっか 使った筆をのせ架《か》けておく台。

密　懐 ひっかい 他人の妻と情を通じること、姦通のこと。「関東御成敗式目」に所見。

畢　竟 ひっきょう 必竟とも書く。結局、究極、最終、つまりは。

筆　硯 ひっけん 筆と硯で、文章を書くこと、またその文章をいう。

筆　紙 ひっし 筆と紙で、書き写すこと、文章のことをいう。「筆紙に尽くし難い」といえば、文章に書きあらわすことが難しいの意。

羊　病 ひつじびょう 一二世紀末に京都での正体不明の流行病。全身の痛み、四肢のだるさ、食欲不振を訴える。

逼　塞 ひっそく 逼迫《ひっぱく》に同じ。①謹慎している。②零落して引きこもる。

悲田院 ひでんいん 天平二年（七三〇）光明皇后によって創置されたという社会救護施設で、行路病者や孤児を収容保護した。平安京では東西二所あったが、のち西一所のみとなった。運営経費として悲田料稲一五〇〇〇束があり、その出挙の利を宛てた。

人商人 ひとあきうど 人買《ひとかい》も同じ。人身売買を業とする者。鎌倉・室町時代、人を誘拐《ゆうかい》して辺境地域へ売る人商人が横行した。中世の文学作品には人買にまつわる話が多い。〈文献〉牧英正『人身売買』岩波新書。

単　衣 ひとえ 単とも書く。裏をつけない仕立てで、最も下に着るが、肌小袖を着《き》るときは、その上に重ねる。

単　定 ひとえのじょう 単米《ひとえよね》として年貢米を徴収すること。⇒単米

単　米 ひとえよね 年貢徴収に伴う諸費用（検田使得分・沙汰人得分・公文所得分などや交分《きょうぶん》）を含まず、単位面積に斗代《とだい》をかけただけの量の米。

人　買 ひとかい ⇒人商人《ひとあきうど》

人　返 ひとかえし 中世後期、欠落者《かけおちもの》・走者《はしりもの》のつれ戻し策。在地領主や土豪、戦

国大名の間では逃亡者のつれ戻しが深刻な対立をひき起こすので、相互に逃亡者の拘束・返送、すなわち人返しの協定を結んだ。〈文献〉藤木久志『戦国社会史論』東京大学出版会。

人形 ひとがた　偶人とも書く。①にんぎょう。②禊《みそぎ》や祈《き》禱《とう》のときに用いるかたしろ。紙などで作り、身体を撫でて川や海に流す。③身代わり人。④人相《にんそう》。

人勾引 ひとかどい　人を誘拐すること。勾引《かどわかし》も同じ。

一行 ひとくだり　一行書の文書、所領などの命令書。

人質 ひとじち　人を質に取ること。①自分に反抗する恐れのある者の親・妻子を預かり反抗を予防する。②借金・借米などの担保として子や所従を質に入れる。〈文献〉石井良助「中世人身法制雑考」(『法学協会雑誌』五六―八〜一〇)。

一つ物 ひとつもの　神社の祭礼に特別な衣装を着けた児童で、神霊の依代と考えられた。

為人 ひととなり　①生まれつき、性質。②背《せ》格好《かっこう》。

人柱 ひとばしら　土木工事(架橋・築堤・築城など)のとき強化のため人を生きながら埋めること。犠牲となるのは男童が多い。多くの伝説がある。

人掃 ひとばらい　天正十九年(一五九一)豊臣秀吉が行った戸口調査。のちの人別改に当たる。

一文字 ひともじ　女房詞で、ねぎのこと。もと、ねぎは「ね」と一音で呼んだ。

火取 ひとり　香炉《こうろ》の類。香をたきしめるのに用いる。

ビードロ びーどろ　ガラス、ガラス製の器具。vidro(ポルトガル語)に由来する。なお、彫刻を施したガラス製品はギヤマン(もとは、ダイヤモンドを意味するポルトガル語)といった。

鄙振 ひなぶり　夷振、夷曲とも書く。①古代の歌曲の一つであるが委細未詳。②田舎ふうであること。

日次 ひなみ　日並とも。日ごと、毎日の次第。日《み》次記《なみき》といえば、現今いう日記《にっき》。

日次御供 ひなみのごくう　日次は日並、日ごと、毎日の意。毎日、神仏に捧げる神饌・供《く》物《もつ》・日供《にっく》、また単に御供ともいう。その費用を生み出す田が御供田・免田。

非人 ひにん　仏教では、人に非ざるものが人の姿をかりてあらわれたものをいう。平安時代から、罪人・世捨人・僧・下級の神人・乞食などを指していった。

終日 ひねもす　朝から晩まで一日中。

捻文 ひねりぶみ　①数片の紙に字を書き、折り捻ってくじとしたもの。②書状の一形式。封を捻るようにしたところから。

日御座 ひのおまし　①天皇が日中に出御する平敷の御座。清涼殿の東廂《ひさし》に畳を二枚敷き、その上に茵《しとね》を置いて御座とした。②皇后・皇女の日中の御座をもいう。

日下臈 ひのげろう　平安時代、春宮坊被官の蔵人所の構成員で、日々出仕する殿上人のうち下級の者をいう。同所の蔵人は定員四人、非蔵人は三人である。

日上 ひのしょう　日の上卿《しょうけい》のこと。太政官の政務において、当日定刻までに出仕した中納言以上のうち最上位の者が当日の責任者となる。もとは筆頭公卿がつとめるものであったが、九世紀半ば以降、公卿の遅刻や欠勤が多くなったので、この制が行われた。

昼装束 ひのしょうぞく　「ひのそうぞく」とも読む。日装束も同じ。朝服の異称で、ふつうは束帯を指す。宿直《とのい》の装束に対する。

日大将 ひのたいしょう　その日の大将、指揮官のこと。中世の用語。

氷様奏 ひのためしのそう　元日節会のときに宮内省が、昨年の氷室《ひむろ》の氷の出来具合を奏上する儀。氷様とは本来は見本としての氷の現物のことであったろうが、のち形骸化した。

批判 ひはん　①判定、評価。②裁判での判決。③評判。

火櫃 ひびつ　⇒火桶《ひおけ》

美福門 びふくもん　大内裏南面東の門。弘仁九年（八一八）の門号改正前は壬生《みぶ》門と称した。左衛門府が守護した。一二世紀後半には礎石が残るのみで、構造物は失われていた。

被物 ひぶつ　⇒かずけもの

非分 ひぶん　①分不相応なこと、過分。②道理にかなわぬこと。

引倍木 ひへぎ　⇒衵《あこめ》

日別公事 ひべつのくじ　日割りで賦課された公事。日次《ひなみ》公事も同じ。

非法 ひほう　①法に外れていること。②法にそむくこと。

彼方此方 ひほうしほう　⇒あちこち

隙入 ひまいる　手間どる、手数がかかるの意。

日交 ひまぜ　一日おき、隔日。

日待 ひまち　人びとが前夜から潔斎し、眠らず日の出を待ち拝む行事。室町時代から記録がある。

氷室 ひむろ　冬期、池から採取した氷を夏期まで貯蔵する施設。古代、京都近辺に主水司管理の氷室が九か所あった。中世、氷室徭丁田も加えて主水司領を形成した。

〈文献〉福尾猛市郎「主水司所管の氷室について」（『日本歴史』一七八）。

眉目 びもく　①顔かたち。②名誉、面目。「於二故郷一可レ施二眉目一之由」などと用いる。

美物 びもつ　「びぶつ」ともいう。ごちそう、おいしいもの。とくに魚・鳥など動物性食品を指すことが多い。野菜類は粗物《そぶつ》という。

檜物 ひもの　曲物《まげもの》。檜や杉の材で作った。それを製造・販売した者が檜物師。

百姓請 ひゃくしょううけ　⇒地下請《じげうけ》

火矢 ひや　敵の軍事施設を焼くために放つ矢のこと。はじめ鏑《かぶら》の孔に油紙をつけて用いた。戦国時代に鉄炮が普及すると、竹の鏃《やじり》に火薬をまとわせて射込んだ。

百姓職 ひゃくしょうしき　荘園制下、名主職・作職・下作職などとともに農民的土地所有権を示す職《しき》。領主によって宛行われるが、年貢を未進すればとりあげられる。

百姓治田 ひゃくしょうちでん　公領・荘園における小農民による小規模な開墾田。領主側主導の開墾田に対する呼称。

百姓逃亡跡 ひゃくしょうとうぼうのあと　公領・荘園において、年貢・公事を負担する百姓が逃亡したあとに残された田畠・屋敷。

百姓の習 ひゃくしょうのならい　百姓らの集団の慣習、村落の慣習、道理。

百姓名 ひゃくしょうみょう　一般の名。土名《どみょう》、平民名ともいう。荘官名のように大規模な名を領主名と呼び、これに対する概念で、百姓名という。

〈文献〉戸田芳実『初期中世社会史の研究』東京大学出版会。

百姓申状 ひゃくしょうもうしじょう　公領・荘園の住人百姓らが一味同心して、自分たちの主張を記した上申文書。

〈文献〉入間田宣夫『百姓申状と起請文の世界』東京大学出版会。

百姓 ひゃくせい　「はくせい」「ひゃくしょう」とも読む。皇族以外の有姓の者。人民一般の総称。古訓は「おおみたから」とも。平安時代以降、荘園・公領制の成立過程で名主百姓、平民百姓などの称が用いられ、中世には小百姓、脇百姓なども農業経営に関わる呼称として用いられた。ここから百姓＝農民という認識が生ずるが、実際には百姓は非農業民をも含む概念であって、農業民をあらわす語としては農人が用いられる。
〈文献〉戸田芳実『初期中世社会史の研究』東京大学出版会。

ひやけ田 ひやけだ　日焼田。ひやけは旱《かん》害《がい》・旱魃《かんばつ》を意味する語。ひでりで水がかれて、乾ききった田。水の便が悪く枯渇した田。

白虎楼 びゃっころう　大極殿前の龍尾道先端の西方の楼。東は蒼龍楼。

避与 ひよ　⇒さりあとう

表 ひょう　臣下が天皇に奉《たてまつ》る文書、賀表、辞表など。上表といえば、表を上《たてまつ》ること。

標 ひょう　朝廷の公事のとき、官人の列次を定めるために置いたしるしの木、版《へん》。
〈文献〉鈴木琢郎「版位制の展開と標の成立―平安前期の検討から―」(『行政社会論集』一五―三)。

表衣 ひょうい　⇒うえのきぬ

表袴 ひょうこ　⇒うえのはかま

兵庫関 ひょうごのせき　中世、摂津兵庫津に設けられた関。入津船舶から勝載料を徴することは平安初期に見えるが、関料徴収は鎌倉時代から所見する。上り船からは石別升米（積荷の米一石について一升）を、下り船からは置石（港湾修築料）を徴した。関料は東大寺八幡宮に納入されたが、室町期には興福寺関も設置され、のちには等持寺・相国寺・北野社なども権利を主張し争奪の対象となった。
〈文献〉新城常三『中世水運史の研究』塙書房。

拍子 ひょうし　打つ行為から発した音楽用語で、一定の単位を拍として音楽上の区切を与える方式について用いる。四拍子・六拍子・八拍子、また延《のべ》拍子・早拍子・只《ただ》拍子・夜多羅《やたら》拍子などという。

兵士 ひょうじ　⇒へいし

平調 ひょうじょう　雅楽の十二律の一つ。洋楽のeの音に相当する。

兵仗 ひょうじょう　①武器。②武器を持った随身《ずいじん》、内舎人《うどねり》。③兵定とも書き、戦争で損害を受けること。

評定衆 ひょうじょうしゅう　①鎌倉幕府の、執権・連署の出席する評定所の会議に出仕して政務を評議決定する。②室町幕府では引付衆のこと。

評定所 ひょうじょうしょ　鎌倉幕府で、評定衆が合議したり詰めている場をいう。特定の官庁名ではない。

評定文 ひょうじょうぶん　官司で諸事を議し、その結果を注記・上申する文書。勘奏、注進ともいう。
〈文献〉相田二郎『日本古文書　上・下』岩波書店。

表白 ひょうびゃく　法会・修法のはじめに、その旨趣を書いた文を読みあげて、三宝および参会者に知らせる。開白・啓白ともいう。平安後期の表白をあつめた『表白集』がある。

屏風 びょうぶ　屋内用の障屏具。高さ四～五尺、幅一尺八寸を一扇とし、ふつう六扇で一帖、二帖で一セットとする。唐絵または大和絵が描かれ、また和歌などを書き込んだ。

氷馬役 ひょうまやく　氷室《ひむろ》の氷を主水司まで運ぶ役。大和国では在家役として賦課された。
〈文献〉泉谷康夫『律令制度崩壊過程の研究』髙科書店。

平文 ひょうもん　①漆の文様をあらわす塗り方。金・銀・貝で模様を作りこれを漆で塗り込めてから研《と》ぎ出すもの。②装束に用いた色替わりの組合わせ文。

表　裏　ひょうり　表と裏、事柄の外面と内面で、「表裏する」といえば、言葉や態度に表裏、かげひなたのあること。不正直である、裏切りであるの意。

廟陵監　びょうりょうかん　諸陵頭のこと。

廟陵署　びょうりょうしょ　諸陵寮のこと。

廟陵少監　びょうりょうしょうかん　諸陵助のこと。

兵粮米　ひょうろうまい　兵糧米。兵粮の徴収は元来は臨時の賦課であったが、文治元年（一一八五）源頼朝は守護・地頭設置のとき、荘園・公領一律に段別五升の兵粮米徴収を認められた。しかし、これは荘園領主らの反対にあい停止された。〈文献〉安田元久『地頭及び地頭領主制の研究』山川出版社。

兵粮料所　ひょうろうりょうしょ　南北朝期、兵粮米に宛てるために指定された所領。半済制度において年貢の半分を軍勢に預けたとき、その名目は兵粮料所ということであった。〈文献〉島田次郎『日本中世の領主制と村落上』吉川弘文館。

日　横　ひよこし　南北、南北の道。

日　読　ひよみ　①暦のこと。読むは「かぞえる」の意。②十二支のこと。

日　和　ひより　①海上の天候の具合。②船出によい空模様。③晴天。④事のなりゆき。

平足駄　ひらあしだ　下駄のこと、歯の低い足駄。

平　緒　ひらお　公家の太刀の紐。長さ二六〇～三〇〇センチメートル、幅約九センチメートルの織物。両端は房になっている。

平岡祭　ひらおかまつり　河内国牧岡神社の祭。二月と十一月の上《かみ》の申《さる》の日に行う。四座のうち二座は藤原氏の祖先神。

平折敷　ひらおしき　四方の角《かど》を切ってない、四角のままの折敷。

平　絹　ひらぎぬ　⇒へいけん

平　厨　ひらくりや　荘園において検注使を接待するとき、三日厨《みっかくりや》のあと、四日め以降は普通の接待となる。これを平厨と称する。⇒三日厨

平　座　ひらざ　平敷の座の意。床子や兀《ごっ》子《し》を用いず床の上に敷物を敷いて座とすること。二孟旬・元日、重陽・豊明《とよのあかり》・節《せち》会《え》の日に天皇が紫宸殿に出御せず、公卿が宜陽殿西廂の平座に就いて行う宴《うたげ》。

平雑掌　ひらざっしょう　領主から荘園の管理を任された雑掌のうち、所務雑掌と沙汰雑掌の権限を併有したもの。

平装束　ひらしょうぞく　束帯装束のうち、石帯を用いず麻布帯で締めたもの。もと下級武官の装いであったが、上級武官もこの装束を用いた。

平　田　ひらた　図田帳に記載された田地以外の田。

平駄船　ひらたぶね　河川航行に用いられる吃水《きっすい》の浅い、細長い船。

平野酒　ひらのざけ　中世末期、摂津国平野郷で造られた名酒。

平野祭　ひらののまつり　京都平野神社の祭事。平安初期に始まり、十一月初めの申《さる》の日に行う。祭神は渡来系の神。

平　張　ひらばり　幄舎《あくしゃ》のひとつ。屋根に当たる部分は平らに覆っただけのテント。雨儀の際の臨時の場とし、また奏楽の楽座などに用いた。

平百姓　ひらびゃくしょう　⇒平民百姓《へいみんびゃくしょう》

平　舞　ひらまい　文官を象《かたど》った舞人によって舞われる舞楽。四～六人が面をつけず、ゆるやかなテンポで舞う。唐楽の万歳楽や高麗楽の白浜などはそれ。

枚目録　ひらもくろく　平目録とも書く。検注目録のこと。

平胡簶 ひらやなぐい　矢並を美しく扇形に盛るために仕立てた胡簶で、武官が帯びるもの。漆塗、矢数は一五又は二一。

蒜 ひる　四種ある。大蒜《おおひる》は葫とも書き、にんにくのこと。小蒜《こひる》は米比流《めひる》ともいう。野蒜《のびる》のことで蘭《あららぎ》と称する。沢蒜・島蒜は葷菜《くんさい》の一種で、くさき菜という。いずれも食用・薬用となる。

昼垸飯 ひるおうばん　荘園において、検注使を饗応する三日厨に出される特別な昼食。

昼装束 ひるしょうぞく　⇒衣冠《いかん》

昼御座 ひるのおまし　清涼殿の身屋に天皇の昼の御座《ござ》があった。ここで東側の孫廂に候する侍臣から政務を聴《き》いた。

平礼 ひれ　平礼烏帽子のこと。縁《のり》をつけず、前額部をくぼませないでかぶるもの。

領布 ひれ　比礼とも書く。女子の正装に、頸《くび》にかける飾り。

飛礫 ひれき　小石を投げつけること。石打ち。⇒印地打《いんじうち》

尋 ひろ　長さの単位。成人男子が両手をひろげたとき、指先から指先までの長さ。曲尺四尺五寸（約一三六センチメートル）～六尺（約一八〇センチメートル）。

尾籠 びろう　①礼を失すること。②不作法である。③恥ずべきこと。④ふしだらのこと。

檳榔毛車 びろうげのくるま　牛車の一種。檳榔樹の葉を細かく割いてさらしたものを染色し、それで車の箱を葺き覆ったもの。この車には物見の窓がついていない。上皇・親王以下四位以上の官人、僧正、法印、大僧都の乗用。

檳榔庇車 びろうひさしくるま　前後の眉の下に庇があり、物見に半蔀《はじとみ》のついた牛車。上皇・親王・摂関・大臣の乗用。

広瀬・龍田祭 ひろせ・たつたさい　大和国の大和川ぞいに鎮座する広瀬神社（穀霊神）、龍田神社（風神）の祭事。四月、七月に祀る。天武朝に国家祭祀となり、朝廷から祭使（王・臣五位以上、神祇官六位以下）が各社に参向した。

広廂 ひろびさし　寝殿造で、廂の外側の一段低い吹放しの部分。清涼殿東広廂は、御前の広廂といわれ、正月十四日の男踏歌、三月三日の曲水宴には、ここに椅子《いし》を置いて天皇がこれを覧《み》た。

琵琶 びわ　東洋の弦楽器の一つ。木製。胴《どう》（=甲）と柄《え》があり、ふつうは四弦四柱または五弦。わが国の場合は腕に抱えて撥《ばち》で弾《ひ》くが、中国・朝鮮では義甲または手指・爪で弾く。

檜皮葺 ひわだぶき　檜の樹皮を剝いでこれを重ね、竹釘で打ちつけて屋根を葺く。平安・鎌倉時代の貴族の住宅などに用いられた。純日本的な工法。

琵琶法師 びわほうし　①琵琶をひく法師。②盲僧系の者と放浪芸人系の者とある。鎌倉中期以降は、琵琶の伴奏で『平家物語』を語る者。

嬪 ひん　天皇の配偶者。五位以上の女性で、四名まで置くことができた。妃・夫人の下に位する。

便宜要門田 びんぎようもんでん　便宜田、便田。家地に附属する権利として認められたもので、その権利は公田の占有または耕作の優先権。便田は公田に設定され、便田となったのちも公田としての性質を失わない。
〈文献〉泉谷康夫『律令制度崩壊過程の研究』髙科書店。

編木 びんざさら　「ささら」ともいう。民俗芸能の打楽器の一つ。短冊型の薄板を数十枚連ね、上方を綴じ続け、両端を握って振り合わせ音を出す。平安時代から見える。

便所 びんしょ　休憩所、衣服などをととのえる所。

便奏 びんそう　天皇に奏上する書式のうち、最も日常的な軽微な案件を奏上するときに用いるもの。奏者は少納言で、まず口頭で奏する。

鬢削 びんそぎ　女子の成人のしるしとして、鬢先の毛を削《そ》ぐこと。男子の元服に当たる。江戸時代には、一六歳の六月一日に行う。

便田 びんでん　⇒便宜要門田《びんぎようもんでん》

便風 びんぷう　①順風、追い風。「待二便風一可二罷帰一」と用いる。②たより、音信。「便風令レ啓候之間捧二愚札一候」と用いる。

便補保 びんぽのほ　「べんぽ」とも読む。封戸制の衰退により封物の徴収が困難になると、その分を特定の地に切り宛てて納入させるようになった。その単位。その土地は特定の開発領主によって開発された別符、別納の地であることが多い。⇒保《ほ》
〈文献〉勝山清次『中世年貢制成立史の研究』塙書房。

便路 びんろ　①都合のよい道、順路。②出かけたついで、通りがけ。③伝言の伝達。

ふ

不 ふ　検田帳などに不と書かれる場合、何らかの理由により耕作不能となり収穫のない田地・畠地。損《そん》と同じ。⇒損

傅 ふ　①東宮坊に属し、皇太子の輔導官。定員一名で相当位は正四位上。②一般に、守《も》り役、教導の役。

符 ふ　令制下、直接上下関係にある官司間で、上の官司から下の官司へ下す文書。

太政官─┬─八省─諸寮司および職
　　　　├─諸国（西海道を除く）─郡
　　　　└─大宰府─西海道諸国─郡

歩 ぶ　耕地の面積の単位。一歩＝六尺平方、三六〇歩＝一段。

分 ぶ　①長さの単位。一〇分＝一寸《すん》。②重量の単位。一〇分＝一匁《もんめ》。

嘸 ぶ　⇒さぞ

怖畏 ふい　恐れて、びくびくすること。

負扆 ふい　①天子の位につくこと。扆は斧の形を縫いとりにした屛風。②摂政の唐名。

不意 ふい　⇒ゆくりなく

無為 ぶい　①あるがまま。②平穏であるさま。③変わらない。

鞴 ふいご　吹皮とも書く。金属の精錬やガラス加工に用いる送風装置。取手《とって》を押し引きすることで箱の中のピストンが動き、空気を押し出す。

分一銭 ぶいちせん　①貸借関係を破棄する徳政が行われるとき、債権者の損害を軽減する意味から、負債の二分の一〜一一分の一を分一銭と称して支払う習慣があった。大和国や近江国の在地徳政に見られるものであったが、室町幕府の行った分一徳政令はこの習慣を引きつぐものか。②家屋を売却したとき、売り値の一〇分の一を本所に納めさせたり、買方から二〇分の一〜一〇分の一を町に出させる習慣があった。

分一徳政令 ぶいちとくせいれい　債権・債務額の五分の一〜一〇分の一の分一銭を室町幕府に支払うことによって債権・債務が確認され、徳政令を免れたり適用されたりした。徳政令の公布により土倉役徴収が困難となったため、その欠を補おうとして案出された。
〈文献〉桑山浩然「室町時代の徳政」（『中世の

社会と経済』）東京大学出版会。

封印　ふういん　文書の封じ目・継目《つぎめ》に印を捺すこと。

風儀　ふうぎ　①容姿。②行儀・作法。③風習、しきたり。

封紙　ふうし　書状を包む紙、封筒。差出人は、本紙には花押だけ書き封紙には実名《じつみょう》を書く。懸紙《かけがみ》ともいう。

封事　ふうじ　自分の意見を書いて密封して天皇に進上する文書。中国漢代に始まる。延喜十四年（九一四）三善清行の「意見十二箇条」は著名。〈文献〉阿部猛「三善清行『意見十二箇条』試注」（『帝京史学』一三）。

封目　ふうじめ　手紙の封をしたところ、〆の字を書く慣い。

風説　ふうせつ　うわさ、風評。

風俗　ふうぞく　①生活上のしきたり、風習。②風俗歌《ふうぞくうた》のこと、それぞれの土地に伝わる歌謡。とくに東国の歌をいう。

風損　ふうそん　①大風によって受ける損害。稲作についていう。②海岸に近いところでは、塩風の害を蒙ることがある。

風土　ふうど　その土地の気候・地勢・地味など、その土地のありさま。

封判　ふうはん　封じ目に印を捺《お》すこと。

⇒封印《ふういん》

風病　ふうびょう　風の毒によって起こるとされた病気で、頭痛、四肢の疼痛、異常感覚、発音障害、運動機能障害を伴うもの。「性好ㇾ酒、毎ㇾ飲連ㇾ日、遂遇㆓風病㆒」という。

封米　ふうまい　封戸所在の国から封主に送られてくる封物代米。

風炉　ふうろ　銅や鉄で作った炉で、火を入れ暖をとる。火鉢の類。

武衛　ぶえい　「ふえい」とも。兵衛府の唐名。

武衛将軍　ぶえいしょうぐん　左右兵衛佐のこと。

武衛大将軍　ぶえいだいしょうぐん　左右兵衛督のこと。

不易の法　ふえきのほう　不変の法として、先例であることを主張する。したがって、ある時期以前の判決については再審（改沙汰《あらためざた》）を行わず、越訴《おっそ》も認めない。〈文献〉佐藤進一『鎌倉幕府訴訟制度の研究』岩波書店。

不艶　ふえん　⇒えならず

浮家　ふか　船の異称。泛宅《はんたく》も同じ。

部下　ぶか　支配地、管轄地域内の意。

舞楽　ぶがく　舞を伴う雅楽。唐楽によるものを左楽、高麗楽によるものを右楽という。

深草土器　ふかくさかわらけ　深草（現、京都市伏見区深草）で作られた土器。深草は土器の生産で名高い。

不覚人　ふかくじん　①臆病な人。②思慮不足で軽率な人。

深沓　ふかくつ　黒い、いため革で作った筒の深い沓《くつ》。

深剪　ふかそぎ　三歳から五歳の間に、髪の端をそろえて切ること、またその祝いのこと。

深田　ふかた　⇒ふけた

不堪　ふかん　①考えがまとまらない。②その道の知識がないこと。とくに芸能に堪能でないこと。③未熟である。④ふらちである。⑤貧乏であるさま。⑥田地が荒れていて耕作できない。⑦不堪佃田のこと。

不堪佃田　ふかんでんでん　律令制下、荒廃して耕作不能と認定された田。毎年その数が太政官に報告された。平安時代を通じて不堪佃田は増大する一方であったから、政府はその一割を例不堪として再開発を容認し、他は過分不堪として再開発の促進を求めた。不堪佃田の再開発は国司の功過（成績）にかかわる事項であった。
〈文献〉阿部猛『北山抄注解巻十吏途指南』東京堂出版。

扶危 ふき　危うい事態を救うこと。

浮蟻 ふぎ　もろみの上に浮いたあぶらのこと、転じて酒の異称。

不吉水 ふきっすい　⇒吉水《きっすい》

吹止句 ふきどめのく　⇒止手《とめて》

吹放 ふきはなち　柱と柱の間に壁や扉・窓などがなく、柱だけが立っている構造物。

不孝 ふきょう　不教とも書く。①律令制下の重罪のひとつ。祖父母・父母に対する罪。②中世、祖父母・父母が子孫に対して親子、祖孫の関係を絶つこと。祖父母・父母の教えに背く、敵対するなどの理由で関係を絶つことができた。いま風にいえば不孝《ふこう》である。義絶《ぎぜつ》もほぼ同意。室町時代からは勘当《かんどう》の語が用いられ始める。不孝に処されると、財産相続権を失う。
〈文献〉石井良助『日本法制史概説』弘文堂。

奉行 ぶぎょう　主君の命を受けて事を執行すること。一般に、任に当たり事を行うこと。

奉行衆 ぶぎょうしゅう　中世、幕府で文書・記録をつかさどった右筆《ゆうひつ》衆。

諷経 ふぎん　①声を揃えて経を読むこと。②禅宗で、勤行すること。

不具 ふぐ　①揃わない、整わないこと。②病気のこと。③身体的欠陥のあること。④書簡の末尾に書き、整わず意を尽くさないの意。

服仕 ふくじ　従者として従い仕える、従事する。

夫公事 ぶくじ　夫役《ぶやく》のかわりに納める米銭、夫銭《ぶせん》・夫米《ぶまい》・夫銀《ぶぎん》など。

復除 ふくじょ　律令制で、調・庸・雑徭などの課役を免除すること。

覆審 ふくしん　①同一の事件について再び調べ直すこと。②中世の訴訟手続きで、判決に不服あるとき、当事者が引付頭人に申請し、認められ再審を行うこと。

覆奏 ふくそう　繰り返し調べて天皇に奏上すること。内記が作った詔書原案に中務卿・輔が署名して天皇に奏上し、御《ご》画日《かくじつ》（天皇が日付を書き入れること）の終わったものを太政官に送る。太政官の大臣・納言が検討ののち署名し、その施行の可否を問うために再び天皇に奏上する。

福田 ふくでん　田がよく物を生ずる如く、福徳を得させる人のこと。仏・僧・父母・貧者に施しを行えば福徳・功徳《くどく》が得られることから田にたとえて大福田という。

福徳 ふくとく　①他人に恵みを与え自らも徳を積む善行と、それによってもたらされる功徳《くどく》。②幸福と利益。

復任 ふくにん　一度解任された者が再び任官すること。例えば父母の死にあって解官された者が四九日を過ぎれば除目によらず宣旨により復任できた。

福引 ふくびき　⇒ほうびき

復本 ふくほん　①元の状態に戻ること。②病気から回復すること。

覆面 ふくめん　①顔面を布などで覆《おお》いかくすこと。②神仏への供物、貴人の食膳を扱うとき、また乳母が貴人の子に乳を飲ませるときに、自分の息《いき》がかからないように布や紙で口・鼻を覆う。

和 ふくら　雅楽の横笛《おうてき》で奏される低音域の落着いたひびき。

福来病 ふくらいびょう　流行性耳《じ》下《か》腺炎《せんえん》（おたふくかぜ）のこと。一〇世紀半ば、一一世紀前半に流行の記録がある。

福来門 ふくらいもん　豊楽院外郭十門のひとつ、西面南方の掖門。南の廂門ともいう。

文車 ふぐるま　書籍などを運ぶのに用いる板張りの屋形車。室内用の文車には、厨子《ずし》や書棚に小さい車を四つつけたものがあった。

封家 ふけ　封戸《ふこ》を給与されたもの。封主も同じ。

深田 ふけた　泥田、湿田のこと。

更米 ふけまい　湿気や虫くいでいたんだ米。

武家領 ぶけりょう　①狭義には、平氏・源氏・足利氏などの武家の棟梁の所領。源氏の場合、荘園は関東御領、知行国は関東御分国と称した。室町幕府の場合は御料所という。②広義には、守護領や地頭など在地領主の所領をいう。〈文献〉五味文彦「武家政権と荘園制」(『講座日本荘園史　2』) 吉川弘文館。

浮言 ふげん　根拠のない、うわさ話、偽《いつわ》りの言葉。

分限 ぶげん　「ぶんげん」とも読む。その人の社会的身分・地位・財産をあらわす語。分限の大きい者を分限者《ぶげんしゃ》という。武士の所領の規模をいい、分限に従って軍役をつとめる。

封戸 ふこ　寺社・貴族に給与された封戸は五〇戸を単位としていた。封主は封戸所出の租などを国衙経由で米で受領していたが、平安後期になると、封主が直接封戸郷に使者を派遣して封物の催促・徴収を行うようになり、これが封戸郷の荘園化の契機となった。〈文献〉竹内理三『寺領荘園の研究』吉川弘文館。

武庫員外郎 ぶこいんがいろう　兵庫助のこと。

夫功 ぶこう　荘園において領主が荘民から夫役を徴収するかわりに徴収した代米・代銭。領主はこの米銭で人夫を雇う。

不拘科 ふこうのとが　制法を無視した罪。

富豪之輩 ふごうのともがら　平安前期の史料用語。在地の有力者で、近隣の農民の労働力を用いて大規模な営田を行い、また蓄積した富（米・銭）を農民に貸しつけて利息を取った。また、困窮した農民の調庸を肩替わりしたりしたが、これも結局は農民の債務となった。律令国家は、このような有力農民を媒介として在地支配を行った。富豪の輩は、一部は開発領主へ、一部は大名田堵へ転化する道を歩んだ。〈文献〉戸田芳実『日本領主制成立の研究』岩波書店。

誣告 ぶこく　わざと事実をまげて人を訴えること。

武庫署 ぶこしょ　兵庫寮のこと。

武庫将軍 ぶこしょうぐん　兵庫助のこと。

無骨 ぶこつ　武骨とも書く。①無作法、無礼である。②不都合である。③軽業などの曲芸。

武庫令 ぶこれい　兵庫頭《ひょうごのかみ》のこと。

不作 ふさく　作付けをせず放置してある田畠。年貢・公事はかからない。短期間の不作は当不、一年ないし数年の不作は年不、長期にわたると常不、永不と書かれ、荒《あれ》ともいわれる。

無沙汰 ぶさた　①なすべきことをしない。②無関心である。③年貢・公事などを規定どおりに納入しないこと。

布薩 ふさつ　①半月ごとに同一地域の僧が集まって戒本を誦し、互いに反省し、罪を犯した者は懺悔《ざんげ》する行事。その行事のための料田が布薩戒本田である。②在家で六斎日（月のうち身をつつしむべき六か日）に八斎戒（守るべき八種のいましめ）を受持すること。

賦算 ふさん　算（ふだ）を賦《くば》ること。時宗の一遍《いっぺん》や遊行上人《ゆぎょうしょうにん》が「南無阿弥陀仏〈決定往生六十万人〉」と書いた名号札《みょうごうふだ》を配ったこと。一遍は摂津国四天王寺で賦算を始めた。のち高野聖《こうやひじり》や善光寺聖《ぜんこうじひじり》も札を配って往生を約した。

不参解 ふさんげ　官人が欠勤するとき所管の役所に提出する解文《げぶみ》。いわゆる欠勤届。

不三得七法 ふさんとくしつのほう　古代の収租法の慣例。国司が国家に納入する租は規定の七割を納めればよく、三割については予め損免として国司の裁量に任されていた。不二得八法もあった。

不　時 ふじ　①思いがけない季節、時刻。②突然の（災難など）。③不時の茶の略。不意の来客のあったとき催す臨時の茶会。

附　子 ぶし　トリカブトの根を乾燥させた毒薬。「ぶす」とも。

無　事 ぶじ　①平穏であること。②健康なさま。③自然のままで作為のないこと。

ふしくろ　節黒の字を宛てる。中世の稲の品種名。収穫量が多かった。

不　日 ふじつ　日ならず、すみやかに。「不日、代官職を改替すべし」などと用いる。

不　躾 ぶしつけ　不仕付、不躾とも書く。無作法である、無礼である。

藤　壺 ふじつぼ　⇒飛香舎《ひぎょうしゃ》

不次加階 ふじのかかい　臨時の加階。加階は、位階を陞《あ》げること。

節博士 ふしはかせ　わが国の古音曲の音譜のこと。神楽《かぐら》・催馬楽《さいばら》・朗詠《ろうえい》・平曲《へいきょく》・謡曲《ようきょく》などの謡《うた》いもの・語《かた》りものの文章の傍につけた符号で、節《ふし》の高低・長短を示す。

歩　射 ぶしゃ　①かちゆみ。騎乗せず弓を射る。②弓矢の霊力によって魔除けをする正月行事。「びしゃ」とも結鎮《けちん》ともいう。この行事の費用を結鎮銭と称して所領荘園に賦課することがあった。⇒結鎮

〈文献〉大日方克巳『古代国家と年中行事』吉川弘文館。鬼頭清明ほか編『生活史　1』山川出版社。

俘　囚 ふしゅう　夷俘とも。古代東北地方の蝦夷《えみし》で、列島各地に集団的に配置されたもの。俘・囚ともに虜《とりこ》の意。かれらの生活の資に宛てられた俘囚料があった。

不熟田 ふじゅくでん　水干虫霜などにより、平年作に達しない田、損田のこと。

富寿神宝 ふじゅしんぽう　皇朝十二銭の一つ。弘仁九年（八一八）に初めて鋳造された。一七年間に計約一〇万貫が鋳造された。

諷誦文 ふじゅもん　死者の追善供養のため、三宝に布施する意や施物《せもつ》のことなどを記した文章を僧が読むもの。法会《ほうえ》の導師が読みあげる。

負　所 ふしょ　⇒おっしょ

不　請 ふしょう　①辛抱する。②いやいやながら承知すること。「頗有不二請之気一」と用いる。

梟　鐘 ふしょう　雅楽の音名、十二律の一つ、洋楽のg#・abに相当する。

不成就日 ふじょうじゅにち　陰陽道で、新規に事を始めるのを忌む日。旧暦の各月ごとに四回ある。正月・七月は三日、二月・八月は二日、三月・九月は一日、四月・十月は四日、五月・十一月は五日、六月・十二月は六日に始まる八日めごとの不成就日とする。

不浄負 ふじょうまけ　身の不浄から起こったと考えられる病気・災い、失態など。「沈酔歟、若不浄負歟、様々療治、聊取直云々」と用いる。

附属状 ふしょくじょう　「ふぞくじょう」とも読む。寺院で、師の僧が弟子の僧に資財などを譲り渡すことを附属といい、その文書を附属状という。一般の譲状に同じ。

普　請 ふしん　①禅宗の寺で多くの人々

に請《こ》い労力を提供してもらうこと。②道・橋などの土木工事。③ムラ社会では、屋根のふきかえや用水路の補修などに労力を出し合い、また労働力の交換（結《ゆい》）が行われた。

不審 ふしん ⇒いぶかし

譜請賦 ふしんくばり 土木工事の分担のこと。

普請の上下 ふしんのじょうげ 工事の初めから終わりまでの意。

粉熟 ふずく 米の粉をむして作る菓子、まんじゅう。

熏革 ふすべがわ 松葉の煙でいぶして、ふすべ色（煤《すす》竹に似た色）にした革。

衾 ふすま 夜の寝具。かぶって寝る。直垂のように襟《えり》があり、広口の袖《そで》をつけ絹綿を入れたもの（直垂衾）と、長さ八尺（約二四〇センチメートル）で八幅《やの》または五幅《いつの》のものと二種ある。前者はいまの丹《たん》前《ぜん》、後者は布団《ふとん》のようなもの。

衾宣旨 ふすまのせんじ 中世に、犯人逮捕の広域手配をするために発した宣旨。ふつう、凶事に関する宣旨は右弁官から出される。

不成斤 ふせいきん ⇒成斤《せいきん》

敷政門 ふせいもん 紫宸殿の東、宜陽殿と綾綺殿の間にある門。陣座に近く、大臣はこの門を通って座に着《つ》く。納言以下は綾綺殿の北の和徳門《かとくもん》を通った。

伏籠 ふせご ⇒火取《ひとり》

伏田 ふせだ 臥田とも書く。正検注のとき臥料（＝勘料）を支払うことにより年貢免除とされた田。畠の場合は伏畠。

〈文献〉黒田弘子『ミミヲキリハナヲソギ』吉川弘文館。

不屑 ふせつ ①いさぎよしとしない。②不満に思いうけ入れない。③気にかけない、ものともしない。

浮説 ふせつ 根拠のないうわさ、風説。浮《ふ》言《げん》も同じ。

夫銭 ぶぜに 夫役《ぶやく》のかわりに銭で上納させるもの。夫役の代納は農民側からの要求がつよかった。

伏（臥）畠 ふせはた ⇒伏田《ふせだ》

伏浜 ふせはま 浜は川成で、再開発予定地であるが、実際に開発されていないから、検注から除外されたもの。隠田《おんでん》とする説もあるが、伏田から類推すると、伏料を支払って検注を免れたところか。

〈文献〉島田次郎『日本中世の領主制と村落下』吉川弘文館。

伏樋 ふせひ 埋樋《うずみひ》のことであろう。

布施枡 ふせます 中世、興福寺枡の一種。春日参籠のときの布施米を計量するに用いた。一升が京枡の約五合三勺に相当する。

布施屋 ふせや 古代、駅路の諸所に設けられた行旅者のための接待所。多くは僧侶の手になり、行基や空海につけて説明されるものが多い。

〈文献〉井上薫『行基』吉川弘文館。

伏料 ふせりょう 臥料とも書く。勘料《かんりょう》ともいう。⇒勘免

付箋 ふせん ⇒押紙《おうし》

不善之輩 ふぜんのともがら 一〇世紀頃から、荘園・公領の住人であって国司の命に従わず、乱暴狼藉を働く者どもをいう。在地土豪を中心とする武力集団で、甲冑に身を固めた騎兵・歩兵数十人から二、三百人に及ぶ大きな集団もあった。初期武士団といってよい。

〈文献〉阿部猛『鎌倉武士の世界』東京堂出版。

敷奏 ふそう 天子に奏上すること。敷はつらねるの意。『令義解』は「敷奏、謂、敷陳也、奏進也」と解説している。

附属 ふぞく 「ふしょく」とも読む。①師が弟子《でし》に仏法の奥義を伝えること。②与える、譲り渡すこと。その文書を付属

状という。③主になる者に、つき従うこと。

不　退　ふたい　①変わりなく、怠《おこた》りないこと。②年貢など減額しないこと。「毎年不退に百五十石十月中に皆済のこと」などとある。

譜　第　ふだい　家の継承について、親―子―孫と同一血縁の中で代々相承すること、またその系譜のこと。古代の律令制下では、一方で個人の才能を重んずる立場をとるが、他方譜第性を尊重する考え方をも示している。郡司については明確に譜第性を重んずることが明記されている。

〈文献〉米田雄介『郡司の研究』法政大学出版局。

譜第郡司　ふだいぐんじ　代々郡司に任ぜられる家柄、またその家の出身者をいう。律令制では、郡司の任用は「性識清廉、堪二時務一者」をとれといいながら、譜第性の優先がうたわれている。

札　狩　ふだがり　⇒さつがり

二　瓦　ふたつがわら　平安・鎌倉時代の大型ひらだ船の船体構造の名称。舳・胴・艫の三つの船瓦《ふながわら》をたてに接合したが、大船では胴船瓦を二材として長大な船体とした。

札ノ本　ふだのもと　点札解除の納入金。⇒点札《てんさつ》

二　間　ふたま　清涼殿の夜御殿の東にある柱間二間の部屋で、ここに蔵人が宿直《とのい》する。

補陀落渡海　ふだらくとかい　観音菩薩の浄土補陀落山《ふだらくせん》に往生また参詣しようと船出すること。補陀落山は海上の南にあると信じられており、渡海は捨身行《しゃしんぎょう》で、入水《じゅすい》する者が多かった。平安時代中期から見え、戦国期が最盛期であった。茨城県から鹿児島県に至る太平洋側で見られ、和歌山県の補陀落山寺が拠点であった。

札を懸ける　ふだをかける　田畠・物品の差押えを示すために札をかける。榊を立てるのと同趣旨である。

布　毯　ふたん　布単とも書く。天皇の通路に敷く単の布。遷宮・遷座・行幸の際に、廊や地上に敷いた筵《むしろ》の上に敷く。

扶　持　ふち　①援助する、合力する。②武士が米を支給して家臣・奉公人を抱え置くこと。

不　知　ふち　⇒いさ

不知行　ふちぎょう　中世、不動産物権を占有している状態を知行といい、しからざる状態を不知行という。

不　調　ふちょう　古くは「ふじょう」と読んだ。①まとまらない、治まらない。②調子が悪い。③好ましくない、不都合なこと。「不調をあらわす」という。④不義密通をはたらく。

府儲田　ふちょでん　貞観十五年（八七三）大宰府で、使粮・水脚賃・厨家雑用のために設置されていた府儲を補うため、乗田二〇〇町を割いて宛て、その地子を用いた。

文　杖　ふづえ　書杖とも書く。「ふ（み）ばさみ」とも。宣命・見参などの文書を挟《はさ》み、差出すための杖。杖の先端を鳥の嘴《くちばし》のように作り、鳥口と称した。

覆　勘　ふっかん　①くり返し審査する、審査のうえその内容を保証する。②中世、裁判で不服あるとき、訴訟当事者が裁判所（引付の頭人方《とうにんかた》）に申請し、理由が認められたとき再審理を行うこと。③父祖の代に出訴しなかったことを孫の代になって訴えること。④御書所《ごしょどころ》、内御書所の属官。

服　忌　ぶっき　喪服を着用する礼式と忌《いみ》穢《けがれ》の礼式。

物　狂　ぶっきょう　①常識はずれの奇矯な

ふるまい。②物狂いといい、精神障害をいう。物狂いの原因を狐や天狗がついたと考えたりしたが、中世後期になると心の内部の問題としてとらえるようになる。

文机　ふづくえ　「ふんづくえ」とも。書物をのせ、読書する机。

覆検　ふっけん　⇒検注《けんちゅう》

仏師　ぶっし　仏像つくりの工匠。

仏所　ぶっしょ　仏師の集団組織。またその工房のこと。奈良時代の造寺司に属する造仏所の系譜をひくが、平安時代の工房は私的なものである。仏像制作が分業・協業によって行われるようになり、優れた工匠が多くの弟子を抱えていた。

仏餉米　ぶっしょうまい　仏聖米とも書く。仏に供える米飯。仏供《ぶつぐ》米《まい》ともいう。この米を出す田地は仏餉（聖）田。

物忩　ぶっそう　物騒とも書く。①いそがしい、落ちつかない。②物さわがしい。③危険である。

不束　ふっつか　太束《ふとつか》の転かという。束《つか》は稲束を数えるときの単位。平安時代には太くて丈夫なこと、中世に入ると、雑で軽はずみのさまの意、近世には行き届かない未熟者の意で用いられた。

仏名会　ぶつみょうえ　陰暦十二月（十五日または十九日より）三日間、禁中または諸寺院で仏名経を誦し、三世の諸仏の名号を唱えて罪障を懺《け》悔《か》する法会。〈文献〉畠山恵美子「仏名会についての一考察」（『日本社会史研究』五八）。

仏物　ぶつもつ　仏寺領。仏寺保有の財物であるが、仏（本尊）に供養された、仏（本尊）に附属するもの。対する語は法物、人物である。

筆印　ふでいん　筆軸印。毛筆の竹軸《じく》の軸頭に墨を塗って署判代用に押捺《おうなつ》したもの。文盲あるいは幼少の者が略式の証印として用いた。〈文献〉荻野三七彦『印章』吉川弘文館。

筆取　ふでとり　筆執とも書く。書記、右筆《ゆうひつ》。

尽レ筆　ふでをつくす　全力を傾けて精巧に書くこと。

負田　ふでん　租税、年貢、公事などを負担している田。貢納責任者である負名《ふみょう》の負う田で、一般には名田《みょうでん》と称される。

浮田　ふでん　⇒一色田《いっしきでん》・浮免《うきめん》

浮屠　ふと　浮図とも書く。①仏陀。②僧侶。③仏塔、仏寺。

与風　ふと　風度、不図とも書く。ひょっと、ひょっこり、はからずもの意。「以二御隙一、与風光臨本望候」などと用いる。

餢飳　ぶと　伏更とも書く。油であげた餅のこと。

舞童　ぶどう　舞を舞う童子。内教坊あるいは寺院楽所などで教習したものか。

不動穀　ふどうこく　奈良・平安時代、非常に備えて蓄積された米類。和銅元年（七〇八）正税の一部を不動倉に納《い》れ、官裁によらなければ用いることができないとした。しかし、各種の名目で支出することが多くなり、平安中期にはほぼ実質は失われた。

不動倉　ふどうそう　非常に備え、不動穀を貯蔵した郡衙の倉庫。和銅元年（七〇八）に設置された。稲穀を蓄積して不動穀という。カギは中央に進上され国郡司が自由に開封することはできなかった。不動穀は「遠年之儲《もうけ》、非常之備」であった。〈文献〉渡辺晃宏「平安時代の不動穀」（『史学雑誌』九八―一二）。

葡萄染　ぶどうぞめ　⇒えびぞめ

武徳殿　ぶとくでん　大内裏内の殿舎。西面の殷富門を入った正面東にある。はじめ馬《ば》埒殿《れちでん》といった。母屋は七間×二間の規模。駒索・騎射・競馬・御馬奏・相撲節会などが行われた所である。

武徳門 ぶとくもん　内裏内郭十二門のひとつ、陰明門の南の掖門。

武徳楽 ぶとくらく　唐楽。壱越調の曲。法会の退出音声《まかでおんじょう》として奏することがある。

文殿 ふどの　文書・典籍を保管し文事を掌る機関。太政官・院・摂関家に置かれた。太政官文殿（外記文殿）と左右文殿（弁官文殿）は重要な公文を保管し政務上重要であった。

部内 ぶない　古代の訓は「くにのうち」。①組織・機関の内部。②行政区画内の意。国・郡・郷あるいは荘・村などの区画を指していう。「部内の民」などという。〈文献〉阿部猛『尾張国解文の研究』新生社。

船楽 ふながく　船の中で音楽を奏すること。

船瀬 ふなせ　⇒津《つ》

船瀬功徳田 ふなせくどくでん　船瀬は船《ふな》溜《だまり》で、船舶の停泊するところ。防波堤などを築き風波を凌《しの》ぐ。その維持・修理のために置いた料田。〈文献〉杉山宏『日本古代海運史の研究』法政大学出版局。

船津 ふなつ　⇒津《つ》

船所 ふなどころ　①国衙の船舶を管理する所。②荘官の一種で、運送用の船を管理し運輸に携わるもの。〈文献〉新城常三『中世水運史の研究』塙書房。

船橋 ふなばし　⇒浮橋《うきはし》

船祭料 ふなまつりりょう　船舶の航海の安全を祈る祭の費用。年貢運送船の場合、雑用（必要経費）の一部として年貢のうちから控除される。

船役 ふなやく　船別銭。船一艘についていくらと課税される。櫓《ろ》別銭《べちせん》・帆役《ほやく》も同様のものか。

不入 ふにゅう　⇒不輸《ふゆ》・不入《ふにゅう》

補任 ぶにん　補は職を付与すること。任は官を付与することで、一般に、官職を付与すること。そのとき発給される文書が補任状《ぶにんじょう》である。補任は宣旨《せんじ》・符《ふ》・下文《くだしぶみ》などで行われるもので、補任状という文書様式があるわけではない。

槽 ふね　割木《く》を刳って作った浅い容器。檜や杉などの針葉樹を用いることが多い。水槽・湯槽・馬槽《まぶね》など用途は広い。

不レ能 ふのう　⇒あたわず

文箱 ふばこ　文筥、笈とも書く。書状などを入れた箱。書物を入れて運ぶもの。

不便 ふびん　①都合が悪い。②自由がきかない。③気の毒なさま。④かわいいと思う。

文袋 ふぶくろ　書袋も同じ。①手紙を入れる袋、状袋。②書物を入れて携帯するもの。

不辨（弁） ふべん　不足である、貧乏であるの意。

武篇者 ぶへんもの　武勇すぐれた勇敢なもの。

付法状 ふほうじょう　師が弟子に教法を伝授したときに与える証状。〈文献〉相田二郎『日本の古文書　上・下』岩波書店。

鯆鮪之鰓 ふほうのあぎと　イルカのえらのこと。「曝二骸於鯆鮪之鰓一」（むくろをふほうのあぎとにさらす）といえば、海におちて、イルカ（フカとも）の餌食《えじき》になるの意。なお「曝二鰓龍門一」（あぎとを龍門に曝《さら》す）といえば試験に落第すること。

夫馬 ぶま　領主から農民に賦課された夫役のうち、人と馬をセットにして徴発するもの。

夫米 ぶまい　夫役のかわりに米で上納させるもの。銭貨ならば夫銭。

夫丸 ぶまる　領主が農民に賦課する夫役で、実際に人身を使役するものをいう。

丸は身分の卑しい下層の者につける称との説もある。
〈文献〉新村出『船舶史考』教育図書。

踏出　ふみだし　⇒出田《しゅつでん》

負名　ふみょう　官物・年貢・出挙などを負担する者。負名の負う田は負田《ふでん》。

撫民　ぶみん　人民をいたわること。前近代の為政者たちの考え方の根本には愚民観があり、愚かな人民を教喩し導くのが為政者のつとめであるとする。撫民の観念も、基づくところは愚民観にある。

夫免　ぶめん　⇒夫役《ぶやく》

負物　ふもつ　負債、債務。負累《ふるい》、負目《おいめ》も同じ。借用物。利子つきの貸借で、利米、利銭、借米、借銭に同じ。

風聞　ふもん　普聞とも書く。①うわさ、裏付けのない風評。②寺院や郷村で犯罪が起こったとき、犯人を特定するために落書（無記名投票）が行われた。実証（裏付けのある証言）が一定数以上あると、名指しされた者が犯人とされる。根拠のないうわさ（=風聞）でも一定数以上あると、犯人名指しの効力を持った。
〈文献〉酒井紀美『中世のうわさ』吉川弘文館。

夫役　ぶやく　人民に課された公事《くじ》のうち労働力を徴収するもの。荘園領主が荘民に課する宿直役《とのい》や兵士役《ひょうじ》、地頭・荘官が直営田に使役する農業労働、京上夫・送夫・迎夫などの供給雑事などがある。生《なま》の労働力徴収は農民にとっては重い負担であったから、米銭で代納することを望んだ。
〈文献〉大山喬平『日本中世農村史の研究』岩波書店。

冬地子　ふゆじし　⇒地子《じし》

冬成　ふゆなし　⇒夏成《なつなし》

不輸・不入　ふゆ・ふにゅう　不輸とは、国から賦課される税目の一部が太政官あるいは国衙によって免除されること、不入とは国使・国検田使等の立入りを拒否すること。一般に、不輸・不入の特権を獲得することによって荘園の成立とする見解があったが、正確ではない。
〈文献〉坂本賞三『荘園制成立と王朝国家』塙書房。

不豫　ふよ　①豫は悦で、よろこぶ。したがって心中こころよく思わないこと。②天皇・上皇の病気。③貴人の病気。

不与解由状　ふよげゆじょう　平安時代、国司交替の際、後司から前司に対して解由状が与えられない理由を記し、勘解由使勘判の資料として作成した文書。
〈文献〉吉岡眞之『古代文献の基礎的研究』吉川弘文館。

豊楽院　ぶらくいん　天皇が宴会を催したところ。大嘗会・節会・射礼・競馬・相撲などが行われた。広大な敷地を持ち、正殿である豊楽院ほか多くの堂舎があった。一一世紀に入るとしだいに荒廃し、諸行事も内裏で行われるようになり、豊楽院の重要性は低下した。康平六年（一〇六三）に焼失してのち再建されなかった。

豊楽門　ぶらくもん　豊楽院十九門のひとつ、南面中央の門で、五間三戸の規模。造作は応天門と同じという。

振入　ふりいり　奈良時代の正税帳に所見。正倉に収納した正税が毎年消耗する量を見込んで、規定の量の一〇パーセントを付加税として徴収したもの。
〈文献〉井上辰雄『正税帳の研究』塙書房。

振売　ふりうり　店舗を持たずに、肩にかついだ棒（朸《おうご》、いわゆる天秤棒《てんびんぼう》）に商品をさげて売り歩く商法、またその商人。

振捨　ふりすて　雅楽の演奏で、旋律の終わりをグリッサンド風に漸次下降させる。

風流　ふりゅう　行事・芸能において、華やかさを引立てるために音曲ではやすこと。派手な、或いは異様な装束で行列を組み、歌と踊りを伴う。風流踊が歌舞伎の源流となった。

夫　領　ぶりょう　⇒宰領《さいりょう》

部領使　ぶりょうし　⇒ことりづかい

負　累　ふるい　⇒負物《ふもつ》

古被官　ふるひかん　譜第の被官人。この場合の被官人は、①中世、官人、武士の家臣、奉公人。②農民の、地主に隷属する百姓で、名子・門屋・水呑などのこと。

風　炉　ふろ　①銅や鉄で造った、火を入れて暖をとるもの。火鉢の類。②茶の湯で、釜をかけ湯を沸《わ》かすもの。

無礼講　ぶれいこう　破仏講ともいった。身分の差別なく礼儀作法なしに催す宴会。後醍醐天皇派の人びとが無礼講の名で討幕の相談をしたのは有名である。

風　呂　ふろ　現在のような浴槽に湯を満たす（水風呂《すいぶろ》という）入浴の形は比較的新しいもので、中世までは風呂といえば蒸《む》し風呂が中心であった。寺院の風呂は温室《うんじつ》・湯屋《ゆや》と称され遺構も現存する。風呂の経営のための費用を捻出する温室田も見られる。郷村が経営する風呂も中世末期には出現する。室町期からは銭湯もあった。

〈文献〉武田勝蔵『風呂と湯の話』塙新書。

浮浪人　ふろうにん　律令制下、本貫《ほんがん》（＝本籍地）を離れて流浪している者。単に浪人ともいう。所在地で浮浪人として把握された者は浮浪人帳に登録された。初期荘園の開発・耕営には浮浪労働力が流入していったと思われる。

〈文献〉長山泰孝『律令負担体系の研究』塙書房。

不老門　ふろうもん　豊楽院十九門のひとつ、外部北面の大門で、清暑堂の北にある。

不破関　ふわのせき　美濃国不破郡関ケ原にあった関。近江国との境に当たる。古代に、三関の一つに数えられた。平安初期に廃された。

分　衛　ぶんえ　「ぶんね」とも読む。出家者が門前で食を乞い求めること、乞食《こつじき》、托鉢《たくはつ》のこと。

分　限　ぶんげん　⇒ぶげん

文　庫　ぶんこ　「ふみくら」とも読む。古文書・典籍を収納するところ。令制では中務省に図書寮があって文書等を管理したが、のち官務家の官務文庫（壬生《みぶ》家文庫）がこれに代わる。個人の文庫では、大江匡房の千種文庫が著名であり、藤原頼長は耐火文庫を造ったという。

分　国　ぶんこく　⇒知行国制《ちぎょうこくせい》

分国法　ぶんこくほう　戦国家法。戦国大名が、家臣団統制、領国支配のために制定した基本法。

〈文献〉勝俣鎮夫『戦国法成立史論』東京大学出版会。

粉　骨　ふんこつ　①骨折り。②努力。

紛失状　ふんしつじょう　土地財産の証拠文書が盗難や火災で失われたとき、その文書の無効を宣言し、それにかわる案文を作る、その案文。関係者、近隣の住人の証言によって効力を持つ。

分　水　ぶんすい　灌漑用水の配分。用水路や用水施設によって行われる。また時間を限って引水する番水法があった。

分　銭　ぶんせん　⇒分米《ぶんまい》

文　台　ぶんだい　小形の長方形の台で、書籍や硯箱などをのせる。歌会の席で短冊・懐紙をのせた。のちに脚をつけて現在の机のような形になった。

分　付　ぶんづけ　「ぶんぷ」とも読む。国司交替の引きつぎのこと。前任国司から新任国司に、倉庫に収納してある現物と記録・目録を渡し（分付するという）、新任国司はこれを受領する。引き渡しは一二〇日以内に完了することになっていた。

受領《ずりょう》の称はここから生じた。
〈文献〉森田悌『受領』教育社。

分田 ぶんでん　中世高野山領荘園などに見られる田畠配分方法。所領荘園を寺院・僧侶に配分するとき、田畠の経営とは無関係に、年貢・公事銭を配分し、形式的に下地を割り当てる方式を分田と称した。鎌倉の鶴岡八幡宮領でも分田支配が見られ、所領は孔子引《くじび》きで供僧らに配分されたが、帳簿の上での形式的なもので、農民の経営の実態とは関わりがなかった。
〈文献〉熱田公「室町時代の高野山領庄園について」(『ヒストリア』二四、『中世寺領荘園と動乱期の社会』思文閣出版、所収)。

分田切符 ぶんでんきっぷ　分田《ぶんでん》を給与された者が、領主から与えられる切符によって分田の所当を徴収する。⇒分田

聞導 ぶんどう　⇒いうならく

分捕 ぶんどり　戦場で、敵の武器・軍用品、また首を奪い取ること。

分配 ぶんぱい　恒例の公事《くじ》に従う上《しょう》卿《けい》・弁官・蔵人《くろうど》を、あらかじめ定めておくこと。十二月に、翌年一か年分の諸行事などの担当者を一覧し天皇に奏上する。

文莫 ぶんばく　「ぶんまく」とも。無知

であること。『論語』に由来する語。

分番 ぶんばん　交替して勤務に当たるとき、勤務に当たった番をいう。番上ともいう。

分別 ふんべつ　①物事をわきまえること、事の善悪・損得・道理を考えること。②納得すること。

分米 ぶんまい　斗《と》代《だい》に面積を乗じて算出された貢租の米の高。銭で納入すると分銭。

分明 ぶんみょう　古くは「ふんめい」と読んだ。明白である、はっきりしているの意。

分籾 ぶんもみ　中世、田畠の面積或いは収穫量に応じて籾で納入させた年貢のこと。米ならば分米、銭ならば分銭と称する。

分野 ぶんや　有様。天台僧の隠語。

分憂之吏 ぶんゆうのり　分憂之職また専城之任とも。地方長官、国司、受領《ずりょう》のこと。
〈文献〉阿部猛『尾張国解文の研究』新生社。

へ

併 へい　⇒しかしながら

炳焉 へいえん　掲焉《けちえん》も同意。あきらかである、顕然であるさま。

米塩 べいえん　①米と塩で、生活必需品。②細々とした煩わしいこと。

米塩勘文 べいえんのかんもん　平安時代、賑給《しんごう》や施米に際して、給与する米と塩の貯蔵量を調査して弁官が上申する文書。

平曲 へいきょく　「平家物語」を琵琶の伴奏で語る音楽。平家琵琶という。一四世紀中頃に平曲を語る盲人の当道座が成立していた。

平均之習 へいきんのならい　全体に通ずる習わし。「当国平均の習なり」などと用いる。

平均之役 へいきんのやく　平均は、おしなべて、全体にの意。「一国平均之役」といえば、一国全体にまんべんなく賦課される役。

平家没官領 へいけもっかんりょう　平家の没落によって没収された平家一門の所領。その多くは源頼朝の知行となった。一門所領のほか、平家の家人《けにん》、与党人の所領も没収され、多くは頼朝の家人に与えられた。これらも平家没官領にかぞえる。
〈文献〉安田元久『日本初期封建制の基礎研

究』山川出版社。

平絹 へいけん 「ひらぎぬ」とも。平織《ひらお》りの絹織物。のちの羽二重《はぶたえ》に同じ。

兵士 へいし 「ひょうじ」とも読む。①貴族の家に養われた私兵。②諸国で、その国内の武勇の士を徴集して国衙に上番させた国の兵《くにのつわもの》のこと。③荘園領主が荘民に課した夫役で、年貢の運送と警固、荘園領主の邸宅の警衛と宿直の役。④戦時に荘園・公領から徴発されて雑役・運送、また土木工事（築城など）に従事した者。

〈文献〉阿部猛『日本荘園史』大原新生社。

瓶子 へいじ 酒を容れ、盃に注ぐ容器。口が小さく、肩が張り、下に向かって細くなり、脚の部分はまた広くなる。八～一二世紀まで用いられた。

兵士米 へいしまい 一種の関銭。年貢・貨物の輸送の安全を保障する代償として、警固料名目で徴収する関料米。

〈文献〉相田二郎『中世の関所』吉川弘文館。

兵士免 へいしめん ⇓兵士《へいし》

兵士役 へいしやく ⇓兵士《へいし》

陪従 べいじゅう ①天皇の行幸につき従うこと、またその人。②賀茂社・石清水社・春日社などの祭礼における神楽《かぐら》・東遊《あずまあそび》に奉仕した楽人《がくじん》。

平出 へいしゅつ 公文書の文中で、高貴な人の称号を書くとき、敬意を表して改行し、他の行《ぎょう》と同じ高さから書き出す。

平章 へいしょう ①公明正大な政治を行うこと。②事物の価値を正しく評価すること。③折衷すること。

平章事 へいしょうじ 参議の異称。

秉燭 へいしょく 灯《ひ》をともす時刻、夕方。

平題箭 へいだいせん ⇓いたつき

餅餤 へいたん 唐菓子。麦の粉で練った餅皮の中に鵝・鴨の肉や野菜の煮合わせたものを包んだ食品。列見《れけん》・定考《こうじょう》の折に振舞われた。⇓列見

平旦 へいたん 夜の明けた頃、寅の刻、午前四時頃。

幣帛 へいはく 神に捧げる供物。みてぐらともいう。幣物《へいもつ》・御幣《ごへい》と称する。衣服・紙・玉・武具、貨幣・器物・馬などがある。

平畠 へいばく ①かつて水田であったが、水の便が悪いので畠としたところ。②平地の畠。

〈文献〉山本隆志『荘園制の展開と地域社会』刀水書房。

平蛮楽 へいばんらく 唐楽。平調又は水調の曲。元三日に奏する。古くは舞があったという。

兵部 へいぶ 兵部省《ひょうぶしょう》のこと。

兵部員下郎 へいぶいんがいろう 兵部輔のこと。

兵部尚書 へいぶしょうしょ 兵部卿のこと。

兵部侍郎 へいぶじろう 兵部輔のこと。

平民 へいみん ①官位を持たない一般庶民。②荘園制下で、荘官等を除く名主・作人層をいう。課役を免除された供《く》御人《ごにん》・神人《じにん》・寄人《よりうど》および所従《しょじゅう》・下人《げにん》らは平民とは呼ばれない。

平民百姓 へいみんびゃくしょう 年貢・公事を負担する一般の農民を指す。

平民名 へいみんみょう ⇓百姓名《ひゃくしょうみょう》

平礼 へいらい ①平礼烏帽子《ひれえぼし》のこと。烏帽子の頂《いただき》を折ってかぶる。②勅使行列のとき、羽林家の召し連れる雑色《ぞうしき》。

平路 へいろ 古代の駅伝制で、平坦な路をいう。

戸田 へた ⇓こでん

別駕 べつが 国の介《すけ》のこと。

別儀 べつぎ ①別の（他の）意味。②格別な事情。③支障。下に打消の語を伴い、「別儀なし」など。

別業 べつぎょう 「べつごう」とも読む。別荘《べっそう》のこと。

別宮 べつぐう 「べっく」とも。本末関係で結ばれた神社の称。とくに石清水八幡宮では、宮寺領に設けられた鎮守神を別宮と称し、付属する所領の荘園化がはかられた。

別結解 べつけちげ 結解を異にする所領で、別符《べつぷ》の異称。⇒結解状・別符

別作 べっさく 年貢・公事を負担する定公事田《じょうくじでん》（平民名田）に対して、年貢のみ負担する雑役免田《ぞうやくめんでん》のこと。備後国太田荘では、別作は薄田《はくでん》（悪田・下田《げでん》）で、斗代は五升～七升と低かった。
〈文献〉高重進『古代・中世の耕地と村落』大明堂

別而 べっして とくに、ことさらに。

別所 べっしょ 空閑地など未開発の地を占定して造成した宗教施設で、開発した地についての雑役は免除された。一一世紀前半に初見。はじめは、本寺から離れた僧・聖《ひじり》の居住の場であったが、しだいに末寺化し、中世後期には別所の称も消える。
〈文献〉高木豊『平安時代法華仏教史研究』平楽寺書店。

別墅 べっしょ ①収穫物を一時保管する小屋《こや》のこと。②別荘《べっそう》のこと。

別相伝 べっそうでん 寺社に附属する所領を、別当・神主が各別の相伝と称して自分の知行地にしてしまうこと。

別当 べっとう ①一般に、長官の称。例えば、蔵人所別当、検非違使庁別当など。②寺院の代表権者。③荘官の一種。

別当宣 べっとうぜん 検非違使庁長官の命をうけて出される奉書。

別納 べつのう 「べちのう」とも。荘園・公領で、正規の手続きで徴税・納入が行われず、別のルートで行うこと。公領で官物・雑役の一部が国衙以外の給主に与えられたときは別納。
〈文献〉坂本賞三『日本王朝国家体制論』東京大学出版会。

別納租穀 べつのうそこく 令制下、田租のうち、中央政府に送られる米穀の一部、籾として民部省に送られ、位禄・季禄・衣服料などに充てられた。
〈文献〉阿部猛『律令国家解体過程の研究』新生社。

別符 べっぷ 荘園・公領で、別納を認める文書、別納免符。また、別納を認められた土地の称。
〈文献〉坂本賞三『荘園制成立と王朝国家』塙書房。

別保 べっぽ ⇒保《ほ》

別名 べつみょう 「べちみょう」とも。別府の名。公事徴収のルートが一般の国衙領と異なり、別符によって徴納される名。
〈文献〉大山喬平『日本中世農村史の研究』岩波書店。

へなも 水疱瘡《みずぼうそう》のこと。以前には天然痘と混同されたが、一二世紀終わり頃から区別されるようになった。

戸主 へぬし 平安京の宅地の広さの単位。一戸主は、東西一〇丈（一〇〇尺）、南北五丈（五〇尺）を基準とする。

舳向 へむけ 郡司・荘官らが京へのぼるときのはなむけ、餞別名儀で農民から徴収するものであろう。備後国太田荘では「京上舳向」とあり、百姓人別の賦課である。京上夫《きょうのぼりふ》に相当するものとの説もある。
〈文献〉井原今朝男『日本中世の国政と家政』校倉書房。

篇 へん ①書物の篇目。②根拠、廉《かど》、わけ。「依㆓何篇㆒奉㆑対㆓寺家㆒挿㆓不忠㆒」などと用いる。「篇も無い」といえば、ごくありふれていて、つまらないの意。

版位 へんい 儀式の際、庭上に参列す

る群臣の列位を定めるために置いた目じるしの木の板。七寸（約三一センチメートル）四方で、厚さ五寸（約一五センチメートル）。式部省が管理している。版の位置に立つことを「版に就《つ》く」という。唐制に起源する。

〈文献〉鈴木琢郎「版位制の展開と標の成立―平安前期の検討から―」（『行政社会論集』一五―三）。

返　勘　へんかん　受け取った書状の行間に返事を書くことがあり、その際、答えんとする本文の記事のはじめに「ゝ」すなわち勘をつける。そこで、この返事を返勘と称する。

〈文献〉相田二郎『日本の古文書　上・下』岩波書店。

弁官下文　べんかんくだしぶみ　⇒官宣旨《かんせんじ》

返　却　へんきゃく　①借りた物を、もとの持主に返す。②他から来た人を、もとの所へ帰す。

返　挙　へんこ　①古代の出挙制において、国司が出挙した正税本稲（元本）を、秋の収穫後に利稲（息利）とともに回収すること。②前者とまったくあい反する意味で用いられる。出挙した場合、正税本稲は回収せず、利稲分のみ徴収する利稲率徴制を指していう。

〈文献〉阿部猛『北山抄注解 巻十 吏途指南』東京堂出版。

辨　済　べんさい　平安時代には「べんせい」と読まれていた。債務を返済する。借金をかえす、滞納していた年貢を納入する。

辨済使　べんざいし　「べんざし」とも。平安時代、荘園・公領において官物・租米の徴収に当たった。一〇世紀半ばに初見。

〈文献〉勝山清次『中世年貢制成立史の研究』塙書房。

偏　衫　へんさん　褊衫とも。僧服、上半身をおおう法衣、片脱《ぬ》ぎの衣。

返　抄　へんしょう　請取状、領収書。返抄は、年貢納入の証拠となる文書だから、大切に保存された。

〈文献〉佐藤進一『古文書学入門』法政大学出版局。

返抄斗　へんしょうと（ます）　高野山領備後国太田荘で見られる。年貢米・畠大豆の収納計量に用いられた枡。

偏　頗　へんぱ　①かたよっていて不公平。②えこひいき。③勝手なふるまい。

反　閇　へんばい　陰陽道の呪法。天皇・貴族・国司が行幸・移徙《いし》・任国下向の場合、行く手の邪鬼を払うために行う。禹《う》歩《ほ》と称する特殊な歩き方をする。歩くとき、片方の足より前に出さない歩き方、或いは大またで歩く。

便補保　べんぽのほ　「びんぽのほ」とも。古代、封戸制の衰退によって封物の徴収が困難になると、その分を特定の地に切り宛てて納入するようになった。その単位。その土地は特定の開発領主によって開発された別符《べっぷ》、別納《べちのう》の地であることが多い。

〈文献〉勝山清次『中世年貢制成立史の研究』塙書房。

辺　要　へんよう　「延喜式」は、諸国を京からの遠近等によって、近国・中国・遠国・辺要の四つに区分している。辺要国は、陸奥・出羽・佐渡・隠岐・壱岐・対馬の六か国である。

ほ

保　ほ　「ほう」とも。①令の規定による、五戸を一保とする制度。②都城制の行政区画の単位。坊の四分の一。一保は四町。

③人名・地名を冠した郷・荘と並ぶ行政区画。別名《べつみょう》の一種。特定の人物が、一定地域の占有を認められ、荒野を開発・私有する特権を与えられた。雑公事《ぞうくじ》免除などの特権を付与され、開発者およびその子孫は保司《ほじ》としてその保を管理した。
〈文献〉勝山清次『中世年貢制成立史の研究』塙書房。

畝 ほ　⇒うね

布衣 ほい　狩衣のこと。貴族が遊猟のときに着た麻製の表衣《うわぎ》で、袖口に括《くく》りの紐《ひも》をつけた。平安中期以降、六位以下の者の着衣となり、その身分の者を布衣と呼ぶようになった。

本意 ほい　①本来の意志。かねての願い。②まことの意味。「本意なし」といえば、自分が望んでいるのではないの意。

乞児 ほいと　陪堂、乞食とも書く。もとは人に米飯を施すこと。転じて、ものもらい、乞食《こじき》。

袍 ほう　「うえのきぬ」とも。貴族の朝服・束帯・衣冠・直衣の表衣《うわぎ》。文官のものは腋《わき》を縫ってあるが、武官のものは腋があいたままで、闕腋袍《けってきのほう》と称する。

奉 ほう　⇒うけたまわる

方位 ほうい　ある方向が、一定の基準に対していかなる関係にあるかを示す言葉。東西南北を基準として、十二支によって一二等分するのが普通である。子《ね》(北)、丑《うし》(北北東)、寅《とら》(東北東)、卯《う》(東)、辰《たつ》(東南東)、巳《み》(南南東)、午《うま》(南)、未《ひつじ》(南南西)、申《さる》(西南西)、酉《とり》(西)、戌《いぬ》(西北西)、亥《い》(北北西)。「時刻」の項の付表(一八二ページ)参照。

法意 ほうい　法の趣旨、法規。

宝印を翻す ほういんをひるがえす　起請文を認めること。牛王宝印《ごおうほういん》の裏に起請文を書くことからいう。

縫腋袍 ほうえきのほう　束帯の表衣で、腋《わき》のあいていないもの。文官と四位以上の武官が着用する。

放火 ほうか　平安京で放火事件が多く見られる。盗賊が貴族の邸宅に放火するもの、また政治的な緊張状態の中での放火など政争にかかわるものもある。地方では国衙・正倉などに放火することが見られ、官人が不正をかくすための放火と見られるものも多い。公の報告ではこれを神火《じんか》と称し、神意によるものとした。また、戦いの際に、作戦上しばしば火を放った。荘園では、領主が荘民に課する刑罰の一種として、犯人の住宅を焼却することがあった。

奉加 ほうが　仏堂伽藍の造営などに財物を施し、これを助けること。寄附、寄進。

放下師 ほうかし　中世・近世の芸能の一つ、小切子《こきりこ》を打ちながら歌舞・手品・曲芸を行う。烏帽子をかぶり笹《ささ》を背負う姿の者もあった。

防鴨河使 ぼうかし　鴨(賀茂)川の保守、堤防修築をつかさどる官司、令外官。長官・判官・主典より成る。鴨川は、しばしば氾濫して住民を悩ませた。
〈文献〉渡辺直彦『日本古代官位制度の基礎的研究』吉川弘文館。

防鴨河役 ぼうかやく　京都鴨川の堤防修築に関する臨時の課役。おもに畿内諸国や近江国・丹波国に賦課された。

坊官 ぼうかん　春宮坊《とうぐうぼう》の職員の総称。

房官 ぼうかん　坊官とも書く。法皇の御所、門跡寺院に仕えた在家の僧。殿上法師ともいう。

判官代 ほうがんだい　①上皇、女院に仕えた院司の一。②国衙在庁の職名。在地土豪から任用され、田所や税所の事務を掌った。

蜂起 ほうき　大勢の者がいっせいに事

を起こすこと。「大衆蜂起す」「土民蜂起」などと用いる。

崩御　ほうぎょ　天皇・皇后・皇太后・太皇太后の死去をあらわす尊敬語。

反故　ほうぐ　「ほぐ」「ほご」とも読む。反古とも書く。①書き損じて不用となった紙。②役に立たなくなったもの。③無効の文書。

法家之習　ほうけのならい　明法道《みょうぼうどう》の専門家の理解（解釈）のつねとしての意。

放券　ほうけん　①「券文を放つ」で、土地・家屋などを売却・譲与すること。②放券状のこと。売買・譲渡のとき、あいてに渡す証文。

保元の荘園整理令　ほうげんのしょうえんせいりれい　保元元年（一一五六）閏九月十八日および同二年三月十七日の二度にわたって公布された。要旨は、⑴後白河天皇の践祚以降、天皇が宣旨で認めた荘園以外は停止する。⑵加納余田のこと。⑶神人・悪僧の濫行停止。〈文献〉阿部猛『律令国家解体過程の研究』新生社。

布袴　ほうこ　朝服の変形。束帯の表《うえの》袴《はかま》にかえて指貫（麻の袴）をはくもの。

奉公　ほうこう　①天子・国家のために尽力する。②家臣が主君のために働く。③任務を全うする。

法号　ほうごう　①出家したとき授けられる名前。②僧が使者につける名前、戒名。③仏殿・仏寺などの名前。

奉公衆　ほうこうしゅう　室町将軍の側近に仕えた武家、将軍直属の武家層。

亡国　ぼうこく　亡弊の国、税収困難な国、官物未進の恒常化している国。熟国《じゅくこく》に対する語。〈文献〉阿部猛『北山抄注解 巻十 吏途指南』東京堂出版。

方今　ほうこん　ちょうど今、現在。

牓札　ぼうさつ　立札、かけふだ。

宝算　ほうさん　敬って、天子の年齢をいう。

放氏　ほうし　藤原氏に属する者が、氏寺である興福寺によって氏人としての資格を奪われること。

牓示　ぼうじ　⇒四至《しいし》

牓示石　ぼうじいし　石の牓示。越後国奥山荘や播磨国鵤荘において見られ、現存する。〈文献〉谷岡武雄『聖徳太子の牓示《ぼうじ》石《いし》』学生社。

ぼうしこ　法師子と宛てる。中世の稲の品種名。

牓示札　ぼうじふだ　村落の境界にかける木札。正月二日に牓示札懸けを行う風習があり、外部からの邪霊や疫病の侵入を防ぐ心意に基づく。〈文献〉水藤真『木簡・木札が語る中世』東京堂出版。

法師武者　ほうしむしゃ　僧形の武士、僧兵。

房仕役　ぼうじやく　預所・検注使・収納使などが荘園現地滞在中房の雑事を荘民に負担させた。百日房仕役と称して長期にわたるものもあり、房仕銭といって預所の得分となるものもある。房仕は、僧房において雑事に召仕うことに原義がある。〈文献〉渡辺澄夫『増補 畿内庄園の基礎構造』吉川弘文館。

傍若無人　ぼうじゃくぶじん　「傍《かたわら》に人無きが若《ごと》し」で、勝手気ままな振舞いをいう。

方術　ほうじゅつ　①方法、手段。②神仙の術を行う方士（道士）の占術。

逢春門　ほうしゅんもん　豊楽院《ぶらくいん》十九門のひとつ、元日節会《せちえ》・大嘗会《だいじょうえ》・射礼《じゃらい》などの儀式に用いられた。

奉書　ほうしょ　従者が主人の意を受けて、自らの名で出す文書の総称。綸旨《りんじ》・院宣《いんぜん》・御教書《みぎょうしょ》や奉行人奉書《ぶぎょうにんほうしょ》など。

亡所　ぼうしょ　耕作者のいなくなった

田。「百姓ら逐電せしめ亡所となる」と用いる。

謀書 ぼうしょ　偽造された文書。裁判で採用されるのは正文《しょうもん》であって、案文《あんもん》については証拠能力はないとされた。謀書・謀印（花押・印章の偽造）の罪は重く、所領没収・遠流《おんる》・追放から、戦国法では死刑まであった。

法条 ほうじょう　掟《おきて》、法《のり》、法令。〈文献〉石井良助『中世武家不動産訴訟法の研究』弘文堂書房。

傍荘 ぼうしょう　近くの荘園。「傍荘の例」などといい、近隣・他荘の例を引いて、荘民が自己の主張の正当性を述べることがあった。

謀状 ぼうじょう　謀書、偽書。

放生会 ほうじょうえ　魚鳥の生命をたすけ放つ仏教思想に基づく行事。

放生田 ほうじょうでん　放生の行事の費用を賄うため諸国に置いた不輸租田。

奉書紙 ほうしょがみ　檀紙《だんし》の一種で、奉書に用いた。越前国五箇地方が産地として著名。

疱瘡 ほうそう　天然痘《てんねんとう》、裳瘡《もかさ》、赤斑瘡《あかもかさ》と称する。平安時代、二〇―三〇年周期で流行し、人びとを恐怖に陥れた。死亡率が高かったのである。

方相氏 ほうそうし　追儺《ついな》で大舎人が扮《ふん》する役。黄金四目の仮面をかぶり、玄衣朱裳を着し楯戈を持つ。はじめは疫鬼を逐う役であったが、一〇世紀末頃から疫鬼にかわって饗をうけ、一二世紀には疫鬼と同一視され射られる役となった。

放題 ほうだい　傍題、法第も同じ。①自由勝手に振舞うさま。「御所さまの御心ほうだいにあそばし候と見えし」などと用いる。②育ちや品位が卑《いや》しいこと。

方付 ほうづけ　田地の所在地を定めること。耕地が不安定な状況の中で、課税地・非課税地を固定させることは困難であったから、所在の郡・郷のみ指定し、規定の年貢・公事を負担させた。それを、年ごとに、作付けされた耕地のうちに規定の面積だけを特定する。これを方付という。〈文献〉渡辺澄夫『増補 畿内庄園の基礎構造』吉川弘文館。

傍難 ぼうなん　謗難とも書く。誹謗論《ひぼうろん》難《なん》の略。そしり、非難する。

芳飯 ほうはん　飯の上に種々の具をのせ汁をかけた料理で、室町時代僧家の食事として成立。中国の泡飯《パオファン》をまねたもの。

謀判 ぼうはん　印を偽造すること、にせの印。官文書の印の偽造は配流二千里、その他は徒《ず》一年に処された。

福引 ほうびき　「ふびき」とも。宝引の字をあてる。数本の縄を束ね、その中の一本にしるしをつけて、それを引き当てた者に賞を出すもの。営業的に行う賭博《とばく》的なもの。家庭内で行うものは「福引《ふくびき》」またあみだくじである。

白浜 ほうひん　高麗楽の曲名。双調。蛮絵装束の四人舞。

髣髴 ほうふつ　彷彿とも書く。①姿かたちがかすかであること。②あいまいであること。③よく似ていること。④ありありと眼前に見えること。

亡弊国 ぼうへいのくに　⇒亡国《ぼうこく》

褒貶 ほうへん　①ほめることとけなすこと。②ことの善悪。

法務 ほうむ　僧綱にかわって、貞観十四年（八七二）に置かれた僧官。一二世紀半ばからは法務二人は東寺一長者の独占となり、東寺一長者の別称のようになった。更に鎌倉末期一四世紀には仁和寺宮が実権を握るようになる。

放免 ほうめん　①ゆるすこと。②釈放された囚人で、検非違使庁の下部となったもの。

放免の付物 ほうめんのつけもの　賀茂祭に放免が着衣の水干《すいかん》の袖につける花などの作り物。

法文歌 ほうもんか　平安末期の今様の一種。和讃《わさん》の一部が分化・独立したもので八・五（四・四・五）の四句から成る。仏教の法文について歌ったもの。〈文献〉髙木豊『平安時代法華仏教史研究』平楽寺書店。

法　要 ほうよう　①仏法の枢要、教法の要点。②法会における法式（法用とも）。四箇《しか》法要《ほうよう》と簡略な三礼《さんらい》と如来唄《にょらいばい》がある。⇒四箇法要・三礼《さんらい》・如来唄《にょらいばい》

蜂腰病 ほうようびょう　作詩の理論上の語。詩を作る上で避けるべき八つの欠点。（八病《はっぺい》）の一つ。一句五字のうち、第二字と第四字、又は第二字と第五字が四声《しせい》を同じくするもの。

放鷹楽 ほうようらく　唐楽の曲名。乞食調。舞は早く九世紀末には廃《すた》れた。しかし曲は院政期に船楽として用いられた。

法　楽 ほうらく　神仏の前で経典を読誦し供養すること。また法会の終わりに詩歌を賦し音楽を奏して神仏を楽しませること。

放　埒 ほうらつ　無軌道な振舞い、規範を無視した行動。平安時代からの用語であるが、中世に多用され、とくに一四世紀以降著しい。〈文献〉森野宗明『鎌倉・室町ことば百話』東京美術。

方　略 ほうりゃく　①はかりごと、計略。②古代の官吏登用試験の科目。令制では秀才科の試験科目で、平安時代以降は紀伝道の文章得業生（また方略の宣旨によってとくに受験を認められた者）の最終試験として行われた。出題二問に漢文で答える（問題・答案を策《さく》という）。

法　量 ほうりょう　①仏像の丈量。丈六、等身など。②真理による思量。③道理・分別。「法量なし」といえば、もってのほかの意。

方　量 ほうりょう　法量とも書く。①分量。②限界、限度。③検地のこと。「方量もない」といえば、途方もないの意。

方　領 ほうりょう　⇒かくえり

暴　戻 ぼうれい　荒々しく道理に反する行為、残酷非道。

傍　例 ぼうれい　一般の慣わし、慣例。

鳳　輦 ほうれん　即位・大嘗会《だいじょうえ》・御禊《ごけい》・朝《ちょう》覲《ぎん》・節会《せちえ》のとき天皇の乗輿とするもの。屋形の頂上に金銅の鳳凰が据えてある。

法　臈 ほうろう　法臘とも書く。夏《げ》臈ともいう。比丘《びく》としての具足戒を受けた以後の年数をかぞえる単位。夏安居《げあんご》の終わった七月十五日を一年の終わりとしたので臈と言った。臈は歳末のこと。安居終了の回数が比丘となってからの年数ということになる。その多少で長幼の順（席次）が決まる。

行　器 ほかい　外居とも書く。遠くに出かけるとき食料を納めて持ち運ぶ曲物《まげもの》。塗物で円筒形。ふたつきで、外に向かった三本の脚がついている。朸《おうご》（天秤棒）の両端に吊るしてになう。

牧　監 ぼくげん　平安時代、官政を統轄するために置いた職。甲斐国一人、信濃国二人、上野国一人。武蔵国には別当を置いた。

牧　宰 ぼくさい　国司のこと。中国風な呼び名。

牧　司 ぼくし　⇒まきし

卜　定 ぼくじょう　占《うらな》って決めること。

北庭楽 ほくていらく　唐楽。壱越調の曲。蛮絵装束の四人の平舞。退場楽。

北　邙 ほくぼう　墓所、埋葬地。北邙山は、中国で王侯の墳墓の地とされたので。

「北邙の露と消える」といえば、はかなく死ぬこと。

北面武士 ほくめんのぶし 院の御所の北面で警衛に当たる武士。白河上皇のとき創設され、身分によって上北面と下北面に分かれた。御随身所や武者所の武士と異なり、院の腹心の寵童や武士で組織された親衛隊。〈文献〉吉村茂樹「院北面考」（『法制史研究』二）。

僕射 ぼくや 大臣のこと。

北陸型荘園 ほくりくがたしょうえん 藤間生大が初期荘園について立てた諸類型のひとつ。初期荘園の労働力を奴隷の労働力と考えたが、現在ではこの学説は否定されている。〈文献〉藤間生大『日本庄園史』近藤書店。岸俊男『日本古代政治史研究』塙書房。

北嶺 ほくれい ①比叡山のこと。高野山を南山と呼ぶのに対する。②延暦寺のこと。興福寺を南都（又は南嶺）と呼ぶのに対する。

補闕 ほけつ 侍従の異称。

莫言 ぼげん ⇒いうなかれ

菩薩 ぼさつ 米の異名。

晡時 ほじ 餔時とも書く。申《さる》の刻、午後四時頃、くれどき、日暮時。

保司 ほじ ⇒保《ほ》

糒 ほしいい 干飯、乾飯とも書く。餉《かれいい》ともいう。米を蒸してから乾燥させた保存食料。水や湯でもどして食べる。

恣 ほしいまま 擅、縦とも書く。思うまま、勝手気まま。

脯 ほじし 乾肉で、「延喜式」には、鹿脯・羊脯・猪脯・雑脯の称が見える。

歩障 ほしょう 帛絹などで作られた屏障具。天皇の行幸や葬送のとき、輿を覆い、外から遮断するもの。

保証刀禰 ほしょうとね 古代・中世、在地の有力者の称。土地売買時の保証や田地係争地の勘申などに関与した刀禰。

細殿 ほそどの ⇒廊《ろう》

細長 ほそなが 幼少から若年までの男子の衣服。身頃《みごろ》一幅《の》仕立て、闕腋で身丈が長く、襟は紐で結ぶ。袴は指貫《さしぬき》。

細物 ほそもの 女房詞で、そうめんのこと。

火焚 ほたき 陰暦十一月八日に行われた神事、おひたき。

没官 ぼっかん ⇒もっかん

法華会 ほっけえ 法華経を講説する法会。法華八講・十講・二十八講・三十講などがあるが法華八講が最も多く行われる。天平十八年（七四六）の東大寺法華会を初めとして、興福寺・円宗寺などでも行われた。〈文献〉髙木豊『平安時代法華仏教史研究』平楽寺書店。

法華八講 ほっけはっこう 法華経八巻を巻別に八座で講ずる。多くは、一日に朝・夕二座で四日で講ずる。追善のための営為である。九世紀後半以降、貴族社会で盛んに行われた。〈文献〉髙木豊『平安時代法華仏教史研究』平楽寺書店。

法眷 ほっけん ⇒はっけん

没収 ぼっしゅう ⇒もっしゅう

法親王 ほっしんのう 皇子が出家したのち親王宣下《しんのうせんげ》を受けたもの。⇒親王宣下

払子 ほっす 獣毛や麻を束ねて、柄《え》をつけたもの。もとインドでは虫を払う具であったが、中国の禅宗ではこれを振り説法の象徴とした。わが国でも鎌倉時代以後、法会の導師の装身具として用いられるようになった。

堀田 ほった 湿田、堀上田《ほりあげた》のこと。

法躰祝儀 ほったいのしゅうぎ 中世京都の町組で、剃髪したとき町に納める祝儀。

最　手　ほて　古代、朝廷に召し出された相撲人の最高位のもの。

仏の子　ほとけのこ　中世・近世の稲の品種名。

保内商人　ほないしょうにん　近江国の得珍保の商人。同所は延暦寺東谷の所領で、その権威を背景として座を形成し、若狭・伊賀・伊勢・美濃・京都に行商として活躍した。

〈文献〉脇田晴子『日本中世商業発達史の研究』御茶の水書房。

風　記　ほのき　側記とも書く。下書・案文・控え・メモの意。儀式その他諸行事を行うに先立ち、その日時を占って上申する文書。

風　聞　ほのきく　仄聞も同じ。かすかに聞く、うすうす聞く。

帆別銭　ほべちせん　船の帆の数に応じて課する関税。東国地方で見られる。

〈文献〉相田二郎『中世の関所』吉川弘文館。

蒲　鞭　ほべん　吏民に過《あやま》ちあるときも蒲《がま》の鞭《むち》で打つのみという、寛容な政治を意味する。後漢の劉寛《りゅうかん》（南陽の太守）の故事による。『蒙求《もうぎゅう》』に「劉寛蒲鞭」とある。

ほほめく　①熱く燃える。「御耳ほほめきて不レ聞」と用いる。②髪が乱れる。「髪のほほめく」という。

外　持　ほまち　帆待とも書く。河原や中州などに開かれた小規模耕地。収穫の少ない不安定耕地で、検注の対象とならなかった。「まちぼり」「しんがい」というも同じ。

〈文献〉古島俊雄『日本農業史』岩波全書。

堀　ほり　濠とも書く。防禦・運輸・灌漑・給排水用に作られる。水のないものは空堀《からぼり》と称する。在地領主の居館や集落を囲んで掘られ、これから、土豪屋敷・集落を堀ノ内といった。

堀ノ内　ほりのうち　堀をめぐらした土豪・武家の屋敷地。堀の水は農業用水として門田《かどた》や百姓の田畠をうるおした。堀ノ内の内部には住宅・倉庫・下人長屋・畠があった。一町歩規模のものが多く、土塁《どるい》をめぐらしているので土居《どい》ともいう。

〈文献〉小山靖憲『中世村落と荘園絵図』東京大学出版会。

母　衣　ほろ　戦陣で、武士が背にかける大形の布帛で、流れ矢を防ぎ、自己の存在を明確にする標識とする。平安時代末から大形化・装飾化した。

暮　露　ぼろ　梵論とも書く。「ぼろぼろ」「ぼろんじ」とも。有髪の乞食僧《こじきそう》。のち、いわゆる虚無僧《こむそう》をいう。

〈文献〉細川涼一「ぼろぼろ（暮露）」（網野善彦ほか編『ことばの文化史［中世2］』）平凡社。

奔　営　ほんえい　いそがしく仕事にはげむこと。

本　穎　ほんえい　古代に、国司の行う公《く》出挙《すいこ》で貸し出される穎稲、本稲。秋に利息（利稲）をつけて返却する。

盆　踊　ぼんおどり　旧暦七月十三日～十五日の盂蘭盆会《うらぼんえ》に踊る。室町時代の文献から見える。念仏踊と風流《ふりゅう》の練り物が合体して生まれた集団舞踊。

本　貫　ほんがん　「ほんかん」とも。律令制下、戸籍に記載された土地。いわゆる本籍地。また、中世武士団の地を「本貫の地」「名字《みょうじ》の地」という。

本願施入田畠　ほんがんせにゅうでんぱく　寺院で、仏像・堂舎などをつくり法会を催す発起人を本願人、また単に本願という。興福寺領の場合、本願施入田畠といえば、本願藤原不比等によって施入された田畠を指し、初期庄園に系譜を持つ所領をいう。

本公験　ほんくげん　土地に関する権利の存

在を証明する証文。一枚の証文に数か所の土地が記載されているときは買得人に本公験を渡すわけにいかないので、別に案文を作成して渡す。同時に本公験の方のその土地についての記載を抹消する。

本家 ほんけ ①本家職《しき》。荘園領主で、領家の上に位置する。領家である貴族・寺社が更にその上に権威を求めるものであり、院宮家・摂関家などの場合が多い。名目的とばかりもいえず、本家に荘務権のある場合もある。②貴族社会で、妻の里方を指していう。
〈文献〉西岡虎之助『荘園の研究 下・一』岩波書店。

本解 ほんげ 本解状。鎌倉時代の訴訟で、最初に提出した訴状のこと。

凡下 ぼんげ 中世の身分の一つ。鎌倉幕府法では、侍・郎等に対して雑人を凡下、また甲乙人と呼んでいる。雑色・舎人・牛飼・力者・問注所や政所の下部、侍所の小舎人、道々工、商人らを凡下と呼んでいる。
〈文献〉田中稔『鎌倉幕府御家人制度の研究』吉川弘文館、大山喬平『日本中世農村史の研究』岩波書店。

本家役 ほんけやく 荘園制における本家に対する負担。荘務権のない本家の場合は米年貢は少なく、雑公事の貢納が多い。

本券 ほんけん 本券文。土地に対する占有権の由緒を証明する文書。

凡絹 ほんけん 品絹とも書く。並《なみ》の絹、標準の品質の絹のこと。

品玄 ほんげん 舞楽で、舞人が舞台中央に進んで位置につくまでの間奏する登場楽。楽器は横笛。

本券を焼く ほんけんをやく 寺領の寄進者がその本券を焼くこと。本券文が他人の手に渡ることを避け、寄進地が寺領（仏物）として永続することを願ったのだという。
〈文献〉入間田宣夫『百姓申状と起請文の世界』東京大学出版会。

本在家 ほんざいけ もとから在家役を負担してきた草分け百姓の在家。これに対して、のちに在家として領主に把握されたものを脇《わき》在家とか新《いま》（今）在家と呼ぶ。ふつう、本在家＝百姓名主、脇在家＝小百姓という図式になる。
〈文献〉豊田武「初期封建制下の農村」（『著作集・7』）吉川弘文館。

本紙 ほんし 礼紙《らいし》などを除いた、手紙の本体を記した紙。

本司 ほんし 或る所領のもとの領有者。

本直 ほんじき 本直米・本直物《もつ》・本直銭の略。物の売買価格に相当する米・物・銭、代価。

本所 ほんじょ 荘園領主。領家のことを指す場合もあるが、本所―領家と、上下関係で存在することもある。また漠然と、本家・領家とあわせて呼ぶこともある。
〈文献〉永原慶二『日本封建制成立過程の研究』岩波書店。

本所一円地 ほんしょいちえんち ①荘園領主である本所が、下地、得分を一円的にすべて支配している荘園。②国使・守護使不入の荘園。③地頭・御家人のいない本所領。④下地分割後の領家方所領。

本所当 ほんしょとう 所当とは、土地からの貢納物一般を指し、国衙所当、本所当とは官物《かんもつ》を指していう。百姓が所当を弁済すると、領主は年貢を収納したということになる。

本所法 ほんじょほう 荘園領主である本所を主体に制定された荘園支配のための法。律令法・公家法に淵源を持つ法と荘園間の慣習法の両系統がある。寺社の場合は、公家法とは別に寺社法がかたちづくられた。

〈文献〉笠松宏至『日本中世法史論』東京大学出版会。

本所役　ほんじょやく　荘園において、本所に対する年貢・公事の負担。

本新兼帯　ほんしんけんたい　⇒両様兼帯《りょうようけんたい》

本銭一倍　ほんせんいちばい　貸したり、借りたりした元金の倍額。

本銭返　ほんせんがえし　不動産の売買に当たって、代価（本直銭《ほんじきせん》）を返済することにより買い戻しができることを特約したもの。代価が米穀であれば本物返《ほんもつがえし》という。一定期間を経過したあとに代価を支払って取り戻せるもの、一定期間内に代価を支払わないと取戻権を失うもの、物権からあげる利益が本銭の二倍に達すると自動的にもとの持主の手に戻るものなどがある。

〈文献〉小早川欣吾『日本担保法史序説』宝文館。

本　宅　ほんたく　在地領主の根本所領で、私有権の強い部分。屋敷（土居・堀ノ内）とそれに附属する園、垣内、門田畠、林地を一体として本宅と呼ぶ。

〈文献〉戸田芳実『日本領主制成立史の研究』岩波書店。

本地返　ほんちがえし　永地返《えいちがえし》、本物返《ほんもつがえし》ともいう。質入れした土地を、借入金を返済することにより直ちに取り戻すことができる。借入金に利息はつかない。

本　田　ほんでん　⇒本免《ほんめん》

本　斗　ほんと　諸国の国衙で用いられた正税官物収納用の枡。基準枡的性格を有する。斗は本来は一斗枡のこと。

〈文献〉宝月圭吾『中世量制史の研究』吉川弘文館。

本の茶　ほんのちゃ　鎌倉時代に、京都の栂尾《とがのお》産の茶をいった。のち栂尾が荒廃し宇治が中心地となると、宇治の茶を本の茶と称した。

奔　波　ほんぽ　①奔走する。②競いあうこと。③いろいろと苦労する。④世話をする。「奔波昼夜巡㆓郷里㆒」などと用いる。

梵　唄　ぼんばい　①曲調に乗せて経文を唱詠する、声明《しょうみょう》。②四箇法要の一つ。法会のはじめに偈《げ》を唱えて仏徳を諧嘆する。

本　譜　ほんぷ　雅楽で、篳篥《ひちりき》や横笛の記譜に用いられるもので、管の指孔のポジションを示す。

本奉行　ほんぶぎょう　鎌倉・室町幕府で、合奉行・相奉行に対して専当の奉行をいう。総奉行ともいう。

本　法　ほんぽう　①基本法。②中世幕府法では「関東御成敗式目」を指していうことがある。

本補地頭　ほんぽじとう　承久の乱以後の新恩地頭に対して、それ以前に補任《ぶにん》された地頭をいう。本補地頭の権限は所務の先例にしたがうとされる。

〈文献〉安田元久『地頭及び地頭領主制の研究』山川出版社。

本　米　ほんまい　領主が年貢として実際に収納する米。

本　名　ほんみょう　平安末～鎌倉初期、荘園内の基本となる田畠を名《みょう》に編成したが、鎌倉後期から目立つ、名の解体による新名の出現に対して、もとの名を本名、旧名と呼ぶ。

本名体制論　ほんみょうたいせいろん　①荘園領主が年貢・公事徴収のために設けた名編成。本名（旧名）の枠組を維持するために設けた均等名体制は本名体制の典型である。②本名と脇名の関係、とくに本名が脇名に対して加える種々の統制・制限を、武士の惣領と庶子の関係の原形としてとらえようとする見方もある。

〈文献〉豊田武「初期封建制下の農村」（『著作

集・7』）吉川弘文館。

本名を放つ ほんみょうをはなつ　本名はもとの名の意。名田畠の一部を売却・譲与するとき「本名を放つ」と表現する。この際、売却・譲与された部分に公事がかからないようにするのがふつうである。「名を抜く」とも表現する。

本　免 ほんめん　本免田とも。荘園成立時の免田部分。以後に課役免除となった部分は新面田である。

本物返 ほんもつがえし　⇒本銭返《ほんせんがえし》

本　役 ほんやく　①荘園領主が収納する本来の年貢の意。②武家社会で、従者が主君に対して負担する課役。

本　領 ほんりょう　⇒根本私領《こんぽんしりょう》

本領安堵 ほんりょうあんど　武家の社会で、従者の本領を主君が確認・保護すること。〈文献〉安田元久『地頭及び地頭領主制の研究』山川出版社。

本労爵 ほんろうのしゃく　平安時代、成功《じょうごう》によらない、通常の労（年功）による叙爵（従五位に叙すること）。

ま

間 ま　①部屋、室内。②建築物の柱と柱の間で、三間《ま》といえば柱が四本の空間。

舞延年 まいえんねん　平安時代中期以降、中世社会で、寺社の法会《ほうえ》のあとの余興として行われた歌舞のこと。⇒延年《えんねん》

舞御覧 まいごらん　正月十七日（或いは十九日）に清涼殿《せいりょうでん》の東庭《とうてい》（或いは紫宸殿《ししんでん》の南《なん》庭《てい》）で舞台を設けて舞楽を行い天皇がご覧になった行事。

売　僧 まいす　売子、売師とも書く。①商行為に携わる僧。②堕落僧《だらくそう》をののしって称する。③一般に、うそをつく人、人をだます者をいう。

昧　爽 まいそう　昧旦《まいたん》も同じ。夜の明けかかっているとき。昧は、ほのぐらい、爽は明らかの意。

舞　立 まいだち　舞楽《ぶがく》の際の楽器の演奏スタイル。舞人《ぶにん》が舞を舞いやすいように、伴奏楽器（管方《かんかた》）の演奏に工夫がなされる。

巻　文 まいぶみ　「まきぶみ」とも。巻紙に書いて巻いた文書、巻物に仕立てた文書のこと。

毎　篇 まいへん　①毎事、ことごとに、常に。②すべて。「毎篇聡明丸に譲与也」と用いる。

舞良戸 まいらど　書院造の外回りに用いる引違い板戸のこと。片面に細い桟を打ち、片面は襖《ふすま》仕立てにしてある。

致（真）斎 まいみ　⇒粗忌《あらいみ》

……前 まえ　「秩父前より可レ出」などと用いる。秩父という人の方から、の意。

前　廉 まえかど　前方《まえかた》・前長《まえなが》に同じ。①或る時点よりも以前を漠然《ばくぜん》と指す。②前もって、あらかじめ。

前　田 まえだ　門田《かどた》のこと。東日本では前田と称するところが多い。⇒門田

賄 まかない　①貴人の身辺の世話をする。②食事や宴会の用意。③給仕、陪膳《ばいぜん》。④間に合わせ、とりつくろう。⑤費用を出すこと。賄料といえば或る事柄に要する費用。⑥処置する。

罷　申 まかりもうし　①地方官が任地に赴くとき参内してお暇乞《いとまご》いをすること。②貴人に別れの挨拶《あいさつ》をすること。

糫　餅 まがりもちい　米・麦の粉を練り紐状にして、輪にしたり曲げたりして油で

揚げた菓子。大嘗祭《だいじょうさい》の神供の一つ。

罷 まかる ①貴人の許に参上する。②地方に赴任する。③貴人のそばから退出する。④退去する。⑤死ぬ。

頓死 まかる にわかに死ぬこと。

牧 まき 馬・牛の放牧地。左・右馬寮に属する勅旨牧、兵部省に属する諸国官牧、摂関家をはじめ貴族の私牧があった。一〇世紀以降、牧が開発されて荘園化するものが多かった。〈文献〉西岡虎之助『荘園史の研究 上』岩波書店。

蒔 まき 耕地の面積単位。穀物の播種量で表示する。一斗蒔、三斗蒔など。この単位は全国的に用いられ、所によっては近代まで用いられた。〈文献〉歌川学「中世における耕地の丈量単位」(『北大史学』二)。

まき 粽《ちまき》の女房詞。

巻上筆 まきあげのふで 軸《じく》を糸で巻きあげた筆のこと。

蒔絵 まきえ 漆工芸の技法。絵漆で描いた絵に金銀粉などを蒔いて付着させたもの。家具・調度また建造物に施された。

巻狩 まきがり 狩場を包囲し獣を追いつめて捕獲する。建久四年(一一九三)の富士の巻狩は有名である。

巻絹 まきぎぬ ①軸に巻きつけた絹の反物《たんもの》。②能楽の曲名。千疋の巻絹を三熊野に納めるため熊野に来た男の話。

牧司 まきし 平安時代、官牧・私牧の管理者。牧の荘園化に伴い荘官的性格を持つようになった。

蒔田 まきた 田植をせず、籾《もみ》を直《じか》に田に蒔く、直播田《じかまきでん》。

巻解 まきほぐす 敵の城を包囲攻撃しても落城しないとき、軍勢を引きあげること。

播本帳 まきほんちょう 丹波国大山荘関係の平安時代史料に所見。播種《はしゅ》の状況を示す帳簿、農業経営の台帳、また青苗簿であろうなどの諸説があるが未詳。この帳簿は郡衙にあった。〈文献〉阿部猛『日本荘園史』新生社。

紛 まぎれ ①入り混じって判別できない。②心が他にひかれること。③間違いの意。

無レ紛 まぎれなし 間違いないの意。「従二往古一御直務《おんじきむ》無レ紛」と用いる。

設く まく ①あらかじめ用意する。②季節や時の来るのを心まちにすること。

秣 まぐさ ①牛馬の飼料とする草、かいば。②田畠の肥料とする草。

馬鍬 まぐわ 馬耙とも書く。水田を耕起して水を入れ、代掻《しろかき》をする道具。

枉 まげて 無理に、強《し》いて。

曲物 まげもの 檜《ひのき》や杉などの材を薄くはいだ片木板《へぎいた》で作った筒型の容器。

負態 まけわざ 各種の団体競技(勝負ごと、例えば歌合・花合・蹴鞠《けまり》・相撲・賭弓《のりゆみ》)で負けた組が罰として勝った組を饗応すること。

馬子 まご 駄馬をひいて人や荷物を運ぶのを業とする者。奈良時代以来の用語。

孫廂 まごびさし 寝殿造の廂の間《ま》の外側の部屋で、又廂《またびさし》ともいう。床《ゆか》は廂より一段低くなっている。清涼殿東面の孫廂は著名で、東正面の建物だったので、ここが多くの儀式の場として用いられた。

真菰 まこも ①水辺に生えるイネ科の多年草。葉でむしろを編《あ》む。②真菰むしろのこと。

鉞 まさかり 木《き》を伐るのに用いた大形の斧《おの》のこと。

当宗祭 まさむねまつり 河内国志紀郡にあった当宗神社の祭礼。四月と十一月の上《かみ》の酉《とり》の日に行われた。渡来氏族の後裔当宗氏の祀る神を祭神とした。中世以降廃絶した。

麻紙 まし　麻の皮の繊維を原料とする紙。古代、多く経巻などに用いた。

増分 ましぶん　⇒ぞうぶん

不㆓御坐㆒ ましまさず　おられない(敬語)。

坐 まします　在、御も同じ。「おわす」の敬語。「おわす」は和文体で用い、「まします」は漢文訓読体で多用される。

添 ます　つけ加える、増す。「人者依㆓神之徳㆒添㆑運」と用いる(『関東御成敗式目』)。

枡 ます　斗とも書く。穀物を計量する容器。ふつう箱型であるが円形のものもある。一斗枡、一升枡がふつうである。中世の枡の容量は統一されておらず、同じく一升枡と称しても、実量は七合五勺から一升二合ていどまでかなりの差があった。
〈文献〉宝月圭吾『中世量制史の研究』吉川弘文館。

枡取 ますとり　枡を用いて穀類を計量する仕事を請負う者。多量の年貢米の計量を行う場合などに枡取を雇う。

全人 またうど　「まとうど」とも読む。正人とも宛てる。本来は、愚直な、純朴で正直な人の意。身分的には殿原《とのばら》と間人《もうと》の間に位置し、善良なる庶民であるが、共同体の過重な負担にたえうる有徳人《うとくにん》(富裕層)のこと。⇒間人
〈文献〉網野善彦『日本中世都市の世界』筑摩書房。

又代官 まただいかん　代官の代官。守護代や地頭代の代官。又代とも書かれる。

杈椏杖 またぶりつえ　⇒鹿杖《かせつえ》

町 まち　①田の区画。②宮殿・邸宅内の区画。③建物が集まっている場所。④都城の条坊制の一区画。⑤条坊制の一区画の面積の単位町《ちょう》。⑥物品売買店舗の集まっているところ。⑦京都の町《まち》通りと東西の道路の交叉する場所。

待膏 まちあぶら　饗宴に、主客の到来までの間に行う、内々の小宴。

待軍 まちいくさ　待合戦も同じ。敵の襲撃を待って応戦すること。

町組 まちぐみ　中世末に京都で見られた町衆の自治的組織。下京の西組・中組・巽組などの町組では二二人の惣代を選び幕府と交渉している。

町衆 まちしゅう　一般的に町の構成員をいうが、とくに中世末期、京都や寺内町、港湾都市などで自治的組織を形成した人々をいう。商工業者、下級武士、公家、土倉を含み、富裕な者が多かった。民衆芸能・文化のにない手であった。
〈文献〉村屋辰三郎『町衆』中公新書。

町奉行 まちぶぎょう　①戦国大名が領内の町を支配するために設けた役職。町政を掌り倹断権を持った。②江戸幕府が主要都市支配のために置いた役職。

町振舞 まちふるまい　中世京都の町組で、住宅を買ったとき町への挨拶としての振舞い酒。

まちぼり ⇒外持《ほまち》

区々 まちまち　①別べつである。②さまざまである。

末額 まっこう　下級武官が冠の周囲に巻き、うしろで結ぶ緋《ひ》色の絹。六衛府《ろくえふ》の武官が白馬《あおうま》・大射《おおゆみ》のとき、帯刀舎人《たちはきのとねり》が東宮朝賀《とうぐうちょうが》のときにつける。

末社 まっしゃ　神社で、本社に附属し、その支配の下にある小社。格式では摂社《せっしゃ》につぐ。⇒摂社

全い まったい　貞、完の字も用いる。①欠点がなく完全であるさま。②無事であるさま。③正直であること。④柔和であるさま。⑤愚鈍であるさま。

松尾祭 まつおのまつり　京都松尾大社の祭。九世紀に始まり、四月上申《さる》の日が例祭であった。祭神はもと秦《はた》氏の氏神。

松拍子 まつばやし　①室町時代盛んに行わ

れた正月の芸能。唱聞師《しょうもんじ》や散所《さんじょ》などのほか、庶民が着飾ったり仮装《かそう》して幕府や貴顕の諸邸に参上して祝いごとを述べて禄を賜わった。「風流松拍子《ふりゅうのまつばやし》」などと記録に見える。②左義長の小屋で正月飾りを燃やすこと。⇒唱聞師・散所

松原倉 まつばらのくら　奈良時代、大内裏北方にあった穀倉院《こくそういん》管下の米穀倉庫。天平神護二年（七六六）飢饉に際して近江国から稲穀五万石を搬入したことがある。

真手 まて　①左右揃った手で、両手のこと。②真手結《まてつがい》の略。

真手結 まてつがい　⇒手結《てつがい》

的 まと　弓・鉄砲の発射訓練のとき目標とするもの。紙・布・板・革で作り、形も多様であるが、ふつうは墨《すみ》でまるく描き、中央に黒圏がある。

纏 まとい　戦陣で、主将の本営のしるしとして立てるもの。馬標《うまじるし》の一種。江戸時代には、町方の火消《ひけし》の組のしるしとなった。

償 まどう　弁償する、うめあわせする。

的付 まとつけ　録的とも書く。射芸のとき、射手の勝負を記録すること、またその役の人をいう。

真魚 まな　真菜とも書く。食膳に用いる魚のこと。

真名 まな　①仮名《かな》に対して漢字のこと。②漢字の楷書のこと。

間中 まなか　間半も同じ。①京間《きょうま》の一間《けん》の半分。②畳の莚《むしろ》の半分。

間合紙 まにあいがみ　間相、間逢とも書く。大型の料紙をいい、「半間《はんげん》の間尺《ましゃく》に合う」の意という。障屏などの料紙で丈夫な紙。

随 まにまに　随意も同じ。そのままにまかせる。

間分 まぶ　間府、真吹とも書く。鉱山の坑道《こうどう》のこと。

射翳 まぶし　①猟師が鳥獣を射るとき、柴などで身をかくすこと。②待ち伏せすること、伏兵。

間別銭 まべちせん　都市の屋敷地や家屋の間数に応じてかけられる公事。棟別銭ともいう。室町・戦国期に奈良では、土地の間口《まぐち》（地口《じぐち》）に応じて賦課された。〈文献〉伊藤鄭爾『中世住居史』東京大学出版会。

真屋 まや　①切妻造のこと。②寄棟造。③別棟に対して主屋のこと。

まよい　弁償、つぐない。「しち（質）の物うせ（失）候事、是は紛なくふさた（無沙汰）のしやうこ（証拠）見え候はば（中略）半分まよいたるべき事」とある。⇒償《まどう》

迷神 まよわしがみ　「まどいがみ」「まよいがみ」とも。人を魅了して錯乱させ、道を迷わせる神。狐や狸なども。

鋺 まり　椀も同じ。水・酒なども盛った器のこと。「もい」ともいう。「もい」は水のこと。

鞠の懸り まりのかかり　蹴鞠《けまり》を行う場（庭《にわ》または壺《つぼ》という）の四方に植えた木。四本《しほん》懸《がかり》という。

丸 まる　「まろ」とも読む。船・武器・楽器に丸号をつけることが行われた。城郭の本丸、二の丸など、間丸の丸などもある。人名の場合、麻呂と通用される。

丸帳 まるちょう　⇒検注帳《けんちゅうちょう》

團斗概 まるとかき　枡で穀類を計量するとき、枡をならす棒を斗概《とがき》という。斗概にくりこみを作り、収納のときはくりこみのある方を下にして容量を多くし、支出のときは反対にくりこみのない方を下にして容量を少なくする。これを「まるとかき」と称する。〈文献〉宝月圭吾『中世量制史の研究』吉川弘文館。

丸目録 まるもくろく　⇒検注帳《けんちゅうちょう》

まろかし　検注目録作成の作業。「まろか

す」とは、ひとまとめにするの意。

廻拵 まわりかせぐ　奮闘する。

廻陣夫 まわりじんぷ　廻は巡に同じ。戦国時代、順序を定めて、順番に賦課される陣夫役《じんぷやく》。⇒陣夫役

廻夫 まわりぶ　⇒巡《じゅん》（順）夫《ぶ》

廻役 まわりやく　⇒巡役《じゅんやく》

幔 まん　「とばり」。幕と同様、人目をさけ、風をさえぎるために張る室外の仕切り。布帛《ふはく》をたてに縫い合わせてある。

万一 まんいっ　①万に一つで、ごくまれにあること。②もしや、ひょっとしての意。「万一及二違乱一輩在レ之者、可レ被レ所二罪科一者也」と用いる。

万歳楽 まんざいらく　唐楽。平調《ひょうじょう》の曲。平舞。四人舞。唐楽の代表的な曲。

満作 まんさく　登録されている田地のすべてが、残りなく作付けされている状態をいう。

饅頭 まんじゅう　小麦粉・米粉・そば粉などに、ふくらし粉・甘酒のしぼり汁に水を加えて発酵させた皮にあんを包んだ菓子。中国のマントーが起源とされる。わが国では一四世紀頃から作られた奈良饅頭がはじまり。

万秋楽 まんしゅうらく　唐楽。盤渉調の曲。四人又は六人の平舞。

万雑公事 まんぞうくじ　⇒公事《くじ》

曼荼羅 まんだら　①仏教で、悟りのための修行の道場のこと。②密教で、宇宙《うちゅう》の真理をあらわすための図。

満町の坪 まんちょうのつぼ　坪は条里制《じょうりせい》の坪。ひと坪は一町歩の面積。坪のうち一町歩がすべて作付けされている状態。⇒条里制・満作《まんさく》

万燈会 まんどうえ　懺悔《ざんげ》・滅罪のために、一万の燈明《とうみょう》を点《とも》して供養する法会《ほうえ》。万燈供養という。平安初期から所見。

政所 まんどころ　①荘園の管理事務所は荘政所。②神社・仏寺の政庁。③鎌倉・室町幕府の政務機関。④国衙政庁の機関。⑤三位以上の貴族の家政機関。

政所下文 まんどころくだしぶみ　⇒下文《くだしぶみ》

政所公人 まんどころくにん　鎌倉・室町幕府の政所の下級職員で庶務・雑事に従った。

政所料所 まんどころりょうしょ　⇒御料所《ごりょうしょ》

万年通宝 まんねんつうほう　皇朝十二銭の第二番め。天平宝字四年（七六〇）三月、開基勝宝（金銭）・太平元宝（銀銭）とともに発行された銅銭。

幔幕 まんまく　布帛《ふはく》製の臨時の障壁具。「幔幕を引く」という。

万葉仮名 まんようがな　日本語表記のための表音文字として用いられた漢字をいう。例えば音仮名としては、「阿（あ）」訓仮名としては「木（き）」など一字で一音節をあらわすものをいう。平安時代に片仮名が用いられるようになると万葉仮名はあまり使われなくなった。

み

身 み　第一人称。私。自分、自身。

箕 み　穀物をあおりふるって、殻《から》やごみをえり分ける道具。竹製。

見合いに みあいに　見つけしだいに。「件輩劔刀者、仰二付小舎人一、随二見合一抜二取之一、可レ施二入大仏一」などと用いる。

御贖 みあがもの　天皇・中宮・東宮の身の穢《けが》れを祓《はら》い浄めるための呪具《じゅぐ》をいう。神祇官から、六月・十一月・十二月の月初めの八日間と六月・十二月の大晦日の大祓《おおはらえ》の前に奉《たてまつ》る。

御阿礼 みあれ　①神又は貴人の誕生。②賀茂社の神移しの神事。

みあれの宣旨 みあれのせんじ　賀茂の祭のとき、斎院任命の宣旨を賀茂の斎宮《いつきのみや》の許に伝える役の女官。

御阿礼祭 みあれまつり　四月中旬（現在は五月十二日）賀茂別雷《かもわけいかずち》神社の葵《あおい》祭の前儀として行われる神事。御生《みあれ》の斎場で神霊を阿礼《あれ》という榊の枝に移し本社に迎える。もと鴨県主《あがたぬし》が行っていた祭儀。六世紀中頃に始まり、五穀豊穣を祈願したもの。〈文献〉義江明子『日本古代の祭祀と女性』吉川弘文館。

身請 みうけ　入質されている人、年季《ねんき》売《う》りされている人を、対価（＝身代金《みのしろきん》）を支払って請戻《うけもど》すこと。

御内 みうち　①家来、従者。②直属の家臣。③鎌倉幕府の執権北条氏とその直属の家臣。

御影供 みえいく　①真言宗で、三月二十一日の弘法大師の忌日に画像を供養する法会。②日蓮宗で、十月十三日の日蓮の忌日に画像を供養する法会。③柿本人麻呂の画像をまつり和歌を講ずる会。

澪標 みおつくし　通行する船に水脈や水深を知らせるために目印《めじるし》として立てる杭《くい》。難波《なにわ》のみおつくしは著名であった。

見隠 みかくし　見て見ぬふりをすること。知っていながらかくすこと。「如レ此之悪党不レ可二見隠聞隠一之旨、雖レ被レ召二起請文於御家人等一」と用いる。

御方 みかた　味方、身方とも書く。①天皇の軍勢。②自分が属している方。

慈之衆 みかたのしゅう　味方の軍勢。「慈之衆、高瀬表まで打入之由風説也」などと用いる。

御門 みかど　①門《もん》の尊敬語。ごもん。②家・屋敷の尊敬語。③天皇の居処、朝廷。④皇位。⑤天皇の尊称。⑥天皇の治める国。

御門祭 みかどまつり　「みかどほがい」ともいう。古代、宮廷の門を守護すると考えられた神（櫛磐間戸《くしいわまど》・豊磐間戸《とよいわまど》）を祀り、門内に入ろうとする邪神を追い払う行事で、大殿祭《おおとののほがい》とあわせて行われた。⇒大殿祭

三日餅 みかのもちい　新婚三日目に新郎・新婦に供する祝いの餅。女の母親がその家で供する。〈文献〉山中裕『平安朝の年中行事』塙書房。

御薪 みかまき　毎年正月十五日、文武官人および畿内の国司らが、宮廷で年中使用される薪を宮内省で献上する儀式。天武天皇四年（六七五）を初例とする。

〈文献〉山中裕『平安朝の年中行事』塙書房。

御溝水 みかわみず　天皇・上皇・中宮・東宮の御所の殿舎や塀にそって流れる溝水で、清涼殿のそれが名高い。

御巫 みかんなぎ　神祇官に置かれた女官。未婚の女性。吉凶を占い、また神事に奉仕した。

右 みぎ　文書記載で、箇条書のあとに、これをうけて「右」と書く。元来は一箇条をうけるときは「右」で、二箇条以上をうけるときは「以前」を用いた。しかし鎌倉時代以降はあまり以前は用いられない。〈文献〉佐藤進一『古文書学入門』法政大学出版局。

酒勅使 みきのちょくし　節会《せちえ》のとき、天皇から参会の群臣に御酒を賜わる旨を伝える使。

御教書 みぎょうしょ　「みきょうじょ」とも読む。三位以上の有位者の命令を家司《けいし》が奉じて出す文書。平安時代、綸旨《りんじ》（天皇の仰せ）・院宣《いんぜん》（上皇・法皇の仰せ）・令《りょう》旨《じ》（皇太子・三后《さんこう》・親王・准三后《じゅんさんごう》の仰せ）・摂政御教書・殿下御教書・長者宣・国宣・検非違使別当宣など。鎌倉時代の関東御教書は将軍の命令を執権・連署が奉

じて出すもの。
〈文献〉佐藤進一『古文書学入門』法政大学出版局。

砌　みぎり　軒の下の雨滴を受けるために石・瓦を敷いたところ、雨落《あまお》ち。砌は水《み》限《ぎり》である。

供ニ御薬一　みくすりをぐうす　元日から三日間、天皇に御薬を供する儀。御薬とは屠《と》蘇《そ》のこと。十二月晦日に薬を封じて井戸に漬《つ》けたものを元日寅《とら》の刻（午前四時頃）に出して酒で温める。

御髪上　みぐしあげ　①女子の髪上の儀式。②十二月下の午の日、天皇・東宮の一年中の御髪・御爪・御本結などを主殿寮《とのもりょう》で焼く公事。

御匣殿　みくしげどの　宮中の貞観殿《じょうがんでん》の中にあった女蔵人《にょくろうど》のいる場所。内蔵寮《くらりょう》で作る以外の御服の裁縫を行う。また貞観殿を指していう。

御倉職　みくらしき　南北朝期～戦国期に、天皇・院や室町幕府の財貨の管理・出納に当たった酒屋・土倉など金融業者。禁《きん》裏《り》御倉職は立入《たてり》氏・多《おお》氏が、公方御倉職は正実坊・禅住坊・宝泉坊と籾井氏がつとめた。

御倉兵士　みくらへいし　院の倉庫の警衛に当たる兵士。後白河院の長講堂領に関する建久二年（一一九一）の課役注文に見え、同堂領荘園から荘民の夫役《ぶやく》を徴収し、その一部は御倉兵士と称されている。
〈文献〉相田二郎『中世の関所』吉川弘文館。

御倉町　みくらまち　倉庫の群立する町。倉は富の象徴である。平安時代、富裕な受領《ずりょう》層の場合がよく知られる。摂関家や院御所にも御倉町が付属していた。
〈文献〉村井康彦『古代国家解体過程の研究』岩波書店。

御厨　みくりや　天皇家や伊勢神宮・賀茂社・摂関家などに供御《くご》・食料として魚介類などを貢納する所領。供御貢進は贄《にえ》人《ひと》によって行われたが、御厨の荘園化によって、贄人は供御人として組織された。
〈文献〉網野善彦『日本中世の非農業民と天皇』岩波書店。

御気色　みけしき　⇒気色《けしき》

巫女　みこ　①神に奉仕し神楽《かぐら》などを奏する女性。②祈禱を行い、神託を告げ、口寄せをする女性。

未済　みさい　官物《かんもつ》・年貢などをいまだ納めていないこと。済は「なす」「いたす」とも読む。納入ずみの場合は所済《しょさい》という。

見質　みじち　⇒げんじち

御修法　みしほ　①僧侶をよんで密教の修法を行うこと。②正月八日から七日間、宮中で行われた真言の祈禱。天皇の身体護持を祈った。

實城　みじょう　本城、本丸のこと。戦国時代の用語。

未処分　みしょぶん　所領財産を処分しないで死亡した場合をいう。処分とは、譲与・配分すること。
〈文献〉中田薫『法制史論集　一』岩波書店。

未進　みしん　年貢などを納期までに皆納しないこと、一部が未納の状態になっていること。

御簾　みす　すだれのこと。宮中のすだれは、御簾《みす》また玉簾《たますだれ》ともいう。母屋《もや》や廂《ひさし》のまわりに垂れ下げる。

水親　みずおや　用水の諸施設の管理や用水の配分を掌る者。井親《いおや》、井頭《いのかしら》、井《い》守《もり》、井司《いし》、井行事《いぎょうじ》、池守《いけもり》、池司《いけし》も同じ。
〈文献〉宝月圭吾『中世灌漑史の研究』吉川弘文館。

水懸　みずがかり　水掛とも書く。田に水を引くこと、水の便。

水銀　みずがね　⇒すいぎん

水茎　みずくき　①筆跡。②手紙。③筆のこと。

水配役 みずくばりやく　用水の配分を掌る役人。水奉行、分水奉行、井奉行、池奉行、池守などとも。〈文献〉宝月圭吾『中世灌漑史の研究』古川弘文館。

水車 みずぐるま　流れる水の力を利用して車輪を回転させ、水を汲みあげる設備。山城国宇治の水車は著名であった。

御厨子所 みずしどころ　内裏後涼殿《だいりこうりょうでん》の西《にし》廂《ひさし》にあった。内膳司《ないぜんし》で作った御膳を温める。また節会《せちえ》の酒肴を用意するところ。別当・預・所衆がいた。

水工 みずたくみ　灌漑技術の専門家。初期荘園に見える見水道と呼ばれるものも同じか。〈文献〉亀田隆之『日本古代用水史の研究』吉川弘文館。

水棚 みずだな　①仏に供える水・花・仏具を置く棚のこと。②無縁仏のためにつくった祭壇。

見捨 みすて　天正十八年（一五九〇）の豊臣秀吉による奥羽検地で、一〇〇歩に足らぬ地はこれを捨てて課税せず、これを見捨と呼んだ。近世にも課税対象から外れた土地を見捨地と称した。

水流 みずながれ　失火、火事の忌み詞。

水の手 みずのて　飲料水の給源のこと。

水の戦慄 みずのわななき　冷汗を流してふるえること。

水秤 みずばかり　水準とも書く。水を入れて物の水平を測る器具。水準器類似のもの。古代から存在する。

水樋 みずひ　木製の導水管。⇒樋《とい》

水奉行 みずぶぎょう　⇒水配役《みずくばりやく》

水船 みずぶね　①沈没しそうな船。②飲料水を運ぶ船。③水をたくわえておく大きな桶、水槽。

水文 みずぶみ　中世、大和国興福寺が、諸荘園に与えた能登川・岩井川の用水の引水許可証。

角髪 みずら　①古代、成人男子の髪の結いかた。髪を左右に分け両耳のあたりで輪にして束ねて結ぶ。②平安時代以後は少年の髪形となる。

見せ消ち みせけち　文書の字句抹消法の一つで、墨で完全に消し去るのではなく、字句のまわりを囲む方法もあった。活字化したときは「抹消」のような符号を用いる。

見世棚 みせだな　店棚とも書く。商品を陳列する台。「見世棚を構える」という。町屋建物では、家の外側に棚を張り出し、下から棒で支えた。商いをしないときには棚を収納する。そのかたちは「洛中洛外図屏風」などに描かれている。

身銭 みぜに　所持金、自分の持っている銭、室町以来の用語か。

見世枡 みせます　見世《みせだな》は、市場や都市における店棚、店舗《てんぽ》のことをいう。見世枡は市場枡、商業枡のことで、中世若狭国《わかさのくに》太良荘《たらのしょう》などで見える。

溝 みぞ　用・排水路のこと。水田灌漑用水路をもいうが、また露《つゆ》とも称した。

密男 みそかおとこ　夫のある女のもとへひそかに通う男。平安時代からの用語。

御衣懸 みそかけ　衣桁《いこう》のこと。⇒衣桁

禊 みそぎ　身の罪・穢を川原などで水を以て洗い清めること。重要な神事の前にも行う。

御衣木 みそぎ　御素木とも書く。神仏の像を造るのに用いる木のこと。

御園 みその　諸官司や天皇家・摂関家・伊勢神宮・石清水《いわしみず》八幡宮などの所領で、園地。蔬菜《そさい》・果実・薬草などを貢進した。〈文献〉網野善彦『日本中世の非農業民と天皇』岩波書店。

御館分田 みたちぶんでん　国衙在庁の直領。永延二年（九八八）尾張国郡司百姓等解に、国守藤原元命《もとなが》が子弟・郎等らの佃《つくだ》数百町を各郡郷に設けたと見えるが、このような直営田を指していう。やがて、これが在庁名《ざいちょうみょう》となる。

〈文献〉阿部猛『尾張国解文の研究』新生社。

猥 みだりに　乱・妄・濫・漫も同じ。①秩序を無視して。②思慮《しりょ》・分別《ふんべつ》を欠いて。③理由もなく、④むやみやたら。⑤勝手気尽に。⑥作法《さほう》にもとり、何事かを行う。

道饗祭 みちあえのまつり　六月と十二月、京都の四角《よすみ》の道で神を祀《まつ》り、悪霊・悪疫が都に入ってくるのを防いだ祭。中世には廃絶した。

道切り みちきり　⇒勧請掛《かんじょうかけ》

途　次 みちすがら　路次とも書く。①道中ずっと。②歩きながら。

半　途 みちのそら　途中、道の半ば。

道の者 みちのもの　①一芸をきわめた達人。②宿駅の遊女のこと。

道　米 みちまい　年貢などの運送費、運賃。

道々之輩 みちみちのともがら　中世、専門的な技術や職能を持つ人びとの総称。道々の細工《さいく》ともいう。一四世紀の『東北院職人歌合』には、鍛冶《かじ》・番匠《ばんしょう》・刀磨《かたなとぎ》・鋳物師《いもじ》・経師《きょうじ》・医師・陰陽師《おんみょうじ》・巫《かんなぎ》・博打《ばくち》・海女《あま》・賈人《こじん》が挙げられている。戦国時代からは道の意味が変化し、限られた分野にのみ用いられた。

道　遣 みちやる　①ことを処理する、片づける。②借金を返済する。③損害を弁償する。

道　行 みちゆき　①旅をすること。②雅楽で、舞人が楽屋を出て舞台の定位置につくまで奏でる音楽。③軍記物・謡曲などで、たどり行く道筋の地名・光景を述べた韻文《いんぶん》。『太平記』（巻二）の「後基朝臣再関東下向事」のつぎの文章は名高い。「落花の雪に踏迷《ふみまよ》ふ、片野《かたの》の春の桜がり、紅葉の錦を衣《き》て帰《かへる》、嵐の山の秋の暮、……憂《うき》をば留《とめ》ぬ相坂の関の清水に袖濡《ぬ》れて、末は山路を打出の浜、沖を遥《はるかに》見渡せば、塩ならぬ海にこがれ行身を浮舟の浮沈み、駒も轟《とどろ》と踏鳴す、勢多の長橋打渡り、行向人に近江路や……」と地名を詠み込んでいく。

三日厨 みっかくりや　荘園・公領において、国司やその使者、領主代官が下向してきたとき、落着三日厨《おちつきみっかくりや》といって、三日間にわたって饗応する儀礼。

〈文献〉早川庄八『中世に生きる律令』平凡社。

みつかめ　①陶製の硯《すずり》の水差《みずさし》（水入《みずいれ》）をいう。②水瓶のこと。③水甕のこと。

見　続 みつぐ　見次、見継とも書く。助勢するの意。救助、救援、赴援。「若《も》し見継の輩《ともがらしゅったい》出来せば悪党に准じて追放すべし」などという。

三具足 みつぐそく　仏供養の具、香炉《こうろ》・花瓶《けびょう》・燭台《しょくだい》のセットをいう。鎌倉時代、禅宗の普及に伴い書院の飾りとして取り入れられた。

見　刷 みつくろう　見合わせる、見計らう。

密　々 みつみつ　①秘密に、内々《ないない》。「不ㇾ可ㇾ及二外聞一、為ㇾ思二事縁一、密々所二相示一也」と用いる。②間柄の親密なこと。③綿密な配慮。

三　物 みつもの　①武具で、鎧の胴・袖・兜の三種。②騎射で、流鏑馬・笠懸・犬追物の三種。③連歌の発句・脇と第三句。

幣　帛 みてぐら　神に奉納するものの総称。布帛・紙・玉・兵器・貨幣・器物・獣類など。

御　堂 みどう　①仏像を安置したお堂。②浄土真宗の御影堂《みえいどう》。

御戸代 みとしろ　神に供える稲をつくる

田、神田のこと。

御弓奏 みとらしのそう　御執奏とも。正月七日の節会に、兵部省が兵庫寮の献進する天皇御料の弓矢を捧げる行事。

見　取 みとる　検分して没収するの意。「能《よ》き家見取りて仕《つかま》り、少々壊取《こぼちとる》」と用いる。

水口祭 みなくちまつり　苗代祭。苗代田に種籾《たねもみ》を蒔《ま》いたとき、水口（水田の水の取入れ口）に花や木の枝をさして、ここに田の神を招き、焼米を供えて祀り、豊穣を祈る。

〈文献〉平山敏治郎『歳時習俗考』法政大学出版局。

湊上分 みなとのじょうぶん　港における関《せき》銭《せん》。上分は年貢・所当《しょとう》の総称。

湊　役 みなとやく　船舶に賦課する種々の課役、入港税。

蓑 みの　俗に衣とも書く。茅《かや》・菅《すげ》・藁《わら》・棕櫚《しゅろ》などで編《あ》んだ雨具。

身の暇 みのいとま　中世、束縛からの解放を意味する言葉。鎌倉で将軍に仕えている御家人が本領に戻るときには身の暇を給わる必要があった。場合によっては「死を賜わる」と同義。

〈文献〉笠松宏至『中世人との対話』東京大学出版会。

美濃紙 みのがみ　美濃国は古代から紙の生産地として名があった。室町中期以後、美濃紙は急速に京都市場に進出し、諸記録類に頻出するようになる。美濃紙は厚手の紙で、草（双）子等の料紙とされ、また扇の地紙《じがみ》にも用いられた。美濃紙には雑紙もあったが、森下《もりした》紙・薄《うす》紙・薄《うす》白《じろ》・天久常・中折・白河などと呼ばれる多種の紙も美濃紙の中に含まれる。

〈文献〉小野晃嗣『日本産業発達史の研究』法政大学出版局。

身　代 みのしろ　所当・公事を未進した百姓が質として人身を地頭・代官に取られる定めであった。これも身代といい、未進分が支払われないと債務奴隷化する。

〈文献〉網野善彦ほか編『中世の罪と罰』東京大学出版会。

御　注 みのり　①上位の者の命令。②掟、法令。③仏法。

身　曳 みびき　身引とも。犯罪を償《つぐな》うため、また債務未済の代償として、自分じしん或いは家族の身柄を債権者に渡して下人・所従《しょじゅう》とすること。そのとき書く証文は曳文《ひきぶみ》という。

〈文献〉網野善彦ほか編『中世の罪と罰』東京大学出版会。

耳　聞 みみきき　耳利とも書く。耳で音や声を聞きとることで、世間《せけん》のうわさ、評判などをいち早く聞き出すこと。したがって、密偵のこと。

御宅田 みやけだ　令制下、天皇の供御《くご》のため畿内諸国に置かれた田地で宮内省が管理した。十一月の中の丑の日に、御宅田から貢納される稲の数を天皇に奏上する。

宮　座 みやざ　村落の神社の祭祀組織をあらわす学術用語。村落構成員のうち名主層が座席を占め、かれらの手によって運営された。宮座の一員であることが村人であることと一致しており、かれらは村の特権層を形成した。

〈文献〉肥後和男『宮座の研究』弘文堂。萩原龍夫『中世祭祀組織の研究』吉川弘文館。

御息所 みやすどころ　天皇の妻の呼び名。もとは天皇の寝所のこと。平安時代に始まる。

雅 みやび　①宮廷風・都会風の洗練された風雅。②すぐれた風采《ふうさい》。

名 みょう　荘園・公領の徴税単位。名の責任者は負名《ふみょう》で、田堵《たと》と呼ばれる農民であり、田地を請作《うけさく》して農業経営を行った。

田堵の耕地に関する権利は微弱であるが、やがて名主《みょうしゅ》に成長し名田の責任者となる。
〈文献〉中野栄夫『中世荘園史研究の歩み』新人物往来社。

名　親　みょうおや　⇒名本《みょうもと》

名語記　みょうごき　一三世紀、僧経尊《きょうそん》著の語原辞典。全一〇巻。語源の説明を問答体で記した大冊。

苗　字　みょうじ　名字とも。①氏《うじ》の名。②祖先を同じくする血縁集団の称。③家の名。④個人の実名。⑤人の姓と名。

名字の地　みょうじのち　苗字発生の地、出身地、根拠地。先祖相伝の開発所領、根本所領を苗字とすることが一般的であった。
〈文献〉豊田武『苗字の歴史』中公新書。

名　主　みょうしゅ　名田の責任者で、年貢・公事をとりまとめて納入する。名主の得分権を名主職《しき》と呼び、売買・譲与の対象となる。

名主職　みょうしゅしき　名主は名田の責任者で、年貢・公事をとりまとめて納入する。名主の得分権を名主職と呼び、売買・譲与の対象となった。
〈文献〉阿部猛『日本荘園史』大原新生社。

名主半分百姓半分　みょうしゅはんぶんひゃくしょうはんぶん　⇒地主半分《じぬしはんぶん》・百姓半分《ひゃくしょうはんぶん》

名字を削る　みょうじをけずる　家名を断絶させること。名字を断《た》つも同じ。反対は、名字を継《つ》ぐ。

名　跡　みょうせき　名字のあとめのこと。

名詮自性　みょうせんじしょう　①名は体《たい》を表すの意。②人はその名前によって運命が左右されるの意。③関連する地名の吉凶がその人の運命を左右するの意。
〈文献〉森野宗明『鎌倉・室町ことば百話』東京美術。

名　代　みょうだい　①代理人。②後見人。③名代家督《みょうだいかとく》。⇒名代家督

名代家督　みょうだいかとく　実子が胎児《たいじ》または幼少の場合、養子を立てて嫡子《ちゃくし》とし、他日、実子を養子の嫡子として家督を継がせる。この場合、中継ぎの養子をいう。

名　田　みょうでん　荘園・公領の名《みょう》に属する田地。名田には年貢・公事が賦課されるが、その賦課をとりまとめて納入する責任者が名主である。かつて、名田は所有と経営の単位で、名主は名田の地主であると説明されたこともあったが、現在ではこの説は殆ど認められない。
〈文献〉稲垣泰彦『日本中世社会論』東京大学出版会。阿部猛『日本荘園史』新生社。

名田経営論　みょうでんけいえいろん　松本新八郎が昭和十七年(一九四二)に提唱した学説。名田の地主である名主が家父長制大家族の家長として、直系親族と半自由民としての家族および隷属する奴婢らの労働力を用いて大規模な農業経営を行っていたが、南北朝期に至ってこの名田経営は解体し小農経営が出現するとした。しかし、現在ではこの学説はほんど否定されている。
〈文献〉松本新八郎『中世社会の研究』東京大学出版会。

名　頭　みょうとう　「みょうず」とも読む。中世後期、南九州の門《かど》・薗《その》の首長。
〈文献〉山田龍雄『明治絶対主義の基礎過程』御茶の水書房。

命　婦　みょうぶ　律令制下の女官の呼称。五位以上の女官を内命婦《ないみょうぶ》、五位以上の官人の妻を外命婦《げみょうぶ》と称した。のち一般に女官の称となる。

名　簿　みょうぶ　官位・姓名を記した名札。名符《なぶみ》とも書き、名書、二字《にじ》ともいう。貴人に従属を誓うしるしとして名簿奉呈が行われた。元来は貴族社会や僧侶の社会での儀礼であったが、これが武家社会にも採り入れられた。

名別公事　みょうべつくじ　名単位に賦課された公事。公事には雑公事《ぞうくじ》と夫役《ぶやく》があった。雑公事は雑事ともいい、耕地からの副産物である藁《わら》・糠《ぬか》、菜園・山林の産物である薪《たきぎ》・秣《まぐさ》・漆《うるし》・麻・棉・大豆・胡《ご》麻《ま》・栗・柿・梨子《なし》・椎《しい》・胡桃《くるみ》・芋《いも》・牛蒡《ぼう》・鳥・魚・貝、加工品である綿・糸・布・絹・畳・莚《むしろ》・折敷《おしき》・桶・櫃《ひつ》・餅・酒・炭・油・紙などがある。夫役には、領家・預所・地頭の直轄地である佃《つくだ》の耕作に駆使されたり、警衛・雑役・交通労働に使役されるものなどがあった。

明法勘文　みょうぼうかんもん　上司の諮問《しもん》や他の官司からの問い合わせに対して調査勘案の結果を記した返書が勘文。とくに一一世紀から一四世紀の公家《こうけ》政治において政務上の重要な判断資料とされた。裁判の判決、法解釈について明法家（法律家）の記したものが明法勘文。

名　本　みょうもと　名親《みょうおや》ともいう。室町時代、公方《くぼう》年貢と称される本年貢・公事の負担者。名田が分割売買されるとき、名役を抜いて売ることが多く、名耕地にかかる公事をまとめて負担するのが名本である。

名寄帳　みょうよせちょう　⇒なよせちょう

名を抜く　みょうをぬく　名田の一部を譲渡・売却するとき、名田にかかる公事・夫役などの負担を除いて売り、また譲る。室町時代、名主職の分割売買が盛んになると、この方式がふつうになった。

未来領主　みらいりょうしゅ　⇒一期領主《いちごりょうしゅ》

身を盗む　みをぬすむ　中世、下人などが逃亡すること。下人は主人の所有物という観念に基づく。

民間営田　みんかんえいでん　国家（公）の行う公営田《くえいでん》に対して、貴族・寺社などの営田すなわち荘園をいう。

民間分田　みんかんぶんでん　百姓名田のこと。

明　銭　みんせん　中国の明《みん》王朝で鋳造された硬貨。わが国に大量に輸入され流通した。永楽通宝《えいらくつうほう》・洪武通宝《こうぶつうほう》などは量が多かった。

〈文献〉小葉田淳『改訂増補　日本貨幣流通史』刀江書院。

民部省図　みんぶしょうず　民部省に保管されている班田図。天平十四年（七四二）・天平勝宝七年（七五五）・宝亀四年（七七三）・延暦五年（七八六）の図は田籍とともに四証図《ししょうず》と称されて保存され、田地校勘の基本資料として尊重された。

民要地　みんようち　村落共同体として再生産に不可欠の土地。例えば肥料・燃料採取のための山野、水源など必須の地。

む

無　為　むい　「ぶい」とも。①平穏・無事であること。②とりたてて欠点のないこと。③何もせずに、ぶらぶらしていること。

無　縁　むえん　人また場所について、親族関係・主従関係など世俗的・私的な支配にかかわらない状態を意味する概念。網野善彦は、中世における自由を意味するものとして公界《くがい》、楽《らく》の語とともに無縁を、社会関係を読み解くキーワードとした。

〈文献〉網野善彦『増補　無縁・公界・楽』平凡社。

むかい生口　むかいいけくち　生口とは中世の刑事訴訟における証人のこと。むかい生口は反対証人をいう。

向　城　むかいじろ　対城とも書く。付城《つけじろ》に

同じ。⇓付城

迎買 むかえがい　市場で交易すべく運送中の荷を途中で買い取ること。或いは生産地で買い取ることをもいう。鎌倉幕府法はこれを禁じている。

迎講 むかえこう　練供養《ねりくよう》ともいう。二五人の僧侶が二五菩薩に扮《ふん》し、極楽から迎えに来るさまを演じる。一一世紀前半から行われたが、平安後期の浄土教隆盛期に盛んになった。

行縢 むかばき　股や脛《すね》を保護する装身具。普通は毛皮で作る。武官の礼服にも着用する。競馬・騎射・狩猟などの際にも着用した。

麦 むぎ　わが国では大麦と小麦が古くから栽培されたが、中世には水田の裏作として作付けされ田麦《たむぎ》といわれた。鎌倉幕府は田麦年貢の徴収を禁じていた。

向名 むきな　室町時代、貴人の妻について、その居室の向きからつけた呼び名。北向・東向・南向・西向などの呼称。

麦縄 むぎなわ　⇓索餅《さくべい》

六指 むさし　①盤上に数本の線を引き、六個の石をこれに添って進めたり戻したりして勝負を決する。②十六六指のこと。親石（黒石）一個を盤の中央に置き、一六個の子石（白石）をその外側に並べる。親石から動いて子石の間に割り込むと子石は死に、また子石が親石を囲んで動けなくすると親石の負となる。

無慚 むざん　無慙、無惨、無残も同じ。①仏教で、罪を犯しながら自ら省みて恥じないこと。②残酷であること。③気の毒なさま。

虫送 むしおくり　農作物の害虫を村外に送り出す呪術《じゅじゅつ》的行事。松明《たいまつ》を持ち鐘・太鼓をうちながら送る。

無実 むじつ　①実質がない。②真心がない。③ぬれぎぬ。④裏付けがない。

武者 むしゃ　「むさ」とも読む。武芸に携わることを世襲的に業とする者、その集団や階層、武士のこと。

武者所 むしゃどころ　院の家政機関の一つ。院の身辺警固、御所の警備を任とした。

武者始 むしゃはじめ　武士が初めて戦場に出ること、初陣《ういじん》のこと。

武者奉行 むしゃぶぎょう　中世、兵士を統率し、合戦のとき軍勢の指揮をとる者。『日葡辞書』は「兵士たちを統率する軍曹のような指揮者」という。大将ではない。

無習の住民 むしゅうのじゅうみん　生活の手だてを失った住民、困窮した住民。荘園の住人らの解《げ》に見える文言。

無主地 むしゅのち　特定の領主、また年貢負担者の定まっていない土地。律令制下では、山野河海は公私共利の無主地であった。

鉾楯 むじゅん　矛盾とも。①ほことたて。②争い、合戦のこと。「鉾楯に及ぶ」といえば、敵対行動をとる、戦うの意。

無常 むじょう　①万物が生滅変転して常住でないこと。②死のこと。

筵 むしろ　薦・席・莚とも書く。藺《い》・竹・藁《わら》・蒲《がま》などで編《あ》んだ敷物。

筵かす むしろかす　⇓筵付米《むしろつきまい》

筵敷 むしろしき　本義は寝床を敷く女のこと。①身辺の世話を兼ねた奉公人。②老人の後妻のこと。

筵叩 むしろたたき　⇓筵付米《むしろつきまい》

筵付米 むしろつきまい　「筵かす」ともいう。荘官の得分の一種。年貢米を計算するとき、筵についた米を払って（「筵払い」「筵叩《むしろたたき》」）落ちた米で計量者の得分となる。はじめ量は不定であったが、のちに定量化した。一石につき三升、一斗につき一升など、荘園によって差がある。

筵払 むしろはらい　⇓筵付米《むしろつきまい》

無　尽　むじん　①土倉などが質物を取って金銭を貸付けるもの、無尽銭。②無尽講。相互に金銭を融通する目的で組織された講。頼母子《たのもし》と混同される。

結灯台　むすびとうだい　細長い三本の棒を結び合わせて脚を開き、頂部に灯油皿をのせて用いた照明具。

無　足　むそく　足は「あし」。課役をつとめるのに必要な費用を生み出す土地を所有していない者をいう。無足人《むそくにん》、無足の輩《ともがら》、無足の御家人などという。

無足人　むそくにん　⇒無足《むそく》

無直交易　むちょくのこうえき　「むじきのきょうやく」とも読むか。平安時代中期以降、交易の財源としての諸国の正税が減少したため、例交易物の進納免除を申請すること。

〈文献〉大津透『律令国家支配構造の研究』岩波書店。

六　借　むつかし　①不機嫌である。②うっとうしい。③気味が悪い。④厄介である。⑤困難である。

襁　褓　むつき　乳児に着せる産着《うぶぎ》、のち、おしめのことともされる。

むて人　むてにん　むてな人。分別のない、道理のわからない人。

宗像祭　むなかたまつり　福岡県の宗像大社の祭。もと十一月の上卯《う》の日に行われた。新穀感謝の新嘗祭と相応する。宗像社の祭神は海上交通の神。

棟　札　むなふだ　建築の由緒、工事年月日、施主・工匠名を記した木の札。棟木《むなぎ》に打ちつけられている。

棟別銭　むなべつせん　臨時の家屋税、家屋の棟別に賦課される銭。寺社の修理費などを賄うことが当初の目的であったが、戦国時代には棟別一〇〇文ほどに定まり、段銭などとともに主要な財源となった。

〈文献〉藤木久志『戦国社会史論』東京大学出版会。

棟　門　むねかど　二本の柱を立て、切妻破風造の屋根をあげた門《もん》。

宗　徒　むねと　①主として、専らに。②集団の中で主《おも》だった者。「むねとの兵《つわもの》」などと用いる。

為レ宗　むねとす　「むねとなす」とも読む。①第一とする、最も重要視する。②大将とする、中心勢力とする。

宗徒の兵　むねとのつわもの　武士の集団で、その中のおもだった家来《けらい》たち。

棟役銭　むねやくせん　家一軒について何文と賦課される課役。棟別銭と同義。「信玄家法」に所見。

謀反・謀叛　むほん　①君主や為政者に反抗して挙兵すること。古代律令法では、謀反は天皇の殺害をもくろむこと。謀叛は体制に対する反叛として区別した。中世では両者は混同されるようになった。

謀叛人跡　むほんにんあと　謀叛人として処断された者の所領・所職。

無名入文　むめいいれぶみ　中世、犯人を告発する無記名の投書。

無明門　むめいもん　无名門とも書かれる。紫宸殿西面北階から小庭をへだてて西に延びる廊の西端の門。北側に右青瑣門《うせいさもん》がある。無明門は清涼殿南端にある殿上《てんじょう》に近いため殿上口とも呼ばれた。門の東には小さな石橋があり、大臣・蔵人が奏聞して退下するときは、この門のところで沓《くつ》を引いて音をたてて史や外記に知らせる。

村　掟　むらおきて　中世、村落共同体の成文規約。惣荘置文《そうじょうおきぶみ》、惣荘掟《そうじょうおきて》、地下《じげ》掟《おきて》、隠《お》規文《きぶみ》などともいう。

村起請　むらきしょう　犯罪人を特定するために行う無記名投票、落書《らくしょ》起請。

村　座　むらざ　中世の、すべての村落構成員に開放された行政組織。もとは特定の村落構成員による村の運営が行われていたが、中世末期には村座の成立により、身分的差別が解消される方向に向かう。この組織は村落の神社の祭祀組織に反映し、宮座も一部の村人による運営から全構成員による運営へと変わっていく。〈文献〉薗部寿樹『日本中世村落内身分の研究』校倉書房。

紫 むらさき　紫草によって染色、高貴な衣色とされた。位階により、深紫（一位）、浅紫（二、三位）、深緋（四位）など。

村寄合 むらよりあい　村落共同体の意志決定機関。氏神の前で神水を汲み交わして誓約し、共同体の秩序維持をはかった。

村を落とす むらをおとす　村人としての資格を剝奪する。しかし追放ではなく、居住は許されたものと思われる。

室 むろ　①家の奥に設けた土で塗りこめた寝所。②冬の氷や雪を夏まで保存する半地下式の氷室《ひむろ》。

无漏 むろ　煩悩のないこと。

むろつみ　館の字を宛てる。客のために設けられた家屋、宿舎。むろは室か。

村人 むろと　「もろと」とも読む。中世の村の祭祀組織（宮座）の構成員を意味した。

め

軍布 め　古代に、わかめのこと。荷札《にふだ》木簡《もっかん》に多く所見する。〈文献〉俣野好治「『軍布』記載木簡について」（『続日本紀研究』三五〇）。

目明 めあかし　①よし悪しを鑑定すること。②戦国時代、戦場での兵士の働きぶりを監察した者。③戦国時代、忍び込んだ敵をあばき、また敵の首実験を行った者。④江戸時代は、町奉行所の同心や代官の手先として働いた岡引《おかっぴき》のこと。

茗 めい　新しい芽を摘んだものを茶といい、おそく摘んだものを茗という。また、晩茶、茶の芽のこと。

名家 めいか　①有名な家筋。②公卿の家格の一つで、文筆を主として弁官・蔵人・大納言まで昇進する家柄。日野・広橋・烏丸《からすまる》・柳原・竹屋・裏松・葉室・勘《かん》修寺《じゅじ》・万里小路《までのこうじ》・清閑寺《せいかんじ》・中御門《なかみかど》・小川坊城・甘露寺《かんろじ》などの諸家が含まれる。

明義堂 めいぎどう　豊楽院《ぶらくいん》九堂のひとつ、一九間×二間の細長い建物。宴会所として用いた。

明義門 めいぎもん　紫宸殿西側の廊にある門。清涼殿・校書殿《きょうしょでん》に至る南廊の壁の南側。廊を通して西の無名門《むめいもん》と対する。

明鏡 めいきょう　①明らかである。②明白な証拠。

鳴弦 めいげん　妖気やけがれを祓うために弓の弦《つる》を鳴らすこと。皇子の誕生に行われることは著名。

名所 めいしょ　景勝の地。また歴史的に有名なところ。

名帳 めいちょう　①令制下の官人の名簿。文官は式部省、武官は兵部省が作り保管する。②諸国司から中央に提出された大計帳の枝文《えだぶみ》（付属文書）の一つ。

明文 めいぶん　⇒あかしぶみ

明礼堂 めいれいどう　八省院十二堂のひとつ、一五間×二間の細長い建物。

目打 めうち　紙に穴をあけるのに用いる。先のとがった円錐状の鉄棒に柄《え》のついたもの、千枚通《せんまいどおし》。戦国時代から所見。

目利 めきき　①目ざといこと。②物の真贋《しんがん》・良否を見分ける能力。

廻 めぐり　防禦のための城塞《じょうさい》。

廻役 めぐりやく　⇒巡役《じゅんやく》

目黒 めくろ　中世の稲の品種名。収穫量の多い稲。

眴 めくわせ　「めぐわせ」とも読む。①めくばせする。②驚く。

召預 めしあずけ　中世、犯罪人や囚人などを審理中、特定の人に預けること。

召人 めしうど　①和歌所の寄人《よりうど》。②舞楽などのために召し出された人。③捕らえられ獄につながれた者。

召禁 めしきんず　犯罪又は政治向きの疑いある者を捕らえ又は出頭を命じて拘禁すること。

召籠 めしこむ　上位の者が目下《めした》の者を呼び寄せて身柄を禁錮《きんこ》することで、中世社会では比較的軽い罪に対する処罰。

召使 めしづかい　宮中や太政官で雑用に従った下級の官人。太政官召使は一〇人。散位《さんい》の三九歳以下の容儀《ようぎ》のある者をとる。儀式のとき、諸事を伝達する。

召継 めしつぎ　①取継ぎ。②院庁《いんちょう》・東《とう》宮《ぐう》・摂関家で雑事をつとめ、時を奏する役の下級職員。

召次給田 めしつぎきゅうでん　国衙の召次役に与えられた給田。

召次所 めしつぎどころ　上皇・女院《にょいん》の下級の院司。時刻を奏し、また諸雑事に従う。

召名 めしな　除目《じもく》の結果官職に任命されることになった者の名を列記して天皇に奏上する文書。またその儀式。

召放 めしはなつ　領主が、その配下の者の所領・財産を没収すること。

召文 めしぶみ　①官衙が人を召す場合に出す召喚状《しょうかんじょう》。②鎌倉・室町幕府で裁判所が出した召喚状。

目銭 めせん　「もくせん」「めぜに」とも読む。①一〇〇文未満の銭を束ねて一〇〇文として通用させる慣行（＝省陌法《せいひゃくほう》）において、省かれる銭。「五百文めせん十五文」といえば一〇〇文について三文の目銭となる。②関銭・津料。③室町幕府が賦課した酒屋役。酒壺を単位に賦課した。

〈文献〉小葉田淳『日本の貨幣』至文堂。

めたり　秤量貨幣《しょうりょうかへい》の授受に当たって、磨滅などによる実際量の減少を見込んでの増加分。

〈文献〉佐藤進一『古文書学入門』法政大学出版局。

目付 めつけ　非違を監察し事由を付して主君に報告する役職。室町幕府・戦国大名の組織として存在した。

滅日 めつにち　具注暦で、六三日から六四日めに置かれた悪日。⇒没日《もつにち》

馬手 めて　馬に乗って手綱《たづな》を取る方の手、右手のこと。対するは弓手《ゆんで》で、弓を取る左手。

馬道 めどう　「めんどう」とも読む。宮廷の建物の間に厚板を渡して廊のごとく通行するが、必要なときは板をとりはずし、馬を引き入れる道とする。

女捕 めとり　辻捕も同じ。道で女を捕らえて犯すこと。鎌倉幕府法では御家人は一〇〇日の出仕停止、郎従以下は片方の鬢髪《びんぱつ》を剃《そ》る。戦国時代、辻捕は天下の「御ゆるし」とされ、辻捕に対する刑罰は事実上行われなかったらしい。

乳母 めのと　①雇われて母親にかわって乳児に乳を飲ませ養育する者。②傅《めのと》と書けば男で、もりやく、後見人。

女童 めのわらわ　①少女。②召使の少女。③女孺と書き、後宮に仕える下級の女官。

めめ　米の異称。能狂言「びくさだ」に所見。

目安 めやす　箇条書にした文書。訴陳状や軍忠状の内容を箇条書にしたもの。

馬料 めりょう　「まりょう」とも。神亀五年（七二八）三月、防閤《ぼうこう》のかわりに官人に給与された馬の飼育料。平安時代、馬料は性格をかえ、その給法は季禄と同

じで、二月と八月の春秋二回、冬の上日一二〇日以上の者に給した。支給額は、一位の五〇貫文から八位の一貫一〇〇文まで差があった。

免相 めんあい　免間とも書く。年貢の賦課率のこと。例えば、石高一〇〇石で免五ツといえば租米五〇石のこと。なお、相は歩合のこと。

免許判形相破 めんきょのはんぎょうあいやぶる　それまで与えられていた免除の証文の効力をいっせいに停止し、課役を賦課すること。

免家 めんけ　免在家。在家が荘園領主や国衙に納入すべき在家役を地頭や荘官に給分として給与されたもの。高野山領荘園に多く見られる。〈文献〉江頭恒治『高野山領荘園の研究』有斐閣。

免所居官 めんしょきょかん　令制刑法上の官人の特典。以下の三項について、所帯の一官（位階）のみを免ずる（勲位は適用されない）。⑴祖父母・父母が老疾で世話をする者もないのに、親をすてて官に赴く罪、⑵父母の喪《も》にありながら子を生むこと、また妾を娶《めと》ることの罪、⑶同じく喪中に兄弟が別籍・異財する罪。

免除領田制 めんじょりょうでんせい　不輸租田の拡大を防ぐため、不輸租の特権を基準国図に免田として記された土地に限定し、それ以外の新開田からは官物を徴収する制度。国司による検田権を強化し、新開田の国図への登録を促進することとあいまって、新しい国内支配体制の確立をめざした。この土地制度の上に建てられた国家形態を王朝国家とよぶ。〈文献〉坂本賞三『日本王朝国家体制論』東京大学出版会。

免銭 めんせん　未詳。銭納された免家《めんけ》役《やく》か。⇒免家

面付 めんつけ　田租の率を定める、割当てる。

面展 めんてん　面拝《めんぱい》も同じ。おめにかかる、拝顔のこと。

免田 めんでん　①国衙に納入すべき官物・雑役のうち雑役を免除されている田。②荘内で公事を免除された田。荘官・手工業者・運輸関係者・寺社に給分として与えられた田地に多い。〈文献〉渡辺澄夫『増補　畿内荘園の基礎構造』吉川弘文館。

面縛 めんばく　犯人を後手《うしろで》にしばり顔を前につき出し、さらすこと。

免判 めんばん　国司免判。国司が荘園の官物・雑役を免除したり、国使不入の特権を認めたりするときに出す証判。〈文献〉佐藤進一『古文書学入門』法政大学出版局。

面皮 めんぴ　①へつらい。「嗜み者奇特とう（貴）ときなとと、めんひにてとな（唱）へたて候」と用いる。②世間《せけん》への顔向け、面目《めんぼく》。

失㆓面目㆒ めんぼくをうしなう　「……をうす」とも読む。①名誉を傷つけられる、体面《たいめん》をそこなう。②罷免《ひめん》する、処罰する。

免物 めんもつ　国に吉凶の大事あるとき、特典を以て罪人の罪を赦《ゆる》すこと。

免役 めんやく　①夫役など賦役を免除すること。②免家《めんけ》役のこととする説もある。⇒免家

面を見る めんをみる　中世社会で争いの首謀者（下手人）として引き渡された人物の顔を見ることによって意趣を解き平和を恢復する方式のこと。村落間、荘園間の紛争解決の知恵である。

も

裳　も　腰に巻いたり、はいたりして下半身を覆《おお》う衣服。女房装束《にょうぼうしょうぞく》（十二単衣《ひとえ》）では、裾《すそ》を後ろに長く引く装飾の強いものとなる。

孟夏之宴　もうかのえん　孟は初めの意。平安時代、陰暦四月一日に行われた旬政《しゅんせい》の宴。⇒旬政

孟　月　もうげつ　四季の初めの月、孟春・孟夏・孟秋・孟冬。陰暦の一月・四月・七月・十月を指す。平安時代、四月一日と十月一日に朝廷で宴があり、孟月の宴という。

儲　君　もうけのきみ　⇒ちょくん

参　来　もうこ　未宇古《まうこ》と書かれる。こちらへ来なさいの意。除目の最終日か次の日に、議所に式部丞・兵部丞を召して下《おり》名《な》を賜わるときなど、「未宇古」と促され前に進み受ける。⇒下名

孟　光　もうこう　荊妻も同じ。妻の謙称、わが妻。

申　行　もうしおこなう　①言上する、申請する。②処置する。

申　口　もうしぐち　訴訟の当事者が幼少のとき、当人にかわって問答した者をいう。〈文献〉石井良助『中世武家不動産訴訟法の研究』弘文堂書房。

申沙汰　もうしざた　①理非を論ずる。②弁論する。③訴訟の事務手続きを進めること。④判決を言い渡すこと。⑤処置する。⑥噂をする。⑦酒宴を開く。

申　状　もうしじょう　解状《げじょう》、解文《げぶみ》、愁状《しゅうじょう》とも。解《げ》の系統の上申文書。申文《もうしぶみ》と同義に用いられる。農民たちが訴える場合の文書も申状。〈文献〉佐藤進一『古文書学入門』法政大学出版局。

申　沈　もうししずむ　故意に罪科に陥れること。

申　次　もうしつぎ　①取りつぎ、また取りつぎ人。②室町幕府の職名で、将軍への取次役（＝取次衆）のこと。

申　募　もうしつのる　つよく主張すること。⇒募《つの》る

申しつめる　もうしつめる　議論してあいてを負かす、やり込める。

申　所　もうしどころ　①申し分。②欠点、非難される個所。

申　文　もうしぶみ　⇒申状《もうしじょう》

亡　者　もうじゃ　①死者。②色欲・金銭欲の強い人。③寺言葉で、魚のこと。

申　分　もうしわく　①筋道を立てて説明する。②申し開きをする、弁明する。

間　人　もうと　亡人とも書く。「もうど」とも読む。平民百姓の最下層に置かれ、村落共同体の正式のメンバーにはなれない。しかし、所従・下人とは異なり、身分的には自由で、経済的に富裕な者もいた。〈文献〉水上一久『中世の荘園と社会』吉川弘文館。

耗　分　もうぶん　籾を舂《つ》いて玄米とするときの搗《つ》きべり分をいう。古米は耗分が多い。

萌　黄　もえぎ　衣服の色。一七歳〜二〇歳の者が着用。とくに春と夏用の衣服。

疱　瘡　もがさ　痘瘡とも書く。天然痘のこと。

殯　もがり　「あらき」とも。貴人が死去したとき、喪儀の準備が整うまで遺体を棺《ひつぎ》におさめて仮に置いておくこと。

虎　落　もがり　割り竹を筋違いに組み合わせ縄で結んだ垣のこと。

牧　監　もくげん　「ぼくかん」とも読む。

諸国に置かれた牧《まき》の監理人。

黙止 もくし ①だまっていること。②無視すること。

牧司 もくし ⇒まきし

目 もくす 目で知らせる。目くばせする。

目銭 もくせん ⇒めせん

目代 もくだい 眼代とも書く。国司の代官。元来は複数であるが、ふつう目代といえば公文《くもん》目代を指す。

〈文献〉関幸彦『国衙機構の研究』吉川弘文館。

沐浴 もくよく 水または湯で身体を浄《きよ》めること。

目六 もくろく 目録とも。①書物・文書の題目を集めたもの。②進物の品名や金銀の額を記したもの。実物ではなく物品の名のみ記して贈る。③品目や人名を記したもの。④体系的・網羅的に各項を集成した法規集、式目。

目録固 もくろくかため 検注の結果、地頭方・預所方双方の取帳《とりちょう》を読み合わせて、一致すると検注目録を最終的に記述する。これを目録固という。

〈文献〉富沢清人『中世荘園と検注』吉川弘文館。

帽額 もこう ①長押《なげし》にかけるのれん様の布。①御簾《みす》の上辺に横に引き渡した布、また御簾の縁《へり》のこと。

文字読み もじよみ ①素読のこと。②漢字の熟語を直訳的に訓読すること。例えば鶏林を「とりのはやし」、心緒を「こころのお」と読む。

甕 もたい 罇、瓮も同じ。酒を入れる器。

黙 もだす ①言うべきことを言わず黙ること。②無視するの意。

餅 もち 古くは「もちい」という。神祭や通過儀礼に用いられる。餅は本来は丸餅であったらしい。正月のほか、三月上巳《じょうし》（三日）の草餅、五月端午《たんご》（五日）の柏餅、十月亥日《いのひ》の亥《い》の子《こ》餅など、年中行事と深いかかわりがある。荘園領主が所領から年貢物として餅を徴収することが多い。

〈文献〉柳田國男『食物と心臓』（定本14）筑摩書房。

望粥 もちがゆ 餅饘、餅粥とも。望の日（陰暦で、月の十五日）、とくに正月十五日に食べる小豆粥《あずきがゆ》。米・粟《あわ》・黍《きび》・胡《ご》麻《ま》・小豆などの穀類を入れた粥。

糯米 もちごめ 餅米とも。粘りけの多い、もちごめ。搗《つ》いて餅を作る。

餅花 もちばな 小さな丸餅を柳・榎の枝につけたもの。正月神棚に供える。

没官 もっかん 人身または物品・所領を没収すること。

木簡 もっかん 木片に墨書して、記録・荷札などに用いた。中国では春秋・戦国時代から竹簡《ちくかん》とともに用いられた。わが国では七世紀から使用が認められ、全国各地から大量に発掘・発見されている。紙が普及してのちにも併用された。

物怪 もっけ 勿怪とも書く。①思いがけないこと。②けしからぬ、不吉なこと。

没収 もっしゅう 「ぼっしゅう」「もしゅう」とも。重罪を犯した場合、主人の命令に背いた場合などに、地位・土地・財産などを取りあげること。

勿体 もったい ①ていさいを飾った、ものものしい態度。②「勿体なし」といえば、畏《おそ》れ多い、惜しい、不都合であるの意。

以下 もってくだす 上位の者が下位の者に対して命令を伝えるとき、その文書。下文《くだしぶみ》の文末に「以下」と記す。

以外 もってのほか ①予想をこえて大変なこと。②とんでもない、けしからぬこと。

没日 もつにち 具注暦《ぐちゅうれき》において、日数にかぞえない日。一か月を三〇日とするため、一年に五〜六日、日数にかぞえない日を置いた。一般には悪日《あくにち》とされた。

もてなし ①身のこなし、ふるまい。②待遇。③取りはからい。④物の用い方。⑤饗応、ごちそう、三日厨《みつかくりや》。訴訟に当たり奉行《ぶぎょう》にもてなす一献料《いっこんりょう》や酒肴料《しゅこうりょう》、荘園の預所職・名主職に補任《ぶにん》されると支払う任料《にんりょう》も一種のもてなし。賄賂《わいろ》である。

本歌 もとうた 神楽の演奏で、同じ旋律を二回ずつ反復演奏するときの本歌、末歌《すえうた》の一方。

本方 もとかた 神楽の演奏で、本・末の二組に分かれた一方で、先に歌う方。

本郷 もとごう 開発によって新しい村が開かれた場合、もとの村を本郷・親郷・親村といい、新村を枝郷《えだごう》・枝村などと呼んだ。

職而此由 もととしてこれによる その原因はここにあるのだという意。「仏事凌遅《りょうち》、職而此由」と用いる。

髻の綸旨 もとどりのりんじ 南北朝期、敵の目にふれないように、小さな紙片に書き使者のもとどりの中にひそませた綸旨。

髻を切る もとどりをきる 自ら髻を切ることは出家・遁世《とんせい》の意志表示である。髻を失うと烏帽子の正式なかぶり方ができなくなり、成年男子としての基本資格を失う。

如レ故 もとのごとし 以前のとおり、むかしのとおり。故は旧《もと》、元《もと》と同じ。

本拍子 もとびょうし 神楽歌演奏の際の本方の歌唱グループの独唱者。

求子 もとめご 東遊《あずまあそび》の曲の一つ。駿河舞とともに東遊の中心をなす。「あはれ ちはやぶる 賀茂の社の 姫小松 あはれ 姫小松 万代《よろずよ》経とも 色は変《かわ》 あはれ 色は変らじ」とうたう。

物合 ものあわせ 左右二組に分かれて、さまざまな物品を出し合って勝負を競う遊戯。花や草、貝・扇・小箱など。また歌合・詩合も。

物忌 ものいみ ①神事・仏事に関与する者が、一定期間、身心のけがれを除き去ること。②物の怪《け》につかれたとき、占いや暦が凶であるとき、けがれに触れたときなど、籠居して身を慎むこと。

物狂 ものぐるい ⇒ぶっきょう

物差 ものさし 物指とも書く。律令制下、土地の測量に大尺を用い、他は小尺を用いるとされた。和銅六年（七一三）の制以後の大尺は約三〇センチメートルに相当し、これは中世の鉄尺《かね》に引き継がれる。竹尺もあり、主として繊維製品の測定に用いた。現存する室町時代の竹尺は現在の曲尺《かねじゃく》で一尺一寸七分に相当する。〈文献〉小泉袈裟勝『ものさし』法政大学出版局。

物しり ものしり ①世《せ》間《けん》の事情に通じた人。「はかせ（博士）」ともいう。②占《うらな》い師。巫女のこと。

物取 ものとり 盗人、おいはぎ。

物成 ものなり ①田畑からの収穫物。②地租、年貢。③年間の年貢総収量。

物主 ものぬし 武主とも書く。①戦陣の指揮官、部隊の長。②物持ち、財産家。

不レ屑 もののかずともせず 取りたてて数えたてるほどのものではないの意。

物具 もののぐ ①調度品、道具のひと揃い。②公家男女の朝服。③武具、兵具。

物怪 もののけ 人にとりついて、病気にしたり死に至らせる死霊《しりょう》・生霊《いきりょう》・妖怪《ようかい》の類をいう。

物情 もののこころ ①物のありさま。②世《せ》間《けん》のありさま。③人心。「案二物情一」といえば、世のありさまを考えてみるに、の意。

物節 もののふし 近衛府の下級官人で、音楽に通じた者をえらんで任じ、端午節《たんごのせち》などに奉仕させた。

物見　ものみ　①見物すること。②戦陣で敵の様子や地形などを探ること、斥候《せっこう》のこと。③城郭や邸宅に造られた眺望台、物見やぐら。

物吉　ものよし　めでたいこと、万事うまくいくことで、祝いの言葉にいう。「奉レ拝二龍顔一、是物吉之事也」と用いる。

胡盧　ものわらい　物笑も同じ。世間の嘲《あざけ》り。

籾　もみ　収穫した稲穂（穎《えい》）から稲の実を落とす（脱穀《だっこく》）とこれを籾（穀《こく》）と称する。籾は保存に最も適する形態であった。したがって、古代の不動倉に蓄積されたのは籾であった。籾を舂《つ》くと玄米《げんまい》（黒米、舂米《しょうまい》）となり、これを更に舂くと白米になる。但し、穎一束＝穀一斗＝玄米五升となる。計量に用いる枡の実容量が区々であるから、その都度換算する必要がある。古代の一斗は、概ね現在の四升に相当する。

木綿　もめん　一五世紀頃から広く栽培され、一六世紀には関東から東海地方、瀬戸内海沿岸一帯に普及した。日明貿易による唐木綿《からもめん》の輸入量も多かった。木綿は肌ざわりがよく暖かく、染色しやすく、また丈夫であったから、一般の衣料のみならず、兵衣・陣幕・軍旗・火縄《ひなわ》などの軍需品として用いられた。また船舶の帆《ほ》布《ぬの》にも用いられた。

〈文献〉小野晃嗣『日本産業発達史の研究』法政大学出版局。永原慶二『苧麻・絹・木綿の社会史』吉川弘文館。

百手　ももて　弓術の用語で、二〇〇本の矢を一〇〇回に分けて射ること。矢二本が一手である。

百度食　ももどのじき　激務の官人に給与した食事。大炊寮《おおいりょう》から支給される臨時的なもの。百度食を賜わる場を百度座《ももどのざ》という。平安時代中期以降、釈奠《せきてん》の論義のあと、大学寮の饗饌後の儀式として定着した。

母屋　もや　身屋、身舎とも書く。①庇《ひさし》（廂）に対する語で、家屋の中心となる部分。②物置小屋や離れに対して、住居として用いる家をいう。

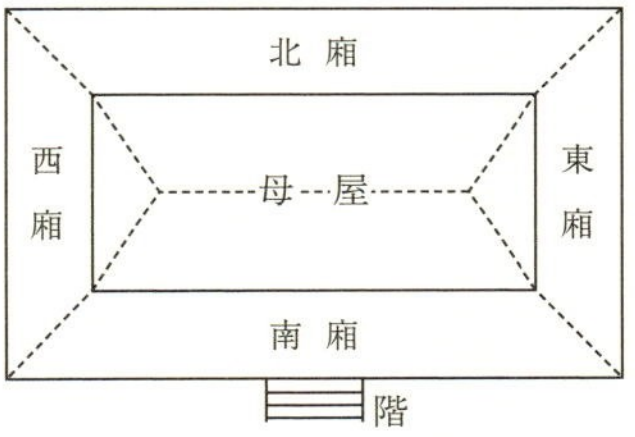

持相　もやい　催合、最合とも書く。①共有。②共同で事を行うこと。

催　もよおす　①催促する。②計画、準備。③通知する。

盛砂　もりすな　立砂《たてすな》ともいう。室町時代、いまだ玄関が成立しない時期、武家の邸宅に貴人を迎えるとき入口を明示するために設定した。江戸時代には本来の意味が忘れられて、敷砂《しきすな》（蒔砂）や飾り手桶・飾り箒《ほうき》とともに、もてなしの象徴とされた。

杜本祭　もりもとまつり　河内国安宿郡《あすかべ》に鎮座する杜本神社の祭祀。四月と十一月の上《かみ》の申《さる》の日に朝廷からの幣物《へいもつ》にあずかる。当宗祭を兼ねて内蔵寮《くらりょう》の使が遣わされた。杜本社は良峯氏の祀る神社。

盛　もる　「もり」とも。①人選。②配当、割当て、配分。③配慮。④役割り、番組編成。

もろと　⇒村人《むろと》

文　もん　銭貨の単位、一〇〇〇文＝一貫文。但し、省陌法《せいひゃくほう》により、九七〇文または九六〇文を以て一貫文とする。⇒省陌

法

門下起居郎　もんかききょろう　大外記の唐名。

門下給事　もんかきゅうじ　少納言の唐名。

門下侍中　もんかじちゅう　大納言、中務卿《なかつかさのかみ》の唐名。

門下侍郎　もんかじろう　中納言、中務輔の唐名。

門下録事　もんかろくじ　大外記の唐名。

文緊至極　もんけんしごく　あまりにも苛酷なこと。

文子　もんし　利息に関する用語。五文子といえば、一か月に一〇〇文について五文の利息のこと。月に五分《ごぶ》の利息である。

問籍　もんじゃく　⇒名対面《なだいめん》

門主　もんしゅ　門跡《もんぜき》寺の住職。⇒門跡

文殊会　もんじゅえ　七月八日、諸国の寺院で文殊菩薩《もんじゅぼさつ》を本尊として学んだ法会。天長五年（八二八）から公祭となった。前後三日間殺生《せっしょう》を禁じ、文殊菩薩の名号を唱え、また貧者に施しを行った。のち東《とう》寺《じ》・西寺《さいじ》の文殊会が著名。

問状　もんじょう　「といじょう」とも。鎌倉・室町幕府の裁判で、原告の訴え（訴状）に対する被告の陳弁書（陳状）の提出を求める裁判所の命令。

文章生　もんじょうしょう　古代、大学寮紀伝道の学生。漢文学・中国史を学んだ。大学寮が行った選抜試験を文章省試という。文章生の予科に当たる擬《ぎ》文書生（定員二〇人）が九世紀後半に設けられ試験は式部省が行うようになった。大学院に相当するのが文章得業生（定員二人）で秀才と呼ばれ、文章生は進士と称されるようになった。〈文献〉久木幸男『日本古代学校の研究』玉川学園出版。

文章生試　もんじょうしょうし　⇒文章生《もんじょうしょう》

文書質　もんじょじち　貸借契約に際して質権を設定するとき、担保物件に関する権利文書を債権者に渡すこと。

文書目録　もんじょもくろく　文書の保管・現存の状況を把握するために作った一覧表。権益の保全、また訴訟・裁判に備えるためにも不断に記録する必要があった。現在では失われてしまった文書の存在が確認できて有用である。

門跡　もんぜき　①祖師の法統を継ぎ宗門を統領する僧。②皇族・貴族が出家入室している寺格の寺院、住職。

文選読み　もんぜんよみ　平安時代の博士家で『文選』を読むときの漢文訓読の一方法。一つの語を先ず音読し、ついで同じ語を訓読する。例えば細細腰支を「細細《さいさい》と細《ほそ》やかなる腰支《ようし》のこし」と読み、蟋蟀を「蟋蟀《しっしゅつ》のきりぎりす」と読む。

問注　もんちゅう　「もんじゅう」とも読む。裁判で原告・被告両者の主張を問いただし注すこと。訊問《じんもん》とその結果を問答形式で記録すること。これを問注記（申詞記）といい、更に上司に上申するものを問注勘状という。〈文献〉石井良助『中世武家不動産訴訟法の研究』弘文堂書房。

問注所　もんちゅうしょ　鎌倉・室町幕府機構の一つ。訴訟当事者の主張を問《と》い注《しる》すために元暦元年（一一八四）に設置されたが、建長元年（一二四九）引付方の新設により鎌倉以外の東国の雑務沙汰を扱うようになった。

門弟　もんてい　門弟子《もんでし》の略。門人《もんじん》、弟《で》子《し》のこと。

門田・門畠　もんでん・もんはた　⇒かどた・かどはた

問頭　もんとう　令制下、諸道の得業《とくごう》生《しょう》に課する試験の試験官。

問答　もんどう　①問と答で、議論し合

うこと。②仏教で法義を論ずること。③疑問点について問いただし教示を得ること。④中世の裁判で、訴人（原告）と論人（被告）が訴状と陳状を交わして主張を述べ合うこと。指南する者と指南される者の争いを指南問答という。⑤同上、訴人・論人を法廷に呼び出して尋問することをいう（引付問答）。

門牓 もんぼう　令制において、宮城諸門から搬出すべき物資の品目・数量を記した文書。一種の通行証明書。

問民苦使 もんみんくし　古代の地方民政の実情を視察し地方行政を監察するために派遣された使者。天平宝字二年（七五八）、延暦十六年（七九七?）、寛平八年（八九六）の三度派遣されたことが知られている。唐の観風俗使の制に範をとったものかという。「民苦を問う」という儒教的仁政主義に基づく制度であるが、使の覆命が政策として具体化されたこともあり、かなりの実効性を持つものであった。〈文献〉阿部猛『平安前期政治史の研究　新訂版』高科書店。

匁 もんめ　文目とも書く。①尺貫法の重量の単位、貫の一〇〇〇分の一。約三・七五グラム。単に目とも書く。②通貨の単位。銀は秤量貨幣として用いられ、実量を匁であらわした。およそ金一両は銀五〇～八〇匁に相当した。

文々句々 もんもんくく　一字一句、すべての意。「一々の返答文々句々面目申されつる者かな」と用いる。

門役 もんやく　①内裏や貴人の邸宅の門の警備に当たる役をいう。②室町幕府の役職、御門役奉行《ごもんやくぶぎょう》のこと。

文料 もんりょう　荘園の公文《くもん》の得分の一種。中世備後国太田荘では段別米二升。年貢・公事収納に関わる文書の作成に伴う加徴米《かちょうまい》であろう。おそらく国衙領における慣行を引きついだものであろう。⇒加徴米〈文献〉阿部猛『日本荘園史』大原新生社。

や

屋 や　家屋・住屋の総称、また倉庫。古代の荘を構成した建造物のひとつとして見えるが、住屋か倉庫か定かでない。

箭 や　矢のこと。

輻 や　車輪の車軸《しゃじく》から放射状に出ている棒。「やぼね」ともいう。

矢合 やあわせ　合戦の合図として互いに敵方へ矢を射込むこと。矢は鏑矢《かぶらや》。

矢色 やいろ　飛んでいく矢の勢い。

矢懸 やがかり　射た矢の届く所。

屋形 やかた　①貴人・大名の邸宅。②貴人・主君の敬称。

館 やかた　「たち」「たて」とも。とくに在地領主・豪族の居館《きょかん》を指す。周囲を堀や土塁《どるい》で囲んだので、堀ノ内、土居《どい》ともいう。〈文献〉石井進『中世武士団』（日本の歴史12）小学館。

頓而 やがて　頓、頓作、軈、軈而とも書く。①続けてそのまま。②即座に。③さながら。④ほかならぬ。⑤間《ま》もなく。

族 やから　①一族、同族。②仲間、連中。

焼狩 やきがり　山野の草木を焼いて動物を追い出し捕らえる猟法。

八寸の馬 やきのうま　丈《たけ》が四尺八寸の馬。馬の丈は四尺を標準として、それ以上は寸《すん》(き)だけであらわす。中世の馬は背が低く、四尺八寸でも大形の方であった。

焼灰 やきはい　令制の内蔵寮《くらりょう》所属の雑作手のうちに焼灰四人が認められる。灰を作るが、この灰の用途は明らかではない。染色用であろうか。

焼畑 やきはた　樹木を伐採し焼き払ったあとを耕地として利用する耕法。多くは、傾斜地に火入れし、粟・稗・そば・大豆・小豆・さといも・麦などを栽培した。史料的には焼畑は畑(火田)と書かれ畠(白田)と区別された。
〈文献〉佐々木高明『稲作以前』NHKブックス。

役 やく　①労役・賦役。②税。③役目、つとめ、官職。④唯一の仕事、専らのつとめ。

訳語 やくご　⇒おさ

薬司童女 やくしどうじょ　元旦に天皇に御薬を供する儀に薬子をつとめる童女のこと。薬子とは屠蘇《とそ》を天皇より先に嘗《な》める役、すなわち毒味役である。童女の選定は前年十一月には行われていた。衣服の色や童女の年齢については十一月二十日以前に勘文が提出された。

役所 やくしょ　①賦役を負担する場所。②戦陣で、本拠とする場所、働き場所。③関所の異称。④官庁。

疫神 やくじん　病気をはやらせる神。悪病の流行を防ぐために、皇居の四隅や畿内の境で祀る。疫神祭という。

役銭 やくせん　中世の公事《くじ》の銭納されたもの。酒屋役・倉役など。

役送 やくそう　益送とも書く。饗宴で、食物を陪膳《ばいぜん》(陪食者)に取りつぐ役、御膳を運ぶ役。

益体 やくたい　役に立つこと。「やくたいもない」というと、無益である、でたらめであるの意。

矢口 やぐち　狩場の口開《くちあけ》に野矢《のや》(狩猟用の矢)を射ること、またその儀式。

易田 やくでん　「えきでん」とも。地味がやせているので、地力回復のため、一年おきに耕種する田。休耕中は片荒《かたあらし》と称する。

役夫工米 やくぶ(む)たくまい　⇒造太神宮《ぞうだいじんぐう》役夫工米《やくぶくまい》

役屋 やくや　夫役《ぶやく》を負担する家。公事《くじ》屋《や》も同じ。

櫓 やぐら　矢倉とも。①武器倉庫。②城壁の上に作った展望台、またここから矢や弾丸を放った。③軍船に設けた展望用、攻防用の施設。

焼銭 やけぜに　室町末期に流通していた悪銭の一種。

薬研 やげん　漢方などで製薬に用いる金属製の器具。細長い船形で深いくぼみがある。軸《じく》のついた円板形の車で薬種を押し砕《くだ》く。

屋敷 やしき　家の建っている敷地。宅地、家地、屋地などともいう。宅地は私有権のつよい部分であるが、在家《ざいけ》役《やく》賦課の対象となる。検注帳に登録された百姓屋敷地は、在家役賦課の対象となるものだけである。
〈文献〉戸田芳実『日本領主制成立史の研究』岩波書店。

屋地子 やじし　都市の屋敷地にかけられる地子。借地料というべきもの。
〈文献〉網野善彦『日本中世都市の世界』筑摩書房。

養 やしない　①養育。②養子。③食事。④生活費。⑤扶養料。⑥お布施。⑦療養。

休 やすみ ①休息。②欠勤。③就寝。④斎宮の忌詞で病気のこと。

夜須礼祭 やすらいまつり 三月十日に行われた京都今宮《いまみや》神社の祭礼。仁平四年（一一五四）に始まった。疫神を鎮める鎮花祭とも、稲の豊穣を願う祭ともいう。

やせ侍 やせざむらい 雑役に従う身分の低い侍。貧乏な侍。

矢 銭 やせん 箭銭とも書く。臨時に賦課された兵粮料《ひょうろうりょう》、軍用金。賦課形態でいえば段銭《たんせん》・棟別銭《むなべつせん》である。

夜 前 やぜん 昨夜。「夜半許《ばかり》に、夜前の如く、多《おおく》の馬に乗れる人来《きたり》ぬ」と用いる。和製漢語である。

野占使 やせんし 奈良時代、開墾予定地として野地《やち》を点定《てんじょう》するために遣わされた使者。東大寺は、各地に荘地を求め野占使を発遣した。

〈文献〉阿部猛『日本荘園史』大原新生社。

八十島祭 やそしままつり 天皇が即位し、大嘗祭《だいじょうさい》を行った翌年に行う祭。難波津《なにわづ》で行われる儀礼であるが、大嘗祭のあとの祓とする説、海神祭祀説などあるが、大《おお》八洲《やしま》の霊を天皇に付与する祭祀とする説も有力。

〈文献〉岡田精司『古代王権の祭祀と神話』塙書房。

矢立の硯 やたてのすずり 中世、武士が出陣のとき、箙《えびら》や鎧《よろい》の引き合わせなどに入れて携行した小さい硯箱。

八多羅拍子 やたらびょうし 雅楽演奏上の拍子のとりかた。二拍子と三拍子の繰返しの拍子。

家 地 やち 屋敷地。売買のとき、間口《まぐち》×奥行《おくゆき》を間尺《けんしゃく》であらわし、戸主《へぬし》であらわす。⇒戸主

野 地 やち 宅地・田畠・山林以外の原野で開墾可能地、開墾予定地。一処と数えられるが、町段歩数を明示したものもあり、開墾があるていど進んだ段階で、残余の原野を野地と表現したのかもしれない。

野地田 やちだ 高所また低湿地にあって収穫の少ない薄田《はくでん》、下下田《げげでん》。

八脚机 やつあしづくえ 脚が八本ある白木の机。神事のとき神前に供える物や酒、また祭に与かる官人たちの酒食をのせる台とする。

八 撥 やつばち 羯鼓《かっこ》のこと。⇒羯鼓

谷 戸 やと ⇒谷戸田《やとだ》

傄 やとう ①雇《やと》うに同じ。②「つらつら」と読む。つくずく、よくよく。

谷戸田 やとだ 山間、丘陵、台地の間の浸食谷の奥から谷にかけて拓《ひら》かれた水田。一枚の水田面積は小さい。「やと」「やつ」「たに」「くぼ」「さわ」「さく」「はさま」「ほら」「さこ」など、さまざまに呼ばれる。

〈文献〉柳田國男『地名の研究』（定本20）筑摩書房。木村礎・高島緑雄『耕地と集落の歴史』文雅堂銀行研究社。

夜刀の神 やとのかみ 『常陸国風土記』に見える。六世紀前半に谷戸《やと》を開発した土豪に対抗した谷戸の神（角《つの》の生えた蛇）のこと。土豪箭括麻多智《やはずのまたち》は自ら祝《はふり》となって夜刀の神を祀った。

矢 留 やどめ 矢を射るのをやめること、戦いを一時休止すること。

簗 やな 河川で魚を捕らえる仕掛け。竹簀などで一定水域を区切り、魚を最奥部へ導き、そこに筌《うけ》などを設けて捕らえる。簗を仕掛けることは一種の権利となっていて、売買・譲与の対象となった。

〈文献〉網野善彦『日本中世の非農業民と天皇』岩波書店。

柳 代 やなぎだい 「やなぎしろ」とも読む。祝儀などで、酒のかわりに包む金銭。

柳 酒 やなぎのさけ 室町時代～江戸時代

に著名だった京都下京五条坊門西洞院南西頬《つら》の柳酒屋の美酒。上流社会で贈答品として多く用いられた。
〈文献〉小野晃嗣『日本産業発達史の研究』法政大学出版局。

柳筥　やなぎばこ　「やないばこ」とも読む。三角に削った柳の白木を並べて糸で編《あ》んだ四角い箱。物をたてまつるときに用いる。

胡簶　やなぐい　矢を入れて背負う武具。筒形で矢をそっくり収納するものと、矢立式で矢の大部分が外に現れるものとある。古墳時代からあった。

矢篦　やの　矢を作るのに用いる細くてまっすぐな竹。

夜白　やはく　夜と昼《ひる》。「夜白度々軍忠、誠以無㆓比類㆒候」と用いる。

夜半　やはん　まよなか、子《ね》の刻《こく》、九ツ、午前零時。

藪　やぶ　草・木・竹などが乱雑に生《お》い茂っているところをいうが、とくに竹やぶのこと。「山川藪沢」の語がある。

流鏑馬　やぶさめ　騎射の一種。馬に乗り直線の馬場を走らせながら鏑矢《かぶらや》で的《まと》を射る。菱形の板の的を三か所に立て、一人で順に三つの的を射る。

山　やま　林や、いわゆる里山《さとやま》のこと。田地・宅地の売券や検注帳に山と記載されることが多いが、これは山岳を指すのではなく、生活の場に近く存在する林や藪など、建築用材や燃料採取または草刈場などを意味する。

山預　やまあずかり　杣山《そま》を管理する者、杣司。

山落し　やまおとし　①山立《やまだち》と同義で山賊のこと。②借用証文などを奪い取り、或いは文書を焼却すること。

山衙小紙　やまがしょうし　中世、遠江国細《ほそ》谷《や》郷《ごう》産の紙。

山口祭　やまぐちまつり　平地の農民が、伐木・採草・狩猟のため山に入るとき、その入口で山の神をまつる。

山崎胡麻船　やまざきごまぶね　中世から近世にかけて、淀河ぞいの山崎の油商人の油を運送した船。関銭免除の特権を持っていた。

山地子　やまじし　山野の用益権に課される地子。⇩山手《やまて》

山階道理　やましなどうり　山階は大和国奈良の山階寺、すなわち興福寺のこと。藤原氏の氏寺で、権勢をたのんで非道を押し通したので、山階寺の非理非道は道理として通用した。

山科祭　やましなまつり　山城国宇治郡に鎮座する山科神社の祭礼。四月・十一月の上の巳《み》の日に行われる。祭神は日本武尊・稚武王といい、もとは宮道《みやじ》氏の祀るところ。延喜十一年（九一一）奉幣にあずかる。

山田　やまだ　山間の水田。⇩棚田《たなだ》

山出し　やまだし　伐木や薪炭などを山から搬出すること。
〈文献〉黒田弘子『ミミヲキリハナヲソギ』吉川弘文館。

山立　やまだち　⇩山落《やまおと》し

山司　やまつかさ　⇩杣《そま》

山作所　やまつくりどころ　天皇・皇后・親王が亡くなったとき、陵墓築造のために臨時に設けられた官司。

山手　やまて　山野の用益権に課される租税。山手米、立野銭の語がある。室町時代、陸上の関で徴収する関銭を山手と称した。
〈文献〉相田二郎『中世の関所』吉川弘文館。

大和猿楽　やまとさるがく　大和国内の猿楽の四座《よざ》、円満井《えんまい》（竹田）・外山《とび》・結崎《ゆうざき》・坂戸《さかど》の諸座が著名。のち、順に金春座《こんぱるざ》・宝生座《ほうしょうざ》・観世座《かんぜざ》・金剛座と呼ばれる能楽

の座に発展した。

倭舞 やまとまい　平安時代、大嘗祭・鎮魂祭で奏された楽舞。大和周辺の風俗歌舞を起源とするという説と、山人の舞をもととする百済系氏族和《やまと》氏の舞とする説がある。

山伏 やまぶし　山臥とも書く。修験道《しゆげんどう》の宗教的指導者で、山に伏（臥）して修行するのでその名がある。山伏は、吉野・熊野をはじめ全国の諸山を修行の場とし、村々をまわって加持《かじ》祈禱《きとう》・調伏《ちようぶく》などを行った。

〈文献〉和歌森太郎『修験道史研究』平凡社東洋文庫。

山法師 やまほうし　比叡山延暦寺の僧徒の称。

山焼 やまやき　早春に、原野に火入れをすること。採草地、放牧地の草の発生をうながし、やわらかい草が得られる。

良久 ややひさしくして　久而、久之も同じ。かなりの時間が経過して。「大連《おおむらじ》良久して至る」「嗟歎すること久之」「ややひさしくさぶらいて《（侍）》」などと用いる。

動 ややもすれば　鎮の字も同じ読み。「鎮致㆓遁避㆒」などと用いる。

やりこ　戦国時代、市場で発生する犯罪の一種であると思われるが未詳。

止事无 やんごとなし　無止とも。①やむをえない、よんどころない。②並々でない、権威がある。③高貴である。④恐れおおい。

ゆ

湯 ゆ　①水をわかしたお湯。②温泉。③薬湯。④船の中に浸みて入った水。④熱してとかした金属。

湯浴 ゆあみ　湯に入って身体を暖める、洗う。また温泉に入ること、入浴、沐浴《もくよく》。

結 ゆい　本家の農作業に分家が労働力を提供し、また地主に名子《なご》・被官《ひかん》などの従属農民が奉仕するのが本来の形で、労働に対しては種々の反対給付があった。江戸時代に入ると、結は小農民間の労働力交換の意となった。

〈文献〉有賀喜左衛門『村の生活組織』（著作集５）未来社。

結桶 ゆいおけ　たがをかけた桶。

遺告 ゆいごう　教祖や寺院の長などが、その死後、遺弟たちの守るべきものとして示す教え。遺戒《ゆいかい》、置文《おきぶみ》ともいう。

唯識会 ゆいしきえ　唯識論の本義を講讃する法会で、春日神社の神威増大を願って平安時代に興福寺で始まった。

由緒 ゆいしょ　いわれ、根拠、正当性を裏付けるもの。所領・所職知行、支配の正当性を裏付けるいわれ。

遺状 ゆいじょう　遺言状であるが、財産譲与については、「某可㆓相伝領掌㆒也」とか「某可㆓知行㆒也」としか書いていないので、更に「譲㆓渡何某㆒」という譲与文言を含む譲状を書かねばならない。

〈文献〉佐藤進一『古文書学入門』法政大学出版局。

由緒書 ゆいしょがき　家や職能などの起源、由来《ゆらい》、系譜《けいふ》などを訳したもの。灯炉供御《とうろうくご》人《にん》、木地屋《きじや》由緒書などがあるが、これらは偽文書《ぎもんじょ》である。例えば木地屋は小野宮惟喬親王を職祖と仰ぎ、その縁につながるものとして木材伐採の特権を主張した。⇒木地屋

〈文献〉網野善彦『日本中世史料学の課題』弘文堂。

遺跡 ゆいせき　知行人が死去して、あとに残された所領・所職《しよしき》のこと。子・孫など相続人がある場合に遺跡と呼ぶ。跡《あと》

とも。

維摩会 ゆいまえ 十月十日から十六日までの七日間、興福寺講堂で行われた維摩経講讃の法会。斉明天皇三年（六五七）に始まるとされる。勅会となったのは延暦二十年（八〇二）で、藤原氏の先祖追善供養法会から国家による公的法会に変わったのである。講師・読師各一人と聴衆四〇人から成る大会であった。〈文献〉泉谷康夫『興福寺』吉川弘文館。

木綿 ゆう 穀《かち》（栲《たく》、楮《こうぞ》）の木の皮の繊維を蒸《む》し、水にひたし裂いて作った糸。神祇に奉《たてまつ》る幣帛《へいはく》に用いる。のち麻で代用されることがあった。木綿を榊にかける玉串《たまぐし》、神官の衣服をかかげるのに用いる木綿襷《ゆうだすき》、注連縄《しめなわ》に垂らす木綿垂《ゆうしで》（四手）など。

誘 ゆう ⇒こしらえる

遊義門 ゆうぎもん 内裏内郭十二門の西面北の門。門内に凝華舎《ぎょうかしゃ》と飛香舎《ひぎょうしゃ》があった。

遊軍 ゆうぐん ⇒浮勢《うきぜい》

幽玄 ゆうげん ①趣ふかく人知でははかり知れない境地。②よくわからない、未知であること。③優雅でやさしいこと。古代・中世の歌論の理念の一つで、美的理念をあらわす語として用いられた。その幽玄の趣を備えた和歌を幽玄体の和歌と呼んだ。

夕 ゆうさり 夕方になる、夕刻。「ゆうされ」「よさり」の語も。

猶子 ゆうし ①兄弟の子、甥《おい》・姪《めい》。②相続を目的としないで、兄弟の子や他人の子を自分の子としたもの。

有若亡 ゆうじゃくぼう 「ありてなきがごとし」で、①有名無実。②不届《ふとどき》である。③だらしがないの意。

遊手 ゆうしゅ ①手を遊ばせていて何もしないこと。②働かず遊び暮らしていること。

宥恕 ゆうじょ 佑助、優助、優恕とも書く。①たすける。②とがめずにゆるす。③寛容。

右職 ゆうしょく 官位が高いこと、また高官。

揖 ゆうす 笏《しゃく》を手にして、上体を傾けてする礼、会釈《えしゃく》、おじぎ。

有職 ゆうそく 有識とも書く。「ゆうしょく」とも読む。①学問に通じていること、またその人。②音楽など諸芸道に通じていること。③才知・家柄・容貌のすぐれた人。④公家の礼儀・行事・官職などの故実に通じていること。

曛 ゆうひ 夕日、夕暮、たそがれ、入日。

右筆 ゆうひつ 祐筆とも。①文章を書くこと。②文官。③武家社会で、主人の側にいて文書・記録の執筆・作成に当たる人。④代筆、代書。

優復 ゆうふく 「うぶく」とも読む。優賞給復の約で、令制下、とくに優遇して調・庸・雑徭などを免除すること。

優民之心 ゆうみんのこころ 官人とくに地方官（国司）が、人民に対して持つべきいつくしみの心。良吏の条件である。

宥免 ゆうめん 宥恕《ゆうじょ》、優免も同義。罪をゆるす。

故由 ゆえよし 故縁とも書く。①理由。②因縁《いんねん》。③家柄をしのばせるような情趣的な教養。「ゆへよしも人にすぎて、かぎりなかりし御有様」と用いる。

油煙 ゆえん 墨《すみ》のこと。油煙墨の略。墨は一丁《ちょう》、二丁と数える。

所以 ゆえん ①理由、わけ。②方法・手段。

斎甕物 ゆかもの 祭事に用いる供え物入れ用の甕《かめ》の類。由加物と書かれる。なお、大嘗会《だいじょうえ》の由加物の製造・運搬を監督するのが由加物使《ゆかもののつかい》で、宮内省の史生《しじょう》三人が任ぜられる。

靫 ゆき　正しくは靫《さい》。細長い箱形で、中に矢をさして背に負う武具。

悠紀 ゆき　大嘗会《だいじょうえ》のとき、新穀を奉《たてまつ》るべき東方の祭場、その国。西方は主基《すき》。

湯木 ゆぎ　湯を沸《わ》かすための燃料としての薪。

雪打 ゆきうち　雪合戦のこと。雪打合《ゆきうちあい》ともいう。

湯起請 ゆぎしょう　熱湯の中から小石を拾い出し、手の火傷《やけど》の状態などで主張の真《しん》偽《ぎ》を判定する。村落間の境相論を決着させるために湯起請が行われたこともある。

遊行 ゆぎょう　①歩きまわること。②僧侶が衆生《しゅじょう》教化のために諸国をまわること、行脚《あんぎゃ》。③遊行上人《ゆぎょうしょうにん》・遊行宗の略。

行次 ゆくて　①行く先。②物事のついで。

不意 ゆくりなく　①突然、思いがけなく。②不注意である。

靭負尉 ゆげいのじょう　衛門尉《えもんのじょう》の別称。

譲状 ゆずりじょう　財産の処分により権利が移転したことを証明する証文。譲状作成後、子が親に背いたりした場合は、悔返《くいかえ》しといって、とり消すことができた。〈文献〉相田二郎『日本の古文書　上・下』岩波書店。

泔坏 ゆするつき　泔は頭髪を洗うこと。その水をいれる容器。古くは土器であったが、のち漆器や銀器を用いた。

湯立 ゆだて　神前の大釜で湯を沸《わ》かして、巫女《みこ》や神職が熱湯に笹の葉をひたし、自分や参列者にふりかけ身を浄《きよ》め祓《はら》う儀式。

斎種 ゆだね　湯種とも。豊かな祈りを込めた清浄な種子（籾《もみ》）。苗代《なわしろ》に蒔《ま》く籾。

湯漬 ゆづけ　飯《めし》に湯をかけて食べることで、氷水をかける水飯《すいはん》は平安時代貴族の夏の馳走《ちそう》であった。茶漬は煎茶が普及した江戸後期以降の慣わしである。

湯桶 ゆとう　①湯や茶を入れた漆器《しっき》。注ぎ口と柄《え》がついている。②手桶の形をした茶入のこと。

湯桶読 ゆとうよみ　熟語の上の字を訓《くん》（湯「ゆ」）、下の字を音《おん》で（桶「とう」）読むこと。手本《てほん》、身分《みぶん》、野宿《のじゅく》などはこれ。対するは重箱読《じゅうばこよみ》。⇒重箱読

湯にも水にも ゆにもみずにも　いかなる場合にもの意。「湯にも水にも無㆓相違㆒不㆑可㆓見放㆒事」などと用いる。

指則 ゆびのり　指の長さ。古代に、画《かく》指《し》の指の長さのこと。⇒画指

指を切る ゆびをきる　鎌倉時代、武士の罪科（あざむき、裏切り）に対する刑の一つ。庶民については博奕《はくえき》の罪として一度・二度は指を切り、三度に及べば伊豆大島へ流すとした。室町幕府法では、撰《えり》銭《ぜに》禁制に背いた場合、男は斬首、女は指を切るとしている。

弓足軽 ゆみあしがる　歩射《かちゆみ》を射る足軽。

弓頭 ゆみがしら　弓大将も同じ。戦国時代以降、弓足軽《ゆみあしがる》を統率する大将のこと。

弓衆 ゆみしゅう　戦国以降の武士の職名で、弓組のこと。またその隊長のこと。

弓を伏す ゆみをふす　立てていた弓を横にすることで、降参の意をあらわす。

夢解 ゆめとき　夢の吉凶を判断すること、また、それを業とする人。

努力努力 ゆめゆめ　努々とも書く。つとめて、決して（するな）。注意をうながす語。

湯屋 ゆや　入浴施設のある建物。温室《うんじつ》院《いん》ともいう。東大寺・法華寺などに古い湯屋が現存している。

湯料 ゆりょう　湯（風呂）をたてるための費用として徴収する銭貨。

汰 ゆるす　許、赦、聴、緩も同意。許す、沙汰する。

弓杖 ゆんづえ　杖として弓を用いるこ

と。「弓杖をつく」といえば、戦いの最中、馬に乗ったまま休息すること。「弓杖を打つ」といえば、弓で長さを測ること。

弓手 ゆんで　弓を執《と》る左手のこと。⇓馬手《めて》

弓場 ゆんば　「ゆば」とも。①弓を射る場所、射場。②内裏に設けられた、廷臣の歩射天覧の所。

よ

舁 よ　⇓かく

与 よ　⇓あずかる

夜行役 よあるきのやく　京都の町で、住人に課された夜まわり警備の役。門並《かどなみ》の役であった。

要害 ようがい　味方にとって要、敵にとって害となる意で、①地勢がけわしく守りやすく攻めにくい所。②①のような場所に築いた城。③身体の中の急所。④「要害を致す」といえば、防禦のための備えをすること。
〈文献〉齋藤慎一『中世東国の領域と城館』吉川弘文館。

用脚 ようきゃく　要脚とも書く。①銭《ぜに》のこと。②必要な経費、用途《ようと》、使途《しと》。

央宮楽 ようぐうらく　雅楽の曲名。唐楽。黄鐘調《おうしきちょう》。舞もある。

要劇料田 ようげきりょうでん　律令官人の給与要劇料に宛てる地子田。元慶《がんぎょう》五年（八八一）畿内官田を割いて在京諸司に配分した。これがのちに諸司領荘園に発展した。
〈文献〉阿部猛『律令国家解体過程の研究』新生社。

要月 ようげつ　農繁期の農月。⇓農月《のうげつ》

擁護 ようご　⇓おうご

様工 ようこう　賃金・食料を一括して受け取る技術労働者の雇用形態。奈良時代の造営工事関係史料に所見する。
〈文献〉浅香年木『日本古代手工業史の研究』法政大学出版局。

影向 ようごう　神仏が来臨すること。神仏が仮の姿をとってこの地にあらわれること。

要国 ようこく　具体的にいかなる国を指すか未詳。大国・上国などを指すか、或いは熟国を指すか未詳。但し、『北山抄』（巻十）藤原公任《きんとう》自筆稿本では、初め熟と書き、抹消して要と改めている。

用作 ようざく　領主の直営地。西日本、とくに九州地方に多く見られる。
〈文献〉工藤敬一『九州庄園の研究』塙書房。

養蚕 ようさん　桑の葉で蚕《かいこ》を飼いまゆを生産する。四、五世紀から始まった。荘園の雑公事には絹の製品が多く含まれる。

用残 ようざん　令制下、種々の名目で正税稲《しょうぜいとう》を支出消費した、その残りの稲。用残稲は本稲に加えて加挙《かこ》すべきものとされた。
〈文献〉阿部猛『北山抄注解 巻十吏途指南』東京堂出版。

徭散帳 ようさんちょう　徭帳とも。年間に徴発した雑徭《ぞうよう》の内訳を記したもの。平安初期に制度化され、毎年中央に送進された。

養子 ようし　実子でない者でありながら実子同等の身分を与えられた者。養子制度は、子の養育を目的とするものと家の継承者の確保を目的とするものとがある。「関東御成敗式目」は女子が養子をとることを認めているが、公家法でも平安末期には容認されていた。

用捨 ようしゃ　①取捨。②正邪の判断。

③必要としない、辞退する。④容赦、ゆるす。⑤遠慮する。

遙　授　ようじゅ　①平安時代、地方官に任命されながら任地に赴任しないこと。②在京したままで俸禄をうけ取ること。

用　水　ようすい　田畠に引く灌漑《かんがい》用水。⑴湧水《ゆうすい》を利用する自然灌漑。⑵旧河道を利用した水路で引水する。⑶河川上流から水路（溝）によって引水。

用水請所　ようすいうけしょ　用水の供給、施設の保繕を請負うもの。地頭《じとう》請《うけ》や百姓請などの請負と同様、井奉行《いぶぎょう》などによる用水請負が行われた。
〈文献〉宝月圭吾『中世灌漑史の研究』吉川弘文館。

用水相論　ようすいそうろん　⇒水論《すいろん》

要籍駆使　ようせきくし　①有能な人、役に立つ人。②五位・六位の蔵人《くろうど》を指していう。

擁　怠　ようたい　事業・行事が滞り、なおざりにされること。「国司泥《とどこお》二進済一、神事擁怠」と用いる。

夜　討　ようち　①夜間、敵の城・館などに討ち入ること。②夜間、他人の宅・家に侵入して強奪・放火・殺人を行うこと。
〈文献〉網野善彦ほか編『中世の罪と罰』東京大学出版会。

用　途　ようと　「ようど」とも。費用のこと。「用途を御家人に配分す」といえば、必要な費用を御家人たちに割り当て徴収すること。

陽徳門　ようとくもん　楊徳門とも書く。豊《ぶ》楽院《らくいん》内郭の門。西側南寄りにある。

遙　任　ようにん　遙授《ようじゅ》に同じ。⇒遙授

要　名　ようみょう　領主から賦課される公《く》事《じ》を負担する名《みょう》。

揚名介　ようめいのすけ　平安時代以降、名目だけで職掌も俸禄もない国司の次官。

陽明門　ようめいもん　大内裏外郭十二門のひとつ、東面の門。門内右に左近衛府、左に左兵衛府があり近衛御門と呼ばれる。五間三戸の門。内裏《だいり》に近い門であったから、郡司・百姓らによる苛政上訴や神人の強訴などはこの門で行われた。

養　物　ようもつ　仕丁《しちょう》・衛士《えじ》・女丁《にょちょう》・兵《ひょう》衛《え》・采女《うねめ》などのように在地を離れて長期間都で働く者に対して出身地から送られてくる給付物。
〈文献〉櫛木謙周『日本古代労働力編成の研究』塙書房。

漸　ようやく　「ようよう」とも読む。①次第に。②徐々に。③やっとのことで。④もはや、まさしく。

腰　輿　ようよ　手輿《たごし》。かつぎ手が、轅《ながえ》を手で担う。轅が腰のあたりに来るのでその名がある。

随二要用一　ようようにしたがう　必要に応じて、の意。地頭が直営田などに荘民を使役するとき、「要用に随う」といって、無制限に使うことができた。

陽禄門　ようろくもん　豊楽院の外郭門のひとつ、東側北寄りの築地に開く廂門《ひさしもん》。西側の立徳門と対する。北廂門ともいう。

養和の飢饉　ようわのききん　養和元年（一一八一）から翌年にかけての大飢饉。兵乱と災旱によって諸国は飢饉に陥り、京都では強盗と放火が頻りに起こり、餓死する者数万人といわれ、その惨状は『方丈記』にも書かれて著名である。

節　折　よおり　毎年六月と十二月の晦日、天皇・中宮・東宮の身長に準じて竹の杖の節《ふし》の間を折って祓《はら》えを行う行事。節折の行事に奉仕する命婦《みょうぶ》を「節折の命婦」蔵人を「節折の蔵人」と称する。

よ　き　小型の斧《おの》のこと。

余　儀　よぎ　予儀とも書く。①他の方法。②現在とは異なる処遇。「余儀なし」といえば、やむをえない、まったくそのと

おりであるの意。

夜着 よぎ　夜ねるときに掛ける衾《ふすま》。大形の着物のような形で、綿を入れたもの。

沃 よく　⇒そそぐ

抑留 よくりゅう　年貢・公事などを地頭・代官などが押え取ること。また資財・雑物《ぞうもつ》・文書などを押領すること。「妻子を抑留する」との用法もある。
〈文献〉安田元久『日本初期封建制の基礎研究』山川出版社。

横合 よこあい　①側面、横手。②正当な理由がない、いわれがない。横合無道、横合非分といい、「横合申し懸《か》くる輩《ともがら》」などと用いる。

横杵 よこぎね　⇒杵《きね》

横座 よこざ　①畳や敷物を横ざまに敷いてある正座《しょうざ》。②いろりの奥正面の家長の座席。③勘定吟味役の異称。

寿詞 よごと　祝い言葉、とくに天皇の御代の栄え、また長寿を祝う。賀詞。

横奉行 よこぶぎょう　戦国時代、甲州武田氏の職名。訴訟沙汰のとき公事《くじ》奉行人《ぶぎょうにん》の側にいて監察するもの。

横目 よこめ　⇒目付《めつけ》

預作人 よさくにん　⇒作人《さくにん》

預作名 よさくみょう　平安時代、元慶寺《がんぎょうじ》領近江国愛智荘《えちのしょう》で見られた経営方式。名《みょう》の耕地は数人の作人によって耕作されていたが、地子《じし》の納入は名として一括して行われた。その地子納入単位が預作名である。
〈文献〉小口雅史・吉田孝「律令国家と荘園」（『講座　日本荘園史　2』）吉川弘文館。

夜さり よさり　夜になる頃で、晩。

予参 よさん　列参《れっさん》も同じ。参列して列座すること。

吉田祭 よしだまつり　京都吉田神社の祭礼。四月の中の申《さる》の日と十一月の中の酉《とり》の日。春日神社の四神を勧請《かんじょう》したもの。九世紀末から大原野祭に准じて祭が行われた。

由付 よしづく　由緒ありげである。趣が備わるの意。「物きたなからず、よしづきたることもまじれれば」と用いる。

由無 よしなし　①理由がない。②わけがわからない。

吉野紙 よしのがみ　応永（一三九四〜一四二七）頃から見え、大和国吉野郡丹生《にう》郷付近で漉《す》かれた薄手《うすで》の紙。

吉野国栖 よしのくず　大和国吉野郡国栖地方の住民で、古代の宮中の節会《せちえ》に参上して歌笛を奏した。
〈文献〉林屋辰三郎『中世芸能史の研究』岩波書店。

由祓 よしのはらえ　触穢《しょくえ》や服喪《ふくも》で祭祀が行われなかったときなどに、その理由を神に申して行う祓。また三月・九月の御《ご》灯《とう》の儀で、卜占で不浄・不吉と出たときも御灯を献じない由の祓を行った。

世捨人 よすてびと　僧侶または隠者《いんじゃ》など、俗世間《ぞくせけん》をのがれた人。

寄沙汰 よせざた　訴訟の当事者が、第三者に訴訟を委託して勝訴の実現をはかること。「面《おもて》を替《か》える」という。また、委託された者が、裁決を待たずに実力で財産の差抑《さしおさ》えをすること。自力救済の一種である。
〈文献〉笠松宏至『日本中世法史論』東京大学出版会。

寄文 よせぶみ　寄進状のこと。

与奪 よだつ　①権利・権限を他人に譲り与えること。この場合奪の字の意味は欠落し与のみに意味がある。②権限を持って指揮・指図すること。

四入 よついり　四升で一斗となる一斗枡のことをいう。「四はい入之升」との記述もある。
〈文献〉宝月圭吾『中世量制史の研究』吉川弘文館。

四会 よつつじ　四辻に同じ。

夜詰 よづめ　①夜間、攻撃すること。②夜間、役所に勤務すること。

余田 よでん　①別作のこと。②新開田で一色田、収穫の少ない薄田《はくでん》。③土地台帳に載せられていない田。④加納田《かのうでん》のこと。

与党 よとう　与《くみ》する仲間《なかま》、一味。

余内 よない　余荷とも書く。①臨時に課税されること。②役者や芸人が給料の割増を取ること。③賄賂《わいろ》。

与判 よはん　①許可の印を捺《お》すこと。②免許する。③署名し花押《かおう》を書く、署判のこと。

与風 よふう　⇒ふと

四方輿 よほうごし　手輿《たごし》の一種。台の四方に柱を立てて屋根をのせ、四方を吹放《ふきはな》しのまま簾《すだれ》を垂《た》らした。僧侶用は雨眉《あままゆ》形、俗人用は庵《いおり》形の破風《はふ》。上皇・摂関・大臣・公卿も普通遠出《とおで》の際に用いた。

余米 よまい　作徳米《さくとくまい》（内加地子《うちかじし》）のことか。

読合 よみあい　荘園で、領主側の検注使・預所代と、在地の公文《くもん》の間で検田結果を照合し、検地帳に朱合点《しゅがってん》をつけていくこと。読むとは、本来は数《かず》をかぞえること。

〈文献〉富沢清人『中世荘園と検注』吉川弘文館。

よもすがら　通夜、竟夜と書く。一晩中、終夜。

四方山 よもやま　四極山とも書く。①世《せ》間《けん》、あちこち。②雑多。

寄合 よりあい　人びとが集まって何事かを議すること。村寄合、宮座の寄合の如き。

寄居 よりい　①関東で、城塞《じょうさい》のこと。②城下町の衰えて農村化したもの。

寄人 よりうど　特定の所領の住人でありながら、それ以外の公家・寺社などと身分的従属関係を持つ者。年貢は荘園・公領の領主に納入し、雑役《ぞうやく》は免除される。

〈文献〉泉谷康夫『日本中世社会成立史の研究』高科書店。

寄親・寄子 よりおや・よりこ　親子関係に擬制された主従関係、また保護・被保護の関係。戦国時代、寄親・寄子関係は家臣団編成の方策に用いられ、日常生活をも規制したが、戦時には戦闘組織として機能した。

〈文献〉三浦周行『法制史の研究』岩波書店。

与力 よりき　①一般に、他人に力をかすこと、加勢《かせい》すること。②室町時代、大名に従う者で、被官《ひかん》と同義に用いられる。

寄郡 よりごおり　「よせごおり」とも。南九州の島津荘において見られる所領の単位。公領でありながら荘園にも寄属しているという意で寄郡と称する。いわゆる両属型の荘園で、官物は国衙に納め、雑役は荘園に納める雑役免荘園である。

〈文献〉工藤敬一『九州庄園の研究』塙書房。

以(已)来 よりこのかた　⇒このかた

依代 よりしろ　神霊が降臨し宿ると考えられた場所や物。招代《おぎしろ》ともいう。樹木・岩などの自然物や、柱・杖・御幣《ごへい》・榊《さかき》などさまざまである。

寄船 よりふね　難破して海岸に漂着した船。難破船は、その浦の民また地頭の所有に帰した。但し、船中に乗組員が残っているときは寄船とは認められなかった。

〈文献〉新城常三『中世水運史の研究』塙書房。

夜御殿 よるのおとど　清涼殿《せいりょうでん》内の天皇の寝所。昼御座《ひるのおまし》の北にあり、壁板をめぐらした塗籠《ぬりごめ》風の部屋であった。

慶申 よろこびもうし　任官・叙位された者が宮中に参上してお礼を申しあげること、その儀式のこと。

ら

羅 ら　①薄く織った絹布、うすもの。②鳥を捕らえる網。

礼冠 らいかん　礼服の冠《かんむり》。

礼紙 らいし　①書状の本文を書いた紙にそえる白紙。②書状の端《はし》の余白。手書の本文に書き切れない分は礼紙に書いたりした。これを礼紙書《らいしがき》という。

櫑子 らいし　縁《ふち》の高い高坏《たかつき》形で、内面は朱漆、外面は黒漆や螺鈿《らでん》で装飾されている蓋《ふた》つきの酒器。

来納 らいのう　荘園年貢を納期以前に納入すること。

礼服 らいふく　五位以上の官人が、即位・大嘗祭・元日などに着用する大礼服。

雷鳴陣 らいめいのじん　⇒かんなりのじん

楽 らく　規制や制約から解放された状態をいう。十楽名《じゅうらくみょう》、十楽田などと称するのは、公事《くじ》を免除された免田のこと。
〈文献〉網野善彦『増補 無縁・公界・楽』平凡社。

楽市・楽座 らくいち・らくざ　一六〜一七世紀、戦国大名や織豊政権によって公布された市場復興・城下町繁栄策。天文十八年（一五四九）近江国石寺新市を最初とし、最後は慶長十五年（一六一〇）の美濃国黒野の場合。楽は現今の自由に相当する語。権力や俗世のさまざまな規制から解放された自由市場の意。
〈文献〉佐々木銀彌『日本中世の都市と法』吉川弘文館。

落索 らくさく　①もの淋しいこと。②残酒残肴、飲食物の残り。③行事のあとに行う慰労の宴会。

落字 らくじ　書き落した文字、脱字、欠字。「落字や候らん、御推量御推量」と用いる。

落首 らくしゅ　落書も同じ。匿名《とくめい》の文章、詩歌。政治や社会への批判・風刺《ふうし》として書かれる。南北朝期の二条河原落書は名高い。
〈文献〉佐藤和彦『自由狼藉・下剋上の世界』小学館。

落書起請 らくしょきしょう　匿名《とくめい》の投書によって犯人を特定するもの。中世の村落や寺社で行われた。神に誓いをたてる起請文《きしょうもん》のかたちをとった。
〈文献〉千々和到「中世民衆の意識と思想」（『一揆 四』）東京大学出版会。

落堕 らくだ　①僧が戒を破り放逸にふけること。②還俗《げんぞく》すること。

洛中辺土 らくちゅうへんど　辺土の語は一四世紀中頃から使われた。辺土には田舎《いなか》というニュアンスがある。洛中洛外もほぼ同意。

洛中洛外 らくちゅうらくがい　平安京の京中とその周辺域を指す語。一一世紀末頃から京の左京を指して洛中と叫び、それ以外を洛外というようになった。
〈文献〉高橋康夫『洛中洛外』平凡社。

楽津 らくつ　戦国時代、自由交易の認められた港湾都市。伊勢桑名は「十楽《じゅうらく》の津《つ》」といわれた。他に、博多《はかた》、堺などもある。十楽とは仏教用語で、極楽で味わうことのできる一〇種のたのしみのことで、桑名では楽市・楽座的な自由な商取引が保証されていることを言っている。
〈文献〉網野善彦『増補 無縁・公界・楽』平凡社。

羅城門 らじょうもん　京の中央の朱雀大路《すざくおおじ》の南端にある門。「らいしょうもん」「らいせいもん」とも読んだ。七間か九間の規模。一一世紀に入る頃は荒廃にまかせ、一二世紀前半には礎石を残すのみであったという。

埒　らち　馬場などで、馬を走らせる道の両側に設けた低い垣。木や竹を結《ゆ》って設ける。

落居　らっきょ　①物事のきまりがつく。②片付く、解決する。③病状がおちつく。④裁判の判決が出て訴訟の終結すること。

臈次　らっし　「ろうじ」とも。①法臈《ほうろう》の次第で、出家後の年数。②物事の順序。

螺鈿　らでん　貝殻の光を放つ部分を模様に切り取って、漆器・生地などの面に嵌入《かんにゅう》して装飾したもの。中国唐代に盛んになり我国にも伝わった。平安時代後期には蒔絵《まきえ》と結びついて我国独自の工芸品を生み出した。

乱逆　らんぎゃく　「らんげき」とも読む。支配者にさからう、そむく。「保元以後は乱逆打つづいて、君やすい御心もわたらせ給はざりしに」と用いる。

濫行　らんぎょう　乱行とも書く。不都合な、乱暴な行為。

鸞鏡　らんけい　雅楽の音名。十二律の一つ。洋楽の音名a#、bに相当する。

濫觴　らんしょう　揚子江もさかのぼれば、觴《さかずき》を浮かべるほどの細流であったの意から、物事の始まり、起源のことをいう。

乱声　らんじょう　笛・太鼓・鉦鼓による無拍子の曲。舞楽で舞人が登場するときに奏する。朝覲行幸《ちょうぎんぎょうこう》の入御・還御や、相撲・賭弓《のりゆみ》・競馬の行事にも奏された。

濫吹　らんすい　①非法行為。②秩序を乱す、乱暴狼藉《らんぼうろうぜき》。③実力がないのにその位《くらい》にいること。「制旨に乖《そむ》き、多く濫吹に渉《わた》る」などと用いる。

乱水　らんすい　⇒吉水《きっすい》

濫訴　らんそ　乱訴とも書く。①みだりに訴えること。②無法な訴訟。

嬾惰　らんだ　懶惰とも書く。ものぐさで、だらしのないこと。

鸞台　らんたい　太政官・弁官・式部省のこと。

覧箱　らんばこ　覧筥とも書く。院宣《いんぜん》や宣旨《せんじ》など、貴人の御覧《ごらん》に供する文書を入れた箱。

濫妨狼藉　らんぼうろうぜき　乱暴狼藉とも書く。無法に他を犯し掠奪する、荒々しくあばれる。

蘭林坊　らんりんぼう　内裏内郭の三坊のひとつ、北門の朔平門《さくへいもん》を入り右手。坊内には御書所《ごしょどころ》・給所《えどころ》があり、大嘗会・釈奠《せきてん》などの儀式の用具や御物・御書が納められていた。

り

里　り　①五十戸一里制の里。②距離の単位。令制で、大尺（一尺＝三六センチメートル）、五尺＝一歩、三〇〇歩＝一里（約五四〇メートル）。和銅六年（七一三）に、小尺（一尺＝三〇センチメートル）、六尺＝一歩、六〇歩＝一町、六町＝一里（約六五〇メートル）とした。③条里制地割の里。一里＝三六町歩。近世には、一間＝六尺、六〇間＝一町、三六町＝一里となるが、後北条氏及び武田氏領国では、六町＝一里制であった。〈文献〉小泉袈裟勝『ものさし』法政大学出版局。

利　り　①利益、もうけ。②利息。③有利。④便利であること。⑤効用。

利合　りあい　①利益の度あい。②利得。近世的な用語か。

理運　りうん　利運とも書く。①道理にかなっている。②運が良いこと。③利益を得ること。

里外　りがい　条里制の条里坪の区画か

ら外れた場所。古代・中世の土帳（検注帳）や土地売券などに所見する。条里の枠《わく》から外れた土地の田・畠・宅地化した部分を指している。
〈文献〉阿部猛『律令国家解体過程の研究』新生社。

力者 りきしゃ　①公家・寺社・武家に仕えた力役奉仕者。剃髪《ていはつ》しているが僧侶ではない。駕輿《がよ》・馬の口取り、警固・使者などをつとめる。荘園領主の使者として荘園現地へ下向し、年貢・公事の催促を行うこともあった。②青色の衣を着る者を青法師、白色の衣を着る者を白法師と称した。

力田之輩 りきでんのともがら　古代の富裕な精農、農業熟達者。村落の中核的な存在で、多くの土地と財産を持ち、周辺の貧困層に出挙し、債権を通じて農民を支配した。実態としては、「富豪《ふごう》之輩」と呼ばれる者と同じか。
〈文献〉亀田隆之『日本古代用水史の研究』吉川弘文館。

六議 りくぎ　令制で刑法上の特典を受ける六種の資格をいう。議親・議故・議賢・議能・議功・議貴を総称する。⇒応《おう》議者《ぎしゃ》

六義 りくぎ　①中国古代詩の諸形式。風・雅・頌・賦・比・興。②和歌における六種の体。そえ歌・かぞえ歌・なずらえ歌・たとえ歌・ただごと歌・いわい歌。③和歌のこと。④六書《りくしょ》のこと。漢字の成立と用法についての六種の区別。⑤書道における六種の法。

六藝 りくげい　中国古代で、士以上の者の修めるべき六種の技芸。礼・楽・射・御（馬術）・書・数の六芸。

六合 りくごう　天・地と四方で、全宇宙。

陸田 りくでん　水田に対する語。雑穀・蔬菜の栽培地。畠や園地を陸田と称することもあり、あいまいな概念である。
〈文献〉木村茂光『日本古代・中世畠作史の研究』校倉書店。

陸稲 りくとう　畠で栽培する稲、おかぼ。野稲《のいね》ともいう。

利口 りこう　利巧、悧巧とも書く。①弁舌が巧みで実のないこと。②軽口、冗談。③賢明で、気がきいていること。

利子 りし　利、息利ともいう。中世では利平《りひょう》の語が多く用いられた。出挙《すいこ》の利子は、公出挙《くすいこ》は半倍（五〇パーセント）、私出挙《しすいこ》も一倍（一〇〇パーセント）を超えてはならないとされていた。

利質 りじち　死質《しにじち》ともいう。債務者によって請戻《うけもど》されるまで債務者は質物から生ずる収益を利子に当てることができた。したがって本銭《ほんせん》（借銭の元本《がんぽん》）に利子はつけない。

利潤 りじゅん　現在いう利益《りえき》に相当する語。仏教用語では利益《りやく》であり、古代・中世では一般に利潤の語が用いられた。

利銭 りせん　利銭文《りせんもん》ともいう。出挙の息利のこと。

理訴 りそ　訴訟で、道理にかなっていると認められること、勝訴。

里倉負名 りそうふみょう　里倉とは正倉に対する語で、農民の私倉のこと。負名には、義務を負いながら果たしていない者の意がある。あわせて、里倉負名とは、正税官物《しょうぜいかんもつ》が無実《むじつ》（現物が存在しない）である状態を指していう。単に里倉、里倉宅納ともいう。
〈文献〉村井康彦『古代国家解体過程の研究』岩波書店。

律 りつ　①音楽で、音律・楽律のこと。②絶対音高の定まった十二律を陰陽二種に分けたときの陽の音をいう。壱越《いちこつ》・平《ひょう》調《じょう》・下無《しもむ》・鳧鐘《ふしょう》・鸞鏡《らんけい》・神仙《しんせん》の六種。②

法令・刑法。

立　花　りっか　①仏前に供える花の法式。②花道の基本様式。近世初頭、池坊専好によって大成された。

律学博士　りつがくはくし　明法博士《みょうぼうのはくし》のこと。

立　券　りっけん　「りゅうけん」とも読む。宅地・田地の売買を国・郡・京職が承認する手続きのこと。券文《けんもん》を立《た》てるという。立券文は三通つくり、国・郡・買主が各一通を所持した。

立券使　りっけんし　一二世紀初頭以降、荘園の立券手続きについて中央から派遣された官使・院使のこと。

立券荘号　りっけんしょうごう　検注の結果に基づいて、特権を認め荘園として認可される手続き。太政官符や民部省符によって認められた荘園が官省符荘である。

立　后　りっこう　和語では「きさきだち」という。皇后冊立《さくりつ》。三后（皇后・皇太后・太皇太后）を立て定めること。立后の儀式は天武朝に始まると思われるが、紫宸殿での儀が整うのは平安時代からであろう。

律　師　りっし　僧綱《そうごう》の僧正《そうじょう》・僧都《そうず》に次ぐ第三の官。天武十二年（六八三）に初めて置かれ、文武二年（六九八）から常置の官となった。

竪　者　りっしゃ　大法会の論議のとき、探題の出した論題に義を立てて問者の難問に答える僧。

立　春　りっしゅん　二十四節気の一つ。二月五日頃に当たる。この日から春になる。早朝、御《み》生気《しょうげ》方の井から水を汲み、主水司がこれを天皇に献ずる。これはのちに元旦の若水の習俗として一般に広まった。

立　儲　りっちょ　立太子と同じ。儲はあとつぎの意。

立徳門　りっとくもん　豊楽院外郭の門。吉徳門、また北廂門ともいう。

率　分　りつぶん　「そつぶん」とも読む。割合を示す語。①平安時代、田租の未納について国司の公廨《くげ》の一〇パーセントを塡納《てんのう》にあてさせる率分制があった。調庸・雑物《ぞうもつ》についても毎年未納分の一〇パーセントを加徴する制度があった。②関所料のこと。
〈文献〉大津透『律令国家支配構造の研究』岩波書店。

率分関　りつぶんのせき　「そつぶんのせき」とも読む。内蔵寮《くらりょう》・内膳司《ないぜんし》御厨子所《みずしどころ》・内《ない》侍《し》所・主殿寮《ともりょう》・御服所《ごふくどころ》・左衛門府・右衛門府などの諸司の財源として設けた経済的な関所。
〈文献〉奥野高広『皇室御経済史の研究』畝傍書房。

里　坪　りつぼ　条里制で、里を構成する一町四方の地割を坪という。条里制に基づき、その土地の所在を示すには「一条一里一坪」と指称する。「里坪を差《さ》す」といえば、その土地の所在を指し示すこと。

如二律令一　りつりょうのごとし　①「急急如律令」と用いられる。もと中国の漢代の公文書にこの語があり、「この主旨を心得て律令の如く行え」の意。②転じて、まじないの言葉となり「悪魔はすぐに立ち去れ」の意とした。③わが国でも「教えに違うことなかれ」の意で用いた。

利　田　りでん　平安後期、検田によらず税・官物を賦課された田地のこと。官物徴収に当たっては三通りの方法があった。(1)検田を行わず旧田文《たぶみ》によって田数を確定する、(2)検田を行って田数を確定する、(3)検田を行わず、利田請文《うけぶみ》を提出することによって田数を確定する、である。公出挙制変質の過程で、利稲分を田地に割当てる利稲率徴制が出現し、やがて利稲を負担する田地が固定して利稲田、利田が成立した。田数は国の一の宮に対する起請（利田起請）によって確定する。
〈文献〉阿部猛『中世日本荘園史の研究』新生社。

吏途 りと　官吏としての職分、尽くすべき本分。多くは国司・受領《ずりょう》の職務。また国司そのものを指していう場合もある。
〈文献〉阿部猛『北山抄注解巻十吏途指南』東京堂出版。

利稲率徴制 りとうそっちょうせい　あらかじめ算出された出挙の利稲を耕地に割り当てて徴収する制度。出挙本稲を支出せず利稲のみ取るもので、真の意味で出挙の地税化といえる。
〈文献〉村井康彦『古代国家解体過程の研究』岩波書店。

理非 りひ　道理にかなうこととそむくこと。是非も同じ。

利平 りひょう　借米・借銭の利息のこと。

吏部少卿 りぶしょうけい　式部少輔の唐名。

吏部尚書 りぶしょうしょ　式部卿の唐名、参議の唐名。

吏部侍郎 りぶじろう　式部大輔の唐名。

吏部大卿 りぶたいけい　式部大輔の唐名。

利分 りぶん　⇒息利《そくり》

吏部 りほう　「りぶ」とも。式部省の唐名。

利米 りまい　⇒息利《そくり》

釐務 りむ　釐は治めるの意。官庁の執務。

理門 りもん　昼夜を通じて開《あ》けておく宮城の門。内門・中門・外門のそれぞれに理門を設け、衛士《えじ》が守衛した。

略押 りゃくおう　簡単な形の花押《かおう》。無筆の者は花押を書かず、○や×などの符号を用いて花押の代用とした。

略人 りゃくにん　勾引《かどわかし》に同じ。人をかどわかすこと。

略名式 りゃくみょうしき　直属関係にない官司間で交わす文書を移《い》といい、この文書において、八省の長官卿《けい》は、本人が姓《かばね》（朝臣・忌寸など）を書く。名を書くべきところを略して姓を書くので略名という。
〈文献〉相田二郎『日本の古文書　上・下』岩波書店。

柳営 りゅうえい　①将軍の御陣。②幕府。③将軍を指す。

柳花苑 りゅうかえん　雅楽の曲名。唐楽。双調《そうじょう》。舞は絶えて伝わらない。

竪義 りゅうぎ　立義、豎義とも書く。興福寺維摩会《ゆいまえ》や薬師寺最勝会などで行われる学僧試験の方法。また、その試験で試験官（問者《もんじゃ》）の質問に答える者（竪者《りっしゃ》）のこと。

龍穴 りゅうけつ　⇒龍神信仰《りゅうじんしんこう》

流言 りゅうげん　浮言《ふげん》も同じ、根拠のないうわさ。

論鼓 りゅうこ　輪子とも書く。平安時代以来行われた散楽《さんがく》の曲芸に用いた鼓。細腰鼓のくびれた部分に緒《お》を巻き、回転させながら投げあげたり受けたらしい。

流巡 りゅうじゅん　⇒巡流《じゅんりゅう》

留省 りゅうしょう　「るしょう」とも。考試に及第したが直ちに叙位されない者（秀才、明経科の上下・中上及第者）は式部省に在籍させ、選をまって叙位させる。その式部省待機の者。

龍神信仰 りゅうじんしんこう　中国の龍神、仏教の龍王信仰の影響を受けて、わが国の龍神信仰は展開した。龍は雲雨を支配する獣神として尊ばれ、雨をもたらす八大龍王信仰が、仏母大孔雀明王経などに載せられている。大和国宇陀《うだ》郡室生《むろお》の龍穴や京都の神泉苑の池は龍のすみかとして平安時代から知られていた。龍穴・龍池は各地に存在して信仰・祭祀の対象となった。ひでり続きのときには、龍穴・龍池で祈雨法を修した。

龍　池　りゅうち　⇒龍神信仰《りゅうじんしんこう》

流　毒　りゅうどく　毒を流して川魚をとる漁法。

龍尾道　りゅうびどう　龍尾壇《だん》ともいう。大極殿前庭の一段高くなったところ。元日その他儀式のとき群臣が整列する。

隆平永宝　りゅうへいえいほう　皇朝十二銭の一つ。延暦十五年（七九六）旧銭の一〇倍の価値を付して発行された銅銭。

立　用　りゅうよう　①ある目的・用途のために米・銭を支出すること。②帳簿に支出分として記載すること。「正税帳に立用す」などと用いる。
〈文献〉阿部猛『北山抄注解 巻十吏途指南』東京堂出版。

両　りょう　重量の単位。二四銖《しゅ》＝一両、一六両＝一斤《きん》。

梁　りょう　⇒うつばり

諒　闇　りょうあん　天皇が父母の喪《も》に服する期間。

良醞署　りょううんしょ　造酒司の唐名。

良醞令　りょううんれい　造酒正《みきのかみ》の唐名。

龍　駕　りょうが　天子の乗る車駕《しゃが》。

龍　顔　りょうがん　「りゅうがん」とも読む。天子の顔。なお、龍眼《りょうがん》は天子の目のこと。龍旗《りょうき》といえば天子の旗のこと。

綾綺殿　りょうきでん　内裏十七殿のひとつ、宜陽殿の北、温明殿の西、仁寿殿の東にあった。九間四面で東・西・北に廂間があった。

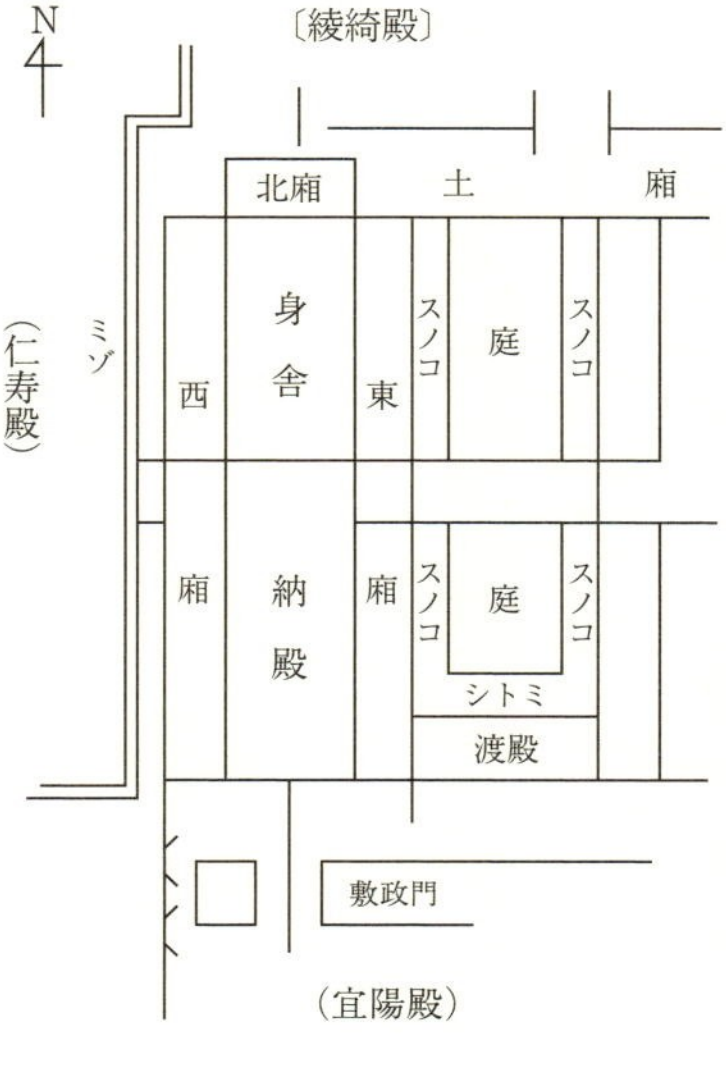

両　切　りょうぎり　①物を二つに切ること。②折半すること。「為二両切一間、仕二事書之旨一、半分七十歩可レ有二知行一」と用いる。

領　家　りょうけ　荘園領主。本家の下に位置づけられる。在地領主から寄進を受けた都市領主であるが、荘園の特権を確実なものとするため、更に上級の領主（本家）を設定する場合がある。実質的な荘園支配権（荘務権）を持つものと、名目的な領主であるものと二種類ある。
〈文献〉永原慶二『日本封建制成立過程の研究』岩波書店。

令外官　りょうげかん　「大宝令」「養老令」に規定されたもの以外の官司や官職。内大臣・中納言・按察使・勘解由使・鎮守府将軍・征夷大将軍・内豎省・勅旨省など。

領家役　りょうけやく　領家に納める公事《くじ》（夫役《ぶやく》と雑公事《ぞうくじ》）。巨大な荘園領主の場合、年貢・公事の徴収は、領主の家の年間の行事にあわせて、その費用を計画的に諸荘園に配分負担させるようになっていた。

また、日常消費する物品についても、諸荘園から残りなく徴収する体制が整えられており、一種の自給体制がとられていたと見ることができる。〈文献〉永原慶二『日本中世社会構造の研究』岩波書店。

料簡 りょうけん　了簡、了見、量見とも書く。①推《お》しはかり、より分ける。②考えて判断する。③思慮、分別。④処置。⑤不満をこらえる、たえしのぶ。

領国 りょうこく　⇒知行国制《ちぎょうこくせい》

料国 りょうごく　①内裏や寺社造営など、特定の目的のためにその租税を用いるよう定められた国。②室町幕府の直轄領。

両国司 りょうこくし　鎌倉時代、武蔵守と相模守のことをいう。幕府の執権がこの肩書を独占した。

陵戸田 りょうこでん　陵墓保守のため陵戸が置かれたが、陵戸民が耕作する戸田と口分田が、一一世紀以降諸陵寮の所領化し、やがて諸陵寮荘園へと発展する。〈文献〉阿部猛『日本荘園成立史の研究』雄山閣出版。

寮試 りょうし　大学寮が行う試験、とくに擬文章生を選抜する試験。素読五題のうち三題正解で合格とされた。

令旨 りょうじ　皇太子および三后（太皇太后・皇太后・皇后）の命令を伝える文書。のちには、親王・法親王・王・女院から出される文書をも称した。

聊爾 りょうじ　①かりそめ。②ぶしつけで失礼である。③軽々しくいいかげんである。④間違い。

領主 りょうしゅ　一般的に土地・財産の領有者をいう。史料用語としては一〇世紀後半から見える。平安時代、公領・荘園の現地で私的に田畠を領有する者を私領主と呼び地主ともいった。私領主は寺僧・下級官人ら都市生活者であって、かれらは、その土地を耕作する作人から加地子を取った。畿内荘園ではこのような私領を幾つか集めてひとつの名を形成し、年貢・公事徴収の単位とすることが多かった。〈文献〉阿部猛『日本荘園史』新生社。稲垣泰彦『日本中世社会史論』東京大学出版会。

領主制 りょうしゅせい　平安〜室町時代、在地領主である武士の農民支配方式をあらわす学術用語。在地領主は、⑴私営田領主の系譜をひき大規模な武士団をひきいる豪族的領主、⑵地頭領主、⑶名主的領主の三類型に分けられ、⑵が中世社会の主要なにない手であり、地頭領主制の発展がすなわち中世社会の発展であるとする。領主による農民支配は、地代徴収・土地所有および経済外強制（武力）の体系を通じて行われる。〈文献〉大山喬平『日本中世農村史の研究』岩波書店。

料所 りょうしょ　①天皇・院の所領。②室町将軍の所領。③守護家の所領。〈文献〉桑山浩然「室町幕府経済の構造」（『日本経済史大系　2』）東京大学出版会。

領掌 りょうしょう　古訓は「りょうじょう」。①領知する。②領収する。③聞きいれ、承諾する。

領状 りょうじょう　①承諾書。②請取状。

梁上君子 りょうじょうのくんし　梁上卿、梁上公とも。盗賊のこと。

良辰 りょうしん　よい時、よい日柄。

領送使 りょうそうし　古代、流罪人を配所まで護送した使者。

料足 りょうそく　①銭《ぜに》のこと。②物事にかかる費用、代金。

両端 りょうたん　①両極端の意。②始めと終わり、首尾。③二様のことがら。「得二風聞於万里一、成二狐疑於両端一」と用いる。

両段再拝《りょうだんさいはい》 再拝を二度に分けて行う礼拝の作法。神社や山陵に対する最もていねいな拝礼。

領知《りょうち》 知行すること、また知行地。

陵遅《りょうち》 凌遅、陵夷も同じ。衰え、すたれること。「近代求威陵遅」「仏法陵遅」などと用いる。

龍蹄《りょうてい》 すぐれた馬のこと、蹄はひづめ。

領拝《りょうはい》 ⇒うなずく

両様兼帯《りょうようけんたい》 承久の乱以前の本補地頭でありながら、同時に新補率法による得分をもあわせ取ること。本新兼帯ともいう。幕府はこれを禁じた。〈文献〉安田元久『地頭及び地頭領主制の研究』山川出版社。

良吏《りょうり》 ①一般的に立派な官人のこと。②循吏《じゅんり》。法にしたがいよく治める役人、とくに国司をいい、六国史に見える良吏像は、開明的で優民の心を持ち、しかも国家の利益を損なうことのない、すぐれた国司というものである。〈文献〉佐藤宗諄『平安初期政治史研究』東京大学出版会。

凌轢《りょうれき》 陵轢《りょうりゃく》が正しい。あなどり、ふみにじる。暴力を加えて苦しめること。

慮外《りょがい》 ①意外である。②感謝の意を表しかたじけないの意。③ぶしつけ、無礼である。④「慮外ながら」と用い失礼ですが、はばかりながらの意。

緑林《りょくりん》 盗賊の異称。

呂・律《りょ・りつ》 呂は雅楽の十二律のうち陰の音、断金《だんぎん》・勝絶《しょうせつ》・双調《そうじょう》・黄鐘《おうしき》・盤渉《ばんしき》・上無《かみむ》の六音。六呂とも。律は音律・楽律、調子、拍子、十二律の陽の音の総称。

虜掠《りょりゃく》 人を捕らえ、土地や財産をかすめ取ること。

虜領《りょりょう》 ある地域を武力で制圧し支配下に置くこと。

廩院《りんいん》 民部省の東隣にあった倉庫。諸国から送られてきた庸租穀米を収納した。大粮米《たいろうまい》（仕丁《しちょう》・衛士《えじ》・釆女《うねめ》・女《にょ》丁《ちょう》らに与えられた食料）などとして支出した。

霖雨《りんう》 ながあめ、幾日も降り続く雨。

林歌《りんが》 臨河とも。雅楽の曲名で、唐楽・高麗楽の双方にある。唐楽では平調の小曲で舞はない。高麗楽では高麗平調の曲で、四人の舞。

林歌饗《りんがのきょう》 穏座《おんのざ》の饗宴の別称。楽舞を伴うくつろいだ宴である。⇒穏座

綸言《りんげん》 天子の仰《おお》せごと、みことのり。綸は組糸のこと。天子の言は糸の如く細いが、これを下に達する時は組糸の如く太くなるの意。

輪作《りんさく》 同一の土地に、数種の作物を一定の順番で作付けすること。

綸旨《りんじ》 ①天子の命令。②勅旨を受けて蔵人から出す文書。

臨時客《りんじきゃく》 平安時代、正月のはじめに、摂政・関白・大臣家で、大臣以下公卿を招いて供応すること。

臨時叙位《りんじじょい》 成選叙位は正月初旬に行われる慣いであったが、それ以外に臨時に行われる叙位。

臨時雑役《りんじぞうやく》 ⇒雑役《ぞうやく》

臨時加階《りんじのかかい》 不次加階も同じ。定期の叙位によらず臨時に位階を加えること。

臨時闕《りんじのけつ》 定期的な春の除目《じもく》によって交替するのではなく、臨時に闕官（欠員）となった場合、その官に任ぜられること。

臨時除目《りんじのじもく》 春秋の恒例の除

目以外に行われる小規模な除目。小除目ともいう。

臨時役 りんじやく 臨時に賦課される租税や人身課役をいうが、臨時雑役をさすことが多い。

悋惜 りんじゃく ①物おしみする。②嫉《しっ》妬《と》する。

隣単 りんたん ①禅宗で、僧堂で自分の隣の座席。またそこに座る僧のこと。②となり。

綸綍 りんふつ 「りんはい」とも読む。天子の言葉、詔勅のこと。

る

誄 るい 「しのびこと」と読む。死者の霊をしのび、生前の徳をたたえるもの。「しのびごと」とか「しのびごとをたてまつる」という。

類親 るいおや 「るいしん」とも。血縁関係、婚姻関係のあるみうち。親族・親類。

類書 るいしょ ①同種類の書物。②事項別に分類・編集した図書。③或る文書も筆者が書いたそのほかの文書。訴訟の際に証拠書類の真偽鑑定の基準とされる。

類地 るいち 田地の一部を分割売却するとき、残った部分を売却田の類地という。売券に「但し、類地あるにより本公《ほんく》験《げん》を渡さず」などと書かれる。

類判 るいはん 他の文書に押署した花押。問題となる花押の真偽を判定するために類判と比較照合する。中世の裁判で用いられた方法。
〈文献〉石井良助『中世武家不動産訴訟法の研究』弘文堂書房。

留学生 るがくしょう 古代に外国へ派遣された学徒。遣隋使に同行した留学生から、留学僧を分化した。遣唐使に随行した留学生は官人やその子弟から選ばれた。なお短期留学生を請益生《しょうやくしょう》と呼んだ。

流記資財帳 るきしざいちょう ⇒資財帳《しざいちょう》

留国官物 るこくのかんもつ 実際に国の正倉に収納されている官物(稲籾)のこと。国司交替のとき税帳と照合され欠剰が明らかにされる。
〈文献〉阿部猛『北山抄注解 巻十 吏途指南』東京堂出版。

流罪 るざい 居住位から遠処に身柄を移される刑罰。都からの遠近により、遠《おん》流《る》・中流《ちゅうる》・近流《こんる》の三等とした。

流冗之民 るじょうのたみ 流浪し、さまよう人民。冗は沈に同じ。苛政が行われると人民の流冗がふえる。

留守事 るすごと 主人の留守に、こっそりと飲食すること。

留守所 るすどころ 古代末期から国衙に置かれた行政機関。受領国司が任国に赴任しなくなると、留守所を置き、目代が国の行政を掌った。太政官の命令は国守の庁宣によって留守所に伝えられ、これを留守所下文《くだしぶみ》で国内に下達した。
〈文献〉関幸彦『国衙機構の研究』吉川弘文館。

流例 るれい 古くからのしきたり、慣例。

れ

例 れい 「つね」とも読む。①先例。②慣習となっているならわし。③標準となるもの。④古代・中世、各官衙などで蓄積された先例・慣習を記録したもの。「民部省例」の如く。国の場合は「国例」。

令 れい ①命令。②古代中国の県の長官。

③令制都城で四坊を統轄するもの。④一〜四品親王家や三位以上の公卿の家政機関の職員、家令。⑤鎌倉幕府政所の次官。

犂 れい ⇒からすき

醴 れい ⇒甘酒《あまざけ》

例議 れいぎ ⇒応減者《おうげんしゃ》

例交易 れいきょうやく 恒例の交易のこと。古代、太政官符によって、諸物資を正税で易《か》い納める交易制には、毎年恒例の交易と臨時の交易の二種がある。

麗景殿 れいけいでん 内裏十七殿のひとつ、母屋は七間×二間、四面に廂間がある。

例挙 れいこ 毎年定まっている出挙《すいこ》、出挙額が一定している。⇒加挙《かこ》

例算失 れいさんしつ ⇒算失《さんしつ》

例進 れいしん 例進納、例上進も同じ。以前から例として、年貢などを貢進する。

伶人 れいじん ①楽人《がくじん》。②とくに雅楽《ががく》を奏する人。

礼銭 れいせん 役職に補任されたり、安堵されたり、また課役を免除されたりした礼に上納する銭。一種の賄賂ともいえる。⇒一献料《いっこんりょう》

例損 れいそん ⇒定損《じょうそん》

例佃 れいつくだ 佃は領主の直営地。例《つね》の佃で、本来的な、定まった佃、本佃《ほんつくだ》とも。

麗爾 れいに ⇒きらびやかに

任レ例 れいにまかせて 「れいのままに」とも読む。先例のままに、慣例どおりにの意。

令任用分付帳 れいにんようぶんづけちょう 古代、国司の交替について、前任国司が存在しない場合、その前司と同任の任用国司が、新司との間に分付・受領を行う。その際に作成された実録帳のこと。
〈文献〉阿部猛『北山抄注解 巻十 吏途指南』東京堂出版。

礼部 れいぶ 治部《じぶ》省の唐名。

礼部尚書 れいぶしょうしょ 治部卿の唐名。

礼部侍郎 れいぶじろう 治部輔の唐名。

跉跰之輩 れいへいのともがら 逃散した百姓のことを指している。跉は行くさま、跰は逃げ去るの意。

例名 れいみょう ①別名《べつみょう》に対する語。由緒ある所領の意で用いる。②荘園の本免田部分を指していう。

零余 れいよ ①残り、あまり。②わずかであること。③はした（端下）。

礼容 れいよう ①礼儀正しい態度。②礼儀にかなった作法。

歴名 れきみょう 名前を列記した帳簿、名帳。官人名帳は、女官は中務省、文官は式部省、武官は兵部省が管掌した。

列見 れけん 「れっけん」とも。前年の考選文《こうせんもん》に基づき、諸司の長上官と番上官の六位以下で成選《じょうせん》した官人を面接する儀式。毎年二月十一日に行われた。⇒考選文・成選
〈文献〉山中裕『平安朝の年中行事』塙書房。

列参 れっさん 連《つ》れだって参集すること、参内《さんだい》し列席すること。

連 れん 箏の技巧的な奏法の一つ。ひとつの音から他の音へすべらせるように演奏する技法。いわゆるグリッサンドに相当するもの。

楝 れん ⇒おうち

連歌会 れんがえ 中世、仲間が寄り集まって連歌を作る会合。すぐれた作者には賞が与えられた。

連券 れんけん 糊《のり》で貼《は》り継《つ》いだ文書。土地・宅地などに関する売券・譲状などを順に貼り継いで巻物として保存した。

連坐 れんざ 一定の範囲の者相互間に連帯の刑事責任を負わせるもの。その範囲内の者の誰かが罪を犯すと、直接犯罪にかかわらなくとも、みな処罰される。律令法にも規定があり、前近代社会に一

貫して行われた。
〈文献〉中田薫『法制史論集　三』岩波書店。

連　枝　れんし　兄弟姉妹のこと。とくに高貴の人についていう。

連雀商人　れんじゃくしょうにん　連尺とも書く。連雀とは、麻縄などで編《あ》んだ背負縄《しょいなわ》また背負梯子《せおいばしご》、しょいごのこと。連雀で商品を背負って運んだ行商人のこと。
〈文献〉豊田武『日本商人史　中世篇』東京堂出版。

連　署　れんしょ　①文書に二人以上が署判すること。②鎌倉幕府で、執権を助けて政務をとるもの。

連署起請文　れんしょきしょうもん　複数の人が姓名を列記し判形《はんぎょう》を捺《お》した起請文。

簾中より覧ず　れんちゅうよりらんず　人と対面するとき、身分ちがい、またあい手が犯罪人である場合など、直接対話することはなく、簾を間にして対する。この場合、会話は第三者によって仲介される。

練　若　れんにゃ　寺の異名。

連　判　れんばん　複数の者が連署して加えた花押《かおう》のこと、またその書状のこと。年貢減免を要求する百姓申状や国人一揆契状などがある。

蓮　府　れんぷ　大臣の唐名。

練　歩　れんぽ　宮中の節会・儀式で、内弁などが威儀をただして歩行する作法。「ねる」といい、一歩ごとにかかとを引いて、踏みしめながら歩く。わずかな距離を時間をかけて歩く。

連　々　れんれん　①引き続いて。②しばしば。③つらつら。

漣　々　れんれん　涙のとめどなく流れるさま。

ろ

臈　ろう　年功による順序をいう。臈次《ろうじ》といえば、①僧が出家受戒後、安居《あんご》の功を積んだ年数による位次。安居とは四月十六日から三か月間、集団生活をし修学に専念すること。②物事の順序、次第。

労　ろう　①苦労すること。②その職をつとめあげて功労のあること。③経験を積み慣れていること。④尽力すること。年貢・公事などの徴収について、その返抄(請取状)に「太郎労」などと注記される。太郎が徴収に尽力又は協力したことを特記するのである。⇒いたつき
〈文献〉福井俊彦「労および労帳についての覚書」(『日本歴史』二八三)。

廊　ろう　廊下のこと。細殿、渡殿《わたどの》ともいう。

壟　ろう　⇒うね

朗　詠　ろうえい　①声高くうたうこと。②漢詩文の二節一連のものや和歌に曲節をつけてうたう。

老　懐　ろうかい　老人の考え、老人の心の意。

楼　閣　ろうかく　高殿《たかどの》のこと。

漏　刻　ろうこく　漏剋とも書く。水時計のこと。

籠　作　ろうさく　「こめさく」とも読む。四至内の他領や公領を荘園内に取り込むこと。また、四至外の出作田を取り込む加納《かのう》と同義に用いる。
〈文献〉竹内理三編『土地制度史　I』山川出版社。

郎　従　ろうじゅう　中世武家社会で従者のこと。郎等とほぼ同義に用いる。
〈文献〉豊田武『武士団と村落』吉川弘文館。

狼　藉　ろうぜき　実力行使による不法行為。乱暴狼藉。

緑　衫　ろうそう　六位の官人の着る緑色の袍《ほう》。

漏達 ろうたつ　秘密の事柄を関係者以外に漏《も》らすこと。

労帳 ろうちょう　叙位・叙目の際に、諸官司や四所《ししょ》の官人の年労を記した公文。官人の姓名・勤務年数・上日が記載されている。⇒四所《ししょ》

郎等 ろうとう　武家社会で、従者のうち上位の者。「一族郎等」「家子《いえのこ》郎等」といい、従者のうち中核をなすもので、主人が最も信頼する構成員。〈文献〉石井進『鎌倉武士の実像』平凡社。

浪人 ろうにん　古代、本籍地（本貫）を離れて他所に流浪する者をいう。戸籍によって把握できず課役を免れやすい。天平八年（七三六）からは現地の戸籍につけることをやめて、名簿を作って調庸を徴収するようにした。

労敷 ろうふ　⇒いたわし

籠名 ろうみょう　「こめみょう」とも読むか。名田の名主・百姓を追放したあとの名田を地頭が自己の支配下に編入したもの。

粮物 ろうもつ　食糧のこと。

狼唳 ろうれい　欲ふかく、道理にもとること。社会秩序を乱すことで、狼藉に近い語。

牢籠 ろうろう　①所領財産を失って困窮すること、落魄。②生計の手だてを失うこと。③ふしだらである。④しりごみする。⑤遅延する。⑥狼藉の意。

禄 ろく　①官人の給与。②当座の褒美。③引出物。④財産。⑤利潤。

六位蔵人 ろくいのくろうど　蔵人で六位の者。人員はおよそ四人。交替で宮中の雑事に当たり、出勤の日は殿上人待遇で、日下臈《ひのげろう》と呼ばれた。補任《ぶにん》の順序によって、極臈《ごくろう》、差次《さしつぎ》、氏蔵人《うじくろうど》、新蔵人《しんくろうど》と呼んだ。

六月会 ろくがつえ　長講会《ちょうこうえ》のこと。⇒長講会

六具 ろくぐ　六種をひと揃いとする武具。鎧《よろい》の六具、身固め六具、大将六具、備え六具、攻戦六具など。

六座 ろくざ　弁官のこと。左右大・中・少弁で計六人であるので。のち権官《ごんかん》を含めて七弁と称された。

六斎市 ろくさいいち　月に六回開かれる定期市。一四世紀半ばから所見。

六斎日 ろくさいにち　仏教で、とくに身をつつしみ持戒清浄を保つべき日。毎月の八日・十四日・十五日・二十三日・二十九日・三十日。

六時 ろくじ　①昼夜を六分した念仏読経の時刻、晨朝《じんじょう》・日中・日没《にちもつ》・初夜・中夜・後夜《ごや》。②一昼夜を二四分《ぶん》したその六番めの時刻。③一昼夜を午前と午後に分け、それぞれを一二分《ぶん》した各六番めの時刻。④昼夜を六等分して一二時にした時刻法の半日。

禄所 ろくしょ　節会《せちえ》のとき王卿以下に賜わる禄を積みあげて置く所。

六条院領 ろくじょういんりょう　白河天皇の皇女郁芳門院の六条院をその没後に持仏堂とし、その所領荘園など。所領は鳥羽上皇・後白河上皇・後鳥羽上皇・後高倉院・室町院へ伝わり、持明院統に伝えられた。

六勝寺 ろくしょうじ　院政期に京都白河に建立された六つの御願寺《ごがんじ》。法勝寺《ほっしょうじ》（一〇七七年、白河天皇御願）・尊勝寺（一一〇二年、堀河天皇御願）・最勝寺（一一一八年、鳥羽天皇御願）・円勝寺（一一二八年、待賢門院御願）・成勝寺（一一三九年、崇徳天皇御願）・延勝寺（一一四九年、近衛天皇御願）。

勒 ろくす　①刻《きざ》む。②記録する。③制禦する。

六銭 ろくせん　撰銭を認められた粗悪銭六種のこと。大かけ銭・われ銭・かた

なし銭・新悪銭・ころ銭・なまり銭。

六　道　ろくどう　仏説で、すべての衆《しゅ》生《じょう》が生前の業因によって生死を繰り返す六種の迷いの世界で、地獄・餓鬼・畜生・阿修羅・人間・天上をいう。六道の辻にいて衆生を導くのが地蔵菩薩。

六波羅探題　ろくはらたんだい　承久の乱のあと京都に設置された鎌倉幕府の機関。尾張（のち参河）・加賀以西の西国の政務を管轄。最初は裁判については小さい権限しかなかったが、のち強化され北方・南方の両名となり両探題と呼んだ。〈文献〉上横手雅敬『鎌倉時代政治史研究』吉川弘文館。

六波羅御教書　ろくはらみぎょうしょ　鎌倉時代、関東御教書に倣って六波羅探題が発給した文書。書止めは「仍執達如ㇾ件」。

禄物価法　ろくもつかほう　位禄・季禄の代物として支給された国別の稲の公定価格。

轆　轤　ろくろ　工作物を回転運動させる装置で、木工用・焼物用・金属加工用がある。車井戸の滑車、重量物を引いたり巻き上げる滑車などをいう。

陸　々　ろくろく　碌々とも。十分に満足できるさま。「よくよく」（……ない）。楽に、自由に。

露　顕　ろけん　①発覚する。②披露する。

盧　胡　ろこ　嚧呼とも書く。①笑うこと。②笑われること。③しのび笑い。

羅　斎　ろさい　邏斎・囉斎とも書く。①僧が四方を托鉢してめぐり供養を請うこと。②他人に食物や物品を請うこと。③乞食《こじき》のこと。

露　次　ろじ　野宿、露営。次は宿。

路次狼藉　ろじのろうぜき　路上で他人の所持品を奪い取ること。

路　銭　ろせん　旅費のこと。

六　仮　ろっか　令制で、官人が六日ごとに一日の休暇のこと。毎月の六日・十二日・十八日・二十四日・三十日（小の月は二十九日）の六回。

六歌仙　ろっかせん　『古今和歌集』の仮名序で挙げられた六歌人の称。僧正遍昭・在原業平・文屋康秀・喜撰法師・小野小町・大友黒主の六人。

六　方　ろっぽう　中世、奈良興福寺の寺院制度。興福寺本寺内の組織は戊亥・丑寅・辰巳・未申に方角名を持つ四集団があり、寺外には上の四方角に菩提院方《ぼだいいんかた》・龍花院方《りゅうげいんかた》を加えた六集団があった。末寺は六方末寺と呼ばれる。

蘆　蔽　ろへい　葦《あし》などで編《あ》んだ敷物。儀式の際に、屋外の地面に敷き、座ったり膝をついたりするのに用いた。

櫓別銭　ろべちせん　船の大きさに比例する櫓の数に応じて徴収した警固料、通行税。

論　ろん　⇒あげつらう

論　所　ろんしょ　訴訟、相論の対象となった土地のこと。

論　定　ろんじょう　「ろんてい」とも。①議論して決定すること。②公出挙《くすいこ》本稲から公廨稲《くげとう》や雑色官稲《ぞうしきかんとう》を除いた正税出挙《しょうぜいすいこ》の国別の定数。

論奏式　ろんそうしき　論奏のとき太政官から天皇に提出される文書で、大臣・納言が位署を列ねる。天皇の裁可があったときは、文書の奥に天皇が聞《ぶん》の字を加える。

論　田　ろんでん　論所と同義。保有、用益をめぐって紛争の対象となった田地。

論　人　ろんにん　訴訟、裁判において被告のことをいう。原告は訴人《そにん》。

わ

把 わ　稲の計量単位、一〇把で一束。

和 わ　⇒あまなう

穢 わい　⇒え

賄貨 わいか　賂賄とも書く。賄賂《わいろ》のこと。

我式 わがしき　私ごとき者の意。

若党 わかとう　武士の従者で、郎等中の比較的若いものをいうか。⇒郎等《ろうとう》

若年寄 わかとしより　戦国時代、里見家・武田家などに所見する職制。老臣とともに万事を奉行する者。若家老の称もある。

若殿原 わかとのばら　侍身分の呼び名のひとつ。老武者《おいむしゃ》に対する語で、若侍《わかざむらい》のこと。原は輩《ともがら》に同じ。

若菜 わかな　①春さきの蔬菜類で、摘《つ》んで羹《あつもの》にして食べる。②平安時代の宮廷では正月子《ね》の日に天皇に若菜を供する行事があり、正月七日に七種《ななくさ》を供することが行われた。これは古代中国の風習が輸入されたものであった。

〈文献〉山中裕『平安朝の年中行事』塙書房。

若水 わかみず　①立春の日の早朝、主水司《もいとりのつかさ》が汲《く》んで天皇に奉った水のこと。②一般に、立春（或いは正月一日）に水を汲み、一年の邪気を払うとされた。

和布 わかめ　若布とも書く。食用海藻。神饌《しんせん》として用いられた。

脇 わき　腋・掖も同じ。傍・側とも。①おもなものの次に位置するもの。春宮《とうぐう》坊帯刀《ぼうのたちはき》の部領《ことり》の次位。相撲人《すまい》の最手《ほて》のつぎ。②脇名《わきみょう》、脇在家《わきざいけ》。③正門に対して掖門。⇒脇名・本在家《ほんざいけ》

脇売 わきうり　中世、座の構成員以外の商人が商品を販売し、座の特権を侵害すること。

脇買 わきがい　中世、座の構成員以外の商人から商品を買うこと。

脇在家 わきざいけ　⇒本在家《ほんざいけ》

脇散在 わきさんざい　名主・百姓よりも下層の農民。脇百姓のことを指すか。無税の下級住人の意をもいう。

脇住 わきじゅう　正家《しょうけ》に対する語で、新たに増加した家。本在家に対する脇在家の如き。

脇附 わきづけ　書状の宛名の下につける。「まいる」「人々御中」など。

脇百姓 わきびゃくしょう　本百姓《ほんびゃくしょう》、役屋《やくや》に対して従属的な農民をいう。

辨 わきまう　①償《つぐな》う。②返済する。③支払う。「借《か》るところの稲を、員《かず》の如く辨（弁）えて」と用いる。

脇名 わきみょう　荘園内の、以前からの名（本名《ほんみょう》）に対して、新たに名として編成されたもの。

〈文献〉豊田武「初期封建制下の農村」（著作集7）吉川弘文館。

分帳 わけちょう　分文《わけぶみ》ともいう。所領相論で、和与《わよ》し、所領を分割するとき、確認のため所領の四至《しいじ》などを記して交換する文書。

〈文献〉佐藤進一『古文書学入門』法政大学出版局。

分直中分 わけなおしちゅうぶん　いったん下《した》地中分《じちゅうぶん》を行ったものの、紛争が絶えないので、中分のし直しをすること。例えば、ひとたび坪分《つぼわけ》中分を行って、のち領域的な中分を行うような場合。

〈文献〉安田元久『地頭及び地頭領主制の研究』山川出版社。

分文 わけぶみ　⇒分帳《わけちょう》

和雇 わこ　律令制下の雇傭《こよう》方式。功直《こうじき》（手間賃）と食料を支給して人夫を徴発する。雇役《こえき》が強制力を伴うのに対して和雇

には法的強制力はない。〈文献〉櫛木謙周『日本古代労働力編成の研究』塙書房。

和琴　わごん　神楽《かぐら》などに用いられた、わが国古来の六弦琴。

和讃　わさん　仏教歌謡の一つ、七五調の四句で一節をなす。平安末期から鎌倉初期につくられ、仏菩薩《ぶつぼさつ》の徳や教え、高僧の行跡《ぎょうせき》などを和語《わご》でたたえたもの。

和讒　わざん　①助言、忠告。②仲介。③内談。④事実をまげて他人を中傷《ちゅうしょう》、讒言《ざんげん》すること。

和市　わし　市場における物資と銭貨の交換比率。相場のこと。和はあまなうで合意するの意。対の語は強市《こわし》。〈文献〉豊田武『増補　中世日本商業史の研究』岩波書店。

和字　わじ　①かな文字のこと。②日本で作られた漢字、国字のこと（和字・国字一覧参照）。

纔　わずか　僅・辛の字も同じ。①少しばかり。②辛うじて、やっと。③せいぜい、たかが。④ささやかで粗末《そまつ》であること。

煩　わずらい　①心配。②苦労。③迷惑。④病気。

早稲　わせ　⇒早米《そうまい》

早瓜　わせうり　「はやうり」とも。わせの瓜。

綿　わた　真綿のこと。木綿《もめん》が一般に普及するのは室町後期からである。

綿座　わたざ　中世の綿商人の座。一四世紀の京都祇園社の綿座が著名。七条町の定住店舗の町人である本座神人（一二三人）と町以外で振売《ふりうり》（行商）を行う新座神人（六四人）がおり、他に錦小路綿商人もいた。

渡子　わたしご　河川や海上の渡河点すなわち渡《わたり》で船や橋を管理する者。渡子には田地が給与されたり雑徭免除の特権が与えられた。

渡物　わたしもの　雅楽の曲で、原調子《げんちょうし》から他の調子にうつしかえた曲。

破立勘文　わたてのかもん　年料と率分《そつぶん》を分けて「わりたてる」から来た呼称。平安時代、受領《ずりょう》が提出した率分勘文と破立勘文を対照して正蔵率分《しょうぞうそつぶん》（調・庸・中男作物《ちゅうなんさくもつ》・交易雑物《こうえきぞうもつ》の規定額の一〇分の一）の完納を確認した。主計寮が算出した率分および年料の納入すべき額と正蔵率分所の報告した実際の納入額を対照して、既に納入した分を確認した文書である。〈文献〉阿部猛『北山抄注解巻十吏途指南』東京堂出版。

渡殿　わたどの　住宅建築で、寝殿から対屋《たいのや》など殿舎の間をつなぐ通路の役目を持つ建物。側面が壁でさえぎられていないものを透渡殿《すきわたどの》という。

移徙　わたまし　渡座とも書く。転居の意。貴人また神輿の渡御《とぎょ》をいう。「於㆓御所㆒、新御所御移徙間事有㆓其沙汰㆒」と用いる。

渡樋　わたりひ　堀や溝を越えて向こう側に水を通すために作った木製の導水管。中世、丹波国大山荘で所見。また「一遍上人絵伝」の中にも描かれている。

渡領　わたりりょう　一般的には摂関家渡《せっかんけわたり》領《りょう》のこと。藤原氏の氏長者《うじのちょうじゃ》が管理する所領。氏長者固有の直領で、氏長者につぎつぎと伝えられた。殿下渡領ともいう。〈文献〉橋本義彦『平安貴族社会の研究』吉川弘文館。

和談　わだん　①和睦《わぼく》する。②和解する。③和与《わよ》。⇒和与

割符　わっぷ　割賦とも書く。①割り当てること。②負債《ふさい》や代金を分割支払いすること。

和同開珎　わどうかいちん　皇朝十二銭のはじめ。銀銭と銅銭の二種ある。和銅元年

（七〇八）に鋳造された。のちまで流通したのは銅銭。
〈文献〉栄原永遠男『日本古代銭貨流通史の研究』塙書房。

和南 わなん　長上に敬意を表し安否を尋ねる言葉。口に「和南」と称し深く首を垂《た》れる。おもに僧の手紙で用い、書止めに「和南」と記す。
〈文献〉相田二郎『日本の古文書　上』岩波書店。

詫言 わびごと　①辞退する。②弁明し、抗議する。③窮状を訴える。④嘆願する。⑤謝罪する。

和布 わふ　⇒わかめ

和風漢文 わふうかんぶん　変体漢文ともいう。⑴正格漢文の作成を志向しながら和習を交えるもの（詩文）。⑵漢文様式によって日本語文の作成を志向するもの。公家の日記、往生伝・「吾妻鏡」など。

和平 わへい　①天候や世の中がおだやかであること。②争っていた者が仲直りすること。「東大寺与御寺大衆《だいしゅ》去月合戦之後、互不㆓和平㆒之間」と用いる。

和睦 わぼく　①人がなごやかに親しみあうこと。「かぼく」とも読む。②争っていたものが和解すること。

和字・国字一覧

国字の内、古文書・古記録によく使われるものを選んで掲げた。

ⓐ（あ）鱫鱜（あいぎょう）鯏（あさり）鯗（あさる）惷（あたま）適（あっぱれ）鮑（あわび）
（い）鵤（いかるが）魦（いささ）鯆（いるか）鱁（いるか）鰯（いわし）
（う）腔（うつけ）宊（うつぼ）箴（うつぼ）
（え）魞（えり）
（お）標（おうち）俤（おもかげ）颪（おろし・あらし）
（か）樫（かし）梶（かじ）鵥（かしどり）鎹（かすがい）鰹（かつお）蘰（かづら）
（き）鶎（きくいただき）鱚（きす）
（く）𪀚（くいな）茷（くたびれ）糈（くましね）
（こ）糀（こうじ）凩（こがらし）鯒（こち）娼（こなみ）鞐（こはぜ）榀（こまい）込（こむ）怺（こらえる）
（さ）榊（さかき）笹（ささ）嘸（さぞ）扨（さて）扇（さやけし）鰆（さわら）
（し）鱰（しいら）䁆（しかと）鴫（しぎ）䋜（しじら）雫（しずく）躾（しつけ）諚（じょう）鏽（しん）
（す）椙（すぎ）榲（すぎ）鯐（すばしり）
（せ）妋（せ）躮（せがれ）
（そ）杣（そま）
（た）栲（たく）鮍（たこ）襷（たすき）鱈（たら）棰（たる）
（ち）鵆（ちどり）鴴（ちどり）襅（ちはや）狆（ちん）
（つ）閊（つかえる）鵇（つき）鶫（つぐみ）辻（つじ）
（と）峠（とうげ）萙（ところ）鯲（どじょう）杤（とち）迚（とても）鞆（とも）
（な）凪（なぎ）憖（なまじい）鯰（なまず）𩶗（なまず）
（に）錵（にえ）鳰（にお）匂（におう）
（ね）躵（ねらう）
（の）畍（の）
（は）鱹（はえ）鱓（はえ）鰙（はえ）潶（はぐろめ）畑（はたけ）畠（はたけ）働（はたらき）薄荷（はっか）鎺（はばき）鰚（はらか）椋（はんぞう）
（ひ）蟷（ひおむし）鋲（びょう）鶸（ひわ）
（ふ）梺（ふもと）鰤（ぶり）
（ほ）鮱（ぼら）鮥（ぼら）
（ま）槙（まき）柾（まさ）鮲（まて）盯（ままいもと）麿（まろ）
（む）毟（むしる）榁（むろ）
（も）籾（もみ）栬（もみじ）𣐊（もみじ）椛（もみじ）𣏓（もみじ）
（や）軈（やがて）鑓（やり）

和　与　わよ　①贈与のこと。②財産の譲与、処分。③裁判上の用語で、紛争の当事者が話し合いで解決すること。和解、和与の契約を文書としたものが和与状である。「和与を放《はな》つ」といえば、和与状を渡すこと。

〈文献〉平山行三『和与の研究』吉川弘文館。

和与状　わよじょう　訴訟の当事者（訴人《そにん》と論人《ろんにん》）が話し合いで解決に至ることを和与といい、その契状が和与状である。和与状は幕府の承認を得て、訴訟担当奉行人の証判を経て効力を発する。公《おおやけ》の承認を得ていない和与は私和与《しわよ》といい、裁判の過程での効力を持たない。

〈文献〉佐藤進一『古文書学入門』法政大学出版局。

和与中分　わよちゅうぶん　和与《わよ》による下地分割。⇒和与

和与物　わよもつ　①贈り物。②賄賂《わいろ》。

藁　わら　一般に、稲の茎《くき》を乾燥させたものをいう。寝床に敷きつめたり、ござ、むしろなどの敷物、縄・俵・みの・わらじなどの材料とする。馬の飼料とするため、大豆・糠《ぬか》とともに藁も公事《くじ》の一部として徴収され、三日厨《みっかくりや》にも藁の提供が求められた。⇒公事・三日厨

〈文献〉宮崎清『藁』法政大学出版局。

わらうだ　⇒円座《えんざ》

草　鞋　わらじ　稲藁で編《あ》んだ履物《はきもの》。中国から伝来した。浅い沓でワラクツと称した。平安中期に現在の形のものに改良され庶民の間に普及した。馬にはかせる馬わらじもある。

〈文献〉潮田鉄男『はきもの』法政大学出版局。

草鞋銭　わらじせん　①わずかな旅費。②旅立つ人に送る金銭。室町期からの用語。

藁檀紙　わらだんし　中世末期、甲斐国で生産された紙。甲斐国《かいのくに》は良質紙の産地であった。

蕨　わらび　シダ類ウラボシ科の落葉多年草。根からデンプンを取る。中世、飢饉に際して蕨をとり、飢《うえ》をしのいだという話がみえる。

童女御覧　わらわごらん　十一月に朝廷で行われる新嘗祭の中《なか》の卯《う》の日に、天皇が、五節舞姫《ごせちまいひめ》につきそう童女を清涼殿《せいりょうでん》で見る儀式。円融朝《えんゆうちょう》（九六九～八四）に始まった。

童親王拝観　わらわしんのうはいぎん　正月に、童親王が内裏《だいり》に参入して天皇に対して庭から拝舞する儀式。その後天皇は童親王を召し酒肴を給い白大掛《おおうちかけ》を賜わる。平安初期に始まり同末期には見えなくなる。

童殿上　わらわてんじょう　平安時代、元服前の貴族の子弟が宮中の作法見習いのため昇殿をゆるされて天皇側近に奉仕したこと。またその人をいう。

童　名　わらわな　元服以前の子供のときの名前。

瘧　わらわやみ　おこり、えやみともいう。間欠熱の一種。マラリアに似た熱病。

把　利　わり　和利とも書く。①出挙の利率をあらわす語。五把利といえば五〇パーセントのこと。「件の米は明年七月日を以て、五把利を加えて弁進すべし、件の七月過ぎたらんには、月を追いて一把利を加えて弁進すべし」などと用いる。②手数料。種々のかかり。

〈文献〉高橋久子「五把利から五割へ」（『日本語と辞書　第一輯』所収）

破　子　わりご　破籠、樏とも書く。檜の白木で折箱のように作った。弁当箱のようなふたつきの箱、また破子に入れた食物のこと。

割　撥　わりばち　雅楽の琵琶《びわ》の奏法。ふつうは、一つの小拍子（小節）に一和音が当てられているが、一小節内の拍を分割して奏するもの。

破銭《われぜに》 中世に流通していた悪銭の一種。破目《われめ》のある銭。撰銭《えりぜに》の対象となった。

我人に《われひとに》 自分にも他人にも。「我人にためにあしき事いたし」と用いる。

わわしい ①言動が仰々しくて軽はずみである。②口やかましい。③さわがしい。

還礼《わんれい》 答礼、返礼のこと。

古記録・古文書概説

歴史学は史料を媒介として過去の事実を認識しようとする学問であるが、その史料は、①文献史料、②遺物史料、③民俗史料に大別される。②を対象とするのは考古学、③を対象とするのが民俗学である。①の文献史料は更に㋑記録、㋺文書、㋩典籍の三つに分類される。そして、㋑を対象とするのが古記録学、㋺は古文書学、㋩は書誌学で、それぞれ独自の学問体系をかたちづくっている。

歴史、なかんずく日本史の研究に当たっては、①の文献史料が中枢を占め、そのうちでも㋑記録、㋺古文書が重んぜられる。以下、古記録、古文書について概説する。

〈記録〉

記録という語は日記と殆ど同義に用いられる。日記とは、狭義には、毎日の出来ごとを書き留める日次記《ひなみき》をいう。これは現代の用法に近い。広義には、回想記・物語・紀行・訴訟文書・犯罪調書・行事の次第書・各種の目録・番付・計算書など広範囲の史料を指していう。記録も、広義には日記体の史書（例えば「六国史」「吾妻鏡」「徳川実紀」など）・覚書《おぼえがき》・書上《かきあげ》・回想録・伝記・戦記・実録・系譜その他をいい、狭義には、日次記のほか、別記・部類記・公事《くじ》義礼書などを指していう。別記とは、恒例・臨時の公事その他重要な行事についての記録であり、部類記とは、それらの事項を項目ごとに抄出・類聚したものである。例えば、神事・仏事・践祚《せんそ》・即位《そくい》・譲位・大嘗会・立后・立坊・御産・元服・行幸・御幸・改元・院号定・叙位除目・拝賀・節会・御会・凶事などの諸項目である。

日記には、宮廷・官衙における公務上の日記があり、古代には、内記《ないき》日記・殿上《てんじょう》日記・外記《げき》日記・検非違使《けびいし》日記などがあった。中世以降では、鎌倉幕府の「建治三年記」「永仁三年記」、室町幕府の大舘《おおだち》・斎藤・蜷川《にながわ》氏の公務日記がある。

中世以降、公家・官人らが職掌を世襲する体制が明らかになり、代々家職に関する日記を書きつぐようになった。神祇伯白川家、陰陽道土御門《つちみかど》家、官務壬生《みぶ》家、大外記押小路家などの日記がある。また社家・寺家の日記もあり、

「春日社家日記」、「祇園執行日記」、「北野社家日記」などが見られる。

　他に、家来日記・側日記と称されるものがある。山科家の雑掌《ざつしょう》大沢氏が記した「山科家礼記」や本願寺顕如の右筆宇野氏が記した「天正日記（宇野主水記）」などがそれである。

　公日記に対して個人の私日記がある。現存最古の日記は八世紀中葉のものであるが、平安時代になると宇多天皇の「寛平御記」を始めとして次つぎと日記が現われる。その主要なものについては、のちに一覧する（後掲）。

〈古文書〉

　文書《もんじょ》とは、差出人の意志を特定の充名《あてな》人に伝えるために文字を用いて作成したものと定義される。文書は紙面に書かれたものが多いが、材質は竹・木・石・金属の場合でもよい。また、差出人・充名人は個人とは限らず、複数の人物でも組織・団体である場合もある。そのような文書のうち「古《こ》文書《もんじょ》」と呼ぶのは何か。「古」というのは一、二年や四、五年では勿論ないが、古さに基準があるわけではない。ただ、現在からみて、幕末までの文書を古文書と呼び、明治以降のものについては単に文書といい、「もんじょ」ともいわず「ぶんしょ」という慣わしである。

　古文書が史料として威力を発揮するためには、示される年代や内容に偽りがなく、差出人の意志が正しく表現されているという保障が求められる。差出人がその文書を書いたときの原物を正文《しょうもん》といい、その写しを案文《あんもん》という。正文を作る際の下書きは草《そう》、土《ど》代《だい》と称する。正文のみならず案文・草・土代も史料として用いられるが、それら文書間に文章の異同がある場合があり、その点にも留意する必要がある。更には諸種の理由から内容を偽った「偽《ぎ》文書《もんじょ》」が作られることもある。

　古文書の内容の解説や真偽の判定には、古文書についてのあらゆる知識を駆使する必要がある。そのような知識・技能を体系的に教えてくれる学問を古文書学という。訴訟裁判の場において、証拠として提出された文書の真偽鑑定が行われることは古くからあり、鎌倉・室町時代にも古筆鑑定は盛んであった。文書の真偽判定のためには、用紙・筆跡・墨色・花押・印章などに関する知識が求められ、文書の語る事象に関連する歴史知識が必要である。何よりも、古文書の文字が読めて、ひと通りの解釈のできることが条件である。そうした、古文書理解の基本を体系的に教えてくれるものが「古文書学」である。

現在その存在の知られている古文書の数は、中世文書のみで三〇万通とも五〇万通ともいわれる。東京大学史料編纂所が編纂している「大日本史料」や「大日本古文書」、竹内理三編「平安遺文」「鎌倉遺文」に多くの文書が収められ、また県・市・町史の史料編の刊行によって文書を読む機会は頗る多くなった。古文書についての基礎知識を心得ておくと、より深くより確かに文書を読解することができるであろう。

〈参考文献〉

古記録・古文書についての研究はきわめて数多く挙示にたえないが、概説書を掲げておく。

斎木一馬編著『古記録学概論』（吉川弘文館）
佐藤進一著『新版古文書学入門』（法政大学出版局）
相田二郎著『日本の古文書』上・下（岩波書店）
伊知地鉄男編『日本古文書学提要』上・下（新生社）

また、個別の古記録・古文書の解題については、新人物往来社刊行の「別冊歴史読本　事典シリーズ」の、

『日本歴史「古記録」総覧』（上・下）
『日本歴史「古文書」総覧』

があり有益である。また、各時代の代表的古文書を写真で収録し、解読文と注を加えたものに、「演習古文書選」〈古代・中世編、様式編、荘園編（上・下）、近世編、続近世編、近代編（上・下）〉（吉川弘文館）がある。

聖徳太子から勝海舟までの代表的人物の筆蹟を集めた『古文書時代鑑』（正・続）（東京大学出版会）も読解練習に適当である。

中世の文書読解の作業手順を具体的に示すつぎの著作も参考になる。

工藤敬一『中世古文書を読み解く』（吉川弘文館）
網野善彦・笠松宏至『中世の裁判を読み解く』（学生社）
黒田弘子『ミミヲキリハナヲソギ』（吉川弘文館）

主要記録・文書一覧

〔主要記録一覧〕

宇多天皇御記《うだてんのうぎょき》
宇多天皇（八六七―九三一、在位八八七―八九七）の日記。原本は伝存せず。もとは一〇巻か。諸書所引の逸文を集めた、所功編『三代御記逸文集成』（国書刊行会、一九八二年）がある。

醍醐天皇御記《だいごてんのうぎょき》
醍醐天皇（八八五―九三〇、在位八九七―九三〇）の日記。原本は伝存せず。もとは二〇巻か。逸文を集めた、所功編『三代御記逸文集成』（国書刊行会、一九八二年）がある。

村上天皇御記《むらかみてんのうぎょき》
村上天皇（九二六―六七、在位九四六―六七）の日記。原本は伝存せず。もと三〇巻か。逸文を集めた、所功編『三代御記逸文集成』（国書刊行会、一九八二年）がある。

貞信公記《ていしんこうき》
太政大臣藤原忠平（八八〇―九四九）の日記。原本は伝存せず。忠平の子実頼《さねより》が抜き書きした抄本。延喜七年（九〇七）から天暦二年（九四八）に至る記事がある。『続々群書類従』『大日本古記録』所収。

九　暦《きゅうれき》
右大臣藤原師輔《もろすけ》（九〇八―六〇）の日記。原本は伝存せず。抄出本・逸文のみ残る。延長八年（九三〇）から天徳四年（九六〇）に至る。『続々群書類従』『大日本古記録』所収。

外記日記《げきにっき》
太政官の外記の公日記。原本は現存せず。逸文のみ伝わる。木本好信『平安朝日記と記録の研究』（みつわ、一九八〇年）参照。

吏部王記《りほうおうき》
醍醐天皇の皇子重明親王《しげあきらしんのう》（九〇六―五五）の日記。原本は伝存せず。諸書に引かれた逸文のみ残る。『史料纂集』『史料拾遺』所収。

小右記《しょうゆうき》
右大臣藤原実資《さねすけ》（九五七―一〇四六）の日記。原本は伝存せず、写本のみ伝わる。貞元二年（九七七）から長久元年（一〇四〇）に至る。『大日本古記録』『増補史料大成』所収。

権　記《ごんき》
権大納言藤原行成《ゆきなり》（九七二―一〇二七）の日記。原本は伝存せず、写本のみ伝わる。正暦二年（九九一）から寛弘八年（一〇一一）までとその後の逸文がある。『史料大成』『史料纂集』所収。

御堂関白記《みどうかんぱくき》
太政大臣藤原道長《みちなが》（九六六―一〇二七）の日記。自筆本と古写本が陽明文庫にある。長徳四年（九九八）から治安元年（一〇二一）におよぶ。『大日本古記録』所収。

左経記《さけいき》
参議源経頼《みなもとのつねより》（九八五―一〇三九）の日記。現存する本文は長和五年（一〇一六）から長元八年（一〇三五）に至り、逸文等もある。『増補史料大成』所収。

春　記《しゅんき》
参議藤原資房《すけふさ》（一〇〇七―五七）の日記。自筆本は伝存しない。万寿三年（一〇二六）から天喜二年（一〇五四）に至る。『丹鶴叢書』『史料大成』所収。

水左記《すいさき》
左大臣源俊房《としふさ》（一〇三五―一一二一）の日記。康平五年（一〇六二）から嘉承三年（一一〇八）に至るが欠落も多い。『史料大成』所収。

帥記《そちき》
権大納言源経信《つねのぶ》（一〇一六―九七）の日記。治暦元年（一〇六五）から寛治二年（一〇八八）に至るが多くは散逸した。『史料通覧』『史料大成』所収。

江記《ごうき》
中納言大江匡房《まさふさ》（一〇四一―一一一一）の日記。治暦元年（一〇六五）から天仁元年（一一〇八）に至るが、殆ど散逸した。『史料大成』および木本好信編『江記逸文集成』（国書刊行会、一九八五年）に収める。

為房卿記《ためふさきょうき》
参議藤原為房（一〇四九―一一一五）の日記。治暦元年（一〇六五）頃から約五〇年に及ぶ殆どは散逸し、延久三年（一〇七一）から永久二年（一一一四）までが断続的に現存する。『史料纂集』所収。

時範記《ときのりき》
右大弁平時範（一〇五四―一一〇九）の日記。承暦元年（一〇七七）から康和元年（一〇九九）に至るが欠失部が多い。『書陵部紀要』一四・一七・三一・三八号に一部が翻刻されている。

後二条師通記《ごにじょうもろみちき》
関白藤原師通（一〇六二―九九）の日記。永保三年（一〇八三）から康和元年（一〇九九）に至る。自筆本は一巻のみ。『大日本古記録』所収。

中右記《ちゅうゆうき》
右大臣藤原宗忠（一〇六二―一一四一）の日記。応徳四年（一〇八七）から保延四年（一一三八）に至る。『史料大成』所収。

長秋記《ちょうしゅうき》
権中納言源師時《もろとき》（一〇七七―一一三六）の日記。寛治元年（一〇八七）から保延二年（一一三六）に至るが欠失が多い。『史料大成』所収。

殿暦《でんりゃく》
関白・太政大臣藤原忠実（一〇七八―一一六二）の日記。承徳二年（一〇九八）から元永元年（一一一八）に至る。原本は伝わらず文永四年（一二六七）の古写本が残る。『大日本古記録』所収。

永昌記《えいしょうき》
参議藤原為隆（一〇七〇―一一三〇）の日記。康和元年（一〇九九）から大治四年（一一二九）に至る。原本は伝わらず、古写本も欠失部が多い。『史料大成』所収。

兵範記《ひょうはんき》
蔵人頭・兵部卿平信範《のぶのり》（一一一二―八七）の日記。天承二年（一一三二）から元暦元年（一一八四）に至る。大部分は自筆本。『史料大成』所収。

春日社家日記《かすがしゃけにっき》
『中臣祐房記』『中臣祐重記』『中臣祐明記』『中臣祐定記』『中臣祐賢記』『中臣祐春記』がある。平安末期から正和二年（一三一三）に至る。『増補続史料大成』所収。

台記《たいき》
左大臣藤原頼長（一一二〇―五六）の日記。保延二年（一一三六）から久寿二年（一一五五）に至る。他に『台記別記』（長承四年〈一一三五〉から久寿二年に至る）がある。原本は伝存しない。『増補史料大成』『史料纂集』所収。

山槐記《さんかいき》
内大臣藤原忠親（一一三一―九五）の日記。仁平元年（一一五一）年から建久五年（一一九四）に至る。『史料大成』所収。

顕広王記《あきひろおうき》
神祇伯顕広王（一〇九五―一一八〇）の日記。永久五年（一一一七）から治承四年（一一八〇）に至るが欠失部が多い。原本は国立歴史民俗博物館にある。『続史料大成』所収。

玉　葉《ぎょくよう》
関白九条兼実（一一四九—一二〇七）の日記。長寛二年（一一六四）から建仁三年（一二〇三）に至る。写本のみ残る。国書刊行会刊本がある。

吉　記《きっき》
権大納言藤原経房（一一四三—一二〇〇）の日記。仁安元年（一一六六）から建久九年（一一九八）に至るが欠失が多い。『史料大成』所収。

明月記《めいげつき》
権大納言藤原定家（一一六二—一二四一）の日記。治承四年（一一八〇）から嘉禎元年（一二三五）に至る。自筆本がある。国書刊行会刊本がある。

三長記《さんちょうき》
中納言藤原長兼（生没年未詳）の日記。建久六年（一一九五）から建暦元年（一二一一）に至るが欠損が著しい。『増補史料大成』所収。

鶴岡社務記録《つるがおかしゃむきろく》
歴代社務（別当）の日記ではなく、のちの編纂物である。甲・乙二巻で、甲巻は建久二年（一一九一）から建武三年（一三三六）に至り、乙巻は建武三年から文和四年（一三五五）に至る。『鶴岡叢書』『神道大系』『改定史籍集覧』『続史料大成』所収。

平戸記《へいこき》
民部卿経高（一一八〇—一二五五）の日記。建久七年（一一九六）から寛元四年（一二四六）に至る。『史料大成』所収。

猪隈関白記《いのくまかんぱくき》
関白・太政大臣藤原家実（一一七九—一二四二）の日記。建久八年（一一九七）から建保五年（一二一七）に至る本文のほか、自筆本断簡がある。『大日本古記録』所収。

玉　蘂《ぎょくずい》
関白藤原道家（一一九三—一二五二）の日記。承元三年（一二〇九）から暦仁三年（一二三八）に至る。今川文雄校訂本（思文閣出版）がある。

順徳院御記《じゅんとくいんぎょき》
順徳天皇（一一九七—一二四二）の日記。建暦元年（一二一一）から承久三年（一二二一）に至るが、部類の集積である。『改訂史籍集覧』『増補史料大成』所収。

後鳥羽天皇宸記《ごとばてんのうしんき》
後鳥羽天皇（一一八〇—一二三九）の日記。建暦二年（一二一二）から建保四年（一二一六）に至る。原本は失われ写本のみ。『増補史料大成』『宸記集　上巻』所収。

岡屋関白記《おかのやかんぱくき》
関白近衛兼経（一二一〇—五九）の日記。貞応元年（一二二二）から正嘉元年（一二五七）に至る。自筆本は一巻のみ。『大日本古記録』所収。

民経記《みんけいき》
権中納言・民部卿藤原経光（一二一三—七四）の日記。嘉禄二年（一二二六）から文永五年（一二六八）に至る。自筆原本が国立歴史民俗博物館にある。『大日本古記録』所収。

洞院摂政記《とういんせっしょうき》
関白九条教実《のりざね》（一二一〇—三六）の日記。寛喜二年（一二三〇）から天福元年（一二三三）に至る。但し伝存するのはその一部のみ。一部自筆本がある。『九条家歴世記録一』（宮内庁書陵部）所収。

葉黄記《ようこうき》
権中納言葉室定嗣（一二〇八—七二）の日記。寛元四年（一二四六）から宝治二年（一二四八）にわたる日次記が中心。写本で伝えられ、『史料纂集』所収。

経俊卿記《つねとしきょうき》
中納言吉田経俊（一二一四—七六）の日記。嘉禎三年（一二三七）から建治二年（一二

七六）に至るが欠落が多い。自筆本一七巻が伝存する。『国書寮叢刊　経俊卿記』（書陵部刊）がある。

吉続記《きちぞくき》

権大納言吉田経長（一二三九―一三〇九）の日記。文永四年（一二六七）から乾元元年（一三〇二）に至る。原本は伝存しない。『増補史料大成』所収。

勘仲記《かんちゅうき》

中納言勘解由小路兼仲《かでのこうじかねなか》（一二四四―一三〇八）の日記。文永十一年（一二七四）から正安二年（一三〇〇）に至る。国立歴史民俗博物館所蔵で、紙背文書も貴重である。『増補史料大成』所収。

祇園執行日記《ぎおんしぎょうにっき》

祇園八坂神社社務執行宝寿院伝来の社家記録、三鳥居建立記などで、康永二年（一三四三）から応安五年（一三七二）に至る記録と鳥居、荘園関係の記録を収める。同社務所発刊の『八坂神社記録』がある。

公衡公記《きんひらこうき》

左大臣西園寺《さいおんじ》公衡（一二六四―一三一五）の日記。弘安六年（一二八三）から正和四年（一三一五）に至るが欠落も多い。『史料纂集』所収。

伏見天皇宸記《ふしみてんのうしんき》

伏見天皇（一二六五―一三一七、在位一二八七―九八）の日記。弘安十年（一二八七）から延慶四年（一三一一）に至るが大部分は失われ、自筆本九巻が残るのみ。『増補史料大成』所収。

冬平公記《ふゆひらこうき》

関白鷹司冬平（一二七五―一三二七）の日記。乾元二年（一三〇三）から元亨四年（一三二四）に至るがすべて断簡。『史料大成』所収。

後伏見天皇宸記《ごふしみてんのうしんき》

後伏見天皇（一二八八―一三三六、在位一二九八―一三〇一）の日記。徳治二年（一三〇七）から嘉暦三年（一三二八）に至る。『増補史料大成』所収。

園太暦《えんたいりゃく》

太政大臣洞院公賢《とういんきんかた》（一二九一―一三六〇）の日記。応長元年（一三一一）から延文五年（一三六〇）に至る。自筆本は一巻のみ。『史料纂集』所収。

花園天皇宸記《はなぞのてんのうしんき》

花園天皇（一二九七―一三四八、在位一三〇八―一八）の日記。延慶三年（一三一〇）から元弘二年（一三三二）に至る。自筆本が大部分で『史料纂集』所収。

空華日用工夫略集《くうげにちようくふうりゃくしゅう》

五山《ござん》の義堂周信《ぎどうしゅうしん》（一三二五―八八）の日記。原本は伝存しない。正中二年（一三二五）から嘉慶二年（一三八八）に至る。『改訂史籍集覧』所収。蔭木英雄注『訓注空華日用工夫略集』（思文閣出版）がある。

東寺執行日記《とうじしぎょうにっき》

東寺の歴代執行の日記。元徳二年（一三三〇）から文禄二年（一五九三）に至る。刊本はない。

玉　英《ぎょくえい》

関白一条経通（一三一七―六五）の日記。元徳二年（一三三〇）から正平二十年（一三六五）に至る。『続群書類従』『歴代残闕日記』所収。

匡遠記《ただとおきき》

官務小《お》槻《つき》匡遠（？―一三六六）の日記。自筆本三巻が伝存する。建武二年（一三三五）、同四年、暦応元年（一三三八）、同二年、観応三年（一三五二）記のみ残る。『続々群書類従』所収。

師守記《もろもりき》

局務大外記中原師守（生没年未詳）の日記。暦応二年（一三三九）から応安七年（一三七四）に至る。『史料纂集』所収。

愚管記《ぐかんき》
関白近衛道嗣《みちつぐ》（一三三二―八七）の日記。延文元年（一三五六）から永徳三年（一三八三）に至る。自筆本。複製本『後深心《ごしんしん》院《いん》関白記』（思文閣出版）がある。

後愚昧記《ごぐまいき》
内大臣三条公忠《きんただ》（一三二四―八三）の日記。康安元年（一三六一）から永徳三年（一三八三）に至る。自筆本。『大日本古記録』所収。

吉田家日次記《よしだけひなみき》
吉田神社の神主吉田兼熙《かねひろ》（一三四八―一四〇二）・同兼敦《かねあつ》（一三六八―一四〇八）・同兼致《かねむね》（一四五八―九九）・同兼右《かねみぎ》（一五一六―七三）の日記の総称。貞治五年（一三六六）から元亀三年（一五七二）に至る。一部が『歴代残闕日記』に入るほかは未刊。

兼宣公記《かねのぶこうき》
大納言広橋兼宣（一三六六―一四二九）の日記。嘉慶元年（一三八七）から正長元年（一四二八）に至る。『史料纂集』所収。

薩戒記《さつかいき》
権大納言中山定親（一四〇一―五九）の日記。応永二十五年（一四一八）から文安五年（一四四八）に至る。未刊。

安富記《やすとみき》
権大外記中原康富（一四〇〇―五七）の日記。応永二十四年（一四一七）から康正元年（一四五五）に至る。自筆本がある。『増補史料大成』所収。

教言卿記《のりときょうき》
権中納言山科教言（一三二八―一四一〇）の日記。応永十二年（一四〇五）から同十七年に至る自筆原本が伝存する。『史料纂集』所収。

満済准后日記《まんさいじゅごうにっき》
醍醐寺座主満済（一三七八―一四三五）の日記。応永十八年（一四一一）、同二十年～二十九年、同三十年～永亨七年（一四三五）に至る。自筆本。『続群書類従』所収。

建内記《けんないき》
内大臣万里小路時房（一三九四―一四五七）の日記。応永二十一年（一四一四）から康正元年（一四五五）に至るが欠失部が多い。殆どが自筆本。『大日本古記録』所収。

経覚私要抄《きょうがくしようしょう》
興福寺大乗院門跡経覚（一三九五―一四七三）の日記。応永二十二年（一四一五）から断続的に文明四年（一四七二）に至る。一部自筆。『続群書類従』所収。

看聞日記《かんもんにっき》
伏見宮貞成《さだふさ》親王（一三七二―一四五六）の日記。応永二十三年（一四一六）から文安五年（一四四八）に至る。『続群書類従』に『看聞御記』として所収。

師郷記《もろさときき》
大外記中原師郷（一三八七―一四六〇）の日記。応永二十七年（一四二〇）から断続的に長禄二年（一四五八）に至る。『続群書類従』所収。

蔭涼軒日録《いんりょうけんにちろく》
相国寺《しょうこくじ》鹿苑院《ろくおんいん》蔭涼軒主の日記。永享七年（一四三五）から明応二年（一四九三）に至るが欠失が多い。『大日本仏教全書』『続史料大成』所収。

斎藤基恒日記《さいとうもとつねにっき》
幕府奉行人斎藤基恒（一三九四―一四七一）の日記。永享十二年（一四四〇）から康正二年（一四五六）に至る。『続史料大成』所収。

晴富宿禰記《はるとみすくねき》
左大史・治部郷壬生《みぶ》晴富（一四二二―一五〇四）の日記。『国書寮叢刊　晴富宿禰記』（明治書院）がある。

臥雲日件録抜尤《がうんにっけんろくばつゆう》 相国寺鹿苑院主瑞渓周鳳《ずいけいしゅうほう》（一三九一―一四七三）の日記。文安三年（一四四六）から文明五年（一四七三）に至るが、現存するのは永禄五年（一五六二）に作られた抄録。『大日本古記録』所収。

大乗院寺社雑事記《だいじょういんじしゃぞうじき》 興福寺大乗院門跡尋尊（一四三〇―一五〇八）の日記。宝徳二年（一四五〇）から永正五年（一五〇八）に至る。『増補続史料大成』所収。

碧山日録《へきざんにちろく》 五山の禅僧太極《たいきょく》（一四二一―?）の日記。享徳元年（一四五二）から応仁二年（一四六八）に至る。『増補史料大成』所収。

蜷川親元日記《にながわちかもとにっき》 室町幕府政所代蜷川親元（一四三三―八八）の日記。寛正六年（一四六五）から文明十七年（一四八五）に至る。一部は自筆本。『続史料大成』所収。

斎藤親基日記《さいとうちかもとにっき》 室町幕府奉行人斎藤親基（一四二六―?）の日記。寛正六年（一四六五）から応仁元年（一四六七）に至る。『群書類従』『続史料大成』所収。

後法興院関白記《ごほうこういんかんぱくき》 関白太政大臣近衛政家（一四四四―一五〇五）の日記。文正元年（一四六六）から応仁二年（一四六八）と、文明十一年（一四七九）から永正二年（一五〇五）に至る。自筆本。『増補史料大成』所収。

親長卿記《ちかながきょうき》 大納言甘露寺《かんろじ》親長（一四二四―一五〇〇）の日記。文明二年（一四七〇）から明応七年（一四九八）に至る。写本のみ残る。『増補史料大成』所収。

十輪院内府記《じゅうりんいんないふき》 内大臣中院通秀《なかのいんみちひで》（一四二八―九四）の日記。文明九年（一四七七）から長享二年（一四八八）に至る。『史料纂集』所収。

実隆公記《さねたかこうき》 内大臣三条西実隆（一四五五―一五三七）の日記。文明六年（一四七四）から天文五年（一五三六）に至る。『続群書類従』所収。

言国卿記《ときくにきょうき》 権中納言山科言国（一四五二―一五〇三）の日記。文明六年（一四七四）から文亀二年（一五〇二）に至る。『史料纂集』所収。

御湯殿の上の日記《おゆどののうえのにっき》 禁中御湯殿の上の間《ま》で天皇に近侍した女官の当番日記。室町初期から江戸末期までが伝存する。『続群書類従』所収。

多聞院日記《たもんいんにっき》 興福寺多聞院主長実房英俊《えいしゅん》（一五一八―九九）らの日記。文明十年（一四七八）から元和四年（一六一八）に至る。『増補史料大成』所収。

宣胤卿記《のぶたねきょうき》 権大納言中御門宣胤（一四四二―一五二五）の日記。文明十二年（一四八〇）から大永二年（一五二二）に至る。『史料大成』『続史料大成』所収。

蔗軒日録《しょけんにちろく》 東福寺僧季弘大叔《きこうだいしゅく》（一四二一―八七）の日記。文明十六年（一四八四）から同十八年に至る。『大日本古記録』所収。

拾芥記《しゅうがいき》 権大納言五条為学《ためたか》（一四七三―?）の日記。文明十六年（一四八四）から大永元年（一五二一）に及ぶ。『改訂史籍集覧』所収。

鹿苑日録《ろくおんにちろく》 相国寺鹿苑院主の日記。長享元年（一四八七）から慶安四年（一六五一）に至る。

辻善之助編で大洋社刊、のち続群書類従完成会復刊。

元長卿記《もとながきょうき》

権大納言甘露寺元長（一四五七―一五二一）の日記。明応十年（一五〇一）から大永五年（一五二五）に至る。『史料纂集』所収。

政基公旅引付《まさもとこうたびひきつけ》

関白九条政基（一四四五―一五一六）の日記。文亀元年（一五〇一）から永正元年（一五〇四）に至る。『国書寮叢刊』として養徳社より刊行。

二水記《にすいき》

中納言鷲尾隆康《わしおたかやす》（一四八五―一五三三）の日記。永正元年（一五〇四）から天文二年（一五三三）に至る。自筆本がある。『改訂史籍集覧』所収。

後法成寺関白記《ごほうじょうじかんぱくき》

関白太政大臣近衛尚通《ひさみち》（一四七二―一五四四）の日記。永正三年（一五〇六）から天文五年（一五三六）に至る。複製本が思文閣出版から出ている。

言継卿記《ときつぐきょうき》

権大納言山科言継（一五〇七―七九）の日記。大永七年（一五二七）から天正四年（一五七六）に至るが、途中一一か年分は欠落している。自筆原本が伝存する。刊本は国書刊行会より刊行されている。

快元僧都記《かいげんそうずき》

鎌倉鶴岡八幡宮の供僧《ぐそう》快元の日記。享禄五年（一五三二）から天文十一年（一五四二）に至る。『群書類従』所収。

天王寺屋会記《てんのうじやかいき》

堺の貿易商天王寺屋津田宗達《そうたつ》（一五〇四―六六）・同宗及《そうきゅう》（?―一五九一）・同宗凡《そうぼん》（生没年未詳）三代の茶湯日記。天文十七年（一五四八）から天正十五年（一五八七）に至る。『茶道古典全集』所収。

兼見卿記《かねみきょうき》

吉田神社神主吉田兼見（一五三五―一六一〇）の日記。元亀元年（一五七〇）から慶長十五年（一六一〇）に至る。『史料纂集』所収。

上井覚兼日記《うわいかっけんにっき》

島津氏の老中（談合衆）上井覚兼（一五四五―八九）の日記。天正二年（一五七四）・同三年と同十一年から十四年に至る。『大日本古記録』所収。

言経卿記《ときつねきょうき》

参議山科言経（一五四三―一六一一）の日記。天正四年（一五七六）から慶長十三年（一六〇八）に至る。『大日本古記録』所収。

家忠日記《いえただにっき》

下総国小見川の城主松平家忠（一五五五―一六〇〇）の日記。天正五年（一五七七）から文禄三年（一五九四）に至る。自筆本が伝存する。『続史料大成』所収。

晴豊公記《はれとよこうき》

権大納言・准大臣勧修寺《かじゅうじ》晴豊（一五四四―一六〇二）の日記。天正六年（一五七八）から文禄三年（一五九四）に至るが途中欠落が多い。『続史料大成』所収。

舜旧記《しゅんきゅうき》

神道者・僧侶梵舜《ぼんしゅん》（一五五三―一六三二）の日記。天正十一年（一五八三）から寛永九年（一六三二）に至る。『史料纂集』所収。

孝亮宿禰記《たかすけすくねき》

左大史・主殿頭《とのものかみ》壬生《みぶ》孝亮（一五七五―一六五二）の日記。文禄四年（一五九五）から寛永十一年（一六三四）に至る。『改訂史籍集覧』所収。

〔主要文書一覧〕

青方文書《あおかたもんじょ》

肥前国青方氏伝来の文書群。青方氏は鎌倉御家人で、子孫は五島藩の家老職であった。四〇〇余通の中世文書と多くの近世文書から成る。続群書類従完成会から二冊本として刊行されている。

浅野家文書《あさのけもんじょ》
広島藩主浅野家伝来の文書。関ケ原合戦以前の文書が大半を占める。『大日本古文書家わけ　浅野家文書』所収。

阿蘇文書《あそもんじょ》
肥後国阿蘇神社の神主の神主阿蘇家伝来の文書を中心とする文書群。『大日本古文書家わけ　阿蘇文書（全三冊）』として刊行されている。

有浦文書《ありうらもんじょ》
神奈川県の有浦家伝来の文書。有浦氏は肥前の上松浦党に属する一族。『南北朝遺文（九州編）』がある。

飯野八幡宮文書《いいのはちまんぐうもんじょ》
福島県いわき市の飯野八幡宮所蔵の文書群。好島荘《よしまのしょう》関係文書を含む。『福島県史料集成二』に収める。

市河文書《いちかわもんじょ》
奥信濃を拠点とした在地領主市河氏伝来の文書群。平安時代末期から戦国時代末期までの一五〇通の文書が伝存する。現在は山形県酒田市の本間美術館に収める。『信濃史料』所収。

厳島文書《いつくしまもんじょ》
広島県厳島神社の旧蔵・現蔵文書群。『広島県史古代中世資料編』所収。

出雲大社文書《いづもたいしゃもんじょ》
島根県の出雲大社伝来の文書で、約三〇〇通の大部分は旧社家千家《せんげ》家伝来文書である。『島根県古文書調査総合目録』に収める。

今堀日吉神社文書《いまぼりひえじんじゃもんじょ》
滋賀県八日市市の同社所蔵の文書。惣村関係の文書を中心に約九〇〇点。『今堀日吉神社文書集成』として刊行されている。

入来院文書《いりきいんもんじょ》
薩摩国入来院の領主入来院氏伝来の文書群。平安末期から江戸時代初期に及ぶ二四〇余通の文書群。大正十四年（一九二五）朝河貫一編『入来文書 The Documents of Iriki』が刊行されて以来著名になった。

色部文書《いろべもんじょ》
越後国小泉荘の色部氏の文書。戦国時代の地方豪族の実態を知る貴重な史料とされる。『色部史料集』がある。

今西文書《いまにしもんじょ》
春日社領摂津国垂水荘目代今西家伝来の文書。土地台帳が中心。『豊中市史史料編』所収。

石清水八幡宮文書《いわしみずはちまんぐうもんじょ》
京都府八幡市の石清水八幡宮伝来の文書群。平安中期以降の文書で、『大日本古文書家わけ』（全六冊）として刊行されている。

上杉家文書《うえすぎけもんじょ》
旧米沢藩主上杉家伝来の文書群。中世文書は約三八〇通。『大日本古文書家わけ　上杉家文書』（全三冊）として刊行されている。

宇佐八幡宮文書《うさはちまんぐうもんじょ》
大分県宇佐市の八幡宮関係文書群であるが、大宮司宇佐氏本宗はじめ諸家に分蔵され、総数は一万二〇〇〇余に及ぶ。『宇佐神宮史』史料編に収める。

永平寺文書《えいへいじもんじょ》
福井県永平寺に伝来する文書群。中世文書二一点、近世初頭文書一七点。『福井県史資料編4中・近世二』所収。

円覚寺文書《えんがくじもんじょ》
神奈川県鎌倉の円覚寺伝来の文書群。三六六点。『鎌倉市史史料編第二』所収。

大島・奥津島神社文書《おおしま・おきつしまじんじゃもんじょ》
滋賀県近江八幡市の同社伝来の文書。鎌

倉期からの文書約二〇〇点がある。延暦寺領で半農半漁の地であった。『滋賀大学経済学部附属史料館紀要』（一〜九）に収める。

大友文書《おおとももんじょ》
豊後守護大友惣領家の文書。建久六年（一一九五）以降の文書四三六通。『大分県史料26』所収。

小笠原家文書《おがさわらけもんじょ》
越前勝山藩の小笠原家（先祖は信濃守護）に伝来した文書群。一八〇余通。『信濃史料』所蔵。

小鹿島文書《おがしまもんじょ》
伊予国の西遷御家人小鹿島氏伝来の文書。七四通。『佐賀県史料集成一七』に収める。

押小路家文書《おしこうじけもんじょ》
太政官外記局の大外記を世襲した押小路家伝来の文書。内閣文庫に一括架蔵されている。刊本はない。

小山文書《おやまもんじょ》
下野国守護小山氏伝来の文書。一二四点。『小山市史史料編中世』所収。

鰐淵寺文書《がくえんじもんじょ》
島根県平田市の鰐淵寺に伝来した文書。鎌倉時代以降。文書約五〇〇通が在する。曾根研三編『鰐淵寺文書の研究』所収。

鹿島神宮文書《かしまじんぐうもんじょ》
茨城県の鹿島神宮（藤原氏の氏神）伝来の文書。狭義の同神宮文書は三〇二点。他に一〇〇点余。『茨城県史料中世Ⅰ』に収める。

勧修寺家文書《かじゅうじけもんじょ》
藤原北家の高藤（八三八―九〇〇）に始まる一流勧修寺家伝来の文書。京都大学文学部博物館所蔵。二三〇〇点余あり、一部を除いて未刊。

春日大社文書《かすがたいしゃもんじょ》
奈良市の春日神社所蔵の文書群。『春日大社文書』（全六巻）に収める。

勝尾寺文書《かちおじもんじょ》
大阪箕面《みのお》の同寺伝来の文書。一三六八点。寄進状・売券類が多い。『箕面市史史料編』（三冊）に収める。

葛川息障明王院文書《かつらがわそくしょうみょうおういんもんじょ》
滋賀県大津市の明王院伝来の四三三六点の文書。『葛川明王院史料』（吉川弘文館）として刊行。

香取神宮文書《かとりじんぐうもんじょ》
下総国一宮同神宮の文書約一五〇〇点。『千葉県史料』所収。

角屋文書《かどやもんじょ》
伊勢国松坂の廻船業者角屋伝来の文書四六点。伊勢市神宮文庫所蔵。

金沢文庫文書《かなざわぶんこもんじょ》
金沢北条氏の菩提寺称名寺伝来の文書。神奈川県立金沢文庫に四〇〇〇通余が所蔵されている。とくに金沢貞顕書状五〇〇余通は貴重である。『金沢文庫古文書』（全一二巻）所収。

烟田文書《かまたもんじょ》
常陸国の烟田氏伝来の文書。烟田氏は鎌倉時代以来の在地領主。中世文書約一三〇点。『茨城県史』所収。

神魂神社文書《かもすじんじゃもんじょ》
島根県松江市の同社伝来の文書。出雲国造関係文書。約五〇〇点。『出雲意宇《おう》六社文書』（島根県教育委員会）所収。

賀茂別雷神社文書《かもわけいかずちじんじゃもんじょ》
京都市の同社伝来文書。一〇〇〇余点ある。『続々群書類従』所収。

河上山古文書《かわかみさんこもんじょ》
佐賀県の同社の別当寺伝来の文書。二四七点。『佐賀県史料集成』所収。

革嶋家文書《かわしまけもんじょ》
山城国革嶋荘に拠を構えた在地領主革嶋氏伝来の文書で、二七四四通の文書は、いま京都府総合資料館に収蔵する。中世文書は『資料館紀要』五号・六号に翻刻されている。

歓喜寺文書《かんぎじもんじょ》　和歌山市の同寺文書。一三一通。『和歌山県史中世史料二』所収。

観心寺文書《かんしんじもんじょ》　大阪府河内長野市にある観心寺伝来の文書。六八六通。『大日本古文書家わけ　観心寺文書』（一冊）として刊行されている。

北野神社文書《きたのじんじゃもんじょ》　京都北野神社松梅院旧蔵文書。『北野天満宮史料』所収。

吉川家文書《きっかわけもんじょ》　周防国岩国藩主吉川家伝来の文書。『大日本古文書家わけ　吉川家文書』に約一四〇〇点を収める。

九条家文書《くじょうけもんじょ》　九条家伝来の文書で、古代・中世関係は約三〇〇〇点。『国書寮叢刊　九条家文書』（全七冊）に収める。

朽木文書《くつきもんじょ》　近江国高島郡に拠を定めた領主朽木氏伝来の文書。現在、国立公文書館内閣文庫に収蔵され、文書数は約一一〇〇点。

忽那文書《くつなもんじょ》　伊予国忽那島の同氏伝来の文書一〇七通。『伊予史料集成』所収。

熊谷家文書《くまがいけもんじょ》　旧萩藩士熊谷家伝来の文書。熊谷氏はもと武蔵国熊谷郷の御家人で、承久の乱後西遷し、安芸国三入荘《みるのしょう》に入部、毛利氏に仕え重臣となった。二五〇余通が『大日本古文書家わけ　熊谷家文書』に収められている。

熊野那智大社文書《くまのなちたいしゃもんじょ》　和歌山県の同社伝来の文書。一〇〇〇点を超え、『史料纂集』に全五冊として刊行。

組屋文書《くみやもんじょ》　若狭国小浜の豪商組屋の文書一五〇点。『小浜市史諸家文書編』所収。

気多神社文書《けたじんじゃもんじょ》　能登国一宮《いちのみや》の同社伝来の文書。一七四九点で、『史料纂集』に三冊で収める。

高山寺文書《こうざんじもんじょ》　京都市栂尾の同寺に伝来した文書。約六〇〇〇通。高山寺資料叢書『高山寺古文書』所収。

光明寺文書《こうみょうじもんじょ》　三重県伊勢市の光明寺伝来の文書。同寺と国立公文書館（内閣文庫）所蔵で『史料纂集』（全三冊）に収める。元弘の乱に関する著名な「光明寺残篇」も同寺蔵。

高野山文書《こうやさんもんじょ》　和歌山県の高野山および山内塔頭子院に伝来した文書。約三〇〇〇〇通。前者は『大日本古文書家わけ　高野山文書』（八冊）として、後者は『高野山文書』五、六、七として刊行された。

久我家文書《こがけもんじょ》　清華家久我家伝来の文書。国学院大学図書館所蔵で、二四六一点は国の重要文化財に指定された。続群書類従完成会から刊行された（全五冊）。

五条文書《ごじょうもんじょ》　福岡県在住の五条氏伝来の文書。祖先は征西将軍懐良親王に随従した武士で南朝関係文書として貴重である。『史料纂集』所収。

近衛家文書《このえけもんじょ》　陽明文庫の収蔵品約二〇万点の半数が古文書・古記録である。『陽明叢書』で刊行中。

小早川家文書《こばやかわけもんじょ》　安芸国東部を本拠とした小早川氏一族の文書。五五二通。『大日本古文書家わけ小早川家文書』(三冊)として刊行。

金剛寺文書《こんごうじもんじょ》　大阪府河内長野市の同寺伝来の文書。観心寺と同じく南朝由縁の寺で、約五〇〇通の文書は『大日本古文書家わけ　金剛寺文書』(一冊)として刊行されている。

税所文書《さいしょもんじょ》　常陸国衙所職をつとめた税所氏伝来の文書。一〇〇点余り。『茨城県史料』所収。

西大寺文書《さいだいじもんじょ》　奈良市の同寺伝来文書。古代・中世文書は約六〇〇通であるが全体を活字化したものはない。

西福寺文書《さいふくじもんじょ》　福井県敦賀市の同寺伝来の文書。大半は寄進状と売券。約三〇〇通。『西福寺文書』として続群書類従完成会から刊行。

相良家文書《さがらけもんじょ》　肥後国人吉藩主相良家伝来の文書一三〇〇余点は『大日本古文書家わけ　相良家文書』として刊行されている。原文書は慶応大学所蔵。

佐田文書《さだもんじょ》　豊前国佐田荘の佐田氏伝来の文書。三六〇余点。一部は『熊本県史』に所収。

佐竹文書《さたけもんじょ》　秋田藩主佐竹氏伝来の文書。佐竹氏はもと常陸国の豪族。千秋文庫(東京)と秋田県立図書館に収蔵。

猿投神社文書《さなげじんじゃもんじょ》　愛知県豊田市の同社伝来の文書で、中世文書は八八通。『愛知県史料叢刊』『豊田史料叢刊』などに収める。

真田家文書《さなだけもんじょ》　信濃国松代藩主真田家伝来の文書。真田氏は古代以来の豪族海野氏の一族。中世文書八四点を含む三万余点が国立史料館にある。一部は米山一政編『真田家文書』として刊行されている。

志賀文書《しがもんじょ》　大友氏を祖とする志賀氏伝来の文書で三七一通。『熊本県史料』に収める。

島津家文書《しまづけもんじょ》　薩摩藩主島津家伝来の文書。一万五〇〇〇点に及ぶ。『大日本古文書家わけ　島津家文書』として刊行。

正倉院文書《しょうそういんもんじょ》　奈良正倉院伝来の文書。中心は写経所関係文書。大部分は、『大日本古文書』(二五冊)として刊行されている。

神護寺文書《じんごじもんじょ》　京都高雄の同寺伝来の文書。中世文書約二七四通。『史林』二五ノ一〜四、二六ノ一〜三に翻刻されている。

菅浦文書《すがのうらもんじょ》　滋賀県菅浦伝来の文書一二〇〇点。惣村文書として著名。滋賀大学所蔵『菅浦文書』(二冊)がある。

専修寺文書《せんじゅじもんじょ》　三重県津市の同寺伝来の文書で中世文書は三五二通。『真宗史料集成』(第四巻)に収める。

禅定寺文書《ぜんじょうじもんじょ》　京都府の宇治田原にある同寺伝来の文書。古代学協会編『禅定寺文書』として吉川弘文館より刊行されている。

相馬文書《そうまもんじょ》　磐城の旧中村藩主相馬宇治伝来の文書。原本は第二次対戦中に戦災に遭い焼失した。続群書類従完成会刊『相馬文書』、『福島県史7・古代・中世資料』所収。

醍醐寺文書《だいごじもんじょ》　京都市伏見の同寺伝来の文書。一部は三宝院文書と称される。木箱七二八箱に納められている。一万六〇〇〇余通。『大日本古文書家わけ　醍醐寺文書』として刊行。

大乗院文書《だいじょういんもんじょ》 奈良興福寺大乗院門跡伝来の文書。内閣文庫、成簣堂文庫、広島大学等に所蔵されている。

大善寺文書《だいぜんじもんじょ》 山梨県の柏尾山大善寺伝来の文書。近世初頭までの八七通。『勝沼町史料集成』（勝沼町）に納める。

大徳寺文書《だいとくじもんじょ》 京都市の同寺伝来の文書。本坊所蔵文書は約二四〇〇点。『大日本文書家わけ　大徳寺文書』（一四冊）として刊行。

田代文書《たしろもんじょ》 和泉国大鳥郷の地頭田代氏伝来の文書。田代氏はのち筑後久留米藩士。三四〇点の文書は『高石市史』所収。

多田院文書《ただのいんもんじょ》 兵庫県の多田神社伝来の文書。同社は源満仲の創建。中世文書約五〇〇点は『兵庫県史史料編中世二』所収。

伊達家文書《だてけもんじょ》 仙台藩伊達家伝来の文書。総数一万点を超え、仙台市博物館に収める。中世文書は七〇〇余点。『大日本古文書家わけ　伊達家文書』（一〇冊）所収。

太宰府天満宮文書《だざいふてんまんぐうもんじょ》 菅原道真の廟所天満宮伝来の文書。四八六〇通で、竹内理三・川添昭二編『太宰府・太宰府天満宮史料』（一三冊）がある。

談山神社文書《だんざんじんじゃもんじょ》 奈良県桜井市の同社伝来の文書。五三一点の文書を『談山神社文書』（全一巻、名著出版）にあつめ、一〇四六点の総目録を付す。

長福寺文書《ちょうふくじもんじょ》 京都市の長福寺所蔵の文書。石井進編『長福寺文書の研究』所収。

長楽寺文書《ちょうらくじもんじょ》 群馬県の同寺伝来の文書。同寺は新田氏の支族世良田氏の開基。一二三点が国の重要文化財に指定されている。千々和実編『新田氏根本史料』として公刊。

鶴岡八幡宮文書《つるがおかはちまんぐうもんじょ》 鎌倉の同宮伝来の文書。供僧坊相承院《そうしょういん》伝来文書とあわせて三五七通。『鎌倉市史史料編第一』など刊本がある。

東寺文書《とうじもんじょ》 京都市の同寺伝来の文書。東寺、京都府総合資料館、京都大学その他に伝わる。三万通を超える。『大日本古文書家わけ　東寺文書』『教王護国寺文書』ほか刊本がある。

東大寺文書《とうだいじもんじょ》 奈良東大寺伝来の文書。約一万二〇〇〇点で、その四分の三が東大寺に現存する。伊賀国黒田荘以下の荘園文書は出色のもの。『大日本古文書家わけ　東大寺文書』『平安遺文』『鎌倉遺文』その他に収める。

東福寺文書《とうふくじもんじょ》 京都の同寺伝来の文書。文書は一〇〇〇通を超える。『大日本古文書家わけ　東福寺文書』に収める。

都甲文書《とごうもんじょ》 豊後国都甲荘地頭都甲氏に伝来の文書。九〇点。『大分県史料』所収。

南禅寺文書《なんぜんじもんじょ》 京都南禅寺伝来の文書。『南禅寺文書』（三冊）に収める。

南部家文書《なんぶけもんじょ》 岩手県八戸の南部家伝来の文書。『岩手県中世文書』（三巻、国書刊行会）がある。

蜷川家文書《にながわけもんじょ》 室町幕府政所執事伊勢氏の被官蜷川氏伝来の文書。蜷川氏は越中国新川郡蜷川を名字の地としたが、のち江戸幕府の旗本。『大日本古文書家わけ　蜷川家文書』がある。

仁和寺文書《にんなじもんじょ》
京都仁和寺伝来の文書で、古代・中世文書は約一〇〇〇通。『平安遺文』『鎌倉遺文』などに収める。

禰寝文書《ねじめもんじょ》
大隅の国衙在庁官人で鎌倉御家人となった禰寝氏一族の伝来文書。川添昭二編『禰寝文書』（三冊、九州史料叢書）がある。

秦文書《はたもんじょ》
若狭国多烏浦の刀禰職秦氏伝来の文書。漁業・廻船・製塩関係の文書。『小浜市史史料編』所収。

鑁阿寺文書《ばんなじもんじょ》
下野国足利荘の同寺伝来の文書。六〇〇点余の中世文書がある。『栃木県史史料編中世二』に収める。

平賀家文書《ひらがけもんじょ》
安芸国高屋保（東広島市）の地頭人平賀氏伝来の文書。『大日本古文書家わけ　平賀家文書』に二四七点を収める。

深江文書《ふかえもんじょ》
肥前国の地頭安富氏伝来の文書。同氏は鎌倉幕府奉行人。『佐賀県史料集成』所収。

深堀文書《ふかぼりもんじょ》
肥前国の地頭御家人深堀氏伝来の文書。総数三九〇通。『佐賀県史料集成』に収める。

法華経寺文書《ほけきょうじもんじょ》
千葉県市川市の同寺伝来の文書。中世文書は一二三通。中尾堯編『中山法華経寺史料』に収める。

前田家文書《まえだけもんじょ》
金沢藩主前田家伝来の文書と綱紀が収集した文書。後者は三〇〇〇通を超える。現在は前田育徳会尊経閣文庫に収蔵されている。

正木文書《まさきもんじょ》
上野国新田荘の新田岩松氏伝来の文書。二七八点。『群馬県史資料編』所収。

益田家文書《ますだけもんじょ》
石見国の豪族益田家伝来の文書。中世文書は約一二〇〇点ある。一部は『島根県史』『萩藩閥閲録』に収める。

三浦家文書《みうらけもんじょ》
旧萩藩士三浦氏伝来の文書。周防国仁保荘《にほのしょう》の地頭で、のち毛利氏に仕えた。『大日本古文書家わけ　三浦家文書』として刊行。

皆川文書《みながわもんじょ》
下野国皆川荘の皆川氏伝来の文書。一〇八点。『栃木県史史料編』所収。

壬生家文書《みぶけもんじょ》
太政官弁官局の左大史を世襲した壬生（小槻）氏伝来の文書。宮内庁書陵部の所蔵で、『図書寮叢刊　壬生家文書』（一〇冊）がある。また『続左丞抄』（同史大系）も壬生文書を翻刻したもの。

妙興寺文書《みょうこうじもんじょ》
愛知県一宮市の妙興寺伝来の文書。

宗像大社文書《むなかたたいしゃもんじょ》
福岡県の同社伝来の文書。中世文書約三〇〇通で、大半は伊東尾四郎編『宗像郡誌』に収められている。

毛利家文書《もうりけもんじょ》
旧萩藩主毛利家伝来の文書。『大日本古文書家わけ　毛利家文書』に約一五〇〇点が収められている。他に二万点を超える文書がある。

茂木文書《もてぎもんじょ》
下野国茂木荘の茂木氏伝来の文書八〇余点。『栃木県史史料編』所収。

八坂神社文書《やさかじんじゃもんじょ》
京都の祇園八坂神社所蔵の文書。約二二〇〇点で、『八坂神社文書』上・下（名著出版）に収める。

山内首藤家文書《やまのうちすどうけもんじょ》
備後国の国人領主で、のち毛利氏家臣と

なった山内首藤氏伝来の文書。『大日本古文書家わけ　山内首藤家文書』所収。

結城文書《ゆうきもんじょ》　もと北関東の豪族結城氏とその支族の文書。一族が分散したため文書も各地に伝来している。福島県の相楽氏所蔵の結城文書が代表である。

由良文書《ゆらもんじょ》　上野国金山城に拠った由良（横瀬）氏伝来の文書六二点。『群馬県史資料編』所収。

留守家文書《るすけもんじょ》　伊達家一門の留守家伝来の文書。中世文書は約一八〇点。岩手県水沢市立図書館所蔵。『岩手県中世文書』（三冊）『宮城県史資料編7』などに収める。

冷泉家文書《れいぜいけもんじょ》　定家の曾孫為相を祖とする冷泉家伝来の文書。時雨亭文庫所蔵。

音引索引

行　てだて
行次　ゆくて
行器　ほかい
行騰　むかばき
巾子　こじ
近曽　さいつころ

ク

区々　まちまち
空勘文　うつらかもん
空拝　こうばい
曛　ゆうひ
軍布　め

ケ

下米　あめ
下名　おりな
下沓　しとうず
兄部　このこうべ
系　つり
掲焉　けちえん
脛楯　はいだて
軽服　きょうぶく
傾日　きょうじつ
欠料　かんりょう
結政　かたなし
見刷　みつくろう
健者　すくやかもの
蹇　あしなえ

コ

虎子　おおつぼ
虎杖　いたどり
虎落　もがり
故　ことさらに
故是　かれこれ
胡為　なんすれぞ
胡盧　ものわらい
庫司　くす
鼓動　どよむ
後取　しんどり
後妻打　うわなりうち
勾引　かどわかし
公平　くびょう
交返　あざかえす
交易　きょうやく
交易畠　かわしばた
更朝　きぬぎぬ
肯　うけごい
皇帝破陣楽　おうだいはじんらく
黄牛　あめうし
黄昏　かいくらみどき
袷恰　とにもかくにも
曠敷　はれがまし
刻　きざみ
斛　さか
今良　ごんら
愍　あからし

サ

左右　とかく
左右　とこう
差分　しゃぶん
坐　まします
細男　せいのう（お）
㝡迫　いとせめて
斎種　ゆだね
斎甕物　ゆかもの
最手　ほて
際　あいだ
縡　こと
作物所　つくもどころ
柵　き
刷　あつかう
刷　かいつくろう
刷　つくろう
殺害人　せつがいにん
参来　もうこ
参差　しんし
散米　うちまき
盞　うき
纔　わずか

シ

四会　よつつじ
使宣旨　しのせんじ
咫尺　しせき
指次　さしたるついで
指事　さしたること
桎　あしかし
貲布　さよみ
肆　いちくら
肆　かるがゆえに
而已　ならくのみ
自尓以降　しかりしよりいこう
事実者　ことじつならば
日　け
日外　いつぞや
日横　ひよこし
日縦　ひたたし
持相　もやい
慈之衆　みかたのしゅう
爾而　にて
敷奏　ふそう
執騶　はとり
渋矢を射懸ける　さびやをいかける
射騶　まぶし
賖　おぎのる
借　いらう
遮莫　さもあらばあれ
若干　そくばく
主基　すき
竪者　りっしゃ
竪義　りゅうぎ
収納　すのう
羞　すすむ
愀　あつかい
湫　くで
就地　いずち

ス

セ

ソ

タ

チ

テ

裲襠　うちかけ
領　えり
朸　おうご
緑衫　ろうそう

レ

礼代　いやしろ
冷　すさまじ
零　あえる
零　たず
麗爾　きらびやかに
醴　こざけ
櫪飼　たてがい
櫪飼馬　いたがいのうま
榻　しじ

ロ

露顕　ところあらわし
壟　うね
労　いたつき
労敷　いたわし
籠名　こめみょう
龓　くちとり
六借　むつかし
鹿杖　かせつえ
轆轤　くるまき
論鼓　りゅうこ

ワ

和　あまなう
和　ふくら
和節　にごよ
椀飯　おうばん

編著者略歴

1927 年山形県に生まれる．'51 年東京文理科大学史学科卒業．北海道教育大学助教授，東京学芸大学教授，同学長，帝京大学教授を経て，現在東京学芸大学名誉教授，文学博士．

〈**主要編著書**〉『日本荘園成立史の研究』(60 年)『律令国家解体過程の研究』(66 年)『中世日本荘園史の研究』(67 年)『尾張国解文の研究』(71 年)『日本荘園史』(72 年)『中世日本社会史の研究』(80 年)『平安前期政治史の研究新訂版』(90 年)『平安貴族の実像』(93 年)『日本古代官職辞典』(95 年)『北山抄注解　巻十　吏途指南』(96 年)『荘園史用語辞典』(97 年)『日本文化史ハンドブック』(02 年)『平安時代儀式年中行事事典』(03 年)『日本荘園史の研究』(05 年)『増補改訂　日本古代官職辞典』(08 年)『平安貴族社会』(09 年)『日本古代人名事典』(09 年)『研究入門日本の荘園』(11 年)『中世社会史への道標』(11 年)『北山抄注解　巻一　年中要抄上』(12 年)『歴史学と歴史教育』(12 年)

古文書古記録語辞典

二〇〇五年九月二〇日　初版発行
二〇一二年九月二〇日　再版発行

編著者　阿　部　　猛
発行者　皆　木　和　義
印刷所　株式会社　理　想　社

発行所　株式会社　**東京堂出版**
東京都千代田区神田神保町一-一七（〒一〇一-〇〇五一）
電話　〇三-三二三三-三七四一　振替〇〇一三〇-七-二七〇
http://www.tokyodoshuppan.com/

ISBN978-4-490-10675-6 C3521

Printed in Japan